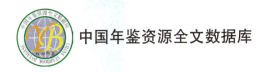
中国年鉴资源全文数据库

中国妇女研究年鉴

（2016~2020）

ALMANAC OF CHINESE WOMEN'S STUDIES

（2016-2020）

全国妇联妇女研究所　编

主　编　杜　洁　宓瑞新
副主编　史凯亮　王　妍　綦郑潇

社会科学文献出版社
SOCIAL SCIENCES ACADEMIC PRESS (CHINA)

编辑委员会

编委会主任：杜 洁

编　　委：（按姓氏拼音排序）

卜　卫　董丽敏　侯　杰　胡　湛　黄盈盈

李　洁　李英桃　李志生　林丹燕　刘小楠

马春华　马　焱　庞晓鹏　宋少鹏　宋月萍

佟　新　吴　帆　吴　菁　吴小英　薛宁兰

杨菊华　杨玉静　章梅芳　张永英　郑真真

主　　编：杜　洁　宓瑞新

副 主 编：史凯亮　王　妍　慕郑潇

编　　辑：宓瑞新　史凯亮　王　妍　慕郑潇　吴　菁

郑艳艳　邓　飞　林丹燕　赵凯旋

目　录

研究成果选介

研究机构和组织、学术活动、学者简介

附 录

前　言

《中国妇女研究年鉴》是由全国妇联妇女研究所组织编写、全面反映中国妇女/性别研究进展的学术文献，也是妇女/性别研究的工具书。《中国妇女研究年鉴》自1995年以来，以五年为一个周期，已连续出版五卷。《中国妇女研究年鉴（2016~2020）》是第六卷。

一　编纂目的

为保证《中国妇女研究年鉴（2016~2020）》的学术性、原创性和权威性，全国妇联妇女研究所邀请部分妇女/性别研究领域的权威专家组成《中国妇女研究年鉴（2016~2020）》编辑委员会，组织近年来在妇女/性别研究领域较为活跃的学术中坚力量撰写研究综述，并依托中国妇女研究会办公室、全国妇联妇女研究所信息中心、《妇女研究论丛》编辑部搜集整合妇女/性别研究领域的研究文献和研究机构信息，力求全面反映2016~2020年中国妇女/性别研究成果，努力使本年鉴成为政府决策部门、妇女/性别研究机构以及妇女工作者兼具研究和资料价值的工具书。

二　主要栏目及内容

《中国妇女研究年鉴（2016~2020）》的栏目与前五卷基本保持一致，设有"重要文献"、"研究综述"、"研究成果选介"、"研究机构和组织、学术活动、学者简介"及"附录"五个栏目。

"研究综述"栏目是本年鉴的主要部分，是对中国妇女/性别研究各领域、各学科研究进展的系统总结，包含"妇女/性别专题研究综述"和"学科建设研究综述"两个子栏目。基于《中国妇女研究年鉴》连续性的考量以及 2016~2020 年妇女/性别研究发展趋势，我们对本卷年鉴的"妇女/性别专题研究综述"和"学科建设研究综述"进行了微调和优化。"妇女/性别专题研究综述"部分共设 30 个专题综述，与第五卷年鉴大体保持一致，删去了第五卷中的"妇女与宗教研究"专题综述。"学科建设研究综述"部分共设 10 个学科综述，删去了第五卷中的"女性心理学"学科综述。删去的原因是，这五年"妇女与宗教"和"女性心理学"研究成果少，不足以支撑一篇有质量的学术综述。

"研究成果选介"栏目旨在汇集 2016~2020 年妇女/性别研究领域较有影响的课题/项目、论著和论文信息，力求使读者对这五年妇女/性别研究进展有更为直观的了解。与前五卷保持一致，本卷设"课题/项目选介""论著选介""论文选介"3 个子栏目。其中，"课题/项目选介"介绍了国家级、省部级课题/项目等 21 个，"论著选介"对国内外影响较大、学术质量较高的 55 部论著进行了介绍，"论文选介"则筛选了学术影响力较大、被引用频次较高的 90 篇学术论文。

"研究机构和组织、学术活动、学者简介"栏目延续了第五卷的编排体例。"研究机构和组织简介"针对前五卷未介绍过的 4 个研究团体和学术机构进行了简介，并附前五卷年鉴已介绍过的研究机构、学术团体名录；"学术活动简介"呈现了 2016~2020 年召开的研讨会和学术论坛情况。"学者简介"主要介绍了前五卷年鉴没有介绍过的、具有正高级职称并在妇女/性别研究领域有较大影响的 28 位学者。

"附录"栏目部分，"2016~2020 年国家社会科学基金与性别相关项目索引""论著索引""博士学位论文索引""妇女/性别研究学术刊物及专栏名录""妇女/性别研究网站名录"这五个类项的设置与前五卷保持一致，增加了"妇女/性别研究微信公众号简介"。

三 编纂体例和选用原则

（1）本年鉴"研究综述"栏目所采用的文献资料是 2016 年 1 月 1 日至 2020 年 12 月 31 日中国公开出版或内部发行的研究成果（个别例外另做注明）。

（2）"研究综述"栏目遵循本年鉴首发原则，在年鉴出版前，未发表于任何公开出版物。

（3）"课题／项目选介"以 2016~2020 年结项的国家社会科学基金重点项目、一般项目、青年项目以及教育部人文社会科学研究项目为主，兼顾中国妇女研究会妇女／性别研究与培训基地和各研究中心报送的课题项目。资料来源于中国妇女研究会办公室。

（4）"论著选介"注重学术性和创新性，兼顾学科、民族、代际、性别及累年成果的均衡。资料来源为中国国家图书馆、北京大学图书馆、中华女子学院图书馆和全国妇联妇女研究所信息中心所藏的这五年中国出版的妇女／性别研究论著。

（5）"论文选介"以论文的学术影响力、被引用频次、被下载频次为主要标准，兼顾学科、民族、代际、性别及累年成果的均衡。资料来源以中国知网、万方数据知识服务平台、维普中文期刊服务平台为主，并参考《新华文摘》、《中国社会科学文摘》、《高等学校文科学术文摘》和人大复印报刊资料《妇女研究》以及部分以书代刊的连续出版物，时间范围为 2016 年 1 月 1 日至 2020 年 12 月 31 日。

（6）"研究机构和组织简介"对前五卷未介绍过的 4 个研究团体和学术机构进行介绍，对于前五卷年鉴已经介绍过的研究机构原则上不再介绍，只列举机构名录。资料来源于中国妇女研究会办公室。

（7）"学术活动简介"在中国妇女研究会、全国妇联妇女研究所信息中心提供的信息基础上，通过报刊、网站、微信公众号等媒介渠道检索、补充部分学术活动信息。

（8）"学者简介"主要介绍前五卷年鉴未介绍过、截至2020年底具有正高级职称、在妇女/性别研究领域有较大学术影响的部分学者。以中国妇女研究会妇女/性别研究与培训基地推荐为主，补充了部分有代表性的专家学者。

（9）"附录"栏目中的"2016~2020年国家社会科学基金与性别相关项目索引"由中国妇女研究会办公室提供。"论著索引"是在搜集中国国家图书馆、北京大学图书馆、中华女子学院图书馆和全国妇联妇女研究所信息中心所藏图书信息和部分出版社、图书网上商城书目的基础上编辑而成。"博士学位论文索引"以中国知网"中国博士学位论文全文数据库"为主要来源，在此基础上补充本卷年鉴40篇综述"参考文献"中的相关博士学位论文信息而成。"妇女/性别研究学术刊物及专栏名录""妇女/性别研究网站名录"主要介绍了2016~2020年与妇女/性别研究相关的期刊、栏目及网站。本卷新增"妇女/性别研究微信公众号简介"，主要介绍2016~2020年已开通并运营的与妇女/性别研究相关的微信公众号。

四 致谢

《中国妇女研究年鉴（2016~2020）》的编撰得到国内妇女/性别研究同仁和相关机构的大力支持。编委会专家在组织策划和稿件外审中贡献良多。专题综述和学科综述撰写工作十分繁重，很多专家学者数易其稿，付出了艰苦的努力。中国妇女研究会办公室的吴菁、郑艳艳、邓飞同志和全国妇联妇女研究所信息中心的林丹燕、赵凯旋同志承担了部分资料的收集和整理工作。在杜洁同志的直接领导和指导下，《妇女研究论丛》编辑部的宓瑞新、史凯亮、王妍、慕郑潇同志在方案策划、组织撰写、联系作者、补充核对数据、编辑、校对、返校以及年鉴出版中承担了主要工作，并撰写了前言，付出了大量的精力和心血。卜娜娜、马晓驰、吴丽娟、刘新宇、李世鹏、项江南、夏江皓、梁苑茵等青年学者参与了"论著选介""论文选介"工作。在此，我们对所有年鉴的直接和间接参与者致以最诚挚的谢意！同时，我们也对社会科学文献出版社在本卷年鉴出版过程中给予的大力支持表示由衷的感谢！

2016~2020年是中国妇女/性别研究持续发展、不断进步的五年，我们尽力在本卷年鉴中全面反映这五年中国妇女/性别研究的进展和不足，但受材料和数据渠道的限制，难免挂一漏万，甚至还有不少错误，欢迎广大读者提出宝贵的批评和建议。

编　者
2023年12月

深入学习宣传贯彻党的十九大精神
推动妇女理论研究创新发展

——在中国妇女研究会学习领会、贯彻落实党的
十九大精神座谈会上的讲话

沈跃跃

（2017 年 11 月 10 日）

党的十九大不久前胜利闭幕了，这是我们党在全面建成小康社会决胜阶段、中国特色社会主义进入新时代的关键时期召开的一次十分重要的大会，是一次在新的历史起点上开启党和国家事业新征程的大会，是一次不忘初心、牢记使命、高举旗帜、团结奋进的大会。习近平总书记在十九大闭幕会和十九届一中全会上的重要讲话，对学习贯彻十九大精神提出了明确要求。习近平总书记在十九届中共中央政治局第一次集体学习时强调，切实学懂弄通做实党的十九大精神，努力在新时代开启新征程续写新篇章（参见新华网，2017a）。党中央专门作出关于认真学习宣传贯彻党的十九大精神的决定。我们要认真贯彻落实。

下面，我讲几点意见。

一 党的十八大以来党和国家事业取得的历史性成就，
最根本、最重要的是有习近平总书记这个
党中央的核心、全党的核心

党的十九大总结了十八大以来党和国家事业取得的历史性成就、发生的历史性变革。党的十八大以来的五年是党和国家发展进程中极不平凡的五年。五年来的成就是全方位的、开创性的，五年来的变革是深层次的、根本性的。五年来，以习近平同志为核心的党中央以巨大的政治勇气和强烈的责任担当，统筹推进"五位一体"总体布局、协调推进"四个全面"战略布局，提出一系列新理念新

思想新战略，出台一系列重大方针政策，推出一系列重大举措，推进一系列重大工作，解决了许多长期想解决而没有解决的难题，办成了许多过去想办而没有办成的大事，推动党和国家事业发生历史性变革，开启了中国特色社会主义新时代。以习近平同志为核心的党中央坚持党要管党，全面从严治党，以顽强意志品质正风肃纪、反腐惩恶，使党的面貌焕然一新，为党和国家事业发展提供了坚强政治保证，全面从严治党成为十八届党中央工作的最大亮点，赢得了广大党员干部和人民群众竭诚拥护。五年来，党和国家事业取得历史性成就、发生历史性变革，最重要的是我们党有以习近平同志为核心的党中央坚强领导，有习近平同志这样雄才大略的领袖作为党中央的核心、全党的核心。

深刻领会过去五年党和国家事业发生的历史性变革，就要进一步深刻认识到，要牢固树立"四个意识"，坚决维护习近平总书记在党中央和全党的核心地位，坚定维护党中央权威和集中统一领导，始终在思想上政治上行动上同党中央保持高度一致；就要进一步坚定"四个自信"，坚信有习近平总书记掌舵领航，有以习近平同志为核心的党中央坚强领导，十九大提出的目标任务一定会实现，中华民族伟大复兴的中国梦一定会实现。

二 十九大将习近平新时代中国特色社会主义思想作为党必须长期坚持的指导思想，实现了党指导思想的又一次与时俱进

党的十九大把习近平新时代中国特色社会主义思想确立为我们党必须长期坚持的指导思想，并写进党章。这是十九大的灵魂，是十九大的一个历史性决策和最重要的贡献。学习贯彻十九大精神，最重要的就是深入学习领会习近平新时代中国特色社会主义思想，用这一思想武装头脑、指导实践、推动工作。

要深刻领会把习近平新时代中国特色社会主义思想确立为党的指导思想的重大意义。党的十八大以来，习近平总书记以马克思主义政治家、理论家的深刻洞察力、敏锐判断力和战略定力，提出了一系列治国理政新理念新思想新战略，为习近平新时代中国特色社会主义思想的创立发挥了决定性作用、作出了历史性贡献。把习近平新时代中国特色社会主义思想确立为党的指导思想，体现了我们党在理论上的高度成熟、高度自信，反映了全党共同意志和全社会共同意愿。要深刻认识其历史地位和指导意义。习近平新时代中国特色社会主义思想开辟了马克

思主义新境界，开辟了中国特色社会主义新境界，开辟了党治国理政新境界，开辟了管党治党新境界，是我们党划时代的重大理论创新，是马克思主义中国化的最新成果，是党必须长期坚持的指导思想，是全党全国人民为实现中华民族伟大复兴而奋斗的行动指南。要深刻把握其精神实质和丰富内涵。十九大用"八个明确"概括了这一思想的主要内容，提出了新时代坚持和发展中国特色社会主义的"十四条"基本方略。我们要深刻领会习近平新时代中国特色社会主义思想的时代背景、历史地位、科学体系、精神实质、实践要求，深刻领会贯穿其中的坚定信仰信念、鲜明人民立场、强烈历史担当、求真务实作风、勇于创新精神和科学方法论，增强学习贯彻的自觉性坚定性，切实把习近平新时代中国特色社会主义思想贯彻落实到妇女理论研究工作的全过程、各方面，更加坚定中国特色社会主义妇女发展道路。

三　十九大提出中国特色社会主义进入新时代，宣示新时代中国共产党的历史使命，明确了目标任务，作出了战略部署

中国特色社会主义进入新时代，这是党的十九大对我们党所处历史方位的重大判断。要深刻领会中国特色社会主义进入新时代的新论断，认清我国发展新的历史方位，增强"四个自信"。习近平总书记用"三个意味着"，深刻阐明了中国特色社会主义进入新时代的标志性意义；用"五个时代"，精辟概括了中国特色社会主义进入新时代的深刻内涵。我们要深刻认识中国特色社会主义进入新时代在中华人民共和国发展史、中华民族发展史，乃至世界社会主义发展史、人类社会发展史上的重大意义，牢牢把握新时代的丰富内涵，立足新形势新任务新要求，切实增强"四个自信"，坚定不移走中国特色社会主义道路。

要深刻认识我国社会主要矛盾的新变化，牢牢把握这一变化对党和国家工作提出的新要求，着力在推动解决发展不平衡不充分问题上下功夫。报告指出，我国社会主要矛盾已经转化为人民日益增长的美好生活需要和不平衡不充分的发展之间的矛盾，这个变化是关系全局的历史性变化。要求我们主动适应新时代新变化，在继续推动发展的基础上，深入研究广大妇女对美好生活的新期待，研究提出解决不平衡不充分发展的对策建议，更好满足广大妇女在经济、政治、文化、

社会、生态等方面日益增长的需要。

要深刻认识新时代中国共产党的历史使命，为实现中华民族伟大复兴的中国梦努力奋斗。实现中华民族伟大复兴是近代以来中华民族最伟大的梦想。实现伟大梦想，必须进行伟大斗争，建设伟大工程，推进伟大事业。报告指出，中华民族伟大复兴，绝不是轻轻松松、敲锣打鼓就能实现的，全党必须准备付出更为艰巨、更为艰苦的努力。我们要高举旗帜，坚定信心，为进行伟大斗争、建设伟大工程、推进伟大事业、实现中华民族伟大复兴的中国梦不懈努力、艰苦奋斗，更好地发挥广大妇女在推进新时代中国特色社会主义事业中的半边天作用。

要深刻认识全面建设社会主义现代化国家的新目标，在新征程中有新气象。从现在到2020年，是全面建成小康社会决胜期。十九大明确了全面建设社会主义现代化国家及其"两步走"的重大战略安排，完整勾画了我国社会主义现代化建设的时间表、路线图，从2020年到2035年，基本实现社会主义现代化；从2035年到21世纪中叶，把我国建成富强民主文明和谐美丽的社会主义现代化强国。站在新的历史起点上，我们要主动适应新变化，时刻牢记新目标，在新征程中有新气象，为决胜全面建成小康社会、实现"两个一百年"奋斗目标贡献智慧和力量。

要深刻认识关于我国经济社会发展的重大战略部署，做到新时代有新作为。十九大报告按照中国特色社会主义事业"五位一体"总体布局，对经济建设、政治建设、文化建设、社会建设、生态文明建设进行了全面部署，还对国防和军队建设、港澳台工作、外交工作提出大政方针、作出部署，这些都对妇女研究工作提出了新课题和新任务。我们要找准研究定位，明确研究方向，聚焦重大问题，形成有价值的研究成果。

四 坚持以人民为中心的发展思想是贯穿十九大报告的一条主线，昭示了我们党始终全心全意为人民服务的宗旨，体现了为实现人民对美好生活的向往而奋斗的历史担当

十九大报告三万多字，二百多次提到"人民"。报告开篇强调中国共产党人的初心和使命，就是为中国人民谋幸福，为中华民族谋复兴，报告以为实现中华民族伟大复兴的中国梦、实现人民对美好生活的向往继续奋斗结尾，首尾呼应，

一以贯之，进一步彰显了中国共产党不忘初心、矢志不渝的政治立场和价值取向，充分表明了我们党把人民利益摆在至高无上地位、把人民对美好生活的向往作为奋斗目标的使命担当。

报告中强调，党的一切工作必须以最广大人民根本利益为最高标准。新时代坚持和发展中国特色社会主义的十四条基本方略中，处处以人民福祉为出发点和落脚点："坚持以人民为中心"，"把党的群众路线贯彻到治国理政全部活动之中"；"坚持人民当家作主"，"保证人民当家作主落实到国家政治生活和社会生活之中"；"坚持在发展中保障和改善民生"，"保证全体人民在共建共享发展中有更多获得感"；"坚持人与自然和谐共生"，"始终保持党同人民的血肉联系"等等，从经济、政治、文化、社会、生态等全方位反映并保障人民的根本利益。从健全人民当家作主制度体系，到保障和改善民生，从"幼有所育"到"老有所养"，从"学有所教"到"住有所居"，从"劳有所得"到"病有所医""弱有所扶"，从生态环境保护到建设健康中国等，这些人民群众最关心、最期盼的问题，在报告中都有明确回应和具体部署。妇女占我国人口的半数，妇女群众的需求和困难能否得到有效回应和解决，直接关系到广大人民群众的获得感幸福感安全感。联系和服务妇女是妇联组织的工作生命线，是妇女研究工作者的使命职责。十九大报告中对群团组织、妇女工作也提出了要求，在"坚定文化自信，推动社会主义文化繁荣兴盛"部分强调培育和践行社会主义核心价值观要"从家庭做起，从娃娃抓起"，"推进社会公德、职业道德、家庭美德、个人品德建设，激励人们向上向善、孝老爱亲，忠于祖国、忠于人民"，"加强和改进思想政治工作，深化群众性精神文明创建活动"，"开展移风易俗、弘扬时代新风行动，抵制腐朽落后文化侵蚀"；在"提高保障和改善民生水平，加强和创新社会治理"部分强调要"坚持男女平等基本国策，保障妇女儿童合法权益"，"健全农村留守儿童和妇女、老年人关爱服务体系"；在"加快生态文明体制改革，建设美丽中国"部分强调要"开展创建节约型机关、绿色家庭、绿色学校、绿色社区和绿色出行等行动"，等等。我们要坚持以人民为中心的发展思想，把妇女群众的需求和冷暖时刻放在心上，增强为妇女群众服务的思想自觉和行动自觉，顺应广大妇女对美好生活的期待，加强对妇女群众新情况新问题新需求的研究，为发挥妇女作用、促进妇女发展、维护妇女权益，推进男女平等进程作贡献。

五 党的十九大明确了新时代党的建设总要求，
强调坚定不移全面从严治党

党的十九大从党和国家事业发展全局出发，提出新时代党的建设总要求，对推动全面从严治党向纵深发展作出新部署，意义重大而深远。

要深刻认识党的建设面临的形势，深刻认识推进全面从严治党的极端重要性。办好中国的事情，关键在党。我们要清醒认识到，我们党面临的执政环境是复杂的，影响党的先进性、弱化党的纯洁性的因素是复杂的，党内存在的思想不纯、组织不纯、作风不纯等突出问题尚未得到根本解决。习近平总书记反复强调，全面从严治党永远在路上，不能有初见成效就见好就收的想法，必须持之以恒，善作善成（参见新华网，2017b）。我们要深刻认识全面从严治党的长期性艰巨性，把管党治党的螺丝拧得更紧，把从严治党的思路举措搞得更加科学、更加严密、更加有效，推动全面从严治党向纵深发展。

要深刻领会"坚持和加强党的全面领导"的极端重要性，确保党对一切工作的领导。习近平新时代中国特色社会主义思想明确中国特色社会主义最本质的特征是中国共产党领导，中国特色社会主义制度的最大优势是中国共产党领导，党是最高政治领导力量。党政军民学，东西南北中，党是领导一切的。在坚持党的领导这个根本问题上，必须旗帜鲜明、态度坚定、行动坚决。只有始终坚持党的领导、坚决维护以习近平同志为核心的党中央权威和集中统一领导，不断加强党的建设，才能实现伟大梦想，完成新时代的宏伟蓝图。

要深刻领会把政治建设摆在首位的极端重要性，做到旗帜鲜明讲政治。政治建设是党的根本性建设，决定党的建设方向和效果。我们要自觉坚持党中央权威和集中统一领导，坚定执行党的政治路线，严格遵守政治纪律和政治规矩，在政治立场、政治方向、政治原则、政治道路上同以习近平同志为核心的党中央保持高度一致；要自觉学习党章、严格遵守党章、模范贯彻党章、坚决维护党章，严格执行新形势下党内政治生活的若干准则，加强党性锻炼，提高政治觉悟和政治能力，永葆共产党人政治本色。

六　认真学习宣传贯彻党的十九大精神，用习近平新时代中国特色社会主义思想武装头脑、指导实践、推动工作，努力推动妇女理论研究创新发展

中国妇女研究会作为全国性学术团体，团结凝聚了一批既有专业知识又有社会责任感的妇女研究者。我们要在习近平新时代中国特色社会主义思想的指引下，团结引领广大妇女研究者，不忘初心、牢记使命、立足岗位、发挥优势，更好地承担起新时代推进中国妇女理论研究创新发展的历史使命。

一是认真做好党的十九大精神学习宣传，把思想和行动统一到习近平新时代中国特色社会主义思想上来。要按照党中央决策部署，采取多种方式，运用多种载体，认真学习宣传贯彻党的十九大精神。研究会理事要率先垂范，先学一步、学深一点；党员领导干部要发挥示范作用，带头学习、带头宣讲；全体党员要坚持读原著、学原文、悟原理，按照中央决定提出的"十个深刻领会"的要求，着力在学懂弄通做实上下功夫，牢固树立"四个意识"，坚定"四个自信"，自觉维护习近平总书记的核心地位，维护党中央权威和集中统一领导，在思想上政治上行动上同以习近平同志为核心的党中央保持高度一致。研究会要团结带领广大妇女研究者发挥优势，进一步增强主动性和责任心，扎实做好党的十九大精神和习近平新时代中国特色社会主义思想的理论研究、宣传阐释工作。要组织专家学者围绕"八个明确"的基本内容和"十四个坚持"的基本方略，围绕习近平总书记关于妇女工作、妇联改革的系列重要讲话精神，围绕妇女儿童发展和妇联组织改革创新等内容，分专题、分领域开展研究阐释工作，推出一批有深度、有分量的成果，增强党的十九大精神学习宣传的理论深度、实践深度、情感温度，增进广大妇女的政治认同、思想认同、情感认同。

二是坚持正确政治方向，切实承担起新时代妇女研究的使命职责。中国特色社会主义进入了新时代。新时代中国特色社会主义的伟大实践，必将给理论创新、学术繁荣提供强大动力，也必将为中国妇女研究提供更为广阔的发展空间。要坚定理想信念，强化责任担当，肩负起新时代赋予的新使命，在党和国家事业发展大局中思考问题，在新时代妇女发展的生动实践中推进研究，积极为党和人民述学立论、建言献策。要认真领会习近平总书记关于"牢牢掌握意识形态工

作领导权"（新华网，2017c）的要求，坚持用党的创新理论武装头脑，坚持在习近平新时代中国特色社会主义思想指导下开展中国妇女研究，坚持用马克思主义立场观点方法研究问题，站稳政治立场，保持政治定力，自觉把正确的政治方向、价值取向和研究导向体现在妇女研究工作之中，不断增强妇女领域的主导权和话语权，研究宣传中国特色社会主义妇女发展道路，坚决防范出现用西方理论时髦观点解读十九大精神的情况。要坚持真理，敢于亮剑，旗帜鲜明反对和抵制各种错误观点。对错误观点和歪曲解读，要积极引导、及时辨析，解疑释惑、明辨是非，发挥研究工作的引导作用。要加强思想引领，使广大妇女在理想信念、价值理念、道德观念上紧紧团结在一起。

三是围绕党的十九大提出的新目标新任务，以妇女研究的新成绩建功新时代。要立足新时代，坚持以人民为中心的研究导向，深刻认识中国特色社会主义进入新时代的历史方位，正确把握我国社会主要矛盾的新变化，围绕党和国家大局开展研究工作，把妇女群众日益增长的对美好生活的需要作为研究出发点和落脚点，推动新时代中国特色社会主义妇女理论与实践不断创新发展。要把握新要求，在习近平新时代中国特色社会主义思想的指导下，深入研究和总结中国特色社会主义妇女发展道路内涵、特征与规律，着力构建新时代中国特色社会主义妇女理论体系、学科体系、话语体系；深入研究和认识中国特色社会主义制度对妇女发展的根本保障；深入挖掘和弘扬中华优秀传统文化、革命文化、社会主义先进文化中的性别平等理念，创新发展社会主义先进性别文化；深入研究、主动跟进深化依法治国实践中妇女权益保障出现的新情况新问题，推动完善落实男女平等基本国策、保障妇女儿童合法权益的长效机制；深入研究新时代进一步增强妇女本领、发挥妇女主体作用的路径方法，促进妇女全面发展。要回应新期待，加强妇女发展密切相关的重大现实问题研究，聚焦民生短板，深入研究妇女发展不平衡不充分的突出问题，重点聚焦教育、就业、社会保障、健康、脱贫等领域妇女发展的难点问题；重点关注贫困妇女、病残妇女、老年妇女、农村留守儿童和妇女等特殊困难群体的利益需求；密切关注妇联改革进程，认真总结在党的领导下推进妇联改革的实践，深入研究妇联组织增强政治性、先进性、群众性的有效举措，为妇联改革向纵深推进提供智力支持。

四是加强自身建设，不断提高妇女研究队伍专业化水平。中国妇女研究会要顺应新时代提出的新要求，以改革创新的精神大力加强自身建设。要加强组织制度建设，形成充分激发科研活力的制度机制，努力提升服务妇女研究机构和妇女研究者的能力。要注重培养妇女研究人才，壮大妇女研究队伍，尤其要重视为青年学者提供学术指导、搭建交流平台、创造发展机会。要进一步推动将妇女/性别研究纳入哲学社会科学研究主流，加快学科体系建设，为繁荣发展哲学社会科学贡献力量。要积极宣传妇女研究成果，促进研究成果转化，广泛传播体现中国立场、中国智慧、中国价值的妇女发展理念和主张，讲好中国故事和中国妇女发展故事，为新时代妇女发展和男女平等营造良好的社会环境。

参考文献

1. 新华网（2017a）：《习近平：切实学懂弄通做实党的十九大精神 努力在新时代开启新征程续写新篇章》，http：//www.xinhuanet.com/politics/19cpcnc/2017 – 10/28/c_1121870721.htm。
2. 新华网（2017b）：《习近平在参加党的十九大贵州省代表团讨论时强调 万众一心开拓进取 把新时代中国特色社会主义推向前进》，http：//www.xinhuanet.com/politics/2017–10/19/c_1121828266.htm。
3. 新华网（2017c）：《习近平：决胜全面建成小康社会 夺取新时代中国特色社会主义伟大胜利——在中国共产党第十九次全国代表大会上的报告》，http：//www.xinhuanet.com/politics/2017–10/27/c_1121867529.htm。

（原文刊发于《妇女研究论丛》2017 年第 6 期，收入本书时有改动）

深入学习贯彻习近平总书记重要讲话精神
推动新时代妇女研究事业创新发展

——在 2018 年中国妇女研究会年会上的讲话

沈跃跃

（2018 年 12 月 13 日）

今天，我们在这里召开中国妇女研究会年会，主要是以习近平新时代中国特色社会主义思想为指导，深入学习贯彻习近平总书记关于妇女和妇女工作的重要论述，贯彻落实中国妇女十二大会议精神，聚焦新时代党的妇女事业发展需要，回顾总结改革开放 40 年来中国妇女发展的理论与实践成果，积极推进妇女研究工作创新发展。

中国妇女十二大是全国各族各界妇女政治生活中的一件大事。以习近平同志为核心的党中央高度重视这次大会，习近平总书记率领中央政治局全体常委同志出席中国妇女十二大开幕会。大会闭幕的当天，习近平总书记就同全国妇联新一届领导班子成员集体谈话并发表重要讲话，深刻阐述了新时代妇女事业发展的一系列重大理论和实践问题，是指导推进新时代妇女事业发展的纲领性文献，为深化妇女研究提供了理论指南。下面，我就贯彻落实习近平总书记重要讲话精神，进一步推动妇女研究事业创新发展，讲三点意见。

一 深入学习宣传贯彻习近平总书记重要讲话精神，切实用讲话精神统一思想、指导研究工作

党的十八大以来，习近平总书记立足新时代的历史方位，运用马克思主义立场、观点、方法，深刻回答了新的历史条件下妇女事业和妇女工作创新发展中具有方向性、全局性、战略性的一系列重大问题，提出了一系列富有创见的新思想新观点新论断，集中体现了我们党对新时代中国特色社会主义妇女事业的战略思

考和科学谋划。我们要把深入学习贯彻习近平新时代中国特色社会主义思想同学习贯彻习近平总书记重要讲话精神、学习贯彻习近平总书记关于妇女和妇女工作的重要论述结合起来，做深做实研究阐释工作。

要深刻学习领会习近平总书记重要讲话的丰富内涵，充分认识妇女事业是党和人民事业的重要组成部分。习近平总书记指出，做好党的妇女工作关系团结凝聚占中国人口半数的妇女，关系为党和人民事业发展提供强大力量。强调要加强党对妇女工作的领导，坚持中国特色社会主义妇女发展道路，把握实现中华民族伟大复兴的中国梦这一当代中国妇女运动的时代主题，促进男女平等，发挥妇女在各个方面的积极作用，组织动员妇女走在时代前列，在改革发展稳定第一线建功立业（人民网，2018）。我们要深刻认识妇女事业与党和人民事业的内在联系，深刻认识做好党的妇女工作对巩固党执政的阶级基础和群众基础、实现十九大确定的目标任务的重要意义，深入研究阐释新时代党的妇女工作的根本要求，自觉把妇女研究工作放到党和国家工作大局中去谋划、去推进。

要深刻学习领会习近平总书记关于加强党对妇女工作领导的重要论述，充分认识妇女工作必须坚持正确政治方向。习近平总书记指出，坚持党的领导，是做好党的妇女工作的根本保证。强调坚持党的领导，首先要高举旗帜、把正方向；妇联组织是党领导下的妇女群众组织，必须把妇女群众团结在党的周围（参见习近平，2023，第12页）。我们要深刻认识坚持党的领导是中国妇女获得解放与发展的必然选择，始终坚持党中央集中统一领导，牢固树立"四个意识"、增强"四个自信"、坚决做到"两个维护"，始终坚持正确的政治方向，站稳以人民为中心的立场，履行好团结引领广大妇女听党话、跟党走的政治职责，自觉为中国特色社会主义共同理想而奋斗。

要深刻学习领会习近平总书记关于新时代妇联组织职能定位的重要论述，进一步增强以研究服务妇联工作的责任感和使命感。习近平总书记指出，发挥桥梁纽带作用，当好得力助手，这是妇联组织的政治定位；代表和维护妇女权益、促进男女平等和妇女全面发展是妇联组织的基本职能。这些职能定位概括起来就是引领、服务、联系（参见习近平，2023，第30页）。我们要对标党的十九大提出的目标任务，围绕时代主题，研究新时代妇联组织做好引领、服务、联系工作的丰富内涵，研究加强对妇女思想政治价值引领的方法途径，研究落实男女平等基本国策、依法维护妇女合法权益的办法举措，为妇联工作服务大局、服务妇女找准切入点、结合点、着力点，更好地履职尽责提供理论支持。

要深刻学习领会习近平总书记关于做好家庭工作的重要论述，充分认识发挥好妇女"两个独特作用"的重大意义。习近平总书记指出，要做好家庭工作，发挥妇女在社会生活和家庭生活中的独特作用，发挥妇女在弘扬中华民族家庭美德、树立良好家风方面的独特作用，以小家庭的和谐共建大社会的和谐，形成家家幸福安康的生动局面（参见习近平，2023，第45页）。我们要深刻认识家庭是国家发展、民族进步、社会和谐的重要基石这一论断，深入研究新时代家庭发展面临的新情况新问题，研究妇联家庭工作的重要着力点，引导广大妇女带动家庭成员共同建设好家庭、传承好家教、弘扬好家风。

要深刻学习领会习近平总书记关于妇联改革的重要论述，充分认识妇联组织增强政治性先进性群众性的迫切要求。习近平总书记指出，要以更实的举措推进妇联工作，深化基层妇联组织改革、转变机关干部工作作风、提高服务能力，加大攻坚克难力度，确保改革在基层落地（参见习近平，2023，第87页）。我们要牢牢把握增强"三性"的目标要求，坚持问题导向，深入研究妇联组织基层不强、联系妇女不够、服务能力不足等问题的矛盾症结和解决途径，为把妇联组织建设得更加充满活力、更加坚强有力贡献智慧和力量。

要自觉用习近平新时代中国特色社会主义思想武装头脑，指导妇女理论研究。要持续深入学习习近平总书记关于妇女和妇女工作的重要论述，做习近平总书记重要讲话精神的有力传播者。要准确把握讲话精神的科学内涵、核心要义，深刻领会其中的原则立场、政治主张，切实增强"四个意识"、坚定"四个自信"、践行"两个维护"，在政治立场、政治方向、政治原则、政治道路上同以习近平同志为核心的党中央保持高度一致，确保妇女研究正确的政治方向。

二 以习近平总书记重要讲话精神为指导，在新的起点上更高标准更高水平做好新时代妇女研究工作

2018年是改革开放40周年，我们也将迎来新中国成立70周年、中国共产党建党100周年。要抓住这些重大的历史节点，以习近平总书记重要讲话精神为指导，系统梳理总结中国妇女运动的历史经验和规律，特别是党的十八大以来中国特色社会主义妇女理论研究和妇女发展实践的创新成果，深入研究新时代妇女发

展面临的重大现实问题和妇联改革中的重点难点问题，在新的起点上更高标准更高水平做好妇女研究工作。

一要系统梳理总结中国特色社会主义妇女理论研究和实践发展的创新成果，不断丰富和完善新时代中国特色社会主义妇女理论体系。中国特色社会主义妇女理论是运用马克思主义基本原理，在认识解决中国妇女现实问题的过程中，在重视总结历史经验和吸纳外来经验的实践中，逐步丰富和发展起来的。在革命、建设、改革的不同历史时期，中国共产党始终坚持将马克思主义妇女理论同中国妇女运动实践相结合，开辟了中国特色社会主义妇女发展道路，初步形成了中国特色社会主义妇女理论。特别是党的十八大以来，习近平总书记从党和国家事业发展全局出发，深刻阐述了新时代妇女运动的本质特征、时代主题、根本路径、战略目标举措、妇女地位作用、妇联改革方向等事关妇女事业发展的一系列方向性、根本性问题，赋予了中国特色社会主义妇女理论新的时代内涵，把马克思主义妇女理论中国化提升到了一个新的高度，是我们做好新时代妇女研究工作的根本遵循。我们要进一步深化对中国特色社会主义妇女发展道路内涵、基本特征和发展规律的认识，为促进妇女全面发展、推动男女平等提供理论支持。

理论来源于实践。改革开放 40 年来，尤其是党的十八大以来，妇女发展和妇女工作的丰富实践，为创新中国特色社会主义妇女理论奠定了坚实的实践基础。党和国家不断加强顶层设计，进行系统谋划，提出并实施男女平等基本国策，不断完善法律政策，编制实施妇女发展国家规划，将妇女全面发展纳入国家发展战略；妇联组织积极深化改革，服务大局、服务妇女各项工作实现了历史新突破。我们要深入研究坚持党对妇女工作领导的根本要求和具体体现，认真梳理总结妇女事业发展创新成果，提炼出最能生动反映中国妇女发展实际、具有原创性、时代性的标识性概念和研究方法，凝结成具有中国特色的价值理念和理论主张，努力构建中国特色社会主义妇女理论体系、学科体系、话语体系，实现用中国理论解读中国妇女发展实践，用中国妇女发展实践丰富和完善中国特色社会主义妇女理论。

二要围绕贯彻落实党的十九大精神，围绕中国妇女十二大提出的目标任务，深入研究与妇女发展密切相关的重大现实问题。我们要紧扣时代主题，紧扣党的十九大确定的目标任务，紧紧围绕"五位一体"总体布局和"四个全面"战略布局，落实中国妇女十二大要求，把握妇女对美好生活的向往，深入研究与妇女发展密切相关的重大现实问题，更好地为大局服务、为妇女服务。

要按照习近平总书记重要讲话精神，深入研究经济社会发展新趋势、新变化给妇女发展带来的新挑战、新问题，准确把握深化供给侧结构性改革对妇女发展和妇女工作提出的新要求；要着力研究在打赢防范化解重大风险、精准脱贫、污染防治三大攻坚战中，在实施乡村振兴战略、推进建设共建共治共享的社会治理格局中，如何调动妇女积极性主动性创造性，发挥妇女半边天作用；要适应民族未来和国家发展需要，结合当前人口结构和特点，深入研究未来人口发展变化趋势，为促进优生优育、改善人口结构、提高人口质量做贡献。要紧密结合妇女思想实际，深入研究和科学把握妇女思想政治状况、群体心理动态、价值取向情况，为更有针对性、更精准地做好妇女思想政治引领工作提供理论支持，团结动员妇女坚定不移跟党走、奋力建功新时代；要适应广大妇女日益增长的美好生活需要，重点研究妇女就业、健康、托幼、养老等领域的难点问题，注重研究普通妇女特别是贫困妇女、残疾妇女、留守妇女等困难妇女群体的所思所想所盼，努力形成有价值的研究成果。

要深入开展家庭建设和家庭工作等方面的研究，科学阐释国家发展、家庭建设与妇女发展的关系；深入研究阐释新时代家庭观的丰富内涵和具体要求，深入探讨发挥妇女"两个独特作用"的实践路径，引导妇女在促进家庭和睦、社会和谐中发挥优势、担起责任。要着力研究新时代社会主要矛盾发生变化对家庭家教家风带来的深刻影响，研究如何弘扬良好家风，推动社会主义核心价值观在家庭落地生根。要围绕培养担当民族复兴大任时代新人的战略任务，深入研究立德树人在家庭教育中的具体内容、衡量标准和践行要求；研究父母在孩子德育教育中的责任担当、基本素养和行为准则，帮助孩子扣好人生第一粒扣子。要认真研究城乡家庭领域中的新情况新问题，积极回应人民群众对家庭建设的新期盼新需求，推动建设幸福安康家庭；要深入研究全面二孩政策实施后妇女平等就业问题，推动完善相关政策，为妇女更好地平衡工作与家庭提供政策支持。

三要深化妇联组织建设研究，为妇联改革向纵深推进提供理论支持和服务。妇联组织是党领导下的人民团体，是党和政府联系妇女群众的桥梁和纽带，是国家政权的重要社会支柱，是党开展妇女工作的得力助手。我们要立足新时代妇联组织的政治定位和基本职能，深入探讨妇联组织引领、服务、联系这一职能定位的丰富内涵和实现路径。要立足妇联改革过程中面临的突出瓶颈问题，深入研究妇联组织在思维理念、运行机制、组织设置、干部管理、工作方式、作风建设等方面深化改革的推进路径，要继续深入研究不同层级妇联组织特别是县级妇联的工作重点和任务，探索完善村社区基层妇联壮大工作力量、发挥作用的长效机制，让基层真正活起来、强起来。要立足妇女群众就业、生活、聚集方式的多样化趋势，深入研究在新领域新业态新阶层新群体中建立妇联组织的可行性方案；深入研究互联网广泛使用的情况下，妇联组织如何改革工作方式方法，如何加强网上妇女工作，更广泛地联系和服务妇女群众。要立足社会组织迅速成长的新时代背景，探索妇联组织如何有效联系引导各类妇女社会组织，不断提升服务妇女的精细化、专业化、科学化水平，共同做好新时代妇女工作。

中国妇女运动有自己独特的发展道路、发展规律和特征，是世界妇女运动史上不可或缺的重要篇章。我们要立足中国现实，扩大国际妇女研究领域的交流与合作；要坚持以我为主、为我所用的原则，合理吸收借鉴国际妇女运动的有益经验；要坚持中国立场和中国话语，发出中国声音，讲好中国故事，分享中国经验，贡献中国智慧和力量。

三　进一步发挥中国妇女研究会的引领服务联系作用，推进新时代妇女研究事业创新发展

中国妇女研究会是由支持妇女研究事业、热心妇女理论研究、具有一定研究能力的社会各界人士联合组成的全国性学术团体，肩负着推进中国妇女理论研究和实践发展的重要使命。要着力加强自身建设，充分发挥政治引领、学术引领、价值引领的作用，做好引领服务联系工作。

要提高政治站位，切实发挥政治引领作用。习近平总书记指出，坚持以马克思主义为指导，是当代中国哲学社会科学区别于其他哲学社会科学的根本标志，必须旗帜鲜明加以坚持（参见新华网，2016）。我们要善于运用马克思主义的立场、观点、方法明辨政治是非，自觉把坚持正确政治方向贯彻落实到妇女研究的全过程、各方面，在思想上政治上行动上同以习近平同志为核心的党中央保持高度一致，确保妇女研究工作正确的政治方向。要增强政治敏锐性和政治鉴别力，把坚定的理想信念作为练就政治慧眼的"压舱石"，加强对社会思潮动态的战略研判，善于从纷繁复杂的局势中把握规律、认清大势、看清方向、站稳脚跟，不

断增强政治免疫力。要旗帜鲜明讲政治，对否定马克思主义立场观点的错误言论要敢于亮剑、及时发声，对歧视贬损妇女人格价值尊严的错误言论要及时予以批驳。

要胸怀大局，切实发挥价值引领作用。妇女研究者肩负着为党和人民述学立论、建言献策的光荣使命。要培养胸怀大局、心有大我的学术担当精神，始终坚持国家至上、民族至上、人民至上，把学术研究自觉融入中国特色社会主义伟大事业之中、融入人民创造历史的伟大奋斗之中，与党和国家的发展同向而行，在为时代书写、为人民做学问中成就学术人生。要坚守追求真理、崇尚正道的精神风骨，增强是非观念，坚守社会良知，以德促行、以行促知，汇聚起学术界崇德向善、追求真理、积极创新的学术品格和道德精神。要传播正能量，积极弘扬意识形态主旋律，自觉践行社会主义核心价值观，在观点辨析上下功夫，遏制各种认识偏见和错误思想的蔓延。

要立足学术原创，切实发挥学术引领作用。习近平总书记指出，中国哲学社会科学领域还存在一些亟待解决的问题，比如学术原创能力不强等（参见新华网，2016）。我们要努力做好学术研究规划，积极构建科学合理的学术评价标准。发挥好研究议题设置和学术评价对妇女研究的引导作用，营造博学、审问、慎思、明辨、笃行的治学氛围，鼓励产出经得起时间和实践检验的学术精品。要营造风清气正、互学互鉴、积极向上的学术生态。引导研究者心有所戒、行有所止，严格遵守学术研究规范，对于有损学术风气和学术发展的行为要严惩不贷，推动形成实事求是、注重诚信、严谨治学的优良学风。要走出书斋深入实践，把调查研究做深做实，善于从妇女发展的鲜活实践中发现"真问题"，从妇女发展的趋势中前瞻性地洞察问题，努力创造出反映时代和妇女火热生活的精品力作。

要加强中国妇女研究会建设，切实做好服务联系工作。要适应新时代广大妇女研究者对中国妇女研究发展的新期待新需求，在完善妇女研究网络、搭建学术交流平台、培养妇女研究人才、整合妇女研究资源等方面再发力再出发。要加强队伍建设，完善团体会员和个人会员相结合的会员制度，最广泛地把热心妇女理论研究、支持妇女研究事业，具有一定理论水平与研究能力的人士团结凝聚起来，共同为推进中国妇女研究事业做贡献。要加强基地建设，完善中国妇女研究会与各团体会员、妇女/性别研究与培训基地的常态化联系制度，完善妇女/性别研究与培训基地评估制度，定期总结党校、社科研究机构、高校、妇联合作共建形成的"四位一体"妇女研究网络的好经验好做法，充分发挥妇女/性别研究与培训基地在妇女研究和学科建设中的作用。要加强课题研究，完善妇女/性别研究课题立项制度，继续推动将妇女/性别研究纳入哲学社会科学研究主流，争取国家社科基金的支持；做好中国妇女研究会的课题规划，探索吸引社会资源支持妇女研究的机制做法，努力为研究工作争取政策支持和资源保障。要完善促进妇女研究人才成长的激励机制，继续做好培训、研讨、优秀成果推选等工作，鼓励各方多出成果、多出人才；积极推动研究成果的社会转化，为扩大研究成果的社会影响力创造条件。要完善信息网络平台服务制度，进一步密切与学术团体和社会各界的联系，充分挖掘、整合、传播国内国际信息资源，不断扩展妇女研究的视野和舞台，努力为广大妇女研究者搭建更科学、更便捷、更高效的学术交流平台。

同志们，让我们更加紧密地团结在以习近平同志为核心的党中央周围，锐意进取，埋头苦干，躬耕力行，久久为功，为推进妇女理论创新发展，为决胜全面建成小康社会和实现中华民族伟大复兴的中国梦而努力奋斗！

参考文献

1. 人民网（2018）：《习近平：组织动员妇女走在时代前列建功立业》，http：//politics. people. com. cn/n1/2018/1102/c1024-30379398. html。
2. 习近平（2023）：《在同全国妇联新一届领导班子成员集体谈话时的讲话》，《习近平关于妇女儿童和妇联工作论述摘编》，中央文献出版社。
3. 新华网（2016）：《（授权发布）习近平：在哲学社会科学工作座谈会上的讲话（全文）》，http：//www. xinhuanet. com//politics/2016-05/18/c_ 1118891128. htm。

（原文刊发于《妇女研究论丛》2019 年第 1 期，收入本书时有改动）

加强制度理论研究 服务新时代党的妇女事业发展

——在 2019 年中国妇女研究会年会上的讲话

沈跃跃

（2019 年 12 月 3 日）

今年是新中国成立 70 周年，在全国上下认真贯彻落实党的十九届四中全会精神之际，我们在这里召开 2019 年中国妇女研究会年会，主要任务是以习近平新时代中国特色社会主义思想为指导，深入学习贯彻党的十九届四中全会精神，聚焦新时代党的妇女事业发展需要，总结新中国 70 年妇女发展的理论和实践成果，加强制度理论研究，推动新时代妇女理论研究创新发展。

党的十九届四中全会是在新中国成立 70 周年之际、在"两个一百年"奋斗目标历史交汇点上召开的一次具有开创性、里程碑意义的会议。全会通过的《中共中央关于坚持和完善中国特色社会主义制度、推进国家治理体系和治理能力现代化若干重大问题的决定》（以下简称《决定》）全面贯彻习近平新时代中国特色社会主义思想，全面回答了在我国国家制度和国家治理体系上应该"坚持和巩固什么、完善和发展什么"这个重大政治问题，擘画了坚持和完善中国特色社会主义制度的新蓝图，向世界宣示了人类对美好社会制度追求的"中国方案"，是当代马克思主义国家学说的标志性成果，是新时代国家制度和国家治理体系建设举旗定向的政治宣言，对于坚定"四个自信"，战胜各种风险挑战，确保党和国家兴旺发达、长治久安，具有重大现实意义和深远历史意义。

下面，我就学习贯彻四中全会精神，进一步做好妇女理论研究工作讲三点意见，与同志们交流。

一　深入学习领会党的十九届四中全会精神，坚定中国特色社会主义制度自信

学习宣传和贯彻落实好全会精神，加强制度理论研究，是中国妇女研究会和广大妇女理论工作者的重要政治任务和重大政治课题。我们要提高政治站位，增强"四个意识"，坚定"四个自信"，做到"两个维护"，把思想和行动统一到全会精神上来，以高度的理论自觉，为落实全会确定的各项任务贡献智慧和力量。

要深刻领会坚持和完善中国特色社会主义制度的重要意义。制度是国家之基、社会之规、治理之据。用一次中央全会专门研究国家制度和国家治理问题并作出决定，这在我们党的历史上还是第一次，充分体现了以习近平同志为核心的党中央高瞻远瞩的战略眼光和强烈的历史担当。制度是定国安邦的根本，是治国理政的压舱石和定盘星。实现中华民族伟大复兴的中国梦，必须以中国特色社会主义制度为保障，这是党和人民历经艰辛探索、反复比较做出的选择。四中全会全面总结我国国家制度建设和国家治理方面取得的成就、积累的经验、形成的原则，系统阐述了坚持和完善中国特色社会主义制度、推进国家治理体系和治理能力现代化的重大意义、总体要求、科学内涵、实践途径，是习近平新时代中国特色社会主义思想最新重大成果。这个重大成果，从制度形态上科学回答了新时代坚持和发展什么样的中国特色社会主义、怎样坚持和发展中国特色社会主义的根本问题，是中国共产党对马克思主义和科学社会主义的重大贡献。保持国家制度长期稳定性和持续性，是兴国之本、强国之要。新中国成立70年，成功应对了一系列重大风险挑战、克服无数艰难险阻，创造了经济快速发展、社会长期稳定的奇迹，正是因为我们党领导人民不断探索实践、逐步形成的中国特色社会主义制度提供了根本保障。当前中国已成为世界第二大经济体，要把我国建成富强民主文明和谐美丽的社会主义现代化强国，就必须进一步把中国特色社会主义制度坚持好、巩固好、发展好、完善好，使其更加成熟、更加定型，为我们党长期执政、国家长治久安、中国特色社会主义长盛不衰提供制度保障。四中全会对新中国成立70年来形成的各方面制度进行全面检视，把实践中摸索出的一些经验制度化，彰显制度优势，进而揭示其中蕴含的规律，有利于继续深化各领域各方面体制机制改革，充分发挥我国国家制度和国家治理体系的多重优势。制度建设是

应对风险挑战、赢得主动的有力保证。当今世界正经历百年未有之大变局，国际形势复杂多变，改革发展稳定、内政外交国防、治党治国治军各方面任务之重前所未有，面临的风险挑战之多前所未有，坚持和完善中国特色社会主义制度、推进国家治理体系和治理能力现代化的现实紧迫性前所未有。四中全会加强顶层设计，系统梳理制度成果，提出新时代坚持和完善中国特色社会主义制度、推进国家治理体系和治理能力现代化的新要求新任务，有利于增强全党全国各族人民制度自信，以制度威力应对风险挑战的冲击，以中国之治应对时代之变。

要深刻认识中国特色社会主义制度是具有强大生命力和巨大优越性的科学制度体系。中国特色社会主义制度是以马克思主义为指导、植根中国大地、具有深厚中华文化根基、深得人民拥护的制度。中国特色社会主义制度是在长期实践探索中形成的伟大创造。它不是从天上掉下来的，是在改革开放40多年特别是党的十八大以来的伟大实践中得来的，是在新中国成立70年的持续探索中得来的，是在我们党领导人民进行伟大社会革命近百年的实践中得来的，是在近代以来中华民族由衰到盛170多年的历史进程中得来的，是在对中华文明5000多年的传承发展中得来的，具有深刻的历史逻辑、理论逻辑、实践逻辑。中国特色社会主义制度具有显著优越性和强大生命力。四中全会系统总结我国国家制度和国家治理体系具有的13个显著优势，科学揭示了新中国70年发展成就的制度原因。新中国成立70年、改革开放40多年特别是党的十八大以来，党和国家事业取得历史性成就，中华民族迎来了从站起来、富起来到强起来的伟大飞跃，根本原因是始终坚持中国共产党领导，根本在于有习近平总书记领航掌舵，有党中央坚强领导，有习近平新时代中国特色社会主义思想科学指引。当前中国发展呈现出"风景这边独好"的局面，"中国之治"与"西方之乱"形成鲜明的对比，其中很重要的原因就是我国的国家制度和法律制度具有强大生命力和巨大优越性。这是我们坚定中国特色社会主义道路自信、理论自信、制度自信、文化自信的基本依据。中国特色社会主义制度是一套行得通、真管用、有效率的制度体系。中国共产党领导是中国特色社会主义最本质的特征，是中国特色社会主义制度的最大优势，党是最高领导力量。70年来，正是因为始终坚持党的领导，集中力量办大事，才能成功应对一系列重大风险挑战、克服无数艰难险阻，始终沿着正确方向稳步前进；正是因为我们党始终坚持以人民为中心，为中国人民谋幸福、为中华民族谋复兴，一切为了人民、一切依靠人民，真正保证了人民当家作主，赢得了人民拥护；始终坚持全面依法治国，解放和增强社会活力、促进社会公平正义、维护社会和谐稳定，确保了党和国家长治久安；始终坚持民主集中制，既充分反映人民意愿，又形成全体人民的统一意志。历史已经证明，在当今时代坚持和完善中国特色社会主义制度就是坚持和发展马克思主义，在当代中国推进国家治理体系和治理能力现代化就是坚持和完善中国特色社会主义，在当代中国坚持中国共产党领导就是真理。

要进一步坚定中国特色社会主义制度自信。中国特色社会主义制度经过长期实践检验，来之不易，必须坚定制度自信，坚定不移走中国特色社会主义道路。要明确坚持和巩固什么，自觉对标对表，毫不动摇坚持和巩固中国特色社会主义根本制度、基本制度、重要制度，使之贯穿在工作全过程、体现在研究各环节。要明确完善和发展什么，坚持与时俱进，把握坚持和完善中国特色社会主义制度、推进国家治理体系和治理能力现代化的总体要求、总体目标和重点任务，突出问题导向，深化制度理论研究，围绕固根基、扬优势、补短板、强弱项的要求，把优势找出来，把短板弱项搞清楚，提高制度设计的科学性，强化制度的执行力，为坚持和完善中国特色社会主义制度、推进国家治理体系和治理能力现代化贡献力量。

二　对标对表党的十九届四中全会精神，
明确妇女研究工作的任务要求

"习近平指出，要加强对中国特色社会主义国家制度和法律制度的理论研究，总结70年来我国制度建设的成功经验，构筑中国制度建设理论的学术体系、理论体系、话语体系，为坚定制度自信提供理论支撑"（新华网，2019）。四中全会要求，要加强制度理论研究和宣传教育，引导全党全社会充分认识中国特色社会主义制度的本质特征和优越性，坚定制度自信。这些都为妇女理论研究指明了方向、提供了遵循、明确了要求。

要坚持马克思主义的指导地位。马克思主义以科学的世界观和方法论揭示了人类社会发展规律，是我们立党立国的根本指导思想。四中全会第一次把马克思主义在意识形态领域的指导地位作为一项根本制度明确提出，理论研究工作必须首先贯彻落实。我们坚持和完善马克思主义在意识形态领域指导地位的根本制度，最重要的就是要全面贯彻落实习近平新时代中国特色社会主义思想。习近平新时代中国特色社会主义思想是马克思主义中国化最新成果，是当代中国马克思主义、21世纪马克思主义，为实现强党强国和民族复兴提供了科学行动指南，为党和人民提供了强大思想武器。要按照学懂弄通做实的要求，深入推进学习教育，深刻理解这一思想的精神实质、丰富内涵、核心要义、实践要求，深刻领悟贯穿其中的马克思主义立场、观点、方法，进一步武装头脑、指导实践、推动工作。要积极参与马克思主义理论研究和建设工程，把坚持以马克思主义为指导全面落实到妇女理论研究和教学全过程各方面，确保妇女理论研究沿着正确方向前进。要发扬斗争精神，敢于善于同各种错误思想和言论作斗争；同时注意区分政治原则问题、思想认识问题、学术观点问题，旗帜鲜明地反对和抵制各种错误观点。既要防止把学术观点问题特别是思想认识上升为政治原则问题，又要防止把政治原则问题淡化为学术观点问题或思想认识问题。

要明确新时代妇女研究的重点任务。四中全会《决定》多处明确了坚持和完善促进妇女全面发展、发挥人民团体作用的制度机制，为进一步深化新时代妇女理论研究提供指南。一是要围绕落实坚持和完善党的领导制度体系，深入研究妇女和妇联工作如何始终自觉坚持党的领导制度这一我国的根本领导制度，切实增强"四个意识"、坚定"四个自信"、做到"两个维护"；研究如何坚持党建带妇建、妇建服务党建，全面深化妇联改革，健全联系广泛、服务群众的妇联工作体系、创新互联网时代妇联工作机制，推动妇联增强政治性先进性群众性、把广大妇女紧紧团结在党的周围，引领妇女听党话跟党走，夯实党执政的妇女群众基础。二是要围绕落实坚持和完善人民当家作主制度体系，深入研究如何把以人民为中心的发展思想具体落实在妇女工作中，凸显妇女的主体地位；研究如何促进妇女民生、维护妇女权益、发挥妇女在社会生活和家庭生活中的"两个独特"作用、拓宽妇女民主参与渠道等，把服务大局与服务妇女有机地结合起来，做到为了妇女群众、相信妇女群众、依靠妇女群众、引领妇女群众。三是要围绕落实坚持和完善统筹城乡的民生保障制度，深入研究如何坚持和完善促进男女平等、妇女全面发展的制度机制，营造男女平等的社会环境；研究如何完善农村留守儿童和妇女、老年人关爱服务体系，健全残疾人帮扶制度等事关妇女儿童民生的突出问题，增加妇女群众的获得感幸福感安全感。四是要围绕落实坚持和完善共建共治共享的社会治理制度，深入研究如何发挥妇女和妇联组织在家庭家教家风中的独特作用，研究注重发挥家庭家教家风在基层社会治理中重要作用的机制、途径和办法，落实好构建覆盖城乡的家庭教育指导服务体系等要求，切实把习近平总书记提出的"注重家庭、注重家教、注重家风"（人民网，2015）的要求落地落实。五是要围绕落实健全党组织领导的自治、法治、德治相结合的城乡基层治理体系，深入研究如何完善妇女参与基层社会治理的制度化渠道，总结梳理信访代理制、婚姻家庭矛盾纠纷调解机制、妇女议事会等实践经验，使之上升为制度机制，畅通和规范妇女诉求表达、利益协调、权益保障渠道；研究如何加强妇女在乡村治理中的作用，构建基层社会治理新格局。总之，要围绕《决定》提出的目标要求，研究如何在推进国家治理体系和治理能力现代化中，进一步促进妇女事业发展，并努力把研究成果变成学科体系、话语体系、教材体系，不断增强理论解释力、话语说服力、实践推动力。

三　切实承担起妇女研究的职责使命，努力把制度理论研究做深做实做透

贯彻落实四中全会精神，加强制度理论研究，必须坚持以习近平新时代中国特色社会主义思想为指导，用中国理论阐释中国妇女运动和妇女发展实践，用中国妇女运动和妇女发展实践体现社会主义制度优越性，加大对现实问题、实践经验和制度发展完善的研究总结力度，对继续加强制度创新做出妇女研究的贡献。

要认真学习宣传贯彻十九届四中全会精神。要把学习宣传贯彻四中全会精神作为一项重要政治任务，把学习四中全会精神同学习贯彻习近平新时代中国特色社会主义思想结合起来，同学习贯彻习近平总书记关于妇女和妇女工作的重要论述结合起来，把握精神实质，领会核心要义，真正学懂弄通做实，把坚决做到"两个维护"体现在始终坚持正确的政治方向上，转化为做好研究工作的理念思想、举措办法和科学方法，落实在为加快建立健全国家治理急需的制度、满足人民日益增长的美好生活需要必备的制度提供理论支撑上。要大力加强十九届四中全会精神的宣传阐释，发挥理论工作者的优势，为把全会精神讲清楚、入人心，增进妇女群众对中国特色社会主义制度和国家治理体系优越性的理解和认同，坚定制度自信，自觉听党话跟党走提供更有力的支持。

要切实加大制度机制研究力度。要把制度机制研究作为重要学术研究方向，放在重要日程，设立相关研究课题，开展跨学科合作。要从历史逻辑上入手，深入研究中国共产党成立近100年来领导中国妇女运动和妇女发展的历史进程，全面总结推动男女平等和妇女发展的成就与经验；深入研究、借鉴人类历史上推进妇女发展与性别平等的有益成果。通过梳理历史脉络、中外比较研究，深入阐释中国特色社会主义妇女发展道路形成和发展的历史必然性，深刻揭示党的领导是中国特色社会主义妇女发展道路的最本质特征，为增强坚持中国特色社会主义制度自信提供历史依据。要从理论逻辑上入手，继续梳理马克思主义经典作家关于促进妇女解放与男女平等的制度机制理论，深入研究习近平总书记关于妇女和妇女发展的重要论述，特别是关于实现男女平等和促进妇女全面发展的制度机制，深刻揭示这一马克思主义中国化最新成果的科学内涵、时代意义，为新时代中国妇女运动提供理论指导。要从实践逻辑上入手，对党的十八大以来党和国家持续推动男女平等和妇女全面发展的创新实践进行总结、归纳，提炼、升华为理论成果和制度成果。对于党的群团工作会议确定的"六个坚持""三统一""保持和增强政治性先进性群众性"等中国特色社会主义妇女发展道路的制度机制，要坚持巩固下来，使之更加成熟、更加定型。

对于四中全会提出的关于坚持、完善和发展妇女参与国家和社会事务管理，妇女儿童民生保障，促进男女平等、妇女儿童全面发展等制度机制，要认真分析其中哪些制度相对成熟，哪些做法经验可提炼上升为制度，哪些尚不成熟需在实践中进一步探索完善。比如，关于坚持和完善促进男女平等、妇女全面发展的制度机制，要研究如何更好地宣传贯彻男女平等的宪法原则与基本国策、大力营造促进男女平等和妇女全面发展的社会环境，促进妇女平等依法行使民主权利、平等参与经济社会发展、平等享有改革发展成果；研究如何防止和纠正就业隐形歧视，完善促进女性职业发展、促进家庭发展政策，营造公平就业制度环境；研究如何扎实有效开展农村妇女"两癌"检查项目，加强对留守、流动、残疾等困难妇女的关爱，进一步提高城乡妇女民生保障水平；研究如何在构建基层社会治理新格局中充分发挥妇联组织作用，发挥妇女"两个独特"作用，健全党组织领导的自治、法治、德治相结合的城乡基层治理体系；等等。关于注重发挥家庭家教家风在基层社会治理中的重要作用的制度机制，要研究家庭家教家风建设与基层社会治理的关系，和睦家庭与和谐社会、良好社会风气的关系，促进建设好

家庭、涵养好家教、传承好家风；研究家庭领域出现的新情况新问题，人民群众
对家庭建设的新期盼新需求，总结地方在家校社协调合力推进立德树人方面的经
验做法，为家庭教育立法、推动构建覆盖城乡的家庭教育指导服务体系建言献
策；研究如何把家庭家教家风建设融入自然村屯、村民小组、居民小组、楼栋网
格等群众生活最小单元，切实发挥家庭家教家风在基层社会治理中的重要作用；
等等。

要加强中国妇女研究会自身建设，切实发挥引领服务联系职能。中国妇女研
究会担负着引领服务联系广大妇女研究工作者的重任，要坚持党的领导，提高政
治站位，切实发挥引领作用，引导广大妇女研究者旗帜鲜明讲政治，自觉把
习近平新时代中国特色社会主义思想贯穿研究全过程，自觉巩固马克思主义在意
识形态领域的指导地位，对否定马克思主义立场观点、对歧视贬损妇女人格尊严
的错误言论、对打着"女权"旗号进行煽动破坏的言行敢于亮剑，及时发声，
勇于斗争。切实做好服务联系工作，完善研究会管理体制，加强制度建设和能力
建设，深化与各领域妇女研究者的联系，更好地提供服务。畅通研究成果转化渠
道，进一步推动将研究成果转化为两会提案建议、内参、要报等；继续做好培训
和研讨，积极发现和培养青年人才；继续推动将妇女/性别和家庭研究方向纳入
哲学社会科学研究主流，推动国家社科基金立项。进一步加强妇女/性别研究与
培训基地建设，充分发挥基地在妇女研究事业发展中的作用，使研究会结构更加
合理、渠道更加畅通、影响更加广泛。

中国妇女研究会从 1999 年 12 月成立到现在整整 20 年了。作为全国妇联主
管的全国性社科学术团体，20 年来，在历届会长带领下，中国妇女研究会始终
坚持党的领导，坚持马克思主义指导地位，团结引领全国妇女研究者围绕党和国
家工作大局、围绕妇女解放和发展的重大议题，开展深入研究并积极转化成果，
取得了丰硕的研究成果和令人鼓舞的成绩，积累了丰富的经验，有力推进了中国
妇女理论研究和实践的发展与繁荣。2020 年，中国妇女研究会将要换届，希望
研究会以换届为契机，以党的政治建设为统领，进一步加强研究会的思想建设、
组织建设、制度建设、作风建设，不断开创工作新局面。

新时代开启新征程，呼唤新作为。让我们更加紧密地团结在以习近平同志为
核心的党中央周围，求真务实、开拓进取，在坚持和完善中国特色社会主义制
度、推进国家治理体系和治理能力现代化进程中，加强制度理论研究，推动妇女

理论研究创新发展，为全面建成小康社会、实现"两个一百年"奋斗目标和中华民族伟大复兴中国梦贡献智慧和力量！

参考文献

1. 人民网（2015）：《习近平在 2015 年春节团拜会上的讲话（2015 年 2 月 17 日）》，http：//politics. people. com. cn/n/2015/0218/c1001-26581325. html。
2. 新华网（2019）：《习近平在中央政治局第十七次集体学习时强调 继续沿着党和人民开辟的正确道路前进 不断推进国家治理体系和治理能力现代化》，http：//www. xinhuanet. com/politics/leaders/2019-09/24/c_ 1125035490. htm。

（原文刊发于《妇女研究论丛》2019 年第 6 期，收入本书时有改动）

研 究 综 述

妇女/性别专题研究综述

中国特色社会主义妇女理论研究综述
（2016~2020 年）

石红梅　杜　辉*

一　研究概述

"中国特色社会主义妇女理论"是马克思主义妇女观中国化、时代化的最新成果，是中国特色社会主义理论体系的组成部分。2016~2020 年，学界就中国特色社会主义妇女理论与实践的创新和发展、新时代中国特色社会主义妇女发展道路研究、如何发挥妇女在家庭家教家风建设中的独特作用、中国特色妇女/性别研究话语体系构建等开展了研究，中国特色社会主义妇女理论得到进一步丰富和发展。

（一）文献筛选过程

笔者使用高级检索在"中国知网"（CNKI）的"中国期刊全文数据库""中国博士学位论文全文数据库""中国优秀硕士学位论文全文数据库"以"妇女解放""妇女发展""妇女运动""妇女工作""妇女理论""妇联组织""马克思主义妇女观""中国共产党妇女思想""中国特色社会主义妇女理论"等为检索词进行检索后发现，相较于 2011~2015 年，2016~2020 年相关学术论文和硕博学位论文数量呈下降趋势。

在博士学位论文方面，一些研究涉及马克思主义婚恋家庭思想研究（于晓

* 作者简介：石红梅，女，厦门大学马克思主义学院教授、博士生导师；杜辉，男，厦门大学马克思主义学院博士研究生。

琪，2016）、习近平家庭建设观研究（曾平生，2020），还有一些研究涉及马克思主义哲学视阈下的性别差异研究（张洪伟，2016）、马克思主义女性主义视域下的性别反思（张怡菲，2016）。

在著作方面，2016~2020年涌现出一批较有代表性的研究成果：《男女平等基本国策的贯彻与落实》（国务院妇女儿童工作委员会办公室编，2016）、《马克思主义妇女观中国化研究》（刘宁元，2016）、《中国共产党妇女工作史（1949~1978）》（耿化敏，2016）、《马克思主义阶级与性别理论》（梁小燕，2017）、《马克思主义视域下的妇女解放思想及其当代价值》（王定全，2017）、《马克思主义妇女观和中国特色女权主义实践》（石红梅，2017）、《当代中国妇女运动简史（1949~2000）》（全国妇联妇女研究所编著，2017）、《中国共产党的妇女福利思想与实践》（黄桂霞，2018）、《马克思主义妇女观中国化进程研究（1921~1949）》（赵小波，2018）、《马克思恩格斯女性解放理论研究》（李楠，2018）、《马克思主义女性解放思想研究》（白婧，2018）、《男女平等价值观研究》（全国妇联妇女研究所编著，2020）等。

在学术会议方面，2016~2020年，中国妇女研究会、全国妇联妇女研究所和国内高校等主办了一系列学术会议，积极推动中国特色社会主义妇女理论与实践的创新和发展。中国妇女研究会年会围绕"新发展理念下的妇女发展与性别平等"（2016，北京）、"中国特色社会主义妇女理论与实践的创新和发展"（2017，北京）、"改革开放40周年"（2018，北京）、"新中国成立70周年中国妇女发展理论与实践的回顾和总结"（2019，北京）等主题展开了多层次的深入研讨；2017年6月28~29日，《妇女研究论丛》编辑部、中国人民大学马克思主义学院中共党史系主办"妇女与中国革命：延续与变迁"研讨会；2018年7月7~8日，《妇女研究论丛》编辑部、上海师范大学光启国际学者中心主办"中国妇女解放：文化想象与社会实践"学术研讨会；2019年12月，全国妇联妇女研究所妇女理论研究室、《妇女研究论丛》编辑部主办"国家、家庭与妇女：中国共产党的理论探索与实践"学术研讨会；一些高校主办了"性别平等与家庭建设"（2016，厦门）、"性别与文化论坛"暨"改革开放四十年：性别意识的兴起与拓展"（2018，北京）、"改革开放40年妇女发展的理论与实践"（2018，厦门）、"女性发展与国家治理现代化"（2020，厦门）等学术研讨会。

在课题/项目方面，有2个国家社会科学基金专项课题值得关注。一是以十一届全国人大常委会副委员长、全国妇联原主席陈至立为首席专家的"男女平等价值观研究与相关理论探讨"课题。该课题成果之一——专著《男女平等价值观研究》（2020）采取文献研究、质性访谈与定量研究相结合的方法，对男女平等价值观的思想渊源和理论内涵进行了梳理和阐释，对于不同社会群体对男女平等价值观的认同情况进行了整体描述，系统考察了男女平等价值观的传播状况以及相关法律政策对男女平等价值理念的秉承状况，并积极探索了在家庭、社会等各领域培育和践行男女平等价值观的有效途径，从性别研究层面丰富了社会主义核心价值体系。二是以全国人大常委会副委员长、全国妇联主席沈跃跃为首席专家的"新时代中国特色社会主义妇女发展道路研究"。该课题是研究阐释党的十九大精神国家社会科学基金专项课题。该课题在习近平新时代中国特色社会主义思想指导下，从新时代中国特色社会主义妇女发展道路的理论创新和实践经验总结两个维度，聚焦新时代中国特色社会主义妇女发展道路的指导思想、制度保障、工作实践和国际贡献，系统研究新时代中国特色社会主义妇女发展道路的成就与经验、特点与规律，为新时代坚持走中国特色社会主义妇女发展道路提供理论和实践指导。此外，2016~2020 年，国家社会科学基金"马列·科社"和"党史·党建"学科涉及妇女议题的立项共计有 12 项，比 2011~2015 年多 2 项。"马列·科社"类的一般项目，有"当代中国妇女理论的本土建构研究"（2016）、"习近平新时代妇女全面发展思想研究"（2018）、"社会主义发展进程视域下中国妇女运动经验研究"（2019）等；"党史·党建"类项目中，有"改革开放以来中国共产党推进民族地区妇女工作的历史经验研究"（2018）、"中国共产党领导的妇女武装组织研究（1927~1936）"（2018）、"中央苏区妇女解放运动的理念嬗变、路径演化及经验启示研究"（2019）、"新中国 70 年党领导妇女工作的历史与经验研究"（2019）、"川陕苏区妇女运动的历史考察"（2019）以及国家社会科学基金重大项目"建党百年农村妇女参政议政资料收集、研究与数据库建设"（2020）等。

（二）整体研究图景

同上个五年相比，2016~2020 年的研究主要呈现出如下特点。

首先，聚焦实现中华民族伟大复兴的时代主题，妇女议题研究导向鲜明，富有时代感。一是坚定不移走中国特色社会主义妇女发展道路，积极推动中国特色社会主义妇女理论与实践的创新和发展。二是紧密围绕新时代家庭家教家风建设的历史根脉，揭示家庭建设同个人幸福、社会进步乃至中华文明的互动关系，借古鉴今，继往开来。除关于马克思主义经典作家对妇女议题阐释以及中国共产党历代领导人妇女解放思想研究外，男女平等价值观研究与相关理论探讨、新时代中国特色社会主义妇女发展道路研究、习近平新时代中国特色社会主义思想、习近平关于妇女和妇女工作的重要论述、中国共产党妇女工作和妇女福利思想研究等日益增多。三是注重历史和现实的理论联系。即强调改革开放以来的妇女理论研究同改革开放以前的妇女理论研究相联结，社会主义市场经济条件下的妇女研究同社会主义计划经济条件下的妇女研究相联结，守正创新，与时俱进。

其次，尝试运用中国话语和中国叙事体系阐释新时代中国妇女问题。2016～2020 年的研究成果不仅批判了西方学者对马克思主义妇女解放理论的改良和修正，而且认识到对西方理论不经研究分析就"拿来主义"的态度是"水土不服"的，提出应"在新的世界高度上，综合中国革命经验与西方理论，对女性问题做出更具综合性和理论深度的探讨"（贺桂梅，2020）。

最后，认识中国妇女发展的规律性和世界意义正在成为主流。中国特色社会主义妇女研究成果不仅是中国的，也是世界的。该研究不仅代表着马克思主义指导中国妇女实践的成果总结，而且代表着中华民族妇女文明为人类文明做出的独特贡献。这五年，妇女脱贫、养老、婚育、就业等问题受到学界高度的重视，其核心在于总结既有经验形成规律性认识。比如，对妇女脱贫攻坚经验的研究为指导全世界妇女减贫事业提供规律性认识（曹楠楠，2020），对新时代家庭家教家风建设的研究为人类家庭新形态提供规律性认识（曾平生，2020；李佳娟，2020），对妇女传承中华民族传统美德作用的研究为世界妇女发展提供规律性认识等（戴巍巍，2020；李淑敏，2020），彰显出中国特色社会主义妇女理论的思想魅力和世界意义。

二　主要研究内容

构建中国特色社会主义妇女理论体系、学科体系、话语体系是构建中国特色哲学社会科学不可缺少的重要内容，是广大妇女研究工作者肩负的重大使命

（谭琳，2016；韩贺南，2017）。这五年，从事中国特色社会主义妇女理论的研究工作者致力承担这样的使命和责任，主要的研究内容体现在以下三个方面。

（一）关于马克思主义妇女理论及其中国化的研究

马克思主义妇女理论深刻影响了中国的妇女运动，并在中国革命、建设、改革中不断地实现中国化时代化。回归马克思主义经典作家对妇女议题的阐释是学界在这五年的重要研究动向，阐释中国共产党历代主要领导人如何推进马克思主义妇女理论中国化是学界的共同话题。

一是关于回归马克思主义经典作家对妇女议题阐释的研究。这部分集中在对马克思、恩格斯、列宁等关于妇女自身和妇女议题的研究上。马克思、恩格斯把女性主体置于历史的、具体的和现实的物质生活中来考察，并从生产力与生产关系的辩证关系中寻找女性解放运动的客观规律和有效途径（宋冬鑫，2016；郭滢、刘怀玉，2017；秦正为，2020）。恩格斯从唯物史观的角度出发，沿用路易斯·亨利·摩尔根（Lewis Henry Morgan）按照生产力发展的不同程度来划分人类社会和家庭形式的标准，对妇女社会地位的高低变化进行了深入考察。他指出，妇女的社会地位始终随着生产力的发展、经济制度和婚姻制度的变化而变化。恩格斯妇女解放理论中蕴含的革命性和科学性指导着中国特色社会主义妇女理论，为积极推进 21 世纪女性的解放和发展提供了弥足珍贵的思想来源和精神支撑（张亚茹、宋建丽，2020）。这就意味着消灭私有制只是手段，减少家务劳动、允许妇女参加社会生产也是手段，而妇女彻底解放的标准在于实现男女真正平等。

那么该如何实现男女真正平等呢？列宁高度重视和努力落实法律上和事实上的男女平等地位，提出让妇女接受教育、参加对国家和公共企业的管理，特别是让妇女从家庭劳动中解放出来，参加公共劳动，并实行与男子同工同酬、多劳多得（秦正为，2020）。列宁进一步倡导改革家庭制度，使家庭的经济职能、服务职能、教育职能社会化、现代化；主张根据妇女自身特点和家庭特点，设置保障妇女权益的社会制度；提出苏维埃政府要大办公共食堂、托儿所、幼儿园，以减轻妇女们的家务负担（魏国英、仝华、王成英等，2016）。这些途径丰富和发展了马克思恩格斯的妇女解放思想，并为马克思主义妇女理论注入俄国经验。

在《德意志意识形态》《共产党宣言》《资本论》《家庭、私有制和国家的起源》等经典著作中，马克思和恩格斯明确指出妇女受压迫的原因是私有制和阶级压迫，解放妇女依靠的是推翻阶级压迫和私有制，而现实中大多数社会主义国家在推翻本国阶级压迫和私有制之后仍未彻底解放妇女。如何回应理论和实践的"悖论"，关系着中国特色社会主义妇女理论的科学性。在经济文化相对落后的国家建成社会主义、解放妇女是一个长期的历史过程，既要理解各个国家的特殊性，又要掌握马克思主义妇女理论的普遍性。在马克思主义那里，妇女解放包含两个层面的含义：一是作为无产阶级的解放，它同全人类的解放相统一，这一解放要求消灭资本主义私有制、扬弃异化劳动，实现人向人的本质的复归；二是作为妻子的解放，这一解放要求打破家务劳动与公共劳动的二元对立，实现家务劳动社会化（孔娜，2017）。诚然，中国特色社会主义妇女理论是包括妇女问题的中国化马克思主义妇女理论，而妇女理论本身就是马克思唯物史观的重要部分，通过文本解读，有学者运用历史唯物主义把握马克思主义妇女理论的核心，即劳动分工这把钥匙（宋冬鑫，2016；苏俐晖，2020），这就为马克思主义妇女理论中国化研究奠定了基石。

二是关于中国共产党历代主要领导人不断推进马克思主义妇女理论中国化的研究。无论是新民主主义革命时期还是新中国成立后，毛泽东都高度重视妇女在革命和建设中的作用。通过对中国妇女问题进行充分的和深入实际的考察，毛泽东将马克思主义妇女理论同中国妇女解放的实践紧密结合，概括出了符合中国实际的理论。主要体现在五个方面：其一是提出"四大绳索"（政权、族权、神权、夫权）束缚了广大的中国妇女尤其是农村妇女的思想；其二是提出逐步通过阶段性胜利最终取得妇女的解放；其三是指出衡量革命是否胜利，妇女是一个关键的要素；其四是提出妇女要在经济上获得独立，就应该让她们参与社会生产，只有如此妇女解放的根本条件才能得到保障；其五是主张建立健全妇女组织，认为这是妇女解放最为关键的部分（胡帆、胡晓梅，2016；刘宁元，2016）。

改革开放以来，党领导广大妇女开辟了中国特色社会主义妇女发展道路。邓小平非常重视发挥妇女的建设作用，重视妇女干部的培养（何文校，2020），注重提升妇女的民主政治权利与经济地位，重视妇女干部的选拔培养和参政议政，重视广大妇女勤俭持家的家庭作用，强调妇联对妇女工作的重要性以及妇女事业发展的国际视野等（魏国英，2018；李玲，2018）。在坚持探索中国自身妇女解放道路的基础上，认为中国的妇女解放运动要以社会主义初级阶段这一国情为基础。生产力落后，妇女就不能摆脱繁重家务劳动的束缚，不能参与到社会化生产中来，妇女在社会中的经济地位也会受到影响，所以要将妇女工作的重心放在经济建设上（胡帆、胡晓梅，2016；王定全，2017）。

江泽民指出了马克思主义妇女观的哲学基础、基本内涵、指导意义和理论地位，并从妇女受压迫的根源、妇女实现解放的条件、妇女解放的意义、妇女的社会作用等方面概括了马克思主义妇女观的主要内容（门艳玲、王晶，2017）。江泽民提出的"三个代表"重要思想是实现中国妇女解放的行动纲领，其三个层面分别致力于解决妇女的生存和发展问题；倡导文明进步的妇女观；有效维护妇女群众的根本利益，不断推动 21 世纪妇女事业取得新胜利（王定全，2017）。

科学发展观是新时期推动妇女解放事业发展的思想武器。落实科学发展观就是要鼓励妇女参与到社会主义建设中来，促进妇女事业发展，满足妇女新需求、解决新问题，最终实现妇女全面发展。胡锦涛在建设社会主义和谐社会大背景下阐明性别和谐对构建社会主义和谐社会的重要性，他认为建设和谐社会离不开妇女这一巨大的人力资源，也离不开女性和男性的共同参与、相互合作的实践（吴楠，2016；王定全，2017）。胡锦涛还高度重视妇女工作和妇联组织建设以维护妇女合法权益，发挥妇女在全面建设小康社会中的重要作用，推动中国妇女走出去，融入世界潮流（赵会娜、杨曦，2015）。

习近平关于新时代妇女发展和妇女工作的重要论述深刻阐明了新时代妇女发展的一系列重大理论和现实问题，是马克思主义妇女理论中国化的最新成果，是新时代中国妇女事业发展的思想指南，构成习近平新时代中国特色社会主义思想的重要组成部分。习近平关于新时代中国特色社会主义妇女发展的重要思想具有马克思主义理论的科学性、人民性、实践性和开放性特征，凸显了新时代中国妇女解放与发展的领导力量，指明了新时代中国妇女解放与发展的道路（马焱，2018）。其核心理念是：加强党对妇女工作的领导，坚持中国特色社会主义妇女发展道路，把握实现中华民族伟大复兴的中国梦这一当代中国妇女运动的时代主题；充分肯定和尊重妇女的社会作用；赋予男女平等时代内涵，推进男女平等事业；必须为妇女发展创造良好的经济政治和思想文化条件；必须激发妇女主体意识，增强妇女发展能力；必须加强妇联改革、发挥妇联的重要作用等（唐娅辉，2016；李玲，2018；李岁月，2018；李玲、郭红，2018；姜秀花，2019）。

习近平创造性地将马克思主义妇女观同中国妇女实际、同中华优秀传统文化相结合，主张从中华优秀传统文化中吸取智慧、从中华传统美德中汲取精神能量帮助中国妇女提高自身的道德素养（李玲、郭红，2018；张阿倩，2020）。特别是关于妇女在家庭建设中的作用的重要论述，既是对马克思主义妇女观关于妇女在两种生产中作用的深化与发展，又结合中华优秀传统文化中妇女在家庭美德建设中的作用，将家庭建设落实到普通家庭并升华到促进社会和谐、形成良好社会风尚的社会发展的高度；与时俱进地倡导男性在家庭中的作用及责任分担，提出男性是家庭教育的责任者，是家庭和睦、社会和谐不可或缺的力量，可以说是马克思主义妇女观在中国本土化、时代化、大众化的最新阐释（刘亚玫、张永英、杨玉静等，2018；黄桂霞，2018；郑吉伟、苏娜，2019；李毅弘、戴歆馨；2019；刘晓辉，2019）。

（二）关于中国特色社会主义妇女发展道路及其具体实践的研究

中国特色社会主义妇女发展道路是中国共产党领导广大妇女将马克思主义基本原理与中国妇女运动实践相结合，经过长期实践探索出来的，是适应我国妇女事业发展要求的正确道路，是推动妇女事业不断发展的必由之路（姜秀花、范红霞、杨玉静，2020；金卓，2020）。

首先，坚持中国共产党的领导是坚定走中国特色社会主义妇女发展道路的根本保证。《中国共产党妇女工作史（1949~1978）》（耿化敏，2016）着力发掘运用包括中共妇运文件、全国妇联部门档案、妇女（联）史志、妇女工作者口述访谈、妇女报刊在内的丰富史料，从"中国共产党部门工作史"的新视角，全面、系统、深入地展现了自1949年新中国成立至1978年启动改革开放这一时期中共妇女工作的历史形貌，揭示了学界过去语焉不详的当代中国妇女工作领导体制机制的起源、发展与演变，增进了对毛泽东时代中国妇女运动的进程与走向的理解。尹旦萍（2019）聚焦新中国成立70年来的妇女工作，指出中国共产党70年妇女工作的发展历程，是党不断探索并逐渐形成中国特色社会主义妇女发展道路的过程；70年妇女工作的经验，构成中国特色社会主义妇女发展道路的基本特质；70年妇女事业的成就，是中国特色社会主义妇女发展道路自信的主要来源。与西方国家提高妇女地位的国家机制不同，中国建立的是党委领导、政府主导、多部门合作、全社会共同参与的工作机制，具有鲜明的中国特色和巨大优势，是中国妇女事业发展取得历史性成就的重要保障（张立、张永英、李文，

2019）。中国共产党能够始终以马克思主义妇女理论为指导开展妇女工作，始终围绕党的中心工作开展妇女工作，培养、教育、选拔女干部，保障妇女享有与男子平等的权利（隋悦，2016）。进入新时代，党坚定不移促进妇女全面发展，夯实妇女发展的物质基础，加强妇女发展的制度保障，优化妇女发展的社会文化环境，以及提升妇女主体自觉、倡导男性支持合作等（黄桂霞、马冬玲、刘晓辉，2019）。可以说，这条道路来之不易，这条道路始终为了全体人民，而坚定不移走中国特色社会主义妇女发展道路始终离不开中国共产党的领导。

其次，中国特色社会主义妇女发展实践离不开发挥妇女独特的地位和作用。基于对美好生活的向往和追求，一定程度上激发了妇女群众进一步提高社会治理参与水平和参与质量的积极性和主动性，从而为社会治理持续优化提供了充足的发展动力（徐芳，2019）。习近平总书记（2023：37）指出："发挥妇女在社会生活和家庭生活中的独特作用。"这"两个独特作用"不是对立互斥而是辩证统一的。强调妇女的家庭责任，不是让妇女"两耳不闻家外事"，一心扑在"小家"上；强调妇女的社会责任，也不是让妇女不顾家庭，只追求个人职业发展（刘亚玫、马焱，2018）。社会生活领域和家庭生活领域是推动家庭建设与发挥家庭作用的主要空间，妇女在这两个领域都发挥着独特作用（郑长忠，2019）。一方面，发展离不开妇女，妇女参加社会生产和经济活动，能够极大地提升社会生产力和经济活力；另一方面，妇女参与社会生产生活，可以实现自身价值和人生理想，有效提高妇女的社会地位和家庭地位（刘亚玫、张永英、杨玉静等，2018）。同时，妇女在良好家教与家风的引领、弘扬与传承方面的作用至关重要（杨菊华，2018）。家庭教育关系到青少年的健康成长，也关系到国家和民族的未来；家风是社会风气的重要组成部分，关系到国家稳定、社会和谐。因此，从家国关系上看，发挥妇女在家教和家风建设中的重要作用也是妇女参与国家治理和社会发展的重要内容，符合新时代中国妇女运动的时代主题（刘亚玫、张永英、杨玉静等，2018）。无论是养老育幼、勤俭持家，还是促进家庭和睦、邻里团结，妇女都能"带领""带动"所有家庭成员齐心协力共同参与（刘亚玫、马焱，2018）。

最后，中国特色社会主义妇女发展实践离不开准确把握妇联组织改革方向。妇联组织是中国国家治理体系的重要组成部分，是党和政府联系妇女群众的桥梁纽带以及国家政权的社会支柱，在不同的历史时期发挥了巨大的作用（郑长忠，2019）。如何使妇联组织在新的历史时期发挥更大作用，准确把握妇联组织改革方向是改革的首要问题（郑吉伟、苏娜，2019）。有些学者认为，妇联组织网络的替代性困境的解决，政治整合功能的实现，仍需视其能否在性别平等领域成功地扮演妇女与执政党之间的共益性结构洞角色：执政党通过妇联推进性别平等以凝聚妇女民心，妇女通过妇联形成组织化的平等诉求以提高自身地位（陈伟杰，2018a）。为此要大力弘扬社会性别文化，确定妇联组织主体地位；加大财政投入，提升妇联参与能力；继而完善制度保障，建立妇联组织的反馈机制等。还要通过加强基层妇女组织建设，扩大贫困地区基层妇联组织网络，让妇联组织触角伸向每一个贫困妇女的生活，取得一系列成果（姜秀花，2016）。还有学者认为，新时代，我国妇联组织改革创新在党的领导、基层组织建设、干部队伍建设及联系引导女性社会组织等方面取得实质性进展（张永英、李文、李线玲，2019）。要切实提升妇联发挥桥梁纽带作用所需具备的组织能力，推动妇联组织治理现代化，使其更为快速、高效、准确地在服务中吸引广大妇女，让她们感受到权益受保护、人格受尊重，以此为执政党凝聚民心，最终实现党的利益与妇女群众利益的有机统一（陈伟杰，2018b）。不过当前妇联改革的顶层设计还有待进一步完善，一些改革举措的落实及效果与改革目标仍有距离。因此，加强新时代妇联组织改革还需要进一步探索实现增强政治性先进性群众性改革目标的有效路径，只有准确把握妇联组织改革方向，才能走好中国特色社会主义妇女发展道路。

（三）关于中国特色社会主义妇女理论话语构建的研究

2016 年 5 月 17 日，习近平总书记在哲学社会科学工作座谈会上发表重要讲话，为包括妇女研究在内的哲学社会科学研究的繁荣发展指明了正确方向。中国妇女研究会、《妇女研究论丛》编辑部邀请肖巍、李英桃、刘利群、董丽敏、佟新五位学者基于自身研究的学科背景，围绕"多学科视野看中国本土妇女研究"这一主题，探讨如何构建中国特色社会主义妇女理论体系、学科体系、话语体系，不断创新中国特色妇女理论和实践。肖巍（2016）指出，在性别哲学研究方面，应当把发展马克思主义妇女理论尤其是关于性别的哲学理论视为性别哲学本土化发展的关键，要汲取优秀传统哲学资源，批判性地借鉴国外性别哲学研究的成果，同时加强中国性别哲学学科建设，促进中外学者交流。李英桃（2016）认为要建构和发展中国特色女性主义国际关系理论，首先要"不忘本来"，立足中国本土，反映中国妇女与中国妇女运动在国际格局演变中的地位、作用与认知

变化；其次要"面向未来"，在"吸收外来"并比较、对照、批判、吸收、升华
的基础上，把中国实践总结好，为解决世界性问题提供思路和办法，体现原创和
时代性。刘利群（2016）指出，性别传播研究是中国特色妇女研究的重要组成
部分，中国性别传播研究需要继承历史遗产和民族遗产，打破以西方传播学研究
范式为主体的研究体系，构建中国特色的性别传播研究体系；需要关照中国发展
的时代特性，重点解决中国女性的发展问题，提升中国女性议题的媒体表达；需
要继续加强学科制度和学科建制的系统性和专业性建设。董丽敏（2016）认为
中国女性文学研究需要在文化自觉的意义上重构理论话语体系，重塑自己在特定
历史情境中的主体位置，在错综复杂的知识生产格局中找准定位、找准担当、找
准资源，摆脱从理论到理论的话语建构思路，直面中国的妇女解放实践经验，才
能有更为长远的发展。佟新（2016）指出，性别社会学需要发展具有中国特色
的社会性别实践理论，将历史视角纳入研究，坚持马克思主义妇女解放的基本立
场，强调扎实的田野调查工作，对社会性别的实践中的文化机制和制度机制进行
研究，对中国两性平等的解放之路进行理论化提炼和建构。

对于如何构建中国特色妇女/性别研究话语体系，2018 年，《妇女研究论丛》
编辑部组织的"中国特色妇女/性别研究"专题讨论中，宋少鹏的《立足问题，
无关中西：在历史的内在脉络中建构的学科——对中国"妇女/性别研究"的思
想史考察》一文，从历史的内在视域出发，就 gender 进入中国的历史进程以及
"妇女/性别研究"的命名进行了思想史考察，指出相对于西方的同类研究，中
国妇女/性别研究"以妇女为中心""重'社会性别'轻'sexuality 研究'"的
学科特质，恰恰是 20 世纪 90 年代的中国学者基于自己的问题意识、为解决自己
关切的问题——包括社会问题与理论焦虑，从在地出发的"拿来主义"的策略，
是在既有历史条件下（包括既有理论基础、文化传统、思维结构与问题意识）
的创造性运用与转化。该文旨在阐明对于学科建设，勿囿于中-西、传统-现代
的二元架构而固步自封。真正的文化自信应立足在时在地的问题，从问题出发，
在长时段的历史脉络与宽阔的全球视域中理解自己的文化与精神特质，打通古今
中西之思想资源，面向未来构建自己的学术真问题。在此一专题的另一篇文章
中，吴小英指出，性别研究应走向开放多元、兼容并包，让研究既能增进知识的
更新与国际对话的能力，又能切中和适应中国社会语境之变。她提出，摒弃理论
传统上的排他性，走出单一刻板的性别研究范式；尊重性别研究的多学科视野，

在交流对话中推进中国妇女/性别研究；保持对不同阶层和时空的女性实践及其多样化经验的敏感性，让性别研究走出性别、紧贴流变的中国社会语境。

通过对20世纪四五十年代"中国人民文艺丛书"中农村新女性形象及其叙事文本的重新解读，贺桂梅（2020）指出，对于推进今天中国妇女解放思想的探索而言，应思考如何在新的世界高度上，综合中国革命经验与西方理论，对女性问题做出更具综合性和理论深度的探讨。其他一些学者也认为，要正确认识和把握马克思主义妇女理论的基本内涵，借鉴西方女性主义的有益方面，才能更好发展中国特色社会主义妇女理论（韩贺南，2018；石红梅，2019）。

三 研究不足与展望

整体而言，这五年中国特色社会主义妇女理论研究取得了长足的进步，研究成果质量大幅度提升，但现有研究也存在研究质量不高、创新性不足、问题意识不够、时代感不强等问题。

其一，中国特色社会主义妇女理论的研究理论深度不够。阐释性、宣传性和政论文章居多，中国特色社会主义妇女理论研究的理论视野、历史视野和国际视野不足。部分学者仅限于对妇女/性别、人口/家庭等某一个现象问题的描述，提供的政策建议难以上升为规律性认识，有的观点甚至同中国特色社会主义理论体系相脱节，还有的学者简单套用西方现代妇女、婚姻、家庭理论来解释转型时期中国妇女实践，难免"隔靴搔痒、药不对症"，难以形成更有生命力、对话性的中国特色社会主义妇女理论。

其二，中国特色社会主义妇女理论的学术影响力不够。这五年，有关"中国特色社会主义妇女理论"的研究成果普遍学术质量较低，以工作报告、经验总结、政策解读为主，多发表在普通期刊，学术影响力不够。因此，如何推进中国特色妇女理论研究，需要一些更具理论性、前瞻性和引领性的探讨，需要扩大高水平的学术共同体，以强化该领域研究的影响力和引领力。

针对以上情况，笔者提出以下四方面的建议和展望。

一是建设中国特色社会主义妇女理论的研究史料数据库并推进相关研究。强化高校、党校、科研机构、妇联系统等妇女理论工作者的大数据意识，强化全国范围内相关数据库的共享，夯实马克思主义妇女理论研究资料和中国共产党领导的妇女运动史料收集工程；汇聚高水平学术共同体，就中国特色社会主义妇女理论的重大问题进行集中攻关，形成一定的学术势能。

二是扩大中国特色社会主义妇女理论的研究队伍并拓宽研究议题。建议在马克思主义理论一级学科下设置"中国特色社会主义妇女理论"的研究方向。这有助于吸引更多的师资力量和青年学者聚焦这个方向加以深耕，有利于把社会学、经济学、人口学等学科关于妇女的具象问题抽象为规律性认识，从特殊性中寻找普遍性，进一步推进中国特色社会主义妇女理论研究。研究议题方面，逐步扩展中国化时代化马克思主义妇女理论研究。不断加强调查研究，关注和回应与妇女群众日常生活和权益保护有关的重大现实问题，注重"两个结合"，做到理论从实践中来、到实践中去，提升研究的学术价值和现实指导意义。

三是支持举办大型的"当代中国马克思主义与中国特色社会主义妇女理论"学术研讨会或者高端学术论坛。推动国内高校、党校、科研机构、妇联系统特别是全国高校马克思主义学院等相关单位举办类似主题的会议，同时更多引介、出版国内外历史唯物主义学者的马克思主义妇女/性别研究著作，方便科研工作者进行跟踪学习研究和对话，这对建构中国特色社会主义学科体系、话语体系有着重要意义。

四是加强中国特色社会主义妇女理论同其他妇女理论的比较研究。譬如，同中华优秀传统文化中的妇女理念、西方女性主义理论、国际共产主义妇女运动的比较研究，重点探讨新时代背景下妇女理论和实践议题，深度发掘东西方妇女理论逻辑的共通点以及对国际共产主义妇女理论的规律性认识，研究推动构建人类命运共同体视域下的妇女事业运作机理和价值意蕴。总之，唯有纵贯古今、对话全球，中国特色社会主义妇女理论才能走出国门、走向世界，才能向世界讲好中国妇女故事，传播中国女性声音。

参考文献

1. 白婧（2018）：《马克思主义女性解放思想研究》，云南人民出版社。
2. 曹楠楠（2020）：《改革开放以来中国农村贫困家庭妇女扶贫脱贫研究》，博士学位论文，吉林大学。

3. 陈伟杰（2018a）：《社会网络视角下的政治整合与群团改革——以妇联组织为例》，《中华女子学院学报》第 3 期。

4. 陈伟杰（2018b）：《治理现代化与新时代妇联组织改革》，《妇女研究论丛》第 1 期。

5. 戴巍巍（2020）：《"家国"思想的秩序机制研究》，博士学位论文，吉林大学。

6. 董丽敏（2016）：《女性文学研究——话语重构及其向度》，《妇女研究论丛》第 4 期。

7. 耿化敏（2016）：《中国共产党妇女工作史（1949~1978）》，社会科学文献出版社。

8. 郭滢、刘怀玉（2017）：《从马克思主义妇女解放理论到当代女性主义：问题的实质、争论与反思》，《河南社会科学》第 12 期。

9. 国务院妇女儿童工作委员会办公室编（2016）《男女平等基本国策的贯彻与落实》，人民出版社。

10. 韩贺南（2017）：《再论女性学学科制度："元问题"与研究领域》，《山东女子学院学报》第 6 期。

11. 韩贺南（2018）：《"融入"与"契合"：妇女发展与社会主义现代化建设关系探索》，《中华女子学院学报》第 1 期。

12. 何文校（2020）：《习近平关于妇女工作的重要论述探析》，《邓小平研究》第 2 期。

13. 贺桂梅（2020）：《人民文艺中的婚姻家庭叙事与妇女解放的历史经验》，《妇女研究论丛》第 3 期。

14. 胡帆、胡晓梅（2016）：《马克思主义妇女观在中国的传播和发展》，《湖南工业大学学报（社会科学版）》第 5 期。

15. 黄桂霞（2018）：《习近平关于两性在家庭建设中作用的重要论述》，《中国妇运》第 12 期。

16. 黄桂霞（2018）：《中国共产党的妇女福利思想与实践》，人民日报出版社。

17. 黄桂霞、马冬玲、刘晓辉（2019）：《中国妇女发展七十年：回顾与展望》，《山东女子学院学报》第 6 期。

18. 姜秀花（2016）：《进一步发挥妇联组织在妇女脱贫攻坚中的重要作用》，《妇女研究论丛》第 6 期。

19. 姜秀花（2019）：《男女平等 70 年：宪法原则·基本国策·施政纲领》，《中国妇运》第 11 期。

20. 姜秀花、范红霞、杨玉静（2020）：《坚持中国共产党的领导是坚定走中国特色社会主义妇女发展道路的根本保证》，《山东女子学院学报》第 2 期。

21. 金卓（2020）：《中国共产党领导的妇女解放运动历史经验研究》，中国财政经济出版社。

22. 孔娜（2017）：《马克思主义"妇女解放"的双重内涵》，《甘肃理论学刊》第 6 期。

23. 李佳娟（2020）：《新时代家风构建研究》，博士学位论文，苏州大学。

24. 李玲（2018）：《习近平妇女发展思想核心理念及其时代价值初探》，《理论导刊》

第6期。

25. 李玲、郭红（2018）：《论习近平妇女发展思想的理论特征》，《海南师范大学学报（社会科学版）》第5期。

26. 李楠（2018）：《马克思恩格斯女性解放理论研究》，经济日报出版社。

27. 李乾坤、王晶（2018）：《新时代妇女地位作用的新定位——基于习近平关于妇女发展问题重要论述的分析》，《学术交流》第11期。

28. 李淑敏（2020）：《中华优秀传统家训文化传承发展研究》，博士学位论文，吉林大学。

29. 李岁月（2018）：《论习近平对妇女工作的理论贡献》，《山东女子学院学报》第1期。

30. 李毅弘、戴歆馨（2019）：《习近平新时代"好家风"论述：内涵、价值与建构》，《思想理论教育导刊》第6期。

31. 李英桃（2016）：《不忘本来　面向未来：建构中国特色女性主义国际关系理论》，《妇女研究论丛》第4期。

32. 梁小燕（2017）：《马克思主义阶级与性别理论》，人民出版社。

33. 刘利群（2016）：《构建中国特色性别传播研究的方向与路径》，《妇女研究论丛》第4期。

34. 刘宁元（2016）：《马克思主义妇女观中国化研究》，首都经济贸易大学出版社。

35. 刘晓辉（2019）：《习近平关于妇女主体性的重要论述》，《中国妇运》第2期。

36. 刘亚玫、马焱（2018）：《新时代家庭建设的根本遵循——学习习近平总书记关于家庭建设的重要论述》，《妇女研究论丛》第6期。

37. 刘亚玫、张永英、杨玉静等（2018）：《论习近平总书记关于新时代妇女发展和妇女工作重要论述的科学内涵》，《妇女研究论丛》第5期。

38. 马焱（2018）：《试论马克思主义妇女观中国化的最新成果》，《中国妇运》第7期。

39. 门艳玲、王晶（2017）：《马克思主义妇女理论的当代价值》，《文学教育（下）》第6期。

40. 秦正为（2020）：《马克思主义妇女解放理论与中国特色社会主义妇女发展道路》，《学术界》第3期。

41. 全国妇联妇女研究所编著（2017）《当代中国妇女运动简史（1949～2000）》，中国妇女出版社。

42. 全国妇联妇女研究所编著（2020）《男女平等价值观研究》，人民出版社。

43. 石红梅（2017）：《马克思主义妇女观和中国特色女权主义实践》，中国社会科学出版社。

44. 石红梅（2019）：《改革开放以来中国妇女/性别理论发展的回顾与展望》，《山东女子学院学报》第2期。

45. 宋冬鑫（2016）：《马克思主义妇女理论及其对中国妇女解放的启示》，《文化学刊》第1期。

46. 宋少鹏（2018）：《立足问题，无关中西：在历史的内在脉络中建构的学科——对中国"妇女/性别研究"的思想史考察》，《妇女研究论丛》第 5 期。

47. 苏俐晖（2020）：《马克思主义妇女理论的文本解读与现实启示》，《理论建设》第 1 期。

48. 隋悦（2016）：《中国共产党妇女工作的历史经验与当代走向》，《山东女子学院学报》第 4 期。

49. 谭琳（2016）：《构建中国特色社会主义妇女理论体系、学科体系、话语体系》，《妇女研究论丛》第 4 期。

50. 唐娅辉（2016）：《习近平对马克思主义妇女理论的新贡献》，《湖湘论坛》第 5 期。

51. 佟新（2016）：《性别社会学需要发展具有中国特色的社会性别实践理论》，《妇女研究论丛》第 4 期。

52. 王定全（2017）：《马克思主义视域下的妇女解放思想及其当代价值》，光明日报出版社。

53. 魏国英（2018）：《马克思主义妇女理论及其当代价值》，《中华女子学院学报》第 4 期。

54. 魏国英、全华、王成英等（2016）：《中国特色社会主义男女平等观的理论基础》，《山东女子学院学报》第 6 期。

55. 吴楠（2016）：《马克思主义妇女观及其中国化研究》，硕士学位论文，辽宁工业大学。

56. 吴小英（2018）：《性别研究的中国语境：从议题到话语之争》，《妇女研究论丛》第 5 期。

57. 习近平（2023）：《发挥妇女在社会生活和家庭生活中的独特作用》，《习近平关于妇女儿童和妇联工作论述摘编》，中央文献出版社。

58. 肖巍（2016）：《积极推动性别哲学的本土化发展》，《妇女研究论丛》第 4 期。

59. 徐芳（2019）：《妇女解放视域下新时代家庭建设对社会治理影响研究》，《宁夏党校学报》第 5 期。

60. 杨菊华（2018）：《新时代家庭面临的新问题及未来研究方向》，《妇女研究论丛》第 6 期。

61. 尹旦萍（2019）：《新中国 70 年妇女工作的发展历程与基本经验——以妇女工作方针的演变为线索》，《江汉论坛》第 10 期。

62. 于晓琪（2016）：《马克思主义婚恋家庭思想研究》，博士学位论文，南京航空航天大学。

63. 曾平生（2020）：《习近平家庭建设观研究》，博士学位论文，南昌大学。

64. 张阿倩（2020）：《新中国成立 70 多年来妇女解放事业的成就》，《学理论》第 4 期。

65. 张洪伟（2016）：《马克思主义哲学视阈下的性别差异研究》，博士学位论文，东北师范大学。

66. 张立、张永英、李文（2019）：《全面呈现新中国 70 年妇女事业发展历史性成就——解读〈平等 发展 共享：新中国 70 年妇女事业的发展与进步〉白皮书》，《中国妇运》第 10 期。

67. 张亚茹、宋建丽（2020）：《恩格斯妇女解放思想及其时代价值》，《南昌航空大学学报（社会科学版）》第 4 期。

68. 张怡菲（2016）：《马克思主义女性主义视域下的性别反思——中国女性生存发展研究》，博士学位论文，中央民族大学。

69. 张永英、李文、李线玲（2019）：《新时代妇联组织改革的创新实践与思考》，《妇女研究论丛》第 1 期。

70. 赵会娜、杨曦（2015）：《新时期中国共产党践行马克思主义妇女理论的路径探究》，《毛泽东思想研究》第 4 期。

71. 赵小波（2018）：《马克思主义妇女观中国化进程研究（1921~1949）》，四川人民出版社。

72. 郑长忠（2019）：《新时代家庭工作的逻辑定位与妇联作用》，《妇女研究论丛》第 6 期。

73. 郑吉伟、苏娜（2019）：《论习近平对中国共产党妇女观的继承与发展》，《宁夏大学学报（人文社会科学版）》第 4 期。

公共政策与公共管理中的社会性别研究综述（2016~2020 年）

胡湛 李婧*

　　1995 年召开的北京世界妇女大会（以下简称"北京世妇会"）不仅推动了国际社会对公共政策与公共管理中的性别议题的普遍关注，也促进了公共政策领域和公共管理过程中的社会性别研究在中国的发展。2015 年既是北京世妇会召开 20 周年，也是联合国千年发展目标中各项目标总结和评估之年，两者共同为 2016~2020 年中国公共政策与公共管理中的社会性别研究提供了外部动力和机遇。这五年也见证了中国公共政策与公共管理实践在社会性别领域的标志性事件，如生育政策的宽松化改革、脱贫攻坚及乡村振兴战略等。2015 年党的十八届五中全会提出"全面实施一对夫妇可生育两个孩子政策"；2020 年党的十九届五中全会上创造性地提出了"增强生育政策包容性"的表述；2021 年中共中央政治局会议决定"实施一对夫妻可以生育三个子女政策及配套支持措施"，是在"全面二孩"政策基础上的进一步推进，也彰显了包容性生育政策的新动向与新意涵。党的十八大以来，中国在脱贫攻坚战中更加重视妇女的参与和受益，把妇女脱贫发展纳入经济社会发展全局，明确指出"加强妇女扶贫减贫"工作，把促进妇女脱贫发展作为"十三五"时期必须完成的硬任务。2015 年底发出的《中共中央国务院关于打赢脱贫攻坚战的决定》是新时代指导脱贫攻坚的纲领性文件，提出了促进妇女脱贫发展的具体任务，包括全面实施贫困地区妇女宫颈癌、乳腺癌免费筛查，健全留守妇女关爱服务体系，加大妇女小额贷款实施力度等，充分体现了根据致贫原因和脱贫需求对贫困人口实行分类扶持的精准施策导向。

　　当然，社会治理的整体性意味着不同政策领域存在潜在张力，这进而构成

* 作者简介：胡湛，男，复旦大学老龄研究院教授；李婧，女，复旦大学社会发展与公共政策学院青年副研究员。

中国公共政策与公共管理中社会性别研究的内在推动力，使相关研究的视野得以延伸至生育支持和家庭支持、劳动就业、社会保障、脱贫及乡村振兴等各个方面。本文将对中国公共政策与公共管理中的社会性别研究在这五年的发展进行分类梳理，并对主要观点和研究发现进行提炼和讨论。最后，作者将尝试探讨相关研究在理论构建、研究视角和方法路径等方面的发展空间，并据此提出研究展望。

一　研究概述

2016～2020年公共政策与公共管理领域的社会性别研究蓬勃发展。对中国知网（CNKI）"中国期刊全文数据库""中国博士学位论文全文数据库""中国优秀硕士学位论文全文数据库"进行主题搜索［检索式为"SU =（'政策' + '公共政策' + '社会政策' + '公共管理'）×（'性别' + '妇女' + '女性' + '男性'）"］，共得到期刊论文2106篇，博硕士学位论文2005篇。五年间期刊论文的年均发文量相对较高且相对稳定，博硕士学位论文数量呈现稳步上升的态势。

除了较大的发文数量，相关研究成果的丰富性还体现在平台质量和内容广度上。前述检索结果的期刊论文中，有些发表在我国社会科学领域具有跨学科学术影响力的重要乃至顶尖期刊上，如《中国社会科学》（计迎春、郑真真，2018；游五岳、姚洋，2020）、《中国特色社会主义研究》（杨菊华、刘轶锋，2019；陆杰华、汪斌，2020）等学术平台，有些发表在相关政策领域的重点期刊上，如《中国统计》（张一青，2016）、《行政论坛》（文太林、孔金平，2020）、《中国人口科学》（石人炳、陈宁、郑淇予，2018）、《社会保障研究》（殷俊、周翠俭，2020）等。此外，更有采取多元研究视角、涉及多项研究议题的学术论文发表在长期深耕社会性别研究领域、对促进中国社会性别平等和妇女全面发展做出持续贡献的期刊上，如《妇女研究论丛》（石鑫，2016；史凯亮、杨玉静，2017；薛宁兰，2018；沈洁，2019；闵杰、郭砾，2020）、《中华女子学院学报》（贾春，2016；蒂特马斯、柯洋华、刘继同，2017；杜芳琴，2018；刘明辉，2019；李慧英、刘澄，2020）和《山东女子学院学报》（李亚妮、林丹燕，2016；黄桂霞，2017；张永英，2018；周全德，2019；蒋永萍，2020）等。

　　就内容广度而言，中国公共政策与公共管理领域的社会性别研究在 2016~2020 年得以延伸至包括政治及社会参与、生育支持和家庭支持、劳动就业、社会保障、脱贫及乡村振兴等各个方面，兼具多学科交融趋势和国际比较视野。生育支持和家庭支持、劳动就业和脱贫及乡村振兴等政策和管理议题是期刊论文和博硕士学位论文关注的共同焦点。立足社会治理的整体性和不同政策领域的潜在张力，更有学者综合多学科的理论和方法，统筹考察生育政策与社会保障（王健，2020）、劳动就业和乡村振兴（陈讯，2020）等多重议题，公共政策与公共管理中的社会性别研究呈现出多学科交融的图景。值得一提的是，采纳国际视野、进行跨国对比的研究尝试进一步增加，学者考察的地区范围不仅包括东亚邻国（沈洁，2019），更广至欧洲（郝君富，2018）、北美（张笑一，2020）乃至世界其他地区（祝西冰，2017）。

　　这五年，公共政策与公共管理领域举办了一些学术会议。例如，2016 年 7 月 16~18 日，中国社会学会妇女/性别社会学专业委员会、中华女子学院社会工作学院联合举办"新发展理念下的社会性别平等观念与实践"分论坛。2017 年 9 月 16~17 日，由全国妇联妇女研究所《妇女研究论丛》编辑部、中国社会科学院社会学研究所家庭与性别研究室联合主办"全面二孩背景下的育儿问题"学术研讨会。2018 年 6 月 9~10 日，中国妇女研究会、全国妇联妇女研究所《妇女研究论丛》编辑部联合中国农业大学人文与发展学院举办"乡村振兴与妇女发展"学术研讨会。2019 年 7 月 16~17 日，中国农业大学国家乡村振兴研究院、中国农业大学人文与发展学院共同举办"精准扶贫与妇女发展"学术研讨会。2020 年 5 月 31 日，由中国人民大学人口与发展研究中心和中国人口学会婚姻家庭专业委员会共同主办"中国家庭转变：理论前沿与实践经验"学术研讨会。2020 年 10 月 16~17 日，全国妇联妇女研究所《妇女研究论丛》编辑部、中国社会科学院社会学研究所性别与家庭社会学研究室、中国社会学会家庭社会学专业委员会、中国社会学会妇女/性别社会学专业委员会联合主办"社会转型时期中国的家庭变迁与家庭政策"学术研讨会暨中国社会学会年会论坛。2020 年 11 月 21~22 日，由中华女子学院中国妇女发展研究中心与德国弗里德里希·艾伯特基金会联合主办的"回顾与推进——'北京+25'暨第四届中德性别平等与发展研讨会"召开，来自中国和德国的妇女与性别研究领域近百名专家学者以在场或在线方式参加会议，并进行交流互动。

　　这五年，讨论公共政策与公共管理中社会性别的专著（经由超星数字图书馆数据库检索）有 13 部：《超低生育率与未来生育政策导向》（石智雷，2016）、《中国儿童照顾政策研究：基于性别、家庭和国家的视角》（张亮，2016）、《走向关怀：性别正义视阈下家庭政策的理论模式比较研究》（刘笑言，2016）、《公务员职业发展性别差异研究——以知识型员工为分析框架》（宁本荣，2016）、《社会性别视角下当代女性党政领导人才职业发展研究》（张小莉，2016）、《2014~2015 年妇女发展工作相关政策、调研成果汇编》（全国妇联妇女发展部编，2016）、《家庭政策与妇女发展》（张李玺主编，2016）、《家庭发展能力与计划生育利益导向政策——基于家庭策略的视角》（梁辉，2017）、《从"掌饭勺"到"掌帅印"的龙江女村官——农村妇女政治参与的理论与实践》（黑龙江省妇女研究所编，2017）、《中国共产党的妇女福利思想与实践》（黄桂霞，2018）、《江苏省法规政策性别平等评估机制的探索与实践：构建具有中国特色的性别影响评估模式》（江苏省妇女联合会编著，2018）、《中国生育保险制度研究》（庄渝霞，2019）、《特大型城市公共服务资源配置：基于基层治理、性别平等、健康维护、创业扶持等公共政策实施效应的考察》（沈世勇，2019）。这些专著的共同点是从社会性别视角入手，综合采用实证研究和文献、政策文本研究等方法，探讨生育、养育、家庭发展和职业发展等与妇女全生命周期全面发展息息相关的议题。例如，《中国儿童照顾政策研究：基于性别、家庭和国家的视角》通过采用实证研究的方法，综合运用政策文本、统计资料和调查数据，对中国儿童照顾政策的起源、内容和影响进行了整体性研究，并试图以儿童照顾为透镜，探讨家－国关系、性别与国家社会政策之间的复杂联系以及社会不平等问题。《特大型城市公共服务资源配置：基于基层治理、性别平等、健康维护、创业扶持等公共政策实施效应的考察》立足于特大型城市公共服务资源配置，围绕公共服务理念、公共服务理论、公共服务实践三个部分展开，针对性地运用个案访谈、典型事件和问卷调查等多种社会调研方法，研究特大型城市基层治理与创业扶持、社会保障和女职工特殊保护中的性别平等现状与问题分析，并相应提出对策建议。

　　这五年，以公共政策与公共管理中的社会性别为主题的国家级课题立项28 项（见表 1）。从研究主题看，相关成果往往聚焦于教育政策、就业政策、生育政策、家庭政策、养老政策、扶贫政策等方面，既涵盖了女性全生命周期的发展，也照顾了农村妇女、流动妇女、老年妇女等性别平等议题下的弱势群体。

表1 公共政策与公共管理中社会性别研究的国家社科基金项目（2016~2020年）

年度	项目类别	学科	项目名称	负责人
2016	青年项目	人口学	"全面二孩"政策实施后女性就业保障的实现路径与制度创新研究	何雅菲
2016	青年项目	人口学	"全面两孩"政策、生育代价与我国女性就业参与程度研究	肖承睿
2016	青年项目	人口学	"全面两孩"政策实施后妇女生育水平及其决定因素研究	靳永爱
2016	一般项目	经济学	"全面两孩"政策对城镇女性就业的影响研究	张樨樨
2017	重点项目	社会学	中国残疾女性贫困的现状、影响因素与精准扶贫对策研究	侯晶晶
2017	青年项目	社会学	精准扶贫体系中农村贫困女性的行动角色与减贫路径研究	苏海
2017	一般项目	政治学	乡村治理中农村女性组织化发展问题研究	黄粹
2017	一般项目	社会学	"互联网+"背景下我国农村女性创业模式及政策支撑体系研究	周必彧
2017	一般项目	社会学	精准扶贫中农村妇女的反贫困实践研究	张翠娥
2017	一般项目	社会学	"全面两孩"政策下女性围产期心理健康状况的发展轨迹、预测模型及干预研究	曹枫林
2018	一般项目	经济学	中国女性微创业的制度环境评价与政策优化研究	赵西
2018	一般项目	政治学	"一带一路"比较分析视角下村庄传统制度对中印农村妇女参与村级治理的隐性建构研究	刘筱红
2018	一般项目	人口学	全面两孩政策下家庭责任对城镇女性就业的影响研究	肖洁
2019	一般项目	经济学	国家生育政策调整对女性生育及劳动力市场供给的影响及对策研究	刘玮玮
2019	一般项目	经济学	国家生育政策调整对女性就业质量的影响机制、测度及对策研究	李善乐
2019	青年项目	管理学	低收入家庭子女共享优质公共教育资源的精准治理机制构建研究	张建
2019	一般项目	社会学	2020年后农村女性非收入贫困问题及其干预策略研究	东波

续表

年度	项目类别	学科	项目名称	负责人
2019	一般项目	社会学	全面二孩政策背景下城市女性职业流动研究	童梅
2019	一般项目	社会学	全面两孩政策下家庭照料对女性非正规就业的影响研究	吴燕华
2019	一般项目	社会学	我国独生子女家庭化迁移中的代际支持与福利态度研究	黄叶青
2019	一般项目	人口学	3 岁以下随迁子女照料对流动女性就业的影响及社会支持政策研究	谭江蓉
2020	青年项目	社会学	基于女性"就业－生育"平衡的多元社会政策系统构建研究	王若晶
2020	青年项目	社会学	"三权分置"背景下农地流转对妇女生计的影响研究	冯华超
2020	青年项目	人口学	全面二孩背景下妇女生育率的群体差异与政策供给精准化研究	陈宁
2020	重点项目	社会学	数字时代女性创业的障碍及政策支持机制研究	黄扬杰
2020	一般项目	社会学	全面二孩政策背景下城镇女性"生育－就业"服务体系的建构研究	蒋美华
2020	一般项目	人口学	低生育率背景下构建职业女性"生育友好型"就业支持体系研究	王玥
2020	一般项目	人口学	基于育龄女性需求偏好的生育支持社会政策研究	杨小军

二　主要研究内容

经过分类梳理，2016~2020 年公共政策与公共管理领域的社会性别研究集中于两个方面：一是将社会性别引入公共政策领域和公共管理过程的研究，二是考察具体政策与妇女发展及性别平等关系的研究。

（一）将社会性别引入公共政策领域和公共管理过程的研究

1. 在制度设计和政策安排中纳入性别意识的相关研究

在经济发展、人口发展和社会保障等政策领域，不少学者致力于阐明和论证在制度设计与政策安排中纳入性别意识的理论基础、现实意义和实践路径等。例如，陆杰华、汪斌（2020）指出，性别红利无疑是未来中国经济发展新动力，而促进性别平等是实现性别红利的重要基础与前提条件。其研究基于性别平等视角，从人力资本和健康资本两个维度探析了中国释放性别红利的潜力与空间，并剖析了现阶段限制中国实现性别红利的五个主要因素：①治理体系尚不完善制约性别经济平等进程；②职业性别隔离严重限制女性发展机会；③社会性别观念明显束缚女性经济参与；④人力资本投入差异一定程度上加剧性别经济不平等；⑤生育政策对高学历女性就业存在明显的抑制作用。因此，上述两位学者认为推动性别红利的进一步释放需要从制度框架和战略安排上着手，并贯彻于政策环境、妇女经济赋权、生育支持、健康促进、城乡教育公平五个方面。

2016年，党和国家审时度势，正式实施"全面二孩"政策，并逐步改革和完善计划生育服务管理。尽管在此之前已有学者思考生育政策的宽松化调整对妇女发展和男女平等进程可能产生的影响，反思公共政策中社会性别视角的缺位，但该问题在2016~2020年才得到更为系统和深入的关注。例如，计迎春与郑真真（2018）从中国社会的制度和文化情境出发，综合社会性别和发展两大理论视角，阐释了中国低生育态势背后的复杂社会机制。该文借鉴制度冲突理论和性别公平理论等国际学界有影响力的人口学理论，发现缓解女性的工作－家庭冲突是破解低生育率难题、实现适度生育的关键。国际社会相关的经验和教训表明，设计具有社会性别视角的公共政策，推动政府、社会、企业界和男女两性的多元主体参与是缓解女性工作－家庭冲突的有效方式。

将性别意识纳入社会保障相关领域是保障妇女权益、推动妇女发展的必要前提和有效路径。文潇雅（2017）从社会性别分析入手，提出保障妇女权益的两大对策建议。首先，在制定公共政策的过程中提高民众和政策制定者对性别的敏感度有助于从公共政策制定的源头引入性别意识。这意味着在政策问题的界定、形成、执行中落实男女平等基本国策，重视男女平等议题，积极回应妇女需要解决的问题。其次，依法促进妇女权益保障体系科学化有助于在公共政策领域和公共管理过程中贯彻性别意识。在科学立法中准确把握男女平等的基本原则和妇女发展的客观要求、出台有针对性和可操作性的法律规定，在依法行政中强化政府的主体责任、将男女平等基本国策落实到社会生活的各个方面，加强对司法活动的监督、通过多种形式的司法监督推动司法活动贯彻男女平等基本国策，切实保障妇女合法权益。

2. 对社会性别主流化政策工具的相关研究

社会性别主流化是促进妇女发展和性别平等的战略框架，更体现在政策实施的过程、策略和步骤之中。这五年，学术界对社会性别主流化政策工具持续开展积极研究，对社会性别统计、社会性别预算和社会性别评估等政策工具的理论分析和实践应用的了解加深。

据张一青（2016）介绍，社会性别统计是指用于识别、生产和发布性别统计数据，以反映女性和男性生活现状与有关性别平等的政策问题的社会性别主流化政策工具。社会性别统计与政治、经济、教育、就业等各个领域的统计数据都有关系，需要通过深度分析分性别统计数据，发现并理解与性别有关的问题所需要的信息。因此，社会性别统计对适时反映相关政策的实施进展、评估政策执行的效果效率具有重要意义。人口普查、基于人群的抽样调查、企业调查、行政记录和时间利用调查是国家范围内采集社会性别统计数据的主要方式。社会性别统计亦是提升公平治理和促进政府职能转变的重要工具（陈澜燕、刘霓，2016）。中国的性别统计数据的采集和分析已经取得进展，但仍不足以满足目前对信息的需求，其主要原因是工作重点集中在中央政府层面，通过基层动员而不仅仅是通过国家层面的统计学家和决策者来推动性别统计的利用，能有效揭示妇女的地位及需求，克服中国当下社会性别统计进路的不足，推进以事实为依据的决策，并对克服不平等的政策落实情况进行监控。鉴于 2015 年党的十八届五中全会提出实施国家大数据战略，并将其作为政府治理能力提升的重要创新驱动力量，《中国妇运》（2016）刊发文章建议相关部门在实施国家大数据战略的过程中进一步加强社会性别统计工作，为各级党委和政府、妇联组织等及时、系统、精准地把握性别平等和妇女发展的动态与趋势，制定契合实情的政策、开展精准的政策评估提供翔实可靠、实效性强的数据信息。据悉，截至2019 年，中国已初步建立两纲监测评估指标体系，定期开展中国妇女社会地位专题调查。国家统计局建立了"妇女儿童状况综合统计报表制度"，每年定期编辑出版《中国妇女儿童状况统计资料》，为党和国家制定促进妇女发展和性别平等的法律政策提供了有力支撑（《中国妇运》，2019）。

社会性别预算包括两层内涵：首先是对政府预算进行社会性别敏感分析，评估政府收支对男女两性的不同影响；其次是社会性别敏感回应，对政府预算资源根据性别需求进行优化调整（山雪艳、刘筱红，2016）。结合政府财税体制不断深化改革的历史契机，加速社会性别预算在中国的推广对推动性别平等无疑有着重要的现实意义。山雪艳与刘筱红（2016）的研究基于张家口、焦作与温岭三地案例的实证考察，深入分析中国"接受"社会性别预算的制约因素，并从制度化层面进行学理性的探究。通过对三地实践的比较分析可知，构建中国本土化的社会性别预算应用指南与运行机制，以达成有关行动路线的共识，仍需要从技术层面、管理层面、法律层面进行探讨，还需要跟踪试点实践探讨社会性别预算政策调整的适应性过程。

建立完善的政策法规性别平等评估机制，是从源头保障妇女权益、促进性别平等的手段。公共政策的性别评估机制要求各级政府对公共政策的制定、实施及产生的效果进行评价判断，通过评估公共政策给两性带来的直接或间接的影响，对公共政策做出相应的调整，从而避免、减少直至消除两性的不平等待遇（张再生、曲瑶，2018）。在国家层面建立法律法规性别平等评估机制，推动以男女平等价值观为指引、促进妇女全面发展的法律法规政策体系创新，是完善提升妇女地位国家机制的重要举措（薛宁兰，2018）。相关研究指出中国公共政策性别评估面临三个困境：①评估机制不健全，运行模式分散化；②妇女参政比例较低，参政结构仍需优化；③决策者性别敏感度较低，性别统计资源不足（张再生、曲瑶，2018）。蒋永萍（2020）总结了这五年完善中国提高妇女地位国家机制的进展，列举了中国各地探索建立的适合本地实际的法规政策性别平等评估机制的政策实践。截至 2018 年，全国已有 30 个省、自治区、直辖市建立了法规政策性别平等评估机制，将男女平等的价值理念引入法规政策的制定、实施和监督各环节。全国人大常委会法工委、国务院法制办、国务院妇女儿童工作委员会和全国妇联也积极推进法律政策性别平等评估机制的全覆盖，并探索建立国家层级的法律政策性别平等评估机制。由于法律政策性别平等评估机制普遍建立后，缺乏评估标准、程序规范，评估人员理论储备不足的问题日渐突出，为科学指导和促进法律政策性别评估工作的开展，确保对法律政策的性别评估能够分析到位、建议可行、程序规范，国务院妇女儿童工作委员会办公室和全国妇联权益部适时委托相关机构专题研究"法规政策性别平等评估机制的指南"。

（二）考察具体政策与妇女发展及性别平等关系的研究

1. 妇女的政治参与和社会参与

积极推动妇女提高政治和社会参与度，是提高妇女政治地位、改善女性社会福利权益，进而实现妇女全面发展、推进社会性别平等的重要途径。游五岳、姚洋（2020）利用县志、1990年和2000年人口普查以及其他代表性调查的农村数据，开展了关于女性政治地位对出生人口性别比长期作用的实证研究。上述两位作者发现1950年各县女性党员占比越高，在这之后出生人口中女性的比例越趋于正常。女性16～20岁政治地位的提高，显著增加了她们生育和存活子女中女孩的比例，这在计划生育时代更为显著。人口学的这一研究为中国人民解放事业的长期社会影响提供了一个侧面的历史证据，说明提高女性的政治地位是妇女社会福利权益得到改善的基本条件。郭夏娟、魏芃（2019）依据女性代表性理论分析中国妇女政治地位，发现尽管从决策机构中的女性数量看，中国的政策法规体系为女性决策参与提供了制度保障，但与国际水平相比，增长速度仍不尽如人意。值得注意的是，如果从女性的实质性代表角度来看，并非只有"女性代表"才能为提升女性政治地位采取行动：事实上，自中华人民共和国成立以来，已经发展出包括政府机构、社会组织、公民个体在内的多元女性代表主体，形成了包括政策产出、统计监测与需求回应等有利于女性发展的多元行动机制，无论是政策制定理念还是政策制定与评估方式，均朝着服务女性需求、追求社会性别公平的方向转变。因此，评价中国女性的政治参与和社会地位需要一种更加开放与包容的视角，即数量代表与实质代表的"二元维度"。汪超、刘涛（2017）的研究从政治贫困这一概念出发，基于制度规范的分析与实践调查的资料，层层递进地论证如何在法治建设过程中实现政治参与制度规则的社会性别脱敏，从而维护与实现女性群体合法的政治权益。该研究始于对国家自上而下地保障女性政治权益的法律法规矩阵的梳理排查，并在此基础上考察了政治规则及衍生的女性贫穷化现象，分析了政治参与政策过程之中的社会性别盲视问题，最终提出实现女性政治脱贫，即探寻实现政治参与政策社会性别脱敏的路径。

吕芳（2020）的研究致力于探究高层女干部的晋升障碍和发展路径。中国的女干部占干部总数的1/3，但是随着行政级别的提高，女干部的比例却不断降低——县处级只占到近 1/6，地厅级只占到近 1/7，省部级以上级别则不到 1/10，层层障碍导致女干部的纵向分布呈陡峭的"金字塔"形状。吕芳从个人因素、组织因素和制度因素三个角度入手，通过对 230 名地厅级以上女干部的数据库进行统计学分析发现：在较低行政级别时，女干部需要在个体层面增加人力资本的投入，减少人力资本的支出，尤其是要躲避和应对"生育惩罚"，防止"粘地板"效应，在合适的时间点上进入晋升快车道；在较高行政级别时，女干部的晋升则存在一种特殊的"旋转门"现象，即从学校、群团组织向政府、党委等部门流动，或从政府、党委向政协、人大流动；当行政级别到了正厅级及以上时，女干部更需要突破性别配额政策的执行偏差，方有可能打破高层的"玻璃天花板"。此外，女干部的晋升存在路径依赖，特定阶段如果没有突破发展障碍，那么对以后的职业发展将产生影响。例如，行政级别较低时如果没有避免"粘地板"效应，超过一定年龄就无法成为后备干部人选，在后期的晋升中就会处于劣势。针对"迷宫"中的层层障碍，作者建议相关制度做出相应调整，如承认女性的时间权利，推行育儿假，发展托幼、养老机构等，防止女性沉淀在职业底层。此外，作者建议女干部的配额可以从县处级延伸到乡镇一级，在提拔条件上对女性放宽年限等，在女性最初的事业发展阶段提前任用。针对工作部门性别隔离的"旋转门"，作者建议建立广泛的干部交流制度。

妇女群体、组织和个人广泛的社会参与也是学者关注的对象。石鑫（2016）通过对公益性民间妇女组织的实证研究，从政策空间、公益生态环境、妇女组织间合作、参与者四个层面分析影响公益性民间妇女组织发展的主要因素，并探寻组织发展的行动策略。其研究发现，公益性民间妇女组织发展的影响因素主要体现为法律政策空间存在张力、公益领域性别意识不足、妇女组织合作有待机制化以及女性组织人才流失等。在应对这些问题的过程中，公益性民间妇女组织充分发挥能动性，创新行动策略，一方面探索本土化经验、扩大组织影响力，另一方面多方整合资源、凝聚参与者等，有效促进了组织的长足发展。黑龙江妇女研究所（2017）编的《从"掌饭勺"到"掌帅印"的龙江女村官——农村妇女政治参与的理论与实践》对联合国妇女署"农村妇女经济赋权与政治赋权关系研究"课题的数据资源和访谈资料进行了充分研究和开发利用，勾勒了黑龙江省农村妇女参与村民自治的全景图貌，深入分析了影响"女村官"发展的制度因素、市场因素、社区因素、家庭因素，总结"女村官"成长路径及"女村官"治理方式，也介绍了妇联组织在促进妇女参与村民自治中的角色与作用。周全德（2018）将目光投射至女性参与的居家社区养老服务。作者表示，指导女性参与为老服务的理念是"助人自助、服务社会、完善自身"，妇女参与为老服务在参与的途径和深度上存在群体差异，并建议有关方面通过提高思想认识、强化政府责任、发挥市场作用、创新社会政策、营造社会氛围等方式有效排除女性参与障碍，大力拓展妇女在居家社区养老服务方面的参与空间。当然，妇女的政治和社会参与也集中体现在脱贫政策和乡村振兴战略的实施过程中，对此类研究的述评请见后文的"5. 脱贫政策、乡村振兴与妇女发展"。

2. 生育支持与家庭建设

2014年和2016年，中国连续对生育政策进行调整，分别实施"单独二孩"和"全面二孩"政策。生育政策调整的效果引起了学术界的关注，相关研究有不同的结论，大致可以分为"遇冷"、"符合预期"和"难以判定"三类，导致这种差异的主要原因之一是不同研究者使用了不同的判断标准。石人炳、陈宁及郑淇予（2018）分别对近期和中长期生育政策调整效果进行了评估。结果发现，从近期看，生育政策调整"遇冷"的结论是不成立的：政策调整无论是对二孩出生数量的增加，还是对二孩生育水平的提高都产生了明显影响；但从中长期看，政策调整的效果十分有限，不能适应中国人口长期发展需要。当前和今后一段时间，中国年出生人口数量受趋势性因素和阶段性因素的共同作用影响，前者导致出生数减少，后者推动出生数增加。随着时间的推移，阶段性因素不断消减，趋势性因素将逐渐成为人口出生形势的决定性因素，中长期年出生人口数量可能会迅速减少。要实现人口长期发展目标，应加快完善生育政策。祁静和茅倬彦（2020）结合国际家庭政策和生育支持政策，发现：帮助育龄家庭平衡家务与职业的社会政策对提升生育率有积极影响；育儿奖励、财政支持和薪酬补贴对提升生育率有微弱的正向影响，作用有限；产假期限对生育的影响尚未明确。梳理中国现有的生育支持政策可知，目前，中国生育支持政策在帮助育龄家庭平衡家庭与工作和帮助老年人群缓解双重照料压力方面较为薄弱。所幸部分省市已经在积极探索生育支持政策的具体措施，经过不断完善和推进，在国家层面上也有望逐步建立更为系统、有针对性的生育支持政策，促进中国人口均衡发展。

王磊、王晶（2018）透过社会性别理论视角考量"全面二孩"相关配套政策。作者发现相关配套政策制定的依据和出发点并没有以促进两性平等为前提，未能实现对女性特殊权益的保障。政策实施中未充分考虑到对现实生活中男女两性权利的不同影响，政策实施后对女性群体和男性群体的关注也基本缺失。这是制度设计中存在的社会性别盲视，使性别利益被湮灭在公众利益之外，被排挤出公共视野。因此，研究者提出"全面二孩"落地要通盘考虑相关配套政策涉及的性别利益，将社会性别意识纳入决策主流，明晰各决策主体负有采取社会性别理论视角的责任，增强政策运行的社会性别敏感，促进"全面二孩"相关配套政策性别利益的实现。

宋健、周宇香（2016）认为，政策的实施效果取决于政策执行，但生育成本及其在利益相关者中的分担成为政策执行中不可回避的问题。两位学者指出，"全面二孩"政策执行中生育成本的分担需要基于国家、家庭和用人单位三方视角：国家鼓励公民按政策生育两个孩子，并将延长产假作为主要的激励措施；家庭的理性生育决策会受到女性工作－家庭平衡困境的影响；而不同性质的用人单位因其女性职工比例差异，会承担不同的潜在生育压力。鉴于此，研究者认为应通过加强平衡劳动者与用人单位利益的制度设计来完善生育保障政策，以疏解生育压力，保障"全面二孩"政策顺利实施。

陈映芳（2020）提出，在当下世界各国的家庭政策中，儿童权益保障、性别权利平等的价值取向和政策目标是最为普遍的基本特征。其中，狭义的家庭政策以社会个体化和福利国家的社会保障体系为背景（国家承担国民基本养老保障、儿童福利、妇女基本权益保障）。国家在保障公民个体基本权益的同时，通过家庭政策维护家庭整体利益，并对个人－家庭关系做出调整。首先，在婚姻关系的建立和解体方面，20世纪80年代以来历次的婚姻法规保持了婚姻自由原则的一致性——中国一直采取离婚自由主义和对无过错离婚基本无限制的立法原则。其次，对于婚姻双方的责任和权利，相关的法规政策一贯表现出较为明显的"平等性""个体化"的倾向。在近几十年来中央和地方政府陆续出台并不断调整的家庭政策中，围绕个体与家庭的关系，相关政策体现了不同的价值原则：对纵向的代际家庭关系的强化和对横向的婚姻关系中的个体自由的维护。前者与传统家族主义有一定的渊源关系，后者则更接近于现代的个体主义价值观。可以说，围绕婚姻关系的演变，中国相关法律和政策的调整遵循了相对"现代"的价值原则："个体的自由"和"性别间的平等"是近几十年来一以贯之的基本趋向。相较于此前几十年的婚姻法等民事法规，2021年1月1日起施行的民法典中有关"离婚冷静期"的重新设置，可以视为国家意图通过法律介入达到稳固婚姻关系的目的。但是，这样一些以"家庭化"为目标的制度设置并没有遏制中国离婚率的上升。与此同时，近年来中国的结婚率持续下降，而生育率低的问题也没有因生育二孩政策的放开而有明显改变。作者进而判断，如何通过家庭政策的调整和供给来改变这种状况，应是当今家庭研究的重要课题。

杨菊华（2017、2018）的研究也关注家庭变迁和家庭政策，尤其是中国曾经较为严格执行的生育政策在塑造家庭形态和变迁趋势中的作用。不同于陈映芳（2020）的跨国比较路径，杨菊华（2017）通过还原中国生育政策与家庭结构和功能变迁的关系，具体地剖析了中国当代家庭变迁的基本路径与模式。研究发现，国家力量主要通过生育政策"控量""提质"及其互动而作用于家庭、参与家庭变迁的过程，使中国家庭的变迁带有明显公器干预的痕迹，有别于西方家庭自然演进的特点。作者着重论述了家庭年龄和性别结构及生命周期重心的相关变化，强调"存续中的变迁"给家庭的长期发展能力带来严峻挑战，并呼吁家庭友好政策的支持与修复。杨菊华（2018）进一步提出，只有注重研究方法与研究视角的突破、进一步明确研究的问题意识，才能更有针对性地探索改善妇女和家庭发展的路径，将学术关切转化为政策出路，在探索家庭需求及其满足途径的基础上撬动家庭这个具有巨大潜力和活力的杠杆。

西方发达国家实施的相关社会政策中备受学者和政策制定者关注的有父母育儿休假、儿童照料服务、育儿津贴和税收减免、弹性工作安排等。这些支持家庭发展的政策通常被称为家庭政策或者家庭友好政策。在中国全面实施"两孩政策"的背景下，这些公共家庭政策也逐渐被中国学者和政策制定者重视。其中，针对纳税人子女接受学前教育和学历教育的相关支出在个人所得税中给予税收减免的政策已于2019年在全国范围内实施。潘锦棠与许晓丽（2020）回顾了"福利国家悖论"现象的相关理论和实证研究，发现父母育儿休假、公共儿童照料服务等家庭政策虽能促进女性劳动参与，却会通过强化雇主对女性的统计性歧视、妨碍女性自身的人力资本积累以及将女性吸引到服务类岗位等阻碍女性的职业发展与收入提升，进而加重男女两性的职业隔离和加大收入差距的问题。因此，中国在积极发展二孩生育政策配套措施的背景下，选择家庭政策工具时需要全面审慎地考虑。

3. 妇女的劳动参与和职业发展

对妇女的劳动参与和职业发展质量的考察一直是公共政策与公共管理领域中备受关注的性别议题。宋健、张晓倩（2019）的研究表明，新中国成立以来，尤其是改革开放之后，在公共领域女性地位提高，在家庭事务中的决策权也有所提升。事实上，现代家庭中教育程度普遍提高、经济日益独立的女性面临的工作与家庭双重压力困境日益凸显，已成为近些年特别是生育政策宽松化实施后的热点问题。这些变迁对社会和家庭领域的妇女发展研究提出了新的要求。

"全面二孩"政策的实施必然会进一步加重女性的家务劳动负担，进而对其职业生涯产生较大的负面影响。有学者利用问卷调查和访谈的方式调研城镇已婚女性的就业情况及其职业与家庭劳动的平衡等问题，发现改善儿童照顾福利是保障女性就业权益的重要途径（殷俊、周翠俭，2020）。作者建议构建社会化的幼儿照顾服务体系，用公平统一的社会福利替代企业福利，承认女性家务劳动的社会价值，加大儿童福利方面的补偿力度，从而充分保障城镇女性的就业权益。

也有研究者关注到家政工、照料行业等以女性为就业主体的劳动领域：例如，刘育婷、肖索未（2020）通过田野调查和深度访谈的研究方法，以在北京的住家家政工为例，探讨以大型家政公司为代表的商业化机构如何界定雇主－家政工关系、塑造家政工的职业情感规则以及这些商业化的规则如何在家政工的劳动实践中被挑战和修改。上述两位学者发现，商业机构通过把自己打造成家政工的"娘家"，强化雇主－家政工之间的"外人"关系，并要求家政工在此基础上将"家人"情感进行工具化使用，以满足工作的需要。然而，家政劳动作为在私人家庭中进行、高度卷入私人生活的劳动类型，家政工往往难以避免地卷入雇主家庭关系中，甚至发展出与雇主的私人关系，使关系处理变得更为复杂、不确定。梁萌、吕游、刘万丽（2020）则观察到，随着家庭照料和就业市场两个领域需求的增长，家政业成为国家视角下推动民生发展的重要产业。通过聚焦中国家政业职业化实践的现状与挑战，该研究在经典职业社会学分析框架内梳理家政职业化的外部结构和内部系统的特征，并观照家政劳动以女性从业者为主的性别化分工等方面的特殊性，进而引入嵌入性分析视角将本土化社会情境作为重要的分析切入点。其研究发现，在外部结构方面，存在政府和企业推动的调解式、赞助式双重控制模式，表现出强势的嵌入特征；在内部系统方面，产生了源自本土社会情境的解构实践，包括客户和劳动者在工作场域中对职业证书、专业技术、劳动标准等职业化标准的消弭和抵御。基于此，家政业职业化的发展需要将本土实践特征纳入行业发展框架之中，进一步推动职业团体的相关建设，并从根本上建立具有性别平等意识的经济与产业发展观。

中国全面产业转型升级为妇女地位和价值的提升、更高质量和更充分就业的实现提供全新的机会。因此，除了上述传统议题，对女性劳动就业情况的研究探索还延伸到妇女创业、妇女人才发展和高质量就业等诸多方面。例如，徐宏玲及李双海（2018）结合政策效应过程以及初创企业成长特征构建了创新创业政策效应分析框架，为检验妇女创新创业政策效应，以成都市女创业者为样本进行了随机抽查。统计结果显示：现有的人才发展、创业理念、创业服务、创业载体、资本支撑、创业产出等各种政策产出对妇女创新创业支持作用不是很明显，特别是对女创业者及其项目的创新支持作用微乎其微。为此，需要完善促进女创业者及其创业项目成长的相关政策。值得注意的是，高职院校是培养高端技能型人才的重要场所。何晓敏（2019）通过对高职院校女大学生创业教育需求及其需求满足的调查发现，高职院校女生在创业教育的政策、环境、平台、制度保障等方面有着极大的需求，但对现状的满意度较低。作者分析道，原因存在于教育目标不细化、资源配置不匹配、课程体系缺乏针对性、创业平台较少等方面。何晓敏结合中国高职院校人才培养制度的特点提出在构建创业教育课程体系、完善创业教育政策和制度的配套措施、加强创业教育实践平台孵化等人才培养机制方面培养女性创新人才的可行措施。此外，曹守新和徐晓雯（2020）特别分析了人工智能对女性就业的影响，认为人工智能技术的出现和应用成为节约劳动的重要途径之一。对于女性尤其是育龄女性，这种进步无疑会影响她们是否选择生育的决策。技术进步导致的工作时间灵活性的提高，使职场女性即使选择生育，也可以灵活安排自己的工作时间以留在劳动力市场上。与此同时，扫地机器人、智能洗碗机等智能设备在家庭中的广泛使用也可以帮助女性解决被家务琐事困扰的问题，更好地平衡家庭与工作，进而有更多机会重返职场。

4. 社会保障与社会性别平等

黄桂霞的专著《中国共产党的妇女福利思想与实践》（2018）从探讨中国共

产党妇女福利的思想基础、内涵与社会功能入手，以中国社会发展与妇女发展状况为线索，梳理党的妇女福利演进的历史脉络，分析党在不同时期制定的妇女福利制度政策，通过总结党有关妇女福利思想与实践相结合的经验与教训，探讨新时期党的妇女福利发展趋势及模式。石智雷的著作《超低生育率与未来生育政策导向》（2016）则结合当前中国人口处于低生育率水平的实际，分析了总和生育率长期走低对中国经济、家庭、未来发展的影响，探讨了总和生育率持续走低的原因，同时以宜昌的情况为调研样本，分析超低生育水平城乡居民的婚姻状况、生育行为特征和生育变动趋势。另外，庄渝霞的论著《中国生育保险制度研究》（2019）基于中国的生育背景系统性地对中国生育保险制度沿革做出总结性回顾和评价。全书始于对国内外生育保险制度研究状况的综述，全面介绍了生育保险制度研究的意义框架和方法思路。接着，作者从生育政策、生育行为和生殖健康服务三个方面介绍生育保险政策出台的生育背景；从制度阶段划分、特点和存在问题三个方面阐述中国生育保险制度的沿革历程；并着重介绍了中国生育保险服务的总体情况，分析生育医疗待遇、产假和生育津贴的覆盖人群和影响因素。接着，作者运用实证方法对生育保险政策的就业效用进行评估，并最终从社会性别视角和成本－效益视角出发，提出进一步改革生育保险制度的相关建议。

养老保险制度是中国社会保障制度的重要组成部分，推进养老保险制度的公平建设是学界持续讨论的焦点。以中国人口老龄化的加速发展为背景实施的"全面二孩"政策将对中国的人口数量和结构产生深远影响，而人口数量和结构的变化势必给中国社会养老保险基金的收支及其缺口带来重要变动（刘晓峰、杜焱，2017）。研究指出，"全面二孩"生育政策为社会养老保险基金的正常运行创造了条件，但短期内难以发挥出根本的效应。因此，继续深化改革现行养老保险制度，确保生育政策实施前期社会养老保险基金的平稳运行也是现实之需。一是适当提高个人基本养老保险缴费率和降低企业社会统筹缴费率，二是适时推行延迟退休政策，三是实施社会养老保险跨地区统筹。也有学者强调，随着人口老龄化，失能老人的数量迅速增加，但家庭照顾的能力和意愿在持续弱化（文太林、孔金平，2020）。日益增长的长期照护需求与照护供给不充分不平衡的矛盾日益突出，长期照护已经成为一项新的社会风险。政府提供长期照护保障既有利于增进社会公平，又有利于促进经济社会的发展。从照顾者的角度来看，长期照护可以减轻家庭照顾者（主要是女性）的照顾负担、提高女性的劳动参与率。

在中国，政府相继出台了促进养老服务业发展的政策，持续增加养老服务的财政投入，但是仍然存在财政筹资政策不健全、筹资水平不充分和筹资结构不合理的问题。基于能促型国家的视角，急需强化财政投入水平、创新财政投入方式：从供给侧来看，应以大财政的视角，综合运用税收、金融等政策工具，完善财政支持机构养老、居家养老、家庭养老的方式；从需求侧来看，应发挥财政在长期护理补贴中的托底作用、长期护理保险中的财政补贴作用，并在商业长期护理保险中实施税收优惠政策。

5. 脱贫政策、乡村振兴与妇女发展

"贫困女性化"严峻形势，成为全球反贫困战略需要应对的世纪性难题。中国的贫困问题尤其是"贫困女性化"的问题同样突出：在新型城镇化的进程中，留守农村的对象基本是妇女、老人和儿童、青少年，有劳动能力的妇女成为维系家庭以及农业生产的主力军。贫困妇女的精准脱贫问题成为新时代下党和政府高度关切的问题。唐娅辉和黄妮（2018）采用政策执行互适模型分析并反思精准扶贫政策在执行过程中因存在性别盲点而导致多元参与者互动不适的现象。基于政策执行互适模型的价值理念和建构内容，专家建议在精准扶贫的政策执行中纳入科学化的性别意识，以政策主体、政策客体、政策工具的三方调适化解政策执行中的阻力，助推精准脱贫与全面建成小康社会双重目标的同期实现。陈宁（2020）进一步指出，在建立解决相对贫困的长效机制的过程中应引入性别因素，以应对女性比男性更易陷入相对贫困的现实要求，并释放贫困女性的减贫动能。女性赋权减贫作为当下国际学术界和减贫机构的普遍共识，在缓解相对贫困、促进经济增长方面有着积极的效能。该模式在中国的实践也表明其适用性，但如何在减贫政策的设计中加入性别因素以及如何在赋权女性的过程中应对家庭内部的不平等仍是亟待解决的问题。因此，应积极塑造减贫的性别理念，加强女性赋权减贫理论的中国化，并在精准扶贫精准脱贫基本方略的指导下设计女性赋权减贫的相关政策，继而将女性赋权减贫作为一种嵌入机制，为既有减贫模式提供补充和改进。

李小云、陈邦炼、宋海燕等（2019）认为，基于传统的家庭性别劳动分工，而非打乱现有的分工模式设计，旨在缓解贫困的妇女发展干预项目是在传统乡村社会推动性别平等的可行路径；按照这一路径设计的干预项目可以大幅提高妇女的直接经济收入。其研究表明，妇女直接经济收入的提高对贫困家庭

的多维度贫困产生了积极的作用，减贫外溢十分显著。然而，由于妇女创收的直接福利效益更多地流向家庭和被男性捕获，"妇女贫困"路径发生了性别福利异化。因此，其研究有力地说明了妇女经济收入的提高无法明显摆脱原有的性别结构的困境，勾画出经济赋权与妇女地位改变之间错综复杂的关系。陆继霞、吴丽娟、李小云（2020）通过河南省的案例描绘了由政府、企业和村庄社区共建的扶贫车间如何在空间意义上为留守妇女的社会空间整合提供可能，也从社会保障和社会福利等方面分析了其存在的缺陷。首先，研究者认为女性作为扶贫车间的主要劳动力，有其特殊的优势，但是资本也借助于女性作为家庭经济和社会权力的边缘部分，比男性更能接受低廉的报酬，且不易有组织地反抗等弱势，实现利益最大化。其次，扶贫车间的生产原料并非取之于农，产品也并非用之于农，农村妇女在整个产业链中仍作为廉价劳动力参与其中，乡村也仅仅是一个生产基地。这种无法进行内部循环的生产方式，对乡村以及农村妇女而言仍有不稳定性。最后，从签订合同、用工时长、社会保障条件等方面来看，扶贫车间存在资本生产过程中对农村妇女剩余价值的剥夺。可见，扶贫车间这一立足乡村的工业发展模式，虽然能够为农村人口提供就地就业，但如何做到不挤压其生存空间，从根本上改善性别不平等并实现农村妇女长效发展，仍然需要更多的实证研究和更深入的探讨。

邢成举（2020）也注意到以女性为主的农村留守人口现实状况，论证了以就业为目标的村镇工厂扶贫在客观上具备性别化特征。其研究表明，在遵循家庭内传统性别分工的基础上，村镇工厂的产业属性、务工门槛、就业灵活性和就业距离等特征很好地衔接了农村贫困女性通过务工实现增收的现实需求；但是，村镇工厂面临的多方面困境使其在推动女性反贫困方面需要处理潜在危机。邢成举的研究说明，充分吸收乡镇企业发展的历史经验、具有明确性别意识的反贫困政策、统筹协调的发展机制、多层次的利益联结机制以及公共服务和劳动保护的改善是政策的主要发展方向。无独有偶，在产业转移和劳动力转移的大背景下，黄岩与胡侦（2020）将研究视线投至沿海地区代工产业：电子、玩具等劳动密集型订单向内地转移外发，吸引了大量农村留守妇女参与到生产中。这些妇女在拆分型劳动体制下不得不从打工地返回家乡，承担起照顾家庭的重任。一方面，女工的兼业工作对建构自我认同以及提升其家庭地位和社会地位有很大的帮助；另一方面，妇女的兼业生产明显具有脆弱性，这不仅体现在订单的不稳定性上，更体现在国家和地方政府的政策保护不足上。因此，要从根本上改变这种局面，城市政府必须落实农民工融入城市、加快农民工市民化等相关政策，推进公共服务均等化工作，让农民工家庭能够全面享受城市公共服务，以化解拆分型劳动体制带来的社会问题。

6. 国际视野下的社会性别议题

2016~2020年中国公共政策与公共管理中的社会性别研究中涌现出诸多立足中国经济社会及人口发展态势，采纳国际视野分析比较国际经验教训，为中国公共政策的制定和完善建言献策的研究尝试。例如，唐军（2020）基于中国人口深度老龄化的现实，从基本养老金的延迟政策切入，探析当代英国福利制度所遇困境和可持续发展的对策。其研究发现，当代英国老龄化的加深，令政府的养老金及社保开支持续增加，也使福利国家的可持续性面临考验。长期以来，为纾解老龄化带来的福利困境，英国各届政府相继采取延迟退休策略，虽具实效但只作权宜之计。从长远看，唯有进一步加大家庭政策支持力度，实现公共政策对家庭养育压力的有效分担，强调中国特色社会主义背景下对妇女全面发展的重视和促进，才是长效挖掘育龄群体生育潜力的关键途径。又如，郝君富（2018）的研究考察了经济合作与发展组织（OECD）国家为补偿职业中断对女性养老金收益的不利影响，在其公共养老金计划中建立向职业中断的女性提供"养老金缴费减免"的机制。相关政策实践表明"养老金缴费减免"是一项有效的养老金机制设计，有助于填补职业中断导致的缴费差距，进而增强女性退休收入的充足性，是面向女性老龄人口反贫困的重要工具。而且，经济合作与发展组织国家的政策实践表明"养老金缴费减免"政策的影响效果取决于机制设计的慷慨程度，"养老金缴费减免"机制需同时兼顾政策的慷慨程度、财政成本及就业激励，"养老金缴费减免"机制需要与"家庭友好型"就业政策进行组合应用。此外，沈洁（2019）重点对日本在推行性别政策路径上出现的"男性养家"、经济地位"男女平等"和"工作与生活平衡"三个发展阶段进行解析，揭示了日本在经济结构转型和人口结构转型之中、在东西方性别文化和家庭文化冲撞当中寻找适合自身发展路径的经验和教训。据沈洁介绍，2007年日本颁布《工作与生活平衡宪章》，此后又相继发布《活跃女性职业生活促进法》、劳动方式改革大纲、《劳动方式改革相关法》等，加快了性别政策制度建设的步伐。在社会政策中嵌入性别视角以后，劳动和生活领域出现了新变化。日本总和生育率在2005年一度下滑到1.26，2010年之后逐步回升到1.40以上；处在抚养子女时期的女性的劳动参与率也出现持续上升，"M形女性就业形态"有了根本性的改变。可见，日本在经历了盲目追求西方价值观体系的教训之后，注意深入研究各国政策经验，取其长补其短，寻求适合本国政策发展路径的政策理念和政策框架，这一做法可以借鉴。

马春华（2020）主要探讨了在国家层面性别秩序和福利国家体制如何共同形塑儿童照顾政策，进而塑造儿童照顾模式。其研究结合戈斯塔·埃斯平-安德森（Gøsta Esping-Andersen）和南茜·弗雷泽（Nancy Fraser）、沃尔特·科比（Walter Korpi）的分析框架，从性别角度构建女性就业/照顾关系的理念类型和现实模式，从就业和照顾、"商品化"和"去家庭化"角度讨论女性和国家的关系，并依据福利国家体制，选择瑞典、法国、美国和韩国作为现实模式来分析各国的儿童照顾政策。同时，运用量化和政策分析，讨论各国在收入补充、时间弥补与托育服务供给方面的状况，并评估各国儿童照顾政策的特点。最后，作者着重分析中国儿童照顾政策的历史、特点及其目前相对于其他国家在分析框架中的位置，并提出中国现有的儿童托育体系被分成两部分：0~3岁保育体系，属于卫健委管理；3~6岁学前教育体系，属于教育部管理。但是，两个体系都缺乏完善和积极的治理结构。OECD等国家的相关经验表明，儿童托育体系的积极治理结构能够持续地改善服务的可获得性和品质。为了建构这种治理结构，必须在中央政府层面设定一个统一的机构，负责整个儿童托育服务体系的运作，这个机构应该在法律上得到认可、在经费使用上得到财政部门的支持。只有建立这种上下一体的政策实施机构，才能持续改善儿童托育服务供给结构。

7. 其他政策领域

这五年，有越来越多的新型政策领域被中国公共政策与公共管理中的社会性别研究界关注。例如，21世纪以来，世界各国均面临交通、可持续性和便捷出行问题的严峻挑战。其中，性别平等是可持续交通的一项重要议题，长久以来被中西方科研和政策决策者忽视。希尔达·罗莫·克里斯坦森（Clayton M. Christensen）与张贵芬（2018）首先回顾了以往交通研究的主流观点，考察与之关联的社会不平等及不可持续行为，提出为实现更加公平、低碳的交通，应将文化维度包括作为分析范畴的社会性别视角考虑在内的观点。作者结合中国相关报纸内容和在北京市及上海市的实地考察，探讨了中国城市的交通和出行，分析了私人汽车、公共交通及自行车等各种日常交通工具中体现出的性别与阶层差异。其研究表明，新的交通模式和实践倾向于满足中产阶层（男性）的需求，近来的交通举措同样引发性别与阶层之间的等级差距，这可能会阻碍交通向环境友好型方向发展。该论文还讨论了共享单车在中国城市间的迅速兴起如何为促进交通可持续性和性别平等提供难得契机。

三　研究不足与展望

2016~2020 年公共政策与公共管理领域的社会性别研究相较以往获得蓬勃发展，但仍存在两点不足。首先，研究议题的本土性和创新性有待加强，对弱势群体或特殊群体的关注明显不足。尽管这五年内公共政策与公共管理中的社会性别研究围绕经济发展、人口发展和社会保障等政策领域中的经典议题做出理论阐述和实证推进，对诸如生育政策的宽松化调整、社会保障制度的不断完善和贫困女性化等公共管理领域的热点问题做出持续研究，也产出了丰富的研究成果，但对于少数民族妇女的生活境况、老年妇女的养老需求和照料责任以及残疾女性的特殊需求等问题缺乏均衡和深入的研究。其次，社会性别主流化的理论和实践研究有待推进。这五年，关于社会性别主流化政策工具的实践有所推广，但相关的本土化理论支撑和框架指导相对有限，也鲜见对全国具有普遍性指导意义的实践经验总结。

从现有研究及近期政策动态来看，未来公共政策领域的性别研究在延续已有研究版图的基础上会进一步拓展，同时也会进一步形成更深入的聚焦。例如，随着人口负增长惯性显现，生育格局已成为影响国计民生的战略要件之一。2020 年党的十九届五中全会上创造性提出"增强生育政策包容性"，2021 年中央决定实施"三孩生育政策"并将其与"配套支持措施"平行并置，彰显了包容性生育政策的新动向与新意涵。一段时间以来，各地强化生育配套支持措施的实践取得进展，而囿于治理惯性及工具匮乏也对女性发展和家庭动态产生影响乃至"误伤"，还经由网络发酵呈现若干舆论张力。从本质上讲，生育的主体是女性、生育的载体是家庭，生育配套支持措施的施策逻辑无疑需建立系统的性别与家庭视角，规避生育政策转型对妇女发展和性别平等的"误伤"，以有效实现新时代生育政策的包容性转型。类似的政策焦点问题，未来无疑需要大量系统深入的性别研究介入。

总之，伴随中国式现代化的建设步伐，聚焦中国经济社会现实语境，持续推进对在制度设计和政策安排中纳入性别意识的相关研究，并对社会性别统计、社会性别预算和社会性别评估等社会性别主流化政策工具的理论分析和实践应用增进了解，加快本土经验的总结，并深化考察具体政策与妇女发展及性别平等关系的研究，有助于回应妇女群体的发展诉求与宏观社会的治理要求，对促进妇女全面高质量发展、促进男女平等大业具有应用价值和战略意义。

参考文献

1. 曹守新、徐晓雯（2020）：《人工智能对劳动力就业的影响及其应对》，《山东社会科学》第12期。

2. 陈澜燕、刘霓（2016）：《重视性别统计以提升公平治理和政府职能转变》，《国外社会科学》第4期。

3. 陈宁（2020）：《女性赋权与相对贫困治理》，《新视野》第2期。

4. 陈讯（2020）：《政策输入、代际整合与乡村振兴》，《当代青年研究》第3期。

5. 陈映芳（2020）：《价值暧昧抑或目标分异：当下中国的家庭政策及其供给机制分析》，《社会》第6期。

6. 蒂特马斯、柯洋华、刘继同（2017）：《女性的社会地位——一些重要的人口统计数据》，《中华女子学院学报》第6期。

7. 杜芳琴（2018）：《以妇女为中心的生育记忆：计划生育史研究的新突破——评〈中国的计划生育政策与西村妇女（1950~1980）〉》，《中华女子学院学报》第2期。

8. 《关于进一步加强和完善性别统计工作的提案》，《中国妇运》2019年第4期。

9. 《关于在国家实施大数据战略背景下加强性别统计工作的建议》，《中国妇运》2016年第4期。

10. 郭夏娟、魏芃（2019）：《数量代表与实质代表：理解女性政治地位的一个理论视角》，《妇女研究论丛》第5期。

11. 郝君富（2018）：《OECD国家职业中断女性养老金缴费的减免机制和政策实践》，《深圳大学学报（人文社会科学版）》第4期。

12. 何晓敏（2019）：《高职院校女大学生创新创业人才培养模式探索》，《湖南社会科学》第2期。

13. 黑龙江省妇女研究所编（2017）《从"掌饭勺"到"掌帅印"的龙江女村官——农村妇女政治参与的理论与实践》，黑龙江大学出版社。

14. 黄桂霞（2017）：《中国共产党的妇女福利思想》，《山东女子学院学报》第2期。

15. 黄桂霞（2018）：《中国共产党的妇女福利思想与实践》，人民日报出版社。

16. 黄岩、胡侦（2020）：《外发工厂：拆分型劳动体制下留守女工的兼业生产》，《妇女研究论丛》第1期。

17. 计迎春、郑真真（2018）：《社会性别和发展视角下的中国低生育率》，《中国社会科学》第8期。

18. 贾春（2016）：《女性学系十五周年"女性学学科发展与人才培养"暨"性别与公共政策"国际研讨会在京举办》，《中华女子学院学报》第 6 期。

19. 蒋永萍（2020）：《近五年中国提高妇女地位国家机制的进展》，《山东女子学院学报》第 5 期。

20. 李慧英、刘澄（2020）：《我国倡导父亲育儿假困境探讨》，《中华女子学院学报》第 2 期。

21. 李小云、陈邦炼、宋海燕等（2019）：《"妇女贫困"路径的减贫溢出与赋权异化——一个少数民族妇女扶贫实践的发展学观察》，《妇女研究论丛》第 2 期。

22. 李亚妮、林丹燕（2016）：《大众传媒领域法规政策的性别评估分析》，《山东女子学院学报》第 4 期。

23. 梁辉（2017）：《家庭发展能力与计划生育利益导向政策——基于家庭策略的视角》，武汉大学出版社。

24. 梁萌、吕游、刘万丽（2020）：《嵌入与消弭：中国家政业职业化实践研究》，《妇女研究论丛》第 5 期。

25. 刘明辉（2019）：《企业促进性别平等及家庭友好政策研究——以 5 家纺织服装企业为试点》，《中华女子学院学报》第 3 期。

26. 刘晓峰、杜焱（2017）：《生育政策调整对我国社会养老保险基金运行的影响》，《北方经济》第 10 期。

27. 刘笑言（2016）：《走向关怀：性别正义视阈下家庭政策的理论模式比较研究》，吉林大学出版社。

28. 刘育婷、肖索未（2020）：《"干活时把雇主当家人，相处时把自己当外人"——住家家政工的雇主关系及情感劳动研究》，《妇女研究论丛》第 4 期。

29. 陆继霞、吴丽娟、李小云（2020）：《扶贫车间对农村妇女空间的再造——基于河南省的一个案例》，《妇女研究论丛》第 1 期。

30. 陆杰华、汪斌（2020）：《中国性别红利的发展潜力、制约因素及其战略构想——基于性别平等视角》，《中国特色社会主义研究》第 3 期。

31. 吕芳（2020）：《中国女性领导干部的晋升障碍与发展路径——基于对地厅级以上女性领导干部晋升规律的分析》，《甘肃社会科学》第 6 期。

32. 马春华（2020）：《儿童照顾政策模式的形塑：性别和福利国家体制》，《妇女研究论丛》第 5 期。

33. 闵杰、郭砾（2020）：《乡村振兴背景下农村土地制度的性别审视》，《妇女研究论丛》第 3 期。

34. 宁本荣（2016）：《公务员职业发展性别差异研究——以知识型员工为分析框架》，上海人民出版社。

35. 潘锦棠、许晓丽（2020）：《国际比较视野下的公共家庭政策与两性就业平等关系——基于"福利国家悖论"现象的考察》，《河南师范大学学报（哲学社会科学版）》第 6 期。

36. 祁静、茅倬彦（2020）：《生命历程视角下的生育支持政策研究》，《福建师范大学学报（哲学社会科学版）》第 2 期。

37. 山雪艳、刘筱红（2016）：《社会性别预算在中国：点状探索、接受困境与推广策略》，《学习论坛》第 5 期。

38. 沈洁（2019）：《日本性别政策演进分析——从"男性养家"迈向工作与生活平衡》，《妇女研究论丛》第 6 期。

39. 沈世勇（2019）：《特大型城市公共服务资源配置：基于基层治理、性别平等、健康维护、创业扶持等公共政策实施效应的考察》，上海交通大学出版社。

40. 石人炳、陈宁、郑淇予（2018）：《中国生育政策调整效果评估》，《中国人口科学》第 4 期。

41. 石鑫（2016）：《公益性民间妇女组织政策环境及行动策略研究》，《妇女研究论丛》第 3 期。

42. 石智雷（2016）：《超低生育率与未来生育政策导向》，武汉大学出版社。

43. 史凯亮、杨玉静（2017）：《新发展理念下的妇女发展与性别平等——2016 年中国妇女研究会年会综述》，《妇女研究论丛》第 1 期。

44. 宋健、张晓倩（2019）：《妇女地位：概念、测量与理论——全领域与家庭领域的观察》，《妇女研究论丛》第 4 期。

45. 宋健、周宇香（2016）：《全面两孩政策执行中生育成本的分担——基于国家、家庭和用人单位三方视角》，《中国人民大学学报》第 6 期。

46. 唐军（2020）：《老龄化时代英国福利制度的困境、对策与启示——以基本养老金的延迟政策为视角》，《历史教学问题》第 4 期。

47. 唐娅辉、黄妮（2018）：《精准扶贫政策执行中的性别盲点与反思——基于政策执行互适模型的分析》，《湖湘论坛》第 3 期。

48. 汪超、刘涛（2017）：《社会性别盲视：法治建设中女性政治贫穷化及其解释》，《甘肃社会科学》第 6 期。

49. 王健（2020）：《二孩政策下我国社会保险法的问题与调适》，《西南大学学报（社会科学版）》第 5 期。

50. 王磊、王晶（2018）：《"全面二孩"落地的社会性别支持策略》，《深圳大学学报（人文社会科学版）》第 2 期。

51. 文太林、孔金平（2020）：《中国长期照护筹资与公共财政转型》，《行政论坛》第 1 期。

52. 文潇雅（2017）：《社会性别平等视角下的妇女权益保障》，《兰州文理学院学报（社会科学版）》第 6 期。

53. 希尔达·罗莫·克里斯坦森、张贵芬（2018）：《中国公共政策的新领域：社会性别视角下的交通与可持续性》，《中国矿业大学学报（社会科学版）》第 5 期。

54. 邢成举（2020）：《村镇工厂与农村女性反贫困研究》，《妇女研究论丛》第 1 期。

55. 徐宏玲、李双海（2018）：《面向服务业创新升级的妇女创新创业政策效应评估——基于成都市女创业者的调查》，《四川大学学报（哲学社会科学版）》第 2 期。

56. 徐玖玖（2020）：《公共卫生事件的性别反思和制度优化——基于新冠疫情性别生

态的观察》，《当代青年研究》第 6 期。

57. 薛宁兰（2018）：《以良法保善治　以平等促发展——构建新时代的法律法规性别平等评估机制》，《妇女研究论丛》第 1 期。

58. 杨菊华（2017）：《生育政策与中国家庭的变迁》，《开放时代》第 3 期。

59. 杨菊华（2018）：《新时代家庭面临的新问题及未来研究方向》，《妇女研究论丛》第 6 期。

60. 杨菊华、刘轶锋（2019）：《论新时代优良家风的历史溯源与主要意涵》，《中国特色社会主义研究》第 2 期。

61. 殷俊、周翠俭（2020）：《基于儿童照顾福利的城镇女性就业权益保障问题探析》，《社会保障研究》第 6 期。

62. 游五岳、姚洋（2020）：《女性的政治地位与出生人口性别比——基于 1950～2000年县级数据的实证研究》，《中国社会科学》第 4 期。

63. 张李玺主编（2016）《家庭政策与妇女发展》，中国社会科学出版社。

64. 张亮（2016）：《中国儿童照顾政策研究：基于性别、家庭和国家的视角》，上海人民出版社。

65. 张小莉（2016）：《社会性别视角下当代女性党政领导人才职业发展研究》，吉林人民出版社。

66. 张笑一（2020）：《加拿大女权主义国际政策：成因、行为与特点》，《国际论坛》第 4 期。

67. 张一青（2016）：《性别数据的获取牵涉到方方面面——〈开发性别统计数据：实施工具〉简介》，《中国统计》第 9 期。

68. 张永英（2018）：《妇联组织参与全面依法治国的路径与策略探讨》，《山东女子学院学报》第 3 期。

69. 张再生、曲瑶（2018）：《公共政策性别评估机制构建路径研究》，《天津大学学报（社会科学版）》第 1 期。

70. 周全德（2018）：《略论居家社区养老服务中的女性参与》，《山东女子学院学报》第 1 期。

71. 周全德（2019）：《性别平等与社会支持：破解女性居家社区养老难题》，《山东女子学院学报》第 3 期。

72. 祝西冰（2017）：《国外家庭政策研究前沿演进历程与知识架构——基于科学知识图谱视角》，《山东社会科学》第 9 期。

73. 庄渝霞（2019）：《中国生育保险制度研究》，上海社会科学院出版社。

妇女组织与妇女工作研究综述
（2016~2020 年）

陈伟杰[*]

2016~2020 年正处于国内国外形势发生深刻变化的过渡期。在国内，新型城镇化在持续推进过程中，精准扶贫、乡村振兴的推进重塑了农村面貌，"美丽中国"纳入"十三五"规划反映了生态文明建设作为党的执政理念得到深化，网络治理、新老媒体融合等随着数字时代的兴起成为全新课题，家庭建设日益成为国家和社会共同关注的议题……在国际上，大国关系逐渐变得跌宕起伏，开始重塑我们对经济和社会发展模式的认识，而 2020 年初新冠疫情的突发冲击了各国经济，加剧了世界经济和政治格局的重塑。顺应时局的变化，在党中央的部署下，国家治理和社会治理的各类变革陆续展开。作为其中的一部分，新一轮群团组织改革于 2015 年底拉开帷幕，各级妇联从上到下围绕"强三性""去四化"持续推进机构改革，开展组织结构调整、干部制度改革、服务载体和方式创新、服务与维权能力提升、基层组织夯实和网上妇联建设等行动。2018 年《中共中央关于深化党和国家机构改革的决定》进一步要求深化群团组织改革，提出健全党委统一领导群团工作的制度，优化机构设置，完善管理模式，创新运行机制，将力量配备、服务资源向基层倾斜，促进党政机构同群团组织功能有机衔接，支持和鼓励群团组织承担适合其承担的公共职能，增强群团组织团结教育、维护权益、服务群众功能（中国政府网，2018）。2019 年，全国妇联做出深化机构改革的全面部署，从推进县级妇联改革、着力推动组织覆盖、大力推动基层执委作用发挥和推动妇联组织作风建设四个方面实施"破难行动"。在上述大背景下，妇女组织和妇女工作既获得了新的发展机遇，也面临新的挑战。这五年，围绕妇女组织和妇女工作，学者基于历史

---

* 作者简介：陈伟杰，男，中华女子学院（全国妇联干部培训学院）社会工作学院副教授。

学、政治学和社会学等多个学科分别开展了研究，从不同的维度对上述转变进行了勾勒与回应。

一　研究概述

使用主题检索方式，以 2016 年 1 月 1 日至 2020 年 12 月 30 日为检索时间范围，在中国知网（CNKI）"中国期刊全文数据库""中国博士学位论文全文数据库""中国优秀硕士学位论文全文数据库""中国重要会议论文全文数据库"中检索"妇女组织""女性组织""妇女工作"等关键词，去除无关文献后，共得到 1902 篇文献，其中，学术期刊论文 1577 篇，硕博学位论文 309 篇（其中博士学位论文 16 篇、硕士学位论文 293 篇），会议论文 16 篇。代表性论文有毛丹和陈佳俊（2017）的《制度、行动者与行动选择——L 市妇联改革观察》、丁瑜（2019）的《妇女何以成为社群主体——以 G 市 L 村妇女自组织营造经验为例》、陈义媛和李永萍（2020）的《农村妇女骨干的组织化与公共参与——以"美丽家园"建设为例》，等等。

2016～2020 年，26 项国家社会科学基金一般项目与妇女组织或妇联工作相关联，其中明确以妇女组织或妇女工作为标题的有 1 项；10 项国家社会科学基金青年项目与妇女组织或妇女工作相关，其中明确地直接以妇女组织或妇女工作为题的有 3 项；1 项国家社会科学基金西部项目与妇女组织或妇联工作相关。上述明确以妇女组织或妇女工作为标题的 4 个立项项目是尹旦萍的"新中国 70 年党领导妇女工作的历史与经验研究"（2019，一般项目）、李博的"改革开放以来中国共产党推进民族地区妇女工作的历史经验研究"（2018，青年项目）、徐峰的"中国共产党领导的妇女武装组织研究（1927～1936）"（2018，青年项目）和王晓莉的"社会性别视角下妇女组织参与社会治理的对策研究"（2016，青年项目），分别从不同角度关注了妇女组织和妇女工作议题。

2016～2020 年，国内共出版 47 部妇女组织与妇女工作方面的专著，包括耿化敏（2016）的《中国共产党妇女工作史（1949～1978）》、黄粹（2016）的《当代中国妇女组织发展的制度创新研究》、全国妇联妇女研究所（2017）编著的《当代中国妇女运动简史（1949～2000）》以及雷杰、蔡天（2018）的《传统与创新：广州市海珠区妇联工作改革模式研究》等。这些专著或聚焦于党的妇女工作、妇联组织（耿化敏，2016；全国妇联妇女研究所，2017；雷杰、蔡天，2018），或广泛关注不同形式的妇女组织（黄粹，2016），系统地阐述相关议题的历史和现实发展。

这5年，一些以妇女组织与妇女工作为主题的学术会议陆续召开，例如，2017年10月7日中华女子学院、中国妇女研究会妇女教育专业委员会联合举办"新形势下妇女工作的改革与发展暨全国妇干校校长论坛"；2018年12月20日中华女子学院女性学系主办"'妇女发展'领域系列学术讲座：新时代广东妇女工作的实践与探索"；2019年7月11日中华女子学院、中国妇女研究会妇女教育专业委员会举办"中国妇女研究会妇女教育专业委员会第九届年会暨'贯彻落实妇女十二大精神，全面深化妇女工作'研讨会"，以及2019年12月12～13日全国妇联妇女研究所妇女理论研究室、《妇女研究论丛》编辑部主办"国家、家庭与妇女：中国共产党的理论探索与实践"学术研讨会。另外一些学术会议收录了若干与妇女组织和妇女工作相关的研究，例如中国妇女研究会历次年会，2017年6月28～29日《妇女研究论丛》编辑部、中国人民大学马克思主义学院中共党史系主办的"妇女与中国革命：延续与变迁"研讨会，2018年7月7～8日《妇女研究论丛》编辑部、上海师范大学光启国际学者中心主办的"中国妇女解放：文化想象与社会实践"学术研讨会，以及2020年11月27日中华女子学院中国特色社会主义妇女理论研究中心主办的"回顾与展望：中国妇女运动基本经验学术研讨会暨社会主义进程视域下中国妇女运动经验研究开题报告会"，等等。

2016～2020年的妇女组织和妇女工作研究整体呈现出以下特点。

首先，研究成果数量呈现总量稳中略升但各类别各有增减的状态。2016～2020年中国知网各数据库文献总计为1902篇，比2011～2015年的1791篇多111篇；出版专著与上一周期基本持平。这说明本周期的学术生产处于一个相对稳定的时期。当然，研究成果中学术期刊论文、硕博学位论文和会议论文呈现不同的发展态势。学术期刊论文共1577篇，与2011～2015年的1510篇基本持平。硕士学位论文成为主要的增长点，数量比上一周期增加了81篇，而博士学位论文仅有16篇，比2011～2015年的23篇有较为明显的下降。会议论文亦只有16篇，比起上一周期的46篇有明显减少。

其次，多学科共同关注的态势得到了延续。较之2011～2015年，历史学、政治学、管理学、社会学、法学等多个学科的学者继续齐聚妇女组织与妇女工作研究领域，基于各自的学科视角展开研究和论述，显示了这一领域的发展潜力。新民主主义革命时期、社会主义革命和建设时期、改革开放和社会主义现代化建设时期及新时代中国特色社会主义建设时期各阶段都得到了研究的观照，历史与当代的妇女组织与妇女工作因此得到对照式呈现，其间的延续与嬗变线索变得更为清晰；而从政治、行政、社会与法律的不同视角开展的研究，使妇女组织与妇女工作的多维特点同样得到更为丰富的体现。

最后，新时代的各种重要议题得到了相关研究的适时回应。与群团改革相关的妇女组织的新变化、新特点、新进展成为各种研究的焦点，这为形成认识国家治理现代化和创新社会治理的完整图景打造了一个重要的板块。家庭价值和家庭建设日益为国家和社会所强调，围绕家庭政策、家庭福利而形成的妇女组织与妇女工作话题受到更多重视，这为进一步加强、改进党政部门群团组织建设的家庭工作奠定了良好的基础。随着 2016 年《中华人民共和国反家庭暴力法》的实施，与家暴相关的议题也受到了较多关注，这为进一步加强维护妇女权益的法律保障提供了重要的智识支撑。

二　主要研究内容

（一）妇联组织研究

2016～2020 年，学界围绕国家社会发展的大背景下妇联组织的作用、优势与不足进行了深入分析。并且，在中央群团改革的大背景下，着重聚焦妇联组织改革，产出了大量成果，这构成此周期内妇联组织研究的最大特色。

1. 妇联组织的作用与特点

学界关注了妇联作为党和政府联系妇女群众的桥梁和纽带，在参与社会治理、促进妇女发展等方面发挥的重要作用。党的十八届三中全会提出"创新社会治理体制""提高社会治理水平"（人民网，2013）的要求，十八届五中全会提出"构建全民共建共享的社会治理格局"（中华人民共和国国务院新闻办公室网站，2015），妇联组织在社会治理中的参与和作用成为重要的议题。李乾坤（2019）的博士学位论文深入分析了中华人民共和国成立 70 年来妇联组织参与社会治理的进程和经验。詹虚致（2019）关注了广东省顺德区女性参与基层治理的实践路径，指出妇联在女性参与治理上起到了凝聚与引领作用，推动了治理的多元化。2016～2020 年亦是中央精准扶贫战略攻坚阶段，妇联在其中扮演的角色同样受到关注。姜秀花（2016）总结了妇联在妇女脱贫攻坚中发挥重要作用的经验，包括加强顶层设计和顶层推动、创新扶贫脱贫方式、注重妇女赋权、突出扶助重点等。

学界研究还聚焦于妇联组织最鲜明的特点之一——与外界的连接能力和联动关系。丁瑜、杨凯文（2019）通过一个反家暴专项服务项目研究揭示了妇联行动与制度环境之间的相互影响和形塑，显示这种联系具有同时抵达国家和社会的广延性。

首先，妇联作为群团组织处在党政科层体制之中，与党政部门进行深度互动。陈家建（2017）在对妇女小额贷款的案例分析中指出，妇女小额贷款作为由各级妇联牵头组织，财政、人社、金融等部门分工执行的国家项目，包含直控式、承包式、连带式三种重要的组织形式，对地方政府的项目执行有着重要影响。妇联可利用这种关联发挥其独特作用。对甘肃省农村妇女小额担保贷款工作的研究表明，妇联组织牵头，对内协调各相关党政部门、金融机构，加之基层的一系列运作，增强了妇联组织的工作能力（焦克源，2016）。杨柯（2017a）指出，妇联在参与性别平等相关政策制定时，扮演组织引导并主推相关政策制定的角色，党委系统、人大系统、政府系统、政协系统等多元主体则起到协同配合的作用，这种妇联组织与政府的合作可称为协同共治型参与模式。康晓强（2019）基于全国妇联参与《中华人民共和国反家庭暴力法》立法协商的分析指出，这彰显了其作为一种具有中国特色组织形态的群团组织在协商民主建构中所具有的独特优势。

其次，全国妇联的联结对象不仅包括党政部门和群团组织，还包括社会各界。任大鹏、刘岩（2020）发现，四川青神县妇联在当地农产品城乡对接的组织合作网络中占据了枢纽性节点位置，帮助建立组织间的沟通和信任，促进城乡互动融合发展。罗清（2020）的研究显示，在《中华人民共和国反家庭暴力法》的立法过程中，随着第四次世界妇女大会的召开，中国形成了包括全国妇联在内的三类立法叙事，并且这三类叙事展开深入的互动，共同影响了《中华人民共和国反家庭暴力法》立法的最终结果。闫红红、张和清（2019）基于一个村落的案例，探讨了妇联与专业社会工作合作，通过"妇女之家"平台组织"广场舞"和开展社区公共服务，有效地将农村妇女组织起来参与社区公共事务，提升了农村妇女的地位。

当然，妇联具有联动性，特别是具有连接党政机关的优势，往往也意味着联动过程中可能出现协调性问题。胡献忠（2016）的分析指出，同为群团组织的工会、共青团、妇联共同聚集在党的周围构成一个"轴心－外围"政治体系，但有时也需要克服条线分割、整合不够等不足，需要加强党领导下的协作共治。同样，妇联的作用发挥也受到其自身嵌入其中的科层结构特征影响。陈伟杰（2016）发现，某地妇联引入社会工作服务过程中，社会工作专业实践发展呈现起伏趋势，而社会工作多层次嵌入的妇联层级结构特征是其中的重要影响因素，受此影响，妇联对社会工作的承认呈现一种迂回式的特征（陈伟杰、矫杨，2018）。唐德龙、史秋媛（2016）在对一个地方妇联家政服务项目的观察中发现，项目在实践过程中因强制性同构、模仿性同构和规范性同构三类机制的作用，出现了官僚化倾向，导致项目特色缺失、目标模糊、资源浪费，削弱了解决妇女突出问题的可能性。上述不足的存在也构成了中央深入开展群团改革的基本背景。

2. 妇联组织改革

自 2015 年底群团组织改革启动以来，妇联组织改革就成为妇女组织研究领域的核心议题之一。学界从改革的整体战略、具体策略、取得的成效和存在问题等不同角度展开深入分析，形成了具有鲜明特点的妇联组织研究格局。

改革战略关系妇联改革的全局，一些研究着重于这一层面的探讨。郑长忠（2018a）认为，妇联组织改革应遵循其自身发展的内在逻辑和具体节奏，既需要完成党组织所安排的改革工作，还需要在这之后集中推进妇联自身主导的组织全面发展任务，构建生态化、平台性和枢纽型的组织形态，并且从国家治理现代化的层面对妇联组织改革的意义进行了揭示。基于这一理论认识，他还梳理了在四川省妇联组织改革中不同层面的改革过程（郑长忠，2018b）。陈伟杰（2018）从社会网络视角出发，指出由于妇女群众的外延拓展、妇女群体分化以及政治社会条件的巨大变迁，妇联面临组织网络邻近性和替代性的双重挑战，影响其通过联结党群促进政治整合，为此，妇联的改革举措有利于增进其自身相对于妇女的结构邻近性，但还应通过进一步改革使其自身在性别平等领域更好地扮演填充执政党和妇女之间结构漏洞的角色。范红霞（2017）的研究虽然聚焦的是 20 世纪八九十年代妇联改革的动因、主要内容和措施，但这种梳理对当前的改革具有启示作用，主要体现在改革需要坚持党的领导和服务大局，要增强群众性，要明确职能抓落实，要重视对改革举措的宣传解读等方面。

妇联改革的策略问题得到了学界更多的关注。单佳慧（2020）从理论和现实两个层面切入，指出中国社会需要构建在妇女研究和如何做妇女工作方面可与西方对话的有效理论话语，并且在改革中重拾作为人民团体的群众性。而具体如何增强群众性，研究者分析了各地妇联改革展现出的各种具体策略。全国妇联的一个课题组于 2017 年在北京、上海、广州、深圳 4 个城市开展了新社会阶层女性状况调查，分析了各地妇联从加强思想引领、健全工作体制和工作机制、优化组织成员构成和表彰机制、搭建参与平台和开展培训等方面入手团结新阶层女性的经验（姜秀花、范红霞，2018）。李文、简瑞燕、张永英等（2018）的研究关注了广东省广州市海珠区妇联改革，指出其工作的重要性体现在对基层妇联薄弱环节的克服，从妇女之家建设及运营、社会资源链接与统筹、线上线下工作融合等不同方面进行创新性探索。雷杰、蔡天（2018）同样总结了广州市海珠区妇联改革工作模式的经验，指出"海珠模式"坚持妇联在项目理念、内容、管理和主体等方面的主导性是其最为突出的经验。陆春萍（2019）的研究突出了妇联作为国家政权的社会支柱这一角色，指出妇联主要通过组织结构改革、吸纳社会资源、互联网+妇联等途径来进行基层妇联的社会性改革。李鹏飞、王晶（2020）则认为，新时代妇联的角色应该是"公共服务输送者"，然而需求管理能力不足等问题阻碍了这一角色的成立，为此应从加强培育女性社会组织、整合社区妇联人力和技术资源以及构建以妇女为本的公共服务绩效评估机制等方面入手开展改革。高丽、徐选国（2020）发现，上海市 H 区妇联采取规范化制度、专业化方法、多主体联动、长效化机制等行动举措，以"群团借道社会"的实践逻辑，联同社会力量再造个体与国家之间的组织通道。干部制度改革亦是妇联改革的重要部分。中华人民共和国成立之初，基层妇联干部的培训具有逐渐工农化、体系化的趋势，形成了一套践行群众路线的干部培养路径（耿春晓，2020）。当前妇联改革的重心之一仍是干部队伍的建设。张永英（2020）指出，上自顶层设计，下至地方实践，妇联通过专职、挂职、兼职并举的制度改革，探索妇联干部队伍建设新路径。

妇联改革的成效和不足同样吸引了众多关注。高丽、徐选国、徐永祥（2019）基于妇联组织改革的案例研究指出，地方妇联组织以"双轨式需求""娘家式组织""专业化服务"为其行动逻辑，使其自身呈现出社会性的组织属性和协同性的行动逻辑，实现了主体性的结构重组，发生了趋向于"社会本位"的改变。张永英、李文、李线玲（2019）根据妇联改革的各种相关资料开展系统性的分析，指出妇联在党的领导、基层组织建设、干部队伍建设及联系引导女性社会组织等方面的改革取得了实质性进展，但顶层设计、措施落实和效果展现等方面仍有待进一步完善。陆春萍（2019）的研究发现妇联在社会性改革中自主性和创新性不足、条块矛盾突出、专业性低和义务支撑难走久远等，这些局限是亟须解决的问题。李文（2019）专门讨论了妇联基层执委问题，通过调研发现，各地妇联采取各种方式探索建立基层妇联执委队伍，有助于妇联整合凝聚执委优势资源、联系和服务妇女群众，但这支队伍作用发挥不充分的情况也普遍存在。毛丹、陈佳俊（2017）基于一地的妇联改革案例指出，妇联过往呈现出身份在党政部门与社会组织之间变换的"钟摆"特征，这既与制度安排以及上级改革指令的阶段性变化相关，也是妇联干部群体选择的结果，因此，制度与行动这两个方面皆应是未来妇联改革的方向。

（二）境内民间妇女组织研究

民间组织的行动策略和成效受到了较多关注。庄细细（2020）的博士学位论文对近代妇女团体慈善活动的历史演变和开展内容进行了深入考察，指出近代妇女团体慈善活动主要由上层阶级妇女引领，擅长通过娱乐活动为慈善事业筹款，关注儿童保育，并在发展过程中逐渐从辅助性配角转变为组织开展慈善活动的主体。杨柯（2017b）对陕西妇女研究会在反家庭暴力领域参与公共政策制定的研究指出，民间妇女组织通过"可见 - 联盟 - 支持"策略开展工作，在这一过程中，当地政府的认知和理念与民间妇女组织的专业化能力对有效参与而言是最重要的因素。高小贤（2020）同样以陕西妇女研究会的实践经验为例，分析公益组织在妇女/性别与发展领域所开辟的"中国式合作"道路。其经验主要体现在三个方面：社会组织和国家之间在良性互动中形成"中国式合作"，介于职业化和工作队之间的混合型团队构建项目管理的模式，妇女/性别与发展同中国妇女运动的传统之间形成"道"相同而"术"互补的关系。杜洁、宋健、何慧丽（2020）对山西省永济市和河南省灵宝市的两个妇女合作组织的研究显示，自发形成的合作组织是激发农村妇女内生动力的有效形式，通过社会建设和文化建设重塑乡村社区公共文化空间，为形成可持续、生态化的乡村产业与就业创新模式奠定了基础。龚志文、刘太刚（2018）同样以山西农村的妇女协会作为分析案例，指出碎片化的女性个体在形成组织之后增强了话语能力，同时，组织化过程中产生的公共物品、规则秩序和公共精神，对于女性的相互依存、主体性的稳定性与可持续成长都具有重要意义。马英华、谢立敏（2020）探讨了女性社会组织参与国家治理的议题，认为女性社会组织因其独特的性别视角和柔性的力量，有助于国家治理能力的提升。与上述结论相近，冯波（2018）基于对一个村庄妇女志愿服务组织的分析指出，女性群体的参与提升了个体化解矛盾的能力，有助于公共产品的提供、新风尚的确立和公共精神的培育。

一些研究探索了社会工作如何促进民间妇女组织的发展。蒋国河、平卫英、孙萍（2018）基于一个村庄中的妇女互助储金会案例指出，发展性社会工作的路径有效地实现了妇女个体的赋能及合作组织与项目的培育，其效果具有可持续性。丁瑜（2019）同样以一个村庄的妇女自组织案例呈现了社会工作通过满足村庄妇女日常生活需求打开工作局面，再生成具有社群感的妇女小团体，从而逐渐培育出自组织。在理论上，这个案例揭示了妇女在社区层面的组织形成的社群主体，对于妇女由个体主体成长为历史主体具有重要的中介作用。闫红红、郭燕平、古学斌（2017）以集体化时期和改革开放以来农村妇女组织与合作经济的发展为背景，剖析一个华南农村的乡村旅舍项目，得出的结论是社会工作以优势资产视角为指导协助农村妇女发展新型本土合作经济，可促进妇女的劳动合作及增权。

其余研究关注的是民间妇女组织发展中存在的问题。石鑫（2016）从政策环境及行动策略关系的视角，探讨了公益性民间妇女组织的发展，指出法律政策空间、公益领域性别意识、组织合作以及组织人才等方面存在的问题成为其阻碍因素。冯波（2018）则认为农村妇女组织存在独立性、合法性、专业性和组织意识的缺失。

（三）境外妇女组织研究

国际组织所开展的妇女工作为一些研究者所关注。蔡一平（2016）以一个第三世界的国际妇女组织"新世纪妇女发展选择"（Development Alternatives with

Women for a New Era，DAWN）为例，说明第三世界国家妇女的声音需要被听见，而非政府组织在如联合国这样的多边机构里得到稳固的认可，具有合法的参与空间，因此，适合作为妇女发出声音的平台。中国也可以参与其中，主要是思考发挥妇女组织作为资源库的作用，为性别领域的政府决策提供咨询建议。

另外一些研究对不同国家和地区的妇女组织展开研究。潘玥、李富玉（2020）从印尼两大伊斯兰非政府组织穆罕默迪亚和伊斯兰教士联合会附属的妇女组织切入，延伸讨论印尼女性具有政治参与意识薄弱、水平不高、参政结构不合理等特点，而这是传统父权制观念、制度上的歧视性政策和经济的边缘地位等因素的影响所致。石鑫（2017）介绍了美国妇女非营利组织的数量及分布特点，指出此类组织的发达与美国民众自治传统、宗教文化背景以及支持性的法规政策环境紧密相关，而其在地域上的分布则与各州经济总量呈现正相关关系，它们对性别领域议题的关注昭示了其对美国性别平等和妇女发展的重要性。张杨和季凤梁（2019）仔细剖析了美国女性志愿组织在亚洲面向女性群体开展的文化和社会项目，指出其对亚洲女性生活的介入具有双重特性，一方面项目带有明显的冷战意图和新殖民主义特征，另一方面通过倡导女性主义（女性解放）促进亚洲女性权利意识的觉醒。

（四）党的妇女工作研究

党的妇女工作也得到了相关研究者的关注，总体上看，妇女工作的整体论述、妇女的组织与动员、妇女工作开展的策略问题和支持妇女发展的工作开展是这方面研究的四大议题。

1. 妇女工作的整体论述

一些整体式研究着眼于历史演变过程，关注了从中央苏区时期至今的妇女运动、妇女解放或妇女工作实践。胡军华（2016）对中央苏区的妇女解放运动进行了深入的剖析，指出这是马克思主义妇女观中国化的一次有益探索，同时，也对其表现为将马克思主义教条化、将共产国际决议和苏联经验神圣化的局限性进行了反思。周蕾、刘宁元（2016）则着眼于抗日战争时期，从相关政策、组织和活动等不同方面阐述妇女在抗日救亡中的参与情况，书中专章分别论述了国共两党各自开展的妇女动员工作，以及包括中国共产党在内的多方主体建立的妇女组织的相关情况。单炜鸿（2017）的博士学位论文深入研究解放战争时期东北根据地的妇女运动，总结出当地妇女运动具有广泛深入、与战争和反封建相结合、与土地改革和大生产运动相结合的特点。耿化敏（2016）以1949~1978年为界，分四个时期介绍了中国共产党妇女工作的演变历史，指出妇女工作的经验包括将妇女工作与党的中心工作相结合、坚持马克思主义理论的指导、坚持党对妇女工作的领导和引导妇女全面参与党的各项建设，等等。张震环（2017）分析中华人民共和国成立以来妇女解放的内在逻辑，指出中华人民共和国成立之后的妇女解放仍遵循内化于国家建设的原则，依靠国家强干预取得巨大成就，而在改革开放以后国家干预机制弱化，妇女解放面临各种挑战。有关上述问题的对策是在未来构建强国家-强社会格局。《当代中国妇女运动简史（1949~2000）》（全国妇联妇女研究所编著，2017）记述了在新中国成立初期和从新民主主义向社会主义过渡时期、社会主义建设探索时期、"文化大革命"时期、伟大历史转折和中国特色社会主义开创时期、改革开放新阶段和把中国特色社会主义全面推向21世纪这五个历史时期当代中国妇女运动发展的重要事件，呈现了数十年间妇女运动的曲折发展过程。此外，《安徽省志·共青团志（1986~2005）妇女志（1986~2008）》（安徽省地方志编纂委员会，2020）、《甘肃省志·妇女工作志（1996~2015）》（甘肃省地方史志编纂委员会、甘肃省志妇女工作志编纂委员会，2020）、《广州市妇联志（1953~2018）》（广州市妇女联合会，2020）的出版是对安徽省、甘肃省和广州市过往至今妇女工作的一次总体呈现，也为研究者补充了新的研究资料。刘继同（2017）按四个阶段梳理了1949年以来中国妇女工作的发展历程，总结了改革开放以来妇女工作的四大转型，即"妇女工作性质由'妇女运动与妇女解放'转为'妇女发展'，妇女工作主体由'妇联组织'转为'妇女儿童'，妇女工作范围内容由'妇女解放、男女平等与服务保障'转为'社会性别平等与社会福利'，妇女工作重点由'妇女运动与妇女发展'转为'保护妇女、母亲、儿童和家庭生活福利'"。尹旦萍（2019）以妇女工作方针的演变为线索，总结出新中国70年妇女工作的基本经验是"始终坚持党的领导，服从服务于党和国家事业发展大局，注重发挥妇女的'半边天'作用，坚持男女平等和维护妇女权益"。

另一些研究则着眼于当下。《男女平等基本国策的贯彻与落实》（国务院妇女儿童工作委员会办公室编写，2016）将理论和案例相结合，展现了在制定法律、出台政策、编制规划和部署工作等不同环节中贯彻男女平等基本国策的基本经验。全国妇联妇女研究所（2018）选编了全国各地贯彻与落实男女平等基本国策的案例，分法律法规、政策规划、工作部署和环境营造四大类别予以呈现。

2. 妇女的组织与动员

将妇女组织起来、动员妇女参与到党和国家的工作大局当中是妇女工作一以贯之的重要内容。有的研究关注中国共产党早期的妇女组织与动员实践。刘国钰（2016）以马克思主义妇女观为视角，揭示中国共产党在中央苏区开展的妇女运动，撼动了赣闽粤边界的地方社会格局，客家妇女被赋予婚姻恋爱、政治经济和教育文化等方面的权益，进而被充分动员起来参与党在苏区的政权建设。不过，受客观条件的限制，客家妇女更多地强调社会责任而淡化了自我权利，且其地位改变的程度尚不充分，并因革命形势的变化而未能持久。江沛、王微（2016）的研究显示，抗日战争时期共产党动员裹脚妇女放足，走出家门参与妇救会，急剧改变了传统的审美观念和习俗，但华北各区域的妇女参政和参与生产仍存在"夹生饭"现象。

另外一些研究则关注中华人民共和国成立以后妇女的组织与动员问题。张海（2017）的博士学位论文以20世纪50年代湖南省宣传贯彻婚姻法运动为考察对象，深入阐述了这一运动的背景和过程，指出运动取得了包括婚姻制度和风俗革新、妇女社会地位和人民的政治认同提高、国家权力对乡村基层的控制实现等成果，但也存在局限。尹红群（2018）梳理了中华人民共和国成立之初街道妇女代表会议参与街道民主建政，将妇女组织起来实现从被动响应到主动参与社会活动、参政议政的转变。闻文（2017）的博士学位论文以20世纪50年代的温州为考察对象，分析国家行政力量与地方农业经济之间的互动关系和农村妇女的现实经历，发现尽管政府在经济、组织和技术层面动员妇女并推动家务劳动化，取得了一定效果，但从长时段来看，最终并未真正实现"男女平等"。陈义媛、李永萍（2020）的研究阐述了在当代乡村振兴背景下地方妇联如何动员乡村妇女骨干加入"美丽家园"建设中，通过将家庭卫生设置为私人事务和公共事务的连接点，使妇女骨干在组织化过程中获得了与国家联结的机会，公共身份得以重建。

3. 妇女工作开展的策略

对早年妇女工作策略的关注集中于传播马克思主义妇女观和兼顾阶级解放与妇女解放这两个传统议题上。董丽敏（2016）讨论了抗日战争时期共产党在延安处理婚姻家庭问题的方法探索。在各方的复杂博弈中，共产党形成"既联合又斗争"的"家庭统一战线"妇女解放方案，避免了妇女主义可能出现的困难，在性别协商中兼顾各方利益，有效地解决了当时大量存在的婚姻家庭问题，验证了在阶级框架中实现妇女解放的可行性。中华人民共和国成立以后的议题发生了变化，更侧重于揭示多元化的工作策略。郭燕平（2016）以20世纪50年代陕西地区的经验为例指出，电影流动放映被用于转换日常生活中的性别观念。然而，"去性别化"的社会主义性别建构，实际上不可避免地包含"性别化"策略，性别的差异化表述在流动放映的方方面面中都有所体现。

4. 支持妇女发展的工作开展

妇女发展需要妇女福利制度、家庭政策等多方面的妇女工作给予支持。在福利制度研究方面，黄桂霞（2018）将中国共产党的妇女福利实践分为四个阶段，中华人民共和国成立初期妇女福利政策以解放妇女为基础，中华人民共和国成立后前十年强调妇女的劳动保护，而1958～1986年则呈现责任主体模糊、妇女福利受损的趋势，1986年以后则进入以人为本、注重权利的社会化福利阶段。

在家庭政策方面，张李玺（2016）将有关家庭政策与妇女发展关系的研究结集成书，强调以基于性别平等的家庭政策来调节国家、市场和家庭之间的关系，同时也提醒需防止以家庭的名义损害妇女利益。具体地看，托幼体系建设是家庭政策的重要组成部分，吸引了研究者的目光。和建花（2016）指出，托幼公共服务是关系国计民生、与妇女发展密切相关的事业，但其在改革开放以来呈下滑之势，价格迅速攀升，公共服务功能削弱，而在此过程中母亲比父亲更深刻地感受到育儿－工作冲突及职业发展困境，为此她提出政府应承担起托幼公共服务的主体责任。徐明强、宋少鹏（2018）从管理体制、建设原则及低成本运行特征等方面分析1954～1957年兴起的北京地区街道托幼机构，阐明了婴幼儿照料的社会化在平衡劳动妇女参加社会劳动与家务劳动之间的冲突等方面具有的历史价值和现实意义。

三 研究不足与展望

（一）研究不足

首先，学术界对妇女组织和妇女工作领域的整体关注度偏低。在前述检索结果的基础上以更严格的标准进一步筛选，剔除学术含量相对较低的成果之后，2016~2020年妇女组织与妇女工作方面的研究成果仅有200篇左右。由此可以看出，尽管受到了多个学科学者的关注，但从体量上看这一领域远非学术界的焦点，总体上研究成果较少。

其次，相较而言，妇联组织和党的妇女工作方面的研究获得较多的关注，而对民间妇女组织的研究则显得较为单薄，并且比起上一五年周期在研究数量上呈现下降之势。进入新时代，党的建设工作明显加强，妇建在党建的带动之下也呈现蓬勃之势，并且，自2015年群团组织改革启动以来，妇联组织体系发生了许多重大的变化，催生了一批新的研究议题，因此妇联组织和党的妇女工作备受研究者的青睐无疑是顺应了时代潮流。不过，既然完善"党委领导、政府负责、民主协商、社会协同、公众参与、法治保障、科技支撑"① 的社会治理体系早已被认可为推进国家治理体系和治理能力现代化的必然要求，那么民间妇女组织作为这一格局中的一分子理应受到更多的关注。

再次，对境外妇女组织的研究同样较为单薄。这同样是一个由2011~2015年延续到本周期的问题。当今处于一个世界局势面临重构的时代，更需要研究者开阔眼界，对包括境外妇女组织发展和妇女发展态势在内的国际事务进行深入研究，帮助我们获得对这一领域更为全面而深入的认识。唯有知己知彼，文化自觉、文化自信的实现才会拥有一个扎实的根基。正是在这个意义上，对境外妇女组织关注不足成为这一领域研究较为突出的一个短板。

最后，妇女组织和妇女工作研究的理论与方法运用存在不足。从理论的角度看，不少研究停留在经验层面的分析，尚未在更一般的层面上与其他相近的研究开展对话。比如，对妇女组织的研究其实未必只是就事论事，相反，可以从组织研究的传统中汲取资源，拓宽视野，开展对话。从方法的角度看，与上一个周期相似，妇女组织和妇女工作研究多偏重个案研究。个案研究有利于较为深入地理解现象，但定量分析的匮乏给我们了解普遍趋势带来了不利影响。

① 党的十九届四中全会提出的社会治理方针，参见《中共中央关于坚持和完善中国特色社会主义制度　推进国家治理体系和治理能力现代化若干重大问题的决定》，中国政府网，https://www.gov.cn/zhengce/2019-11/05/content_ 5449023. htm，2019年11月5日。

（二）研究展望

首先，我们期待看到妇女组织和妇女工作研究者真切地感知、观察在全球巨变的时代中妇女所面对的各种挑战和机遇，并从中挖掘出这一领域有价值的研究议题，促进妇女问题的解决和境遇的改善。

其次，妇女组织和妇女工作的研究者应更多地将精力用于关注民间妇女组织和拓展境外妇女组织研究。一方面，学者应更多地关注在全球疫情中受影响较大的民间妇女组织，推动这一主题研究的发展，进而促进问题的解决；另一方面，研究者应加强海外交流，为更好地开展境外妇女组织的研究奠定基础。

最后，妇女组织和妇女工作的研究者，应更为广泛地涉猎不同学科的知识，培养整合跨学科知识以开展妇女组织和妇女工作研究的能力，掌握更为丰富的社会科学研究方法，为引入新视野与新方法做好准备。

参考文献

1. 安徽省地方志编纂委员会编（2020）《安徽省志·共青团志（1986~2005）妇女志（1986~2008）》，方志出版社。
2. 蔡一平（2016）：《国际妇女非政府组织如何在全球治理中发挥作用》，《世界知识》第19期。
3. 陈家建（2017）：《项目化治理的组织形式及其演变机制——基于一个国家项目的历史过程分析》，《社会学研究》第2期。
4. 陈伟杰（2016）：《层级嵌入与社会工作的专业性——以A市妇联专业社会工作服务试点为例》，《妇女研究论丛》第5期。
5. 陈伟杰（2018）：《社会网络视角下的政治整合与群团改革——以妇联组织为例》，《中华女子学院学报》第3期。
6. 陈伟杰、矫杨（2018）：《社会工作承认过程的多元分析框架——妇联服务专业化中的迂回式承认》，《妇女研究论丛》第1期。
7. 陈义媛、李永萍（2020）：《农村妇女骨干的组织化与公共参与——以"美丽家园"建设为例》，《妇女研究论丛》第1期。
8. 丁瑜（2019）：《妇女何以成为社群主体——以G市L村妇女自组织营造经验为例》，《妇女研究论丛》第4期。
9. 丁瑜、杨凯文（2019）：《妇联购买"反家暴"社会工作服务的制度变迁研究——

以 M 市某反家暴专项服务项目为例》，《社会工作》第 5 期。

10. 董丽敏（2016）：《延安经验：从"妇女主义"到"家庭统一战线"——兼论"革命中国"妇女解放理论的生成问题》，《妇女研究论丛》第 6 期。

11. 杜洁、宋健、何慧丽（2020）：《内生性脱贫视角下的农村妇女与合作组织——以山西 PH 与河南 HN 两个农民合作社为例》，《妇女研究论丛》第 1 期。

12. 范红霞（2017）：《20 世纪八、九十年代妇联组织改革的探索及启示》，《中国妇运》第 9 期。

13. 冯波（2018）：《农村女性社会组织参与社会治理研究——以浙江嵊州"村嫂"志愿服务组织为例》，《社会治理》第 8 期。

14. 甘肃省地方史志编纂委员会、甘肃省志妇女工作志编纂委员会编纂（2020）《甘肃省志·妇女工作志（1996~2015）》，敦煌文艺出版社。

15. 高丽、徐选国（2020）：《中央群团改革视域下地方妇联购买服务的实践逻辑及其理论扩展——基于对上海 H 区的经验观察》，《妇女研究论丛》第 2 期。

16. 高丽、徐选国、徐永祥（2019）：《迈向社会本位：群团改革语境下地方妇联的实践机制探索——以 S 市 A 区妇联为例》，《妇女研究论丛》第 1 期。

17. 高小贤（2020）：《公益的"中国式合作"道路——陕西妇女研究会的实践经验》，《文化纵横》第 4 期。

18. 耿春晓（2020）：《地方妇联干部培养的历史透视（1949~1956）——以江苏为考察中心》，《广东党史与文献研究》第 4 期。

19. 耿化敏（2016）：《中国共产党妇女工作史（1949~1978）》，社会科学文献出版社。

20. 龚志文、刘太刚（2018）：《乡村女性主体性成长之路调研——以山西省蒲州镇寨子村妇女协会为例》，《理论探索》第 4 期。

21. 广州市妇女联合会编（2020）《广州市妇联志（1953~2018）》，广东人民出版社。

22. 郭燕平（2016）：《农村性别观念的现代性改造——以 20 世纪 50 年代陕西地区的流动放映为例》，《妇女研究论丛》第 6 期。

23. 国务院妇女儿童工作委员会办公室编（2016）《男女平等基本国策的贯彻与落实》，人民出版社。

24. 和建花（2016）：《托幼公共服务与妇女发展研究》，中国妇女出版社。

25. 胡军华（2016）：《异军与正道：对中央苏区妇女解放运动的历史考察》，中国社会科学出版社。

26. 胡献忠（2016）：《政党主导下的共青团与工会、妇联关系研究》，《中国青年研究》第 3 期。

27. 黄粹（2016）：《当代中国妇女组织发展的制度创新研究》，人民出版社。

28. 黄桂霞（2018）：《中国共产党的妇女福利思想与实践》，人民日报出版社。

29. 江沛、王微（2016）：《"三寸金莲"之变：华北中共根据地的政治动员与女性身体》，《福建论坛（人文社会科学版）》第 1 期。

30. 姜秀花（2016）：《进一步发挥妇联组织在妇女脱贫攻坚中的重要作用》，《妇女研究论丛》第 6 期。

31. 姜秀花、范红霞（2018）：《妇联组织在改革创新中推进联系服务新社会阶层女性工作调查报告》，《中国妇运》第 4 期。

32. 蒋国河、平卫英、孙萍（2018）：《发展性社会工作视角下的农村反贫困实践——W 县 Y 村妇女互助储金会的案例分析》，《江西财经大学学报》第 6 期。

33. 焦克源主编（2016）《甘肃省农村妇女小额担保贷款工作综合效益评估》，兰州大学出版社。

34. 康晓强（2019）：《人民团体与立法协商：功能结构及其限度——以全国妇联参与〈反家暴法〉立法为例》，《科学社会主义》第 5 期。

35. 雷杰、蔡天（2018）：《传统与创新：广州市海珠区妇联工作改革模式研究》，南方日报出版社。

36. 李鹏飞、王晶（2020）：《新时代基层妇联组织角色与工作机制创新思考》，《湖北社会科学》第 3 期。

37. 李乾坤（2019）：《妇联参与社会治理的历史进程及经验研究》，博士学位论文，东北师范大学。

38. 李文（2019）：《群团改革背景下基层妇联执委队伍建设及其作用研究》，《山东女子学院学报》第 3 期。

39. 李文、简瑞燕、张永英等（2018）：《妇联基层组织服务妇女群众的创新路径探讨——基于广州市海珠区妇联基层组织改革创新案例的分析》，《妇女研究论丛》第 1 期。

40. 刘国钰（2016）：《马克思主义妇女观在中央苏区的实践研究》，中国社会科学出版社。

41. 刘继同（2017）：《当代中国妇女工作的历史经验、结构转型与发展方向》，《中共中央党校学报》第 6 期。

42. 陆春萍（2019）：《国家治理视域下妇联基层组织改革的社会性实践——以 G 省妇联基层组织改革为例》，《甘肃社会科学》第 4 期。

43. 罗清（2020）：《中国〈反家庭暴力法〉诞生中的三重叙事》，《法制与社会发展》第 1 期。

44. 马英华、谢立敏（2020）：《女性社会组织参与国家治理：作用发挥和策略优化》，《学术交流》第 3 期。

45. 毛丹、陈佳俊（2017）：《制度、行动者与行动选择——L 市妇联改革观察》，《社会学研究》第 5 期。

46. 潘玥、李富玉（2020）：《印度尼西亚伊斯兰女性的政治参与——以印尼两大伊斯兰妇女组织为例》，《南亚东南亚研究》第 5 期。

47. 全国妇联妇女研究所编著（2017）《当代中国妇女运动简史（1949~2000）》，中国妇女出版社。

48. 全国妇联妇女研究所编（2018）《男女平等基本国策贯彻与落实案例选编》，当代中国出版社。

49. 人民网（2013）：《中国共产党第十八届中央委员会第三次全体会议公报》，http://politics. people. com. cn/n/2013/1112/c1024-23519136. html.

50. 任大鹏、刘岩（2020）：《基层妇联主导下城乡农产品对接模式探究——基于组织网络化视角》，《妇女研究论丛》第 5 期。

51. 石鑫（2016）：《公益性民间妇女组织政策环境及行动策略研究》，《妇女研究论丛》第 3 期。

52. 石鑫（2017）：《美国妇女非营利组织概况及对中国妇女组织的启示》，《学会》第 9 期。

53. 单佳慧（2020）：《1995 年后的妇联：能否重拾作为人民团体的群众性?》，《中共历史与理论研究》第 1 期。

54. 单炜鸿（2017）：《解放战争时期东北根据地妇女运动研究》，博士学位论文，东北师范大学。

55. 唐德龙、史秋媛（2016）：《妇联项目管理的政府化逻辑：制度性同构的角度——以 L 市妇联"好苏嫂"项目为例》，《中国第三部门研究》第 2 期。

56. 闻文（2017）：《"妇女能顶半边天"？——温州农业生产中的妇女劳动力动员（1949~1959）》，博士学位论文，华东师范大学。

57. 徐明强、宋少鹏（2018）：《集体互助与妇女解放——北京地区街道托幼机构的兴起（1954~1957）》，《妇女研究论丛》第 3 期。

58. 闫红红、郭燕平、古学斌（2017）：《合作经济、集体劳动与农村妇女——一个华南村落的乡村旅舍实践案例》，《妇女研究论丛》第 6 期。

59. 闫红红、张和清（2019）：《优势视角下农村妇女组织与社区参与的实践探索——以广东省 M 村妇女社会工作项目为例》，《妇女研究论丛》第 2 期。

60. 杨柯（2017a）：《协同共治型参与模式：妇联组织参与政策制定的行动研究》，《思想战线》第 6 期。

61. 杨柯（2017b）：《反家暴政策制定中民间妇女组织的行动逻辑研究——以陕西妇女研究会为例》，《云南行政学院学报》第 2 期。

62. 尹旦萍（2019）：《新中国 70 年妇女工作的发展历程与基本经验——以妇女工作方针的演变为线索》，《江汉论坛》第 10 期。

63. 尹红群（2018）：《新中国成立初期街道妇代会与基层民主建政——以湖南长沙为例》，《当代中国史研究》第 6 期。

64. 詹虚致（2019）：《组织引领与多元推进：女性参与基层治理的路径研究——以广东省顺德区为例》，《中国农业大学学报（社会科学版）》第 2 期。

65. 张海（2017）：《新中国成立初期湖南省宣传贯彻婚姻法运动研究》，博士学位论文，中共中央党校。

66. 张李玺主编（2016）《家庭政策与妇女发展》，中国社会科学出版社。

67. 张杨、季凤梁（2019）：《冷战视角下美国志愿组织与亚洲女性身份意识的塑造（1949~1969）》，《社会科学战线》第 11 期。

68. 张永英（2020）：《新时代群团干部队伍建设改革的创新路径探讨——以专挂兼相

结合的妇联干部队伍建设改革为例》，《山东女子学院学报》第 1 期。

69. 张永英、李文、李线玲（2019）：《新时代妇联组织改革的创新实践与思考》，《妇女研究论丛》第 1 期。

70. 张震环（2017）：《新中国成立后妇女解放的问题研究——基于国家与社会关系的视角》，中国科学技术出版社。

71. 郑长忠（2018a）：《构建面向未来的妇联组织——国家治理现代化与妇联组织发展研究》，《妇女研究论丛》第 1 期。

72. 郑长忠主编（2018b）《锻造西部崛起背景下女性发展的组织基础——四川省妇联工作发展研究报告（2013~2017 年）》，中国社会科学出版社。

73. 中国政府网（2018）：《中共中央关于深化党和国家机构改革的决定》，https：//www. gov. cn/zhengce/2018-03/04/content_ 5270704. htm。

74. 中华人民共和国国务院新闻办公室网站（2015）：《中国共产党第十八届中央委员会第五次全体会议公报》，http：//www. scio. gov. cn/ztk/dtzt/2015/33681/33684/Document/1453571/1453571. htm。

75. 周蕾、刘宁元（2016）：《抗战时期中国妇女运动研究（1931~1945）》，首都经济贸易大学出版社。

76. 庄细细（2020）：《近代中国妇女团体慈善活动研究（1890~1949）》，博士学位论文，湖南师范大学。

妇女与就业研究综述（2016～2020年）

苏熠慧[*]

一 研究概述

"妇女与就业"问题一直是中国现代化和社会主义建设的重要问题。这个问题不仅与中国经济和社会发展息息相关，同时也与经济、社会和政治领域中的性别平等紧密相连。对"妇女与就业"问题的关注也源源不断地转化为学术的知识生产。本文旨在梳理2016～2020年该议题的新进展，试图在文献基础上对这些新进展进行总结和分析。延续2011～2015年的界定和关注，本文对有关性别与劳动的理论研究，以及妇女与就业有关的社会学、人口学和人类学等定量或定性研究进行了梳理，通过中国知网的"中国期刊全文数据库""中国博士学位论文全文数据库""中国优秀硕士学位论文全文数据库"和《妇女研究论丛》编辑部提供的2016～2020年博士学位论文索引，最终获得中文社会科学引文索引（CSSCI）来源期刊论文134篇、硕博士学位论文16篇；此外纳入分析的还有10本著作。

（一）文献筛选过程

1. 期刊论文、学位论文与著作

笔者以"妇女"与"就业"为双主题词进行搜索，检索到中文社会科学引文索引来源期刊论文121篇。随后，以"女性"与"就业"为双主题词进行搜索，检索到中文社会科学引文索引来源期刊论文488篇，再以此为基础进行"妇女"和"劳动"、"女性"和"劳动"等双主题同义词拓展检索之后，获得中文社会科学引文索引来源期刊论文526篇。考虑到中文社会科学引文索引来源期刊论文涵盖了各种核心和权威刊物所刊发的影响力较高的文章，笔者对

* 作者简介：苏熠慧，女，上海财经大学人文学院副教授。

这些文章的"被引量"从高到低进行排序，对文章内容进行判断和筛选，最后将 134 篇论文纳入分析。其中，《妇女研究论丛》刊发相关研究论文 34 篇，《社会学研究》2 篇，《中国社会科学》（包括英文版）4 篇。笔者以同样的方法在"中国博士学位论文全文数据库""中国优秀硕士学位论文全文数据库"里检索获得社会学/人类学/人口学研究篇，其中博士学位论文 3 篇、硕士学位论文 13 篇。

在著作方面，笔者结合《妇女研究论丛》编辑部提供的 2016~2020 年女性议题论著索引与平时的阅读积累，筛选出 10 本著作，触及社会学、人类学和劳动经济学等领域。

2. 会议论文及报刊文献

在"女性就业"、"妇女就业"、"女性劳动"和"妇女劳动"等主题词之下，笔者在检索系统里获得 11 篇较为相关的会议论文，集中于法学（2 篇）、管理学（4 篇）、马克思主义（3 篇）和农业经济类（2 篇），分别涉及就业中的性别歧视、社会主义女性主义劳动观和农村留守妇女等议题。不过，这些论文在内容和观点上有较大重叠，又是简单的讨论，并非经验研究，暂且不纳入具体的分析范围。笔者没有检索到以"妇女就业"为主题的学术会议，但是中国社会学会妇女/性别社会学专业委员会与中国社会学会劳动社会学专业委员会每年一次的年会有相关的专题讨论，《科技与企业》编辑部主办的"决策论坛——创新思维与领导决策学术研究会"（2016 年）讨论了就业中的性别歧视问题，第二届全国马克思主义理论及其相关学科博士生学术论坛（2016 年）从社会主义女性主义视角对妇女就业问题进行了讨论，中国人民大学国家发展与战略研究院劳动力市场研究中心主办的"新时代中国特色社会主义背景下如何促进妇女发展"研讨会（2018 年）讨论了与女性劳动参与相关的问题。

笔者同样以"女性"+"就业"和"女性"+"劳动"为主题词在中国期刊全文数据库中检索报纸信息，共检索到 16 条记录，其中 9 篇来自《中国妇女报》。报刊文章受篇幅限制，展开的内容有限，因此本文未将其纳入综述范围。相较于 2011~2015 年，二孩政策和扶贫政策对妇女就业的影响得到了更多的关注与讨论。

（二）研究项目与课题情况

在笔者综述的论文中，共有 95 项研究获得了资助，包括国家自然科学基金项目 26 项、国家社会科学基金项目 34 项、教育部人文社科基金项目 13 项、各省市级研究基金项目 7 项、香港研究资助局优配研究金项目 1 项、高校基础研究等各类基金项目 9 项、博士后基金项目 3 项、国际合作研究基金项目 2 项。

与 2011～2015 年的情况类似，部分成果所依托的研究课题与"女性与就业"主题相关。这些研究课题如下：国家自然科学基金项目"女大学毕业生就业歧视问题研究"（2017）、"市场化转型过程中的性别收入差距成因和对策研究"（2017），国家社会科学基金项目"女大学生就业问题研究"（2011～2018）、"国家与农村妇女就业"（2009～2016）、"情感劳动作为文化生产模式的社会学研究"（2017）、"互联网时代家政工人雇佣关系研究"（2018）、"儿童照顾安排对城镇已婚妇女就业的影响及社会性别机制研究"（2013～2019），教育部人文社会科学研究青年项目"当代中国人口婚姻模式及变动趋势研究"（2018～2019）、"服务业变迁中女性劳动者的身份认同研究"（2015～2017），教育部人文社会科学重点研究基地重大项目"在人权法治建设视野下构建性骚扰防治机制研究"（2018），北京市社会科学基金项目"新时期北京城市家庭家政服务的需求、挑战与应对"（2019）。

（三）整体研究图景

与 2011～2015 年相比，2016～2020 年的研究文献主要呈现如下特点。

首先，从方法上来看，2016～2020 年的研究具有跨学科特点。对于不同主题，社会学、经济学、人口学、法学和历史学等多个学科的研究者从不同层面进行阐述。2016～2020 年的研究在方法上也更加多元，除了定量实证方法，学者还使用了民族志和历史研究方法。在定量研究方面，学者拓展了各种数据的使用，不仅充分使用了中国妇女社会地位调查数据，还使用了全国人口普查数据、中国家庭追踪调查（CFPS）数据、中国综合社会调查（CGSS）数据、中国健康与营养调查（CHNS）数据、中国流动人口动态监测调查（CMDS）数据等其他国内的大型数据，以及诸如经济合作与发展组织（OECD）国家面板数据等跨国数据，成果丰富。

其次，从主题上看，2016～2020 年的研究不仅承续了 2011～2015 年的主题

（妇女劳动参与、收入性别差异、职业性别隔离、职场性别歧视、工作与家庭关系和性骚扰），还根据社会上的新问题新变化，开拓了一些新的主题。一是女性创业。大量女性参与到创业浪潮中，这些创业女性通过财富获得来提升在家庭中的地位，但同时也面临工作与家庭之间的冲突（裴谕新、陈思媚，2019）。互联网技术的发展对女性就业的影响是复杂的，虽然给女性带来了改变地位的新机会，但对于传统性别秩序的撼动仍然有限（庄家炽、刘爱玉、孙超，2016）。二是乡村扶贫政策对农村女性就业的影响，包括农村女性在村镇工厂中的劳动参与（邢成举，2020）。在此发展过程中还出现了"陪读妈妈"和"迁而不工"等新的农村性别分工（李国正、高书平、唐孝文，2017；吴惠芳、吴云蕊、陈健，2019）。三是"全面二孩"政策下的女性就业。在"全面二孩"政策实施过程中，学者呼吁设计具有社会性别视角的公共政策，通过政府、社会、企业界和男女两性的多元主体的共同力量来缓解女性的工作与家庭冲突（杨菊华，2016；杨慧，2016；郑真真，2016；张永英，2016；李线玲，2016；马春华，2016；计迎春、郑真真，2018）。四是情感劳动和照料劳动。学者提出在公共场所中，大量女性从事与人沟通、卷入情感的劳动，而这种情感的卷入不仅与情感的商品化息息相关，还对女性劳动者的自我塑造和情感模式产生了深刻影响（苏熠慧、倪安妮，2016；苏熠慧，2018；苏熠慧、杜金瑾，2020）。照料劳动也是这五年来学者关注的重要议题。照料劳动作为一种再生产劳动，是重要的生产生命力的劳动，其在社会的生产和市场的运作中扮演着重要角色，但往往被忽略，其价值也未得到足够的重视。近年来，学者从性别的视角重新提出了照料劳动对于经济发展和社会运作的重要性，并在经验事实中寻找和证明它的重要意义（苏熠慧，2019；肖索未、简逸伦，2020）。

从趋势上看，妇女与就业研究不仅延续了传统对于劳动力市场的女性劳动参与和性别平等的关注，还拓展了对于家务劳动和照料劳动等过去被忽略议题的探讨。这些议题不仅与女性群体生活息息相关，也与宏观的社会变迁相关，对于理解社会发展过程中性别平等的推进具有重要意义。这些研究在近年来逐渐成为人们关注的热点，并在社会舆论中具有越来越大的影响力。

当然，妇女与就业研究仍然有很大的发展空间。如何进行本土化的理论建构，又如何与国外学界进行对话，如何在公众讨论中为性别平等的推进做出贡献，依然是研究者需要不断努力、继续拓展的工作。

二　主要研究内容

（一）妇女劳动参与状况及影响因素

妇女劳动参与是妇女就业状况的重要体现之一。2016~2020年的相关研究表明，妇女劳动参与情况呈现复杂和多元的状态，主要体现在以下方面。

第一，中国城镇女性劳动参与率在这段时间仍然处于下降趋势。一方面，城镇户籍的女性劳动参与率自20世纪90年代以来呈下降趋势，比较第四次、第五次和第六次全国人口普查数据发现，2010年城镇25~49岁黄金劳动年龄女性的劳动参与率为87.6%，要低于1990年和2000年城镇同年龄女性的劳动参与率（刘爱玉，2018）。2010年后，女性劳动参与率继续走低。世界银行2010~2018年的数据显示，中国女性劳动参与率虽然远高于世界平均水平，但是从2010年到2018年呈现缓慢下降的趋势，从2010年的63.8%下降到了2018年的61.3%（颜宇，2020）。另一方面，农村户籍女性流动到城市之后，在城镇中往往不能进行充分就业。国家卫生和计划生育委员会（现国家卫生健康委员会）2013~2015年全国流动人口动态监测数据显示，女性流动人口占流动人口的比重超过了40%，但是在这些女性流动人口中，23.2%的女性处于未就业状态（李国正、高书平、唐孝文，2017）。她们中的许多人因子女看护的需要随流动家庭迁入城市，并没有在城市实现就业，而是在家中照料孩子，从而呈现"迁而不工"的状态（李国正、高书平、唐孝文，2017；塔娜、李国正、艾小青，2017）。

第二，中国农村女性的劳动参与，受城镇化和传统性别分工的影响，仍然以承担家庭再生产责任的形式为主。这种承担家庭再生产责任的形式之一是"男工女耕"和"农业女性化"（陈冰冰，2016；胡玉坤，2016；蔡弘、黄鹂，2017；梁栋、吴惠芳，2017；耿小娟、柳建平，2020）。梁栋和吴惠芳认为，虽然城镇化使得大量男性流动到城市中劳动，大量农村留守女性参与到农业生产中，但这种参与是家庭主义下分散家庭风险的理性选择，仍然是女性承担家庭再生产责任的一种延续，是城镇化过程中"男主外，女主内"的一种变体（梁栋、吴惠芳，2017）。农村女性承担家庭再生产责任的第二种形式是"陪读"。吴惠芳等学者认为，为给进城读书子女提供日常照料而陪读的农村妇女，仍然扮演着女性在家庭中的传统性别角色，即为家庭提供再生产劳动，而这种劳动以"离乡照料"这种家庭内无酬劳动的方式存在（吴惠芳、吴云蕊、陈健，2019）。即使农村女性在乡村从事旅游服务业等非农产业，其在服务业中扮演的角色也往往是家庭再生产责任的延续（边丽瑾，2020）。

第三，随着互联网技术和平台经济的兴起，自雇劳动成为女性的一种新就业模式（赖德胜、孟大虎、李长安等，2017）。活跃在淘宝、微店和微商等互联网平台上的女性创业是女性自雇劳动的形式之一，这些活跃在互联网平台上的女性创业者具有与男性创业者不同的特点，包括遵从个人兴趣创业和在经营过程中注意沟通等（裴谕新、陈思媚，2019）。她们的创业故事存在"激励"和"限制"两个方面："激励"指的是她们在家中经济地位的上升冲击了家庭内部原有的性别权力关系；而"限制"指的是她们在本质上仍然顺从结构性的性别不平等，无法从社会福利视角去理解其他女性面临的复杂困境（裴谕新、陈思媚，2019）。在国家的返乡创业支持政策和乡村振兴战略规划的引导下，一些农村青年女性纷纷返乡，参与到创业的浪潮中，她们积极在村庄内进行资金上的互助合作和共享，借用乡村社区熟人社会的文化和情感资源，调动村民分担经济风险，促进了乡村基层合作经济的发展（高明，2020）。

对于影响女性劳动参与的因素，不同学者讨论了个人、家庭、制度和技术等因素的影响。

1. 个人因素的影响

2016~2020 年的相关研究表明，受教育程度、性别观念和生育等个人方面的因素影响着女性劳动参与（刘蓓，2017；王珊娜，2018；张梦竹，2019；宫倩楠，2019）。2014 年中国家庭追踪调查数据表明，已婚女性受教育程度越高，参与劳动的可能性越大，但受教育程度对劳动参与的影响会受到夫妻性别观念的调节，表现为夫妻都不认可"男人应该以事业为主，女人应该以家庭为主"这一传统性别观念的已婚女性，其劳动参与的可能性比夫妻双方都高度认可这一传统观念的女性高出 1. 12 倍（刘爱玉，2018）。2012 年中国综合社会调查数据也显示，传统性别角色观念对女性的劳动参与具有直接的抑制作用（卿石松，2017）。除了受教育程度和性别角色观念，生育和养育孩子仍然是影响城镇女性劳动参与的重要因素，但这种影响呈现出一种非线性的关系。研究发现，"就业—生育"关系在 22 个经济合作与发展组织国家的面板数据（1960~2010 年）

分析的结果中呈现为"反J型"，即女性劳动参与率一开始和生育率呈负相关，但之后会变成正相关，而这种"反J型"的关系也存在于2013年中国综合社会调查数据所显示的"80后"和"85后"女性的劳动参与和生育的关系之中（蒙克，2017）。此外，2016年中国劳动力动态调查（CLDS）数据显示，生育对已婚女性劳动参与决策具有重要影响，体现为子女数量与已婚女性劳动参与率的关系呈"倒U形"结构，即当子女数量为1~2个时，对女性劳动参与率有积极影响，而当子女数量大于2时，子女数量对女性劳动参与率有消极影响（乐章、张艺珂，2019）。当子女数量大于2时，每增加1个孩子会使青年女性劳动参与率下降11个百分点，其中生育数量增加导致0~3岁幼儿照料负担加重，导致生育对其劳动参与的负向影响更加显著（张琳、张琪，2019）。学者通过分析2012年中国综合社会调查数据发现，子女性别也会在某种程度上影响已婚女性的劳动参与，男孩对母亲外出工作的牵制阻碍比女孩更强（程缪、郑逸芳、许佳贤，2017）。此外，生育对受教育程度不同和不同年龄的已婚女性劳动参与的影响也存在差异。2010~2016年中国家庭追踪调查数据显示，生育不仅会显著降低女性的劳动参与率，并且对就业女性的工作时间投入和劳动收入水平有显著的负面影响，其对高学历女性和城镇女性劳动参与的负面影响更大，但这种负面影响随着女性年龄的增加而减弱（张抗私、谷晶双，2020）。针对生育对已婚女性劳动参与率的负面影响，研究显示，推迟生育年龄将会减少生育对女性劳动参与率的负面影响。2010年、2011年、2012年、2013年、2015年五轮中国综合社会调查的截面数据分析显示，在控制女性特征变量、配偶特征变量、子女特征变量以及城乡、年份和省份固定效应后，推迟生育年龄会提高已婚女性劳动参与率（颜宇，2020）。1991~2015年中国健康与营养调查九期追踪数据也显示，相比23~25岁初育的女性，在25岁之后生育第1个子女的女性，其劳动参与可能性更高（赵梦晗，2019）。还有研究者认为婚姻本身对女性劳动参与有一定影响。研究者通过第三期中国妇女社会地位调查数据的Probit回归模型进行分析发现，已婚状态和未婚相比对女性的劳动参与有显著的负向影响，对城镇女性的负向影响大于对农村女性的负向影响（陈洁、刘亚飞，2019）。尤其是对于那些在婚姻市场上向下匹配的高等教育程度女性，劳动参与受到了更为明显的负面影响，而对于那些向上匹配的中等教育程度女性，其劳动参与则有积极的影响（陈洁、刘亚飞，2019）。

2. 家庭因素的影响

相关研究表明，家庭支持能够减少生育给已婚女性劳动参与所带来的负面影响（李芬，2016；王莹，2016；姚秀琪，2017）。2011 年中国家庭金融调查（CHFS）数据显示，对有且仅有 1 个幼年子女的已婚女性而言，与老人合住可以显著提升已婚女性的劳动参与率，也会使已婚女性每周工作时间增加 4 小时（孙继圣、周亚虹，2019）。当女性与老人同住的时候，赋闲老人往往协助女儿或儿媳妇看护孩子、操持家务，提供隔代照料，从而减轻女性养育和照护子女的负担，增加她们的市场劳动供给（吕利丹，2016；刘爱玉，2018；乌静，2019）。2010 年、2012 年、2014 年和 2016 年四期中国家庭追踪调查的调查数据显示，祖辈隔代照料会显著增加中青年已婚女性的劳动参与率和周平均工作时间，但这种影响会随着儿童数量的增加而减弱（邹红、彭争呈、峦炳江，2018）。此外，家庭支持对已婚女性劳动参与的影响不存在城乡差异。2010～2014 年中国家庭追踪调查面板数据显示，（外）祖父母所提供的隔代照料支持显著提高农业户口青年非农劳动参与率和工作时间，且孩子年龄越小，隔代照料支持对青年女性非农就业的影响越大，尤其是有 0～3 岁的青年已婚女性影响最大（华淑名、陈卫民，2020）。但是，也有研究者提出，家庭支持的影响随着已婚女性的生命周期变化而不断变化。研究发现，与父母同住对城镇已婚女性在不同年龄段的劳动参与产生不同的影响：对年轻已婚女性来说，父母还不需要照料，且能够帮助分担看护儿童的责任，所以与父母同住对已婚女性的劳动参与有积极作用，但是随着女性年龄的增长，父母也逐渐年老，其不再能够分担看护儿童的责任，还需要已婚女性的养老照护，这时与父母同住反而对已婚女性的劳动有负面作用（肖洁，2017；宋月萍，2019）。1993～2011 年中国健康与营养调查数据显示，家庭老年照料会使女性劳动参与率下降 4.5%，也会使每周劳动时间减少 2.7 小时（吴燕华、刘波、李金昌，2017）。该数据还显示，每周提供 20 小时以上高强度照料会使女性难以兼顾照料和工作，产生"门槛效应"，劳动参与率下降 7.31 个百分点（陈璐、范红丽、赵娜等，2016）。从以上研究可以看出，家庭因素的影响是复杂的。一方面，养老和育儿等家庭照料会对女性劳动参与产生负面影响；另一方面，来自祖辈的育儿支持又会对女性劳动参与产生积极的作用。

3. 制度因素的影响

研究者认为，家庭政策和其他各种社会政策都会对女性的劳动参与产生影响

（郝拥，2017；武中哲，2017；石莹，2017）。尤其是作为生育保障制度重要组成部分的生育政策，与女性的生育权益和就业权益息息相关（张永英，2016；马春华，2016；黄桂霞，2019）。中国于 2016 年 1 月 1 日开始实施"全面两孩"政策，这一政策的实施引起了研究者的广泛关注。研究者发现，"全面二孩"政策的实施，给已婚女性的劳动参与带来了挑战。研究者认为，在中国的文化规范下，女性仍然被期望成为"理想照料者"，由于缺乏公立托幼等配套制度，"全面二孩"政策加剧了女性在"就业"与"生育"之间的两难抉择（杨菊华，2016；陶艳兰、风笑天，2020）。面临这一两难抉择，一部分女性选择临时中断就业，另外一部分女性则是转向比较灵活的非正规就业或从事个体经营（郑真真，2016）。2017 年妇女生育与就业状况调查数据显示，"全面二孩"政策实施后，用人单位感到经济负担、人事压力和运营压力增大，导致其对女性劳动力的偏好降低，与此同时，社会福利支持的不足，导致女性就业质量降低，表现为女性进入企业的"门槛"提高和在职女性因生育而出现职业中断等（盛亦男，2019）。加之我国缺乏专门的"反歧视法"，现阶段保障妇女平等就业权的法律原则性强但操作性差，企业在"全面二孩"政策颁布后的性别歧视行为得不到规制（杨慧，2016）。但是，我国的生育保险制度在保障女性的劳动参与上发挥了重要作用（李线玲，2016）。我国法律规定女职工生育期间享有一定的津贴，该津贴通过用人单位为职工缴纳生育保险来实现，这一制度对女性的劳动参与具有保障作用。2010 年第三期中国妇女社会地位调查数据显示，有生育津贴的女性因生育而发生职业中断的可能性低于没有生育津贴的女性，而产假期间的津贴水平越高，职业稳定性越好（张琪、张琳，2017）。《中国统计年鉴》和《中国劳动统计年鉴》2006～2015 年 31 个省份连续 10 年的面板数据显示，生育保险、生育津贴和托幼服务等制度保障对避免女性职业中断具有积极效果（张樨樨、杜玉帆，2019）。除此之外，家庭补助与税收减免政策也会对城市女性劳动参与具有显著的积极影响（张樨樨、生光旭，2017）。生育保险制度不仅能够保障城镇女性的劳动参与，也能够保障流动女性的就业权利。2013 年中国流动人口动态监测数据显示，对流动女性来说，在流入地拥有生育保险对其生育后维持其劳动参与具有显著的正向影响，且这种正向影响具有长期稳定性（朱荟，2019）。最后，研究者也发现住房制度在某种程度上也影响着女性的劳动参与。1989 年、1991 年、1993 年、1997 年、2000 年、2004 年、2006 年、2009 年及 2011 年中国健康和营养调查纵列数据显示，房价上涨对有房产家庭的女性劳动参与有显著影响，其中，房价上涨1%将导致女性劳动参与率平均下降0.08个百分点（吴伟平、章元、刘乃全，2016）。

4. 技术因素的影响

虽然科技型中小企业中仍然存在性别分化现象，但随着信息化进程的不断推进，互联网技术对女性的劳动参与产生积极影响（陈莉婷，2020）。互联网技术不仅提高了女性的劳动参与，还为女性提供了依托互联网平台所形成的包括微商或淘宝店主等新的工作形式。2014年中国家庭追踪调查数据显示，互联网的使用能够显著提高小学学历和初中学历女性群体的劳动参与率，但是对"文盲"以及高学历女性的影响并不显著（宁光杰、马俊龙，2018）。2010～2013年中国综合社会调查数据显示，使用互联网的女性比未使用互联网的女性就业率高6.85%，非自雇就业的女性通过互联网来获得信息和提高工作效率，自雇就业的女性则通过互联网来进行"淘宝店"和"微商"等线上创业（毛宇飞、曾湘泉，2017）。第三期中国妇女社会地位调查数据显示，互联网使用者的平均工资收入是非使用者的1.38倍，使用互联网的女性收入高于不使用互联网的女性，出现了"互联网溢价"的现象，但是女性互联网溢价的程度低于男性互联网溢价的程度（庄家炽、刘爱玉、孙超，2016）。

（二）性别收入差距研究

女性收入与女性劳动参与一样，都体现着女性就业状况。不管是在国际还是国内的学术界，性别收入差距都是研究者关注的重要问题。研究表明，中国性别收入差距仍然存在，且有扩大的趋势。

1990年、2000年、2010年三期中国妇女社会地位调查显示，两性的收入水平在这20年间都得到了提升，但是女性的收入增速远低于男性，且这种收入差距随着市场化的推进而加大（杨慧、林丹燕、吴菁等，2016；杨菊华，2020）。此外，1990年、2000年、2010年三期中国妇女社会地位调查显示，性别收入差距还随着年龄的变化而变化，体现为年龄越大，收入性别差距也越大（张子杨、杨慧，2019）。1988年、2002年和2013年中国居民收入调查（CHIP）数据显示，1988～2013年，随着市场化的推进，性别收入差距的扩大趋势从原来的低文凭群体扩大到高文凭群体，从私有单位扩大到国有单位（朱斌、徐良玉，

2020）。2002 年、2007 年中国居民收入调查数据显示，2002~2007 年大学生性别收入差距呈现了先扩大再减小的演变趋势（欧阳任飞、孟大虎、杨娟，2017）。

关于影响性别收入差的因素，主要存在以下观点。

一是技术和宏观社会政策的影响。首先，学者发现，互联网技术的发展能够带来缩减性别收入差的可能。2014~2016 年中国家庭追踪调查数据显示，互联网的使用可显著提升女性收入，且对未育女性的收入影响更明显，这些女性使用互联网来提高劳动效率，将互联网应用于学习、社交、工作及商业活动来增加劳动收入（曹景林、姜甜，2020）。世界银行数据显示，劳动力市场中对于人际互动技能的需求逐渐增加，从事相关工作的女性的收入回报显著，有助于缩小性别工资差距（刘琼、乐君杰、姚先国，2020）。其次，生育和家庭政策也对性别收入差有一定影响。中国家庭追踪调查的数据显示，"两孩"政策对初中及以下学历、高中学历的女性个人收入没有显著影响，但会使大专及以上学历的女性个体收入降低 6.9%~7.2%（杨天池、周颖，2019）。在传统观念有所强化的环境下，生育政策的解缚将增加女性生育事件的发生次数，使她们面临更大的职场困境，家庭友好政策、企业分担社会责任等方式有助于减少劳动力市场参与的性别差异（杨菊华，2019）。

二是个人因素的影响，包括人力资本、社会资本和性别观念。作为人力资本的重要组成要素，教育发挥着重要作用。1990~2010 年中国妇女社会地位调查数据显示，提高女性平均受教育年限及其在机关事业单位就业比例，可以显著缩小经济领域的性别差距（杨慧、林丹燕、吴菁等，2016）。2012 年和 2014 年中国家庭追踪调查数据显示，情绪稳定性和宜人性等非认知能力影响女性的收入，而尽责性则影响男性的收入（乐君杰、胡博文，2017）。甘肃省 14 个贫困村的调查数据显示，农村女性人力资本能显著促进家庭收入增长，但是在健康、教育和劳动力迁移对家庭收入的贡献上，男性高于女性（关爱萍、刘可欣，2018）。不过，学者发现，人力资本在提高女性收入方面也存在一定的局限。2012~2015 年中国综合社会调查合并数据显示，教育收益率的性别差异在不同收入水平上有所区别，对于中低收入水平的人群，女性教育收益率显著高于男性，而对于高收入水平的人群，女性教育收益率的优势则不显著，此外教育收益率的性别差异在不同地区存在异质性，女性教育收益率高于男性的现象主要集中在东部地区（杨滢、汪卫平，2020）。中国健康与营养调查数据也显示，高校扩招之后，劳动力市场的竞争程度发生了变化，使得男性在扩招后收入实现了大幅度增加，而女性却处于更不利的工作地位，从而扩大了男女工资差距（王晶晶，2020）。除人力资本之外，社会资本也可以部分解释性别收入差，女性社会资本缺乏，由此获得的职业机会少于男性，从而导致性别收入不平等（王肖婧，2018）。2013 年中国综合社会调查数据显示，性别观念对性别收入差距具有一定影响，表现为以"男主外，女主内"为核心的传统性别角色观念对女性的工资收入具有直接的抑制作用，对男性收入则没有显著影响（卿石松，2019）。

三是家庭因素的影响。学者认为婚姻和家庭内性别分工往往影响性别收入差。相较男性，女性在家庭内性别分工中往往更多承担生育、养育子女和家务劳动，这些家庭内性别分工对女性的工资收入往往有负向影响。首先是生育的影响。2010 年中国妇女社会地位调查数据显示，高收入和收入较低的已婚女性面临显著的生育惩罚，收入较低的女性付出的生育代价更大（肖洁，2017）。1989~2015 年的中国健康与营养调查数据显示，生育对女性工资率具有负向影响，且强度不断增大，教育程度越高的女性母职惩罚越小，但其母职惩罚增长速度越快；受教育程度不同的女性在母职惩罚上的差异逐渐缩小，母职惩罚效应在非国有部门就业的女性中快速增强（申超，2020）。2010 年、2012 年及 2014 年中国家庭追踪调查三期混合截面数据显示，生育子女对城镇体制内女职工工资收入存在显著的负向影响，即存在"生育工资惩罚"现象，每多生育一个孩子，女职工工资率将下降 18.4%，月工资亦下降 15.9%（刘娜、卢玲花，2018）。2000~2015 年中国健康与营养调查数据和省级行政区数据显示，生育惩罚主要作用时间为两年，周育儿时间每增加 1 小时，女性当期收入平均降低 0.4%，两年后的收入平均降低 0.2%，但三年后的收入则不受影响（姜甜、段志民，2020）。其次是家务劳动的影响。2010 年中国妇女社会地位调查显示，家务劳动对两性收入差异具有极大的解释，即使是高收入群体，女性家务负担相较男性仍旧更重（贺光烨、计迎春、许苏琪，2020）。第三期中国妇女社会地位调查数据显示，女性的家务劳动时间更长，承担更多的照料性家务，所以遇到的"惩罚效应"更加严重（肖洁，2017）。但是婚姻状态的影响比较复杂。第三期中国妇女社会地位调查数据显示，婚姻选择性和雇主偏好可能会对已婚女性的工资有正向影响，已婚女性承担更多家务劳动，且为了家庭放弃个人的发展机会，则会对其工资产生负面影响（陈洁，2019）。最后，社会资本和社会保障等因素可以缓解家庭内性别分工所带来的负面影响。2013 年中国综合社会调查数据显示，虽然生育会给女性的收入带来负面影响，但更高的社会资本能够缓解这种负面影响（陈婷婷，2018）。建立基于家庭的社会保障方案，如提供家庭津贴来支持家庭养育子女、提供生育成本补偿等来缓解这些负面影响（刘翔英、陆明涛，2020）。

四是综合因素的作用。学者认为不同因素共同作用于性别收入差。就业脆弱性和教育程度相互作用，2014 年家庭追踪调查数据、2003 年和 2015 年中国综合社会调查数据显示，教育在缩小性别收入差距中的作用受到就业脆弱性的影响，导致性别收入差距并未随着教育的性别平等化而相应缩小，表现为相似教育程度的男女在就业质量上存在差异，接受大专以上教育的女性有更高的劳动参与和更稳定、有保障的工作，高中及以下受教育程度女性的就业脆弱性则更高（刘爱玉，2020）。2010 年和 2014 年中国家庭追踪调查数据显示，丈夫的收入、女性对丈夫的情感依赖、家务劳动和照顾家人时间等因素会对女性的职业地位上升有负向影响（杨天池、周颖，2019）。

（三）职业性别隔离研究

职业性别隔离指的是不同性别的劳动者以不同比例聚集在各类职业或岗位，体现了劳动力市场上的性别不平等（张成刚、杨伟国，2018）。性别隔离分为水平隔离和垂直隔离。水平隔离指男女在某一行业中的比例不一致，垂直隔离指男女在同一行业中的岗位和薪资水平不同（杨慧、张子杨，2019）。1989～2006 年七次中国营养健康调查横截面数据显示，职业性别隔离水平在大部分年份都是上升的，且受市场化转型的影响，在 1993 年和 2004 年有两次比较大的上升，同时体制内劳动力市场的职业性别隔离水平高于体制外劳动力市场，而体制外劳动力市场职业性别隔离水平增长幅度更大，逐渐接近体制内劳动力市场（张成刚、杨伟国，2018）。1978～2018 年的《中国劳动统计年鉴》数据显示，改革开放 40 年中，3/5 的年份性别隔离程度增加，而 2/5 的年份性别均衡程度提高，从行业总体来看，性别隔离程度增了 1 倍；部分高收入和低收入行业中女性超过 50%，但"科学研究和技术服务业"女性比例则经历了 4 次波动并下降了 1.05 个百分点，在 2007 年跌破 28%，其他年份则徘徊在 30%～60% 之间，总体呈现出波动中下降的趋势（杨慧、张子杨，2019）。2000 年和 2010 年全国人口普查数据显示，虽然女性在"单位负责人"和"专业技术人员"等具有高权威和高声望职业中从业比例大幅上升，但男性仍然在这些职业中具有明显优势（赵媛媛，2017）。

职业性别隔离的影响因素，主要有三类。

一是前劳动力市场因素。学者发现，包括专业隔离和职业期望等前劳动力市场因素会影响职业性别隔离。首都大学生成长追踪调查数据显示，高校中存在明显的专业性别隔离，女生更多集中在文学、历史和艺术等专业，而男生更多集中在理工科类专业，这使得女性在毕业以后进入男性主导职业的概率更小，从而使得高校中的专业性别隔离成为职业性别隔离的重要影响因素（贺光烨，2018）。2010年中国家庭追踪调查数据显示，儿童及青少年中女孩职业期望更加看重工作是否受人尊敬以及助人、为社会服务的作用，而男孩职业期望更加看重经济收入，这表明传统的性别角色规范和两性分工在前劳动力市场中就已经存在，并通过两性的职业期望影响职业性别隔离（李汪洋、谢宇，2016；姜凤姝，2020）。

二是社会网络。学者通过分析2012年中国综合社会调查数据发现，女性非正式社会交往中所拥有的非亲属朋友、同事等社交网络规模越大，其参与到男性主导的社团中的可能性越大，削减社团参与中的性别隔离的可能性越高（徐兰兰，2017）。

三是制度因素。学者通过对中国营养与健康调查数据分析发现，在性别不平等和所有制的交互作用下，非国有部门的性别工资收入差距较国有部门更加严重；非国有部门的性别歧视程度也高于国有部门，并呈现上升趋势（刘志国、宋海莹，2018）。性别不平等和行业结构也会发生相互作用。2013年流动人口动态监测数据显示，相比男性农民工，女性农民工较多集中在劳动力密集型行业，而这一行业的薪酬较低（罗俊峰，2017）。在女干部晋升初期存在生育惩罚，生育与职业发展的冲突，沉重的家庭任务减少女性获得职场升迁的机会；而在行政级别较高时，又出现"旋转门"现象，大量女干部从学校、群团组织向政府、党委流动，或者从政府、党委流转到人大、政协，而在政府内部，女干部也更多分布在教育、科学、文化、卫生等再分配领域，而较少分布在交通运输、工业经济等第一次分配领域（吕芳，2020）。

（四）职场性别歧视

职场性别歧视是在就业机会、职业待遇和职场社会关系中存在的性别不平等

现象。学者根据《1958 年消除就业和职业歧视公约》的规定，将就业性别歧视
定义为"基于性别原因，用人单位做出的取消或损害就业或职业机会均等或待
遇平等的任何区别、排斥或优惠"①（王理万，2019）。这些歧视不仅会发生在入
职过程中，还会发生在劳动场所和离职过程中。其包含直接歧视和间接歧视，直
接歧视指用人单位基于性别因素对劳动者进行差别对待，间接歧视指的是用人单
位采取的政策或实践带来了性别不平等的后果（卢杰锋，2017）。

1. 就业性别歧视

学者发现，入职阶段的性别歧视普遍存在（张抗私、丁述磊，2018；张琳、
杨毅，2019；王慧，2020）。研究者在招聘网上发布虚拟配对简历，发现男性大
学生收到面试通知次数比女大学生多 42%，学习成绩好、学历高的女大学生也
同样遭受入职过程中的性别歧视（葛玉好、邓佳盟、张帅，2018）。还有一些研
究者在投递 300 份虚拟简历的过程中，发现企业招聘者往往给予男性化定向名字
的求职者更多面试机会，而较少给予中性化和女性化定向名字的求职者机会，体
现了就业面试环节中的性别歧视（郭凤、任孝鹏、苏红，2020）。1999～2013 年
《中国统计年鉴》显示，虽然女性在教育领域中的优势越发凸显，但未削弱劳动
力市场中的男性优势，未转变大量招聘者在招聘过程中对于男性的青睐；此外，
虽然女毕业生的就业竞争力不弱于男毕业生，但毕业生初职月薪的性别差异却十
分明显，女毕业生月薪普遍低于男毕业生，普通本科女毕业生平均初职月薪仅为
普通本科男毕业生平均月薪的 76%，高职女毕业生平均初职月薪是同类男毕业
生的 88%，重点本科女毕业生平均初职月薪也仅是同类男毕业生的 97%（李春
玲，2016）。

在职场中也存在大量性别歧视。"全面二孩"政策实施以来的就业歧视问题
也得到了学者的广泛关注（杨慧，2016）。1993～2011 年中国健康与营养调查数
据显示，城镇女性在正规部门中的机会就业机会更少，大量集中在非正规就业领
域（庄渝霞，2020）。2016 年中国城市劳动力调查数据显示，相较于男性劳动
者，女性劳动者在就业机会、工资水平和工资保障方面都处于更加劣势的地位

---

① 这是王理万文中对就业性别歧视的定义，原文为"根据《1958 年消除就业和职业歧视公约》
的规定，就业性别歧视可简单定义为'基于性别原因，用人单位做出的取消或损害就业或职
业机会均等或待遇平等的任何区别、排斥或优惠'"。参见王理万《就业性别歧视案件的司法
审查基准重构》，《妇女研究论丛》2019 年第 2 期。

（王永洁，2019）。农村进城务工女性，由于在人力资本、物质资本、金融资本、社会资本等方面的匮乏，在城镇资源配置过程中被边缘化，受到来自地区和性别的双重歧视，往往成为更易受到风险伤害的脆弱性群体（汪超、刘涛，2017）。

2. 职场性骚扰

职场性骚扰被认为是性别歧视的重要表现，指的是在工作世界中基于社会性别的暴力和骚扰，包括基于社会性别的各种扰乱他人、使之不得安宁的行为，如跟踪、电话骚扰、短信骚扰和邮件骚扰等（佟新，2020）。虽然教育部2014年起先后颁布了教育部《关于建立健全高校师德建设长效机制的意见》、《新时代高校教师职业行为十项准则》和《教育部关于高校教师师德失范行为处理的指导意见》，国际劳工大会2019年通过了《关于消除劳动世界中的暴力和骚扰的公约》（第190号）及其建议书（第206号），以及2020年5月通过的《中华人民共和国民法典》第1010条都做出了防止和制止性骚扰的相关规定，但性骚扰在高校和企业等工作世界中仍然层出不穷。

国家社会科学基金"高校性骚扰防治机制研究"课题组在全国高校中随机抽取了1631名大学生进行问卷调查，发现6.6%被调查的学生遭受过性骚扰，这些被骚扰的学生中遭遇2次以上性骚扰的学生比例高达51.4%。此外，调查还发现，实施者存在性别差异，教师实施者中有较高比例为男性（王献蜜、林建军、金颖，2019）。该项目数据还显示，对性骚扰的认知存在性别差异，男大学生更加倾向于认为在高校中不存在性骚扰现象，或认为这种现象即便存在也是不常见的事情，而大多数女生则认为性骚扰现象在高校中广泛存在，一经发现应当采取措施予以杜绝（潘芳芳，2020）。

学者在2019年对含有"职场性骚扰"内容的199件劳动争议案件进行分析，发现职场性骚扰多发于金融、服务、纺织行业，以及合资企业及外资驻华企业中，且尽管半数以上的用人单位修改员工手册，将性骚扰作为单位有权解除劳动关系的条件之一，但由于举证困难和证明标准存在差异等各种原因，这些单位辞退性骚扰员工的胜诉率非常低，仅占约30%（李曦、于宁，2020）。2018年12月至2019年1月针对387位专职在岗社会工作者的调查数据显示，38.2%的人有被性骚扰经历，其中84.4%是女性，而在性骚扰施害者的样本中，30.2%来自服务对象、24.4%来自同事、10%来自督导（直接管理者）和机构负责人，不确定的工作环境增加了社会工作职业性骚扰发生的不确定性和预防处理的难度，而组织机构对服务对象性骚扰的宽容态度，则会形成容忍性骚扰的组织氛围，导致社会工作者在工作中采取更加消极的应对方式（吴帆、周子垚，2020）。

面对层出不穷的性骚扰现象，我国当前防范和处理性骚扰的制度还存在不足。当前性骚扰案件中高校行政处理方式存在较多弊端，包括没有明确高校构建性骚扰防治机制是道德责任还是法律义务，对于教师师风师德的强调忽视了高校应当建立性骚扰防治机制的义务和责任，在个人权利方面的认知和定义也非常模糊，甚至在取证过程中也缺乏保护涉案人员的个人隐私（王丹凝，2019）。而在高校之外的防范性骚扰制度也存在局限，在举证责任上，中国司法实践大多数由原告承担全部举证责任，忽略了性骚扰案件因隐秘性所带来的证据收集困难的问题，导致许多受害人因证据不足而无法胜诉；此外，相关专业人才缺乏、部门之间合作不够也给防范性骚扰制度的建立带来了挑战（卢杰锋，2019；靳文静，2020）。

针对以上种种不足，职场性骚扰的立法倡导者认为可以在以下方面做出改进：一是在立法上明确性骚扰的定义及其边界；二是实施"举证责任转移"制度，即用人单位对骚扰者实施性骚扰行为进行初步举证，性骚扰者如果反驳，举证责任则转移到骚扰者身上；三是通过法院依职权调查取证，从而解决性骚扰行为的隐蔽性和私密性所带来的受害人取证困难的问题（潘丽丽，2020）。对于"举证难"的问题，学者建议增加职场性骚扰案件中可以使用证据的类型，除证言以外，性骚扰行为人向原告发送的带有骚扰性质的文字书信、电子数据、录音资料和影像资料、器具和物品等都应该被纳入证据范围（卢杰锋，2019）。此外，学者还建议建立以用人单位为中心的性骚扰争议处理模式，在"劳动争议"下增加"性骚扰防治争议"，并将其运用于以下两种情况：一是在被骚扰者提出性骚扰投诉后，如果用人单位不予受理和调查，可视为用人单位未履行性骚扰防治义务；二是用人单位对内部骚扰者进行调查并依据规章制度做出处理决定后，若骚扰者提起劳动争议的起因是性骚扰，应将其作为独立的案由（王天玉，2020）。在高校防范性骚扰制度建设方面，学者倡导在学校内部建立专门的性骚扰防治委员会和性骚扰投诉处理机构，由性骚扰防治委员会监督学校按照防治法律履行防治义务，审查监督校园性骚扰的处置结果，接受不服投诉处理结果的申诉，并由性骚扰投诉处理机构接受师生的正式投诉，保证性骚扰处理程序中立（刘小楠、陈颖楠，2020）。

（五）拓展妇女与就业研究中的劳动概念

1. 情感劳动

这五年涌现了大量的情感劳动研究。情感劳动指的是市场社会中，劳动者的情感被当作一种劳动力卖给公司，在劳动过程中情感的流露和压抑服从公司制定的商业原则（苏熠慧，2018）。相较于过去对脑力劳动和体力劳动的研究，情感劳动的研究更加具有性别的视角。情感劳动的提出，让我们看到市场化进程中家庭内性别分工已经向公共领域延伸，女性在家庭内提供的情感支持成为大量公共劳动的内容。这种家内性别分工的外化，使得大量女性从事的职业往往需要劳动者流露和压抑某些情感。研究显示，中国情境下的情感劳动具有两个特点。一是女性劳动者在劳动中卷入的情感往往与其性别角色密切相关。例如，幼儿教师和育儿嫂的情感劳动都被期待"像妈妈一样"；家政公司一方面通过培训将育儿嫂劳动者的身份替换为以母亲角色和家庭关系为核心的性别身份，另一方面通过替换她们有关"母亲"的知识重构她们的性别身份，这种情感操纵导致了育婴家政工在情感上的双重疏离（苏熠慧、倪安妮，2016）。而在这个过程中，家政工也会采用策略主动破除边界，将工作关系拟亲属化（梅笑，2020）。幼儿教师在劳动中则被要求符合两个方面的情感规则：一方面被要求"像妈妈一样"与幼儿建立亲密情感联结，并对其进行无微不至的照顾；另一方面被要求管理负面情绪表达，选择合适互动方式来实现教育目的（陈玉佩，2020）。二是女性在劳动中卷入的情感具有本土文化意涵，往往与中国人对"关系"的重视紧密相关。例如，女性茶艺师在劳动中主动、热情地与潜在客户建立联系，并且察言观色，投其所好，满足客户情感需求，从而完成茶叶的销售（帅满，2016）。女性美容师则通过灵活运用性别策略，精心经营与客户的"关系"和"人情"，通过发展"熟客"的方式来说服客户办理预付卡，资本对顾客的盈利与对劳动者的控制被掩盖在劳动者和顾客之间建构出来的情感关系之下（施芸卿，2016）。泛娱乐直播中的女主播通过打造"人设"和重塑关系来调动消费者的情感，由"情"转化为虚拟的"礼物"再转化为"钱"，从而获得收入（涂永前、熊赟，2019）。对情感劳动的关注也使研究者反思资本和市场对女性劳动者情感的操纵。例如，航空公司一方面从表情管理、仪态展现和妆容等技巧维度对空姐进行控制，另一方面从感情调动等方面来促使她们产生对这一行业的自我认同感来达到情感的管理（李晓菁、刘爱玉，2017）。服装品牌销售门店则通过空间设计（空间划定、分割和建立等级）操纵服务业劳动者的情感劳动，根据利润大小进行空间设定，让销售员在不同空间中从事不同程度的情感劳动（苏熠慧、洪磊，2017；苏熠慧、杜金瑾，2020）。对资本操作和管理女性劳动者情感的反思和批判，揭示了建立在传统性别分工基础上的不平等，帮助我们重新建构劳动中性别与情感的关系。

2. 照料劳动

照料劳动是女性主义关注的重要议题。它是一种同时包含"关怀"和"照顾"的劳动，承担者往往是女性（佟新，2017），它不仅包括认知、专注和对满足对方需求的考量和责任感，而且旨在满足他人需求和福祉（肖索未、简逸伦，2020）。马克思主义女性主义者将照料劳动的讨论放在核心位置，她们借用马克思对照料劳动的定义，将照料劳动视为一种再生产劳动（即生产生命力的劳动），并将再生产劳动视为和生产劳动一样重要的劳动（苏熠慧，2019）。她们批判研究者对再生产劳动的忽略，认为再生产劳动是不同国家不同时代社会和经济发展的基石，为国家和经济的积累创造了重要价值，但这些价值没有得到足够的关注，反而被忽视（苏熠慧，2019）。马克思主义女性主义者还认为，不同的政治经济形态及其背后的文化，界定了生产和再生产劳动之间的边界，同时影响了再生产劳动（照料劳动）的形式，将其通过家庭化、社会化和市场化等方式实现（苏熠慧，2019）。中国发展的不同时期，国家和市场的力量都在形塑再生产劳动（照料劳动）的边界和形态，使中国在不同历史阶段出现再生产劳动（照料劳动）社会化、家庭化和市场化多种形态。

民国时期，女性追求"解放"的道路，通过各种努力打破其幽闭状态，打破其千年来被禁锢在再生产劳动中的状态，重塑生产和再生产之间的边界，但这种努力更多停留在女性个体和群体层面，使得女性在打破再生产边界、走向独立的同时面临重塑再生产的困顿（秦方，2017）。新中国成立后，国家积极介入生产与再生产劳动关系的重塑。通过改造旧产婆和培训新的基层妇幼保健力量，女性的孕产被纳入国家所主导的医疗卫生体系，而从事再生产劳动的接生员也在国家的职业体系中获得了合法身份（王瀛培，2017）。在集体经济时期，国家持续不断地塑造"生产－再生产"的关系，形成了再生产劳动的社会化形式（唐晓菁，2020；艾美伶，2020）。"大跃进"时期的农村幼儿园，不仅可以有效减轻妇女的抚幼负担，将农村女性从家务劳动中解放出来，参与社会和政治活动，同时通过育儿的社会化，将照料劳动变成一种令人尊敬的公共劳动（翟菁，2017）。农村照料劳动者的社会身份，也在国家话语的支持下，从"帮忙看孩子"的人转变为"为共产主义培育幼苗"的社会主义教育工作者，赢得了社会的信任和尊重（万笑男、朱丽丽，2020）。在城市之中，除公立市政幼儿园、单位附属幼儿园之外，街道托幼机构也是20世纪50年代中期婴幼儿照料社会化的重要方式，其依托邻里互助的传统人情伦理，结合新培育的集体主义互助精神，由街道群众自办、自管、自用，体现了福利事业的集体化（徐明强、宋少鹏，2018）。

市场化改革以后，大量的再生产劳动（照料劳动）逐渐由国家转至个体家庭承担，形成了再生产劳动（照料劳动）家庭化形式。在再生产劳动（照料劳动）家庭化形式中，传统的性别分工与文化，加上流行育儿文化中对母职不可替代性的强调，使得女性个体承担了大量的再生产劳动（岳经纶、范昕，2018；黄玉琴，2019；佟新、陈玉佩，2019）。数据显示，女性婚后在家务劳动上花费的时间远多于男性（许琪，2018）。即使妻子收入贡献的增加，也不能完全改变女性在家务劳动分工中的地位，那些家庭收入贡献率超过60%的女性，其休息日的家务劳动时间并没有因其贡献率的提高而减少（贺光烨、简敏仪、吴晓刚，2018）；经济贡献低的丈夫反而会通过降低自身的家务劳动参与比例，以彰显自身的男性地位，从而补偿性别形象的偏离（孙晓冬，2018）。此外，老年人照料者中，女性的比例为43.1%，远高于男性的比例（19.4%）（吴帆，2017）。老年女性中大量出现照料子女及孙辈的"老漂"母亲，她们承担着双重的母职照料责任，承受着身体的劳累，面临原有照料经验与现代科学及中产阶层育儿话语的拉扯，同时社会交往的匮乏、未来与子女及孙辈因地域分离而可能导致的情感联结减弱也使她们感到焦虑与孤单（卜娜娜、卫小将，2020）。此外，对于那些孩子离乡就读的农村家庭，照料劳动往往是由"陪读妈妈"来承担。这些"陪读妈妈"和孩子一起进城，承担照料的责任（吴惠芳、吴云蕊、陈健，2019）。她们服侍子女生活的陪读劳动，可以被视为家庭教育劳动分工链溢出的"低端"劳作，是家庭性别分工下的新型"家务劳动"形式，是在当前教育与社会劳动分工下下层女性家长不得不以"照料子女生活"的方式参与的教育劳动，也是这些女性为争取子女教育成功所做出的能动和理性的行动策略（范云霞、郑新蓉、史璟，2020）。"陪读妈妈"的照料劳动本质上是家庭照料劳动性别分工与地区转移的体现，一方面这些离乡陪读的妈妈与农村的生产性劳动相分离，失去了参与劳动获取收益的机会；另一方面，她们的照料劳动不被认可，其劳动价值被认为是辅助和次要的，这两方面体现了"陪读"作为一种离乡照料劳动形式，仍然是性别劳动分工固化的反映（吴惠芳、吴云蕊、陈健，2019）。

市场转型后，不仅出现了照料劳动的家庭化趋势，还出现了大量商业化的照料劳动作为家庭化照料劳动的补充。照料劳动市场的兴起和商业化照料劳动的形成，推动家政行业的发展和家政工的大量涌现。2019年在北京、济南两地的家政工被访者抽样调查数据显示，家政工群体主要为农村进城务工女性和城市下岗女工，其工作时间较长，工资水平整体较低，且呈现出显著的内部分化现象，工作中感受的压力较大、情感付出较多，也会受到一定的社会歧视（萨支红、张梦吉、刘思琪等，2020；张荣瑾，2020）。此外，家政工的劳动具有很明显的非正规性，家政工作往往存在私人关系、生意契约、科层管理和平台经济四种不同非标准雇佣关系，对于劳动者缺乏一定的劳动保护（钱俊月，2020）。在这种非正规性雇佣关系中，提供商业化照料劳动的家政工专业化进程也面临一定挑战，表现为政府和企业推动建立的各种职业化标准的建立，被客户和劳动者在劳动过程中的抵御所消弭（梁萌、吕游、刘万丽，2020）。在这种情况下，家政工不仅要受到公司对其的控制，还要受到客户方面的管理（苏熠慧、倪安妮，2016；梁萌，2017；刘育婷、肖索未，2020）。公司方面的控制，包括对其情感的操作，通过各种方式激发她们对客户的积极情感，同时压抑她们在工作中的不满，通过各种培训来置换她们具有的生育和养育的知识（苏熠慧、倪安妮，2016）；还包括强化客户与家政工之间的"外人"关系，要求家政工在此基础上将"家人"情感进行工具化使用，以满足工作的需要（刘育婷、肖索未，2020）。家政工在公司和客户的双重管理下，高度卷入客户的私人生活，经常在客户家庭的复杂关系中处于两难境地（苏熠慧、倪安妮，2016；刘育婷、肖索未，2020）。

3. 工作与家庭的平衡研究

相较于2011~2015年，2016~2020年中国人口老龄化加剧，人口政策也出现了变化，这都在某种程度上影响了女性在家庭中所承担的照料责任，从而也影响其工作与家庭的关系。随着人口老龄化的加剧，家庭的照料负担逐渐加重。虽然也出现了商业化养老模式，但居家养老在中国仍然是主流形式，这也进一步加重了家庭成员，尤其是女性的照料负担。此外，"全面二孩"政策下，中国当前社会福利政策的"去商品化"能力较弱，难以缓解城市女性二孩生育所带来的经济压力，在老人和儿童照顾中占主流的家庭化模式加剧了职场女性的工作与家庭冲突（陈秀红，2017）。2010年第三期中国妇女社会地位调查数据显示，女性在工作之余依然需要承担繁重的家务劳动，来自工作和家庭两方面的压力使女性员工陷入更为严重的工作与家庭之间的冲突中（许琪、戚晶晶，2016）。2012年国家社会调查项目的跨国数据显示，中国女性比男性感受到更多的家庭对工作的干扰，而男性比女性感受到更多的工作对家庭的干扰。此外，较长的工作时间、抚育责任和家务分工使得中国女性面临的家庭对工作的干扰高于男性，而平等的性别观念对于降低劳动者的工作－家庭冲突具有积极作用（张春泥、史海钧，2019）。互联网产业的发展，对不同生命阶段的女性产生不同的工作压力，尤其是在生育阶段的女性，工作和家庭的边界渗透性减弱了，家庭领域成为主导，形成了家庭对工作的隔离模式，女性劳动者以生育为转折的性别再社会化成为女性工作压力的重要影响因素（梁萌，2018）。工作与家庭之间的冲突也影响了女性的社会参与，相比男性，中国女性虽然更多地从"家庭内"走出，进行大量政策支持类和志愿公益类的社会参与，但行动组织类和意见表达类的社会参与较少，主要是受到家庭生活的"牵绊"（李升、任伟榕、黄德远，2020）。为此，学者提出，设计具有社会性别视角的公共政策，推动政府、社会、企业界和男女两性的多元主体参与是缓解女性工作与家庭冲突的重要社会机制，而提倡马克思主义男女平等观念，摒弃传统儒家父权思想和家族主义思想，是缓解女性工作与家庭冲突的文化基础（计迎春、郑真真，2018）。

三 研究不足与展望

2016~2020年有关妇女与就业的研究进展体现在以下几个方面。一是主题更加多元，不仅有传统的收入差异、性别隔离和工作家庭平衡方面的研究，也出现了情感劳动和照料劳动的研究。学者不仅关注到公共劳动场所中的性别问题，还关注到私人领域中照料劳动的重要意义和存在的性别问题。同时对性别与劳动交叉所形成的新特征进行探讨。二是体现了社会变迁带来的新变化，与社会热点紧密结合，女性在创业大潮和乡村振兴中扮演的角色，以及互联网技术对妇女就业的影响，学者都对其进行深刻的讨论。三是在本土化理论的构建和拓展方面取得一定成果。情感劳动和照料劳动研究着眼资本对于性别分工的影响，对性别与劳动的本土理论建构进行拓展。

在获得以上进展的同时，这五年的研究成果在整体上还存在以下不足。

第一，在研究对象上，对于城市和中产女性群体的关注较多，但是对于流动女性、老年女性、贫困女性以及其他资源较少、从事非正规工作的女性群体关注还不够。缺乏对于女性内部差异的考察，容易忽略深受性别不平等影响的边缘女性群体。此外，随着劳动力市场的变迁，大量女性投入新职业中，但目前对于某些新职业女性群体（如女性创业者、带货主播）关注较多，而对那些从事不稳定就业的女性新职业群体（如游戏陪玩师、美发美甲师）关注不够，对她们劳动中的性别问题涉及较少。

第二，在方法上，劳动参与、性别收入差距和性别隔离研究所使用的定量研究方法往往只是将性别作为一个自变量纳入研究中，缺乏对于工作场所内组织安排和宏观社会结构的探索。其次，目前的数据主要还停留在截面的静态分析，缺乏对社会变迁的比较和探索。此外，目前的国际比较研究数量还比较少，比较的层面也不够深入，中国自身的特性难以把握和呈现。

第三，在理论的建构上，虽然这五年间西方性别与劳动研究的概念和分析框架被逐渐引入妇女与就业的讨论之中。但许多研究只是套用这些理论，对西方理论的批判还不够，对本土化概念和分析框架的建构还有待加强。一些分析往往停留在现象表面，缺乏从理论自身内部逻辑和现实经验之间的矛盾出发，结合本土化知识，自觉地发展出解释中国妇女与就业的原创性理论。

第四，在理论与实践的结合上，对生育政策和防范性骚扰制度的探讨，对性别不平等的实践探索至关重要。但是对这些宏观政策和制度建设效果的评估，在研究中还较少。虽然 2016～2020 年对于防范性骚扰制度的讨论不少，但是许多研究仅介绍国外制度，对于我国法律和防范性骚扰制度建立本土经验的探索和评估还不够。对推动性别平等制度建设探索和评估的不足，将会限制我们继续探索性别平等的制度实践。

基于此，笔者认为后续的研究可以在以下几个方面有所改进。

首先，未来的研究不仅要看到城市和中产阶层女性在劳动方面遇到的困境，还应该将视野拓展到各类女性群体的生产生活之中，给予流动女性、老年女性、贫困女性以及其他资源较少、从事非正规工作的女性群体更多的关注。同时，研究中也要避免将女性群体视为铁板一块，应注意不同女性群体之间的差异，并将其经验带入知识的生产过程中，对她们的境遇进行交叉性分析，从而推动性别不平等的普遍化（苏熠慧，2016）。

其次，在研究方法方面，不管是定量还是定性研究，都需要将宏观政治经济结构、性别分工和女性个人境遇等多重变量结合起来进行分析，不能将研究只停留在个人和微观层面的变量分析。在定量研究方面，要避免仅将性别作为一个自变量纳入的分析，而是要意识到劳动参与、岗位和收入的安排背后是劳动性别分工在宏观、中观和微观层面的体现，在分析中要纳入宏观和中观等层面的变量。在研究过程中，更多关注工作场所中的组织安排，以及这种组织安排对性别平等的影响。此外，鉴于截面研究的局限，未来的研究需要加强对性别平等社会变迁及其规律的探究，定量研究已经逐渐拓展纵向的分析，如果能在妇女与就业的定量研究中加入更多历史性的比较和分析研究，将帮助我们看清楚女性劳动参与、性别收入差距和性别隔离的发展趋势，从而总结促进性别平等的历史经验。最后，随着越来越多的跨国数据库被学者使用，跨国比较研究方法也应该更多地纳入妇女与就业的研究中。研究者应该将中国的性别平等状况和实践放在世界范围内进行探讨，从而更好地反思自身不足，总结本土化的经验。

再次，在理论建构方面，需要在反思和批判西方理论的基础上，拓展本土化的概念和分析框架。例如情感劳动方面的研究，学者已经在中国本土情感模式的基础上提出了"关系"的作用，也提出了"空间化情感劳动"等本土化概念（施芸卿，2016；苏熠慧、杜金瑾，2020）。但是，对于不断涌现的性别与劳动的新形式，学者还需要一方面把握性别与劳动理论的发展脉络——马克思主义女性主义，另一方面挖掘在中国的政治经济结构下的性别与劳动特点，从而建构体现中国特色的概念工具。

最后，在理论和实践的结合方面，一方面要关注互联网技术发展和全球劳动力市场不稳定化，及其所带来的新职业群体中的性别问题，研究制度建设在其中扮演的角色，探索在制度层面如何缓解这些因素给妇女与就业带来的负面影响；另一方面聚焦宏观和中观的性别平等制度建设和政策实施的效果（如防范性骚扰制度建设的情况），从而有效推动适合本土情境的性别平等制度建设。为了更好地将理论和实践相结合，可以在防范性骚扰本土制度和育儿支持制度建设方面多做一些评估性的研究和探索，从而更好地推进制度的建设。总之，妇女与就业研究，既需要性别平等理论的指导，关注广大女性群体的经济和就业权利，也需要立足现实，对现实中存在的问题进行实事求是的分析，从而为进一步推动劳动领域中的性别平等实践奠定基础。

参考文献

1. 艾美伶（2020）：《家－国视野下三代"工家女"生命历程中的身份演变》，硕士学位论文，华东师范大学。

2. 边丽瑾（2020）：《农村妇女性别角色转变研究》，硕士学位论文，西北农林科技大学。

3. 卜娜娜、卫小将（2020）：《劳累、拉扯与孤单："老漂"母亲的母职实践及回应》，《妇女研究论丛》第6期。

4. 蔡弘、黄鹂（2017）：《农业女性化下农村妇女生产参与及其生产意愿研究——安徽省调查实例》，《人口与发展》第2期。

5. 曹景林、姜甜（2020）：《互联网使用对女性收入的影响——基于CFPS数据的经验证据》，《现代财经》第12期。

6. 陈冰冰（2016）：《女工就近就业与家庭照料》，硕士学位论文，福州大学。

7. 陈洁（2019）：《婚姻状态对女性工资的影响及机制分析》，《人口与发展》第5期。

8. 陈洁、刘亚飞（2019）：《教育匹配对已婚女性劳动参与的影响——基于第三期妇女社会地位调查数据的实证分析》，《南方人口》第2期。

9. 陈莉婷（2020）：《劳动中的性别分化》，硕士学位论文，福建师范大学。

10. 陈璐、范红丽、赵娜等（2016）：《家庭老年照料对女性劳动就业的影响研究》，《经济研究》第3期。

11. 陈婷婷（2018）：《生育代价、社会资本与流动女性的就业质量——基于全国样本的监测数据》，《广东社会科学》第1期。

12. 陈秀红（2017）：《影响城市女性二孩生育意愿的社会福利因素之考察》，《妇女研究论丛》第1期。

13. 陈玉佩（2020）：《建构亲密与控制情绪：幼儿教师的情感劳动研究——以北京市3所幼儿园的田野调查为例》，《妇女研究论丛》第2期。

14. 程璆、郑逸芳、许佳贤（2017）：《抚养负担对已婚青年女性劳动供给及家务分配的影响研究——基于Heckman两阶段选择模型的实证检验》，《南方人口》第5期。

15. 范云霞、郑新蓉、史璟（2020）：《劳动分工领域下的陪读母亲——关于M镇高中陪读现象的分析》，《中国社会科学（英文版）》第1期。

16. 高明（2020）：《市场、生态与公益的连接融合——返乡女性创业研究》，《妇女研究论丛》第5期。

17. 葛玉好、邓佳盟、张帅（2018）：《大学生就业存在性别歧视吗？——基于虚拟配对简历的方法》，《经济学（季刊）》第 4 期。

18. 耿小娟、柳建平（2020）：《贫困地区的农户农业女性化——基于甘肃省 14 个贫困村调查数据的研究》，《人口与经济》第 3 期。

19. 宫倩楠（2019）：《生育水平变动对女性劳动参与状况的影响研究》，硕士学位论文，首都经济贸易大学。

20. 关爱萍、刘可欣（2018）：《农村女性人力资本对家庭收入的影响——基于甘肃省贫困村的实证分析》，《人口与发展》第 4 期。

21. 郭凤、任孝鹏、苏红（2020）：《不同性别定向的名字对女性获得面试机会的影响》，《中国人力资源开发》第 5 期。

22. 郝拥（2017）：《多元社会排斥下农村妇女就业困境研究》，硕士学位论文，南京大学。

23. 贺光烨（2018）：《专业选择与初职获得的性别差异：基于"首都大学生成长追踪调查"的发现》，《社会》第 2 期。

24. 贺光烨、计迎春、许苏琪（2020）：《性别收入差异再探——基于 2010 年中国妇女地位调查数据》，《社会发展研究》第 4 期。

25. 贺光烨、简敏仪、吴晓刚（2018）：《城市地区家务劳动和家人照料时间性别差异研究》，《人口研究》第 3 期。

26. 胡玉坤（2016）：《人民公社时期大田农作的女性化现象——基于对西部两个村落的研究》，《妇女研究论丛》第 3 期。

27. 华淑名、陈卫民（2020）：《隔代照料支持对青年女性非农就业的影响》，《青年研究》第 1 期。

28. 黄桂霞（2019）：《女性生育权与劳动就业权的保障：一致与分歧》，《妇女研究论丛》第 5 期。

29. 黄玉琴（2019）：《性别视角下的村庄社会生活变迁——华中莲荷村的劳动、闲暇、女性及家庭（1926~2013）》，华东理工大学出版社。

30. 计迎春、郑真真（2018）：《社会性别和发展视角下的中国低生育率》，《中国社会科学》第 8 期。

31. 姜凤姝（2020）：《城镇已婚女性职业晋升的影响因素研究》，硕士学位论文，武汉大学。

32. 姜甜、段志民（2020）：《育儿时间对女性收入的影响持续存在吗？——来自中国的经验证据》，《人口与经济》第 6 期。

33. 靳文静（2020）：《我国高校性骚扰的特征和原因》，《中华女子学院学报》第 5 期。

34. 赖德胜、孟大虎、李长安等（2017）：《2016 中国劳动力市场发展报告——性别平等化进程中的女性就业》，北京师范大学出版社。

35. 乐君杰、胡博文（2017）：《非认知能力对劳动者工资收入的影响》，《中国人口科学》第 4 期。

36. 乐章、张艺珂（2019）：《收入还是替代：子女数量与中国女性劳动参与》，《南方人口》第 3 期。

37. 李春玲（2016）：《"男孩危机""剩女现象"与"女大学生就业难"——教育领域性别比例逆转带来的社会性挑战》，《妇女研究论丛》第 2 期。

38. 李芬（2016）：《二孩政策背景下工作母亲的职业历程研究》，博士学位论文，南京大学。

39. 李国正、高书平、唐孝文（2017）：《社会投资视角下女性流动人口"迁而不工"的对策研究》，《山东社会科学》第 7 期。

40. 李升、任伟榕、黄德远（2020）：《"家庭牵绊"还是"工作引拉"？——中国女性的社会参与及其影响因素研究》，《中国社会科学（英文版）》第 1 期。

41. 李汪洋、谢宇（2016）：《中国儿童及青少年职业期望的性别差异》，《青年研究》第 1 期。

42. 李曦、于宁（2020）：《用人单位应对职场性骚扰问题探究——以劳动争议案件审理为视角》，《中华女子学院学报》第 1 期。

43. 李线玲（2016）：《新形势下生育保险待遇落实探讨》，《妇女研究论丛》第 2 期。

44. 李晓菁、刘爱玉（2017）：《资本控制与个体资助——对国内空姐情感劳动的实证研究》，《妇女研究论丛》第 5 期。

45. 梁栋、吴惠芳（2017）：《农业女性化的动力机制及其对农村性别关系的影响研究——基于江苏、四川及山西三省的村庄实地调研》，《妇女研究论丛》第 6 期。

46. 梁萌（2017）：《强控制与弱契约：互联网技术影响下的家政业用工模式研究》，《妇女研究论丛》第 5 期。

47. 梁萌（2018）：《生命历程视角下的互联网企业工作压力机制及性别差异研究》，《妇女研究论丛》第 6 期。

48. 梁萌、吕游、刘万丽（2020）：《嵌入与消弭：中国家政业职业化实践研究》，《妇女研究论丛》第 5 期。

49. 刘爱玉（2018）：《制度、机会结构与性别观念：城镇已婚女性的劳动参与何以可能》，《妇女研究论丛》第 6 期。

50. 刘爱玉（2020）：《脆弱就业女性化与收入性别差距》，《北京大学学报（哲学社会科学版）》第 3 期。

51. 刘蓓（2017）：《生育对女性就业状况的影响研究》，硕士学位论文，厦门大学。

52. 刘娜、卢玲花（2018）：《生育对城镇体制内女性工资收入的影响》，《人口与经济》第 5 期。

53. 刘琼、乐君杰、姚先国（2020）：《工作任务回报与性别工资差距》，《人口与经济》第 4 期。

54. 刘翔英、陆明涛（2020）：《劳动收入差异、婚姻风险与基于家庭的社会保障》，《学海》第 2 期。

55. 刘小楠、陈颖楠（2020）：《我国校园性骚扰防治的推进与展望》，《中华女子学院学报》第 5 期。

56. 刘育婷、肖索未（2020）：《"干活时把雇主当家人，相处时把自己当外人"——住家家政工的雇主关系及情感劳动研究》，《妇女研究论丛》第 4 期。

57. 刘志国、宋海莹（2018）：《中国不同所有制部门间的性别歧视——基于收入角度的分析》，《人口与经济》第 4 期。

58. 卢杰锋（2017）：《就业性别歧视例外审查规则：美国实践及启示》，《妇女研究论丛》第 2 期。

59. 卢杰锋（2019）：《职场性骚扰案件证明问题研究》，《妇女研究论丛》第 5 期。

60. 吕芳（2020）：《中国女性领导干部的晋升障碍与发展路径——基于对地厅级以上女性领导干部晋升规律的分析》，《甘肃社会科学》第 6 期。

61. 吕利丹（2016）：《新世纪以来家庭照料对女性劳动参与影响的研究综述》，《妇女研究论丛》第 6 期。

62. 罗俊峰（2017）：《农民工行业分布对性别工资差异的影响》，《人口与经济》第 6 期。

63. 马春华（2016）：《瑞典和法国家庭政策的启示》，《妇女研究论丛》第 2 期。

64. 毛宇飞、曾湘泉（2017）：《互联网使用是否促进了女性就业——基于 CGSS 数据的经验分析》，《经济学动态》第 6 期。

65. 梅笑（2020）：《情感劳动中的积极体验：深层表演、象征性秩序与劳动自主性》，《社会》第 2 期。

66. 蒙克（2017）：《"就业－生育"关系转变和双薪型家庭政策的兴起——从发达国家经验看我国"二孩"时代家庭政策》，《社会学研究》第 5 期。

67. 宁光杰、马俊龙（2018）：《互联网使用对女性劳动供给的影响》，《社会科学战线》第 2 期。

68. 欧阳任飞、孟大虎、杨娟（2017）：《高等教育扩展与大学生性别工资差距的演变——基于 CHIPS 数据的经验研究》，《清华大学教育研究》第 3 期。

69. 潘芳芳（2020）：《高校性骚扰与校园治理》，《中国青年社会科学》第 1 期。

70. 潘丽丽（2020）：《用人单位辞退性骚扰者被索赔的困境与出路》，《中华女子学院学报》第 1 期。

71. 裴谕新、陈思媚（2019）：《电商时代女性创业的性别化历程与家庭决策变革个案研究》，《妇女研究论丛》第 6 期。

72. 钱俊月（2020）：《家政工作的非标准雇佣关系及其非正规性——基于英文文献的回顾》，《妇女研究论丛》第 4 期。

73. 秦方（2017）：《从幽闭到出走——清末民初女性困顿－解放话语形成及实践》，《妇女研究论丛》第 4 期。

74. 卿石松（2017）：《性别角色观念、家庭责任与劳动参与模式研究》，《社会科学》第 11 期。

75. 卿石松（2019）：《中国性别收入差距的社会文化根源——基于性别角色观念的经验分析》，《社会学研究》第 1 期。

76. 萨支红、张梦吉、刘思琪等（2020）：《家政工生存状况研究：基于北京、济南被访者驱动抽样调查》，《妇女研究论丛》第 4 期。

77. 申超（2020）：《扩大的不平等：母职惩罚的演变（1989~2015）》，《社会》第
　　6 期。

78. 盛亦男（2019）：《生育政策调整对女性就业质量的影响》，《人口与经济》第 3 期。

79. 施芸卿（2016）：《制造熟客：劳动过程中的情感经营——以女性美容师群体为
　　例》，《学术研究》第 7 期。

80. 石莹（2017）：《我国劳动力市场中的性别歧视与户籍歧视》，经济科学出版社。

81. 帅满（2016）：《茶艺师情感劳动的三阶段信任演化——以福建省厦门市田园茶叶
　　公司为例》，《广西民族师范学院学报》第 1 期。

82. 宋月萍（2019）：《照料责任的家庭内化和代际分担：父母同住对女性劳动参与的
　　影响》，《人口研究》第 3 期。

83. 苏熠慧（2016）：《"交叉性"流派的观点、方法及其对中国性别社会学的启发》，
　　《社会学研究》第 4 期。

84. 苏熠慧（2018）：《从情感劳动到审美劳动：西方性别劳动分工研究的新转向》，
　　《妇女研究论丛》第 6 期。

85. 苏熠慧（2019）：《重构家务劳动分析的可能路径——对 20 世纪 70 年代社会主义
　　女性主义有关家务劳动讨论的反思》，《妇女研究论丛》第 6 期。

86. 苏熠慧、杜金瑾（2020）：《青年销售员与空间化的情感劳动——以 S 市 I 品牌 W
　　门店为案例》，《青年研究》第 1 期。

87. 苏熠慧、洪磊（2017）：《交叉性视角下的男售货员性别气质分析——以上海市两
　　家品牌店为例》，《妇女研究论丛》第 5 期。

88. 苏熠慧、倪安妮（2016）：《育婴家政工情感劳动的性别化机制分析——以上海 CX
　　家政公司为例》，《妇女研究论丛》第 5 期。

89. 孙继圣、周亚虹（2019）：《居住模式、幼年子女数量与已婚女性的劳动供给——
　　基于儿童看护视角的讨论》，《财经研究》第 6 期。

90. 孙晓冬（2018）：《收入如何影响中国夫妻的家务劳动分工?》，《社会》第 5 期。

91. 塔娜、李国正、艾小青（2017）：《人口红利消失背景下社会投资与女性流动人口
　　充分就业研究》，《金融与经济》第 4 期。

92. 唐晓菁（2020）：《走出家庭，或回归家庭?——劳动、社会性别与当代中国社会
　　变迁（法文版）》，上海三联书店。

93. 陶艳兰、风笑天（2020）：《"理想照顾者"文化规则的破解：社会政策支持母亲
　　就业的关键问题》，《社会科学》第 4 期。

94. 佟新（2017）：《照料劳动与性别化的劳动政体》，《江苏社会科学》第 3 期。

95. 佟新（2020）：《性别气质与反骚扰》，《中华女子学院学报》第 1 期。

96. 佟新、陈玉佩（2019）：《中国城镇学龄前儿童抚育政策的嵌入性变迁——兼论中
　　国城镇女性社会角色的变化》，《山东社会科学》第 10 期。

97. 涂永前、熊赟（2019）：《情感制造：泛娱乐直播中女主播的劳动过程研究》，《青
　　年研究》第 4 期。

98. 万笑男、朱丽丽（2020）：《从"帮忙看孩子"到"为共产主义培育幼苗"——山东农村保教人员研究（1951~1961）》，《妇女研究论丛》第6期。

99. 汪超、刘涛（2017）：《生计脆弱性：何以为及何以能——来自中国农村进城务工女性的实践调查》，《苏州大学学报（哲学社会科学版）》第5期。

100. 王丹凝（2019）：《中国高校建立性骚扰防治机制过程中个人与集体关系的考量》，《中华女子学院学报》第6期。

101. 王慧（2020）：《女大学生就业质量研究》，厦门大学出版社。

102. 王晶晶（2020）：《高校扩招后性别工资差距缘何扩大——基于CHNS数据的分析》，《南方人口》第5期。

103. 王理万（2019）：《就业性别歧视案件的司法审查基准重构》，《妇女研究论丛》第2期。

104. 王珊娜（2018）：《家庭对中国城镇性别工资差距的影响研究》，博士学位论文，首都经济贸易大学。

105. 王天玉（2020）：《言辞型职场性骚扰的司法裁判逻辑》，《妇女研究论丛》第5期。

106. 王献蜜、林建军、金颖（2019）：《高校性骚扰发生现状及性别差异研究》，《中华女子学院学报》第5期。

107. 王肖婧（2018）：《劳动力市场的性别收入不平等及女性贫困——一个人力资本和社会资本理论的双重视角》，《财经问题研究》第3期。

108. 王莹（2016）：《父母照料与女性工作家庭平衡——基于家庭政策视角》，硕士学位论文，中国社会科学院研究生院。

109. 王瀛培（2017）：《团结与改造：从旧产婆到社会主义接生员——以上海为例的讨论》，《妇女研究论丛》第4期。

110. 王永洁（2019）：《劳动力市场性别差异与女性赋权——基于2016年中国城市劳动力调查数据的分析》，《人口与经济》第1期。

111. 乌静（2019）：《个人禀赋与家庭责任：青年已婚女性就业的影响因素》，《社会发展研究》第4期。

112. 吴帆（2017）：《中国家庭老年人照料者的主要特征及照料投入差异——基于第三期中国妇女社会地位调查的分析》，《妇女研究论丛》第2期。

113. 吴帆、周子垚（2020）：《社会工作职场性骚扰与容忍度研究——兼论组织氛围的中介效应》，《妇女研究论丛》第5期。

114. 吴惠芳、吴云蕊、陈健（2019）：《陪读妈妈：性别视角下农村妇女照料劳动的新特点——基于陕西省Y县和河南省G县的调查》，《妇女研究论丛》第4期。

115. 吴伟平、章元、刘乃全（2016）：《房价与女性劳动参与决策——来自CHNS数据的证据》，《经济学动态》第11期。

116. 吴燕华、刘波、李金昌（2017）：《家庭老年照料对女性就业影响的异质性》，《人口与经济》第5期。

117. 武中哲（2017）：《劳动力市场中的性别差异——制度变迁的视角》，中国政法大学出版社。

118. 肖洁（2017）：《家务劳动对性别收入差距的影响——基于第三期中国妇女社会地位调查数据的分析》，《妇女研究论丛》第 6 期。

119. 肖索未、简逸伦（2020）：《照料劳动与社会不平等：女性主义研究及其启示》，《妇女研究论丛》第 5 期。

120. 邢成举（2020）：《村镇工厂与农村女性反贫困研究》，《妇女研究论丛》第 1 期。

121. 徐兰兰（2017）：《社团参与的性别隔离及影响因素研究——基于 CGSS2012 数据的分析》，《妇女研究论丛》第 3 期。

122. 徐明强、宋少鹏（2018）：《集体互助与妇女解放——北京地区街道托幼机构的兴起（1954~1957）》，《妇女研究论丛》第 3 期。

123. 许琪（2018）：《时间都去哪儿了？——从生命历程的角度看中国男女时间利用方式的差异》，《妇女研究论丛》第 4 期。

124. 许琪、戚晶晶（2016）：《工作－家庭冲突、性别角色与工作满意度：基于第三期中国妇女社会地位调查的实证研究》，《社会》第 3 期。

125. 颜宇（2020）：《生育年龄对已婚女性劳动参与的影响》，《人口学刊》第 5 期。

126. 杨慧（2016）：《"全面两孩"政策下促进妇女平等就业的路径探讨》，《妇女研究论丛》第 2 期。

127. 杨慧、林丹燕、吴菁等（2016）：《市场化对经济领域性别差距的影响研究（1990~2010 年）》，《社会发展研究》第 1 期。

128. 杨慧、张子杨（2019）：《40 年来中国行业性别构成变化趋势——平等还是隔离?》，《人口与经济》第 4 期。

129. 杨菊华（2016）：《健全托幼服务推动女性工作与家庭平衡》，《妇女研究论丛》第 2 期。

130. 杨菊华（2019）：《"性别－母职双重赋税"与劳动力市场参与的性别差异》，《人口研究》第 1 期。

131. 杨菊华（2020）：《市场化改革与劳动力市场参与的性别差异——20 年变迁的视角》，《人口与经济》第 5 期。

132. 杨天池、周颖（2019）：《"两孩"政策是否加剧了性别收入差距》，《人口与发展》第 6 期。

133. 杨滢、汪卫平（2020）：《女性教育收益率真的高于男性吗？——基于 CGSS2012~2015 的实证检验》，《教育与经济》第 3 期。

134. 姚秀琪（2018）：《城市女性家庭角色与职业发展失衡研究——以山东省 J 市为例》，硕士学位论文，济南大学。

135. 岳经纶、范昕（2018）：《中国儿童照顾政策体系：回顾、反思与重构》，《中国社会科学》第 9 期。

136. 翟菁（2017）：《集体化下的童年："大跃进"时期农村幼儿园研究》，《妇女研究论丛》第 2 期。

137. 张成刚、杨伟国（2018）：《中国劳动力市场转型阶段职业性别隔离的新测度——基于 K-M 分解方法》，《人口与经济》第 6 期。

138. 张春泥、史海钧（2019）：《性别观念、性别情境与两性的工作－家庭冲突——来自跨国数据的经验证据》，《妇女研究论丛》第 3 期。

139. 张抗私、丁述磊（2018）：《市场与观念的考验——女大学生就业实况调查》，经济科学出版社。

140. 张抗私、谷晶双（2020）：《生育对女性就业的影响研究》，《人口与经济》第 5 期。

141. 张琳、杨毅（2019）：《女大学生就业中的反隐性性别歧视问题研究》，知识产权出版社。

142. 张琳、张琪（2019）：《我国青年女性生育状况对劳动参与决策的影响——基于 CLDS 数据的分析》，《中国青年研究》第 5 期。

143. 张梦竹（2019）：《"90 后"家庭家务分工的调查研究——以吉林省 C 市为例》，硕士学位论文，吉林农业大学。

144. 张琪、张琳（2017）：《生育支持对女性职业稳定的影响机制研究》，《北京社会科学》第 7 期。

145. 张荣瑾（2020）：《"外包的自我"：市场化照料与非正式劳动者的生产》，硕士学位论文，华东师范大学。

146. 张樨樨、杜玉帆（2019）：《"全面二孩"政策背景下生育对城镇女性职业中断的影响研究》，《华东师范大学学报（哲学社会科学版）》第 1 期。

147. 张樨樨、生光旭（2017）：《全面二孩政策背景下的城镇女性劳动参与：理论、实证与政策框架》，《华东师范大学学报（哲学社会科学版）》第 4 期。

148. 张永英（2016）：《从性别与发展视角看实施全面两孩政策的顶层设计》，《妇女研究论丛》第 2 期。

149. 张子杨、杨慧（2019）：《老年妇女收入双重劣势研究——以 1926～1950 年出生队列为例》，《人口与发展》第 5 期。

150. 赵梦晗（2019）：《生育年龄如何塑造中国城镇女性的劳动参与行为》，《人口与经济》第 6 期。

151. 赵媛媛（2017）：《中国城镇地区职业性别隔离水平的趋势分析》，《人口学刊》第 5 期。

152. 郑真真（2016）：《实现就业与育儿兼顾需多方援手》，《妇女研究论丛》第 2 期。

153. 朱斌、徐良玉（2020）：《市场转型背景下性别收入差距的变迁》，《青年研究》第 2 期。

154. 朱荟（2019）：《生育支持体系对青年流动女性就业的影响研究》，《青年研究》第 2 期。

155. 庄家炽、刘爱玉、孙超（2016）：《网络空间性别不平等的再生产：互联网工资溢价效应的性别差异 以第三期妇女地位调查为例》，《社会》第 5 期。

156. 庄渝霞（2020）：《生育事件与生育保险对中国城镇女性就业的影响——一项来自 CHNS 追踪调查的实证研究》，《人口与发展》第 6 期。

157. 邹红、彭争呈、栾炳江（2018）：《隔代照料与女性劳动供给——兼析照料视角下全面二孩与延迟退休悖论》，《经济学动态》第 7 期。

妇女与社会保障研究综述
（2016~2020 年）

黄桂霞[*]

一 研究概述

党的十九大报告明确提出，要全面建成多层次社会保障体系，包括幼有所育、学有所教、劳有所得、住有所居、病有所医、老有所养、弱有所扶，以满足人民日益增长的美好生活需要（参见新华网，2018）。近年来社会保障制度不断改革、发展和完善，社会保障覆盖面逐步扩大、社会保障待遇水平不断提高，各类社会保障实现了制度性覆盖，中国建成了世界上规模最大的社会保障体系。在发展基本社会保险基础上，推进更多关照妇女儿童等弱势人群的保障，并为妇女提供更完善的保障。2016~2020 年，对女性社会保障发展或者从性别视角对社会保障发展进行分析的研究成果，相比于上一个五年来说有所增加，例如，有研究梳理新中国成立 70 多年来妇女在社会保障各领域的发展状况以及经验总结，并对增强妇女社会保障、促进男女平等提出对策建议；随着"全面二孩"政策出台，对女职工劳动权益和生育保险的讨论在这五年再次成为研究热点。

本文文献主要来源于中国知网（CNKI）和国家图书馆，发表/出版时间为 2016 年 1 月 1 日至 2020 年 12 月 31 日。以"妇女/女性社会保障/福利""生育保障/保险""女职工劳动保护""妇女/女性养老保障/保险"等为关键词进行检索，通过对全文或摘要的阅读筛选，共遴选出 76 篇期刊论文，1 篇博士学位论文，3 篇硕士学位论文。这五年，出版的妇女社会保障学术专著整体较少，以关键词在中国知网、国家图书馆数据库进行检索，共检索到 11 部，其中代表性的有 3 部。《中国生育保险制度研究》（庄渝霞，2019）通过中国的生育背景对中

* 作者简介：黄桂霞，女，全国妇联妇女研究所副研究员。

国生育保险制度沿革做出总结性回顾和评价，梳理中国生育保险服务的总体情况，分析生育医疗待遇、产假和生育津贴的覆盖人群和影响因素，运用实证方法对生育保险政策的就业效用进行评估并从社会性别视角和成本－效益视角出发，提出进一步改革生育保险制度的相关建议。《城镇化与女性农民工劳动权益保障：基于马克思主义劳动观视域的思考》（苏映宇，2018）以马克思主义劳动理论为分析框架，以第三期中国妇女社会地位调查数据库为样本，结合社会性别视角对改革开放以来中国女性农民工的劳动境遇、劳动权益及其影响因素进行系统的实证研究；从和谐劳动关系构建、完善劳动保障制度、特殊劳动保护、法律规制的性别意识等方面提出女性农民工劳动权益保障的对策思考。《中国共产党的妇女福利思想与实践》（黄桂霞，2018）从理论和实践层面对中国共产党的妇女福利事业进行梳理与分析，探讨了妇女福利思想的理论来源及变迁，妇女福利的基本内容与社会功能；梳理总结了党在新民主主义革命时期、社会主义建设时期和中国特色社会主义时期三个历史时期的妇女福利思想与实践；并选择了与妇女发展关系最密切的就业、生育和养老领域的福利发展进行专题研究，分析总结改革开放以来妇女福利发展的一些重点难点问题。

从基金项目来看，在女性社会保障方面获得国家社会科学基金、教育部人文社会科学基金、各省市研究基金、中央高校基本科研基金以及各高校研究基金等资助的项目共 32 项，其中国家社会科学基金 21 项，主题以生育保障为主，也涉及生育政策转变背景下关于工作－家庭平衡、女职工劳动权益保护等主题，比如，国家社会科学基金 2017 年立项的"'全面二孩'政策下生育保障立法完善研究"（17CFX043），2019 年立项的"福利多元主义视阈下我国生育保障政策研究"（19BRK028）、"生育保险与职工基本医疗保险合并实施问题研究"（19FGLB0006），2020 年立项的"两险合并后生育保险政策内容扩展和基金可持续性"（20BSH051），等；四川省社会科学院"十三五"规划 2016 年度课题"人口与经济新形势下的四川省女职工劳动权益法律保护研究"（SC16B047）；2019 年度湖南省社会科学基金智库专项一般项目"现行生育政策与妇女权益保障研究"（19ZWC07）；2016 年司法部国家法治与法学理论研究青年项目"'全面两孩'政策下生育法律制度完善研究"（16SFB3015）。

在学术会议方面，直接关于女性社会保障的会议不多，一些会议或分论坛中有和女性社会保障相关的研究。比如，2016 年中国妇女研究会年会暨"新发展理念下的妇女发展与性别平等研讨会"下设"妇女、社会保障和民生"分论坛，就妇女与社会保障相关议题进行研讨；2018 年第二届中德性别平等与发展研讨会设立"性别平等与产假、育儿政策"论坛；2019 年第三届中德性别平等与发展研讨会主题为"社会保障与妇女发展"。

通过分析文献来源以及作者情况可以看到，研究成果以期刊文章为主，学位论文尤其是硕士学位论文数量可观。从研究内容来看，以生育保障和女职工劳动保护为主，与生育政策的调整密切相关，生育政策的转变不仅使得研究者更加关注生育保险，对育儿假的关注也明显增加；生育政策调整连带引起的非正规就业女性的增加，也得到研究者的更多关注；全面社会保障的快速发展，使社会保障与妇女发展和男女平等关系研究增多。从学科来看，性别研究本身具有多学科交叉性，所以研究涉及多个学科、多个研究领域，不仅是社会保障，社会学、人口学、法学、党史、哲学甚至经济学都有相关研究，尤其生育政策的调整，使得人口学界关注生育保障、劳动保障的研究明显增多。

二　主要研究内容

妇女社会保障作为社会保障的一部分，其发展不仅与社会发展相互促进，也与男女平等的实现程度、妇女发展与妇女地位密切相关，所以对妇女社会保障的研究，主要是从性别视角对社会保障进行分析，对妇女群体享受保障的情况进行梳理分析，在增强妇女社会保障的同时促进男女平等与妇女发展。从社会保障的内容来看，以五项社会保险为主，因基本医疗保障已实现制度全覆盖，性别差异较小，而且大部分研究以生育保险与医疗保险合并实施为主题，与生育保险研究高度重合，从性别角度进行分析的研究没有新的推进，不再单独进行梳理；失业保险和工伤保险性别差异并不明显，相关研究也较少。近年来，因新业态工作时间、工作方式的灵活性便于女性平衡工作和家庭，成为妇女就业的重要形式，但社会保障强调与用人单位相对固定的劳动关系，这部分就业女性的社会保障引起了很多专家学者的关注。

（一）妇女社会保障与妇女发展、男女平等的关系研究

女性社会保障是整个社会保障体系中不可缺少的重要组成部分，关注女性群

体、关注社会保障制度中的女性性别利益，对促进女性发展、推动男女平等的实现以及促进社会整体的发展，构建和谐社会、和谐家庭具有重大意义（王霞、贾韵之，2017；江苏芬，2017）。有研究者使用妇女/女性福利的概念对妇女社会保障进行相应研究。女性福利政策是现代社会政策的重要部分，反映了一个国家在性别平等方面的进步水平（黄丹、倪锡钦，2018）。女性主义者认为福利政策对女性极其重要，因为它们介入了女性生活的关键节点和女性生活的主要领域，比如生产和养育孩子，而且可以拓展女性发展机会（Vic George、Paul Wilding、刘晓东，2018）。中国共产党的妇女福利就是结合当时社会发展情况制定并贯彻落实的，新民主主义革命时期的妇女福利发展与革命斗争实践相结合，社会主义建设时期妇女福利与社会主义建设同步发展，中国特色社会主义时期的妇女福利在市场经济中螺旋式发展，21 世纪以来，在中国经济快速发展的社会环境下，妇女福利也实现了飞速发展（黄桂霞，2018）。

中国妇女社会保障的发展、社会保障领域性别差距的缩小，体现了妇女的发展和社会地位的提高，也是男女平等不断推进的重要标志。新中国成立 70 多年来，妇女社会保障的参保率、保障水平等都有较大提高，社会保障的性别差距缩小（黄桂霞，2020a）。以居民身份为基础的城乡居民养老保障、城乡居民医疗保障制度的建立与普及，最低生活保障制度、高龄养老津贴等救助型、福利型保障的建立，减少了因病致贫、因病返贫、老年贫困现象，在很大程度上缓解了妇女贫困（黄桂霞，2020b）。中国政府在教育、医疗、社会救助等领域实施的社会政策，保护了女性的基本权利，满足其基本生活需要；女性就业收入的增加、受教育程度的提高、政治参与的增多，增强了女性的自主性，提高了女性的社会地位（黄丹、倪锡钦，2018）。

现有的社会福利仍有"父权"色彩残留、固化了女性作为照顾者的角色、对不同女性群体的需求及利益回应不足，增大了女性在社会生活和劳动力市场中的风险，劳动力市场化与家庭照顾需求增多加剧了女性的工作－家庭平衡矛盾（黄丹、倪锡钦，2018；黄桂霞，2018）。性别分工与养育子女导致女性劳动参与率、性别收入和收入增长速度显著低于男性。由于女性的劳动价值被低估，社会保障水平相对较低，加上预期寿命相对更长，因而更容易陷入老年贫困（刘翔英、陆明涛，2020）。

政府、社会与个人合力，增强社会保障促进妇女发展的作用。借鉴福利国家应对新社会风险的实践经验和我国平衡工作－家庭之间冲突的历史经验，将有酬工作与非正式照顾相结合，一方面在发展中保障和改善妇女福利，另一方面增强社会保障的再分配功能。建立适合当前我国社会发展趋势、满足妇女发展需求、推动男女平等的福利政策体系。由国家承担主要责任，充分发挥用人单位作用，为男女共担责任的工作－家庭平衡提供支持，增强妇女在劳动力市场的竞争力，逐渐缩小甚至消除劳动力市场的性别差距；鼓励不同政策主体的参与，政府与市场、家庭共同努力，辅以社会组织的力量，共同推动妇女发展、提高妇女社会地位（黄丹、倪锡钦，2018；黄桂霞，2018、2020a）。

充分发挥社会保障的再分配效用，缩小收入的性别差距，保障妇女的合法权益，通过构建公正的收入分配、劳动就业和社会保障体系，让女性具有和男性相同的劳动权并实现同工同酬；家庭收入和财富的分配要反映女性对整个家庭的贡献，并以制度化的形式确定下来（刘翔英、陆明涛，2020）。因此，缩小收入的性别差距、推进性别平等，不仅需要政府增加财政投入，提高城乡居民社会保障的保障水平，也要通过减轻招收女工较多企业的负担，给女性就业提供更好的支持与保障，提高女性在初次分配中的收入，使其获得较高水平的社会保障。

（二）生育保障研究

"全面二孩"政策的出台，给妇女生育和劳动就业带来诸多挑战，也对生育保障制度提出更高要求。对于生育保障的研究不再仅仅囿于女性权益保障的视角，而是拓展到与社会经济发展的关系，与其他相关政策的协调。一方面重视生育保障对妇女生育权益和劳动权益的维护，另一方面越来越多的人关注生育保障在完善生育政策调整配套设施中的作用。

1. 生育保险理念和性质的讨论

马克思主义阐释了生育保障是妇女的基本权利。女性生育权益与就业权益是两个不可分割的主题，社会统筹的生育保险制度的目的就是减轻家庭生育负担，促进生育成本社会化，减轻用人单位负担、促进男女就业实质平等（周贤日，2018）。

在我国，男女平等是生育保险法规政策的目标，生育保障的建设不仅与国家人口发展、对生育的定位有关，也与社会对妇女在社会发展中的定位、对女性劳动力的需求密不可分。新中国成立 70 多年来，生育保障不仅保障了妇女劳动就业权，更体现了对妇女儿童健康权的重视和对生育社会价值的认同（黄桂霞，

2020c）。我国现有生育保险待遇体现了对女性生育社会价值的认同与补偿，其中男女共担责任，可以更好地促进劳动力市场男女平等与家庭和谐，国家分担责任促进妇女平等享有生育保障，企业分担责任可以更好体现生育的社会价值（黄桂霞，2016）。

2. "两险"合并实施的讨论

生育保险单独设立险种最大限度地保障了女性生育权益和劳动权益，但其在社会保险学界一直存在争议，不少学者认为应与国际社会保障接轨，将生育保险并入医疗保险。2017年1月国务院下发《生育保险和职工基本医疗保险合并实施试点方案》，在全国12地试点生育保险和职工基本医疗保险合并实施，2019年国务院办公厅印发《关于全面推进生育保险和职工基本医疗保险合并实施的意见》，全面开展两项保险合并实施，参加职工医疗保险的职工同步参加生育保险。"两险"合并实施坚持多方分担、权利义务统一、政府责任等筹资原则，以"两阶段、三群体、弹性缴费"的渐进式改革为思路，先易后难，最终实现生育保障全覆盖和公平。"两险"合并实施有诸多益处：一是可以化解选择性参保难题，提高生育保险的覆盖范围；二是解决生育保险与医疗保险之间费用重复问题，合理配置医疗资源，提高医疗与生育保险基金共济能力，促进社会统筹；三是提高管理服务水平，提高社保经办资源利用效率，降低管理经办成本；四是降低企业社会保险缴费负担，促进女性公平就业（杨燕绥、刘跃华，2016；黄国武、俞央央，2017；曾飘，2017）。

"两险"合并实施存在的问题及应对可从两个方面概括。一方面，缴费比例和责任机制难以确立。职工基本医疗保险和生育保险基金筹集模式和缴费比例不同，前者是以收定支，后者是以支定收，合并实施后费率调整存在问题；要通过合理的保险精算模型，全面测算和分析统筹基金的收支结余情况，确定适当的缴费比例；职工基本医疗保险和生育保险基金保障标准不同，前者对费用报销设置自付比例和增付比例进行限制，后者主要采用限额支付的方式。另一方面，统筹基金支出风险上升。生育保险覆盖人数大幅增长，生育政策调整在一定程度上可能提高生育率，生育医疗费用会快速增长，给医保基金带来一定压力，而占比较高的生育津贴可能成为透支医疗保险基金的主要支出（贺丹，2020）。国家不仅在生育保障中负有主体责任，在公民健康和医疗保障中也负有重要责任；政府应为企业提供更多支持，增强在生育和医疗保障中的责任（杨燕绥、刘跃华，

2016）。研究发现，已经参加了生育保险的企业，合并后负担能减轻，而未参加的企业一般是经济实力较弱的中小企业，需要政府从财政或税收角度提供相应支持（黄国武、俞央央，2017；曾飘，2017）。

3. 生育保险存在的问题及未来发展

生育保险政策虽然有利于政策范围内母亲的工作保护和提高工作连续性，但是对城镇女性进入劳动力市场产生一定负面影响（庄渝霞，2020）。在新时期国家人口战略和生育政策调整的背景下，以职工生育保险为主导致的生育保障不足问题凸显，生育保险覆盖范围依然较窄，小微企业参保仍是难点（梁土坤，2016；庄渝霞，2019）。生育保险权利义务不对应，企业负担过重，生育保险待遇差距较大，生育待遇的支出结构失衡，也加重了社会不公。生育保险在不断发展与完善过程中仍然存在着发展不平衡、不充分的问题，主要表现在城乡、区域以及群体、性别之间的发展不平衡，在覆盖范围、待遇给付以及潜力释放等方面发展不充分（范世明，2020）。生育保险长期存在的问题依然未得到有效解决，比如生育保险与计划生育规定捆绑，由生育保险基金合并支付法定产假和计划生育奖励，不符合现实，也不符合《中华人民共和国社会保险法》的规定。

为消除生育的负面影响，并增强生育保险政策的就业保护作用，一些研究从承认生育社会价值，确立政府主导、社会支持的基本理念出发，提出不断完善生育保障制度的对策建议。一是制定全民覆盖、城乡统筹的制度目标，扩大生育保险覆盖面，将生育保险的覆盖范围从与用人单位建立了劳动关系的职工扩展到所有医保参保人群，消除生育对女性就业的负面影响；明确将产前检查、住院分娩和计划生育手术三项基本待遇都纳入医疗保险（李线玲，2016；庄渝霞，2019）。二是确立多方缴费机制，强化国家责任。针对现有生育缴费主体企业负担重、个人和国家责任缺失的情况，提倡实行多方缴费机制，将以企业为主的缴费模式变为国家、企业和个人三方共同负担，对招收一定比例女性员工的企业进行税收返还，补偿企业在生育支出上的直接和间接成本，提高小微企业参保的积极性。同时，将计划生育补助转化为国家供款，增加生育保险基金的出资主体（黄桂霞，2016；曾飘，2017；庄渝霞，2019、2020）。三是规范延长产假待遇标准和津贴来源。明确生育津贴支付期限，法定产假由基金支付；将计划生育相关规定从生育保险待遇中分离，地方规定的计划生育奖励假与生育保险待遇脱钩；探索构建全民统一生育津贴制度，建立由财政资金支持的城乡居民生育津贴、育儿补贴制度（孙洁，2018；王艳艳，2018；贺丹，2020）。四是积极建构生育照料的多元主体，强调男性分担责任，进一步延长男性护理假天数，并将男性护理假津贴纳入生育保险范围。推行父母育儿假，积极推动男性参与育儿、责任共担等，充分发挥生育保险保障妇女生育和劳动就业的权益功能（黄桂霞，2020c）。

（三）女职工劳动保护研究

女职工劳动保护研究依然是这五年专家学者的关注重点。中国的妇女劳动保护已有近百年历史。随着"全面二孩"政策的出台，职业女性工作和家庭的矛盾进一步加剧，促进女性发展、保障妇女权益成为生育政策调整以来学术界关注的重点问题。目前，《中华人民共和国劳动法》、《中华人民共和国就业促进法》、《中华人民共和国妇女权益保障法》以及《女职工劳动保护特别规定》等法律法规都对女职工的平等就业权进行明确规定和相应保护。

1. 产假对妇女劳动权益的影响研究

一方面，产假较好地保障了生育期妇女健康。没有产假或者产假太短、太长都不利于母亲身心健康。确定法定产假天数，既应考虑权利人在特殊时期的特殊需求及其长期职业发展，又应考虑义务主体的承担能力和给付能力。研究表明，产假时长为六个月是最有利于母亲身心健康的选择。我国产假制度随着生育政策调整而不断完善，从56天延长到98天，"全面二孩"政策出台后，各地及时调整生育奖励假时间。其出发点由最初的女性权益保障转变为妇女、儿童的权益保障，从保障落实国家计划生育政策转变为保障个人权利，涉及地点从家庭领域拓展到工作场所；随着陪产假制度的落实，社会性别公平理念逐步融入。产假延长照顾了女职工群体特殊利益和新生婴儿照护保障，得到了大多数女职工的赞同（王晖、于典、刘鸿雁，2020；杨娅星，2020；庄渝霞、冯志昕，2020）。

另一方面，产假在一定程度上固化了女性在生育中的性别角色，给女性劳动就业带来负面影响。女性因承担更多抚育子女的责任，存在较多的职场焦虑。尤其"全面二孩"政策出台后，各地纷纷出台新的人口与计划生育条例，延长产假，给妇女劳动就业带来不小冲击。维护女性就业权益不能仅依靠延长假期这种单一方式，还需将政府、社会和家庭纳入制度体系框架，协同缓解女性家庭和工作的冲突。一是进一步完善我国产假政策，提升陪产假的立法价值，合理划分津贴成本，建立完善的生育保护假期体系，提高职业妇女生育保护水平。二是加强生育保险政策中关于产假时长和生育津贴补给率的科学论证并在生育保险范畴中纳入非正规就业女性，尽快明确差额天数产假待遇的给付义务，降低或克服延长产假导致的妈妈返岗难等问题。三是从男女共担家庭责任、动员企业力量和完善育儿配套措施的角度综合考量生育假期问题（彭春婷、许佳琳、张智勇等，2019；蒋月、张红璇，2019；庄渝霞、冯志昕，2020；杨娅星，2020）。

2. 男性育儿假对妇女劳动就业权益的保障

近年来，在男女社会地位和家庭责任分担模式转变的背景下，为更好地平衡两性在生育中的责任，减轻劳动力市场的性别歧视，对父亲育儿假的探索和研究逐渐增多。

国家政策支持和鼓励父亲承担育儿责任，已经成为国际社会推进男女平等的重要举措。经济合作与发展组织（OECD）国家将产假期限、工作保护和津贴补助三者有机结合，创设的陪产假和育婴假制度极大地促进了性别平等，帮助受雇者平衡工作与家庭的冲突，提高了职业妇女的生育保护水平，推动新生儿父亲承担更多的家庭责任（彭春婷、许佳琳、张智勇等，2019）。我国从2006年开始倡导父亲育儿假，但是"民间热，政府冷"导致父亲育儿假的实施陷入了困境。建议妇女组织特别是妇联组织持续不断地进行倡导，转变决策者的性别观念，推动父母共同育儿。有学者指出，抓住实施"全面二孩"政策的契机，引入父亲分担育儿的责任，缓解女性压力，促进人口结构与社会的协调发展，促进性别平等与社会的协调发展（李慧英、刘澄，2020）。

3. 女性农民工劳动权益研究

女性农民工的劳动权益保障不仅表现在劳动关系下的个体或集体领域，还表现在特殊劳动保护、土地权益等领域。一方面，要重视和尊重女性农民工在城镇化建设中的劳动主体地位，以尊重劳动、保障劳动权为要旨，促进性别和谐的劳动关系构建；另一方面，要从女性农民工的劳动特质出发，持续探索女性农民工特殊劳动权益保护的有效路径，完善劳动权益保障的性别策略（苏映宇，2018）。

4. 增强女性劳动权益保障的路径研究

女职工平等劳动就业权受损、女性人才成长面临瓶颈，与企业不愿承担女职工因为生育而造成的工作中断、效率受损等相关成本密切相关，也与立法缺陷、对生育的社会价值认识不充分、法律执行落实不到位等有关（安然，2016）。未来需要在以下几个方面采取措施。一是要加强宣传、更新理念，让男女平等的观念深入人心，使认同女性生育的社会价值成为社会共识，充分保障女性劳动权益。二是落实女职工劳动权益保障法规政策，平衡女职工特殊保护与企业绩效，确保员工与企业的双赢，更好地保障女职工权益和女性劳动权益。否则，即使部分女性的劳动权益得到保护，但在一定程度上损害了大部分女性的就业权，也会得不偿失。三是打通维权流程痛点、堵点，让女性在劳动权益受到侵犯时真正投诉有门、维权有道（章敏，2020）。

殷俊、周翠俭（2020）认为改善儿童照顾福利是保障城镇女性就业权益的重要途径。建议构建社会化的幼儿照顾服务体系，用公平统一的社会福利替代企业福利，承认女性家务劳动的社会价值，加大儿童福利方面的补偿力度，充分保障城镇女性的就业权益。

（四）女性养老保障研究

养老保障因与就业相关联，存在一定的性别差异，相关研究主要有三个方面。

1. 养老保险覆盖面对妇女的影响研究

新中国成立以来，中国政府建立并不断完善城镇职工养老保险制度，改革开放后建立了城镇居民养老保险制度，大力推进新型农村社会养老保险，实现制度全覆盖。养老保险覆盖率大幅提高的同时性别差异逐渐缩小，妇女参保人数和待遇水平发生了"从无到有、从少到多、从低到高"的变化。与职业无关的城乡居民养老保险的建立与发展，更多地惠及了劳动力市场处于相对弱势地位的妇女，缩小了参保率的性别差距。截至 2018 年底，全国普遍建立了经济困难的高龄、失能等老年人补贴制度，老年妇女生活得到基本保障（黄桂霞，2017；林萍姗，2020）。

研究发现，从养老保险参保、养老保险关系转移接续、养老保险待遇支付这三个维度来衡量，流动人口养老保险制度协调实现了性别平等。这主要因为中国政府促进性别平等的努力、学者对性别平等研究的推动和女性对性别平等权益的争取，培养了性别平等的主流化意识、增加了性别歧视的成本、推动了性别平等的实践（贾洪波、高歌，2020）。

2. 养老保险待遇对妇女的影响研究

在中国，养老保险实现了制度全覆盖，覆盖面性别差距缩小，但养老金收入的性别差异依然明显，主要是城镇职工基本养老保险水平与就业关联性较强，强化了就业领域存在的性别差异，导致女性养老保障水平较低（黄桂霞，2017）。男性养老金收入大约是女性的 1.9 倍，研究发现，养老金制度和退休前工资是引起性别差距的主要因素，分别占 53% 和 19%。相比于男性老年人，女性老年人在经济能力方面更弱，身体健康状况更差，福利状况更是远差于男性，在社会保障体系中处于弱势地位，应得到政府政策的更多关注（仇志娟，2018；詹鹏，2020）。

现行制度下男性和女性退休年龄差别导致缴费年限的不同，造成养老金待遇水平存在较大的性别差距，男女同龄退休也成为保障妇女就业权、促进男女平等的重要关切点。研究发现，延长退休年龄、增加缴费年限对提高女性的养老保障水平具有非常重要的作用（王亚柯、李羽翔，2016）。随着预期寿命和受教育年限的延长，个人所领取的养老金远大于所缴纳的养老金，延迟退休有利于缩小个人账户养老金的收支差距，对于男性养老保障水平的影响小于女性，对提高女性工人的养老保障水平作用最大（郑睿臻、许志华、梁海艳，2017）。2015 年我国全面启动机关事业单位工作人员养老保险制度改革，对不同性别、不同收入群体的养老保障水平产生不同作用，提高了男性各种收入者和女性低收入者的保障水平，降低了女性中高收入者的保障水平（王亚柯、李羽翔，2016）。

3. 女性老年贫困研究

21 世纪以来，以居民身份为基础的城乡居民养老保障、城乡居民医疗保障制度的建立与普及，最低生活保障制度、高龄养老津贴等救助型、福利型保障的建立，减少了因病致贫、因病返贫、老年贫困现象，在很大程度上缓解了妇女贫困（黄桂霞，2020b）。人口老龄化及老年女性比重较高增加了女性老年贫困的概率。传统上，女性承担了更多的家庭无酬劳动，在劳动力市场中处于劣势，由于养老保险制度与就业相关联，这种劣势逐渐转化为女性迈入老年后个人收入的劣势。为此，可借鉴德国养老保障和社会救助的模式，通过完善多支柱模式并逐步扩大第二支柱比重、改革养老保险参量、建立老年低收入群体收入保护机制、建立健全老年社会救助制度等措施来有效解决老年低收入群体的养老保障问题，规避老年贫困尤其是老年女性贫困的风险（柳如眉、柳清瑞，2016）。

丧偶老年女性贫困现象得到很多研究者的关注。女性比男性预期寿命长，又倾向于嫁给比自己年长的男性，导致丧偶的老年女性更可能陷入贫困（赵锐、张瑛，2019）。发达国家通过不断完善社会保障制度，引入遗属养老金或配偶联合年金，对丧偶老人给予有力保障。中国已经建立企业职工基本养老保险和城乡居民社会养老保险制度，但这两类养老保险制度均未有针对丧偶老人的特别设计，未来中国的养老保险制度改革应当考虑引入相关的政策（赵锐、张瑛，2019）。有学者建议，健全基于家庭的社会保障体系，建立基于家庭的转移支付和社会福利体系、遗属津贴或养老金分割等社会养老保险保障机制，鼓励配偶帮助从事家务劳动的女性以同等权益参加社会保险，可以为女性群体提供必要的社会风险防护（刘翔英、陆明涛，2020）。研究发现，农村丧偶老年妇女会根据自己所掌握的养老资源主动或被动选择不同养老保障方式，并且会随着自身掌握的养老资源的变化而发生转变，应完善农村丧偶老年妇女养老保障的顶层设计，针对其不同养老保障方式进行环境改善、加大资源投入，积极推进农村养老服务的发展，提升针对这些女性的养老保障效果（杨斌、丁建定，2016）。

（五）非正规就业女性的社会保障研究

随着经济产业结构大规模调整，我国非正规就业群体越来越多，与男性相比，女性更容易受到影响和冲击。中国流动人口城镇社会保险参与率一直徘徊在20%左右，我国失业保险参保人数已经达到1.8亿，但是每年失业保险津贴救助对象才230万左右，大约占1.3%（程杰，2017）。大部分失业人群未能享受到相应的失业保险待遇。流动人口生育保险参与率低于其他几项保险，就业的非正规化导致女性游离于生育保险政策之外，给生育保险覆盖面拓展带来新挑战，未就业女性、女性非正规就业者几乎享受不到生育保险待遇（梁土坤，2016；庄渝霞，2019）。

我国灵活就业社保政策二元化存在制度障碍，现有单位关联型的社会保险体系不适应灵活就业，导致灵活就业人员参保率低。灵活就业缴费比例偏高、个人收入低参保能力有限造成一定的参保阻力等，是非正规就业群体参保低的主要原因。要完善社保体系建设，筑牢灵活就业民生底线。一是建立缴得起费、方便缴费、适度受益、适用灵活就业的社保政策与服务体系；二是建立多层次、多档级的缴费标准与可转移、可计算、可携带的社保权益记录，对于多重用工关系的灵活就业人员，推动构建社会保险的各自缴费、分别计算、合并纳入的政策体系；三是减少户籍障碍，允许外省市户籍自雇者、平台型就业者等以灵活就业身份在工作所在地参保，逐步取消以户籍为限定条件的补贴政策，采用居留年限、信用评级等更柔性化的补贴申领条件标准；四是对非正规部门加强监督管理，保证女性非正规就业者拥有合理的收入、相应的保障，并采取多种方式提高非正规就业女性的参保意识（孟续铎，2017；任艾琳，2018）。

三　研究不足与展望

从文献检索结果来看，以期刊论文为主，硕士学位论文相对较多，博士学位论文较少，专著也比较少。在梳理 2011~2015 年妇女与社会保障研究文献时就发现，以学位论文为主的新生研究力量增强，但 5 年过去，专业研究力量并没有明显增强，说明这些新生力量大部分未能坚持将研究做下去。该领域硕士学位论文保持较多态势，可能也是因为该领域公开发表的创新研究成果较少，但遗憾的是，硕士学位论文研究不够深入，而这些学生毕业后大部分没有继续进行该项研究。从研究主题来看，主要集中在与妇女权益关系更为密切的具体保障项目上，如生育保障的研究占了总研究的多半，对社会保障对妇女权益的影响、从性别视角对社会保障制度进行深入研究的成果相对较少，对弱势群体和非正规就业女性社会保障的研究也需要进一步增强。

未来可从以下四方面加强研究。

（一）关于加强社会保障在调节社会分配中作用的研究

社会保障作为社会再分配的重要手段，在缩小收入差距和性别差距方面发挥着重要作用。我国现有社会保险制度缺乏性别视角，没有充分发挥社会再分配功能，城乡居民养老保险覆盖率、生育保障水平相对较低，部分弱势妇女、困难妇女没有得到很好的保障。

2020 年我国决战脱贫攻坚取得决定性胜利，进入全面建成小康社会时期，应加强研究，如何推动制度政策不断缩小社会保障性别差距和城乡差距，并提高待遇水平，使在劳动力市场处于相对弱势地位的女性成为更大受益者。比如，整合现有的社会保险、社会救助和社会福利等社会保障项目，逐步提高城乡居民医疗和养老保险待遇水平，农村养老保险金不低于最低生活保障标准，保障老年人尤其老年妇女的日常基本生活；缩小城乡未就业女性与城镇女职工的生育待遇，将产前检查纳入医疗保险，逐步实现在二级以下医院生育个人无自付，同时发放一次性生育津贴，使得生育责任更多地由社会和政府分担等。

（二）关于加大社会保障促进妇女发展的研究

现有研究更多是从性别差异造成社会保障领域妇女权益不足的角度来讨论如何保障妇女平等享受权益。社会保障制度不仅是保障人们基本生活、调节社会分配的一项基本制度，在全面建成小康社会的新时代，更应该成为促进人们全面发展的制度保障。我国计划经济时期的社会保障，在保障妇女权益和推动男女平等方面都积累了很好的经验，"一切历史皆是当代史"，总结好历史经验，可以更好地结合新时代社会发展实际，在社会保障领域规划妇女的发展，增强社会保障在缩小性别差距、推进社会公平和男女平等方面的作用。

在未来研究中，不仅要维护妇女的社会保障权益，与男性平等共享发展成果，更要从社会发展的角度，保障妇女平等发展权，充分释放性别红利，推动社会发展。对于职业妇女，要为她们创造公正的劳动环境和提供平等发展机会，更多关注她们就业从业能力的提升；对于非正规就业妇女，要关注她们的劳动权益和社会保障权益；对于未就业妇女，要更多关注她们的未来发展空间，为她们积极参与公共劳动创造条件，如将失业保险改为就业促进基金，推进劳动力市场的妇女发展和男女平等，也要为她们承担家庭责任提供更好保障。

（三）关于深化生育保障理念、推动全民生育保障建设的研究

我国现有的生育保险制度以维护女职工生育权益和经济补偿为主，《企业职工生育保险试行办法》对生育保险的定位是"维护企业女职工的合法权益，保障她们在生育期间得到必要的经济补偿和医疗保健，均衡企业间生育保险费用的负担"。但是，针对女职工劳动就业权的保障理念不充分。作为专门针对人口再生产保障的法规，要纳入人口再生产与物质生产并重的理念，明确生育保险的出发点和目标不仅是保障女职工的生育权益，更重要的是保障她们的劳动权益。城乡未就业女性生育时仅能从城乡居民医疗保险中报销部分生育医疗费用，她们的生育保障仅仅限于对身体健康的保障，缺乏对其生育社会价值的认同。未来，要建立普遍的生育津贴制度，使所有生育女性都能获得相应的社会保障；承认女性生育的社会价值，将人们在人口再生产与物质再生产中的作用作为衡量人们社会和家庭地位的标准，这不仅是强化人口再生产在社会发展中的作用的重要方式，也是促进妇女发展和男女平等的必然途径。

（四）关于增强对非正规就业和未就业女性社会保障的研究

我国产业结构的调整、数字经济的发展，给处于劳动力市场弱势位置的很多女性带来了新的机遇，降低了女性参与工作的门槛；与此同时，"全面二孩"政策的出台，女性家庭责任增加，工作－家庭冲突加大，因生育中断职业或退出正规就业的比例也会上升。出于家庭经济的压力以及自我发展的需求，女性从事灵活就业的人数和比例都呈上升趋势，但其社会保障权益却难以得到有效保障，尤其是生育保障权益，这是该灵活就业群体保障最差但妇女最迫切需要的保障。未来，需加强非正规就业女性以及未就业女性群体的社会保障研究，增强社会保障兜底线、惠民生、增进人民福祉的功能，缩小社会保障的性别差距、正规与非正规就业保障待遇差距。

参考文献

1. 安然（2016）：《从女职工特殊保护看"二胎"政策对企业绩效的影响》，《中国人力资源开发》第 8 期。
2. 程杰（2017）：《加快推进新时代社会保障体系建设》，《中国发展观察》第 21 期。
3. 仇志娟（2018）：《我国城乡老年人口家庭结构及其养老问题的差异性研究》，《湖北社会科学》第 7 期。
4. 范世明（2020）：《两险合并实施后生育保险制度未来走向研究》，《湖南行政学院学报》第 2 期。
5. 贺丹（2020）：《完善生育保险制度 构建与国家人口战略相适应的生育保障体系》，《人口与健康》第 7 期。
6. 黄丹、倪锡钦（2018）：《社会性别视角下的中国女性福利政策：反思与前瞻》，《社会建设》第 1 期。
7. 黄桂霞（2016）：《男女平等：生育保险法规政策的核心价值与追求目标》，《云南民族大学学报（哲学社会科学版）》第 4 期。
8. 黄桂霞（2017）：《中国社会养老保障的发展与性别差异状况》，《中华女子学院学报》第 1 期。
9. 黄桂霞（2018）：《中国共产党的妇女福利思想与实践》，人民日报出版社。
10. 黄桂霞（2018）：《新社会风险下的中国妇女福利：挑战与应对》，《山东女子学院学报》第 2 期。
11. 黄桂霞（2020a）：《中国生育保障 70 年：回顾与前瞻》，《中华女子学院学报》第 1 期。

12. 黄桂霞（2020b）：《70 年来社会保障领域妇女社会地位的变迁与现状》，《山东女子学院学报》第 5 期。

13. 黄桂霞（2020c）：《中国社会保障缓解妇女贫困的经验与挑战》，《山东女子学院学报》第 6 期。

14. 黄国武、俞央央（2017）：《基金收支平衡下生育保险并入医疗保险的发展路径研究》，《保险研究》第 12 期。

15. 贾洪波、高歌（2020）：《流动人口养老保险制度协调中性别平等的进化博弈解释》，《人口与发展》第 3 期。

16. 江苏芬（2017）：《"全面二孩"政策背景下女性社会保障存在的问题及对策分析》，《重庆工商大学学报（社会科学版）》第 6 期。

17. 蒋月、张红璇（2019）：《新产假制度实施和生育保险支付能力研究——以福建省的专题调查为基础》，《黑龙江社会科学》第 1 期。

18. 李慧英、刘澄（2020）：《我国倡导父亲育儿假困境探讨》，《中华女子学院学报》第 2 期。

19. 李线玲（2016）：《新形势下生育保险待遇落实探讨》，《妇女研究论丛》第 2 期。

20. 梁土坤（2016）：《流动人口生育保险参与及其性别差异研究》，《西北人口》第 4 期。

21. 林萍姗（2020）：《新中国 70 年，中国妇女事业的发展与进步》，《就业与保障》第 6 期。

22. 刘翔英、陆明涛（2020）：《劳动收入差异、婚姻风险与基于家庭的社会保障》，《学海》第 2 期。

23. 柳如眉、柳清瑞（2016）：《人口老龄化、老年贫困与养老保障——基于德国的数据与经验》，《人口与经济》第 2 期。

24. 孟续铎（2017）：《经济发展与就业形势——2017 年国际就业形势研讨会》，《中国劳动》第 12 期。

25. 彭春婷、许佳琳、张智勇等（2019）：《OECD 国家和中国生育产假政策的比较》，《中国劳动关系学院学报》第 6 期。

26. 任艾琳（2018）：《政策覆盖与自我拒绝：非正规就业女性社会保障问题研究》，《农家参谋》第 2 期。

27. 苏映宇（2018）：《城镇化与女性农民工劳动权益保障——基于马克思主义劳动观视域的思考》，社会科学文献出版社。

28. 孙洁（2018）：《我国生育保险制度改革方向的探讨》，《中国社会保障》第 7 期。

29. Vic George、Paul Wilding、刘晓东（2018）：《女性主义社会福利思想与福利理论综介》，《社会工作》第 2 期。

30. 王晖、于典、刘鸿雁（2020）：《论生育政策调整对产假政策的影响》，《山东女子学院学报》第 5 期。

31. 王霞、贾韵之（2017）：《社会性别视角下妇女社会保障问题研究——基于第三期山东省妇女社会地位调查数据的分析》，《临沂大学学报》第 5 期。

32. 王亚柯、李羽翔（2016）：《机关事业单位养老保障水平测算与改革思路》，《华中师范大学学报（人文社会科学版）》第 6 期。

33. 王艳艳（2018）：《生育保险改革走向》，《中国社会保障》第 7 期。

34. 新华网（2018）：《习近平：决胜全面建成小康社会 夺取新时代中国特色社会主义伟大胜利——在中国共产党第十九次全国代表大会上的报告（2017 年 10 月 18 日）》，http：//www. xinhuanet. com/politics/19cpcnc/2017-10/27/c_ 1121867529. htm。

35. 杨斌、丁建定（2016）：《农村丧偶老年妇女养老保障方式研究——基于陕西省洛南县 W 村的调查》，《华中农业大学学报（社会科学版）》第 3 期。

36. 杨娅星（2020）：《女性就业权益保障视域下生育假期制度研究》，《统计与管理》第 10 期。

37. 杨燕绥、刘跃华（2016）：《生育保险并入基本医疗保险的问题研究》，《中国人力资源社会保障》第 12 期。

38. 殷俊、周翠俭（2020）：《基于儿童照顾福利的城镇女性就业权益保障问题探析》，《社会保障研究》第 6 期。

39. 曾飘（2017）：《生育保险与职工医保合并实施的难点与对策》，《改革与开放》第 16 期。

40. 詹鹏（2020）：《我国老年人养老金收入的性别差距》，《北京工商大学学报（社会科学版）》第 1 期。

41. 章敏（2020）：《女性劳动权益保障之瓶颈与优化对策——以〈女职工劳动保护特别规定〉及省级相应规定为中心》，《湖南人文科技学院学报》第 5 期。

42. 赵锐、张瑛（2019）：《丧偶对老年女性经济福利影响研究述评》，《经济评论》第 3 期。

43. 郑睿臻、许志华、梁海艳（2017）：《延迟退休对不同性别的养老保障分析》，《华东理工大学学报（社会科学版）》第 5 期。

44. 周贤日（2018）：《论生育保险促进男女就业平等的功能与路径》，《中国政法大学学报》第 5 期。

45. 庄渝霞（2019）：《中国生育保险制度研究》，上海社会科学院出版社。

46. 庄渝霞（2019）：《生育保险待遇的覆盖面、影响因素及拓展对策——基于第三期中国妇女社会地位调查的实证分析》，《人口与发展》第 5 期。

47. 庄渝霞、冯志昕（2020）：《产假政策对中国城镇母亲健康的长期影响》，《人口学刊》第 5 期。

48. 庄渝霞（2020）：《生育事件与生育保险对中国城镇女性就业的影响——一项来自CHNS 追踪调查的实证研究》，《人口与发展》第 6 期。

农村妇女土地权益保护研究综述
（2016～2020 年）

任大鹏[*]

　　男女平等是我国的基本国策。党中央、国务院对妇女权益问题始终高度重视，颁布了一系列法律和政策确保妇女在各个领域的基本权益。妇女的土地权益问题一直受到社会各界关注，也是学术界的重要研究主题。2016～2020 年间，学界延续对原有的农村妇女土地承包权益保护、土地征收中的农村妇女土地权益保护等学术和实践问题的关注，也有两方面重大的制度变革推进了农村妇女土地权益问题的学术研究。一是 2018 年 12 月 29 日第十三届全国人民代表大会常务委员会第七次会议上《全国人民代表大会常务委员会关于修改〈中华人民共和国农村土地承包法〉的决定》中提到，农村土地承包关系在二轮承包的基础上再延长三十年。在确立农村承包土地"三权分置"的法律原则和具体制度基础上，关于农村妇女的土地承包经营权保护再一次成为学界关注的焦点。二是 2019 年 8 月 26 日第十三届全国人民代表大会常务委员会第十二次会议通过的《全国人民代表大会常务委员会关于修改〈中华人民共和国土地管理法〉〈中华人民共和国城市房地产管理法〉的决定》，引发了学界关于农村妇女土地承包经营权和宅基地资格权以及盘活利用农村闲置宅基地中农村妇女的权益保护的关注。这两方面的制度变革，提升了妇女土地权益保护问题研究的实践意义。

一　研究概述

（一）文献梳理概况

　　通过中国知网（CNKI）以"妇女土地权益"为主题词进行检索，2016～

---

* 作者简介：任大鹏，男，中国农业大学人文与发展学院法律系教授。

2020 年在各类学术期刊中发表的论文有 53 篇，单个作者发文量最高的有 3 人次每人 2 篇，其余作者均发文 1 篇。其中，《中国妇运》《妇女研究论丛》《法制与社会》《中外企业家》《湖北农业科学》发文量超过发文总量的 50%。从发表的刊物层次看，中文社会科学引文索引（CSSCI）来源期刊发文量总计 14 篇，非核心期刊发文量总计 39 篇。从研究支持看，国家社会科学基金对该主题的研究支持力度最大，有 9 篇文章属于国家社会科学基金项目的阶段性成果，其他文章中有 14 篇分别获得四川省软科学研究计划、江苏省教育厅人文社会科学研究基金、教育部人文社会科学研究项目等的支持。从学术刊物对该主题的重视程度看，《妇女研究论丛》关注度更高，有 4 篇高水平文章来自该刊物。纵览这五年的重要文献，关于农村妇女土地权益问题的研究，从研究选题、核心观点、论证逻辑、学术对话等角度看有非常重要的学术价值和实践意义。与以往同一主题的研究成果相比，相关问题关注的视野和研究深度都有显著延展。

研究生的学位论文选题在一定程度上反映相关主题的后备研究力量。在同一时期，以"妇女土地权益"为主题词进行检索，中国知网收录的学位论文共有 17 篇，全部为硕士学位论文，其中专业硕士学位论文 11 篇、学术硕士学位论文 6 篇；从专业分布看，法律硕士学位论文 10 篇，行政管理和社会学各 2 篇，公共管理（专硕）、劳动与社会保障、政治经济学各 1 篇。总体上看，研究生学位论文选题对农村妇女土地权益有较高关注，但更多属于应用性研究，学位论文对这一主题的理论分析和学术对话层级并不高。

从妇女土地问题研究成果的学术关注度和影响力看，被引用排名前五名的分别是：王竹青（2017）发表在《妇女研究论丛》的《论农村妇女土地权益法律保障的体系化构建》，张笑寒（2016）发表在《华中农业大学学报（社会科学版）》的《城镇化进程中妇女土地权益问题的新动向与对策建议——以江苏省为例》，惠建利（2018）发表在《中国农村观察》的《农村集体产权制度改革中的妇女权益保障——基于女性主义经济学的视角》，任大鹏、王俏（2019）发表在《妇女研究论丛》的《产权化改革背景下的妇女土地权益保护》和韩文静、张正峰（2019）发表在《中国土地科学》的《中国农村妇女土地权益维护困境及协同治理模式探究》。检索结果说明，关于妇女土地权益问题的研究，论文数量较少，学术关注度不高，整体研究水平与农村妇女土地权益的理论和实践问题的重要性相比尚有欠缺，但不可否认其中有部分价值含量高的研究发现和重要的学术贡献。从研究机构看，发文量比较分散，说明研究妇女土地权益的学术高地尚未形成。

从另外的角度分析，研究机构和研究者、研究主题和学科视角的多元，说明妇女土地权益问题研究呈现出宽广的学术关注空间。从积极的意义上看，第一，发文总量减少①，在一定程度上或许可以说明，从制度供给和制度实施的角度看，学术性和实践性问题逐步得到解决；第二，各类基金对妇女土地权益研究的支持力度在不断加大，从一定角度看是整个社会对妇女土地权益重视程度不断加深的反映；第三，高水平论文总量保持相对平衡，说明知名学者对该主题的关注具有一定的持续性。

纵览这五年关于农村妇女土地权益保护的研究，更强调男女平等的价值观基础，体现出明显的弱者关怀意识。同时，更丰富的学术视角、更规范更多元的研究方法和更严密的分析逻辑，整体提升了对该主题的研究水平。

（二）研究选题特点

第一，这一时期，关于农村妇女土地权益问题的研究选题衔接农业农村重大制度变革。农村妇女的土地权益问题，既是历史和现实意义上的性别问题，也是制度安排问题。从制度层面看，每一次触及农村土地的制度变迁，都可能对农村妇女土地权益问题产生重大影响。例如，农地的"三权分置"改革，是在家庭承包经营基础上构建农村土地制度领域中新的权利体系，既凸显了长期未能妥善解决的"外嫁女"的土地权利及其实现方式，也因为改革过程本身就是土地权益在各类主体之间的创新配置过程，作为相对弱势的妇女的农地权益问题也就更加值得关注。《中华人民共和国农村土地承包法》（2018）的修改过程中，突出了两个方面的修改重点：一是土地承包期在二轮基础上再延长30年不变，二是通过"三权分置"改革强化土地经营权的自由流动。这两个方面都与农村妇女土地权益确立及实现密切相关。又如，随着城镇化进程加快，土地征收频率加快，征收补偿收益大幅度增加了土地的收益机会，隐形的农村妇女土地权益问题随土地财产性收益增长而凸显。再如，农村集体的产权制度改革不断深化，农村

---

① 2011~2015年以"妇女土地权益"为主题词在中国知网中检索到的文献数量为101篇，是2016~2020年的1.9倍。当然，因为文献总量较少，所以这一数字并不具有文献计量意义。

妇女在集体经济组织的收益分配权不能被有效保障的问题得到了学界的高度关注。这一时期妇女土地权益问题，大多将其放置在农用地的"三权分置"改革背景（荣振华，2018；刘灵辉，2020）、农村城镇化进程（张笑寒，2016）、农村集体产权制度改革（王晓睿、曾雅婷，2019）的政策变迁环境中进行分析。

第二，这一时期关于农村妇女土地权益的研究，既体现了对农村妇女作为弱势群体的情感关怀和对妇女土地权益的现实表现、深层原因的类型化阐释，并针对性地提出了保护农村妇女土地权益的经济、社会和法律对策，也注重农村妇女土地权益问题的学术思考，从男女平等的价值观基础（马焱，2017）、保障制度的体系化建构（王竹青，2017）、协同治理理论（韩文静、张正峰，2017）、乡村三维性别公正观重构（李慧英，2018）、女性主义经济学（惠建利，2018）等多个学术视角进行理论建构。这些学术视野的理论对话，拓展了对农村妇女土地权益问题研究的学术空间，提升了对该问题的理论解释力度。

第三，这一时期对农村妇女土地权益问题的研究，突出了对问题的整体性思考。从研究文献看，学者持续关注"外嫁女"的土地权益问题（刘灵辉，2019；刘灵辉，2020；朱庆、雷苗苗，2019），至少从学者的视角看，这一问题的实践和理论问题仍然值得深入研究。同时，学者将研究问题拓展到农村集体经济组织成员界定中妇女作为集体经济组织成员身份问题，以及村民自治中妇女土地权益的被剥夺和侵害问题（惠建利，2018；王晓睿、曾雅婷，2019；王竹青，2017；刘灵辉，2019），对农村土地的产权化改革可能引发的包括土地承包经营权、集体成员资格权以及与之相关的土地征收补偿权、集体收益分配权、宅基地资格权等各类土地权益问题进行分析，研究的宽度超越了单一的"外嫁女"土地承包经营权维度。从侵害妇女土地权益的原因视角看，既有对传统文化习俗中性别不平等的历史渊源反思，也关注立法过程中因为制度设计的不科学不公平可能导致的妇女土地权益侵害问题，还关注村庄治理和司法实践中对妇女土地权益保护的缺失。

（三）研究方法特点

对农村妇女土地权益问题的研究，方法的多元是这一时期重要特点和亮点。一方面，学者广泛采用规范主义的方法，以妇女土地权益为切口，从价值观维度阐释性别平等问题，这与性别平等理念直接相关。实现土地制度上的男女平等，应当是人类社会进步的必然要求，不论是制度问题、传统习俗的惯性，还是制度实践，都必须充分体现这一基本价值观。另一方面，农村妇女土地权益问题有其现实表现，需要以实证主义的方法对其背后的复杂社会现象进行类别化描述。对问题产生原因进行归纳并提出相应对策，是研究该问题的基本要求。学者广泛采用问卷调查（张笑寒，2016）、个案访谈、多案例比较、裁判文书评价、SFIC 模型等资料获取方法和分析方法，对妇女土地权益问题进行论证。不同学科有不同的研究范式，学者对该主题的研究，采用以田野调查为手段的社会学研究方法、以产权理论为支撑的经济学研究方法、以漏洞解释为逻辑的法学研究方法等，体现了方法的科学性和论证的规范性。

二 主要研究内容

（一）保护农村妇女土地权益的价值理念

不论是思想认识，还是法律政策，抑或社会经济地位，男女平等都是马克思主义妇女解放思想的核心。中国共产党从建党初期，就始终坚持男女平等的价值观，并通过一系列具体制度确保妇女应当享有的各项权益。在农村妇女土地权益保护问题上，对中国共产党成立以来确立的理念和制度进行系统总结归纳，具有重要的历史和现实意义。尽管在不同时期侵害妇女土地权益有不同的表现，但坚持性别平等、维护妇女土地权益是中国共产党的一贯的价值目标和实践追求。马焱（2017）对中央苏区保护农村妇女土地权益的立法实践，如中华苏维埃政权在建立初期制定的《中华苏维埃共和国宪法大纲》和《中华苏维埃共和国土地法》进行梳理，发现该时期已把男女两性平等享有土地权写入法律。又如，1933年5月，中央苏维埃政府通过的对农民发放土地证的决议中明确要求，各户土地证上都要写上妇女的名字，以保证她们拥有独立的土地所有权。再如，1934年的《中华苏维埃共和国婚姻法》中已经明确规定了妇女离婚的土地权利保障。在文献梳理的基础上，作者剖析了一系列与土地相关的体现性别平等的法律法规制定背后的价值观基础，揭示了接受马克思主义妇女解放理论的中国共产党人在立法层面对男女平等价值观的坚守，以及将妇女解放和男女平等视为自身奋斗目标的政治主张和价值立场。作者认为，这对于当前从法律源头上维护农村妇女的土地权益具有重要启示意义。

男女平等的价值观具体体现在社会公众的认知、立法保障、司法保护等各个方面。社会公众的性别意识培养需要营造男女平等的社会环境，其中也包括相应的法律环境。当前，保护妇女应当享有的土地权益，既是贯彻男女平等价值观的必然要求，也是落实新时代全面依法治国理念的必然要求。惠建利（2018）认为，农村妇女权益受侵害的现实状况与男女平等的现代法律理念背道而驰，阻碍了经济社会的可持续发展。从立法理念的角度，郭晔（2019）认为，我们要贯彻落实习近平总书记全面依法治国的新理念新思想新战略，通过完善立法体系，加强制度构建，提升乡村治理能力，增强农民群众的公民意识，逐步破解农村妇女土地权益问题。坚持男女平等，依法保护妇女土地权益，也是重要的司法理念。朱庆、雷苗苗（2019）认为，在保护妇女权益方面，必须贯彻"平等保护、特殊保护、优先保护"的司法理念，依法公正高效审理每一起涉妇女权益案件。

需要重视的是，李慧英（2018）从农村妇女土地权益视角重构三维性别公正观的思考，对学术界研究该问题有非常重要的借鉴价值。她借用南希·弗雷泽（Nancy Fraser）的三维公正观，结合我国乡村推进规则制定的实践指出，探索政治平等参与、身份承认和经济正义之间的连接，探索实现乡村政治经济文化三维结构的变革路径，是解决农村妇女土地权益问题的基本路径。在她看来，乡村妇女土地权益之所以受损，追根溯源是因为妇女的村民身份受到排斥。只有村干部和村民多数人"承认"女性的身份，妇女独立的主体地位才可能得到确立。制定非歧视的性别平等分配规则无论是对村庄政治的正确代表，还是对妇女的身份承认，最终都要体现在经济再分配制度中，体现为性别平等的分配方案，才有可能解决农村妇女长期以来的土地权益受损问题。

（二）当前侵害农村妇女土地权益的突出表现

从学者这一时期关注的焦点问题看，学术界对农村妇女土地权益问题的现实表现认识是比较一致的，主要涵盖以下几个方面。

1. 基于婚姻关系的农村妇女土地权益问题

刘灵辉（2019）根据农村妇女初婚出嫁的地域空间不同，将其细分为"异地出嫁"和"同村出嫁"两种情况。在异地出嫁的情况下，由于"从夫居"的婚姻习俗，导致绝大部分妇女结婚后要从"娘家"迁移到"婆家"居住地生活，而她们原来承包的土地是无法迁移的，因此无法耕种并获得相应收益。在同村出嫁情境下，农村妇女虽仍在原集体经济组织内，从空间距离上来讲，她们可以对在"娘家"分得的承包地继续进行有效的经营管理，但是在传统观念的影响下，她们碍于情面很难向"娘家"主张讨回承包地或者不征求娘家人意见就去耕种自己的承包地。在此基础上，作者提出了完善相关制度的具体措施，即对于在"娘家"分得承包地但在"婆家"未分得承包地的农村妇女，通过确认维护其已享有的物权性质的土地承包权和经营权来保护她们的土地合法权益，对于在"娘家"和"婆家"均未分得承包地的农村妇女，应该确认她们有权凭借成员权和集体土地所有权来保护她们的合法权益，具体表现在参与集体福利分红、有权参与征收地补偿利益分配并获得相应安置利益、享有土地优先承包权。

在婚姻关系确立和变动导致的妇女土地权益问题上，"外嫁女"问题始终是学界关注的重点。尽管《中华人民共和国农村土地承包法》的制定和修改，从法律原则和具体制度上都对农村妇女维护其土地承包经营权做了规定，特别是法律修改新增了"土地承包经营权证或者林权证等证书应当将具有土地承包经营权的全部家庭成员列入"的内容，对妇女因结婚等情形而丧失承包地的风险做了明确的限制性规定，但实践中的情形远比法律规定的要复杂得多。王竹青（2017）认为"外嫁女"的土地权益问题与户口迁移有着直接联系，出嫁女户口迁出，其承包的土地被收回或留在娘家，而婆家所在村已无地再分；或者出嫁女户口未迁出且仍在娘家生活，但其承包地被强行收回，是侵害妇女土地权益的突出表现之一。韩文静、张正峰（2019）则认为出嫁女的土地权益问题，本质上是其集体经济组织成员的界定问题。朱庆、雷苗苗（2019）从妇女土地权益司法救济受阻的角度进行研究也有类似发现，虽然立案登记制打通了"外嫁女"土地权益纠纷进入法院的渠道，但并未真正疏通其问题解决的出路，反而令司法的"两难"局面更加窘迫。

从学者的研究发现看，外嫁女的土地权益问题归纳起来呈现出这样的逻辑关联，首先是妇女外嫁而将户口迁移出本集体经济组织，村民自治组织依据其自治权，排除了妇女的集体成员身份，并以此为依据剥夺或者限制外嫁女的土地权益。外嫁女为主张其权益请求司法救济，但法院会以该事项属于村民自治范畴拒绝受理，或者即使受理也会以外嫁女的集体成员身份已经灭失而做出不利于外嫁女的判决或裁定。

学者也注意到了对外嫁女土地权益问题的研究需要拓宽视野，关注更广泛的作为弱势群体妇女的土地权益问题。张笑寒（2016）引用相关调查数据分析指出，从受侵害的妇女人群来看，20 世纪 90 年代主要是"农嫁非"妇女，她们结婚后户口仍在娘家，但不能享受所在村村民待遇。现在一些快速城镇化地区的出嫁女、离婚丧偶妇女、招婿女、有女无儿户、大龄未婚女、随母生活的非婚生子女等各种不同类型的特殊人群都出现了权益被侵害的现象，受害群体的范围正在扩大。因而，在土地确权中，尤其要关注出嫁女、离异丧偶女、大龄未婚女、招婿女等特殊群体的土地权益。

值得注意的是，也有学者对于外嫁女的土地权益问题提出了不同观点。王晓睿、曾雅婷（2019）提出了妇女土地权益问题的真伪辨析主张，认为伪妇女土地问题是非性别因素导致的妇女土地权益受损。一方面，家庭联产承包责任制实施初期，当时的农业税费是按照土地数量缴纳的，不少地方选择按照劳动力数量进行土地分配，女性所得因为体力劳动能力不及男性而被折扣化处理，难以简单地被认为是妇女性别造成的土地权益受损。二轮承包时，以劳动力数量分配土地的集体已经较为少见，不少研究者认为土地分配时基本不存在因性别问题而导致的不公。当前关于妇女土地权益受损的争论主要出现在土地分配完成后的承包期内。在已有研究中，妇女土地权益受损大多围绕婚嫁关系展开，如女子出嫁后原有集体的承包土地是否继续为该女子承包；女子出嫁后原集体土地被征用，该女子是否可以分享土地征收款项；女子嫁入其他集体，离婚或丧偶后未再婚，该女子是否可享受嫁入的集体或亡夫的承包土地。对于这些问题，在《中华人民共和国农村土地承包法》中已有针对性规定，实践中各种情况的出现也证明法律规定并没有被完全执行。此类问题不是针对女性进行的权益侵害，根本是由于各集体对于集体成员、土地（资产）分配关系存在差异。因为在集体间迁移的农村男子，如"入赘夫"等群体，一样会陷入集体间的"空隙"。另一方面，部分妇女土地权益受损的情况，例如离婚后未改嫁妇女无法享受其在原有家庭的土地权益、父母去世后女儿没有分得家庭的承包土地等，常被认为是由于性别歧视导致。有调查表明，目前的土地制度对丧偶妇女（妇女未改嫁）的配偶土地继承权的保护较为充分。也有调查表明，大部分妇女不愿意从娘家继承承包土地，这是因为妇女在考虑自己的承包土地权益时，会考虑许多其他因素，而不是简单地依据法律规定。从另一个角度说明，妇女失去承包土地未必是被迫的，有可能是她们考虑了各方因素后的理性选择，这也是伪妇女土地问题。在王晓睿、曾雅婷（2019）看来，所谓的妇女土地权益问题，则是真正的源于性别歧视的农村妇女土地权益受损，例如在部分地区，为了解决集体内部农户家庭中妇女出嫁、男子娶妻等导致的集体内部家庭人口数与对应的土地数不均等的问题，出现了"预期人口"的土地分配办法——减少或取消农户家庭中待嫁女子的土地份额，增多有未婚男子的农户家庭的土地份额，以应对未来的人口变化。此时则是将应由农户家庭内部消耗的土地权益分配问题转移成对妇女土地权益的侵害，出生在本集体的男子与女子均为集体的成员且具有平等的权利，但是在获得承包地时，女性则处于弱势。

应当指出，王晓睿、曾雅婷（2019）的观点尽管并不主流，但在研究农村妇女土地权益问题时是值得借鉴的。一方面，学术界研究这一主题需要去伪存真，既不能夸大妇女土地权益问题尤其是外嫁女土地权益被侵害的现实，也不能对实践中林林总总的侵害妇女土地权益的现象视而不见。另一方面，外嫁女的妇女土地权益问题既有制度设计层面的问题，也有法律实施层面的问题，需要对症下药，有针对性地提出解决方案，例如，风俗习惯和家户制传统都可能造成来自农村集体经济组织、村民自治组织以及家庭内部对农村妇女土地权益的侵害，不能一味归责于制度缺失；反之，如果是制度设计的不周延导致的妇女土地权益侵害问题，也不可能在于法无据的条件下通过强化相关部门的职责来解决。当然，王晓睿、曾雅婷（2019）的侵害妇女土地权益的伪问题，或许并不一定全是伪问题，例如，农村集体经济组织对少数集体成员土地承包权的限制，尽管并不专门针对女性，但女性作为弱势群体，在获取承包土地、分享土地流转收益时，尤其是出嫁女在获得本该享有的土地权益时，或是在家庭内部、集体内部主张权利及在寻求行政司法救济时，与其他群体比较具有更多障碍。妇女失去承包地未必是被迫的，但这样的结果是不是体现其真实意愿表示，则是另外一回事。

2. 农村妇女的土地流转收益的继承权和土地经营权抵押中的决策权受损问题

农用地的"三权分置"改革，凸显了土地的财产性收益，因而学界将对妇女获得承包土地从事农业生产的权利的关注，转移到对"三权分置"背景下土地经营权实现过程中农村妇女的土地权益保障方面（任大鹏、王俏，2019）。为实现搞活土地经营权的目标，《中华人民共和国农村土地承包法》（2018）第四十七条第一款规定："承包方可以用承包地的土地经营权向金融机构融资担保，并向发包方备案。受让方通过流转取得的土地经营权，经承包方书面同意并向发包方备案，可以向金融机构融资担保。"荣振华（2019）认为，"三权分置"的制度创新使土地经营权抵押和入股工商业企业等新型土地流转方式由隐性走向显性，同时也使人们对土地权益由静态权属认知向动态资本市场化转变。刘灵辉（2019）认为，在农村土地"三权分置"法律政策背景下，外嫁女在农村承包地流转中的土地权益受到侵害主要体现为承包地流转收益、土地经营权抵押的决策权、承包地流转收益继承权等受到损害。在抵押决策权方面，他指出，当新型农业经营主体因自然灾害、经营不善等缘故而无法偿还金融机构的逾期债务时，被用于抵押的土地可能被金融机构通过折价、拍卖、变卖等方式变现以清偿债务，使外嫁女在没有参与土地抵押决策且没有获得流转收益的情况下丧失承包地的相关权益。在新型农业经营主体征得承包方（娘家农户）书面同意时，外嫁女在出嫁前作为参与承包的主体之一，在出嫁后是否有权参与娘家内部关于土地抵押与否的讨论与决策，法律政策并没有予以具体明确。

关于刘灵辉（2019）提出的这一问题，从法律关系上看，核心在于土地经营权设定抵押的决策权是否应该由享有土地经营权的所有成员行使，即土地承包经营权证书上记载的成员，包括户口已经外迁的外嫁女等共同行使，还是由现有家庭成员行使，抑或由家长以其个人意志为基础行使。抵押作为一项担保物权，在《中华人民共和国民法典》第三百四十二条规定，通过招标、拍卖、公开协商等方式承包农村土地，经依法登记取得权属证书的，可以依法采取出租、入股、抵押或者其他方式流转土地经营权。《中华人民共和国农村土地承包法》也赋予了通过土地流转取得土地经营权的主体在征得承包方书面同意后在土地经营权上设定抵押的权利。基于土地承包关系是以户为单位的法律制度安排，土地经营权的抵押决策人是承包农户。家庭成员以及作为享有土地承包经营权但已出嫁的非家庭成员，在做出抵押决策时应当形成一致意见。为保护抵押权人的信赖利益，抵押关系的成立并不依赖抵押人或者做出抵押决策的土地承包经营权人的每一个成员的意志，而是由土地承包经营权户的代表人做出抵押或者允许土地经营权人在土地经营权上设定抵押的意思表示。因此，从外嫁女权益保护的角度看，土地经营权上设定抵押，是承包方以户的名义做出的意思表示如何取得享有承包权的家庭成员的一致同意的问题，而其效力并不溯及土地经营权人和抵押权人。从后果上看，同意在土地经营权上设定抵押的决策，会给包括出嫁女在内的每一个家庭成员带来风险，因此，为保护妇女权益，有两个应对路径：一是决策过程中征求外嫁女意见确保家庭关于允许土地经营权人设定抵押的书面意见是在享有承包权的所有成员民主决策基础上形成的；二是通过事后救济的方法，将外嫁女分担的抵押风险转移给其他家庭成员。

外嫁女的土地权益问题，已经不仅仅表现在原居住地或者新居住地所在的集体经济组织如何确保其能够享有承包土地的土地承包经营权，在"三权分置"背景下，更应从土地承包经营权财产化变革中的财产性收益保障角度进行关注。任大鹏、王俏（2019）对农地产权化改革对农村妇女土地权益的影响进行了揭示，王晓睿、曾雅婷（2019）基于对5个县市区的调研观察印证了农村集体产权制度改革对农村妇女的土地权益保护有不利影响。刘灵辉（2019）则对农村妇女对土地流转收益的分享权和继承权问题进行了更为详尽的解析。刘灵辉（2019）提出，受农村传统观念和习俗影响，对外嫁女而言，当娘家亲属将土地经营权以出租、转包、入股等方式转出时，归属于外嫁女的承包地被作为资产盘活，从转入方获得的流转收益极可能被顺理成章地被视为娘家家庭成员共同收益，而外嫁女作为已经嫁出去的家庭成员，其所享的流转收益及其能否被足额支付的保障问题并未明确；另外，如果外嫁女在出嫁时错过了婆家村集体经济组织的土地发包，在正常婚姻存续期间，外嫁女可与婆家其他家庭成员共同分配和使用分得承包地、种地收入以及流转收益，如若出现婚变，其是否有权分割夫家承包地以及承包地流转收益这一问题也未明确，导致外嫁女承包地流转收益受损。同时，文章中也指出了外嫁女流转收益继承权可能遭受侵害的风险。

应当指出，在"三权分置"背景下，土地承包经营权的实现方式早已超出了家庭联产承包经营制度确立初期的以承包土地作为生产资料从事农耕生产这一基本方式，而是更多体现为流转收益等财产性收入，外嫁女能否分享土地流转收益，归根结底取决于妇女享有的土地承包经营权是落在娘家还是婆家，基于公平的法律原则，妇女应当在一方而且只能在一方享有权益。按照《中华人民共和国农村土地承包法》第二十四条第二款的规定，土地承包经营权证或者林权证等证书应当将具有土地承包经营权的全部家庭成员列入。这是法律修改过程中保护妇女的重要的制度安排，已确立"证上有名、名下有权"的理念。妇女是从娘家还是婆家分享土地流转收益，应当以土地承包经营权证书记载为依据，外嫁女依据证书记载主张分享流转收益的权利应当受到法律保护。刘灵辉（2019）

提出的假设值得关注，但遗憾的是，文章对这一现象的分析仅停留在逻辑假设和推理层面，并无实践案例或者其他论据支撑，也没有妇女通过司法途径主张分享流转收益但没有得到法院支持的案例佐证。至少，外嫁女分享土地流转收益的权利问题不是制度设计的问题，而更多是基于传统观念、习俗或者妇女的权利维护意识和对维权成本的顾虑。

3. 农村妇女作为集体成员的资格界定及与之相关的收益分配权和土地征收补偿的收益分配权问题

众多学者都注意到，农民的土地权益源自其作为集体成员应当在农村集体经济组织中享有的土地承包经营权、土地流转权、土地征收补偿权和集体收益分配权等，农村妇女的土地权益能否得到保障并有效实现，取决于对农村妇女的集体成员资格认定，因此，要从根本上解决农村妇女的土地权益问题，需要充分关注农村集体经济组织在成员资格界定中是否排斥、限制妇女应当享有的集体成员身份。王竹青（2017）指出，集体经济组织成员资格的享有与否，决定了一个人是否有权利承包集体土地、申请宅基地以及能否参与征地补偿款、集体福利等的分配，并认为实践中集体经济组织成员身份认定存在盲目自主性，进而导致农村妇女土地权益常常遭受村规民约的侵害。朱庆、曾雅婷（2019）发现，集体经济组织成员资格认定往往是土地补偿费用分配的必要前提，但在实践中，有不少法院一度对"外嫁女"土地权益纠纷不予受理，其依据是最高院曾明确集体经济组织成员资格的认定不属于法院受案范围，通过诉讼方式解决农村妇女的集体成员资格认定并进一步保护其土地权益在司法实践中存在障碍。惠建利（2018）通过解析司法判例指出，中国对农村集体经济组织成员资格认定标准尚无统一规定，而基本由各地区甚至各村庄自主议定，这一认定标准的乡土色彩较浓。受传统思想影响，农村集体经济组织女性成员的身份普遍不被重视，与其切身利益密切相关的农村土地承包经营权证、宅基地使用权证等权属关系证明文本上基本不登记妇女姓名。存在认定依据多样化、认定标准不一致、法律制度的不完善的情况，最为直接的表现是，农村妇女在集体经济组织成员资格认定中经常受到排斥，相关权益得不到有效保障。刘灵辉（2019）认为，集体成员资格认定的统一法律依据缺失，是外嫁女土地权益遭受侵害的主要诱因之一。郭晔（2019）认为，因集体经济组织成员资格认定没有司法裁判依据，导致法院立案难、判决难、执行难，这也是成为农村妇女主张土地权益案件面临的救济困境。

根据学者的研究发现，农村妇女的集体成员资格认定是解决妇女土地权益侵害问题的前提和基础。妇女外嫁导致其集体成员资格丧失，在家庭内部难以分享土地承包经营权实现形成的收益；在确权颁证时，妇女的集体成员身份如果已经不存在，也不可能在承包经营权证书中记载其权利；土地被征收时，妇女同样会因为集体成员身份灭失而难以从集体和原来的家庭中分享征地补偿收益；妇女土地权益遭受侵害时，妇女也会因为集体成员身份限制而难以得到司法救济。实践中成员资格认定标准不明确、不统一，农村集体经济组织和村民自治组织滥用自治权，造就了妇女因集体成员身份认定导致的土地权益被侵害的风险。因此，要从根本上解决农村妇女的土地权益问题，必须首先解决妇女的集体成员资格认定问题。

4. 农村妇女的宅基地使用权问题

王竹青（2017）指出，农村妇女宅基地使用权受侵害问题存在已远。现实中农村妇女宅基地受侵害的现象主要表现为两种形式：一是有条件地分配，即男性可无偿获得宅基地，而女性则需要额外交钱才能获得宅基地，或者女性比男性分的宅基地少；二是不分配，宅基地只分配给男性，女性不能分得宅基地。同时，王竹青指出，一户一宅的宅基地分配制度，忽视了男女两性因为婚姻问题带来的权利差别待遇，实际上成为"一男一宅"的分配制度，女性的宅基地使用权被男性吸收。惠建利（2018）、刘灵辉（2019）等也分别指出了农村妇女宅基地权益被侵害的现实表现。

总体上看，关于农村妇女的宅基地使用权问题，学界的关注度是比较高的，但需要指出的是，现有研究没有充分考虑农村宅基地制度改革的历史背景、现实表现和演进趋势，也没有充分注意到农村宅基地"三权分置"政策目标下各项权利的具体内涵，学界所说的妇女宅基地使用权，可能仅是农村妇女农村宅基地的资格权问题，或者是资格权与使用权的叠加问题，或者是财产化背景下的宅基地使用权盘活利用问题。恰如王竹青（2017）所说，农村宅基地的制度变革远比以耕地为对象的土地家庭承包制度复杂得多。从历史变迁和现实功能的角度看，宅基地制度的首要功能是满足家庭成员居住保障需求。按照《中华人民共和国土地管理法》的规定，我国在农村宅基地问题上坚持一户一宅制度，其含义为一户可以有一处宅基地，也意味着一户只能有一处宅基地。所以，宅基地的居住保障目标实现是以户为单位的，而不是以人为单位的。对妇女而言，只要是家庭成员，就当然享有在现有宅基地上保障其居住需求的基本权益，不论是出嫁、离异、再婚或者分户，理论上都有获得其居住空间的法律保障。问题的复杂性体现在，针对现实中建设用地指标的稀缺性，盘活利用农村闲置宅基地已经成为各层级政府上下一体的共识，也成为集体经济组织、农户和工商资本角力的焦点。为体现物尽其用原则，盘活利用闲置宅基地已经成为地方政府、农村集体经济组织、农村宅基地资格权主体、农村宅基地使用权主体相互讨价还价的重要市场空间。从农村宅基地所有权、资格权和使用权的"三权分置"政策目标出发，激活宅基地使用权市场，应当是当前和今后一段时间农村宅基地改革的基本方向。在农村宅基地使用权市场化背景下，农村宅基地的功能也会超越传统的、单一的居住保障功能而转向以财产收益功能为核心，这样的制度变革过程要求学术界关注农村妇女在宅基地财产化过程中的权利实现目标转型和权利实现过程。学界关注农村妇女的宅基地财产化的收益保障，体现了对弱势群体的人文关怀，也是对男女平等价值观的实践反思，因而具有重要的理论意义。

（三）关于妇女土地权益问题的生成原因与保护对策

从这一时期关于农村妇女土地权益的研究文献看，学者对现实中的问题有不同角度的学术反思，既有对乡村传统陋习的批判，也有对立法中的法律漏洞和可操作性不强的深度解析，还有从经济利益失衡角度对农村妇女土地权益遭受侵害的学理分析，对现实中的农村集体成员资格界定和村规民约的运作机制不完善造成的对农村妇女土地权益侵害的实践检讨，以及对行政和司法救济环节存在的对农村妇女土地权益保护不能有效发挥作用的评述。这些研究发现，对完善农村妇女土地权益保护制度和畅通救济途径，具有非常重要的借鉴意义。

1. 传统观念和习俗在一定程度上是妇女土地权益被侵害的历史渊源

这是学界的普遍共识。马焱（2017）在解读中央苏区关于妇女土地权益的法律法规的基础上思考当前农村妇女权益问题，指出以农户为土地承包经营单位且 30 年不变的制度设计，一方面与传统"从夫居"婚姻居住模式下女性的流动性和当前就业流动的客观现实存在矛盾，另一方面使得家庭成员个体的土地权利隐没于家庭之中。朱庆、曾雅婷（2019）通过解析传统农业社会背景下男尊女卑思想对现代社会的影响，从社会结构视角对农村妇女的土地权益侵害现实进行解剖，指出"男尊女卑""重男轻女"、排斥"外嫁女"权利等与现代法治不相容的"规则"，在传统农村却事实上有其严谨的经济逻辑基础，也将长期具有"民间法"的效力。惠建利（2018）认为，受社会制度、传统观念等因素的影响，妇女在农村集体产权制度改革中的权益，特别是离异女、外嫁女的有关权益难以得到与农村男性同等的保障。因此，需明确认识农村妇女权益需求的新变化，改变传统观念，将追求性别平等和经济增长的综合发展作为农村妇女权益保障的新目标。从内在机理看，惠建利（2018）认为，男女性别角色因生理差别而带有社会、文化等色彩，歧视妇女的相关社会制度、传统观念也由此而生。刘灵辉（2019）认为，受集体成员资格认定、传统思想和相关法律规定不完善等影响，外嫁女在土地经营权流转过程中的相关权益尚未得到妥善和充分的保障。郭晔（2019）指出，因传统婚嫁习俗"流动"的农村妇女，在日益稳定的土地承包关系中，无法享有明确的、稳定的土地权益。韩文静、张正峰（2019）在分析农村妇女土地权益被侵害的影响因素时也指出，在中国长期传统农业社会长期形成的传统农村文化过分贬低了女性价值，形成了以男性为本位的宗法制，并进而提出，在中国农村男性本位的传统性别观念影响下，农村妇女普遍对自己作为权益主体的认知不足，自我价值实现动力不足，这也是农村妇女土地权益不能得到有效保护的内在原因之一。

对传统观念和文化现象可能对妇女土地权益构成侵害的反思，也包括对受传统观念影响的村规民约公平正义基础及其与现代法治精神关系的严谨考量。根据学者的分析，法律边界的模糊给村民自治留出了太多空间，而村民民主程序看似"合法地"剥夺妇女的土地权益，在实践层面实际构成了侵犯外嫁女的土地权益、妇女分享土地流转收益和土地征收补偿收益的村域"正当性"逻辑解释路径，尽管这一逻辑已经严重背离了男女平等的基本原则。传统观念和文化习俗对农村妇女土地权益的影响，既体现在农村妇女的集体成员界定方面，也体现在家庭内部土地财产性收益的分配方面，还体现在农村妇女土地权益的救济方面。从这一现象出发，从根源上解决妇女土地权益问题，既要有立法的强制干预，也要有对村规民约中性别平等观念的合规性审查，还要有基于农村妇女土地权益保护视角的性别平等意识在社会各领域的不断强化。

2. 法律政策中农村妇女土地权利边界的模糊客观上导致了妇女土地权益保障的制度性约束

尽管在相关立法中，已经有比较充分的保护妇女土地权益的制度安排，但制度规定的笼统和可操作性规则缺失，使农村妇女难以利用法律提供的救济规则维护自身土地权益。张笑寒（2016）认为，法律和政策设计的可操作性不强，是妇女土地权益得不到保护的原因之一，因此，立法者应当具有一定的性别敏感性，更多地从社会性别视角来思考如何进行土地法律与政策设计。基于立法对妇女土地权益的保障不充分性问题，王竹青（2017）提出刚性与弹性相结合的集体经济组织成员身份认定机制，对村民自治的审查、监督、纠正机制，家庭成员之间承包土地有偿流转机制，不分性别的宅基地分配机制和有效的司法、行政救济机制等体系化的机制构建路径。

应当关注的是，学者也注意到了妇女土地权益保护领域立法规制、村民自治和家庭内部治理的边界问题。例如，在农村集体成员的资格认定问题上，鉴于实践中无序化现象，应当由法律规定明确的认定标准、认定程序。属于村民自治事项的，应当在对村规民约严格审查的基础上，赋予自治组织充分的自治权。对于农户家庭内部因素形成的妇女土地权益及收益权利，应更充分利用现有法律规则，通过行政和司法救济途径加以保护。王晓睿、曾雅婷（2019）强调，不论是集体制定的规则，还是国家法律，均无法也不宜对家庭内部的财产分割做出硬性规定。

根据学者关于妇女土地权益保护的制度缺失问题形成的共识，集体成员资格界定应当是在立法层面亟须解决的重点问题之一。在农村集体产权制度改革基础上，各个地方在发展壮大集体经济、带动农民共同富裕方面有各种有价值的探索，但在谁是集体成员，以及如何对妇女尤其是外嫁女进行成员资格确定的问题上，各地的做法很不一致。当前，正在研究讨论制定的《中华人民共和国农村集体经济组织法》是否能够体现集体成员资格界定的统一标准和程序仍然需要关注。鉴于这一问题的复杂性和多样性，法律制度的安排应当是明确基本的法律规则和法律底线，在符合公平正义原则的条件下允许地方甚至是乡村制定集体成员资格认定细则，即以法定为基础，将法定与意定相结合，成为成员资格界定的指导思想。同时，保护公民尤其是农村妇女本应享有的资格权，是实现性别平等理念的基本要求。同时，需要指出的是，学界在研究农村妇女土地权益保护问题时，关于集体成员资格的界定与村民身份的模糊化认识，是对两类组织性质的混淆。我国农村坚持土地的集体所有，这里的集体并不是村民自治视域中的村，妇女的土地权益源于其作为集体经济成员而应当享有的土地承包经营权、土地经营权流转的决策权、土地流转收益的分享权、宅基地盘活利用的收益分配权和土地征收的补偿权，这些权利的法源并不是以公共事务管理和公共服务供给为基本功能的村民自治制度，而是以土地所有权集体所有及集体所有权实现过程中的财产制度。因此，从权属关系上解决农村妇女的土地权益问题，有赖于农村集体经济组织立法对宪法规定的男女平等理念的具体细化。

3. 行政和司法救济机制的欠缺是妇女土地权益不能得到及时有效保障的实践困境

从诉权理论的基本内涵出发，当事人的合法权益受到侵害，有向人民法院提出获得司法救济与保障的权利。张笑寒（2016）认为，妇女土地权益遭受侵害以后，行政和司法救济途径不通畅，维权成本高，是目前妇女土地维权中一个突出问题，并进一步导致妇女土地问题愈演愈烈。王竹青（2017）指出，目前农村妇女土地权益受侵害的司法救济机制尚未建立起来。朱庆、曾雅婷（2019）认为，由于一系列复杂的因素，农村妇女中"外嫁女"受到的权益侵害尤其严重，其获得司法救济的障碍也比一般农村妇女更大，可谓是"弱势群体"中的"弱势群体"。张勤（2018）以土地股份合作制改革为背景来分析妇女土地权益纠纷，认为加强司法救济对保障妇女土地权益具有重要意义。

从这一时期关于妇女土地权益保护机制的研究成果看，既强调立法层面的制度完善，也强调要畅通行政和司法的救济途径，同时倡导构建多元化的协同治理机制。例如，韩文静、张正峰（2019）的研究结果发现，农村妇女土地权益面临来自制度、法律、政策、文化、性别等方面的多重威胁，在农村妇女土地权益维护过程中，基层政府、村级组织及农村妇女分别面临治理缺位、失位、"失语"的现实困境，亟待构建多元主体参与的协同治理结构。协同治理理论是当前社会治理理论的前沿并逐步成为主流，在探讨农村妇女土地权益问题时，由于其涉及的利益主体的多元性、观念习俗和现实问题的交织性、利益关系的复杂性、权益维护路径的多重性，因此需要以协同治理理论为视角，综合分析评价并提出有效的治理路径和治理措施。

三　研究不足与展望 ·

农村妇女的土地权益问题之所以被学界广泛关注，是因为其复杂的传统习俗、观念认知、社会转型、制度建构、经济利益、司法救济和妇女权利意识觉醒等多重因素。农村土地制度的变迁也对农村妇女的土地权益保护提出了新的命题。2016～2020 年，学术界对于该问题的研究形成了基本共识，即妇女土地权益问题需要放置在经济社会变迁的大背景中认识，在农村家庭承包制度"三权分置"改革、农村土地征收制度完善、农村闲置宅基地盘活利用等相关土地制度不断完善的过程中，妇女土地权益问题有其新的现实表现。从外因看，人的流动和地的不动，形成了权利主体和权利对象在物理意义上的分离，客观上为村社组织、家庭内部等部分主体侵蚀妇女土地权益提供了机会。集体成员资格界定的模糊性、村民自治的随意性、传统陋习的传承性、家庭关系的特殊性以及司法救济的边界和门槛等因素，导致了妇女面对自身土地权益被侵害时的无奈。从内因看，土地流转收益、城镇化背景下的土地征收补偿收益、宅基地使用权盘活利用收益等不断增加，各相关主体攫取土地增值收益的竞争加剧，导致本就弱势的妇女的土地权益被排斥和挤压。农村妇女的土地权益问题，归根结底是社会的公平正义问题在土地制度上的缩影。追求公平正义理念，必然要对现实中侵害妇女土地权益的现实表现和潜在危险进行学术研判，并推进相关法律制度和政策制定，并且在实施过程中提升妇女的经济社会地位，充分保障妇女权益。

学者在这一时期对农村妇女土地权益问题的研究，都源自社会正义的价值观，源自对弱势群体的学术关怀，源自对实践中侵害妇女权益现象的深层次原因的反思。从历史习俗、国家与社会的关系、与土地权益相关的各利益相关方的博弈，以及现行法律与政策的实施过程看，保护妇女土地权益应当是全社会的共识和追求。

农村土地制度是农业农村各项制度的汇合点，关于农村妇女土地权益问题的研究不会停滞，未来关于该主题的研究，应当侧重于以下方面。

一是需要厘清现实表现与复杂原因之间的逻辑关联，一揽子地对侵害妇女土地权益的原因进行归纳，缺少解决问题的针对性，因而需要区分问题的类型，强化问题导向，拓深学术分析深度，提出更具操作性的问题解决方案。

二是需要进行更广泛的跨学科交流。妇女土地权益问题涉及多个学科，现有的研究多数是在固有学科的研究范式上展开的，但每一个学科对妇女土地权益问题的解决都存在局限性，因而需要搭建有效的学术交流平台，提升对该问题的整体研究质量。

三是需要关注农村集体经济组织立法中的成员资格界定问题。从学者的研究发现看，多数学者认为妇女土地权益保护问题的根源之一在于集体成员资格界定的不规范以及村民自治制度实践中的权力滥用。当前，正在研究讨论制定农村集体经济组织法，实践中农村集体经济发展模式也各有特点，从妇女土地权益保护的角度看，需要保护包括妇女在内的每一个集体经济组织成员的权益，在这一过程中，符合法理、兼顾公平和效率，需要提炼各地的实践经验并予以制度化，也需要对存在的问题做出预防性制度设计，为农村妇女维护其土地权益编织安全网。

关于这一点，需要强调的是，农村集体经济组织立法的重心是明确农村集体经济组织的法律地位、法律属性、集体土地所有权的实现形式、集体经济组织的财产结构和话语体系以及权益分配问题，农村妇女的土地权益问题与每一个重心都有着密切关联，但不能期望通过农村集体经济组织立法解决农村妇女土地权益维护的所有问题。如学者所言，从制度设计层面看，现行法律已经充分注意到了保障妇女土地权益的制度需求，法律实施过程、个别地方依赖于习俗或者所谓的家户关系对妇女土地权益造成的侵害，本质上是社会进步与性别平等是否同步的问题，不可能通过某一部法律的规定就能解决。构建全社会尊重妇女、维护妇女权益的共识，消除制约公平正义理念的传统陋习对妇女土地权益侵害的文化基础，需要从社会共治角度综合考量。如果还是停留在问题表层，甚至连集体经济成员、集体经济组织成员、村民自治中的村民、土地集体所有的集体、家户关系中的基于婚姻血缘关系的基础，甚至是行政管理与司法救济的关系等都没有搞清楚，就把实践中发现的侵害妇女土地权益现象都归结于农村集体经济组织成员身份界定，显然牵强。为此，关于农村妇女的土地权益问题的研究，不仅需要在农村集体经济组织立法中关注成员资格界定问题，更需要从更广泛的农村妇女参与社会治理视角看农村妇女如何以其应有的集体成员资格和基于该资格形成的话语权和剩余索取权来维护自身合法权益。

四是需要全面回顾和总结中国共产党建党以来保护妇女土地权益的历史经验。妇女的土地权益保障是中国共产党领导的妇女解放运动的重要组成部分，历史经验需要充分总结提炼，在当今和未来的农村妇女土地权益保障中，指导农村土地制度改革实践。

五是要甄别问题的真伪性。妇女土地权益问题在现象表现上五花八门，但有些是制度层面的问题，有些是习俗层面的问题，有些是法律实施层面的问题。当前的学术研究中，也有一些是对妇女权益问题性质、问题形成原因和问题内在逻辑的误解，或者是对各类现象之间的结构关系解析不够透彻，因而需要在甄别问题真伪性的基础上进行强化。

六是从研究方法上需要体现需要规范性。从这一时期的研究文献看，学者从不同学科出发，遵循本学科的研究范式和理论基础对农村妇女土地权益问题进行解构，有非常重要的学术贡献。但同时，个别研究在基本概念界定、学术分析框架构建和学术话语表达中存在不足。存在概念和逻辑体系上不准确、不规范的现象。农村妇女土地权益问题是从对象学角度引发学界关注，但客观来说，从学术创新角度看，尽管有部分研究体现了学术对话的意识，但总体上对该主题的研究仍然有学术提升空间。

七是关于妇女组织尤其是基层妇联组织在维护妇女土地权益问题上发挥作用的问题。党中央、国务院的一系列政策文件对乡村基层妇联的地位和作用有明确阐述，客观上讲，目前关于农村妇女土地权益维护机制问题的研究更注重行政和司法救济层面，但对基层妇联组织在其中的地位和作用的研究明显不够充分。弱势群体的权益保障依赖于从集体行动视角出发形成组织化的利益诉求维护体系，现有的研究成果对这一方面显然没有充分揭示。

八是社会主义制度优势基础上的农村妇女在土地问题上参政议政的能力建设问题。在新的历史发展阶段，我国妇女包括农村妇女的经济与社会地位不断提高，在农村土地权益保障方面，妇女也发挥着重要作用，希望未来关于该主题的研究能够充分挖掘经验尤其是农村妇女能力建设方面的经验，讲好农村妇女土地权益保障平等机制的形成和实现过程，以及农村妇女借助制度赋予的权利在涉及土地问题上体现女性独特价值和贡献的中国故事。

参考文献

1. 郭晔（2019）：《深化农村土地制度改革的几点思考——以维护农村妇女土地权益的实践为例》，《妇女研究论丛》第 5 期。
2. 韩文静、张正峰（2019）：《中国农村妇女土地权益维护困境及协同治理模式探究》，《中国土地科学》第 3 期。
3. 惠建利（2018）：《农村集体产权制度改革中的妇女权益保障——基于女性主义经济

学的视角》，《中国农村观察》第 6 期。

4. 李慧英（2018）：《重构我国乡村三维性别公正观——以农村妇女土地权益为例》，《科学社会主义》第 3 期。

5. 刘灵辉（2019）：《农地流转中妇女土地权益保护论略——基于"三权分置"和外嫁女性视角》，《湖南农业大学学报（社会科学版）》第 3 期。

6. 刘灵辉（2020）：《"三权分置"法律政策下农村妇女土地权益保护研究》，《兰州学刊》第 5 期。

7. 马焱（2017）：《男女平等立法实践的价值观基础研究——以中央苏区颁布的维护农村妇女土地权益法律法规为例》，《云南民族大学学报（哲学社会科学版）》第 1 期。

8. 任大鹏、王俏（2019）：《产权化改革背景下的妇女土地权益保护》，《妇女研究论丛》第 1 期。

9. 荣振华（2018）：《"三权分置"制度改革：地方实践、政策动因及法律回应》，《盛京法律评论》第 5 期。

10. 荣振华（2019）：《三权分置法律构建过程中农村妇女土地权益保障之反思与构建》，《当代经济管理》第 4 期。

11. 王晓睿、曾雅婷（2019）：《集体产权制度改革中的农村妇女土地权益的保护——基于 5 个县（市、区）的调研观察》，《农村经济》第 9 期。

12. 王竹青（2017）：《论农村妇女土地权益法律保障的体系化构建》，《妇女研究论丛》第 3 期。

13. 张勤（2018）：《股份合作制下"外嫁女"土地权益纠纷的解决——以珠三角 S 区为中心的实证研究》，《江苏社会科学》第 2 期。

14. 张笑寒（2016）：《城镇化进程中妇女土地权益问题的新动向与对策建议——以江苏省为例》，《华中农业大学学报（社会科学版）》第 1 期。

15. 朱庆、雷苗苗（2019）：《农村妇女土地权益司法保障的应然选择——以"外嫁女"为研究对象》，《甘肃社会科学》第 5 期。

妇女与贫困研究综述（2016～2020年）

王宇霞　吴惠芳*

2016～2020年是中国全面建设小康社会的关键时期，消除绝对贫困，确保全国所有贫困人口都脱贫，作为全面建设小康社会的重要指标，也是脱贫攻坚政策的核心动力。贫困与性别差异之间较强的关联度意味着女性相比于男性在贫困问题上更具脆弱性，妇女与贫困议题一直是主流研究的重点。为深入了解妇女贫困的根源、结构性问题以及妇女在贫困中的地位，进而帮助制定更加精准和有针对性的政策，以减少贫困和性别不平等现象，我国相继出台一系列针对性政策与措施保障农村贫困妇女的脱贫和可持续发展，成功实现了消除绝对贫困的历史性目标。在"十三五"期间，妇女与贫困的研究成果十分丰富，分析视角更加多元，研究者从社会学、政治学、统计学、医学、心理学、经济学、民族学、管理学等诸多学科视角对妇女贫困进行问题与对策研讨，妇女贫困与减贫的议题研究不断深化。

一　研究概述

在中国知网（CNKI）"中国期刊全文数据库"、"中国博士学位论文全文数据库"以及"中国优秀硕士学位论文全文数据库"以"妇女贫困""贫困女性化""精准扶贫"等为关键词进行交叉和复合检索，得到涉及相关主题的学术期刊论文511篇，其中社会科学领域的基础研究239篇、政策研究107篇、行业指导48篇、职业指导12篇、高级科普3篇；自然科学领域的基础与应用基础研究20篇、行业技术指导10篇、工程技术9篇、政策研究2篇以及大众文化5篇、高等教育2篇、经济信息1篇，党的建设与党员教育1篇。140篇学位论文中，

* 作者简介：王宇霞，女，江苏科技大学张家港校区商学院讲师；吴惠芳，女，中国农业大学人文与发展学院教授。

博士学位论文 37 篇、硕士学位论文 103 篇，涵盖社会学、社会保障、世界史、人口学、劳动经济学、公共管理、农业经济管理等学科领域。在著作方面，与贫困议题相关的著作 300 余部，女性与贫困专题的著作 10 部，主要涉及少数民族、边远地区与城市女性贫困等主题。以上不同研究层次的科研成果为更全面认识妇女贫困问题提供了重要的信息和见解。

在课题研究方面，共有 32 项研究获得资助，其中国家社会科学基金 18 项，教育部人文社会科学研究项目 6 项，立项涉及精准扶贫与妇女减贫、妇女非收入性贫困、贫困妇女非农就业、少数民族妇女脱贫和残疾女性贫困等关键议题。合作会议与相关专栏是推动"妇女与贫困"课题研究和讨论的重要方式：北京大学中国特色社会主义理论大众化与国际传播协同创新中心、北京大学中国特色社会主义政治经济学研究中心（院）联合举办的"消除贫困与实现全面小康的中国道路"国际学术研讨会（2016）；山东省社科联主办，山东女子学院承办，全国妇联山东女子学院妇女性别研究与培训基地、中国人口学会人口与性别专业委员会、山东"十三五"女性人力资源开发与管理研究基地和北京中经蓝山文化交流有限公司协办的"2017 山东社科论坛——农村妇女精准扶贫暨女性生存与发展"学术研讨会（2017）；中国妇女研究会、《妇女研究论丛》编辑部、中国农业大学人文与发展学院主办的"乡村振兴与妇女发展"学术研讨会（2018）；中国妇女研究会、《妇女研究论丛》编辑部联合中国农业大学人文与发展学院、云南农业大学经济管理学院及中国农业大学—勐腊县精准扶贫与乡村振兴合作示范基地召开的"精准扶贫与妇女发展"学术研讨会（2019）；全球女性发展研究院承办，联合国媒介与女性教席、中国女子高校联盟协办的"第二届全球女性发展论坛暨纪念世妇会 25 周年"学术研讨会（2020）；"记忆、传承和发展：庆祝北京大学中外妇女问题研究中心成立 30 周年暨纪念北京世妇会 25 周年学术研讨会"（2020）；等等。这些主题会议、国际性会议、多学科性会议及会议形成的专题专栏促进了学术交流、合作与知识传播。

总体而言，这五年的期刊论文、学位论文、专著数量明显增加，妇女与贫困领域得到越来越多的关注和研究。这一增长反映了学术界、研究者与实践者对妇女贫困问题的重视。妇女与贫困是一个多层次、多维度的领域，涵盖了广泛的主题和议题，涉及多学科的交叉与合作，在经济学、社会学、政治学、历史学、心理学等社会科学、人文学科和发展研究外，自然科学也能够为妇女与贫困问题提供补充性的视角与资料支持，比如女性的教育与就业、社会资本与女性赋权以及女性的健康与贫困等。当然，考虑到妇女与贫困问题的复杂性，大规模的数据收集、定性和定量分析存在一定的局限性和难度，学科之间的壁垒和研究范式差异也可能带来研究的片面性与不足，跨学科合作研究与多层次分析在推进更有效、全面和可持续的解决方案，减少妇女贫困方面具有重要意义，也是未来值得深入研究的重要议题。

二　主要研究内容

（一）妇女贫困现状分析

国内妇女与贫困的研究在《"十三五"脱贫攻坚规划》提出后进一步深入和丰富，学者逐渐从以往的物质及人文贫困视角跳脱出来，采取多维视角对妇女群体进行审视。其中，人力资本和社会资本理论是解读女性就业歧视和生育不平等的有力视角，认为女性人力资本积累和回报率低、社会资本欠缺是主要的致贫原因（王肖婧，2018）；从社会性别视角来看，妇女以家务劳动和家庭依附为主的性别分工会影响其脱贫能动性（满丽萍，2020）；从减贫理论出发，经济发展、制度建设、能力赋权以及人力资本等都是限制女性脱贫的难点（聂常虹、陈彤、王焕刚等，2020）；可行能力视角认为妇女贫困根源于经济、社会、文化层面女性可行能力的不足或缺失（程玲，2019）。贫困作为一个持续加深的动态进程，其内涵、测度、识别与瞄准会随着时代的变化动态拓展，难以形成标准化的明确界定，多元的研究视角展示了妇女贫困问题的复杂性与交叉性。

在贫困内涵方面，妇女贫困既包括总收入水平不足以获得维持身体正常功能所需的日常必需品导致的绝对贫困和收入贫困（聂常虹、王雷，2019），还包括相对贫困与多维贫困，即女性在资产、社会关系、健康医疗、文化、教育、能力、精神、婚姻家庭生活、决策权等维度的贫困（黄森慰、姜畅、郑逸芳，2019；肖萌、丁华、李飞跃，2019；阮芳、熊昌娥、陈海莲等，2020）。因病致贫、返贫是贫困女性最主要的致贫原因，尤其是在医疗资源匮乏、卫生环境恶劣、饮食结构不合理的地区，女性要承担照料家庭、家务劳动、农业生产等重任，妇女是健康贫困的高发群体，个别民族地区的生育文化还会让女性面临较高的生育负担和风险（邓睿、焦锋，2020）。来自劳动时间与强度、生活水平、社会参与、保护以及社会融入等方面的压力同样会带来女性贫困（张赟，2018）。甚至在不同的地理文化环境下，妇女的贫困特征与界定并没有差异化标准，反而出现了同一表现形式的贫困。也有研究者指出，女性贫困相比于男性更具差异性与脆弱性，少数民族妇女、流动妇女、老年妇女、女户主单亲家庭以及低收入妇女等特殊群体构成了贫困群体中的多数（张晓颖、冯贺霞、王小林，2016），贫困生成与延续的劣势积累效应加剧了她们的脱贫难度（金一虹，2016）。"贫困山区农村婚姻中女性地位的嬗变研究"调查项目肯定了贫困地区农村已婚女性家庭地位与全国平均水平悬殊，男性是家庭权力的绝对拥有者，家务劳动分工中的性别倾向仍然严重（唐永霞、罗卫国，2016）。

妇女贫困的多维性和复杂性需要更具性别敏感度的测量方法，对妇女贫困操作化定义的探讨也经历了单一收入贫困测量方法向多维化、相对化贫困测量的转变（万喆，2016）。尤其是伴随土地流转和人口流动速度的加快，农村与城市的收入贫困发生率差距渐趋缩小，非收入性指标已然成为研究妇女贫困的重要工具（李小云、张瑶，2020）。从动态视角来看，家庭长期贫困是多因素综合作用的结果，收入的短期变化不一定对家庭多维贫困状态产生显著影响（李博、张全红、周强等，2018）。人均受教育年限、正规就业、医疗保险和人均收入四项指标是决定长期贫困的主导因素（郭熙保、周强，2016），也是不同区域贫困妇女面临的难点痛点，比如贵州地区的贫困主要是由于医疗健康（程晓宇、陈志钢、张莉，2019），甘肃地区女性的贫困在消费、教育、健康和交通等方面更为突出（柳建平、刘咪咪，2018），而海南省琼中黎族苗族自治县黎母山镇的农村妇女贫困更多是因为教育、生产资源或生产技能匮乏（陈丽琴，2020）。除此之外，生活水平、社会融入等也为妇女的贫困测量提供相关性指标。党的十八大以来，精准扶贫系列重要政策文件均沿用了"两不愁三保障"的多维贫困标准，"五个一批"等政策措施也突出了扶贫目标的多维度特征。中共中央办公厅、国务院办公厅印发的《关于建立贫困退出机制的意见》将收入贫困与教育、医疗、住房安全纳入脱贫指标，确保贫困妇女摆脱基本生存需要与住房、医疗、教育等困境，彻底摆脱贫困陷阱（王小林、高睿，2016）。

（二）集中连片特困地区与少数民族贫困妇女

促进妇女发展和性别平等是全面建设社会主义现代化国家的重要内容。在充分考虑当前社会、经济和政治背景的基础上，一系列扶贫政策和措施相继出台，具有强烈的时代性。在脱贫攻坚进程中，减贫工作被纳入国家发展战略的核心。各级政府、社会组织以及公民的合作形成了多层次、多领域的合力，既适应了当前社会变革的需要，也能够更好地应对妇女贫困问题的复杂性和多样性。这五年，减少妇女贫困数量、提升女性生存质量是国家脱贫攻坚战略的重要内容。按照现行农村贫困标准，截至2018年底，全国农村贫困人口从2012年的9899万减少到1660万，贫困发生率从2012年的10.2%下降至1.7%，减少的贫困人口中约一半为女性（中华人民共和国中央人民政府网，2019）。集中连片特困地区农村贫困发生率由2012年的24.4%下降至10.5%累计下降13.9个百分点，贫困人口由2012年的5067万人减少到2018年的2182万人，累计减少2885万人，下降幅度为56.9%。内蒙古、广西、贵州、云南、西藏、青海、宁夏、新疆八省区贫困人口从2012年的3121万人减少到2016年的1411万人，贫困发生率从20.8%下降到9.4%（宁吉喆、许宪春、高建华，2017）。但是到2017年底，西藏还有44个深度贫困县、315个深度贫困乡镇、2440个深度贫困村。民族地区和集中连片特困地区的贫困发生率始终高于全国平均水平，是脱贫攻坚战难啃的"硬骨头"（中国少数民族经济研究会，2020）。2016年国家针对民族地区专门发布了《"十三五"促进民族地区和人口较少民族发展规划》，有针对性地解决少数民族地区贫困问题（彭森主编，2018）。2017年党的第十九次全国代表大会明确提出，要重点攻克深度贫困地区脱贫难题，确保到2020年我国现行标准下农村贫困人口实现脱贫（国际在线，2017）。民族地区、边疆地区、集中连片贫困地区贫困程度最深、减贫难度最大，是脱贫攻坚的短板所在（中国青年网，2017）。

在生态环境脆弱、生存条件艰苦的贫困地区，地方贫困代际传递、两极分化和社会排斥等问题严重（郭君平、荆林波、张斌，2016）。对集中连片贫困地区的研究主要遵循物质及人文贫困视角：可持续生计分析视角强调自然、物质、人力、社会资本等对集中连片贫困地区有着重要影响，连片特困少数民族地区"半工半耕"生计模式受限于自然环境、人地关系与市场机会等，不仅加剧了代际剥削，更造成少数民族妇女的经济贫困和结构性贫困（朱战辉，2017）。风险与机会视角认为多维贫困测度缺乏对不同地区，尤其是集中连片地区不同贫困维度的动态考察，农业发展机会、非农产业发展机会、潜在发展机会、内部风险和外部风险是这些地区实现减贫目标的关键（郑长德、单德朋，2016）。少数民族地区的贫困妇女在经济发展能力、生存发展资源、政治参与、文化生活、基础生活设施、家庭生活环境等方面都处于弱势（毛平、张禧、山国艳，2016）。因病致贫返贫是妇女陷入贫困的重要原因，恶劣的生存环境与生活条件会对妇女的健康有影响，地方不良生活方式普遍存在，医疗卫生资源不完善（董衍君、陈培友，2020），而医疗保健意识的不足和收入短缺进一步限制了女性的就医选择（杨路耀、贺清明，2017）。贫困文化理论认为，集中连片贫困地区的语言文字、房屋、祭祖仪式等象征符号阻碍了主流文化的进入，社会习俗、民风、民德、乡规民约等非正式规范形成对贫困群体的强约束（贺海波，2018）。集中连片特困民族地区的学校教育、女性的现代化以及育儿观都受到贫困文化的制约，贫困文化对教育的束缚尤其限制了女性受教育程度的提升，进一步造成女性劳动技能单一、劳动生产效率低、就业意愿低、就业收入偏少，劳动力市场的性别收入差距强化了女性的相对贫困状态（何玲，2020）。在老龄化问题突出的当下，贫困妇女的社会支持网络越发不足，贫困妇女一方面主要依附家庭、依附男性，在家庭缺少劳动力的情况下只能依赖亲戚或邻里维持生活，文化生活和政治参与度明显不足（马爱杰，2020）。部分老年妇女在家庭中的性别弱势、家庭地位弱势和经济弱势等劣势突出，自身受教育程度较低，判断力有限，一些地方宗教活动与非法宗教活动混杂，老年妇女极易上当受骗（王武林，2017）。

（三）精准扶贫与妇女反贫困

贫困妇女脱贫致富在阻断贫困代际传递和如期全面建成小康社会中具有特殊重要性和紧迫性，中央高度重视妇女在脱贫攻坚进程中的"半边天"作用。"十三五"以来，妇女贫困问题越发受到政府和社会关注，助推妇女反贫困成为国家扶贫工作的一大亮点。2016年，国务院制定的《"十三五"脱贫攻坚规划》将妇女脱贫纳入国家脱贫攻坚各个领域，将妇女减贫视为维护妇女权益的基础性工作，指出要坚持精准扶贫、精准脱贫基本方略，并制定明确的脱贫目标，即到2020年现行标准下的贫困人口全部脱贫。2017年，全国妇联、国务院扶贫办就共同推进贫困妇女脱贫致富工作下发《关于在扶贫开发中做好贫困妇女脱贫致富工作的意见》，要求各级妇联组织和扶贫部门要按照各自工作职能，发挥优势，合力推进贫困妇女脱贫（中华全国妇女联合会，2015）。相关政策文件为助推贫困妇女减贫提供重要的实践参考，具有重要的指导意义（赖力，2017）。

精准扶贫的核心在于对象、措施、目标和成效的精准。在扶贫实践中，贫困人口的识别并非完全基于当年收入，因为贫困人口更多集中在农村，农民的收入很难计算，而且收入代表家庭的贫困程度，贫困家庭的妇女可能只是将福利转移给了家庭其他成员，自身未必贫困，所以在实践中不仅考虑收入、资产和支出状况，也会综合考虑家庭成员的健康、教育、能力、家庭负担、人际关系等（王晓毅，2016）。扶贫对象确定以后，根据贫困对象的实际需要进行针对性项目帮扶，教育、健康、收入、劳力既是致贫的主要原因，也是项目关注的重点（汪三贵、刘未，2016）。

健康扶贫是精准扶贫思想的重要实践，也是斩断"健康风险－贫困－疾病"的恶性循环链进而化解因病致贫返贫的核心。为优化健康扶贫理念，政府在加大财政对基本医疗卫生服务的投入力度的基础上，逐步健全法律法规并完善考核机制、建立科学的识别机制、制定健康扶贫远期规划、细分瞄准健康扶贫对象，提升基层医疗卫生服务能力，增强健康扶贫制度的可持续发展能力（翟绍果、严锦航，2018）。在政策落实进程中，贫困地区公共卫生和疾病防控工作得以加强，建立基本医疗保险、大病保险、医疗救助等制度的覆盖和衔接机制，推动城乡医疗服务均等化，落实贫困群体的电子健康档案，实现贫困群体少生病、看得起病、方便看病和看得好病（汪三贵、刘明月，2019）。政府要积极开展健康知识入户宣传，提升妇女健康素养，妇幼健康和职业健康在这一时期得以加强，母亲健康快车项目、农村贫困母亲"两癌"检查项目、孕产妇死亡率和消除新生儿破伤风项目等不断完善，为健康扶贫奠定重要的基础（任文辉、赵艳霞、马兰等，2020）。

贫困地区教育的收入效应较强并具有一定的代际传递效应（张永丽、李青原、郭世慧，2018），女性的个人收入容易受到教育水平和就业层次低下的负面影响，教育是提升贫困妇女综合素质、增强女性抵抗贫困能力和阻断贫困代际传递的关键举措。为增强贫困地区的教育效应，实现贫困地区的教育和社会需求有效衔接，需要政府积极发挥主导作用，做好教育帮扶的顶层设计，构建多元主体协同推进的教育扶贫开发格局，充分发挥个体、家庭和学校在教育扶贫中的能动作用（代蕊华、于璇，2017），推进教育结构、内容、形式、方式等与贫困地区相适应，充分利用各类媒介进行教育宣传，逐步打破封闭、落后的生活圈，打造有利于女童教育发展的氛围（牛琴琴、徐莉，2018）。同时精准把握不同地区、不同贫困家庭、不同学段和不同类型的教育需求，普及学前教育，推动义务教育均衡发展、高中教育特色发展、职业教育增强致富本领，尤其不同性别贫困人口对培训时间、培训时长的需求略有不同，应当充分考虑不同性别贫困人口培训需求的差异，尽量满足每一位贫困人口对培训要素的个性需求，进而实现精准培训（侯小雨、刘顺霞、闫志利，2019）。教育培训在保护贫困群体自尊心和自信心的同时，推进其自强自立（王嘉毅、封清云、张金，2016）。"春蕾计划""加油木兰"等项目在推进女童教育、女性赋权和消除高能力贫困学生的入学障碍等方面做出重要贡献。

产业扶贫是帮助贫困妇女实现从"救济式"向"造血式"扶贫模式转变的核心，是精准扶贫的根本所在。贫困妇女的能力建设决定了她们的脱贫意识和能动性，需要采取免费培训、资金支持、跟踪指导等措施（段塔丽、李玉磊、王蓉等，2020），重点开展职业技能培训，诸如种植养殖、乡村旅游、家政服务、手工编织、农村电商等培训项目，提高贫困女性的脱贫能力和内生发展动力，加强其市场竞争力（苏海，2019）。在"十三五"期间，全国妇联广泛开展"巾帼脱贫行动"，帮助500多万贫困妇女通过手工、种植养殖、家政、电商等增收脱贫，为贫困妇女脱贫致富增添动能（中国共产党新闻网，2021）。政府需要做好宏观调控工作，保持失业率在合理的水平。可以联系企业针对贫困女性举办招聘会、推介会，为贫困女性创造更多、更好的工作机会（李颖慧、窦苗苗、杜为公，2020）。少数民族地区的产业扶贫不仅要立足于市场需求和地方特色发展优势产业（马楠，2016），同时不能脱离少数民族妇女以家务劳动和家庭依附为主的社会性别角色分工，否则扶贫政策难以落实，甚至影响家庭和谐。"互联网+扶贫"的创业项目有助于发挥女性主体优势，提高女性可持续脱贫能力（刘美一、田如月、秦晴等，2020），促进女性稳定就业、收入增加、家庭地位提升，还有助于吸引打工者返乡、婚姻稳定和谐。外出务工女性数量主要受到工资收入、居住条件和福利待遇的影响，需要提升妇女就业、创业和维权意识，提高妇女外出务工满意度（李宁、段小红，2020）。围绕就业扶贫探索建立的村镇工厂和扶贫车间在女性反贫困进程中同样发挥积极作用，在实现女性劳动力"离土不离乡就业"的同时，既满足了女性增收的需求，又契合了女性灵活就业、家庭照料的实际需要（陈俭、梁成艾、苗玲，2018；邢成举，2020）。扶贫车间作为乡村振兴和脱贫攻坚的重要载体，在内蒙古、河南、山东等地遍地开花，既在经济层面增加收益，也在社会层面平衡了女性在市场和家庭中的两难关系（陆继霞、吴丽娟、李小云，2020）。巾帼家政服务、手工编织、妈妈制造等就业创业扶贫项目和小额信贷、"@ 她创业计划——女性成长计划"等金融扶贫项目范围不断扩展，充分助力女性创业行动。

社会保障兜底扶贫是保障贫困人口基本生活的"安全网"，是精准扶贫、精准脱贫的重要路径之一，通过提供最低生活保障，发挥贫困人口中完全或部分丧失劳动能力群体基本生存的"托底"功能，发挥社会救助制度最根本性、基础性的作用（刘欣，2016）。贫困地区社会保障兜底扶贫中的社会救助体系包括农村最低生活保障制度、特困人员救助供养制度、临时救助制度、医疗救助、教育救助等福利性保障项目，这些项目减少了因病致贫、因病返贫和老年贫困，在很大程度上缓解了妇女贫困（公丕明、公丕宏，2017）。兜底扶贫在助推精准扶贫过程中，不能仅够做到保障对象更加精准，更能基于不同地区的经济、地理条件，因地制宜、多措并举从根本上解决贫困问题，帮助弱势群体走出困境（张明锁、王灿灿，2018）。部分地区的社区老年照料、托幼服务模式的探索将妇女就业和养老、托幼联合起来，满足了家庭的托幼服务和老年照顾需求，实现社区托幼、养老和妇女就业脱贫共赢（黄桂霞，2020）。

（四）社会动员与精准脱贫

2015 年 6 月 18 日，习近平总书记（2018）在贵州召开部分省区市党委主要负责同志座谈会上强调："扶贫开发是全党全社会的共同责任"。专项扶贫、行业扶贫、社会扶贫等社会力量深入脱贫攻坚"最后一公里"，弥补了以政府为主导的单一主体的不足，形成多主体参与扶贫的大扶贫格局（李梅、吴俊林、张超等，2019）。女性社会组织在这一过程中都积极参与脱贫攻坚，在妇女减贫领域发挥了重要作用。

妇联组织是党和国家联系广大妇女群众的桥梁和纽带，在精准扶贫进程中搭建具有妇联特色的扶贫模式十分必要。通过建构贫困妇女"志""智"双扶平台激发贫困妇女的积极性、主动性和创造性，结合地方特色大力加强手工产业和家政服务行业建设，拓宽妇女就业渠道；同时鼓励更多贫困妇女参与新农村建设，大力开发符合妇女特点的生态农业、庭院经济、绿色食品加工等，真正实现妇女发展（潘凌霄、宋雯，2020）。《全国妇联关于在脱贫攻坚战中开展"巾帼脱贫行动"的意见》中指出，"巾帼脱贫行动"的主要任务是鼓励引导妇女坚定脱贫志向、以小额贷款助力贫困妇女创业脱贫、发展妇女手工实现巧手脱贫、以能人示范引领带动贫困妇女互助脱贫，加强"两癌"免费检查力度，解决贫困妇女因病致贫难题，真正迈入全面小康社会（中华全国妇女联合会，2016）。全国妇联开展的"乡村振兴巾帼行动"充分强调了妇联组织的独特作用，动员妇女参与乡村振兴，比如通过开展"美丽家园"建设行动，政府一方面向农村输入大量资源，以多种途径对乡村社会进行改造和动员；另一方面也促成妇女的组织化，动员妇女积极参与反家庭暴力、亲子教育、家政服务以及环境卫生整治等工作。当然妇女组织在文化、保障、发展和主体意识等方面仍有所缺失，在独立性、合法性、组织意识和专业性等方面还相对处于劣势（马英华、谢立敏，2020），可以从放宽登记门槛、加强教育培训、发挥妇联优势、积极扶持引导和突出示范引领等方面推进女性社会组织发展（徐渊、张早来，2020）。

女性社会组织是一支不可估量的动员和融合妇女、家庭、社区、社会等各种资源的"她力量"，又称为"妇女非政府组织"、"民间妇女组织"、"草根妇女组织"和"女性社团"等，是以突出女性为参与主体，服务主体为妇女、儿童和家庭以及核心管理层为女性的社会组织，目的在于更好地促进妇女儿童的发展和权益的维护，既能够满足妇女群众的差别化服务需求，服务方式更加灵活，也是政府公共服务供给的有益补充（姜耀辉，2020）。农村女性社会组织不仅能够服务妇女儿童和老人，增强女性参与乡村治理的能力，还能够有效服务整个村庄，对村容村貌和乡村价值建设具有重要价值。浙江省嵊州"村嫂"志愿服务组织将散在的留守妇女通过志愿服务组织起来，弥补了乡村治理中政府缺位和市场失灵，又提升了女性素质，为广大农村女性搭建了互动发展的新平台（冯波，2018）。山东省通过打造"大姐工坊"、"电商创业"和乡村旅游三驾马车，形成妇联扶贫工作特色品牌，促进一大批妇女实现居家灵活就业脱贫，同时开展爱心公益活动，争取各类社会慈善项目资金向贫困妇女倾斜，真正实现为贫困妇女儿童做好事、办实事、解难事（山东省妇女联合会，2019）。

（五）妇女反贫困面临的困境与挑战

打赢脱贫攻坚战、实现共同富裕的脱贫攻坚任务时间紧、任务重，对各扶贫参与主体来说都是一项巨大的挑战。新冠疫情的出现给脱贫攻坚目标带来了新的挑战，劳动力务工受阻、扶贫产品销售受阻、扶贫项目开工受阻等严重影响贫困群体的收入和可持续生计（李晓嘉，2020）。值得注意的是，中国农村妇女贫困规模仍然较大，而且分布很不均衡，集中连片特困地区的女性贫困发生率较高，老年妇女、残疾妇女、留守女童以及流动妇女构成了贫困女性中的多数，脱贫形势严峻。精准扶贫思想中关于贫困内涵的认识已经进入多维度标准，将收入、就业、医疗与教育等纳入贫困范畴，但是在妇女贫困和脱贫具体指标的测度上仍然存在体制机制障碍，针对妇女贫困和脱贫的具体测量方法与操作性指标仍然没有得到普及和推广。现有的脱贫政策和措施较少关注到贫困妇女与男性之间的差异，主要从家庭出发进行帮扶。但实际上，贫困程度越深的地区，女性在家庭和村庄内面临的歧视也更加严重，尤其受传统习俗的影响，女性在获取扶贫资金、土地资源、搬迁、危房改造、小额信贷、技术引进等方面明显处于弱势。

现有的扶贫政策在扶贫资金、项目和技术等各类资源的提供上都难以与女性的实际脱贫需求相契合，性别化视角的政策设计较为缺乏。贫困女性的脆弱性贫困问题没有得到根本解决，政府扶贫举措仍然集中于围绕妇女传统的劳动角色开展培训，简单的救济性举措只能维持贫困女性群体的最低生活水平，她们自身发展能力和人力资本难以得到本质上的提升。政府针对贫困妇女就业权益的制度仅着力于消除或降低她们进入正规劳动力市场的门槛，但不能倡导性别均衡的家庭照料、完善生育保险制度，更不能构建性别平等文化，妇女面临的地域歧视、职业歧视、性别歧视与年龄歧视让妇女长期处于就业率低、就业意愿低、收入低等困境，增加了妇女贫困的可能性（卓惠萍，2020）。扶贫车间、乡镇工厂为留守贫困妇女提供灵活就业机会，但是城乡教育差距弱化了贫困家庭子女的升学竞争力，弃学打工投入扶贫车间"变现"加重了代际贫困状态（万喆，2016）。同样，助力反贫困的各类女性社会组织也面临诸多困境，相比之下，贫困地区的女性社会组织具有更加明显的"官办"色彩，一些民间组织通常由政府创立，资金、人才与活动内容与政府政策紧密联系在一起，运行进程中极易失去主体性。参与女性社会组织的成员专业水平不足，资源动员能力有限，大部分都是流动性较强的志愿者，难以提供专业的劳动技能培训和高质量服务，女性的能力建设也难以取得预期效果（唐永霞、罗卫国，2017）。再加上我国针对非政府组织的相关法律制度建设并不健全，这些组织面临社会认同度低、项目持续性差和转型困难等难题，妇联作为主要组织机构，其反贫困的路径和机制急需革新。

贫困妇女脱贫和可持续发展需要强化贫困治理主体的性别意识，充分尊重和落实妇女的主体地位，建立贫困妇女脱贫长效机制。我国妇女多维贫困治理应当坚持发挥政府主导作用，以妇女组织为协调枢纽，探索扶贫部门、妇联、企业、社会组织和志愿者等多元主体协同参与的帮扶体系，完善减贫主体工作和责任机制，搭建统一的扶贫平台，有效整合扶贫资源。在贫困妇女识别过程中，需要构建妇女多维贫困评价标准，将妇女家庭和个人情况相结合，综合考虑收入、住房、身体、技能培训和权利享有等维度，并落实贫困信息的动态监管。针对贫困妇女多维贫困特征，精准对接帮扶需求，落实"一人一策"帮扶（陈光燕，2016）。对于自我发展观念尚不明晰的妇女，政府既要开展有效的政策宣传，坚定贫困妇女脱贫志向，激发脱贫内生动力，又要在政策制定和扶贫干预层面凸显性别敏感度，在政策实践中尊重女性主体地位，将女性的乡土知识和经验纳入扶贫项目规划设计，完善精准帮扶机制，保证政策实施效果（梁文凤，2018）。

女性人力资本的提升能够促进家庭收入增长，政府应当有针对性地采取资金帮扶、项目支持、业务培训和宣传推广等鼓励女性劳动力外出，投身非农就业；培训机构需要充分考虑不同性别人口培训需求的差异，尽可能满足女性的发展需求，落实精准培训。培训机构需要加强新媒体培训，创办适合妇女的"互联网+扶贫"创业项目，因地制宜打造"农村+农妇+高收入+自媒体"的特色创业模式，既能有效应对新冠疫情影响，又能实现妇女稳定增收（马爱杰，2020）。年轻女性需要注重工作经验的有效积累，积极参加培训，提升个人人力资本水平，缩小收入差距（关爱萍、董凡，2018）。贫困地区教育收益率具有显著的性别差异，女性在初中、高中和大学阶段获得的教育回报率显著高于男性，所以必须推动贫困地区高中教育的发展，合力配置教育资源，提升教育质量，进一步发挥教育在女性减贫中的作用（张永丽、李青原、郭世慧，2018）。针对贫困女性中的弱势群体，要根据少数民族妇女、残障妇女、流动妇女、老年妇女等不同群体的特殊需求完善相关扶贫政策，构建包容、弹性、可持续的社会安全网络。政府需要推进妇女重大公共卫生服务项目建设健康知识入户宣传，提升妇女健康素养，保障贫困妇女享受精准健康扶贫政策成果（阮芳、熊昌娥、陈海莲等，2020），同时健全城乡一体化机制，打破城乡分割的公共服务制度，构建完善的服务体系和保障支持体系，让广大流动妇女、残障妇女享有公平的制度保障和基础设施服务（张晓颖、冯贺霞、王小林，2016）。不同地理区位和生存环境也需要考虑差异化的减贫策略，易地扶贫搬迁对生存环境恶劣的女户家庭具有更为积极的减贫效果（李聪、高博发、李树茁，2019），以公益性岗位为代表的"购买式服务"扶贫治理可以根据当地贫困状况和村庄需要进行设置，比如村庄环境卫生保护岗、村庄传统文化与习俗传承岗、空巢老人关爱岗、传统竹编生产工艺传承岗和传统桑蚕养殖示范岗等，既契合了贫困群体的脱贫需求，也有力提升了其造血能力（李博、左停，2017）。

三　研究不足与展望

2020年既是联合国召开第四次世界妇女大会的25周年，也是"十三五"规划的收官之年，中国妇女贫困人数在这一时期大幅度减少，如期完成新时代脱贫攻坚目标任务的重大宣告充分宣示了社会主义制度在消除绝对贫困领域的优越性。性别视角被进一步重视，越来越多的研究关注到女性在贫困中面临的特殊挑战和不平等，以减少妇女贫困和促进性别平等为目标的政策导向研究也渐趋丰富。

在理论视角层面，立足性别与发展理论、社会资本与人力资本理论、贫困文化理论、能力和赋权理论等展开的相关研究为妇女与贫困问题提供更全面的分析框架，特定的文化和地域差异也被进一步考虑在内。现有理论分析同样关注经济、社会、政治、文化等因素之间的相互关系和复杂性，多维度、多层次分析进一步拓展了妇女与贫困问题的复杂性和多样性，也更有助于制定针对性的政策和举措，以推进妇女贫困问题的解决。但是跨学科交叉和知识共享仍然存在隔阂，不同学科在研究方法、理论框架以及概念定义上的差异使学科之间的交流合作存在障碍，限制了知识共享和方法创新。

立足现实层面，现有研究在深度、广度和覆盖范围上都存在局限性，大量研究立足特定地区或特定贫困妇女群体展开分析，缺乏全球视野和跨文化的比较研究，可行性的实践与政策更具有地方特色难以进一步推广、延伸。与此同时，大量与妇女和贫困相关的研究在收集性别敏感数据方面仍然存在缺陷，妇女贫困的真实境况和影响因素分析相对薄弱。这也导致在国家与社会资源的全方位介入下，精准扶贫政策无差异覆盖所有贫困群体，妇女的反贫困行动更多依附于外部资源，其自身能动性和创造性体现不足。以静态分析为主的贫困研究缺少对妇女发展以及与政府和其他利益相关者互动的实证探析，妇女在脱贫进程中面临的社会性别张力、差异化的利益诉求、多元的主体塑造以及贫困的动态发展变化等难题（杜洁、宋健、何慧丽，2020）都值得后续更为深入的观察和研究。关于妇女参与精准扶贫的研究虽然在这一时期有所加强，可是对妇女反贫困的分析未能真正契合妇女的多元发展需要，妇女享受扶贫政策红利的成效同样缺乏动态跟踪和平衡。

妇女贫困的内涵在这一时期虽然有所扩展，但没有建立起明确的概念界定。不同区域妇女贫困的复杂性、多维性影响了贫困测度方法的选择，难以为政策决策提供重要参考，尤其是新型贫困妇女群体的出现给扶贫政策导向带来了巨大挑战。2020 年后绝对贫困的消失并不意味着扶贫工作的终结，相对贫困人口和老弱病残等特殊贫困群体长期存在，但是有关相对贫困标准、收入贫困标准和多维度贫困标准的讨论仍然没有定论，尤其是相对贫困和多维贫困的衡量尚且没有通用的标准。缺乏明确的衡量标准，自然就无法开展准确的分性别贫困人口数据统计，现有的性别敏感数据已然跟不上时代要求，重要的分性别基础性数据长期缺乏，依赖全国人口普查或中国妇女社会地位调查等统计所得数据难以把握贫困妇女的最新情况，有关妇女贫困发生率的数据统计和预防返贫监测更加不足，不利于推进妇女稳定脱贫。

在 2020 年实现现行标准下农村贫困人口全部脱贫后，妇女如何在巩固脱贫成果的基础上参与乡村振兴成为政府和社会面临的重大考验，也是研究者未来关注的重心所在。因此，妇女与贫困研究在以下方面值得进一步关注。

第一，鼓励不同学科领域的研究者共同参与妇女与贫困问题的研究，促进不同学科间的融合与协同。自然科学、社会科学与人文科学之间的交叉合作为了解妇女与贫困之间的复杂关系、制定综合的解决方案提供了更加全面和深入的视角。妇女贫困问题的解决需要社会学、经济学、法学、人类学、医学、生物学等多学科的贡献与协作，不同学科的观点、理论、方法和成果共享，能够丰富对妇女与贫困问题的理论分析。如何加强自然科学、社会科学与人文科学的理论合作，打破学科之间的壁垒，促进知识的跨越性应用，对争取妇女权益、消减贫困问题有重大意义。

第二，完善2020年后妇女贫困内涵与操作化研究，将性别视角融入贫困研究，深入探讨妇女在贫困中的特殊经验、挑战和需求。贫困作为多维度现象，要将妇女的教育、健康、就业、社会参与等多方面的特殊困境和不平等都考虑在内，丰富妇女相对贫困、多维度贫困的内涵。跨学科研究合作在共同制定研究议题、设计研究方法、收集和分析数据，从不同角度探索妇女与贫困问题方面具有明显优势。推动建立健全的数据收集机制、加强调查研究和信息共享、及时更新数据并进行数据整合和交叉验证能够为妇女与贫困研究和政策制定提供更加完整、准确的数据支持，这是推进跨地区、跨文化以及跨领域合作研究的关键。对妇女贫困内涵和操作化的深入便于政府与各类社会力量有针对性对弱势妇女群体给予精准扶持和帮助，推动妇女贫困事业和性别平等研究工作的开展。

第三，关注妇女赋权与可持续发展研究，推进政策倡导与实践指导结合。重点关注妇女教育水平的提高、决策层面的参与、就业市场的性别差异、资源获取与机会以及发展能力等。通过深入研究女性的权益、需求和利益，可以识别出不同领域中存在的性别不平等问题，并提出相应的政策建议。女性赋权实践的效果和成效分析同样能够为实践者提供反馈和指导，做出更加有效、可行的决策。女性赋权研究与政策倡导和实践指导之间能够形成相互促进的循环，进而推动性别平等和可持续发展的实现。

第四，重视跨国比较与妇女多维贫困研究。通过比较不同国家和地区的政策举措、社会经济条件以及文化背景，能够了解妇女与贫困问题的内在共性和差异，可以更全面地学习和借鉴在妇女与贫困问题上取得成功的最佳实践和经验，不同政策的实施效果也能够为政策制定者和决策者提供重要参考依据。通过国际交流合作和资源共享，可以加强对不同国家妇女与贫困问题经验教训的总结，推进全球性的性别平等目标的实现。

当然，既有研究同样需要根据特定的时代需要进行调整，比如新冠疫情给妇女脱贫和预防返贫带来的巨大考验。在关注新冠疫情对妇女脱贫的影响、推动妇女稳定减贫，缓减妇女的家庭照料压力、性别暴力和经济风险的基础上，也要制定针对性的政策和措施，着力破解妇女面临的特殊困境，促进妇女的经济自主权和社会参与，以确保她们能够克服新冠疫情对脱贫的影响，实现可持续发展和性别平等的目标。

参考文献

1. 陈光燕（2016）：《我国西南地区农村妇女多维贫困问题研究》，硕士学位论文，四川农业大学。

2. 陈俭、梁成艾、苗玲（2018）：《民族贫困地区农村女性劳动力外出务工意愿影响因素分析——基于贵州省威宁县的实证研究》，《贵州商学院学报》第2期。

3. 陈丽琴（2020）：《农户贫困的性别差异及多维指标建构——基于黎母山镇贫困户调查数据的分析》，《南京师大学报（社会科学版）》第2期。

4. 程玲（2019）：《可行能力视角下农村妇女的反贫困政策调适》，《吉林大学社会科学学报》第5期。

5. 程晓宇、陈志钢、张莉（2019）：《农村持久多维贫困测量与分析——基于贵州普定县三个行政村2004~2017年的普查数据》，《中国人口·资源与环境》第7期。

6. 代蕊华、于璇（2017）：《教育精准扶贫：困境与治理路径》，《教育发展研究》第7期。

7. 邓睿、焦锋（2020）：《时间、资本、环境三维视角下深度贫困地区健康脆弱性解析》，《医学与社会》第11期。

8. 董衍君、陈培友（2020）：《因病返贫对策探究》，《当代经济》第8期。

9. 杜洁、宋健、何慧丽（2020）：《内生性脱贫视角下的农村妇女与合作组织——以山西PH与河南HN两个农民合作社为例》，《妇女研究论丛》第1期。

10. 段塔丽、李玉磊、王蓉等（2020）：《精准扶贫视角下贫困地区农村女性户主家庭能力脱贫实现路径探析——基于陕南秦巴山区农户家庭的调查数据》，《陕西师范大学学报（哲学社会科学版）》第6期。

11. 冯波（2018）：《农村女性社会组织参与社会治理研究——以浙江嵊州"村嫂"志愿服务组织为例》，《社会治理》第8期。

12. 公丕明、公丕宏（2017）：《精准扶贫脱贫攻坚中社会保障兜底扶贫研究》，《云南民族大学学报（哲学社会科学版）》第6期。

13. 关爱萍、董凡（2018）：《农业女性化、女性农业化及对贫困的影响分析——基于甘肃省14个贫困村的农户调查数据》，《人口与发展》第2期。

14. 郭君平、荆林波、张斌（2016）：《国家级贫困县"帽子"的"棘轮效应"——基于全国2073个区县的实证研究》，《中国农业大学学报（社会科学版）》第4期。

15. 郭熙保、周强（2016）：《长期多维贫困、不平等与致贫因素》，《经济研究》第6期。

16. 何玲（2020）：《贵州贫困民族地区农村妇女就业困境及对策研究——以威宁县地那镇中心村为例》，《产业科技创新》第17期。

17. 贺海波（2018）：《贫困文化与精准扶贫的一种实践困境——基于贵州望谟集中连

片贫困地区村寨的实证调查》，《社会科学》第 1 期。

18. 侯小雨、刘顺霞、闫志利（2019）：《河南省贫困人口的培训需求及性别差异研究》，《职业教育研究》第 5 期。

19. 黄桂霞（2020）：《中国社会保障缓解妇女贫困的经验与挑战》，《山东女子学院学报》第 6 期。

20. 黄森慰、姜畅、郑逸芳（2019）：《妇女多维贫困测量、分解与精准扶贫——基于福建省"巾帼扶贫"五年攻坚计划调研数据》，《中国农业大学学报》第 4 期。

21. 姜耀辉（2020）：《新时代女性社会组织的发展机遇、功能优势和能力提升》，《湖南行政学院学报》第 1 期。

22. 金一虹（2016）：《妇女贫困的深层机制探讨》，《妇女研究论丛》第 6 期。

23. 赖力（2017）：《精准扶贫与妇女反贫困：政策实践及其困境——基于贵州省的分析》，《华中农业大学学报（社会科学版）》第 6 期。

24. 李博、张全红、周强等（2018）：《中国收入贫困和多维贫困的静态与动态比较分析》，《数量经济技术经济研究》第 8 期。

25. 李博、左停（2017）：《集中连片贫困地区"购买服务式"综合性扶贫治理模式研究——以陕南秦巴山区"公益岗位"为例》，《农业经济问题》第 2 期。

26. 李聪、高博发、李树苗（2019）：《易地扶贫搬迁对农户贫困脆弱性影响的性别差异分析——来自陕南地区的证据》，《统计与信息论坛》第 12 期。

27. 李梅、吴俊林、张超等（2019）：《社会力量参与文化扶贫的成效、困境及路径》，《云南农业大学学报（社会科学）》第 1 期。

28. 李宁、段小红（2020）：《甘肃省贫困地区妇女外出务工满意度及影响因素分析》，《生产力研究》第 11 期。

29. 李小云、张瑶（2020）：《贫困女性化与女性贫困化：实证基础与理论悖论》，《社会科学文摘》第 3 期。

30. 李晓嘉（2020）：《2020 年后我国反贫困政策转型及展望》，《人民论坛》第 20 期。

31. 李颖慧、窦苗苗、杜为公（2020）：《我国城乡女性贫困成因与治理方式研究》，《河南社会科学》第 9 期。

32. 梁文凤（2018）：《基于精准扶贫视角的农村妇女脱贫路径研究》，《改革与战略》第 5 期。

33. 刘美一、田如月、秦晴等（2020）：《性别视角下电商扶贫的效用及反思——基于 Z 厂的个案研究》，《价值工程》第 19 期。

34. 刘欣（2016）：《功能整合与发展转型：精准扶贫视阈下的农村社会救助研究——以贵州省社会救助兜底扶贫实践为例》，《贵州社会科学》第 10 期。

35. 柳建平、刘咪咪（2018）：《贫困地区女性贫困现状分析——多维贫困视角的性别比较》，《软科学》第 9 期。

36. 陆继霞、吴丽娟、李小云（2020）：《扶贫车间对农村妇女空间的再造——基于河南省的一个案例》，《妇女研究论丛》第 1 期。

37. 马爱杰（2020）：《对精准扶贫中民族地区农村妇女问题研究——以辽宁省 A 市民

族乡村为例》，《知识经济》第 15 期。

38. 马楠（2016）：《民族地区特色产业精准扶贫研究——以中药材开发产业为例》，《中南民族大学学报（人文社会科学版）》第 1 期。

39. 马英华、谢立敏（2020）：《女性社会组织参与国家治理：作用发挥和策略优化》，《学术交流》第 3 期。

40. 满丽萍（2020）：《社会性别视角下滇越边境少数民族妇女反贫困实证分析——以红河哈尼族彝族自治州为例》，《红河学院学报》第 3 期。

41. 毛平、张禧、山国艳（2016）：《西部民族地区农村妇女发展特点及路径探析——以四川凉山彝族地区农村妇女发展为例》，《贵州民族研究》第 5 期。

42. 聂常虹、陈彤、王焕刚等（2020）：《新时代我国妇女脱贫问题研究》，《中国科学院院刊》第 10 期。

43. 聂常虹、王雷（2019）：《我国贫困妇女脱贫问题政策研究》，《中国科学院院刊》第 1 期。

44. 宁吉喆、许宪春、高建华（2017）：《砥砺奋进的五年　从十八大到十九大》，中国统计出版社。

45. 牛琴琴、徐莉（2018）：《突破贫困文化对教育的束缚——兼论贫困女性及其受教育状况》，《当代教育论坛》第 2 期。

46. 潘凌霄、宋雯（2020）：《妇联组织视角下妇女精准脱贫支持体系建设研究》，《中国市场》第 24 期。

47. 彭森主编（2018）《十八大以来经济体制改革进展报告》，国家行政学院出版社。

48. 任文辉、赵艳霞、马兰等（2020）：《我国贫困地区宫颈癌筛查效果及影响因素研究》，《中国妇产科临床杂志》第 4 期。

49. 阮芳、熊昌娥、陈海莲等（2020）：《脱贫攻坚背景下咸宁市农村贫困妇女健康扶贫路径研究》，《湖北科技学院学报》第 3 期。

50. 山东省妇女联合会（2019）：《打造乡村振兴齐鲁样板　巾帼行动奏响"她强音"》，《中国妇运》第 7 期。

51. 苏海（2019）：《中国农村贫困女性的减贫历程与经验反思》，《云南社会科学》第 6 期。

52. 唐永霞、罗卫国（2016）：《妇女 NGO 在贫困山区农村已婚女性家庭地位提升中的现状分析——基于甘肃省 T 县的调查》，《北京科技大学学报（社会科学版）》第 6 期。

53. 唐永霞、罗卫国（2017）：《妇女非政府组织参与贫困地区农村妇女扶贫的调查研究——以甘肃省定西市为例》，《南京航空航天大学学报（社会科学版）》第 4 期。

54. 万喆（2016）：《新形势下中国贫困新趋势和解决路径探究》，《国际经济评论》第 6 期。

55. 汪三贵、刘明月（2019）：《健康扶贫的作用机制、实施困境与政策选择》，《新疆师范大学学报（哲学社会科学版）》第 3 期。

56. 汪三贵、刘未（2016）：《"六个精准"是精准扶贫的本质要求——习近平精准扶贫系列论述探析》，《毛泽东邓小平理论研究》第 1 期。

57. 王嘉毅、封清云、张金（2016）：《教育与精准扶贫精准脱贫》，《教育研究》第 7 期。

58. 王武林（2017）：《民族地区老年妇女宗教信仰问题研究》，《云南民族大学学报（哲学社会科学版）》第 1 期。

59. 王小林、高睿（2016）：《农村妇女脱贫：目标、挑战与政策选择》，《妇女研究论丛》第 6 期。

60. 王晓毅（2016）：《精准扶贫与驻村帮扶》，《国家行政学院学报》第 3 期。

61. 王肖婧（2018）：《劳动力市场的性别收入不平等及女性贫困——一个人力资本和社会资本理论的双重视角》，《财经问题研究》第 3 期。

62. 习近平（2023）：《坚持社会动员，凝聚各方力量》，《习近平关于妇女儿童和妇联工作论述摘编》，中央文献出版社。

63. 肖萌、丁华、李飞跃（2019）：《对贫困决定因素的性别比较研究——基于 2014 年中国家庭追踪调查城乡非农业人口的实证分析》，《妇女研究论丛》第 1 期。

64. 邢成举（2020）：《村镇工厂与农村女性反贫困研究》，《妇女研究论丛》第 1 期。

65. 徐渊、张早来（2020）：《社会治理中女性社会组织作用发挥研究——以江西省吉安市为例》，《老区建设》第 2 期。

66. 杨路耀、贺清明（2017）：《关于因病致贫和因病返贫的原因探讨及对策研究》，《赤峰学院学报（自然科学版）》第 14 期。

67. 翟绍果、严锦航（2018）：《健康扶贫的治理逻辑、现实挑战与路径优化》，《西北大学学报（哲学社会科学版）》第 3 期。

68. 张明锁、王灿灿（2018）：《兜底扶贫制度的运行现状、价值取向与优化路径——以河南省两地兜底扶贫实践为例》，《社会政策研究》第 1 期。

69. 张晓颖、冯贺霞、王小林（2016）：《流动妇女多维贫困分析——基于北京市 451 名家政服务从业人员的调查》，《经济评论》第 3 期。

70. 张永丽、李青原、郭世慧（2018）：《贫困地区农村教育收益率的性别差异——基于 PSM 模型的计量分析》，《中国农村经济》第 9 期。

71. 张赟（2018）：《多维视角下的贫困群体的实证分析——以贫困儿童和流动妇女为样本》，《经济问题》第 6 期。

72. 郑长德、单德朋（2016）：《集中连片特困地区多维贫困测度与时空演进》，《南开学报（哲学社会科学版）》第 3 期。

73. 中共中央党史和文献研究院编（2018）《习近平扶贫论述摘编》，中央文献出版社。

74. 中华全国妇女联合会（2016）：《全国妇联关于在脱贫攻坚战中开展"巾帼脱贫行动"的意见》，《中国妇运》第 1 期。

75. 朱战辉（2017）：《半工半耕：农民家计模式视角下连片特困地区农户贫困状况及治理》，《云南行政学院学报》第 3 期。

76. 卓惠萍（2020）：《给付 - 规制视角下农村贫困妇女脱贫策略的反思与完善》，《领导科学》第 2 期。

妇女人权与法律研究综述（2016~2020年）

王理万[*]

妇女人权与法律是妇女研究的重要论域，直接关涉提升妇女社会地位和保障妇女合法权益，具有很强的实践特征。2016~2020年，中国妇女事业发展取得了显著进步，保障妇女权益的法治体系不断完善，妇女在政治、经济、文化、社会和家庭生活等各方面，其人权得到有力保障，这给妇女人权和法律的研究带来了诸多热点和契机。相关论文数量和质量保持较高水平，专著聚焦基础理论和热点问题，国家社科基金在多学科对相关问题进行立项资助，学术机构举办了系列常态化和临时性会议，整体呈现出向纵深演化和专题突破的态势，多学科交叉融合的特点日益凸显。

一　研究概述

2016~2020年关于妇女人权与法律的研究持续深入，产生了丰硕的研究成果。以"妇女/女性权利""妇女/女性人权""妇女/女性权益""妇女/女性法律"等作为主题关键词，在中国知网（CNKI）进行跨库检索（涵盖期刊、报纸、会议、学术集刊和学位论文），共计检索到文献612篇。人工剔除关联度明显不足的文献和重复文献后，有效文章共计487篇，其中期刊论文290篇、集刊论文15篇、会议论文6篇、报纸文章6篇、硕士学位论文和博士学位论文170篇（其中硕士学位论文162篇、博士学位论文8篇）。使用Smart Analyze工具，对上述文献的标题和关键词进行分析，可得排名前20位的高频词分别为女性、妇女、权利、法律、权益、保护、就业、保障、性别、平等、女性主义、人权、歧视、土地、社会、政策、地位、农村妇女、家庭暴力、制度。上述关键词充分反映了妇女人权与法律研究的问题意识，即在经济和社会发展中，妇女/女性权

---

* 作者简介：王理万，男，中国政法大学人权研究院副教授。

利保障面临就业歧视、土地权益和社会权利等现实问题，亟须国家立法和出台政策予以平等保护。值得一提的是，《妇女研究论丛》作为妇女/性别研究领域的全国性学术期刊，集中刊发了一批关于妇女人权与法律的，引领和主导了相关学术问题的研究成果，举其要者包括关于《中华人民共和国反家庭暴力法》的探讨（2016 年第 1 期、2017 年第 4 期和 2017 年第 6 期）、对夫妻共同债务认定规则的检讨（2016 年第 6 期和 2018 年第 4 期）、关于防治性骚扰问题的探讨（2018 年第 3 期、2019 年第 2 期和 2020 年第 5 期），以及《中华人民共和国民法典·婚姻家庭编》专家笔谈（2020 年第 4 期）。

由于中国知网（CNKI）收录的书籍较少，笔者在"超星数据库"以"妇女/女性权利""妇女/女性人权""妇女/女性权益""妇女/女性法律"为主题关键词，对相关专著、教材和论文集进行了检索分析。剔除文学作品、法律汇编（包括法律指南、法律问答、法律释义、法律读本、维权手册、司法案例汇编等）和政府白皮书，可检索得 2016～2020 年相关学术专著共计 53 部。其中有男女平权的基础理论研究，比如国务院妇女儿童工作委员会办公室主编的《男女平等基本国策的贯彻与落实》（2016）；有关于妇女劳动和社会权益的研究，比如郑玉敏的《中国女性平等工作权立法研究》（2018）、苏映宇的《城镇化与女性农民工劳动权益保障：基于马克思主义劳动观视域的思考》（2018）、谭宁的《"间断—平衡"理论框架下的中国城镇女性就业支持政策研究》（2020）；有关于女性财产权益的研究，比如张笑寒的《中国农村妇女土地权益流失探析》（2019）、聂常虹等著的《妇女扶贫问题研究》（2020）；有关于妇女人身权利的研究，比如李永升等著的《侵犯妇女权益的犯罪研究》（2017）、蒋卫君的《民法视野下女性生育自己决定权研究》（2018）；有关于妇女婚姻和家庭权益的研究，比如王新宇主编的《法观念现代化与女性权益保护——以〈反家庭暴力法〉为中心》（2020）。此外，从社会性别视角进行的妇女权利研究方兴未艾，比如薛宁兰的《社会性别与妇女权利（第二版）》（2018）、刘小楠主编的《社会性别与人权教程》（2019）等。

在重要的研究项目方面，2016～2020 年，国家社会科学基金项目涉及妇女人权和法律的各类项目（包括重大项目、一般项目、西部项目、青年项目和后期资助项目）共计 18 项，涵盖法学、社会学、经济学和历史学等多个学科（见表1）。在年度分布上无明显规律。项目的研究方向与论文和书籍的研究旨趣高度重合，关注妇女的平等权、生育权、财产权、婚姻家庭权益和发展权利，并将研究主题嵌入"法律变迁""脱贫攻坚""全面二孩""乡村治理"等语境中，形成了颇具现实意义的研究课题，拓宽了妇女人权和法律的研究视野。

表1　妇女人权和法律研究的国家社科基金项目（2016~2020 年）

年度	项目类别	学科	项目名称	负责人
2016	青年项目	法学	民法典编纂背景下夫妻财产制研究	贺剑
2016	西部项目	法学	中国夫妻财产法律制度安排的伦理维度	曹贤信
2016	一般项目	法学	立法中的性别平等评估机制研究	马姝
2016	一般项目	理论经济	我国生育政策调整对女性经济权益的影响研究	张霞
2017	一般项目	法学	离婚扶养制度研究	张学军
2017	一般项目	法学	离婚纠纷解决机制研究	朱蓓予
2018	一般项目	法学	民法典中性别平等机制的建构研究	郝佳
2018	青年项目	社会学	招聘视角下大学生就业过程不平等研究	刘浩
2018	西部项目	法学	幼女性权利的刑法保护研究	苏雄华
2018	后期资助项目	法学	壮族习惯法的母系特征研究:兼论壮族习惯法对妇女权益的保护	袁翔珠
2019	一般项目	世界历史	19 世纪美国女性财产权的确立及其影响研究	孙晨旭
2019	后期资助项目	法学	家事审判改革背景下婚姻诉讼程序研究	郝晶晶
2020	西部项目	世界历史	古希腊与先秦中国妇女的家庭财产权利比较研究	谢芝芹
2020	西部项目	应用经济	农地"三权分置"下妇女土地权益界定和保障机制创新研究	谢璐
2020	青年项目	中国历史	近代中国妇女财产继承权的确立及其制约研究	陈霓珊
2020	一般项目	法学	新时代妇女权益保障立法的体系观与发展观研究	邓丽
2020	青年项目	法学	个体侵权与性别歧视双重视角下我国性骚扰防治机制研究	张夏子
2020	一般项目	社会学	人工智能促进社会性别平等研究	周旅军

在重要的学术会议方面，2016~2020 年，相关领域的群团组织、学术社团、高等院校、科研机构和国际组织举办了一系列学术研讨会。面向男女平等议题，

中国妇女研究会于 2016 年召开了以"创新、协调、绿色、开放、共享理念下的妇女发展与性别平等"为主题的年会，在法规与政策的性别评估方面，与会者梳理了现存地方性法规政策的性别平等评估机制，积极吸取国内外性别评估机制的经验，以指导将性别评估纳入法规政策制定的实践；对于《中华人民共和国反家庭暴力法》在具体执行中面临的问题，与会者及一线工作者从"人身安全保护令"的适用性和机制完善等角度进行了讨论，同时关注《反家庭暴力法》施行过程中的难点，并总结既有实践中的先进经验；与会者还关注了土地承包经营权确权中妇女权益保障问题及农村妇女土地权益维权难问题（刘天红，2016）。上海社会科学院社会学研究所与德国艾伯特基金会上海办公室于 2016 年联合举办了主题为"女性发展与性别平等——中德比较研究"的研讨会，其中涉及"妇女就业和经济权利"专题，与会专家就德国第一份性别平等报告、提高女性就业质量、女性对土地和住房这两种重要经济资源的配置、工作家庭平衡进行发言和讨论（王蓓敏，2016）。中华女子学院法学院和中华女子学院中国妇女人权研究中心于 2018 年主办了"民法典编纂与男女平等"研讨会，提出"在民法典编纂过程中贯彻男女平等原则重点要解决五个问题：一是女性在民事领域的权利和机会不平衡的问题；二是对女性价值认识不充分的问题；三是女性的人身、财产安全更易受侵害的问题；四是不尊重女性的问题；五是女性贫困问题"（黄晶、但淑华，2019）。围绕家庭暴力问题，2017 年全国妇联和联合国妇女署、联合国人口基金联合举办了"反家庭暴力多部门合作经验交流研讨会"，2018 年中国法学会学术交流中心、美国律师协会全球法治项目部主办了"反家庭暴力法研讨会"，2019 年全国妇联与法国驻华使馆主办、中华女子学院承办了"第五届中法反家庭暴力研讨会"。针对性骚扰问题，2020 年中国社会科学院法学所性别与法律研究中心联合全国妇联妇女研究所、《妇女研究论丛》编辑部主办了"性骚扰：本质、问题与规制"学术研讨会。围绕妇女发展问题，2020 年中国妇女研究会，华中科技大学社会学院、社会性别研究中心，武汉大学社会学院、妇女/性别研究与培训基地，妇女研究所《妇女研究论丛》编辑部联合主办了"疫情背景下的妇女与发展：挑战与应对"学术研讨会。这些会议的议题，呼应了这五年内的研究主题，促进了妇女人权和法律研究的学术共同体形成，推动了相关领域的立法和司法进步。

纵览 2016~2020 年的妇女人权与法律研究，其主要动力和问题意识实则主要源于法律的制定和修改。具体而言，这五年间重要的法律制度变迁及其相关研究的总体情况如下。

一方面，妇女权益保障法律规范体系逐步完备，促进相关研究的兴起和繁荣。2016年3月开始实施的《中华人民共和国反家庭暴力法》明确规定了家庭暴力的定义、救济途径和法律责任，并创设了家庭暴力告诫书和人身安全保护令制度，这激发了学界和实务界对家庭暴力问题（特别是人身安全保护令）的研究热潮。2020年5月通过的《中华人民共和国民法典》，强调男女平等的婚姻制度、家庭地位和继承权，明确禁止性骚扰行为，确立机关、企业、学校等单位防止性骚扰的法律责任，合理界定夫妻共同债务，肯定女性家务劳动价值，并规定了家庭暴力等离婚损害赔偿，这促使关于性骚扰、夫妻共同债务等问题的研究成果批量形成。然而亦需强调的是，并非所有关涉妇女人权的立法动向，都得到了学界的关注，比如2019年通过的《中华人民共和国基本医疗卫生与健康促进法》，其明确规定了"国家发展妇幼保健事业，建立健全妇幼健康服务体系，为妇女、儿童提供保健及常见病防治服务，保障妇女、儿童健康"，但并未引发学界关于妇女健康权的研究热点。

另一方面，妇女权益保障法治实施体系更加高效，也激发了相关研究趋向。《国家人权行动计划（2016~2020年）》专节规定了妇女权利，涵盖妇女的参政权、平等就业权、健康权、家庭权，提出了有效预防和依法打击拐卖妇女犯罪行为、预防和制止针对妇女的性骚扰。尽管《国家人权行动计划》并未创设新的妇女权利，但是其作为实施指引和行动计划，加强了问题聚焦和研究动能。在具体法治实施方面，地方性立法、行政措施和司法改革也有系列创举，这与学界的研究形成了良性互动。首先，在地方性立法方面，多地确立了法规政策性别平等评估机制。比如2020年山东省人大常委会办公厅下发通知，拟建立山东省法规政策性别平等评估机制，包括事前评估、事中评估和事后评估。其次，在行政措施方面，政府部门和群团组织密集采取了各项措施，以解决就业领域的性别歧视问题。2016年7月，全国妇联制定并下发《妇联组织促进女性公平就业约谈暂行办法》，此后各地纷纷探索建立约谈机制，落实约谈办法，引导用人单位依法依规开展人力资源管理；2019年2月，人力资源和社会保障部、教育部等九部门联合发布《关于进一步规范招聘行为促进妇女就业的通知》；2019年3月，中华全国总工会发布《促进工作场所性别平等指导手册》；2019年12月，中共中央办公厅、国务院办公厅印发《关于促进劳动力和人才社会性流动体制机制改革的意见》，明确要求"依法纠正身份、性别等就业歧视现象"，这使关于就业性别歧视的研究有了更为坚实的规范指引。最后，在司法改革方面，2016年8月，最高人民法院将"邓某某诉某速递公司、某劳务公司一般人格权纠纷案"（就业性别歧视案）列入"弘扬社会主义核心价值观典型案例"；2018年1月，最高人民法院发布《最高人民法院关于审理涉及夫妻债务纠纷案件适用法律有关问题的解释》，完善了夫妻债务认定规则，保护夫妻双方在家庭中的平等权利；2018年12月，最高人民法院发布《关于增加民事案件案由的通知》，把"平等就业权纠纷"和"性骚扰损害责任纠纷"明确列为民事案由；2019年12月，最高人民检察院、全国妇联联合发布《关于建立共同推动保护妇女儿童权益工作合作机制的通知》。这些司法改革的新动向，契合了社会关注，促进相关学术成果的涌现。

二　主要研究内容

妇女人权与法律研究可以分为总论（一般理论）和分论（具体妇女权利）。总论部分旨在为妇女人权建构一般原理，主要涉及妇女权利的性质、内容和保障方式，也涉及男女平等的国策内涵、历史发展和实现路径的研究。建构深厚的总论部分，方可为具体妇女权利的研究铺垫坚实的理论基础。当然，就妇女人权与法律的研究趋势和规律而言，分论内容足够完备，方能倒逼和反推更为扎实的总论部分形成。

（一）妇女人权的总论研究

尽管从严格意义上看，妇女人权和妇女权利（权益）的内涵和外延并不完全一致，前者更多是从国际条约和自然法原理出发，所指涉的范围更为宽泛和前沿，但是在学术研究和政府文献中往往并不严格区分二者。2019年9月，国务院新闻办公室发布《平等　发展　共享：新中国70年妇女事业的发展与进步》白皮书，明确提出"妇女权益是基本人权"（国务院新闻办公室，2019）。林丽拉（2016）认为，女性权益包括女性作为人所应当享有的一般权益和女性作为女人应当享有的特殊权益，应在承认男女有别的基础上，在实践中尊重女性差异，保护女性特殊利益，在尊重差异的前提下的平等，才是真正的平等。改革开放以来，妇女人权及其保障的建设进入法治化快车道，宪法和法律对妇女广泛赋权，《中华人民共和国妇女权益保障法》等专门立法对妇女进行全方位保护，男女平等原则已经上升为国策，性别意识逐步进入决策主流，妇女人权保障国际合作不断发展（陈爱武，2019）。尽管如此，我国妇女权益保障仍面临一些立法困境。在外部结构上，缺乏一些专门性法律，目前只有《中华人民共和国妇女权益保障法》，而对于其他社会生活中比较突出的侵害妇女权益的现象，并没有起草和制定专门性的法律来进行规制；在内部结构上，立法质量并非特别乐观，比如《中华人民共和国妇女权益保障法》没有设置专门的监管机构来保障实施，可诉性条款也基本缺失，大多是一些纲领性的宣言（邓达奇，2017）。对此，有学者提出，从国家治理角度认识妇女权利问题，将现代国家治理的理念应用于妇女权利保障，就要在国家治理过程中高度重视妇女权利保障的实质性平等理念，以赋权妇女为重要方式，提高女性自身的性别平等意识，承认、赋予、增强和保障妇女个人的权利（朱晓慧，2019）。

（二）妇女平等权利研究

妇女平等权利既是宪法规定的妇女的重要权利（妇女在政治的、经济的、文化的、社会的和家庭的生活等各方面享有同男子平等的权利），也是我国长期坚持的基本国策。男女平等基本国策的核心要义是重视和发挥妇女在经济社会发展中的主体地位和作用，推动妇女与经济社会同步发展；在承认男女现实差异的前提下倡导男女两性权利、机会和结果的平等，依法保障妇女合法权益；从法律、政策和社会实践各方面消除对妇女一切形式的歧视，构建以男女平等为核心的先进性别文化；将性别平等意识纳入决策主流，在出台法律、制定政策、编制规划、部署工作时充分考虑男女两性的现实差异和妇女的特殊利益（国务院妇女儿童工作委员会办公室，2016）。《男女平等基本国策贯彻与落实案例选编》（全国妇联妇女研究所主编，2018）以更加充实的案例角度，展示了落实男女平等国策的多元可能性，涉及法律法规、政策规划、工作部署和环境营造，分别从实施背景、具体做法、主要成效和基本经验等方面展示了中国贯彻落实男女平等基本国策的足迹和亮点。

男女平等的对立面是性别歧视。作为最典型的一种歧视现象，性别歧视是指某个社会群体排他性地基于与某项事业（或活动）所要求的必要条件无关的性别因素对其他群体及其成员实施区别对待的行为。这意味着性别歧视的核心构成要件有两方面：一是必须发生排他性基于性别因素的区别对待行为并造成负面的现实后果，二是这种区别对待不具有合理依据（李思，2016）。张成刚（2019）对中国劳动力市场职业隔离水平的研究和测算表明，职业性别隔离水平的概要指数在转型阶段大都呈现出上升趋势：1989~1991年，职业性别隔离水平基本保持不变；1991~2000年，职业性别隔离水平保持上升趋势；2000~2004年，职业性别隔离水平加速上升。应对性别歧视，国家承担积极责任，解决职业性别隔离，急需构建国家机制和采取行动，赋予歧视受害者以救济权，从而形成有效缓解和消除性别歧视的制度体系。蒋永萍（2016）认为，有效地提高妇女地位的国家机制至少应包含以下几大元素：一是提高妇女地位推进性别平等的国家机构，二是保障妇女权益的法律政策体系，三是促进妇女发展的国家行动计划，四是社会性别主流化战略的推行和确保机制运行的支持保障措施。王理万（2019）针对就业性别歧视案件的司法审查基准做了探讨，并建议将审查基准厘定为事实判断、价值判断和外部因素三阶段，其中在价值判断环节需要进行形式审查（排除法定禁忌劳动和暂行特别措施）和实质审查（真实职业资格审查和比例原则审查），外部因素主要考虑该项判决的政治效果、政策效果和经济效果。卢杰锋（2017）以美国的司法经验为例，对就业性别歧视的例外审查规则（真实职业资格）进行分析，认为在认定性别歧视例外时，应当对性别与职业资格之间的联系进行实质性审查。王显勇（2018）建议防治就业性别歧视需疏堵结合，通过观念更新、制度疏导预防就业性别歧视，通过完善消除就业歧视法律制度遏制就业性别歧视。此外，刘小楠（2016）主编的《反歧视法讲义：文本与案例》是国内第一本反歧视法教材，该专著探讨了暂行特别措施和性别歧视，对普及性别平等理念和反歧视人权教育将持续发挥重要作用。郑玉敏（2018）的《中国女性平等工作权立法研究》分析了我国女性工作权立法方面存在的问题，提出了完善中国女性平等工作权的立法建议。

（三）妇女人身权利研究

妇女人身权利在各项人权中占据基础地位。《中华人民共和国反家庭暴力法》设立了家庭暴力告诫、强制报告、人身安全保护令和紧急庇护四项制度；

《中华人民共和国民法典》明确规定"违背他人意愿，以言语、文字、图像、肢体行为等方式对他人实施性骚扰的，受害人有权依法请求行为人承担民事责任。机关、企业、学校等单位应当采取合理的预防、受理投诉、调查处置等措施，防止和制止利用职权、从属关系等实施性骚扰"。这些立法动向，为学术研究提供了依据和指引，促使在2016~2020年关于家庭暴力问题和性骚扰问题的研究兴起，产生了一批研究成果：根据"中国知网"（CNKI）的检索数据，在此期间关于家庭暴力的论文多达813篇（其中仅2016年就有254篇），关于性骚扰的论文有230篇。

刘昱辉（2018）从法理学角度论证了立法防治家庭暴力行为的意义，认为国家介入家庭暴力既有正当性，也有必要性。公权力适度介入私人领域并遵循一定的限度，可以整合社会功能的发挥，更好地实现对私权的救济。《中华人民共和国反家庭暴力法》的立法过程可分为四个主要阶段：第一阶段（1996年之前）为"家庭暴力"概念的空白期；第二阶段（1996~2000年）为反家庭暴力立法的起步期，"家庭暴力"概念开始出现在地方性法规中；第三阶段（2001~2011年），反家庭暴力立法进入迅速发展期，国家采取各种措施积极预防和制止家庭暴力；第四阶段（2012年之后），反家庭暴力立法进入深入发展期，制定专门的反家庭暴力法被列入国家立法规划并顺利出台（全国妇联权益部，2016）。杨柯（2017）分析了社会组织参与制定《中华人民共和国反家庭暴力法》的行为和模式，指出政府对社会组织开放与回应的态度是影响社会组织参与反家庭暴力政策制定绩效实现的决定性因素，社会组织具备基于本土情境可实践的专业化能力是影响社会组织参与反家庭暴力政策制定绩效实现的基础性因素，构建基于优势资源互补的合作共治关系是影响社会组织参与反家庭暴力政策制定绩效实现的关键性因素。

《中华人民共和国反家庭暴力法》施行的前两年研究主要集中于对该法的释读和宣传。在此期间，集中产生了一批释法和案例成果，包括《〈中华人民共和国反家庭暴力法〉释义》（阚珂、谭琳主编，2016a）、《〈中华人民共和国反家庭暴力法〉简明读本》（阚珂、谭琳主编，2016b）、《反家庭暴力法实用问答及典型案例》（全国妇联权益部编著，2016）、《反家庭暴力案例评析》（杨世强主编，2016）、《帮助家庭暴力受害妇女工作手册》（中国婚姻家庭研究会编，2017）等——这些书籍虽然不是严格意义上的学术成果，但是其对于正确理解和适用《中华人民共和国反家庭暴力法》颇有助益。在积累了相当数量的家庭暴力案件后，自 2018 年开始涌现对于该法实施情况的评述。王新宇（2019）指出，"就家庭暴力案大部分受害人角度而言，家庭暴力问题更多地反映出来的是性别关系问题，或者说是女性权利问题"。薛莉（2018）基于对《中华人民共和国反家庭暴力法》施行后的 722 份裁定书为分析样本，指出了人身保护安全令申请数量少且申请率较低、女性为主要申请主体、身体和精神方面受到侵害系主要申请原因、法院对证据的认定标准不一致、前配偶获得裁定难、裁判文书内容及格式不规范等问题。周文和李波（2019）基于 387 份调查问卷指出，公安机关处置家庭暴力案件的告诫制度存在一系列问题，包括公安机关工作人员对告诫制度的了解程度明显不够、告诫制度的实施情况不尽理想、告诫制度的实施效果尚待提高等。张琪（2020）进一步指出，家庭暴力中受暴力侵害的女性面临三重司法困境，包括家庭暴力认定难、离婚诉求实现难、权益保障难，并据此建议在司法实践中，法官不仅应当意识到裁判不仅是对个案中个体经验的关怀，还应注意到其形塑了司法对于女性人权保障的具体形态，以及其对社会行为指引的重要意义。

在防治性骚扰领域，2016～2020 年的研究持续深入。尽管性骚扰的受害者和施害者可能是任何性别，而且不一定发生在异性之间，但妇女（包括女童）是最主要的受害者，而实施者多是男性，加之性骚扰问题深深植根于社会的性别观念和性别文化，其根源是持续不平等的性别权力结构，因而被视为对妇女的暴力（冯媛，2018）。显然，工作场所（职场）和高校性骚扰集中体现了这种"不平等的性别权力结构"，也是目前较为突出的现实问题，因而获得学界的高度关注。工作场所（职场）性骚扰是发生于工作场合的或与工作有关的，加害人对受害人实施的、基于性或性别的行为，该行为是会对受害人的工作造成实质损害，或者使受害人的工作环境变得充满敌意性、胁迫性、侵犯性的侵权行为（曹艳春、刘秀芬，2016）。关于高校性骚扰，郦菁（2018）指出推动建立高校防范性骚扰机制，"不仅要利用既有的法律和行政基础设施，建构具有普遍政治动员力的政策话语，积极回应话语机会结构，而且要在国家内部的权力结构中找到适当的政策进入点，联合多方政治行动主体，推动政策的制定和出台"。

关于工作场所性骚扰，用人单位的责任成为核心议题。刘明辉（2018）指出《女职工劳动保护特别规定》规定的"在劳动场所，用人单位应当预防和制止对女职工的性骚扰"虽然有很大的进步意义，但是仍存在单位防治性骚扰义务条款过于简单且责任不明、管理者对于防治性骚扰义务存在认识误区、专业机构和行业协会的指引不足等问题。刘小楠和黄周正（2020）提出了完善工作场所性骚扰防治法律规范体系，推动形成防治机制建设的工作合力，增强用人单位的主动性等建议。《中华人民共和国民法典》的颁行为防治性骚扰提供了新的规范依据，卢杰锋（2020）归纳了《中华人民共和国民法典》对防治工作场所性骚扰的功能，确认了性骚扰是一种侵犯人格权的行为，构成了性骚扰受害人的人格权请求权基础，细化了对性骚扰的法律界定，从而增强了该条款的实际适用性和可操作性；进一步来说，用人单位承担工作场所性骚扰责任的基础可以归纳为两种：一是行为人与用人单位之间存在代理关系；二是用人单位违反安全保障义务，未能履行工作场所保护之责。

（四）妇女财产权利研究

《中华人民共和国民法典》对妇女财产权给予了更加周延的保护，强化了妇女在夫妻共同债务方面的保护，还规定了离婚三大救济制度（离婚经济补偿制度、离婚损害赔偿制度、离婚经济帮助制度）。在现实生活中，夫妻中男方投资举债等情形居多，时常会发生女方在不知情时对非自身意愿的举债承担责任。由此，《中华人民共和国民法典》第1064条明确规定："夫妻双方共同签名或者夫妻一方事后追认等共同意思表示所负的债务，以及夫妻一方在婚姻关系存续期间以个人名义为家庭日常生活需要所负的债务，属于夫妻共同债务。夫妻一方在婚姻关系存续期间以个人名义超出家庭日常生活需要所负的债务，不属于夫妻共同债务；但是，债权人能够证明该债务用于夫妻共同生活、共同生产经营或者基于夫妻双方共同意思表示的除外。"此外，《中华人民共和国民法典》第1088条规定了离婚经济补偿制度，第1090条规定了离婚经济帮助制度，第1091条规定了离婚损害赔偿制度——这些尽管不是针对女性的专门条款，但其在现实中都显著有利于保护离婚时女方的财产权利。

关于夫妻共同债务问题，但淑华（2016）指出《最高人民法院关于适用〈中华人民共和国婚姻法〉若干问题的解释（二）》第24条是夫妻共同债务推定规则，其不合理地加重了夫妻中非举债方的证明责任；过于重视交易安全而忽略了婚姻安全，过于强调夫妻财产关系的一体性而忽视了家事代理的有限性，过于强调形式公平而忽视了结果公正，而且在理解与适用中也存在偏差。李琼宇（2016）指出"推定论"并未考虑到男女两性的实质差异，苛以女性过重的注意义务，是建立在男性文化基础之上的法律规则。夏江皓（2018）指出，《中华人民共和国民法典》的编纂是构建夫妻共同债务规则的良好契机。在性质上，从夫妻关系的本质出发，法定夫妻财产制下的夫妻共同债务应界定为共同债务，而非连带债务，由此夫妻双方应当作为一个法律共同体共同承担夫妻共同债务；夫妻共同债务的认定标准和清偿规则应当基于共同债务的属性进行界定；夫妻共同债务的认定标准为夫妻共同举债或一方举债经另一方同意或追认，因夫妻共同生活所负债务，夫妻双方共同生产经营或一方从事生产经营、利益归家庭共享所负债务，取得、管理夫妻共同财产所负债务。

《中华人民共和国民法典》关于夫妻共同债务的规定，矫正了2003年最高人民法院《婚姻法司法解释二》的偏颇规则，延续了2018年最高人民法院《关于审理涉及夫妻债务纠纷案件适用法律有关问题的解释》设定的制度，有利于保护夫妻关系中女方的财产权利，也有待于进一步接受现实的检验和完善。党日红和李明舜（2020）认为，《中华人民共和国民法典》这一规定合理公正地界定了夫妻共同债务的认定标准，妥善协调了债权债务双方的利益关系，正确处理了债权债务双方当事人的举证责任，保障了婚姻当事人对共同债务的决定权和同意权，有利于消除婚姻当事人陷于"被负债"的恐惧，较好地平衡了婚姻安全与交易安全，适应了人民群众对安全稳定婚姻生活的期待，有利于增强当事人的婚姻安全感和幸福感，同时充分体现了追求公平正义的价值取向。汪家元（2020）认为，面对复杂的夫妻共同债务情形，《中华人民共和国民法典》关于夫妻共同债务认定的具体规定仍然是原则性的，为加强相关规则在具体司法实践中的准确适用，有必要对相关问题予以明确和细化：对涉及夫妻共同债务诉讼中债权人的举证责任进行细化规定，明确夫妻一方与第三人因侵权、不当得利等所涉债务的认定，加强和完善法官在司法裁判中的自由心证制度，细化规则以弥补《中华人民共和国民法典》原则性规定所造成的司法适用不足。

离婚家务劳动经济补偿制度，一方面可以促使社会及家庭成员认识到家务劳动是有价值的，从而尊重家务劳动的承担者；另一方面，其客观上促使和鼓励男性分担家务劳动，理解家务劳动的艰辛，促进男女的实质平等和家庭的和谐稳定（王利玲，2016）。但是《中华人民共和国婚姻法》规定了较为严苛的离婚家务劳动经济补偿的适用条件，即限于夫妻书面约定婚姻关系存续期间所得的财产归各自所有的情况。由此，雷春红（2016）认为"从平衡离婚当事人利益和我国实际情况出发，离婚经济补偿制度有必要扩大适用于夫妻共同财产制，但应处理好与离婚共同财产分割、离婚经济帮助制度的关系"。值得欣喜的是，《中华人民共和国民法典》删去了《中华人民共和国婚姻法》规定的离婚时请求家务劳动经济补偿的前提条件，扩大了离婚家务劳动经济补偿制度的适用范围，将离婚家务劳动的经济补偿延展适用于夫妻共同财产制，充分肯定了家务劳动对家庭和社会的价值，是《北京宣言》和《行动纲领》中改变传统的两性分工模式、促进两性平等承担家务劳动、实现男女实质平等的倡导性规定在中国的立法实践，体现了实质平等与公平正义的人权理念（夏吟兰，2020）。

（五）女性农民工权益保障研究

女性农民工兼具女性和农民工的双重身份标签，往往遭受来自性别和身份的双重歧视，因此也成为近年来法律人权和法律研究的重点人群。罗俊峰（2019）指出农民工存在明显的性别工资差异，无论是月工资还是小时工资，女性明显比男性低。不仅在收入和薪酬方面，女性农民工处于弱势地位，同时其职业发展也受到明显限制。孙琼如（2019）指出女性农民工的职业发展受到微观层面与宏观层面双重因素的影响和制约：在微观层面上，女性农民工的职业发展受到她们个体的人力资本、社会网络资本、城市流动经历的影响；在宏观层面上，女性农民工职业发展状况不理想，其背后有两大因素的制约与影响，一是户籍制度，二是社会性别观念，这两大因素使女性农民工不仅在城乡格局中处于不利位置，而且在社会性别关系中也处于不利位置，她们的职业发展远远滞后于城镇户籍女性，也与男性农民工存在明显的性别差距。消除对女性农民工的双重歧视，促使女性农民工共享社会发展的红利，需要持续更新理念和完善制度。一方面，要重视和尊重女性农民工在城镇化建设中的劳动主体地位，以尊重劳动、保障劳动权为要旨，促进性别和谐的劳动关系构建；另一方面，要从女性农民工的劳动特质出发，持续探索女性农民工特殊劳动权益保护的有效路径，完善劳动权益保障的性别策略（苏映宇，2018）。

三 研究不足与展望

经由上述分析，可以简单概括2016~2020年妇女人权与法律研究的规律和特征。第一，突出的实践品格，关于妇女人权与法律的研究成果，无论是关于总论的研究，抑或关于分论的具体权利研究，都是立足于中国妇女事业发展中的现实问题，旨在为解释或解决问题提供法律方案。第二，明显的规范属性，相关研究成果多数以法律规范的变迁为动力，特别是《中华人民共和国民法典》和《中华人民共和国反家庭暴力法》为开展妇女人权与法律的研究提供了新动力和新依据。反过来，相关研究又促进了法律制度的完善，为后续完善立法、执法和司法提供了新思路和新参考。第三，强烈的人权意识，以尊重女性的主体地位、保障妇女人权为出发点，既强调妇女平等依法行使各项权利、平等参与经济社会发展、平等享有改革发展成果，也充分考虑两性的现实差异和妇女的特殊利益。第四，多元的研究方法，关于妇女人权与法律的研究不限于法学界，而是由政治学、社会学、经济学等多学科共同参与，各学科之间形成较为科学的分工，并且得出的结论也颇多相互印证和契合之处。

然而，亦需注意到现有关于妇女人权与法律的研究，仍存在一些短板和不足。第一，总论研究仍显薄弱：关于妇女人权的属性、特征和话语表达的一般理论研究，较之于分论具体权利的研究仍过于单薄；总论研究的薄弱，会导致关于分论具体权利的研究缺乏坚实的理论基础和方法论，呈现碎片化状态。因而在目前分论研究已经蔚为大观的前提下，以及在目前性别对立现象较为突出的形势下，迫切需要对妇女人权与法律进行总论研究。第二，研究视野有待拓宽：现有成果主要集中于妇女劳动权利、财产权利、人身权利和婚姻家庭权益，但是对妇女的参政权、文化权利和健康权利的关注度不足。第三，田野调查明显不足：尽管关于妇女人权与法律的研究主要是规范分析，但是其并不排斥社会科学的研究方法。高质量的规范研究，以及妇女人权与法律的总论建构，均需建立在扎实的田野调查基础上，从而掌握权力实现和救济的真实状况，特别是关注一些创新举措（比如，法规政策性别平等评估机制和促进女性公平就业约谈机制等）的实际效果。第四，国际视野仍需加强：现有成果虽然已经具有一定的国际视野，但是专门研究仍然较为匮乏。妇女人权与法律具有明显的国际化特征和趋势，无论是《消除对妇女一切形式歧视公约》《消除就业和职业歧视公约》《消除对妇女歧视宣言》《消除对妇女的暴力行为宣言》，还是《北京宣言》和《行动纲领》，国内都需要进一步加强梳理和落实，借鉴国际解决妇女人权保障问题的经验和教训。

基于此，展望后续妇女人权与法律的研究，应着力克服短板，推进研究的繁荣和实务的进步。第一，逐步形成妇女人权和法律研究的深厚总论部分，推动建立交叉学科和编写教材，实现学科体系、学术体系和话语体系的同步发展。第二，进一步深化分论的研究领域，特别是以《国家人权行动计划（2021—2025年）》的实施、《中华人民共和国基本医疗卫生与健康促进法》的颁行和《中华人民共和国妇女权益保障法》的修改为契机，加强对妇女参政权、文化权利和健康权利的研究和推动。第三，大力倡导实证研究方法，鼓励妇女人权和法律研究充分注重现实情况，在规范和现实之间、理论和实证之间顾盼流连，促进规范分析和社会科学的深度结合。第四，持续注重行政措施的研究，充实解决妇女人权和法律问题的"政策工具箱"，充分发挥行政的主动性、强制性和高效性等制度优势，在法律授权的范围内激活行政机关能动作为的动力。第五，不断开拓研究的国际视野，充分关注妇女人权和法律的国际标准和国外经验，塑造兼容主体性和普遍性的妇女人权话语体系。

参考文献

1. 曹艳春、刘秀芬（2016）：《职场性骚扰雇主责任问题研究》，北京大学出版社。
2. 陈爱武（2019）：《新中国70年妇女人权保障之回顾与展望》，《法律科学》第5期。
3. 但淑华（2016）：《对〈婚姻法解释（二）〉第二十四条推定夫妻共同债务规则之反思》，《妇女研究论丛》第6期。
4. 党日红、李明舜（2020）：《〈民法典·婚姻家庭编〉的变化要点及其价值引领》，《妇女研究论丛》第4期。
5. 邓达奇（2017）：《妇女权益保障的法治逻辑》，中国社会科学出版社。
6. 冯媛（2018）：《性骚扰：从各人好自为之到法律禁止的歧视和暴力——半个世纪改变千年历史》，《反歧视评论》（第5辑），法律出版社。
7. 国务院妇女儿童工作委员会办公室编（2016）《男女平等基本国策的贯彻与落实》，人民出版社。
8. 黄晶、但淑华（2019）：《"民法典编纂与男女平等"学术研讨会综述》，《妇女研究论丛》第3期。
9. 蒋卫君（2018）：《民法视野下女性生育自己决定权研究》，中国人民大学出版社。
10. 蒋永萍（2016）：《中国提高妇女地位国家机制的进展与挑战》，《"北京+20"：中国性别平等与妇女发展》，社会科学文献出版社。

11. 阚珂、谭琳主编（2016a）《〈中华人民共和国反家庭暴力法〉释义》，中国民主法制出版社。

12. 阚珂、谭琳主编（2016b）《〈中华人民共和国反家庭暴力法〉简明读本》，中国民主法制出版社。

13. 雷春红（2016）：《当代中国婚姻家庭法价值取向的审视与建构——以我国夫妻财产制和离婚救济制度为例》，浙江大学出版社。

14. 李琼宇（2016）：《女性主义法学视野下的夫妻共同债务认定规则检讨》，《妇女研究论丛》第6期。

15. 李思（2016）：《反性别歧视的法理分析》，博士学位论文，中共中央党校。

16. 李永升等（2017）：《侵犯妇女权益的犯罪研究》，中国法制出版社。

17. 郦菁（2018）：《比较视野中的反性骚扰政策——话语建构、政策过程与中国政策制定》，《妇女研究论丛》第3期。

18. 林丽拉（2016）：《当代中国女性权益保护研究》，博士学位论文，华侨大学。

19. 刘明辉（2018）：《防治职场性骚扰义务的落实障碍研究》，载刘小楠、王理万主编《反歧视评论（第5辑）》，法律出版社。

20. 刘天红（2016）：《新发展理念下的妇女发展和性别平等——关注2016年中国妇女研究会年会》，《中国妇女报》。

21. 刘小楠、黄周正（2020）：《在人权视野下构建工作场所性骚扰防治机制——"北京+25"回顾与展望》，《人权》第2期。

22. 刘小楠主编（2016）《反歧视法讲义：文本与案例》，法律出版社。

23. 刘小楠、王理万主编（2018）《反歧视评论（第5辑）》，法律出版社。

24. 刘小楠主编（2019）《社会性别与人权教程》，中国政法大学出版社。

25. 刘昱辉（2018）：《公权力介入家庭暴力的法理思考》，中国人民公安大学出版社。

26. 卢杰锋（2017）：《就业性别歧视例外审查规则：美国实践及启示》，《妇女研究论丛》第2期。

27. 卢杰锋（2020）：《职场性骚扰的用人单位责任——从〈民法典〉第1010条展开》，《妇女研究论丛》第5期。

28. 罗俊峰（2019）：《农民工性别工资差异研究》，中国财政经济出版社。

29. 聂常虹等（2020）：《妇女扶贫问题研究》，中国农业出版社。

30. 全国妇联妇女研究所编（2018）《男女平等基本国策贯彻与落实案例选编》，当代中国出版社。

31. 全国妇联权益部（2016）：《反家庭暴力法出台的主要过程》，《中国妇运》第3期。

32. 全国妇联权益部编著（2016）《反家庭暴力法实用问答及典型案例》，中国法制出版社。

33. 苏映宇（2018）：《城镇化与女性农民工劳动权益保障：基于马克思主义劳动观视域的思考》，社会科学文献出版社。

34. 孙琼如（2019）：《女性农民工职业发展研究》，人民日报出版社。

35. 谭宁（2020）：《"间断－平衡"理论框架下的中国城镇女性就业支持政策研究》，

长江文艺出版社。

36. 汪家元（2020）：《我国民法典夫妻共同债务规则评析》，《东方法学》第 5 期。

37. 王蓓敏（2016）：《"女性发展与性别平等——中德比较研究"研讨会综述》，《山东女子学院学报》第 5 期。

38. 王理万（2019）：《就业性别歧视案件的司法审查基准重构》，《妇女研究论丛》第 2 期。

39. 王利玲（2016）：《家务劳动补偿制度研究》，《人民论坛》第 8 期。

40. 王显勇（2018）：《疏堵结合防治就业性别歧视》，载刘小楠、王理万主编《反歧视评论（第 5 辑）》，法律出版社。

41. 王新宇主编（2020）《法观念现代化与女性权益保护——以〈反家庭暴力法〉为中心》，中国政法大学出版社。

42. 夏江皓（2018）：《论中国民法典夫妻共同债务界定与清偿规则之构建》，《妇女研究论丛》第 4 期。

43. 夏吟兰（2020）：《民法典离婚家务劳动经济补偿制度完善的人权内涵》，《人权研究》第 2 期。

44. 薛莉（2018）：《人身安全保护令之运行探析——以我国〈反家庭暴力法〉施行后的 722 份裁定书为分析样本》，载张永和主编《中国人权评论（第 10 辑）》，法律出版社。

45. 薛宁兰（2018）：《社会性别与妇女权利（第二版）》，社会科学文献出版社。

46. 杨柯（2017）：《反家暴政策制定中社会组织参与模式研究》，中国社会科学出版社。

47. 杨世强主编（2016）《反家庭暴力案例评析》，暨南大学出版社。

48. 张成刚（2019）：《转型时期中国职业性别隔离问题研究》，复旦大学出版社。

49. 张琪（2020）：《受暴女性的司法困境探析——女性主义视角下的涉家暴离婚案件研究》，博士学位论文，吉林大学。

50. 张笑寒（2019）：《中国农村妇女土地权益流失探析》，南京大学出版社。

51. 郑玉敏（2018）：《中国女性平等工作权立法研究》，中国政法大学出版社。

52. 中国婚姻家庭研究会编（2017）《帮助家庭暴力受害妇女工作手册》，法律出版社。

53. 中华人民共和国国务院新闻办公室（2019）：《平等 发展 共享：新中国 70 年妇女事业的发展与进步》，人民出版社。

54. 周文、李波（2019）：《公安机关家庭暴力告诫制度实践与完善》，《中国人民公安大学学报（社会科学版）》第 6 期。

55. 朱晓慧（2019）：《当代中国国家治理中的妇女权利保障》，《人权》第 5 期。

反对针对妇女的暴力研究综述
（2016～2020 年）

祁建建[*]

概念是研究的基础。基于性、性别、性取向的暴力侵害行为又称性别暴力。针对妇女的性别暴力主要有家庭暴力、强奸猥亵等性侵犯罪、拐卖收买妇女、跟踪骚扰软暴力等违法犯罪行为。本研究以 2016～2020 年我国理论界和实务界在反对针对妇女的暴力研究领域的进展为研究对象，期冀通过描述与分析，能够作为发现并弥补理论、制度与实践之间鸿沟的基础性工作。这五年，由于受到《中华人民共和国反家庭暴力法》生效及实施、《中华人民共和国民法典》编纂并颁布、国际反性骚扰及反性侵运动的推动，我国在反对针对妇女的暴力研究领域取得了很大进展，尤其是在反性骚扰等主题上，研究成果数量倍增，作者来源范围拓展。这体现了在我国关于性别暴力的立法不断完备的背景下性别研究主流化的趋势，特别是性别议题在民事权利研究中的主流化趋势初步形成。这有助于刑事法学科及其他学科的学者将研究领域和重点拓展到与性别交叉的研究主题上，从而推动性别议题进一步成为学界学术研究主流议题。

一 研究概述

来自世界卫生组织（2013）的数据显示，世界上 1/3 的妇女在亲密关系中遭受了身体或性暴力，遭受性骚扰的比例更高；来自联合国（2019）的数据表明，2017 年，大约 60% 被杀害的妇女是被伴侣或家人加害的。鉴于针对妇女的暴力是侵犯基本人权的重大议题，是国家社会可持续发展的重大障碍，个案往往

* 作者简介：祁建建，女，中国社会科学院法学研究所副研究员，中国社会科学院大学法学院副教授。

成为全社会关注的焦点，推动这一主题进一步成为我国各学科各领域研究的重大课题。

（一）主要研究成果及课题

2016~2020 年，据中国知网（CNKI）"中国期刊全文数据库"（涵盖学术期刊、报纸、会议和学位论文）统计，以"家庭暴力"为主题检索词的成果有 2390 篇，其中学术期刊论文 1132 篇、博士学位论文 23 篇、硕士学位论文 821 篇，报纸文章 135 篇。以"性骚扰"为主题检索词的成果有 3008 篇，其中学术期刊论文 2595 篇、博士学位论文 12 篇、硕士学位论文 167 篇、报纸文章 30 篇。以"强奸"为主题检索词的成果有 1117 篇，其中学术期刊论文 599 篇、博士学位论文 20 篇、硕士学位论文 374 篇、会议论文 18 篇、报纸文章 25 篇。以"拐卖"为主题检索词的成果有 497 篇，其中学术期刊论文 305 篇、博士学位论文 8 篇、硕士学位论文 132 篇、报纸理论文章 18 篇、会议论文 3 篇。与上个十年的研究成果数量对比可见图 1。

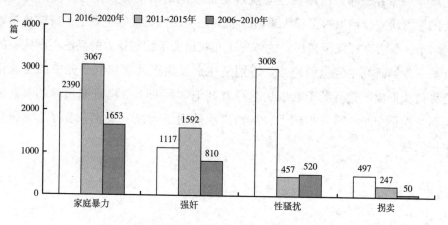

图 1　性别暴力研究成果数量（2006~2020 年）

　　资料来源：2006~2010 年的数据来自薛宁兰、胥丽撰写的《反对针对妇女的暴力研究综述》，《中国妇女研究年鉴（2006~2010）》，社会科学文献出版社，2015；2011~2015 年的数据来自张荣丽、李九如撰写的《反对针对妇女的暴力研究综述》，《中国妇女研究年鉴（2011~2015）》，社会科学文献出版社，2019。

以"家庭暴力""性骚扰""性侵""拐卖"为书名检索词搜索"国家版本数据中心"可知，这五年出版的反性别暴力著作较多，以下仅介绍部分代表性著作。在反家庭暴力法专著方面，2019 年知识产权出版社出版的张荣丽、刘永廷、苗苗著的《反对针对妇女的家庭暴力：两岸及香港相关法律制度与实践比较研究》，文献丰富且分析深入，有助于促进法治交流；2019 年刘昱辉著的《公权力介入家庭暴力的法理思考》由中国人民公安大学出版社出版，将家暴侵犯基本人权作为公权力介入的法理基础；2019 年卢文捷著的《基层群众性自治组织干预家庭暴力运行机制研究》由人民法院出版社出版，探讨村居委会反家暴机制；2020 年李莹、冯媛主编的《〈反家庭暴力法〉的立法倡导与实践》由华中科技大学出版社出版，倡导反家暴法的积极实施；在反性骚扰方面，2019 年邓喜莲著的《性骚扰及其法律规制法理研究》由知识产权出版社出版，诠释我国现行有关性骚扰法律规范目的、法条释义应用中的不足与完善路径；在反性侵方面，2020 年罗翔著的《刑法中的同意制度——从性侵犯罪谈起》由云南人民出版社出版，该书指出同意问题是性侵犯罪的核心，不同意是性侵犯罪的本质特征，继而深入讨论了同意的概念及不同意的判断标准、表现形式等重要理论和实务问题；在反拐卖方面，2018 年王金玲主编的《被拐卖婚迁妇女访谈实录》由社会科学文献出版社出版，该书全面呈现了拐卖人口犯罪的复杂性和多样性，为深化反拐理论研究、贯彻执行国家反拐行动计划提供了宝贵的第一手基础性研究文献。

在课题立项方面，这五年国家社会科学基金在反性别暴力领域有四个项目立项，分属社会学和法学两个学科，涉及"家庭暴力""性骚扰""性侵"三个主题，如表 1 关于反性别暴力的国家社会科学基金项目（2016~2020 年）所示。搜索"国家社科基金项目数据库"可知，国家社会科学基金尚未资助过以"强奸""猥亵""拐卖"为题的项目。

表 1　关于反性别暴力的国家社会科学基金项目（2016~2020 年）

项目批准号	项目类别	学科分类	项目名称	立项时间	项目负责人
16BSH118	一般项目	社会学	社会工作介入家庭暴力综融性服务模式研究	2016 年 6 月 16 日	刘梦
20CFX077	青年项目	法学	个体侵权与性别歧视双重视角下我国性骚扰防治机制研究	2020 年 9 月 27 日	张夏子
20BFX098	一般项目	法学	性侵案件司法证明问题研究	2020 年 9 月 27 日	向燕
19BSH026	一般项目	社会学	农村留守儿童性侵害数字化防御体系构建与预防策略研究	2019 年 7 月 15 日	王东

2016~2020 年，反性别暴力领域的学术研讨会众多，主要可分为三类。第一类是国家和地方学术团体主办的年度学术研讨会中的反性别暴力研讨，例如中国妇女研究会和中国婚姻家庭法学研究会举办的历次年会，反性别暴力是其中重要的研讨内容。第二类是高校、科研机构等主办的学术研讨会中的反性别暴力研讨。例如 2018 年 12 月由中华女子学院主办的"民法典编纂与男女平等"学术研讨会，会议综述（黄晶、但淑华，2019）指出，与会专家达成重要共识，认为女性的人身、财产安全更易受侵害的问题是民法典编纂过程中贯彻男女平等原则重点要解决的问题之一；有学者提出应从概念界定、法律责任、诉讼时效、举证责任等方面进一步完善关于性骚扰的条文。又如，2020 年 7 月 28 日，由国际儿童法联盟、北京青少年法律援助与研究中心联合主办的"国际儿童保护热点问题系列研讨会"讨论了儿童权益相关的线上性引诱的应对，提到不仅需要加强专门立法遏制在网络上以性为目的引诱儿童的违法犯罪，而且应着力推动儿童保护方面的国际交流与合作。第三类是关于反性别暴力的专项学术研讨会。例如，2016~2020 年，第二届至第六届"中法反家庭暴力研讨会"由全国妇联与法国驻华大使馆主办，中华女子学院承办，主要研讨了立法的完善与贯彻、人身保护令与强制报告义务等的细化与实施等，推动了反家暴领域的国际交流。又如，2016 年 8 月 29 日，中国婚姻家庭研究会和联合国妇女署联合主办的"妇女组织及社会组织在反家庭暴力法实施中的作用"国际研讨会暨培训会分享国际国内反家暴领域成功实践，研讨妇女组织及社会组织如何有效倡导和参与反家庭暴力法的实施，促进政府部门与妇女组织及社会组织之间的多机构合作。再如，2016 年 7 月 29~30 日，由中国婚姻家庭法学研究会，扬州市中级人民法院，扬州大学法学院，扬州市公安局、司法局、妇联联合主办的"2016 干预家庭暴力理论和实务研讨会"围绕《中华人民共和国反家庭暴力法》的理解与应用、家庭暴力的司法认定与应对、告诫书、人身保护令、家庭暴力心理与庇护、反家暴防治机制运行等展开深入的专题研讨。还有 2016 年 10 月 22 日，中国妇女报社、中国妇女发展基金会妇女新闻文化基金、北京红枫妇女心理咨询服务中心主办"反家庭暴力法实施中的重点和难点问题研讨会"，与会专家建议尽快出台反家庭暴力法实施细则，推进反家庭暴力法更好地贯彻落实。限于篇幅，笔者不再一一列举。这些会议研讨了理论和实践中的难点和热点问题，促进了共识的达成，推动了立法的完善和法律实施。

（二）研究特点与趋势

这五年的反性别暴力研究作为妇女/性别研究的重要组成部分，在研究思路、研究方法、研究内容、研究目的等方面充分体现了跨学科特点。跨学科研究既是反性别暴力领域进一步发展的需求和发展方向，又可以为反性别暴力事业的进一步发展指明道路和方法。

跨学科研究促进了理论和实践的良性互动。2016~2020 年，我国国家层面的立法和政策取得飞跃式进步，一系列相关立法和司法解释相继出台和实施。在国家法律层面，在反对针对妇女的暴力立法史上具有里程碑意义的《中华人民共和国反家庭暴力法》于 2016 年 3 月 1 日开始实施；2018 年修订《中华人民共和国妇女权益保障法》《中华人民共和国老年人权益保障法》《中华人民共和国残疾人保障法》《中华人民共和国精神卫生法》，禁止对妇女、老年人、残疾人、精神障碍者实施家庭暴力等暴力侵害行为；2020 年出台《中华人民共和国民法典》、《中华人民共和国公职人员政务处分法》及修订的《中华人民共和国未成年人保护法》，禁止家庭暴力与性骚扰、保护未成年人不受家庭暴力等暴力侵害、处分有家庭暴力行为的公职人员等。在司法解释方面，有 2016 年的《最高人民法院关于审理拐卖妇女儿童犯罪案件具体应用法律若干问题的解释》《最高人民法院关于人身安全保护令案件相关程序的批复》《最高人民法院关于人民法院办理财产保全案件若干问题的规定》，2017 年的《全国妇联、中央综治办、最高人民法院、公安部、民政部、司法部关于做好婚姻家庭纠纷预防化解工作的意见》《最高人民法院、中央综治办、最高人民检察院、教育部、公安部、民政部、司法部、国家卫生计生委、新闻出版广电总局、国务院妇儿工委办公室、全国总工会、共青团中央、全国妇联、中国关工委、全国老龄办关于建立家事审判方式和工作机制改革联系会议制度的意见》，2018 年的《民政部、中央组织部、中央政法委、中央文明办、司法部、农业农村部、全国妇联关于做好村规民约和居民公约工作的指导意见》《最高人民法院关于进一步深化家事审判方式和工作机制改革的意见（试行）》，2019 年的《民政部职能配置、内设机构和人员编制规定》、2020 年的《最高人民检察院、教育部、公安部关于建立教职员工准入查询性侵违法犯罪信息制度的意见》《中共中央办公厅、国务院办公厅关于改革完善社会救助制度的意见》等，主要涉及未成年子女利益最大化、家暴案件保全无须担保、诉讼费用缓减免、教育部门对性侵记录的入职查询等。

反性别暴力的相关政策法规的出台是理论与实践相结合的产物，是反性别暴力现实需求对基础理论研究提出的具体问题，是理论研究对社会现实的解释与回应。例如，《中华人民共和国反家庭暴力法》生效后，最高司法机关针对人身保护令制度出台多个司法解释，不断完善保护令的实施，既是在研究者与实践者的推动下取得的成就，又是在制定与实施的过程中为新研究的发展提供了更高的平台、更丰富的经验资料，并提出了更高要求，促进了研究的迅速发展，反过来又进一步推动政策法规的完善和实践的进步，从而形成理论研究和实践的良性互动、互相促进。

二　主要研究内容

联合国（1993）将暴力侵害妇女的行为定义为"任何导致或可能导致对妇女的身体、性或精神伤害或痛苦的基于性别的暴力行为，包括威胁实施此类行为、胁迫或任意剥夺自由，无论是发生在公共生活还是私人生活中"。以下从家庭暴力、性骚扰、强奸等严重性侵害、拐卖收买妇女犯罪四个方面对这五年的主要研究内容和核心观点予以总结。

（一）关于反家庭暴力的研究

在《最高人民法院司法大数据离婚纠纷专题报告（2016~2017年）》中，全国一审离婚纠纷案中，14.86%是因家庭暴力申请解除婚姻关系，65.81%的案件判决维持婚姻关系，91.43%的案件受害人是女性。从性别数据看，女性仍是主要的家暴受害人，家庭暴力是典型的性别暴力。这五年关于反家庭暴力的研究主要见于以下方面。

1. 关于反家庭暴力研究的重点转换

2015年12月《中华人民共和国反家庭暴力法》通过后，反家庭暴力的研究重点从推动立法转换为法律的完善与实施，相关研究成果围绕反家庭暴力法贯彻实施及立法完善展开系统分析。

李明舜（2017）在《〈反家庭暴力法〉实施一周年的忆与思》一文指出，对反家庭暴力法的认同和信仰是法律实施的前提，杜绝浪费反家庭暴力法律资源是全面落实法律的基本要求，《中华人民共和国反家庭暴力法》有效实施的关键是要抓住和聚焦重要制度、重要实施主体、高风险重点家庭、加害人、案件办理关键环节，包括告诫、强制报告、撤销监护人、保护令等重要制度，公安机关、人民法院等主要实施主体等。《中华人民共和国反家庭暴力法》可继续完善之处包括：一是与国际标准相比，主体、行为方式等适用范围可以更广泛；二是一些法条规定没有形成闭环，存在有义务无后果的情况；三是有些法律规定仍应更具体，增强可操作性和刚性。薛宁兰（2017）指出，《中华人民共和国反家庭暴力法》在家庭暴力概念界定、人身安全保护令、监护人资格撤销等条款上，仍有进一步解释的空间。蒋月（2019）分析了2016～2018年400份涉家庭暴力的民事判决书，发现加害人与受害人的性别比例十分突出，妇女受暴的占九成多；在家庭暴力类型中，身体暴力占七成以上，其余是精神暴力、经济控制、性暴力；取证与举证难无大改善，法院认定家暴的比例低；人身安全保护令知晓度与核准率较低；受害人要求离婚损害赔偿的申请率和获准率较低，赔偿金少。为改善《中华人民共和国反家庭暴力法》适用效果，建议统一家庭暴力的认定标准；提升警察干预家庭暴力的能力，更有效地发挥保护令的作用；法院应公平分配家暴举证责任，凡确认存在家暴的判决书均应引用《中华人民共和国反家庭暴力法》；改善家暴导致离婚损害赔偿的适用；判决未成年子女直接抚养权归属时应充分考虑家暴事实；对法律职业人员进行反家庭暴力法培训。

祁建建（2020）对《中华人民共和国反家庭暴力法》实施的成就总结为：第一，多机构合作的工作机制加强，体现在国家及地方行政、司法与妇联等部门将多机构合作原则纳入政策制定与执法司法工作流程。第二，家暴防控工作突出了以预防为主的特点，如重点关注辖区内具有家庭暴力危险的家庭情况，增强对家庭暴力案件隐患和问题的发现报告意识。第三，对特别弱势群体予以特别关注和优先保护，扩展了强制报告义务主体。第四，维权救济途径多元化，不断整合对受害人的社会支持系统。针对《中华人民共和国反家庭暴力法》实施中的问题提出了若干建议，如进一步落实强制报告义务需要从两方面着手：一是将强制报告义务纳入职业教育和培训范围，二是明确不报告的法律后果。

2. 关于反家暴法律体系及反家暴法的性质

李明舜（2017）认为，《中华人民共和国反家庭暴力法》的出台，标志着中国防治家庭暴力法律体系的形成，中国形成了以宪法为根据，以《中华人民共和国反家庭暴力法》为主体，包括其他相关法律法规在内的防治家庭暴力的法律体系。《中华人民共和国反家庭暴力法》是基本人权保障法，充分体现了尊重和保障人权的宪法精神。薛宁兰（2017）认为，《中华人民共和国反家庭暴力法》可被解读为人权保障法、文明倡导法、和谐促进法，是集实体法与程序法规范，民事法、行政法与刑事法规范于一体的社会立法，属于以反歧视、保护弱势群体利益、促进权利平等享有的实现为目标的社会保护法范畴。从法律体系的角度看，属于社会法范畴，不宜归于婚姻家庭法。

3. 关于反家庭暴力研究的阶段划分

北京千千律师事务所（2019）将反家庭暴力法的发展历程分为四个阶段：第一阶段是1995年第四次世界妇女大会在北京召开之前，家庭暴力概念很少出现，家庭暴力问题尚未进入法律范畴；第二阶段是1995~2001年，属立法起步期，家庭暴力出现在地方性法规中；第三阶段是2001~2011年，反家暴立法进入迅速发展期，《中华人民共和国婚姻法》明确禁止家庭暴力，第一次在国家立法中规定家庭暴力，随后各地方纷纷出台地方性反家暴政策法规；第四阶段是2012年后反家暴立法进入深入发展期，纳入国家立法规划并通过《中华人民共和国反家庭暴力法》。笔者认同这一划分。对于反家庭暴力领域的研究而言，笔者认为，1995年前的这一阶段，仅对家暴致人轻伤以上后果的虐待予以刑事规制，其他作为家务事调处。1995~2015年属推动立法阶段，这一阶段的研究推动了从观念到立法的进步，使家庭暴力完成了从家务事到法律事务的转变，《中华人民共和国反家庭暴力法》作为人权法是划时代、里程碑式、有历史意义的反针对妇女的暴力的立法。2016年后进入迅猛发展阶段，以法律的完善与实施为主要研究对象。《中华人民共和国反家庭暴力法》在2016年的实施，标志着反家暴在30年间走过了由学术探讨至更新观念最后成为法律权利的历程，反家庭暴力从个人的反抗、学者的研究对象，成为国家法治体系、法律体系、制度体系的组成部分。

张琪（2020）认为，1995年以来关于反家庭暴力的研究可以分为三个阶段。第一个阶段是从1995年第四次世界妇女大会到2001年《中华人民共和国婚姻法》出台前。这一阶段法学研究的三种主流方式是制度分析、政策建议、域外经验。第二阶段从2001年《中华人民共和国婚姻法》规定"禁止家庭暴力"到2015年《中华人民共和国反家庭暴力法》出台。这一阶段国际交流合作增多，研究成果数量增多，研究内容更丰富，多从部门法角度展开，为反家庭暴力专项立法积累了理论资源。其间陈明侠推动成立的反家暴网络成为最重要的民间公益立法智囊机构。第三阶段是 2015 年《中华人民共和国反家庭暴力法》出台后，研究以司法实践为主线。

4. 关于家庭暴力的概念

在主体关系上，陈敏（2016）在调研中发现，基层法院基于现实需求在独立生活的兄弟之间以及儿媳公婆之间适用反家暴法，拓展了反家暴法中家庭暴力的主体关系。薛宁兰（2017）认为，宜纳入一定范围的姻亲关系，当前将未共同生活的前配偶、前同居者排除在外是否妥当有待观察。陈敏（2016）也认为，《中华人民共和国反家庭暴力法》立法遗漏离异配偶关系和非同居恋人关系，使家庭暴力的定义不够全面。但淑华（2017）提出"准家庭暴力主体"，认定家庭成员以外共同生活的人应遵循实质相似性标准，即在共同生活的内容上与家庭成员具有实质相似性，对此须结合个案的具体情况进行判断，包括但不限于在同一处所较为持续稳定地共同居住、精神及身体上的亲密程度、经济上的相互依赖程度等特征，但对该标准的把握不宜过于严苛，可适当低于对家庭成员的要求。

在暴力行为类型上，薛宁兰（2017）认为，性暴力是独立的家暴行为类型。孙晓梅、仇启荣（2018）认为，反家暴法忽略了性暴力。性暴力一般是指侵害家庭成员性自主和其他性权利的暴力行为，主要体现为强奸、性虐待、攻击性器官、猥亵、未经同意的其他性接触等形式。陈敏（2016）也认为，《中华人民共和国反家庭暴力法》立法遗漏了性暴力。性暴力包括强迫性行为，以及强迫受害人接受让其感到痛苦、屈辱和/或恐惧的性行为，如肛交、口交、模仿色情录像带中的性行为、有损人格尊严的性行为，还包括对生殖器和乳房实施伤害行为。性暴力是严重的家庭暴力行为，也是妇女以暴制暴的主要动机。

孙晓梅、仇启荣（2018）和张琪（2020）认为还应增加规定财产控制或称经济限制，包括阻止受害人获得经济来源，为外出就业和工作设置障碍、进行滋扰，增加受害人照顾责任，阻止受害人使用经济资源，剥夺伴侣的经济资源，等等。

祁建建（2017a）研究发现国外家庭暴力的概念也在不断更新，如英国政府2012 年再次发布家庭暴力定义，16 岁及以上的亲密伴侣或者家庭成员之间的任何控制、强制或者威胁行为、暴力或者虐待的事件或者事件模式，无论性别或者性向，包括但不限于以下类型的虐待：心理、身体、性、经济和情感。我国地方性法规对家庭暴力概念也有所补充：一是细化家庭暴力的类型，增加规定侮辱、诽谤、宣扬隐私、威胁、骚扰或者利用其他手段实施的身体、精神等侵害行为；二是增设儿童目睹暴力。

关于家庭暴力概念的立法和研究影响了对相关问题的进一步探讨。如杨立新、蒋晓华（2019）认为，离婚冷静期的规定不宜僵化，对于存在家庭暴力、虐待、遗弃、转移财产等特殊情形的，可以缩短或不适用离婚冷静期，并列举了韩国对存在家庭暴力的案件，法院发布保护令并免除离婚熟虑期的有关规定。

5. 关于人身安全保护令的实施及其完善

保护令是对受害人最有力的救济保护措施。《中华人民共和国反家庭暴力法》第二十九条在明文规定了禁止施暴令、禁止接触令、迁出令三种保护措施之外，还规定了具有弹性和灵活性的"其他措施"，这意味着法院可以自由裁量适用前三种措施之外的必要措施。陈敏（2016）在调研中发现，法院基于司法现实需求在保护令裁定中规定了空间隔离和财产保护等内容，丰富了第二十九条第四款的兜底条款。薛宁兰（2017）认为，第四款具体包括哪些措施需要最高人民法院在司法解释中予以具体化。

陈敏（2016）发现，法院自行送达和执行保护令缺乏相应的威慑力和强制力，法院无法执行实施这类事项，法官与司法警察不具备公安警察的职能，法院没有可用于监督被申请人的机制，司法警察没有现场拘留权。为此，建议修改《中华人民共和国反家庭暴力法》，保护令应由公安机关执行；修改《中华人民共和国刑法》增设违反保护令罪；修改相关法律赋予司法警察执行权力。张琪（2020）也认为对被申请人违反保护令的处罚不力，拘留措施很少使用，保护令内容即保护事项、禁止申请人实施的事项不足，对申请人近亲属的保护不足，这使受害人人身权益受侵害时法院由于职能备勤所限（非 24 小时执勤）怠于救济，保护令的威慑和保护力度都有待增强。

李瀚琰（2017）认为，中国台湾地区的保护令由法院执行财产，警察执行其他内容，设违反保护令罪。美国的保护令主要由警察执行，以藐视法庭罪作为执行的核心。通过对比研究两种执行体系，建议我国尽快完善立法或司法解释，可在《中华人民共和国民事诉讼法》中增加关于执行保护令的规定，在《中华人民共和国刑法》中增加违反保护令的刑罚即违反保护令罪，并建议由法院执行财产内容，公安机关执行人身内容，司法行政部门执行迁出令、远离令、禁止接触令等内容，并加强法院与行政机关的衔接。笔者认为，对于违反保护令的行为不需要新增罪名，适用《中华人民共和国刑法》第 313 条的拒不执行判决裁定罪即可。

6. 关于涉家暴离婚案件及损害赔偿

夏吟兰（2017）认为，《中华人民共和国婚姻法》所规定的离婚损害赔偿行为的过错是法定过错，是婚姻一方故意或过失违反婚姻义务，包括实施家庭暴力或虐待、遗弃家庭成员等。这些过错行为是对配偶权利的严重侵害，过错方应当承担民事责任，给予受害方损害赔偿。离婚损害赔偿应包括物质损害和精神损害，并应适当提高精神损害赔偿的金额，以真正体现损害赔偿的惩罚和抚慰功能，达到实现法律公平与正义的目的。马忆南、贾雪（2016）认为需要检讨离婚损害赔偿制度存在的必要性与合理性，厘清离婚损害赔偿与一般侵权损害赔偿的关系：《中华人民共和国婚姻法》第四十六条的功能完全可以被一般侵权法包容吸收，且一般侵权法提供的救济更加充分便利。该文分析了"北大法宝"数据库的 117 件离婚损害赔偿案件，其中 33 件涉家庭暴力。第四十六条在证据、程序、责任主体等方面给当事人行使离婚损害赔偿请求权设置了许多障碍，但是在以家庭暴力为由提起的损害赔偿案件中，过半数的当事人获得了法院的支持，法官的裁判思路融入了一般侵权法而非严格遵循第四十六条的逻辑，没有归类为"离婚损害赔偿纠纷案"，而是归类为"生命权、健康权、身体权纠纷案"。可见特别法并未提供特殊的救济，但特别法优于一般法，适用特别法反而对保障受害人权益更为不利。

邓丽（2017）指出，在因夫妻间人身暴力引发的离婚诉讼中，受害人有维护人身安全、解除身份关系等多重诉求，涉及《中华人民共和国婚姻法》与《中华人民共和国反家庭暴力法》的衔接适用。对于此类案件中家暴事实的证明、因家暴解除婚姻关系、家暴损害赔偿等，审判实践应充分吸纳反家暴理念，准确把握家暴事实的证据形式、证明主体和证明标准，打破"二次诉讼裁判离婚"隐规则，探索多元且公允的家暴损害赔偿机制。尤其是认为夫妻财产制不应成为否定家暴损害赔偿请求权的制度屏障，因为根据现行法，夫妻财产制是可选择的、开放性的，因此每个婚姻关系之中的财产关系是不确定的；即使没有约定，现行法下的法定财产制也并非单纯的共同财产制，而是夫妻共同财产与各方个人财产混合制；即使个人财产不足，也可用共同财产的份额赔偿。

崔晓丽（2019）发现 2014~2016 年一审涉家暴的 94571 件离婚判决书中，认定家庭暴力的仅有 3.96%。张琪（2020）讨论了涉家暴离婚案件中女性面临的三重困境。一是家庭暴力认定难，2016~2018 年的 22624 件家庭暴力案件中，认定家庭暴力的仅为 4.27%。立法规制与司法实践中受暴经验之间的脱节造成理论、制度、事实、实践之间难以转化，家暴行为界定难，法官倾向于采用刑事证明标准认定家庭暴力案件。法官司法能力水平、受害人举证困难等是造成认定难的主要原因。法官对性暴力、冷暴力是否属于家庭暴力的理解与适用存在差异。二是离婚诉求实现难，如何认定家庭暴力与感情破裂的关联性、如何落实《中华人民共和国反家庭暴力法》中对受害人的保护，仍需在实践中予以回应。三是权益保障难，实践中受害人人身安全保障受限，经济救济不足，经济不利难以弥补，常因养育照顾子女限制自身发展，且对加害人罚不当过。司法实践中精神损害赔偿请求权主要受到四点限制：一是法院不认定家庭暴力的存在，二是是否已受行政处罚等其他处罚，三是是否有复发危险，四是加害人的经济条件。在经济状况的弥补方面，受害人仅在离婚判决的财产分割时可以获得经济补偿、经济帮助；未能获得离婚判决的受害人往往只能自己承担损害后果；加害人怠于履行扶养义务时，受害人人身安全与经济困境叠加，法律与实践都未能对此予以重视。

7. 关于精神暴力的研究

陈敏（2018）认为，精神暴力通常指施暴人以威胁、恐吓、胁迫、跟踪、限制人身自由等手段制造恐惧从而迫使受害者服从施暴者的行为模式。陈敏分析了对谩骂和恐吓的认定和应对。没有经过条件反射作用的谩骂行为不应认定为精神暴力，实践中需要将普通的谩骂和有恐吓控制作用的谩骂区分开来，以避免精神暴力扩大化。认定谩骂不应需要"经常性谩骂"的证据，因为受害人很难固定谩骂的证据，如果要求受害者必须证明是经常性的谩骂行为，立法就会形同虚设，承办法官可以在反家庭暴力知识、日常生活经验、逻辑推理的基础上认定谩骂是否构成精神暴力。认定恐吓应当综合考虑以往双方的家暴史和受害者对恐吓的反应，特别注意是否存在恐惧链接。无论恐吓是以什么形式发出的（口头的、书面的、电子的，还是行为的），只要受害者因此为自己或亲友的人身安全受威胁而感到恐惧，即构成精神暴力。对于恐吓受害人，可以发出保护令并予以训诫；对于恐吓波及法官或法院，可使用面质训诫、心理干预、强制措施、强制治疗等应对措施。

祁建建（2017b）认为，精神侵害行为是家庭暴力的类型之一，笼统地被称为精神暴力、精神侵害、冷暴力、精神虐待、心理暴力等。任何可能削弱受害人自我认知、尊严、价值的作为或不作为都可能构成精神暴力，不限于控制、威胁、孤立、侮辱，也不限于恐惧引起殴打等身体暴力的行为。其在表现形式上区别于肢体暴力、性暴力等暴力，是不发生肢体接触的暴力。常见的标志性精神暴力包括：辱骂、叫喊、刺探隐私、跟踪、骚扰、禁闭、言语攻击、羞辱、恐吓、模仿、嘲笑、说谎、忽视，以伤害受害人或其在意的人、事、物进行威胁，把受害人排除在有意义的事件或活动之外，让受害人疏远家人朋友，让受害人担心得不到应得的照料等多种形式。对精神暴力的认定与处罚要针对具体案件具体分析、综合判断。

牛天宝（2017）认为跟踪纠缠使被害人陷入恐惧不安，侵害公民个人的生活安宁与安全，具有严重的社会危害性，现行法律规范无法为被害人提供周全的保护。为了预防更严重危害结果的发生，有必要将跟踪纠缠行为入刑，发挥《中华人民共和国刑法》一般预防的功能，凸显立法者保障民众安全之意，具有极为现实的意义。其建议将跟踪纠缠行为犯罪化的刑法条文设置为，无正当理由跟踪纠缠他人，经责令停止而继续多次实施下列行为之一，足以严重影响他人日常生活的，处三年以下有期徒刑、拘役或者管制，并处或单处罚金：①跟踪、尾随、贴靠他人，掌握他人的行动轨迹；②在他人住处、工作单位、学校等经常出入地监视或安装监视设备；③在他人的车辆、手机或电脑等个人物品上安装监控设备；④违背他人意愿拨打被害人电话、发送短信、寄送物品等；⑤在社交媒体等公开他人的隐私要求他人做无义务之事；⑥其他足以危害他人日常生活的跟踪纠缠行为。

祁建建（2017b）认为，可以借鉴有些国家将精神暴力犯罪化的经验。如2016年《法国刑法典》规定重复以言语或行为骚扰配偶、民事伴侣或同居伴侣，视被害人完全丧失工作能力的时间，最高处5年监禁以及75000欧元罚金，该条也适用于前配偶或前民事伴侣或前同居关系。英国2015年将亲密关系或家庭中的控制或强制行为规定为犯罪，其2012年《保护自由法》设立纠缠骚扰罪，包括跟踪或监视、联络或企图联络他人以及监控他人上网、电邮或电子通信等，或实施相当于跟踪的行为使人两次恐惧将遭受暴力侵害，或对他人日常活动产生重大不利影响，如受害人改变上班路线、找亲友代为接送孩子、搬家、工作表现恶化、身心健康变差、停止或改变社交等，相关政策对警方、检方的证据和证明工作进行指引，以回应这类犯罪案件中"取证难、起诉难"等问题。2014 年英国有 495 人被判此罪，2017 年将纠缠骚扰罪的最高刑期提高到 10 年。隗佳（2018）介绍了德国刑法为保护个人的和平安宁与精神愉悦，规定了纠缠骚扰罪，采用下列方式无合法权限的持续性纠缠骚扰他人、严重影响他人生活的，处三年以下有期徒刑或罚金：①侵探其置身场所；②试图利用电讯工具、其他通信方式或通过第三人与其建立联系；③滥用个人信息订购物品或服务或通过第三人与其建立联系；④以对他人本人或者与其亲近者的生命、健康、身体的完整性或者自由造成损害相威胁；⑤做出其他类似行为。在实践中，严重影响他人生活是指为此更换工作或更换住所等。隗佳通过比较分析，建议我国刑法增设纠缠骚扰罪。

（二）关于性骚扰的研究

性骚扰侵害了他人的人格尊严，2020 年《中华人民共和国民法典》明确了性骚扰的概念和认定标准，对预防和处理性骚扰具有重大意义。《中华人民共和国民法典》在人格权编第 1010 条规定："违背他人意愿，以言语、文字、图像、肢体行为等方式对他人实施性骚扰的，受害人有权依法请求行为人承担民事责任。机关、企业、学校等单位应当采取合理的预防、受理投诉、调查处置等措施，防止和制止利用职权、从属关系等实施性骚扰。"立法的进展促进了相关研究。

1. 性骚扰的概念及侵害客体

关于性骚扰的侵害客体存在不同学说，如人格尊严说、性自主权说、身体权说等。王利明（2020a）认为，性骚扰侵害人格尊严。所谓性骚扰，是指以身体、语言、动作、文字或图像等方式，违背他人意愿而对其实施的以性为取向的有辱其尊严的性暗示、性挑逗以及性暴力等行为。性骚扰主要是强奸或强制猥亵等性犯罪以外的行为，如违背他人意愿发送黄色短信、图片、触摸他人身体，使受害人遭受人格侮辱、精神上的侮辱，构成对受害人人格尊严的侵害。

杨立新（2020）认为，性骚扰侵害性自主权，对性骚扰予以法律规制的核心价值就是保护性自主权。性骚扰所侵害的并非身体权，不宜将责任条款规定在身体权内容中。性骚扰侵害他人性利益，损害他人性权利，性骚扰是故意行为且有性意图、不必须发生身体接触，与侵害身体权在主观上既可是故意也可是过失、客观上有身体接触的内容不同。杨立新认为，刑法保护性自主权，将性自主权解释为强奸罪的客体，民法领域却不接受性自主权作为性骚扰侵害的客体，这是《中华人民共和国民法典》人格权编不能公开规定性自主权的原因，从而将其规定在身体权的条文中，这是对性自主权的偏见。在司法实践中适用《中华人民共和国民法典》第 1010 条的规定不应强调其与身体权的关系，宜将其解释为性自主权。

2. 性骚扰的认定

王利明（2020b）认为，性骚扰是行为人针对特定受害人的以性为内容的、有损他人人格利益的骚扰行为，认定性骚扰不需要以造成严重的损害后果为前提，其不限于工作领域，但不包含性犯罪行为在内。判断性骚扰需满足三个核心要件：一是实施了与性有关的骚扰行为，二是必须指向、针对特定人实施，三是违背了受害人的意愿，受害人可能在当时或者事后表示反感、反对、厌恶等。立法过程中曾有人建议将从属关系写入判断标准，对此，王利明认为，从属关系主要是指职场性骚扰，对于大量发生在公共场所的性骚扰不涉及从属关系问题，性骚扰的范围不限于职场，不限于有工作关系，范围更宽泛。单位负有的预防性骚扰的义务对预防和防范性骚扰具有重要作用，但单位对员工实施性骚扰承担的责任应当视过错责任来定，单位只有在对性骚扰存在过错的情形下，才承担责任。

3. 关于高校性骚扰的研究

2018 年 11 月 8 日，教育部先后发布《新时代高校教师职业行为十项准则》《关于高校教师师德失范行为处理的指导意见》，明确禁止实施性骚扰并要求高校建立相应处理机制。2018 年 12 月 12 日，最高人民法院发布《关于增加民事案件案由的通知》，在教育机构责任纠纷中增加性骚扰损害责任纠纷案由，畅通各类教育机构中性骚扰受害人的司法救济渠道。这些文件的出台与《中华人民共和国民法典》一起激励了校园性骚扰的相关研究。

刘小楠、陈颖楠（2020）认为，我国应根据《北京行动纲领》提出的战略目标和应采取的行动，在《中华人民共和国民法典》《中华人民共和国教育法》《中华人民共和国妇女权益保障法》《中华人民共和国未成年人保护法》等法律中进一步完善校园性骚扰防治法律规范体系，建立和完善学校性骚扰防治机制，包括在学校规章制度中明确写入制止性骚扰，持续宣传培训，营造反性骚扰的和平安宁环境，设置专门的性骚扰防治机构，设立中立的调查处理程序，明确对加害人的纪律处分，为加害人提供心理援助服务，等等。

林建军（2019）认为，高校学术领域性骚扰具有性骚扰的一般属性，同时又在行为性质、当事双方的关系、侵害的客体以及行为后果等方面具有异于其他性骚扰的特殊属性。学术领域性骚扰侵害客体的特殊性决定了其防治体系的建构应兼具指向所有性骚扰的一般性防治功能，以及仅指向学术领域性骚扰的特殊性防治功能。两种功能应内化在高校外部和内部两个规范体系之中，分别为旨在实现一般性防治功能、以私权保护为中心、以国家层面的综合性法律为载体的防治体系，以及旨在实现特殊性防治功能，以行为预防为本、以高校内部的自治性规范为载体的防治体系。

戴瑞君（2019）认为，高校处理性骚扰事件存在的问题有：一是回避使用性骚扰字样；二是明确按性骚扰处理的事件，受害人受侵害的权益也没有得到任何救济。原因是高校对性骚扰性质认识不清，未将其作为违法问题对待，而是等同于道德作风问题，既不追究加害人法律责任，也不救济受害人权益。戴瑞君进一步对《消除对妇女的一切歧视公约》中的性骚扰予以解释，性骚扰是一种基于性别的暴力，构成对妇女的歧视，侵害妇女的一系列人权和基本自由，缔约国应承担相应的预防惩治性骚扰的法律义务，公约义务适用于我国。

任海涛、孙冠豪（2018）提出了狭义的校园性骚扰概念，认为校园性骚扰是指校园关系中的强势方（如教师、校领导）出于追求性刺激的目的，对弱势方（学生）实施的带有"性"意味之行为，违背弱势方意愿，并使其产生身体或心理上的不适。校领导对教师、教师对教师的性骚扰等则更应该归属于职场性骚扰的范畴。王俊（2017）提出，老师对学生的学术性骚扰需要法律介入和制度约束，规范师生间的权利义务关系，将关注焦点由个人意愿、道德审判转向对高校相关体制、规章制度的建构与改善并纳入女性权益和性别平等的概念框架，建立针对学术性骚扰有效的预防和干预机制。

4. 职场性骚扰及我国单位防治性骚扰的法定义务与法律责任

王利明（2020）认为，性骚扰行为首先由行为人承担责任，而单位的法律责任要根据过错责任来判断。《中华人民共和国民法典》为机关、企业、学校等单位设定了防范性骚扰的法定义务，督促单位采取措施预防、防范性骚扰，这种义务与法律责任无关，更多的是一种倡导性义务，属于民法上的不真正义务。需要考察单位的不作为对损害后果的作用以及单位的过错行为和损害结果之间是否具有因果联系。如果单位的不作为对损害结果没有发生作用，就不能使其承担民事责任。对该法定义务的适用需要制定相关的司法解释予以明确。王利明（2020）也肯定人格权编对单位义务加以规定的意义，认为对单位防治性骚扰的义务做出规定，有利于防止和制止利用职权、从属关系等实施性骚扰，有利于从根本上预防和减少性骚扰行为的发生，其根本上也是为了实现对侵害人格权行为的事先预防。

杨立新（2020）认为，《中华人民共和国民法典》第 1010 条第 1 款采取权利保护主义立场制裁性骚扰，即追究行为人的责任，第 2 款采取职场保护主义立场制裁性骚扰，追究职场负责人对性骚扰的不作为责任，虽然目前仅规定了防止性骚扰的义务而并未规定相应的责任，但只要规定了单位的义务，对于违反义务的单位就能够确定其责任。进而认为应采取不真正连带责任的补充责任模式，以行为人承担责任为主，以职场承担责任为辅，即行为人承担全部责任，职场承担补充责任即可。

卢杰锋（2020a）认为《中华人民共和国民法典》第 1010 条未能突出民事法律规范对职场性骚扰的规制作用，尤其是未能突出用人单位责任机制在职场性骚扰防治中的作用。建议应以职场性骚扰的本质特征为出发点，基于用人单位与性骚扰行为人的关系以及用人单位担负的职场保护责任，明确职场性骚扰用人单位责任的性质与构成要件，从而更好地发挥用人单位在预防、治理和消除职场性骚扰方面的重要作用。

王天玉（2020）认为，言辞型职场性骚扰是以言语、文字和图像形式在职场实施的性骚扰。此类性骚扰相对于肢体行为更具有隐蔽性和频发性，法律边界也较为模糊，检索现有案例发现目前司法裁判标准尚不统一。由于《中华人民共和国民法典》《女职工保护条例》等多项法律法规确立了雇主防治性骚扰义务，规定用人单位应当介入调查性骚扰，由此使性骚扰争议的主体结构由"骚扰者－被骚扰者"转变为"骚扰者－用人单位－被骚扰者"，争议性质也由民事争议转变为劳动争议，由用人单位承担性骚扰的证明责任。进而认为司法裁判对于言辞型职场性骚扰应建立实体和证据两方面的标准，在实体上考察性骚扰对被骚扰者和用人单位两方面的损害，在证据上考察用人单位内部证据能否形成互相印证的证据链，并逐步建构以用人单位为中心的争议处理模式和以用人单位内部证据为中心的证据标准。

5. 关于性骚扰的比较研究

高校性骚扰现象在各个国家都不同程度地存在。刘春玲（2018）对防治性骚扰具有相对成熟经验的美国的相关制度，尤其是对具有性骚扰法源地位的美国《1972年教育法修正案》第九条，以及作为第九条重要执行机构的美国教育部为协助高校落实第九条要求而发布的一系列指引予以解析、梳理，归纳出美国高校在防治性骚扰方面承担的实体义务和程序义务，包括制定和公布反性骚扰的政策、充分的教育和培训、公布负责专员及其联系方式、制定并公布投诉程序、提供帮助救济受害人的资源和服务等，同时通过引证实例对美国高校防治性骚扰的一些实践做法进行介绍。

卢杰锋（2016）认为，法院通过判例认定职场性骚扰构成美国《民权法案》禁止的性别歧视。雇主责任是反职场性骚扰法律制度核心内容之一，美国法院综合考虑骚扰者的身份、受害者工作条件受影响程度以及雇主是否具有抗辩事由等因素，确立了严格替代责任、推定替代责任和过失责任三种责任形态，如果行为人属管理职能身份且受害人的工作条件受到切实影响，则雇主的任何防治性骚扰措施不能免除其惩罚性赔偿之外的责任，是为严格替代责任；推定替代责任，除非雇主采取合理措施预防并及时纠正性骚扰，且受害人未合理利用雇主提供的预防、纠正性骚扰的措施或以其他方式避免损害的发生。

卢杰锋（2020b）详述了美国对职场性骚扰受害人的法律救济措施，通过法律手段预防和消除职场性骚扰，包括法庭发布禁令等救济措施，以及支付拖欠工资、预付工资、精神名誉损害赔偿、损害十倍以内的惩罚性赔偿、律师费及其他诉讼费用等金钱上的救济措施。他主张借鉴美国经验，增设对受害人多样化的救济制度，完善我国的反性骚扰法制。

单纯（2020）指出性骚扰是美国社会中普遍存在的一种侵害人权现象，也是民权法案的核心议题，是在"平等权利"的宪法原则指导之下美国的人权法治化进程所经历的反对性别歧视第四个阶段的内容，是禁止"因种族、肤色、宗教、性别或民族而形成的歧视性待遇"的民权，写入《1964年民权法案》。在涉嫌民权侵害的判例中，司法解释和法律适用较为集中的就是违反"平等权利"

原则的"性骚扰案"。在 1977 年亚历山大诉耶鲁大学案（Alexander v. Yale University）和 1986 年美驰银行诉文森案（Meritor Savings Bank v. Vinson）等判例中，"性骚扰"以一种特殊的民事侵权类型在美国司法体制中确立，形成交易型性骚扰和敌意环境型性骚扰两个基本形态，其特点是加害方属强势者，为权力持有者，而被害方则为性弱势的自然权利持有者，故诉讼的客体是雇主——性强势方的权力赋予者，侵权发生的缘由与就业密切相关且案发地多为工作场所。性骚扰侵权与传统刑法的强奸罪不同，因当事人不平等的身份，"同意"不作为侵权排除要件，举证责任倒置，以明示雇主作为性强势赋权者的积极义务；工作环境恶化亦可以成为被害人的申诉理由，司法救济亦可以在补偿之外追加赔偿。

（三）关于强奸等严重性侵害的研究

1. 关于强奸罪的研究

田刚（2020）分析了近 10 年 507 份判决书样本，发现长期以来我国对强奸罪的司法认定存在法益保护不足、定罪标准模糊混乱等问题，症结在于强奸罪的核心特征和司法认定规则严重滞后，如手段非法性（外化为暴力等认定因素）、被害人主观上否定（外化为抵抗等认定因素）、被告人的主观认知（外化为双方关系等认定因素）等核心特征互相冲突，建议改革强奸罪的法律规定、加强性自主权保护，完善我国近 40 年未修改的关于强奸罪的司法解释，以"缺乏被害人同意"为核心特征，确立"肯定性同意"的认定规则，以解决我国强奸罪司法认定面临的问题。相关调研表明我国强奸犯罪呈高发态势，而大量案件无法立案也无法通过司法程序最终定罪，且熟人强奸案件定罪困难。域外经验表明，确立"肯定性同意"规则后，报案数、定罪数均有明显改善，所担心的诬告案件却并未增加。

郭晓飞（2020）认为，积极同意在美国教育法领域被大多数大学作为判断性侵的标准，强调沉默和缺乏抵抗不能被视作对性行为的同意，只有口头上或者行为上表达的同意才构成有效的同意，而未经同意的性行为、性接触即构成强奸或者其他性侵犯。这一标准在美国刑事法领域并未获得广泛接受。支持者认为这一标准最大限度地维护了女性的性自主权，彻底抛弃了性侵判断标准中的暴力和反抗要件。反对者或者认为"同意"概念本身就是有问题的，或者认为积极同意标准固化了男性担负责任、女性无助被动的刻板印象。

2. 关于婚内强奸的研究

陈霖（2020）探讨了日本婚内强奸的理念变迁与实践发展，认为婚内强奸入罪与否的关键在于，是否认为同居义务意味着已婚女性必须无条件承诺丈夫的性要求，主要体现为个体性自由与同居义务的冲突。同居义务是婚姻成立后产生的身份效力之一。但是同居义务并非绝对优先，不可以随时随地凌驾于个体，尤其是妇女性自由之上。在何种情况下强制履行同居义务会构成婚内强奸，需要进行讨论。强奸罪侵害的法益为妇女的性自主权，不能以婚姻关系存在与否简单认为婚姻外的妇女存在性自由，婚姻内的妇女不存在。性自由作为人格权，每个个体都享有，已婚妇女的性自由并不因为婚姻而消解，只是受到了限制。同居义务要求不得随意滥用性权利，又要求不得无故拒绝性义务的履行，前提在于维持婚姻的圆满存续，所以倘若能够证明婚姻关系已经破裂，而且存在难以修复的可能性时，可以认定婚内强奸罪成立。同时，也不能认为婚姻内妇女性自由和婚姻外妇女性自由应受到同等程度保护。如妻子稍有正当理由就拒绝履行同居义务，丈夫稍以强力手段强迫发生性关系就成立强奸罪，均不可取。在妻子基于爱情和关护竭力维持婚姻存续时，国家不宜积极介入，因此婚内强奸宜告诉乃论。

3. 关于轮奸犯罪的既遂与未遂能否并存

林贵文（2016）认为，轮奸犯罪中完成形态与未完成形态能否并存，理论界与实务界缺乏共识，现实中有肯定说与否定说两种观点。通过研究轮奸罪的成立范围和归责原则、主观和客观构成，以及对其加重处罚的根据即侵犯了更重要的法益、侵害了性的私密性和亲密性等价值，该文批驳了亲手犯理论，摒弃了只有实施奸淫行为者才能成立轮奸的主张，认为对轮奸犯罪共犯的归责要适用"部分行为全部责任"原则，不存在既遂和未遂并存。

4. 关于猥亵犯罪的量刑

赵俊甫（2016）立足司法实践指出由于缺乏明确标准或裁判指引，不同法院、不同法官对猥亵犯罪的量刑把握仍存在较大差异。在2015年刑法修订之前，由于加重处罚情节仅限于"聚众或者在公共场所当众实施"，对于严重程度不亚于强奸罪的肛交、棍棒插入阴道等猥亵犯罪，以及猥亵手段严重、猥亵人数及次数特别多的犯罪，只能在五年以下有期徒刑幅度内判处刑罚，罪刑不相适应。《中华人民共和国刑法修正案（九）》赋予法官更多自由裁量权，对猥亵犯罪增设"其他恶劣情节"，对此的初步认识如下：①以暴力、胁迫或者其他方法强制对他人（已满14周岁）实施肛交、口交，或者以生殖器以外的其他身体部位或者使用物体侵入他人阴道、肛门，达二人以上的；前款所列行为系针对儿童实施的；②以暴力、胁迫或者其他方法多次强制对他人实施肛交、口交，或者以生殖器以外的其他身体部位或者使用物体侵入他人阴道、肛门的；③二人以上共同轮流强制对他人实施肛交、口交，或者以生殖器以外的其他身体部位或者使用物体侵入他人阴道、肛门的；④因猥亵致被害人感染性病、性器官严重受损、精神失常、自杀或造成其他严重后果的。对不具有上述情形的猥亵犯罪案件，应当综合考虑被告人、被害人身份，猥亵手段的暴力性程度，猥亵的身体部位所代表的性象征意义，被害人人数，猥亵次数，对被害人身心伤害大小，以及是否系入户实施等因素，准确判断是否属于猥亵情节恶劣，以使罪刑相适应。

5. 关于儿童性侵害的研究

2018年10月19日最高人民检察院向教育部发出第一号检察建议，建议完善预防性侵害中小学学生的顶层制度设计，教育部和各地教育行政部门推动落实性违法犯罪人员从业禁止、校园性侵强制报告等制度，预防、打击对中小学生的性侵害，加强对易受害儿童的保护。

邢红枚（2020）认为，我国刑法将生殖性性交以外的性交行为和男童排除在强奸罪之外，且性同意年龄偏低，这是由于我国对强奸罪立法以生殖性性交为核心，采用集中立法模式，在一个法条中规制不同年龄和被害人特点的强奸行为。这种立法模式粗糙，不利于对儿童的全面保护。该文建议从实践出发，借鉴国际社会立法经验，国际上性同意年龄为16岁的有154个国家和地区，14~15岁的有41个，12~13岁的仅有12个，建议提高儿童的性同意年龄到16周岁，并设定年龄相近豁免条款，双向保护儿童。建议采用分置立法模式，将生殖性之外的性交行为也纳入强奸罪，平等保护男童和女童。

赵国玲等（2016）分析了北京市65件性侵未成年人案件，认为影响被害性的因素主要是年龄，其身体、认知、社会行为等方面存在过渡性，而犯罪人的因素则与外地户籍、无固定职业、青壮年龄、无婚姻等相关。这类案件多以陌生人侵害为主，在熟人相犯情境下，同辈侵害与长辈侵害比例相当。侵害行为以强奸和猥亵为主，方式上多为欺骗引诱。未成年人主动报告的比例不高，易导致重复被害。该文建议的"一体联动"刑事政策是指通过降低被害性和犯罪性而实现对未成年人的保护，在亲权和国家亲权相结合的思路下，家庭、学校、社会组织、公权力机关形成有效的信息沟通和相互配合机制，围绕被害特点、犯罪特点以及制度建设来完善相关制度，主要从以下方面入手，强化自我保护与监督保护、及时甄别危险以及进行系统化的立法，探索专项立法，在入职审查、性侵犯罪记录登记备案、强制报告、安全庇护、校警合作、取证、赔偿、司法救助等方面进一步完善防控制度。

何挺等（2017）提到有研究表明，我国性侵未成年人案件多发不容乐观；男童遭受性侵害的比率与女童相当，加害人多次作案与重复作案可能性较高，熟人作案比重畸高（此处与赵国玲等认为未成年人性侵以陌生人为主的调研结论有差别）。性侵可能对未成年人造成严重的身心创伤，感染性病，导致死亡；导致其产生焦虑、抑郁、自卑、恐惧、性观念错位、人际交往障碍、创伤后应激障碍、企图自杀等一系列问题；还可能诱发未成年人的反社会行为，导致被侵害的未成年人恶逆变。为此，该文介绍了美国预防、惩罚、救济对未成年人的性侵害的梅根法、刑法、刑诉法等法律体系，建议我国细化预防性立法，建立性侵犯罪信息登记、更新、公告制度，建立性侵犯罪数据库和入职审查，建立专门的未成年人保护机构。加强惩罚性立法的体系性，重新定义性行为，将其扩大为性交、口交、肛交；适当提高性同意年龄，延长对未成年人的保护期限；在量刑结构上，将暴力、胁迫、麻醉等作为从严情节。补充救济性立法，完善办案程序，保护被害人隐私，提供充分的经济补偿，完善性侵犯罪强制报告和发现制度，加强政府提供的心理、康复等服务，完善司法保护和政府保护。

张荣丽（2020）通过数据分析发现，校园成为性侵儿童违法犯罪的高发场所，建议在校园建立儿童性侵害预防机制，以儿童最大利益原则为核心，以校内预防工作制度建设、教职员工入职筛查、全员教育培训为机制主要内容，以第三方的评估对机制运行效果进行测评，以行政、经济、司法等手段为保障措施，通过源头治理降低发案率。

兰跃军（2019）提出以最高限度保护、最低限度容忍、依法严惩性侵未成年人犯罪，对性侵案件未成年被害人实行特殊保护。性侵未成年被害人保护包括立法保护、司法保护、国家救助和社会援助四个方面。立法保护包括《中华人民共和国刑法》《中华人民共和国刑事诉讼法》《中华人民共和国民法总则》《中华人民共和国未成年人保护法》等相关规定和保护，司法保护包括隐私权保护、损害赔偿权保障、获得法律援助权、强制报告与立案、"一站式"侦查取证和知情权保障六个方面。

陈伟、金晓杰（2016）也认为单纯的刑罚已不足以有效预防此类犯罪。对未成年人性侵案的预防与惩治需要多元化的综合推进，寻求法律、社会、学校、家庭四位一体共同作用的机制，从预防、惩罚与矫治等综合层面进行有效的政策引导与措施落实，真正有效防范并减少此类犯罪的发生。

田刚（2017）基于对性犯罪记录的登记与公开制度的比较研究，指出我国有必要引入性犯罪记录制度，建构作为性犯罪记录制度基本要素的登记申报规则和权利资格限制规则，使其成为我国宏观国家犯罪记录体系的重要一环。

6. 关于在强奸犯罪中废除死刑的问题

陈希（2019）研究了 20 世纪 60 年代美国联邦最高法院关于废除强奸犯罪死刑的讨论，强奸犯罪性质恶劣，但人们的观念不断更新，立法也不断修正，世界上只有五个国家保留了强奸犯罪的死刑。20 世纪 70 年代以来美国联邦最高法院在强奸犯罪死刑问题上，讨论了美国宪法第八修正案之"残酷且非常""与时俱进的文明标准""不断进化的尊严标准"，以及国际上对死刑问题的"单向棘轮"发展趋势，即死刑存废只能不可逆地朝向废除方向发展，从而在未致被害人死亡的强奸犯罪中废除了死刑。从国际经验看，无期徒刑限制减刑、终身监禁不得减刑假释是被害人及家属以及社会可以接受的替代死刑的刑罚。

7. 关于强奸盾牌规则

徐拿云（2020）、吴慧敏（2017）、张济坤（2017）等认为，美国《联邦证据规则》412（a）在一般情形下禁止使用被害人性行为或性倾向的证据，在性侵害案件中排除被害人品格和性经验性历史证据，即强奸盾牌规则，对强奸案诉讼具有积极意义。第一，强奸盾牌规则通过防止基于被害人先前性史对女性被害人进行不当的人格贬损，阻止被告方在辩护过程中对被害人进行过度的不当侵扰，能够在一定程度上避免因男权社会下某些行为范式而形成的偏见，打破对此类案件中女性被害人的歧视范式，有助于鼓励性侵案件被害人控告和出庭作证，对发现事实真相有激励作用。第二，性别平权不仅是社会层面的问题，也在法律层面得到体现。强奸盾牌规则有助于鼓励性别平权，从而引导人民的行为。第三，排除性侵案件女性被害人的先前性行为证据，与保护女性被害人隐私权的需求相一致。第四，在刑事案件中，美国《联邦证据规则》412（b）作为规则 412

（a）的例外，规定了这类品格证据排除的例外，从而在鼓励被害人控告和阻止强奸犯罪之间达到一定的平衡。

（四）关于拐卖收买犯罪的研究

1. 关于拐卖收买妇女案件的新变化

虽然当前全国公安司法机关办理的拐卖妇女、儿童案件总体呈下降趋势，但也面临新变化、新挑战，主要表现在以下方面。一是恶性程度并未趋缓。根据裁判文书的记载，6.1%的拐卖妇女犯罪案件中存在人员伤亡。二是犯罪组织化、团伙化，盗抢售犯罪产业链成熟，与司法、民政等部门中的枉法徇私渎职人员多有勾结。三是犯罪手段由单一向多元转变，隐蔽化程度提高，在拐卖与收买之间多次转手，导致难以解救被贩卖的妇女。四是跨境犯罪频发，被拐卖妇女来自我国周边越南、缅甸、朝鲜、老挝等国家。

经济、社会等复杂因素导致拐卖妇女犯罪屡禁不绝。国际数据表明，拐卖人口犯罪是跨国犯罪集团仅次于毒品和军火的第三大利润来源。另外，有研究认为，20世纪80年代以来，我国出生性别比持续偏高，性别结构失衡成为我国当代和未来社会人口基本特征。虽然自1990年开始，我国加大对人口买卖的打击力度，不断强化对被害人的解救力度，但性别结构失衡带来的社会问题从男性人口过剩演化为偏远落后农村地区的婚姻挤压问题。当通过合法途径无法婚配时，收买犯罪便成为部分人满足个人欲望的手段，从而体现为收买犯罪动机旺盛，广泛且刚性的收买犯罪需求始终高企（王金玲，2016）。

2. 关于拐卖收买犯罪的刑罚

曾婧婧、张阿城、童文思（2018）认为，重典确实对拐卖妇女儿童罪具有明显的遏制效果。张俐（2018）认为拐卖妇女屡禁不止，赞同增大对收买人的处罚力度，但单纯地加大对收买人的处罚力度是否能够很好地遏制其发生，还需要进行进一步的探讨。

张俐（2018）认为，当前收买罪的法定刑过低，对于收买行为最多只能判处有期徒刑三年，而拐卖妇女罪的最高刑罚却可以判处死刑。作为对合犯的两个罪名，拐卖与收买是彼此密切联系的两个行为，在刑法上的评价却截然不同，刑事处罚悬殊，为此建议提高法定刑。收买是妇女贩卖猖獗的源头，提高对收买人定罪处罚的法定刑已是刻不容缓。建议可以多建立几个量刑档次，把符合不同情节的收买人归入不同的量刑档次中，把收买罪的最高法定刑提升为无期徒刑等。

3. 关于反拐综合治理

温丙存（2017）对 477 件拐卖妇女案件的分析表明，被害人类型可分为境外妇女、境内智障妇女、境内健康妇女三种，境内健康妇女被骗常以介绍工作为由，多数被买去传宗接代，少数被买去从事色情服务，为此应进行精准化防治。除了贯彻实施法律法规，还可充分发挥各类社会规范的规制价值，完善职介和婚介等市场组织的执业规范、社会福利机构和社会工作机构等社会组织的自律规范、妇联和残联等人民团体的团体章程、农村乡规民约等。在具体举措上，一要加大对跨境拐卖妇女犯罪的预防与打击力度。加强边防口岸检查和出入境人员查验，加强边境地区人力资源市场监管；规范跨国婚姻登记行为，依法取缔非法跨国婚姻中介机构，打击跨国婚姻诈骗和买卖妇女犯罪活动。二要加大对智障妇女的保护力度。提高智障妇女监护人的反拐意识、法律责任意识；实施智障妇女专门台账管理制度，规范智障妇女的婚姻登记与收养；完善对智障妇女的社会救助制度；加强对流浪乞讨妇女的街面救助等。三要实施农村妇女综合能力提升行动。加强对农村外出务工妇女的反拐教育培训；规范农村职业中介和婚姻中介活动；等等。

三　研究不足与展望

（一）研究不足

反性别暴力研究的不足主要体现在有关研究性别意识和性别敏感度有待进一步增强；未充分从受害人视角出发，以受害人权利保障为中心的研究有待加强。

1. 关于性别意识和性别敏感度

当相关研究涉及妇女权益时，有的研究成果的性别意识和性别敏感度不足。以对拐卖人和收买人的强奸的定罪量刑为例，有研究认为，"在收买被拐卖妇女后的强奸与在拐卖过程中的强奸主观恶性不同。毕竟，强奸发生在收买过程中，时间上要有所区别。收买回来本来就为了一起生活，主观恶性较小，数罪并罚刑期可能下拉。拐卖过程中强奸，主观恶性更大"。这段话认为收买人强奸的恶性小、责任轻是因为"收买回来本来就为了一起生活"，但这种"买回来一起生活"通常是以妇女被剥夺人身自由权、被侵犯性自主权、被侵犯婚姻自主权、被侵犯生育权等为代价的，不仅严重违反我国男女平等基本国策，且属强奸、非法拘禁等应数罪并罚的严重犯罪行为。

2. 关于受害人视角和受害人权利

在反性别暴力研究领域，立足受害人视角并以受害人权利保护为中心的研究尚不充分，现有的研究也仍有待被广泛传播和接受，并有待进一步转换为立法。之前的成功经验是在反家庭暴力研究领域，受害人视角受到重视，因此推动了关于人身保护令、告诫书等特殊制度的研究，也推进了相关立法和司法做法的完善。在强奸、婚内强奸、性侵儿童、拐卖人口、性骚扰等性别暴力议题上，有待进一步加强受害人权利保障等方面的研究，在诉讼程序规则、证据规则和实体法方面细化相关研究，填充立法空白区域。

（二）研究前瞻与展望

从整体上看，这五年反对针对妇女的暴力研究蓬勃发展，在专业化、体系化等方面有了长足的进展。从国家法治发展进程的全景来看，随着反对针对妇女的暴力实践的迅猛发展，相关研究有望在以下方面不断取得进展。

1. 关于跨学科跨领域的合作型研究

随着反性别暴力研究的不断深入，相关政策法规的实施需要多部门合作已达成共识，政府部门、执法司法部门、社会组织持续推进分工合作，政府和执法司法部门需要细化政策、规则和程序，为此，实务部门和学界的良性互动与合作必不可少，未来仍有待进一步加强合作。一方面，研究机构与实务部门的合作能够帮助研究人员脚踏实地深入实践，了解现实中存在的具体问题，识别实践中的重点和难点问题，有助于对现实问题根源成因形成充分认识，将理论与实际相结合，在现实背景下顺应经济社会文化发展的方向开展理论和对策研究。另一方面，实践也需要充分利用理论资源，以理论为指导解决现实中存在的问题。实务部门直接针对实践需求与研究机构合作开展的研究，更有针对性，更有可能做到理论从实践中来，理论又能指导实践。

反性别暴力的研究还需要加强跨学科的合作，经济学、法学、社会学、文学艺术、电影电视剧等对于反性别暴力各有所长。经济学可探索性别暴力造成的损害成本，与反性别暴力的投入和成效相对比，有助于推动国家对反性别暴力采取积极财政政策，加大投入。社会学可探索性别暴力的个体与群体经验，反映家庭暴力的症结所在。影视作品对反性别暴力宣传教育有着无可替代的作用，可起到更新人民群众的反性别暴力理念、为新政策出台争取最广泛同情与支持的预期效果。目前，以大数据作为研究方法的反性别暴力研究成果较少，需要进一步加强相关研究。

2. 关于国际化与本土化研究的结合

首先，进一步推进广泛深入的比较研究，了解域外成功经验及其社会历史背景，在此基础上结合我国实际情况，针对反性别暴力实施和落实中可能遇到的问题予以批判借鉴。

其次，在比较研究中还需要注意了解国外反性别暴力法治发展过程中的主要失误和挫败及其原因，了解其是具有普遍性的原因还是由于其所处的特殊社会历史背景，对于前者，要在我国反性别暴力事业中极力避免重蹈覆辙。

最后，我国反对性别暴力的立法与政策在这五年取得了巨大的成就，为创建妇女安全发展的无暴力社会环境奠定了良好的规则基础，这些法规政策在实施中不断完善，取得了突破性的进展，其中不少措施具有中国特色，对此，应在国际对话平台针对本土经验开展富有成效的学术交流，使中国的经验和特色走向国际。

总体看来，这五年我国反对针对妇女的暴力领域研究成果丰硕，研究方法多样，研究领域和深度广度不断拓展，对既往研究的难点重点问题逐个突破，取得了耀眼的成就，毋庸讳言，仍存在提高和发展的空间，有待进一步攻坚克难、凝聚共识，在更坚实的研究基础上取得新成就。

参考文献

1. 陈霖（2020）：《日本夫妻人身关系法研究》，博士学位论文，厦门大学。
2. 陈敏（2016）：《对家庭暴力定义的司法认知》，《人民司法（应用）》第 10 期。
3. 陈敏（2018）：《对谩骂和恐吓的分析、认定和应对——以反家庭暴力法为视角》，《人民司法（应用）》第 7 期。
4. 陈敏（2016）：《人身安全保护令实施现状、挑战及其解决》，《预防青少年犯罪研究》第 3 期。
5. 陈伟、金晓杰（2016）：《性侵未成年人案现状、原因与对策一体化研究》，《青少年犯罪问题》第 4 期。
6. 陈希（2019）：《美国违宪审查中的国际法与外国法援引研究》，博士学位论文，山东大学。

7. 橙雨伞公益（2019）：《中国大陆反家庭暴力立法之路》，橙雨伞微信公众号，3 月 8 日。

8. 崔晓丽（2019）：《女性遭遇家暴，可以向谁求救》，《检察日报》2 月 20 日。

9. 戴波、赵德光（2016）：《中缅、中老、中越少数民族跨境婚姻行为的经济学思考》，《世界民族》第 2 期。

10. 戴瑞君（2019）：《性骚扰法律规制省思——以高校性骚扰规制为侧重》，《北外法学》第 2 期。

11. 但淑华（2017）：《准家庭暴力的主体——对〈反家庭暴力法〉第三十七条"家庭成员以外共同生活的人"之诠释与认定》，《中华女子学院学报》第 4 期。

12. 邓丽（2017）：《身体与身份：家暴受害者在离婚诉讼中的法律困境》，《妇女研究论丛》第 6 期。

13. 《妇女研究论丛》编辑部（2016）：《聚焦〈反家庭暴力法〉亮点 进一步推动贯彻落实——〈反家庭暴力法〉专家座谈会笔谈》，《妇女研究论丛》第 1 期。

14. 郭晓飞（2020）：《"积极同意"的是与非——关于美国性侵认定标准争议的一个综述》，《妇女研究论丛》第 2 期。

15. 何挺、林家红（2017）：《中国性侵未成年人立法的三维构建——以美国经验为借鉴》，《青少年犯罪问题》第 1 期。

16. 黄晶、但淑华（2019）：《"民法典编纂与男女平等"学术研讨会综述》，《妇女研究论丛》第 3 期。

17. 黄忠良、翁卫国、翟彬旭（2019）：《我国拐卖妇女犯罪特点及治理策略——基于 1038 份裁判文书的分析》，《中国人民公安大学学报（社会科学版）》第 5 期。

18. 蒋月（2019）：《我国反家庭暴力法适用效果评析——以 2016~2018 年人民法院民事判决书为样本》，《中华女子学院学报》第 3 期。

19. 兰跃军（2019）：《性侵未成年被害人的立法与司法保护》，《贵州民族大学学报（哲学社会科学版）》第 4 期。

20. 李瀚琰（2017）：《论人身安全保护令执行体系与中国立法的完善》，《妇女研究论丛》第 6 期。

21. 李明舜（2017）：《〈反家庭暴力法〉实施一周年的忆与思》，《今日中国》第 3 期。

22. 林贵文（2016）：《轮奸犯罪停止形态研究》，博士学位论文，西南政法大学。

23. 林建军（2019）：《高校学术领域性骚扰防治体系的功能定位及其建构》，《妇女研究论丛》第 2 期。

24. 林洋（2019）：《我国刑法中的结合犯问题研究》，博士学位论文，华东政法大学。

25. 刘春玲（2018）：《美国防治高校性骚扰的制度与实践——第九条下高校的主要义务》，《妇女研究论丛》第 1 期。

26. 刘小楠、陈颖楠（2020）：《我国校园性骚扰防治的推进与展望》，《中华女子学院学报》第 5 期。

27. 卢杰锋（2016）：《美国职场性骚扰雇主责任的判例法分析》，《妇女研究论丛》第

2 期。

28. 卢杰锋（2020a）：《职场性骚扰的用人单位责任》，《妇女研究论丛》第 5 期。

29. 卢杰锋（2020b）：《职场性骚扰受害者的法律救济：基于美国法的研究》，《中华女子学院学报》第 1 期。

30. 马忆南、贾雪（2016）：《婚姻法第四十六条实证分析》，《中华女子学院学报》第 1 期。

31. 牛天宝（2017）：《跟踪纠缠行为犯罪化研究》，博士学位论文，中南财经政法大学。

32. 祁建建（2017a）：《消除侵害妇女和女童暴力行为，英国再出新规》，《中国妇女报》。

33. 祁建建（2017b）：《加强对"精神暴力"行为的法治化惩治机制》，《中国妇女报》。

34. 祁建建（2020）：《梳理反家暴法实施经验　助力防疫期反家暴实践》，《中国妇女报》。

35. 任海涛、孙冠豪（2018）：《"校园性骚扰"的概念界定及其立法意义》，《华东师范大学学报（教育科学版）》第 4 期。

36. 单纯（2020）：《论美国反性骚扰的法治化进程》，《中国政法大学学报》第 4 期。

37. 孙晓梅、仇启荣（2018）：《完善反家庭暴力立法的若干思考》，《中华女子学院学报》第 3 期。

38. 田刚（2017）：《性犯罪人再次犯罪预防机制——基于性犯罪记录本土化建构的思考》，《政法论坛》第 3 期。

39. 田刚（2020）：《强奸罪司法认定面临的问题及其对策》，《法商研究》第 2 期。

40. 王金玲（2016）：《收买/收纳被拐卖的妇女成婚：一种生存策略》，《云南民族大学学报（哲学社会科学版）》第 4 期。

41. 王俊（2017）：《从道德审判走向法治化：对大学校园学术性骚扰的审思》，《华中师范大学学报（人文社会科学版）》第 5 期。

42. 王利明（2020a）：《〈民法典〉人格权编的亮点与创新》，《中国法学》第 4 期。

43. 王利明（2020b）：《民法典人格权编性骚扰规制条款的解读》，《苏州大学学报（哲学社会科学版）》第 4 期。

44. 王天玉（2020）：《言辞型职场性骚扰的司法裁判逻辑》，《妇女研究论丛》第 5 期。

45. 隗佳（2018）：《德国刑法对妇女的保护研究——以〈德国刑法典〉第 238 条纠缠骚扰罪为视角》，《妇女研究论丛》第 3 期。

46. 温丙存（2017）：《被拐卖妇女的类型分析》，《山西师大学报（社会科学版）》第 4 期。

47. 吴慧敏（2017）：《美国强奸盾牌条款的证据法分析——从密歇根州诉卢卡斯案谈起》，《中国案例法评论》第 1 期。

48. 夏吟兰（2017）：《民法分则婚姻家庭编立法研究》，《中国法学》第 3 期。

49. 邢红枚（2020）：《强奸罪的立法完善——以儿童保护为视角》，《中华女子学院学报》第 6 期。

50. 徐拿云（2020）：《品性证据规则的作用机理研究》，博士学位论文，吉林大学。

51. 薛宁兰（2017）：《反家庭暴力法若干规定的学理解读》，《辽宁师范大学学报（社会科学版）》第1期。

52. 杨立新（2020）：《我国民法典人格权立法的创新发展》，《法商研究》第4期。

53. 杨立新、蒋晓华（2019）：《对民法典婚姻家庭编草案规定离婚冷静期的立法评估》，《河南社会科学》第6期。

54. 曾婧婧、张阿城、童文思（2018）：《刑事重典对遏制不同类型犯罪效果的比较研究：对拐卖妇女儿童和集资诈骗案件裁判文书的实证分析》，《经济学动态》第4期。

55. 曾贞（2016）：《基于中越边境拐卖妇女犯罪的国际警务合作机制研究》，《人民论坛》第2期。

56. 张济坤、刘砺兵（2017）：《强奸案件中证据相关性判断与适用——以品格证据在强奸案件中的运用为视角》，《人民检察》第3期。

57. 张俐（2018）：《收买被拐卖的妇女、儿童罪探析——以〈刑法修正案（九）〉为视角》，《安徽警官职业学院学报》第4期。

58. 张琪（2020）：《受暴女性的司法困境探析——女性主义视角下的涉家暴离婚案件研究》，博士学位论文，吉林大学。

59. 张荣丽（2020）：《校园性侵害预防机制的原则与框架研究》，《中华女子学院学报》第5期。

60. 赵国玲、徐然（2016）：《北京市性侵未成年人案件的实证特点与刑事政策建构》，《法学杂志》第2期。

61. 赵俊甫（2016）：《猥亵犯罪审判实践中若干争议问题探究——兼论〈刑法修正案（九）〉对猥亵犯罪的修改》，《法律适用》第7期。

62. 周俊山（2018）：《弱势群体权利保障中的国家反拐行动研究》，中国人民公安大学出版社。

63. United Nations, 1993, *Declaration on the Elimination of Violence against Women*, New York: UN.

64. United Nations Office on Drugs and Crime, 2019, *Global Study on Homicide: Gender Related Killing of Women and Girls*.

65. WHO, 2013, "Global and Regional Estimates of Violence against Women: Prevalence and Health Effects of Intimate Partner Violence and Non-partner Sexual Violence".

妇女参政研究综述（2016~2020年）

李　文[*]

妇女的政治参与权利是实现其他各项权利的重要基础。妇女充分参与国家政治生活，平等参与国家和社会事务的管理，是社会主义民主政治建设的必然要求，也是实现妇女全面发展的重要途径。妇女参政的概念有狭义和广义之分。狭义的妇女参政，意指担任公职，掌握权力，出任各级决策和管理机构的领导者、管理者、决策者；广义的妇女参政，"则指作为女性去关心、参与政治议题和政治活动"（参见张永英，2017）。从妇女参政的领域看，包括政党、立法机构、党政部门、政治协商机构以及基层组织等不同层面。随着中国特色社会主义民主政治建设的加强，党和国家促进妇女参政的相关法律政策和规划进一步完善，为妇女平等参与国家和社会公共事务提供了更广阔的平台。在推进全过程人民民主建设进程中，国家积极保障包括妇女在内的全体人民依法实行民主选举、民主协商、民主决策、民主管理、民主监督，妇女参政的渠道逐步拓宽，在民主政治建设中的作用日益增强。在这一背景下，关于妇女参政的理论和实践研究也不断深化。

一　研究概述

2016~2020年，在中国知网（CNKI）"中国期刊全文数据库"以"妇女参政"为主题词进行检索，获得论文90篇，其中核心期刊论文11篇；以"性别+政治""妇女+政治"为主题词进行检索，获得论文339篇，其中核心期刊论文117篇；以"女干部""女村官"为主题词进行检索，获得论文57篇，其中核心期刊13篇。在"中国博士学位论文全文数据库""中国优秀硕士学位论文全文数据库"以"妇女参政"为主题词进行检索，获得文献102篇，其中博

---

* 作者简介：李文，女，全国妇联妇女研究所政策法规研究室副研究员。

士学位论文 7 篇、硕士学位论文 95 篇。以"女干部"（3 部）、"女村官"（1 部）、"妇女参政"（3 部），"女性+政治"（3 部），"女性+领导"（3 部）为主题词，在中国国家图书馆检索到专著共 13 部，其中较有代表性的如《女干部成长路径研究》（刘嫦娥，2018），该著作立足现状同时从历史的角度，依照时间脉络，对中国女性地位的历史变迁进行了梳理，展示了我国女性发展在不同时期面临的困境，以此从源头上探究了影响女干部成长的深层社会和文化因素。在这五年，国家社会科学基金立项的成果有 6 项，主要涉及女性参政议政的社会支持体系、妇女组织参与社会治理、农村妇女参政议政、民族地区女性参与村庄治理等领域。这五年，妇女参政领域的有关学术会议主要聚焦妇联组织/妇女参与国家治理和社会治理等方面。2020 年 10 月 22~23 日，全国妇联妇女研究所组织召开"妇联组织与国家治理体系和治理能力现代化"学术研讨会，重点围绕妇联组织参与国家治理、社会治理以及新时代妇联工作及改革创新的理论与实践等展开研讨；2020 年 12 月，中华女子学院主办的"第二届全球女性发展论坛暨纪念世妇会 25 周年学术研讨会"设置"社会治理中的妇女参与"平行论坛，与会专家学者探讨和分享了各国妇女参与社会治理的探索与实践。

这五年，妇女参政领域的相关研究主要呈现出如下特点。一是研究范围和议题进一步拓展，相关研究不仅仅局限于对妇女参政问题的分析，还在国家治理能力现代化和社会治理创新的背景下审视妇女的公共参与问题。比如，有研究运用治理现代化理论对中国政治场域中的性别隔离问题进行了深入分析。二是研究内容更具历史视野，注重关照历史和现实，重视对妇女参政历程的回顾和历史经验的总结，为新形势下促进妇女政治参与提供启示和借鉴。一些研究对不同时期党领导妇女参政运动的历程、取得的进展和经验等进行了回顾分析，还有研究对新中国成立 70 年来妇女参政、农村妇女参与村庄治理等发展历程等进行了梳理总结和分析阐释。三是妇女参与基层治理领域取得的进展以及面临的挑战得到更多研究者的关注，尤其是关于农村妇女参与基层治理的研究进一步拓展和深化。有研究对农村基层治理领域妇女参与的能动性和主体性以及女性组织化程度与公共参与之间的关联进行了系统分析，丰富了农村妇女参与基层治理研究的内涵。

二　主要研究内容

（一）妇女参政的理论化认识

决策机构中的女性是否必然会关注和推动性别平等进程，女性代表数量增长与实质性增长之间存在怎样的关联？郭夏娟、魏芄（2019）从数量代表和实质代表两个层面对妇女参政问题进行了探讨，提出评价女性政治地位需要一种更加开放与包容的视角，即数量代表与实质代表的"二元维度"，其中"数量代表"强调决策机构中的女性比例，"实质代表"则关注决策机构内外究竟发生了哪些有助于实现女性发展需求的实际代表行动，两者缺一不可。研究认为，对女性政治地位的充分解释需要融合"女性实质代表"理论视角，从而丰富对多元女性政治代表主体、代表方式、评价标准的认识。

郭夏娟、杨麒君（2016）在研究中阐释了参与式性别预算与女性赋权的一致性，从理论上揭示了赋权过程和结果之间的关联。研究指出，参与式性别预算与女性赋权的共同性体现在三个方面：一是被赋权者必须在决策制定过程中有平等的参与权，而参与式性别预算鼓励女性参与性别预算协商，对与她们生活相关的重大问题进行决策；二是赋权要求行动主体具备行使职责的能力，参与式性别预算则通过多样化培训课程进行女性的参与能力建设；三是女性赋权寻求的是平等分配社会资源并以此激发女性潜能，参与式性别预算呼吁在两性之间公平分配资源和福利。

还有研究从社会性别盲视的角度对法治建设中女性政治贫穷化进行了分析阐释，提出中国女性的政治实践是该群体政治地位低下的镜像，实质是政治贫穷化的一种真实写照，其原因是国家自上而下地保障女性政治权益的系列法律法规未能打破社会不平等的性别结构，从而使女性群体处于政治贫困状态，而这一结果是政策过程中社会性别盲视与性别利益剥夺的反映（汪超、刘涛，2017）。

（二）妇女参政的发展历程与历史经验

2019年是中华人民共和国成立70周年，这一时期学术界关于妇女参政的历史成就和经验的研究增多，涌现出一批具有学术价值和启示意义的研究成果。

　　倪婷（2017）回顾了 1912 年中国第一次妇女参政运动，对这一运动的历史背景、过程及主要诉求进行了梳理分析，揭示了其对妇女参政事业的深远影响和借鉴意义：推动妇女参与国家和社会事务决策和管理成为国家制度安排，并采取积极措施贯彻落实；推进妇女参政事业要走群众路线，得到包括基层妇女群众在内的广大人民群众的参与和支持。何先成（2019）对川陕苏区妇女运动中的政治动员路径进行了分析，提出中共通过普遍建立妇女组织、提高妇女参政程度等路径对广大妇女进行政治动员，采取赋予妇女选举权和被选举权、重视吸收妇女积极分子入党等有力措施，积极保障妇女参政权利和政治地位。

　　中华人民共和国成立后，在国家政权和法规政策的保障下，妇女参与国家和社会公共事务管理取得显著进展。1953 年通过的《中华人民共和国全国人民代表大会及地方各级人民代表大会选举法》明确规定"妇女有与男子同等的选举权和被选举权"，为妇女依法行使自己的选举权和被选举权提供了法律依据。为在选举过程中切实保障妇女的平等权利，党和国家采取一系列积极措施。张致森（2019）对第一次全国普选中基层妇女人大代表候选人的培养工作进行了考察，指出个别普选试点地区在培养妇女人大代表候选人方面存在对基层妇女人大代表候选人标准的认识模糊、忽视了基层妇女缺乏参政议政意识的事实等问题，总结梳理了党委和政府采取的积极举措，从大力开展宣传教育、明确规定基层妇女人大代表的比例、积极培养基层妇女人大代表候选人等方面探讨中国共产党提高妇女政治权利的历史经验。这一时期，参与基层政权的农村妇女数量大幅上升，妇女组织是她们参政的重要平台，而且在合作社、人民公社时期，各级领导机构都有妇女干部，开创了妇女参政的一个高潮；但农村的政治权力参与仍有着明显的性别差异，农村妇女的政治空间较为狭小，妇女干部和妇女组织并未打破以男权为中心的乡村权力结构而处于边缘位置（袁博，2020）。

　　伴随改革开放的进程，我国妇女参政呈现出新特点，国家也采取积极措施应对市场经济给妇女政治参与带来的挑战。刘京京（2019）从法律法规、组织体制、参政模式等方面梳理了改革开放以来妇女参政的演进，在总结妇女参政成效的同时提出妇女参政存在的问题，包括妇女总体参政群体规模偏小、妇女参政话语权及参与领域的局限、妇女参政存在结构失衡问题以及妇女参政缺乏有效保障机制等。李丹、敖杏林（2016）分析了 1993~2013 年我国妇女参政措施及其实际效果，提出这一时期党和政府对妇女参政的保障支持有效抵制了市场经济带来的负面效应，全国人大代表、政协委员以及各级领导干部中的女性比例整体有所提升，并从微观、中观和宏观层面提出促进妇女参政的对策建议，即培育女性的自主、自立和自强意识，消除"粘地板""玻璃天花板"效应，出台配额刚性指标。

刘筱红（2019）运用工具合理性和价值合理性的分析框架，对农村妇女参与村庄治理 70 年的历程进行了深入研究，对国家与农村妇女的关系、国家推动农村妇女参与村庄治理的合理性取向及内在理性逻辑进行了具体分析，指出农村妇女参与村庄治理的发展历程是国家在两种合理性框架中进行工具与价值相互调试、互补、推进的过程。研究提出，当下国家有关农村妇女参与村庄管理的顶层制度设计，在很大程度上受性别平等的价值合理性驱动，但在基层的政策执行层面，还缺乏工具合理性的激励，需要在性别平等参与的民主话语中加入性别发展的治理的功能性酵素。有研究从法律政策和实践等层面回顾了中华人民共和国成立 70 年妇女参政的发展与进步，如保障妇女政治权利的法律体系建设不断加强，促进妇女参政的政策规划更加完善，同时妇女在人大、政协、党政部门以及基层治理中的参与水平得到全方位提升（李文，2019）。

（三）妇女政治参与实践

1. 妇女政治地位、参政状况及影响因素

刘伯红、范思贤（2020）从妇女参政政策、政治参与水平、性别平等纳入立法决策主流等三个方面回顾评估了 2016～2020 年中国妇女参政取得的成就与进展，指出妇女参政存在的问题与挑战，即中国女性参政指标及评价体系与国际脱轨、促进妇女参政的政策存在欠缺、妇女参政的文化观念和社会支持系统依旧脆弱。研究提出，促进妇女参政需要制定与国际接轨的科学全面的妇女参政目标和指标、完善和创新促进妇女参政的配套措施、提高女性参政和治理能力、构建和谐的女性参政环境、通过发展公共服务减轻女性无酬家务劳动负担等。

张永英（2017）梳理了妇女参政的法律政策与现状，指出妇女参政存在女干部总体比例偏低、女干部队伍结构不合理、基层女干部队伍建设比较薄弱、后备女干部数量不足等问题，并从主观认知、制度机制、社会文化等方面对制约妇女参政的原因进行了分析。有研究从能力构建角度对女性政治参与进行探讨，提出女性受教育程度是其参政意愿、参政程度的重要影响因素，通过教育全面提升

自我、培养审思的才能、树立独立的人格，有助于促进女性政治参与，使其真正获得解放与发展（董美珍，2016）。还有研究认为，进一步提升中国女性政治参与水平，要着力发展生产力、振兴服务产业和保护女性平等就业权，着力提升女性文化教育水平、加强女性参政意识和能力、积极发挥妇联的纽带作用，着力扩大民主参与和权力参与、改善舆论氛围（许烨，2020）。

有研究基于第三期中国妇女社会地位调查数据，从资源、权力、责任层面对妇女家庭地位与其政治参与的关系进行了分析。研究认为，妇女在家庭获得的资源、享有的权利以及获取支持的程度对其参政行为具有不可忽视的影响。研究提出，推动女性家庭和社会地位的提高，鼓励并支持女性参与公共政治生活是一个重要切入点和有效举措。实现这一目标，需要构建并不断完善发展型家庭政策、加强面向家庭的公共服务体系建设，发挥教育培训和大众传媒的作用、向社会公众传播性别平等的理念，在家庭中倡导夫妻共同承担家庭责任、平等分担家务劳动，建设平等和谐的家庭文化（李文、张永英，2016）。

改革开放后，中国妇女政治参与在获取社会主义市场经济带来的发展机遇的同时也遭遇挑战，包括妇女政治参与的分化，妇女回家论、消费主义、拜金主义泛滥，妇女政治参与的意识淡薄，等等。研究指出，妇女政治参与困境的主要成因有生产力发展不平衡不充分、对妇女政治参与的认识不充分、妇女政治参与环境难以给妇女提供真正公平合理的参与空间等（张莉，2018）。

围绕中国政治场域中的性别隔离与失衡，有研究运用治理现代化理论对这一现象及其原因进行了分析。从治理体系维度来看，女性失语、性别刻板与缺乏性别敏感的媒介组织加剧了公共政策过程中的社会性别盲视；从治理能力维度来看，经济资源贫乏、社会机会少与防护保障差加剧了女性参政议政道路中的政治自由贫困；从治理工具维度来看，结构化安排、依性别划岗以及政策执行主体的"结构性干部观念"使配额制度执行过程中存在参与通道阻滞问题（汪超，2016）。

田川、邬小平（2020）以基层妇女人大代表履职实践为依据，反思了基层妇女人大代表履职中存在的问题，并围绕拓展新时代基层妇女人大代表履职发展路径提出对策建议，即在提高代表比例、发挥妇联作用、履职监督等方面加强机制建设，为女性代表履职营造良好社会环境，增强基层妇女人大代表的服务意识和履职能力。

郭夏娟、杨麒君（2016）基于浙江省温岭市性别预算的调查数据，对参与式性别预算中的平等协商过程进行了分析，发现女性的平等参与为女性赋权提供了制度性保障，女性高比例的数量代表产生的"临界规模"效应使女性能自由地行使其主体能动性，增强权利意识和参政能力，进而提出参与式性别预算作为有效的赋权途径可以带来令人期望的结果。

有研究基于对制度与习俗之间张力的分析，提出当代中国女性权利在法律和制度上的不断完善和实现，既是对未来普遍平等和自由的政治所做的探索，也是对滋生性别歧视的旧风俗和生活方式的扬弃，认为"女性的自然权益和合理诉求只有通过法典化、民主化和制度化的过程才能被转换至法权关系当中"，因为"只有通过法律之完善和制度之实施，将实质的性别平等转变为社会经济交往的基本前提，才能建构女性获得平等、自由之权利的政治土壤和历史环境"（杨乐，2016）。

2. 女干部培养选拔与职业发展

女干部是我国干部队伍的重要组成部分。培养选拔妇女干部进入各级领导班子，对促进妇女平等参与国家及社会事务的管理与决策具有重要意义。关于女性领导干部职业发展的探讨，主要聚焦于女性领导干部职业发展特点、影响因素、发展困境及对策建议。

在女干部特质及职业发展特点方面，孙晓莉（2019）通过分析地方省级女性领导干部的履历数据，归纳出其职业发展经历的主要特点，包括职务晋升体现出干部成长规律的一般性与特殊性的结合、成长路径多岗位综合化与单一岗位专业化并存的特点、发展过程中出现干部成长黄金期与生命历程之间的重叠等。张国玉（2019）运用"卓越领导者五种领导行为"TMLP测评工具，通过对厅局级女性领导者样本的实证分析，提出中国女性领导者具备如下特点：女性领导者在沟通、协调、激励等人际交往方面较男性领导具有明显优势，但决断力略显不足。

在女干部职业发展和晋升的影响因素及对策方面，一些研究指出，女性干部多集中在科教文卫、妇联、计划生育等被认为适合女性的岗位上担任副职，实质上是继续维持和强化社会性别角色定型，是妇女家庭角色的社会延伸与再现，认为"将女性干部安置在特定的'合适'岗位上，锁定在副职上，造成了女性干部特有的'副职升迁'的困局以及'权力尖端缺损'现象"（汪超、刘涛，

2017）。有研究聚焦地厅级以上女性领导干部职业发展路径，运用"玻璃天花板""迷宫"等理论，分析了地厅级以上女性领导干部特点，并从个人因素、组织因素和制度因素三个角度入手，探讨了女性领导干部职业晋升的影响因素和发展路径（吕芳，2020）。有研究以云南省曲靖市为例，指出当地女干部任职结构不合理、培养选拔机制不健全、年龄结构老化等问题，提出完善促进比例制实施的配套政策、构建家庭友好政策、加强女干部后备队伍建设、构建合理的女干部配备梯次结构等对策建议（许海燕，2019）。刘嫦娥（2018）在《女干部成长路径研究》一书中，从历史角度纵向梳理了我国女性成长发展与地位变迁，通过数据分析目前女干部成长发展的现状，对女干部晋升存在天花板效应的原因进行了深入剖析，并从普遍数据和个案分析两方面为女干部成长提出针对性建议。在生育政策调整背景下，还有研究对女性领导干部生育及其职业发展困境进行了分析，提出需要探求新时代女性领导干部职业发展新道路，建议提高女性领导干部的科学决策和管理水平、切实保障女性平等就业的权利、加强监管与惩罚机制建设以减少生育对女性干部晋升的影响等（陆灵娇、廖晓明、吴小湖，2017）。

此外，还有研究围绕"女性是否比男性更清廉"这一问题，对中国公职人员腐败容忍度的性别差异进行了分析。研究发现，女性对大多数政府腐败现象的容忍度显著低于男性，但这种差异并不表明女性因先天的性别就更清廉，而是在社会性别体制与文化建构中形成的（郭夏娟、涂文燕，2017）。

3. 农村妇女参与基层治理

随着农村基层治理制度的发展完善，农村妇女参与基层治理的创新实践得到研究者的关注。这一时期，关于农村妇女参政的研究出现新进展，拓展了妇女参与村庄治理的研究视野，从注重分析农村妇女参政的基本状况及制约因素，拓展为在基层民主政治发展进程中探寻农村妇女参政的积极性条件，如农村妇女政治参与路径的拓展、能动性的发挥、组织化程度的提高等。

在农村妇女的政治参与及其影响因素方面，郭君平、王春来、张斌等（2016）利用江苏、辽宁等五省区抽样调查数据，对农村妇女的政治参与行为、态度以及二者的逻辑关系进行了量化分析。研究发现，农村妇女多数对政治参与持偏好型态度，但实际参与比例相对较低。同时，在诸多影响因素中，政治面貌、婚姻状况、误工补贴和知悉政治活动时间对农村妇女政治参与态度影响较大；民族、误工补贴、知悉政治活动时间和政治参与态度对农村妇女的政治参与行为影响较大；政治面貌、就业类型、就业地点和知悉政治活动时间对农村妇女政治参与态度与参与行为的逻辑关系影响较大。还有研究基于 31 个省区市女性农户调查数据分析，提出西部地区农村妇女参与村庄政治生活的比例相对高于中东部地区。研究提出，家庭因素和外部因素对农村妇女的政治参与均有部分影响：年收入较高的家庭与核心家庭的农村妇女政治参与度相对更高；对村干部工作满意度越高，农村妇女参与村庄政治生活的概率越高；地理区位要素对农村妇女参与村庄政治亦有较大影响（方帅，2018）。

农村妇女参与农村基层治理的能动性和主体性得到研究者的进一步关注。金一虹（2019）通过对若干村庄的案例调查，分析了农村妇女如何借助村庄经济共同体和治理共同体的转型，发挥自身能动性并获取妇女组织提供的各种资源，在性别与村庄政治的复杂互动中重新定义公共性，打破公私领域的性别区隔，开启妇女公共参与的新空间。研究提出，农村妇女公共事务参与的范围、方式和路径在不断扩展，现代因素对村庄的入侵使妇女成为农村经济中相当活跃的分子，也使她们有了自组织的内在动因；她们通过对日常生活的介入改变公共生活和私人生活的边界，推动村民自治民主化的进程。李亚妮（2019）基于陕西 H 县的个案研究发现，女性的参政过程是性别与家庭资源博弈的复杂过程。研究认为，女性的性别身份既可能削弱家庭资源，又可能将家庭资源转化为政治资源；如果女性发挥能动性，将自身与家庭的知识和技术资源、经济资源和其他外部资源合理转化，打破传统的"以男性为主的取向"的性别规范和隔离，就能在实践中获得更多的机会，从而推进村落文化中的性别平等。还有研究通过考察农村女性参政的历史变迁，对农村妇女在参政过程中的能动性、两性权力分配与代际传承进行了分析，提出虽然部分参政农村妇女被动地走上了参政的道路，被分配以计划生育、环境保护等社会性别角色，但她们利用这个契机培养了自身的参政和施政能力，并发挥了主观能动性（宋瑜，2017）。

农村妇女组织化程度与其对村庄公共事务的参与存在重要关联。闫红红、张和清（2019）借助社会工作优势视角、社区组织和社区参与的实务理论，以 M 村妇女社会工作项目为例，探讨社会工作动员与组织农村妇女参与的微观实践经验。M 村的实践表明，社会工作基于优势视角整合妇联与专业社会工作的力量，以"妇女之家"为载体，借助"广场舞"和提供社区公共服务，能够有效地把农村妇女组织起来并参与社区公共事务，从而提升农村妇女的社会政治地位。陈义媛、李永萍（2020）以"赣南新妇女"运动实践为基础，讨论这一运动中家庭卫生如何连接起私人事务和公共事务，并以家庭卫生整治为切入点，探讨妇女参与村庄治理的机制。研究认为，自上而下发起的"新妇女"运动为妇女的重新组织化提供了契机，地方政府、村庄社会、村级组织都是妇女公共参与的机制性因素，它们为妇女提供了与国家联结的机会，重建了妇女的公共身份，也为妇女的公共参与实践提供了试错和探索的空间，而妇女对村庄治理的参与进一步推动了妇女群体的重新组织化。还有研究利用以参与、话语与权力为主线的多维框架，以养老服务中心的建立分析妇女参与乡村治理能力，以广场舞为载体分析妇女议事会在乡村公共事务中话语权，进而探讨了由广场舞衍生出的"妇女服务队"在乡村日常生活中的积极作用和妇女权力的凸显（杨宝强、钟曼丽，2020）。

王琦、汪超（2019）基于经济资源、文化素质、制度规则以及妇女社会组织缺乏等因素，阐释和分析农村妇女处于政治弱势状态的原因，进而回答制度规则何以失灵。研究认为，农村妇女政治弱势状态牵制了农村向真正意义上的法治社会迈进的步伐，同时也反映出在促进社会性别主流化方面，国家促进社会性别主流化的政治承诺仍有待进一步实现，从制度层面提出调整立法性别结构、建立性别平等评估机制、将性别指标纳入领导班子政绩考核等建议。闵杰（2017）对黑龙江省第十届村"两委"换届选举政策的评估发现，农村妇女的政治赋权有赖于以社会性别平等为价值导向的制度创新和制度推动，提出性别配额在现阶段有助于提高农村妇女当选比例、打破农村男性垄断的权力分配格局，建议将村妇女参政的各项性别配额目标纳入行政效力更高的法律法规及政策文件。

聚焦"女村官"这一特殊群体，同雪莉、成天娥（2016）以基层女村官的抗逆过程为研究对象，对女村官面临的风险压力、保护资源及自身抗逆特质进行分析，进而探讨其抗逆过程机制。研究发现，女村官在外部压力与内在特质的交互过程中，基于社会性别的双重压力促成其抗逆力的良性启动，良好的家庭功能和异质性社会关系在其面临风险压力时提供了有效缓冲，其自身的韧性特质为成功抗逆提供免疫功能。

（四）妇联组织代表和推动妇女参政

妇联组织代表妇女群众参与国家民主管理和监督，如参与相关法律法规和政策的制定、参与监督法律政策的执行和落实、参与协商民主，是妇女参政的一个重要方面。

有研究从妇联组织参与的外部保障条件和妇联组织参与能力等内部条件两个层面，对妇联组织参与全面依法治国的路径和策略进行初步分析，总结妇联组织参与全面依法治国的实践成果和制度成果，揭示妇联组织参与全面依法治国的影响因素，从健全妇联组织参与全面依法治国的机制保障、加强妇联组织自身建设等方面提出促进妇联组织参与全面依法治国的对策建议（张永英，2017）。还有研究以妇联组织参与全面依法治国的政治和法律职责为依据，从立法、执法、司法、普法四个方面梳理妇联组织参与全面依法治国的实践，通过人大、政协、政府等渠道参与法律政策的制定、修订或执行，在参与中履行组织职责、维护妇女权益（全国妇联妇女研究所编著，2020）。

杨柯（2017）从政策网络视角对妇联组织在政策制定中的参与进行了分析，提出妇联组织具备的政治资源、组织资源、技术资源、经济资源等构成参与策略的资源基础。研究认为，妇联组织引导并主推相关政策制定，党委系统、人大系统、政府系统、政协系统等多元主体协同配合，从而实现妇联组织与政府的合作共治，形成协同共治型参与模式。在这种模式中，政府以赋权增能的方式激活了妇联组织在政策制定中的自治能力与自我服务能力，同时妇联组织积极审慎地寻找制度逻辑的契合点，谋求自主性的发展空间，两者功能优势互补、职能分工协作，实现了政府与社会组织在政策制定中的良性互动。

康晓强（2019）以全国妇联参与《中华人民共和国反家庭暴力法》立法为例，对人民团体参与立法协商的功能结构及其限度进行了深入分析。研究指出，妇联组织在社会主义协商民主建构中发挥着重要功能，其在参与《中华人民共和国反家庭暴力法》等立法协商方面充当了利益之统合、协商平台之构建、智库使命之担当诸重要角色。研究认为，妇联等人民团体作为一种具有中国特色的组织形态，在协商民主建构中具有独特的优势、能发挥独到的效应，是社会主义协商民主体系之建构及其有效运行不可或缺的主体要素。

三　研究不足与展望

与上一个五年相比，2016~2020年妇女参政领域的研究取得了明显进展，对从理论上认识妇女参政问题以及从现实层面推动妇女参政实践起到积极作用。同时，该领域研究依然存在一些欠缺和薄弱环节。

一是研究成果数量呈现下降趋势，研究的创新性和针对性有待加强。总体来看，学者对妇女参政问题的关注程度降低，关于女干部成长与晋升、提升农村妇女参与管理和决策水平等难点问题的研究缺乏创新性。值得注意的是，现有研究对妇联组织代表和推进妇女参政相关问题的关注明显不足，不仅研究成果总体数量不多，而且具有理论性和实践价值的高质量成果更为少见。

二是对新形势下妇女参政呈现出的新问题新特征缺乏深入系统研究。随着国家治理体系和治理能力现代化的推进、社会治理的创新、社会主义民主政治的发展完善，不同群体妇女的参政渠道进一步拓展，参与国家和社会公共事务的机会与平台明显增多。遗憾的是，现有研究对妇女参政新渠道、新平台的关注不够，对新业态、新领域妇女群体的政治参与需求及状况缺乏深入分析和研究。

三是关于妇女参与基层治理的研究取得了一些新进展，但在研究深度和广度上仍有待拓展。一方面，现有研究大多侧重于农村地区，在加强和创新市域社会治理的背景下对城镇妇女参与社区治理的研究明显不足。另一方面，从理论层面探讨和分析妇女参与基层治理相关问题的成果较为欠缺；运用数据统计和比较进行定量研究的成果有所增加，但数据的翔实和代表性以及问题分析的科学严谨性方面有待进一步提升。

今后的研究中，需要在推进国家治理体制和创新社会治理的宏观框架下，密切结合社会主义民主政治发展进程，进一步拓展妇女参政的研究视野，不断深化研究内容。在发展全过程人民民主中，深入研究妇女参与民主选举、民主协商、民主管理、民主监督的状况及影响因素，探讨城乡妇女参与国家治理和社会治理的有效路径。聚焦妇女参政领域的难点问题，注重理论与实践相结合，深入分析女干部职业发展与晋升中的特点、制约因素及深层次原因，研究把握女干部成长规律，探索缩小干部队伍中性别隔离与性别差距、充分发挥女干部作用的有效路径。在加强基层治理体系和治理能力现代化的背景下，系统研究妇女参与城乡基层治理的渠道、方式、路径等，推动提升妇女在基层管理决策以及基层议事协商中的参与水平和影响力。

参考文献

1. 陈义媛、李永萍（2020）：《农村妇女骨干的组织化与公共参与——以"美丽家园"建设为例》，《妇女研究论丛》第 1 期。

2. 董美珍（2016）：《论女性政治参与能力建构》，《山东女子学院学报》第 1 期。

3. 方帅（2018）：《当前农村妇女政治参与现状及影响因素研究——基于全国 1036 位妇女农户数据的回归分析》，《山西农业大学学报（社会科学版）》第 10 期。

4. 郭君平、王春来、张斌等（2016）：《转型期农村妇女政治参与态度与行为逻辑分析——以苏、辽、赣、宁、黔五省（区）为例证》，《中国农村观察》第 3 期。

5. 郭夏娟、涂文燕（2017）：《女性是否比男性更清廉？——基于中国公职人员腐败容忍度的分析》，《妇女研究论丛》第 4 期。

6. 郭夏娟、魏芃（2019）：《数量代表与实质代表：理解女性政治地位的一个理论视角》，《妇女研究论丛》第 5 期。

7. 郭夏娟、杨麒君（2016）：《平等参与协商与女性赋权：过程与结果》，《浙江社会科学》第 9 期。

8. 何先成（2019）：《川陕苏区妇女运动中的政治动员路径及效应》，《苏区研究》第 6 期。

9. 金一虹（2019）：《嵌入村庄政治的性别——农村社会转型中妇女公共参与个案研究》，《妇女研究论丛》第 4 期。

10. 康晓强（2019）：《人民团体与立法协商：功能结构及其限度——以全国妇联参与〈反家暴法〉立法为例》，《科学社会主义》第 5 期。

11. 李丹、敖杏林（2016）：《新时期中国妇女参政绩效与对策：1993～2013 年》，《山东女子学院学报》第 6 期。

12. 李文（2019）：《70 年中国妇女参政的发展与进步》，《中国妇运》第 10 期。

13. 李文、张永英（2016）：《资源、权力、责任——参政妇女的家庭地位考察》，《中华女子学院学报》第 1 期。

14. 李亚妮（2019）：《农村妇女参政中家庭资源与性别身份的博弈——基于陕西 H 县的个案研究》，《中华女子学院学报》第 3 期。

15. 刘伯红、范思贤（2020）：《妇女参政助推科学民主决策和社会治理——近五年中国妇女参政状况简要评估》，《山东女子学院学报》第 6 期。

16. 刘嫦娥（2018）：《女干部成长路径研究》，湖南人民出版社。

17. 刘京京（2019）：《改革开放以来中国妇女参政实践研究》，硕士学位论文，长春理工大学。

18. 刘筱红（2019）：《两种合理性框架中的国家行动：农村妇女参与村庄治理七十年研究》，《浙江社会科学》第 9 期。

19. 陆灵娇、廖晓明、吴小湖（2017）：《全面二孩政策与女性领导干部职业发展困境探析》，《领导科学》第 11 期。

20. 吕芳（2020）：《中国女性领导干部的晋升障碍与发展路径——基于对地厅级以上女性领导干部晋升规律的分析》，《甘肃社会科学》第 6 期。

21. 闵杰（2017）：《黑龙江省第十届村"两委"换届选举政策评估研究——社会性别视角的审视》，《山东女子学院学报》第 1 期。

22. 倪婷（2017）：《中国第一次妇女参政运动及其影响》，《中国妇运》第 2 期。

23. 全国妇联妇女研究所编著（2020）《中国特色社会主义法治体系建设中的妇女权益保障研究》，中国妇女出版社。

24. 宋瑜（2017）：《中国农村妇女参政：能动性、权力分配与传承》，《中华女子学院学报》第 6 期。

25. 孙晓莉（2019）：《地方现任省级女性领导干部职业发展经历研究》，《行政管理改革》第 3 期。

26. 田川、邬小平（2020）：《政治新常态下基层妇女人大代表履职问题研究》，《人大研究》第 1 期。

27. 同雪莉、成天娥（2016）：《基层女村官抗逆过程机制研究》，《妇女研究论丛》第 3 期。

28. 汪超（2016）：《公共政治领域中的性别隔离生成研究——基于治理现代化视野的反思与重构》，《湖北行政学院学报》第 3 期。

29. 汪超、刘涛（2017）：《社会性别盲视：法治建设中女性政治贫穷化及其解释》，《甘肃社会科学》第 6 期。

30. 王琦、汪超（2019）：《制度舞台中农村妇女的政治弱势及其改善建议》，《中南大学学报（社会科学版）》第 1 期。

31. 许海燕（2019）：《社会性别视角下女干部的培养选拔问题探究——以云南省曲靖市为例》，《中共云南省委党校学报》第 4 期。

32. 许烨（2020）：《新时代扩大中国女性政治参与的对策研究》，《湖南省社会主义学院学报》第 1 期。

33. 闫红红、张和清（2019）：《优势视角下农村妇女组织与社区参与的实践探索——以广东省 M 村妇女社会工作项目为例》，《妇女研究论丛》第 2 期。

34. 杨宝强、钟曼丽（2020）：《乡村公共空间中妇女的参与、话语与权力——基于鄂北桥村的跟踪调查》，《西北人口》第 1 期。

35. 杨柯（2017）：《协同共治型参与模式：妇联组织参与政策制定的行动研究》，《思想战线》第 6 期。

36. 杨乐（2016）：《制度与习俗的张力：女性政治权利的中国式历史路向与前景》，《浙江社会科学》第 12 期。

37. 袁博（2020）：《国家、性别与生活——山东农村妇女的身份建构（1949 ~

1965）》，博士学位论文，山东大学。

38. 张国玉（2019）:《中国女性领导者的特点与领导力提升路径》,《中国领导科学》
　　第 1 期。

39. 张莉（2018）:《马克思主义妇女观视域下的当代中国妇女政治参与研究》,博士学
　　位论文，湖北大学。

40. 张永英（2017）:《妇女参政的概念、现状与趋势》,《秘书工作》第 3 期。

41. 张永英（2018）:《妇联组织参与全面依法治国的路径与策略探讨》,《山东女子学
　　院学报》第 3 期。

42. 张致森（2019）:《第一次全国普选中的基层妇女人大代表候选人培养问题研究》,
　　《当代中国史研究》第 4 期。

性别与健康研究综述（2016～2020年）

熊雅婕　牛建林[*]

党的十八大以来，党和国家推动树立"大妇幼、大健康"发展理念，坚持"防治结合"，加强健康教育，努力创新生育全程服务模式，为妇女儿童提供全周期全方位健康服务。2016年10月，中共中央、国务院印发《"健康中国2030"规划纲要》，为我国新时期推进健康中国建设、全面提高人民健康水平提出了战略部署和行动纲领。2017年国家卫生和计划生育委员会编写的《〈"健康中国2030"规划纲要〉辅导读本》提出："健康不仅是没有疾病和虚弱，而且是身体的、精神的、道德的和社会适应能力的良好状态。其宗旨是促进全民的健康长寿，实现'健康生活少生病、有病早治早康复、健康服务全覆盖、优质公平可持续'的健康理念。"实现了妇女健康从"以治病为中心"向"以妇女健康为中心"的根本性转变。在这一纲领的指导下，全民健康促进不断推进，男女两性的健康水平不断提高，与此同时，2016～2020年性别与健康研究取得了较大发展，不仅研究数量稳步增长，而且涌现了众多具有影响力的优秀学术成果。为更好地总结这一领域的科研成果，本文梳理回顾了2016～2020年间性别与健康主题的研究新进展。鉴于性别与健康主题具有明显的跨学科属性，本综述主要针对传统医学以外的社会科学领域的相关研究成果进行梳理和总结。

一　研究概述

本文综述的文献主要来源于中国知网的期刊数据库、硕博士学位论文数据库以及国家图书馆的图书数据库。首先，对中国知网"中国学术期刊网络出版总库"中的"哲学与人文科学""社会科学Ⅰ辑""社会科学Ⅱ辑""经济与管理

* 作者简介：熊雅婕，女，中国人民大学社会与人口学院硕士生；牛建林，女，中国社会科学院人口与劳动经济研究所研究员。

科学"四个子库中2016～2020年发表的研究成果进行检索，筛选主题中包含"性别"和"健康"或者"女"和"健康"的论文，在检索结果中剔除与主题明显无关的文献（如独生子女健康等），最终得到相关论文399篇，包括期刊论文316篇（其中核心期刊68篇）、硕士学位论文55篇、博士学位论文5篇，以及会议论文23篇。其次，对国家图书馆（数字图书馆）进行检索，2016～2020年出版的与性别/妇女健康相关的图书共73部，其中以妇幼卫生保健和医学知识的科普成果为主，非医学类的社会科学研究著作十余部，如《农村中老年女性健康研究》（孙晓明、舒星宇，2020）、《农村留守妇女心理健康研究》（李丽娜、于晓宇、张书皓等，2017）、《社会性别视野下的妇女健康研究》（姜佳将，2019）、《女性婚育、就业与健康的社会性别研究》（陈婷婷，2020）等。

除上述研究成果外，2016～2020年，共有5个妇女健康项目获得国家社会科学基金立项，研究议题涵盖妇女的生殖健康、心理健康和体育干预等方向。2016～2020年围绕健康与性别主题召开了一些学术研讨会，其中既有医学、心理学、运动生理学等专业性会议，也有综合性会议，如"医疗、人文、媒介——'健康中国'与健康传播2020国际学术研讨会"，以及在新冠疫情背景下召开的专题会议，如2020年12月26～27日由中国妇女研究会，华中科技大学社会学院、社会性别研究中心，武汉大学社会学院、妇女/性别研究与培训基地，妇女研究所《妇女研究论丛》编辑部联合主办的"疫情背景下的妇女与发展：挑战与应对"学术论坛，其中涉及女性公益组织的抗疫实践、疫情下的女性心理健康以及历史中的疫情、妇女与卫生等议题。

概括而言，与上一个五年（2011～2015年）相比，2016～2020年我国关于性别/妇女健康研究的成果较为丰富，研究内容具有更加鲜明的时代主题，呈现出新的特征。首先，从研究主题看，这五年的研究呈现丰富、深入的研究内容和视角，核心议题更加鲜明突出，比如，一些研究对性别不平等结合生命历程的不同阶段进行分析，探讨这些不平等是如何发生、发展和影响女性健康的；关于健康性别差异变化的研究尝试从年龄、时期和队列差异的视角分别解析其变化趋势。其次，在研究对象上，这一时期的研究与"健康中国"行动相呼应，适应人口及社会经济变化的时代要求，研究突出了对重点人群的健康关切，比如适应人口快速老龄化的形势，中老年女性健康研究成果丰硕特别是在老年妇女健康研究方面，出现了许多将婚姻、家庭结构、代际关系和健康后果相结合的文章，探讨代际支持和照顾者角色对女性老年人的不同健康效应；女农民工、农村留守女性等群体也日益成为性别健康研究的焦点。2020年暴发的全球性新冠疫情，给健康研究带来了新的议题，许多研究开始关注新冠疫情背景下女性健康状况以及女性参与疫情防控工作。关于健康研究的维度，2016～2020年的研究成果对男女两性心理健康给予了更多的关注，折射出社会变迁过程中两性健康问题的新动向。最后，从研究方法看，2016～2020年关于健康与性别主题的学术研究中，实证研究特别是基于大型调查的定量研究占据多数，这与近年来全国及区域性社会调查的持续开展和积累有关。同时，在教育学、心理学等领域，有不少关于健康干预效果评估的研究使用实验的方法。此外，少量研究采用民族志、深度访谈和文本分析等方法从历史、文化和传播等视角切入女性的身心健康体验。

二 主要研究内容

为系统总结2016～2020年中国性别和健康研究的进展，以下主要以性别健康研究的核心期刊论文、优秀硕博学位论文和研究类专著为基础，对这五年的主要研究发现及核心观点进行综述。

（一）健康状况的性别差异

健康是一个多维的概念，探究男女两性在健康状况上的差异离不开对生理、心理和社会适应等维度一系列健康指标的全面审视。在诸多健康测量中，死亡率水平和预期寿命有着最为显著的性别差异。与西方国家的既有发现一致，我国女性人口的死亡率在几乎所有年龄组中均低于男性，与之相适应，女性的平均预期寿命显著高于男性。卢敏、王雪辉、彭聪（2019）分析2015年全国1%人口抽样调查数据后发现，我国女性60岁时的平均预期寿命和自理预期寿命均高于男性，其中，男女两性的平均预期寿命差距为3.54年，自理预期寿命的差距为2.92年。不过，该研究也指出，就自理预期寿命占预期余寿（即平均预期寿命）的比重而言，老年女性始终低于同龄的老年男性。相对于男性来说，女性的健康劣势还表现在心理健康方面。与男性相比，女性自报的抑郁、焦虑等负面情绪更多（王丽、张晓，2018；张莉，2019）。在不同特征的人群中，男女两性的健康差异也往往不同。2016～2020 年有大量研究关注老年女性的健康特征。这一研究趋势反映了人口快速老龄化以及老年人口规模不断上升的现实对健康研究的客观需求。这些研究大多强调，女性相对于男性而言在自评一般健康、心理健康、患病风险、自理能力等方面具有相对劣势，但女性的平均预期寿命与男性相比具有相对优势，女性老人的年龄别死亡风险相对更低。与男性相比，女性尽管有更长的平均预期寿命，但在大多数健康指标中均处于明显劣势。不少研究发现，女性比男性自评一般健康状况更差、日常活动能力更低、患各种慢性病的比例更高、受疼痛困扰也更严重（李芬、高向东，2019；王丽、张晓，2018；魏蒙、王红漫，2017；温兴祥，2017；张文娟、王东京，2020；郑莉、曾旭晖，2016）。温兴祥（2017）利用 2011 年中国健康与养老追踪调查数据研究指出，与男性相比，我国中老年女性患关节炎、糖尿病、心脏病和高血压的比例均显著高于男性，相应差距依次为 8 个百分点、1 个百分点、4 个百分点和 3 个百分点。此外，在所有年龄段的中老年人中，女性工具性生活自理能力损伤比例高于男性，身体功能障碍的风险显著更高。与之相类似，李芬、高向东（2019）利用 2015 年中国健康与养老追踪调查数据研究指出，农村女性老年人的工具性生活自理能力整体上不及男性老人；在活动幅度较大的日常活动能力上，女性的相应劣势尤为突出。该研究认为，男女两性健康差异的部分原因是生命历程中女性健康等资源的相对劣势及其累积影响，以及生育经历对女性的健康损耗更大。温兴祥（2017）强调了男女两性教育差异导致女性在中老年期认知能力退化比男性更快，由此增加了老年女性出现身体功能障碍的风险。王丽、张晓（2018）利用 2015 年中国健康与养老追踪调查数据研究发现，我国农村地区老年人中女性罹患抑郁症的比例比男性高 15 个百分点左右；相比于男性，农村女性老人在日常生活能力、疼痛、睡眠等方面的劣势是导致其抑郁患病率较高的重要原因。值得一提的是，尽管女性在抑郁症状等负向心理健康指标中往往表现出比男性更低的心理健康水平，但在一些积极情绪——生活满意度、幸福感等——的性别差异中，女性的积极情绪水平也显著高于男性（李磊、刘鹏程、孙婳，2017）。有研究关注两性健康差异在不同时期的变化，发现 2005～2015 年我国男女两性老年人口自理预期寿命占余寿的比重随时间呈收敛趋势，性别差异逐渐缩小，尽管女性的相对劣势仍未消失（卢敏、王雪辉、彭聪，2019）。不过，陈岱云、武志伟（2018）利用历次人口普查数据分析了死亡率性别差异的历时变化，通过构建人口死亡性别比指数，研究指出，在1982~2010年，人口死亡性别比指数逐渐提高，女性人口平均预期寿命的相对优势愈加扩大。李芬、高向东（2019）基于2015年中国健康与养老服务追踪调查（CHARLS）数据的分析发现，不同年龄段的农村老年人生活自理能力的性别差异程度不同，年龄越大，女性相对于男性的生活自理能力劣势也越显著。类似地，杨玲、宋靓珺（2020）利用2002~2014年中国老年人健康影响因素追踪调查数据，分析了中国老年人健康状况变化趋势。研究指出，老年人认知障碍、日常生活不能自理和躯体功能残障的比例均随时间下降；这一过程中，不同健康特征的性别差异变化趋势并不一致。研究发现，老年人生活自理能力的性别差异随时间缩小，认知障碍的性别差异无明显变化，躯体功能障碍的性别差异则呈波动态势。

女性流动人口的健康状况也是近年来健康研究关注点之一。现有研究发现，在不同年龄特征的流动人口中，女性健康状况不及男性的现象普遍存在。秦敏、朱晓（2019）利用2013年中国教育追踪调查数据考察了农村留守儿童的身心健康特征及性别差异，研究发现，在农村留守儿童中女孩的身心健康状况明显不及男孩。杨博、张楠（2019）利用2015年全国流动人口动态监测调查数据考察了流动老年人自评健康的性别差异，研究指出，老年流动人口中女性的自评健康显著不如男性。

总的来说，与上一个五年相比，2016~2020年关于健康状况性别差异的研究数量更多，内容更加丰富。这一时期的研究考察了男女两性死亡水平、不同疾病和健康风险差异及其变化趋势，研究的层次突破了以往以宏观健康差异为主的模式，涌现了不少利用追踪调查数据考察微观层次健康差异变化的成果。这些研究成果的变化，既反映了我国健康和性别差异研究不断累积、深化和细化的趋势，也与近年来健康调查数据，特别是大型追踪性调查的增加有关；这些因素共同推进了关于健康性别差异的动态研究。

（二）健康性别差异的影响因素

除男女两性健康差异的表现和变化趋势外，也有大量研究关注相应差异的成因和影响机制。2016~2020年，不少研究从男女两性在社会经济地位、社会心理资源、生活方式、家庭与工作角色和医疗服务利用等方面的差异出发，深入探讨了男女两性健康差异的形成机制。

1. 社会经济及制度性因素

社会结构性资源以及由此形成的社会经济地位，是塑造男女两性身心健康的重要社会因素。一般而言，社会地位较高的人，其健康水平平均较好；究其原因，较高社会地位的成员往往具有较好的信息和能力获取预防及治疗疾病所需的资源，也能较好地应对生活中可能出现的压力事件（Michael Marmot，2004）。近几十年来，我国性别平等事业取得了长足进展，不过，从人群总体来看，男女两性的社会资源差异仍然明显。与男性相比，女性总体受教育程度仍然偏低，就业比例较低，在劳动力市场的人力资本回报率相对较低，就业层次也相对较低，在党政机关或企事业单位中担任高层职位的比例明显低于男性（黄桂霞、马冬玲、刘晓辉，2019）。这些领域中的性别差距受到广泛关注，并作为解释机制被纳入对健康性别差异的研究中。例如，有学者基于男女两性社会经济地位的差距来探究和解释其健康差异，研究认为，传统性别角色规范和重男轻女的社会文化使女性在教育、收入和市场地位中均处于弱势，从根本上决定了两性健康水平的显著差距，包括中老年人的自理能力、认知能力和自评健康状况等方面的差异（刘二鹏、张奇林，2019；温兴祥，2017；熊跃根、杨雪，2016）。

也有研究关注社会经济因素对两性健康影响的异质性。郑莉、曾旭晖（2016）认为，女性的健康劣势很大程度上是教育和收入对男女健康的不平等回报引起的，他们利用中国健康与营养调查的追踪数据，通过拟合成长曲线模型发现，对男性而言，教育和收入都能带来一定的健康回报，对女性而言，教育则基本上没有健康回报，收入带来的健康回报也低于男性。该研究指出，由于教育和收入对健康贡献的性别差异，女性的教育和收入导致的健康不平等程度随年龄增长逐渐缩小，为生命历程中"年龄中和效应理论"提供了支持。郑莉、曾旭晖（2018）采用中国健康与营养调查的追踪数据，对比分析了不同出生队列的男女两性中教育对健康的影响。研究发现，随着队列的推移，教育对健康的影响由负转正，不过，对男女两性而言，相应转折点出现的早晚差异明显。对女性而言，教育对健康的促进效应最早出现在"50后"队列中，相比之下，教育对男性健康的促进影响出现在更早的队列中。持类似观点的还有杨一帆、周伟岷、张一鸣（2016）和杨博、张楠（2019）等，这些研究指出，较高的社会地位对中老年男性健康的促进作用显著大于女性，劳动收入给老年男性带来的健康安全感也比女性更高。此外，孔国书、齐亚强（2017）分析了我国居民肥胖问题的性别差异，发现社会经济地位对男女两性的肥胖风险具有不同的影响：对男性群体而言，高收入和高学历者往往有着更高的肥胖风险；但在女性群体中，收入和肥胖并不显著相关，受教育程度则和肥胖呈显著的负相关关系。

2. 社会心理资源

社会心理资源对男女两性健康差异的塑造效应，也是关于健康性别差异研究的重点议题。陈婷婷（2017）从社会资本视角出发考察了农民工健康状况的性别差异及其形成机制，研究发现，新生代女性农民工的健康问题与她们较低的社会资本存量有着密切关系；和男性农民工相比，社会资本的提升对女性健康状况改善具有更加显著的效应，如广泛的政治参与或社团参与、广泛的异质性关系网络、更高的社会信任和公平认知等。类似的针对乡城流动人口的研究也发现，社会资本指标对女性流动人口的心理健康具有重要的解释力，对男性流动人口的心理健康则没有明显的效应（王文卿，2020）。

有学者通过细分社会资本，指出不同类型的社会交往对男女两性健康的影响并不一致。例如，潘东阳、刘晓昀（2020）利用中国综合社会调查 CGSS 数据分析指出，农村地区男性从亲友交往中获得的健康收益大于女性，而女性从高频次的集体交往中获得的健康收益更大。计小青、赵景艳（2020）将社会资本按场所进行分类，探讨了不同类型社会资本对男女两性健康的影响。研究结果表明，家庭型社会资本通过减轻女性心理负担、降低女性抑郁程度，间接提高了女性的主观幸福感，工作型社会资本通过提供良好的工作环境，弥补了女性因收入降低造成的幸福损失；这些社会资本从不同角度为女性主观幸福感高于男性的统计发现提供了解释。

此外，心理学领域的部分研究围绕社会资本对健康状况发挥作用的机制进行了理论构建和经验检验。例如，有学者通过考察农民工的信任倾向与心理健康的关系指出，对于女性农民工而言，信任倾向在社会支持和心理健康的正向关系中起到了完全中介作用（汪娜、李强、徐晟，2017）。关于共同反刍和心理健康关系的文献表明，女性比男性更倾向于和同伴"分享"负面的遭遇和情绪，这一方面可能加剧女性的内化问题，另一方面又能增强其社会关系的质量；与男性相比，女性更容易形成亲密的二元关系，从而感受更多的社会支持（赖丽足、任志洪、陶嵘，2018）。

3. 健康行为与生活方式

除社会经济地位和社会心理资源外，健康行为和生活方式作为更为直接的健康影响因素，在健康性别差异的学术研究中受到颇多关注。既有研究探讨了男女两性在体育锻炼、吸烟、饮酒、睡眠和危险行为等方面的差异，并着重检验了这些行为因素对健康差异的贡献。王丽、张晓（2018）利用 Fairlie 分解法对农村老年人抑郁症状的性别差异进行分析，研究发现，生活方式对老年人抑郁的性别差异贡献率达24.88%；研究认为这可能反映了男性吸烟、喝酒等行为有助于排解其不良情绪，而女性较短的睡眠时长加剧了其抑郁风险和症状。

有研究关注生活方式对两性健康影响的异质性。宋江宇、周素红、柳林等（2018）通过分析日常活动对健康的影响，研究发现，女性的健康在很大程度受所住社区周边建成环境和日常活动的影响，非全职工作的女性尤为如此；男性（特别是全职工作者）的健康则主要受个人社会经济属性的影响。一些针对学生群体的研究发现，尽管男性相比女性更多地参与身体锻炼、有健康的饮食习惯，也更少采用"自责"的方式应对压力，不过，男性吸烟、饮酒、打架和非安全游泳等危险行为的发生率也显著高于女性（马长会、武兴东、赵越强等，2017；宋丹、张素娟、郭建兵等，2019；张福兰、张天成、熊静梅等，2017）。概言之，过去五年间关于健康生活方式的研究较多，但结论相对零散，由于研究涉及的人群、健康维度等方面差异明显，关于男女两性生活方式及其健康效应的对比还缺乏系统和综合的研究论断。

4. 婚姻、家庭与工作

婚姻、家庭和工作是人们生活的重要场域，这些领域的差异和不平等深刻影响男女两性的生活经历和身心健康。2016~2020年，健康研究领域有不少研究从家庭或工作场所的不平等入手考察健康差异的原因。

在家庭领域中，既有研究主要关注婚姻关系、子女数量和代际支持对男女两性健康的影响。国内外研究一般认为婚姻对个体健康具有显著的保护作用，即已婚者的身体和心理健康状况平均更好（顾大男，2003；Catherine E. Ross，1995）。李安琪、吴瑞君、尹星星（2020），进一步将此结论拓展到再婚现象中，通过对老年人群健康的研究发现，再婚对女性健康的保护作用高于男性；这一保护作用随再婚时间的延续而增强。尽管婚姻关系对健康具有正向效应，但家庭生活并非总是对女性更有利。研究显示，从事家庭照料使女性在过去四周的患病率显著提高，自评一般健康状况显著降低（陈璐、范红丽，2016）。相比男性，子女数量增加对女性在老年期的自理能力有更显著的损害效应（李芬、高向东，2019）；子女数量能够显著提高女性尤其是农村女性的生活满意度，但对城市男性则不显著（王雨濛、徐健贤、姚炜航，2016；张莉，2019）。在代际支持方面，男性老人获得的经济支持显著高于女性老人，相应健康效应更明显（张莉，2019）；照料孙子女对有偶女性老人的心理健康具有正向效应，但对丧偶女性老人却显著加剧其抑郁风险（王雨濛、徐健贤、姚炜航，2016；张莉，2019）。

中国女性的劳动参与率较高，工作和就业领域中的性别平等问题可能影响健康状况的性别差异；考虑到女性在平衡家庭和工作中面临的特殊困境，这一点尤为重要。2016~2020年，关于工作和健康性别差异的文献相对较少。李韵秋和张顺（2020）分析了超时劳动对男女两性劳动者身心健康的影响，研究发现超时劳动对健康具有不利影响，但相应影响对女性劳动者更加显著。杜凤莲、李爽、任帅等（2017）将工作和家庭关系结合起来，考察了女性的家庭—职业平衡对健康的额外损耗。结果表明，尽管平均而言，有工作和有1~2个孩子均能显著提升个人的心理健康，但由于女性在工作的同时往往承担更多家务，有孩子的职业女性心理健康状况显著较差，拉大了心理健康的性别差异。宋月萍和张婧文（2020）基于纵向生命历程的视角研究发现，较早退出劳动力市场对老年男性的身体及心理健康具有不利影响，但较早退出劳动力市场的女性并无显著的健康劣势；女性在老年期的心理健康状况更多受早育的不利影响。

5. 生育与生殖健康

生育行为和生殖健康也是女性健康问题研究关注的重要方面。2016~2020年，不少研究考察了生育行为和相关政策对女性健康的影响。例如，宋月萍、宋正亮（2016）从多个维度分析了生育行为对女性进入老年时期的健康的影响。实证结果表明，孩子的性别对母亲健康没有显著影响，但生育时间和数量对女性健康具有长期影响。生育数量多不利于女性在老年期的健康状况，初育年龄过大或过小均将不利于女性在老年期的健康；不过，生育期延长有利于提升女性在老年时的健康水平。庄渝霞、冯志昕（2020）通过分析产假政策和城镇地区女职工的生育健康，研究指出，生育第一孩时较长的产假有利于母亲的自评一般健康，但在后续胎次，产假对母亲健康的影响呈倒U形，产假超过半年后母亲的自评健康状况反而变差。

6. 医疗服务资源与利用

随着我国人口快速老龄化，老年人的健康特征、医疗服务和保障问题越来越受到学界的关注。既有研究认为，对农村和流动老年人而言，女性的健康明显不及男性；对公共医疗资源的利用和医疗保险的可及性是这一人群健康性别差异的关键原因之一（李芬、高向东，2019；刘二鹏、张奇林，2019；杨博、张楠，2019）。这些研究指出，与男性相比，女性老年人的健康状况平均更差、医疗支出也更低，这意味着女性老年人有更多的医疗服务需求未满足（梁琳，2017）；此外，公共医疗资源对健康的促进作用因性别而异，老年男性从中获得的健康回报比女性更多（杨博、张楠，2019），导致女性老年人相对于男性的健康劣势进一步扩大。

关于男女两性老人医疗服务利用和就医行为差异的研究表明，男性退休后的门诊就诊率和门诊次数显著增加，而女性在退休后显著增加了其住院率和住院次数。这些性别差异影响机制的研究指出，老年男性门诊利用率的提高，可能是由于其时间成本较低、健康偏好较强；与之相比，女性老人住院利用率的提高极有可能反映了女性拖延就诊行为带来的不利后果（何庆红、赵绍阳、董夏燕，2019）。

（三）性别视角下的健康促进与干预研究

关于健康性别差异的不少研究关注运动和教育干预对女性健康的促进作用。2016~2020年，大量研究围绕各种体育锻炼方式、健康理念传播和医疗卫生教育对健康的影响展开讨论，这些研究的对象以高校女性为主、特别是女大学生。以下部分将主要围绕该领域的研究议题，对近年来的研究发现进行综述。

1. 运动干预与女性健康

体育锻炼作为健康促进的重要方式，在健康干预和健康促进研究中受到关注，积累了大量成果。2016~2020年，体育学领域有不少研究采用对照实验法，对运动干预的健康效应进行评估，这类研究考察的对象大多为女大学生或女性教职工。

从研究主题来看，既有文献涉及的运动类型极为多样。一类聚焦于舞蹈类运动，探究了拉丁舞、牛仔舞、排舞、爵士舞、啦啦操、健身操（舞）、流行舞、广场舞等体育锻炼方式对高校女大学生身心健康的影响，认为舞蹈运动不仅能提高女性的身体健康水平，还有助于缓解其社会性体格焦虑，改善其心理健康（傅新宇、姚亚中，2019；黄涛、肖红青、范琳等，2017；刘君、王晓玲，2019；刘延禹，2019；王晓迪，2018；晏尧、刘倩，2016；张园春，2017）；一类研究评估的是一般运动项目的干预效果，如瑜伽、花样跳绳、滑冰、跆拳道、艺术体操、网球、柔力球、普拉提垫上运动、健身跑以及有氧训练和核心力量训练等，研究发现这些运动项目对女性参与者能够有效增强体质健康，促进其形成积极的心理状态（傅芳香、王桂忠、胡永红等，2019；高欣欣，2017；郭琪，2020；吉洪林、王明伟、潘孝贵等，2017；李遵华，2018；刘旸、梁希，2019；孙焕宇，2020；汪洋、陈洁，2018；张衍行、况明亮，2017）；还有一类研究则关注了武术、太极拳、八段锦和苗鼓运动等具有中国传统和民族特色的锻炼方式的健康效应（顾婷婷，2020；李斌，2017；张世超、金喜桢、苏艳红，2017；郑宏源，2017）。

除上述基于实验干预效果评估的实证研究外，也有研究从理论角度出发，尝试构建和发展女性健康干预理论。例如，有研究提出，女性参与休闲体育活动是增强性别角色的自我认同、性别自由的赋权与性别空间扩大的有效途径，能够通过性别赋权的自由树立模范作用，为针对女性的运动干预提供理论依据（李慧，2018）。

2. 健康教育与女性健康

健康教育也是健康促进的重要方式，针对运动、疾病、生殖健康等知识的宣传教育，已经成为推动女性健康改善的重要途径。近年来，针对女大学生及女性教师群体的健康教育研究发现，将体育运动干预和健康教育相结合，能够显著增加参与者的锻炼次数和锻炼时长，不仅可以增强减肥塑形的效果，而且可以提升女性的身体自尊和心理健康水平（高明信、王燕杰，2017；苏敏、杜彩素、孙丽媛等，2016；周广仁、朱二刚、陶志轩等，2020）。在心理健康教育方面，研究者根据女大学生这一处于社会化关键期的女性群体在认知能力、情绪体验和人格特质等方面的特点，探讨心理健康教育模式及其健康效应（黄艺，2018；宋岩，2016；张新颖、修丽，2016）。另有研究针对生殖健康教育，考察了相应教育方式和内容对青年女性健康知识、行为和健康结果的促进效应（马常兰、田静、朱丽华，2019；吴小玲，2017；肖青、彭望君、蒋婷等，2020）。

（四）传播、文化与女性健康

目前国内关于健康传播的学术探讨大致包括两类研究范式。一类是将健康信息传播作为改善公共卫生的干预手段，认为大众媒介可以影响受众在健康上的态度、信念和行为，因此主张利用媒介传播健康促进信息、解决现实的健康问题（Deborah Lupton，1992）。在这类范式指导下，研究者重点探究了新媒体语境下的女性健康信息传播，对女性关怀类 App、公众号"丁香医生""第十一诊室"的传播现状、效果、问题与乱象及其影响因素进行了分析，以期提出更优化的传播策略（冯琳，2017；付艺伟，2019；滕笑丽，2019；王刚、顾婉莹，2020；张琪、高菲，2020）。这一类研究中，学者特别关注了弱势女性群体可能面临的"数字鸿沟"问题。研究认为，健康信息传播存在显著的城乡、地域和年龄差异：居住在农村、低线城市、中西部地区的女性接触报纸、广播、电视等传统媒介的频率较低，其中老年女性尤为如此；针对这一信息资源利用的不平衡现状，这些研究主张制定有针对性的健康传播策略，为弱势女性提供便捷可靠的健康保健信息渠道（赵明妍，2020；郑亚琳，2019）。

另一类研究以理论取向为主，认为人们对健康的理解是一个意义建构的过程。这类研究不认同生物医疗范式和劝服人们改变行为的研究传统，主张对健康、疾病、医疗的话语研究进行重新建构和转向。研究认为，长期以来，女性在父权制和传统等级体系的规制下处于依附地位，与女性相关的生理期等概念常被视为"污秽"之物而羞于放到公共话语体系之中（张航，2020）；在这一背景下，越来越多研究聚焦于被遮蔽的女性健康话语，分析健康相关的概念在当代是如何被建构、演变以及传播的。例如，何江丽（2019）分析了近代以来中国社会评判女性美丑的价值尺度变化，指出近代女性身体审美观向"健康美"转变的根源在于民族和国家的需要，卫生知识的普及是促成这个变化的主要原因；曹昂（2017）通过田野调查发现，国家、资本和父权严重压抑了流动女工的健康话语，而职业病女工的草根 NGO 则通过揭露商业话语、利用医疗话语以及破除健康迷思等方式，突出了社会性别意识形态的重要作用，建构了整合批判的女性主义健康话语。

三 研究不足与展望

综上所述，和上一个五年相比，2016～2020 年性别与健康研究有了一些新的研究特色和进展。这些研究进展与这一时期我国社会和人口变迁的时代特征相呼应，也体现了我国全民健康促进的时代主题。这些研究发现丰富了关于健康性别差异的学术知识，为进行有效的健康干预和促进提供了依据。除此之外，现有研究也存在重要的空缺，值得后续研究进一步改进和完善。

首先，现有研究的研究议题和视域还存在局限性，特别是缺乏对当前健康转变进程中突出健康问题的辨识和充分研究。最新的世界卫生统计和全球性别差异报告显示，我国男女两性的健康状况发生了重要的变化，主要健康问题和疾病风险呈现新的时代特征。在一些领域——如 5 岁以下儿童死亡率、孕产妇死亡率等，我国健康发展的成果卓著，已处于世界各国的领先位置；但与此同时，仍有一些突出的两性健康问题（如慢性非传染性疾病的高发生率与病死率），以及女性健康明显不及男性的领域（包括糖尿病、自杀率等）；这些健康现状与问题影响着国民健康福祉和社会可持续发展目标的实现，但相关研究还有不足。此外，《中国妇女发展纲要（2021～2030 年）》中妇女与健康领域不仅提出了"妇女全生命周期享有良好的卫生健康服务"的目标要求，而且提出建立完善妇女全生命周期健康管理模式的措施要求，力求提高妇女健康水平和人均健康预期寿命。研究妇女全生命周期健康问题是全民健康促进的前提和基础，也是实现全球可持续发展议程中健康可持续目标和"健康中国 2030"的客观要求。针对当前影响妇女健康发展的突出问题和主要影响因素、妇女全生命周期的营养健康、青春期性健康教育、孕产妇安全分娩、更（老）年期妇女健康需求的卫生保健服务等相关议题需要进一步重视和完善。

其次，从跨学科视角系统研究男女两性健康差异的成果尚不多见。大量理论和经验研究指出，健康状况及其人群差异是遗传因素、生理、社会经济、文化和制度等多方面因素共同作用的结果。然而，目前关于我国男女两性健康差异的研究仍以单学科的视角为主，跨学科的研究还十分薄弱。为更好地理解男女两性的健康差异及其根源，后续研究有必要借鉴多学科的成果，从跨学科的视角出发理解遗传、社会经济、文化和制度等因素对健康状况的性别差异的不同作用，探讨这些因素之间可能的交互作用机制，不仅借鉴国际妇女健康研究的最新成果，也要充分吸收本土妇女健康促进和干预行动经验，增强妇女健康理论与性别平等理论研究的本土性和丰富性。

最后，既有研究成果的质量参差不齐，不少研究缺乏规范性和严谨性，研究结论的有效性有待进一步检验。过去五年间，关于健康性别差异的研究在健康指标测量、研究设计以及结果的解读等方面存在不少不科学、不严谨的问题，不仅不利于研究结果之间的对比和交叉检验，而且在一定程度上制约了对健康性别差异的科学认知和准确把握。当前，随着"互联网+妇幼健康"的创新发展，性别健康服务的科技支撑和数据开发已取得不小的进展，分性别数据也有更多积累，因此，未来的性别与健康研究需要探索使用科学规范、准确有效的健康测量，将研究建立在科学设计和严谨论证基础上，针对突出的健康特征和问题开展深入系统的研究，为健康性别差异研究和有效的健康促进提供科学可靠的研究成果。

参考文献

1. 曹昂（2017）：《流动女工健康话语的建构与传播研究》，博士学位论文，中国社会科学院研究生院。
2. 陈岱云、武志伟（2018）：《强化人口性别差异保健的基础理论研究——基于三十多年来山东人口死亡性别比变动的视角》，《山东社会科学》第 12 期。
3. 陈璐、范红丽（2016）：《家庭老年照料对女性照料者健康的影响研究》，《人口学刊》第 4 期。
4. 陈婷婷（2017）：《社会资本视阈下新生代女性农民工的身心健康——基于全国调查数据》，《中共福建省委党校学报》第 2 期。
5. 陈婷婷（2020）：《女性婚育、就业与健康的社会性别研究》，中山大学出版社。
6. 杜凤莲、李爽、任帅等（2017）：《已婚劳动者心理健康的性别差异研究——兼论工作和家庭是冲突还是促进?》，《劳动经济研究》第 5 期。
7. 冯琳（2017）：《浅析自媒体环境下女性健康类 App 信息传播中把关人的缺失与对策》，《新闻研究导刊》第 19 期。
8. 付艺伟（2019）：《女性关怀类 App 的健康传播研究》，硕士学位论文，辽宁大学。
9. 傅芳香、王桂忠、胡永红等（2019）：《舞蹈瑜伽对女大学生健康体适能及心理健康影响研究》，《广州体育学院学报》第 4 期。
10. 傅新宇、姚亚中（2019）：《牛仔舞运动对普通女大学生心理健康的影响研究》，

《当代体育科技》第 33 期。

11. 高明信、王燕杰（2017）：《有氧运动结合健康教育对某高校隐性肥胖女教工体成分的影响》，《河南教育学院学报（自然科学版）》第 3 期。

12. 高欣欣（2017）：《滑冰课程对女大学生健康体适能的影响》，《冰雪运动》第 6 期。

13. 顾大男（2003）：《婚姻对中国高龄老人健康长寿影响的性别差异分析》，《中国人口科学》第 3 期。

14. 顾婷婷（2020）：《12 周苗鼓运动干预女大学生健康体适能的实验研究》，硕士学位论文，吉首大学。

15. 郭琪（2020）：《柔力球运动对女大学生身心健康影响的实验研究》，硕士学位论文，吉林大学。

16. 何江丽（2019）：《近代女性"健康美"观念的表达与实践》，《兰台世界》第 8 期。

17. 何庆红、赵绍阳、董夏燕（2019）：《"退休-医疗服务利用之谜"及性别差异》，《人口与经济》第 6 期。

18. 黄桂霞、马冬玲、刘晓辉（2019）：《中国妇女发展七十年：回顾与展望》，《山东女子学院学报》第 6 期。

19. 黄涛、肖红青、范琳等（2017）：《排舞运动对非体育专业女大学生健康体适能的影响研究》，《内江科技》第 8 期。

20. 黄艺（2018）：《女性主义视角下高职女大学生性心理与生殖健康教育创新——以义乌某高职院校为例》，《科学大众（科学教育）》第 6 期。

21. 吉洪林、王明伟、潘孝贵等（2017）：《不同运动强度健身跑对促进女大学生骨骼健康效果的比较研究》，《河北体育学院学报》第 2 期。

22. 计小青、赵景艳（2020）：《社会资本对女性主观幸福感的补偿机制分析——基于 CGSS 数据的实证研究》，《西北人口》第 6 期。

23. 姜佳将（2019）：《社会性别视野下的妇女健康研究》，浙江工商大学出版社。

24. 孔国书、齐亚强（2017）：《影响居民肥胖的社会经济因素：性别与城乡差异》，《社会学评论》第 5 期。

25. 赖丽足、任志洪、陶嵘（2018）：《过度"分享"负性事件与性别、心理健康和关系质量：对共同反刍的元分析》，《心理科学进展》第 1 期。

26. 李安琪、吴瑞君、尹星星（2020）：《中国老年人再婚对健康的影响及其作用机制》，《人口与经济》第 6 期。

27. 李斌（2017）：《传统武术项目运动干预对女大学生身心健康影响的研究》，《中国学校体育（高等教育）》第 6 期。

28. 李芬、高向东（2019）：《农村老年人生活自理能力性别差异分析——基于 CHARLS（2015）数据的实证分析》，《人口与发展》第 2 期。

29. 李慧（2018）：《性别秩序下女性参与休闲体育活动对健康中国建设的重要性》，《武汉体育学院学报》第 11 期。

30. 李磊、刘鹏程、孙娴（2017）：《男性与女性，谁更幸福》，《统计研究》第7期。

31. 李丽娜、于晓宇、张书皓等（2017）：《农村留守妇女心理健康研究》，河北科学技术出版社。

32. 李韵秋、张顺（2020）：《"职场紧箍咒"——超时劳动对受雇者健康的影响及其性别差异》，《人口与经济》第1期。

33. 李遵华（2018）：《花样跳绳项目对高校"边缘化"女大学生心理健康的影响》，《湖南科技学院学报》第5期。

34. 梁琳（2017）：《我国基本医疗保险对老年人医疗服务需求保障探讨——基于老年人年龄、城乡、性别差异的角度》，《岭南学刊》第5期。

35. 刘二鹏、张奇林（2019）：《农村失能老人的性别差异及其影响机制——基于CLHLS（2014）数据的实证分析》，《社会保障研究》第2期。

36. 刘君、王晓玲（2019）：《舞蹈对女大学生焦虑和身心健康的影响》，《广州体育学院学报》第5期。

37. 刘延禹（2019）：《广场舞对大连市中老年女性健康体适能影响的研究》，硕士学位论文，辽宁师范大学。

38. 刘旸、梁希（2019）：《网球选项课对女大学生体质健康的影响》，《当代体育科技》第13期。

39. 卢敏、王雪辉、彭聪（2019）：《社会政策性别中立背景下我国老年人口自理预期寿命变动分析——基于2005和2015年全国1%人口抽样调查的实证研究》，《人口与发展》第1期。

40. 马长会、武兴东、赵越强等（2017）：《农村中学生健康促进生活方式与生命质量的性别差异》，《中国学校卫生》第8期。

41. 马常兰、田静、朱丽华（2019）：《以选修课形式对高职院女大学生开展生殖健康教育干预效果评价》，《卫生职业教育》第18期。

42. 潘东阳、刘晓昀（2020）：《社会交往对农村居民健康的影响及其性别差异——基于PSM模型的计量分析》，《农业技术经济》第11期。

43. 秦敏、朱晓（2019）：《父母外出对农村留守儿童的影响研究》，《人口学刊》第3期。

44. 宋丹、张素娟、郭建兵等（2019）：《不同性别、年级理工科大学生之间睡眠状况、知觉压力及应付方式的分析比较》，《中国健康心理学杂志》第10期。

45. 宋江宇、周素红、柳林等（2018）：《日常活动视角下居民健康影响的性别差异——以广州为例》，《地理科学进展》第7期。

46. 宋岩（2016）：《基于性别平等视角的女大学生心理健康教育》，《职教通讯》第20期。

47. 宋月萍、宋正亮（2016）：《生育行为对老年女性健康的影响》，《人口研究》第4期。

48. 宋月萍、张婧文（2020）：《工作家庭生命历程对老年人健康的影响——来自中国城镇地区的证据》，《人口与发展》第5期。

49. 苏敏、杜彩素、孙丽媛等（2016）：《基于微信平台对痛经女大学生的健康教育效果评价》，《中国学校卫生》第12期。

50. 孙焕宇（2020）：《普拉提垫上运动对女大学生健康体适能和身体自尊的影响》，硕士学位论文，沈阳师范大学。

51. 孙晓明、舒星宇（2020）：《农村中老年女性健康研究》，南京大学出版社。

52. 滕笑丽（2019）：《新媒体语境下女性健康传播研究》，硕士学位论文，华中师范大学。

53. 汪娜、李强、徐晟（2017）：《农民工信任对心理健康的影响：领悟社会支持的中介作用及性别差异》，《中国临床心理学杂志》第 3 期。

54. 汪洋、陈洁（2018）：《跆拳道运动对女大学生身心健康影响的研究》，《韶关学院学报》第 3 期。

55. 王刚、顾婉莹（2020）：《新媒体健康传播：女性赋权的话语突破与资本困境——以"丁香医生"、"第十一诊室"为例》，载《北京论坛·健康传播分论坛｜医疗、人文、媒介——"健康中国"与健康传播 2020 国际学术研讨会论文集》。

56. 王丽、张晓（2018）：《我国农村老年人抑郁症状性别差异及影响因素研究》，《中华疾病控制杂志》第 11 期。

57. 王文卿（2020）：《市民网络、性别与乡城流动人口的心理健康》，《太原学院学报（社会科学版）》第 6 期。

58. 王晓迪（2018）：《身体素质差异下爵士舞运动对女大学生身心健康的实验研究》，硕士学位论文，东北师范大学。

59. 王雨濛、徐健贤、姚炜航（2016）：《子女数量对中老年人生活满意度的影响研究——基于城乡间和两性间的比较》，《农林经济管理学报》第 6 期。

60. 魏蒙、王红漫（2017）：《中国老年人失能轨迹的性别、城乡及队列差异》，《人口与发展》第 5 期。

61. 温兴祥（2017）：《中老年人生活自理能力的性别差异之谜》，《人口研究》第 3 期。

62. 吴小玲（2017）：《某高校女大学生健康教育前后生殖健康现状调查研究》，《中外女性健康研究》第 8 期。

63. 肖青、彭望君、蒋婷等（2020）：《大学生性心理与性健康教育课程对女大学生性知识、恋爱观及性行为影响的研究》，《卫生职业教育》第 1 期。

64. 熊跃根、杨雪（2016）：《我国城市老年人健康水平的性别差异研究——基于 CHARLS 数据的实证分析》，《江苏行政学院学报》第 4 期。

65. 晏尧、刘倩（2016）：《拉丁舞对女大学生身体形态及身心健康的影响》，《运动》第 24 期。

66. 杨博、张楠（2019）：《流动老年人健康自评的性别差异：基于健康双因素的多层模型研究》，《人口与发展》第 2 期。

67. 杨玲、宋靓珺（2020）：《基于多维健康指标的老年人口健康状况变动研究——来自 2002~2014CLHLS 纵向数据的证据》，《西北人口》第 4 期。

68. 杨一帆、周伟岷、张一鸣（2016）：《中国老年人生活满意度的社会性别差异研究——基于 CHARLS 2013 年数据的分析》，《老龄科学研究》第 8 期。

69. 张福兰、张天成、熊静梅等（2017）：《2014 年湘西州农村土家族和苗族中学生健康危险行为聚集模式的性别差异》，《卫生研究》第 5 期。

70. 张航（2020）：《被遮蔽的"需求"：公众议题中女性生理健康话语权的缺失》，《新闻前哨》第 4 期。

71. 张莉（2019）：《从性别和婚姻状况的角度探讨代际支持对我国老年人抑郁的影响》，《华中科技大学学报（社会科学版）》第 5 期。

72. 张琪、高菲（2020）：《女性健康类自媒体的传播策略研究——以公众号"第十一诊室"为例》，《传播力研究》第 6 期。

73. 张世超、金喜桢、苏艳红（2017）：《健身气功八段锦对女大学生体质健康的影响》，载于《2017 年中国生理学会运动生理学专业委员会会议暨"学生体质健康与运动生理学"学术研讨会论文集》。

74. 张文娟、王东京（2020）：《中国老年人临终前生活自理能力的衰退轨迹》，《人口学刊》第 1 期。

75. 张新颖、修丽（2016）：《女研究生"六位一体"心理健康教育模式构建》，《北京教育（德育）》第 6 期。

76. 张衍行、况明亮（2017）：《艺术体操对女大学生身体健康影响的实验研究》，《武术研究》第 4 期。

77. 张园春（2017）：《积极心理学视野下舞蹈啦啦操促进女大学生心理健康的研究》，《当代体育科技》第 25 期。

78. 赵明妍（2020）：《传播学视阈下低线城市女性健康信息研究》，《今传媒》第 7 期。

79. 郑宏源（2017）：《太极拳训练对女大学生身心健康的影响研究》，《黑龙江生态工程职业学院学报》第 2 期。

80. 郑莉、曾旭晖（2016）：《社会分层与健康不平等的性别差异——基于生命历程的纵向分析》，《社会》第 6 期。

81. 郑莉、曾旭晖（2018）：《教育健康回报的城乡与性别差异——基于世代与年龄效应的分析》，《华东理工大学学报（社会科学版）》第 2 期。

82. 郑亚琳（2019）：《农村已婚女性的健康不平等研究》，硕士学位论文，南京农业大学。

83. 周广仁、朱二刚、陶志轩等（2020）：《健康教育和 HIIT 联合干预肥胖女大学生的减肥效果观察》，《石家庄学院学报》第 3 期。

84. 庄渝霞、冯志昕（2020）：《产假政策对中国城镇母亲健康的长期影响》，《人口学刊》第 5 期。

85. Lupton, D., 1992, "Discourse Analysis: A New Methodology for Understanding the Ideologies of Health and Illness", *Australian Journal of Public Health*, 16（2）.

86. Marmot, M., 2004, *The Status Syndrome: How Social Standing Affects Our Health and Longevity*, New York: Times Books.

87. Ross, C. E., 1995, "Reconceptualizing Marital Status as a Continuum of Social Attachment", *Journal of Marriage and the Family*, 57（1）.

妇女与教育研究综述（2016～2020 年）

李汪洋[*]

　　教育是妇女平等享有的基本权利和发展基石，妇女与教育问题历来受到学界、政府和公众的普遍关注。过去五年我国不断深化教育改革，尤其是《中国妇女发展纲要（2011～2020 年）》《中国儿童发展纲要（2011～2020 年）》等相继提出了新的要求，强调教育工作全面贯彻性别平等原则、促进儿童早期综合发展和女童平等接受学前教育等，妇女与女童教育事业取得了新的历史成就，但也出现了一些新情况、新问题与新特征。本文通过梳理过去五年（2016～2020 年）妇女与教育领域的中文学术专著、期刊论文、硕博学位论文、会议论文、报纸文章等各类文献，以及学术会议、研究课题等情况，在审视我国妇女与教育领域本土理论和经验研究的基础上，试图勾勒出这一时期研究的热点、进展与走向。

一　研究概述

　　为了尽可能代表并涵盖妇女与教育领域，笔者在中国知网对中文社科类研究成果进行检索时，既有以"女/性别+教育"为主题的基础检索词组合，也有以"女/性别+课程""女/性别+学校""女大学生""女教师"等为主题的关联检索词组合。检索结果表明，与 2011～2015 年相比，2016～2020 年妇女与教育主题的文章总量有所减少，从逾 9700 篇减少至约 7400 篇[①]，但相较于其他主题仍维持高位。就文章内容而言，针对女大学生、女教师等典型女性群体的文章数量降幅明显，尤其是关于女大学生的学术期刊论文减少最多，占到减少总量的一半以上；就文章类型而言，学术期刊论文、会议论文、报纸文章数量普遍减少，但学位论文数量增长较为明显。文章总量维持高位表明妇女与教育始终是一个核心研

---

　　*　作者简介：李汪洋，女，北京师范大学社会学院讲师。
　　①　文章数量是在中国知网中根据文中所列的检索词检索后直接加总所得。

究领域，而学术论文增势明显则反映出这个领域尤为受到青年学人的关注，构筑了一个综合的、多学科视角的、可持续发展的学术共同体。

笔者还在中国国家数字图书馆同样以上述检索词进行组合检索，逐一筛选后发现，2016～2020 年中国内地出版妇女与教育相关学术专著 45 部，与 2011～2015 年的 33 部相比大幅增加。过去五年所出版的学术论著不仅有"量"，还有"质"，集中于女大学生与高等教育中的性别平等、女性教育的历史与国际比较等议题。前者聚焦高等教育的性别问题，以及女大学生的思想、健康、就业等诸多方面的发展问题，而关于女大学生的专著最多，逾 20 部。例如，王俊（2017）的《审思与重构：解读高等教育的性别符码》从女性主义认识论的立场出发重新审视高等教育性别歧视的根源。后者则围绕古今中外女子教育发展史。例如，薛文彦（2018）的《嬗变、觉醒与反思——清末民初直隶地区女子学校教育研究（1898～1922）》着重分析了清末民初直隶地区女子学校教育的发展脉络、历史地位与社会影响。

在学术会议方面，2016～2020 年妇女与教育领域的活动丰富，既有紧紧围绕妇女与教育的专题会议，如 2016 年中国妇女研究会妇女教育专业委员会第八届年会暨新形势下女性教育的改革与发展研讨会，2020 年由中国教育国际交流协会、中国人民大学主办的教育、女性与可持续发展论坛 2020——"教育扶贫与女性发展"专题研讨会；又有很多学术会议设立的妇女与教育分论坛，或吸纳妇女/性别研究者参加，如 2020 年中华女子学院主办的第二届全球女性发展论坛设置了主题为"为女性提供平等优质的高等教育"的分论坛，历届中国教育学会、中国社会学会、中国经济学会等专业学会年会都有妇女与教育研究相关论文入选。

在研究课题方面，2016～2020 年国家社会科学基金项目涉及妇女与教育研究相关的立项课题共 11 项，在项目类别上包括一般项目（5 项）、青年项目（2 项）、西部项目（3 项）、后期自主项目（1 项），在学科分类上以民族学、民族问题研究为主（5 项），其余分属于社会学（2 项）、中国文学（2 项）、中国历史（1 项）、新闻学与传播学（1 项）。同一时期的全国教育科学"十三五"规划项目与妇女与教育领域直接相关的立项项目共 5 项，其中国家一般项目 4 项、教育部重点项目 1 项。与 2011～2015 年相比，2016～2020 年妇女与教育领域的立项项目所涉学科门类更为多元，研究主题不断拓展。这些研究课题既放眼全球发展大势，如"掌舵的女性：美国世界一流大学女性校长发展研究"（2018），又心系祖国边疆和各民族共同发展，如"青藏高原农牧区留守妇女教育发展支持研究"（2017）；既回望历史，如"清末民初女学生的日常体验与文学实践研究（1898~1919）"（2019），又关照当下，如"新时代女大学生就业质量评价和提升路径研究"（2018）。

这五年间，来自教育学、历史学、社会学、心理学、经济学等不同学科的研究者，从不同角度对妇女教育问题开展大量探索，研究主题丰富，研究方法多样，跨学科的合作渐成趋势。这一时期有以下两大研究主题。其一，探讨我国女性教育与教育性别平等化的表现、趋势与成因。尽管女性总体上在教育机会与获得上取得了几乎与男性相当的成就，但教育的很多领域仍存在明显的性别差异。这不仅突出表现在专业选择的性别隔离、教育的性别分工等教育过程中，而且，教育过程的性别不平等还进一步塑造了教育结果的性别不平等（如性别收入差距）。相比于宏观层次上地区经济发展水平、文化规范或观念等社会经济因素，微观层次上家庭养育与学校教育环节所起的作用受到越来越多的讨论。其二，妇女与教育问题的历史与国际比较研究。简言之，研究者将妇女与教育问题置于大历史观与国际视野下，主要对女性教育与教育性别平等展开历史考察与横向对比，全面解读我国的妇女教育问题，进一步拓展中国学界对国际妇女与教育研究的认识。

二　主要研究内容

（一）教育的性别平等与女性教育的发展

妇女与教育问题首要关涉的是教育的性别平等，而教育的性别平等历来是妇女发展研究的重点。尽管在过去几十年间我国教育性别平等不断改善，女性的受教育水平持续提高，但对性别间的教育不平等仍有进一步探讨的空间。一是教育的性别平等是多层次的，通常指向性别平等的教育机会、教育过程与教育结果不同层次，而已有研究以探讨教育机会和结果不平等的居多，探究教育过程不平等的相对较少。二是教育是一个不断积累的过程，在这个过程中，要充分考虑各级各类教育的不同特点，因此各级各类教育的性别差异程度不同，表现也各异。三是性别问题从来不只出现在男女之间，往往与城乡、民族、阶层等因素叠加，而女性群体内部存在很大的异质性，尤其是农村、欠发达地区、少数民族等困难妇女和女童很可能面临双重乃至多重劣势。因此，教育的性别平等与女性教育的发展始终是一个值得关注和研究的问题，而以上几点也是过去五年研究工作着力推进的地方。下面将从教育机会、教育过程与教育结果三个层次入手，对这一时期的研究成果进行述评。

1. 女性与教育机会均等

教育的性别平等首先反映在入学机会上，即不同性别人群享受平等的受教育机会，这是衡量教育的性别平等的初级指标。教育机会的性别平等一直是学界讨论的重点问题。例如，敬少丽（2016）的专著《效率、平等与女性教育机会研究》从多个角度系统分析了女性教育机会均等问题的现状、面临的困境及对策。一个普遍的研究结论是：我国女性的受教育机会在过去几十年间持续增加，与男性的差距不断缩小甚至反超男性（郑新蓉、武晓伟、林思涵，2020；郑新蓉、林玲，2020）。

尽管我国教育机会在性别间的分配逐渐走向平等，但还有两点值得注意。第一，女性的相对地位在不同教育阶段中的表现和趋势不同。总体上，在义务教育全面普及的情况下，初等教育阶段的性别差距已基本消除，中等职业教育女性比例不断增大，而高等教育阶段的女性人数过半，出现性别反转。高等教育入学机会的性别差异及其变迁是过去五年研究的一大热点。这些研究指出，虽然高等教育领域整体上呈"男少女多"的态势（王伟宜、段欢欢，2018；王伟宜、桂庆平，2020），尤其是从"80后"一代开始凸显（沈晓婧，2019），但女性的入学优势在高等教育的不同层次上又有所不同。具体表现为：女性优势在本科层次中不断强化（刘江、万江红，2020），而到博士阶段仍以男性为主（沈文钦、刘凌宇，2018）；相较于重点院校，女性的优势集中在专科和普通本科院校（王伟宜、桂庆平，2020）。这带给我们两点启示：一是越来越多的女性追求更高学历，除了对知识的渴望，还可能与就业机会的性别不平等有关，即和男性相比，女性的就业压力更大，进入劳动力市场的学历门槛也更高；二是与高等教育的扩张伴随而来的是大学间的分化，不仅是教育资源在各个大学间分布不均衡，而且不同层次的大学生在人力、政治资本的积累上也有所不同，相应地，女性在更高层次的高等教育上的入学劣势很可能不利于其专业地位的获得。伴随我国国民受教育程度进一步提高，高等教育机会的公平问题持续升温，暴露出诸多值得思考的问题。

第二，妇女与女童教育的不平衡、不充分问题仍然突出，尤其体现在城乡、区域和群体之间存在差距（赵媛、许昕、王佩等，2020）。一般认为，欠发达地区女童、留守女童、农业转移人口随迁子女以及残疾女童是教育权益保障需要关注的重点群体（康翠萍、徐巧云、马超，2019；戚务念、刘莉、王欣欣，2019；郑新蓉、武晓伟、林思涵，2020）。例如，尽管女性接受高等教育的机会不断增多，甚至反超男性，但女性的高等教育入学优势呈现明显的城乡分化。相较于城镇，农村性别不平等程度更高，性别差距逆差更晚（杨倩、王伟宜，2019）；城镇女生更多进入重点高校和普通本科院校，农村女生更多进入专科和普通本科院校的师范类专业。更加重要的是，教育的性别分层往往与民族、城乡、阶级等社会分层维度交织在一起，导致这些困难妇女和女童在教育领域中处于双重乃至多重劣势地位（丁月牙，2016；嘎强琼达，2017；和建花，2017；雷湘竹，2018；陆春萍，2019）。中国贫困农村教育扶贫的实践经验亦表明，支持女童完成义务教育是阻断贫困代际传递的有效方式（杨贵平，2016）。

那么，应如何解释教育机会的性别差异及其变化？教育发展及政策变化、地区经济发展、文化规范或观念等宏观层面的经济、社会、文化因素是这一时期备受关注的影响因素。例如，郑真真（2020）指出，纵观1949年以来，我国女性受教育水平的提高明显得益于教育事业的历史发展及政策变革，主要包括20世纪五六十年代的扫盲运动、20世纪90年代义务教育的普及、20世纪末高等教育的扩张。孙妍、林树明、邢春冰（2020）则从性别角色观念的理论视角出发研究城乡流动儿童教育，认为农村小学学龄段女童随父母迁移进而在城镇地区接受教育的机会明显低于男童，而农村家庭在子女随迁决策上的性别差异正是传统文化中的性别（男孩）偏好起作用的结果。

2. 女性与教育过程均等

教育过程的性别平等日益得到政府和学界的关注。《中国妇女发展纲要（2011~2020年）》明确将"教育工作全面贯彻性别平等原则""高等学校女性学课程普及程度提高""性别平等原则和理念在各级各类教育课程标准及教学过程中得到充分体现"作为妇女与教育领域的主要目标，其本质是强调教育过程的性别平等。而这一时期的研究指出，虽然女性在教育机会上的劣势不复存在，但在教育过程中的表现并不尽然。接下来从学生的学业表现与专业选择、学校教育过程与环境等几个主要研究议题展开并加以归纳。

首先，学业表现的性别差异是教育过程不平等的一个基本维度。其突出表现在男生的学习成绩和各级入学考试中的表现越来越落后于女生。这不仅是中国，也是世界范围内的普遍现象，被称为"男孩危机"。其中，作为传统男性优势学科，数学的性别差异与女性数学教育发展得到了特别的关注。与一般看法不同的是，女生的数学成绩被证明要显著高于男生，而传统的社会性别观念，尤其是关于数学的性别刻板印象，导致女生对数学能力的自我认知往往较低，从而强化了男生在数学成绩上的优势（陈彬莉、白晓曦，2020；杜欣，2020）。高考成绩的"女高男低"现象同样备受重视。通过对高考成绩的系统回顾发现，女性优势不仅体现在高考总分上，而且体现在各个学科分数上（邵志芳、庞维国，2016）；从高考成绩分段来看，女生在大部分分段上都有显著优势，只在理科一本线与重点大学分数线上有相对劣势（李代、王一真，2019）。但需要注意的是，女生的学业优势集中体现在平均成绩上，在学业表现的其他方面并不突出。例如，进入大学之后，男生在科研参与经验、学生干部经历、党员身份等方面明显优于女生，而后者作为人力资本的重要方面，关系到一个人的就业前景与收入水平，而这可能会导致女性的学业优势很难延续到劳动力市场（丁洁琼、谢心怡，2020；郭亚平，2019）。

其次，学科类别和专业选择有明显的性别隔离，这是教育过程的性别差异的又一突出表现。我国高等教育领域长期存在男生集中于理工科类专业、女生集中于人文社科类专业的性别隔离现象（王伟宜、段欢欢，2018；魏巍，2020）。而在理工科内部，女生也更可能选择理科而非工科（李代、王一真，2019；马莉萍、由由、熊煜等，2016）。针对工科的研究还表明，工科专业女生面临明显的教育不利与挑战（高亚男，2019；彭湃、高亚男、李想姣，2017），甚至虽然工科专业女生学习投入更高，学习成绩更好，但是她们的专业自信心和归属感不足（靳敏、胡寿平，2018）。高等教育阶段学科类别和专业选择的性别隔离很重要，是因为它被证实将进一步转化为男女两性在就业和收入方面的差距（张玉娴，2017）。职业教育领域也是如此。我国技工学校女性比例持续较低，而她们集中在轻体力的软专业，也因此更容易面临就业相对不稳定、回报率相对较低的情况（郑新蓉、武晓伟、林思涵，2020）。在国家大力发展职业教育的当下，职业教育的性别困境值得持续、深入地讨论。

再次，性别不平等体现在各级各类教育内容、教育过程与学校管理中。这既是这一时期政府教育工作的重点任务，也受到教育学、心理学、社会学等不同学科的持续关注，研究热度近年来有增无减（王雅韵，2020）。一些学者着眼于理论领域或理论层面的探讨，例如，系统回顾性别教育的发展阶段和不同模式，尝试回答如何将性别纳入教育之中这一根本问题（丁学玲，2016；龙安邦，2018；龙安邦、黄甫全，2017）。更多的学者则从实证层面加以论证，从机制建设、课程设置、师生关系等诸多方面审视我国学校教育过程与环境中的性别问题及对策。研究结论都指向性别偏见和歧视仍存在于学校教育系统的方方面面。其中，教学领域中的性别刻板印象长期受到学界的关注。例如，对教材中的女性形象研究一直很多，总体上看教材中的性别偏见由来已久，仍然没有发生根本性改变（陈立峰、彭诗雅，2017；门燕丽、云霁岚，2020；孙庆括、徐帆、胡启宙，2017）；课程设置及活动设计蕴含的性别不平等也是制约女性教育发展及教育性别平等的关键因素（胡莉芳，2018；张家军、杨浩强，2017）。研究还发现，学校教育系统的性别不平等还表现在：教育法规、政策和规划的制定、修订、落实和评估没有充分落实性别平等原则（武晓伟、林清凤，2020）；校园欺凌、性侵、性骚扰案件频出，尤其是女生的校园安全问题不容忽视（周培勤，2016），而性别平等课程被证实可以在减少性别欺凌等方面发挥重要作用（裴谕新、陈静雯，2020）。值得注意的是，不同教育阶段都有其独特性，又有不同的研究关切。这一时期出现了一大批有关高等教育中性别平等问题的学术成果，集中讨论大学何以是"有性别的大学"（滕曼曼，2016；王俊，2017）、如何将性别教育纳入大学课堂（陈新叶，2016a；程铭莉，2018；高丽娟，2018；刘振辉，2018；张莉莉、武晓伟、向蓓莉，2018；张守华、李小朋，2019；郑佳然，2016）、如何加强女性学学科建设与建构女性人才培养模式（苏冰钿、张李玺，2019；王晶、李乾坤，2017；叶友华，2016）等问题。学前教育与义务教育阶段则主要围绕女童保护和性别教育，尤其是新近面向学前儿童的研究增多（戴莉，2016；胡娟等，2020；邱香、王练、牛勇，2019，2020；石贤磊，2016）。

最后，教师作为学校教育的主体，很大程度上决定教育系统如何促进性别平等，成为审视教育过程公平的另一个研究切入口。相关性别议题和主要观点如下。一是教育的性别态度和行为与课堂的过程公平。一般认为，教师群体在课堂教育、班级管理等方面对男女生有不同的态度和期待，并进一步作用于学生的学业表现及其性别观点和行为（唐娟，2018；张丹、德特黑，2018）。二是教师队伍性别结构失衡的现状、成因及对策。教师队伍性别结构失衡集中于幼儿园和中小学阶段，不仅表现为教师职业的"女性化"，即女教师在人数和比例上超过男教师（闫予沨、孟雅琴，2020；姚银枝、李会琴，2017），还表现为明显的性别垂直隔离，包括女教师比男教师更不可能进入领导岗位、更高教育阶段、更好学校层次等（敖俊梅、林玲，2020）。尤其是在欠发达地区，教师队伍的女性比例快速上升（郑新蓉、姚岩、武晓伟，2017）。教师"女性化"与女性受教育水平提高、教师职业性别刻板印象、教师职业吸引力下滑等因素有着密切联系（敖俊梅、林玲，2020；陈玉佩，2020；吴晶、金志峰、葛亮，2020）。我国乡村教师"女性化"还与宏观政策和环境变迁有关，例如，在集体经济时代，大量农村受教育的女性被吸收进入乡村教育事业，支持乡村教育的低成本发展与快速普及（郑新蓉、姚岩、武晓伟，2017；武晓伟，2018）。尽管目前并没有充分的经验证据，仍有学者倾向于将"男孩危机""男孩缺乏阳刚之气"等归因于教师队伍的"女性化"，但事实上，女教师在专业性、领导力等方面并非不如男教师（宁波、张民选，2018）。三是女教师的生存状态与职业发展。随着教师队伍"女性化"趋势愈发突出，女教师群体也成为一个研究重点。无论是利用大规模数据展开的整体性分析，还是借助口述史等方法进行深描，这些研究都揭示出女教师，尤其是高校女教师面临性别与职业的双重挑战（陈春梅，2017；刘齐，2017；唐文焱，2018；王淑娉，2017；武晓伟、史乐然、高艳，2019；叶文振，2016），普遍存在学术地位较低、职务差别明显、实际收入低于男教师等问题（张李玺，2018）。最新的研究还开始关注高校"非升即走"制度之下的青年女教师群体，发现这进一步加剧青年女教师的发展困境（武晓伟、吴枋泠、牛宙，2019；周倩、王希普，2020）。此外，乡村女教师的边缘化问题也备受关注（武晓伟，2016；徐今雅、赵思、张丽珍等，2016；张莉莉、张燕等，2018）。今后"非升即走"制度与高校青年女教师、乡村教育与女教师发展等问题需要更多的研究和探索。

3. 女性与教育结果均等

教育的性别平等还表现在教育结果上，而教育结果首先指向性别平等的教育获得。这一点早已得到大量经验证据的支持，即女性的受教育水平不断接近其至超过男性。过去五年，一些研究侧重于讨论教育获得的性别不平等在群体间的差异及其变动趋势。其主要发现是：教育获得的性别不平等在农村、少数民族及西部地区始终突出，且女性内部的不平等程度远大于男性并呈现逐步强化的态势（郝娟，2018；吴洁、郑逸芳、吴智雄等，2020；张学敏、吴振华，2019）。例如，一项关于云南少数民族女性教育的研究指出，自1949年以来云南少数民族女性教育从无到有，特别是改革开放之后，少数民族女性在各级各类教育中的受教育水平显著提高，但与发达地区和汉族聚居区相比，在平均受教育水平、受教育程度等方面的性别差距更大，且女性教育存在明显的族际、地域、城乡与阶层差距（杨国才、顾一平，2019）。

除了研究教育获得的性别不平等及其变化，更多的研究着眼于教育获得性别不平等的机制分析。一些研究侧重于宏观经济因素（王爱君、周国凯，2017；袁秋梅，2019），大多数研究则从微观机制出发，强调家庭背景是影响性别间教育获得差异的重要因素。一般而言，家庭对子女教育的影响主要通过两个途径：一是提供经济资源，二是提供非经济资源。与低社会经济地位的家庭相比，高社会经济地位的家庭一方面拥有更多的社会经济资源可投资于子女的教育，更不必采取重男轻女的教育投资策略；另一方面，这类父母具备更高的受教育水平，也更容易接受性别平等的观念。这些都促使高社会经济地位家庭对子女教育投资的性别（男孩）偏好不明显，因而子女教育获得的性别差异小。新近的研究进一步支持家庭背景与性别偏好的关系（范静波，2016；栾博，2017）。还有研究表明，无论是以校外教育支出来衡量经济投入，还是以父母的陪伴时间来衡量的非经济投入，家庭对女孩的教育投入都大于男孩（崔盛、宋房纺，2019；侯慧丽，2019；王晓磊，2017）。此外，一些学者沿袭威斯康星学派的观点，强调教育期望作为家庭背景影响子女教育的中介机制，也是理解教育获得性别差异的一个重要视角。这些研究发现，女生的教育期望总体高于男生，而家长、同伴和教师作为影响教育期望的重要因素，其作用存在明显的性别差异（李烨，2018；黄超、吴愈晓，2016；周菲、程天君，2016）。作为家庭背景的一个重要指标，兄弟姐妹的构成一直都是研究者关注的重点，而新近的研究开始探讨兄弟姐妹构成的影响是否存在群体差异。例如，兄弟姐妹数对女性教育获得的负面影响在农村高于城镇（黎煦、刘华，2016；郑筱婷、陆小慧，2018）。"长女效应"，即家庭更可能牺牲年长孩子（特别是女孩）的教育机会，也主要出现在农村家庭中（陈立娟、范黎波，2020）。兄弟姐妹的影响在流动人口家庭子女教育获得的性别差异上亦然，但更多表现为"同性竞争效应"（张秀武，2020）。

除了性别平等的教育获得，教育结果的性别平等还指向平等的社会发展。一个总的发现是：尽管我国女性的受教育水平不断接近乃至超过男性，但这并没有带来男女平等的社会经济结果。也就是说，女性的教育优势没有从根本上转变女性在就业与收入、婚姻与家庭等诸多方面的弱势，更谈不上扭转整个社会的性别不平等状况。其中，教育回报与性别收入差距是最主要的表现（闫琦、孟大虎、孙永强，2017），也是一直以来的研究焦点。这一时期的研究者重在考察不同收入、地区、大学层次、企业类型的异质性，以及从就业质量等角度切入加以理解。例如，张抗私、刘翠花（2017）发现，同一大学层次中男性的教育回报率高于女性，而且大学层次越低，性别收入差距越大。杨滢、汪卫平（2020）提出，女性的教育回报优势只出现在中低收入水平上，在高收入水平并不显著。刘爱玉（2020）进一步论证，女性在劳动参与机会及质量上均低于相似教育程度的男性，而这在一定程度上弱化了女性教育回报的优势，并导致性别收入差距的持续扩大。性别歧视被证实仍是造成性别收入差距的主要原因（欧阳任飞、孟大虎、杨娟，2017）。同时，它还表现出"天花板效应"和"粘地板效应"，即虽然高等教育显著降低了性别歧视，但受过高等教育的女性在高收入水平上面临更多歧视，而没有受过高等教育的女性在低收入水平上面临更多歧视（袁晓燕、周业安，2017）。

与之相随的还有"女大学生就业难"，这也是一个老生常谈的话题。这一时期出版了多部针对女大学生就业问题的学术专著，基于深入的理论研讨与扎实的数据支撑，系统分析了女大学生就业难的现状、原因及其对策，诸如张抗私、丁述磊（2018）的《市场与观念的考验：女大学生就业实况调查》，张琳、杨毅（2019）的《女大学生就业中的反隐性性别歧视问题研究》，以及王慧（2020）的《女大学生就业质量研究——以福建省五所高校为例》。和早期研究发现相一致，这一时期的研究指出：与男生相比，女大学生在劳动力市场中仍处于弱势地位，她们在就业机会、就业质量、工资待遇等方面都低于男生（葛玉好、邓佳盟、张帅，2018；王慧、叶文振，2016）。传统的性别意识是女大学生就业歧视产生的主要原因，而性别意识的进步是推动女大学生就业水平与质量提高的重要因素（叶文振，2019；王慧、叶文振，2016）。一些学者从多角度出发探索解决女大学生就业难的对策和措施，包括：加强女大学生职业价值观教育（谭军华、冯丽霞，2017）和领导力教育（王琴，2018），探析女大学生人才培养模式和就业能力提升路径（何晓敏，2019；罗明忠、陶志、万盼盼，2017；孙利华，2018；王颖、李洁、石彤，2017）。

（二）历史与国际比较视野下的妇女与教育研究

随着中国妇女与教育研究的不断深入，越来越多的学者开始运用比较历史分析、跨文化分析等方法考察妇女与教育问题。历史与国际比较研究成为妇女与教育研究领域的一个重要发展方向。这些研究大致可分为两类：一是从时间维度出发，重点讨论我国女子教育与教育思想的发展趋势与时代特征；二是从空间维度出发，主要关注女子教育和教育性别平等在全球范围内的变化，以及不同地区和国家之间发展状况与影响机制的不同，从而在历史和国际比较视野下深化对妇女与教育问题的认识。

1. 对妇女教育史的研究

妇女与教育是教育史研究长期以来的重要议题。总的来看，这些研究具有如下特点。在研究内容上，沿着女子教育思想和实践发展两条主线进行历史考察，总结我国数千年来女子教育的历史轨迹与客观规律，并为解决现实教育问题提供启示与借鉴。在研究视角上，不再局限于教育学的学科视角，而是将妇女与教育问题放在一个更大的社会环境和历史脉络下，把教育史、妇女史和社会史研究结合，对女性教育问题进行全面解读。在研究方法上，不断扩展史料边界，不再局限于官方档案和文献，将包括历史文献、文物考古等资料在内的多元史料纳入分析，从而对社会原生态做出真实的再现和回顾。

以研究内容为主线归纳，一类研究集中于不同历史时期女子教育的具体情况，从而拼凑我国女子教育发展的历史图景。这些研究对史料文献的深入挖掘和论述，不仅对完善我国女子教育发展历史有重要的意义，而且对理解当代女性教育与生活有重要的价值。就不同的历史时期而言，大体可分为两类：一是古代女子教育史研究，二是近现代女子教育史研究。过去五年的古代女子教育史研究重点关注秦汉、两宋、元代等朝代，深挖历史细节，还原真实图景。例如，张国旺（2018）对较为分散的元代文献做了全面梳理，勾勒出元代汉人和南人女童教育的整体情况：与其他朝代相似，元代女童教育仍是以女红为主的家庭教育，略有不同的是，这一时期妇德、女仪教育明显不足。赵国权（2017）的博士学位论文则运用大量史料，较为全面地考察了大变革时期的两宋女子教育生活，指出两宋是一个相对理性、开放、包容的时期，女子的教育生活也因此展现出多元、向上、自觉、自主的特征。

在近现代女子教育史方面，女学的兴起与发展是学者一直关注的核心议题之一。近年来，很多学者在这个议题下展开历史考察与深挖，既有对我国近代女子教育发展做的整体梳理，也有从不同类型（如教会女校）、不同地区（如上海、潮汕）、不同层次（如中学教育、高等教育、特殊教育）对近现代女子教育进行具体分析。例如，黄湘金（2016）的专著《史事与传奇——清末民初小说内外的女学生》基于翔实的报刊材料与生动的小说文本，刻画了清末民初的女学生形象，以及民族国家话语、男权中心和商业文化等因素对这些形象的塑造。关景媛（2018）的专著《淑女教育的昔与今：女性主义语境下中国传统女性教育合理性问题研究》则是在一个更长的历史跨度上系统考察了我国女子教育的传承与嬗变。教会女校（陈雁，2017）、以启西女校为代表的西道堂女性教育（马雪莲，2016），以及各地涌现的女校（秦方，2020；徐宁，2016；薛文彦，2018）和各级各类女子教育（陈·巴特尔、许伊娜，2017；段越星，2016；杨璐，2016），乃至于具体学科女子教育（刘宏超、吴光远，2018；王瑞超，2020）和女子教科书（王世光、周耀慈，2017）的产生及其发展历史都引起研究者的兴趣。通过这些研究，我们可以认识到：一方面，清末民国女子教育的发展始终脱离不了特定的社会环境，甚至还承载着地区文化烙印，是社会文化变迁的结果。例如，张丽（2016）指出，女子兴学是潮汕地区女子教育的突出特点。周洪宇、周娜（2016），黎藜（2017）和周娜（2020）则通过对 1906 年私娼梁亚玲假冒女学生、近代女子学校卫生教育、民国时期女学生剪发等不同现象或事件的论证，提出晚清救国语境下妇女解放言论多与救亡图存联系，无论是教育解放还是身体解放都是由国家话语主导，并非以妇女解放为宗旨。另一方面，这一时期女子教育的发展不仅标志着女性在教育领域中的进步，还带来了整个社会在性别观念、职业结构等诸多方面的变化，是社会文化变迁的动力。例如，王纾然（2018、2019）聚焦近代上海女性群体，分析她们在走向学校的同时如何进入职场，并重构对自我的认同与认知。杨笛（2016）深入剖析金陵女子大学何以突破专业的性别隔离，培养出一大批女性科技英才，为时至今日依旧突出的专业性别隔离提供一定的启示。

另一类研究则主要通过对历史文献的整理与分析，总结和提炼女子教育思想及其发展演变，包括女子教育的目标、原则、内容和方法等，并借此认识当代女子教育与生活的现实问题。这些研究也可以从古代与近现代两个时期进行梳理。前者集中于对《女四书》《女儿经》等古代儒家女教的文本进行解读，后者重点关注清末民国时期的女性期刊和一大批著名教育家、思想家的教育思想。柯倩婷（2016）认为古代儒家女教是以男尊女卑为价值内核、基于封建父权制的知识论立场以及以身体规训为施行手法。杜芳芳（2017、2018）以晚清时期革命派创办的女性期刊《女子世界》为例，总结其时的女权思想、教育主张与女性形象。还有不少研究对陶行知、杨荫榆、齐国梁等人的女子教育观进行述评（刘京京，2018；王凤娥、刘源，2017）。例如，于光君、张莹、王淑钰（2020）指出陶行知的女子教育思想贯穿他的生活教育观，其女子教育思想的现代性价值就在于要重视女子生活教育。

2. 妇女与教育的国际比较研究

近年来，越来越多的学者开始用国际化、全球的视野研究妇女与教育问题，鉴别吸收国际社会的诸多历史文献和研究成果，涌现出一大批对国外妇女与教育进行探析的中文文献，拓展了中国学界对国际教育史和妇女研究的认识和理解，也为我国教育实践提供了一定的启示。这些研究大都围绕女子教育与教育性别平等在全球范围内的发展与变化、国际教育性别平等政策与法律等主题。

一是探讨不同国家和地区女子教育的历史变迁。这些研究成果多见于教育史专业，尤其是聚焦高等教育阶段。例如，丁坤（2018）的专著《美国女子高等教育史（1837~2000）》综合运用多种研究方法，对美国长达一个多世纪的女子高等教育发展史实进行系统梳理，总结美国女子高等教育的历史成就与经验。值得注意的是，研究者还往往从不同国家和地区的教育特色出发来展开妇女与教育的国别和区域研究。例如，张晓梅（2016）、蒋莱（2019）分别以中等教育阶段的女子学校和高等教育阶段的女子学院为研究对象。对于德国教育体系的重要特色——双轨制，马宇航、朱纯洁（2020）认为双轨制是德国高等教育性别比例之所以在总体上较为均衡的主要原因，即普通高校女生多，应用技术大学男生多。

二是剖析不同国家和地区教育的性别不平等现象。大多数研究聚焦于某一个国家和地区教育性别不平等的具体问题。例如，易红郡及其合作者相继对澳大利亚、芬兰的教育性别不平等展开研究。在澳大利亚，中小学 STEM 教育中有显著的性别差异，突出表现在：女生在 STEM 教育中普遍存在学习兴趣低下、学习成效不高、就业意愿不强等问题（易红郡、陶沫芷、卢悦，2020）。芬兰在推进教师教育的性别平等方面做了许多工作，而教师教育是促进性别平等的重要阵地（易红郡、陈瑶，2020）。另有一些教育性别不平等的跨国比较研究，试图发现教育性别不平等的国际趋势与区域特征（陈新叶，2016b；刘文 2019）。例如，瑞伊·莱瑟·布鲁伯格、张惠（2016）比较和总结了格鲁吉亚、巴基斯坦和泰国三个国家的教科书蕴含的性别偏见；周萍萍、田香兰（2019）在《中、日、韩女子教育——女教育家与女子学校的考察》一书中，对比中、日、韩三国女子教育事业的共性与个性，强调女子教育事业与东亚国家现代化进程的关系。

三是评析不同国家和地区的教育性别平等政策与法律。一些研究对英国、美国、澳大利亚等国家教育法典的性别条款进行了深入的解读，主要涉及性骚扰、体育、单一性别学校、性别平等教育等基本的性别议题，从而为我国在法律层面上教育性别平等的拓展和提升提供启示（申素平、汤洋，2016；易丹、任一明，2016；张冉、欧阳添艺，2020）。还有一些研究对联合国教科文组织等国际组织的教育性别平等政策做出回顾和评述。事实上，如何促进教育公平是教育政策应关注的重要方面，而教育政策中的性别平等意识缺失是我国妇女与教育领域的突出问题（郑新蓉、武晓伟、林思涵，2020）。

四是引荐西方女性教育思想和一些著名的教育家、思想家的女子教育思想。例如，史明洁（2019）的专著《女性主义教育思想研究》追溯西方女性主义教育思潮兴起的背景与动因，总结不同时期女性主义教育思潮的特征与主要内容。这一时期对国外教育家、思想家的女子教育思想的解读更趋全面与系统化，有的还与同一时期国内教育家、思想家进行比较。例如，作为近代欧洲女性教育的第一波思想浪潮的先驱之一，伊拉斯谟女孩教育思想引起研究者的兴趣，认为伊拉斯谟从性别的角度看教育对象，倡导女性教育权利，可谓是重构了文艺复兴时期女孩教育认知体系（尹璐、于伟，2020）。孙碧（2018）提出，研究美国教育史以及杜威的教育理论和社会行动，离不开对杜威的妻子——爱丽丝·奇普曼·杜威的教育经历和社会努力的探寻。

三 研究不足与展望

我国正在进入一个从教育大国到教育强国的新时代，而这对教育公平与女性教育高质量发展提出新要求。在新的历史起点上，妇女与教育研究将进一步扩展与深化。纵观过去五年，我们看到：尽管与其他领域相比，妇女与教育研究热度始终保持高位，但文献数量显露走低趋势；如何突破既有的问题意识与理论框架，发掘有深度的经验性研究，则是需要解决的一些深层次问题。未来妇女与教育研究应注意以下几方面问题。

第一，教育公平体现在教育机会、教育过程、教育结果等各层次，而妇女与教育问题在教育的不同层次上不尽相同。在教育领域中，从"数据上的平等"到全面的平等还有较大的差距。不仅在学校的教育教学活动、学生的专业选择、毕业后的就业与收入等方面性别差异持续存在（王伟宜、段欢欢，2018；张家军、杨浩强，2017；张抗私、丁述磊，2018），而且在入学机会、学业表现等普遍认为的女性优势领域中，也有不少问题。例如，农村、少数民族、欠发达地区女性在入学机会上仍处于弱势地位（丁月牙，2016）；女性的学业优势集中在平均成绩上，但在非学业成绩的人力资本积累上（如科研参与）并不具备明显优势（郭亚平，2019）。此外，在教育的不同层次上，影响女性教育与性别不平等的因素及其作用机制也是不同的。例如，结果不平等（如性别收入差异）往往可以追溯到过程不平等（如专业的性别隔离）（张玉娴，2017）。因此，贯穿教育全过程的性别不平等表现及其机制值得进一步挖掘与论述。

第二，生命历程可以细分为具有不同特征的多个独立发展阶段，妇女与教育问题在生命历程的不同阶段中存在差异。分不同阶段的生命历程来看，妇女与教育问题突出表现为：学前教育与义务教育阶段的女童保护问题、中等教育阶段"职普分流"的性别差异、高等教育中专业的性别隔离（赵媛、许昕、王佩等，2020；郑新蓉、武晓伟、林思涵，2020）。加之教育是一个动态积累和发展的过程，接受更高阶段的教育通常须以完成上一阶段的教育为前提，而在上一个阶段获得的优势或遭受的劣势会有累积效应。尤其是学前儿童的教育与性别平等，更是塑造人力资本累积和性别分层的早期开端。总体上看，相比于生命历程的其他阶段（如义务教育阶段），对早期教育的性别不平等及产生机制的研究仍十分有限。这促使我们要将更多的目光投注到早期教育与性别平等。

第三，世界各国各地区因国情、时情不同，其妇女与教育问题在不同社会情境下有其独特性。尽管国际妇女与教育发展面临许多共同的趋势，例如高等教育女性化（马宇航、杨东平，2016），但在不同社会情境下的经济、社会、文化特征使妇女与教育领域的主要问题以及不同因素的相对作用大小有所差异。例如，印度女性在高等教育中总体上处于一种不利地位，而在弱势群体内部的表现更为明显。这主要源于印度教育行政管理条块分割严重、政出多门的正式制度，以及强男性偏好、父系家族制的非正式制度（刘志民、宁芳艳、罗泽意，2017）。这些问题都需要我们开展更多有针对性的国际经验研究进行深入探讨，从各国妇女与教育发展中汲取经验和智慧。

第四，不同时代的制度差异使妇女与教育发展随时代而变化。例如，郑真真（2020）利用历次全国人口普查结果，发现 20 世纪五六十年代青年女性扫盲运动大有成效；20 世纪八九十年代女性受教育状况明显改善，与男性差距缩小；21 世纪受教育程度的性别差距持续缩小，甚至出现逆转。这恰恰与中国教育发展的扫盲与普及小学教育、普及九年义务教育、高中教育和高等教育扩张几个阶段相对应。吴洁、郑逸芳、吴智雄等（2020）指出，教育获得性别差异的主要原因在不同阶段有所不同，其中，性别歧视是 20 世纪 30 年代到 70 年代的最主要原因，而从 80 年代开始，性别差异的出现主要归结于户籍、父辈教育等先赋因素。如何以社会变迁的视角来完整把握女性教育发展与教育性别平等模式与其演变轨迹，应给予关注。

第五，不同影响因素可以通过交互作用共同影响妇女与教育发展。首先，尽管已有研究强调宏观结构（如地区经济发展水平）与微观机制（如家庭背景）的重要性，但总体上看，对宏观结构与微观机制交互作用的研究还十分有限。例如，家庭是影响个体教育最为密切的微观机制，而家庭又是嵌入于社会之中的，不同层次紧密相扣、不可割裂。作为家庭背景的重要指标之一，兄弟姐妹构成对女性教育获得的负面影响在城乡之间就有所不同（陈立娟、范黎波，2020）。其次，女性群体不是铁板一块，内部还有城乡、地区、阶层的差异，尤其是欠发达地区、农村地区的女性教育不仅与这些地区的男性存在差距，也与发达地区、城镇地区的女性存在差距。因此，在分析女性教育与性别分层时，有必要关注不同层次之间的相互联系，以及性别不平等的再生产机制与过程。

参考文献

1. 敖俊梅、林玲（2020）：《中小学教师性别结构"女性化"的现状、成因与对策》，《民族教育研究》第 2 期。

2. 陈·巴特尔、许伊娜（2017）：《社会性别视角下中国女子高等教育的发展》，《中国人民大学教育学刊》第 3 期。

3. 陈彬莉、白晓曦（2020）：《女孩的数学成绩何以优于男孩？——基于 CEPS 2013 年的基线调查数据》，《中国研究》第 1 期。

4. 陈春梅（2017）：《"全面二孩"政策对高校女教师职业生涯发展的影响》，《社会科学家》第 3 期。

5. 陈立峰、彭诗雅（2017）：《小学语文教科书中的女童形象分析——以人民教育出版社 2001 年版为例》，《教育理论与实践》第 8 期。

6. 陈立娟、范黎波（2020）：《多子女家庭教育获得中的"长女效应"及其演进》，《苏州大学学报（教育科学版）》第 3 期。

7. 陈新叶（2016a）：《论高等学校实施性别教育的价值取向与可能性》，《山东女子学院学报》第 5 期。

8. 陈新叶（2016b）：《撷采探析国外性别平等教育发展概况》，《山东女子学院学报》第 1 期。

9. 陈雁（2017）：《由姊妹而同学：基督教与近代上海女学校、女学生》，《社会科学辑刊》第 2 期。

10. 陈玉佩（2020）：《关怀、专业身份与家庭－工作平衡：幼儿教师职业选择叙事与女性气质的建构》，《中华女子学院学报》第 3 期。

11. 程铭莉（2018）：《"女性与社会"课程的教学实践与思考》，《中华女子学院学报》第 4 期。

12. 崔盛、宋房纺（2019）：《父母教育期望与教育投入的性别差异——基于中国教育追踪调查的实证研究》，《中国人民大学教育学刊》第 2 期。

13. 戴莉（2016）：《学前儿童性别教育的研究现状及其启示》，《中华女子学院学报》第 4 期。

14. 丁洁琼、谢心怡（2020）：《遵从与突围：女性在精英大学的学业表现与教育经历》，《中华女子学院学报》第 1 期。

15. 丁坤（2018）：《美国女子高等教育史（1837～2000）》，河北大学出版社。

16. 丁学玲（2016）：《走向性别敏感教育——马丁的观点及其批评》，《教育学报》第 4 期。

17. 丁月牙（2016）：《双重弱势女性教育问题研究：西南三地的教育人类学调查》，民族出版社。

18. 杜芳芳（2017）：《晚清期刊〈女子世界〉中的女权思想及其教育主张》，《山东女子学院学报》第 6 期。

19. 杜芳芳（2018）：《晚清期刊〈女子世界〉中的新女性形象及其现实意义》，《山东女子学院学报》第 5 期。

20. 杜欣（2020）：《青少年科学职业期望的性别差异——基于数学性别刻板印象的经验分析》，《中华女子学院学报》第 2 期。

21. 段越星（2016）：《近代上海女子中学教育发展研究（1850～1937）》，硕士学位论文，华东师范大学。

22. 范静波（2016）：《家庭因素、教育资源获得与性别公平》，《教育科学》第 2 期。

23. 嘎强琼达（2017）：《西藏农牧区妇女教育现状分析与对策思考》，社会科学文献出版社。

24. 高丽娟（2018）：《女性学公选课课堂实践教学的行动研究》，《山东女子学院学报》第 6 期。

25. 高亚男（2019）：《女性主义视角下高等工程教育性别不平等问题与对策研究》，硕士学位论文，中国地质大学。

26. 葛玉好、邓佳盟、张帅（2018）：《大学生就业存在性别歧视吗？——基于虚拟配对简历的方法》，《经济学（季刊）》第 4 期。

27. 关景媛（2018）：《淑女教育的昔与今：女性主义语境下中国传统女性教育合理性问题研究》，中央编译出版社。

28. 郭亚平（2019）：《女性为何处于教育领域与劳动力市场的矛盾地位？——基于人力资本积累的性别差异分析》，《中华女子学院学报》第 4 期。

29. 郝娟（2018）：《受教育水平的城乡性别差异及其趋势的比较研究》，《教育科学》第 1 期。

30. 何晓敏（2019）：《高职院校女大学生创新创业人才培养模式探索》，《湖南社会科学》第 2 期。

31. 和建花（2017）：《弱势的叠加与突破——从营养与受教育状况看西部农村女童的生存和发展》，《山西师大学报（社会科学版）》第 6 期。

32. 侯慧丽（2019）：《义务教育阶段市场化教育参与和投入的性别差异》，《中国青年研究》第 4 期。

33. 胡娟、杨梦萍、金鑫等（2020）：《幼儿教师性别角色与双性化教育的关系研究——基于男女教师的对比》，《教育学术月刊》第 10 期。

34. 胡莉芳（2018）：《局里的局外人——基于 edX 课程的教师性别隔离现象研究》，《清华大学教育研究》第 3 期。

35. 黄超、吴愈晓（2016）：《中学生教育期望的性别差异：表现与成因》，《江苏社会科学》第 4 期。

36. 黄湘金（2016）：《史事与传奇——清末民初小说内外的女学生》，北京大学出版社。

37. 蒋莱（2019）：《单性别高等教育与女性成长——基于美国女子学院的研究》，《中华女子学院学报》第 3 期。

38. 靳敏、胡寿平（2018）：《工科专业本科生学习性投入的性别差异分析》，《复旦教育论坛》第 5 期。

39. 敬少丽（2016）：《效率、平等与女性教育机会研究》，山西经济出版社。

41. 康翠萍、徐巧云、马超（2019）：《改革开放 40 年来我国民族教育研究的内容分析及展望——基于 1979~2018 年〈民族教育研究〉期刊的 K-means 主题分析》，《现代教育管理》第 4 期。

41. 柯倩婷（2016）：《训诫女人：儒家女教的知识生产与话语机制》，《妇女研究论丛》第 3 期。

42. 雷湘竹（2018）：《社会性别视角下瑶族女童教育研究》，科学出版社。

43. 黎藜（2017）：《新女性与旧道德：晚清女学与舆论纷争——以私娼梁亚玲假冒女学生事件为视点》，《新闻与传播研究》第 1 期。

44. 黎煦、刘华（2016）：《同胞数量与教育获得的性别差异》，《人口与经济》第 3 期。

45. 李代、王一真（2019）：《科学专业中的女生：高等教育机会与专业选择的性别差异》，《社会发展研究》第 3 期。

46. 李烨（2018）：《同伴行为对教育期望影响的性别差异——基于 CEPS2014 调查数据的分析》，《现代教育科学》第 2 期。

47. 刘爱玉（2020）：《脆弱就业女性化与收入性别差距》，《北京大学学报（哲学社会科学版）》第 3 期。

48. 刘宏超、吴光远（2018）：《女性主义视角下的中国近代女子体育教育史——从父权制到自由主义》，《北京体育大学学报》第 10 期。

49. 刘江、万江红（2020）：《中国的女性教育优势被低估了吗？——基于教育部全国数据的分析》，《中国青年研究》第 9 期。

50. 刘京京（2018）：《齐国梁女子家政教育思想探析》，《山西师大学报（社会科学版）》第 6 期。

51. 刘齐（2017）：《高校女教师的角色困顿与选择》，《黑龙江高教研究》第 1 期。

52. 刘文（2019）：《国际高等教育性别结构转变的脉络、条件与趋势——基于全球 190 个国家和地区的比较分析》，《江苏高教》第 11 期。

53. 刘振辉（2018）：《中华女子学院特色通识教育课程的探索和实践——以女性发展与性别平等类博雅课程为例》，《中华女子学院学报》第 6 期。

54. 刘志民、宁芳艳、罗泽意（2017）：《印度高等教育性别不平等现象及其政府应对措施》，《湘潭大学学报（哲学社会科学版）》第 4 期。

55. 龙安邦（2018）：《驳"因性施教"——兼论性别敏感教育》，《北京社会科学》第 3 期。

56. 龙安邦、黄甫全（2017）：《性别敏感教育的价值取向与实践方略》，《中国教育学刊》第 6 期。

57. 陆春萍主编（2019）《女性教育与社会问题研究》，中国社会科学出版社。

58. 栾博（2017）：《家庭背景、性别偏好与教育获得》，《中共福建省委党校学报》第

12 期。

59. 罗明忠、陶志、万盼盼（2017）：《女大学生就业能力及其人格特质影响因素——基于分位数回归的实证分析》，《南方人口》第 3 期。

60. 马莉萍、由由、熊煜等（2016）：《大学生专业选择的性别差异——基于全国 85 所高校的调查研究》，《高等教育研究》第 5 期。

61. 马雪莲（2016）：《从书斋到学堂：1949 年之前的西道堂女性教育》，《青海民族研究》第 4 期。

62. 马宇航、杨东平（2016）：《高等教育女性化的国际比较研究》，《江苏高教》第 5 期。

63. 马宇航、朱纯洁（2020）：《德国双轨制的性别分流：对缓解中国高等教育女性化的启示》，《高等教育研究》第 6 期。

64. 门燕丽、云霁岚（2020）：《初中语文教科书人物性别差异分析及教学策略》，《天津师范大学学报（基础教育版）》第 4 期。

65. 宁波、张民选（2018）：《初中校长的性别结构和领导风格：以上海市为例》，《全球教育展望》第 2 期。

66. 欧阳任飞、孟大虎、杨娟（2017）：《高等教育扩展与大学生性别工资差距的演变——基于 CHIPs 数据的经验研究》，《清华大学教育研究》第 3 期。

67. 裴谕新、陈静雯（2020）：《性别刻板印象与性别欺凌——一项社工主导的校园性别教育课程实践》，《中国研究》第 1 期。

68. 彭湃、高亚男、李想姣（2017）：《性别秩序规训与工程教育女大学生》，《高等工程教育研究》第 6 期。

69. 戚务念、刘莉、王欣欣（2019）：《农村留守女童：她们的日常生活与教育支持——以草山小学五（2）班为中心的考察》，《当代教育科学》第 1 期。

70. 秦方（2020）：《女界之兴起——晚清天津女子教育与女性形象建构》，《近代史研究》第 2 期。

71. 邱香、王练、牛勇（2020）：《北京市幼儿园教师性别平等教育现状调查》，《中华女子学院学报》第 6 期。

72. 邱香、王练、牛勇等（2019）：《北京市幼儿园性别平等教育问卷的编制及信效度检验》，《中华女子学院学报》第 2 期。

73. 〔美〕瑞伊·莱瑟·布鲁伯格、张惠（2016）：《隐蔽在醒目处——教科书中的性别偏见》，《比较教育研究》第 6 期。

74. 邵志芳、庞维国（2016）：《高考成绩性别差异研究的回顾与展望》，《华东师范大学学报（教育科学版）》第 1 期。

75. 申素平、汤洋（2016）：《美国加州教育法典中的性别议题研究》，《中国人民大学教育学刊》第 4 期。

76. 沈文钦、刘凌宇（2018）：《性别、院校类型与读博结果——基于 2016 年全国硕士毕业生调查的分析》，《中国高教研究》第 12 期。

77. 沈晓婧（2019）：《公平还是固化——80 后与 90 后教育机会变迁的研究》，《中国青年研究》第 12 期。

78. 石贤磊（2016）：《学前儿童性别角色教育特点研究》，《教育理论与实践》第 20 期。

79. 史明洁（2019）：《女性主义教育思想研究》，四川教育出版社。

80. 苏冰铀、张李玺（2019）：《综合性大学开展女性高等教育育人模式的探索和实践》，《中国高等教育》第 24 期。

81. 孙碧（2018）：《寻找教育史中的失踪者——爱丽丝·奇普曼·杜威的时代与人生》，《教育学报》第 4 期。

82. 孙利华（2018）：《校企合作培养模式下的女大学生就业能力探析——以山东女子学院为例》，《山东女子学院学报》第 4 期。

83. 孙庆括、徐帆、胡启宙（2017）：《初中数学教科书中的性别刻板印象研究》，《数学教育学报》第 3 期。

84. 孙妍、林树明、邢春冰（2020）：《迁移、男孩偏好与教育机会》，《经济学（季刊）》第 1 期。

85. 谭军华、冯丽霞（2017）：《工科女大学生就业价值观及教育对策研究》，《宏观经济管理》增刊第 1 期。

86. 唐娟（2018）：《在游戏中进行科学的幼儿性别教育》，《陕西学前师范学院学报》第 5 期。

87. 唐文焱（2018）：《文化视野下的高校女教师身份困境研究》，博士学位论文，四川师范大学。

88. 滕曼曼（2016）：《高等教育的性别迷思及超越——布尔迪厄实践与反思社会学理论的视角》，《黑龙江高教研究》第 8 期。

89. 王爱君、周国凯（2017）：《教育性别不平等的宏观经济因素分析》，《山东女子学院学报》第 1 期。

90. 王凤娥、刘源（2017）：《中国首位大学女校长杨荫榆教育思想述评》，《沈阳师范大学学报（社会科学版）》第 2 期。

91. 王慧（2020）：《女大学生就业质量研究：以福建省五所高校为例》，厦门大学出版社。

92. 王慧、叶文振（2016）：《社会性别视角下女大学生就业质量的影响因素分析——基于福建省五所高校的调查》，《人口与经济》第 5 期。

93. 王晶、李乾坤（2017）：《妇女/性别学科建设刍议——以首批高校妇女/性别研究与培训基地为中心的考察》，《山东女子学院学报》第 5 期。

94. 王俊（2017）：《审思与重构：解读高等教育的性别符码》，华中师范大学出版社。

95. 王琴（2018）：《女大学生领导力教育的发展路径探析》，《山东女子学院学报》第 2 期。

96. 王瑞超（2020）：《女子法学教育与女性法律人的养成——以上海女律师为例》，《法学教育研究》第 4 期。

97. 王世光、周耀慈（2017）：《"旧学""新知"之际——论清末民初女子修身教科书》，《教育科学研究》第 4 期。

98. 王纾然（2018）：《近代上海女性教育与职业生涯研究》，博士学位论文，华东师范大学。

99. 王纾然（2019）：《近代上海城市、社会性别与教育》，《中国教育：研究与评论》第 1 期。

100. 王淑娉（2017）：《谁想要生二孩？——高校女教师二孩生育意愿的调查》，《中华女子学院学报》第 3 期。

101. 王伟宜、段欢欢（2018）：《从精英到大众：男女生接受高等教育的机会变化研究——基于 1982～2015 年福建省的实证调查》，《福建师范大学学报（哲学社会科学版）》第 4 期。

102. 王伟宜、桂庆平（2020）：《高等教育机会获得的性别不平等及其变化（1982～2015）》，《清华大学教育研究》第 1 期。

103. 王晓磊（2017）：《初中阶段教育质量与影子教育机会的不平等——以 CEPS 2013～2014 数据为例》，《北京社会科学》第 9 期。

104. 王雅韵（2020）：《中国的性别与教育研究：现状、趋势及政策含义》，《中华女子学院学报》第 2 期。

105. 王颖、李洁、石彤（2017）：《课程外活动对大学生就业力的影响——基于第三期中国妇女社会地位调查之女大学生群体调查数据》，《中华女子学院学报》第 4 期。

106. 魏巍（2020）：《专业选择与毕业去向的性别差异分析》，《教育学术月刊》第 4 期。

107. 吴洁、郑逸芳、吴智雄等（2020）：《教育获得的性别差异及其变动趋势研究——基于 CGSS2008～2015 数据分析》，《西北人口》第 3 期。

108. 吴晶、金志峰、葛亮（2020）：《为什么教师职业对于女性更具吸引力——基于社会比较理论的视角》，《教育发展研究》第 2 期。

109. 武晓伟（2016）：《中国乡村女教师代际研究》，《贵州师范大学学报（社会科学版）》第 3 期。

110. 武晓伟（2018）：《我国乡村教师性别结构的变迁——以河北省 Q 县为例》，《中华女子学院学报》第 6 期。

111. 武晓伟、林清凤（2020）：《我国现行教育法律政策对性别平等的影响》，《中华女子学院学报》第 3 期。

112. 武晓伟、史乐然、高艳（2019）：《高校女教师幸福感研究——以广东省 8 所高校为例》，《中华女子学院学报》第 2 期。

113. 武晓伟、吴枋泠、牛宙（2019）：《学术"锦标赛"制下高校"女青椒"的制度认同与生存选择——一个"女青椒"的个案研究》，《教师教育研究》第 6 期。

114. 徐今雅、赵思、张丽珍等（2016）：《社会性别视角下的农村女教师专业发展研究》，上海交通大学出版社。

115. 徐宁（2016）：《筛检和扬弃：近代江南女校教育中的传统文化》，《上海师范大学学报（哲学社会科学版）》第 3 期。

116. 薛文彦（2018）：《嬗变、觉醒与反思：清末民初直隶地区女子学校教育研究

（1898~1922）》，科学技术文献出版社。

117. 闫琦、孟大虎、孙永强（2017）：《教育、教育扩展与性别工资差异——一个文献综述》，《教育经济评论》第6期。

118. 闫予沨、孟雅琴（2020）：《教育劳动女性化：现状、成因及挑战》，《民族教育研究》第2期。

119. 杨笛（2016）：《冲破科学的性别樊篱——金陵女子大学的教育实践及其启示》，《妇女研究论丛》第1期。

120. 杨贵平（2016）：《滋根参与贫困农村教育扶贫三十年回顾与前瞻》，《中国农业大学学报（社会科学版）》第5期。

121. 杨国才、顾一平（2019）：《七十年来云南少数民族女性教育的发展与实践》，《山东女子学院学报》第4期。

122. 杨璐（2016）：《中国私立特殊教育女子学校发展研究（1891~1924）》，硕士学位论文，西南大学。

123. 杨倩、王伟宜（2019）：《高等教育机会性别不平等的城乡差异及其变化研究》，《福建师范大学学报（哲学社会科学版）》第6期。

124. 杨滢、汪卫平（2020）：《女性教育收益率真的高于男性吗？——基于CGSS2012~2015的实证检验》，《教育与经济》第3期。

125. 姚银枝、李会琴（2017）：《宁夏义务教育阶段教师性别结构变化及影响研究》，《宁夏社会科学》第3期。

126. 叶文振（2016）：《生育新政：高校女教师的挑战与应对》，《山东女子学院学报》第1期。

127. 叶文振（2019）：《女大学生就业研究的性别意义与理论建构》，《山东女子学院学报》第2期。

128. 叶友华（2016）：《女大学生特色教育研究》，山东大学出版社。

129. 易丹、任一明（2016）：《英国学校〈《性别平等责任法》操作指南〉的操作特点及其启示》，《中华女子学院学报》第3期。

130. 易红郡、陈瑶（2020）：《芬兰教师教育中的性别平等：举措、经验及反思》，《河北师范大学学报（教育科学版）》第5期。

131. 易红郡、陶沫芷、卢悦（2020）：《澳大利亚中小学STEM教育中的性别差异分析》，《比较教育学报》第5期。

132. 尹璐、于伟（2020）：《伊拉斯谟女孩教育思想探微》，《教育学报》第5期。

133. 于光君、张莹、王淑钰（2020）：《陶行知的女子教育思想及其现代性价值》，《中华女子学院学报》第2期。

134. 袁秋梅（2019）：《收入水平、收入分配与教育性别平等——基于省级面板数据的实证研究》，《山东女子学院学报》第2期。

135. 袁晓燕、周业安（2017）：《性别歧视的分化：高等教育是幕后推手吗》，《学术研究》第12期。

136. 张丹、克里斯汀·德特黑（2018）：《教育公平视角下的教师性别意识及认知差异——以上海市小学课堂为例》，《全球教育展望》第 8 期。

137. 张国旺（2018）：《论元代的女童教育与女教书》，《厦门大学学报（哲学社会科学版）》第 2 期。

138. 张家军、杨浩强（2017）：《课程性别论》，人民出版社。

139. 张抗私、丁述磊（2018）：《市场与观念的考验：女大学生就业实况调查》，经济科学出版社。

140. 张抗私、刘翠花（2017）：《大学毕业生性别工资差异的实证研究》，《经济与管理研究》第 9 期。

141. 张莉莉、武晓伟、向蓓莉（2018）：《大学女性学通识课程建设的新模式——以北京师范大学"女教授讲坛"为例》，《中华女子学院学报》第 5 期。

142. 张莉莉、张燕等编著（2018）《撑起教育的半边天——乡村女教师口述史》，广西教育出版社。

143. 张李玺（2018）：《中国妇女教育发展报告 NO.3：高等教育中的女性》，社会科学文献出版社。

144. 张丽（2016）：《性别、社会与教育：清末民国的潮汕女子兴学》，《中华女子学院学报》第 2 期。

145. 张琳、杨毅（2019）：《女大学生就业中的反隐性性别歧视问题研究》，知识产权出版社有限责任公司。

146. 张冉、欧阳添艺（2020）：《澳大利亚防治校园性骚扰的法律制度分析——〈1984年性别歧视条例〉在高等教育领域的适用》，《中国教育法制评论》第 1 期。

147. 张守华、李小朋（2019）：《将性别平等教育纳入高校课堂的思考》，《山东女子学院学报》第 2 期。

148. 张晓梅（2016）：《女子学园与美国早期女性的公共参与》，人民出版社。

149. 张秀武（2020）：《同胞结构影响流动人口家庭子女教育获得的性别差异——基于全国流动人口动态监测调查的研究》，《社会科学辑刊》第 4 期。

150. 张学敏、吴振华（2019）：《教育性别公平的多维测度与比较》，《教育与经济》第 1 期。

151. 张玉娴（2017）：《教育专业领域、性别和劳动力市场》，《华东师范大学学报（教育科学版）》第 3 期。

152. 赵国权（2017）：《社会大变局中的两宋女子教育生活研究》，博士学位论文，华中师范大学。

153. 赵媛、许昕、王佩等（2020）：《近 20 年我国教育领域妇女发展研究的重点、热点问题——基于知识图谱分析方法》，《山东女子学院学报》第 2 期。

154. 郑佳然（2016）：《在理工科高校全面开设性别教育课程的实践与思考——以北京理工大学为例》，《山东女子学院学报》第 5 期。

155. 郑筱婷、陆小慧（2018）：《有兄弟对女性是好消息吗？——家庭人力资本投资中的性别歧视研究》，《经济学（季刊）》第 1 期。

157. 郑新蓉、林玲（2020）：《女性教育与社会发展空间》，《山西师大学报（社会科学版）》第 5 期。

157. 郑新蓉、武晓伟、林思涵（2020）：《妇女与教育——我国教育性别平等的进程与反思》，《山东女子学院学报》第 6 期。

158. 郑新蓉、姚岩、武晓伟（2017）：《重塑社会活力：性别图景中的乡村教师和学校》，《妇女研究论丛》第 1 期。

159. 郑真真（2020）：《从人口数据看妇女地位变迁：健康、教育和就业》，《山东女子学院学报》第 4 期。

160. 周菲、程天君（2016）：《中学生教育期望的性别差异——父母教育卷入的影响效应分析》，《教育研究与实验》第 6 期。

161. 周洪宇、周娜（2016）：《隐喻的身体：民国时期学校中的女子"剪发问题"》，《华东师范大学学报（教育科学版）》第 4 期。

162. 周娜（2020）：《卫生与中国女性的现代化打造——以近代女子学校卫生教育为中心的考察》，《河南大学学报（社会科学版）》第 4 期。

163. 周培勤（2016）：《隐形的宵禁：性侵忧虑和女大学生的校园空间使用》，《妇女研究论丛》第 6 期。

164. 周萍萍、田香兰（2019）：《中、日、韩女子教育——女教育家与女子学校的考察》，天津人民出版社。

165. 周倩、王希普（2020）：《高校育龄女教师的心理契约与调适——基于山东高校的调查》，《济南大学学报（社会科学版）》第 6 期。

妇女与科技研究综述（2016~2020年）

章梅芳　张馨予*

一　研究概述

2016年以来，“妇女与科技”有关议题的热度在全球性别研究领域呈上升趋势，APEC妇女与经济论坛、二十国集团妇女会议等多个重要国际论坛每年的议题中均涉及妇女与科技的相关内容。这一上升趋势在国内也有所体现，以“妇女”“女性”“性别”“女权”和“科学”“技术”“科技”“科技人才”“科学家”“科技工作者”等多个关键词组合，在中国知网学术期刊全文数据库、中国知网博硕论文全文数据库、中国人民大学“复印报刊资料”、超星图书馆等资源数据库中进行检索，统计到2016~2020年国内有关妇女与科技的期刊论文310篇，相关报道600余篇。

从研究类别来看，这五年的总体研究视角仍分为哲学、历史学、社会学三类，其中妇女与科技的哲学研究包含博士学位论文5篇、硕士学位论文11篇、期刊论文30篇，著作5部（含译著），包括从认识论与方法论视角归纳女性主义技术研究流派的基础理论研究，如《女性主义视野中的技术》（易显飞，2018）。妇女与科技的历史研究包含博士学位论文3篇、硕士学位论文7篇、期刊论文39篇，著作8部（含译著）。包括对科学理论如何伴随文学渗透到女性世界的追溯，如潘志明（2017）的《文明与生物：进化论对20世纪之交美国女性小说的影响研究》；科学与性别政治、女性身体的互动史，如董金平（2017）的《从缠足到美容手术：中国女性身体的建构》、由庄安祺翻译的美国学者弗洛伦斯·威廉姆斯（Florence Williams，2017）的《乳房：一段自然与非自然的历史》等。妇女与科技的社会学研究包含博士学位论文13篇、硕士学位论文32篇、期刊论

* 作者简介：章梅芳，女，北京科技大学科技史与文化遗产研究院教授；张馨予，女，北京科技大学科技史与文化遗产研究院博士研究生。

文241篇、著作3部。这类研究涵盖的主题较广，包括与性别议题相关的科技政策、媒介形象、妇女健康、科技领域女性就业等多个论题，如肖军飞（2019）著的《公共部门科技人才政策研究——以湖北省女性科技人才成长为例》、范红霞（2017）著的《媒介眼中的"她者"图景与性别话语研究》、俞文兰、唐仕川、邹建芳（2016）主编的《职场女性健康新视角》、中国科协青少年科技中心（2017）编著的《计算之美：计算机女科技工作者成长之路》等。

在研究项目方面，2016~2020年，国家社科基金项目涉及妇女与科技的各类项目（包括重大项目、一般项目、西部项目、青年项目等）共计9项，涵盖民族问题研究、社会学、人口学、哲学、经济学等多个学科（详见表1）。

表1　妇女与科技研究的国家社科基金项目（2016~2020年）

年度	项目类别	学科	项目名称	负责人
2016	西部项目	民族问题研究	生存哲学视域下的西北少数民族妇女生存问题研究	吴卫东
2016	西部项目	民族问题研究	全面二孩政策下武陵山区妇女生殖健康维护研究	罗雪梅
2017	一般项目	社会学	"互联网+"背景下我国农村女性创业模式及政策支撑体系研究	周必彧
2017	一般项目	社会学	"全面两孩"政策下女性围产期心理健康状况的发展轨迹、预测模型及干预研究	曹枫林
2017	一般项目	人口学	基于工作生命表估计的中国女性"生育代价"研究	刘金菊
2020	一般项目	哲学	性别视角下中国近代科技文化研究	章梅芳
2020	重点项目	社会学	数字时代女性创业的障碍及政策支持机制研究	黄扬杰
2020	一般项目	社会学	移动互联时代中国城镇女性的母职重构与职业发展研究	王鹏
2020	一般项目	应用经济	农村妇女参与电商经济的路径及赋权问题研究	顾蕊

在重要学术会议方面，2016~2020年，专门针对妇女与科技相关主题开展的专题研讨会较少，但在大多含性别议题的学术会议中均有对妇女与科技相关话题的探讨。针对科技创新背景下的经济转型问题，2016年第十八届中国科协年会

专项活动——女科学家高层论坛邀请了 500 余位来自全国科研院所、高校、企业的女科技工作者、企业家和女大学生代表，从倡导多元主体共治、依靠民族协商等层面指明科技女性能为经济转型发挥的作用。2017 年，由中国科协常委会女科技工作者专门委员会牵头，中国女科技工作者协会主办，纤维材料改性国家重点实验室、东华大学先进低维材料中心和东华大学材料科学与工程学院承办的中日韩女科学家论坛在东华大学松江校区召开，来自中国、日本、韩国的 150 余名女科学家代表团和女科技工作者、企业家代表、学生代表，以"科学中的女性：合作与创新"为主题，围绕科技女性的领导力、示范力、创新力三个方面开展研讨。2018 年，作为世界公众科学素质促进大会的重要分论坛之一的"科学素质与科技女性"专题论坛暨第十一届女科学家论坛在北京召开，论坛聚焦"公众科学素质与人类命运共同体"核心议题，14 位女科学家结合自身科研经历阐发以女性视角、女性思维、女性参与促进科学中的性别平等的新内涵，世界工程组织联合会主席马琳·坎加（Marlene Kanga）、中国工程院院士韦钰等 5 名嘉宾分别做了《女科学家与工程师：可持续发展所需的科学素质领导力》《女科学家开展科学传播状况研究》等主旨报告。2020 年世界青年科学家峰会国际青年女科学家论坛暨第十二届中国女科学家论坛在温州医科大学举办，与会成员以"环境与健康"为主题，围绕"新型健康威胁与防治""环境污染与治理修复""地球健康与人类健康"等议题展开讨论，16 名女性科学家代表从性别视角出发，交流了国际上环境与健康前沿领域的最新研究进展，进一步促进了环境健康领域女科学家、女企业家国际跨界交流协作。2020 年，中国科学技术史学会2020 年学术年会暨学会成立四十周年庆祝活动在北京举行。400 余名学者分别在大会和 20 个分会场做报告。这是迄今为止国内科学技术史领域规模最大的学术盛会，其中由"性别与科学研究专委会"主办的性别与科学研究分会场进行了19 场专题学术报告，与会者围绕性别与科学、性别与技术、性别与医疗、女性身体研究等议题，展开了深入的跨学科交流与研讨。

从研究特点和趋势来看，由于近年来国家、妇女组织、科技社团对女性科技人才的发展给予更多的重视，科技政策上的性别举措开始产生积极影响，我国女性科技人员总量不断增长，人才结构不断优化；大众媒体对女科学家及其贡献的宣传和关注持续增长，她们为国家科技发展所做的积极贡献得到更为充分的认可，这为吸引更多年轻女性参与科技树立榜样，同时也为鼓励女性科技工作者成长和发展营造良好的社会环境。相应地，2016~2020 年妇女与科技相关的研究成果数量也有一定增长。从研究类型的比例来看，哲学层面的理论探讨有所减少，学界更为关注从实践层面解决科技领域存在的性别差异与不平等问题，一个明显的变化是开始重视前沿科技领域的性别问题。同时，历史层面的讨论在史学理论分析方面有所减弱，女性主义科技史经验研究有相对长足的发展。这是我国妇女与科技研究逐渐走向深入的一个反映，同时也是必然的趋势。

从研究主题和研究内容来看妇女与科技的哲学研究仍在持续推进对女性主义科学观、技术观、科学认识论的探究，而由于近年来整个国际对地球生态与环境问题的紧密关注，生态女性主义对现代科技的反思与批判得到较多的讨论。妇女与科技的历史研究则着重于以社会性别视角考察并审视近现代科学技术发展的历程，相比之下女性主义科技史学理论方面的研究占比呈下降趋势，这表明女性主义科技史的本土化探索进一步铺开。妇女与科技相关的社会学研究较多聚焦于女性科学家群体，因而更加关注女性科技工作者的从业状况，同时致力于分析推进科技教育、科技创新领域的性别平等政策。此外，由于新兴科技的发展，学界对人工智能、虚拟现实、辅助生殖技术等现代科技进步对女性发展的影响研究也有显著增加。

从研究方法来看，在数字人文研究、计算社会科学等方法的推动下，妇女与科技相关研究也逐渐进入数据驱动的研究范式。当前的研究通过互动技术调查、量化分析和数据计算等形成数字资源，再通过文本编码与分析、社会关系分析等方法挖掘数字对象的叙事逻辑和内涵，结合计算机图形学进行可视化视觉表达逐渐成为人文社科研究的大趋势，这在妇女与科技相关的历史和社会学研究中较为明显。而相关哲学研究则延续唐娜·哈拉维超越"人类中心主义"认识论的本体论大转折框架进行。

二　主要研究内容

（一）关于妇女与科技的哲学研究

2016~2020 年，在妇女与科技的哲学研究方面，有多篇硕士学位论文以女性主义科学观、技术观、认识论为主题开展系统论述，此外还有一些学者从整体上讨论女性主义科学观和认识论问题，但文章数量并不多。其中，唐娜·哈拉维（Donna Haraway）、海伦·朗基诺（Helen Longino）的科学哲学思想，以及赛博格女性主义科学认识论和技术思想引起较多重视，女性主义技术观方面出现了综合性述评著作。

1. 女性主义科学观与认识论

马丽（2016）、杨芳馨（2017）等梳理了女性主义科学观的起源、女性主义对传统科学观的批判及其价值。左兴玲（2018）认为女性主义对知识的情境性、视角性和局部性以及性别与知识之间关联的强调，扩展和深化了知识本性的研究。杨永忠、周庆（2019）回顾了女性主义经验论、立场论和后现代女性主义认识论，认为女性主义对科学方法论的贡献就在于使人们认识到，科学理论并不具有唯一性。李阳（2017）、于越（2017）、杜沂蒙（2017）的硕士学位论文分别讨论了建构论视域下的女性主义科学观、女性主义立场论和女性主义视角下的科学认识主体问题，对其合理性及不足进行了评价。

此外，朗基诺、哈拉维的科学观、认识论和方法论思想依然是我国学者较为关心的内容。一方面，他们的经典著作被翻译成中文出版，如赵文（2017）翻译哈拉维的《灵长类视觉——现代科学世界中的性别、种族和自然》、成素梅、王不凡（2016）翻译朗基诺的《知识的命运》及胡继华、何磊（2017）翻译的伊丽莎白·格罗兹（Elizabeth Grosz）的《时间的旅行——女性主义、自然、权力》，这使国内学界对她们的思想更为了解。另一方面，国内学者对其理论主张的分析热度也一直持续。其中，戴雪红（2018）梳理了当代女性主义认识论的相关辩论及其内部"批评性矛盾"，肯定了哈拉维提出的"赛博格"概念和"情境化知识"，认为其为后现代主体发展提供了新的空间。李敏（2019）撰写的《唐娜·哈拉维的情境化知识论探析》、张瑞瑞（2019）撰写的《堂娜·哈拉维赛博格理论研究》、高赛男（2020）撰写的《唐娜·哈拉维的赛博格女性主义科学观研究》硕士学位论文分析了哈拉维情境化知识论的理论背景与思想渊源，认为其在认识论内容上超越了经验论和立场论，同时也存在概念不清和相对主义认识论困境等不足。王不凡（2018）的博士学位论文《朗基诺的科学知识观及其技能化拓展》集中研究了朗基诺的科学知识观，强调她对理性 - 社会二分的科学知识观的批判并用社会化认知取而代之的合理性，并提出其知识观的技能化拓展方案。

2. 女性主义技术思想

相关研究较为集中在赛博格技术观方面。其中，李莎（2020）撰写的《唐娜·哈拉维的后人类主义研究》、袁芳（2020）撰写的《赛博空间中的女性身体研究》、唐欣芸（2020）撰写的《赛博格身体的哲学研究》的硕士学位论文从文艺学角度考察了赛博格理论的内涵，强调其为研究人与科技的关系提供了新的方法论，并涉及对赛博格身体技术引发的主体性、身体边界和该技术的风险、责任及伦理规约问题的讨论。金春枝（2018）的博士学位论文从网络技术与技术赋权、性别与数字鸿沟、身体和身份及赛博文化等方面，分析并总结了哈拉维与赛迪·普朗特（Sadie Plant）的赛博格女性主义技术思想，认为其核心在于通过打破或模糊性别界限的方式实现性别平等。

女性主义学者朱迪·瓦克曼（Judy Wajcman）的技术思想也受到关注。王行坤（2018）、杨立学（2019）分别介绍了她的《时间逼迫：数字资本主义中生命的加速》一书，梳理了其技术女性主义视角下的时间经验。杨立学在文章中提到，瓦克曼认为技术发展虽节省了家务时间使女性能够进入职场，但职场女性仍要承担家务、育儿工作，且科技进步带来的育儿观念提升、时间密度增加等给女性带来了更大压力，阐明了技术发展与时间逼迫这一悖论中的性别权力关系。

此外，对女性主义技术观的整体梳理有进一步发展。黄芳萍、易显飞（2016）梳理了女性主义技术思想的发展历程及其对技术社会建构论和行动者网络分析框架的借鉴意义。同时，易显飞（2018）将之前的相关成果集结成《女性主义视野中的技术》一书，系统地梳理了不同女性主义流派关于技术的思想，归纳出女性主义技术研究在认识论与方法论上的主要特征，并对其进行价值评价和研究展望。随后，易显飞（2019）具体分析了激进女性主义对生育技术、医疗技术、整容技术、避孕技术等的立场与看法，认为其在技术领域追求性别平等过程中呈现简单化与"粗暴化"特征。

3. 生态女性主义科技思想

生态女性主义科技思想探讨，尤其是对科技电影或科幻文学的生态女性主义解读，引起了较多学者的兴趣。

刘文丽（2016）的《〈羚羊与秧鸡〉中的科技伦理反思研究》硕士学位论文对玛格丽特·阿特伍德（Margaret Afwood）的反面乌托邦生态小说《羚羊与秧鸡》中的生态女性主义科技思想进行了剖析，认为其揭露了女性与自然之爱对男性技术统治导致的科技伦理扭曲及异化的反抗，认为科技必须摆脱"技术至上主义者"为其设置的定位，从"至理"走向"至善"。陈文利（2016）、赵钦（2019）从生态女性主义视角对多丽丝·莱辛（Doris Lessing）的科幻小说进行了详细解读，肯定了其对现代生命科学、数字技术带来的性别冲突、父权文化的批判，以及其作品中的女性觉醒对诗意家园、人与自然和谐相处的呼唤。邹涛（2016）、夏谦滢（2020）对露丝·尾关（Ruth Ozeki）文学作品中的技术批判思想进行了阐释，认为其对世界的"质疑"源于其认为"科技"对自然的"改造"将人类异化，是戕害女性的"暴力工具"。汪凡凡（2016）、张奇才、王婷婷（2017）、夏翠凤（2018）等对好莱坞科幻电影《阿凡达》《她》《生化危机》等的生态女性主义解读，均从人与自然、女性与自然之爱等角度，表达了对生态女性主义科技批判思想的肯定。

此外，张明（2020）的《生态女性主义的技术思想探究》硕士学位论文从技术批判和技术建构角度对生态女性主义的科技思想做了较为全面的梳理，认为生态女性主义为女性解放和生态保护做出了贡献，在实践中为技术问题的解决提供了新思路，但同时也有陷入本质主义的危险，其科技构想充满了乌托邦色彩。

（二）关于妇女与科技的历史研究

1. 女性主义科技史理论研究

章梅芳（2016）梳理了女性主义对后现代主义科学思潮中的本质主义、表征主义和二元论残余展开的批判，认为其导致对科学和性别的理解的变化，使女性主义科技史研究的主题和编史思路整体发生了改变，身体、物质文化和地方性知识受到越来越多的关注。刘柯含、姚大志（2020）对女性主义科学史领军学者玛格丽特·W. 罗希特（Margaret W. Rossiter）和女性主义技术史领军学者露丝·施瓦茨·柯旺（Ruth Swartz Cowan）的著作、科技史观和研究方法，以及20世纪90年代之后女性主义科技史在相关专业学会中的机构设置情况进行了述评。此外，章梅芳、刘兵（2020）对近年来自身以女性主义视角进行的中国近现代科技社会史的研究工作进行了回顾和反思，强调女性主义科技史研究要以边缘人视角对当前占主导地位的科学建制进行审视和重建，提出未来还应开展更多基于本土化特点的、深入细致的经验研究。

2. 妇女/女性主义科技史案例研究

（1）女科学家研究

著作和学位论文方面，陶诗雨（2016）的硕士学位论文从我国古代女科学家王贞仪的成长背景入手，对其家学传统、自我研习、学术交往等方面进行了阐述，探讨了王贞仪科技思想的形成过程。王传超、陈丽娟（2017）基于丰富的史料，对我国当代妇产科医学专家张丽珠的生平、学术经历与科研成就进行了全面梳理。中国科协常委会女科技工作者专门委员会（2019）介绍了中国当代21位具有代表性的知名女科学家的生平事迹与科研成就。中国科协青少年科技中心（2017）对21位中国计算机领域女专家进行了深入访谈，讲述了她们在计算机科学领域勇攀科学高峰的科研故事。李爱花（2020）的博士学位论文考察了中国早期科学女博士的职业信仰、受教育经历与科研成就。

研究性的期刊论文主要有两类，一类侧重对女科学家或女科学家群体的个人经历或群体结构分析。董丽娟（2018）根据沈雨梧《清代女科学家》一书，对45位清代女科学家的地域、学科、家庭情况等进行统计分析，认为她们在民国时期乃至新中国初期，在医疗护理和医学教育方面做出了重要贡献。王东梅（2019）梳理了民国农学家沈骊英遵循父愿学习农学、留学海外、提高小麦产量等经历。另一类侧重分析女科学家的成才路径与规律。张会丽（2019）以李桓英的麻风病防治事业为例，分析了女性科技人才的发展与新时期政治环境的良好互动。李志红、林佳甜（2020）以获得诺贝尔奖的女科学家和中科院女院士为案例，对两个女科学家群体的专业领域、获奖年龄、当选年龄、获得最高学位年龄、获得成果最佳年龄、学历状况、毕业院校等进行对比，探讨了内在动力及外在环境对女科学家成长的影响。李爱花、张培富（2020）对巴伯亚洲女性奖学金的获得者群体进行了研究，认为陶善敏、吴贻芳、顾静徽等中国女博士先驱的成就与巴伯奖学金的资助有很强的关联。

此外，还有不少介绍或报道当代女科学家科研事迹的报刊文章。其中，胡乐（2016）、钟欣（2018）、陈平富（2018）、全晓书（2018）、王丽（2019）等多篇文章介绍了"世界杰出女科学家成就奖"得主陈化兰、张弥曼的科研成就。王丽娜（2016）、张东亮（2019）、姚越华（2020）、孟佳韵（2020）等对中国青年女科学家奖获得者吴晨、天眼馈源舱系统负责人姚蕊、中国首位"蛟龙"号大洋探潜科学家唐丽梅、海底科学重点实验室研究员韩喜球、上海大学无人艇工程研究院院长彭艳等女科学家的科研事迹做了介绍。此外，还有一些学者关注到国外的女科学家，如章梅芳在《中国妇女报·新女学周刊》开设专栏，介绍了20 多位当代国际知名女科学家的成长经历与科技成就。

（2）女性主义科技史研究

2016~2020 年国内学术界翻译了英国科学史家帕特里夏·法拉（Patricia Farrah）的《性、植物学与帝国：林奈与班克斯》（李猛译，2017）、英国科技史家弗朗西斯卡·白馥兰（Francesca Bray）的《技术·性别·历史——重新审视帝制中国的大转型》（吴秀杰、白岚玲译，2017）、美国科技史家隆达·施宾格（Londa Schiebinger）的《植物与帝国：大西洋世界的殖民地生物勘探》（姜虹译，2020）等著作。其中，法拉揭示了卡尔·冯·林奈（Carl von Linné）分类法内含的性别隐喻，认为这影响到其后的相面术、颅相学，使这些学科都带有性别歧视色彩。白馥兰探讨了农耕、纺织、绘图、建筑、生育、医药、印刷等日常技术对物质世界的塑造，以及中国帝制时期性别构建下的技术体系，肯定了中国古代女性在技术史上的积极作用。施宾格阐释了在 18~19 世纪欧洲殖民扩张过程中，植物学跨国知识流动及其与殖民、性别、种族的复杂互动。

国内的本土化案例研究主要集中于晚清民国时期。姚瑶、章梅芳、刘兵（2016）通过考察民国时期高校女子家政教育尤其是其中的烹饪技术教育，认为虽然高等家政教育有助于部分女性掌握科学新知，从而走出家庭成为职业女性，但其对当时社会性别观念的改变可谓杯水车薪。章梅芳、李倩（2016）通过考察《妇女杂志》科技传播内容的变化，揭示了民初至 20 世纪 30 年代科学话语和性别话语之间的交织。章梅芳（2017）以民国时期的大众报刊为考察对象，从女性接受科学启蒙的必要性、关于两性差异的科学解释与女科学家宣传三个角度入手，考察了民国时期的科学启蒙和性别政治之间的复杂互动。《我们的科学文化》于 2017 年出版了《科学有性别吗?》（江晓原等编）专辑，汇集了 6 篇探讨性别与整容技术、传道医疗、炊煮技术、家政科学相关的论文。章梅芳、李京玲（2020）从性别视角考察了近代缝纫机的引进、宣传过程，探讨了缝纫机与晚清民国女性身份构建的关系。此外，姜虹（2017、2019）对西方博物学史给予了特殊关注，探讨了西方科学史上植物学、性别、殖民及种族的复杂关系。董金平（2017）从身体的二重性出发，描述了中国女性身体从缠足到美容手术经历的建构历程及其驱动因素，阐述了中国女性身体管理和规训的技术及其趋势。

（三）关于妇女与科技的社会学研究

2016~2020 年，科技领域的性别差异与女性科技人员的发展依然是这方面研究的重点。同时，以人工智能、云计算、大数据等新技术为代表的"工业 4.0"时代的到来，为妇女与科技的社会学研究开辟了新方向。生命科学领域尤其是辅助生殖技术发展涉及的性别问题，成为研究的热点之一。

1. 科技领域的性别差异

科技领域的性别差异主要体现在储备人才比例、科研成果产出、获得资助或奖励、工资待遇等方面。石长慧、黄造玉（2018）通过对全国青少年的抽样调查，发现男生比女生更愿意从事科技职业。邝安琪（2019）的硕士学位论文对浙江省高中生科目选择的调查表明，男女生选科差异仅局限在成绩中等或落后的学生群体中，但访谈发现即使女生成绩突飞猛进，也难以消除教师心中女生不适合学理科的性别刻板印象。杜金格（2016）的硕士学位论文讨论了新中国建立以来我国女性在自然科学和高科技领域内席位较少、科研产出数量较少、角色地位及声望较低、参与竞争机会不足、后备人才不足的状况。朱婷钰、赵万里（2017）通过对中国科技工作者分层状况调查发现，我国女性科技工作者在声望、收入、权力等方面普遍显著低于男性。女性与科技发展研究课题组（2017）通过统计信息、能源、环保等绿色科技领域的从业人员性别比例，发现世界上大多数国家的女性在绿色科技领域仍存在相对缺席现象，而这直接影响女性作为科技专家参与技术创新推动绿色发展的进程。

科研成果产出和转化中的性别差异是另一个得到较多关注的方面。朱依娜、何光喜（2016）利用 2013 年"北京市科技工作者状况调查"数据，以高校科研人员为样本分析发现，女性科研人员学术产出低于男性同行的原因并非网络规模欠缺，而是与国内外学术界和企业界的纽带关系的"结构性欠缺"有关。秦佩恒、赵兰香、万劲波（2020）通过统计分析发现，女性科研人员的学术成果商业化参与程度远低于男性，且女性更倾向于参与企业联合研究项目和企业咨询协议，创办衍生企业的可能性较低。秦佩恒、洪志生、赵兰香（2020）基于中科院科研人员调查数据分析发现，女性的专利产出更多地受职业早期的企业工作经历、单位成果转化相关培训等因素影响。

2. 女性科技人才发展现状

2016~2020年，国内关于中国女性科技人才发展现状的调查分析主要从政策制度、队伍规模、层次结构、科研资助等方面展开。张明妍、张丽、王国强、韩晋芳（2016）通过对2005~2014年科协所属全国女性会员的统计调查发现，科技社团对广大女科技工作者和女性后备力量的吸纳和发展不足。马缨（2017）通过梳理新中国建立以来支持科研领域女性发展的政策及措施发现，中国当前正处于从权利平等到倾斜性政策转变的阶段，其中基于女性特殊生理需求如怀孕、哺乳的支持性政策更容易得到科研人员的支持，而配额制和专属经费政策的反对比例仍较高。黄园淅、赵磊加（2018）利用2009~2016年《中国科技统计年鉴》的数据分析发现，我国女性科研人员总量及储备增长速度高于男性，但女性高层次科技人才数量仍偏少，参与科技管理决策的女性科技人才比例偏低，层次结构总体呈现"金字塔"形。于巧玲、邓大胜、史慧（2018）基于2017年第四次全国科技工作者状况的调查数据分析认为，女性科技工作者开展科研的积极性、幸福感等有显著提升，但相较于2013年女性科技工作者承担科研项目、科研产出及可支配的科研时间的比例明显下降。肖军飞（2019）基于科技政策收益与失灵的视角，对湖北省女性科技人才发展进行了宏观、中观和微观的分析，探讨了促进女性科技人才发展的政策可能性。程雅菊（2020）通过关注职业发展机会和职业期望取向两方面的动向，指出当前女性科技工作者获取科研资源困难、获得科研项目机会少、职称晋升不易、职业期望偏低的现状。

3. 女性科技人才发展的影响因素

2016~2020年学界对制约女性科技人才成长与发展的因素研究，重点关注了传统性别观念、科学文化偏见、科学教育缺失、媒体塑造偏差等方面。

贾增科（2017）通过分析国家自然科学基金委2010~2014年的数据，认为性别歧视已经不是我国高端女性科技人才缺失的原因，主因是传统文化对女性角色的定位使大量女性科技工作者将精力投入家庭和教育孩子。王晓芳、龙小玲、郑京津（2018），侯金芹、陈祉妍（2019），张再生、孙雪松、张奕野（2019）等分别从工作家庭外溢对身心健康的影响、工作与家庭的冲突、二胎时代对职业诉求的影响、工作满意度与工作家庭平衡的影响因素等多个方面论述了家庭因素给科技女性造成的困扰。朱婷钰、赵万里（2017）分析认为，玛蒂尔达效应是造成两性在科技领域地位不平等的主要原因，科学的男性气质与社会建构的性别角色期待共同作用，使女性科技工作者受到性别文化导致的科学资源分配、科学承认机制的影响，以及她们自身对社会性别文化内化作用两方面的夹击。

郭莎莎（2017）的硕士学位论文对高校物理学领域女性研究生、中学及大学物理学教师进行调查研究，发现家长对女孩的培养模式、家庭事务和子女养育的性别分工、学校教育中的性别偏见、教学方式以及教材中女性榜样教育的缺失、社会传统性别观念及传媒对女性的刻板报道等，共同导致了物理学领域女性科技人才的缺失。柏璐、高耀明（2018）对1994~2016年获得国家杰出青年科学基金项目的324位女性科技工作者的教育背景和成长环境的分析表明，本科教育是影响女性杰出青年成长的重要因素，在迈入学术道路初期是否得到足够的重视和训练，对女性科研人员未来的发展有重大影响。毕琳（2017）以《科技日报》为例，考察了科技人物报道塑造的女性科技精英的刻板形象，事业有成与贤妻良母的双重期待反映了媒体对女性传统角色预期的回应。

4. 推动女性科技人才发展的对策研究

2016~2020年针对制约科技领域女性人才发展的因素，学界的相关对策研究主要涉及以下几个方面。

（1）为促进科技领域女性人才发展提供政策保障

赵延东、马缨、廖苗（2016）通过分析2010~2016年国家自然科学基金支持女性科学家发展的相关政策达到的实际效果发现，科技基金的倾斜性政策具有覆盖面广、影响范围大、强效示范和引导、方式直接、效果显著的特点；提出在二孩生育政策背景下，科学基金应继续扩大上述优势，继续支持女性科学家成长。黄园淅、赵吝加（2018）主张通过三方面举措推进科技领域的政策平等：出台相关政策文件鼓励女性进入科研领域并发挥作用，注意把握同等条件下女性科研人员的优先资助政策，为女性科研人员设立更多奖项，提高女性科技工作者积极性，发挥优秀女性科研人才的示范作用和榜样力量。

（2）进一步推进科技教育的性别平等

李代和王一真（2019）分析认为，现有研究生培养体系和学科职业路径存在性别歧视，相关制度支持不足，基础教育阶段对女性的刻板认知削弱了女性学习科技的积极性，建议改善高校制度设计，激发女性选择科研道路的热情。罗萍萍、刘伟民（2020）主张，为了减少科技教育中的性别不平等，应推动我国科学教育从"因性施教"向"敏感教育"转变，提出科学教育应注意女性友好教育，认识到相同性别学生的差异与两性之间的差异同等重要。

（3）转变关于科学和性别的传统观念

狄圣洁、马艺璇、马龙云（2019）通过分析波伏娃《第二性》，提出女性要在科技领域性别歧视的大环境下超越自我，应从自身观念上改变自己的"他者"定位。章梅芳（2020）通过梳理国外科技领域性别平等的政策举措，主张从思想和观念转变入手，解决我国科技领域的性别问题：首先要改变对科学和性别的传统理解，认识到生理因素并非劳动性别分工的决定因素；其次要改变对科学与性别之间关系的理解，解除科学和男性气质的绑定关系；最后要改变对性别平等的传统理解，摒弃男女都一样就是性别平等的看法，要基于性别的客观差异制定合理化政策。

5. 科技的新发展及其对性别的影响

2013 年德国汉诺威工业博览会首次提出"工业 4.0 概念"，用以象征第四次工业革命已经到来。其中，数字媒体、新媒介、虚拟现实、人工智能等代表性技术受到性别研究领域的广泛关注。

首先，技术发展与劳动性别分工及待遇差异是学界关注的一个重点。刘仁宝、刘冠军（2020）分析认为，科技进步对性别工资差异有着显著的影响。李蕾（2017）发现，外资企业相对于国有企业，创新能力的需求和使用使其促进了高端女性的就业；吴传琦（2018）则认为科技因素只是男女劳动力就业差异的一个重要因素，还须从经济、社会等因素去综合考虑，以缩小性别工资差异。张玉婷、杨霞（2020）探讨了互联网对两性劳动价值的重新评估，认为未来世界传统性别分工将失去生理差异依托，赛博格将推动角色分工多维变化。沈江平、秦睿（2020）则从资本对人工智能的技术偏好、男性在人工智能领域的主导地位、社会消费对女性身体的偏好等方面论证了人工智能的女性异化现象。邓韵雪、许怡（2019）基于对广东省制造业的问卷调查和深入访谈发现，企业自动化审计等技术革新给男性工人带来的培训次数显著多于女性，导致两性在技能提升机会方面的差距不断拉大；伴随技术升级，管理人员和工人通过区隔男性能力与女性能力并对其赋予不同的价值，重塑了工作场所的劳动秩序和两性分工。这与王爽（2019）对 AI 与就业市场的调查结论相吻合，AI 不仅没有解决两性就业的待遇差别，反而加强了性别偏见，人类的"无意识偏见"正在被科技不断放大。

其次，随着生命科学的快速发展，辅助生殖技术的伦理争议增多，引起相关学者的关注。吴璠（2020）以中国第一例因冻卵引发的人格权纠纷为案例，分析认为以原告为代表的单身女性冻卵需求源于生育焦虑，冻卵技术非但解决不了这种焦虑，还会带来更强的生育压力。潘悦（2020）的硕士学位论文对传统技术研究视角下将冻卵看作为女性争取时间寻找伴侣、完成学业、提高职业发展、解放女性的看法进行了审视，认为冻卵技术非但没有改变女性在职场的不利地位，反而让女性忽视了女性不生育的自主权，强化了传统生物家庭观念。

此外，还有一些学者关注人工智能、虚拟现实技术对女性身体与性别规范的影响。伏静怡（2020）通过分析从 Alexa 到 Siri 等智能语音助手迭代中女性化形象的生成逻辑，提出科技拟人化特性对女性形象进行了又一次矮化，认为机器与人之间的边界模糊、对女性形象的粗暴归类都将进一步强化传统刻板性别规范。在罗西欧·卡拉斯科（Rossio Carasco）著、李晨曦译（2016）的《重新定义网络空间中的性别身体：虚拟现实电影》中将虚拟现实电影作为分析网络空间中身体概念的工具，探讨了其通过展现"被穿透的身体""网络身体""模拟身体"三重主题对传统性别的重新构建，体现了现代技术媒介世界的复杂性。李晓梅（2017）的著作以女性主义视角切入选题，关注情感论坛、博客等社交媒体中的女性情感表达，以及女性主体在不同传媒中的再现，呈现了虚拟空间中中国女性情感传播发出的"不同的声音"，进而在虚拟与现实的交织中再现了女性在转型社会两性关系中的真正地位，以及女性自身对这种现状的觉悟。

三　研究不足与展望

具体来看，这五年关于妇女与科技的哲学研究进展不是太大，少量学位论文和期刊论文仍满足于对女性主义科学观与科学认识论的综合述评，分析深度有限，甚少有本土的理论反思与补充，对女性主义科技哲学的理论贡献较小。对具体女性主义学者科技思想的分析主要集中于哈拉维和朗基诺，其中对哈拉维的分析除个别触及"伴侣物种"等之前较少讨论的内容外，大部分文献因为信息技术的发展而集中关注其赛博格理论，讨论深度相对有限。不过，有趣的是，原先被科技哲学领域学者关心的内容吸引了文艺学领域的学者，后者关于赛博格理论对身体政治问题的讨论对科技哲学分析有所助益。比较而言，这五年国内对女性主义技术观的研究有所推进，但主要仍是少数学者发力，对之前的成果有系统性的总结；不同流派的女性主义技术哲学思想被相对完整和系统地介绍到国内，这是一个较大的推进。另一个明显的变化是，学界对生态女性主义的关注持续增长，其中涉及的科技、性别与自然的关系得到较多讨论，生态女性主义理论对技术父权制的批判及对女性与自然之爱的呼唤得到重视。未来，在关于妇女与科技的哲学探讨方面，重点将会进一步偏向技术尤其是新技术发展与性别、自然的关系探讨上。

这五年关于妇女与科技的历史研究有较大的推进。相关研究从对女性主义科学编史学理论的关注转移至将相关理论方法应用到本土化的具体情境中。一些学者从女性主义的科技批判视角出发，对中国近现代科技发展的历史进行了再审视，拓宽了本土科技史和妇女史的研究空间；另外一些学者从女性主义视角出发对西方博物学史中涉及的性别与科学议题展开了讨论，迈出了中国学者从性别视角研究西方科技史的步伐。另外，对女科学家或女科学家群体的研究除了挖掘历史上的女性发明者、关注现当代科技领域的女性贡献，还有一些文献注意通过历史研究，来探讨女科学家成长环境、成才规律，尝试为推动科技领域女性人才发展的对策研究提供历史启示，可算是一种跨学科研究的尝试。今后，期待有更多这方面的实证性的经验研究成果出现。

关于妇女与科技的社会学研究中，对科技领域性别差异和女性科技人才发展现状的调查分析仍然是重点。不过，无论是通过对国家科技人力资源数据的分析，还是对科技领域女性科研人员发展状况的实证调查，所讨论和涉及方面虽然较为丰富，考察的时间段也有所变化，但大部分成果的研究思路和研究结论较之前没有太大的拓展和变化。不过，随着一些有性别倾斜性科技政策的实施，国内科技政策方面的有关探讨逐渐有所深化。此外，一个较为明显的趋势是，相关妇女与科技的社会研究更多地关注新兴技术，一些学者对虚拟现实、数字媒体、人工智能、冻卵等技术之于社会性别的影响展开了分析和探讨，国外相关的女性主义理论也被介绍进国内。这是学界对新技术发展引发的诸多性别问题的自然反应，也是将来研究的一个趋势。

整体而言，这五年国内在妇女与科技相关领域的研究有较好进展，同时也还有很大拓展空间。其中，提出具有本土特色的女性主义科技哲学思想，或反思、完善相关女性主义科技理论应该是相关哲学探讨努力的方向。相应地，女性主义科技史、科技与社会的本土研究案例逐渐增多，但在研究广度与深度上还需要进一步提升。同时，妇女与科技相关研究的跨学科性质开始凸显，未来需要在哲学、历史学、社会学和文艺学等学科之间加强合作，以推动妇女与科技研究进一步发展。

参考文献

1. 〔英〕白馥兰（2017）:《技术·性别·历史——重新审视帝制中国的大转型》，吴秀杰、白岚玲译，江苏人民出版社。

2. 柏璐、高耀明（2018）:《杰出女性科技工作者的教育背景和成长环境探析——以国家杰出青年科学基金女性获得者为例》，《高等教育研究》第 4 期。

3. 毕琳（2017）:《兼具多重身份的女性科技精英的形象建构——以〈科技日报〉为例》，《青年记者》第 3 期。

4. 陈平富（2018）:《张弥曼院士获颁 2018 年度"世界杰出女科学家奖"》，《化石》第 1 期。

5. 陈文利（2016）:《生态女性主义视角下多丽丝·莱辛作品解析》，《语文学刊》第 11 期。

6. 程雅菊（2020）:《女性科技工作者的发展现状与思考》，《就业与保障》第 11 期。

7. 戴雪红（2018）:《科学、技术与性别的博弈——论唐娜·哈拉维女性主义认识论的当代价值》，《科学技术哲学研究》第 2 期。

8. 邓韵雪、许怡（2019）:《"技术赋权"还是"技术父权"——对智能制造背景下劳动者技能提升机会的性别差异考察》，《科学与社会》第 3 期。

9. 狄圣洁、马艺璇、马龙云（2019）:《女性在 STEM 领域的窘境与出路研究》，《科技视界》第 23 期。

10. 董金平（2017）:《从缠足到美容手术：中国女性身体的建构》，南京大学出版社。

11. 董丽娟（2018）:《清代女科学家群体特征统计研究》，《自然辩证法通讯》第 3 期。

12. 杜金格（2016）:《中国女性科技人才现状及对策研究》，硕士学位论文，成都理工大学。

13. 杜沂蒙（2017）:《女性主义视角下的科学认识主体研究》，硕士学位论文，中国青年政治学院。

14. 范红霞（2017）:《媒介眼中的"她者"图景与性别话语研究》，浙江大学出版社。

15. 〔美〕弗洛伦斯·威廉姆斯（2017）:《乳房：一段自然与非自然的历史》，庄安祺译，华东师范大学出版社。

16. 伏静怡（2020）:《从 Alexa 到 Siri，建构语音助手女性化形象的生成逻辑》，《新闻研究导刊》第 12 期。

17. 高赛男（2020）：《唐娜·哈拉维的赛博格女性主义科学观研究》，硕士学位论文，天津大学。

18. 郭莎莎（2017）：《物理学科领域女性缺失现象的归因探究》，硕士学位论文，华中师范大学。

19. 〔美〕海伦·朗基诺（2016）：《知识的命运》，成素梅、王不凡译，上海译文出版社。

20. 侯金芹、陈祉妍（2019）：《工作家庭外溢对科技工作者身心健康的影响》，《科技导报》第 11 期。

21. 胡乐（2016）：《病毒斗士陈化兰》，《今日科苑》第 4 期。

22. 黄芳萍、易显飞（2016）：《论技术的"性别化"——从 STS 的视角看》，《科技管理研究》第 23 期。

23. 黄园淅、赵沓加（2018）：《我国女性科研人员发展现状、挑战及政策演变》，《中国科学基金》第 6 期。

24. 贾增科（2017）：《我国女性科技人才高端缺失原因分析》，《科技管理研究》第 2 期。

25. 江晓原、刘兵主编（2018）《科学有性别吗?》，上海交通大学出版社。

26. 姜虹（2017）：《传奇与传统：伊丽莎白·布莱克威尔及其本草绘图》，《自然科学史研究》第 2 期。

27. 姜虹（2019）：《性别之眼：帝国博物学家玛丽安·诺思的思想及其冲突》，《自然辩证法通讯》第 11 期。

28. 姜虹（2019）：《宗教、性别与科学：贵格会作家韦克菲尔德及其植物学》，《自然科学史研究》第 1 期。

29. 金春枝（2018）：《赛博女性主义研究》，博士学位论文，湖南师范大学。

30. 邝安琪（2019）：《高中生科目选择中的性别差异现象研究》，硕士学位论文，浙江大学。

31. 李爱花（2020）：《性别、科学与社会——以中国早期科学女博士为中心的考察》，博士学位论文，山西大学。

32. 李爱花、张培富（2020）：《巴伯奖学金与中国科学女博士先驱》，《自然辩证法研究》第 3 期。

33. 李代、王一真（2019）：《科学专业中的女生：高等教育机会与专业选择的性别差异》，《社会发展研究》第 3 期。

34. 李蕾（2017）：《是谁推动了中国女性就业? ——国有企业与外资企业的比较研究》，《人口与发展》第 5 期。

35. 李敏（2019）：《唐娜·哈拉维的情境化知识论探析》，硕士学位论文，南京师范大学。

36. 李莎（2020）：《唐娜·哈拉维的后人类主义研究》，硕士学位论文，西南大学。

37. 李晓梅（2017）：《不同的声音：网络虚拟空间中国女性的情感话题传播研究》，江苏大学出版社。

38. 李阳（2017）：《社会建构论视域下的女性主义科学观研究》，硕士学位论文，黑龙江大学。

39. 李志红、林佳甜（2020）：《女科学家群体比较研究——以获诺贝尔自然科学奖的女科学家和中科院女院士为例》，《自然辩证法研究》第8期。

40. 刘柯含、姚大志（2020）：《女性与科技：当代西方女性主义科学技术史的兴起与早期发展》，《广西民族大学学报（自然科学版）》第1期。

41. 刘仁宝、刘冠军（2020）：《科技进步对性别工资的偏向性影响研究——基于行业面板数据的证据》，《劳动经济评论》第1期。

42. 刘文丽（2016）：《〈羚羊与秧鸡〉中的科技伦理反思研究》，硕士学位论文，河北师范大学。

43. 〔美〕隆达·施宾格（2020）：《植物与帝国：大西洋世界的殖民地生物勘探》，姜虹译，中国工人出版社。

44. 罗萍萍、刘伟民（2020）：《新时代我国STEAM教育的性别差异探析：从"因性施教"到"敏感教育"》，《贵州师范学院学报》第7期。

45. 〔西〕罗西欧·卡拉斯科（2016）：《重新定义网络空间中的性别身体：虚拟现实电影》，李晨曦译，《北京电影学院学报》第3期。

46. 马丽（2016）：《浅析女性主义科学观》，《赤子（上中旬）》第15期。

47. 马缨（2017）：《支持科研领域女性发展的政策及措施——国际经验与中国现状》，《中国科技论坛》第3期。

48. 孟佳韵（2020）：《韩喜球——在海底寻宝的女科学家》，《今日科技》第6期。

49. 女性与科技发展研究课题组编著（2017）《性别平等与绿色发展——科技女性面临的机遇与挑战》，科学出版社。

50. 〔英〕帕特里夏·法拉（2017）：《性、植物学与帝国：林奈与班克斯》，李猛译，商务印书馆。

51. 潘悦（2020）：《女性主义视角下的冻卵技术研究》，硕士学位论文，内蒙古大学。

52. 潘志明（2017）：《文明与生物：进化论对20世纪之交美国女性小说的影响研究》，外语教学与研究出版社。

53. 〔英〕乔治亚·艾默生 - 布拉德肖（2020）：《开辟时代的科学家们》，〔英〕丽塔·佩特卢西奥李绘，肖林振译，黑龙江美术出版社。

54. 秦佩恒、洪志生、赵兰香（2020）：《跨界合作网络与专利产出：基于性别差异的研究》，《科研管理》第10期。

55. 秦佩恒、赵兰香、万劲波（2020）：《学术成果商业化过程中的性别差异及其影响因素》，《科学学研究》第3期。

56. 屈婷、全晓书（2018）：《科学家张弥曼用一个甲子的时光解密远古化石谜团》，《科学大观园》第8期。

57. 沈江平、秦睿（2020）：《人工智能中的女性异化图绘及其应对》，《人文杂志》第8期。

58. 石长慧、黄造玉（2018）：《我国青少年科技职业从业意愿的性别差异及其影响因素研究》，《华东理工大学学报（社会科学版）》第4期。

59. 〔美〕唐娜·哈拉维（2017）：《灵长类视觉——现代科学世界中的性别、种族和自然》，赵文译，河南大学出版社。

60. 唐欣芸（2020）：《赛博格身体的哲学研究》，硕士学位论文，广西大学。

61. 陶诗雨（2016）：《女科学家王贞仪研究》，硕士学位论文，南京信息工程大学。

62. 汪凡凡（2016）：《生态视阈下的〈阿凡达〉》，《重庆科技学院学报（社会科学版）》第5期。

63. 王不凡（2018）：《朗基诺的科学知识观及其技能化拓展》，博士学位论文，华东师范大学。

64. 王传超、陈丽娟（2017）：《妙手握奇珠：张丽珠传》，中国科学技术出版社。

65. 王东梅（2019）：《民国时期女农学家沈骊英》，《云南档案》第7期。

66. 王丽（2019）：《"国民女神"张弥曼：82岁摘取"世界杰出女科学家奖"》，《新青年（珍情）》第8期。

67. 王丽娜（2016）：《吴晨：食管癌基因图谱的绘制者》，《科技导报》第2期。

68. 王爽（2019）：《警惕被人工智能扩大的职场性别歧视》，《中外管理》第3期。

69. 王晓芳、龙小玲、郑京津（2018）：《二胎时代科技期刊女性编辑的职业诉求》，《湖北师范大学学报（自然科学版）》第3期。

70. 王行坤（2018）：《数字资本主义时代的时间政治——评瓦克曼〈时间紧迫〉》，《中国图书评论》第8期。

71. 吴传琦（2018）：《科技进步真正改善就业状况了吗？——基于性别比较的讨论》，《劳动保障世界》第30期。

72. 吴瑭（2020）：《"冻卵"并非解决女性生育焦虑的良药》，《科学大观园》第3期。

73. 夏翠风（2018）：《当代电影的生态女性主义探析》，硕士学位论文，南昌大学。

74. 夏谦滢（2020）：《露丝·尾关作品的生态女性主义研究——以〈天下苍生〉与〈不存在的女孩〉为例》，硕士学位论文，电子科技大学。

75. 肖军飞（2019）：《公共部门科技人才政策研究——以湖北省女性科技人才成长为例》，吉林大学出版社。

76. 杨芳馨（2017）：《科学与性别的关系——女性主义对科学的批判》，《佳木斯职业学院学报》第11期。

77. 杨立学（2019）：《技术女性主义视角下的时间经验——瓦克曼〈时间逼迫：数字资本主义中生命的加速〉解读》，《中国图书评论》第7期。

78. 杨永忠、周庆（2019）：《女性主义认识论对科学方法论的贡献》，《山东女子学院学报》第4期。

79. 姚瑶、章梅芳、刘兵（2016）：《民国时期高校女子家政教育与烹饪技术的科学化改造》，《科学教育与博物馆》第3期。

80. 姚越华（2020）：《养大德者成大业——访首位"破冰入海"女科学家唐立梅》，《共产党员（河北）》第18期。

81. 〔澳〕伊丽莎白·格罗兹（2017）：《时间的旅行——女性主义，自然，权力》，胡继华、何磊译，河南大学出版社。

82. 易显飞（2018）：《女性主义视野中的技术》，北京师范大学出版社。

83. 易显飞（2019）：《现代技术与"性别统治"：激进女性主义的技术观》，《世界哲学》第1期。

84. 于巧玲、邓大胜、史慧（2018）：《女性科技工作者现状分析——基于第四次全国科技工作者状况调查数据》，《今日科苑》第12期。

85. 于越（2017）：《女性主义立场论科学哲学研究》，硕士学位论文，云南师范大学。

86. 俞文兰、唐仕川、邹建芳主编（2016）《职场女性健康新视角》，中国环境出版社。

87. 袁芳（2020）：《赛博空间中的女性身体研究》，硕士学位论文，陕西师范大学。

88. 张东亮（2019）：《80后女科学家姚蕊："中国天眼"守舱人》，《中国人才》第11期。

89. 张会丽（2019）：《科学与政治的互动——以女科学家李桓英的麻风病防治事业为例》，《广西民族大学学报（自然科学版）》第3期。

90. 张明（2020）：《生态女性主义的技术思想探究》，硕士学位论文，成都理工大学。

91. 张明妍、张丽、王国强、韩晋芳（2016）：《科技社团中女性发展现状与对策研究》，《科学学研究》第9期。

92. 张奇才、王婷婷（2017）：《从"他"VS"她"到"他"And"她"——电影〈她〉的生态女性主义解读》，《河南理工大学学报（社会科学版）》第4期。

93. 张瑞瑞（2019）：《堂娜·哈拉维赛博格理论研究》，硕士学位论文，太原科技大学。

94. 张玉婷、杨霞（2020）：《互联网时代性别分工的演进与发展》，《山西师大学报（社会科学版）》第1期。

95. 张再生、孙雪松、张奕野（2019）：《基于多维视角的女性科技工作者工作－家庭冲突问题研究》，《天津大学学报（社会科学版）》第1期。

96. 章梅芳（2016）：《后建构女性主义科学编史学的理论转向》，《山西大学学报（哲学社会科学版）》第3期。

97. 章梅芳（2017）：《民国时期的科学启蒙与性别政治——以大众报刊的相关话语为考察对象》，《科学技术哲学研究》第4期。

98. 章梅芳（2020）：《从女性参与到性别创新：科技领域的性别平等之路》，《科技与金融》第3期。

99. 章梅芳、李京玲（2020）：《缝纫机与晚清民国女性身份的建构》，《科学文化评论》第4期。

100. 章梅芳、李倩（2016）：《〈妇女杂志〉与民国女性的科学启蒙》，《妇女研究论丛》第5期。

101. 章梅芳、刘兵（2020）：《中国近现代科技社会史研究的实践与反思——基于女性主义视角》，《自然辩证法通讯》第1期。

102. 赵钦（2019）：《生态女性主义视角下的多丽丝·莱辛科幻作品研究》，硕士学位论文，安徽大学。

103. 赵延东、马缨、廖苗（2016）：《国家自然科学基金支持女性科学家成长发展的政策及其效果》，《中国科学基金》第 5 期。

104. 中国科协常委会女科技工作者专门委员会、中国女科技工作者协会编（2019）《大美·中国女科学家》，科学普及出版社。

105. 中国科协青少年科技中心编（2017）《计算之美：计算机女科技工作者成长之路》，科学普及出版社。

106. 钟欣（2018）：《国家使命是科研之路上的最大动力——记动物流感基础与防控研究创新团队首席科学家陈化兰院士》，《世界农业》第 7 期。

107. 朱婷钰、赵万里（2017）：《玛蒂尔达效应与科学界的性别不平等——基于对中国科技工作者分层状况的调查研究》，《自然辩证法通讯》第 5 期。

108. 朱依娜、何光喜（2016）：《学术产出的性别差异：一个社会网络分析的视角》，《社会》第 4 期。

109. 邹涛（2016）：《露丝·尾关〈不存在的女孩〉中的存在焦虑与复调》，《湖南科技大学学报（社会科学版）》第 4 期。

110. 左兴玲（2018）：《论女性主义知识论视域中的知识本性》，《科学技术哲学研究》第 5 期。

111. 正裕（2020）：《80 后女科学家彭艳：让"无人艇"惊艳在祖国蓝色海洋》，《健康生活》第 12 期。

妇女与环境研究综述（2016~2020年）

周　圆[*]

　　自中国共产党第十八次全国代表大会召开以来，在习近平生态文明思想指导下，中国社会高度重视环境和生态议题，大力推进生态文明建设，取得了显著成效。一方面，中国积极改善国内环境，维护生态安全，坚持绿色发展理念；另一方面，中国积极参与以气候变化为代表的全球环境治理国际合作，得到了国际社会的普遍关注。在此背景下，本文延续2011~2015年对该议题的归纳与总结（杨玉静，2019），继续梳理2016~2020年中国在妇女与环境方面的相关研究。

一　研究概述

（一）文献筛选过程

1. 期刊论文和学位论文

　　以"女性"与"环境"为双主题词，在中国知网（CNKI）进行检索，得到期刊文献1305篇，其中中文社会科学引文索引（CSSCI）来源期刊和全国中文核心期刊文献387篇。由于"环境"一词内涵丰富，被不同学科领域采用，如在自然科学领域内指向实验环境，或者在社会科学领域内指向更为广阔的社会环境，因此笔者借助"妇女（女性）""性别""生态""生态文明""气候变化"和"环境"等主题词进行复合检索，并经过进一步的文献阅读和遴选，保留中文社会科学引文索引（CSSCI）来源期刊和全国中文核心期刊文献35篇、普通期刊文献22篇，合计57篇。

　　需要指出的是，当将"女性"和"生态"作为主题词进行搜索时，能够搜

---

* 作者简介：周圆，女，华北电力大学英语系副教授。

索到大量从文学视角对生态女性主义的相关研究，或基于该理论对具体文学或影视作品的解读分析，如来源于中文社会科学引文索引（CSSCI）来源期刊和全国中文核心期刊的文献即有 39 篇为此类型，相关研究主要集中于文学/文化研究领域。本文延续上卷年鉴编写思路，主要基于哲学、发展学、社会学、管理学、政治学、法学等领域对妇女与环境议题相关文献进行归纳分析，涉及妇女与环境的相关理论、妇女与环境治理实践等研究，暂不对文学/文化研究领域内的文献进行详细梳理与分析，只列举部分代表性成果，以实现对妇女与环境研究图谱的完整描绘。

在学位论文方面，以同样的方法在"中国博士学位论文全文数据库""中国优秀硕士学位论文全文数据库"进行搜索，经过与期刊论文类似的阅读与筛选，最后将博士学位论文 1 篇、硕士学位论文 26 篇纳入分析。

2. 学术论著和学术会议

在著作方面，笔者通过搜索国家图书馆、北京大学图书馆等相关数据库，并结合《妇女研究论丛》编辑部提供的 2016～2020 年女性议题论著索引，筛选出专著类文献 9 部（含译著 1 部），其中 4 部为生态女性主义理论研究；其他涉及妇女与环境管理、妇女与可持续发展、妇女与绿色发展、妇女与气候变化等领域编著 6 部，其中有具体章节涉及"妇女与环境"相关议题。此外，还有一部由中国统计出版社（2015）出版的《2015 中国妇女儿童状况统计资料》，是一部公开出版的全面反映中国妇女儿童发展现状的综合性统计资料年刊，其中有部分关于社会和生活环境的统计数据。

在学术会议方面，由于"妇女与环境"议题为《北京行动纲领》12 项战略目标中的第 11 项，在历次的评估和总结中都会涉及，因此部分妇女研究会议中会涉及该议题。例如，2016 年中国妇女研究年会"新发展理念下的妇女发展与性别平等"；联合国相关机构也联合主办了环境、气候和社会性别相关的研讨会，如 2016 年联合国妇女署主办的"中国社会性别视角的气候变化脆弱性研究"报告发布会，2019 年由中国科学院地理科学与资源研究所、联合国环境署国际生态系统管理伙伴计划和联合国妇女署共同主办的"气候变化视野下的妇女发展、生物多样性和可持续食物体系研讨会"，等等。

会议论文、报刊文献方面，在相似主题词之下，在中国知网检索系统里只找到 1 篇相关的会议论文，2 篇《中国妇女报》对妇女参与环境治理进行报道的报刊文献。

3. 基金项目与课题情况

在笔者综述的论文中，共有 11 项研究获得了国家社会科学基金资助，部分成果依托的研究课题与"妇女与环境"主题不直接相关，有间接联系的课题如国家社会科学基金项目"新时代中国特色社会主义妇女发展道路研究""北美生态马克思主义及其社会主义观研究""川滇连片特困藏区生态扶贫调查和制度创新研究""环境污染型工程项目社会稳定风险与治理研究""美国少数族裔生态批评理论研究""基于系统论的新生代农民工城市融入问题研究""当代西方生态正义理论与社会主义生态文明建设研究""中、越、老、缅跨境民族地区民间信仰数字地图集""海洋污染事件中渔民的环境抗争研究""绿色变革视角下的国内外生态文化重大理论研究"等。

2016~2020 年，以国家社会科学基金项目立项为例，与"妇女与环境"议题直接相关的项目只有 2 项，分别为"生态女性主义视阈下女性符号消费的伦理研究"（2016）、"人类命运共同体视角下的全球妇女发展研究"（2020）。此外，有多个项目与该议题间接相关，如涉及农村妇女反贫困的项目"精准扶贫中农村妇女的反贫困实践研究"（2017）、"社会性别视域下的南疆农村妇女反贫困对策研究"（2019）、"乡村振兴战略下民族地区女性参与村庄治理研究"（2020）。

从成果依托项目来源和这五年国家社会科学基金项目立项情况来看，"妇女与环境"议题在以国家社会科学基金为代表的国家级社科项目平台得到的资助不多。

（二）整体研究图景

本文首先采用文献分析软件 CiteSpace v6.1R2 对上述 87 篇文献（含 57 篇期刊文章、27 篇硕博学位论文、1 篇会议论文、2 篇报纸文章）的题录部分（含作者、机构、题目、摘要等信息的部分）进行了关键词（Keyword）共现分析，选用关键词作为节点，生成了关键词共现可视化图谱（见图 1），其中生态女性主义、女性主义、社会性别、农村女性、气候变化、生态文明等关键词出现频率较高，可以看出妇女与环境相关理论、气候变化、性别平等、生态文明以及农村和城市女性参与环境治理实践活动等均是 2016~2020 年妇女与环境研究领域的热点话题。

结合关键词共现进行整体分析，可以看出这五年中国妇女与环境领域研究呈

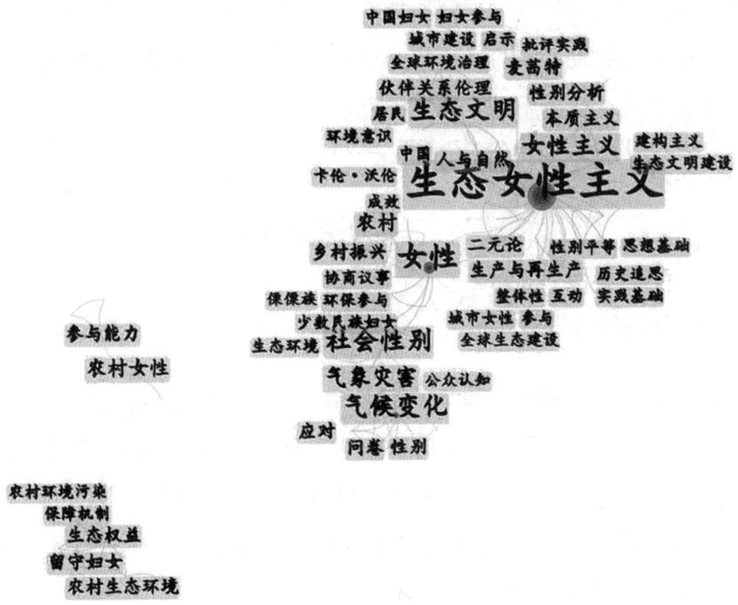

图1　2016~2020年妇女与环境研究关键词共现

现出以下特点。

第一，文章数量总体较前五年有所增加，研究议题范围有所拓展，涵盖了妇女与环境理论和实践研究、气候变化与社会性别、生态扶贫、国际合作等热点议题，反映出相关研究既立足于现实，关注当下社会与国家所需，又能与时俱进，保持动态更新，使研究具有更丰富的生命力。

第二，多学科、跨学科的研究成果数量持续增长，尤其是越来越多以自然科学领域为主学科的研究者接受并尝试运用性别视角分析环境问题，为传统技术研究增加了新的社会观察维度。但是，与中国对生态文明建设的重视与实践进展相比，妇女与环境领域的研究成果显得相对滞后，无论是在数量上还是在质量上均有不足。

第三，在农村妇女和生态环境实践的研究方面取得了不少成果，勾勒出在中国政府积极推进精准扶贫的背景下农村妇女将生态与扶贫结合后面临的新机遇和新挑战，为妇女与环境、发展、贫困等研究提供了中国智慧和实践案例，可以认为是对本土妇女与环境实践研究的积极探索。

第四，在中国积极推进人类命运共同体建设以及在全球环境治理领域提升话语权的背景下，妇女与环境领域的研究更加重视该领域的国别分析和国际合作，既向世界介绍中国的发展经验，也客观分析各类与环境相关国际规则以及其他国家的应对情况，并在交流中助力研究的发展。

二 主要研究内容

（一）妇女与环境理论研究

生态女性主义作为解释妇女与环境关系的重要理论，一直是学界研究的热点。2016~2020 年，国内学界对生态女性主义理论的研究取得了丰富的成果。在筛选出的 35 篇中文社会科学引文索引（CSSCI）来源期刊和全国中文核心期刊文献中，有 14 篇是对生态女性主义理论的研究；另有博士学位论文 1 篇、硕士学位论文 11 篇、专著 4 部。

1. 研究主题

第一，许多研究重在介绍生态女性主义理论的理论渊源、基本概念、发展历史，选择对代表性人物的思想进行完整而系统的阐述。例如，对范达娜·席瓦（Vandana Shiva）思想的探讨（曹姗姗，2016；刘燕，2020）。其中郑湘萍（2020）所著的《范达娜·席瓦的生态女性主义思想研究》一书，以范达娜·席瓦的生态女性主义思想为研究主题，在批判之维、实践之维中分析和把握第三世界面临的性别、环境与发展等现实问题；通过中印生态实践比较，总结席瓦生态女性主义思想对当代中国的启示，尝试把握第三世界生态女性主义的发展走向及趋势。此外，还有诸多研究关注其他生态女性主义学者的理论，如对玛丽·梅勒（Mary Meller）（乐园，2016）、卡伦·J. 沃伦（Karen J. Warren）（杨芳馨，2019）、卡洛琳·麦茜特（Carolyn Merchant）（李民娟，2018；周可欣，2020）等学者的研究。

第二，立足于哲学领域，深入分析生态女性主义理论的特点。张妮妮（2017）认为生态女性主义哲学批判是从思维模式上对西方历史文化中妇女从属地位和自然从属地位的关联性的揭示，它尝试通过具身认知途径来实现建立非等级化的差异概念，进而达到彻底的非二元论，在自然和人之间建立合作关系的伦理学。王美林（2016）从性别视角出发，指出生态女性主义倡导生态多元、责任关怀、公平正义的环境伦理观，将关怀伦理的视点纳入环境伦理观的考察范畴，为建构责任关怀的环境伦理观注入新鲜元素。此外，生态女性主义正义观还能为社会不正义问题和环境不正义问题的解决提供全新的思维模式（吴梦，2020）。

除伦理观之外，生态女性主义的技术观、性别与科学技术的关系也得到了更多关注。张明（2020）指出，生态女性主义在反思"性别压迫"与"自然压迫"的关系时，将批判矛头指向技术，认为技术的控制权在男性手上，是改造自然、统治女性的武器。有效推动生态女性主义和技术实践的融合，能更有效地解决生态环境问题。技术观的代表之一即赛博格理论的融入。这一来自生物学与计算机科学领域的术语开创了一种新的生态女性主义表达方式。赛博格导致的女性身份的破碎和信息技术发展导致的社会分工的变化，为女性获取平等和解放提供了条件；与此同时，赛博格理论打破了生态女性主义的思维定式，将其从女性与自然的隐喻中解放了出来，使女性与机器、科学技术以及网络空间这些传统男性领域联系在一起（武田田，2016）。

第三，从不同角度展开对该理论的思辨性批判以及如何将其本土化的思考。生态女性主义一直因其本质主义的表现受到来自女性主义的批评和质疑，有学者剖析这种表现，并梳理了生态女性主义者对批评的回应，认为虽然需要警惕本质主义，但无须全盘否定，在某种程度上，本质主义是斗争的需要，其修辞还能作为一种政策策略来使用，可以号召全世界的妇女共同行动（康敏，2016）。任铃（2019）则聚焦生态女性主义的阶级局限，采用融合了性别视野、生态视野与阶级视野的整体视野更深刻地理解和看待生态问题。

将马克思主义与生态女性主义联系起来进行分析，是我国学者对该理论进行思辨性批判的一个重要视角。一方面，汲取了马克思主义理论的营养，丰富并修正了生态女性主义理论；另一方面，生态女性主义认为自然与女性受压迫的根源是父权制，是上层建筑本身，背离了马克思主义实践本质的历史观（姚珑，2016）。曲宏歌（2016）指出，生态女性主义与传统的马克思主义妇女解放理论在人与自然的关系等方面具有一定程度的一致性，但是在对女性地位的认识、女性解放的实现途径等方面，生态女性主义对马克思主义妇女理论持批判态度。这些批判观点值得商榷。理论认识角度的偏差也使生态女性主义的发展受到了限制，对现实环境问题的解释力下降。

第四，2010~2015 年受到关注的生态女性主义行动议题，在这五年的研究中也得到持续关注。王云霞（2016）聚焦 20 世纪 70 年代末 80 年代初发端于美国的"环境正义"运动。她指出，有别于传统环境主义的绿色运动，这一运动为美国妇女突破自己的传统角色定位提供了机会，可以算作另类意义上的生态女性运动。卢婧洁和韦清琦通过翻译将苏珊·A.曼（Susan A. Mann）对美国生态女性主义与环境正义运动的研究成果介绍给国内（苏珊·A.曼，2020），文章运用环境正义视角，采用交叠理论和后结构主义的研究思想，综合多位环境史学家的著作，研究了19世纪末20世纪初来自不同阶级和种族的女性是如何通过城市家政运动或者早期自然资源保护主义运动来表达对环境问题的关切。与在美国的发展不同，杨力（2020）指出生态女性主义在日本较为消沉，这与当时日本本土资本主义发展的背景脉络以及日本女性所处的位置有密切的关联，因为日本生态女性主义者不愿意从根本上批判日本的资本主义体制。这使得尽管日本女性在与环境公害抗争过程中扮演了重要角色，但无法触及生态女性主义的核心理念。

需要指出的是，国内学界在生态女性主义文学领域内也取得了大量的成果（毛艳华，2017；孙以宁，2017）。特别是韦清琦、李家銮撰写的《生态女性主义》（2019）一书，从比较文学与世界文学角度，全面系统论述了生态女性主义文学及文学批评理论。两位学者此后还探讨了生态文学领域内的气候小说，从其兴起、成就和相关文学理论维度进行了分析（韦清琦、李家銮，2019）。

2. 研究特点

这五年国内学者对生态女性主义的研究总体呈现出以下几个特点。

首先，在生态女性主义理论研究方面形成了一批高水平的系统性成果。《女性经验的生态隐喻：生态女性主义研究》（张妮妮、康敏、李鸽，2018）全面涵盖了生态女性主义的发展历史、哲学基础、代表人物、宗教态度、自然文学、社会批判以及社会运动等内容，并以类型而非流派划分的方法阐述生态女性主义在各个领域的贡献。《生态女性主义理论与实践研究》（陈伟华，2017）全面介绍了生态女性主义理论的发展过程和影响，以及在其影响下的环境保护实践。两部著作都是国内对生态女性主义研究的重要成果。

其次，生态女性主义理论支持的跨领域和多学科的合作，也得到了更为广泛的应用。在法学领域，王紫零（2016）认为生态女性主义哲学思潮推动了法学理论的反思与重构，完善和推动了环境法理论的发展。通过引入性别理念，为环境法提供了新的视角、思维模式以及价值取向，并对法律主体进行了重构，此外还催生了环境权的诞生。这些对传统法学理论进行的创新和超越，深入扩展了法学研究方法和范围。在政治领域，张沥元（2020）指出，生态女性主义是当代绿色左翼的重要理论分支，始终致力于论证多元化运动主体结成统一政治联盟的必要性和可行性，强调边缘群体之间的密切联系，构建了这些主体之间联盟的理论基础，对当今绿色左翼政治动员有着深远影响。

最后，在研究方法方面，以上研究更多采用传统的文献研究法、历史研究法、比较研究法以及案例研究法进行。研究者通过搜索和整理文献、研读文本等进行研究，文献获取来源多为图书馆、电子数据库以及网络平台上的相关资料。历史研究法多用于对生态女性主义发展与演变的梳理，以认识这一理论的过去、现在，并预测它的未来发展（陈伟华，2016）。比较研究常用在理论之间的对比分析，如韩欲立（2017）对生态女性主义和北美激进环境理论进行的对比分析。2016~2020年的生态女性主义研究，更多地关注对理论的反思和批判，并努力将理论和实践联系起来，从深度和广度上推进了对生态女性主义理论的理解和应用，拓宽了生态女性主义的研究视野。

（二）妇女与环境实践研究

这五年，妇女与环境实践研究更多聚焦妇女与环境的互动关系，成为妇女与环境研究领域的重要组成部分。相关研究延续了此前的研究关注，大体可分为三类主题，即环境变化对女性的影响、社会性别与环境认知以及占比最重的部分——女性参与环境实践。

1. 环境变化对女性的影响

近年来，中国的生态环境得到大幅度改善，但当前的生态环境问题依然严峻，环境状况与中国妇女对美好生态环境的需求仍有差距，环境污染会造成对妇女健康的危害。在环境科学与公共卫生领域，环境恶化对妇女健康的影响得到了科学评估。不少研究致力于分析生态环境问题对妇女健康的影响，致力于改善妇女生活环境、减少环境污染对妇女健康的危害。有研究关注上海市郊区家庭妇女大气 $PM_{2.5}$ 及重金属组分的呼吸暴露水平和潜在健康风险，建议进一步加强工业冶炼和化石燃料燃烧综合防控（罗燃燃、戴海夏、张蕴晖等，2019）。王亚芹课题组（2020）研究了环境空气污染对女性生殖系统造成的损害，认为其会造成不孕不育和生殖内分泌疾病。类似于此类分性别的科学研究对了解和改善女性所处的生产生活环境状况具有重要意义。

此外，气候变化作为环境领域的重点问题，它对不同群体的差异化影响得到了实证分析。有研究者指出，近年来受气候干旱等自然条件变化的影响，世界谷物产量逐年减少，对粮食安全产生不利影响。由于世界范围内普遍存在农业女性化趋势，女性劳动者在保障粮食安全方面的作用显得尤为突出。由于性别的偏见和歧视，她们往往没有足够的资源和能力去适应和应对气候变化带来的风险、威胁和灾难，也难以获得和男性一样的经济收益，这使她们面临更为严重的粮食安全问题（张洋，2016）。联合国妇女署委托生态环境部完成的研究报告《中国社会性别视角的气候变化脆弱性研究》（殷培红、陶卫春、梁璇静等，2016）通过大规模调查统计得出类似结论，中国农村同样存在农业女性化趋势，同男性相比，中国女性比较容易受到气候变化的负面影响，在面对气候变化风险时更加脆弱。

气候变化引发的环境灾害对人类的社会经济生活产生广泛而持续的影响，特别是很大程度上依赖环境与资源的农业和农村生计，遭受气候变化的威胁更为严重。孙大江和赵群（2016）在《气候变化影响与适应性社会性别分析》一书中通过对云南和陕西的案例调查，研究分析了气候变化背景下农作物变化、水资源短缺、农村生计安全风险增加、迁移类型改变等如何对妇女和男性产生不同的影响以及两性应对气候变化不同的能力建设需求。他们还构建了气候变化影响分析框架，即脆弱性=f（暴露度+敏感性+适应力），通过分析气候变化对农业生产、水资源、生物多样性和健康等方面产生的影响，得出女性相较于男性在面对自然灾害方面更为脆弱。这一研究成果更为系统全面地评估了气候变化的性别差异化影响，为中国妇女和气候变化的研究提供了极为翔实的案例数据。

2. 社会性别与环境认知

首先，一些研究基于性别视角分析中国民众对环境问题的认知以及环境友好行为。师硕、黄森慰、郑逸芳（2017）根据2013年中国综合社会调查数据，使用多元线性回归研究了女性环境认知以及对政府环境工作满意度等因素对环境友好行为的影响，发现环境认知对女性环境友好行为具有正向影响。杜平和张林虓（2020）也基于该调查数据，对亲环境行为的性别差异进行了实证分析，结果显示，女性在私人领域更加积极地参与亲环境行为，男性则在公共领域更为突出。性别化的亲环境行为受到内在的性别平等意识和外部的环境情境感知的影响，而打破公私领域在男女两性之间的分化将具有积极作用。这一研究发现打破了中西方研究对于女性亲环境行为较男性更为积极的一般性判断。

其次，部分研究基于社会性别视角，聚焦其他细化的社会群体。孙莹、范叶超、杨磊（2020）通过引进性别研究领域的 AWS 量表，对北京一所高校大学生进行了调查，分析大学生性别角色态度与关心环境的关系。研究发现大学生的环境关心与其性别角色存在显著相关关系，性别角色态度越趋于平等的大学生其环境关心水平也相应越高，而且性别角色态度对大学生环境关心的影响超过生理性别。还有研究聚焦农村居民的生态保护行为，将其分为育己、育人和育心三类，以生态女性主义、社会化理论和社会劳动的性别分工理论为基础，从生理性别差异、社会性别角色期待差异和认知差异出发，通过二元 Logit 模型来进行实证分析（刘琳，2019）。

最后，气候变化领域中，对气候变化的认识和关心程度都得到基于性别视角的实证研究。杜建君、艾婉秀、王长科等（2018）对内蒙古的两个村庄居民进行了调查，分析在气候变化认知和灾害应对方面不同性别群体的差异。结果表明，女性更关注气候变化及灾害预警信息，但是她们获取天气和灾害预警的信息渠道受到限制。艾婉秀、王长科、吕明辉等（2018）通过对 2015 年中国公众气象服务评价调查结果的分析，发现中国公众中男性对气候变化认知程度以及对气象灾害预警的认知水平和满意度都比女性高，而在气候变化适应措施方面，城镇女性愿意改变生活或工作方式的比例比男性高，在农村则相反。在对气象服务信息的需求方面，女性比男性高，农村比城镇高。因此，他们建议建立灾害认知性别数据库，将社会性别融入气象灾害风险管理的整个过程，并在气象服务中引入社会性别视角，帮助女性提升应对气候变化的意识和能力。

3. 女性参与环境实践

女性参与环境实践研究在妇女与环境领域占据非常大的比重。研究重点关注妇女在环境生态保护中的角色、行为模式、参与作用、存在的问题和挑战等。这五年的研究集中在农村妇女生态环境实践、应对气候变化、参与生态文明建设以及积极参与全球环境治理等领域。

（1）农村妇女生态环境实践研究

自 2013 年以来，中国农村扶贫工作转入精准扶贫阶段。在精准扶贫战略的指导下，中国在扶贫工作方面取得了举世瞩目的成就，农村贫困人口大量减少，乡村得到了发展和振兴。而随着很多男性劳动力和年轻劳动力向附近城市流动，留守妇女逐渐成为农村的主要活动主体，女性参与的研究意义得到了凸显。

首先，中国农村妇女的生态权益需要得到保障。现阶段农村生态环境问题愈发严重，使本就处于弱势地位的留守妇女成为最大的受害者。加上城乡二元结构、生态权与发展权的冲突、留守妇女维权能力薄弱等原因，农村留守妇女的生态权益受损（王云航，2016）。她们对生态的认知尚缺乏对农村环境的整体认识，维护生态权益的意识强但缺乏有效主动举措，缺乏客观有效的信息获取途径，维权实践的方式较单一（李全喜、王云航，2016）。这一研究结果较为全面地展示出农村留守妇女对自身生态权益的认知，以及维护生态权益的能力现状。基于此，研究指出保障农村妇女的生态权益需要采取多项措施，如推动城乡一体化环境建设、畅通维权渠道、开展生态环境教育和培育农村女性环保组织等路径，建立行之有效的农村女性环境权益保护机制等（王云航，2016；谢东燕、郑湘萍，2020）。此外，当利益受损时，农村女性的自我表达也得到关注和分析。陈涛和郑玉珍（2016）基于康菲溢油事件及路易岛渔民利益诉求进行田野调查，指出女性在利益诉求表达行动中可分为自主型和依附型两种，她们既不是沉默者，也没有表现出生态女性主义式的行为方式，而是表现为韧抗争，即在很多男性放弃的情况下，女性依然怀有"不蒸馒头争口气"的心理，并且积极推动男性坚持利益诉求表达。研究还发现，女性的抗争意志、性别优势、怨恨与谩骂产生的情绪共振效应以及情感管理是抗争得以运行的重要因素。

其次，在原有对农村妇女参与环境实践路径分析的基础上，链接生态资源、改善贫困状况的生态扶贫视角，被视为农村妇女参与环境实践、提高自身能力的新路径。针对川西藏区农村女性功能性活动不断拓宽而可行能力脆弱性增强的贫困特征，沈茂英（2016）建议研究者采取链接农户生态资源与女性可行能力提升的生态扶贫路径应对这一局面。

（2）妇女应对气候变化研究

近年来，气候变化作为全球环境领域的重要议题得到了国内外学界的重视，成为越来越引人注目的国际学术热点。在此背景下，2016~2020年，中国对性别与气候变化的研究得到了进一步的发展。如前所述，社会性别视角已经应用于气候变化的影响以及群众对气候变化的认知差异分析。在应对气候变化的实践领域，国内学界也进行了相应研究。

　　第一，妇女在应对气候变化中发挥的作用得到了重视。在适应气候干旱的过程中，沈海梅和陈晓艺（2020）发现，云南梅里藏区妇女利用自身积累的关于水的传统知识，帮助当地藏民种植葡萄，发展新的种植产业，加速藏民的生计和社会转型。这些藏族女性对水资源分配和使用的掌控，在适应气候变化发展新技能方面表现出积极的主体能动性，证实女性在气候变化面前不仅仅是更为脆弱的群体，在减缓和适应的实践中还能发挥重要作用。2019年，中国科学院地理科学与资源研究所、联合国环境署国际生态系统管理伙伴计划和联合国妇女署共同主办了"气候变化视野下的妇女发展、生物多样性和可持续食物体系研讨会"，会议探讨了如何在整全视角下通过实际行动进行跨界和多层次合作，发挥妇女在加强生物多样性、保障可持续食物体系和应对气候变化挑战中的关键作用。

　　第二，他国妇女应对气候变化的经验得到了介绍和分析。吕亚军（2017）研究了越南农村妇女应对气候变化的情况，发现越南政府采取了强化气候变化响应的组织能力和治理机制，增强妇女应对气候变化意识、促进人力资源发展、加强气候变化国际合作等措施，但是现阶段女性在决策层的比例较低以及社会公共事务参与度较低等因素，使基于性别视角的相关政策难以提出和执行，影响越南妇女需求的表达与诠释。有国外研究对泰国北部的气候风险管理进行了性别分析，该成果被译为中文介绍至国内。研究采用实证分析，证明妇女对大部分与气候相关的风险的感知要略高于男人，但是当地依然存在按性别划分角色的社会规范，使妇女通过一些大规模行动来降低风险的难度高于男性（路易斯·勒贝尔、芬法坎·勒贝尔、博里帕特·勒贝尔等，2018）。

　　第三，在传统气候变化领域中社会性别视角的应用开始增多。在两者的研究领域也呈现类似的特点，对性别和气候变化的重要研究多来自性别研究领域。肖雷波、吴文娟、韦敏（2016）认为近年来为应对气候变化而兴起的地球工程研究越来越凸显一种对社会性别等价值理性不敏感的去情境化的技术科学特征，地球工程的这种技术科学特征长期主导气候变化话语的讨论，不仅使许多从社会科学领域切入的研究不被重视，同时也使从社会文化变革角度推行应对气候变化的治理措施和效果不尽如人意，因此当从社会性别角度看待此类地球工程时，能发现社会性别的明显缺位。但是五年来这一局面有所改观。不少传统气候变化研究领域的学者也开始关注性别视角（杜建君、艾婉秀、王长科等，2018）。例如由中国社会科学院和国家气候中心编写的气候变化绿皮书，自 2016 年开始加入前述艾婉秀研究团队撰写的社会性别与气候变化的研究内容，讨论了国际上社会性别主流化的发展趋势和我国的对策（王长科、艾婉秀、赵琳，2016）。2020 年再次以专论的形式讨论性别与气候变化（黄磊、张永香、巢清尘，2020）。这些变化说明，在中国气候变化领域，性别视角的重要性得到了更为广泛的认可。

（3）妇女参与生态文明建设研究

习近平总书记（中国政府网，2017）在党的十九大报告中指出："生态文明建设功在当代、利在千秋。我们要牢固树立社会主义生态文明观，推动形成人与自然和谐发展现代化建设新格局，为保护生态环境作出我们这代人的努力！"在中国大力推进生态文明建设的背景下，诸多学者将研究视线投向生态文明建设中的妇女。

第一，从宏观角度分析妇女在生态文明建设中发挥的作用，并从性别视角给予建议。首先，从理论视角看，尽管在历史观和方法论上存在不足，但生态女性主义在当今时代具有一定的合理性，能够对中国生态文明建设有一定的积极启示（张进蒙，2016；陈曦，2019）。其次，需加强对生态女性主义的本土化思考，加强性别平等事业和生态文明建设的联系，并从培养女性的生态主义伦理观、提高女性科学文化素质、提高女性参与环境保护及决策的程度以及建立和完善女性参与生态文明建设的体制机制等方面提出建议（杨敏，2016；陈登源，2017）。最后，认可中国妇女在生态文明建设中发挥的作用。妇女作为推动经济社会发展的"半边天"，理应是生态文明建设的生力军，而进一步发挥妇女的独特作用，能助推生态文明建设发展，助力建设美丽中国（莫兰，2018；蒋越，2020）。这些研究尝试从中国实际问题出发，将生态女性主义和中国的生态文明建设联系起来，使其能更有效地服务中国的环境实践，是中国学界将生态女性主义本土化的努力尝试。

第二，结合具体案例，研究不同群体的妇女参与生态文明建设和环境治理活动。在《新发展理念下的妇女发展与性别平等》（刘亚玫、杜洁主编，2018）论文集中收录了对中国环保民间组织"绿家园志愿者"的个案分析，研究者通过口述访谈和参与式观察，基于社会性别视角分析了妇女在中国生态文明建设中的作用（章梅芳，2018）。作为中国农村生态文明建设的主要参与者，农村女性在生态文明建设中发挥着不可替代的作用，因此需要改进和强化农村女性的环境保护参与，提高农村生态环境质量（何琪，2017）。在全国妇联发起的"美丽家园""美丽乡村"建设等改善农村环境的活动中，农村妇女应该发挥主体作用（韩亚聪，2019）。陈义媛和李永萍（2020）以"赣南新妇女"运动为基础，讨论了乡村振兴背景下在全国妇联发起的"美丽家园"建设中，家庭卫生如何成为私人事务和公共事务的连接点；这一自上而下发起的"新妇女"运动为妇女的重新组织化提供了契机，一批妇女骨干被发掘出来、动员起来，通过参与家庭卫生整治、构建良好生活环境而进入村庄治理工作中。地方政府、村庄社会、村级组织都是影响妇女公共参与的机制性因素，它们为妇女提供了与国家联结的机会，重建了妇女的公共身份，也为妇女的公共参与实践提供了试错和探索的空间。少数民族妇女在边疆生态治理中发挥的作用也得到了研究。子志月（2018）选择中缅边境北段怒江峡谷中以傈僳族为主体的少数民族妇女为研究对象，展示了她们在地方民族社会发展进程中为当地生态平衡所做的重要贡献，以及她们在社会转型和边疆农业女性化的现实背景下与生态环境的互动。研究认为，环境治理中应为少数民族妇女搭建话语平台，在环境治理的政策与实践层面赋权妇女，从而提高她们参与环境可持续发展的积极性与主动性。

（4）妇女参与全球环境治理研究

自 1995 年联合国第四次世界妇女大会召开以来，中国妇女一直参加各类国际合作，不仅积极践行各类关于性别事务的国际公约和文件，研究妇女参与国际事务的理论和实践，也积极促进中国妇女在全球环境治理中的自我表达，并提升自我话语权。

第一，对性别视角下的全球环境问题进行系统性的理论建构。《性别平等的可持续发展》（李英桃、王海媚，2016）是中国第一部对性别与《2030 年可持续发展议程》（以下简称《议程》）进行分析的系统性著作。该书提到《议程》包括 17 项目标和 169 个具体目标，其中目标 5 直接指向"实现性别平等，增强所有妇女和女童的权能"，分为 9 个具体目标。除此之外，性别视角在其他 16 项目标中均有体现，可以说，新议程的每一个目标都与性别平等议题相关。基于此，作者深入探讨了议程中性别平等目标的提出背景、实施情况以及取得的成绩和挑战，并对中国积累的经验进行了总结，为中国到 2030 年实现性别平等的可持续发展目标提出了可行性建议。该书指出，性别平等与可持续发展是一个有机整体，中国的努力对全球性别平等具有重要意义，尤其是中国能够在与国际接轨

的同时，走出具有自身特色的发展路径，为全球性别平等提供具有示范意义的
"中国模式"。周圆（2016）从全球治理理论角度出发，探讨了中国妇女参与全
球环境治理的必要性、可行性，并对中国妇女参与度进行了横向和纵向的互动分
析，发现在国际层面的交流与合作的参与度依然较低，而提高这一层面的参与度
对中国妇女的自身发展、中国生态文明建设和实现可持续发展都有着重要意义。
只有实现妇女的全面参与，才能推动建立更为公平有效的全球治理制度。

　　第二，对中国履行性别和环境相关的国际公约的情况进行调查研究。1995
年第四次世界妇女大会通过了《北京宣言》和《行动纲领》，成为联合国提高妇
女地位和赋予妇女权力的蓝图、基准与议程，其中"妇女与环境"被确定为12
项战略目标中的第11项。此后中国一直持续有计划地对两个文件的执行情况进
行审查评估，向国际社会展示中国的实践。这种持续的关注，促进了性别研究学
者和活动家对"性别与环境"领域进行周期性回顾，形成了不少系统性成果，
如《北京+20：中国性别平等与妇女发展》（谭琳主编，2016a）和《2013~2015
年：中国性别平等与妇女发展报告》（谭琳主编，2016b）中均收录了相关论文，
对中国在自然环境领域的法规政策与妇女参与状况进行了性别分析，指出了政策
和法规制定中社会性别视角的缺失现状，建议将性别平等的视角和观点纳入环境
与可持续发展政策的制定，支持和鼓励妇女参与生态环境领域的决策和管理，促
进妇女在环境保护中发挥更大作用，加强妇女参与可持续发展的研究，建立分性
别的数据收集和资料传播机制。为纪念"世妇会"25周年出版的《女性的反响：
加速实现性别平等与妇女赋权》（刘伯红、陈业强、刘小楠，2020）一书收录了
论文，对2016~2020年中国落实"妇女与环境"战略目标情况进行了评估，文
中指出北京"世妇会"形成的原则和理念、可持续发展目标中的性别视角以及
以气候变化为代表的环境问题与性别平等的深刻联系，这些规则交织在一起，构
成性别与环境的国际规范。中国在落实战略目标方面取得了不少成果，但也面临
新的风险和挑战（周圆，2020）。这些研究可帮助了解中国在该领域履行国际公
约和文件的情况，同时也是对外展示中国模式和中国经验的窗口。

　　第三，许多成果得益于多领域的国际学术交流与合作。前述张大江和赵群研
究团队的专著《气候变化影响与适应性社会性别分析》出版，得益于2012年云
南省社会科学院性别与社会发展研究中心和国际山地综合发展中心合作开展的喜
马拉雅气候变化适应性研究项目。中国科学院女性与科技发展研究课题组

（2017）在发展中国家妇女科学组织（OWSD）的帮助下完成了《性别平等与绿色发展：科技女性面临的机遇与挑战》一书，该书不仅着眼于女性作为消费者、从业者和决策者对绿色发展的影响，更是指出了绿色发展与科技领域性别平等面临的巨大挑战，强调绿色发展需要女性，只有女性充分参与，才能实现真正的绿色发展。这些国际的学术交流与合作不仅为中国学者的研究提供了新的视野，更为中国的研究成果走向世界提供了平台。

在研究特点方面，首先，这五年中国学界对妇女与环境实践研究的最显著特点，即紧随中国的现实发展，密切关注现实发展中的新现象和新问题，回应时代发展的新需要。农村妇女参与生态扶贫等成为妇女与环境的互动研究的重点，正是对此宏大背景下的中国发展的细致观察，反映了研究不断与时俱进的特点。其次，在研究方法上，质性研究和定量研究方法都得到了应用。质性研究多采用实地田野调查、深度访谈、观察等方式进行资料收集，如对农村女性利益诉求表达行动的逻辑理路进行分析时，研究的经验材料来源于四年间的田野调查和电话回访（陈涛、郑玉珍，2016）。这些研究选择具体的对象为研究案例，关注日常生活中的知识语境和实践行动，通过案例研究、民族志、口述史等质性研究方法开展研究。对环境认知态度的性别分析等涉及大规模调查数据的分析时常用定量研究方法，数据来源通常为国家调查数据或者自采问卷，使用数据统计方法，来验证研究假设（杜平、张林虓，2020）。最后，社会性别视角被引入了更多学科。如郭玲霞（2016）在其地理环境著作《黑河中游水资源利用管理中的公众参与和性别平等研究》中通过实地调查，研究了黑河中游社会经济发展过程中的水资源历史变迁和区域社会人文状况，分析了农民对水资源在区域社会经济发展中作用的认知和态度，呼吁通过实施性别主流化策略以提高妇女在农村水资源管理中的地位和作用。中国人民大学农业与农村发展学院尝试将社会性别视角引入农业经济、可持续发展管理等领域，邀请专家学者围绕气候变化、生态系统管理和可持续发展进行学术交流。郑了了（2016）从环境立法的角度出发，探讨在环境立法中增加性别区分条款，认为增加性别区分条款能够更为合理地分配社会资源，保障女性在环境资源分配中的地位，促使社会更为协调、可持续地发展。甚至在水利水电领域都有关于工程项目的社会性别影响评价的译著引进（〔澳〕迈克尔·西蒙、〔澳〕弗吉尼亚·辛普森，2016）。

三　研究不足与展望

2016~2020 年，中国在环境治理方面取得了巨大的进步。在国内积极探索实现经济与生态互融共生、共促共进的可持续发展道路，在国际上为全球环境治理提出了共同构建人与自然生命共同体。这些积极作为促进了妇女和环境研究的多领域、多角度、国际化发展。但与国家对该领域的重视与实践进展相比，性别与环境的研究虽然在数量上略有增长，但总体而言还略显薄弱，在成就之外也存在一些不足。

第一，对妇女与环境理论的研究尚缺乏高质量的本土化探索。生态女性主义作为西方国家解释女性与环境关系的经典理论为妇女与环境研究提供了理论指导，但其本身在认识上存在局限性，在解释力上也存在不足。中国研究者可基于本土化知识和经验，借鉴生态女性主义等理论，进行本土化的理论构建。

第二，由于中国城乡二元化的特点，对中国妇女参与环境实践的研究往往会分别聚焦城市或农村妇女。相较于城市，农村妇女的生态环境实践在这五年间得到了更多关注，取得了较多成果，是这五年研究的亮点。但对城市妇女在环境领域的研究不够充分，只有少数研究关注城市女性参与环境保护和环境传播。事实上，城市女性在环境领域扮演了多元角色，发挥着重要作用，应得到更多关注。

第三，研究力量在不同的学科依旧分布不均。相较于五年前，虽然社会性别视角得到了更多学科的认可和应用，性别研究也和更多学科进行交叉，但是学科之间差异和隔阂依然使对妇女与环境的研究存在视野局限，主要研究力量仍然集中于一些传统学科，例如对生态女性主义的研究依然多集中于文学领域。未来的研究应该进一步打破学科界限，引入不同学科的研究方法，使社会性别视角更广泛应用于妇女与环境研究领域。

第四，时代特性在研究中体现得还不够充分。当前正处在信息化时代，中国妇女所处的生活环境和社会环境都发生了很大的变化，环境领域也出现了许多新的议题，但尚未被关注到。在农村有不少新兴产业模式，吸引了许多女性参与。近年来创意休闲农业这一新兴业态改变了农村经济多依靠以体力劳动为主的第一产业的状况，使农业与第二、三产业及互联网结合，对农村生态环境产生巨大影响，也为期望居家创业的农村妇女提供了机会（凌霓、张姮，2018）。由于社会的飞速进步，中国妇女在环境领域内不断面临新问题和新挑战，也在不断取得新成果和新经验，这些都值得研究者加以关注。

第五，加强对妇女与环境的国别区域研究。国别区域研究是围绕本国发展需要而开展的对域外知识的探究。当前中国关于其他国家妇女与环境的研究并不多，这五年只有为数不多的研究关注肯尼亚著名女性环保活动家旺加里·马塔伊（Wangari Maathai）和她所发起成立的非政府组织绿带运动（余欣，2018），或者研究进步主义时期（1890～1920）的美国女性和环境保护（李婷，2020）。加强对其他国家妇女与环境状况的研究能够增加中国对他国相关知识和案例的积累，加深对他国经验的认识，服务于中国有效参与全球环境治理，讲好中国的环境故事，构建人与自然生命共同体。

概括而言，在今后的研究中，应继续抓住中国大力推进生态文明建设、积极参与全球治理的契机，加强中国特色社会主义妇女理论与生态文明建设理论的交叉创新研究（杨玉静，2019）。在实践研究层面，建议关注妇女在环境领域内获取信息技术能力、媒介素养、环境突发事件应对等新议题，深入认识本土实践和全球环境治理的有机联系，从深度和广度上推进中国妇女和环境研究。

参考文献

1. 艾婉秀、王长科、吕明辉等（2018）：《中国公众对气候变化和气象灾害认知的社会性别差异》，《气候变化研究进展》第 3 期。
2. 曹姗姗（2016）：《范达娜·席瓦第三世界生态女性主义思想研究》，硕士学位论文，合肥工业大学。
3. 陈登源（2017）：《生态女性主义视域下女性参与生态文明建设研究》，《经济与社会发展》第 1 期。
4. 陈涛、郑玉珍（2016）：《农村女性利益诉求表达行动的逻辑理路——基于路易岛的案例研究》，《妇女研究论丛》第 5 期。
5. 陈伟华（2016）：《生态女性主义的源起与演进——历史与理论视角的考察》，《中华文化论坛》第 12 期。
6. 陈伟华（2017）：《生态女性主义理论与实践研究》，江苏人民出版社。
7. 陈曦（2019）：《生态女性主义学术旨趣及其对我国生态文明建设的启示》，《科学技术哲学研究》第 5 期。
8. 陈义媛、李永萍（2020）：《农村妇女骨干的组织化与公共参与——以"美丽家园"

建设为例》，《妇女研究论丛》第 1 期。

9. 杜建君、艾婉秀、王长科等（2018）：《基于社会性别的气候变化认知和气象灾害应对调查分析——以内蒙古突泉县太平乡曙光村和赛银花村为例》，《内蒙古气象》第 1 期。

10. 杜平、张林虓（2020）：《性别化的亲环境行为——性别平等意识与环境问题感知的中介效应分析》，《社会学评论》第 2 期。

11. 郭玲霞（2016）：《黑河中游水资源利用管理中的公众参与和性别平等研究》，科学出版社。

12. 国家统计局社会科技和文化统计司编（2015）《2015 中国妇女儿童状况统计资料》，中国统计出版社。

13. 韩亚聪（2019）：《充分发挥妇女在改善农村人居环境中的作用》，《中国妇女报》1 月 23 日。

14. 韩欲立（2017）：《生态女性主义反对深生态学：北美激进环境理论的哲学争论及其实质》，《福建论坛（人文社会科学版）》第 9 期。

15. 何琪（2017）：《农村生态文明建设中女性环保参与研究》，硕士学位论文，华中农业大学。

16. 黄磊、张永香、巢清尘（2020）：《性别与气候变化》，载谢伏瞻、刘雅鸣主编《应对气候变化报告（2020）：提升气候行动力》，社会科学文献出版社。

17. 蒋越（2020）：《新时代农村女性参与生态文明建设研究》，硕士学位论文，江西理工大学。

18. 康敏（2016）：《生态女性主义的本质主义之辩》，《国外社会科学》第 6 期。

19. 乐园（2016）：《玛丽·梅勒的生态女性主义思想研究》，硕士学位论文，福建师范大学。

20. 李家銮、韦清琦（2019）：《气候小说的兴起及其理论维度》，《北京林业大学学报（社会科学版）》第 2 期。

21. 李民娟（2018）：《麦茜特关于环境问题的性别维度研究》，硕士学位论文，内蒙古大学。

22. 李全喜、王云航（2016）：《农村留守妇女对生态权益的认知与维权表现——基于豫西 5 个村的调研分析》，《华中农业大学学报（社会科学版）》第 4 期。

23. 李婷（2020）：《美国进步主义时期城市公共卫生改革中的女性——以城市环境卫生为视角》，《四川师范大学学报（社会科学版）》第 2 期。

24. 李英桃、王海媚（2016）：《性别平等的可持续发展》，社会科学文献出版社。

25. 凌霄、张姮（2018）：《论创意休闲农业的生态女性主义表征》，《浙江理工大学学报（社会科学版）》第 6 期。

26. 刘伯红、陈业强、刘小楠主编（2020）《女性的反响：加速实现性别平等与妇女赋权》，当代中国出版社。

27. 刘琳（2019）：《基于性别差异视角的农村居民生态保护行为选择研究》，硕士学位论文，南京农业大学。

28. 刘亚玫、杜洁主编（2018）《新发展理念下的妇女发展与性别平等》，社会科学文献出版社。

29. 刘燕（2020）：《范达娜·席瓦"重实践"生态女性主义思想研究》，硕士学位论文，湖北大学。

30. 路易斯·勒贝尔、芬法坎·勒贝尔、博里帕特·勒贝尔等（2018）：《性别与泰国北部气候风险的管理》，《国际社会科学杂志（中文版）》第 1 期。

31. 吕亚军（2017）：《当代气候变化对越南妇女的影响及对策》，《中华女子学院学报》第 2 期。

32. 罗燃燃、戴海夏、张蕴晖等（2019）：《上海郊区家庭妇女 PM2.5 重金属组分暴露水平、来源与健康风险》，《环境科学》第 12 期。

33. 〔澳〕迈克尔·西蒙、〔澳〕弗吉尼亚·辛普森（2016）：《追求平衡：水利水电项目社会性别影响评价》，施国庆等译，河海大学出版社。

34. 毛艳华（2017）：《生态女性主义身体的再物质化研究》，《国外文学》第 3 期。

35. 莫兰（2018）：《建设美丽中国：妇女要当好生力军》，《中国妇女报》5 月 23 日。

36. 女性与科技发展研究课题组编著（2017）《性别平等与绿色发展：科技女性面临的机遇与挑战》，科学出版社。

37. 曲宏歌（2016）：《生态女性主义对马克思主义妇女理论的吸收和批判》，《鄱阳湖学刊》第 3 期。

38. 任铃（2019）：《生态问题与性别问题的内在一致及解决出路》，《南京林业大学学报（人文社会科学版）》第 4 期。

39. 沈海梅、陈晓艺（2020）：《东喜马拉雅山区气候干旱适应研究——性别化的水传统知识与云南梅里藏区的葡萄种植》，《西南民族大学学报（人文社科版）》第 9 期。

40. 沈茂英（2016）：《农村女性可行能力与生态扶贫路径探究——以川西贫困藏区为例》，《西藏研究》第 6 期。

41. 师硕、黄森慰、郑逸芳（2017）：《环境认知、政府满意度与女性环境友好行为》，《西北人口》第 6 期。

42. 苏珊·A.曼（2020）：《美国生态女性主义与环境正义运动的先驱》，卢婧洁、韦清琦译，《鄱阳湖学刊》第 1 期。

43. 孙大江、赵群（2016）：《气候变化影响与适应性社会性别分析》，社会科学文献出版社。

44. 孙以宁（2017）：《生态女权主义的生态观刍议》，《文化学刊》第 11 期。

45. 孙莹、范叶超、杨磊（2020）：《大学生的性别角色态度与环境关心》，《社会发展研究》第 3 期。

46. 谭琳（2016a）主编《"北京+20"：中国性别平等与妇女发展》，社会科学文献出版社。

47. 谭琳（2016b）主编《2013~2015 年：中国性别平等与妇女发展报告》，社会科学文献出版社。

48. 汪海晏（2017）：《生态女性主义视角下城市女性在环境传播中的参与研究》，硕士学位论文，暨南大学。

49. 王长科、艾婉秀、赵琳（2016）：《社会性别与气候变化——国际主流化趋势及我国的对策》，《应对气候变化报告（2016）：〈巴黎协定〉重在落实》，社会科学文献出版社。

50. 王美林（2016）：《生态女性主义的环境伦理观研究》，硕士学位论文，中国石油大学。

51. 王亚芹、梁璐、张孟繁等（2020）：《环境空气污染对女性生殖系统及生殖内分泌疾病影响的研究进展》，《职业与健康》第 19 期。

52. 王云航（2016）：《关于农村留守妇女生态权益保障研究综述》，《环境与可持续发展》第 1 期。

53. 王云航（2017）：《城乡一体化进程中农村留守妇女生态权益保障研究》，硕士学位论文，北京邮电大学。

54. 王云霞（2016）：《环境正义中的女性：另类的生态女性主义运动》，《自然辩证法研究》第 2 期。

55. 王紫零（2016）：《论生态女性主义法哲学对环境法的变革》，《四川行政学院学报》第 4 期。

56. 韦清琦、李家銮（2019）：《生态女性主义》，外语教学与研究出版社。

57. 吴梦（2020）：《生态女性主义正义观研究》，硕士学位论文，南京林业大学。

58. 武田田（2016）：《赛博格与生态女性主义》，《科学与社会》第 6 期。

59. 习近平（2017）：《决胜全面建成小康社会夺取新时代中国特色社会主义伟大胜利——在中国共产党第十九次全国代表大会上的报告》，https：//www.gov.cn/zhuanti/2017-10/27/content_ 5234876. htm。

60. 肖雷波、吴文娟、韦敏（2016）：《论社会性别与地球工程》，《自然辩证法研究》第 12 期。

61. 谢东燕、郑湘萍（2020）：《城乡生态正义视阈下农村女性环境权益保护研究》，《社科纵横》第 7 期。

62. 杨芳馨（2019）：《卡伦·沃伦的生态女性主义思想对全球生态建设的启示》，硕士学位论文，渤海大学。

63. 杨力（2020）：《当"生态女性主义"遇到日本》，《读书》第 10 期。

64. 杨敏（2016）：《生态女性主义视域下的中国特色生态文明》，《山东社会科学》第 7 期。

65. 杨玉静（2019）：《妇女与环境研究综述（2011~2015 年）》，载全国妇联妇女研究所编《中国妇女研究年鉴（2011~2015）》，社会科学文献出版社。

66. 姚珑（2016）：《马克思主义视阈下的生态女权主义理论研究》，硕士学位论文，长沙理工大学。

67. 殷培红、陶卫春、梁璇静等（2016）：《中国社会性别视角的气候变化脆弱性研究》，联合国妇女署。

68. 余欣（2018）：《肯尼亚的女性与环保：旺加里·马塔伊和绿带运动》，《中国非洲研究评论（2017）》，社会科学文献出版社。

69. 张进蒙（2016）：《生态女性主义及其对当代中国树立生态文明理念的启示》，《陕西社会主义学院学报》第 2 期。

70. 张沥元（2020）：《生态女性主义的多元主体联盟：理论构建与现实挑战》，《四川大学学报（哲学社会科学版）》第 3 期。

71. 张明（2020）：《生态女性主义的技术思想探究》，硕士学位论文，成都理工大学。

72. 张妮妮（2017）：《生态女性主义的具身认知与彻底的非二元论》，《山东女子学院学报》第 6 期。

73. 张妮妮、康敏、李鸽（2018）：《女性经验的生态隐喻：生态女性主义研究》，北京大学出版社。

74. 张洋（2016）：《关于气候变化与粮食安全生产研究——基于农业生产中性别平等的分析》，《生态经济》第 1 期。

75. 章梅芳（2018）：《妇女在中国生态文明建设中的作用与地位研究——社会性别视角下的"绿家园志愿者"个案分析》，载刘亚玫、杜洁主编《新发展理念下的妇女发展与性别平等》，社会科学文献出版社。

76. 郑了了（2016）：《环境立法中增加性别区分条款的可行性刍议——基于女性正义视角》，《文化学刊》第 11 期。

77. 郑湘萍（2020）：《范达娜·席瓦的生态女性主义思想研究》，人民出版社。

78. 周可欣（2020）：《麦茜特生态女性主义思想研究》，硕士学位论文，长安大学。

79. 周圆（2016）：《生态文明背景下中国妇女参与全球环境治理分析》，《中华女子学院学报》第 5 期。

80. 周圆（2020）：《妇女与环境：新规范与新挑战——对近 5 年中国落实"妇女与环境"战略目标的评估》，《山东女子学院学报》第 6 期。

81. 子志月（2018）：《社会性别视角下少数民族妇女在边疆生态治理中的作用分析——基于对怒江傈僳族的调查》，《民族学刊》第 4 期。

妇女与婚姻家庭研究综述 （2016～2020 年）

马春华*

在家庭研究中纳入性别视角，是家庭研究的一个重要研究路径，因为家庭被称为"性别工厂"（Berk，S. F.，1985），是性别通过家务分工和育儿生产所展现的场所（Ferree，M. M.，2010）。家庭不是结构功能主义认为的和谐整体，家庭中两性的经验和实践存在着明显差异，家庭内部的性别不平等和公共领域的性别不平等彼此相互作用，对于公共领域的妇女境遇也有着重要的影响。

18 世纪末 19 世纪初的婚姻家庭研究，是为了应对欧美早期工业化给家庭带来的各种问题，如普遍贫困化，婴儿的高死亡率等。受到性别研究的影响，家庭研究者开始强调家庭的多样性，讨论性别化的家庭生活（Bernard，J.，1972），分析性别是如何和种族、阶级这些不平等交互影响，共同作用于家庭生活的（Ferree，M. M.，2010）。

中国的家庭研究在进入 21 世纪之后，把性别作为权力和展演的机制（Bittman，M.，England，P.，Sayer，L. et al.，2003）、家庭作为性别和代际冲突场域（Ferree，M. M.，1990）的研究逐步出现和增多，如中国母职的社会和历史建构（杨可，2018；陈蒙，2018；赵洪萍，2020）、中国父权制的形式转变（金一虹，2011；刘洁，2019）以及中国"流动的、不确定的和重组的"后现代家庭的出现（沈奕斐，2013a；吴小英，2017）等。

一 研究概述

2016～2020 年，婚姻家庭依然是学界关注的主题，特别是在习近平总书记多次发表有关家庭家教家风重要讲话的背景下，大量学者开始涉足婚姻家庭领域，涉及社会学、人类学、人口学、经济学、历史学、心理学、法学和文学等。相关

* 作者简介：马春华，女，中国社会科学院社会学研究所副研究员。

的研究议题既包括婚配和择偶、家庭结构、家庭变迁、家庭关系（代际关系、亲属关系、亲子关系）、父权制、养老等传统议题，也包括一些经济社会变迁带来的新议题。比如进入 21 世纪之后，中国出现第二次人口转型，生育率持续低迷、结婚率下降、离婚率升高、单身母亲比例增加，更多学者开始关注女性面临的工作 - 家庭冲突、单亲家庭、隔代家庭、离婚影响因素等；由于生育率低迷不升，陆续出台的"二孩"和"三孩"政策并没有带来预期的结果，更多的家庭研究者开始关注热点问题，比如生育意愿、生育支持政策、家庭政策、儿童福祉等。

基于中国的妇女和婚姻家庭研究现状，本文在中国知网（CNKI）上以"家庭+妇女"为关键词进行索引，共获得学术期刊论文 472 篇［其中全国中文核心期刊论文 97 篇、中文社会科学引文索引（CSSCI）来源期刊论文 85 篇］，学位论文 155 篇（其中博士学位论文 6 篇、硕士学位论文 149 篇）；以"家庭+女性"为关键词进行索引，共获得学术期刊论文 737 篇［其中全国中文核心期刊论文 217 篇、中文社会科学引文索引（CSSCI）来源期刊论文 211 篇］，学位论文 626 篇（其中博士学位论文 43 篇、硕士学位论文 583 篇）。以"婚姻+妇女"为关键词进行索引，共获得学术期刊论文 257 篇［其中全国中文核心期刊论文 80 篇、中文社会科学引文索引（CSSCI）来源期刊论文 80 篇］，学位论文 203 篇（其中博士学位论文 15 篇、硕士学位论文 188 篇）；以"婚姻+女性"为关键词进行索引，共获得学术期刊论文 676 篇［其中全国中文核心期刊论文 187 篇、中文社会科学引文索引（CSSCI）来源期刊论文 186 篇］，学位论文 425 篇（其中博士学位论文 17 篇、硕士学位论文 408 篇）。由于这些文章存在交叉的情况，本文是在剔除交叉重复论文的基础上对妇女与婚姻家庭领域研究进行综述。

这五年，获得批准的国家社会科学基金课题中，和性别相关的研究共有 224 项，从性别角度关注家庭研究的有 34 项，其中 21 项研究和生育相关，均特别关注生育政策调整的影响。

在学术论著方面，真正关注婚姻家庭中女性实践的专著不到 10 部，但其中有一些有相当分量的研究，如卢淑樱（2020）的《母乳与牛奶：近代中国母亲角色的重塑（1895~1937）》探索了近代中国婴儿哺育与母亲角色的重塑。值得重视的是，全国妇联妇女研究所 2020 年出版了《性别与家庭——〈妇女研究论丛〉研究集萃》，荟萃了《妇女研究论丛》近年来刊发的性别与家庭领域的重要研究成果。此外，还有致力于婚姻家庭研究的研究机构采用以书代刊的形式出版的论文集。比如，中国社会科学院社会学研究所性别与家庭社会学研究室陆续出版了以"民国家庭研究"（第 7 辑）、"新型城镇化背景下的家庭流动"（第 8 辑）、"变迁中的亲职与抚育"（第 9 辑）、"家庭养老与社会支持"（第 10 辑）和"家庭社会学研究的历史视野"（第 11 辑）为主题的《家庭与性别评论》。这些辑刊搜集了各个主题下性别和家庭方面的研究，包括部分原创论文。总体来说，这些辑刊中与妇女相关的研究较为有限。

在学术会议方面，这五年与家庭相关的学术会议层出不穷，但是与性别相关的家庭会议相对较少。中国社会学学会家庭社会学专业委员会和中国社会科学院社会学研究所召开的"传统与变革：跨学科视野下的家庭和家庭研究"学术研讨会（宁波，2017 年 5 月），全国妇联妇女研究所《妇女研究论丛》编辑部联合中国社会科学院社会学研究所性别与家庭社会学研究室、上海大学社会学院、中国社会学学会家庭社会学专业委员会等联合召开"全面'二孩'背景下的育儿问题"学术研讨会（北京，2017 年 9 月）、"理论与经验的对话：转型期中国家庭变迁动态"学术研讨会（上海，2018 年 9 月）、"社会转型时期中国的家庭变迁与家庭政策"学术研讨会（北京，2020 年 10 月），这些会议的议题都或多或少涉及育儿与母职、家庭中的性别关系、工作－家庭平衡等问题。

本文尝试从性别研究关注主题和重点出发，基于社会学、人类学、人口学等领域的研究分析中国婚姻家庭研究在这些领域中的进展和不足。

二　主要研究内容

为了保证评述的连续性，本文依然根据 Osmond 和 Thorne 提出的基于性别进行家庭研究时的五个主题这一框架对 2016~2020 年的研究进行评述：①把社会建构的性别作为核心概念；②关注家庭所处的社会历史情境；③认同性别平等和社会变迁；④女性经验处于中心位置；⑤质疑所谓的"家庭"概念（Osmond, M. W., Thorne, B., 1993）。同时根据中国 2016~2020 年的研究进行相应调整。

（一）社会建构的性别作为研究的核心概念

对于性别研究来说，性别并不仅仅是个人的特征，也不仅仅是提供了一套规范的性别角色（Few-Demo，A. L.，Humble，A. M.，Curran，M. A.，et al.，2016），而是由社会建构的（Osmond，M. W.，Thorne，B.，1993），是结构的、文化的、历史的各种条件建构的两性差异，并且维系和延续两性之间的权力关系（Thompson，L.，Walker，A. J.，1995）。性别是一个动态结构和分层体系，与种族、阶级等其他社会分层体系相互作用，共同影响着女性在家庭和公共领域之中的境遇（Allen，K. R.，Walker，A. J.，McCann，B. R.，2013；Ferree，M. M.，2010）。基于性别角色理论的性别分析无处不在，但是基于性别社会建构论的非常少。

1. 家庭生活中性别的概念化

家庭是性别关系被建构、复制和改变的众多相互关联的机构之一（Albiston，C.，2007）。性别研究者在讨论家庭中的性别时，不再仅仅关注两性的性别角色，而是关注性别类别化和分层化的过程，关注性别中蕴含的权力关系，关注性别和其他不平等的关系。

家庭中女性地位是性别关系展现的重要途径，但是如何对女性家庭地位概念化及如何进行测量，并没有形成一致的意见（宋健、张晓倩，2020a），因为女性家庭地位具有"相对性、多维性、多重定位性及情境依赖性特点"（宋健、张晓倩，2019）。同时，女性家庭地位实际上是一个交叉性概念，它和女性在其他公共领域的地位之间存在交互作用（陶自祥，2016；蒲琨、陈讯，2018）。但是，对于它们之间的关系没有达成一致意见，有的研究者认为存在着正向的线性关系（李建新、郭牧琦，2015）或者负向的线性关系（陶涛、李丁，2015），有的研究者认为中间存在若干中介变量（Orgill，J.，Heaton，T. B.，2005）。

对于女性家庭地位的概念化差异以及可获得数据的不同，有的研究直接从主观维度来测量（杨玉静、郑丹丹，2014），更多的研究是从资源（崔岩、黄永亮，2017）和权力（Komter，A.，1989）的角度进行客观测量。家庭中女性地位和家庭权力的关系是探讨家庭性别关系的重要议题。家庭权力的不同概念化导致了不同的测量模式，对于后者而言，由于其对权力和资源的定义不同又会有不同的测量指标（徐安琪，2005；吴帆，2014）。是家庭事务决策权还是个人事务自主权更为合适（左际平，2002），家庭决策权是测量权力还是测量责任和义务（郑丹丹、杨善华，2003），更是研究者争论的焦点。而整合主观和客观测量模式，如何建立指标之间的逻辑关系和权重则成为研究中的难点（宋健、张晓倩，

2020b）。

上述研究把女性家庭地位更多概念化为夫妻间的权力关系，而龚继红和范成杰（2016）则更加关注纵向的代际的权力结构，也就是媳妇和婆婆之间的权力关系。他们发现，这些媳妇既是家庭秩序的接受者，更是家庭秩序的挑战者、再造者，她们在实践中通过分家、掌握小家庭的权力、"建立属于自己的亲属关系"以及女儿养老等，实现了自己地位的逆转。而家庭中地位改变的女性，会进一步影响其与丈夫对于村庄公共生活的参与，对他们在公共领域中的地位产生影响（陶自祥，2016）。

刘洁（2019）通过日常生活实践中的"坐月子不回娘家"禁忌考察了实践层面上家庭的权力关系。她把家庭权力概念化为"家庭成员之间建构的不对等关系的表达……不仅见之于静态的后果，亦作为建构性因素在环环相扣的事件链中生成与流通"。她把性别和年龄放在一起考察，这个禁忌对于两代女性有着不同的意义：对于年长女性意味着"家庭权力具有自上而下的单维性与强制性"，对于年轻女性则是"游走于理性选择和性别规训的张力之间，徘徊在个人主义和家庭主义的抵牾之中"。但是两代女性实际上都受到了"重要、复杂而微妙的家庭权力的形塑"，她们的不同反应是因为实践背后的情境和利益的不同，年轻女性身处家庭关系个人化和家庭形式多元化的情境之中。

2. 通过女性的工作来建构社会性别

受到性别研究的影响，家庭研究者重新审视和思考女性工作的概念和意义。在现代社会中，女性的工作不仅包括无酬劳动、家务劳动和家庭内的照顾劳动，也包括有酬劳动，无论是全职的还是兼职的、正规的还是非正规的。通过日常工作，人们生产了自己和他人的关系，以及自己和世界的关系（Fishman, P. M., 1978）。女性的有酬劳动作为一种竞争和协商的体系，定义了性别的边界：女性因为工作而能够对家庭经济有所贡献，把自己的工作作为家庭生活的核心，因此表达了对赚钱养家性别边界的规范期望。只有共同赚钱养家，才能够使养家糊口成为夫妻共担的无性别活动（Potuchek, J. L., 1997）。

2016~2020 年的家庭研究中，很少有研究真正探讨工作对于女性的概念和意义，更多的是讨论工作和家庭之间的相互作用。女性在公私领域中的工作，建构了公私领域中彼此作用的性别关系。无论是儿童照料还是老年照料，无酬劳动都会减少女性有酬劳动的时间，降低她们有酬劳动的可能性（苏群、李潇、常雪，

2020；陈璐、范红丽、赵娜等，2016）。有的研究者给出了明确的测量结果，家庭老年照料会使女性劳动参与率下降 4.5 个百分点，每周劳动时间减少 2.7 小时（吴燕华、刘波、李金昌，2017）。有研究者对于照料责任对女性劳动参与率的负向影响估计程度更高：女性从事家庭老年照料活动使劳动参与率显著下降 12.46 个百分点（陈璐、范红丽，2016）。

家庭中的性别不平等，不仅影响着女性有偿劳动的可能性，甚至还加剧了女性在劳动力市场面临的性别不平等："丈夫在家庭中的权力地位对女性的职业晋升具有十分重要的消极影响"（段婷婷，2019）。而女性家庭地位的提高可能增加她们外出工作的可能性（王春凯，2019）。妻子的就业和收入对丈夫生存型创业有着积极的作用，因为女性就业降低了家庭的经济风险，保障了家庭的经济来源。女性的收入水平越高，则其配偶进行机会性创业活动的可能性越大（郑筱婷、李美棠，2018）。

实际上，女性工作和事业成功并不一定能给女性带来解放的力量，进而真正重塑家庭内外的性别关系。裴谕新和陈思媚（2019）对于成功创业女性的研究发现，她们的成功和财富增长冲击了家庭内的性别秩序，但并没有真正重塑家庭的性别关系。她们不一定会因为自己对于家庭经济的贡献而增加在家庭事务中的决策权，她们的丈夫大部分并没有因此承担更多的家庭照顾和情感工作，这些女性也很少要求丈夫在儿童照顾、家务分工和职业支持方面扮演更为积极的角色。她们在感情上表现出"去连接化"，在家庭事务上通过切割，维持自己对于"有核心价值"的家庭生活的贡献，包括亲子、情感工作和家居安排，以"超额贡献"来换取协商的权力，虽然在某种程度上可以迫使家庭成员调整性别角色，但实质上还是顺从了结构性的性别不平等。

（1）父权制／家庭内部的权力关系

关注家庭中的权力运作，是性别研究带给家庭研究的重要影响之一（Fox, G. L., Murry, V. M., 2000），因为家庭内部的性别不平等充斥于家庭的微观权力过程之中。父权制是性别研究进行性别关系权力分析的核心概念。父权制是通过婚姻、父职和母职、家务、亲属和赚钱养家等在家庭的生产和再生产劳动中表现出来的（Allen, K. R., 2016）。父权制是一个超越历史的男性支配体系（Gordon, L., Hunter, A., 1977/1978）。

2016～2020 年的家庭研究中，父权制依然是很多研究用以解释家庭内外不平等的重要概念工具。以父权制为核心概念且产生较大影响的研究，可能是翻译出版的日本著名社会学家上野千鹤子的重要著作《父权制和资本主义》。她作为马克思主义女性主义者，认为"'父权制'概念的核心是性统治中存在'物质基础'"。而所谓"物质基础"，指的是"男性对女性劳动力的统治。这种统治通过防止女性接触经济中心必要的生产资源，或者通过控制女性的性机能来维持"。作为制度的"父权制"并不囿于家庭之中，而是跨领域渗透。"父权制式策略"，既包括在雇佣劳动中排挤女性，也包括贬低女性的家务劳动（〔日〕上野千鹤子著，邹韵、薛梅译，2020）。

王宇（2017）的博士学位论文探讨了市场化背景下的农村社会性别关系，父权制就是其中一个重要的分析概念。他认为，农村传统的性别关系是以家庭父权制为基础的。在市场化带来的个体化和性别平等的冲击下，农村性别观念被部分重新塑造，但是传统父权制的内化作用依然存在。张波（2019）在讨论父辈因素对子辈夫妻离婚风险的影响时，把父权制简单地理解成为"基于年龄与辈分而产生的家庭等级制度"，而父辈对子代的婚姻依然存在影响并且不断强化，只是这种影响从刚性控制转向柔性引导、从父系家庭转向双系家庭、从向下单向转向代际双向。这些研究虽然都使用了"父权制"这个概念来分析家庭中的权力关系，但是其具体的定义并不完全一致。"父权制"作为性别研究的批判性概念，在许多研究中变成了一个事实概念（王敬、海莉娟，2019；王曦影、董晓珺、夏天等，2019）。

其他研究者更多关注现代小家庭中的夫妻关系权力结构，有研究者根据获取的历史数据分析了传统大家庭中不同成员之间的利益冲突和权力关系。在这些家庭中，未婚的姐妹成为家庭公共物品的无偿提供者。父母为了提高家庭的效率，不仅将女儿产出的经济利益转移到儿子身上，还增加了女儿的工作强度以提高其劳动产出。未婚姐妹不仅增加了兄弟的生育概率（数量），还提高了他们接受高等教育的概率。而她们的兄弟为了争取未婚姐妹的无偿家务劳动而存在竞争行为，因为经济利益和感情得失，相互嫉妒的兄弟之间会产生"搭便车"效应（丁峰，2020）。

（2）把性别作为社会角色

功能主义理论把性别看作一种由个人扮演的、主要由家庭生产的社会化角色。这个理论倾向受到性别社会建构论学者的强烈批判，他们认为应该以更多层次更动态的方式讨论性别（Ferree, M. M., 1990）。但是也有研究者认为，对性别角色的分析可能有助于理解社会建构的性别（Thompson，L.，Walker，A. J.，1995），特别是在研究者使用性别角色分析来讨论性别规范和结构要求之间的冲突，或者真实行为和性别规范、概念之间的联系，或者性别角色之间的互动，或者性别角色如何服务和维系家庭中的权力结构的情况下（Komarovsky，M.，1992）。

2016~2020 年的婚姻家庭研究之中，属于这类的论文不多，有关江浙地区"两头婚"的讨论可能归属于这一类，因为这种婚姻模式，受到制度对生育的限制，囿于家庭继替的困境、财产继承的困境和养老的困境，冲破了原有的主流的父系婚姻和性别角色的安排，在实践中形成了新的婚姻缔结和生育继嗣模式，即所谓"两头婚"或者"并家婚"：在家庭继替上，传统的单系男性子嗣继承变成双系子嗣继承，女性子嗣也可以承担绵延香火的责任；在财产继承上，女儿既可继承父母财产，又要承担赡养父母的责任；养儿养女都可以防老（赵春兰、范丽珠，2020）。

（二）关注家庭所处的社会历史情境

从社会建构角度来讨论性别的研究者，都会坚持家庭中的性别和性别关系是在特定的社会历史情境中建构出来的，都受到特定的结构限制和条件约束。功能主义假设的家庭是相互作用的独立领域、内部利益单一、性别角色自然分工且专业化以及在社会秩序中处于基本位置，这些都受到研究者的挑战（Ferree，M. M.，2010）。

1. 家庭中性别社会建构的结构和文化情境

从社会建构论的角度来看待性别时，首先关注的就是家庭中性别和性别关系的结构限制和条件约束。性别不是单一制度中的角色，而是跨越多个制度的不平等（Risman，B. J.，2004）。家庭内部和家庭外部社会体系之间的机制是相互影响的，家庭成员之间的关系受到社会话语和物质现实的深刻影响（McDowell，T.，Fang，S. R. S.，2007）。微观的家庭世界的权力关系复制了宏观社会的结构化分层，家庭婚姻中的私人文化反映了整个社会的文化理念，外在的社会潮流、普遍的权力关系和居于支配地位的意识形态塑造着家庭中的亲密关系（Mullings，L.，1994）。

在传统的父权父系家庭中，儿子的权利和义务是统一的。儿子拥有继承权，赡养父母就成为儿子必须承担的责任。相应地，女儿没有赡养父母的责任，也没有财产继承权。但是在当前的中国农村，大规模的城乡流动导致养老中"儿子"缺位，同时农村纯女户和多女户的增加，女儿参与养老成为现实选择，她们在传统社会中的角色发生了改变。女儿在经济上的独立，也使她们赡养自己的父母成为可能（徐金凤，2020）。但是，在这种性别关系重塑的过程中，如果儿子缺席养老义务，那么财产继承权利如何发生变化呢？相关研究没有进行更深入的讨论。

西南地区"跨境婚姻"是随着民族国家边界的建构及跨境民族的形成出现的一种婚姻模式，这种模式基于边境双方村民共同的地理空间和历史渊源，以及类似的语言和文化习俗。同时，这也是经济推拉及婚姻挤压下的理性"经济策略"：越南女性是因为中国的生活水平较高和经济发展快速，中国男性则是为了节约结婚成本和国内缺乏合适的婚配对象。但是，因为跨境婚姻的主体行为与现行法律无法契合，跨境新娘身份无法真正实现合法化，"婚姻非法"及"身份非法"导致这些家庭的生存艰难。在边民社会这一特定场域，婚姻当事人的理性选择和地方政府等法人行动者的理性选择都基于各自的利益诉求，难以达成一致（郗春嫒，2020）。

由于中国的生育率持续低迷，对女性生育意愿的研究也是这五年的一个关注重点。与以往研究更多集中在人口经济学分析上不同，已有研究开始关注计划生育之类的制度和"男孩偏好"的传统生育文化规范对女性生育意愿的重要影响，并讨论了在制度影响力强－文化规范力强、制度影响力强－文化规范力弱、制度影响力弱－文化规范力强和制度影响力弱－文化规范力弱的四类社区中，制度和文化对女性生育决策的不同影响以及行动者的不同应对策略：在强强冲突的时候，优先满足文化要求，遵从"生育底线"；当制度影响力更强，在其压力下形成和制度一致的新文化规范；当文化规范力更强的时候，满足"生男偏好"成为首选（吴莹、卫小将、杨宜音等，2016）。

2016~2020年的家庭和婚姻研究中，已有研究者开始从"性别结构"的角度讨论子女的性别对家庭进程的影响以及父母关于家庭角色分工的感知与认同。他们认为，"性别结构"是一种与经济、政治相并列的社会结构，而子女性别就是家庭性别结构的一部分，因此可能影响具有社会文化属性的父母的性别意识形态。研究者发现孩子的数量会让父母的性别意识形态更加趋向于传统，生儿子会让母亲的意识形态更为传统，并且从中国社会的"男孩偏好"、宗法制度结构和女性依附地位解释了背后的影响机制，将性别的建构属性融入特定的结构文化情境中（孙晓冬、赖凯声，2016）。

2. 性别社会建构的社会历史情境

坚持在社会历史情境之中分析家庭的性别和性别关系，是性别研究者在从事家庭研究时的基本原则（Osmond，M. W.，Thorne，B.，1993）。比如，中国的"男孩偏好"，女孩从出生起就面临的不平等境遇，这植根于中国持续两千多年的父权制、家长制、父系制和从夫居制度历史，在历史过程中慢慢融入文化基因，而男性主导、女性依附的模式在经济、政治、家庭和文化等层面都逐步制度化了。虽然现代化和城市化对这些产生了极大的冲击，但是这种影响着家庭性别结构的性别偏好依然根深蒂固，对当前中国家庭的性别和性别关系产生着深刻的影响（孙晓冬、赖凯声，2016）。

对于传统上更多被困于婚姻家庭的女性来说，妇女解放的第一步就是发生在婚姻家庭领域的。因此，"五四"时期女性解放运动第一步也是离家，中华人民共和国成立初期女性私人领域的第一场革命就是《中华人民共和国婚姻法》出台带来的婚姻改革运动。为了创造性别平等的社会，首先推动私人领域的性别平等的实现。随着农村妇女开始走出家门参加农业劳动，两性交往社会空间扩大，传统的婚姻制度开始逐渐动摇。从历史角度来分析，家庭领域的妇女解放不实现，妇女解放实际上无法真正实现。

研究者发现，在现代中国农村家庭之中，婚姻的逻辑发生了根本性的变化：中国有些农村地区在2000年之后婚姻的逻辑完成了从归属逻辑到爱情逻辑的转换。他们把归属逻辑定义为女性的婚姻按照一定的规则在特定的社会结构中展开，最终走向已经设定的归属，嵌入娘家、婆家和村落熟人社会的结构中，丈夫控制女性的身体、性和生育力；爱情归属指的是婚姻本身只是两个人私下互动的结果，是爱情的延续，从缔结到解体都只发生在夫妻双方之间，女性的身体、性、生育及婚姻都被爱情驯化，受爱情支配（杨华、王会，2017）。但是从女性的主体性来看，这种受爱情驯化和支配的女性自身的身体、性和生育力，是否意味着女性自我的控制，意味着女性自身在婚姻家庭领域权利的扩张，意味着私领域中家庭平等的实现呢？

阎云翔的"中国社会个体化"（Yan，Yunxiang，2009）和戴慧思的中国婚姻"私人化"（Davis，Deborah S.，2014），都强调了个体在婚姻家庭中的重要性和主导地位，而法律对婚姻家庭监控弱化，对女性权利的保护，带来的是"私人领域"的崛起和女性权利的扩张。从中国法律的历史和实践来看，中国的婚姻家庭法律在更加尊重当事人离婚诉求的同时，对带有争议的离婚案件的处理仍然显示出道德化的抽象理念与面对具体实际的实用性考虑相结合的"实用道德主义"思维方式。虽然现有的中国婚姻家庭法律扩展了女性在家庭纠纷中的选择权，在一定程度上增强了女性的主体意识，但是并不意味着妇女一定获得主体性地位，特别是对于处于弱势地位的女性而言更是如此。当代中国婚姻家庭并非完全出现"私人领域化"状态（赵刘洋，2019）。

（三）认同性别平等和社会变迁

性别研究者最为关注的是家庭内部的性别不平等，也就是女性在家庭中所处的不利地位和弱势地位。因为家庭内外的性别不平等是相互关联的，所以家庭变迁也被视为挑战普遍存在的社会不平等的机会。性别研究者最终的目的是推进社会变迁中公私领域的性别平等，推进女性在公私领域中的福祉（Thompson，L.，Walker，A. J.，1995）。该研究领域不太关注社会性别的建构，而主要关注劳动性别分工，推动出台政策和通过项目回应女性的需求和利益以及针对女性的暴力。

1. 家庭劳动性别分工

家庭劳动性别分工是从性别视角进行家庭研究的一个重要主题，家庭是性别通过家务劳动和儿童照料生产和展演的场所（Berk，S. F.，1985）。性别研究者认为不平等的家庭劳动性别分工和无偿的家务劳动限制了女性的有偿就业，同时使男性能够在经济政治领域更有价值的部门中积累权力，"使不平等合法化并维持性别差异"，使女性长期处于不利的位置（Treas，J.，Tai，T.，2016）。在权力和金钱的背景下，不平等的家庭劳动分工是异性恋亲密关系的核心，不同社会阶层中伴侣的收入和家务劳动时间的相互作用挑战夫妻的关系（Hu，Y.，2019），并且处于停滞的性别革命的核心（England，P.，2010）。

家庭内部的性别分工和劳动力市场的性别不平等之间的相互作用，是关注性别不平等的性别研究者的研究重点。女性承担不成比例的家务劳动和照顾责任，对女性就业产生了明显的负面作用（郭新华、江河，2019），也导致了性别收入差距的产生和拉大（肖洁，2016），母亲承受更多的收入惩罚（马春华，2018）。而父母分担女性承担的责任，能够有效地推动女性劳动力供给（宋月萍，2019；

卢洪友、余锦亮、杜亦譞，2017）。

家庭劳动除家务之外主要包括照顾劳动，而照顾劳动性别化和无酬化是对女性家庭和社会地位产生负面影响的主要因素（Graham，H.，1991）。"照顾"一直以来就是一个女性专有的概念，"照顾"概念的缘起就是对女性生活境遇某个特征概念化的界定，是女性通过婚姻或者血缘形成的社会关系提供的无偿的和个人的服务（Daly，M. & Lewis，J.，2000）。由于"照顾危机"在中国日益凸显，2016~2020 年有相当多的研究关注儿童照顾和老年人照顾。岳经纶和范昕（2018）从历史的角度回顾了中国整体的儿童照顾政策体系，提出建构多元的儿童"混合照顾"体系。马春华（2018）从儿童养育成本的角度入手，讨论了婚姻如何成为性别化的以及在父亲和母亲之间非对称性分配私人儿童成本的组织。基于第三次全国妇女社会地位调查数据，她发现家庭中的儿童会增加父母的时间成本，而在控制其他变量的情况下，每增加一个未成年子女都会使母亲面临超过10%的收入惩罚。

吴帆和王琳（2017）用多源数据证实了中国存在严重的儿童照顾赤字，主要体现在母亲照顾负担过重、母职和父职关系失衡，不得不更多依靠祖辈的替代照料。为了解决儿童照顾危机，不同的家庭和不同的国家有着不同的儿童照顾安排。吴帆和牛劲君（2019）从社会结构视阈讨论了性别规范双重压力下的儿童照料决策，从家庭关系视阈讨论了基于效用策略和情感联结的儿童照料决策，从个体视阈讨论了工作－家庭冲突中的儿童照料策略。这三种不同的逻辑反映了社会效用、家庭效用和个人效用之间的对峙和博弈，儿童照料模式的具体实践在这种博弈中得以实现。学位论文中也有不少涉及儿童照顾议题的，但是有的只是把儿童照顾责任作为影响因素，如关注这种责任对女性就业的影响，而不是关注儿童照顾本身（吴蓓，2020）。

随着中国人口老龄化步伐的加快，老年人照顾资源的匮乏是中国家庭面临的另一困境。吴帆（2017）描绘了中国家庭老年人照料者呈现出的女性化、中年化、就业－照料冲突加剧等特征，赵唯辰（2018）讨论了农村家庭老人照顾者承受的身体负担、心理负担、经济负担及社会生活负担。他发现这些照顾者缺乏外在支持，很大程度上是基于情感或者道德的要求。而高强度的照料活动对主要承担老年人照顾责任的女性照料者的健康产生了明显的负面影响（陈璐、范红丽，2016）。

2. 工作和家庭冲突/平衡

当劳动力市场的性别平等推进程度超过家庭内部的性别平等的进展时，女性面临的工作和家庭冲突就不可避免。从中华人民共和国成立之初国家普遍推动女性就业开始，中国女性就面临工作和家庭的冲突。只是那个时候，国家针对不同的女性群体给出了一定的政策支持，包括公办的或者集体办的托育机构（岳经纶、范昕，2018）。到了市场经济时代，国家给予的支持减少，女性只能依靠自己、家庭或者市场来解决工作和家庭的平衡，工作要求和家庭责任之间的冲突更加严重。随着"二孩"和"三孩"政策的出台，这种冲突可能会进一步加剧（杨芳、郭小敏，2017）。

这里讨论的女性面临的工作和家庭冲突/平衡，主要指工作的已婚女性，特别是已育女性（或者被称为"工作母亲"），所面临的工作要求和家庭责任之间的冲突。2016~2020 年这类研究明显增多。张春泥和史海钧（2019）利用国际社会调查项目数据库检验了包括中国在内的 39 个国家的已婚在业男性和女性面临的工作－家庭冲突。中国在各国中居于中等水平，但是女性更多感受到家庭对工作的干扰，而男性更多感受到工作对家庭的干扰。工作时间、抚育责任和家务分工对中国女性有着更大的影响。而从家庭内外不平等关系来看，公共领域性别越平等的国家，两性感受到的工作和家庭冲突都较低，但是男性获益更多。

在中国女性面临的工作和家庭冲突的不同维度中，时间冲突尤其明显和重要（郭舒婧，2020）。在缺乏国家和社会支持的情况下，父母就近居住或者共同居住，分担更多的家务劳动和照顾责任，对缓解女性面临的工作－家庭冲突有着显著的积极作用（王莹，2016）。但是，随着中国"二孩"政策和"三孩"政策的出台，孩子数量的增加可能会加剧女性面临的工作和家庭冲突，充分的社会支持可以有效地缓解这种冲突，减少女性的压力（杨晶，2018）。为了缓解工作和家庭冲突，兼顾工作要求和家庭责任，女性可以选择的方案之一就是灵活就业。但灵活就业并没有减少女性的工作时间，而且要以牺牲女性的工资水平为代价（江求川、代亚萍，2019）。刘畅（2019）从身份建构的角度讨论了"90 后职场妈妈"，认为这个群体面临的工作－家庭平衡的实质是如何在家庭和工作领域表达自我和实现个体需求，因为她们不同于传统母亲，更多强调自身的主体价值，形成的是以"己"为中心的实践策略，母亲的身份没有削弱她们的职业成就动机，亲子关系更多让位于夫妻关系。

城乡之间劳动力的大规模流动，导致了人口数量众多的乡－城流动妇女。因为这个群体受到户籍制度和性别角色分工的影响，所以研究者认为和其他妇女群体相比较，她们承受的压力更大，承受了来自国家、资本和父权制的三重压迫（邱幼云，2017）。女性在业群体的对比显示，非正式劳动力市场中的已婚女性面临的"家庭－工作"冲突最为严重，而乡－城流动妇女大多数在非正式劳动力市场就业（肖洁，2016）。陈芳和沙勇（2020）从社会投资角度关注乡－城流动妇女面临的工作和家庭冲突，寻求这个特殊群体实现工作和家庭平衡的机制。对于这个群体，工作与家庭的冲突首先表现在社会生产对人口再生产的挤出效应，其次表现在大量的留守儿童上；家庭与工作的冲突首先表现在因为家庭需要而选择退出劳动力市场，超长时间工作以及收入惩罚上。比较而言，因为离散性和流动性，这个群体更难获得来自家庭和单位、社区的支持。作者提出的政策建议，在某种程度上是相关家庭政策建议和针对农民工群体政策建议的交集，而当前政策难以覆盖这个群体。

3. 推动满足女性需求的政策出台

中国现在面临持续的出生率下降、结婚率下降以及人口老龄化速度加快等现象。这些现象是社会、经济和政治脱序的后果而不是原因，同时它们也不是家庭/人口变迁本身带来的，更多是因为缺乏国家对家庭的普遍支持。女性承担了主要的家务劳动和照顾责任，而在越来越多女性外出工作的情况下，由于缺乏社会和国家的支持，面临越来越严重的工作－家庭失衡。缺乏对家庭的支持，实际上是缺乏满足女性本身利益和需求的政策或者项目。因此，日韩、欧盟各国和联合国提出的家庭政策目标，都是推动性别平等以及促进工作和家庭平衡。2016~2020 年，有关家庭政策的研究如雨后春笋般涌现（刘笑言，2016；陆杰华、汤澄，2016；吴帆，2016；吴帆、王琳，2017；马春华，2018、2019、2020a；杨菊华，2018；胡湛、彭希哲、王雪辉，2018；钟晓慧，2019）。

家庭政策是国家对家庭事务进行干预的工具，国家和家庭之间的权力边界划分是家庭政策的核心问题。刘笑言区分了三种家庭政策模式：①家庭事务分离模式，国家与公民的经济契约；②家庭事务共同模式，国家与公民的社会合作；③家庭事务转移模式，国家与家庭的政治联盟。东亚社会更多倾向第三种政策模式，但是面临个体意识的觉醒和集体主义国家建设之间的矛盾日益加深，以及家庭的日渐式微（刘笑言，2016）。钟晓慧（2019）从政策过程的角度，讨论了改革开放以来国家和家庭的关系。钟晓慧的家庭政策概念是更广义上的家庭政策概念，包含那些对家庭福利或者生产有着直接影响和作用的放开的政策（如家庭联产承包责任制）、限制的政策（如计划生育）和保障的政策（如孕产假），"国家交替使用不同的政策类型以实现发展和管理目标，这些政策也激活和形塑着家庭"。

陆杰华和汤澄（2016）从家庭成员的不可替代性、家庭结构的不稳定性和居住方式的分离性讨论了家庭风险从隐性走向显性的表现形式，认为家庭（公共）政策是"政府用于稳定家庭和承担家庭功能而针对家庭所推行的社会政策"，就是国家用以分担家庭风险的工具。但是在实践中，家庭政策和人口政策脱离，政府过于强调家庭的责任，政策缺乏针对性，更多是残补性质的。胡湛、彭希哲、王雪辉（2018）则探讨了中国现有家庭政策研究实践领域的误区：家庭政策并没有包含在人口政策中，两者更多是互补关系；现有的制度安排更多放在"多生"上却没有注意"善养"；"家庭自立自强论"和"政府全能全责论"各行其道，缺乏对问题的具体分析。

政府在实施家庭政策的时候可以选择不同的政策工具，为了实现不同的目标可以选择不同的政策工具组合。总体来说，家庭政策的主要政策工具包括货币/税收减免、假期、服务和法律等。这些政策工具从不同的维度对女性的家务和照顾责任给予了支持。亲职假政策的缘起就是产假，这是专门针对女性的政策工具，首先是为了保护孕产期女性的健康，其次是为了分担女性的育儿时间成本。其后出现了男性专享的陪产假，以及夫妻共同分享的育儿假。中国现在只有全国法定的产假，没有全国法定的陪产假和育儿假，产假长度是国际劳工组织要求的底线14周，且覆盖面有限，非正规就业女性和农业女性都没有被覆盖（马春华，2020b）。中国的产假长度和津贴额度和以前相比略有改善，但是和其他国家比较，亲职假的种类、长度和覆盖面都处于相对滞后的位置（马春华，2019）。

儿童照顾政策是直接分担女性儿童照顾责任，帮助女性实现工作-家庭平衡和提高生育意愿的重要工具（杨菊华，2018）。钟晓慧、郭巍青（2017）从"去家庭化"和"再家庭化"的角度探讨了在扩展家庭和代际合作框架下提供的儿童照顾红利消失的情况下，儿童照顾政策何去何从。中国原有的儿童照顾政策不足，老龄化和少子化问题叠加，依赖混合资源支持的"再家庭化"可能是一个选择。在马春华（2020a）看来，儿童照顾政策模式是性别和福利国家体制形塑的。她从女性劳动力"商品化"和照顾"去家庭化"之间关系的角度，探讨了不同国家的儿童照顾政策模式，建议在关注性别平等的同时，推动儿童照顾政策的"去家庭化"水平，从收入补充、时间弥补和托育服务等儿童政策的主要政策工具入手。

4. 推动保护女性利益的法律出台和相关实践

从性别角度进行的家庭研究，除了确认家庭中女性不成比例的家务劳动和照顾责任以及无偿劳动是性别不平等的渊薮，也推动国家出台家庭政策分担女性的家务负担和照顾责任，同时也推动国家出台保护妇女权益的法律，在实践中维护女性的利益。2016～2020年，和其他研究相比，这个类型的研究相对较少，主要是从法学的角度讨论了在婚姻家庭中如何保护妇女的权益。

《中华人民共和国民法典·婚姻家庭编》的编撰和出台，对家庭中的性别关系和家庭关系有着重要的影响。《中华人民共和国民法典·婚姻家庭编（草案）》把法律层面的"家庭成员"定义为"配偶、父母、子女和其他共同生活的近亲属为家庭成员"。李硕（2019）认为作为社会概念的"家庭成员"与作为法律概念的"家庭成员"对代际合作抚养有着不同的理解与期待，导致女性在代际抚养合作中被尊重的权利、工作的权利、休息的权利和获得支持的权利难以充分实现。为了保护女性的权利，婚姻家庭立法应该回归身份法的属性，"从身份关系的实践中重构现代家庭关系和家的概念，弥合家庭成员平等的人格诉求与实际不平等的身份诉求之间的背离"。实际上，2020年通过实施的《中华人民共和国民法典》相比草案，删掉了"共同生活的公婆、岳父母、儿媳、女婿，视为近亲属"，缩小了近亲属的法定范围，和李硕（2019）文中的期待似乎背道而驰了。

虽然夫妻关系和一般的民事关系不同，但是《中华人民共和国民法典·婚姻家庭编》实际上也是遵循《中华人民共和国民法总则》构建的。邹小琴（2020）认为这样虽然能够让婚姻家庭编和其他民法分编更加融为一体，却使得《中华人民共和国民法典·婚姻家庭编》缺乏性别视角，未能更多地关注婚姻家庭中的性别差异和角色分工。邹小琴认为《中华人民共和国民法典·婚姻家庭编》中夫妻财产法弱化夫妻共同体，强化个人利益保护，没有考虑到夫妻之间共同利益和个体利益的平衡现实存在，婚姻家庭中带有契约性质的性别分工现状并没有改变。因此，《中华人民共和国民法典·婚姻家庭编》应该修正民法一般财产法规则在夫妻财产法领域的适用，在离婚制度中，认可家事劳务的经济价值，赋予婚约中的无过错方享有利益赔偿请求权，在离婚经济补偿制度中保护女性在婚姻中的信赖利益与期待利益，在夫妻之间建立良好的合作关系，增强婚姻家庭的内生力量和凝聚力。

刘佳佳（2019）通过调查探讨了特殊的混合性取向婚姻中的女性权益保护问题。与传统婚姻模式相比较，混合性取向婚姻普遍存在婚姻满意度低、婚内暴力及冷暴力高发、离婚难举证难、有关法律不适用等特点，这类婚姻中女性诸如配偶权、同居权、生育权、健康权之类的合法权利更易受到损害。她建议在中国的婚姻中实施"婚姻成立要件"制度，这种制度有利于判定混合性取向婚姻的无效性，从而保护女性的权益；扩大《中华人民共和国反家庭暴力法》的适用主体，重新界定家暴行为范畴，改进告诫书制度与人身保护令制度，合理减轻受害者的举证责任，减少这类婚姻中暴力的发生，增强暴力发生时女性权益受到保护的可能；完善配偶权体系与离婚损害赔偿制度。

1995 年北京第四次世界妇女大会引入反家暴话语，到 2015 年《中华人民共和国反家庭暴力法》通过人大常委会审议并颁布实施，在 20 年的立法进程中民间组织、妇联和国家都从不同角度推动了立法：民间组织立法叙事强调家庭暴力的社会性别根源和反家庭暴力的国家责任，妇联强调对受暴妇女的保护和对家庭稳定的维护，而国家强调反家庭暴力对维护社会和谐的重要性（罗清，2020）。为了推动《中华人民共和国反家庭暴力法》的实施，李琼宇和贺栩溪（2017）提出在处理轻微家庭暴力中引入警察先行判断制度，以缓解家庭暴力法律事实难以认定的问题。但淑华（2017）认为应该遵循相似原则，扩大适用于《中华人民共和国反家庭暴力法》的准家庭暴力主体，特别是应把未共同生活的前配偶纳入其中。李瀚琰（2020）提出，为了保护家庭暴力受害人的人格权，《中华人民共和国民法典》应该在债权凭证制度的基础上构建家庭暴力婚内损害赔偿制度。

5. 针对女性的家庭暴力

性别研究关注的另外一个焦点是家庭暴力。2016 年 3 月 1 日，《中华人民共和国反家庭暴力法》开始实施，除了法学领域，社会学、心理学、犯罪学、人类学、地理学等诸多学科领域都出现了有关家庭暴力的研究。陈月、曹玉萍、张亚林等（2019）追踪比较了 2002~2012 年湖南省工业地区夫妻暴力发生状况的变化，发现十年间施暴者依然主要还是男性，受虐者是女性。暴力发生的诱因首位是子女教育问题，最常见的暴力形式是羞辱和谩骂，受虐者遭受精神损伤和身体损伤比例明显增加，且夫妻对家庭暴力的态度没有发生明显变化。

王曦影、董晓珺、夏天等（2019）的研究基于"幸存者理论"，把家庭暴力的受虐妇女看作积极应对暴力的幸存者，而不是无助无能的受害者。通过生命史访谈方法，她们比较了生于中华人民共和国成立初期和生于改革开放时期两代受暴妇女对家庭暴力的解读和应对策略，以及可能获得的非正式和正式支持系统。研究发现，受暴妇女的应对策略和反思受制于其所处的性别关系以及占有的资源状况。中老年受暴妇女受到传统父权制的影响，对于家庭暴力常从"宿命论"的角度进行解读，被困在暴力婚姻中默默忍受，求助的对象是邻居、娘家或者单位、妇联；年轻一代受暴妇女，具有更高的性别平等意识和权利观念，对于家庭暴力倾向于"零容忍"，遭遇暴力更多选择报警，寻求心理医生支持，果断离开暴力婚姻。

家庭暴力的影响因素是相关研究者关注的一个普遍主题。宋月萍和张婧文（2017）的研究发现，虽然长期存在的性别比失衡增强了女性及其家庭在婚姻市场的议价能力，却没有改善女性婚后的处境，甚至导致女性遭受家庭暴力的可能性更大。她们认为，女性处于稀缺地位反而会强化女性婚后的生育和照顾功能，而家庭暴力会成为控制女性实现这些再生产功能的手段。同时，性别比失衡带来女性议价能力的增强，但是会导致夫妻经济差异、年龄差异的增大，加剧婚姻家庭内部的不平等。这和唐国恒（2018）的研究提出"门当户对"能在一定程度上降低女性遭受家庭暴力的风险的结论有异曲同工之处。陈锋、杨振强（2016）基于对甘肃某村的质性研究，指出农村青年夫妻的家庭暴力不仅受到个体特定因素的影响，而且是个体、家庭和社区从传统向现代转变各种因素交互作用的结果。

农民工家庭因为其流动性和分散性，承受着更多的生活和就业压力，成为家庭暴力研究者重点关注的群体。杨婷和靳小怡（2018）的研究发现，工作压力和家庭照料压力都会增加农民工实施家庭暴力的可能性，婚姻不满意也会显著增加农民工家庭施暴的风险。即使婚姻满意度比较高，在家庭压力增加的情况下，农民工家庭也可能实施精神暴力。朱丽洁、顾于蓝、邹芫芷等（2019）的研究发现，女性农民工家庭中，在婚姻关系中遭受家庭暴力的个体会降低对婚姻的信心，对于婚姻持消极态度，婚姻质量会降低，面临更多的问题。

（四）女性的生活和经验成为研究的中心

家庭制度中存在性别经验，"他的"婚姻家庭和"她的"婚姻家庭是不一样的（Ferree, M. M., 1990; Fox, G. L., Murry, V. M., 2000）。女性在婚姻家庭之中的独特生活和经验是性别研究的核心。研究者从女性的角度来研究家庭生活，关注女性作为母亲和女儿的生活经历，包括女性和亲属的关系等。通过这些研究，研究者捕捉女性生活经验的差异，改变家庭研究的核心概念，挑战有关女性的普遍概念，质疑有些研究者对女性经验的忽视或歪曲。

1. 母职/作为母亲的经历

对于"母职"（motherhood/mothering），不同研究者给出的定义不尽相同。有的研究者基于角色理论定义，认为母职指的是女性承担母亲的身份，认同和扮演相关的母亲角色规定（林晓珊，2011；金一虹、杨笛，2015）；有的研究者基于社会建构论，认为母职是社会围绕养育和照料而建构的一系列活动和关系（杨可，2018）。后者定义和性别研究的观点更加一致，母职并非天生的和自然形成的，是社会也是历史建构的，母职是可以再建构的。在父权制社会中，母职是维护父权制的重要制度，是在父权制文化体系下运作的行为和意识形态（林晓珊，2011）。

随着作为典型女性经验的"母职"进入研究者视野，2011~2015年婚姻家庭研究中出现了很多相关主题的论文，2016~2020年盛况在继续。有的研究关注在历史上母亲身份的重塑（卢淑樱，2020），或者现代社会中母职的重构（张融融，2018）；有的研究关注母乳喂养带来的母职初体验（许怡、刘亚，2017）；有的研究继续关注母职的教育取向（杨可，2018）；有的研究开始关注不同社会阶层的母职实践（雷望红，2020；陈蒙，2018；赵洪萍，2020）；有的研究关注不同媒体/平台或者话语塑造的母职模式（陶艳兰，2018；郑杨，2019；郭戈，2019a；魏杰、桑志芹，2020）；有的研究关注不同年龄女性的母职实践（卜娜娜、卫小将，2020）；有的研究开始关注不同民族的母职实践（李彧白，2020）。

从近代到现代，婴儿哺育方式的选择——母乳还是牛奶，一直是一个引起众议的话题。母乳喂养一直被当成良母的标准和天职，但是也会给母亲带来诸多困扰。卢淑樱（2020）的专著讨论了近代中国婴儿哺育方式的选择和转变对母亲角色的重塑。她认为哺育方式的变革和母亲角色的重塑一直受到父权制、民族主义、资本主义和女权主义的交叉影响。哺育方式的选择并不是母亲自身独立的选择，而是受到诸多因素的制约。而牛奶喂养动摇了传统的母亲角色，母亲角色在这个过程中被重新塑造。张融融（2018）的研究没有集中于育儿的特定环节，而是对于育儿整体进行考察，发现现代的母职也在科学育儿理念和传统家庭观念的双重作用下进行了重构。

继林晓珊（2011）讨论孕期母职体验之后，许怡和刘亚（2017）以哺乳作为母职最初体验，来讨论母乳喂养如何在其生物性和社会性交互作用的情况下影响和建构女性的母职实践。研究者认为，城市女性的哺乳实践是现代科学话语和神圣母职传统观念共同塑造的，女性的身体在成为母亲后被异化为"以哺乳为中心"，她们作为女性个体的主体性被消解了，但是她们作为母亲的主体性却得到再生成，她们接纳孩子成为自身生活的一部分，努力在平衡家庭与事业的同时不放弃自我实现。同时，她们的研究也发现，母职实践在很大程度上是市场和商业行为塑造的，不同阶层女性的母职经验因此存在很大差异。无论是让父亲承担父职参与育儿，还是把照顾孩子的职责外包出去的"代理母职"，都能够在一定程度上解构和消解女性社会性母职的困境。

在金一虹和杨笛（2015）用"家长主义"和"教育拼妈"讨论母职的教育取向之后，杨可（2018）用"母职的经纪人"概念讨论了母职在教育方面的实践。杨可认为，在教育竞争不断加剧和教育市场化程度不断加深的背景下，家庭中的母职实践不仅局限于私领域中在生活上对子女的照顾，更加重要的是塑造孩子在教育上的成就，母亲承担"孩子的经纪人式的教育代理服务和居间交易的角色"，就是所谓的"母职经纪人"。母亲以"教育经纪人"的职业标准来要求自己，以家庭资源来"独立经营"子女的教育项目。这种"教育经纪人"式的母职实践是密集母职在中国的一种本土表现，中国在职的母亲大多不会因为孩子的教育选择放弃自己的职业，而是更多寻求外包，充当链接专业资源的经纪人角色。在孩子教育上投入的大量时间和精力，还是会造成母亲职业发展的受损，但是也为建立密切的亲子关系和积极的代际合作关系提供了可能。

许多研究关注到不同社会阶层的母职实践差异。雷望红（2020）的研究关注了在教育之中城乡母职形象的差异：家庭资源动员能力强、竞争压力大的城市"虎妈"，教育资源匮乏、竞争压力小的农村"猫妈"。而进城务工女性的母职实践则处在压力和资源不匹配的困境之中：一方面，资源少，教育任务带回家，诉诸权威的教养方式被放弃；另一方面，受到现代科学话语的影响，也受到城市家庭母职实践的影响（赵洪萍，2020）。陈蒙（2018）则从女性自身的理想状态的设想、家庭和社会的母职规范话语以及女性对自身母职实践的评价几方面剖析了城市中产阶级女性的母职认同和实践。她发现，这些母亲希望能够在母职实践和职业发展之间达到平衡，而在中产阶级家庭对子女教育成就的厚望之中滋生了"知识与情感型"母职意识形态，这些母亲借助祖辈力量或者雇佣照顾满足了照顾需求，在育儿上更多是投入高度情感和智慧，同时能够在母职实践中实现自我赋能，调整自己的职业道路。

利用不同的媒体或者公共平台讨论母职，是社会和国家塑造母职规范话语的一个重要路径。陶艳兰（2018）的研究讨论了流行育儿杂志《父母必读》中对于理想儿童的建构，她发现杂志文本塑造的理想儿童是快乐的儿童，他们拥有属于自己的童话世界。为了实现这个目标，父母应该以孩子为中心，通过感情投入、时间投入、金钱投入来对孩子进行"爱的教育"，养育快乐的孩子。但是其背后是专业主义、密集亲职和消费主义共同塑造的亲职话语，对母职建构有着深刻的影响。郑杨（2019）通过对微信育儿群的观察，发现对于"以孩子为中心"的话语建构，"好妈妈"不仅是指关心孩子的身体健康，还是应该培养智商和情商。郭戈（2019a）通过梳理观察学术文献、大众报刊、新闻报道以及公众在网络论坛和社交媒体中有关"丧偶式育儿"话语的讨论，发现这些话语表面上是为母亲发声，实际上蕴含着精细育儿和育儿责任内卷化的母职困境，也存在把母亲的困境进行性别化归责的焦虑。而网络新媒体塑造的"中年老母"的概念，其深层是母亲身份的困境，是亲子关系、夫妻关系、家庭－工作冲突和自身矛盾的母性认同的冲突交织在一起（魏杰、桑志芹，2020）。

大多数有关母职的讨论关注年轻女性和未成年孩子之间的关系，而卜娜娜、卫小将（2020）的母职研究扩展到了老年女性，他们讨论的是为了照顾子女和孙子女前往子女工作城市生活的农村"老漂"母亲及其照料子女及孙辈的母职体验。这些母亲承担着双重的母职照料责任，她们的母职实践"在跨越代际、阶层育儿观念和地域的情境下呈现出劳累、拉扯与孤单的状态"，因为她们面临原有照料经验和科学育儿话语之间的拉扯、社会交往匮乏带来的孤单以及未来可能和子女孙辈分离的焦虑。这些老年母亲和年轻母亲面临的困境存在很大的差异，但是老年母亲也是能动主体，她们也在设法冲出困境，或者积极回应母亲身份，或者把老年照料行为当作一种积极的家庭情感和经济联结方式，努力学习育儿知识，运用自己的智慧来维系三代间和谐相处。"母亲身份在'老漂'母亲身上呈现出束缚与掌控并存的状态。"

大量的母职研究都是集中于汉族女性，李或白（2020）则把有关母职的研究拓展到少数民族的女性，探讨了在民族地区生育医学化的浪潮下，这些女性如何在实践中理解和建构与母职相关的性别角色。在民族地区，医疗化的生育过程不是纯技术的，而是技术和民族传统、社会关系等多重因素交互作用的过程。生育不仅是自然的生理性的事件，更是女性的自身体验和角色的建构，是家庭再生产和伦理绵延的方式。在这个复杂的场域中，"女性通过实践尝试调和传统、家庭与技术之间的关系，并在这个过程中形成了自己对母职的理解，完成了对母职身份的建构"。作者在"面向记忆的具身实践"中展示了民族女性的历史生育记忆，不同年龄段女性的生育身体被民族文化形塑并进行现代化转型；在"面向日常生活与家庭关系的具身实践"中，讨论了不同情境之间的张力以及她们对生育身体的表达和实践；在"面向医疗技术的具身实践"中，讨论了女性如何通过适应处于优先地位的这种生育技术的身体技术逐步建构起合格的母亲角色。

2. 女性的代际关系

代际关系是家庭研究和性别研究都关注的一个重要主题，性别研究更多是从女儿或者媳妇的角度来探讨代际关系。从女性角度讨论代际关系是性别研究关注的一个主题。从女儿的角度来说，家庭研究主要关注的是女儿养老；而从媳妇的角度来说，家庭研究关注的是婆媳的关系。在父系父权制家庭之中，女儿没有养老的责任，但是现代社会各种因素导致女儿也参与父母的养老；媳妇作为陌生人进入夫家，和没有血缘关系的婆婆之间的博弈也是家庭研究的经典主题。2016～2020年的婚姻家庭研究中，讨论婆媳之间关系的相对较少（陶自祥，2016），相对较多讨论媳妇在婆家的境遇（张冠李，2020；陈讯，2020），有大量的研究讨论女儿养老（赵方杜、杨丽珍，2020；甘雪慧、风笑天，2020；张翠娥、杜晓静，2019；高万芹，2018；韦艳，2017；朱安新、高熔，2016）。

从夫居对于女性来说，一个重要的后果就是媳妇相对于婆家是外来的和嵌入的。以往有关婆媳关系的讨论，更多集中于婆媳之间对于家庭权力和资源的争夺。而陶自祥（2016）的研究把婆媳关系置于村民的意义世界进行分析，更多地关注婆媳冲突产生的社会原因，他认为婆媳冲突的本质是价值观错位，当婆婆内生性传统权威受到外来媳妇嵌入性抗争挑战时就会产生激烈冲突。陈迅（2020）的研究对象也是东莞的外来媳妇，他发现这些女性遭受多重排斥，其婚姻关系受到社会结构、宗族力量、代际关系等束缚，她们不得不重构家庭生产生活和社会交往。由于缺乏外在社会支持，这些外来女性面临的离婚风险也在增加。而张冠李（2020）的研究讨论了浙江地区经济条件、社会资源和社会网络不同的三代"外来媳妇"是如何决定远嫁的，她们对于婚姻交换和实践有着怎样不同的认知。

对养老的认知和孝道的延续是许多研究者关注的主题。甘雪慧和风笑天（2020）的研究发现，对于孝道现在无论男女都具有高度认同，愿意承担赡养父母的责任，儿子可能还更加倾向于承担主要赡养责任。而从老人的角度来看，是"养儿防老"还是"养女防老"？朱安新和高熔（2016）的研究发现，东亚社会传统理念中的"养儿防老"观念趋向流动，但是中国现阶段老年人期待"女儿养老"的想法更大程度上是基于现实的子女性别结构的策略性选择，城乡之间依然存在明显的区别。

在养老实践中，已经从儿子赡养、女儿参与转变为双系并重（赵方杜、杨丽珍，2020；张翠娥、杜晓静，2019；高万芹，2018；韦艳，2017）。和江浙地区的"两头婚"类似，为了解决养老问题，其他地区也出现了"半招娶婚"（赵方杜、杨丽珍，2020）或者"两头走婚"（高万芹，2018）。这种养老模式实现了女儿养老的合理化，但是也会带来双重赡养负担、对于养老有限资源的争夺等问题，是低度均衡的有限责任的代际关系模式。韦艳（2017）的研究认为双系是"同时兼顾"，没有"厚此薄彼"，但是张翠娥和杜晓静（2019）的研究却认为存在很大差异，父系老人依靠制度优势和自身主动付出获得了更多的养老资源。郑丹丹和狄金华（2017）的研究发现，实际上家庭权力结构是重要的影响因素。如果子代家庭中妻子权力越大，那么对于父系家长的经济支持越少；而夫妻关系越好，可能给双方的经济支持都会越多。

3. 重新发现父亲/父职

在关注女性作为母亲的经验和母职实践的同时，研究者也关注和挑战传统对父亲和父职的定义。在现代社会中，父亲仅仅是养家糊口的人，还是应该和母亲一样分担育儿和家务责任？（Berkowitz, D., Marsiglio, W., 2007）父职的定义是如何形成的？父亲参与育儿该如何概念化和测量？陪着孩子一起玩，和照顾孩子的生活起居是一样的吗？（LaRossa, R., 1988）从社会建构论的角度，王向贤（2019）把父职定义为"社会构建出来的男人如何做父亲的理念和实践，是包含个人层面、群体层面、社区层面、社会政策与文化层面在内的社会生态结构的产物"。2016～2020年，这方面的研究相对较少（董典，2017；王向贤，2017、2019；郭戈，2019b；刘中一，2019；何绍辉，2020；王雨磊，2020）。

王向贤（2019）对国内的父职研究进行了述评，她发现对于子女未成年时期的父职构建和功能已经有初步研究。对于未成年子女来说，父亲的主要责任是经济支持，而社会制度与历史文化均通过父亲缺席的制造在不同程度上免除了父亲的日常照顾责任，但现在照顾年幼子女成为父亲的新兴权利。和欧美研究主要关注子女未成年时期的父职不同，王向贤认为，因为中国存在的代际间反馈模式，中国的父职拓展到子女成年后。转型期父亲为成年子女提供经济和劳务支持的责任显著增加，通过成年子女行孝而获得的权利在减少。王向贤有关成年子女父职的论述可能还需要进一步商榷：子女已经成年，为什么父亲还有提供经济和劳务支持的责任？王向贤（2017）有关1929～1933年国共两党各自的劳动法建构以赚钱为重的父职研究，其实针对的也是未成年子女的父职。

在王向贤有关父职研究述评之后，又陆续有父职研究的论文发表。这些父职研究都是集中于未成年子女的父职。和现代母职的建构一样，现代父职的建构也受到家庭内外众多因素的影响。传统性别结构和社会文化导致父职的虚化和边缘化（刘中一，2019）。现代社会随着国家、市场和专家体系的作用，原本深嵌于家庭结构与过程中的儿童照顾被重新嵌入法律化、科学化和专职化的抚育体制之中，给男性参与育儿提供了可行性和可能性（王雨磊，2020）。比如，现代社会托育机构普遍出现，为父亲参与育儿提供了合理化和普遍化的场景，并通过建构"一种要求父亲身心在场并兼顾儿童经济与日常照料方面需求的全面父职"影响男性的父职实践（郭戈，2019b）。而诸如父职假（陪产假）之类家庭政策的出台，也在推动男性参与育儿的父职实践（何绍辉，2020）。

（五）质疑"家庭"

性别研究对婚姻家庭研究的重要贡献之一是推动研究者重新思考"家庭"的概念（Doherty, W. J., Boss, P. G., LaRossa, R., et al., 1993）。女性的生活经验和基于结构功能主义的所谓标准家庭可能并不一致，其背后蕴含着强烈的性别不平等和阶级不平等。研究者认为家庭的意识形态是建构的，家庭如何构成并不是统一的，家庭生活是充满差异性的，许多家庭实践其实是在偏离所谓标准家庭的（Kingsbury, N., Scanzoni, J., 1993）。

2016~2020年婚姻家庭领域出现了数篇论文。中国传统认同的家庭都是"父系、从夫居、父权"的家庭，实际上现在个体家庭的流动性已经成为一个显著的特点（沈奕斐，2013b）。宋健、李建民、郑真真等（2020）研究者在讨论家庭变迁的时候，也论及了家庭概念的多元性和可操作性，不同学科对"家庭"概念的定义不同。郑真真区分了不同学科对家庭的不同定义；宋健认为，家庭的经典界定是基于亲属关系形成的社会生活共同体，实际上并不拘泥于人口学中基于居住安排的家庭户定义；李婷提及传统家庭界定局限于"共同居住、同灶吃饭"，但是研究中发现已经很难捕捉到中国家庭的变化；李建民认为人口学对家庭的定义更多从结构主义出发，但是现代单人家庭、分离家庭等出现，原来的定义已经无法涵盖。宋健、张晓倩（2019）认为多元化是家庭未来发展趋势，包括现代社会婚育观念和家庭行为多元化，家庭成员流动迁移离散常态化导致家庭居住安排多元化，立体多维的代际需求反映代际关系多元化。

性别关系塑造了不同的家庭模式，包括同性恋家庭和跨国家庭等。2016~2020年的婚姻家庭研究中也出现了一些有关同性恋家庭的研究（魏伟，2016a、2016b；魏伟、高晓君，2020；唐魁玉、詹海波，2016）。性别和性领域的多元化是现代中国婚姻家庭领域不可忽视的变迁（魏伟，2016a），同性恋伴侣家庭和异性恋家庭一样有生育需求。而长期稳定的同性伴侣关系及辅助性生殖技术和产业的发展，为满足他们的需求提供了可能。魏伟（2016a）的质性研究讨论了这些家庭如何运用经济资源克服了生物、社会和法律带来的障碍，同时如何在日常生活中使用积极的行动策略和意义建构来营造正常的家庭生活氛围。实现生育需求的同性伴侣家庭，也和异性恋家庭一样面临育儿的重任，而祖父母的隔代照顾也是他们重要的照顾支持来源（魏伟、高晓君，2020）。

唐魁玉和詹海波（2016）的研究，更为关注男性同性恋者形式婚姻中的"同妻"。由于中国是普遍异性恋婚姻和重视传宗接代的社会，男性同性恋基于社会和家庭的压力会选择和异性结婚，由此出现了"同妻"。因此，"同妻"是一个具有"中国语境"和"中国经验"的地方性性别问题，也是许多性别研究者关注的问题。从男同性恋丈夫的视角出发，唐魁玉和詹海波的研究发现"同妻"在婚姻中极其特殊且渐进缓慢地被边缘化了，在家庭中处境艰难，在社会中处于边缘，生理健康也遭受威胁。要摆脱困境，缓解焦虑，在某种程度上要依靠"同妻"的自我觉醒，同时需要同性恋丈夫勇于承担责任，也需要社会环境从法律制度层面和文化层面给予更多包容。

三　研究不足与展望

与 2011～2015 年的研究相比，2016～2020 年从性别研究和交叉性视角来讨论婚姻家庭的研究有所延续，更有所推进。在这五年，更多的研究者把性别作为社会分层和不平等的框架，把这些批判性的观点运用于家庭关系和家庭结构的研究，应用性别研究的观点和实践来批判私人领域和公共领域的不平等，包括个人、群体和机构之间的互动，重点关注性别关系、工作 - 家庭平衡、家务劳动、社会照顾、育儿、家庭暴力、家庭政策、母职和父职、女性的代际关系等家庭过程中的各种问题。这些研究进展有力地推动了性别研究和家庭研究的发展，但是与 2011～2015 年的评述类似，相关研究在许多地方还可以进一步推进。

第一，性别研究的理论和方法在婚姻家庭研究之中依旧处于边缘位置，现有的家庭研究中从性别理论角度进行研究的还是少数。大多数家庭研究者还是把性别作为个体的属性，把性别作为控制变量/自变量来讨论分性别的家庭结构和过程，实际上可能掩盖了实际的性别分化和性别不平等，有可能会歪曲或者忽视女性的利益和需求。

第二，现在更多研究者开始关注公私领域的性别不平等，但是运用交叉理论把这些不平等联系在一起，把性别置于这些不平等交叉点上的研究相对还是较少。比如，工作时间、工作模式的安排，是如何和劳动力市场的性别不平等产生作用的，又是如何通过影响工作 - 家庭冲突形塑家庭内部的性别安排。不同国家福利制度的形成，与这些国家的性别秩序有着深刻的相关性，而这些性别化的福利制度对于这些国家妇女的处境又有着极为深远的影响。

第三，依旧是在某些婚姻家庭研究的某些领域，性别理论等批判性视角的影响更为明显，比如家务劳动、家庭地位、家庭暴力和母职研究等，这些也是性别研究一直关注的领域。研究者无论是否标榜自己是从事性别研究，在研究的时候总是倾向采用性别视角。要进一步在婚姻家庭研究各个领域拓展性别研究，同时推动不同批判性观点的整合，推动这些理论和研究的中国化和本土化。

参考文献

1. 卜娜娜、卫小将（2020）：《劳累、拉扯与孤单："老漂"母亲的母职实践及回应》，《妇女研究论丛》第 6 期。

2. 陈芳、沙勇（2020）：《社会投资视角下乡 - 城流动妇女工作与家庭平衡机制研究》，《学海》第 5 期。

3. 陈锋、杨振强（2016）：《传统与嬗变：农村青年夫妻家庭暴力问题研究——以甘肃省 M 县 L 村为例》，《中国青年研究》第 4 期。

4. 陈璐、范红丽（2016）：《家庭老年照料对女性照料者健康的影响研究》，《人口学刊》第 4 期。

5. 陈璐、范红丽、赵娜等（2016）：《家庭老年照料对女性劳动就业的影响研究》，《经济研究》第 3 期。

6. 陈蒙（2018）：《城市中产阶层女性的理想母职叙事——一项基于上海家庭的质性研究》，《妇女研究论丛》第 2 期。

7. 陈讯（2020）：《多重排斥、价值嬗变与农村跨省婚姻研究——以东莞宗族型 X 村为例》，《中国青年研究》第 9 期。

8. 陈月、曹玉萍、张亚林等（2019）：《湖南省工业地区夫妻暴力发生状况十年追踪调查》，《中国公共卫生》第 9 期。

9. 崔岩、黄永亮（2017）：《中等收入群体客观社会地位与主观阶层认同分析——兼议如何构建主观阶层认同上的橄榄型社会》，《社会发展研究》第 3 期。

10. 但淑华（2017）：《准家庭暴力的主体——对〈反家庭暴力法〉第三十七条"家庭成员以外共同生活的人"之诠释与认定》，《妇女研究论丛》第 4 期。

11. 丁峰（2020）：《传统大家庭中家庭公共物品问题及搭便车行为的经济学分析》，博士学位论文，浙江大学。

12. 董典（2017）：《"奶爸"的男性气质解读——基于近五年"奶爸"话题》，硕士学位论文，华东师范大学。

13. 段婷婷（2019）：《丈夫如何影响女性职业地位上升——基于 CFPS 中国家庭追踪调查的分析》，《社会学评论》第 3 期。

14. 甘雪慧、风笑天（2020）：《孝道衰落还是儿女有别——子女视角下中青年人养老孝道观的比较研究》，《中国青年研究》第 3 期。

15. 高万芹（2018）：《双系并重下农村代际关系的演变与重构——基于农村"两头走"婚居习俗的调查》，《中国青年研究》第 2 期。

16. 龚继红、范成杰（2016）：《农村妇女的家庭地位是如何逆转的——实践视角下的妇女家庭纵向地位变迁》，《华中科技大学学报（社会科学版）》第 3 期。

17. 郭戈（2019a）：《"丧偶式育儿"话语中的母职困境与性别焦虑》，《北京社会科学》第 10 期。

18. 郭戈（2019b）：《0～3 岁婴幼儿托育服务下的父职实践》，《中国青年研究》第 11 期。

19. 郭舒婧（2020）：《已婚已育职业女性的工作－家庭冲突及其福利性政策研究》，硕士学位论文，上海师范大学。

20. 郭新华、江河（2019）：《子女照料、家庭负债与已婚女性就业——基于 Becker 家庭决策模型的微观实证》，《财经理论与实践》第 5 期。

21. 何绍辉（2020）：《撑起儿童照顾的"半边天"——对父职实践的社会学考察》，《中国青年研究》第 2 期。

22. 胡湛、彭希哲、王雪辉（2018）：《当前我国家庭变迁与家庭政策领域的认知误区》，《学习与实践》第 1 期。

23. 江求川、代亚萍（2019）：《照看子女、劳动参与和灵活就业：中国女性如何平衡家庭与工作》，《南方经济》第 12 期。

24. 金一虹（2011）：《流动的父权：流动农民家庭的变迁》，*Social Sciences in China*，第 1 期。

25. 金一虹、杨笛（2015）：《教育"拼妈"："家长主义"的盛行与母职再造》，《南京社会科学》第 2 期。

26. 雷望红（2020）：《中国城乡母职形象何以分化——"教育家庭化"中的城市"虎妈"与农村"猫妈"》，《探索与争鸣》第 10 期。

27. 李瀚琰（2020）：《家庭暴力婚内损害赔偿制度入典再分析——基于人格权保护的理论视角》，《山东社会科学》第 2 期。

28. 李琼宇、贺栩溪（2017）：《家庭暴力民事认定中的警察参与——兼论警察对轻微家庭暴力事实的先行判断》，《妇女研究论丛》第 4 期。

29. 李硕（2019）：《代际抚养合作关系中女性家庭权利的嬗变——基于婚姻法中"家"的分析》，《理论与改革》第 6 期。

30. 李彧白（2020）：《生育事件中女性的身体经验与具身实践——基于在甘南藏族自治州的调研》，《社会》第 6 期。

31. 林晓珊（2011）：《母职的想象：城市女性的产前检查、身体经验与主体性》，《社会》第 5 期。

32. 刘畅（2019）：《90 后"职场妈妈"的身份建构研究》，硕士学位论文，哈尔滨工程大学。

33. 刘佳佳（2019）：《混合性取向婚姻中女性权益保护及相关法律问题研究》，《法学杂志》第 11 期。

34. 刘洁（2019）：《家庭权力实践中的女性——以山西坐月子回娘家禁忌的代际嬗变为例》，《青年研究》第 4 期。

35. 刘笑言（2016）：《找回家庭：重构现代国家建设的社会基础》，《上海大学学报（社会科学版）》第 6 期。

36. 刘中一（2019）：《角色虚化与实践固化：儿童照顾上的父职——一个基于个体生命经验的考察》，《人文杂志》第 2 期。

37. 卢洪友、余锦亮、杜亦譞（2017）：《老年父母照料家庭与成年子女劳动供给——基于 CFPS 微观数据的分析》，《财经研究》第 12 期。

38. 卢淑樱（2020）：《母乳与牛奶：近代中国母亲角色的重塑（1895~1937）》，华东师范大学出版社。

39. 陆杰华、汤澄（2016）：《人口转变背景下风险家庭表现形式、成因及公共政策再建构》，《河北学刊》第 3 期。

40. 罗清（2020）：《中国〈反家庭暴力法〉诞生中的三重叙事》，《法制与社会发展》第 1 期。

41. 马春华（2018）：《中国家庭儿童养育成本及政策意涵》，《妇女研究论丛》第 5 期。

42. 马春华（2019）：《亲职假政策现状及其影响跨国比较研究和分析》，《中华女子学院学报》第 5 期。

43. 马春华（2020a）：《儿童照顾政策模式的形塑：性别和福利体制》，《妇女研究论丛》第 5 期。

44. 马春华（2020b）：《青年在孕期、产期和哺乳期的假期权益研究》，《中国青年发展报告（2020）》，社会科学文献出版社。

45. 裴谕新、陈思媚（2019）：《电商时代女性创业的性别化历程与家庭决策变革个案研究》，《妇女研究论丛》第 6 期。

46. 蒲琨、陈讯（2018）：《性别失衡、阶层竞争与农村返乡年轻女性家庭地位的崛起——基于黔南 Z 村的调查》，《人口与发展》第 5 期。

47. 邱幼云（2017）：《"场域 - 惯习"视野下劳动参与的性别化机制——基于一名 80 后流动女性的个案分析》，《中国青年研究》第 2 期。

48. 全国妇联妇女研究所编（2020）《性别与家庭——〈妇女研究论丛〉研究集萃》，社会科学文献出版社。

49. 〔日〕上野千鹤子（2020）：《父权制与资本主义》，邹韵、薛梅译，浙江大学出版社。

50. 沈奕斐（2013a）：《后父权制时代：性别与代际交叉视角下的个体家庭》，《中国妇女报》8 月 13 日第 B03 版。

51. 沈奕斐（2013b）：《个体化视角下的城市家庭认同变迁和女性崛起》，《学海》第 2 期。

52. 宋健、李建民、郑真真等（2020）：《中国家庭的"转变"与"不变"》，《中国社会科学评价》第 3 期。

53. 宋健、张晓倩（2019）：《妇女地位：概念、测量与理论——全领域与家庭领域的观察》，《妇女研究论丛》第 4 期。

54. 宋健、张晓倩（2020）：《主客观测量结果的一致性：原因分析与解决策略》，《中国人口科学》第 6 期。

55. 宋月萍（2019）：《照料责任的家庭内化和代际分担：父母同住对女性劳动参与的影响》，《人口研究》第 3 期。

56. 宋月萍、张婧文（2017）：《越少就会越好吗？——婚姻市场性别失衡对女性遭受家庭暴力的影响》，《妇女研究论丛》第 3 期。

57. 苏群、李潇、常雪（2020）：《家庭劳动、家庭结构与农村已婚女性劳动参与——基于 CHNS 的面板数据分析》，《农林经济管理学报》第 2 期。

58. 孙晓冬、赖凯声（2016）：《有儿子的母亲更传统吗？——儿子和女儿对父母性别意识形态的影响》，《社会学研究》第 2 期。

59. 唐国恒（2018）：《"门当户对"降低女性遭受家庭暴力的风险吗》，硕士学位论文，湖南大学。

60. 唐魁玉、詹海波（2016）：《同性恋丈夫视角下的同妻边缘生活困境及其解困方式——一项虚拟现实人类生活方式研究》，《山东社会科学》第 12 期。

61. 陶涛、李丁（2015）：《夫妻职业相对地位与家庭幸福感关系研究》，《人口研究》第 3 期。

62. 陶艳兰（2018）：《养育快乐的孩子——流行育儿杂志中亲职话语的爱与迷思》，《妇女研究论丛》第 2 期。

63. 陶自祥（2016）：《公共性衰落：妇女家庭地位变革与村庄公共生活变迁——基于一个华北村落的调查研究》，《广西师范大学学报（哲学社会科学版）》第 3 期。

64. 王春凯（2019）：《性别观念、家庭地位与农村女性外出务工》，《华南农业大学学报（社会科学版）》第 4 期。

65. 王敬、海莉娟（2019）：《传统与现代之间：代际失衡、青年妇女夺权与家庭养老弱化》，《中国青年研究》第 3 期。

66. 王曦影、董晓珺、夏天等（2019）：《性别、代际与家庭暴力的幸存者：一项基于两代受暴妇女的生命史研究》，《上海大学学报（社会科学版）》第 4 期。

67. 王向贤（2017）：《承前启后：1929~1933 年间劳动法对现代母职和父职的建构》，《社会学研究》第 6 期。

68. 王向贤（2019）：《转型时期的父亲责任、权利与研究路径——国内父职社会学研究述评》，《青年研究》第 1 期。

69. 王莹（2016）：《父母照料与女性工作家庭平衡——基于家庭政策视角》，硕士学位论文，中国社会科学院研究生院。

70. 王宇（2017）：《从家庭本位到个人本位：市场化背景下农村社会性别关系研究——以冀北 W 村为例》，博士学位论文，中国农业大学。

71. 王雨磊（2020）：《父职的脱嵌与再嵌：现代社会中的抚育关系与家庭伦理》，《中国青年研究》第 3 期。

72. 韦艳（2017）：《"厚此薄彼"还是"同时兼顾"？——农村已婚女性的代际支持研究》，《妇女研究论丛》第 3 期。

73. 魏杰、桑志芹（2020）：《新生代母亲的身份困境及其多重博弈——生命历程和毕生发展视域下的"中年老母"》，《中国青年研究》第 8 期。

74. 魏伟（2016a）：《性别失衡社会中的同性伴侣家庭：实践、权利和政策启示》，《西安交通大学学报（社会科学版）》第 6 期。

75. 魏伟（2016b）：《同性伴侣家庭的生育：实现途径、家庭生活和社会适应》，《山东社会科学》第 12 期。

76. 魏伟、高晓君（2020）：《中国同性育儿家庭中的隔代照料》，《中国研究》第 1 期。

77. 吴蓓（2020）：《儿童照料方式对女性劳动供给的影响——基于 CFPS 数据的实证研究》，硕士学位论文，南京财经大学。

78. 吴帆（2014）：《相对资源禀赋结构中的女性社会地位与家庭地位》，《学术研究》第 1 期。

79. 吴帆（2016）：《全面放开二孩后的女性发展风险与家庭政策支持》，《西安交通大学学报（社会科学版）》第 6 期。

80. 吴帆（2017）：《中国家庭老年人照料者的主要特征及照料投入差异——基于第三期中国妇女社会地位调查的分析》，《妇女研究论丛》第 2 期。

81. 吴帆、牛劭君（2019）：《儿童照料背后的逻辑与博弈：三个理论视阈的诠释》，《山东社会科学》第 10 期。

82. 吴帆、王琳（2017）：《中国学龄前儿童家庭照料安排与政策需求——基于多源数据的分析》，《人口研究》第 6 期。

83. 吴小英（2017）：《流动性：一个理解家庭的新框架》，《探索与争鸣》第 7 期。

84. 吴燕华、刘波、李金昌（2017）：《家庭老年照料对女性就业影响的异质性》，《人口与经济》第 5 期。

85. 吴莹、卫小将、杨宜音等（2016）：《谁来决定"生儿子"？——社会转型中制度与文化对女性生育决策的影响》，《社会学研究》第 3 期。

86. 郗春媛（2020）：《在场与悬置：跨境婚姻实践逻辑与现实困境——以云南富宁蓬莱镇跨境婚姻为研究个案》，《民族学刊》第 5 期。

87. 肖洁（2016）：《家务劳动与性别收入差距——基于第三期妇女社会地位调查数据的考察》，博士学位论文，南京大学。

88. 徐安琪（2005）：《夫妻权力和妇女家庭地位的评价指标：反思与检讨》，《社会学研究》第 4 期。

89. 徐金凤（2020）：《农村女儿养老影响因素研究——基于山东省莒南县调查》，硕士学位论文，南京师范大学。

90. 许怡、刘亚（2017）：《母职初体验：基于自我民族志与网络民族志的城市女性哺乳实践研究》，《山东社会科学》第 8 期。

91. 杨芳、郭小敏（2017）：《"全面二孩"对职业女性的影响及政策支持研究——基于工作与家庭平衡的视角》，《中国青年研究》第 10 期。

92. 杨华、王会（2017）：《从归属到爱情：农村年轻女性婚姻逻辑的变迁——基于南方水村的调查》，《中国青年研究》第 10 期。

93. 杨晶（2018）：《全面二孩政策背景下女性工作家庭平衡的研究——以社会支持视角》，硕士学位论文，上海交通大学。

94. 杨菊华（2018）：《边界与跨界：工作－家庭关系模式的变革》，《探索与争鸣》第 10 期。

95. 杨可（2018）：《母职的经纪人化——教育市场化背景下的母职变迁》，《妇女研究论丛》第 2 期。

96. 杨婷、靳小怡（2018）：《家庭压力与婚姻满意度对农民工实施婚姻暴力的影响》，《人口学刊》第 1 期。

97. 杨玉静、郑丹丹（2014）：《新时期中国妇女婚姻家庭地位的变迁——基于第三期中国妇女社会地位调查数据》，《中国妇运》第 1 期。

98. 岳经纶、范昕（2018）：《中国儿童照顾政策体系：回顾、反思与重构》，《中国社会科学》第 9 期。

99. 张波（2019）：《父辈因素对子辈夫妻离婚风险影响的实证研究》，博士学位论文，华东师范大学。

100. 张春泥、史海钧（2019）：《性别观念、性别情境与两性的工作－家庭冲突——来自跨国数据的经验证据》，《妇女研究论丛》第 3 期。

101. 张翠娥、杜晓静（2019）：《农村纯女户的双系反哺实践困境与家庭养老危机》，《华中农业大学学报（社会科学版）》第 6 期。

102. 张冠李（2020）：《生命历程理论视角下女性跨省婚姻迁移决策的代际变迁——以杭州市萧山区江滨村"外来媳妇"为例》，《妇女研究论丛》第 3 期。

103. 张融融（2018）：《现代母职的重构——来自一个社区的田野调查》，硕士学位论文，中共中央党校。

104. 赵春兰、范丽珠（2020）：《论婚姻与生育的社会属性——少子化背景下浙北乡村婚育模式嬗变的田野观察》，《河北学刊》第 4 期。

105. 赵方杜、杨丽珍（2020）：《双系制养老："半招娶"婚姻中家庭养老的选择与风险——基于闽南后村的考察?》，《新视野》第 6 期。

106. 赵洪萍（2020）：《进城务工女性的母职实践：以"家为社会田野"的叙事研究》，《妇女研究论丛》第 3 期。

107. 赵刘洋（2019）：《中国婚姻"私人领域化"？——当代中国法律实践中的妇女离婚》，《开放时代》第 2 期。

108. 赵唯辰（2019）：《农村女性家庭照顾者照料老人负担研究》，硕士学位论文，河北大学。

109. 郑丹丹、狄金华（2017）：《女性家庭权力、夫妻关系与家庭代际资源分配》，《社会学研究》第 1 期。

110. 郑丹丹、杨善华（2003）：《夫妻关系"定势"与权力策略》，《社会学研究》第 4 期。

111. 郑筱婷、李美棠（2018）:《女性就业与收入对其配偶创业行为的影响——基于中国家庭追踪调查数据的实证研究》,《南开经济研究》第 2 期。

112. 郑杨（2019）:《社会变迁中的育儿模式变化与"母职"重构——对微信育儿群的观察》,《贵州社会科学》第 7 期。

113. 钟晓慧（2019）:《改革开放以来政策过程中的积极家庭》,《妇女研究论丛》第 3 期。

114. 钟晓慧、郭巍青（2017）:《人口政策议题转换:从养育看生育——"全面二孩"下中产家庭的隔代抚养与儿童照顾》,《探索与争鸣》第 7 期。

115. 朱安新、高熔（2016）:《"养儿防老"还是"养女防老"?——中国老年人主观意愿分析》,《妇女研究论丛》第 4 期。

116. 朱丽洁、顾于蓝、邹芫芷等（2019）:《女性农民工家庭暴力与婚姻质量:婚姻态度和夫妻互动的多重中介作用》,《中国临床心理学杂志》第 5 期。

117. 邹小琴（2020）:《性别关怀视角下夫妻财产法的反思与完善》,《政法论丛》第 3 期。

118. 左际平（2002）:《从多元视角分析中国城市的夫妻不平等》,《妇女研究论丛》第 1 期。

119. Albiston, C., 2007, "Institutional Perspectives on Law, Work, and Family", *Annual Review of Law and Social Science*, Vol. 3, pp. 397-426.

120. Allen, K. R., Walker, A. J., & McCann, B. R., 2013, "Feminism and Families", In Peterson, G. W. & Bush, K. R. (Eds.), *Handbook of Marriage and the Family* (3rd ed.), New York: Springer.

121. Allen, K. R., 2016, "Feminist Theory in Family Studies: History, Biography, and Critique", *Journal of Family Theory & Review*, Vol. 8, No. 2, pp. 207-224.

122. Berk, S. F., 1985, *The Gender Factory*, New York: Plenum Press.

123. Berkowitz, D., & Marsiglio, W., 2007, "Gay Men: Negotiating Procreative, Father and Family Identities", *Journal of Marriage and Family*, Vol. 69, No. 2, pp. 366-381.

124. Bittman, M., England, P., Sayer, L., Folbre, N., & Matheson, G., 2003, "When Does Gender Trump Money? Bargaining and Time in Household Work", *American Journal of Sociology*, Vol. 109, No. 1, pp. 186-214.

125. Deborah S. Davis, 2014, "Privatization of Marriage in Post-Socialist China", *Modern China*, Vol. 40, No. 6, pp. 551-577.

126. Doherty, W. J., Boss, P. G., LaRossa, R., Schumm, W. R., & Steinmetz, S. K., 1993, "Family Theories and Methods: A Contextual Approach", In Boss, P. G., Doherty, W. J., LaRossa, R., Schumm, W. R., & Steinmetz, S. K. (Eds.), *Sourcebook of Family Theories and Methods: A Contextual Approach*, New York: Plenum.

127. England, P., 2010, "The Gender Revolution: Uneven and Stalled", *Gender and Society*, Vol. 24, No. 2, pp. 149-166.

128. Expert Group Meeting (EGM), 2012, *Good Practices in Family Policy Making: Family Policy Development, Monitoring and Implementation: Lessons Learnt*, New York.

129. Ferree, M. M., 1990, "Beyond Separate Spheres: Feminism and Family Research", *Journal of Marriage and the Family*, Vol. 52, No. 4, PP. 866−884.

130. Ferree, M. M., 2010, "Filling the Glass: Gender Perspectives on Families", *Journal of Marriage and Family*, Vol. 72, No. 3, pp. 420−439.

131. Few-Demo, A. L., Humble, A. M., Curran M. A., & Lloyd, S. A., 2016, "Queer Theory, Intersectionality, and LGBT-Parent Families: Transformative Critical Pedagogy in Family Theory", *Journal of Family Theory & Review*, Vol. 8, No. 1, pp. 74−94.

132. Fishman, P. M., 1978, "Interaction: The Work that Women Do", *Social Problems*, Vol. 25, No. 4, pp. 397−406.

133. Fox, G. L., & Murry, V. M., 2000, "Gender and Families: Feminist Perspectives and Family Research", *Journal of Marriage and the Family*, Vol. 62, No. 4, pp. 1160−1172.

134. Gordon, L., & Hunter, A., 1977−1978, "Sex, Family and the New Right: Anti-Feminism as a Political Force", *Radical America*, Vols. 11 & 12, Part 6 & 1 Nov/Feb combined issue, pp. 9−25.

135. Hilary Graham, 1991, "The Concept of Caring in Feminist Research: The Case of Domestic Service", *Sociology*, Vol. 25, No. 1.

136. Hu, Y., 2019, "What about Money? Earnings, House-hold Financial Organization, and Housework", *Journal of Marriage and Family*, Vol. 81, No. 6, pp. 1091−1109.

137. Jessie Bernard, 1972, *The Future of Marriage*, New York: Bantam Books.

138. Kingsbury, N., & Scanzoni, J., 1993, "Structural-Functionalism", In Boss, P. G., Doherty, W. J., LaRossa, R., Schumm, W. R., & Steinmetz, S. K. (Eds.), *Source-Book of Family Theories and Methods: A Contextual Approach*, New York: Plenum.

139. Komarovsky, M., 1992, "The Concept of Social Role Revisited", *Gender and Society*, Vol. 6, No. 2, pp. 301−311.

140. Komter, A., 1989, "Hidden Power in Marriage", *Gender and Society*, Vol. 3, No. 2, pp. 187−216.

141. LaRossa, R., 1988, "Fatherhood and Social Change", *Family Relations*, Vol. 37, No. 4, pp. 451−457.

142. Mary Daly, Jane Lewis, 2000, "The Concept of Social Care and the Analysis of Contemporary Welfare States", *The British Journal of Sociology*, Vol. 51, No. 2.

143. McDowell, T., & Fang, S. R. S., 2007, "Feminist-informed Critical Multiculturalism: Considerations for Family Research", *Journal of Family Issues*, Vol. 28, No. 4, pp. 549−566.

144. Mullings, L., 1994, "Images, Ideology, and Women of Color", In M. Baca Zinn & B. T. Dill (Eds.), *Women of Color in U. S. Society*, Philadelphia: Temple University Press.

145. Orgill, J., and Heaton, T. B., 2005, "Women's Status and Marital Satisfaction in Bolivia", *Journal of Comparative Family Studies*, Vol. 36, No. 1.

146. Osmond, M. W., & Thorne, B., 1993, "Feminist Theories: The Social Construction of

Gender in Families and Society", In Boss, P., Doherty, W., LaRosa, R., Schumm, W., & Steinmetz S. (Eds.), *Source Book of Family Theories and Methods: Acontextual Approach*, New York, NY: Plenum.

147. Potuchek, J. L., 1997, *Who Supports the Family? Gender and Breadwinning in Dual-Earner Marriages*, Stanford, CA: Stanford University Press.

148. Risman, B. J., 2004, "Gender as a Social Structure: Theory Wrestling with Activism", *Gender and Society*, Vol. 18, No. 4, pp. 429–450.

149. Thompson, L., & Walker, A. J., 1995, "The Place of Feminism in Family Studies", *Journal of Marriage and the Family*, Vol. 57, No. 4, pp. 847–865.

150. Treas, J., & Tai, T., 2016, "Gender Inequality in Housework across 20 European Nations: Lessons from Gender Stratification Theories", *Sex Roles*, Vol. 74, No. 11–12, pp. 495–511.

151. Yunxiang Yan, 2009, *The Individualization of Chinese Society*, London: Routledge.

女性与媒介研究综述（2016~2020年）

孙 萍 曹曦予[*]

2016~2020年的女性与媒介研究，接续了新闻传播学领域的媒介研究和性别研究的交叉研究成果。其中，女性与媒介的交互成为核心议题，且文章数量有所增加。从主题来看，诸如女性主义理论、媒介形象、媒介使用等经典研究议题仍得到较多关注，但与此同时，随着媒介技术的快速发展，新的媒介现象和研究议题也在涌现。例如，媒介载体从大众媒介逐步转变为新媒体平台，新型媒介内容和文本成为重点讨论对象。这些研究议题追踪了新媒介发展中呈现的性别问题及其变化，同时对当前社会变迁和技术发展的性别动向进行了反思和讨论。

一 研究概述

本文以"传播+女性""传媒+女性""媒介+女性"为关键词，在中国知网（CNKI）"中国期刊全文数据库"中进行搜索，时间跨度设置为2016年1月1日至2020年12月31日，学科设置为"新闻与传媒"，共得到1060篇文献。经过筛选清除卷首语、新闻快讯、会议纪要、征稿通知以及主题不包含女性与媒介主题的文章之后，共得到有效文献430篇，本文以此作为主要分析对象和分析依据。

本文使用"微词云"网站对所得文献进行词频分析以统计文献标题中各词语出现的频次。统计发现，这五年内频次最高的六大关键词分别是"女性"、"媒体/媒介"、"传播"、"形象"、"性别"和"女性主义"。通过对各个关键词在2016~2020年每年中的频次变化进行统计，发现六个主要关键词的频率基本呈现逐年增加的趋势（见图1）。

* 作者简介：孙萍，女，中国社会科学院新闻与传播研究所副教授；曹曦予，女，澳门大学社会科学学院传播系博士生。

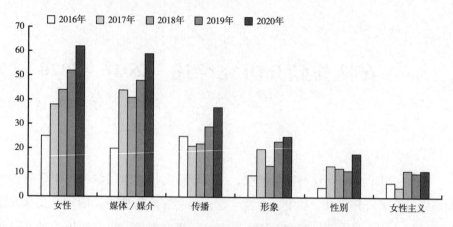

图1　六大关键词在2016~2020年的频次变化

通过使用CiteSpace对所有搜集到的文献题目、关键词和摘要进行节点分析，结果发现，数据集共生成节点753个，节点连线1636个，节点密度为0.0058。这表明不同节点间的关系较为松散。根据节点位置、节点大小和颜色的深浅可以看到，处于图谱中间的"女性主义"为中心性最高的主题，也是最关键的节点，随后依次是"女性形象"、"新媒体"和"媒介形象"（见图2）。

为研究这五年不同议题在不同时期的变化，本文使用了重点关键词突现功能，该功能可以展现出具有突增或突减情况的主题关键词。通过分析发现，"网红经济"在2016~2017年出现了最大强度的突现情况，紧随其后的四个关键词是"大众传媒"、"话语权"、"网络"和"框架分析"。2016~2017年正值网络直播兴起，女性成为重要参与和消费人群，可以看出，媒介形态的变革正在催生性别和媒介技术的多元讨论议题。

在研究课题方面，本文以国家社科基金项目数据库和教育部人文社会科学研究数据库为资料来源，设置学科分类为"新闻与传播学"，项目名称关键词设置为"女""女性""性别"，立项时间为2016~2020年。相较于2011~2015年的1个青年项目，这一时间段国家社会科学基金与性别相关的项目增至6个，包括：一般项目"少数民族女性新媒体赋能研究""青少年女性数字媒介文化实践研究""基于自媒体的女性参与赋能机制研究""社会性别视角下女性媒体工作者的职业发展研究"，青年项目"城乡融合背景下农村女青年社交媒体使用与身份建构研究"，以及后期资助项目"报刊媒体与近代中国女学"。教育部人文社会

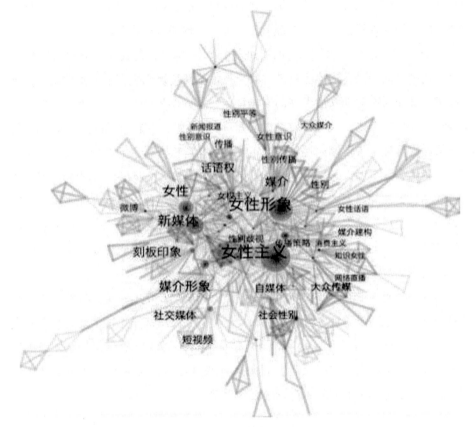

图 2　2016~2020 年女性与媒介研究主题词、关键词共现

科学研究的立项项目也比 2011~2015 年有所增加，共有 4 项："晚清民国女性报刊对国民性别观的现代性启蒙研究"、"珠三角工厂女工社交媒体中的疾痛叙事与传播赋权研究"、"中国女性预防'两癌'风险之健康传播研究"和"自媒体中性别暴力的传播机制与协同治理研究"。

　　在学位论文方面，通过中国学术期刊网进行"媒介""传播""性别""女性"四个关键词的搜索整理发现，2016~2020 年共有 212 篇学位论文，相较于 2011~2015 年有所减少。其中，206 篇为硕士学位论文、6 篇为博士学位论文。这些学位论文的研究议题较为集中，其中 78 篇为女性的媒介/媒体形象研究，占比达 36.8%。关于媒介形象的研究集中体现在博士学位论文中，议题分别为性别文化的媒介多元、国家话语中的女性形象建构与表征、流动女工健康话语的建构与传播、印象管理维度下女性自拍、媒介视域中的女性角色建构以及基于文化批判视角的网络女性形象，大多围绕形象建构、呈现和传播展开。

在研究专著方面，"媒介与女性蓝皮书"《中国媒介与女性发展报告》继续出版，这一时间段的蓝皮书主要围绕媒介技术革新和媒介生态下的女性发展，阐释技术、媒介对新时期女性发展的影响特点、趋势以及未来展望。书中共包括三个篇章：女性媒介篇、媒介再现篇以及媒介与女性发展篇。在国际学术语境下，结合第四次女性主义浪潮，性别议题正在成为学者重点讨论的方向。

在学术会议方面，2017 年南京大学召开了"全球性别研究工作坊"，聚集了来自欧洲、美洲和亚洲的女性主义学者，就女性主义理论、跨国女性主义、性别与媒体等议题展开了讨论与交流。这一时期，联合国教科文组织连续举办媒介与女性教席论坛，刘利群、周雯华等学者参与并就媒介与性别研究如何推进国内新学科的建设进行了讨论。

随着互联网产业和社交媒体的飞速发展，2016~2020 年的女性与媒介研究被进一步推进，呈现出愈加多样、新颖和女性主义的鲜明特征。这主要表现在两个层面：一是女性"借力"互联网，通过话语表达来展现自我意识与认知，挑战传统父权制社会话语；二是女性大量加入互联网经济，关注女性情感劳动的价值，性别劳动与性别平等的研究议题大量涌现。

二 主要研究内容

通过对媒介相关主要文献的梳理，本文将主体内容分为以下五个部分：媒介理论研究、女性的媒介使用、女性的媒介形象、媒介传播史、性别化的媒介消费。需要指出的是，这五个部分并非对这一时期所有文献的总结，而是有所侧重并有一定程度的概括。

（一）媒介理论研究

围绕性别议题，媒介理论研究主要关注并反思女性与媒介的关系，并在媒介这一概念的背景下发展出理论性的讨论。延续社会性别理论，媒介理论的研究主要从性别是如何被媒介语境建构的视角出发，探究社会建构论语境下的性别展演和性别权力关系。通过梳理，这一时期的媒介理论研究又可以分为女性主义媒介批判、话语权力、媒介赋能与发展三个方面。

1. 女性主义媒介批判

女性主义媒介批判视角主要探究在媒介的中介作用下，女性如何被外在的环境、技术、资本等因素影响并加以符号化的过程，其中也涉及性别气质的构建问题。马克思主义女权主义学者米切利·巴雷特（Michele Barrett）从唯物主义的视角，发现性别气质的二元论生成逻辑是"刻板印象-补偿-幻觉-恢复"，这一过程展现了父权制与资本主义意识形态的合谋。这一脉络的社会性别研究主张树立辩证的性别观，根除父权制的意识形态，打破传统性别劳动分工来实现性别平等（鹿锦秋、赵璐，2020）。在社会性别的理论基础之上，有学者提出"精神性别"的概念，主张从人本位出发，看到作为主观能动的个体选择和个体反思。作者认为，这种反思和选择往往是社会建构的、流动的。例如，通过与外部媒介的互动，个体会形成适应特定社会环境的性别定式。精神性别从本质上来说是一种社会性别，它实现的前提是每个人能够平等、自由和开放地进行表达。

工业化生产、商业化运作及其背后的资本权力依然是女性主义批判的重点研究领域。例如，有学者指出，随着文化工业的大发展，"女性主义"作为一种符号被置于工业化流水线上，同质化的工业生产使女性主义的发展变成空中楼阁（李晗，2019）。对各类媒介中的女性形象、性别话语的解读和阐释成为批判女性主义的重要发力点。有学者从米歇尔·福柯（Michel Foucault）的权力控制理论出发，认为媒介是男权与商业合谋来消费女性身体的"最佳途径"，而媒介的规训旨在制造女性焦虑，使女性失去自主权（刘榕，2017）。

对于媒介在其中起到的作用，学者观点不一。大部分学者认为，媒介对于展现父权规制、谋求女性消费起到"放大作用"。长期沉浸于父权意识形态影响下的媒介消费，会使女性受众呈现出"集体无意识"的状态，此种情形需要警惕，因为其在某种程度上反映出部分女性的性别意识淡薄、对男权文化妥协的倾向。学者普遍认同，在当下的语境中，争取女性平等话语的表达显得十分重要。有学者对新媒体中的女性话语进行分析后发现，新媒体环境下女性话语权存在缺失与异化的现象，对女性的议程设置依旧是"被看"的角色（何籽颖，2018）。造成这一情况的原因与女性社会地位较低、媒体从业者的性别意识薄弱、法律权益保障不到位等密切相关（叶晖，2018）。也有学者认为，当下的媒介处于"中立"状态，对男性主义和女性主义的展现并无刻意。例如，有学者从媒介技术与性别层面探究媒介的性别展现，通过对新媒体技术电视广告进行内容分析发现，在新媒体技术的媒体呈现中并没有显著的女性解放或男性霸权展现。男性和女性在新媒体内容呈现方面的平衡表明，男性霸权在新兴技术的语境下正面临挑战（卢嘉、刘新传，2017）。

2. 话语权力

话语权力的研究主要关注女性在家庭、工作等场域下的媒介表达与社会参与。按照诺曼·费尔克劳夫（Norman Fairclough）的定义，话语指代三个层面：文本、内容和社会实践（Norman Fairclough，2007）。从文本、内容层面看，社会上对男性、女性的社会文本建构存在普遍差异。例如，有研究发现，以"大叔"为代表的男性话语建构更加突出个体的能干、热情，而以"大妈"为主的女性话语建构则被贴上了"争抢""不守秩序""广场舞扰民"等负面符号标签（汪金刚、陈娟，2017）。

在媒介内容的生产层面，这一时期基于女性主义的文化生产伴随新媒体的普及和应用开始流行，网络亚文化群体出现了鲜明的女性化媒介生产内容，如耽美亚文化、腐女文化等。这些亚文化圈层通过网络空间聚集在一起，并以建立"女性空间"、展现"女性欲望"为主要目的和出发点，通过社群性的集体创作，女性文化内容生产得到极大拓展。不同于主流媒体，这些社群内容更加强调女性群体颠覆父权制的话语体系和社会想象，独立表达自我爱欲和性别意识（周亦琪、李琦，2016）。

文本、话语往往与性别的社会实践密切相关。女性的"焦虑"心理与社会话语中形塑的男权价值观、男性化的意识形态具有显著关系。例如，有学者研究PUA（Pick-up Artist）的情感传播，发现这一传播链条会经历"恐惧－不安－同情－反助"四个阶段，实施PUA的过程中存在身份映射和身份认同的区分，往往实施者是PUA自媒体和背后的男权意识，而"人质"则是女性粉丝、受众和媒体订阅者。在此过程中，被实施PUA的"受控者"会因为信息传递的不平等而感觉到受控、威胁，甚至出现认知失调（陈琦，2020）。

3. 媒介赋能与发展

媒介赋能与女性发展的视角主要讨论媒介的出现给女性主义的发展带来何种影响。有研究发现，新媒体的出现拓展了当代女性文学内容的生产、传播与消费，媒介通过舆论场的搭建、可视化的叙事和自媒体的加工，多元的传播渠道互相作用形成合力，构建了多元、广泛、稳定的受众群体（邓素娟，2020）。也有学者认为，影视作品重构了一些女性受众的自我认知，由于她们沉溺于影视、直播、短视频等媒体消费，媒体中的女性人物会成为她们自我符号化的标准和基础，从而造成理想与现实的落差。关于媒介使用过程中的媒介素养性别差异，有研究基于四川省居民的多阶段配额抽样调查发现，男性在"媒介获取能力""分析能力""创造能力"三个层面的媒介素养显著高于女性，此处的媒介主要指代报纸、电视、广播等传统大众媒体（马超，2019）。

（二）女性的媒介使用

媒介使用的正负面效果和影响是这五年媒介使用问题的关注重点。在新闻传播领域，媒介使用一直是经典并且热门的研究议题。目前学界对女性的媒介使用的研究在研究取向上分为两类：一类是将女性群体作为"去性别"的一般受众来进行考察，与青少年、老年等根据人口特征划分的群体无异；另一类则是引入性别理论，立足于女性身份的特殊性，关注到女性所处的结构性困境。

1. 女性的媒介使用所带来的社会赋权

第一，经济收入的提升。以直播、短视频为代表的媒介技术的兴起，为女性的社会资本和经济资本的增加提供了机会。女性学习熟练使用这些媒介技术，并参与电商活动，能够由此获得就业机会（楚亚杰、王琳，2020）。例如，通过在快手平台制作短视频，一些从事农业、畜牧业的农村女性能够获取技术信息使用经验，从事电商的农村女性则能够获得经济收益（闫彦、刘燕红，2020）。

第二，信息赋权与政治参与的增加。媒介技术为女性获取政治信息拓宽了渠道，更为其话语表达和政治参与提供了空间。有学者发现，媒介技术对女性公共事务话语参与和行动参与均具有直接促进作用（余来辉、王乐，2021）。宋素红、靳怡、朱雅琪（2018）提出媒介技术影响了女性的道德状况和自我的身体意象。女性作为社交媒体的积极使用者，媒介使用情况对其道德认知状况有正向影响，尤其是 QQ 和微博的使用。冯剑侠（2019a）在对孟加拉国"信息女士"（Infolady）个案项目的分析中发现，在全球南方的语境中，"信息女士"作为一种信息中介，可以有效地为乡村女性提供信息与传播技术的接入服务，其在行动者网络建构、主体性培育、独立自主可持续赋权机制等方面的经验为中国网络扶贫与妇女发展提供了参考。

第三，性别观念的改造。有学者提出新媒体技术的流行和使用实际上在一定程度上挑战了男性霸权（卢嘉、刘新传，2017）。郭燕平（2016）以20世纪50年代陕西地区的流动电影放映为例，阐释了被认为是现代宣传工具的电影如何大规模进入农村，参与新中国早期对性别观念的改造。通过对《中华人民共和国婚姻法》和能干的农村妇女形象的宣传，电影放映形塑了新的农村妇女形象，动摇了既有文化对女性身份的固定想象。

2. 媒介技术使用的负面影响

第一，负面身体意象。有研究提出，暴露在社交媒体信息之中的女性会将她们所接触的信息内化成标准来评价自己，从而导致负面身体意象，同时注意到女性的身体意象障碍倾向普遍存在（宋素红、朱雅琪，2019）。

第二，网络暴力。随着新媒体技术的发展，不同传播主体获得了更多的自由，然而却使信息控制自身受到来自信息反身性的制约，其中最为明显的一种表现为伦理失范。女性的网络自拍有意无意地将日常生活中的"后区"推向了社交媒体的"前台"，存在隐私泄露的隐患，进而给网络暴力的滋生创造了机会（蔡雨坤，2017；陈琦，2020）。

第三，媒介使用带来的"去权"或"减权"问题。传媒被父权制意识形态和资本主义合谋利用，刻意制造了性别气质的二元对立（鹿锦秋、赵璐，2020）。

第四，结构性的不平等对媒介技术赋权的限制。有学者将生命历程视角用于数字媒介研究，探讨个人和家庭层面的因素对流动女性手机使用的重要影响。通过田野观察、焦点小组和非正式访谈的数据收集方式发现，珠三角地区的流动女性内部的差异性和多样性被以往的农民工媒介使用研究所忽视。流动女性群体的内部差异，不能简化为年龄变量本身，而是与流动人口性别化的、充满不确定性的生命历程有关。一方面，国家主导的社会经济政策和教育政策结构性地影响了流动人口的生活机遇；另一方面，处于不同生命阶段的流动女性在家庭内部和就业市场上有着不同的角色期待和身份定位。基于不同生命阶段的个体和家庭决策，她们的工作性质、居住环境和家庭劳动分工是多样化的，这些因素形塑了她们的手机使用习惯和媒介内容偏好（章玉萍，2018）。电视是家政女工接触程度较高的媒介，但也因顾虑到雇主的感受，其接触电视的时间并不多。家政女工被认为对于网络媒介存在恐惧和误读，无意通过媒介来发声表意、自我赋权，仍选择退居现实社会中亲友建立的强关系社交圈之中（王淑华，2016）。虽然这些女性在主观意愿上有和外界连接、获取信息的需要，但客观因素阻碍了这一需要的满足，比如研究中提及的雇主对劳动时长和媒介设备使用时长的要求等。较大的年龄、较低的受教育水平和经济水平，都使我们无法仅从"个人媒介素养"的角度去归因家政工的媒介使用行为。

　　除了以女性为唯一的研究对象，还有一些研究呈现了用户媒介使用中的性别差异和代际差异。有学者提出了用户媒介使用宽度的性别沟问题，即女性的媒介使用宽度（或广度）大于男性（喻国明、韩婷，2020）。也有学者关注微信使用行为上的性别差异，如女性用户更多获取娱乐休闲和情感交流的信息，与男性用户偏向国家大事、历史揭秘、新闻评论的媒介使用行为不同（陆高峰，2020）。有学者基于中国网民社会意识调查数据分析提出，社交媒体政治新闻使用具有性别差异性效应，相比于男性，女性强关系社交媒体政治新闻使用水平显著更高；而在女性群体内部，新生代女性弱关系社交媒体政治新闻使用水平显著更高，老一代女性强关系社交媒体政治新闻使用水平显著更高（薛可、余来辉、余明阳，2018）。

（三）女性的媒介形象

　　这五年女性媒介形象的研究以批判的取向为主，相比于上一个五年，细分方向发生了明显转变：一是关注传播渠道的变化，新型媒介渠道的诞生和普及，如短视频和直播平台等；二是随着新技术和传播渠道的诞生而产生的新职业与社会角色，如女性网红、女主播和女偶像练习生等。在地域和阶层方面，农村底层女性和城市高知女性都有各自的研究关注点，而刻板印象、污名歧视、对女性的物化与异化等经典问题也在新媒体发展背景下得到讨论。

1. 职业女性的媒介形象

　　通过对修辞、视觉、互动关系的分析，不论是女运动员、女领导、女记者，还是新兴"女网红"，即女性短视频创作者、女主播，大量文献发现其共性问题是，女性群体的身材、外貌、性格和私生活等被刻意强调，而其职业身份中的价值、观念、能力等被刻意忽略。女性职业群体仍然在以男性为中心的父权制文化下被歧视、被边缘化。

　　例如在体育领域，比起力量和竞技能力，媒体更多关注女性的身材和颜值，强调其"美丽""性感"等特征（武学军、张淋茜，2017；刘若衡、王蕾，2019）。

在政治领域，女性从政人士通常被看作男性政治体系的补充，媒体往往刻意凸显女性的感性性格和性感的身形而非领导能力（张敏，2017）。这一问题的存在历时已久，有研究发现，20世纪40年代的媒体对国民大会女代表的媒介形象的呈现，集中于其色情化的身体和私人生活，其参政理念却被忽视（耿春晓，2017）。

此外，也有研究对近些年女性被贬损的形象进行质疑。薛英杰（2019）在研究中发现，随着社会经济的发展和女性力量的提升，由此产生的男性焦虑正在成为中美影视剧中重要的创作内容，作者发现，美剧《了不起的麦瑟尔夫人》和《实习生》都展现了女性成就的崛起如何挑战男性霸权以及当代年轻男性力量的衰落。

2. 文化工业和消费社会对女性形象的塑造

王晴锋（2018）论述了欧文·戈夫曼（Erving Goffman）的《性别广告》一书如何展现和分析广告中的性别关系。具体来说，戈夫曼从尺码相对大小、温柔的抚触、功能等级、家庭场域、次属地位的仪式化以及被许可的情境撤离六个维度解码商业广告中的性别呈现，他认为这些因素是父权制的微观运作机制。杜莉莉（2017）对19世纪末法国自行车海报广告中的女性图像进行分析后发现，商业海报借助石印术广泛发行，这一时期的法国自行车海报呈现了各种鲜活的女性形象，在缔造了一个资本主义经济神话的同时，还真实呈现了19世纪下半叶法国女性平权、解放运动的现实、意义与局限。

在国内网络短视频、直播平台中，男性视角和资本塑造了一套年轻、性感和美丽的女性身体标准，强化了女性的媒介刻板印象（王婷、刘乾阳，2019），使"女主播"有被异化和物化成为商品社会附庸的风险（隗辉，2020；季夫萍、李艳华，2017）。男性观众和女性主播形成牢固的"看"与"被看"的关系，而"打赏"和"被打赏"的互动行为建构了一种女性屈从于男性凝视的权力关系（曾一果，2018）。同时，这种刻板的女性形象塑造不仅来自男性观众，也来自女性观众。在美妆短视频领域，女性观众排斥并攻击不符合"美女"标准的女性博主，存在"性别嫌恶话语"，也被学者认为是一种"厌女症"的表现（徐智、高山，2019）。

3. 农村女性的媒介形象

有学者发现，媒体报道呈现的农村留守妇女形象大多是任劳任怨、弱势、孤独的，虽报道数量增加，但存在缺乏多样性、弱化现实困境、扭曲妇女形象等问题（陈红梅，2017）。女性农民工的叙事中也存在类似问题，"受难+负面行为"和"积极上进的先进分子"占较大比重，也就是说，女性农民工更多作为不良行为（如情感欺骗、抢劫、盗窃）的受害者出现，她们缺乏攻击性，更为柔弱，被媒体统称为"打工妹"，但对她们的现实生活的深入调查却被忽视（梅寒、史少君、陈希等，2019）。

4. "剩女"研究

对于多年来常见于媒体的"剩女"形象中的歧视和污名问题，学者持不同观点。有研究认为，通过多样化的符号文本，大众媒介完成了对于"剩女"这一符号的脸谱化形塑——高学历、高收入、高职位；挑剔、焦虑和不孝。"反剩女"的符号被男性话语挪用和占有，反映出女性主义的困境（张明照、贺芳菲，2019）。同时，"剩女"一词常常被置于社会治理的框架和逻辑之下进行讨论，该逻辑背后隐藏了不平等的话语权力，女性被置于一种"等待被管理"的位置、是被选择的客体，其主体性被歼灭（张雯、余红，2017）。但也有研究提出与之相反的结论：通过对新浪网中"剩女"报道的分析，归类出"婚姻理性主义者"和"急嫁主义者"两种主要媒介形象，认为媒体报道总体上较为客观，一定程度上还原了"剩女"群体的真实形象，是对"剩女"媒介形象的呈现性建构，并不是污名化建构（董天策、王慧超，2017）。周培勤（2015）通过对好莱坞创造的小妞电影进行分析后发现，这一电影类别提供了大量女性凝视的机会，成为中国流行文化的新现象；从"她经济"的视角来分析，这种女性的凝视是在"剩女"的语境中基于消费力而实现的，小妞电影因而体现着浓厚的消费主义，并且延续了传统的性别主义。

5. 儿童性别暴力的媒介再现

卜卫、刘晓红、田颂云（2019）在 2013 年联合国及社会组织对于性别暴力的扩展定义的基础上，探究了 5 家印刷媒介和新浪网文对儿童校园性别暴力的报道内容特点，并分析了媒介报道的政治伦理性。文章通过内容分析，展现了校园性别暴力的呈现频度、类型、受害人的脆弱情境，并指出媒体报道应该增强社会性别敏感度，在遵守儿童利益最大化原则的基础上进行报道。

（四）媒介传播史

概括来说，媒介传播史与性别的结合主要探究以下三个方面。

1. 历史上女性的媒介参与和媒介表达

有学者发现，民国时期女性精英知识分子借报刊等媒介积极参与政治实践，并试图从性别平等的视野参与共和政治的讨论（张朋、张勇丽，2019）。这一时期的女性报刊和女性参与办报，是女性建立自我身份认知的重要渠道。其中，一些女性和报纸捆绑在一起，成为重要的时代符号，如康同薇和《知新报》、吕碧城和《大公报》、秋瑾和《中国女报》等。女性的媒介参与推动了女学教育的发展，在一定程度上推进了女性的改革和社会变迁（施延吉、胡晓林，2017）。通过研究"五四"妇女解放运动中的情感动员，有学者发现，女性的主体意识由爱国情怀、丧权辱国的愤怒以及作为公民的国家社会责任感组成，"悲愤"与"痛苦"成为"五四"女性运动的情感动员核心机制（冯剑侠，2019b）。

2. 根据地和新中国女性群体的媒介画像和媒介形象

有学者对《边区群众报》进行了研究，该报纸是中国共产党创办的第一份关注农村妇女的报纸，通过对该报的内容分析发现，《边区群众报》展现的最重要的妇女形象是劳动者形象，同时关注买卖婚姻、家庭暴力等问题。这些女性报道呈现了妇女社会空间不断拓展的现实（田颂云，2017）。刘希（2017）考察了1949~1964年三份妇联刊物——《中国妇女》《北京妇女》《现代妇女》中底层劳动妇女口述或撰写的叙事文本，她们将官方的政治和性别话语融入其自述文本中，呈现了丰富的"（妇女）解放的语言"。她们借用"劳动者""剥削""阶级"等不同社会主义话语框定自身经验，再现自身遭遇的以经济剥夺为基础的阶级和性别等多重压迫；用"封建"命名并反抗公共和私人领域的男权思想；用"劳动妇女""主人""同志"等概念重塑自我认同，肯定自身的劳动付出和意义，想象新的性别身份和关系，并在这一过程中积极构建平等、受尊重和政治性的主体身份。刘希认为，这一时期的女性并未将自己看作新社会体系的被动的受益者，而是在自我解放和再现中努力呈现自身的能动性。

从媒介史的发展角度来说，媒介的发展形态会影响对女性的记录与记载。例如，有研究发现，从春秋、两汉到唐、宋、民国时期，由于媒介形态的演变，从最早的结绳记事到龟甲篆文再到竹简书帛，不同阶段对女性的记录不同，因此历史文本中出现的对"美"的定义也并不相同（张晓茜，2020）。也有学者发现，媒介对历史的再现和对女性媒介形象的建构能够影响当下人们对历史时间的价值重估。通过对 BBC 制作的"一战"历史纪录片的分析，有学者发现，记录的媒介形态能够以媒介记忆的方式让人们记住战争，并用现代性的方式重新反思第一次世界大战中女性和青少年的历史贡献（刘言武，2020）。

3. 女性作为"媒介"

在古代社会建立合作联盟、政治信任或者进行外交沟通时，"联姻"成为一种重要手段，在此过程中，女性变成一种关系性的"媒介"，用以达成国与国之间的外交目的。例如，有学者发现，"以女为媒""秦晋之好"成为中国政治发展中的重要手段。女性成为一种兼具生物和社会的"复合媒介"，通过"联姻"达到消弭冲突、实现和平的作用。女性作为一种"媒介"，体现出历史长久的父权制对女性"工具化"和"物化"的使用（潘祥辉，2018）。

（五）性别化的媒介消费

随着网络视频平台如爱奇艺、优酷、腾讯视频、芒果 TV 等的崛起，以及互联网新型社交方式如直播、短视频等的流行，女性主义成为资本盈利的重要抓手。当然性别化的媒介消费是一个时代性别观念的一体两面，以女性为主体的消费行为本身，如购买、观看等社会行为体现出传统父权的"凝视"；与此同时，女性在社交媒体上的可见性也不断增强，更加能够凸显出其消费行为背后连带的消费观念和性别观念。

1. 电视节目性别标签的顺从与突破

以综艺节目为例，研究多集中于探究女性角色与女性表达的特色，以此反思性别的社会建构。在此过程中，节目制作本身对女性身体和对"美"的建构与规训成为媒介消费的核心。有学者指出，在一些网络综艺节目的录制中，女性角色存在明显的表达缺失，如一些女嘉宾通常会被贴上"性感""可爱""蠢萌"等单一化、去智化的标签（张岩，2019）；还有一些网络选秀节目，通过对女性身体和"美丽标准"的塑造，建构出基于父权制和资本化的女性标准，从侧面剥夺了女性参与媒介表达的话语权（白珊，2018）。同时，在网络选秀、综艺等节目中，媒体和资本双双联合，通过对女性身体和女性话语的再塑造来制造文化认同、创造符号意义，让粉丝买单，此种"被创造的文化自主"背后是资本和商业逻辑对女性消费的深度嵌入（徐瑾阳，2019）。

而另一个层面，随着受众对传统的女团综艺产生审美疲劳，性别意识的崛起在媒介领域也日渐凸显，更加具有性别素养的综艺、媒体节目受到追捧。如2020年芒果TV推出的综艺节目《乘风破浪的姐姐》，在性别化的"消费"的层面展现出全然不同的价值取向。不同于传统的"贴标签"和规训，《乘风破浪的姐姐》等新型女性综艺节目更加关注女性作为主体以及女性个人的选择和智识，从欣赏单纯的规训美到关注更加立体、多元的性别身份和性别认知，在一定程度上推动了媒介领域性别素养的提升（郑士辰，2020）。

2. 媒介化职业

媒介化职业研究主要指对从事媒介产业相关领域的女性群体进行研究。随着短视频和网络直播的发展，新兴的一些女性职业如女主播、女博主等成为热议话题。不同于综艺节目中的专业化编排，短视频和直播中的女性展演带有较大自主性和自觉性，但同样受制于平台的商业逻辑规训和资本游戏规则。例如，有研究发现，"女主播"已经成为一种商业模式，女性通过情感劳动取悦观众，也取悦资本。部分女性利用自身对身体的自主控制，通过展示、装饰、表演来让自己更加符合当下的审美规范（王伟，2017）。

3. "她"消费

互联网背景下的女性消费成为近些年资本追捧的重要领地。"她时代"的到来，一方面暗示女性成为电子商务、直播带货的重要受众群体，另一方面预示着女性与互联网资本的动态关系正在重塑市场消费的权力格局。女性如何消费和为什么消费成为讨论的重点。在关于女大学生"裸贷"的研究中，有学者研究发现，生活穷困导致的"无尊严"和"裸体"的羞耻感使女大学生陷入巨大的"裸贷"漩涡，"裸贷"的出现与新媒体环境密切相关，社交媒体"曝光"的压力成为其还款的"抵押"，这一社会现象延续了物化女性的消费观念（丁莉，2018）。新媒体传播下的女性消费欲望强烈，呈现出频率快、金额大的特点（韩利君，2018）。以小红书App为例，有学者探究了新媒体平台如何影响女性的时尚消费，在作者看来，新媒体购物平台正在通过各种具有黏性的使用机制换取女性消费者的信赖，女性在使用过程中会出现不理性消费和冲动消费等。女性"整容"消费也成为当下讨论的重点。有学者通过问卷调研发现，社会中低收入阶层的女性将"整容"视为更改自身"身体资本"的行为，外在的人际关系和内在对于身体的满意度会影响到女性的整容消费（闫岩、许孝媛，2019）。

三　研究不足与展望

总体而言，这五年的性别与媒介研究成果丰富，议题趣味性强，且紧跟中国语境下的性别问题，对记录和分析中国在这五年间的性别媒介史具有重要作用。但是，仍然存在以下不足。

第一，研究浮于文本，缺乏学术规范，深度与反思不足。我们在进行文献阅读抽样的过程中发现，有相当一部分文章的学术质量堪忧，很多以性别分析为主体的文章存在篇幅小、论述简单、立论不清晰等问题，无法将其纳入文献综述中。尤其是在媒介研究部分，其研究框架存在窄化、狭隘等问题，在性别的理论和实证分析上做得不够规范和深入。例如，许多研究采用案例分析的方法，即找到一个媒介节目或者媒介内容进行文本或内容解读，但对媒介和女性理论的发展与反思则少之又少。

第二，实证研究和传播行动主义研究较少。与对文本和现象的大量解读形成鲜明对比的是，聚焦行动者和行动本身的研究比较少，制约着性别与女性研究的发展。虽然一些研究关注到富有新意和趣味性的现象，但大多是观点先行，只停留在对现象进行评论和阐发，观点本身缺乏有力的实证支撑。再者，女性群体作为研究主体，她们自己的声音和生命故事并没有得到真正的关注，具体而真实的行动被研究者基于自身立场的观点一言蔽之。女性之于一部分研究者而言，仍然是被评判、被观看的"他者"。

第三，从整体来看对底层女性经验的研究不足。诸如城市女性的消费、媒介使用、形象、品位等研究在数量上占据了较大比重，这一研究取向未免有默认将性别问题的焦点放置于城市中上阶层之嫌，仅有极少数研究关注农村以及城市底层女性的经验，致使这类女性群体进一步失语。性别群体内部的阶层和不平等问题同样反映在学术研究之中。

第四，媒介的使用是重要的技术关注议题，但是研究多局限于手机的使用。技术的性别化是一个有趣的议题。当下，媒介的形态各异，表现和展现手法各不相同，不同媒体介质对性别议题的阐释也存在显著差异。随着数字化的不断推进，媒介的技术属性愈加明显，技术作为一种媒介或性别化的组成方式如何被表征、被看见、被使用，是值得探究的问题。

对于上述问题，本文提出以下相应改进建议以及对未来研究的展望。

其一，重视研究方法的规范性，增进对理论的反思与发展。未来的女性与媒介研究应立足于扎实、科学的研究数据，而非仅限于个人经验和观点的阐发，从数据的收集和处理开始就注重学术规范与伦理，在深入分析的基础上反思现有理论，发展新理论。在将新现象、新动态摆至前台的基础上，更要注重知识的生产，从而推动女性与媒介研究的不断完善。

其二，关注行动者，聚焦女性的生命故事。近年来，媒介研究的领域早已不再局限于报纸、电视、社交媒体等载体中的文本材料，技术、身体等也成为媒介，扩展了媒介研究的关注领域。本文认同文本研究的价值和重要性，但也期待更多的研究者能够主动走向行动者、成为行动者，在行动中理解和反思，创作出有鲜活生命力的学术研究作品。

其三，反思研究者身份局限性的伦理问题。"从自身出发"的研究路径既有利于研究者展开研究，也有弊于研究者囿于自身经验，而忽视了广袤世界的多样性。尤其是基于网络媒体的研究，研究者应当注意"数字鸿沟"的存在，认识到仍有许多女性无法在网络上为自己发声，还有相当一部分人无法接触到新兴媒介技术，从而走出研究的"盲区"，增进社会关怀和人文精神。

随着中国女性主义的崛起，媒介正在成为阐释、解读、转译性别议题的重要领域，因此十分需要重要、深入、详细、实证的研究，也需要更多关注女性群体的现实困境和生存状况、更尊重女性主体性的研究。

参考文献

1. 白珊（2018）：《"美"在视觉传播过程中的建构与表达——以网络选秀节目〈创造101〉为例》，《新媒体研究》第 23 期。

2. 卜卫、刘晓红、田颂云（2019）：《校园性别暴力的媒介再现研究》，《妇女研究论丛》第 1 期。

3. 蔡雨坤（2017）：《网络暴力的性别视角与研究思路》，《青年记者》第 23 期。

4. 陈红梅（2017）：《我国农村留守妇女媒介形象的呈现与建构》，《山西师大学报（社会科学版）》第 3 期。

5. 陈琦（2020）：《场景消解：女性网络自拍中的后区迷失》，《现代传播（中国传媒大学学报）》第 2 期。

6. 陈琦（2020）：《规训、惩戒与救赎：PUA 情感传播中的"斯德哥尔摩效应"》，《现代传播（中国传媒大学学报）》年第 9 期。

7. 楚亚杰、王琳（2020）：《数字传播技术与女性发展：以短视频类社会化媒体为例》，《今日科苑》第 2 期。

8. 邓素娟（2020）：《从〈82 年生的金智英〉看新媒体对当代文学传播的影响》，《科技传播》第 8 期。

9. 丁莉（2018）：《新媒体时代的消费奇观——社会学视野中的裸贷和"女大学生"》，《湖北函授大学学报》第 1 期。

10. 董天策、王慧超（2017）：《"剩女"媒介形象是反映现实还是人为建构？——新浪网 2011~2015 年"剩女"报道研究》，《新闻界》第 11 期。

11. 杜莉莉（2017）：《驰骋的新女性——19 世纪末法国自行车海报广告中的女性图景》，《妇女研究论丛》第 3 期。

12. 冯剑侠（2019a）：《全球南方视角下的 ICT 赋权与乡村妇女发展——以孟加拉国"信息女士"项目为个案》，《妇女研究论丛》第 4 期。

13. 冯剑侠（2019b）：《悲愤与痛苦：五四妇女解放运动中的情感动员——以天津为中心》，《中国地质大学学报（社会科学版）》第 3 期。

14. 耿春晓（2017）：《1940 年代国民大会女代表的媒介形象研究》，《新闻界》第 9 期。

15. 郭燕平（2016）：《农村性别观念的现代性改造——以 20 世纪 50 年代陕西地区的流动放映为例》，《妇女研究论丛》第 6 期。

16. 韩利君（2018）：《浅析新媒体社群营销对女性时尚消费的影响》，《新闻研究导刊》第 6 期。

17. 何籽颖（2018）：《新媒体中女性话语权的缺失、异化与建构》，《西部广播电视》第 17 期。

18. 季夫萍、李艳华（2017）：《身份建构：人格、欲望、物化——网络直播中女性形象的媒介表达》，《电影评介》第 20 期。

19. 李晗（2019）：《新媒体文化产品中"女性主义"意义的偏移和消解——基于消费主义视角的研究》，《新闻研究导刊》第 1 期。

20. 刘榕（2017）：《从权力视域看大众传媒对女性身体消费的控制》，《新闻研究导刊》第 18 期。

21. 刘若衡、王蕾（2019）：《"迷失"的主体：图像传播视角下中国女运动员媒介形象建构》，《中华女子学院学报》第 5 期。

22. 刘希（2017）：《对"妇女解放"的认知——1949~1964 年三份妇联刊物中底层妇女自述初探》，《妇女研究论丛》第 6 期。

23. 刘言武（2020）：《史实再现与媒介形象：BBC 一战历史纪录片的社会历史分析》，《现代传播（中国传媒大学学报）》第 6 期。

24. 卢嘉、刘新传（2017）：《新媒体的性别属性》，《全球传媒学刊》第 1 期。

25. 陆高峰（2020）：《女性微信使用与信息传播特征及性别差异》，《新闻知识》第

11 期。

26. 鹿锦秋、赵璐（2020）：《性别气质二元论的生成与破解——基于唯物主义女性主义的文化传播学视角》，《山东理工大学学报（社会科学版）》第 4 期。

27. 马超（2019）：《"男女有别"：媒介接触、媒介信任与媒介素养的性别差异——来自四川省域居民的实证调查》，《山东女子学院学报》第 6 期。

28. 梅寒、史少君、陈希等（2019）：《我国主流报纸对女性农民工的媒介形象建构——以〈人民日报〉〈南方都市报〉〈羊城晚报〉报道为例（2009~2018）》，《东南传播》第 8 期。

29. 潘祥辉（2018）：《"秦晋之好"：女性作为媒介及其政治传播功能考》，《国际新闻界》第 1 期。

30. 施延吉、胡晓林（2017）：《论清末女性形象的媒介建构及历史意义》，《传播与版权》第 7 期。

31. 宋素红、靳怡、朱雅琪（2018）：《社交媒体使用与女性道德认知的相关性研究》，《当代传播》第 3 期。

32. 宋素红、朱雅琪（2019）：《社交媒体使用与女性负面身体意象的关系研究》，《当代传播》第 6 期。

33. 田颂云（2017）：《延安时期〈边区群众报〉女性报道研究》，《当代传播》第 3 期。

34. 汪金刚、陈娟（2017）：《社会达尔文主义的男权话语网络建构——以"大妈""大叔"为例》，《现代传播（中国传媒大学学报）》第 5 期。

35. 王晴锋（2018）：《戈夫曼论性别广告：基于仪式与框架的分析视角》，《妇女研究论丛》第 4 期。

36. 王淑华（2016）：《媒介"减权"·网络恐惧·自我区隔——杭州家政女性的媒介接触和使用实践分析》，《浙江传媒学院学报》第 1 期。

37. 王婷、刘乾阳（2019）：《网络视频直播空间中青年女性的自我建构与身份认同》，《当代青年研究》第 4 期。

38. 王伟（2017）：《"网红"：被消费的女主播》，《宁波广播电视大学学报》第 1 期。

39. 隗辉（2020）：《网络直播环境下的女性媒介形象异化研究》，《湖北社会科学》第 12 期。

40. 武学军、张淋茜（2017）：《"除了胸，你还应该关注她更多"——体育新闻报道中的女性形象研究》，《传媒观察》第 2 期。

41. 徐瑾阳（2019）：《新媒介环境下的符号消费与迷文化生产——以女性选秀综艺为例》，《新闻研究导刊》第 24 期。

42. 徐智、高山（2019）：《网络女性自治区中的性别歧视内化——自媒体美妆视频中的女性嫌恶现象及批判》，《国际新闻界》第 6 期。

43. 薛可、余来辉、余明阳（2018）：《社交媒体政治新闻使用的性别和代际差异——基于中国网民调查的实证分析》，《新闻记者》第 7 期。

44. 薛英杰（2019）：《全球化视野下男性焦虑的媒体呈现——以中美影视剧的比较为

中心》，《妇女研究论丛》第 2 期。

45. 闫岩、许孝媛（2019）：《弱媒体与强现实："发廊妹"整容消费的影响因素调查》，《新闻记者》第 6 期。

46. 闫彦、刘燕红（2020）：《农村女性用户快手短视频的"使用与满足"情况研究——以山西省柳林县军渡村为例》，《西部广播电视》第 15 期。

47. 叶晖（2018）：《大众传媒中女性话语权力的构建路径》，《传播与版权》第 6 期。

48. 余来辉、王乐（2021）：《媒介使用与女性公共事务参与：性别角色观念和公民参与意识的中介作用》，《山东女子学院学报》第 1 期。

49. 喻国明、韩婷（2020）：《用户媒介使用宽度的性别沟及其演进规律——基于生命阶段与代际演进的研究视角》，《社会科学战线》第 9 期。

50. 曾一果（2018）：《网络女主播的身体表演与社会交流》，《西北师大学报（社会科学版）》第 1 期。

51. 张敏（2017）：《他者媒介镜像下的她者——女性领导人媒介形象探析》，《青年记者》第 32 期。

52. 张明照、贺芳菲（2019）：《媒介化社会语境下的网络女性主义现实困境与逻辑进路——基于对互联网场域中"反剩女"话语的考察》，《东南传播》第 8 期。

53. 张朋、张勇丽（2019）：《共和政治与女权诉求：民初女子参政运动与精英知识女性的媒介化政治实践》，《新闻界》第 2 期。

54. 张雯、余红（2017）：《平权的假象——媒体"剩女"形象建构的纵向研究》，《中国青年研究》第 5 期。

55. 张晓茜（2020）：《论媒介发展初期对中华传统女性审美特点的记录与传播》，《汉字文化》第 10 期。

56. 张岩（2019）：《网络综艺节目女性角色的浅白化趋向——以〈火星情报局〉节目为例》，《新闻研究导刊》第 14 期。

57. 章玉萍（2018）：《手机里的漂泊人生：生命历程视角下的流动女性数字媒介使用》，《新闻与传播研究》第 7 期。

58. 郑士辰（2020）：《〈乘风破浪的姐姐〉：从媒体奇观到消费社会》，《视听》第 10 期。

59. 周培勤（2015）：《"她经济"视角下解读小妞电影的女性凝视》，《妇女研究论丛》第 1 期。

60. 周亦琪、李琦（2016）：《"腐女"群体与耽美亚文化的新媒体传播》，《传媒观察》第 6 期。

61. Fairclough, N., 2007, *Discourse and Contemporary Social Change*, Bern：Peter Lang.

女性主义艺术研究综述（2016～2020 年）

马聪敏 *

一　研究概述

女性艺术自古以来就是艺术研究领域无法避开的热点话题。女性自身独特的审美视角以及对传统美学的追溯和创新，使得女性艺术语言为中国艺术发展注入了新的形式。女性艺术不仅打破了传统意识对女性的束缚，也造就了当代艺术以及性别研究朝着多维度和多元化发展的良好态势，其创作实践以及研究与批评话语在中国艺术与性别的环境中彰显出一定的独特性。继 2011～2015 年的综述（马聪敏，2019）后，本文旨在梳理 2016～2020 年女性主义艺术领域研究的新进展。延续 2011～2015 年的相关界定，2016～2020 年女性主义艺术所呈现出的整体样貌，将从女性主义艺术理论、女性主义艺术批评、女性主义艺术史、女性主义艺术创作等方面进行梳理和呈现。

（一）文献筛选过程

1. 期刊论文、学位论文和会议论文

笔者以"女性"与"艺术"为双主题词，通过中国知网"中国期刊全文数据库"、"中国博士学位论文全文数据库"、"中国优秀硕士学位论文全文数据库"以及"读秀"、"超星"等搜索引擎，获得中文社会科学引文索引（CSSCI）来源期刊论文 305 篇。随后，分别以女性与艺术的各个分类如绘画、书法、篆刻、雕塑、摄影艺术、工艺美术、建筑艺术、音乐、舞蹈、戏剧艺术、电影电视艺术、新媒体艺术等为双主题词进行搜索，获得论文总计 609 篇、学位论文 214 篇。分别以"女性"与"艺术理论"、"女性"与"艺术批评"、"女性"与"艺术史"为双主题词，获得论文总计 12 篇、学位论文 6 篇。在会议论文方面，通

---

* 作者简介：马聪敏，女，陕西师范大学新闻与传播学院教授。

过对上述检索主题词进行检索，在会议系统中搜索到相关文章 12 篇，这些研究围绕女性主义艺术批评、新艺术的女性主义美学观点等议题展开讨论。

2. 学术论著

在著作方面，笔者根据《妇女研究论丛》编辑部提供的 2016~2020 年女性议题论著索引并结合自己的研究积累，筛选出 36 部主要著作相关章节纳入综述。在女性艺术创作方面，有王慧、吕新雨（2016）的《性别与视觉——百年中国影像研究》、王鑫（2016）的《商务印书馆与中国现代女性启蒙》、王青亦（2016）的《制造性别：现代中国的性别传播》、苏琼（2016）的《跨语境中的女性戏剧》、陈明园（2020）的《民国时期留欧女性艺术家西画创作研究》，等等。在女性艺术史方面，近年来引人注目的成果有《中国绘画中的"女性空间"》（〔美〕巫鸿，2019）和《自我画像：女性艺术在中国（1920~2010）》（姚玳玫，2019）。前者对唐以后美术史家观看女性题材绘画的狭窄视角进行了反思，试图突破传统"仕女画""美人画"的观察方式，把被孤立和抽出的女性形象还原到她们所属的图画、建筑和社会环境中去，为理解女性题材绘画打开了新的视野；后者以"自我画像"为主题词和问题线索，考察了 1920~2010 年中国女性艺术的百年历程，作者以翔实的历史文献和作品为依据，对 20 世纪由女性艺术家创作的自画像、肖像画和雕塑作品展开解读，追踪其后艺术家身份确立、精神觉醒的情况，显现一个世纪中国女性艺术的精神质地和发展轨迹，全面呈现中国女性艺术从诞生、走向成熟到角色身份转换、表达样式重建的全过程。

3. 基金项目与课题

在纳入综述的相关论文中，共有 42 项研究获得了资助，其中国家社会科学基金资助项目 14 项（2016 年 1 项、2017 年 4 项、2018 年 4 项、2019 年 3 项、2020 年 2 项）、教育部人文社科基金项目 1 项（2019 年）、各省市研究基金项目 18 项（2016 年 2 项、2017 年 1 项、2018 年 4 项、2019 年 5 项、2020 年 6 项）、高校基础研究基金项目 1 项、博士后基金项目 1 项（2020 年）、国家留学基金项目 7 项。

（二）整体研究图景

与 2011~2015 年相比，这五年的研究文献主要呈现出如下特点。

第一，在女性主义艺术理论方面，影响比较显著的是女性主义媒介理论和马克思主义女性主义理论。女性艺术理论研究呈现出多学科交叉融合、多元化发展的趋势，在侧重描绘中国特有语境的整体样貌的同时，也暴露出相关研究简单化、刻板化以及整体研究水平参差不齐等问题。

第二，女性主义艺术批评主要呈现四种方式。一是重新发掘历史中被遗忘的女性艺术家及其作品。例如，王雪妮（2018）的《从马琳·杜马斯的作品论女性主义艺术批评》，聚焦出生于南非的女性主义艺术的代表性人物之一——马琳·杜马斯（Marlene Dumas）及其作品，指出其作品中包含的并不仅仅是女性主义，也有超越女性主义艺术的内涵，因而其作品也常常凸显出一种社会性，向观众传达一种"深刻的真实性"。作者认为，马琳·杜马斯以其独具魅力的绘画语言，丰富了西方女性主义艺术美学的精神内涵；她的绘画创作除了拓展西方女性主义的题材，亦十足地体现出女性主义艺术的独特文化价值。作者提出应给予这些小众女性主义艺术家充分的关注，挖掘其作品的意义和价值。二是发掘当下艺术作品中女性主义的特征。例如，朱颖怡（2019）的《当代中国女性主义艺术研究》详细分析了当代中国女性主义艺术研究的理论来源、中西方女性主义在符号表达和理论基础等方面的异同以及当代中国女性主义艺术表达的内容变迁等。三是将女性艺术批评与女性主义艺术的相关具体作品相结合。如《性别在燃烧——关于颠覆与挪用的诸问题》（〔美〕朱迪斯·巴特勒著，王春辰译，2009）是对珍妮·列维斯顿（Jennie Livingston）1990 年拍摄的一部以纽约非裔、拉丁美裔同性恋、恋装者为题材的纪录片《巴黎妖姬》进行的研究。四是女性主义艺术批评更多地与经典理论相结合，呈现出理论批评化的特点。如朱迪斯·巴特勒（Judith Butler）的性别操演论，批判性地继承发展西格蒙德·弗洛伊德（Sigmund Freud）与雅克·拉康（Jacques Lacan）的精神分析理论并形成了心理分析女性主义，路易·阿尔都塞（Louis Pierre Althusser）的质询理论也被用于分析女性主义艺术相关问题，等等。王茹萍（2018）的《巴特勒的女性主义性别操演论与艺术批评研究》通过对具体经典理论的引入和分析来探讨女性主义艺术批评的理论流变史，为当前女性主义艺术批评提供了一种回溯经典理论进行作品读解的新视角。

第三，女性艺术史深入发展，中国女性艺术的本土化研究进一步凸显。伴随着女性意识觉醒，人们对于艺术所处的社会环境有了更深层次的反思，中国女性艺术家渐渐认识到挪用西方女性主义艺术理论的局限性，坚持走本土化之路。例如，姚玳玫（2019）的《自我画像——女性艺术在中国（1920~2010）》系统梳理与展现了百年女性画像的艺术创作作品，一幅幅绵延更迭的女性自画像构成了持续不断的百年中国女性艺术图像史，是艺术史研究"窄而深"的专精之作。

第四，中国女性艺术创作呈现出两大走向。一是女性题材文化意义上的开拓，从不同角度拓展女性题材的广度和深度；二是女性个体"自我"的超越，不少女艺术家不再囿于自我的个体经验，而是以更开阔的视野转向更广阔的社会文化空间，实现对女性个体"自我的超越"。举办于 2019 年 3 月的"ZERO 女性艺术+倾巢计划"旨在探索女性艺术在不同领域、媒介之间的交互、跨界、实验，尽力发掘女性艺术的新生力量。"忘忧草：考古女性时间"从"女性时间"和"解压家庭"两个角度重新解读女性的自我指向和书写。上海举办的 OVV "未来女性"艺术展将讨论范围扩大至"未来女性"的范畴，女性的定义被不断塑造和消解。知名女性艺术家喻红的大型个人展览"婆娑之境"、彭薇的个人展览"故事新编"都以细腻独特的介入角度和古典的现代化运用进一步推进了女性艺术的讨论。

二　主要研究内容

自 20 世纪 80 年代以来，中国女性艺术家经历了从对女性意识的懵懂无知到运用性别视角的表达，从专注个体体验的表达到超越性别经验的更加广阔的社会关注的转变，与之相应的中国女性艺术研究也发展到了一个新的阶段。延续 2011~2015 年的综述，本文的主体部分将围绕女性艺术理论、女性艺术批评、女性艺术史、女性艺术创作四个方面展开，并就这四个方面的研究主题、问题意识与研究方法、主要论点三个学术研究的基本要素，以关键词的形式进行综述提取，以期能够经纬交织地勾勒 2016~2020 年女性艺术研究的主要研究内容。

（一）研究主题

1. 媒介论中的女性艺术与女性艺术的媒介论

从改革开放以来媒介与女性研究逐渐受到学界关注，到近年来"女性媒介"与女性艺术研究数量出现大幅增长，可以说，学界正在努力弥补有关媒介与女性艺术研究的空白，媒介与女性艺术研究必将成为未来的发展趋向之一。

女性媒介以传播和构筑女性文化为目标，通过报纸、期刊、电视栏目、微信公众号等传播媒介融入女性视角，满足女性自身需求，反映女性特有的生活状态。作为构建社会话语的主要载体，女性的主体意识在媒介中得到强化。可以说，女性媒介通过舆论宣传和促进社会意识为实现社会性别平等提供了一个重要的渠道（徐晓雪，2016）。就女性媒介理论自身而言，2016~2020年，在关于女性媒介的理论现状及发展研究、基本概念、文本构建的介绍性研究以外，女性媒介形象的历史沿革和现代困境、媒介视野下的女性形象分析与认同、女性媒介与社会媒介文化的互动，成为学术的创新点。王霞（2017）指出，中国的女性主义研究起步较晚，女性主义研究更多探讨的是互联网时代的女性话语权、女性身体的消费主义、媒介女性形象的解析等方面，由于社会结构与传统观念的影响，媒介女性主义的研究大多从批判视角展开，但也遭遇了诸多困难和问题。杨霞（2017）指出，新媒介虽然构建了新的两性关系，但并未打破固有媒介特质、完成女性"新"的多元形象建构，从根本上来说，女性仍是按照男性的审美与要求来塑造自己的形象。女性媒介对于女性形象的塑造并非一日之功，还需要我们时时刻刻保持警醒，需要全社会的共同参与。周瑞英（2018）以网络直播这一媒介场域中的女主播群体为研究对象，探究其如何进行身份认同的建构，以及这种建构过程背后所隐含权力关系的博弈。作者指出，新媒介的出现，使得女性自我意识出现新的确认，为有关女性的身份认同研究提供了新的研究方向。在姚姚（2018）的《论女性主义电影与社会媒介文化的互动——以电影〈摔跤吧，爸爸〉为例》中，作者认为媒介对于女性形象的塑造始终是媒介文化研究与女性主义研究的重点问题，两者相互影响，共同推动人们思想的改变。

女性艺术批评也呈现出媒介化的特点。王思思（2017）的《中国早期电影音乐与女性形象塑造》认为，20世纪30年代是中国电影史上一个特殊的兴盛与高潮期。随着电影的发展，电影音乐的技巧和表现力也在不断增强，从初期模仿西方舶来音乐，到创作左翼电影音乐，再到建立中国的电影音乐创作体系，电影音乐创作技法的不断发展和社会主题作用的不断强化，使电影中的女性形象也发生了阶段性的变化，经历了从好莱坞式"歌舞女伶"到左翼运动中"独立战士"再到丰满的"现实主义女性"的递进式发展。中国早期电影音乐对女性银幕形象的建构，显示了其在电影艺术整体发展和时代变革中旺盛的生命力和不可替代的重要作用，也为中国早期女性形象研究提供了一个独特的切入角度。吴隆文、傅慧芳（2019）的《性别僭越：融媒体时代女性形象的多维解构与建构》认为，随着融媒体时代的到来，综艺节目应该打破女性刻板印象，构建新时代的多元女性形象，"上下协同"从政策支持、节目革新以及构建社会共识、营造女性友善生态等方面出发促进新时代女性发展。方竹欣（2019）提出，许訏笔下的女性形象总是具有"美丽"与"纯情"的特点，这些特点反映了男性的审美趣味以及以男性为尊的中心意识。许訏作品中的女性在身份上具有复杂的矛盾性，作者一方面赞许这些圣洁纯真的女性，另一方面又难掩男权社会的影响与制约。苏美妮（2016）在《媒介形象与父权规制——论青春家庭剧中都市女性形象和父权制内涵》中指出，青春家庭剧中的都市女性形象背后总是潜藏着父权制隐秘而强大的约束力量。苏美妮将女性形象分为"他者型女性"、"自我型女性"和"依附型女性"，她们受到传统性别秩序以及现代父权制的压迫，是男性欲望对象的显性展现，无一不在父权话语中被动或主动屈服。因此，当代媒介文化应该改变传统父权文化对女性价值低定位的影响，给予女性主体价值上的认同和倡导。女性艺术创作实践中，女性艺术家群体创作的媒介和手段越发多样，女性艺术的创作结合新兴科技、地缘政治以及跨学科视角的拓展，为女性艺术注入了新的活力。纵然技术的发展不一定牵涉艺术的核心本质，但是借助不同的媒介和手段可以为艺术创作提供新的思路和可能性。除却新型的媒体科技、光电技术，具有女性特质的媒介物品也经常被挪用为女性艺术创作的媒介，如棉花、纱布、蕾丝、纸浆、布、毛呢、绒线、纤维等，以表达女性在当下的个体经验和对社会文化现实的态度（曾静媛，2020）。

2. 女性艺术的本土化讨论与探索

马邱高、罗婷（2018）梳理了马克思主义女性主义的理论和观点，分析了马克思主义女性主义的形成与发展，并指出中国是以马克思主义为指导的社会主义国家，马克思主义女性主义理论应当接受中国化的融合。女性批评者不仅要秉持马克思主义在性别平等领域的追求，在经济、政治、精神、人格上同男性平等，而且要从女性主义视角出发，关注女性作家，拓展女性文学研究的视野，使马克思主义女性主义理论深扎中国本土，生根发芽，焕发新生。郭红梅（2016）提出，西方女性主义艺术源于女权主义运动，它是伴随文艺复兴时期的人文主义、18 世纪的启蒙思想、19 世纪的人权观念、20 世纪的现代意识一路走来的必然产物。西方女性主义艺术从一开始就成为女性政治诉求表达的载体，也使它在内容、形式等方面极易走上激烈对立的道路。而中国的女性艺术虽然受西方女性主义艺术及女性主义理论影响较大，但它所生发的土壤包含着特定的社会历史背景、文化传统、艺术环境等重要因素，这些因素均使中国女性艺术与西方女性主义艺术相分离，而具有不同的关注点与表达方式。

3. 艺术形象等既往研究热点逐渐被发掘、呈现与阐释的历史研究所取代

这五年，女性艺术研究所关注的艺术门类以及研究对象大幅扩展，如《民国时期女性倒大袖上衣衣袖造型艺术研究》（宋雪、崔荣荣，2016）、《女性艺术思维经历的张扬与裂变》（金彦秀，2017）、《当代女性艺术的社会心理分析》（赵欣歌，2017）、《面朝"她"时代：影视艺术中的"女性向"现象与文化透析》（刘乃歌，2018）、《从挂毯图像到性别史研究——浅析15~16世纪法国挂毯艺术中的女性新形象》（汤晓燕，2018），等等。同时，形象分析逐渐向被发掘、呈现与阐释的历史研究靠拢。例如，姚玳玫（2019）的《自我画像：女性艺术在中国（1920~2010）》中性别视角的引入，并没有落入女性主义艺术研究常见的对抗性思维窠臼。该著作以"发现自我"作为透视女性艺术史的光束，以耀眼之光穿越百年中国女性艺术幽暗漫长的历史隧道，客观呈现出自我画像如何催发女性艺术的自我感知与自我意识，同时在颇具历史性的同情与理解中理性分析了女性艺术"自我确立"的艰难历程。因而，性别视角在该著作中具有一种去蔽与洞见的功能，为艺术观念史写作提供了一种启示和方法（刘进才，2020）。

（二）研究方法

1. 性别视角突出，交叉融合的分析框架更受重视

女性艺术领域有关性别偏见、歧视意蕴等问题在跨媒介、跨学科、跨国界的交叉领域中得到了新的解答。作为新兴的跨学科领域研究，这五年中国女性艺术研究从单一学科转向多学科交叉，在对抗中逐步走向融合。2016~2020年关于女性主义艺术理论的著作中，李有亮（2019）的《文学语境视域下的女性主体性建构》指出，自18世纪启蒙运动以来，西方女性主义不断发展与深化，女性自我命名的意识逐步觉醒，其中女性主体性就是女性对自身作为生命加以认知、自我命名的一种自觉意识。李有亮将女性主体性分为五个发展阶段，即独立意识阶段、平等意识阶段、性别意识阶段、历史意识阶段和话语意识阶段，该书运用多视角、多学科的研究方法，切入中国现当代女性文学创作实践，探究多重文学语境与创作者通过文本建构自身主体性的努力之间复杂微妙的关系，依此辨析文学语境于其中形成的多重制约和影响，以及由此促生的从宏观到微观、从表象到内里的诸多表征，揭示女性主体性多元而非单一、动态而非固定、交互而非对立、模糊而非本质等多重特性。

2. 文化杂糅凸显，多元研究视角打破研究局限

女性主义艺术研究从最初为女性在社会、政治、经济、文化等方面争取基本生存权利到如今呈现出"百花齐放、百家争鸣"的多元化趋势，是多元而非单一的，是动态而非固定的。在女性艺术内部，人们承认差异，否认某一种女性视角具有凌驾于其他女性视角之上的霸权，多元化有力阻止了女性艺术的内部分裂，也使女性艺术本身实现更多样化的发展。同时，女性主义理论研究表现出的多元性与包容性，也暴露出某些女性主义理论研究者早期研究方法的局限性。陈秀霞（2019）在《20 世纪 70 年代以来西方女性主义理论的创新与局限》一文中指出，20 世纪 70 年代以来，虽然女性主义有了长足的进步，但没有从更深的精神层面去追求解放和自由，有时自相矛盾，理论内容常常晦涩难懂，不容易被大多数人接受，体现出一定的局限性。研究表明，只有女性主义理论研究不断改进与完善，才能激励更多的女性加入，为女性群体做出更大的贡献。通过了解不同文化之间的差异，女性主义艺术理论可以打开多元化的研究视角，探讨多元化的研究形式，而不再局限于某一领域，从而产生多元文化交流的可能。在文化杂糅的今天，女性艺术研究理论应当扬弃自身学科领域的束缚，跨越不同理论的海洋，才有可能战胜未来面对的挑战与困难。

3. 生态革命成为视域，艺术本体论研究强调艺术本体与自然的同构性

生态女性主义的核心论点将生态保护运动与女性解放运动结合，发起一场以拯救地球和人类为宗旨的生态革命。在生态革命视域下批判父权制和性别二元文化，反对人类中心化和等级制，强调女性与自然的同构性，并以此反观中国女性艺术的艺术本体，如典型意象、情感线索等。禹燕（2017）认为，中国当代女艺术家创作了具有女性生态主义理念的一系列艺术作品，并以独具内涵的典型意象，形成了空间意象群、大地意象群、身体意象群以及两大情感线索——赞颂自然之美和痛惜自然之殇，从而呈现出女性艺术的独特景观。生态女性主义既是一种哲学理念也是一种社会运动，它包括了妇女权益、环境保护、科技发展、动物待遇、反对核技术、反对战争等诸多方面。因此，生态女性主义艺术也应该是一种社会运动的有效方式。目前，我国当代女性艺术已经积累了丰富的生态主义的资源，但由于艺术家整体上缺乏明确的生态女性主义艺术创作主张，加之艺术批评界对相关作品进行的系统梳理和归纳不足，所以其价值难以彰显。为此，批评界可以引入生态女性主义批评视角，形成新的批评范式，推动女性艺术的发展。就艺术传播与推广而言，可采取三个融合策略：国内和国际融合，业内与业外融合，媒体与传播融合。

（三）主要论点

1. 性别操演论与女性艺术的理论与批评

在关于女性主义艺术批评的硕士学位论文中，王茹萍（2018）的《巴特勒的女性主义性别操演论与艺术批评研究》以时间线的方式详细梳理了女性主义理论从传统到后现代的演进过程，而巴特勒的性别操演论便处于这一大背景之中。巴特勒的性别操演论是建立在继承与反叛前人思想的基础上，巴特勒否定女性主义理论基石"妇女"这一范畴，质疑生理性别的自然性，借鉴与反思弗洛伊德的"抑郁"理论与拉康的"伪装"理论，在此过程中，巴特勒提出了自己的性别操演论。文中提到性别操演论有四个特征：操演具有戏剧性；操演是一种行为；操演没有主体；操演具有"重复"与"引用"的特性。例如，巴特勒借鉴约翰·奥斯汀（John Austin）的言语行为理论，认为操演同言语一样都是一种行为，性别由各种性别行为创造；巴特勒质疑"妇女"的主体身份以及拉康的"伪装"理论，认为操演行为同样没有主体，性别主体是取得法律合法性的一个虚构的基础，是被法律建构的；巴特勒借鉴雅克·德里达（Jacques Derrida）的"重复"理论，在西蒙娜·德·波伏娃（Simone de Beauvoir）的社会性别建构论基础上进一步论证，认为操演同言语一样具有重复性，会被反复引用，性别身份处在被社会规范不断反复引用的状态当中，不是稳固不变的。经典理论的引入为女性主义艺术批评开拓了新的视野与思考方向，同时，王茹萍还进一步讨论了巴特勒性别操演论的批评实践。

2. 赛博女性主义与女性艺术实践

1991年，一群自称"VSN线路网"的艺术家和行动者在澳大利亚南部阿德莱德市发表了《赛博女性主义宣言》，正式宣告了赛博女性主义的诞生。赛博女性主义的两位重要领导者为唐娜·哈拉维（Donna Haraway）和赛迪·普朗特（Sadie Plant）。唐娜·哈拉维在《赛博格宣言：20世纪晚期的科学、技术和社会主义女权主义》中提出"赛博格"的概念。赛博格是一种有机体与机器的混合物，是一种虚拟的造物，它模糊了身份的边界和区分，因此女性可以依据与运用一定的社会科学技术来改造人的身体机能，从而形成更加强大的机体。赛博格世界结束了男性对女性的统治和压迫，是性别中心主义消失的世界。赛迪·普朗特认为，赛博空间可以给女性带来极大的赋权感。在近年来的研究中，赛博女性主义关注网络上出现的"女尊小说"及"耽美"文，通过赛博空间为女性赋权，女性充分利用好这一资源，就有可能逐渐从包围和吞没她们的父权制下解放出来（王冬梅，2018）。

3. 性别回归多元，寻找理想的性别权力分配状态

如果说以往的女性艺术提供一种对抗男权中心的解读视角，以"故意找碴"的批判姿态尽力揭示出人们渗浸其中却又熟视无睹的经典作品里所隐含的男性霸权，或者采取"鸡蛋里面挑骨头"的苛刻性别批评和偏激态度对司空见惯、习以为常的事物进行再解读、再批评，来警醒人们对男性霸权在历史、经典、生活中无处不在的问题意识，唤起抛弃男性中心观念的变革自觉，那么，2016～2020年的女性艺术在抵制男性主义观念及其评价结果、构想以女性为中心的理解与评价方式之外，逐步走出了"小我"的圈子，立足于性别差异及不平等现象，寻求一个理想的权力分配状态。在性别二元日益被解构的今天，作为一种对抗男性的女性主义艺术似乎已丧失其特殊性及意义。不同于过去，目前多数中国女性艺术家拒绝接受"女性主义"标签，她们采用了一种相对宽松的做法，重视自身文化与性别差异之间的联系，重视认同，重视性别模糊问题，重视独立精神。女性主义艺术在新世纪迎来了新发展，在当今时代背景下，追求性别多元发展成为两性关系与权利的理想状态。

4. 去性别化转向、艺术同质化趋势与全球地方主义特征

冯玉淑芸（2020）以 20 世纪 80 年代末以来三个十年间女性艺术作品的性别特征的变迁为中心，从艺术作品的表现形式和作品内涵方面对多个作品进行分析，揭示出不同时间阶段女性艺术的性别特征：20 世纪 90 年代女性艺术刻意追求艺术品质的性别差异，一部分艺术家关心自身作为女性的独特体验，另一部分艺术家对女性的社会地位感到愤怒，性别成为这一时期女性艺术的主要特征；21世纪初的女性艺术则缓和了许多，女艺术家更关注女性群体的生存状况，利用社会学的视角去思考和观照作为群体的女性；在近十年间，无论是在艺术主题方面还是在表现形式方面，性别所导致的差异都不再成为显著的艺术特征。

朱颖怡（2019）论述了中国女性主义艺术产生的原因及有别于西方模式之特色。西方女性主义理论先后两次传入中国，第一次是"五四"时期自由主义女性主义理论和马克思妇女解放观的传入，第二次是改革开放后其他女性主义流派的传入。中国当代女性主义艺术的生成语境是多方面的，对中国传统性别观念的反思、当代中国妇女的实际生存状态、西方女性主义的理论和艺术，都对中国当代女性主义艺术有着重要的影响。中国当代女性主义艺术表现内容上的变化大致可分为三个阶段，当代中国女性主义艺术是随着中国现当代艺术不断发展起来的，而不是像西方女性主义艺术那样随着社会运动而产生发展。当代中国女性主义艺术主要分类包括绘画、雕塑、行为艺术、装置艺术与摄影艺术。在上述划分中，具体的艺术作品在不同程度上关涉中国文化和社会中特有的性别问题，同时，它也具有全球性和普遍性、跨地域的特色。

5. 濒临"正典"与新女性主义艺术史

对于女性艺术史的书写，一方面必须通过性权力关系、男权机制、性别差异的社会构成以及文化表现在这个构成中所扮演的角色等介入女艺术家作品内容的分析，另一方面则强调在进行艺术分析时对性别差异采取"双重结构"的考虑模式——首先，作为一个特定的实践，拥有属于自己的材料、成分、组合方式的相关话语，以及自身的密码和修辞；其次，要想理解作品的含义，必须考虑其与其他话语系列以及社会实践所形成的相互依赖关系。因此，真正转换艺术史范式的途径远不能只停留在把女性及其图像历史增补到已有内容和方法中去，而应该注意到"女性"这个词本身所具有的有关阶级、历史差异、社会角色等多重含义。对于女艺术家的个人经验/史以及由此引发的对女性主义的再思考应该以怎样的形式被撰写进整个艺术史之中，王欣（2018）以中国当代女艺术家的"身体图像处置"为理想化的论证体系，强调经由展示极端而非常态的身体关系与经验所树立的性别意识构成一种独特的文化角色，但这样的性别意识是否具有足够的力量，进而形成一种有效而多边的平衡，似乎仍是中国当代女艺术家所面临的挑战。

格里赛尔达·波洛克（Griselda Pollock）是西方第二代女性主义思想家，她从女性主义立场和视角出发，创新性地运用马克思主义哲学、精神分析学、解构主义等方法，从分析西方传统宗教意义上所谓的艺术"正典"出发，对西方传统男权化的艺术史进行多维分析、解读和重构，形成了其独具特色的女性主义艺术史观。李全心（2019）认为，格里塞尔达·波洛克将"正典"问题作为核心内容，把目光投向了那些"正典"外的"他者"，其中不乏女性和有色人种、同性恋者等，从女性主义角度对"正典"进行分析，证实意识形态中对霸权主义、男权主义的默许，以及女性主义者面临的生存矛盾。格里塞尔达·波洛克以女性艺术史为研究语境，既质疑以往男权视角"正典化"，也对太过极端的女性主义理论进行反思，主张解构男性话语的霸权，破除性别歧视、种族差异，让不同种族、不同性别的作家、作品都能登上艺术史舞台，进而对女性主义艺术史观进行再构建。以女权主义为理论指导，女性走上了自我价值意识的觉醒之路，走向了艺术，她们又用新的方式来感悟艺术的世界。女性主义艺术史应该反映出女性自我价值的自觉，构筑"共同人"地位，反映人类解放与自由的艺术本质，在女性艺术史上，唯有凝结出超越性别差异的艺术作品和艺术体制，有宽容、开放的文化气魄，女性艺术才称得上是真艺术。女性主义艺术发展至今，许多女性艺术家不再单纯地为性别而表现，而是开始专注于自身真实的内心需求，并开始研究究竟需要什么样的实力才能支撑起女性应有的温度。

三　研究不足与展望

江梅（2017）在《中国女性艺术三十年》中揭露以下令人困惑和担忧的现象。第一，市场在民间层面对中国当代艺术合法化的推动和对女性艺术关注度的消解。第二，在学术的热点与话题转移后如何维护女性艺术创作的良好生态环境，保持女性艺术创作的整体活力和不断发展、提升的动力？第三，西方女性主义思想与艺术曾经启发并推进过 20 世纪 90 年代以来的中国女性艺术，但中国女性艺术的实践方式与西方并不相同，西方女性主义艺术的激进与叛逆色彩让部分相当有成就的中国女性艺术家不愿将自己的艺术纳入女性主义的范畴，她们担心在自己被贴上女性主义艺术的标签后，其艺术实践会遭遇限制和误解，甚至因此回避"女性主义"。第四，近年来艺术院校招生中女生比例逐年提高，然而崭露头角的新生代女艺术家的人数却没有明显增加。

针对女性艺术面临的现实困境，在研究的趋向上应该有所回应。如针对市场对女性艺术关注度的消解，以及中国女性艺术因艺术注意力向市场价值的普遍转移而呈现某种边缘化的倾向，建立女性艺术市场机制显得更为迫切。针对学术热点与话题转移后如何保持女性艺术创作的良好生态环境，有学者指出，这不仅取决于女性艺术家自身的坚持与艺术上的才能，更关乎批评、研究、策展、传媒等对女性艺术从专业角度的探讨，让女性艺术从时髦课题、话题还原为常态化的学术、文化课题。针对女性艺术所面临的"回避"甚至"排斥"女性主义的问题，在全球化的语境之下，女性主义艺术要打破性别、种族、阶级的局限，开始关注"共同的人"。中国女性主义艺术有其先锋性，它所体现的不仅仅是性别问题，更是人与人之间的问题。女性艺术家的贡献不仅体现在艺术上，还体现在对新时期文化建构的参与上，作为社会文化运动主体的一部分，女性艺术家应通过努力改变人们对生活的感知，在一定程度上完善大家对世界和自我的认知，以自己的方式参与转型时期中国文化的生产。

真正的女性主义艺术从不是以生理性别作为划分依据，而是具有包容且平等性别观念的；真正的女性主义解决的不仅仅是艺术的问题，而是社会的问题，包括性别歧视以及其他不公的现象。女性主义应当是女性观察、反思和应用的一种工具与手段，女性主义学者和艺术家应积极建立起中国女性主义艺术批评话语、自己的阐释系统和中国身份，在当前的社会环境下，女性主义艺术家的创作随着媒介形式的多样化而更加多元化，可供研究的作品也愈加丰富，女性主义研究学者也应肩负起开拓创新的重任。正如佟玉洁（2017）所说："以本土的语境、世界的方式介入社会。在历史的维度和空间的维度下反思当下自身的位置、保留自身文化遗存的前提下，在世界艺术史和世界女性艺术史中也许才能留下中国女性艺术不可替代的痕迹和独一无二的历史经验。"

参考文献

1. 陈明园（2020）：《民国时期留欧女性艺术家西画创作研究》，上海大学出版社。
2. 陈秀霞（2019）：《20世纪70年代以来西方女性主义理论的创新与局限》，《哈尔滨学院学报》第6期。
3. 方竹欣（2019）：《"美丽"与"纯情"——论徐訏笔下女性形象体现的男性中心意识》，载曹顺庆、张放主编《华文文学评论（第6辑）》，四川大学出版社。
4. 冯玉淑芸（2020）：《论中国当代女性艺术的去性别化转向》，硕士学位论文，西安美术学院。

5. 郭红梅（2016）：《论西方女性主义艺术与中国女性艺术的不同生发机制》，《世界美术》第 4 期。

6. 金彦秀（2017）：《女性艺术思维经历的张扬与裂变》，《美术》第 7 期。

7. 李全心（2019）：《格里塞尔达·波洛克的女性主义艺术史观》，硕士学位论文，湖北大学。

8. 李有亮（2019）：《文学语境视域下的女性主体性建构》，复旦大学出版社。

9. 刘进才（2020）：《图文互动、观看之道与女性艺术史写作》，《粤海风》第 6 期。

10. 刘乃歌（2018）：《面朝"她"时代：影视艺术中的"女性向"现象与文化透析》，《现代传播（中国传媒大学学报）》第 12 期。

11. 马聪敏（2019）：《女性主义艺术研究综述（2011～2015 年）》，《中国妇女研究年鉴（2011～2015）》，社会科学文献出版社。

12. 马邱高、罗婷（2018）：《马克思主义女性主义理论与批评在中国的接受与影响》，《中国文学研究》第 4 期。

13. 宋雪、崔荣荣（2016）：《民国时期女性倒大袖上衣衣袖造型艺术研究》，《纺织导报》第 10 期。

14. 苏美妮（2016）：《媒介形象与父权规制——论青春家庭剧中都市女性形象和父权制内涵》，《华中师范大学学报（人文社会科学版）》第 1 期。

15. 苏琼（2016）：《跨语境中的女性戏剧》，学苑出版社。

16. 汤晓燕（2018）：《从挂毯图像到性别史研究——浅析 15～16 世纪法国挂毯艺术中的女性新形象》，《社会科学战线》第 11 期。

17. 陶咏白、贾方舟、徐虹、江梅、荒林、吴静、禹燕、吴亮、佟玉洁（2017）：《中国女性艺术三十年》，《当代美术家》第 2 期。

18. 王冬梅（2018）：《女性主义文论与文本批评研究》，武汉大学出版社。

19. 王慧、吕新雨编著（2016）《性别与视觉——百年中国影像研究》，复旦大学出版社。

20. 王青亦（2016）：《制造性别：现代中国的性别传播》，社会科学文献出版社。

21. 王茹萍（2018）：《巴特勒的女性主义性别操演论与艺术批评研究》，硕士学位论文，浙江师范大学。

22. 王思思（2017）：《中国早期电影音乐与女性形象塑造》，《南京大学学报（哲学·人文科学·社会科学）》第 3 期。

23. 王霞（2017）：《女性媒介形象研究的历史沿革和现代困境》，《新闻知识》第 6 期。

24. 王欣（2018）：《"反抗"何以实践——中国当代女艺术家的个体叙事与艺术史叙事》，《美术研究》第 4 期。

25. 王鑫（2016）：《商务印书馆与中国现代女性启蒙》，商务印书馆。

26. 王雪妮（2018）：《从马琳·杜玛斯的作品论女性主义艺术批评》，2018 年新异象论坛。

27. 〔美〕巫鸿（2019）：《中国绘画中的"女性空间"》，生活·读书·新知三联书店。

28. 吴隆文、傅慧芳（2019）：《性别僭越：融媒体时代女性形象的多维解构与建构》，《当代青年研究》第 6 期。

29. 徐晓雪（2016）：《探析女性媒介的先进性别文化传播——以〈中国妇女报〉为例》，硕士学位论文，广西大学。

30. 杨霞（2017）：《新媒体视域下女性形象呈现与话语构建》，《现代传播（中国传媒大学学报）》第 9 期。

31. 姚玳玫（2019）：《自我画像：女性艺术在中国（1920~2010）》，商务印书馆。

32. 姚姚（2018）：《论女性主义电影与社会媒介文化的互动——以电影〈摔跤吧，爸爸〉为例》，《传播力研究》第 7 期。

33. 曾静媛（2020）：《多维景观 2019 年中国女性艺术综述》，《艺术工作》第 5 期。

34. 赵欣歌（2017）：《当代女性艺术的社会心理分析》，《当代油画》第 5 期。

35. 周瑞英（2018）：《断裂与弥合：网络直播中的女性身份认同研究》，硕士学位论文，西北大学。

36.〔美〕朱迪斯·巴特勒（2009）：《性别在燃烧——关于颠覆与挪用的诸问题》，王春辰译，《艺术档案》3 月 6 日。

37. 朱颖怡（2019）：《当代中国女性主义艺术研究》，硕士学位论文，湖南师范大学。

女性与体育研究综述（2016~2020年）

阳煜华　吴广亮*

女性与体育研究正成为当下中国体育学、社会学、人类学、医学等学科的新兴研究热点。2016~2020年，女性与体育研究获得了更多的理论关注，发展较为迅速。不仅体现在研究成果数量增多、研究队伍规模扩大等显见成长方面，更凸显在研究主题、研究方法、实践表达、跨学科视域等隐性成长方面。本文在2010~2015年女性与体育研究的积淀之上，以厘清2016~2020年妇女与体育议题的新进展为旨归，试图用文献计量结果结合笔者多年的观察与透析，描绘出这五年大致的知识生产图景。

一　研究概述

女性与体育研究不仅实现了研究口径从"妇女体育"到"女性体育"的跨越，并且将"女性"衍拓至"性别"，体现出体育科学研究对社会议题更深度的参与。在与实践相结合方面，出现了实践主动寻求理论依靠、行动主动借重理论成果、实践促进理论深化的趋势。

由于本议题研究对象呈散见性，有的聚焦女性/女子体育本身，有的引入性别维度对体育运动的相关话题进行探讨，故延续2011~2015年的检索方法，将"女性""女子""妇女"与"体育""运动"作为检索词进行两两配对，形成六条检索式，在中国知网（CNKI）"中国期刊全文数据库"、"中国博士学位论文全文数据库"、"中国优秀硕士学位论文全文数据库"、会议论文数据库、报纸库、年鉴库、成果库、学术辑刊库进行全学科领域检索后，相关研究成果统计见表1。

---

* 作者简介：阳煜华，女，北京化工大学文法学院社会体育系副教授；吴广亮，男，中国人民大学体育部副教授。

表1　2016~2020 年女性与体育研究相关成果统计

年份	"女性"+"体育"/"女性体育"	"女性"+"运动"/"女性运动"①	"女子"+"体育"/"女子体育"/"女子"②	"女子"+"运动"/"女子运动"	"妇女"+"体育"/"妇女体育"	"妇女"+"运动"③
2016~2020 年	337	133	2/133/241	0/25	0/46	0
2011~2015 年	7/245	13/17	2/263/460	0/1	1/18	0
2006~2010 年	6/195	6/69	1/184/522	0/0	1/18	1

　　注：①以"女性运动"为关键词的检索结果，已剔除作为女权运动、妇女解放运动义项的相关研究。

　　②在表述女性体育项目时，多加"女子"为定语，故特增一项检索：以"女子"为关键词并在分组浏览中选取"体育"学科进行检索，以客观展现研究成果数量；鉴于女子体育项目繁复（2020 年东京奥运会女子正式比赛大项 33 个，女子休闲体育项目更是不计其数），且与本综述相关性较弱，未将此类文章纳入。

　　③"妇女运动"特指妇女解放运动，故不包含在内。

　　总览三个研究周期发现，由于检出数量少、检索项歧义，可以剔除后三项检索式，保留其中的"女子运动"和"妇女体育"关键词。从文献的聚合状态来看，"女性体育"的主流研究话语已然形成，"女子体育"和"妇女体育"在当下和今后一段时间内仍会并行沿用。

　　2016~2020 年中国女性与体育研究呈现出以下特征。

（一）研究产出总体趋于稳态，不同类型各有升降

　　按文献类型进行检索结果分类，可以看出研究产出趋于稳态。期刊论文由上一周期的 205 篇增至 214 篇，硕博学位论文由 66 篇（硕 64/博 2）增至 79 篇（硕 78/博 1），报纸刊载由 9 篇降至 2 篇，会议发文由 28 篇增至 32 篇，但国际会议发文量由 7 篇下降至 3 篇。

　　总体来看，硕士学位论文的数量提升较大，期刊发文和会议发文与上一周期基本持平，相关主题新闻刊载有所下降。会议发文集中分布于中国体育科学学会及其下辖的体育史分会和体育社会科学分会、中国大体协、国家体育总局体育文化发展中心等组织举行的学术会议。除去论及（优秀/高水平）女子运动员的生理生化指标、运动技术、运动心理、竞赛备战等低相关性文献，仅剩 18 篇，这一筛选结果与上一周期基本保持一致。

2016~2020 年，我国出版了女性体育专著和译著 24 部，包括探讨运动促进女性健康的理论与实践的著作（7 部）和以女性体育为主题的人文社会科学成果（17 部）。其中，较有代表性的两部著作是系统介绍女性主义视角下体育理论体系的《女性主义视角下的休闲体育与体育消费行为研究》（张春美，2016）以及集成汇总女性体育研究历史、发展、概念、视域、议题的《性别、身体、社会：女性体育研究的理论、方法与实践》（熊欢，2016）。另外，《吃饭、流汗、玩耍：让运动连接身心，解放自我》（〔英〕安娜·卡塞尔著，费智华译，2019）、《体育与当代女性的健康发展研究》（北京市大体协女子体育研究会，2016）、《妇女传统体育价值及价值实现探微》（高丽，2016）、《女性体育文化观念变迁与体育运动研究》（李小健、唐海欧、史晓惠，2017）、《美学角度下女性健身行为审视与思考》（任秋君、朱襄宜、王红梅，2017）、《女性健康体育生活方式指南》（杜熙茹，2018）、《新疆少数民族妇女体育参与与社会适应研究》（祖菲娅·吐尔地，2018）、《女性体育与体育文化研究》（鞠军，2018）也相继出版。

本周期共有 26 项研究获得了资助，其中包括国家社会科学基金（8 项）、省市级研究基金（16 项）、国家及省级大学生创新创业计划（2 项）。这些研究为中国大陆的女性与体育研究提供了更多的可选视角，开阔了研究思路。

（二）研究方法以量化研究为主，质性研究逐渐得到重视

这五年，我国女性体育研究延续了以往的定量研究传统（问卷调查、干预实验和统计分析），开始出现部分采用文献计量学研究女性体育的文章。在女性主义与文化研究结缘的普遍背景之下，女性体育参与的文化特征及其与社会日常生活的内在关联性，反映出女性经验的本源性、真切性、生动性、创造性和主动性。学者们逐步意识到鲜活、多元的事实可以补足"宏大叙事"的单向度"偏差"，开始提倡或已经开始采用质性研究方法。用口述史、实地调查关注细节，总结本地女性体育参与的经验，用参与式观察、民族志研究、跨文化研究法客观呈现不同体育情境中的微观女性形象。

（三）选题敏锐回应现实问题，更具实践价值

处于急遽变革期的中国社会为女性与体育研究提供了很多有价值的话题。女性通过体育参与公共空间的讨论与对话，敏锐地回应了现实提出的挑战。例如，探讨了"二孩"家庭职业女性的体育生活方式、"健康中国2030"战略背景下的性别角色实践、供给侧改革背景下的女性体育消费、不同国家女性公共体育服务产品供给等政策引致性的女性体育话题。乡村振兴战略中少数民族地区女性体育的发展，后疫情时代的女性体育突围，女性参与马拉松、冰雪运动等时兴运动项目的影响和限制，无不紧追着变革的步伐，刻画出女性体育研究的新面貌。

总的来说，女性与体育研究已渐成气候，研究论域相对固定，研究视角时有更新，研究主体仍在坚守，但缺乏高质量发展的动力。但是，仍出现了由女性体育参与的经验世界提供的具身实践和不断产生的生产性话语，反向建构了既有的认知和概念。在实践的助力下，不同类型的研究主体从中汲取养分，发现张力和动力，进行互动和解构、跨界和融合，让这个领域逐渐获得不息的生命力。

二 主要研究内容

延续2011~2015年的分析逻辑，本文对众多面向中的女性体育存在进行系统爬梳，试图从女性体育的身体建构、社会建构和文化建构三个方面进行分析和总结。需要指出的是，本文对每个分类中与上周期相似度较高的研究进行了简化描述，对新动向、新问题及具有启示意义的文献进行了详述。

（一）女性体育的身体建构

在2016~2020年研究周期中，除了继续关注不同生命周期女性/特殊女性群体与运动干预的议题，还出现了综合运用运动人体科学（运动生理学、运动解剖学、运动生物力学等）和纺织技术，讨论女性运动服饰色彩、款式和舒适性，改进运动文胸设计解决女性乳房健康问题的新热点。

1. 特殊生命周期、特殊女性群体与运动干预

这五年，我国步入老龄社会的事实带来了对老年女性体育的热切关注。体育促进女性健康是生理－心理－社会适应框架内的一揽子问题，研究者从老年女性的生理身体入手，凸显了运动干预对老年女性的影响，包括日常习惯和自我感觉（舒永梅，2016）、振动训练对平衡能力和下肢力量的影响（毕海泳，2016）、运动行为特征（周子琳，2016），健身舞对身体成分和骨代谢指标的影响（张明军、苟波、杜新星，2018）。

　　女性特殊"四期"的运动干预和运动参与也是本议题的重要方面，有学者研究孕产期和产后女性运动参与（赵海燕，2019；张红品、孟祥新、丁焕香等，2020），也有研究绝经后女性疾病和身体指标（张文、王剑，2018；姜焱斌、卜淑敏，2018），还有研究运动缓解女性更年期抑郁（李玉芬，2017）。

　　不同的训练方法、姿势控制、测量手段也被应用于高血压/慢性腰痛/超重（肥胖）/昼夜节律紊乱/静坐少动女性群体的运动干预和影响评价过程（汪毅，2016；孟丽君，2019；孙焕平，2019；郭阳，2020；吴兴华、玉海、杨学军等，2020）。

2. 女性运动服装与运动内衣

　　本周期，从运动人体科学、纺织科技、工业设计、色彩研究等方面研究女性运动服装成为新热点。值得注意的是，有18篇文献谈及了运动内衣。这些研究选择以运动中的乳房作为着力点，从女性独有的自然身体出发，像一颗极具生命力的种子，引发理论回应现实需求、体育产业联动工业经济、工业设计促进体育消费的链式反应。研究范围主要覆盖了运动内衣的研究现状（张石舒艺、黄诚、于莉君等，2017；王一凡、陈晓玲，2019）、压力舒适性（杨钰蝶、许黛芳、孙越等，2019；李可柒，2020）、实时心率语音播报和智能健康监测功能（张羽晗、周捷，2018；许黛芳，2019；杨钰蝶、许黛芳、胡伊嬢等，2020）、模杯个性化定制（高晓晓、江红霞，2018）、对步态参数的影响（李上校、任景萍、孙萌梓等，2016）、对女性运动热生理的影响（杜琴枚，2018）、胸部主观不适感研究（任景萍、李上校、周兴龙等，2016；陈晓娜，2016）、挑选运动内衣的方法（《健康管理》杂志编辑部，2016）、运动内衣的消费（郑雪庆、刘驰，2016）等，从而避免空洞地谈论运动中的女性。

（二）女性体育的社会建构

　　当代女性与体育研究是主要运用社会学、体育学、产业经济学、管理学、心理学、人口学、人类学、符号学、现象学、文化研究等人文社会科学的理论与方法进行探讨的社会文化综合论域。2016~2020年的女性与体育研究，主要探讨了精英体育、大众体育和体育教育中的性别要素是如何浸染于政治、经济、文化、教育、法律、宗教的语境之中，又如何与社会基本领域产生交互影响的。

1. 女性与精英体育

在 2016~2020 年周期中，笔者在中国知网将"女子"／"女性"与"奥运会"／"奥林匹克运动"等关键词进行搭配，检索出 52 篇文章，发现我国关于女性与精英体育的讨论已经基本走出了前几个综述周期的惯习——爬梳中国女性参与奥运会的历史和竞技成绩、对我国竞技体育"阴盛阳衰"现象和女子竞技体育超常快速发展成因进行解读的窠臼。由于综述周期经历了两届奥运会——里约奥运会赛期和东京奥运会备战期，所以综述基本围绕以下四个方面展开：①夺冠女运动员/女子运动队的里约竞技表现（李文平，2016；杨世勇、崔文鹏，2016；董海军，2017；袁林，2017；樊腾龙、张振东、韩程爽等，2017；王爱华、李静苹、谢荣等，2018；冯星、张国宝、张楠，2018；李锦龙，2018；赵婵、赵鲁南，2020；胡文强，2020；董佳慧、郭露露，2020）；②女性优势项目/潜优势项目和有"夺金任务"的优秀女运动员的东京奥运会技战术备战情况（檀亚军、但晶，2016；白银川、刘卫军、许奎元等，2017；吕晓冰，2018；谭强、杜熙茹，2018；马孝刚、万炳军、孙宇亮等，2018；张军舰，2019；苏欣悦，2019；任灿灿、何庆，2020；赵婵、赵鲁南，2020；李利强、孙宇亮、郭晨等，2020；曹光强、潘飞鸿、王国杰，2020）；③女子体育项目的发展规律/制胜因素/发展趋势/竞争格局（沈连梅、王电海，2016；赵玉婷，2016；侯军、王莉静、刘群，2017；竭晓安，2017；郁建亚，2017；司雪成、王润斌，2018；王爱华、李静苹、谢荣等，2018；汪雄、陈玉林、周山彦等，2018）；④国外女子竞技体育及对中国的启发（李慧宏，2016；刘叶郁，2016）。

在这四类研究中，呈现出对女性竞技体育参与的"两极"考量。一极是极端工具理性，只有（为国家）"夺金"、处于优势/潜优势项目、有"夺金任务"的精英女运动员才会被纳入研究视野，女运动员和对手的技战术水平及改进情况、训练计划、心理状况、运动损伤、临场应对、关键场次、攻防能力、身体形态等都被放在"科学"的显微镜下纤毫毕现；另一极是"可选的"价值理性，东京奥运会已经达到绝对意义上的参赛人数和参赛项目数平等，但绝不能武断地说她们已经获得社会对女性职业运动员的公允评价和平等对待。

因此，其他国家对于精英女运动员的价值诉求、成绩资本累积引致社会结构变化的经验，则提供了可选方案。赵昱（2016）撰文讲述了美国女性体育参与发展历程及对中国的镜鉴作用。阳煜华、宋新颖（2020）梳理了美国非裔女子运动员的竞技参与史及其社会历史背景，在黑人女性文化、少数族裔的社会流动、"姐妹情谊"等方面具有突出参考价值。美国非裔女子运动员成功产生社会结构性影响：促进美国非裔女性自我认同的建立，助力美国非裔女子运动员群体的向上流动，树立了促进美国社会融合的典范和体现公平、成就与荣誉的美国核心价值观，并预测了新一代非裔女子运动员面临大众传媒有意误读、"乡村俱乐部运动"进入门槛高和美国高水平职业体育与校际运动中的"玻璃天花板"等问题。

2. 女性与大众体育

女性大众体育与女性精英体育是女性全面介入社会的映照。体育作为女性的"职业"和"生活"，赋予了女性身份认同、角色期待、权力、社会地位、发展前景，二者是一体两面、不可分割的。

（1）女性健身和女性休闲体育

女性大众体育主题（女性参与体育健身、休闲体育和体育消费）发文曾在多个综述周期中稳居前列。2016~2020 年该主题的期刊论文、硕士学位论文与会议论文也延续了以下特征：以省域、市域、县域内的职业女性健身和休闲体育参与情况为研究内容，采用问卷调查法获取女性健身和体育休闲的频度、时间、内容、目的、动机、影响因素等主客观数据，进而做出发展水平评断和提升对策分析（郑贺，2016；高洁，2016；李玉君、胡振东，2018；李瑞珍，2018；龚莹莹，2019；林仲华、邓子鹃，2019；黄耀东，2019；赵倩儒，2019；贺莉、谢迅、刘乃宝，2020）。

除此之外，也有少量研究关注到论域里的"边缘人群"——农村女性、少数民族女性、留守女性等，她们的体育健身和休闲参与问题则显得复杂，往往不能用以上的"程式"来解析。农村女性的体育参与更多地根植于乡土社会土壤，在传统力量的保护下，延续了体育与乡村社会生活（舞蹈、节庆、祭祀）的混同性（赵亮、张欢，2017；程继芳、吴玉华、廖思闵等，2019）。还有研究将农村妇女参与体育的发展困境和制约因素归结为有效供给不足、妇女参与意识不强、赛事匮乏、妇女角色定位（陈玉艳，2017；刘如、彭响，2018；刘瑛，2019）。少数民族（畲族、回族、东乡族）女性的体育参与更多地被置于民族体育传承和民族禁忌的框架下进行探讨（何宝雄，2018；隔超、兰润生、冯圆圆，2019；杨婧，2019）。

在体育社会学领域中，女性通过参与体育锻炼和休闲活动促进健康，是体育的应有之义。这些"全景式"/地域性的、按照老中青年龄分层、对不同女性职业/社会阶层进行的调研，使研究者获得了初级数据和基本面认知，最终被冠之以"××女性体育休闲生活方式"呈现出来。但是，此部分研究数量之巨，研究框架之固化，研究结论之俗套，却成为"阻碍"女性与体育研究前进的重要原因。据统计，在1998~2018年登载于中国知网的1371篇女性体育文献中，有近42%（570篇）涉及上述三大内容，80%的论文使用了问卷调查法。问卷调查法忽视了研究主题的实质与属性，对深入了解和认识女性体育参与行为的动机、思想感情及现实主观感受及心理状态的作用非常有限。究其根本，这与体育学研究者群体长久以来形成的"无定量不研究"、把资料收集过程与问卷调查直接画等号的有限认知不无关系。

本议题的研究方法和研究对象正处于一个是否进行转向的关键当口，继续维持还是大胆重建需要更多的研究者做出主动抉择。有学者就旗帜鲜明地提出"去除量化研究风气"，值得众学人思考。林金玉、熊欢（2020）梳理了中外女性体育参与的社会支持研究，发现当前研究内容较为单一，提出去除量化风气，以身体理论、女性主义理论为基础，从性别、角色、权力、地位四个方面构建以社会网络支持、社交环境支持、建成环境支持、社交媒体支持、社会信仰支持为核心的女性体育参与社会支持体系，建立全方位的女性体育参与促进机制。

（2）女性与体育消费

女性体育消费是一个兼具宏观与微观、深嵌于社会背景的议题。它不仅指涉女性个人的消费行为，更反映出体育产业结构和市场结构的变化趋势。与女性体育消费主题高度相关的13篇文献中，大部分采用了产业经济学的理论和方法，也有少数从社会学、符号学、文献计量学和文化研究的视角展开研究。

沿袭传统的女性体育消费研究范式，大多数研究关注市域内女性体育消费结构、影响因素和升级路径（徐芝芳，2016；顾志明、高东方，2019；李艳丽，2019；张春美、王新青、徐汉朋，2020），以及市域间女性体育消费的情况对比（高健，2016）等。还有从宏观视角对我国城市女性体育消费行为及特征、促进策略和制约因素进行的调查分析（刘东升，2016；孔德刚、高虹，2017；梁小军、钟永锋、马国锋等，2018；黄耀东、陈克，2019）。

女性体育消费可分为实物型、观赏型、参与型消费。姚芳虹、张锐（2020）

认为，实物型女性体育消费属于符号消费萌芽，参与型属于符号消费深入，而观赏型属于符号消费升级。王淑沛（2019）建议，针对不同类型的女性体育消费，建立女性垂直项目（细分市场），并重视社交媒体的作用。

值得注意的是，研究出现了自外而内的解析思路。高琦、夏成前（2020）植根于产业升级、消费迭代和更注重女性营销的社会文化背景，探讨"她经济"使女性体育消费具有情感化、多样化、个性化、休闲性的特征，并指出女性体育消费中存在缺乏理性消费观、体育消费结构不合理、市场供需不平衡、消费缺乏便利性等问题。Martha Barletta 的女性消费者行为星模型也被用于解释在"互联网+"的环境下，社会价值点、生活时间因素点、综合倾向性和沟通关键点对女性体育消费的影响（吴晓、李江霞，2017）。Yuanyuan Jin、Pingjiang Liu（2019）在第一届国际商业、经济、管理科学大会上发表了京津冀地区体育旅游消费者的调研结果，认为女性体育旅游消费者远高于男性，建议大力挖潜女性体育旅游市场，加强宣传、普及体育旅游知识，推出适合的 DIY 方案、自驾游或两日游项目。

3. 女性与体育教育

2016~2020 年，体育教育中的性别研究主要围绕女性体育教师和女学生两个主体，突出身体素养评价，并伴随教材性别的检视。

在女性体育教师研究方面，大、中、小学女性体育教师均被纳入研究范围，议题遍及职业认同、心理资本与职业稳定性、胜任力、职业倦怠、职业高原现象（张煜、赖冉、温方廷，2019）、工作满意度（杨英杰，2016；张懿，2019）、心理健康（邓丽群，2018；李韬，2018；鲁娟，2018）、职业成功感知（李海霞、钟秉枢，2019）、职业发展（陈鲁，2020）等方面。在职业认同方面，男女两性存在明显差异。女性体育教师职业认同水平均值大于男性体育教师（王遨洲，2020），在职业认同的五个维度中，只有能力认同男性高于女性（张伟，2019）。男性体育教师的情感认同和意志认同低于女性体育教师（王亚辉，2017）。覃慧（2019）发现，中学女体育教师心理资本总体水平中等偏上，自我效能、希望、乐观三个维度得分差异不大，且与职业认同、职业满意显著正相关。胜任力方面，在高中体育教师核心素养的整体评价及分类维度（"教师品德素养""专业学科素养""教育教学素养"）上，男性体育教师均高于女性体育教师，出现显著性差异（罗子贤，2020）。但是，男性体育教师和女性体育教师具备同等的胜任力水平（潘政东，2019）。在职业倦怠方面，女性体育教师在情绪衰竭、去个性化方面比男性得分更高，更易出现倦怠；而在低成就感方面得分低于男性，说明更具成就感（郑海峰，2019）。

在女学生的体育参与研究方面，也有进展。随着"终身体育"理念的普及，在成年前获得较高的身体素养，是女性建立主体认知、提升身心能力、获得生活满意感的重要基础。身体素养（physical literacy）首现于国际女童和妇女体育运动协会的会议论文。通过衡量身体素养四大维度（体育动机、兴趣和习惯，体质状况维度，体育知识和运动技能掌握与运用维度，体育锻炼的参与和行为维度）发现，近1/3的女生对体型、体重"不满意"和"很不满意"，1/7的女生不能掌握1项运动技能，近2/5的女生"不能"参加展示或比赛。这种现状的诱因可能来源于自我感知的体育参与障碍。李军言（2020）利用"影响妇女和女孩体育参与的身体活动社会生态学模型"，发现参与障碍影响因素从高到低的排序是个人因素、人际关系因素、社会环境因素、政策因素。"体育教师的性别""教师在体育运动中对待男女生的差异""身边缺乏女性运动榜样"这三个人际因素对高中女生的体育参与影响最为显著。

在对体育教材的性别审视方面，教材作为教学意识的载体，是教育实现文化传承的重要纽带，教材图片和文字中散见的性别不平等，会成为复制"男强女弱、男主女从"性别刻板印象的传声筒，累积的负效应不容忽视。张朋、阿英嘎（2017）通过对12家出版社的《体育与健康》教材进行图像和言语分析，认为体育教科书中男性人物出现的频次明显多于女性；个人运动多使用女性人物示范，而团体运动则偏爱使用男性；男性更擅长竞争性运动，而女性更多参与非竞争性运动；女性的体育活动空间以室内为主，男性则更多在室外运动。提倡建立课程与教材的性别审查制度、规范体育教师语言行为、实现性别融合的体育课以及促进体育教材内容的性别平衡。

4. 女性体育政策与权利实现

女性参与体育运动的历史，是全世界女性追求社会文化权利的历史。2022年北京冬奥会期间，全国各族新生代女性运动员的出色表现展现了中国社会民主法治进步为保障女性体育权利做出的卓绝努力。2016~2020年，女性体育权利的理论成果除了常规聚焦在闪耀于国际竞技舞台的精英女运动员身上，还更多关注不同社会身份女性群体的赋权状况和权利实现情况。成果数量仅有7篇，但是具有强烈的时代代入感和问题意识，主要涉及女性体育政策和女性体育权利实现。

（1）女性体育政策及镜鉴

女性体育政策就层级和作用范围来说，分为总政策、基本政策和具体政策，通过纵向和横向的协同治理，以期达到自我维持、综合治理、功能最大化的效果。

国际奥委会妇女体育政策作为引领全球女性体育发展的总政策和指向标，已成为各国制定相关政策的建标基准。西方发达国家结合自身国情国力和本国女性的体育参与状况，形成了各具特色的女性体育政策。李敏、马鸿韬（2016）梳理了英国促进年轻女性参与全民健身活动的经验，如出台了《女性和体育政策》《女性和体育战略》等，开展了"活跃的女人""这个女孩可以"等行动计划，采用了多样化的宣传手段、充分发挥体育协会的作用、有效结合女性体育科研的理论成果等具体措施。范莉莉、梁勤超、李源（2016）发现，澳大利亚女性体育保障政策最早产生于 20 世纪 80 年代。1999 年，《女性运动、休闲和体育活动的国家政策》出台，标志着大洋洲女性体育的国家保障体系正式确立，其制定与执行呈现出多部门参与和协同治理的特征。政策的后效应突出，不仅增加了女性的体育活动机会，增进了女性健康，提高了女性生活品质，而且在一定程度上拉动了女性体育消费，促进了澳大利亚体育消费产业的发展。

在具体政策层面，维护公平竞赛权利是体育的核心准则之一。在国际竞赛中，"性别验证"政策已经被基于特定生理指标的参赛资格限制政策取代，但是会引发更多的法律挑战，特别是国际田径联合会的《雄激素过多症规则》《性别发展差异运动员规则》涉嫌侵犯特定女性运动员的健康权、隐私权和不受歧视的权利，与国际人权标准相悖（姜熙，2020）。

（2）女性体育权利的实现

在女性体育权利的实现议题中，成果发散度高，对不同层面的"女性体育权利"概念进行针对性使用，并表征于不同社会时空和不同性别群体——奥林匹克争议管辖权、女性体育科研工作者、中央苏区女子体育权利（廖上兰、陈海琼，2019）、体育运动中的"酷儿"（韩永玺，2019）。

从法律实践方面切入的研究有，以加拿大 15 名女子跳台滑雪运动员起诉温哥华冬奥会组委会为案例，说明奥组委执行奥林匹克决议过程中产生纠纷的正确处理方法。国内法院应当遵守《奥林匹克宪章》的规定，放弃对此类争议的管辖权，交由具有合法资格的国际体育仲裁院（CAS）进行裁决（王进，2018）。

从社会文化方面切入的研究有，由不平等引发的要求男女平权/性别平等的逻辑支配着部分女性体育研究者，她们反对对体育进行男性/女性气质定性，承认双方均具运动权利，放弃一直执着追求绝对意义上的平等权利，以社会性别平等主流化消除冲突（唐瑶函、齐立斌，2020）。酷儿理论正视了参赛运动员多元性别的复杂性问题，解构了传统固化的男女二元性别模式，从理论上为破除性别与体育参与的困境指明了方向。

在科研管理方面，我国体育科研领域的性别差异逐步改善，女性科研人员在科研参与度、学术影响力等方面取得了进步。有学者发现体育科研中存在"女性更关注女性"的现象。商伟、吴家志（2016）通过考察里约奥运周期我国女性体育科研状况发现，2012~2015年体育学核心期刊中女性体育研究论文40篇，论及女性体育权利的最多（19篇占47.5%），第一作者（35人）中女性22人、男性13人。31~40岁的女性科研人员为女性体育科研的生力军。女性与体育研究获得国家社会科学基金、教育部人文社科基金和国家体育总局社科课题立项数总体偏少，占比较低（0.23%、0.65%、0.95%），较少获得资助的主因在于指南中没有女性体育选题方向或仅有一项。诚然，学术兴趣、能力潜质和学术目标等是影响女性体育研究者科研产出的主要因素，构建适宜发展的科技政策环境、改革高校内部管理制度也至关重要。

（三）女性体育的文化建构

1. 对女性体育研究的反思

2016~2020年，开启了对女性与体育研究的反躬自省，走上了刀刃向内的反思之路。首现出现以文献计量学为视角、利用CiteSpace软件对女性体育研究进行科学知识图谱分析（张波，2019；陈新华、陆楠，2019；陈丽霞、汪丽红，2019），形成了采用定量方法进行的"研究的研究"（孙淑慧、李楠，2020）。科学知识图谱分析属于可视化手段，既能展现静态的聚类又能展现动态的发展，既便于检视学术积累又便于把握学术方向，成为开启我国女性与体育研究的新钥匙。

陈新华、陆楠（2019）利用CiteSpace软件分析了2009~2018年中国知网收录的与女子体育相关的350篇核心期刊文献，通过共现分析、聚类分析、演进脉络分析和研究前沿分析发现，女子体育研究的主题为史学视角下的女子体育研究，运用史学对女子体育进行分析是这一领域研究的主要方法。聚类分析算法得到了五个聚类，分别为女子体育、女性、维新派、女性体育和影响因素。体育史、女子体育和女性体育构成近十年女子研究的核心资源，每个阶段的女性研究主题仍然有重叠，体现出女子体育研究的逐渐深入。在对研究前沿的分析中，未来的发展还是回归到史学视角下的研究，在回顾女性寻求体育参与的历史中得到新的历史启示。

陈丽霞、汪丽红（2019）将研究年限延展至 1999 年，只选取核心期刊的收录，框定了 280 篇进行分析，发现我国女性体育文献整体发文量呈波浪上升趋势，高产作者主要集中在高校，期刊来源于各大体育学院学报，且《体育文化导刊》、《体育与科学》和《体育学刊》占比分列三甲。我国女性体育科研机构分布广泛，各机构之间的合作化程度较低，以师范类和体育专业院校为主。女性体育研究热点集中在女性主义、职业女性、休闲体育等方面，女性体育研究主题随时间变化形成四个阶段：职业女性的体育参与，女性竞技体育和休闲体育，女性大众体育和女子体育史，全面发展阶段。

孙淑慧、李楠（2020）通过对改革开放以来的女性体育研究的深入观察，辅之以数据统计，探究了女性体育的内涵并廓清其外延。她们认为，女性体育研究的研究数量逐步增长但仍属"小众"话题，出现了个别高产作者但未形成相对核心作者群，研究视野和研究内容较丰富但呈现出粗放和表浅的倾向。这种秉持中立客观立场，不为现状找理由，不为政策找出口，大胆进行的"研究的研究"将是后继女性体育研究中的徐来清风。

2. 女性体育观

我国女性体育观的形成和演化，始于西方近代体育的传入和中国传统体育的式微，惠于女性主义哲学思潮和女性解放运动的实践，袭于西方女性主义体育观的整体框架。这五年的研究成果表现出对近代多元并起的女性体育观的集体关注（何叙，2016；武超、王晓珑、闫平等，2017；吴建堂，2017；徐霞辉，2018），展露出女性体育观变革、动荡、鼎新的底色。王波、张怡（2016）认为，强国保种需要、女性解放诉求、西方思潮影响、知识分子倡导构成了近代女子体育观转型的社会背景，也是必然性认知的基础。"民族主义"女子体育观、"两性差异"女子体育观、"新女性"女子体育观、"拟男化"女子体育观群雄并起，各种体育观之间并没有明显界限，而是处于一种互相交织、互相影响的状态。其独特性在于，紧紧围绕"救国"主论调，挑战封建礼教和腐朽社会制度，通过"妇女解放"和"两性平权"运动实现诉求。陈爱霞（2020）总结了近代众声喧哗的女子体育观，即体育是女子身体解放的表征、体育是女子美的经典效应、体育是女子救国的途径。

关景媛、陶玉晶（2016）遴选出三大女性主义流派对三个典型时期的女性体育发展进行多维考察，结合女性社会角色、身体观念、自我认同的转变历程，对女性体育发展的阶段特征及所蕴含的"政治运动－思想观念－文化载体"交互关系进行解析。研究认为，19世纪末20世纪初，女性体育以自由主义的女性主义为思想武器，实现了女性体育权利意识的启蒙，但理论上存在认知局限性，实践上欠缺彻底性与集体性；20世纪六七十年代，女性体育借助激进的女权潮流，把自身作为破除性（性别）制度的权力场域，致力于消灭差异和生理超越，虽客观上取得长足进步，但理论上陷入本质主义困境，实践上存在体育伦理意义上的僭越与隐患；20世纪末，生态女性主义的反思给予异化发展的女性体育以警醒和可能出路，建议按照道法自然、尊重差异的基本原则发展女性体育。

3. 女性体育研究范式与方法

上一周期，用"社会性别理论"包装的相关著述依旧将女性体育置于"新瓶装旧酒"的空泛讨论之下。2016~2020年，已有专著从学科建设、历史演变、理论与方法、实践四大板块系统地讨论了女性体育研究的渊源、发展、概念、议题。首次提出建立女性体育研究的范式与路径，把社会性别研究概念与体育人文社会学的论域结合起来，并通过一系列代表性的实证研究，确定了性别建构与体育制度、性别制度与社会文化之间的关联，为体育中性别的不平等寻求了解释，为拓展性别身体与社会研究框架提供了思路（熊欢，2016）。

所有的女性与体育研究都不应止于行动和数字的累积，更应该见诸理论与现实对话。研究方法定量和质性研究结合、本土经验与国际视野交互成为突出特征。阳煜华（2019）采用定量方式，从亚文化视角关注了女性青少年的大众冰雪运动参与过程，认为参与行为在价值观层面引导了女性青少年的个人主义价值取向、重塑了青少年的社会性别再定义过程，在行为方式层面促进了以趣缘结群的自组织模式，加深了朋辈影响，弥合了亲子关系，甚至对有形文化符号的选择，诸如服饰风格、音乐类型、运动休闲、行为举止、偶像崇拜也产生了影响。

再如，高校体育教学中女生参与不足的问题存在已久。高鹏飞、柳淑娟、李磊（2020）采用质性研究软件 Nvivo11 对 70 名高校女生的篮球运动参与史进行了回溯式和开放式访谈，聚焦制约参与的性别权力的发生机制，发现其主因是体育项目中存在由社会建构的以"男性霸权"为中心的性别角色期许。重构路径在于：在器物层面，坚持差异下的平等，为女生积极参与篮球运动营造氛围并提供坚实的基础；坚持两性体育参与的平等性，强化同域文化的开放性和积极性社会越轨；强化女生自我赋权，增强主体性别意识。

具身的女性体育实践给出无可复制的本土经验。20 世纪五六十年代，在"集体化"的国家架构下出现了非正式女性体育组织，国家运动内容被赋予"地方性"特征。曾居弱势的女性，在社会制度变迁中探索出以体育谋生存、图发展、入社会的策略。刘素林、行龙（2016）采取自下而上的社会史视角，选取国家体育宣传的典型——"海鸥"女子体育锻炼队为标本，采用个案分析法深入研究了女性的身份认同和性别角色。在集体化时代的宏观背景下，新式体育嵌入农业生产，融入乡土生活，重塑女性形象和社会角色的运行机制，深刻影响了女性的社会地位和身份认同。

4. 女性体育史

2016~2020 年，以"女子体育"为关键词检索出女子体育史相关研究 120 余篇，可见史学视角在女性与体育研究中的辎重。按照发文量由高至低的排序，体现为"近代女子体育史""古代女子体育史""现代女子体育史"。

唐、辽、宋、元、清等朝代的女子体育史（时情，2016；张凌双、陈亮、何涛，2016；金向红，2016；刘丹丹，2018；张怀雨、周小青、陈俊曦等，2019）多采用唐诗、宋词、元曲、笔记作为分析史料，透视了其勃兴、发展、鼎盛、衰落的历史轨迹，重点关注原因分析、社会影响、历史启示和现实借鉴。直至清代笔记中，"关于女子体育的记载非常少见，……间接反映出清代女子体育的衰微"（邵刚，2020a；邵刚，2020b）。

比之趋颓的古代女子体育史研究，近代/民国仍是女子体育的重点分期，成为近年来学者热衷追寻的历史片段。除了述及近代/民国时期全国/区域的女子体育发展史（张莹，2016；廖玲秀，2017；陈新华、陆楠，2019；郭瑶瑶，2020；于海娟，2020）、女性身体观（见前述）、女体育留学生（张宝强，2016）等传统议题之外，本周期议题成果主要集中在女子体育报道、女子体育教育和女子体育思想（思想家）及其实践方面。

女子体育在民国初年扎根于中国，报纸杂志有襄助之功，我国女子体育的发展也使报刊有闻可录。多位学者不约而同地关注了《申报》《点石斋画报》《大公报》《教与学》《妇女杂志》《玲珑》《图片时报》《良友》《勤奋体育月报》等报刊，发掘出媒介对近代女子体育在京津沪萌发、推广的特殊重要作用。这些报刊聚焦西方体育传入后女性在参与娱乐休闲体育和运动竞赛中的突出表现，逐渐成为近代女子体育报道的主战场（赵爽，2016；李彦彦，2016；冯维玮，2017；宋佳，2018；曹杰琪，2019；金秋龙、金帆，2019；陶恩海、程传银，2020）。反之，通过探研女子体育在近代中国的崛起轨迹，亦可在一定程度上揭示我国近代体育与媒介之间的互动关系及其背后更深层次的社会发展样态。蒋晓（2019）认为，《申报》女子体育报道分为"关注女学堂里的体育活动"的起始期、关注学校女子体育和运动会中的女子体育的过渡期，以及由南京国民政府的推广引发的对女明星运动员热烈追捧的黄金期。国民逐渐认可了"身体健康、健美自信、活力热情的女性新形象"，但也会因为"广告宣传的产品和体育运动缺乏直接联系，其广告文案存在故弄玄虚和夸大功效的现象，导致女性体育运动形象被盲目、简单地商业化与工具化"（赵富学、程传银，2016）。

在民国社会一致确认"体育为女子教育第一义"的背景下，"民族主义"女子体育观、"两性差异"女子体育观、"新女性"女子体育观、"拟男化"女子体育观轮番登场。教会学校、基督教青年会、留学速成师范、女校、体育师范学校等教育实体展开了女子体育教育实践和专业师资培养（邵珠彬、陈英梅，2016；姜志明、王鑫、陈莉，2016；卢玲、杨雪，2017；杜晓萌，2018；周挺、孙晨，2019；陆佳莉，2019）。体育一科，自《壬子癸丑学制》始，基于两性身心差异的观念，被予以区别对待——体育教材大纲、体育教学模式、体育教学内容、体育考核标准等，并针对女性的特殊性制定了五级能力分级法，为其制定了体育例假，配备了女性体育指导员。李兆旭（2020）认为，近代女子体育专业教育一方面以"体育救国"的追求打破和否定了传统意义上"柔弱无力"的文雅，另一方面定义了"健康柔美"的文雅，两者表现形式截然不同，但内核一脉相承，都认为女子应阴柔委婉，女性应弱于男性。性别刻板印象的推翻与重建，既刺激和保护了女子体育的初步发展，客观上在体育行业内创造了女子专属的空间，又严重限制了女体育从业者的从业方向和上升空间。

通过挖掘整理梁启超、张汇兰、陆礼华、蔡元培、潘光旦、吴蕴瑞、吴贻芳等人的体育思想，提取出共同特质：大力提倡女子体育，宣扬"男女平权"，对推动女子体育发展贡献巨大（袁诗哲，2016；赵富学、程传银，2017；董鹏、程传银、赵富学，2017；崔楠，2018；冯雨生，2018；王赞通，2020；马丹阳，2020；连志英，2020）。方萍、史曙生（2019）特别关注了"五四运动"发轫后，女子体育"解放妇女，体育救国——纠正以弱为美，力倡健康美——'强种强国'到'健全身心'——从'私域'迈向'公域'的全面建设过程"，强调了"五四"先进思想的传播使女性牢牢抓住体育这条能够构建并凸显其主体性话语的途径，推动女子体育在此基点上实现了从"闺阁深处"的"小脚女人"到全民健身背景下拥有"话语权"的新时代女性的角色转变。

中西兼蓄也是本周期女性体育史的突出特征之一。肖文燕（2020）在谈及维多利亚时代英国大众体育融入主流文化体系及各阶层的过程中，认为女子体育功不可没。刘晓楠（2016）在进行下田歌子女子教育思想和实践的研究中，总结出包括女子体育教育论在内的七大理论与中国清末民初女子教育的密切关系。

新中国成立后的 70 年是载入中国女子体育史册的辉煌时期，我国妇女体育走出了独有的发展道路，妇女体育事业的蓬勃发展也折射出我国平等、多元、包容社会的形成。熊欢（2020）研究了我国妇女体育成就与变革背后所承载的历史使命、政治任务、社会需求以及文化符号，总结了新中国妇女体育发展的历史经验以及道路的选择——从"身体的解放"到"国家建设"，从"工厂田野"到"国际赛场"，从"被动参与"到"主动投入"，从政策激励到内生需求，激发出女性力量。

5. 女性、体育与大众媒介

大众媒介在书写、再现、传播体育中的性别与性别气质的过程中，发挥了至关重要的作用——大众媒介的每一次着力塑造和企图控制都会引发体育内部和女性自身的更大张力，形成一种相互生成的态势。实践中媒介对性别与体育发出挑战性的言说，激起女性体育学界和相关群体的反弹，从而源源不断地为自己提供生产性话语。在 2016～2020 年的成果中，传播学、叙事学、符号学、电影艺术相关理论都成为本议题的理论武器，研究者通过撷取不同女性体育参与者的身份特征，探讨考察其在传统媒体和新媒体并行状态下的性别呈现、主体意识、性别气质、视觉形象建构、媒介权力、媒介生存等内容，主要围绕以下三个话题。

（1）女性体育形象、女性体育经验的媒介呈现

此类研究主要选取优秀女运动员（群体）的视觉形象、女性新闻从业者（记者、主持人、解说员、评论员）和女性体育迷的媒介生存作为研究对象，采用个案法、扩展个案法、主题+个案叙事分析等分析方式（王雪，2017；靳琳，2020），以不同媒介传播方式为语境（刘红、王福秋、刘连发，2017；毛晓瑜，2019；安琳琳，2019），展现体育领域的女性形象和女性经验。

由文字构筑的女运动员媒介形象始终在流动，是历史流变的表征，是媒介形态的更替。从《申报》上兼具"新女性运动"政治宣传符号和香港体育女星身份的民国"美人鱼"杨秀琼（李楠，2019），到《体育报》上"女英雄式"挽狂澜于既倒的女篮女排队员（石丽艳、熊欢，2017），到《足球》报上去英雄化、生活化以及客体化的女足姑娘（庞晓玮、杨剑锋，2016；赵嵘，2017），再到消费文化中的有着"健康的性感"和"百变魅力"的花滑选手隋文静（靳琳，2020），女运动员的媒介形象亦真亦幻。安琳琳（2019）总结了传统媒体（《人民日报》《光明日报》《南方日报》）中惯用的突出女运动员正面形象、体现对女运动员的人文关怀、显现民族主义倾向、强化女性气质、回归传统女性形象的媒介策略。

近年来，以女性体育图片为分析对象的研究开始出现，并主动关注图片蕴含的文化转向。世界新闻摄影比赛（"荷赛"）体育类获奖摄影作品中折射出的女性体育形象吸引了青年女性研究者的注意（雷思莹，2019；张婷，2019；曹丹丹，2020）。获奖作品对参与竞技体育以及日常生活与训练的女性关注较多，对参与休闲体育的女性关注较少。作品中展现的是"多元的身体"。这些都反映了世界女性体育的发展历程，重视青少年和青年女性、关注普通女性、描绘偏远落后和战乱地区的女性。

女性新闻从业人员包括女性体育主持人、解说员、评论员、记者、网络主播等，她们的从业现状、媒介形象、角色定位、发展方向等社会问题成为研究关注的焦点（姜霄晗、李烈鹏，2018；田娜，2019；赵常戎，2019；曾宝，2020；宋克娟，2020；刘悦欣，2020）。性别身份困惑、角色冲突、性别气质与解说项目契合度、同场解说中被边缘化和无个性的"花瓶"形象、被同行歧视形成了她们工作中腹背受敌的困局，只有通过增加专业知识储备、积累解说素材、保持社交媒体活跃度来进行纾困。

既往的女球迷研究重视对其产生、发展和行为特征的总结，本周期研究中的女球迷发生了"看"和"被看"之间的角色流转，通过参与"粉丝应援"获得了"体育迷妹"的头衔（陈文君，2018），也因为体育认知缺陷消弭了主体意识（孙宏婧、李安娜，2020）。有的运用个案研究方法进行观赛动机调研（王馨雨，2020）。有的从媒介权力入手采用自我民族志的方法讲述女体育迷的形成过程：父母的电视体育观看行为是体育代际传递的主要途径，也是父辈隐形权力的体现。女性因被赋予"照料者"角色而被排除在体育迷之外。女性体育迷的成长伴随对性别身份和文化观念、媒介使用劣势的反抗（杨茜、郭晴，2020）。更有激进者认为，女球迷的介入几乎剥夺了男性对足球的解释权，而其背后则是另类的女权主义思想。女球迷癫狂的性展示现象不仅深刻地触动了男性精神中的敏感地带，还改写了足球的定义，足球从此递进为一种大众化、表演化的类史前的文化形态，足球的原始意义和现代意义在此得到了新的妥协（路云亭，2020）。

（2）女性体育电影评论

在体育电影逐渐类型化的今天，性别的介入使女性体育电影成为一个新亚型。它以超越文字、图片、短视频等传播文本的形态，突破了中西文化差异，呈现出特殊的女性身体表达。本周期中，《夺冠》《独自·上场》相继上映，运动场上的中国女性与国家和民族的命运对话，侧面记录着妇女解放和参与国家建设的历史，以一种特殊样式镶嵌于国家电影史之中（韩佳宁，2019）。事实上，这个新亚型比之国外同类电影的数量还远远不够。管筱斐（2019）根据多模态话语分析理论，提倡中国体育电影应注重挖掘女性角色，通过塑造优秀的女性运动员或女性体育工作者形象，展现中华体育精神的价值内涵与精神魅力。由于体育体制殊异，中外女性通过体育获得现实成就的路径有所不同，国外女性体育电影的性别再现和文化认同与我国不尽相同（杨君，2017），塑造女性形象的方式——身体意象、主题表达以及价值取向也存在差异（房新宁，2018）。申朦（2020）以电影叙事学为门径，从素材选择、激励事件、镜头设置等方面解析了《摔跤吧！爸爸》中的"颠覆传统、定义美丽，追逐梦想、无所畏惧，斗志昂扬、绝不认输"的女运动员形象。

（3）国外女性体育与媒介研究的综述

田恩庆、仇军（2017）通过分析 1997～2016 年刊载于 IRSS、SSJ、JSSI 三种国际体育社会学同行评议期刊的 54 篇文章，认为女性体育与媒介研究是西方体育社会学的研究热点，并面临新媒体时代的诸多机遇和挑战。正是有效地借助各种女性主义理论、"惯习"和"场域"理论、符号学理论、"权力"理论、"道德主体性"理论以及社会资本理论、霸权理论、交叉理论，并运用内容分析和话语分析，一定程度上获得了对体育传媒中的性别不平等关系与性别歧视、女性气质与性别身份建构、女运动员身体符号化等议题的解答。

6. 女性、体育与人类学研究

性别与体育同属于人类学的核心关怀。性别，可以作为体育人类学任何一个论域（体育与身体、体育与商品化、体育与全球化、体育与流行文化、体育与道德伦理、体育治理、体育与民族主义和族群性、体育与社会工程）① 中的分析变量，找到自己的链接模式。运动中的女性身体，不仅被视为生物学意义上的客体，而且被视为能在流动中展现出动力性的力量。2016~2020 年，研究者通过书写民俗体育文化中的女性实践的方式开辟了体育人类学研究的新空间。

孙群群、白晋湘、罗玲（2018）取径于田野调查和访谈，依靠社会参与行为理论和性别理论，在西班牙斗牛舞和水族斗角舞中，发掘出性别在工具与价值之间的内在深层关系。二者都经历了价值理性－女性隔离－宗教祭祀场域、价值理性过渡工具理性－女性融合－娱人娱神场域、工具理性－男女和谐－非遗表演或健身娱乐场域的历史历程。二者借助"女性工具"在政策部门的"合谋"下，创造了独有的"共赢"现象。在特定的场域里，给予女性特殊的"合理"性，让"工具理性"与"价值理性"协同发展，这种"前台"与"后台"的双赢模式是斗角舞的理性回归选择，也为其他民俗体育文化提供了相应的研究范式参考。

雷建、何胜保、欧阳金花（2016）和欧阳金花（2019）共同对江永女书文化中的女子体育文化进行了考证。不同的是，雷建、何胜保、欧阳金花侧重文学作品的叙事分析，从节日习俗、日常生活、民间武术和宗教祭祀中找到根由。而欧阳金花的研究侧重实践，发现女书节庆习俗是女子体育宗教的发端，女子体育宗教信俗演变呈现"生成－鼎盛－破坏－消失"的文化轨迹，后现代江永女性"中心"与"边缘"的身份发生转换、宗教失范、商业展演成为女子体育宗教信

---

① 此观点出自南京大学人类学研究所范可教授在《广州体育学院学报》发表的《体育人类学——何以可能何以可为?》。

俗衰落的根本原因，并提出了女子体育宗教信俗文化修复措施，以寻求江永女子体育宗教信俗保护与传承的合理路径。

罗婉红、龙佩林、郭振华等（2020）通过长期的田野调查和地方文献比对，剖析了村落女性参与传统体育的行为逻辑，认为当代湘西地区村落女性是民族传统体育复兴的主要力量，女性的体育参与行为来自主体意识的觉醒或短视性的工具理性行为。少数民族村落女性积极参与的传统体育项目均为自古以来其所拥有参与权的项目。主观的社交需求和村级行政机构的客观支持是她们参与集体性传统体育活动的动因。她们热衷于参与公共空间的展演活动，并试图在文化融合中通过传统体育行为完成身份认同。

三　研究不足与展望

（一）研究不足

1. 学术地位边缘化，高水平成果难以涌现

学术地位边缘化是限制女性与体育研究发展的主因。国家社会科学基金、教育部人文社科基金、国家体育总局决策咨询项目以及重要体育学术论文报告会的课题指南，大多未将性别与体育议题列入其中。刊载女性体育研究最多的体育期刊中，只有《体育与科学》被列入 CSSCI 来源期刊目录，没有发挥核心期刊对高质量女性体育研究的凝聚和引导作用。久而久之，大部分视角陈旧、观点雷同、拼凑痕迹明显的文章充塞了体育类普通期刊，形成了近亲繁殖的局面，不利于鼓励高水平成果稳定产出、新观点新理论迸发涌流。

2. 缺乏学术反思，某些议题研究陷入停滞

经过 40 年的发展，我国女性与体育研究已经进入研究内容、研究范式、研究方法、研究对象的相对稳态阶段，重结构、轻主体，重现状描述、轻问题解决，重宏观叙事、轻微观剖析。处理女性体育中的限制条件、影响因素、困境、冲突、张力，往往遵循"褒多贬少""给问题找理由"的思维路径，着力于现状析因和理论阐释，而非积极地从内部破壁或寻求外部支持，以推动问题解决。反思的自觉，是避免某些议题较长时间无法募集能量而进入渐冻状态的唯一途径。

3. 研究主体数量少，未形成一定的团队优势

在目前的女性体育研究者群体中，绝大多数为仅发表过一篇相关成果的"瞬时"作者。虽然存在常年深耕女性体育研究的高产作者（主题发文多至20余篇），但是全国范围内不超过10人。研究者之间的学术关联度不高，缺乏稳定的研究团体。所以，"真正"意义上的女性体育研究者还较少，研究者基数不足导致难以形成学术对话。

4. 研究对象过于主流，存在"不可见"的女性体育群体

在女性体育研究中，常年以"易得"的观测对象——白领女性、机关女干部、女运动员、女大/中/小学生、女体育教师、女性体育新闻从业者、女球迷等为研究对象开展研究，忽视了占一定比重的女性体育管理者、女教练、历史中的女性体育推动者，以及大量的蓝领阶层女性、自由职业女性、进城务工女性、贫困女性、少数民族女性、留守女性、失业女性和性少数者。她们的社会身份并非单向度存在，往往交织在一起，所处的体育空间、行为特征、自我认知和所受限制都与主流研究大相径庭。如果总是站在中心看主流，不触及边缘，则会失去把握真实世界的机会。

（二）研究展望

1. 搭建理论世界和经验世界的接口

从最初对我国古代妇女体育状况的梳理，到国外妇女体育参与情况及研究成果的引介，再到总结中国女性全面介入体育各细分领域，融入体育全球化和文化本土化的进程，女性体育研究形成了相对稳定的论域。在经验世界中，则需要具有强烈的问题意识，紧紧扎根于流动的日常和鲜活的洞察，由关注女性、体育与其他社会建构的关联到强调女性主体意识、具身感觉和存在意义，遏制研究粗放和表浅的倾向。

2. 协调运用宏观视角和微观叙事

女性群体的异质性特征提示我们，大问题、大事件、长时段、"通史历程"式的女性体育研究已不再具有生命力，对个别的、具体的史实和社会问题的专门研究以及对女性个体经验的深度挖掘至关重要。应结合国家话语，承认女性体育参与的私人化立场，倾听每一个体的立场与观点。抓住历史本质，尊重不同女性"感知"到的体育史，寻找偶然性事件的关联。应运用立体思维，挖掘女性体育多维化意义，形成"为女性"的女性体育研究。

3. 扩大不同类型研究主体，激发研究合力

现实中存在以高校教师、科研团队为主的女性与体育研究主体，葆有和激励他/她们长期地"坚守"研究领地是当务之急。但是，也应"看见"更多的实体形态的草根女性体育组织（遍及大众健身休闲、女性体育传播等领域）和虚拟空间中的女性体育的专业自媒体、微信公众号、微博等平台。它们的行动让每个"女孩不下场""拥有平视体育的机会"，在体育里实现"女性的连接"，学术界应主动搭建与行动者的关系，将其关联进学术场域，激发出不同研究主体的合力。

4. 转变为"局内人"视角，赋予质性研究合理的地位

虽然研究主体的性别并不能直接决定研究价值，体育领域中也不尽是"女性更关注女性"，但一定是"局内人"更容易进入对象的世界，建立信任关系，进而更准确地理解对方，提升研究的效度。质性研究让我们获得"局内人"视角，从而掌握社会群体研究的有力工具。在量化成风的体育人文社会科学研究中，质性研究在研究视角、论域、范式、框架、策略等方面能更充分地融合女性与体育研究日渐偏向"人文性"的特点，深度解析与女性体育相关的行为与现象、从日常的生活层面理解女性与体育研究的意义和社会价值、从差异化的女性与体育实践中归纳出身体文化的经验，为体育内生理论的形成提供有力的工具，为促进我国体育社会科学研究方法自觉从而保持学术品格与实践活力提供了可能。

参考文献

1. 安琳琳（2019）：《传统媒体报道中我国女运动员媒介形象的研究》，硕士学位论文，广州大学。

2.〔英〕安娜·卡塞尔（2019）：《吃饭、流汗、玩耍：让运动连接身心，解放自我》，费智华译，民主与建设出版社。

3. 白银川、刘卫军、许奎元等（2017）：《我国优秀 48kg 女子摔跤运动员孙亚楠里约奥运会赛前训练特征研究》，《北京体育大学学报》第 9 期。

4. 北京市大体协女子体育研究会（2016）：《体育与当代女性的健康发展研究》，《首

都高校第五届女子体育论坛文集》。

5. 毕海泳（2016）：《振动训练对中老年女性平衡能力及下肢力量的影响研究》，硕士学位论文，首都体育学院。

6. 曹丹丹（2020）：《世界新闻摄影比赛（WPP）获奖作品中的女性体育研究》，硕士学位论文，上海体育学院。

7. 曹光强、潘飞鸿、王国杰（2020）：《中国赛艇女子轻量级双人双桨队员里约奥运会赛前水上训练内容与负荷特征研究》，《西南师范大学学报（自然科学版）》第 2 期。

8. 曹杰琪（2019）：《〈点石斋画报〉视野下晚清体育的研究》，硕士学位论文，首都体育学院。

9. 陈爱霞（2020）：《近代女子体育观概述》，《体育科技文献通报》第 3 期。

10. 陈丽霞、汪丽红（2019）：《基于知识图谱下我国女性体育研究的可视化分析》，《四川体育科学》第 2 期。

11. 陈鲁（2020）：《角色冲突理论视域下中学女性体育教师的职业发展研究》，硕士学位论文，山东师范大学。

12. 陈文君（2018）：《从"被看"到"看"，媒介文化视角下的体育"迷妹"现象解读》，《传播力研究》第 28 期。

13. 陈晓娜（2016）：《基于动态的胸部不舒适研究现状与展望》，《时尚设计与工程》第 3 期。

14. 陈新华、陆楠（2019）：《2009~2018 年中国女子体育研究热点及展望——基于 CiteSpace5.3 科学知识图谱分析》，《武术研究》第 10 期。

15. 陈玉艳（2017）：《城镇化背景下昆明地区农村中年妇女体育锻炼态度和体育行为的研究》，硕士学位论文，云南师范大学。

16. 程继芳、吴玉华、廖思闵等（2019）：《采茶舞与赣南地区农村女性体育发展的良性互动》，《当代体育科技》第 5 期。

17. 崔楠（2018）：《张汇兰体育思想研究》，《体育世界（学术版）》第 10 期。

18. 邓丽群（2018）：《国内外关于高校女性体育教师心理健康素质的研究现状》，《湖北函授大学学报》第 7 期。

19. 董海军（2017）：《我国女子链球项目备战 2016 年里约奥运重点队员投掷技术的研究》，《北京体育大学学报》第 11 期。

20. 董佳慧、郭露露（2020）：《2016 年里约奥运会女子摔跤 53kg 级冠军运动员技战术运用分析》，《当代体育科技》第 5 期。

21. 董鹏、程传银、赵富学（2017）：《吴贻芳女子师范体育教育思想初探》，《武汉体育学院学报》第 4 期。

22. 杜琴枚（2018）：《运动文胸对女性运动热生理的影响》，硕士学位论文，苏州大学。

23. 杜熙茹（2018）：《女性健康体育生活方式指南》，电子科技大学出版社。

24. 杜晓萌（2018）：《近代成都教会学校体育发展研究》，硕士学位论文，成都体育学院。

25. 樊腾龙、张振东、韩程爽等（2017）：《里约奥运会乒乓球女子决赛丁宁技术分析》，《当代体育科技》第 16 期．

26. 范莉莉、梁勤超、李源（2016）：《澳大利亚女性体育权利保障及其启示》，《首都体育学院学报》第 5 期。

27. 方萍、史曙生（2019）：《百年五四，百年体育系列研究——论"五四运动"以来女子体育的文化觉醒与前行》，《第十一届全国体育科学大会论文摘要汇编》。

28. 房新宁（2018）：《身体意象·主题表达·价值取向——中美体育电影中的女性形象比较研究》，《当代电影》第 3 期。

29. 冯维玮（2017）：《〈申报〉（1919~1949）中的"女子体育"研究》，硕士学位论文，成都体育学院。

30. 冯星、张国宝、张楠（2018）：《里约奥运会跆拳道女子 67kg 以上级冠军郑姝音技战术特征》，《中国体育教练员》第 2 期。

31. 冯雨生（2018）：《潘光旦体育思想研究》，硕士学位论文，南通大学。

32. 高健（2016）：《城乡青、中、老年女性体育消费状况比较研究——以河南省为例》，《安徽体育科技》第 1 期。

33. 高洁（2016）：《浅析山东省青岛市女性健身行为状况及对策》，《体育世界》第 30 期。

34. 高丽（2016）：《妇女传统体育价值及价值实现探微》，九州出版社。

35. 高鹏飞、柳淑娟、李磊（2020）：《大学女生篮球运动参与中的性别失衡与重构》，《中华女子学院学报》第 2 期。

36. 高琦、夏成前（2020）：《"她经济"视域下女性体育消费主要问题及对策》，《体育文化导刊》第 1 期。

37. 高晓晓、江红霞（2018）：《应用 3D 打印技术的运动文胸模杯个性化定制》，《纺织学报》第 11 期。

38. 隔超、兰润生、冯圆圆（2019）：《畲族女性对本民族武术传承观念之影响》，《浙江体育科学》第 4 期。

39. 龚莹莹（2019）：《我国城市职业女性体育生活方式分析》，《休闲》第 4 期。

40. 顾志明、高东方（2019）：《嘉兴市成年女性体育消费现状、影响因素及发展对策研究》，《体育科技文献通报》第 11 期。

41. 关景媛、陶玉晶（2016）：《女性主义哲学思潮对女性体育观的影响》，《体育学刊》第 4 期。

42. 管筱斐（2019）：《2015~2017 年中国电影"中华体育精神"呈现的多模态话语分析研究》，硕士学位论文，西北师范大学。

43. 郭阳（2020）：《高血压患者运动试验中血压变化的影响因素及靶器官损伤研究》，硕士学位论文，湖南师范大学。

44. 郭瑶瑶（2020）：《近代女子体育研究》，硕士学位论文，山西师范大学。

45. 韩佳宁（2019）：《女性体育电影：展现与时代同步的女性健儿》，《中国妇女报》12 月 17 日。

46. 韩永玺（2019）：《基于酷儿理论视域下的性别与体育参与困境和救赎》，《体育与科学》第 1 期。

47. 何宝雄（2018）：《张川县回族女性体育锻炼现状及其制约因素的调查研究》，《西部皮革》第 24 期。

48. 何叙（2016）：《清末民初之女子体育观》，《南通大学学报（社会科学版）》第 2 期。

49. 贺莉、谢迅、刘乃宝（2020）：《安徽城市职业女性体育生活方式的影响因素及对策》，《大众标准化》第 24 期。

50. 侯军、王莉静、刘群（2017）：《从里约奥运会中美女子体操竞技实力差距看世界体操发展态势》，《肇庆学院学报》第 5 期。

51. 胡文强（2020）：《近 5 届奥运会中国女子体操队成绩特征分析》，《四川体育科学》第 3 期。

52. 黄耀东（2019）：《消费主义视野下的广州白领女性体育消费行为研究》，《体育风尚》第 2 期。

53. 黄耀东、陈克（2019）：《我国城市女性体育消费行为及其影响因素探析》，《菏泽学院学报》第 3 期。

54. 《健康管理》杂志编辑部（2016）：《挑选运动内衣的方法》，《健康管理》第 8 期。

55. 姜熙（2020）：《从"性别验证"到"参赛资格限制"——女性运动员"性别"政策的发展》，《体育科研》第 6 期。

56. 姜霄晗、李烈鹏（2018）：《"刻板印象"视域下的女性体育解说》，《传播与版权》第 7 期。

57. 姜焱斌、卜淑敏（2018）：《广场舞对超重绝经后女性循环骨钙素水平的影响及相关因素分析》，《中国运动医学杂志》第 9 期。

58. 姜志明、王鑫、陈莉（2016）：《近代我国教会学校女子体育研究》，《体育文化导刊》第 9 期。

59. 蒋晓（2019）：《〈申报〉（1872~1937）女子体育报道的研究》，硕士学位论文，成都体育学院。

60. 竭晓安（2017）：《从里约奥运会看女子体操各项发展趋势》，《运动》第 12 期。

61. 金秋龙、金帆（2019）：《〈大公报〉体育新闻传播剖析（1902~1949）》，《第十一届全国体育科学大会论文摘要汇编》。

62. 金向红（2016）：《元曲中的体育研究》，《体育文化导刊》第 9 期。

63. 靳琳（2020）：《消费语境下女性运动员的视觉形象建构研究——以花样滑冰运动员隋文静为例》，《科技传播》第 14 期。

64. 鞠军（2018）：《女性体育与体育文化研究》，天津科学技术出版社。

65. 孔德刚、高虹（2017）：《制约职业女性体育消费的主要因素调查与分析》，《中国商论》第 13 期。

66. 雷建、何胜保、欧阳金花（2016）：《江永女书叙事作品中女子体育文化考证》，《体育科技》第 5 期。

67. 雷思莹（2019）：《2009~2018 年荷赛奖体育类获奖作品研究》，硕士学位论文，成都体育学院。

68. 李海霞、钟秉枢（2019）：《新时期高校女体育教师职业成功感知现状、特点与差异研究》，《第十一届全国体育科学大会论文摘要汇编》。

69. 李慧宏（2016）：《古希腊的"女性奥运会"：赫拉运动会》，《世界文化》第 9 期。

70. 李锦龙（2018）：《对长距离跑比赛中战术运用策略的研究——以里约奥运会女子万米决赛为例》，《当代体育科技》第 15 期。

71. 李军言（2020）：《我国城市高中女生体育参与障碍因素及发展对策研究》，硕士学位论文，河南大学。

72. 李可柒（2020）：《基于乳房形态的运动文胸压力舒适性研究》，硕士学位论文，上海工程技术大学。

73. 李利强、孙宇亮、郭晨等（2020）：《中国优秀女子链球运动员王峥备战东京奥运会投掷技术的量化跟踪研究》，《吉林体育学院学报》第 3 期。

74. 李敏、马鸿韬（2016）：《澳大利亚妇女体育政策对我国的启示》，《体育科学》第 7 期。

75. 李楠（2019）：《20 世纪 30 年代我国著名女游泳运动员杨秀琼媒介形象构建与意义——以〈申报〉为样本》，《第十一届全国体育科学大会论文摘要汇编》第 2 期。

76. 李瑞珍（2018）：《中国城市社区妇女体育参与的限制因素研究》，硕士学位论文，河南大学。

77. 李上校、任景萍、孙萌梓等（2016）：《行走过程中运动文胸对步态参数的影响》，《第十八届全国运动生物力学学术交流大会（CABS 2016）论文集》。

78. 李韬（2018）：《新形势下高校女性体育教师的心理健康教育问题研究》，《青春岁月》第 5 期。

79. 李文平（2016）：《世界优秀女单网球选手参赛实力指标综合评价与运用——以 2012 年第 30 届伦敦奥运会网球项目女子单打比赛数据为依据》，《浙江体育科学》第 5 期。

80. 李小健、唐海欧、史晓惠（2017）：《女性体育文化观念变迁与体育运动研究》，西安交通大学出版社。

81. 李彦彦（2016）：《体育报刊与民国上海都市社会》，硕士学位论文，上海师范大学。

82. 李艳丽（2019）：《女性体育消费行为特征及其影响因素——基于湘潭市大样本分析与有序多分类变量 Logit 模型》，《第十一届全国体育科学大会论文摘要汇编》。

83. 李玉芬（2017）：《瑜伽运动对更年期女性抑郁的影响》，《韶关学院学报》第 9 期。

84. 李玉君、胡振东（2018）：《淮北市职业女性体育锻炼现状及影响因素分析》，《体育世界（学术版）》第 8 期。

85. 李兆旭（2020）：《民国时期体育学校研究》，博士学位论文，中国社会科学院研究生院。

86. 连志英（2020）：《陆礼华：中国女子体育事业的奠基人》，《团结报》3 月 5 日。

87. 梁小军、钟永锋、马国锋等（2018）：《中国城市女性体育消费促进策略研究》，《肇庆学院学报》第 5 期。

88. 廖玲秀（2017）：《中国近代女子体育的流变及其成因分析》，硕士学位论文，浙江师范大学。

89. 廖上兰、陈海琼（2019）：《论苏区体育精神的思想基础》，《红色文化学刊》第 1 期。

90. 林金玉、熊欢（2020）：《女性体育参与社会支持体系的研究综述及展望》，《成都体育学院学报》第 6 期。

91. 林仲华、邓子鹃（2019）：《江苏省职业女性体育休闲现状调查》，《体育科技》第 1 期。

92. 刘丹丹（2018）：《宋代女子体育中的女性意识研究》，硕士学位论文，山东师范大学。

93. 刘东升（2016）：《女性体育消费方式的演变及现代消费特征分析》，《体育与科学》第 6 期。

94. 刘红、王福秋、刘连发（2017）：《网络传媒对女性运动员形象的构建及其生活空间表达》，《体育与科学》第 6 期。

95. 刘如、彭响（2018）：《我国农村妇女参与体育的制约因素与促进路径研究》，《中国学校体育（高等教育）》第 7 期。

96. 刘素林、行龙（2016）：《女性体育的国家建构：以"海鸥"女子锻炼队为例》，《体育与科学》第 6 期。

97. 刘晓楠（2016）：《下田歌子女子教育思想研究》，硕士学位论文，西南大学。

98. 刘叶郁（2016）：《规约的惩罚：古代奥运会拒绝女性参与的社会学解读》，《南京体育学院学报（社会科学版）》第 2 期。

99. 刘瑛（2019）：《农村妇女体育的发展困境及优化路径》，《广州体育学院学报》第 4 期。

100. 刘悦欣（2020）：《女性体育解说员对赛事的影响和角色定位》，《卫星电视与宽带多媒体》第 8 期。

101. 卢玲、杨雪（2017）：《早期上海女子体育师资培养的历史语境与发展历程》，《南京体育学院学报（社会科学版）》第 2 期。

102. 鲁娟（2018）：《性别视角下的高校女性体育教师心理健康状况分析》，《现代职业教育》第 4 期

103. 陆佳莉（2019）：《基于"身心差异"的民国时期学校两性体育教学研究（1912~1937 年）》，硕士学位论文，南京体育学院。

104. 路云亭（2020）：《2020 现代足球的本质——女性球迷的介入行为》，《河北体育学院学报》第 1 期。

105. 吕晓冰（2018）：《奥运会女子 20km 选手吕秀芝技术动作改进情况分析》，《当代体育科技》第 28 期。

106. 罗婉红、龙佩林、郭振华等（2020）：《在传统与自觉之间：湘西村落女性参与传统体育的行为逻辑——兼与万义博士商榷》，《上海体育学院学报》第 3 期。

107. 罗子贤（2020）:《普通高中体育教师核心素养指标体系构建及应用研究》，硕士学位论文，杭州师范大学。

108. 马丹阳（2020）:《蔡元培体育思想研究》，硕士学位论文，湖南师范大学。

109. 马孝刚、万炳军、孙宇亮等（2018）:《对女子链球运动员王铮备战东京奥运会投掷技术的诊断分析》，《南京体育学院学报》第 2 期。

110. 毛晓瑜（2019）:《新媒体语境下女性运动员媒介形象建构研究：特点、问题与提升策略》，硕士学位论文，武汉体育学院。

111. 孟丽君（2019）:《肥胖中年女性运动减重干预 FATmax 的变化及其影响机制的研究》，硕士学位论文，天津体育学院。

112. 欧阳金花（2019）:《江永女书文化中女子体育宗教信俗的衰落与修复》，《吉首大学学报（自然科学版）》第 5 期。

113. 潘政东（2019）:《云南省红河州农村中学体育教师胜任力特征及提升路径研究》，硕士学位论文，上海师范大学。

114. 庞晓玮、杨剑锋（2016）:《媒体拟态环境中的女性体育迷》，《青年记者》第 35 期。

115. 任灿灿、何庆（2020）:《我国优秀女子拳击运动员任灿灿备战里约奥运会赛前体能训练研究》，《福建体育科技》第 6 期。

116. 任景萍、李上校、周兴龙等（2016）:《女性乳房运动学及主观不适感研究进展》，《中国运动医学杂志》第 7 期。

117. 任秋君、朱襄宜、王红梅（2017）:《美学角度下女性健身行为审视与思考》，中国纺织出版社。

118. 商伟、吴家志（2016）:《里约奥运周期我国女性体育科研现状》，《运动》第 18 期。

119. 邵刚（2020a）:《体育在清代笔记中的呈现》，《体育科研》第 6 期。

120. 邵刚（2020b）:《清代笔记中的体育研究》，硕士学位论文，苏州大学。

121. 邵珠彬（2016）:《陈英梅与中国近代体育》，《体育文化导刊》第 11 期。

122. 申朦（2020）:《体育电影叙事学角度下的女性运动员视觉形象建构——以〈摔跤吧！爸爸〉为例》，《新闻传播》第 9 期。

123. 沈连梅、王电海（2016）:《从里约奥运会看我国女子羽毛球项目的厘革之径》，《韶关学院学报》第 10 期。

124. 石丽艳、熊欢（2017）:《中国体育报纸中女运动员形象的时代变化及其符号意义》，《体育文化导刊》第 1 期。

125. 时倩（2016）:《唐代女子体育服饰研究》，《体育文化导刊》第 7 期。

126. 舒永梅（2016）:《中老年女性运动干预期间日常习惯和自我感觉问卷调查研究》，硕士学位论文，上海体育学院。

127. 司雪成、王润斌（2018）:《现代奥运会女子田径项目的演变规律与前瞻思考》，《四川体育科学》第 6 期。

128. 宋佳（2018）:《图片报道中的民国体育研究》，硕士学位论文，苏州大学。

129. 宋克娟（2020）：《社会性别视角下体育赛事主持人的研究》，硕士学位论文，山东师范大学。

130. 苏欣悦（2019）：《国家女子铁饼运动员苏欣悦备战里约奥运会期间的身体功能训练的应用》，《科技资讯》第1期。

131. 孙宏婧、李安娜（2020）：《女性主义视角下女球迷主体意识的研究综述》，《当代体育科技》第28期。

132. 孙焕平（2019）：《运动习服对昼夜节律紊乱成年女性身体成分影响的研究》，硕士学位论文，曲阜师范大学。

133. 孙群群、白晋湘、罗玲（2018）：《工具的认同抑或隔离：民俗体育性别参与的文化人类学研究——基于水族斗角舞的田野考察》，《2018年全国体育社会科学年会论文集》。

134. 孙淑慧、李楠（2020）：《改革开放以来我国女性体育研究：回顾与反思》，《成都体育学院学报》第6期。

135. 覃慧（2019）：《昆明市中学女体育教师心理资本与职业稳定性的相关研究》，硕士学位论文，云南师范大学。

136. 谭强、杜熙茹（2018）：《世界女子体操发展特征及我国备战东京奥运会策略》，《体育科技文献通报》第7期。

137. 檀亚军、但晶（2016）：《备战里约奥运会国家女子水球队运动损伤调查分析》，《中国运动医学杂志》第1期。

138. 唐瑶函、齐立斌（2020）：《体育运动中女性的性别秩序》，《当代体育科技》第4期。

139. 陶恩海、程传银（2020）：《民国时期体育画报特征及历史意义》，《体育文化导刊》第4期。

140. 田恩庆、仇军（2017）：《西方女性体育与传媒研究》，《体育科学》第8期。

141. 田娜（2019）：《女性主义视域下我国体育节目女性主持人的话语权弱化研究》，硕士学位论文，上海师范大学。

142. 汪雄、陈玉林、周山彦等（2018）：《中国女子足球发展历程回顾与分析——基于历届世界杯和奥运会的考述》，《青少年体育》第4期。

143. 汪毅（2016）：《55~65岁静坐少动女性运动干预的时效性研究》，博士学位论文，北京体育大学。

144. 王爱华、李静苹、谢荣等（2018）：《第27~31届奥运我国女子冠军运动寿命的项群特征》，《广州体育学院学报》第4期。

145. 王遨洲（2020）：《信阳市乡村小学体育教师职业认同现状及影响因素的研究》，硕士学位论文，上海师范大学。

146. 王波、张怡（2016）：《我国近代女子体育观的演变及其特征研究》，《山东体育学院学报》第6期。

147. 王进（2018）：《国内法院对奥运会组委会的管辖权边界——以15名女子跳台滑雪运动员诉温哥华冬奥会组委会为例》，《体育科研》第4期。

148. 王淑沛（2019）：《女性体育消费的社会学思考研究》，《当代体育科技》第 15 期。

149. 王馨雨（2020）：《江苏苏宁足球俱乐部女性球迷观赛动机调研报告》，硕士学位论文，上海体育学院。

150. 王雪（2017）：《中国现代化进程中女性体育形象的演变》，硕士学位论文，成都体育学院。

151. 王亚辉（2017）：《苏州市小学体育教师职业认同现状及影响因素研究》，硕士学位论文，苏州大学。

152. 王一凡、陈晓玲（2019）：《青年女性运动文胸研究现状分析》，《纺织科技进展》第 7 期。

153. 王赞通（2020）：《天津基督教青年会与近代天津体育研究（1895~1937）》，硕士学位论文，东北师范大学。

154. 吴建堂（2017）：《近代津教会"兴女学"思潮与女子体育身体观的生成逻辑》，《体育与科学》第 1 期。

155. 吴晓、李江霞（2017）：《"互联网+"对女性体育消费行为的影响——基于女性性别倾向理论的研究》，《体育研究与教育》第 1 期。

156. 吴兴华、玉海、杨学军等（2020）：《非特异性慢性腰痛患者姿势控制的性别差异》，《颈腰痛杂志》第 2 期。

157. 武超、王晓珑、闫平（2017）：《陈鹤琴"活教育"体育观研究》，《体育文化导刊》第 8 期。

158. 肖文燕（2020）：《维多利亚时代的英国体育研究（1837~1901）》，硕士学位论文，江西师范大学。

159. 熊欢（2016）：《性别、身体、社会：女性体育研究的理论、方法与实践》，中国社会科学出版社。

160. 熊欢（2020）：《新中国妇女体育 70 年发展的社会动力与历史经验》，《体育科学》第 7 期。

161. 徐霞辉（2018）：《晚清民国时期的女子体育观》，《广州体育学院学报》第 4 期。

162. 徐芝芳（2016）：《石嘴山市职业女性体育消费现状调查研究》，《当代体育科技》第 23 期。

163. 许黛芳（2019）：《智能女性运动内衣研究进展》，《山东纺织科技》第 1 期。

164. 阳煜华（2019）：《酷文化的新表征青少年冰雪运动参与的亚文化读解》，《体育与科学》第 4 期。

165. 阳煜华、宋新颖（2020）：《性别、种族与体育：美国非裔女子运动员竞技参与史略》，《中华女子学院学报》第 2 期。

166. 杨婧（2019）：《东乡族女性参与体育健身活动的社会成因研究》，硕士学位论文，西北师范大学。

167. 杨君（2017）：《体育电影中的性别与文化认同——以〈舞出我人生〉为例》，《体育研究与教育》第 2 期。

168. 杨茜、郭晴（2020）：《媒介、受众与权力：一个女性体育迷的自我民族志》，《体育与科学》第 3 期。

169. 杨世勇、崔文鹏（2016）：《奥运会女子举重冠军成绩增长规律及制胜因素》，《成都体育学院学报》第 6 期。

170. 杨英杰（2016）：《甘南藏区中小学体育教师工作满意度研究》，硕士学位论文，北京体育大学。

171. 杨钰蝶、许黛芳、胡伊嬑等（2020）：《智能健康监测女性运动内衣的研究进展》，《山东纺织科技》第 3 期。

172. 杨钰蝶、许黛芳、孙越等（2019）：《女性运动内衣的穿着舒适性研究》，《山东纺织科技》第 4 期。

173. 姚芳虹、张锐（2020）：《物品到符号：女性体育消费的文化意蕴》，《经济研究导刊》第 30 期。

174. 于海娟（2020）：《职业女性休闲体育现状调查研究》，《冰雪体育创新研究》第 16 期。

175. 郁建亚（2017）：《第 29~31 届奥运会女子田径发展态势分析》，《辽宁体育科技》第 6 期。

176. 袁林（2017）：《里约奥运会我国跆拳道女子+67kg 级郑姝音主要对手——法国 EPANGUE 得失分特征分析》，《体育世界（学术版）》第 10 期。

177. 袁诗哲（2016）：《吴蕴瑞学校体育思想研究》，硕士学位论文，浙江师范大学。

178. 曾宝（2020）：《女性体育解说评论员从业现状和发展方向浅析》，《东南传播》第 12 期。

179. 张宝强（2016）：《性别刻板印象与近代女体育留学生的抗争》，《南京体育学院学报（自然科学版）》第 1 期。

180. 张波（2019）：《改革开放 40 年我国女性体育可视化研究》，《第十一届全国体育科学大会论文摘要汇编》。

181. 张春美（2016）：《女性主义视角下的休闲体育与体育消费行为研究》，人民体育出版社。

182. 张春美、王新青、徐汉朋（2020）：《青岛市女性体育消费结构及升级路径分析》，《青岛职业技术学院学报》第 5 期。

183. 张红品、孟祥新、丁焕香等（2020）：《孕期体育活动健康促进研究进展》，《中国体育科技》第 5 期。

184. 张怀雨、周小青、陈俊曦等（2019）：《开放与融合：探究唐代女子体育兴盛的文化原因》，《第十一届全国体育科学大会论文摘要汇编》。

185. 张军舰（2019）：《里约奥运会中国女子体操队竞技能力分析》，《安徽体育科技》第 2 期。

186. 张凌双、陈亮、何涛（2016）：《唐代女子体育研究综述》，《体育世界（学术版）》第 8 期。

187. 张明军、苟波、杜新星（2018）：《健身舞锻炼对中老年女性身体成分及骨代谢指标的影响研究》，《第四届全民健身科学大会论文摘要集》。

188. 张朋、阿英嘎（2017）：《学校体育运动弱势群体的隐性存在与显性教学补救》，《中国教育学刊》第 5 期。

189. 张石舒艺、黄诚、于莉君等（2017）：《不同年龄段女性运动文胸使用现状》，《时尚设计与工程》第 4 期。

190. 张婷（2019）：《镜头中的"她"：荷赛历届获奖作品中的女性形象研究》，硕士学位论文，西北政法大学。

191. 张伟（2019）：《小学体育教师职业认同调查研究》，硕士学位论文，成都体育学院。

192. 张文、王剑（2018）：《绝经后女性增加身体活动量与运动训练对心血管疾病的影响》，《中西医结合心脑血管病杂志》第 20 期。

193. 张煜、赖冉、温方廷（2019）：《性别视角下的高校女性体育教师心理健康状况探讨》，《体育风尚》第 12 期。

194. 张懿（2019）：《广州市小学体育教师胜任力与工作满意度关系研究》，硕士学位论文，广州体育学院。

195. 张莹（2016）：《清末民初京津地区的学校体育教育》，硕士学位论文，天津师范大学。

196. 张羽晗、周捷（2018）：《运动文胸设计与功能性研究》，《纺织科技进展》第 7 期。

197. 赵婵、赵鲁南（2020）：《东京奥运会我国女子体操面临的挑战及应对策略》，《中国体育教练员》第 2 期。

198. 赵常戎（2019）：《"场域"视角下明星人设的"崩塌"与"构建"》，《新闻传播》第 3 期。

199. 赵富学、程传银（2016）：《民国时期女性体育运动形象研究》，《体育文化导刊》第 10 期。

200. 赵富学、程传银（2017）：《张汇兰女子体育教育思想研究》，《体育文化导刊》第 5 期。

201. 赵海燕（2019）：《女性产后恢复与运动参与的调查研究》，硕士学位论文，北京体育大学。

202. 赵亮、张欢（2017）：《西北农村回族妇女健康需求与体育行为研究》，《西安体育学院学报》第 5 期。

203. 赵倩儒（2019）：《遂宁市城区妇女参与体育锻炼现状调查及对策研究》，硕士学位论文，成都体育学院。

204. 赵嵘（2017）：《〈足球〉报中国女足报道框架研究（1982~2016）》，硕士学位论文，北京体育大学。

205. 赵爽（2016）：《〈妇女杂志〉与近代女子体育运动话语研究》，《平顶山学院学报》第 6 期。

206. 赵玉婷（2016）：《夏季奥运会女子运动项目设置研究》，《河北体育学院学报》第 5 期。

207. 赵昱（2016）：《美国女性体育参与发展历程研究及对中国的启示》，《2016 年全国体育社会科学年会论文集》。

208. 郑海峰（2019）：《涿州中职院校体育教师职业倦怠问题研究》，硕士学位论文，河北师范大学。

209. 郑贺（2016）：《职业女性体育休闲方式研究》，《体育文化导刊》第4期。

210. 郑雪庆、刘驰（2016）：《西安市青年女性运动文胸消费行为调查研究》，《轻纺工业与技术》第6期。

211. 周挺、孙晨（2019）：《近代成都教会学校体育开展管窥》，《第十一届全国体育科学大会论文摘要汇编》。

212. 周子琳（2016）：《镇江市老年女性运动行为特征及其运动参与的社会阻力研究》，硕士学位论文，南京体育学院。

213. 祖菲娅·吐尔地（2018）：《新疆少数民族妇女体育参与与社会适应研究》，北京体育大学出版社。

214. Yuanyuan Jin, Pingjiang Liu, 2019, "Research on Development Strategies of Sports Tourism in Beijing-Tianjin-Hebei Region Based on Consumer Characteristics", Proceedings of the 1st International Conference on Business, Economics, Management Science (BEMS 2019).

女性生活方式研究综述（2016~2020年）

林晓珊　刘新宇*

　　我国生活方式研究始于20世纪80年代初，当时的一系列优秀成果构成了社会学恢复重建时期一个极具特色的研究领域，它的兴起反映了改革开放以后人民对美好生活的期盼，并成为那个时期思想解放的一项重要成果。生活方式是指人们在一定的社会条件制约和价值观的指导下所形成的满足自身生活需要的全部活动形式与行为特征（王雅林，1989）。生活方式概念由条件、主体和形式三部分构成。首先，条件指生活方式所形成的客观现实，包括自然环境和社会环境两大系统，生产和消费是重要内容，生活方式是在生活资源供给与文化价值选择彼此互动中决定的（王帝钧、周长城，2021）；其次，主体是生活方式结构中居于核心地位的行动者，生活方式在某种意义上是人自身的实现形式，但也强调生活主体的多层次性，可以是群体的或整个社会的（王雅林，2016；刘冬，2020）；最后，形式指外显在人们一定的生活活动中的行为样式和行为模式，往往通过婚姻家庭、闲暇、交往等私人生活领域作为切入口，这些构成了能够反映生活方式的指标（王冬冬、李芊芊，2016）。就此而言，对生活方式的研究要了解客观环境，明确行动主体，认定行为模式，因而是一种综合的研究。

　　近年来，随着女性经济社会地位的提高，女性不仅本身在生活方式方面发生了巨大变化，而且成为推动生活方式向现代化转型的重要力量。对女性生活方式最新变化的研究与思考，既是对改革开放以来社会学研究传统的一种传承，也是深入洞察当代中国社会变迁的一个重要切入口。中国妇女研究界对此的关注逐渐深入，涌现了不少有价值、有深度的女性生活方式研究成果，这些成果依托女性群体这一生活方式的主体，观察女性生活方式的条件，探寻女性生活方式的形式。这些研究的进展反映了国内学界对这一领域的关注逐渐升温的趋势，更加可喜的是，还展现出新议题、多领域、跨学科的倾向。一方面，社会学、人类学领

* 作者简介：林晓珊，男，浙江省委党校教授；刘新宇，男，中国艺术研究院助理研究员。

域的研究者发现新时代的崭新议题，将之付诸实证考察与经验分析；另一方面，生活方式及其概念本就具备较强的理论黏性，其依托性别与家庭的综合讨论也涉及不同学科的问题与方法，使之更趋丰富多样。

一 研究概述

本文将对2016~2020年中国大陆发表的女性生活方式相关研究成果进行统计和检索，并对相关主题进行综合梳理，阐述其主要研究内容和特色领域。索引的对象主要为这五年发表在社科类学术期刊的论文、中国大陆境内的硕博士学位论文、出版的学术著作、有代表性的研究课题以及各地开展的学术活动。下文将借此追寻女性生活方式研究的演进与流变，揭示其中存在的不足并展望未来的研究趋势。

在学术期刊论文方面，我们以"女性"与"生活方式"为两个主题词语，筛选查找"闲暇""休闲""艺术""审美""体育""健身""旅游""民宿"等与女性生活方式相关的学术论文。检索发现，2016~2020年发表在人文社科类学术期刊的论文共计198篇，其中被中文社会科学引文索引（CSSCI）来源期刊、全国中文核心期刊以及中国人文社会科学核心期刊刊发的学术期刊论文共计72篇。近三成的比例显示了核心期刊对这一研究议题的关注，尤其是在休闲、婚姻、职业的生活方式研究方面发文较多，且较为固定，后文将分类详细综述。

在硕博士学位论文方面，以"女性""生活方式"为主题词，检索的学科为"社会学及统计学"，2016~2020年获得硕博士学位论文共计219篇，通过阅读和仔细梳理，能够看出这些论文的学科领域较为宽广，涉及社会学70篇、民族学26篇、马克思主义理论与思想15篇、人类学8篇、人口学10篇等，这些论文中，有博士学位论文45篇。其中，涉及旅游议题，如包颖智（2020）的硕士学位论文《女性旅游者生活方式的实证研究》；婚姻议题，如郑依依（2020）的硕士学位论文《关于中日晚婚化现象的对比研究——聚焦年轻人的结婚观和生活方式》；照料议题，如欧阳鹏（2019）的博士学位论文《家庭照料对老年人健康状况及生活方式影响的实证研究》；体育议题，如陈子莹（2017）的硕士学位论文《昆明市女大学生不同体育生活方式体育价值观、体育锻炼态度的对比研究》；休闲议题，如邓甜（2018）的硕士学位论文《女性农民工休闲活动的社工介入探讨》、韩霄（2020）的硕士学位论文《职业女性休闲参与、制约与满意度影响机制研究——以北京市为例》；等等。这些论文反映了此一议题在青年学者群体中的研究热度。

在学术著作方面，近年来有关女性生活方式的研究著作不断出现，且关注的核心议题较为广泛。根据检索，我们以"女性"与"生活方式"为主题词，筛选查找"闲暇""休闲""创业""体育""旅游"等与女性生活方式相关的研究著作。检索发现 2016~2020 年的生活方式研究著作比较丰富，其中，涉及女性工作职场中生活方式表达的著作 20 多部，如霍红梅（2016）的《基于社会资本理论的农村女性创业问题研究》、唐永霞和罗卫国（2016）的《迷茫中的展望：贫困山区农村已婚妇女家庭地位调查研究》；涉及女性婚恋家庭中生活方式表达的学术著作 30 多部，如张琼（2018）的《从"外来妹"到"外来媳"：婚姻移民的城市适应过程研究》、李卫东和李树茁（2017）的《农民工心理失范的现状及影响因素研究——基于性别和婚姻的视角》；涉及女性休闲娱乐中生活方式表达的著作 20 多部，如董海峰（2017）的《时装消费与女性发展研究》、熊欢（2016）的《性别、身体、社会：女性体育研究的理论、方法与实践》；等等。相关著作或专门研究，或有所涉及女性生活方式这一研究议题。除此之外，由中国妇女杂志社主导编纂、社会科学文献出版社连续出版的"女性生活蓝皮书"《中国女性生活状况报告》，内含大量第一手调查数据，从抗击疫情到脱贫攻坚，从贡献经济发展到营造千万小家和谐安康等方面呈现了女性生活状况，是了解这一阶段女性生活方式的重要参考资料。例如，该系列蓝皮书除包含历次《中国城市女性生活质量调查报告》和《中国城市女性消费状况调查报告》等之外，还包括《中国女性语言文字使用情况调查报告》《婚姻关系中的亲密状况调查报告》等高质量的调查报告，从不同侧面描绘了普通城乡妇女、青年女科学家等女性群体的生活状况新特征，展现出女性群体建功新时代、追求全面发展的新风貌。

在国家社会科学基金方面，有不少涉及女性生活方式的课题立项。李敢的后期资助项目"数字化转型下重塑乡村产业模式与生活方式问题研究"（2020）、吴灵琼的一般项目"城市居民绿色生活方式的阶层差异及其形成机制研究"（2020）、戴冰的一般项目"健康老龄化背景下独生子女父母养老生活方式干预模式的构建研究"（2020）等涉及各年龄段、不同职业的女性生活方式特征和内容。也有一些课题聚焦女性生活方式的具体主题，如王蕾的一般项目"新时代中产阶级女性在社会风尚中的引领作用研究"（2020）涉及女性生活中的风尚展示与消费潮流，王鹏的一般项目"移动互联时代中国城镇女性的母职重构与职业发展"（2020）关注女性生活中家庭与工作的平衡，邱亚君的"女性深度休闲体育行为研究"（2016）涉及女性的休闲娱乐，马路的"徽州乡村女性婚姻家庭生活地位变化研究"（2018）则从近代历史的角度关注女性在婚姻家庭的生活方式流变，等等。近年来，女性生活方式的研究课题数量增多，表明这一研究议题的理论意义与现实意义正逐渐被国内学界所重视，这也体现在日益增多的学术活动上。

在学术活动方面，2016~2020年我国学术活动呈现一片繁荣的景象，各地各机构举办了大量高质量的学术论坛或研讨会，很多会议主题直接或间接与女性生活方式相关。例如，2016年12月由北京大学社会学系和北京大学中外妇女研究中心主办、香港中文大学和台湾大学协办的"家庭变迁与性别平等"学术论坛，2017年9月由全国妇联妇女研究所《妇女研究论丛》编辑部和中国社会科学院社会学研究所性别与家庭社会学研究室主办的"全面'二孩'背景下的育儿问题"学术研讨会，2018年10月由中国社会学会家庭社会学专业委员会联合中国社会科学院社会学研究所性别与家庭研究室、南京大学社会学院等举办的"改革开放四十年中国婚姻和家庭的变迁"学术研讨会，2019年12月由中国妇女研究会、全国妇联妇女研究所主办的中国妇女研究会年会暨研讨会，2020年11月由山东女子学院主办、全国妇联妇女/性别研究与培训基地等承办的"2020年女性生存与发展研讨会：性别视野下的基层社会治理"，等等，都有专门议题或多篇会议论文聚焦新时代女性生活方式。

总体而言，2016~2020年女性生活方式研究在议题设置、方法选择、学科视角、问题导向等方面呈现出以下几个方面的新特征。

一是在议题设置上，女性生活方式研究的议题更加广泛。从概念内涵来看，生活方式本身包括特定时代的个人和家庭的衣、食、住、行以及闲暇时间利用等日常生活的方方面面，学术研究的发展日渐将原本在日常生活中被熟视无睹的生活现象纳入研究的视野之中。而"她"时代的到来，使女性在生活方式上的变革不再停留在市场营销的噱头之上，而是有了更多严肃的学术思考。在婚恋家庭生活上，学术界围绕女性的恋爱观、婚姻生活、生育选择、育儿消费、母职实践等展开了深入的讨论；在工作职场上，相关研究对女性的工作生活平衡、退休生活等方面进行了讨论；在休闲娱乐上，学者探讨了女性的艺术审美、体育活动、化妆整形、旅游游戏等新兴议题。

二是在方法选择上，女性生活方式研究的研究方法更加综合。性别研究与质性研究在方法论上有着一种天然的亲近性，因此过去很多女性生活方式的相关研究都是采用质性研究方法展开的，2016～2020 年的很多相关研究也继承了这一传统，学者们采用深度访谈、口述史、田野观察和民族志等方法深入女性群体进行意义探究。但是，近年来量化研究方法的主流化也影响了女性生活方式的研究，很多学者通过分析问卷调查数据或二手统计数据来探讨女性生活方式，特别是中国综合社会调查（CGSS）、中国家庭追踪调查（CFPS）、中国社会状况综合调查（CSS）、中国老年社会追踪调查（CLASS）和中国妇女社会地位调查等全国性大规模调查数据的公开发布，极大地便利了女性生活方式的量化研究，也拓展了女性生活方式研究的内容和空间。也有学者采用内容分析法、文献计量法和大数据的分析方法开展相关研究。

三是在学科视角上，女性生活方式研究的视角更加多元。作为社会学研究的一个重要分支学科，大多数生活方式研究都是基于社会学的学科视角，女性生活方式的研究则更多地受到女性主义视角和性别研究视角的影响。近年来，随着女性生活方式研究议题的不断拓展，越来越多历史学、民俗学、新闻传播学、体育学、艺术学等学科的研究视角被运用到具体研究中。不同学科视角的加入，不仅从多维度、多层面剖析了女性生活方式的变革，而且极大地深化了女性生活方式研究的理论建构，这对推进女性生活方式研究来说大有裨益。

四是在问题导向上，女性生活方式研究的主旨更加鲜明。如何创造更加美好的生活，是女性生活方式研究的题中应有之义。2017 年 11 月，党的十九大报告指出，"中国特色社会主义进入新时代，我国社会主要矛盾已经转化为人民日益增长的美好生活需要和不平衡不充分的发展之间的矛盾"（新华网，2017），明确强调把人民对美好生活的向往作为奋斗目标。因而，党的十九大以来，女性生活方式研究的主旨更加鲜明，其核心的问题导向就是探索在新时代如何创造更加美好的生活。我们可以看到，不管是对城市中产阶级年轻女性鲜花消费的研究，还是围绕中老年妇女广场舞活动、健康实践或职场 - 家庭平衡的研究，都是以构建美好生活为基本出发点。

二 主要研究内容

结合已有研究概述，可以发现 2016~2020 年女性生活方式研究文献可以归为三类，即职场、婚恋家庭以及休闲娱乐三个领域。下文着重展现这些文献与女性生活方式相关的议题设置、研究方法、学科视角以及问题导向上的特点。

（一）职场中的生活方式体现

女性生活方式体现在职场上，相关研究对女性的职业规划、创业经历、日常工作等方面进行了讨论。

首先，女性的职业规划和选择构成了其职场生活方式的重要组成部分。吴海红（2018）的研究呈现了"90 后"新生代流动女性职场经历中的生活方式表达。研究发现，在漂浮－锚定的职业化成人历程中，新生代流动女性不断逃离、转换，经历学习和重组，其中家庭责任感作为重要的动力机制帮助她们实现一种职业下的发展和进行自我身份的转换。然而，新生代流动女性对"更好的生活"的期待以及独立平等的个人价值观的追求极易被个体主观性因素以及制度性隔离所阻碍，二者的相互因应使她们很难冲破劳动力市场分割，建立起明确的职业规划以及通过职业构建社会和自我认同。研究认为，"更好的生活"正是一种有尊严的生活，如今正成为"90 后"新生代流动女性在职场的生活方式表达。

其次，女性的职场生活方式还体现在其从业经历上。赵振斌、褚玉杰等2018 年出版的《旅游开发中的西部民族社区妇女：参与与改变》关注西部少数民族女性在当地旅游业中的工作参与。少数民族社区旅游为民族妇女进入非农部门就业、获得更多经济收入、改变社会地位、获得自我发展等提供了便利，少数民族女性积极参与其中，在当地旅游参与中扮演了重要角色。该书采用旅游参与、改变、精英化等视角，对少数民族妇女的社区旅游参与问题进行深入探讨。从女性主义视角出发，该书通过性别对比分析、女性群体分析来认识少数民族妇女的旅游参与特征及其产生的多方面影响，揭示妇女发展中特殊的自身及外部社会因素，为民族社区旅游开发和妇女发展提供了借鉴。与之相对的，霍红梅（2016）的著作《基于社会资本理论的农村女性创业问题研究》结合创业理论、社会性别理论，在问卷调查和实证分析的基础上，研究农村女性的职场生活。她在研究中发现，在乡村女性创业者创业过程中，即从发现创业机会、制定创业策略到获取创业资源的过程中，社会资本的作用存在显著的性别差异，女性的创业意愿、创业融资以及创业绩效构成其职场生活方式的内容。

最后，女性的职场生活方式还体现在其日常工作与家庭生活的关系上。庄渝霞（2020）的研究介绍了母职对女性职业地位的惩罚体现在母亲工资、就业率、就业形式、职业类型、升迁等各个方面。除了母职惩罚，女性的职场生活方式选择还面临其他困境。裴谕新（2020）基于中国一线大城市 12 位创业女性"反向依赖性"亲密关系以及她们在其中的性别角色、家庭决策等的研究发现，这些女性追求个人空间、平等协商权以及伴侣所提供的情绪价值，但是她们并没有彻底挑战传统的性别分工，只不过利用社会服务消解了家庭内部的不平等。她们的配偶对她们的情感支持以及个人空间的让渡，也展示出社会变迁与男性性别角色的变化。与之相应的，孟祥丹和丁宝寅（2020）立足于中国农村的社会转型进程，发现城镇化背景下的资本和父权制共同影响着留守妇女的生活方式和生计方式。留守妇女难以逃脱资本与父权制对其生计活动的限制，性别关系也无法避免生活资料商品化的挤压，但是留守妇女会使用"家庭本位"策略积极改善家庭性别关系，她们会在劳动力市场上不断寻求获取经济收入的机会，增加在家庭中的话语权，也会积极构建自己无酬劳动的意义与价值。

（二）婚恋家庭中的生活方式体现

女性生活方式体现在婚恋家庭中，相关研究从女性的恋爱观、婚姻生活、生育选择、育儿消费、母职实践等方面展开讨论。

首先，女性恋爱观体现其生活方式的特征。随着中国单身人口比例的上升，单身人群特别是单身女性群体受到社会各个层面的关注。吴玥、孙源南、朱宁等（2020）通过定量研究方法，探讨乙女类电子游戏对构建拟社会关系的作用及对女性玩家婚恋观的形塑影响。研究发现，女性玩家间的自尊差异会增强或削弱游戏使用对构建其与男性虚拟角色间拟社会关系的影响；但乙女类电子游戏的使用，不仅会增强女性玩家对其所扮演游戏角色的认同感，还会加深其与虚拟男性角色间的拟社会关系，并最终提高其对亲密关系的理想化期待。这说明乙女类电子游戏看似无害，实则通过为女性玩家营造一个理想化的爱情幻境，使其对现实亲密关系产生不切实际的期待。目前国内对单身女性的研究主要通过深度访谈来探讨单身未婚女性的身心和生活状态，缺乏系统的理论观照，且访谈样本大都局限于大城市的中产阶层单身未婚女性，因而限制了研究成果的代表性。龚婉祺、郭沁和蒋莉（2018）从交叉性理论出发，分析中国单身女性面临的宏观（儒家文化和人口调控压力）、中观（媒体的形象控制和代际压力）和微观（性别歧视、年龄歧视和单身歧视）的多元交叉压力和歧视，厘清目前单身女性所受到的压力和歧视。她们认为，只有从不同阶层单身女性的需求出发，才能为她们提供切实有效的帮助，并有助于解决目前我国单身人口比例上升的问题，缓解人口老龄化的压力。

其次，女性生活方式的选择还体现在生育问题上。张杨波（2017）建构消费与认同分析框架，探讨了青年女性在孩子出生前后对消费活动安排的相应变化。文章指出，子女出生之前青年女性选择的是利他消费、禁忌消费和无我消费三个类型，在子女出生之后则改变了原有的消费习惯和行为方式。消费活动安排变化的背后反映的是消费重心的转移，体现为家庭预算结构的改变、消费注意力分配的转移、消费欲望压抑的释放和捆绑消费。从消费活动的变化到家庭预算的改变，背后体现的是母职身份认同的确立与塑造，研究结论指出示范性认同框架和医疗诱导性认同框架对青年女性有实质影响。闫臻（2018）则以青年产妇在月子中心坐月子的身体消费实践为切入点，深度分析了女性坐月子过程中的身体消费空间变化、母职角色调适和身体印象管理。文章揭示了月子中心作为一种新的身体消费空间形态，使得以家庭代际情感交换为基础的身体伦理关系转变为以经济消费契约为基础的身体消费体验；月子中心塑造和传递的现代健康话语影响了年轻妈妈对母职身份、母亲角色和自我身体的认同；月子中心通过科学化、体系化和专业化的消费体验对女性身体形塑及管理产生了重要影响，由此也逐渐弱化了传统坐月子的身体技术的代际传承。

最后，作为母亲或祖母的女性育儿策略也展现了其生活方式的特质。陶艳兰（2016）的博士学位论文发现，传统上女性拥有的做母亲的知识逐渐受到贬抑，科学育儿的权威加强。"科学母职"没有改变育儿生活中原有的权力关系，反而体现了权力关系的重新组合，专家和科学知识成为这种组合的重要部分。"科学母职"决定了女性育儿的生活方式。卜娜娜和卫小将（2020）的研究以"老漂"母亲为研究对象，探讨其照料子女及孙辈的母职体验，发现"老漂"母亲的母职实践呈现出劳累、拉扯与孤单的状态。她们承担着双重的母职照料责任，承受着身体的劳累，面临原有照料经验与"科学母职"及中产阶层育儿话语的拉扯，同时社会交往的匮乏、未来与子女及孙辈因地域分离而可能导致的情感联结减弱也使她们感到焦虑与孤单。这一母职实践的背后体现了"老漂"母亲面临母职意识形态的内化、社会婴幼儿照料体系缺失等多层次的结构性约束，体现了作为祖辈的女性在育儿生活中的境遇。

（三）休闲娱乐中的生活方式体现

在休闲娱乐上，相关研究进行了女性在艺术审美、体育活动、身体改造等方面话题的探讨。

首先，女性的生活方式体现在艺术审美上。林晓珊和朱益青（2019）研究了城市女性日常生活中的鲜花消费。研究指出，作为一个性别化的象征消费符号，鲜花是女性表达特定审美品位和生活风格的重要载体。鲜花消费的意义早已超越消费市场领域，对塑造现代城市女性的生活方式有积极的影响。该研究建构了雅致生活的分析框架，从日常生活的审美化、风格化和阶层化三个维度剖析了城市女性鲜花消费和雅致生活的实践过程。研究认为，雅致生活是一个将艺术审美融入消费实践和日常生活的创造性过程，它不仅是一种闲适、优雅和富足的生活形态，而且是社会变迁的一面棱镜，折射出当代中国城市女性独立和多重的生活面向。无独有偶，马伊超和徐赣丽（2019）也通过对上海市中产阶级的鲜切花消费的田野考察，分析其背后的社会文化意义，来呈现中产阶级的生活方式及上海都市的新民俗。她们的研究指出，改革开放以来，上海市鲜花产销链通过消费符号的制造将鲜切花消费植入市民的日常生活，人们的消费方式和目的也有所变化，鲜切花成为中产人群的标识，他们通过鲜切花的选择和插制彰显自己独特的品位。通过鲜切花消费，可以发现当下中国都市中产阶级生活方式正在形成。

其次，作为休闲生活的重要组成部分，体育锻炼也体现了女性生活方式的特征。周怡（2018）研究了初老龄女性在广场舞中的亚文化实践。研究指出，价值理念、身体体验以及群体认同是舞蹈与初老龄女性发生亲密同构的基础性机制。广场舞体现了出生于20世纪五六十年代的我国女性经历中的某些核心价值，也反映了她们退休后对另类替代性共同体的期盼。除去历史维度，周柯含和黄盈盈（2019）则立足于人口流动和城市变迁，聚焦这一年龄段女性的个人生活史，关注融入身体维度的社会分层体系样态。研究发现，在跳广场舞的实践活动中，身体极大地影响了参与者之间的互动和分层体系的形成——经由一种性别化的、日常而切身的渗透路径，身体能够推动跨阶层的交往。与之相对的，马纯红（2016）考察了"80后"都市职业女性的体育休闲活动的社会建构意义。当前，随着"80后"都市职业女性的经济地位、社会地位和政治地位的逐步提高，生存发展环境的逐渐改善和女性自我意识的不断觉醒，其体育休闲活动呈现出日益明显的文化建构意义和阶层差异特征。体育休闲活动作为现代社会中都市人重要的生活方式之一，凸显一个群体的文化追求和生活及意义世界。体育休闲对于"80后"都市职业女性而言，不仅仅是一种活动，更是展现自我个性、自我风格和自我追求的一种生活方式。

最后，休闲中生活方式的体现还包括女性的身体改造，主要体现在化妆和整形上。黄燕华（2020）以后现代女性主义为理论视角，研究青年女性的整形实践。研究认为，社会互动和消费文化是使青年女性形成长相丑或有缺陷的自我认知并决定整形的关键因素。整形给部分青年女性带来生活的积极改变，甚至被青年女性视为对人生的自主选择和把握。然而，无论是从整形的标准还是从整形的过程和结果来看，整形给青年女性带来的更多是虚假的自我、主体的分裂和群体的分化。整形并不是女性所认为的自我救赎，而是一种被迫选择。从社会结构和社会风气来看，当今社会在个体主义和女权主义思潮以及传统社会对女性规训的共同作用下，女大学生在业余时间的化妆实践具有多重意义（郝大海、朱月婷，2016）。此外，女大学生在以传统女性和现代女性为参照时，其化妆行为分别体现了女性通过生活方式对社会的适应与自身抗争意识觉醒的意义。

三 研究不足与展望

这五年，在议题设置更加广泛、方法选择更加综合、学科视角更加多元和问题导向更加鲜明的驱动下，女性生活方式研究能够紧紧把握时代脉搏，生动反映时代变迁，全面细致刻画女性日常生活概貌，结出了丰硕的理论果实，产生了较为广泛的影响。纵观这一时期的女性生活方式研究，尽管成效显著，但也同样存在着一些明显的不足。

第一，对女性生活方式理论内涵的深度挖掘仍然不够。从外在形式上看，生活方式可以表现在日常生活的方方面面，但从学术研究的深度来看，生活方式也不是一个什么都可以往里面装的"大箩筐"，而是应该有一个相对明确的概念属性和内涵维度，着重凸显人在日常生活中的发展实践。生活方式就其本质而言，是人怎样生活的问题，因此，生活方式的变革就是人的发展问题。在马克思历史唯物主义的视野中，生活方式具有更加本体的地位。但从目前的学术生态来看，如果只把生活方式视为一个局限于"日常生活"狭小领域的属概念和前科学概念，那么研究它的意义将大为削弱（王雅林，2019）。基于上述文献梳理，我们不难发现，已有女性生活方式的相关研究尽管包罗万象，但还是缺乏对"生活方式"这一核心概念的内涵挖掘，没有开展深入的理论对话，缺乏一个能够深度诠释我国女性生活方式时代变革且具有本土化色彩的理论建构。

第二，对女性生活方式不平等的解释性和批判性研究有待加强。方世敏和陈文妍（2016）基于中国知网 2005～2014 年度数据发现，研究应该拓宽女性休闲研究领域，采用多元化的方法和手段研究女性休闲问题，加强女性休闲领域的实证研究和批判研究，以进一步深化女性休闲研究。从近年来女性生活方式的表现形态来看，女性生活品质总体上有了明显的提升，美好生活的基础愈加扎实。但是，女性生活方式中所包含的性别、阶层、城乡和区域不平等问题也是显而易见的，这些不平等的背后存在着深刻复杂的社会结构性因素，特别是经济社会地位的不平等在女性生活方式中有着重要影响。遗憾的是，尽管已有一些研究关注到了女性生活方式的不平等表现，但还是较为缺乏社会性别视角的分析，特别是缺乏对这些不平等背后结构性因素的解释性和批判性研究。

第三，对女性生活方式数字化转型的研究不够全面系统。数字化转型是大势所趋，并且对人类日常生活产生了极其深远的影响，甚至可以说已经重构了我们的日常生活方式，给女性发展带来了新生态和新机会。针对女性群体的生活方式，数字化转型的印迹在休闲、旅游、消费、就业、医疗、养老等各个领域也是清晰可循，一些研究虽然关注到了这些方面的显著变化，但总体来说，面对如此巨大的转型，专门围绕女性生活方式与数字化转型的研究还是比较匮乏，整体上显得零散琐碎，特别是数字化转型如何赋能女性发展的机制与路径还缺乏全面系统的研究。

女性生活方式是一个时代的表征，也是一个特别容易随经济社会发展变迁而发展变化的领域，或者说，经济社会发展的变化非常容易在女性生活方式上留下深刻的烙印。及时跟进时代变化对女性生活方式开展追踪研究，是社会学、民俗学、历史学、传播学等多个学科义不容辞的共同任务，对社会学（特别是性别社会学）来说尤为重要。

女性生活方式研究在弥补上述不足与短板的过程中，需要特别注意推动以下几个研究方向的发展。一是要聚焦对女性生活方式理论内涵的挖掘，加强理论对话，围绕中国女性生活方式的实践特征，构建更具本土化色彩的生活方式理论，通过理论阐释，充分展示中国女性生活方式在新时代创造美好生活中的独特价值。二是要突出社会性别视角分析在女性生活方式研究中的核心作用，通过深入的社会性别视角分析，揭示女性生活方式背后的结构性不平等，进而加强对不平等的机制解释和批判分析，全方位呈现女性生活政治图景。三是持续跟踪数字化转型给女性生活方式带来的全方位影响，既要深入探究数字技术赋能女性生活品质改善的内在机制，又要揭示现代生活过度依赖数字技术的深层逻辑，探索突破数字技术系统对生活世界殖民化的路径，不断增强女性在数字技术中的主体性地位，让女性生活方式在数字社会中绽放更多光彩。

参考文献

1. 包颖智（2020）：《女性旅游者生活方式的实证研究》，硕士学位论文，天津财经大学。
2. 卜娜娜、卫小将（2020）：《劳累、拉扯与孤单："老漂"母亲的母职实践及回应》，《妇女研究论丛》第6期。
3. 陈子莹（2017）：《昆明市女大学生不同体育生活方式体育价值观、体育锻炼态度的对比研究》，硕士学位论文，云南师范大学。
4. 邓甜（2018）：《女性农民工休闲活动的社工介入探讨》，硕士学位论文，华中师范大学。
5. 董海峰（2017）：《时装消费与女性发展研究》，科学出版社。
6. 方世敏、陈文妍（2016）：《我国女性休闲研究现状与展望——基于CNKI2005~2014年文献的内容分析》，《山东女子学院学报》第3期。
7. 龚婉祺、郭沁、蒋莉（2018）：《中国单身女性的困境：多元交叉的社会压力和歧视》，《浙江大学学报（人文社会科学版）》第2期。
8. 韩霄（2020）：《职业女性休闲参与、制约与满意度影响机制研究——以北京市为例》，硕士学位论文，北京第二外国语学院。
9. 郝大海、朱月婷（2016）：《顺应与抗争：当代女大学生化妆意义研究》，《青年研究》第6期。

10. 黄燕华（2020）：《消费文化中的"美丽迷思"——青年女性整形个案研究》，《青年研究》第 4 期。

11. 霍红梅（2016）：《基于社会资本理论的农村女性创业问题研究》，东北大学出版社。

12. 李卫东、李树苗（2017）：《农民工心理失范的现状及影响因素研究——基于性别和婚姻的视角》，社会科学文献出版社。

13. 林晓珊、朱益青（2019）：《雅致生活：城市女性日常生活中的鲜花消费》，《妇女研究论丛》第 4 期。

14. 刘冬（2020）：《中国生活方式研究指标体系建构：历程、特征与展望》，《哈尔滨工业大学学报（社会科学版）》第 5 期。

15. 马纯红（2016）：《80 后都市职业女性体育休闲的文化建构与阶层差异——基于长沙都市青年职业女性的实证分析》，《中国青年研究》第 7 期。

16. 马伊超、徐赣丽（2019）：《品味生活：上海市中产阶级的鲜切花消费》，《哈尔滨工业大学学报（社会科学版）》第 4 期。

17. 孟祥丹、丁宝寅（2020）：《"资本下乡"后留守妇女的生计变迁及其对性别关系的影响》，《中国农业大学学报（社会科学版）》第 4 期。

18. 欧阳鹏（2019）：《家庭照料对老年人健康状况及生活方式影响的实证研究》，博士学位论文，哈尔滨工业大学。

19. 裴谕新（2020）：《"反向依赖性"：女性创业与亲密关系实践的个案研究》，《华东理工大学学报（社会科学版）》第 3 期。

20. 唐永霞、罗卫国（2016）：《迷茫中的展望：贫困山区农村已婚妇女家庭地位调查研究》，甘肃人民出版社。

21. 陶艳兰（2016）：《培育理想儿童：变迁社会中育儿知识的建构（1980~2014）》，博士学位论文，南京大学。

22. 王帝钧、周长城（2021）：《生活方式研究的结构与能动视角——兼论生活方式研究的新进展》，《哈尔滨工业大学学报（社会科学版）》第 1 期。

23. 王冬冬、李芊芊（2016）：《节点化生活方式的婚姻家庭形式分析》，《哈尔滨工业大学学报（社会科学版）》第 1 期。

24. 王雅林（1989）：《生活方式概论》，黑龙江人民出版社。

25. 王雅林（2016）：《社会学研究的最高使命是"创造人民美好生活"——生活方式研究的若干理论问题》，《哈尔滨工业大学学报（社会科学版）》第 1 期。

26. 王雅林（2019）：《生活方式研究 40 年：学术历程、学科价值与学科化发展》，《西北师大学报（社会科学版）》第 3 期。

27. 吴海红（2018）：《"过更好的生活"：新生代流动女性的职业经历和自我建构——以皖中陶镇为个案》，《中国青年研究》第 1 期。

28. 吴玥、孙源南、朱宁等（2020）：《乙女类电子游戏对女性玩家理想恋爱观的影响》，《青年研究》第 4 期。

29. 新华网（2017）：《习近平：决胜全面建成小康社会 夺取新时代中国特色社会主义

伟大胜利——在中国共产党第十九次全国代表大会上的报告》，http://www. xinhuanet. com/politics/leaders/2017-10/27/c_ 1121867529. htm。

30. 熊欢（2016）：《性别、身体、社会：女性体育研究的理论、方法与实践》，中国社会科学出版社。

31. 闫臻（2018）：《月子中心消费叙事：从"代际情感交换"到"经济消费认同"的女性身体建构》，《中国青年研究》第 7 期。

32. 张琼（2018）：《从"外来妹"到"外来媳"：婚姻移民的城市适应过程研究》，复旦大学出版社。

33. 张杨波（2017）：《迈向消费领域的角色转换与身份认同——以三十二位青年女性的访谈文本为例》，《中国青年研究》第 5 期。

34. 赵振斌、褚玉杰等（2018）：《旅游开发中的西部民族社区妇女：参与与改变》，科学出版社。

35. 郑依侬（2020）：《关于中日晚婚化现象的对比研究——聚焦年轻人的结婚观和生活方式》，硕士学位论文，上海外国语大学。

36. 周柯含、黄盈盈（2019）：《"人以舞分"？——论变迁社会广场舞中的身体与阶层》，《妇女研究论丛》第 5 期。

37. 周怡（2018）：《"大家在一起"：上海广场舞群体的"亚文化"实践——表意、拼贴与同构》，《社会学研究》第 5 期。

38. 庄渝霞（2020）：《母职惩罚理论及其对女性职业地位的解释——理论进展、路径后果及制度安排》，《国外社会科学》第 5 期。

女性与旅游研究综述（2016～2020年）

陆继霞[*]

随着国家政策以及经济形势的变化，2016～2020年中国旅游业的发展发生了一定的变化。其中关于女性与旅游的研究逐渐多元，尤其是关于农村女性与乡村旅游业发展的研究逐渐丰富。基于此，本研究通过对2016～2020年女性与旅游相关文献的梳理，选取女性与乡村旅游、民族旅游、旅游创业以及女性旅游者等主要议题进行综述，尝试总结这五年来女性与旅游相关研究的进展以及存在的不足，力图客观全面地展现2016～2020年女性与旅游相关研究的现状。

一　研究概述

随着经济的不断发展，城市与农村居民的收入水平均有所提高，加之新时代女性独立程度逐渐提高，收入和购买能力得以提升，女性不仅可以通过参与旅游服务与管理的方式来参与旅游发展，还可以更多地以旅游者的身份参与旅游发展。中华人民共和国文化和旅游部统计发现，2019年中国国内旅游人数突破60亿人次，出境旅游人数达到1.55亿人次。此外，《中国女性旅行消费报告2021》基于同程旅行大数据，分析了2020年中国女性旅游者的旅游消费情况。数据显示，家庭旅游消费决策由女性做出的占71%。可见，女性俨然已经成为影响中国4亿多个家庭旅游消费的决策者，女性逐渐成为旅游消费市场的主导者。各旅游企业发布的数据报告显示，当前的旅游消费呈现大众化和多元化的趋势，且女性旅游消费是一个成长较为快速的市场，逐渐成为一个全新的细分市场。可见，"她经济"中的女性旅游经济正在崛起，女性已经是世界旅游舞台上的重要角色，并且以一种独立的姿态成为越来越重要的"她力量"，无论是在旅游消费市场、旅游就业市场，还是在旅游创业市场，女性都发挥了不可忽视的作用。

---

* 作者简介：陆继霞，女，中国农业大学人文与发展学院教授。

学界关于旅游中的女性议题有诸多研究，以往我国针对女性旅游决策、旅游消费、旅游创业就业、旅游产品开发等相关研究多是从宏观角度出发，采用基础的统计方法对女性旅游市场进行分析，如女性旅游消费潜力、旅游产品设计和营销策略、女性旅游市场开发、女性旅游行为研究等。然而，随着中国旅游业的不断发展，以及乡村振兴战略的实施，女性与旅游的相关研究亦有所变化，通过梳理2016～2020年和女性与旅游相关的著作、期刊论文、学位论文、学术会议、年鉴、报纸、专著、课题项目等，笔者试图回顾这五年相关研究的进展。

如表1所示，在著作方面，笔者检索到1部女性与旅游相关的著作，即《旅游开发中的西部民族社区妇女：参与与改变》（赵振斌、褚玉杰等，2018）；在"中央宣传部出版物数据中心"检索到2016～2020年女性与旅游相关的2部著作，分别是《中国女性旅游创业者》（王俞、谷慧敏，2016）、《性别与权力：旅游情境下西南地区女性的家庭生活》（廖婧琳，2019），其中《中国女性旅游创业者》并非理论性著作，不纳入此次综述范围。

表1　2016～2020年女性与旅游相关研究文献统计

单位：篇

类型	时间	2016年	2017年	2018年	2019年	2020年	总计
著作		1	0	1	2	0	4
学术期刊	普通期刊	27	34	18	24	11	114
	CSSCI及一般核心期刊	8	6	5	7	3	29
学位论文	博士	1	1	0	3	0	5
	硕士	11	14	16	13	15	69
会议		2	2	3	0	0	7
年鉴		0	0	2	3	2	7
报纸		2	0	0	1	1	4
总计		52	57	45	53	32	239

在学术期刊论文与学位论文方面，笔者以"女性旅游""妇女旅游""女性旅行""女性出游""女游客"等为主题词，在中国知网（CNKI）"中国期刊全文数据库"对发表于2016～2020年的期刊论文进行检索，共计检索出期刊论文

143篇，其中中文社会科学引文索引（CSSCI）来源期刊及一般核心期刊论文29篇，在"中国博士学位论文全文数据库"和"中国优秀硕士学位论文全文数据库"检索学位论文共计74篇，其中博士学位论文5篇、硕士学位论文69篇。学术期刊论文与学位论文的数量这五年并未呈现明显的增长或下降趋势，但是整体而言，中文社会科学引文索引（CSSCI）来源期刊及一般核心期刊的发文数量较少，博士学位论文更少，说明当前学界对女性与旅游的研究仍需丰富，相关议题仍需通过多种渠道展开。发文机构与上五年相似，未发生明显变化，仍是以高校或地方社科院为主，其他部门对此问题的关注仍然相对较少。

在学术会议方面，笔者在中国知网"中国重要会议论文全文数据库"检索系统没有检索到女性与旅游相关的会议论文，为避免遗漏，笔者在"中国学术会议文献数据库"（万方数据）进行了再次检索，经过筛选统计到2016~2020年的8次相关学术会议，分别是"2016年第四届旅游高峰论坛——民族旅游与传统文化""中国民族学学会2016年学术年会暨'一带一路视域中的民族、文化、国家'学术研讨会""2016中国市场营销国际学术年会""2017年世界交通运输大会""中国林学会森林公园分会2017年学术年会""乡村旅游国际学术研讨会（2018）""第十五届全国高校文化管理类学科建设联席会议暨新时代文化管理类专业学科建设与人才培养质量提升高峰论坛（2018）""第三届中国休闲与旅游发展论坛（2018）"，其中所涉及的论文主要围绕女性在旅游发展中的参与和角色扮演、受旅游发展的影响、旅游性别差异及女性时间管理等议题展开。

在年鉴与报纸方面，笔者在中国知网"中国年鉴网络出版总库"进行检索后发现，在《兰溪年鉴》（2018）、《丽江年鉴》（2018）、《大同年鉴》（2019）、《扬中年鉴》（2019）、《三亚年鉴》（2019）、《安岳县年鉴》（2020）、《中华人民共和国年鉴》（2020）中有妇女与旅游相关记载。此外，笔者在"中国重要报纸全文数据库"检索发现4篇相关报道，涉及的内容多为女游客在景区发生的故事，同样，各年鉴所涉及的内容也多为经验性报道及活动记录等，可供参考的意义较小，因此年鉴及报纸文章不纳入此次综述范围。

如图1所示，对检索到的文献资料的主题词进一步分析发现，2016~2020年有关女性与旅游的研究主题词主要集中在乡村旅游、女性旅游、农村妇女/女性、旅游消费、民族旅游、妇女参与、女性游客等方面，一定程度上反映了当前关于女性与旅游议题的研究热点，尤其是乡村旅游和农村妇女等与农村相关的主题在这五年内占据研究议题的主导地位。

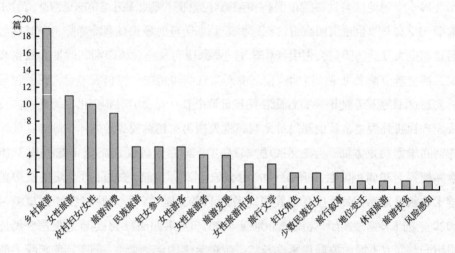

图1　2016～2020年主要女性与旅游研究主题词发文量

此外，目前针对女性旅游的研究涉及学科种类繁杂，除了分布在旅游学科，有关旅游的话题在社会学及统计学、农业经济、中国政治与国际政治、贸易经济等学科中也占了较大的比例，其他诸如中国文学、新闻与传媒、企业经济等学科领域均有涉及，可见该议题研究学科的广泛性和多样性。

在基金项目与课题方面，通过对检索到的学术期刊论文、学位论文进行分析发现，2016～2020年共有41篇论文得到基金项目的支持，共涉及基金、课题34项。有21篇论文得到国家社会科学基金项目的支持，所涉及的国家社会科学基金项目共15项，其中2016～2020年立项的国家社会科学基金项目8项，8项课题中有6项与旅游相关，但不直接与女性相关，2项基金项目与旅游、女性均不相关。有10篇论文得到国家自然科学基金项目的支持，所涉及的国家自然科学基金项目8项，其中2016～2020年立项的国家自然科学基金项目4项，这4项基金项目均与旅游相关，其中2019年由贵州财经大学廖婧琳主持的国家自然科学基金面上项目"西部旅游社区'家空间'中两性家庭权力变迁：过程与机制"（项目编号：41871149）是检索到的唯一与"女性与旅游"直接相关的项目。其余论文则是得到全国艺术科学规划课题、各省级研究基金、高校教改研究等基金和课题的支持。

总体来看，与 2011～2015 年相比，由于检索主题词的变化①，2016～2020 年女性与旅游相关的研究数量与上一周期无法直接进行比较，但可以看到 2016～2020 年和女性与旅游直接相关的研究数量并非特别多，相关主题的著作、博士学位论文、学术会议、年鉴文章、报纸文章更是稀少。其次，与 2011～2015 年研究成果主要集中在女性游客消费研究、女性旅游从业者工作体验研究、旅游目的地女性东道主研究三方面不同，2016～2020 年，研究成果则主要聚焦乡村旅游、旅游消费、民族旅游、妇女参与等方面，研究议题不断丰富，研究视角更加多元。尤其是结合国家发展战略，乡村旅游与女性的相关议题获得了学术界的广泛关注。同时，多学科研究成为女性与旅游研究的一大特点，多学科背景为女性与旅游研究提供了多元化的研究思路和研究模式。其中农业经济学科成为除旅游、社会学及统计学之外进行女性与旅游研究的第三大学科，也进一步说明女性与旅游的相关研究和农业、农村、农民的关系日渐紧密。最后，在研究方法方面，各类研究以定性研究为主，但定量研究的比重有所提升，虽然当前的研究多采用描述性统计、相关性分析等基本的统计方法，但学术界也在不断尝试利用定量的研究方法进行研究，这将为女性与旅游研究内容的丰富提供进一步可能。

二　主要研究内容

女性与旅游的研究内容各有不同，本文根据所收集 2016～2020 年文献的研究主题词以及内容，大致划分为乡村旅游中的女性议题、民族旅游中的女性议题、女性旅游者的相关研究、旅游发展中的女性创业研究四个方面。

（一）乡村旅游中的女性议题

在社会主义新农村建设期间，乡村旅游就已经开始兴起，至今已开展多年，相关学者也做了许多研究，但是在城镇化的不断推进过程中，农村劳动力不断流失，农村"空心化""老龄化"制约了乡村旅游业的进一步发展。近年来，乡村振兴战略的提出使得自然风光独特、景色优美的乡村可以因地制宜地发展乡村旅游业，继而达到以旅游业振兴推动乡村全面振兴的目的。学界对乡村旅游中的女

---

① 2011～2015 年的检索主题词为"女性旅游""妇女与旅游""女性酒店""女性景区"等。

性议题的研究主要集中农村女性在乡村旅游中的作用、乡村旅游对农村女性的影响和农村女性参与乡村旅游的影响因素三方面。

1. 农村女性在乡村旅游中的作用研究

农村女性劳动力是乡村旅游从业者的主力（李娟梅，2017），她们不仅是乡村旅游发展中最普遍的服务者，也是乡村旅游的规划者和管理者。吴巧红（2018）研究认为，女性参与乡村旅游是乡村可持续发展的重要因素之一，乡村旅游为女性提供了就业机会，提高了其收入和地位，同时女性在乡村旅游景观设计、乡村自然资源开发、乡村特色产品打造、乡村民宿经营、非物质文化遗产传承等方面更具有优势，她们更加细腻、更富有爱心、更有创造力、更能营造家的温暖，通过发挥这些独特优势，女性主动适应、参与旅游发展，提高了乡村旅游开发的生态品质和人文关怀。黄月明（2018）通过对农村女性参与乡村旅游相关行为的分析发现，农村妇女除了提供一般性的旅游服务，也会有欲望或者意向参与到乡村旅游开发与发展的规划管理中去，包括旅游资源的选择及供给、日常事务管理、旅游宣传等。既有研究不仅讨论了农村普通女性的作用，还分析了农村精英女性在乡村旅游开发中的作用，如罗文斌、钟诚、Dallen Timothy 等（2017）分析了乡村旅游开发中女性村官的参与行为，认为女性村官对乡村旅游开发决策有显著作用，其"精打细算""小心谨慎"的女性特征使她们在乡村旅游发展中的决策更加理性。除此之外，有学者指出农村女性参与全域旅游发展是生态女性主义的体现，是实现人与自然的和谐共处目标的主要载体，在推动乡村旅游业发展中发挥了巨大的作用（陈慧，2020）。

也有学者指出农村女性在乡村旅游作用发挥中存在的问题。如陈丽琴（2017）结合精准扶贫的时代背景，认为全域旅游开发是精准扶贫的形式之一，在精准扶贫阶段，农村女性在旅游精准扶贫中的个体权益并没有充分体现，应该让农村女性参与到乡村旅游业之中，进一步提升旅游扶贫的精准度和推进妇女的可持续发展。但是从乡村旅游中的女性从业者的客观情况来看，农村女性劳动力具有大龄留守、职业技能水平不高等特征，这在一定程度上制约了乡村旅游的发展，因此提升其职业技能可以有效推进乡村旅游业的发展（李娟梅，2017）。

2. 乡村旅游对农村女性的影响研究

根据以往研究经验可知，不仅农村女性能对乡村旅游业产生一定的作用和影响，乡村旅游业的发展也会反过来对乡村女性产生影响。乡村旅游业的开发不仅为村民提供了更多的就业机会，带动了农村的经济发展，同时还强化了乡村文化对农村女性的积极影响。精准扶贫阶段，有关乡村旅游业对农村女性影响的研究，主要探讨旅游扶贫的影响，指出全域旅游开发是乡村人才扶贫的有效方式，通过引导、培训农村留守妇女可有效解决乡村中的贫困问题（李伟，2017），而且旅游扶贫在提高农村女性经济收入的同时，也增强了女性的社会参与意识（康金、黄虹、陈香玉等，2018）。

同时，更多学者集中讨论乡村旅游本身对农村女性的影响，主要包括女性收入、权力和地位、角色变迁、幸福感等方面的变化。孙九霞、廖婧琳（2016）和廖婧琳（2018）研究发现，参与乡村旅游拓宽了农村女性的就业渠道，一定程度上提高了农村女性的收入、家庭权力与地位。王丽娜（2019）研究认为，女性参与乡村旅游扩大了其社会交往空间，提升了其社会交往能力，改变了其思想观念——消费观念、婚姻观念和生育观念等，以及在家庭中的从属角色。乡村旅游的发展为农村留守妇女提供了就业机会，强化了农村女性的现代化思想，改变了农村女性传统生儿育女的"主内"角色。农村女性参与到乡村旅游业中，从家庭走向社会，其对家庭的贡献可量化，进而逐步提升在家庭中的地位，反过来，家庭地位的提升也有利于农村女性更好地参与乡村旅游业，促进乡村旅游业发展，进而推进乡村振兴（黄月明，2018）。

有部分学者从社会角色、性别角色变迁的角度进一步分析乡村旅游对农村女性的影响。张巧凤（2016）发现，旅游发展对旅游地女性居民社会角色变迁的影响包括：社会角色由单一向多元化转变、职业选择从观念到类别都发生了变化、陪嫁习俗和女性婚恋观发生转变、生育观由重男轻女向男女平等转变、教育观产生深刻变化、从业女性幸福感与社会角色冲突的痛苦并存等。边丽瑾（2020）对陕西华村的研究发现，妇女参与旅游业后的性别角色发生了变化，妇女的再生产角色有所减弱、生产角色不断增强，妇女家庭经济地位提高，在夫妻关系中由依赖型角色发展为较为独立的角色，同时妇女社会经济和政治参与程度提高，从家庭职业经理人的角色定位向公共事务参与者转变。还有研究指出，社区旅游发展促进了女性社区精英的产生和成长，女性社区精英从传统"持家能手"向"经济能人"、从地方性知识的"无意识传承者"向"策略性使用者"转变，成为社会关系网络的"积极拓展者"（苏醒、田仁波，2019）。

在乡村旅游中女性从业者的满意度和幸福感方面，韦欣仪、毛道维、钟会荟

454 / 中国妇女研究年鉴（2016~2020）

（2016）研究认为，乡村旅游发展显著提高了从事旅游业的妇女的生存感知满意度，使得她们的经济水平、生活条件、社会认同等发生显著变化，其中社会认同主要在于乡村旅游发展提高了妇女的家庭权力和地位、增强了其参与村庄治理的自信心，扩大了妇女的社交网络范围。黄元羚（2018）的研究表明，旅游从业妇女在"自我意识""自主意识""自我效能感""性别角色意识"等方面显著高于家庭妇女。王潇敏（2020）通过文献梳理，构建了乡村旅游社区女性旅游从业者主观幸福感影响因素指标体系，并与总体生活满意度量表和主观幸福感单体陈述量表共同组成调查问卷，测量女性乡村旅游从业者的主观幸福感，发现在经济地位维度、生活方式、社会网络方面旅游开发都显著增强了女性的主观幸福感；从家庭维度来看，虽然旅游开发增强了女性在家庭中的决策参与权和事务话语权，但是旅游从业引起的家庭时间剥夺削弱了女性乡村旅游从业者的主观幸福感。

3. 农村女性参与乡村旅游的影响因素研究

讨论农村女性在乡村旅游业中的发展和乡村旅游对农村女性的影响离不开对农村女性参与乡村旅游的影响因素的探讨。对农村女性参与乡村旅游的影响因素进行研究对提高农村女性参与程度有重要意义。基于此，相关学者做了许多研究，将农村女性参与乡村旅游的影响因素从经济、生活、文化、社会、家庭、个体等不同层面进行了分析。

有学者指出，在农村女性参与乡村旅游过程中，不仅经济、生活条件、社会认同这类外部因素会影响农村女性的旅游感知，个体特征的差异也是主要的影响因素，如农村女性的年龄、身体与心理健康状况等都是其从事乡村旅游的重要影响因素（韦欣仪、毛道维、钟会荟，2016）。还有学者指出，农村女性参与就业与选择就业模式，与其对传统性别角色的态度以及其配偶对女性持续就业的态度有很大关系（张涛、林巍，2017）。杨凡（2016）认为家庭关系是影响农村女性参与乡村旅游的主要因素，具体的影响路径为"农村女性通过在家庭关系中所感受到的家庭地位和权力，进而影响其参与乡村旅游"，且已有研究证实了较好的家庭关系有助于提升农村女性的幸福感（曲茸、倪晓莉，2016），进而会对农村女性参与选举产生影响（裴志军、陈姗姗，2017），最终影响其乡村旅游的参与情况。黄月明（2018）通过对广东省某村落农村女性参与乡村旅游的定量研究佐证了上述观点，她的研究发现，重要关系人支持度、情感性态度、外部资源和家庭关系分别对农村女性参与乡村旅游行为意向有直接显著的正向影响。此外，还有学者对农村女性参与乡村旅游的影响因素进行了更为深入的探讨，把握了影响农村女性参与乡村旅游的本质因素，认为文化思想是其根本。具体而言，思想文化的冲击让农村女性更加注重自身的提高，会更加主动地参与乡村旅游（罗文斌、钟诚、Dallen J. Timothy 等，2017）。可见，农村女性参与乡村旅游已经从思想的参与转向行动上的参与。

（二）民族旅游中的女性议题

民族旅游是旅游发展的重要类型之一，其与乡村旅游有所重合，但也存在差异，因此有必要对其进行单独分析。与普通的旅游类型相比，在民族旅游中，女性的参与更显重要，她们既是民族旅游产品的主要供给者，也是民族旅游活动的主要呈现者，而旅游发展对她们的冲击也更剧烈。

1. 少数民族女性旅游从业者的特征分析

少数民族女性在参与旅游的过程中，其发挥女性优势的特征更为明显，参与旅游活动的方式也更为丰富。民族旅游发展中，性别特质成为推动女性扮演角色的有效动力（马威、魏娜，2019）。具体而言，陈丽琴（2016）研究认为，"女性的细腻手巧、沟通能力强等特点，使得她们在民族旅游中的家庭接待、导游、旅游服务、手工艺品销售等方面有着独特优势，因此在民族旅游中扮演了主要角色"，而且在很多民族地区，女性服饰、艺术形式更能满足游客的"他者"想象（马威、魏娜，2019）。女性的外表特征、传统技艺的继承优势、女性性格的优势以及其他行业的性别歧视、少数民族妇女的弱势地位等共同形成少数民族女性从业的优势（张苗苗，2017）。杨芬芬（2019）对朗德苗寨的研究同样发现，女性参与旅游开发建设、旅游活动无论是人数还是活动类型等都比男性多，参与旅游活动获取的经济效益与社会效益也比男性更多，女性是民族旅游开发的主力军。

但是，少数民族身份以及民族旅游的特殊性同样成为少数民族女性参与旅游发展的制约点。褚玉杰（2016）对西部民族地区女性旅游精英的研究发现，女性旅游精英在民族社区中同时扮演积极、消极和柔性角色，其影响集中在社区旅游、民族"女性"文化传承、女性与弱者就业及关怀等方面。姜晗、李国源、杨东辉等（2018）对黑龙江省饶河县赫哲族妇女的研究发现，少数民族妇女在民俗旅游活动中存在参与度较低，参与者老年女性居多，参与形式以表演民俗舞蹈、制作工艺品、加工民族特色食品为主等特点，由于民族特色限制，女性参与的形式较为有限。

2. 民族旅游对少数民族妇女的影响

有关旅游对民族女性的影响研究已有较多文献，且已经出版了分析较为全面透彻的专著，如赵振斌、褚玉杰等（2018）撰写的《旅游开发中的西部民族社区妇女：参与与改变》一书，关注了西部旅游开发过程中少数民族女性在参与旅游业发展时发生的变化，重点分析了少数民族女性参与旅游业的特征、行为模式、心理活动和社会地位等。民族旅游随着人们对异域文化和异域风情的需求增加而蓬勃发展，不仅直接地带动了民族地区的经济发展，而且通过旅游经济的冲击和渗透，对女性的就业机会和经济收入的增加、社会交往半径的扩大、生活方式中诸如卫生习惯、消费观念、礼貌礼仪、穿着打扮等方面产生积极影响，更间接地对女性的社会性别角色和社会地位产生影响（陈丽琴，2017）。陶长江、郭凌、林瑶（2016）关注了旅游发展背景下客家妇女家庭地位和社会地位的变迁，认为旅游影响成都龙泉洛带古镇客家妇女地位变迁的原因集中表现在生计、自由空间和家庭分工的改变，旅游对客家妇女家庭地位变迁影响强度大于社会地位变迁，且更易于被感知。随着相关研究的逐步深入，有学者系统全面地分析了民族旅游与民族女性的关系。其中，张苗苗（2017）对广西瑶族女性的研究认为，民俗旅游开发后，瑶族女性的经济收入增加、受教育机会增多、婚姻自主权增强、家庭事务决策权提高、传统性别观念转变，社会地位有显著提升，同时对子女教育问题更加重视。王丽丽、明庆忠（2018）对西双版纳州勐景来村傣族妇女的研究发现，边境旅游开发前后，女性逐渐从家庭的私人领域转向公众领域，旅游带给女性更广阔的发展空间，如传统手工艺、旅游商品经营、歌舞表演、旅游餐馆等新兴的生计模式逐渐取代了传统的农业生计模式，女性在民族旅游中成为收入的主要创造者和投资决策者，家庭地位提高。高璐（2019）对西北民族地区旅游发展对藏族女性的影响进行分析后发现，民族旅游业的发展改善了藏族女性的生活环境，一定程度提升了藏族女性的家庭地位，增加了藏族女性受教育的机会。

但是，部分学者也明确指出，女性在民族旅游中的参与并没有从根本上改变两性权力关系。廖婧琳（2018、2019）的研究发现，在旅游发展的背景下，民族社区家庭中两性权力关系发生变化，女性参与旅游经济活动，由于文化及资源变动所引发的女性主体意识觉醒，一定程度上提升了女性的家庭权力，但乡村中以男性利益优先为原则的两性关系并未受到实质性撼动。杨芬芬（2019）的研究同样发现，旅游发展中郎德苗寨女性的权力虽然有所增长、权利有所保障，但是相对男性而言始终处于一种"边缘"位置和弱势地位。褚玉杰、赵振斌、张丽（2016）通过对民族社区女性旅游精英的研究发现，民族地区女性旅游精英扮演着社区旅游引领者、民族女性文化守护人、社区旅游管理者、女性与弱者关怀者、社区和谐发展促进者、社区客流主导者、政治关系受益人、非自觉矛盾引发者等多重角色，对社区发展具有重要影响。女性旅游精英可分为经济型、治理型、民族文化型和社区名片型，她们突破了男性主导的社区精英格局，但仍以非治理精英为主，并未进入社区权力的核心层（褚玉杰，2016）。

与普通旅游中的女性参与相同，女性参与旅游劳动时间的增长挤压了其生活和休闲时间；旅游开发使得女性参与旅游扮演"双重角色"，进而承担"双重劳动"（褚玉杰、赵振斌、张铖，2016）。蒙古族妇女是民族文化的开发者和传承者，在草原旅游发展过程中，其在家庭中的经济角色由从属变为主要，政治角色有所提升，但家庭角色没有显著变化，依然兼顾烦琐的家庭事务，婚姻观、生育观等没有受到太多影响（王丽娜，2019）。

（三）女性旅游者的相关研究

在中国的消费市场，女性消费者的力量一直以来都是不可忽视的，且随着居民收入水平的不断提高、女性家庭地位的不断提升，女性力量更加不容小觑。随着女性经济独立观念的不断强化，越来越多的女性参与工作、获得了一定的收入，家庭的可支配收入也得以提高，其消费能力也有所增强，女性也越来越懂得享受生活。因此，具有放松身心、自我心理疗愈和开阔眼界等功能的旅游活动越来越受到人们喜爱，特别是拥有高学历、高收入的女性，她们常常会在节假日期间选择外出旅游，在放松身心的同时增加不同的人生体验。女性旅游市场也因此迅速发展，旅游业界对女性旅游这一精细市场的开发也愈发重视。女性旅游者作为旅游市场的重要消费者，更是受到了业界和学术界的关注。

1. 女性旅游者的旅游行为研究

在现代化社会当中，女性受教育程度不断提升、女性独立意识不断强化、家庭权力地位不断提高、家庭可支配收入不断增加，在旅游市场中女性所占比例不断上升，女性逐渐成为当前旅游消费的主体力量，旅游市场也因此将目光投向女性群体，针对女性特点挖掘女性旅游市场、开发适合女性的旅游产品。关注女性旅游者旅游消费动机、决策和行为等区别于男性的旅游现象与问题也成为研究的热点。

不同年龄、家庭结构、职业、收入水平及受教育程度的女性在旅游动机和行为特征方面都存在差异，且其旅游动机和旅游行为特征存在一定的相关性（雷星云，2016）。吴薇（2020）研究发现，老年女性游客出游具有年龄偏"年轻"（61~65岁）、身体健康、收入稳定、闲暇时间多的特点，存在以游览观光为主要目的、随团出游、停留时间较长、跨省出游、次消费水平高等行为特征。而在网络自媒体的影响下，青年女性的旅游行为呈现出旅游需求的产生多来源于网络信息的刺激、旅游伴侣的选择突破了地域限制、旅游方式的选择更追求自由化等新特征（蒋美华、梁晶晶，2018）。互联网对青年女性旅游者的行为既有正面影响也有负面影响，其中正面影响包括获得方式方便快捷、信息选择多样化、交际群体的拓展、多层面技术的支持等，负面影响包括安全隐患与信任危机等（李兴珍，2016；蒋美华、李兴珍，2017）。

不同生活方式女性旅游者在旅游动机、信息获取渠道、目的地评估因素、目的地偏好、出游时间、旅游频率、旅游时长等方面存在显著差异。其中，独立健康型女性旅游者倾向于独特的民俗类、养生健康类旅游项目，消费经济型女性旅游者更喜欢性价比高的旅游项目，个性追求型女性旅游者偏爱富有个性、潮流时尚的旅游项目，事业积极型女性旅游者的营销以人文度假产品为主（包颖智，2020）。

在女性参与旅游决策方面，苏红霞、李娜（2017）通过定量研究发现，女性出游决策主要受到闲暇时间、经济能力等因素的影响。不同年龄、学历、家庭生命周期及工作性质的已婚女性的家庭旅游决策参与程度存在显著差异，从最初准备活动决策，到出游前准备活动决策，再到目的地活动决策，已婚女性参与各单项决策的程度逐渐降低，而影响已婚女性参与家庭旅游决策的因素主要有家庭结构、家庭观念、出游兴趣、出游经验、旅游产品、出游满意度、个人资源贡献、出游动机等（王佩佩，2016）。

除此之外，有学者研究了旅游消费行为中单身女性休闲旅游消费行为，研究表明单身女性偏爱消费健康、时尚、浪漫的项目，在处理休闲旅游的不满体验时多选择隐性投诉的方式（陈素平、成慕敦，2016）。还有学者考虑了不同的影响因素，分析了网络自媒体的应用（孟乐，2020）、气候变化（郑杰、张茹馨、雷硕等，2018）、环境污染（杨军辉、赵永宏，2019）、经济收入、文化教育和乡村性程度（余凤龙、黄震方、侯兵，2018）以及旅游购物等因素对女性旅游者行为的影响，认为旅游购物是影响女性旅游者出游频率和出游时长的主要因素之一，对女性旅游者的吸引力较大。

2. 女性旅游者的旅游动机研究

旅游动机是旅游行为产生的直接推动力，也是相关学者关注的重点话题之一。相较于 2011～2015 年，有关女性旅游动机的研究热度有了一定程度的下降，但仍保有"余热"。相关学者基于不同理论进行了细致的研究，其中采用推拉理论对旅游动机进行的研究较为广泛。具体而言，旅游动机中的推力主要包括休闲放松动机、逃避动机、情感交流动机、体验型动机、关系促进型动机、求新娱乐动机和自我实现动机（李想，2017；陈星、张捷、张宏磊，2017；刘慧乾、于立新，2020；黄佩红、钟士恩，2020）。还有学者分析女性旅游者的旅游动机为满足人际交往的价值需求（邢宁宁、杨双双、黄宇舟等，2018）、观光、体验新事物以及购物动机等（裴小雨，2017）。其中自我价值实现动机是最强的推力动机。而拉力动机包括旅游资源及服务动机、旅游社会环境动机，其中旅游目的地的"自然人文"是最大的拉力动机。

此外，相关学者还关注到女性独游的动机。与普通出游相比，女性独游动机涵盖了更为广泛的内容。徐文月、刘敏（2018）研究发现，女性独游是向外的世界观扩展、向内的自我成长和一种对于整个生命历程的价值生成过程。女性独游也是追求理想的男女平等社会、获得更大程度的独立和自由、提高女性主体地位和获得感的方式（朱玉卓，2019）。

除此之外，不同年龄段女性的旅游动机也有所差别。研究者对大学生乡村旅游的动机进行了分析，侯丽丽（2019）对长沙市高校女性大学生乡村旅游的动机进行分析后发现，女性大学生乡村旅游的主要目的在于放松休息、调整身心和开阔视野、丰富阅历。老年女性的主要动机在于自我提升与健康、放松与休闲、情感与怀旧，三者均对旅游意愿有正向影响（常敏，2020）。雷星云（2016）对天津市女性居民旅游动机的研究发现，其旅游动机呈现出多样性，但是大多数女性居民的出游动机为休闲度假与观光游览。

3. 女性旅游者的风险感知研究

对女性旅游者的风险感知研究是近年来研究的一个新方向。无论是处于工作状态的职场女性，还是职场之外的女性，她们做外出旅游的决策时总会考虑更多因素。相比于男性，女性对旅游安全和服务品质有着更为严苛的要求，也就是说，旅游风险感知存在明显的性别差异。姚延波、侯平平（2019）研究发现，随着女性旅游规模的扩大、女性旅游市场的增长，包括服务质量风险、身体风险、财务风险、心理风险、社会风险、设施风险和功能风险等方面的风险感知阻碍了女性旅游市场的进一步发展。侯丽丽（2019）研究发现，女性大学生在乡村旅游时首先考虑的是安全条件，其次才是卫生、交通、通信、乡村风光等条件。

学者对旅游风险做出划分，如朱玉卓（2019）从时间维度将女性独游的风险感知分为战略层面和战术层面，前者是旅游前的风险预知，后者是旅游中的风险识别和旅游后的风险反思；从类型维度分为物理风险、心理风险和角色风险，其中角色风险是指情景风险、地理风险和时间风险等，风险感知会影响女性旅游状态和旅游时间安排。因此，对风险感知的研究对旅游发展亦有重要意义。孟彩娟、刘超（2020）研究发现，女性旅游风险感知除了受外部环境的影响，还会受到人自身的特殊性影响。一般认为女性游客与家人、朋友出游是最安全的出游方式，目的地的知名度与安全感不成正比，也就是说，女性旅游者的安全感获得与旅游目的地的知名度关联性并不高。而在体育旅游消费方面，男女两性的风险感知无显著差别（李刚、孙晋海、代刚，2016）。

（四）旅游发展中的女性创业研究

旅游发展不仅会带动女性就业，也会以多样化的方式刺激女性创业。尤其是在乡村振兴战略的推进下，乡村旅游业得到了快速发展，农村女性也在这样的背景下实现了自己的价值，她们不仅通过乡村旅游实现就业，也以多种形式参与到旅游创业活动之中，逐渐成为乡村旅游的主要经营主体。学界对旅游发展中的女性创业问题亦有所研究。

1. 旅游发展中女性创业动机的研究

有关农村女性旅游创业动机的研究于近几年开始，尚处于探索阶段，相较于女性与旅游的其他研究议题，农村女性旅游创业动机的研究成果相对较少。已有文献多是通过案例分析和描述性统计分析展开的研究，研究结果表明，目前我国农村女性创业动机以生存型创业动机为主（荣芷颖，2020），但以实现自我价值为动机进行旅游创业的农村女性已经得到关注（王洋、方云才、赵雨萌等，2020），相较于男性，女性的创业动机更强，但女性乡村旅游创业动机更容易受到外部政策环境和家庭因素的影响，其动机呈现规模大、密度小、异质性高等特征（李伟，2017）。

除此之外，李彬彬（2018）通过对西递、宏村的研究发现，本地创业者中男性少于女性，外来创业者中男性多于女性，而本地旅游创业者和外来旅游创业者的创业能力禀赋有显著性差异，本地旅游创业者的乡村旅游创业能力高于外来旅游创业者。另外，经济型动机和成就型动机对创业者能力中的机会认知、运营管理、风险承受和创新能力有着明显的正向作用，而社会型动机未体现其影响性。

2. 女性旅游创业意向的影响因素研究

女性角色的多元性造就了女性旅游创业意向影响因素的复杂性。已有研究对女性创业意向的影响因素展开了分析，但是关于农村女性旅游创业意向影响因素的相关研究还相对较少。徐虹、王彩彩（2017）通过对蓟县18名女性农家乐创业者的案例分析发现，女性创业者在耐心和细心品质、满足游客需求、亲和力、获得上级部门支持等方面具有独特的优势。邓爱民、潘冬南（2020）从行动者网络理论出发，认为乡村女性旅游创业包括乡村女性、当地人民政府、旅游管理部门、村委会、本地村民、游客、旅游资源和旅游基础设施等人类行动者和非人类行动者，二者通过问题呈现、利益赋予、征召、动员以及异议行为不断地相互作用、相互影响，最终形成稳定的关系网络。

荣芷颖（2020）对农村女性旅游创业意向影响因素进行了较为细致的总结和实证分析，她将乡村女性旅游创业意向的影响因素划分为两大类——宏观层面因素和微观层面因素。其中，宏观层面因素包括社会规范、经济和政策形势；微观层面因素包括性别角色、个人特质和个人资源，其中性别角色包含性别认同和家庭角色两方面，个人特质包含追求变化、自主性和成就动机三方面，个人资源包括创业回馈、资源获得和未来的就业市场三方面。覃海丽（2020）则更加聚焦家庭对乡村女性创业活动的影响，认为家庭的影响贯穿女性创业始末，包括起初创业意愿的激发、中间企业规模扩张或缩小的决策，到最后是否退出市场等，家庭在情感、资源、资金等方面为农村女性创业提供支持的作用尤其突出。

3. 女性旅游创业路径的研究

在"她经济"和旅游经济蓬勃发展的大背景下，人们对旅游消费的需求逐渐上升，女性旅游创业者也随之增加，而女性在旅游创业过程中也不免会遇到各种问题，如何更好地避免问题、解决问题对促进旅游业快速发展有着非常重要的意义。针对女性旅游创业的现状，相关学者提出了可行的创业路径，给出了相应的建议。徐虹、王彩彩（2017）从包容性发展的视角提出从经济包容、社会包容、制度包容三方面推进女性的创业路径。邓爱民、潘冬南（2020）认为乡村振兴战略的实施为乡村女性旅游创业提供了新机遇，并根据女性旅游创业行动者网络的理论框架，提出从推动产业发展、规范旅游市场管理、提供发展保障等方面促进女性旅游创业的可持续发展。同时，还有学者针对农村女性旅游创业过程中主要遇到的现实问题，给出了增强融资便利性、加强技能培训、拓宽社会网络的乡村女性旅游创业路径。赵蔚霞（2019）则指出在乡村振兴的大背景下，乡村女性旅游创业路径主要包括科学利用支持政策、合理借助平台、提升自身创业能力等几个方面。

三 研究不足与展望

2016~2020年，关于女性与旅游的研究在丰富妇女/性别研究理论的同时，一定程度上拓宽了中国旅游的研究视野。同时，这五年的相关研究也体现出乡村振兴战略实施的影响，研究更多地关注乡村旅游业的发展，进一步推进了性别视角下旅游研究的主流化趋势。

（一）研究不足

总体看来，这五年女性与旅游相关研究主题多样，与时政、社会热点的结合较为紧密，并且出现了一些新的研究趋势，但是相比其他领域的文献，该领域的研究理论关怀仍显不足，且相关研究的文献质量还有待进一步提高，重点核心期刊的发文量较少。具体而言，女性与旅游相关研究还存在以下不足。

1. 乡村旅游中女性议题相关研究不足

虽然这一议题在当前研究较为丰富，但已有针对农村女性与乡村旅游的研究较为薄弱，包括农村女性的作用、受到的影响以及女性参与乡村旅游在内的研究内容较为保守，缺少较为深入、多层面的研究。具体来说，从研究视角来看，现有研究多是从文化理论视角和社会性别理论视角，分析农村旅游业发展与农村女性地位改变的关系。从研究方法来看，相关研究多是基于访谈的案例分析方法，定量的计量实证分析相对较少，以至于难以有效衡量乡村旅游业发展对农村女性家庭地位、社会地位影响的深度和广度。从研究内容来看，已有研究多是就乡村旅游业发展对女性家庭关系、家庭与社会地位影响的简单阐述，而缺乏对女性角色变迁，家庭地位以及社会地位影响的动因、路径较为深入的分析和讨论。且当前研究多是讨论乡村旅游业发展对农村女性的正面影响，从批判视角对乡村旅游中的女性议题的研究尚有不足，这既不利于乡村女性的发展，也不利于乡村旅游业的可持续发展。

2. 民族旅游中女性议题相关研究不足

民族旅游中的女性议题并非一个新的议题，但是在精准扶贫和乡村旅游发展阶段，这一议题显得格外重要。通过文献梳理可以发现，该议题的研究很丰富，研究内容虽然有结合政策发展，但是没有突破以往研究惯性，仍局限在少数民族女性参与旅游的方式、作用、受到的影响等方面，各个方面的研究结论没有出现对以往研究结论的较大突破。此外，对其民族特色及少数民族女性特征的分析仍浮于表面，没有看到在不同时期民族旅游中女性参与的新特点，不同民族地区旅游发展的差异也很少展现，研究的视野仍需拓展。

3. 女性旅游者相关研究不足

首先，我国学者对女性旅游者的研究并不丰富，尤其是女性旅游者风险感知这一领域的研究成果相对较少，与国外的相关研究相比，该领域的研究相对滞后，这也进一步造成该方向的研究缺少系统性和综合性。其次，现阶段相关研究更多的是女性旅游者的旅游行为、女性旅游者的旅游动机及女性旅游者风险感知这三方面研究，但以上研究多是基于女性旅游者国内旅游的现实情况展开的研究，而对于女性旅游者的出境旅游的相关研究还较为欠缺。最后，关于女性旅游者的研究缺乏区域差异的对比，如研究对象基本集中在城市女性，对农村女性旅游者的研究基本没有，且缺乏区域间对比的研究，这是该研究领域在今后需要关注的议题之一。

4. 旅游发展中女性创业相关研究不足

2016~2020 年，学者较为关注乡村旅游与农村女性的关系，已有研究多是从农村女性就业的角度展开分析，而对农村女性旅游创业的研究相对较少，缺乏较为系统的研究。从研究内容来看，关于农村女性旅游创业的研究还停留在对农村女性在旅游创业现状和路径的简单描述性研究，缺乏对影响农村女性旅游创业行为因素的深入分析和讨论；从研究方法来看，相关研究以案例分析的研究为主，缺乏定量的分析，此现象的产生也与农村女性旅游创业的研究内容较为单一有关，计量实证的研究方法很难应用到农村女性旅游创业研究现状的分析之中，因此拓宽女性与旅游相关的研究内容极为必要；从研究地域来看，已有研究以中西部的民族地区为主要的研究区域，而对我国东北地区和西北地区的女性旅游创业的研究相对较少。然而，不同地区之间，农村女性旅游创业所面临的问题有所不同，进而导致相关研究难以形成普适的结论，难以为其他地区农村女性旅游创业提供有效的参考。

(二) 未来研究展望

在女性与旅游议题的研究中，相关学者经过不懈努力，不断取得新的研究成果。我国女性与旅游相关研究文献跨学科趋势和优势已较为明显，研究视角包含了多个学科领域，如社会学、经济学、人口学，研究方法上也逐渐从单一的统计描述、案例分析向实证计量的量化分析方法扩展，但仍不够明显。虽然目前女性与旅游相关研究中，高质量学术论文发表数量呈逐年增长趋势，但是仍然存在低水平重复现象，较为深入的理论机理探讨和细致的实证分析较少，研究质量还需进一步提升。笔者认为在后续研究中，可以从以下几方面进行进一步研究。

在研究内容方面，第一，在乡村振兴战略的实施背景下，乡村旅游业作为推动乡村全面振兴的有力路径得以发展。虽然当前很多学者已经关注到了这一现象，但是对农村女性与乡村旅游的研究仍需进一步探索和挖掘。例如，可以根据农村女性的特点，以家庭因素为出发点，细分家庭支持维度，深入分析家庭支持的不同维度对农村女性旅游行为、旅游创业意愿、旅游消费决策等方面的不同影响。也可以对女性角色变迁、家庭地位以及社会地位影响的动因、路径展开更为深入的分析和讨论，从批判性视角对乡村旅游业发展给农村女性带来的影响进行细致的研究，完善相关研究的不足。第二，对女性旅游者的出境旅游的相关问题展开研究，这是既有研究鲜少涉猎的领域。第三，女性与旅游是一个学科交融的研究议题，不仅需要旅游相关学科的研究者积极参与，还需要社会学、政治学、统计学、经济学等学科专家学者的合作参与，为这一议题提供多种研究视角。第四，"女性与旅游"的研究也应该在国家经济和社会发展的宏观背景下进行。当前，随着互联网经济的快速发展，新业态旅游、旅游直播、数字经济等都成为引人关注的重点话题，因此未来的研究也应该包含新业态旅游与女性、针对女性旅游者的"她旅途"、旅游直播领域与妇女发展、"数字经济中的旅游与妇女"等新热点问题。

在研究方法方面，尽管既有研究有大量的定性研究，但是在深度方面仍需改进，扎实的经验材料的研究是深入分析的基础。同时，未来的研究可以在定性研究深入开展的同时，加强量化的实证分析，进而有效地衡量乡村旅游业发展对农村女性生活的不同维度影响，明确地量化其影响程度。

此外，未来的研究应该更具理论性，研究不仅需要和现实问题结合，也需要从理论对话和理论建构方面发力，让研究发现不仅是某个地方的发现，而是要具有理论思考和现实推广意义，这也是未来研究的难点和着力点。

参考文献

1. 包颖智（2020）:《女性旅游者生活方式的实证研究》，硕士学位论文，天津财经大学。
2. 边丽瑾（2020）:《农村妇女性别角色转变研究》，硕士学位论文，西北农林科技大学。
3. 常敏（2020）:《太原市老年女性休闲旅游动机与制约因素对旅游意愿的影响研究》，硕士学位论文，内蒙古大学。
4. 陈慧（2020）:《全域旅游开发对农村女性的影响研究文献综述》，《农村经济与科技》第5期。
5. 陈丽琴（2016）:《民族旅游对黎族女性社会地位变迁的影响和思考》，《社会科学家》第4期。
6. 陈丽琴（2017）:《国外基于社会性别视角的旅游精准扶贫研究：理论分析与实践案例》，《学习论坛》第3期。
7. 陈素平、成慕敦（2016）:《基于S-O-R模型系统的单身女性休闲旅游消费行为分析》，《贵州社会科学》第3期。

8. 陈星、张捷、张宏磊（2017）：《观光型旅游地游客动机、交往意愿和体验质量之关系——以世界自然遗产地三清山为例》，《地理科学进展》第 11 期。

9. 褚玉杰（2016）：《西部民族社区女性旅游精英的形成模式与角色影响》，博士学位论文，陕西师范大学。

10. 褚玉杰、赵振斌、张铖（2016）：《民族旅游社区妇女的时间利用方式研究——以四川省桃坪羌寨为例》，《浙江大学学报（理学版）》第 1 期。

11. 褚玉杰、赵振斌、张丽（2016）：《民族社区妇女旅游精英角色：基于性别特质的演绎》，《旅游学刊》第 1 期。

12. 邓爱民、潘冬南（2020）：《乡村女性旅游创业行动者网络构建研究》，《广西大学学报（哲学社会科学版）》第 2 期。

13. 高璐（2019）：《旅游发展对西北民族地区藏族女性的影响研究》，硕士学位论文，西北师范大学。

14. 侯丽丽（2019）：《长沙市高校女性大学生的周边乡村旅游需求研究》，硕士学位论文，中南林业科技大学。

15. 黄佩红、钟士恩（2020）：《旅游者和旅游从业者双重身份下的个体动机研究》，《地域研究与开发》第 3 期。

16. 黄元羚（2018）：《旅游从业对妇女的增权效应》，硕士学位论文，海南师范大学。

17. 黄月明（2018）：《农村妇女参与乡村旅游行为影响机理研究》，硕士学位论文，华南农业大学。

18. 姜晗、李国源、杨东辉等（2018）：《关于促进少数民族妇女参与民俗旅游活动的研究——以黑龙江省饶河县赫哲族妇女为例》，《经济师》第 2 期。

19. 蒋美华、李兴珍（2017）：《互联网对青年女性旅游行为的影响——基于河南省的调查分析》，《山东女子学院学报》第 4 期。

20. 蒋美华、梁晶晶（2018）：《网络自媒体影响下的青年女性旅游行为研究——以河南省为例》，《山东女子学院学报》第 4 期。

21. 康金、黄虹、陈香玉等（2018）：《湘西精准旅游扶贫女性社会权力参与调查研究——以湘西十八洞村为例》，《旅游纵览（下半月）》第 6 期。

22. 雷星云（2016）：《天津市女性居民旅游偏好调查》，硕士学位论文，天津财经大学。

23. 李彬彬（2018）：《古村落本地与外来创业者乡村旅游创业能力差异研究》，硕士学位论文，安徽大学。

24. 李刚、孙晋海、代刚（2016）：《城镇居民体育旅游风险知觉消费行为实证研究》，《北京体育大学学报》第 6 期。

25. 李娟梅（2017）：《乡村旅游发展背景下农村女性劳动力职业教育策略研究》，《成人教育》第 1 期。

26. 李伟（2017）：《女性乡村旅游创业者动机分析》，《山西农经》第 22 期。

27. 李想（2017）：《我国女性赴泰自助旅游者旅游动机及其行为特征研究》，硕士学位论文，广西大学。

28. 李兴珍（2016）：《互联网对青年女性旅游行为的影响研究》，硕士学位论文，郑州大学。

29. 廖婧琳（2018）：《平等或从属：旅游参与与女性家庭权力——以西江千户苗寨为例》，《西南民族大学学报（人文社科版）》第1期。

30. 廖婧琳（2019）：《性别与权力：旅游情境下西南地区女性的家庭生活》，中国社会科学出版社。

31. 刘慧乾、于立新（2020）：《互联网结伴自助旅游者旅游动机研究》，《数学的实践与认识》第12期。

32. 罗文斌、钟诚、Dallen J. Timothy 等（2017）：《乡村旅游开发中女性村官参与行为影响机理研究——以湖南省女性村官为例》，《旅游学刊》第1期。

33. 马威、魏娜（2019）：《情绪劳动视野下少数民族女性旅游展演研究——以武陵山区土家族哭嫁表演为例》，《中南民族大学学报（人文社会科学版）》第1期。

34. 孟彩娟、刘超（2020）：《国内旅游幸福感研究综述》，《湖北农业科学》第1期。

35. 孟乐（2020）：《旅游网络传播对乡村旅游行为的影响及其对策》，《农业经济》第11期。

36. 裴小雨（2017）：《女性旅游市场的消费行为研究》，《智库时代》第12期。

37. 裴志军、陈姗姗（2017）：《家庭关系、政治效能感和女性村民选举》，《华南农业大学学报（社会科学版）》第2期。

38. 曲茹、倪晓莉（2016）：《农村留守妇女家庭关系、消极情感对生活满意度的影响：有调节的中介模型》，《中国临床心理学杂志》第2期。

39. 荣芷颖（2020）：《乡村女性参与旅游创业的意向及其影响因素研究》，硕士学位论文，湖北大学。

40. 苏红霞、李娜（2017）：《"她经济"视角下的女性旅游消费行为实证研究——以西安女游客为例》，《现代商业》第32期。

41. 苏醒、田仁波（2019）：《乡村振兴战略背景下女性社区精英的角色实践——基于云南大理州云龙县N村旅游社区的个案考察》，《云南社会科学》第1期。

42. 孙九霞、廖婧琳（2016）：《旅游参与对少数民族两性家庭分工的影响——以西江千户苗寨为例》，《思想战线》第1期。

43. 覃海丽（2020）：《家庭支持对乡村女性旅游创业意愿的影响研究》，硕士学位论文，华侨大学。

44. 陶长江、郭凌、林瑶（2016）：《旅游发展下客家妇女的地位变迁研究——成都龙泉洛带古镇的个案调查》，《旅游学刊》第10期。

45. 王丽丽、明庆忠（2018）：《少数民族妇女在边境旅游发展中的角色变迁——以西双版纳州勐景来村傣族妇女为例》，《广西民族研究》第1期。

46. 王丽娜（2019）：《草原旅游开发中蒙古族妇女角色变迁》，硕士学位论文，内蒙古师范大学。

47. 王佩佩（2016）：《已婚女性参与家庭旅游决策及其影响因素研究》，硕士学位论文，湖北大学。

48. 王潇敏（2020）：《女性乡村旅游从业者主观幸福感影响因素及提升策略研究》，硕士学位论文，四川农业大学。

49. 王洋、方云才、赵雨萌等（2020）：《乡村旅游社区外来女性旅游从业人员创业动机研究——以成都市蒲江县明月村为例》，《现代农业研究》第 3 期。

50. 韦欣仪、毛道维、钟会荟（2016）：《基于扎根理论的乡村旅游从业妇女生存感知研究——以三都水族板告村为例》，《贵州社会科学》第 1 期。

51. 吴巧红（2018）：《女性在乡村旅游助推乡村振兴中的作用》，《旅游学刊》第 7 期。

52. 吴薇（2020）：《老年女性游客出游行为特征及出游障碍研究》，硕士学位论文，四川农业大学。

53. 邢宁宁、杨双双、黄宇舟等（2018）：《90 后出境旅游动机及价值追寻》，《旅游学刊》第 9 期。

54. 徐虹、王彩彩（2017）：《包容性发展下乡村女性旅游创业路径研究——以蓟县农家乐为例》，《未来与发展》第 5 期。

55. 徐文月、刘敏（2018）：《女性独游的意义阐释：基于自传式民族志方法》，《旅游学刊》第 3 期。

56. 杨凡（2016）：《家庭关系现代化对农村妇女男孩偏好的影响研究》，《妇女研究论丛》第 3 期。

57. 杨芬芬（2019）：《旅游导向下郎德苗寨女性增权研究》，硕士学位论文，贵州民族大学。

58. 杨军辉、赵永宏（2019）：《雾霾天气对国内游客旅游意愿与行为影响研究——以西安为例》，《人文地理》第 6 期。

59. 姚延波、侯平平（2019）：《女性旅游风险感知维度研究》，《消费经济》第 3 期。

60. 余凤龙、黄震方、侯兵（2018）：《苏南地区农村居民旅游消费行为的影响路径研究》，《旅游学刊》第 8 期。

61. 张苗苗（2017）：《旅游开发背景下的瑶族女性角色变迁研究》，硕士学位论文，广西师范大学。

62. 张巧风（2016）：《旅游发展对女性居民社会角色变迁影响研究》，硕士学位论文，河南大学。

63. 张涛、林巍（2017）：《农村妇女工作家庭冲突、弹性就业与扶贫策略——以乡村旅游产业为例》，《农村经济与科技》第 21 期。

64. 赵蔚霞（2019）：《经济背景下乡村女性旅游品牌创业路径研究》，《营销界》第 33 期。

65. 赵振斌、褚玉杰等（2018）：《旅游开发中的西部民族社区妇女：参与与改变》，科学出版社。

66. 郑杰、张茹馨、雷硕等（2018）：《气候变化对游客生态旅游行为的影响研究——以秦岭地区为例》，《资源开发与市场》第 7 期。

67. 朱玉卓（2019）：《独游女性的风险感知研究》，硕士学位论文，东北财经大学。

性别与空间研究综述（2016~2020年）

侯 杰[*]

2016~2020年，中国政府积极推动"一带一路"、乡村振兴、文旅结合，在大规模空间再造的时代背景下，女性与流动性、女性与社会空间变迁、女性与文化空间建构等相关议题成为备受关注的学术话题，女性参与空间建构的主体性进一步凸显，固有的空间性别建构对女性日常生活和生产活动的影响不断被打破。众多相关研究在揭示空间的性别属性以及不同空间中性别的内部差异的同时，对保障中国女性日常权益、提升中国女性生活体验具有重要意义。本文旨在梳理2016~2020年该议题的新进展，对相关研究热点、研究趋势进行归纳、分析和评介，指出目前存在的问题，并对未来研究进行展望。

一 研究概述

笔者以"女性与空间"、"性别空间"和"性别与地方"为主题词，在中国知网（CNKI）"中国期刊全文数据库"进行检索，获得中文社会科学引文索引（CSSCI）来源期刊论文306篇（加上普通核心期刊论文，共615篇）。随后，以"女性地理学""性别空间正义""同性恋与空间""广场舞""性骚扰"等为主题词进行一定的扩充检索与复合检索。通过阅读标题和摘要（及部分全文）逐篇判断，共66篇论文纳入综述。笔者以同样的方法在"中国博士学位论文全文数据库""中国优秀硕士学位论文全文数据库"进行检索，获得博士学位论文10篇、硕士学位论文18篇，经筛选，纳入综述的有8篇。

在著作方面，通过中国国家图书馆检索系统，笔者共筛选出著作13部，其中与性别和空间直接相关的8部、部分相关的5部，最终纳入综述的9部，涉及中外文学、社会学、人类学、绘画艺术研究、传媒研究等学科领域，包括董琦琦

* 作者简介：侯杰，女，南开大学外国语学院公共外语教学部讲师。

（2016）的《自画像里的百年中国女性：视觉图像与空间叙事研究》、张黎（2016）的《性别化的设计批评：空间·物·时尚》、李晓梅（2017）的《不同的声音：网络虚拟空间中国女性的情感话题传播研究》、沈潇（2017）的《文本空间中的女性力量探微：性别视角下的经典重释》、多琳·马西（Doreen Massey）（2018）的《空间、地方与性别》、巫鸿（2019）的《中国绘画中的"女性空间"》、陈丽（2020）的《空间》、孟祥丹（2020）的《性别空间与性别实践：农业女性化的社会学分析》等。

在学术会议方面，笔者没有检索到与"女性空间"或"性别空间"直接相关的学术会议，但有两个会议一定程度上触及了该主题：一是中国城市规划学会2018年在杭州举办的"2018中国城市规划年会"，会后出版了《2018中国城市规划年会论文集》，其中有3篇文章涉及性别与空间研究，即《女性权益下的苏州母婴室空间布局优化研究》（徐晓燕、陈圆佳、朱敏霞等，2018）、《女性视角下城市商业空间的行为活动特征分析——以南京新街口地区为例》（顾祎敏，2018）、《基于性别差异的商业综合体公共空间优化设计》（刘晓明、慕泽慧、司婧平等，2018）；二是中国风景园林学会2017年年会，该会议的论文集中，汪耀龙（2017）的《中国古典园林中的女性活动空间——以台湾板桥林家花园为例》对板桥林家花园中女性活动空间展开研究，有助于今人在园林空间设计过程中充分考虑两性之间的平等地位与客观差异，以创作出更具性别敏感的园林作品。

在基金项目与课题方面，笔者综述的论文中，共有50项研究获得了资助，其中包括国家社会科学基金（17项）、国家自然科学基金重点项目（1项）、国家自然科学基金项目（2项）、教育部人文社会科学基金（6项）、各省市级研究基金（15项）、高校基础研究等各类基金（9项）。这五年，国家级立项略有增加，如闫绍华的国家社会科学基金青年项目"我国出生人口性别失衡的空间扩散和治理对策研究"（项目编号：16CRK005）、刘双琴的国家社会科学基金青年项目"文学地理学视域下的宋元女性文学研究"（项目编号：17CZW023）、张琴的教育部人文社会科学基金青年项目"当代美国华裔女性文学的空间诗学"（项目编号：17YJC752041）、沈洁玉的教育部人文社会科学研究一般项目"现代英国女性小说家文学地图及其殖民思想研究"（项目编号：18YJAZH073）等，主要集中在外国文学、中国文学、人口学、交叉学科/综合研究等学科。总体来看，2016～2020年性别与空间研究成果呈稳定发展之势，与2011～2015年相比，呈现出以下特点。

1. 女性与流动性、风景和地图等研究纷纷出现

随着女性主义地理学的发展，性别与空间研究进一步深入和细化，性别与流动性、性别与风景、性别与地图等研究纷纷出现。通过创造流动空间、夺取制图话语权、打破女性身体的客体化和风景化，女性可以跨越传统性别空间的界限划分，重塑自身身份，这些研究对揭示性别与空间的复杂关系发挥了重要作用。代表性论文包括《女性与汽车：美国女性旅行叙事中的性别空间与流动性》（刘英、孙鲁瑶，2016）、《"把那地图给我"：〈李尔王〉的女性空间生产与地图赝象》（郭方云，2017）、《女性与沙龙：现代主义文化生产与流动空间》（刘英，2019）和《地图与女性：美国进步时代女性的批判性制图实践及其社会功用》（侯杰，2019）。

2. 农村女性与空间研究呈现出新趋势

在精准扶贫、乡村振兴背景下，农村女性走进公共空间，在重塑自身身份的同时积极参与空间生产，为乡村振兴和发展贡献了巨大的力量。代表性论文包括《农村"女性精英"广场舞领导与村委会竞选分析：动机、能力与机会——基于甘肃省16个村庄的实地调查访谈》（韩国明、齐欢欢，2017）、《优势视角下农村妇女组织与社区参与的实践探索——以广东省M村妇女社会工作项目为例》（闫红红、张和清，2019）、《农村妇女骨干的组织化与公共参与——以"美丽家园"建设为例》（陈义媛、李永萍，2020）、《内生性脱贫视角下的农村妇女与合作组织——以山西PH与河南HN两个农民合作社为例》（杜洁、宋健、何慧丽，2020）等。

3. 女性与文化空间建构研究的多元化发展

2016～2020年相关研究从宏观和微观角度关注了景观空间、宗教空间、运动空间、民俗空间等不同文化空间建构中的女性问题，展示了女性与空间研究议题的多元化与复杂性。针对城市女性与职业女性的相关研究占较大比重，从女性的旅游、出行、日常、休闲活动等方面展开，如《从乌托邦到异托邦：妇女主题博物馆的空间实践》（傅美蓉，2018）、《中国大城市穆斯林女性移民的宗教空间实践——以广州为例》（李鹏、叶卉悦、黄逸恒，2019）、《在场：海南疍家女性的空间、身体与权力》（刘莉，2019）等。

二 主要研究内容

（一）地理学领域的性别与空间研究

1. 地理学与女性主义研究

西方女性主义地理学源于 20 世纪 70 年代，主要研究女性与空间、地方的互动和重构，我国相关研究进展相对缓慢。近年来，针对多琳·马西女性主义空间理论的译介和研究弥补了国内研究的空缺。多琳·马西是英国开放大学的女性主义地理学教授、女性主义空间政治理论学者，首都师范大学出版社 2018 年出版了她的《空间、地方与性别》中译本。该书从空间、地方和性别三个方面展开，追溯了有关空间和地方的社会本质观点的形成及发展过程，讨论了两者与性别的关系，探讨了女性主义对这些话题的独特认识。毛彩凤（2019）对多琳·马西的女性主义空间理论进行了细致的介绍和归纳，认为多琳·马西从空间与性别、地方与性别、城市与性别以及地理学与性别四个维度概括了空间、地方、城市空间和地理学的性别化特征，并且揭示了空间的性别属性对产业资本空间布局的决定性影响。另外，值得关注的还有丁乙（2019）的博士学位论文《劳动的空间分工视域下的空间理论重建——多琳·马西的社会空间批判理论研究》。

除了"空间"，"地方"也是性别与空间研究中的重要概念。"地方"的概念最早由美国地理学家约翰·怀特（John Wright）于 1947 年提出，20 世纪 70 年代被引入人文地理学研究当中，受到广泛关注。多琳·马西建构了一种动态的、积极的、包容性的、多样性的全球地方感，强调空间的性别属性，以女性主义劳动空间分工理论揭示了大卫·哈维（David Harvey）资本决定逻辑的片面性和"男性至上主义"，认为在资本逻辑的主导之外，空间的性别属性对产业区位的布局、空间生产与社会关系同样具有决定性的影响力（丁乙、袁久红，2017）。

2. 地理学与男性气质研究

随着女性主义地理学引介的进一步深入与完善，除了对各种空间中的性别划分和人地关系进行揭示和反思，人文地理学视域下的男性气质研究成为国内研究的新亮点。何瀚林（2016）就国外男性气质研究进行了回顾和梳理，指出地理学对男性气质的探讨最早出现于女性主义研究中，地理学者通过对其他学科相关理论以及女性主义研究方法的借鉴，将男性气质的理论发展到城市地理学、经济地理学、人口地理学、后殖民主义地理学等分支学科中。罗牧原、陈婉婷（2017）采用田野调查和深度访谈的方法对"蚁族"男性——高学历（大学）、低收入且聚居在一起的大学毕业生群体——自我建构的性别气质进行了研究，就性别内外分工的问题回应了女性主义关于公共空间（男）/私人空间（女）的二分法的批判，并指出这种二分法在"蚁族"的日常生活中是非常有问题的划分。

3. 行为地理学性别差异研究

为满足当前城市社会发展与城市建设需要，西方女性时空行为研究近年来取得长足进展，研究主题覆盖行为特征、社会公平、可持续性等方面。中国城市女性在转型期同样面临重大的挑战，城市空间的性别不平等正在深刻地影响女性的日常行为与生活质量。塔娜、刘志林（2017）系统梳理了近50年来西方女性时空行为研究成果，介绍了女性通勤行为、非工作活动、家庭关系、联合行为、可达性等问题的研究进展，总结了女性时空行为研究的理论解释，为中国城市女性时空行为研究提供了借鉴。与上一阶段比较，女性通勤行为、消费行为仍旧是本阶段行为地理学性别差异研究的重点；家庭关系、家庭联合行为、时空可达性尤其是女性的空间定向和寻路能力研究成为该领域的新话题。

在消费行为研究方面，随着城市消费空间的大规模出现，消费主义景观成为新文化地理学最新、最重要的研究对象之一，相关研究主要集中在消费空间的象征意义、消费空间公正、消费空间性别政治和消费空间生产的研究等方面。梁璐、李九全、胡文婷等（2017）从文化解析入手，剖析了消费空间的符号与象征意义、空间权力与空间公正的互构关系、消费主义语境下性别权力的空间诉求、消费空间生产等议题。在此基础上，总结出新文化地理学视野下消费空间的研究趋势：更加强调消费空间的社会、文化意义的研究，关注全球化背景下城市消费景观的塑造与蕴含的意识形态关系，重视探讨与消费空间相对应的亚文化体系的构建。

在空间定向和寻路能力研究方面，寻路是个体与环境进行的复杂交互过程，过程中个体需要对环境信息进行知觉加工、空间运算并执行决策。应申、庄园、黄丽娜等（2020）从个体差异的角度出发，研究了不同性别的被试者在三维虚拟场景中对空间寻路的时间和路径选择。高雪原、董卫华、童依依等（2016）

则指出，不同性别人群之间定向效率无显著差异而正确率存在显著差异，性别对空间定向能力具有显著影响，男性的空间定向能力较女性更强。

（二）社会学领域的性别与空间研究

1. 广场舞研究

广场不仅是健身与娱乐的空间，更是具有丰富的社会文化含义的社会空间。米莉（2016）指出，作为当代中国影响力最为广泛的一项街头运动，广场舞吸引了不同代群女性的积极参与。无论是老年女性代群试图重建个人主体价值的不懈努力，还是中年女性代群力图寻找人生归属感的积极尝试，以及年轻女性代群极力获取女性气质的自我追求，无不蕴含着社会观念的历史变迁，体现着社会文化的结构转型与历史建构。广场舞则成为她们在迅速变化的时代中进行自我调适、重建个人意义世界的重要场域。周怡（2018）从表意、拼贴和同构三维度探讨遍布中国街头的初老龄广场舞群体的亚文化实践，指出广场舞体现了出生于20世纪五六十年代的中国女性经历中的某些核心价值，也反映了她们退休后对另类替代性共同体的期盼。周柯含和黄盈盈（2019）基于对3个广场舞舞队为期一年的参与观察和对28位广场舞参与者的深度访谈，发现在跳广场舞的实践活动中，身体极大地影响了参与者之间的互动和分层体系的形成——经由一种性别化的、日常而切身的渗透路径，身体不仅能够推动跨阶层的交往，而且在松动既有社会阶序方面发挥着不容小觑的作用。

近年来，一些研究发现，跳舞队等自发形成的合作组织正逐渐成为村庄脱贫和社区良性治理的内生动力。基于甘肃省16个村庄的实地调查访谈，韩国明和齐欢欢（2017）指出，现今我国农村由于村庄"空心化"等原因，妇女成为农业生产的主力和村庄选举的重要主体，许多农村"女性精英"不仅是小家庭的"女当家"，也是广场舞团队的优秀领导人。广场舞这种具有民主意识和民主管理能力训练内涵的自组织是农村妇女迈向政治参与的雏形，在一定程度上会逐渐改变村庄政治图谱。闫红红、张和清（2019）和杜洁、宋健、何慧丽（2020）发现，激发广场舞/跳舞队的活力和潜力，成为将农村女性组织团结起来参与社区公共事务、投入乡村振兴活动的有效形式。

2. 校园安全/职场性骚扰研究

对犯罪受害的忧虑及采取防范措施是一种日常性的体验，而性侵的阴影使得这种忧虑心理在女性身上更为显著。周培勤（2016）通过深度访谈发现，在新近建成的低密度大学校园中，女生的性侵忧虑普遍存在，并且忧虑心理呈现出一定的时空维度；为忧虑所困扰的女生采取很多措施来应对，但这些措施显然制约了她们的个人成长，成为实现教育性别平等的一个障碍。解决这一问题的关键在于适度多元化校园空间的使用功能，而全面解决这一问题则需要更深刻的社会学的想象力。吴帆、周子垚（2020）通过对387位社会工作者的调查发现，社会工作职场空间中的性骚扰的发生率较高，骚扰者身份构成复杂，社会工作者整体的性骚扰容忍度处于中等偏下水平，并受个体因素和组织因素中多个变量的影响，其中组织氛围在性骚扰经历与容忍度之间具有显著的中介效应。因此，减少社会工作职场性骚扰的发生，降低其危害，不仅要激发个人的主体意识，还要将组织环境建设作为重要的着力点。

3. 农村女性与空间研究

孟祥丹（2020）的著作《性别空间与性别实践：农业女性化的社会学分析》聚焦农村农业生产空间和农村家庭生活空间的变化，从社会学的角度揭示了这些变化对妇女生产和生活的影响，尤其关注了女性农业生产劳动参与率升高对农业生产、性别关系、妇女福祉的影响。陈义媛和李永萍（2020）以"赣南新妇女"运动为基础，讨论了乡村振兴背景下全国妇联发起的"美丽家园"建设中，妇女如何被动员起来，通过参与家庭卫生整治工作而进入村庄治理。地方政府、村庄社会、村级组织都是妇女公共参与的机制性因素，它们为妇女提供了与国家联结的机会，重建了妇女的公共身份，也为妇女的公共参与实践提供了试错和探索的空间。王辉（2020）对山西省南村村民厨房空间近70年的变化进行研究，揭示了厨房空间变迁对女性实践和性别关系的影响。李卫东（2016）、胡业方（2017）、左为和吴晓（2017）、王文静（2018）、李才香（2019）、万蕙和朱竑（2020）、李洁（2020）都关注世界资本市场扩张背景下乡村女性劳动力与空间变动之间的张力。

还有学者关注少数民族女性与空间和地方的关系。刘莉（2019）对海上疍民家庭的研究表明，与陆地家庭的性别关系和分工不同，疍民家庭的女性和男性同处于多重空间合一的家船上，男性没有公共领域赋予的特殊地位，女性的家庭劳作因为空间权利的特殊性而同时具有私人和公共属性。女性在场的水上世界的性别分层显示，当家这样的私人空间与公共领域重合、二者的分离度减到最小时，会最大限度地拥有相对平等的两性模式。海上疍家女性在身体规训、劳动分工、市场行为、收入支配等方面非但没有从属于男性，反而成为积极的有策略的行动者。这种产生于特殊的海洋舟居时代的两性模式，随着水上人逐步上岸，依然在变迁的生活中延续。然而，当阈限阶段过去，家与社会空间分离，疍家女性的社会生活也必然有新的变化。蓝咏石（2019）基于贵州台江施洞姊妹节对地方感、节日主体和性别文化展开了研究。他指出，日常生活中长期积累形成的性别文化，不仅是这一节日本身得以传承和再现的文化基础，还构成苗族个人与家庭、集体生活层面之间的文化调和机制，从而显现了地方感在节日的社会整合性生成中的重要作用。面对节日的重新开发和文化建构，只有通过回应文化主体的地方感与其真实生活样态，苗族姊妹节的保护与传承才能获得真正的内生动力。

（三）文学、绘画、影视等领域的性别与空间研究

1. 文学中的性别空间研究

2016~2020 年，外国文学中的性别与空间研究进一步细化，性别和流动性、性别和风景、性别和地图等新颖的研究纷纷出现，不但揭示了文学创作对特定时代特点的精准再现，也突出了文学创作对空间的建构作用，即文学的空间生产作用。性别与流动性方面的代表性成果有《女性与汽车：美国女性旅行叙事中的性别空间与流动性》（刘英、孙鲁瑶，2016）和《女性与沙龙：现代主义文化生产与流动空间》（刘英，2019）。前者指出，汽车实现了身体与技术的交融、自主与流动的一体，创造了流动的私人空间，为女性跨越传统性别空间划分提供了可能。汽车定义并塑造了美国文化，也进入美国女性作家的视野，成为她们管窥现代技术、流动性与性别空间关系的重要窗口。20 世纪的美国女性汽车旅行叙事经历了从为精英女性代言到为大众女性发声的立场转变，经历了从介入并改写传统旅行文学到公路文学的文体转变。这个演变过程一方面揭示了女性流动性受现代化进程、阶级、族裔等多重因素的交织影响，另一方面也显示出美国女性文学突破了汽车与女性解放之间的线性思维。后者则指出，20 世纪早期的美国现代主义文化生产依赖于一个特殊条件，即介于公共空间和私人空间、公共领域和私人领域之间的域界空间。美国女作家以其敏感的学术触觉捕捉到这一需求，巧妙利用和超越性别空间划分，将城市私宅打造成集家庭空间、社交空间与文化空间于一体的沙龙空间，通过举办画展、茶会、读书会等形式，参与并推动美国现

代主义的产生和发展。更重要的是，20 世纪早期的精英女性通过举办沙龙不仅参与和促进了文化生产，而且在争取性别平等和促进女性文学发展方面发挥了重要作用。在女性与风景研究方面，樊艳梅（2018）通过分析让-马里·古斯塔夫·勒·克莱齐奥（Jean-Marie Gustave Le Clézio）作品中的风景与女性，指出风景与女性往往都借助男性的目光呈现，它们构成了男性共同的他者；风景与女性的关系反映了不同社会文化语境中女性的生存境况，表达了克莱齐奥去男性中心主义的女性观。女性与地图相关代表性论文有郭方云的《"把那地图给我"：〈李尔王〉的女性空间生产与地图赝象》（2017）和侯杰的《地图与女性：美国进步时代女性的批判性制图实践及其社会功用》（2019）。郭方云指出，《李尔王》中特殊的空间政治描绘不仅凸显了英格兰女性作为对象客体而非言说主体的社会再生产困境，臆造出象征性的感性他者与理性自我之间的逻辑鸿沟和科学主义认识论，也最终与盘根错节的民族主义情结一起建构了早期现代不列颠女性地图学隐喻。侯杰对美国进步时代（1890~1920 年）女性的制图行为及其社会功效进行了分析，指出女性在参与选举权运动、社会安置中心建设、公路基础设施建设和宗教传播等社会活动时绘制了妇女选举权地图、社区专题地图、公路交通地图和操演地图，客观上展开了"批判性制图"政治化、女性化、民主化和多样化的实践，一定程度上突破了西方传统制图学的框架，对社会和女性自身影响巨大。女性通过夺取制图话语权，不仅生产和传播了地理知识，而且进一步跨越了传统性别空间的界限划分，重塑了女性身份，重构了美国国家风景，改变了美国对自身和世界的认识。

针对特定作家和作品的女性空间研究也成果颇丰。陈丽（2020）的《空间》梳理了现代空间的基本特征，介绍了对空间理念革新影响巨大的哲学和理论思想，并以英国白人女作家艾德琳·弗吉尼亚·伍尔夫（Adeline Virginia Woolf）和美国黑人女作家佐拉·尼尔·赫斯顿（Zora Neale Hurston）的作品对读为基础，展示了女性主义对女性生存空间诉求的普遍性和内部差异。王育平（2016）的《都市空间与文化想象：德莱塞小说中女工形象的文化表征》着眼于西奥多·德莱塞（Theodore Dreiser）的三部小说《嘉莉妹妹》《珍妮姑娘》《美国悲剧》中的都市空间特质，借助斯图亚特·霍尔（Stuart Hall）的"文化表征"和新历史主义的"身份形塑"概念，挖掘小说中潜藏的文化意蕴，诠释美国世纪之交的经济模式、道德规范与社会理想变迁对都市空间的重塑及其对女工自我身份建构的影响，借以窥测德莱塞对女性工作问题与美国社会主流文化所持的态度。在研究论文方面，陈丽（2020）指出，2017~2018 年麦克米伦出版社接连推出的从空间角度研究伍尔夫主要作品的专著《漫步于弗吉尼亚·伍尔夫的伦敦》和《弗吉尼亚·伍尔夫的房间与现代性空间》，探讨了伍尔夫小说的空间性以及现代主义与空间的新关系，体现出目前学界对重新考察现代性的性别空间的浓厚兴趣。艾米莉·狄金森（Emily Dickinson）等作家也得到了一些学者的关注，如王玮（2017）的博士学位论文从空间诗学的角度切入，对艾米莉·狄金森的日常生活空间、艺术创作空间以及表征她事业的重要意象"圆周"展开分析，试图探索狄金森的空间创造与其女性身份认同的关系和意义。胡欣（2017）的博士学位论文考察了丹尼尔·笛福（Daniel Defoe）与塞缪尔·理查逊（Samuel Richardson）四部小说中空间参与生产社会含义及影响人物和小说事件发展的过程，一方面揭示了18世纪的空间是如何被男权社会的意识形态所生产和利用，从而控制及规约女性；另一方面展示了女性如何运用空间策略反抗男性压迫并书写颠覆男性权力和赋予自身力量的话语。陈栩（2019）论述了笛福的传记小说《罗克珊娜》，指出该作品延续了其独树一帜的身体－空间诗学范式，对女性身体与空间生产之间的耦合关系予以全景式观照。李婷婷和夏蓓洁（2020）通过分析多丽丝·莱辛（Doris Lessing）笔下的女性主体在变老过程中强烈的空间越界企图和行为，呈现了她们挣脱空间身份困境和追求自我解放的精神追求。

还有一些学者关注了少数族裔女性与空间的研究，如赵辉辉和黄依霞（2020）聚焦于托尼·莫里森（Toni Morrison）《秀拉》中黑人女性与空间的互动关系，研析了空间规训背后所隐含的男权性别秩序暴力运作的阴谋，空间改造中所潜藏的女性尝试打破零度空间、拓展女性疆域的对抗力量，以及空间解构中女性所展现出的极力逃离并消解传统性别规约的颠覆行为。陈硕（2019）对世纪之交的墨西哥女性文学写作给予了关注，揭示小说叙事空间不断由家庭转向社会。

在中国文学研究场域中，"女性与空间""性别空间"成为近年来重要的研究对象之一。李晓梅（2017）的专著《不同的声音：网络虚拟空间中国女性的情感话题传播研究》描述了女性在虚拟网络空间中如何通过情感话题的书写参与社群互动。在论文成果方面，梁晗昱（2016）指出，北美汉学界对明清时期书写女性的研究主要涵盖文本资料的收集整理、主体建构、性别表述和空间视阈等方面，催生了主体建构、性别表述和空间视阈三个方法角度。钱文娟（2019）的硕士学位论文以明代神魔小说中的女性空间叙事为研究对象，梳理出明代神魔小说女性空间叙事的呈现，分析其中女性积极的空间探索与实践以及女性空间叙事话语，进而探究明代神魔小说女性空间叙事的意义。娄欣星（2019）指出，清代江南家族女性依赖其独特的从宦、谋生以及结社经历创造多样的空间书写类型，进而形成个性化的空间书写特征，"空间形态"成为家族女性的一种"生存形态"。黄雅婷（2018）指出，在 20 世纪 80 年代末的中国文学研究场域中，"日常生活"成为重要的书写对象之一，世俗生活的常态化书写通过以身体、空间与性别为关键词的文化表征不断被阐释。

2. 绘画艺术中的性别空间研究

艺术史研究中长期以"仕女画"或"美人画"来表述以女性为主题的绘画作品，但这样的术语不仅相对晚出，在形成过程中还带有一定的画科定位和评论取向，无法囊括所有围绕"女性"的绘画作品。2019 年，生活·读书·新知三联书店出版了巫鸿的《中国绘画中的"女性空间"》。该书提出"女性题材绘画"这个概念，并引入"女性空间"作为讨论的核心，意图把被孤立和抽出的女性形象还原到它们所属的图画、建筑和社会环境中去。围绕"女性空间"，作者梳理了从战国到明清各个历史阶段女性主题绘画的发展状况——从武梁祠的列女画像砖到南北朝的《洛神赋图》，从青楼名妓的自我表现到展现理想化美人的《十二美人图》，以图文并茂的方式展现"女性"在各种绘画场景和时代中的不同呈现，重构其所从属的佳作；同时，结合艺术评论、时代背景等因素深度挖掘作品背后审美价值和商业价值，进而思考女性题材绘画在社会、宗教与文化环境中的意义。孟汇荣、杨道圣（2019）和管克阔（2020）认为，该书从性别和空间维度研究中国传统绘画中的女性题材作品，把女性形象作为整体绘画空间的组成要素，思考了画像艺术中画面的构成、意义的产生以及画作内外的互动等问题，是中国传统美术史研究的一部力作，为中国古代人物画深入再研究提供了一个新的方法和角度。

在美术史的写作和研究过程中，"空间"始终是一个重要的因素。这里的"空间"不只是研究对象，更是研究方法，包含了二维的平面空间、三维的立体空间和四维的时间性空间，这些空间共同构成了美术史研究中的"空间转向"

（谢一峰，2019）。朱燕楠（2020）以明代画家仇英所绘的《汉宫春晓图》为研究对象，通过对其中的画面构图、场景、情节的检视，围绕女性宫廷生活中的服饰、器物、车马、建筑等图像信息，探寻画家如何塑造符合大众视觉消费对象的"女性空间"。

3. 影视艺术中的性别空间研究

陈晓云、袁佳（2016）以土耳其女导演丹妮兹·盖姆泽·厄古文（Deniz Gamze Ergüven）的剧情长片处女作《野马》为研究对象，从空间与电影叙事、空间与性别政治、空间与女性经验、空间与媒介环境四个方面对影片的空间呈现与女性表达进行了分析。王昱敏（2017）关注影视作品对白先勇的小说《孤恋花》的改编，其呈现出空间的交叠与落差。交叠的是底层女性在山河重整的大时代，在酒馆、在银幕中的无奈境遇，无论是在生存空间还是在银幕空间，她们都进行着对意识形态与性别压迫的反抗，而时空的落差则表现在不同导演对她们的诠释。张曦予（2020）的硕士学位论文选取了1990~2019年的国产小城镇电影为研究样本，以电影中的女性人物为研究对象，结合性别与空间的相关理论，并借助电影学、社会学等学科知识，深入剖析小城镇电影中的女性角色在家庭、社会中所处的空间位置以及她们在社会规范、道德伦理的桎梏下所进行的自我精神突围和独立意识表达。

（四）建筑学和城市规划领域的性别和空间研究

1. 女性视角下的城市空间规划

城市多由男性设计、规划和建造，也为男性所主宰，但是随着人口流动、商品流动、资本流动及信息流动的逐渐增强，女性越来越多地参与其中，她们的日常生活需求、空间体验及行为模式也逐渐被重视。针对城市设计存在的性别盲视现象，秦红岭（2019）提出城市设计应从性别盲视走向性别敏感，将性别视角嵌入城市设计治理体系。实现城市设计包容和公平价值的重要路径，包括以女性安全审计为主要策略的公共空间的女性安全议题，以社会性别分析和分性别数据统计为主要策略的促进空间性别平等的城市设计议题。熊亦爽、李夙（2019）研究了女性空间需求特点，对女性在交往空间中的行为举止加以总结，重点研究在扮演不同社会角色时女性的空间需求。公交车候车亭是城市公共建筑的重要组成部分，也是城市公共交通的枢纽节点。楼骏婷（2016）

的硕士学位论文在公交车候车亭公共规范和标准的基础上，结合女性心理和空间设计方法对候车空间分模块进行讨论，对公交车候车亭整体的外观造型以及女性候车空间的结构、材质、色彩、光源等方面进行梳理总结。杜思洁（2019）的硕士学位论文将衡阳市现有公共建筑女性空间划分为休闲空间、医疗空间、运动空间及商业空间四种类型，分别选取女子会所、女子医院、女子瑜伽会馆、商业综合体进行调研。

2. 女性视域下的园林、公园空间设计

现代园林规划多从中性视角出发，将人视为无性别差异的群体，园林、公园的空间规划设计往往缺乏性别视角，忽视了空间需求的性别差异。曹幸、吴佳、李坤钰等（2017）以南昌市八一公园为例，采用调查问卷法、行为观察法等进行实地调研发现，公园内的使用者在到园目的、逗留区域、活动内容、设施需求、安全需求等方面都存在明显的性别差异，这些差异造成不同性别使用者对公园不同空间有不同的偏好和体验。基于旧时上流社会对女性活动限制的传统，结合对晚清时期台湾地区的妇女地位与板桥林家经历相关文献的分析，汪耀龙（2017）推知女眷群体是我国台湾地区板桥林家花园（闽台地区最具有代表性的古典园林之一）的重要使用者。林家花园的设计者在空间安排、节点设置等方面针对性地对女性的身体条件、审美情趣乃至社会交往等做出了布置。对板桥林家花园中女性活动空间的研究，不但可以帮助我们对中国古典园林史有一个更加深入而全面的了解，也有助于启发今人在设计的过程中充分借鉴古人经验创作出更具性别敏感的园林作品。

3. 商业空间设计、母婴室空间布局优化研究

随着电子商务的飞速发展，实体商业从均质化的购物环境向能给顾客带来更加优质用户体验的多功能、多层次的购物环境转型。鉴于不同性别对商业综合体中的公共空间心理需求存在差异，应在商业公共空间中针对不同性别喜好进行相应的设计优化。顾祎敏（2018）以女性的心理生理感受和活动特征为研究视角，选取城市中典型的商业空间——南京新街口地区为研究对象，通过男女对比揭示城市商业空间中不同人群的活动特征。刘晓明、慕泽慧、司婧平等（2018）对大连市凯德和平广场商业综合体的调研进行实证研究，分析在购物过程中影响男性和女性满意度的色彩和形状等公共空间要素。母婴室建设不仅体现了社会对女性权益的关注，更是公共服务人性化的体现。徐晓燕、陈圆佳、朱敏霞等

（2018）以苏州市姑苏区的公共场所母婴室为研究对象，结合公众对公共场所母婴室的认知程度，全面分析了公共场所母婴室的空间布局特征，然后基于女性的社会、生理及心理特征对母婴室的规划布局提出优化思路。

三　研究不足与展望

概括而言，2016~2020年中国性别与空间研究数量稳步上升、研究议题进一步深入与细化，对空间与性别之间复杂关联的理解不断加深，在揭示性别空间的建构本质的同时，展示空间对性别产生的影响，并且强调空间实践的意义，提出空间是多重的、动态的、异质的及情境性的空间，空间的意义可以被行动者在空间中的实践塑造。此外，这五年的性别与空间研究在借鉴和反思西方女性主义空间理论的基础上，扎根中国社会和国情，通过田野调查和深度访谈，凸显地方风俗习惯和日常生活对性别与空间生产的意义。

肯定成果的同时，笔者认为目前的研究在整体上还存在以下不足。

第一，受国外女性主义地理学理论的影响较大，但是对相关理论的引介相对滞后，未能与西方的新理论完全对接。对国外相关理论经典著作的翻译出版和阐释性介绍比较少，一定程度上限制了国内性别与空间研究的发展速度和影响范围。

第二，基础理论研究有待加强。虽然这五年的女性与空间研究对中国现实国情和本土问题给予了一定关注，但是仍旧缺乏针对中国性别与空间问题的整体性研究，有待进一步建构较系统的本土女性地理学的理论框架和知识体系。

第三，学科间的交流仍旧不足。目前的女性与空间研究涉及社会学、经济学、人口学、历史学等多个学科，表现出明显的多学科交叉特点，是溢出性的跨学科领域，但是跨学科研究仍旧需要继续推进。

第四，研究对象分类不够细化。现有研究主要从男女性别差异入手，通过对比分析以凸显女性的活动特征，缺乏对女性群体内部差异的比较性研究。以性别和健康为例，目前我国从空间和地方角度进行的性别与健康研究主要停留在性别差异的健康分布区域。对于老年女性，康养中心中的性别差异也是值得关注的问题。

相对应地，笔者认为后续研究/研究环境可以在以下几个方面有所改进或提升。

首先，未来应继续以现实问题为导向，关注本土情境和中国经验，生产本土女性地理学知识和建构中国女性地理学理论框架。注重从多种理论资源中汲取养分，关注我国经济与社会深刻转型与复杂变迁情势下的诸多女性与空间、地方和地理研究素材，如"一带一路"、中非经贸合作、乡村振兴等。未来的研究应该凸显大的空间再造中与性别相关的部分，使研究更具时代性。以"乡村振兴"为例，中国妇女发展基金会主持了"天才妈妈"项目，在复兴妇女传统手工艺的同时，在大城市商业区建构非遗传承空间，在旅游区嵌入非遗传承与销售空间，在网络空间通过短视频进行妇女传统手工艺的推介和销售，其中蕴藏着女性发展与空间的复杂关系，有待相关研究进一步揭示。在时代背景下关注本土情境和中国经验，从性别、空间、可持续的交叉领域切入，生产本土女性地理学知识。

其次，推进有效的跨学科交流和合作。比如在应对女性就业与空间、女性教育与空间、女性健康与空间等交叉问题时应借用多学科的交叉理论对地理学领域中的女性问题进行全方位的讨论，这是女性与空间研究的趋势，也是该研究领域进一步发展的需求所在。

最后，进一步细化研究对象分类。农村留守妇女、边远山区女性、城市流动女性等都是扎根于我国经济发展状况与社会变迁背景下的研究对象。应通过揭示不同群体女性与空间之间的复杂关系，给予女性更多人文关怀。

参考文献

1. 曹幸、吴佳、李坤钰等（2017）：《城市公园空间需求的性别差异研究——以南昌市八一公园为例》，《九江学院学报（自然科学版）》第 4 期。
2. 陈丽（2020）：《空间》，外语教学与研究出版社。
3. 陈丽（2020）：《现代性的性别空间：空间视角下伍尔夫研究新著评》，《外国文学》第 4 期。
4. 陈硕（2019）：《空间视域下的墨西哥女性文学写作》，《甘肃社会科学》第 6 期。
5. 陈晓云、袁佳（2016）：《〈野马〉：空间呈现与女性表达》，《当代电影》第 9 期。
6. 陈栩（2019）：《〈罗克珊娜〉中的女性身体与空间生产》，《外语教学》第 5 期。
7. 陈义媛、李永萍（2020）：《农村妇女骨干的组织化与公共参与——以"美丽家园"

建设为例》，《妇女研究论丛》第 1 期。

8. 丁乙（2019）：《劳动的空间分工视域下的空间理论重建——多琳·马西的社会空间批判理论研究》，博士学位论文，东南大学。

9. 丁乙、袁久红（2017）：《对大卫·哈维空间政治理论局限性的批判反思——来自马克思主义女性主义者多琳·马西的视角》，《马克思主义与现实》第 1 期。

10. 董琦琦（2016）：《自画像里的百年中国女性：视觉图像与空间叙事研究》，学苑出版社。

11. 杜洁、宋健、何慧丽（2020）：《内生性脱贫视角下的农村妇女与合作组织——以山西 PH 与河南 HN 两个农民合作社为例》，《妇女研究论丛》第 1 期。

12. 杜思洁（2019）：《公共建筑女性空间室内设计研究——以衡阳市为例》，硕士学位论文，南华大学。

13.〔英〕多琳·马西（2018）：《空间、地方与性别》，毛彩凤、袁久红、丁乙译，首都师范大学出版社。

14. 樊艳梅（2018）：《从他性到同一——论勒克莱齐奥作品中的风景与女性》，《国外文学》第 1 期。

15. 傅美蓉（2018）：《从乌托邦到异托邦：妇女主题博物馆的空间实践》，《东南文化》第 5 期。

16. 高雪原、董卫华、童依依等（2016）：《场认知方式、性别和惯用空间语对地理空间定向能力影响的实验研究》，《地球信息科学学报》第 11 期。

17. 顾祎敏（2018）：《女性视角下城市商业空间的行为活动特征分析——以南京新街口地区为例》，《2018 中国城市规划年会论文集》。

18. 管克阔（2020）：《中国古代人物画研究的新范式——评巫鸿〈中国绘画中的“女性空间”〉》，《艺术百家》第 3 期。

19. 郭方云（2017）：《“把那地图给我”：〈李尔王〉的女性空间生产与地图赝象》，《外国文学评论》第 1 期。

20. 韩国明、齐欢欢（2017）：《农村“女性精英”广场舞领导与村委会竞选分析：动机、能力与机会——基于甘肃省 16 个村庄的实地调查访谈》，《贵州社会科学》第 2 期。

21. 何瀚林、蔡晓梅、苏晓波（2016）：《国外人文地理学男性气质研究回顾与启示》，《地理科学进展》第 3 期。

22. 侯杰（2019）：《地图与女性：美国进步时代女性的批判性制图实践及其社会功用》，《妇女研究论丛》第 6 期。

23. 胡欣（2017）：《约束与反抗——丹尼尔·笛福与塞缪尔·理查逊四部小说中的空间话语与女性赋权》，博士学位论文，北京外国语大学。

24. 胡业方（2017）：《性别、权力与空间——农村妇女家庭与村庄权力类型研究》，《北京社会科学》第 11 期。

25. 黄雅婷（2018）：《现代性的文学形态建构：身体、空间与性别——从 20 世纪 80 年代末的“日常生活”书写说起》，《湖北社会科学》第 11 期。

26. 蓝咏石（2019）：《节日主体、性别文化和地方感——基于施洞姊妹节的考察》，《湖北民族学院学报（哲学社会科学版）》第 5 期。

27. 李才香（2019）：《"回娘家"习俗的变迁及其对女性生活空间建立的意义——基于三代农村女性的田野研究》，《湖北民族学院学报（哲学社会科学版）》第 1 期。

28. 李洁（2020）：《流动的空间与女性角色的展演——乡村女性劳动力与传统秩序的博弈》，《北方民族大学学报》第 3 期。

29. 李鹏、叶卉悦、黄逸恒（2019）：《中国大城市穆斯林女性移民的宗教空间实践——以广州为例》，《世界地理研究》第 3 期。

30. 李婷婷、夏蓓洁（2020）：《多丽丝·莱辛中后期小说的女性空间越界书写》，《江淮论坛》第 1 期。

31. 李卫东（2016）：《时间、空间与中国农村男性的婚姻机会》，《青年研究》第 3 期。

32. 李晓梅（2017）：《不同的声音：网络虚拟空间中国女性的情感话题传播研究》，江苏大学出版社。

33. 梁晗昱（2016）：《主体·性别·空间——北美明清女性文学研究》，《社会科学家》第 8 期。

34. 梁璐、李九全、胡文婷等（2017）：《新文化地理学视野下的消费空间研究进展》，《人文地理》第 1 期。

35. 刘莉（2019）：《在场：海南疍家女性的空间、身体与权力》，《开放时代》第 1 期。

36. 刘晓明、慕泽慧、司婧平等（2018）：《基于性别差异的商业综合体公共空间优化设计》，《2018 中国城市规划年会论文集》。

37. 刘英（2019）：《女性与沙龙：现代主义文化生产与流动空间》，《妇女研究论丛》第 6 期。

38. 刘英、孙鲁瑶（2016）：《女性与汽车：美国女性旅行叙事中的性别空间与流动性》，《妇女研究论丛》第 2 期。

39. 娄欣星（2019）：《论清代江南家族女性的空间书写》，《南京师大学报（社会科学版）》第 6 期。

40. 楼骏婷（2016）：《公交候车亭女性空间设计研究》，硕士学位论文，中国美术学院。

41. 罗牧原、陈婉婷（2017）：《性别与空间："蚁族"男性气质的建构》，《中国青年研究》第 9 期。

42. 毛彩凤（2019）：《空间的性别建构——多琳·马西的女性主义空间理论及其对中国女性的现实启示》，《东南大学学报（哲学社会科学版）》第 6 期。

43. 孟汇荣、杨道圣（2019）：《中国美术史研究范式的拓展——评〈中国绘画中的"女性空间"〉》，《艺术设计研究》第 2 期。

44. 孟祥丹（2020）：《性别空间与性别实践：农业女性化的社会学分析》，中国社会科学出版社。

45. 米莉（2016）：《认同、归属与愉悦：代群视野下广场舞女性的自我调适与主体建构》，《妇女研究论丛》第 2 期。

46. 钱文娟（2019）：《明代神魔小说女性空间叙事研究》，硕士学位论文，北方民族大学。

47. 秦红岭（2019）：《走向空间包容：将性别敏感视角纳入城市设计》，《城市发展研究》第 7 期。

48. 沈潇（2017）：《文本空间中的女性力量探微：性别视角下的经典重释》，陕西人民出版社。

49. 塔娜、刘志林（2017）：《西方城市女性时空行为研究的新趋势及其对中国的启示》，《地理科学进展》第 10 期。

50. 万蕙、朱竑（2020）：《女性跨国婚姻移民家空间的性别、资源与权力——粤西乡村案例》，《地理科学进展》第 11 期。

51. 汪耀龙（2017）：《中国古典园林中的女性活动空间——以台湾板桥林家花园为例》，《中国风景园林学会 2017 年会会议论文集》。

52. 王辉（2020）：《空间生产理论视阈下农村女性与厨房空间研究》，硕士学位论文，济南大学。

53. 王玮（2017）：《艾米莉·狄金森的"空间诗学"研究》，博士学位论文，浙江大学。

54. 王文静（2018）：《个体特征、社会因素与进城务工女性城乡空间流动的影响效应研究——基于中国妇女社会地位调查数据的实证分析》，《西北师大学报（社会科学版）》第 2 期。

55. 王育平（2016）：《都市空间与文化想象：德莱塞小说中女工形象的文化表征》，上海外语教育出版社。

56. 王昱敏（2017）：《空间中的性别与意识形态——〈孤恋花〉影视改编研究》，《当代电影》第 7 期。

57. 〔美〕巫鸿（2019）：《中国绘画中的"女性空间"》，生活·读书·新知三联书店。

58. 吴帆、周子尧（2020）：《社会工作职场性骚扰与容忍度研究——兼论组织氛围的中介效应》，《妇女研究论丛》第 5 期。

59. 谢一峰（2019）：《女性空间中的视觉张力》，《读书》第 9 期。

60. 熊亦爽、李夙（2019）：《女性视角下社区交往空间设计研究》，《工程建设与设计》第 10 期。

61. 徐晓燕、陈圆佳、朱敏霞等（2018）：《女性权益下的苏州母婴室空间布局优化研究》，《2018 中国城市规划年会论文集》。

62. 闫红红、张和清（2019）：《优势视角下农村妇女组织与社区参与的实践探索——以广东省 M 村妇女社会工作项目为例》，《妇女研究论丛》第 2 期。

63. 应申、庄园、黄丽娜等（2020）：《性别和认知差异对三维空间寻路结果的影响》，

《武汉大学学报（信息科学版）》第 3 期。

64. 张黎（2016）：《性别化的设计批评：空间·物·时尚》，江苏凤凰美术出版社。

65. 张曦予（2020）：《国产小城镇电影（1990～2019 年）的女性空间研究》，硕士学位论文，华南理工大学。

66. 赵辉辉、黄依霞（2020）：《空间视域中黑人女性的身份建构——以托尼·莫里森的〈秀拉〉为例》，《外语教学》第 2 期。

67. 周柯含、黄盈盈（2019）：《“人以舞分”？——论变迁社会广场舞中的身体与阶层》，《妇女研究论丛》第 5 期。

68. 周培勤（2016）：《隐形的宵禁：性侵忧虑和女大学生的校园空间使用》，《妇女研究论丛》第 6 期。

69. 周怡（2018）：《“大家在一起”：上海广场舞群体的“亚文化”实践——表意、拼贴与同构》，《社会学研究》第 5 期。

70. 朱燕楠（2020）：《服饰、场景与女性空间：尤求〈汉宫春晓图〉的图文转译研究》，《艺术设计研究》第 2 期。

71. 左为、吴晓（2017）：《大城市农民工就业空间集聚的分性别特征——以南京主城区为实证》，《南方人口》第 4 期。

社会性别视角下的性与身体研究综述（2016~2020 年）

张育智　黄盈盈[*]

　　"女性的性与身体"是改革开放以来备受关注与争议的社会热点。尽管落后于社会层面的流行话语，但近十余年来，中国学界仍认识到这一主题之于理解社会结构转变、日常生活变迁的重要意义，并逐步实践较为自觉的知识生产。继 2011~2015 年的综述（黄盈盈、张育智，2019）之后，本文旨在梳理 2016~2020 年该议题的新进展，试图在文献的基础之上结合笔者的观察与认识，勾勒出大致的研究图景。

一　研究概述

　　延续 2011~2015 年的界定与方法，本文侧重在中国内地的情境和语境中，梳理有关女性的性与身体的社会科学经验研究类文献（有定量或者定性资料的支撑），同时纳入与主题紧密相关的历史学研究。"女性"限定了研究对象的性别，"性""身体"限定了检索的主题。情境指向中国内地变迁时空中的社会结构与文化背景，语境指向中文的社会科学界，尤其是社会学与人类学领域有关女性的性与身体的经验研究。笔者通过"中国期刊全文数据库""中国博士学位论文全文数据库""中国优秀硕士学位论文全文数据库"最终获得 CSSCI 期刊论文76 篇、硕博士学位论文 45 篇；此外纳入分析的还有著作 12 部、论文集 1 部（涉及相关章节）。

（一）文献筛选过程

1. 期刊论文、学位论文与学术著作

　　笔者以"女性"与"身体"为双主题词（比"女性的身体"单主题词检

---

* 作者简介：张育智，女，无锡科技职业学院教师，中国人民大学社会学系博士；黄盈盈，女，中国人民大学性社会学研究所教授、博士生导师。

索更全面），检索到 CSSCI 论文 385 篇（加上普通核心论文，共 615 篇）。随后，以"女性""情欲""性别""身体认同""母职""生殖/生育""舞蹈""按摩/美容"等为主题词进行一定的扩充检索与复合检索①。通过阅读标题和摘要（及部分全文）逐篇判断，并结合平时阅读，获得相关的社会学/人类学经验研究期刊论文 53 篇、历史学论文 18 篇、心理学研究 5 篇。最后，共 76 篇论文纳入分析。

笔者以同样的方法在"中国博士学位论文全文数据库""中国优秀硕士学位论文全文数据库"中检索获得社会学/人类学经验类研究 31 篇，其中博士学位论文 3 篇、硕士学位论文 28 篇。此外，补充了历史学博士学位论文 3 篇、硕士学位论文 2 篇。由于"中国博士学位论文全文数据库""中国优秀硕士学位论文全文数据库"并不包含所有高校的学位论文，笔者又通过"中国人民大学学位论文数据库"，补充了符合主题的博士学位论文 4 篇、硕士学位论文 5 篇。最后纳入分析的硕博士学位论文共 45 篇。

在学术著作方面，笔者结合《妇女研究论丛》编辑部提供的 2016～2020 年女性议题论著索引与平时的阅读积累，筛选出 12 部著作及 1 部论文集（相关章节）纳入综述，触及医学人类学、舞蹈人类学、性/别与身体社会学、体育社会学、传媒研究等领域。

2. 会议论文及报刊文献

在"女性身体"主题词之下，笔者在检索系统中获得 20 篇较为相关的会议论文，集中于体育类（14 篇），其余为心理学（2 篇）、妇科产学（1 篇）、文学评论类（3 篇）。这些文献在具体内容上与笔者重点关注的经验研究差异较大，暂且不纳入具体的分析范畴。

笔者没有检索到"女性的性"或"女性身体"主题会议。根据平时积累，

---

① 没有以"女性"＋"性"为主题词进行检索是因为"性"的组词过于广泛，所以将其转化为"情欲"；而直接以"女性的性"为主题词的论文则基本没有。此外，尽管笔者尽力做到准确，但是显然会有所疏漏。所综述的"女性身体"并没有涵盖所有身体面向。比如，照护类研究、女性暴力、女子体育等议题是与身体紧密相关的，考虑到文献较多且有专门的综述，所以除了出现在"女性"＋"身体"主题之下的文献，并没有单独以这些类别为主题词进行额外检索；反之，有些在主题与内容方面与"身体"相关并纳入了分析范畴的文献，其理论脉络其实并不一定是身体研究；有个别文章的研究对象包含但是并不局限于"女性"。笔者对检索标准与过程的具体展现也是为了表明本文的边界与局限。

至少三个会议较多地触及相关主题：中国人民大学性社会学研究所和哈尔滨医科大学共同举办的"中国社会的性经验与性论述"国际研讨会（2017 年、2019 年两届，哈尔滨）、中国人民大学社会与人口学院举办的"日常生活论坛"（2016 年、2017 年两届，北京）、玉润基金会举办的青年健康论坛（2018 年、2019 年两届，北京）①。

笔者同样以"女性"+"身体"以及"女性"+"情欲"为主题词在"中国期刊全文数据库"中检索报纸信息，共检索到 49 条记录。由于报刊文章篇幅限制，都是较为简单的探讨，并非经验研究，因此未纳入综述范围。但相较于 2011~2015 年，这些数据从侧面反映出"女性的性与身体"作为主题在不同学科层面特别是在体育与心理学领域得到了更多的关注与讨论。

（二）基金项目与课题情况

在笔者综述的论文中，共有 50 项研究获得了资助，其中包括国家社会科学基金（18 项）、教育部人文社科基金（5 项）、各省市级研究基金（17 项）、香港研究资助局优配研究金（1 项）、高校基础研究等各类基金（7 项）、博士后基金（1 项）、国际合作研究基金（1 项）。

与 2011~2015 年的情况类似，大部分成果所依托的研究课题与"女性的性与身体"主题并不直接相关。较为相关的课题如：国家社会科学基金项目"改革开放 40 年女性体育身体观的图像史证"、国家社会科学基金艺术类目"20 世纪舞蹈人类学理论范式研究"、北京市社会科学基金项目"身体实践：变迁时空中北京市老年人的日常生活研究"、中国人民大学明德青年研究项目"身体与性/别社会学经验研究"、广东省哲学社会科学规划办学科共建项目"身体理论视阈下的广东女性与近代中国"、海南省哲学社会科学规划课题"身体与宗教视角下的海南黎族妇女研究"、博士后面上基金项目"中国教会大学女学生身体生成研究"、中国人民大学亚洲研究中心项目"中日文化比较论视野下的穿耳、女性身体及其现代性抗争"。

与"女性身体"相比，"女性的性与情欲"主题的研究更少得到各层级研究

---

① 这部分会议论文可见于未在中国内地公开出版的内部会议论文集及一些公众号文章，暂时未纳入综述；作为知识实践的一部分，留待以后补充。

基金的资助。此外，据笔者所知，玉润基金会自 2017 年起资助学生开展健康相关的研究，触及不少女性身体主题。

（三）整体研究图景

与 2011~2015 年相比，近五年的研究文献主要呈现出如下特点。

首先，从数量上来看，期刊论文、学位论文和专著都有所增加，相关主题的会议更少见。与文学评论、电影艺术类、哲学类论述相比，基于定量或者定性实地调查的经验研究占比依然较小。其中，尤以定性研究为主（以田野调查、访谈法为多），定量研究很少。

其次，研究关注了多元空间与语境中的女性身体，包括家庭与劳作、医疗与技术、休闲与文化、媒介与网络，以及性/别与情感态的另类身体。这些主题多有交叉，但是所关注的身体面向与理论脉络有所差异，不同的色彩共同描绘了这五年的大致图景。其中，与社会热点问题结合的研究有所增加，体育与传媒领域的研究更为凸显；针对边缘人群（比如性/别少数群体）的身体研究较之前有所减少。

最后，现有经验研究的问题意识仍偏向现实关怀，大多源自日常生活实践；也有不少研究者更为自觉地尝试在经验研究的基础之上，提炼具有分析力的身体类别与概念框架，一定程度上推进了本土情境与语境中的女性身体与性/别叙事。已有文献的主要结论强调，"女性的性与身体"具有生成性与生产性的特点，蕴含着传统－现代、地方性－普遍性、话语－行动、个体－社会等方面的多重张力。整体上，微观叙事多于宏大论述。

从趋势上看，女性的性与身体研究逐渐形成了一定的对话与讨论语境，且研究日趋主流化。因为该主题贴近生活，近年也有成为研究热点的趋向，颇受年轻学者的青睐，且"不少研究者本身属于研究对象群体，这使得研究者与研究对象处于主客交融、界限模糊的状态，从而生发出一些带有共情特征的文化理解"（张有春、富晓星，2020）。

当然，女性的性与身体研究仍有很大的发展空间。如何在跨界对话的视野之下（国界、学科之界、学术与公众之界、主流与边缘之界等），结合当下的社会现实，生动而深刻、批判而公允、切身且反身地提出女性的"身体问题"，讲好性/别故事，依然是研究者需要认真思考、大胆尝试的重要问题。

二 主要研究内容

延续 2011~2015 年的综述，本文的主体部分同样将围绕谁在研究什么（研究主题）、如何研究（问题意识与具体方法）、得出了怎样的结论（主要结论）这三个学术研究的基本要素展开。需要指出的是，下文的综述以梳理（而非具体的批判性分析）为主，对具体文献的内容分析尚显粗糙。

（一）研究主题

日常生活中的"女性身体"具有多元且交互混杂的特点，很难做出清晰的类型学划分。结合已有研究所侧重的身体面向与理论脉络，笔者姑且将文献大体上归为五大类身体，以凸显不同空间与语境中的女性身体研究。

1. 家庭与劳作中的女性身体

家庭中的女性身体研究主要涉及生育与母职实践，且集中在坐月子与哺乳两个方面。

李婉君（2020）和许璐（2020）的研究侧重对坐月子的传统习俗进行文化解读；闫臻（2018）将月子中心作为家庭功能的某种延伸或替代，力图揭示以家庭代际情感交换为基础的身体伦理关系转变为以经济消费契约为基础的身体消费体验的过程。许怡和刘亚（2017）、谢文和杜婷婷（2020）都关注城市女性的哺乳实践，强调现代科学话语、母职神圣传统道德、家庭因素合力将女性的身体异化为"以哺乳为中心"的身体，使得年轻妈妈陷入身心混乱与失序状态，甚至丧失自主权与主体性。

此外，与女性的生殖与生育身体相关的另一类研究关乎"月经"。比如，杜婷婷（2020）从生活世界出发，细致描述了高校女大学生的月经认知、经期的身心体验与调理、对学校课程安排和考试制度的应对以及在校园空间中呈现身体的策略，意在推动高校在制定相关教育政策及学校规章制度时纳入性别意识，给予女性更多人文关怀。黄盈盈（2018）在《性/别、身体与故事社会学》中亦触及其与学生开展的有关痛经、绝经的身体叙事。

另一类研究关注家庭之外的劳作身体。呈现于笔端的是在城市边缘谋生活的劳动人群，包括修脚工（林兵、王文涛，2020）、拾荒者（陶伟、王绍续、朱竑，

2017）、流动女性/女性农民工（邱幼云，2017；邓惠文，2019）。文章围绕身体与劳动空间的互动来展开，强调这些劳动者的主体性与生存逻辑。除了城市空间，刘莉（2019）关注的是女性海上疍民如何在兼具劳动与家庭特征的海上空间积极行动，成为身体、劳动分工、市场与收入支配的主体；冯智明和周静（2020）展现了蓝靛瑶女性的服饰制作技艺的实践过程，认为她们通过身体感知经验，掌握复杂精湛的技艺，并在此过程中与族群社会文化元素互动，建构出个体自我、社会角色、族群标识等多重女性身份。

2. 医疗与技术视野下的身体话语与实践

医疗空间的女性身体是近年最受关注的身体面向之一，其下又可细分为五个关注点。

第一，孕产技术。包括对一般孕产主体（甘代军、李银兵，2020；才金同，2019）、高龄产妇（邱济芳，2017）、少数民族地区女性（李彧白，2020）的孕产技术与生产实践的研究，着重探讨了（生物与科学）技术、文化、关系与女性主体性的关系。也有研究更为细致地聚焦生殖领域的基因检测（朱剑峰，2016；朱剑峰、董咚，2018）与辅助生殖技术（马宏莹，2016；赖立里，2017；余成普、李宛霖、邓明芬，2019；缪蓉，2020）。比如，余成普、李宛霖、邓明芬（2019）和赖立里（2017）的医学人类学研究都强调辅助生殖技术给女性带来希望与焦虑并存的具身体验。

第二，医学话语。冯琳和袁同凯（2020）关注的是医学话语对凉山州彝族HIV/AIDS 感染女性的规训与个体行为选择之间的矛盾，指出其实质是国际医疗技术要求的同质性与地方治疗实践的异质性之间的张力，并强调文化与社会因素在艾滋病防治中的重要作用。郭戈（2016）关注的是人口结构失衡的宏观背景下高龄初产妇的身体问题化、身份污名化的话语表述，认为这是医学权力与男性权力对女性身体展开的合力争夺。

第三，疾病管理与疾病认知。侯慧和何雪松（2019）的研究展现了慢性病女性通过对疾病与生活意义的反思和重构，实现对生活世界重整与主体性重建的过程。郑悦（2019）和王娟娟（2017）分别关注 HPV 感染者的自我认知与社会互动、乳腺癌患者的污名建构议题。

第四，健康保健。刘凡（2018）关注藏传佛教出家女性的健康保健中的医疗实践，强调女性健康社会、文化、心理及地方性要素之间的联系。

第五，基于社会性别的妇产科医患冲突。刘宏涛、蒋睿（2017）着眼于医患双方在医疗情境与日常情境的混融中的互动，认为医疗实践中存在不同社会规范的交战。

医疗空间中的女性身体研究整体上凸显出对技术、权力、文化与女性主体性等议题的探讨。需要指出的是，在女性生殖与健康议题上，家庭与医疗两类空间并不是割裂的，而是在具身实践过程中交融互动、相互型构。但是，两类身体的对话脉络往往有所不同，前者更多的是在家庭、母职、劳动的语境里展开，而后者偏向医学社会学与医学人类学领域。

此外，在家庭与劳动以及医疗与技术的视野之下，还有一类文献与女性身体相关——照护类研究；而有别于医院与家庭空间，与照护紧密相关的养老院中的身体与性别亦在近年开始进入学术与公众的视野（如凯博文的《照护：哈佛医师和阿尔茨海默病妻子的十年》，朱剑峰、董咚有关失智老人的照护研究，吴心越的养老院田野调查，等等）。考虑到"照护类"研究文献较多且有专门的综述，这里只是提及，暂不做梳理。

3. 休闲与文化中的身体管理与表达

（1）健身、整容等休闲身体

这类身体较多与消费文化有关，触及健身、整形整容、化妆、减肥瘦身等议题。也有研究将综合的身体外观管理和身体消费现象作为研究对象，借此探讨自我概念、身份认同与主－客体关系（卫小将、卜娜娜，2018；高修娟，2018、2019；黄燕华，2020；熊欢、王阿影，2020；李英华，2020）。

这类文献的研究对象大多是青年女性，其中一项研究关注城市边缘群体"发廊妹"的整容消费（闫岩、许孝媛，2019），强调身体资本对城市融入与调和身份冲突的作用；另外两项研究关注农民工的健身实践与身体消费（傅佳燕，2016；孙雨晴，2020）。与大多数以城市中产阶级或青年大学生为研究对象的研究相比，此类研究凸显了阶层视角。此外，也有硕士学位论文以城市里的"文/纹身"实践为研究对象，考察物质身体修饰/改造的过程性感受及其对情感记忆与生活展望的意义（周萌，2019），不过这项研究并不仅仅针对女性身体，且性别视角并不凸显。

（2）体育空间中的身体观与艺技

体育涉及竞技体育、休闲体育、民俗体育。杨雪团队"改革开放 40 年女性体育身体观的图像史证"项目对重竞技体育女性的性别身体进行了深入研究，展现她们如何在传统性别规范与竞技场域平衡重竞技角色与女性角色，呈现出女性的多面性。邱亚君、周文婷、田海波（2020）与熊欢、何柳（2017）则关注普通女性、女大学生的体育运动体验。熊欢（2016）在其著作《性别、身体、社会：女性体育研究的理论、方法与实践》中，将社会性别研究理念与体育人文社会学的论域结合起来，探究性别建构与体育制度、性别制度以及社会文化的关联，解释了体育中性别的不平等，拓展了"性别、身体与社会"研究框架。此外，也有研究关注鄂乡鼓车赛会所呈现的身体技术，认为地方特有的物质环境、劳作模式、社会关系及信仰体系等"关联场域"影响具化在民众身体之内的民俗技艺（王若光，2020）。

（3）广场舞中的性别与阶层

广场舞是近年来备受关注的一个社会热点，兼具休闲、表演与体育锻炼，因此笔者将其单独列为一小类。这类研究在田野调查与生活史访谈的基础之上，以中老年女性的日常实践为切入点展开，揭示出身体通过性别化的、日常而切身的渗透路径推动跨阶层交往，从而在一定程度上松动了既有的社会阶序，也丰富了我们对年龄（老年）、身体、阶层与生活之间交叉关系的理解（周柯含、黄盈盈，2019a；周柯含，2020）。也有研究强调广场舞是中老年女性进行集体化实践的场域，更是身份建构的一种表征（刘建、吴理财，2018）。

（4）表演场中的身体感知与他者凝视

表演场中的女性身体研究涉及舞剧（刘柳，2019；孙玥，2020；张素琴，2020；尹德锦、李冬，2020；闫桢桢，2020）、商业舞蹈演出（武佳琦，2018）、贵池的地方宗教生活中的傩戏展演（李静，2018），以及广西龙胜瑶族"六月六"晒衣节女性身体展演（冯智明，2018a）。

刘柳（2019）在其博士学位论文的基础之上出版了《足尖上的意志：芭蕾舞剧〈红色娘子军〉的表演实践与当代言说（1964~2014）》，从艺术人类学出发，以舞剧《红色娘子军》的表演民族志为个案（研究对象不局限于女性），探讨特定角色的身体表演与历史记忆、时代话语的结构性张力。孙玥（2020）、张素琴（2020）和闫桢桢（2020）以音乐舞蹈剧《东方红》《复兴之路》中的身体现象为依托，讨论身体组织方式、身体审美和身体政治议题；尹德锦、李冬（2020）关注的是芭蕾舞剧"喜儿"角色的身体语言。武佳琦（2018）结合自身的经历，在田野调查的基础之上探讨了商业舞蹈演出中表演者对自己身体界限的感知与构建。李静（2018）区分了宗族性的敬菩萨与家庭性的敬菩萨，指出前者作为视觉对象的身体被观看者所感知，后者作为身体主体表达着人与神的关系，是知觉、感受敬菩萨的主体。冯智明（2018a）更强调来自政府、旅游企业、摄影者、游客的多重凝视对红瑶女性的身体及其表征进行重塑，使其成为一个想象的"原生态"他者符号，凸显权力视角的同时也折射出红瑶女性传统身体观和信仰的失落。

（5）少数民族文化中的女性身体

少数民族文化中的身体研究，围绕着身体记忆、身体技术、身体秩序等主题展开。胡觅（2019）考察了土家族"口传身授"的记忆传统，揭示土家族女性基于身体记忆与社会结构性压力建构形象与身份的机制，一定程度上回应了身份与记忆之间关系的争论。冯智明（2018b）通过对广西龙胜各族自治县瑶族支系红瑶丰富的女性身体污秽禁忌的研究，揭示出其作为象征的观念体系参与红瑶社会秩序的建构。刘文娜（2018）关注的是朝鲜族女基督徒宗教身体实践，认为宗教仪式中的"亲身"参与与相关身体技术的使用是宗教性身体生成的重要原因，宗教实践固化了"身体-记忆"的仪式结构图式。陈树峰（2018）的研究指出，奕车社会以女性腿部为核心的身体审美特点深刻影响着奕车女性的个体行为方式和个体对自我形象的感受，其背后体现了族群生存和发展的需要及其生存哲学。

4. 媒介与网络空间的身体体验与呈现

随着媒介技术迅速发展，各种互联网空间的"身体"开始浮现，这也给女性的性与身体研究带来新的切入点。这一视域下大体有以下四类主题。

第一，性别身体话语。李才香（2020）指出身体表征话语是网络性别话语的主要构成内容与主导话语之一，且女性的身体表征话语描述频率显著高于男性。研究认为女性身体较男性更处于一种被"凝视"的话语状态，折射出市场因素对网络女性身体话语的影响。

第二，虚拟身体。陈丹引（2016）与吴斯（2019）分别关注移动社交平台与游戏平台上的虚拟身体，前者强调的是自我表达方式，后者强调的是性别身体审美现实。

第三，物质身体的网络呈现。具体主题涉及网络直播中女主播的身体表演

（曾一果，2018）、"90 后"青年女性的"萌"实践（郭沛沛、杨石华，2020）以及一般人群按照社会标准审美的身体镜像呈现（张茹，2020）。

第四，社交媒体对身体意象的影响。社会学与心理学都关注媒介场域中的女性身体意象，但侧重点有所不同，心理学主要关心的是客体化媒体信息对女性身体满意度/身体羞耻感的影响，基本采用定量研究方法，强调媒体对身体认知的影响，社会学还关心文化、政治、经济等中介机制的作用（刘红、王福秋、刘连发，2017；陈瑛，2017；王玉慧，2020；等等）。

5. 性别与情感态的另类身体

此处性别与情感态的身体研究从研究脉络与重点来看，很难完全纳入"身体研究"，主要触及性的身体、多元性别，以及多少偏离了主流规范（无论是年龄、婚姻、性别）的另类身体与性别。笔者将其单列为一类进行梳理。

（1）性的身体

2011~2015 年关于性的身体的研究数量并不多①，2016~2020 年女性的性研究相关文献明显减少。有限的研究触及女性艾滋病病毒感染者、老年女性、青/少年群体、"女友粉"、农村女性、跨国移民等人群，暂且罗列如下。

黄盈盈（2017a）在日常生活视角下，关注女性艾滋病病毒感染者的"情欲身体"，包括她们在生活中如何主体地去建构身体与性的概念以及"为什么如此建构"的生活逻辑与社会结构类问题，试图挑战和拓宽现有知识对艾滋病的性想象及女性之性的想象。黄盈盈（2017b）的另一篇文章则侧重有着具象跨国经历的加拿大华人移民如何理解中西方的身体与性别，包括对家庭与性爱的关系、（肉体）身体、同性关系、性风险与性教育的认识等，并阐释了其背后蕴含的"传统中国 - 现代中国 - 西方"三维日常解释逻辑。

周柯含、黄盈盈在身体社会学与身体人类学的视角下，走进老年女性的个体生命脉络，探究"老"的多面性、老年女性之性的丰富内涵以及其在亲密关系中的行为逻辑，将身体、性、年龄、阶层等因素纳入综合分析，彰显了老年女性个体与社会的互动过程及其主体性，凸显了性别研究的理论旨趣，"性的身体"得以呈现（周柯含，2016；周柯含、黄盈盈，2019b）。

---

① 2011~2015 年，性的身体的研究涵盖期刊论文（10 篇）、学位论文（2 篇）、论文集（1 本）、NGO 组织的口述史报告。

马川（2019）聚焦当代青年对婚前性行为的态度，探讨当代青年关于性/身体方面的观念与实践情况的矛盾。该研究采用访谈法，但偏重于话语与观念方面的探讨，尚缺乏对行动与日常生活的具体观察。

吴炜华（2020）认为"女友粉"的实践中折射出女性的自我牺牲与情欲想象，不过性的身体并不是这项研究的重点。

赵杜灵和郭伟和（2020）通过对农村女性的婚外恋的研究考察了她们寄居在家庭外壳下的情欲模式与实践策略，指出女性情欲实践的结构性基础是女性自身资本与生活环境，以及她们对精英男性的经济依附和相比底层男性的婚姻市场优势。

尚会鹏（2018）以中国中部一个村落的婚姻缔结过程及与之相关的习俗、仪式和观念为考察对象，分析了其中的婚俗、爱情与性文化，特别关注"闹房"这一特殊习俗，从一个侧面揭示了中国人的心理、行为方式及中国社会的特点与变化。

这五年中，除了《我在现场：性社会学田野调查笔记》（黄盈盈等，2017），《性/别、身体与故事社会学》（黄盈盈，2018）与《她身之欲：珠三角流动人口社群特殊职业研究》（丁瑜，2016）两部论著的相关章节包含对性的身体，尤其是边缘类性别身体的故事讲述与方法探讨。

（2）多元性别态身体

近五年来，除了一些有关多元性别（尤其是女同性恋与跨性别）的口述史报告与公众号文章，以及若干内部报告的会议论文，仅有2篇数据库可查阅到的学位论文涉及这一类别的身体研究：吕晓庆（2017）对同妻的"性别麻烦"与身体述行的研究、刘文畅（2017）对腐女身体欲望的研究。除此之外，也有若干篇学位论文涉及女同性恋出柜程、身份认同、社会交往、媒介文化等议题，偏向性别文化，身体议题不突出。与前五年有延续性，唐魁玉及其团队在教育部人文社科基金规划项目的支持下继续同妻的社会处境与生活状况的研究与论述（唐魁玉、詹海波，2016）。此外，魏伟（2016a、2016b）对同性家庭与育儿方面的研究亦在持续进行。但是就理论脉络而言，这两项重要的研究并不凸显女性身体与情欲的面相，在此仅提起，暂不详述。黄盈盈和祝璞璞有关"质性研究中的叙述套路"（2020）、黄盈盈"作为方法的故事社会学"（2018a）的方法分析中亦透视出多元性别经验研究相关的讨论。整体上，与近年来的出版环境有

关，对"暧昧的性/别身体"（黄盈盈、张育智，2016）的研究在现实与理论上
没有实质性进展。

（3）情感与私密的身体

与情欲的身体或性的身体相比，情感的身体研究更侧重关系中的情感体
验①。在笔者所综述的文献中，有 2 篇讨论了农村女性的情感实践。杨华（2018）
关注的是农村年轻女性的私密生活，认为个体身体、情感和精神体验是其重要的
个体化建构内容与方向，强调退出村庄的人际关系网络、交往规则和评价体系是
其个体化建构的途径。胡艳华（2019）考察了农村留守妇女的情感体验流变，
强调乡村社会空间的变化对留守妇女身体实践的条件、情感体验的模式（对传
统道德的绝对相信转向对实用主义与本真的依赖）的影响。这项研究对考察女
性情感与身体实践的变迁具有启发性。

肖索未（2018）在其著作《欲望与尊严：转型期中国的阶层、性别与亲密
关系》中，以婚外包养关系为棱镜，考察市场转型期中国社会的亲密关系及其
背后的情感逻辑与伦理实践。通过对本地女性和外来打工妹在包养关系里的不同
轨迹和经历的细致描述，将私人生活的选择和体验嵌入阶层变迁、城乡流动、消
费文化和性别关系等社会文化背景中，揭示亲密关系如何成为人们实践"欲望"
和获得"尊严"的重要方式。

（二）现实关切、理论视野与研究方法

1. 现实关切

与 2011~2015 年类似，女性的性与身体议题与日常生活、社会热点紧密地
交织在一起，研究的问题意识首先来源于研究者对女性经验世界与日常生活的现
实关切，且研究者大部分是女性。从生活体验出发的研究使得研究对象的主体性
与能动性被更好地凸显。不同于很多社会议题，在这一领域，研究者本身的生活
经历与身体感受显著地参与了"问题感"的形塑。

比如，李婉君（2020）正是以自己坐月子的经历为研究起点，对北方传统
"坐月子"习俗进行了文化解读，许怡和刘亚（2017）采用自我民族志的方法探

---

① 本文不是对情感研究的综述，但是情感与身体密切相关，纳入分析的论文与著作比较明显地
触及私密、体验、身体实践等"身体"面相。

讨城市女性的哺乳实践；再如，对女大学生身体现象的研究，特别是对身体管理的关注，往往因研究者自身身体体验与对生活观察而起。来自生活的现实关怀使得此类研究带有温度与情感，也使得结合日常生活实践的"切身知识"的生产成为可能。

2. 理论视野

本文所综述的文献是以经验研究为基础的，其中不少研究对其理论视角有比较清晰的表述，并尝试结合对具体现象的描述来建构身体类型或分析框架。除了前面提及的"日常生活"视角与切身/具身知识的凸显，笔者总结出以下三个特点。

（1）性别视角更突出，多因素交叉的分析框架更受重视

与2011~2015年的研究相比，更多的研究将性、身体与性别、年龄、阶层、亲密关系、家庭关系、社会关系以及各层级权力等因素结合起来分析。具体可细分为以下几种情况。

关注性与身体实践的结构性基础。比如，赵杜灵和郭伟和（2020）在对农村女性婚外恋的研究中指出，文化资本、经济资本与生活环境造就了农村女性的牢笼处境，而对精英男性的经济依附以及相比底层男性的婚姻市场优势，构成了她们情欲实践的结构性基础。

关注性与身体观念及其情境与语境的变迁。比如，胡艳华（2019）指出，在"封闭的空间－流动的空间－开放的空间"的转型过程中，乡村社会留守妇女身体实践的可能性和条件发生了变化，留守女性的自我意识和主体性增强。再如，王若光（2020）认为"关联场域"的变化引起具化在民众身体之内的民俗技艺的变化。黄盈盈则通过比较分析不同性别与年龄的跨国移民对身体与性别的理解，并结合其博士学位论文有关"70后"女性的性与身体的研究，来透视近20年来城市男女性观念与身体观的"变"与"不变"，以及其背后对中国社会、对"中－西"关系的差异化与动态认识（黄盈盈，2017b）。

结合性与身体及其他因素形成综合分析框架。比如，崔一楠和徐黎（2020）通过研究贯彻《中华人民共和国婚姻法》运动中的女性身体实践，指出身体、法律、政治三者互动共生、彼此嵌入，合力塑造了中国妇女的新样貌；朱剑峰、董咚（2018）的诊所民族志研究则从医学技术人类学的视角把生殖领域基因检测技术与生育、性别文化交织在一起展开分析。

在这些研究中，性别视角程度不一地有所体现。不过，除了强调"女性"

经验及其所处的社会位置与主体性，能够更为自觉地结合女权主义理论与身体民族志研究的文献——类似朱剑峰（2016）借用赛博女权主义理论资源对生育/生殖技术与医学实践的分析——尚不多见。

（2）主体性与结构性之间的二元界分受到了更多的挑战

整体上看，这五年的研究尽管依然没有跳出"结构-主体"的框架，但是也呈现出主体性与结构性之间割裂感降低的特点，二元对立的局面受到质疑与挑战。这主要源于两种理论视角的介入：一是日常生活视角更加凸显，二是对具身经验的重视。比如，周柯含、黄盈盈（2019b）通过对老年女性的身体与性的研究，重点考察了亲密关系脉络中的老年女性在不同的情境下的行为逻辑，体现出"老"（年龄）与"性"的立体感，彰显了个体与社会的生动互动。再如，肖索未（2018）细致描绘了处于包养关系中的本地女性与外来打工妹的人生轨迹与经历，通过个人故事将私人生活的选择和体验嵌入阶层变迁、城乡流动、消费文化与性别关系等社会文化背景，回答了亲密关系如何成为这些女性实践"欲望"和获得"尊严"的重要方式的问题。此外，也正如余成普、李宛霖和邓明芬（2019）的研究所指出的，具身实践具有连接社会文化情境与女性的体验的作用，能够彰显生物与社会视角的交织。

（3）关注文化边缘、建构地方知识的理论自觉在加强

这五年，人类学、社会学对农村地区（邱幼云，2017；杨华，2018；胡艳华，2019；赵杜灵、郭伟和，2020；等等）、城市边缘地区（陶伟、王绍续、朱竑，2017；林兵、王文涛，2020；等等）、少数民族地区（冯智明，2018a、2018b；胡觅，2019；冯琳、袁同凯，2020；冯智明、周静，2020；李彧白，2020；等等）以及很少被关注到的海上疍民（刘莉，2019）的女性身体研究有所增多，更加重视地方文化与本土知识的发现与建构。

比如，李彧白（2020）通过对甘南藏族自治州女性生育实践的调查，从经验材料中总结出三种具身实践类型：面向记忆的具身实践、面向日常生活与家庭关系的具身实践、面向医疗技术的具身实践。林兵和王文涛（2020）的研究分析了街头修脚工通过日常生活与身体实践所创造的生存逻辑：通过有效地掌控场域、运用弱者武器、实行弹性的工作时间和选择参考群体等策略维护自己的营生环境。冯智明（2018a、2018b）延续对民族地区女性身体的研究，无论是民族旅游舞台中的女性身体、被分类的日常身体，还是聚集了身体感知的特殊技艺，

都在一定程度上增进了我们对民族地区女性身体历史与现状的认识。在大部分研究还是以城市中产阶层青年女性为研究对象的情况下，上述研究的意义尤为凸显，有助于我们理解不同地域、阶层、文化环境、生存境遇的多样化女性身体。

整体而言，这些研究正在将"女性身体"变为社会科学视野中的"显学"，与前五年相比，理论自觉更为明显。不论是日常生活视角、具身经验还是更具有交叉性的分析框架，都在一定程度上增进了我们对不同女性群体的性与身体的认识。

3. 研究方法

研究方法的选择与研究者的理论旨趣及"女性的性与身体"这一主题的特点直接相关。笔者在此主要检视这些文献的资料收集方法与分析策略。

从资料收集方法来看，质性研究远多于定量研究。除心理学外，明确指出使用定量研究方法的只有期刊论文 2 篇、学位论文 2 篇。质性研究主要采用实地田野调查、访谈、网络民族志、口述史等一手资料收集方法，部分研究采用基于二手资料的内容分析法、话语分析法。有 3 篇学位论文采用质性研究与定量研究相结合的方法，不过其并未就这种资料收集的方法与研究的内在联系进行必要说明。当然，大部分研究尽管有其经验基础，但是就具体方法与研究过程的反身性分析与"扎实度"这两个方面而言，依然有很大的提升空间。

在分析策略方面，定量研究遵循假设－检验的模式，质性研究有个案法、扩展个案法、主题式＋个案式叙事分析等分析形式。比如，黄盈盈（2017b）为了更好地呈现、分析与讨论跨国流动人群的身体与性别的中西方想象，在扎根视角与主体建构的方法论指导下，结合材料所凸显出的议题与自身的理论兴趣，选择综合主题式研究与个案叙事分析的论述方法，并对主题的选择与个案的选择做出详细的阐述。大部分论文并没有明确指出具体的分析策略及其考量，也较为缺乏更为复杂的叙事分析。

（三）主要结论

这五年的研究基于不同学科视野与不同主题的身体经验材料，得出不同侧重点的具体结论；结合所关切的理论对话，大致可以提取出以下三个主要论点。

1. 女性的性与身体具有动态的生成性特点

相当一部分研究旨在揭示不同类型的身体是如何在多种因素的影响下生成

的。比如，历史学研究关心国家化的身体生成，强调国家权力或政治权力通过政治运动、话语构建、体育实践、卫生教育等形式建构女性的物质身体和身体观念（周洪宇、周娜，2016；潘丽霞，2019；崔一楠、徐黎，2020；熊欢，2020；袁博、张海鹏，2020）。再如，研究者认为生育身体是在医学技术、社会（包括性别）文化、社会/家庭关系、社会结构变迁等因素综合作用下生成的（郭戈，2016；邱济芳，2017；余成普、李宛霖、邓明芬，2019；朱剑峰、董咚，2018；李彧白，2020；等等）。

　　当然，这些因素对女性的性与身体的影响并不意味着女性处于被动的状态。尽管对"生成"的理解依然存在较大差异，"动态"分析的程度亦有不同，研究者基本会强调，在此过程中，女性通过具身实践发挥能动性，不断与已有的社会结构进行互动，在联系之中形成新的生物－文化、身体－社会等诸多关系。

　　这些研究提醒我们用更具历史性、流动性、发展性的眼光去看待女性的性与身体，在看到女性的性与身体所受到的结构性束缚的同时，也督促我们进一步思考如何更为积极地为女性创造更好的情欲表达空间与身体实践环境。

2. 女性的性与身体实践对于其他社会因素具有重塑与反向建构的意义

　　身体的生成性并不意味着身体是可以被任意塑造的泥料，女性身体通过日常生活中各种形式的身体实践来重构认知（邱济芳，2017；甘代军、李银兵，2020）、自我意识（侯慧、何雪松，2019）、性别角色（刘莉，2019；杨雪，2020）、城市空间（陶伟、王绍续、朱竑，2017）、生产生活方式（邱幼云，2017；胡艳华，2019；林兵、王文涛，2020）、特定文化（吴炜华，2020）、阶层交往（周柯含、黄盈盈，2019a），等等。

　　这意味着，这些研究不仅仅关注到社会因素对女性的身体与性的形塑作用，也开始注意身体与性和其他社会因素的反构意义。比如，周柯含与黄盈盈（2019a、2019b）的研究明确提出将"身体""性别"纳入社会阶层的视野，从而在常见的经济、教育、职业等因素之外，扩宽现有的分层标准，丰富我们对阶层的认识。此外，更多的研究也会强调身体之于女性主体性生成方面的意义。可以说，身体实践之于其他社会因素的生产性与重塑性意义在笔者所综述的文献中达成了一定的共识。

3. 女性的性与身体内含多重张力

　　几乎所有的研究都意识到了内含于女性的性与身体的张力，包括传统与现代的拉扯（许怡、刘亚，2017）、地方性与普遍性的重合与错位（刘莉，2019）、主体与客体的流动（杨雪、樊莲香，2020）、话语与行动的纠结与矛盾（马川，2019）、个体性（自我性）与社会性的交织（董金平，2017），等等。

正如高婕（2016）所思考的，女性究竟是自我消费多一些还是"被消费"多一些的问题的答案并不是非此即彼，而更多的是"既"与"又"。同样地，在这些文献中，笔者看到身体既传统又现代；既有普遍性的一面，又有地方性的一面；既有客体的时刻，又有主体性的时刻，甚至它们在同一时刻"合二为一"；话语与行动既可能一致，又可能完全背离；既富含自我意识，又充分体现社会性……当然，指出这些"既"与"又"是不够的，更有意义也更难做到的是将这些"既"与"又"如何纠缠在一起以及共生共变的过程更好地揭示出来。

除了以上的论点，笔者在2011~2015年的综述中总结的女性的性与身体的几点结论在这五年的研究中亦有所呈现，本文不再赘述。

三　研究不足与展望

概括而言，这五年的研究进展除了数量上的增加，主要体现为以下几个方面：身体主题更为多元，且多与社会热点结合，有一定的学术与社会影响力；出现了更多基于日常生活与具身实践视角的研究，"活生生的身体"（尤其是城市年轻女性）得到了进一步的呈现；对地方文化与本土身体知识的重视与建构相关研究取得了一定的进展。

肯定成果的同时，笔者认为目前的研究在整体上还存在以下不足。

第一，研究视野存在局限，研究对象、细分主题的选择以及理论对话［比如"结构－主体"，基于（惟）性别的权力与不平等的解释框架］还未打破以往研究的惯性，或者说超出主流的想象。不少论点或许"正确"，但是其所蕴含的信息与启发性有限，或者说在身体研究发展到当下之时，已经略显苍白。

第二，尽管有更多的理论自觉，但是经验研究尚且缺乏与中国（不同）传统的性与身体思想的对话，亦缺乏对西方多元的性与身体理论内部流派之间关系与张力的思考；与很多研究的问题类似，对经验世界兼具生活洞察力与理论抽象性的分析与概念提炼也有很大的提升空间。

第三，研究方法的自觉与更为细致的考量依然不够，很少研究会反身地分析其采用的研究方法是不是能够有效回应研究问题；缺乏对"充满尘埃的研究资料"以及"叙事套路"（黄盈盈、祝璞璞，2020）的复杂把握；也有研究存在"以定量思维做定性研究"（黄盈盈，2019）的缺陷，或者田野调查不够扎实。

第四，大多数文献缺乏对研究伦理的切身思考；也很少有研究能够反身性思考研究者自身身体在场（黄盈盈，2017a）对研究的影响，甚至依然有研究存在或明或暗的道德评判。另外，很多从现实关怀出发的研究一定程度上是"把自己作为方法"（项飙、吴琦，2020），但是能否撞击出超越自我的问题，还需要研究者在研究思维及具体方法层面做出更多的努力，突破生活世界的制约、探寻积极的生活空间与研究情境（黄盈盈，2017a），在批判的同时走向"与麻烦共存"、更具希望与活力的身体研究。

相对应地，笔者认为后续研究/研究环境可以在以下几个方面有所改进或提升。

首先，对多少带有"中产阶层"社会属性的研究者而言，研究者不仅要看到自己所处的"眼前的世界"，选择"易得"的研究对象（如城市中产阶层年轻女性、大学生群体），还应该拓宽研究眼界，关注不同生活世界中的人群与现象。同时，笔者也呼吁学术界（特别是发表环境）为边缘人群或非主流议题提供必要的研究资源，保留和创造必要的研究空间，立足边缘，方能更为清晰也更为公允地看清世界的结构。

其次，在研究方法上，笔者一以贯之地提倡扎实的经验研究，进一步拓展反思性地思考"情欲"与"身体"研究的多重叙事空间。研究者需要进一步思考采用什么样的资料收集方法与分析策略，能够更细致丰富地表现具身实践，而不仅仅是呈现话语（分析）。对口述史研究、虚拟民族志、自我民族志等方法也需要做更为细致的讨论。面对研究对象的"无法言说"，研究者需要创造更积极的研究情境，重视探索意会知识。研究者也需要更加重视对研究伦理的思考，考量不同的资料收集方法对材料内容及质量的影响，通过方法论层面的反思与具体方法的改善突破研究者自身的视野局限。

再次，在理论对话与概念建构方面，研究者不仅要"旧瓶装新酒"，用既有理论（目前主要是西方的身体理论）解释层出不穷的身体/性现象，更要把握不同的女性所"身"处的社会与生活现实以及理论脉络。"结构－主体""传统－现代"等架构虽然在近年的研究中受到某种挑战，但是"即……又……"的表述并没有跳出已有的解释路径，也没有就"如何体现"给出更为丰富、动态且具有启发性的解答。此外，日常生活与具身的视角与交叉性分析尽管在现有的文献中有所体现，但是其在材料分析之中的更为动态的具体展现以及与已有理论论述的自觉对话甚至贡献方面尚有进一步思考与提升的空间。

作为展望，笔者期待更多的研究能够在跨越（国界、学界以及其他各类既定边界）的视野之下，保持多种可能性与开放的心态，立足中国不同时空的文化与多元生活现实之中的身体与性/别资源，进行多向度的理论对话，尤其是关注具有实践感的生成之中的具身知识，在此基础之上尝试提炼具有解释力的概念与分析框架，以增进我们对女性的性与身体议题的现实与理论认识，讲好当下的性与身体故事，并在不失批判与连接的视野之下积极促发新的、更具希望与力量的叙事可能。当然，这样的评述略显严苛，且有站着说话不腰疼之嫌；而上述"局限"与期待也不囿于"女性的身体与性/别"研究，亦适用于更广的中国社科界。

最后，笔者在近年学生的作业与论文中，在一些尚未纳入综述的非正式发表的文章或者讨论之中，看到越来越多的青年学生/学者对身体与性/别的兴趣与热情。这也使得笔者对女性的身体与性——这一有趣且重要的议题——的研究前景保持乐观的态度。期待下一个五年能够涌现更多题材丰富、经验扎实、兼具生活与理论洞见的"女性的性与身体"研究。

参考文献

1. 才金同（2019）：《孕妇保健场域中的身体、权力与行动》，硕士学位论文，吉林大学。
2. 陈丹引（2016）：《个体化进程中的虚拟身体呈现研究》，硕士学位论文，南京大学。
3. 陈树峰（2018）：《红河哈尼族奕车女性身体审美研究》，博士学位论文，云南大学。
4. 陈瑛（2017）：《媒介女性身体形象的视觉传播研究》，华中科技大学出版社。
5. 崔一楠、徐黎（2020）：《她身之意：贯彻婚姻法运动中的女性与政治——以川西北农村地区为例》，《中国农业大学学报（社会科学版）》第4期。
6. 邓惠文（2019）：《身份偏见下餐饮青年女性农民工生存策略研究》，硕士学位论文，华东理工大学。
7. 丁瑜（2016）：《她身之欲：珠三角流动人口社群特殊职业研究》，社会科学文献出版社。
8. 董金平（2017）：《从缠足到美容手术：中国女性身体的建构》，南京大学出版社。

9. 杜婷婷（2020）：《经期女性的身体体验、管理与呈现》，《身体、叙事与主体性：医学人类学论集》，社会科学文献出版社。

10. 冯琳、袁同凯（2020）：《生命时长还是生命质量？——凉山州B县HIV/AIDS感染女性抗病毒治疗的地方性构建》，《西北民族研究》第2期。

11. 冯智明（2018a）：《"凝视"他者与女性身体展演——以广西龙胜瑶族"六月六"晒衣节为中心》，《民族艺术》第1期。

12. 冯智明（2018b）：《身体象征与污秽：广西红瑶女性禁忌的社会分类和秩序建构》，《贵州社会科学》第5期。

13. 冯智明、周静（2020）：《身体感知、身份建构与蓝靛瑶服饰制作技艺——以广西凌云县果卜村为例》，《贵州民族研究》第5期。

14. 傅佳燕（2016）：《新生代女性农民工身体消费与身份认同研究》，硕士学位论文，浙江大学。

15. 甘代军、李银兵（2020）：《技术、权力与主体：医疗场域的孕产主体性分析》，《湖北民族大学学报（哲学社会科学版）》第4期。

16. 高婕（2016）：《当代消费社会中女性的消费与"被消费"的女性——基于批判的视角》，《国外理论动态》第3期。

17. 高修娟（2018）：《身体管理与女大学生性别社会化》，《中国青年研究》第7期。

18. 高修娟（2019）：《大学生身体外观管理的社会学分析》，《青年研究》第6期。

19. 郭戈（2016）：《高龄初产妇的问题化——基于医学话语与大众话语的双重建构》，《妇女研究论丛》第4期。

20. 郭沛沛、杨石华（2020）：《"萌"的表现性实践：社交媒体中90后女性青年的身体表演和媒介使用》，《中国青年研究》第7期。

21. 侯慧、何雪松（2019）：《重整生活世界：慢病女性的日常身体实践》，《上海大学学报（社会科学版）》第4期。

22. 胡觅（2019）：《土家族女性的口传形象、身体记忆与文化隐喻——以鄂西长阳县为例》，《原生态民族文化学刊》第2期。

23. 胡艳华（2019）：《身体的空间化：转型期农村留守妇女情感体验的流变》，《湖北社会科学》第8期。

24. 黄燕华（2020）：《消费文化中的"美丽迷思"——青年女性整形个案研究》，《青年研究》第4期。

25. 黄盈盈等（2017）：《我在现场：性社会学田野调查笔记》，山西人民出版社。

26. 黄盈盈（2017a）：《女性身体与情欲：日常生活研究中的方法和伦理》，《探索与争鸣》第1期。

27. 黄盈盈（2017b）：《跨国视野下的身体与性/别：加拿大中国移民的"中西方"想象》，《开放时代》第2期。

28. 黄盈盈（2018）：《性/别、身体与故事社会学》，社会科学文献出版社。

29. 黄盈盈、张育智（2016）：《青少年隐私研究的方法学综述——以近20年来的"性-爱"主题为例》，《中国青年研究》第10期。

30. 黄盈盈、张育智（2019）：《女性的性与身体研究综述（2011~2015年）》，《中国妇女研究年鉴（2011~2015年）》，社会科学文献出版社。

31. 黄盈盈、祝璞璞（2020）：《质性研究中的叙述套路》，《妇女研究论丛》第3期。

32. 赖立里（2017）：《生殖焦虑与实践理性：试管婴儿技术的人类学观察》，《西南民族大学学报（人文社科版）》第9期。

33. 李才香（2020）：《网络性别话语的构成及生产机制研究》，博士学位论文，中国人民大学。

34. 李英华（2020）：《美好与偏离：青年女性瘦身心理的质性分析》，《中国青年研究》第4期。

35. 李静（2018）：《身体化性别：从贵池傩看自我的展演与构建过程》，博士学位论文，华东师范大学。

36. 李婉君（2020）：《生活图像与身体表述——对北方传统"坐月子"习俗的文化解读》，《身体、叙事与主体性：医学人类学论集》，社会科学文献出版社。

37. 李彧白（2020）：《生育事件中女性的身体经验与具身实践 基于在甘南藏族自治州的调研》，《社会》第6期。

38. 林兵、王文涛（2020）：《街头修脚工的生活叙事与身体实践——基于重庆市F区的实证研究》，《社会建设》第6期。

39. 刘凡（2018）：《甘南藏传佛教出家女性的健康保健与医疗实践》，博士学位论文，兰州大学。

40. 刘红、王福秋、刘连发（2017）：《网络传媒对女性运动员形象的构建及其生活空间表达》，《体育与科学》第6期。

41. 刘宏涛、蒋睿（2017）：《性别与身份：中国大陆妇产科医患冲突的一个分析维度》，《思想战线》第3期。

42. 刘建、吴理财（2018）：《广场舞女性日常生活的群体互动与身份建构》，《北京舞蹈学院学报》第5期。

43. 刘莉（2019）：《在场：海南疍家女性的空间、身体与权力》，《开放时代》第1期。

44. 刘柳（2019）：《足尖上的意志——芭蕾舞剧〈红色娘子军〉的表演实践与当代言说（1964~2014）》，中央民族大学出版社。

45. 刘文畅（2017）：《社会性别视角下的腐女现象研究》，硕士学位论文，河北大学。

46. 刘文娜（2016）：《圣俗中的她者：我国朝鲜族女性基督教信仰研究》，博士学位论文，中国人民大学。

47. 吕晓庆（2017）：《同妻的性别麻烦与身体述行分析》，硕士学位论文，哈尔滨工业大学。

48. 马川（2019）：《"开放"的性行为与被规训的身体》，《中国青年研究》第4期。

49. 马宏莹（2016）：《被忽视的IVF准妈妈——尝试试管婴儿实践的女性群体调查》，硕士学位论文，中国人民大学。

50. 缪蓉（2020）：《我想有个孩子》，硕士学位论文，哈尔滨工程大学。

51. 潘丽霞（2019）：《权力、身体与性别：中国近代女性学校体育实践》，《上海体育学院学报》第 2 期。

52. 邱济芳（2017）：《流动性经验和理性医疗选择——基于高龄孕妇的个案分析》，《妇女研究论丛》第 1 期。

53. 邱亚君、周文婷、田海波（2020）：《女性深度休闲体育特征的研究》，《中国体育科技》第 8 期。

54. 邱幼云（2017）：《"场域－惯习"视野下劳动参与的性别化机制——基于一名 80 后流动女性的个案分析》，《中国青年研究》第 2 期。

55. 尚会鹏（2018）：《中国人的婚姻、婚俗与性爱》，社会科学文献出版社。

56. 孙雨晴（2020）：《移动互联时代农民的健身实践研究》，硕士学位论文，沈阳师范大学。

57. 孙玥（2020）：《从情感认同到视觉审美——〈东方红〉与〈复兴之路〉的身体组织方式与审美政治效果》，《北京舞蹈学院学报》第 3 期。

58. 唐魁玉、詹海波（2016）：《同性恋丈夫视角下的同妻边缘生活困境及其解困方式——一项虚拟现实人类生活方式研究》，《山东社会科学》第 12 期。

59. 陶伟、王绍续、朱竑（2017）：《广州拾荒者的身体实践与空间建构》，《地理学报》第 12 期。

60. 王娟娟（2017）：《乳腺癌患者的污名建构研究》，硕士学位论文，云南大学。

61. 王若光（2020）：《民俗体育的身体技术与"关联场域"——基于国家级非物质文化遗产鄂乡"鼓车赛会"的田野考察》，《体育与科学》第 6 期。

62. 王玉慧（2020）：《青少年网站使用对其身体映像满意度的影响》，博士学位论文，中国人民大学。

63. 卫小将、卜娜娜（2018）：《快乐、迷茫与痛苦的身体：女大学生毕业整容背后的不平等与抗争》，《中国青年研究》第 7 期。

64. 魏伟（2016a）：《同性伴侣家庭的生育：实现途径、家庭生活和社会适应》，《山东社会科学》第 12 期。

65. 魏伟（2016b）：《性别失衡社会中的同性伴侣家庭：实践、权利和政策启示》，《西安交通大学学报（社会科学版）》第 6 期。

66. 吴斯（2019）：《性别僭越与年龄迟滞——〈王者荣耀〉中的身体拟像研究》，《中国青年研究》第 1 期。

67. 吴炜华（2020）：《身体迷思、族群狂欢与虚拟亲密关系："女友粉"的媒介社会学考察》，《华东理工大学学报（社会科学版）》第 3 期。

68. 武佳琦（2018）：《身体界限的感知与构建——基于对商业舞蹈演出者的质性研究》，硕士学位论文，中国人民大学。

69. 项飙、吴琦（2020）：《把自己作为方法——与项飙谈话》，上海文艺出版社。

70. 肖索未（2018）：《欲望与尊严：转型期中国的阶层、性别与亲密关系》，社会科学文献出版社。

71. 谢文、杜婷婷（2020）：《哺乳、失序与主体性建构——基于北京母乳会的田野》，

《身体、叙事与主体性：医学人类学论集》，社会科学文献出版社。

72. 熊欢、何柳（2017）：《女大学生户外徒步运动体验的口述研究》，《体育与科学》第 4 期。

73. 熊欢、王阿影（2020）：《性别身体的挑战与重塑——健身场域中女性身体实践与反思》，《上海体育学院学报》第 1 期。

74. 熊欢（2016）：《性别、身体、社会：女性体育研究的理论、方法与实践》，中国社会科学出版社。

75. 许璐（2020）：《九零后女性"坐月子"模式研究》，硕士学位论文，山西师范大学。

76. 许怡、刘亚（2017）：《母职初体验：基于自我民族志与网络民族志的城市女性哺乳实践研究》，《山东社会科学》第 8 期。

77. 闫岩、许孝媛（2019）：《弱媒体与强现实："发廊妹"整容消费的影响因素调查》，《新闻记者》第 6 期。

78. 闫桢桢（2020）：《身体的记忆政治与文化认同——音乐舞蹈史诗〈东方红〉的审美策略》，《北京舞蹈学院学报》第 3 期。

79. 闫臻（2018）：《月子中心消费叙事：从"代际情感交换"到"经济消费认同"的女性身体建构》，《中国青年研究》第 7 期。

80. 杨华（2018）：《私密生活的兴起与农村年轻女性的个体化构建——以豫东马庄调查为例》，《中国青年研究》第 7 期。

81. 杨雪、樊莲香（2020）：《运动赋权与身体焦虑：重竞技女运动员的社会认同》，《体育学刊》第 4 期。

82. 杨雪（2020）：《焦虑与消解：重竞技女运动员性别角色的冲突与调适》，《体育与科学》第 5 期。

83. 尹德锦、李冬（2020）：《遗落的身体：芭蕾舞剧中"喜儿"的身体语言研究》，《四川戏剧》第 2 期。

84. 余成普、李宛霖、邓明芬（2019）：《希望与焦虑：辅助生殖技术中女性患者的具身体验研究》，《社会》第 4 期。

85. 袁博、张海鹏（2020）：《新中国成立后农村妇女的身份转换（1949~1965）——以山东农村妇女的身体改造为视角》，《党史研究与教学》第 1 期。

86. 曾一果（2018）：《网络女主播的身体表演与社会交流》，《西北师大学报（社会科学版）》第 1 期。

87. 张茹（2020）：《移动互联时代的"身体"镜像》，硕士学位论文，山东大学。

88. 张素琴（2020）：《主体叠合与权力转换：大型音乐舞蹈史诗〈东方红〉的身体政治》，《北京舞蹈学院学报》第 3 期。

89. 张有春、富晓星主编（2020）《身体、叙事与主体性：医学人类学论集》，社会科学文献出版社。

90. 赵杜灵、郭伟和（2020）：《在夹缝中妥协：农村女性情感实践模式个案研究》，《中国农业大学学报（社会科学版）》第 2 期。

91. 郑悦（2019）：《女性生殖道 HPV 感染者的自我认知与社会互动》，硕士学位论文，广西民族大学。

92. 周洪宇、周娜（2016）：《隐喻的身体：民国时期学校中的女子"剪发问题"》，《华东师范大学学报（教育科学版）》第 4 期。

93. 周柯含、黄盈盈（2019a）：《"人以舞分"？——论变迁社会广场舞中的身体与阶层》，《妇女研究论丛》第 5 期。

94. 周柯含、黄盈盈（2019b）：《老化中的主体"性"——对老年女性之身体与性的研究》，《妇女研究论丛》第 1 期。

95. 周柯含（2016）：《老年女性的身体与性——基于主体建构的理论视角》，硕士学位论文，中国人民大学。

96. 周柯含（2020）：《夕阳下的狂欢：日常生活中的广场舞》，博士学位论文，中国人民大学。

97. 周萌（2019）：《城市青年的文身实践——基于 Q 刺青店的田野调查》，硕士学位论文，中国人民大学。

98. 朱剑峰、董咚（2018）：《技术希望、个人选择与文化叙事：生殖领域基因检测的民族志研究》，《世界民族》第 1 期。

99. 朱剑峰（2016）：《赛博女权主义理论和生殖技术的民族志研究》，《北方民族大学学报（哲学社会科学版）》第 3 期。

男性气质研究综述（2016~2020年）

王晴锋[*]

一 研究概述

本综述试图勾勒出 2016~2020 年国内学术界关于男性气质研究的基本轮廓，包括主要研究维度及其结论，以呈现不同学科视野下男性气质的存在形态。对 masculine/masculinity 有不同的中译，如"男性气质""男性特质""男性气概""男子气质""男子特质""男子气概"等，2016~2020 年在中国知网公开发表的学术论文中，篇名出现这些词的文献共计 242 条，其中学术期刊 131 篇、学位论文 65 篇（博士学位论文 1 篇、硕士学位论文 64 篇）、会议 4 篇（国内会议 3 篇、国际会议 1 篇）、学术辑刊 9 篇、特色期刊 33 篇。年均发文量较为稳定，维持在 40~50 篇。从学科属性而言，排名前三的分别为"世界文学"（122 篇）、"戏剧电影与电视艺术"（39 篇）和"社会学及统计学"（34 篇），前两者分别探讨文学与影视作品中人物角色的男性气质。此外，相关专著有《男性妥协：中国的城乡迁移、家庭和性别》（蔡玉萍、彭铟旎，2019）、《非裔美国文学中的男性气概研究》（隋红升，2017）、《跨学科视野下的男性气质研究》（隋红升，2018）、《男性气质》（隋红升，2020）。本综述基于这些文献撰写而成。经查询，2016~2020 年没有有关男性气质、男性气概的基金项目立项和专门学术会议召开。

纵观这五年关于男性气质的研究文献，其基本特点可以概述如下。

第一，建构多元的男性气质。大量涌现的关于男性气质之表征形式的研究使学术界认识到，男性并非同质性群体，男性气质亦非同质性的，不是仅有"霸权式男性气质"一种表现形式，而是存在多元化的、异质性的男性气质。概言之，国内学术界日益认同男性气质的多元性，即男性气质是复数而不是单数；同时意识到男性气质的动态性。男性气质与女性气质也并非二元对立，不是男性气

* 作者简介：王晴锋，男，中国农业大学人文与发展学院副教授。

质始终压倒、支配和统治女性气质，而是存在诸多附属性、边缘化的男性气质。无论是男性气质还是女性气质，它们都是社会建构的产物。

第二，以瑞文·康奈尔（Raewyn Connell）的男性气质理论作为主要理论工具。在以康奈尔为代表的西方性别气质理论引入国内学术界后，2016~2020 年出现了很多运用康奈尔的男性气质分类学进行具体研究的案例，尤其是解读文学和影视剧作品中的人物角色，分析其不同的男性气质属性，如支配型男性气质、共谋型男性气质、从属型男性气质和边缘型男性气质等。

第三，关于男性气质的研究主要集中在文学与影视研究领域。它们约占所有文献的 2/3，这些研究通常针对某个中外文学或影视作品进行内容分析，探讨人物角色的男性气质属性、成因以及变迁等。文学研究大多是描述性分析，包括通过研究文学（尤其是武侠小说）人物来探讨中国传统文化中的男性气质。影视艺术研究则探讨影视剧中男性气质的表征、颠覆或重塑，分析男性气质发生变迁的原因，诸如传统男权文化的衰落、女性主义文化的影响等。

第四，本土性学术概念的尝试。学术界提出了若干本土性的男性气质类型，如"军事化男性气质"（邓韵雪、石方，2018）、"乡村型霸权男性气质"（蔡玲，2018）等，以期解释中国语境下的男性气质。也有研究从后结构主义视角探讨男性气质研究的主要维度，包括男性身体、男性欲望以及社会定位方式等（张小燕、舒奇志，2016）。

第五，从交叉性视角审视男性气质。杜平（2017）指出交叉性视角可以为男性气质研究提供三点启示，即充分把握男性特质等级关系的复杂性；深入剖析主体的交叉身份和行动的主观意义；重新审视男性特质与身体及女性特质的关系。有关交叉性视角的典型研究，如结合阶层与性别研究本土的男性气质（苏熠慧、洪磊，2017）；结合性别气质与阶级、城乡状态的交互性研究城市"蚁族"（罗牧原、陈婉婷，2017）等。

第六，注重对国外男性气质研究的借鉴与吸纳。如高修娟（2017）对国外非传统职业男性气质的研究状况进行述评。何瀚林、蔡晓梅和苏晓波（2016）回顾和梳理了国外人文地理学关于男性气质的研究，以期为国内人文地理学领域的男性气质研究提供指导与借鉴。

第七，以建构主义作为主要研究范式。整体而言，这五年建构主义的研究范式居于支配性地位，很多研究聚焦于男性气质的建构问题，诸如对"娘炮儿"

的文化建构（辛晔、史昱锋，2019）、主持传播对男性气质的建构（刘思雨，2020）、电视有声语言传播中男性气质的社会建构（彭曙光，2017）、20世纪80年代电影中城市男青年的气质建构（丁宁，2017a）、当代美国浪漫喜剧片中的男性气质建构（程功，2017），等等。此类建构主义视野下的男性气质研究背后亦隐含着一个隐忧，即男性背后的集体焦虑、困惑、反思或批判。

二 主要研究内容

已有研究者将国内男性气质研究归纳为三类：①综述和引介类，主要介绍和引进西方男性气质理论和最新研究成果；②运用西方的男性气质理论探索和解释中国男性气质的相关议题；③尝试本土化的理论建构，主要包括阴阳理论和文武理论（皮兴灿、王曦影，2017）。本综述通过内容分析聚焦于2016~2020年不同研究视野中男性气质的存在样态，主要从"建构的男性气质"、"流变的男性气质"、"焦虑的男性气质"、"压抑、妥协或暴力的男性气质"、"批判与反思的男性气质"以及"关于男性气质的话语研究"等六个方面展开论述。

（一）建构的男性气质

在康奈尔的男性气质理论以及社会科学领域建构主义思潮的影响下，国内学术界也普遍采用建构论的视角研究男性气质，强调男性气质不是与生俱来的客观实体，而是社会文化建构的产物。有关"建构的男性气质"的研究至少包含四个方面：①从历史演变的角度研究男性气质，强调不同历史阶段或时代背景下男性气质的不同呈现；②由于男性气质明显地与外在的身体及其展演结合在一起，因而研究者亦聚焦于身体/健身与男性气质的关系；③非传统男性气质的研究也表明了男性气质的建构性以及多重存在样态；④鉴于建构主义强调男性气质是后天形塑的，因此不少研究专注于探讨哪些因素影响男性气质的建构过程，主要表现为在建构主义的视角下探讨媒体对男性气质的建构。

1. 男性气质的历史演变

此类研究从宏观、结构性层面关注男性气质的社会变迁。例如，施文斐和刘锋焘（2017）认为，若以"宋元－明末－明亡之际"这一时间链为考察次序，不同时期的小说呈现出的男性气质大体沿着"武人气－文人气、女子气－武人气"这一发展走向交替凸显出来。他们认为话本小说呈现的男性气质更多的是对男性气质的一种"书写"，它受制于当时的文化形态，并具有强烈的想象和构建色彩。孟惠妮（2017）认为在改革开放至今 40 多年的时间里，中国青春电影中青年男性气质明显呈现出与时代文化相呼应的嬗变趋势，即改革开放初期为国家代言的"文""武"气质、市场经济转型期为创作主体发声的"痞""颓"气质，以及消费主义盛行时期顺应大众需求的多样且杂糅的男性气质。马春花（2018）研究了男性气质与发展主义的关系，认为作为新时期中国男性气质的典范，改革文学中的"男子汉"形象表征了性别建构、发展主义与文学生产之间的复杂关系，体现了改革意识形态的性别表意机制。

刘传霞认为，文学虚构通过对各种男性形象的命名、叙述，从而有效控制与建构现代社会的男性气质。20 世纪 50~70 年代男性气质的文学建构有四个特点：①主导性男性气质由来自工农兵的人民英雄形象来表征；②随着主流意识形态对人民英雄形象塑造的管控，不符合革命需要的传统男性特征被消除和整肃，人民英雄最终走向超人格的英雄形象；③其他正面男性人物形象亦参与英雄人物之外的男性气质建构，他们隐晦地表达着男性知识分子的自我主体意识；④部分女作家塑造的男性英雄补充、修订着男作家塑造的男性形象，把优雅、柔和、羞涩等特点加到男性英雄身上（刘传霞，2016；刘传霞，2019）。而在 20 世纪 80 年代文学里，男性凭借各种男子汉形象不仅重整男性在中国现实政治、经济秩序中的位置，而且重整性别秩序，以获得性别优先权（刘传霞，2017）。丁宁（2017b）的研究表明，20 世纪 80 年代中国电影中男性气质的建构已呈现多元化特点，不同类型的男性气质并存，没有一种男性气质能够成为绝对主宰。

彭晓丹（2016）通过电视广告分析日本男性气质的变迁，指出日本社会"霸权式男性气质"出现弱化趋势，外因是后现代社会的时代背景、女性的高学历化和社会进步以及消费主义的影响，内因是性别解放运动以及性别角色形成阶段的"女性化"影响。也有研究者注意到男性气质与殖民主义的关系。如王荣（2020）指出亨利·赖德·哈格德（Henry Rider Haggard）的《所罗门王的宝藏》体现出 19 世纪末人们期待的男性气质的标准发生了变化，男人们在帝国的边疆挣脱文明的枷锁、摒弃理性克制的绅士观，而在同性社会关系中建构自己的男性气质，这种野蛮的男性气质既迎合帝国扩张的欲望，又跨越种族与文化的界限，暴露出男性气质与殖民主义之间既支持又对抗的复杂关系。

2. 身体与男性气质

身体是展现性别气质的重要场域，因此有关男性气质的探讨无法回避对身体的研究。李荣誉与刘子曦（2018）运用身体社会学的研究框架，聚焦于男性健身的过程与实践，将健身视为建构男性气质的社会制度，以刻画当代男性如何理解健身并通过这种身材管理方式构建男性气质。刘远康（2019）探讨了男青年如何通过健身建构男性气质，认为健身从三个维度影响男性气质的建构，即健康、审美和品格。男性气质危机和男性气质的刻板印象对男性健身具有积极的推动作用；同时，男性的身体在这个过程中逐渐被规训，在消费社会中逐渐趋于符号化的身体。类似地，侯菲（2020）从身体消费的角度探讨男性气质的塑造。

男同性恋者的性别气质建构也与身体密切相关。有研究指出，男同性恋群体内部实践霸权式男性气质，在同性恋者的网络在线形象中，"短发"、"胡须"和"肌肉"成为占据霸权地位的身体元素，并被赋予"阳刚""男人味"等霸权男性气质，成为整个群体的审美规范和社交规范（王竞，2019）。易海菲（2020）认为男同性恋者通过身体的呈现迎合传统意义上的支配型男性气质，而影响男同性恋者在社交媒体中男性气质的建构因素包括身份认同、性别气质焦虑以及社交媒体等。身份认同度低以及性别气质更焦虑的男同性恋者更愿意选择呈现支配型男性气质，以此缓解焦虑。还有研究注意到，男性强奸和同性恋恐惧是霸权式男性气质的表现形式（滕斌诚，2017）。

此外，也有研究试图论证男性气质的不稳定性，并探究不稳定的男性气质对身体攻击行为的影响，认为使用身体攻击证明或修复受损的男性气质是男性文化脚本的一部分。对男性而言，使用身体攻击行为修复受损的男性气质更具有认知上的易得性（孙翠翠，2017）。

3. 非传统男性气质研究

非传统男性气质的研究也吸引了不少研究者，它涉及非传统男性行业中男性的身份和气质问题。这方面的讨论主要体现在针对不同男性群体的男性气质研究中，如农民工群体（叶攀，2016；邓韵雪，2018；邓韵雪、石方，2018；蔡玲，2018）、健身爱好者（李荣誉、刘子曦，2018；刘远康，2019；侯菲，2020）、服务人员（苏熠慧、洪磊，2017；蔡晓梅、何瀚林，2017）、"蚁族"（罗牧原、陈婉婷，2017）。这里对较为典型的研究简单地展开讨论。

蔡晓梅、何瀚林（2017）以广州市高星级酒店男性职员为研究对象，运用质性研究方法探讨高星级酒店男性职员的性别气质建构过程。他们发现酒店男性职员通过职业规训逐渐从"被动的绅士"演变为"主动的绅士"；通过"他者"规训逐渐从"形式美的绅士"蜕变成"内涵美的绅士"；通过"自我"规训，完成"全方面的绅士化"建构。男性气质的建构由此成为一个与空间、职业互动的过程。

邓韵雪（2018）以富士康为例分析了新自由主义背景下世界工厂中的规训体制和男性气质的构建过程。富士康在打造准军事化工厂管理体制时，系统地塑造了基层管理者的军事化男性气质，其特点包括以生产为导向、能忍辱负重、具有高度的攻击性。富士康的等级制度、工作安排、性别文化为塑造管理者的军事化男性气质提供了重要的符号和制度基础。同时，基层管理人员通过日常的"挨屌"和"屌人"实践塑造和加强其军事化男性气质，并通过新自由主义话语合理化自身的性别实践。

马冬玲（2019）关于男性从事家务劳动的研究指出，一方面，男性通过将自己承担的家务劳动体能化、技能化、知识化，将做家务的能力建构为个人能力的一部分，凸显全能的男性形象；另一方面，通过做家务回应社会和家庭对男性作为父亲、丈夫与家庭成员角色的新要求，塑造负责任的家庭成员形象。从个体能力和家庭角色两个角度，男性做家务可以被整合进其性别气质。她的研究亦表明男性气质虽然会延续，但其内涵是可协商、可再造的。

4. 媒介对男性气质的建构

男性气质的建构涉及各种社会文化因素，例如，种族、阶级及宗教等因素都会对男性气质的建构产生积极影响（徐炀妍，2020）。其中，媒介是影响男性气质建构的重要因素，如类似于"奶爸"的颠覆传统支配性男性气质的父职参与行为何以成为可能并被大众接受？董典（2017）认为，媒介话语在塑造"奶爸"话题和"奶爸"形象过程中对男性气质进行了重构，它通过示范导向、对比反差以及在特定的历史现实变迁中重构"奶爸"具有的"刚柔并济"的男性气质。

国内的新闻传播学较为关注媒介因素对男性气质的建构作用。例如，胡一琳（2020）采用内容分析法与深度访谈法探讨网络选秀节目中男性气质的呈现、生产与接收，造星模式、选秀机制以及政策规训等因素影响了多元化男性气质的重构。对选手实力和性格的侧重、基于偶像"人设"的情感表达、在"共同表演"中开展情感实践共同揭示了核心受众接受男性气质的过程。金莹（2019）认为由于受消费文化、后现代主义的影响，新闻播音主持风格逐渐发生改变，播音员主持人视角的平民化、表达的娱乐化冲击着支配型男性气质，从而为共谋型男性气质的发展提供空间。刘思雨（2020）则围绕着"主持传播对男性气质的建构"这一命题，分析不同时期、节目类型中主持人的男性气质，尤其是受众审美对主持人男性气质的认同与拒绝，从而探寻主持传播对男性气质的建构过程。此外，何天平（2016）探讨了流行媒介如何编码并影响人们对男性气质多样性的感知。

（二）流变的男性气质

不同于从社会史角度探讨男性气质的变迁，关于"流动的男性气质"的研究聚焦于具体个体层面，集中展现作为社会能动者的男性在其生命历程里性别气质的变化过程。例如，蔡玲（2018）采用民族志研究方法，将"动态多元男性气质"作为研究框架，剖析特定个案在不同生命历程中的流动经验，揭示其如何通过"离乡－返乡"的流动来协商家庭关系，从而展现地区性男性气质。研究对象在不同生命阶段和家庭关系中表现出不同男性气质，如"冒险家男性气质"、"策略性男性气质"、"养育者男性气质"和"传统男性气质"。她认为以个案各阶段的社会流动为代表，体现的是一种"乡村型霸权男性气质"，男性企图以流动的行动机会努力协商父系制度与父权文化带给他们的情感压力和家庭负担。

有关"流变的男性气质"的文学研究又可以分为两类。一类是针对集体性或阶段性的男性气质的流变。例如，张瑶（2020）以迈克尔·基梅尔（Michael Kimmel）提出的"市场男性气质"理论研究弗兰克·诺里斯（Frank Norris）创作的小说《深渊》。19、20世纪之交的美国社会面临市场经济转型，白人中产阶级男性的传统地位面临前所未有的挑战，他们试图构建出适应市场需求的新型男性气质。也就是说，男性气质会经历兴盛与衰落的起伏波动。又如，徐辉（2017）从历时性的角度将20世纪90年代初以来韩国热播偶像剧的男主角气质划分为三个阶段："完美白马王子""孩子气霸道总裁""神秘超能力男神和神经质病态精英"。暴力美学、消费文化、现代性和民族性是韩国偶像剧男性气质变迁的文化成因。

另一类文学研究针对人物个体（包括作者）的男性气质流变。例如，周佩（2020）利用康奈尔的支配型男性气质概念，发现雷蒙德·卡佛（Raymond

Carver）的短篇小说集《我打电话的地方》中男性角色对支配型男性气质体现出三种流变态势，即"毒性男性气质"、"边缘化男性气质"和"开放型男性气质"。马一航（2019）探讨卡勒德·胡塞尼（Khaled Hosseini）的《追风筝的人》中主人公阿米尔的男性气质在跨国语境下的变迁，即从阿富汗移民至美国后由共谋型男性气质转变为民主型男性气质，这种转变反映出胡塞尼呼吁更民主的性别秩序。郭智文（2019）研究了《昌奈斯维尔事件》中黑人男性气质的嬗变，认为小说通过主人公约翰对父亲记忆及家族历史的追寻，呈现出黑人男性气质从边缘型到共谋型再到多种气质融合的演变图景，由此解构黑人的边缘型男性气质，并表达对黑人现状的不满和乌托邦式种族与性别平等的希望。郭荣（2020）认为金斯利·艾米斯在现实主义小说《幸运的吉姆》里采用"反英雄"式写作手法，展现了主人公吉姆在经历男性气质危机、男性气质觉醒以及男性气质重塑的过程中发生的动态变化，从侧面反映男性气质是社会建构的产物，也指明了性别身份的动态性。

（三）焦虑的男性气质

不少研究涉及男性气质面临的危机以及由此产生的焦虑，它既体现在现实生活中的经验研究，亦体现在基于文学文本和影视剧的内容分析。例如，苏熠慧、洪磊（2017）通过对上海市某首饰店和服装店的研究发现，低下的社会经济地位、受教育水平以及劳动力与身体表征的双重商品化使男售货员建构出一种被物化的男性气质。这种男性气质与主流认可的"高收入""高受教育水平""挣钱养家"的支配型男性气质存在差距，造成这些男性售货员的性别气质焦虑。梁成林（2020）分析了虎扑网络社群的男性气质，认为该社群成员表现出来的"直男"气质是一种从属型男性气质，它与以经济逻辑为导向的支配型男性气质形成矛盾，并导致身份与气质的焦虑。杨小莉（2020）研究了重刑犯监狱男性罪犯的男性气质焦虑的表现形式，如职务类和贪污类罪犯"享有特权"、寻求关注和满足独特的存在感以及"特殊"犯罪类型的罪犯在犯群中有不平等和被歧视的感觉等，它们导致男性角色的瓦解，并形成入监初期的环境适应障碍。男性气质焦虑与身体症状相互反射，损害身心健康，压力呈现为躯体化反应。

文学领域的研究也反映出"焦虑的男性气质"。例如，王岚、周娜（2018）

认为巴克的《重生》三部曲分析了围绕弹震症形成的道德神话及其与男性气质的关联，折射出英国军人在一战期间遭遇的男性气质危机。刘静静（2018）对《郊区佛爷》中男性形象的分析旨在探讨20世纪末英国社会男性气质危机、危机产生的原因及其重构问题。李晶文（2019）的研究认为，格雷厄姆·斯威夫特（Graham Swift）的小说《水之乡》关注男性的生存困境，她在对小说人物进行男性气质类型分析的基础上，揭示出隐藏在男性气质背后的危机和焦虑。王荣（2020a）认为男性气概危机是19世纪末历险传奇的复兴与繁荣的重要现实原因，它是对男性身份焦虑做出的文学回应。男性作家创作的历险文本以男性为中心，这是一种阳刚之气的文学想象。陈琳（2019）从济慈诗作《无情的妖女》中的骑士入手，考察诗中呈现的三个空间、三种美学与三种男性气质的对应关系，并结合18、19世纪之交英国的历史文化语境，揭示济慈的男性气质焦虑。

关于男性气质的焦虑亦反映在影视作品里。例如，薛英杰（2019）以中国电视剧《我的前半生》、美国电视剧《了不起的麦瑟尔夫人》和电影《实习生》作为分析对象，指出中美影视剧都呈现出男性气质危机，这反映了女性力量上升对男性霸权构成的挑战。但中美影视剧采取不同策略处理男性危机：中国的电视剧采取贬低女性价值以缓解男性焦虑，从而进一步强化男性主导的性别权力关系；而美国的电视剧则站在肯定女性成就的立场上，明确描绘了男性霸权面临的挑战。

（四）压抑、妥协或暴力的男性气质

霸权型男性气质日益面临诸多挑战，因此关于男性气质的话语也并不总是同质性的胜利叙事，它也可能是压抑的、受挫的、妥协的，甚至是暴力的。例如，叶攀（2016）认为在西方阶级斗争的历史进程中，工人阶级赋予体力劳动以较高价值和意义，将忍受艰苦和危险的能力视为自豪和荣誉的来源，从而寻求自我的尊严。然而，新生代农民工的男性气质是压抑的，他们的男性气质没有成为价值和尊严的来源与依托。男性农民工仍有待通过自身的实践发展出一种非压迫性的，但又能捍卫自身权利和主体性地位的男性气质。叶攀的研究事实上触及了一个更大的研究议题，即中华人民共和国成立后以工人阶级或体力劳动者为主的男性气质逐渐被边缘化的演变过程。蔡玉萍、彭铟旎（2019）的研究提出"男性气质的妥协"的概念，认为男性农民工坚持维护中国父权制的两大基础：父系

族氏和从夫居，但对于传统的"男主外，女主内"的性别界限则采取妥协退让的态度。他们通过在夫妻权力和家务分工中做出让步、重新定义孝顺和父职等方式，努力维护家庭中的性别界限以及象征性的支配地位。

男性暴力被视为男性遭遇挫折、困境或危机的外在反映形式。邓丽丹、方刚（2017）认为家庭暴力中施暴男性的性别气质具有三个特点：①男性在外遭遇挫折失败时，通过家庭暴力重拾失去的自尊；②男性通过家庭暴力彰显自身"力量"，证明自己是"硬汉"；③家庭暴力体现了男性对女性的一种控制。"男子气概"还被认为是导致校园欺凌的基本条件之一（宗锦莲，2019）。

（五）批判与反思的男性气质

关于男性气质的批判与反思包含两个方面：一是将（霸权式）男性气质及其呈现方式作为批判和反思的对象，二是将男性气质视为一种批判性的视角。第一种批判类型，如刘天红（2020）指出当下汽车文化（尤其是汽车广告）呈现出来的是一种"有毒的男性气质"；又如彭曙光（2017）认为，传播主体的"霸权性"男性气质已演变成一种有声语言传播场域中的"文化霸权"。辛晔、史昱锋（2019）关于"娘炮儿"的研究认为，气质阴柔的男性青年被贴上"娘炮儿"的标签是传统霸权男性气质对异己气质的惩罚与祛除。

第二种批判类型，如方芳（2019）从男性气质的角度分析莱辛的《野草在歌唱》中迪克男性气质的丧失，认为这反映了殖民制度下白人之间的虚伪关系；而黑人摩西的男性气质引起了殖民者的恐慌，这揭示了白人优越论的荒谬性。原芳纯（2016）结合男性气质理论分析姜文电影的性别叙事特点，认为姜文电影中充斥着具有男性气质的人物形象，他们处于电影叙事的核心，而女性人物处于失语地位。

学术界也不乏以社会问题为导向的讨论，如有研究指出我国幼儿教师性别结构处于失衡状态：一方面，社会、幼儿园对男性教师的需求呈现紧缺、急需的态势；另一方面，受职业发展受限、社会认可度低、报酬待遇偏低等诸多因素影响，男性不愿选择幼师行业，而且男幼师流失问题严重（罗晓红、罗兰、雷鸣强，2019）。部分研究反映出对男性气概缺失的隐忧，认为当前我国教育领域存在男性气概缺失的现象，如认为小学男生存在阳刚之气不足问题，其原因包括教师欠缺性别教育的意识、当前的教育环境和考试评价制度对男生的抑制、父教的缺位和家庭溺爱等（王佳妮，2019）。

（六）关于男性气质的话语研究

有关男性气质话语的研究主要包含两个方面：一是关于 masculine/masculinity 的中文表述问题，二是关于男性气质话语本身的考察。

1. 词意之争

国内学术界对 masculine/masculinity 有不同的中译。隋红升（2016、2017、2018、2020）从词源史与文化史、定义范围和评判标准、价值判断与价值取向、建构方向与实践方式四个方面对英文语境里"男性气概"与"男性气质"这两个概念进行辨析。他将 manliness/manhood 译成"男性气概"，将 masculinity 译成"男性气质"，然后梳理西方有关 manliness/manhood 与 masculinity 的理论话语及其演变过程。王荣（2020b）在《维多利亚时代历险小说中帝国的男性气概——以〈所罗门王的宝藏〉为例》一文中，将 masculinities 译成"男性气概"，尤其是里面涉及的"帝国的男性气概"（imperial masculinities），其谈论的 masculinities 与阳刚、勇气、战争、杀戮等有关，由此可见，英文语境并无此共识，即认为 masculinities 是中性的。

通过文献综述，我们大致产生这样的印象：若从历史文化的角度研究中国本土文学，倾向于采用"男性特质"的表述；外国文学研究领域和社会科学的研究者倾向于采用"男性气质"的表述；而研究性别暴力的学者倾向于采用"男性气概"之类的表述。由于目前文学领域的研究者较多关注 masculine/masculinity，且通常采用"男性气质"的表述，因此相关研究往往被称作"男性气质研究"。然而，不少研究者仍然对"男性气质"的表述持谨慎态度（付优，2016；杜平，2017；卢敦基，2017），有些学者甚至经过慎重思考后表述从"男性气质"转向"男性特质"，他们认为中文语境里"气质"这个词不是中性的，尤其是用"男性气质"的表述来研究性别暴力明显不合适。

2. 关于男性气质话语本身的考察

2016~2020 年，不同研究领域关于男性气质话语的研究也较为丰富。例如，在文学研究领域，薛英杰（2016）的《男性特质视角在西方明清研究中的运用——以方法论的转向为中心》一文指出，随着西方性别研究和明清女性研究的发展，男性特质成为西方明清研究的重要视角，并呈现出两个不同的阶段：20 世纪 80 年代末至 2001 年的明清男性特质研究以反本质化为立场，分析部分男性群体对传统男性角色的偏离，以打破社会性别与生理性别的本质联系；2002 年至今的研究以反同质化为立场，揭示明清男性特质的多样建构及父权制的运作方式。

在社会学研究领域，魏伟和史俊鹏（2017）注意到原本用于指男同性恋行为并带有强烈的恐同色彩和贬损意涵的"搞基"一词现在却越来越频繁地用于形容异性恋男性青年间的亲密友谊。他们的研究揭示了"搞基"话语在日常生活中的运用具有两项隐性功能：一是扩展异性恋男性特质的行为模式，二是强化异性恋男性特质的身份认同，从而为具有同性恋含义的"搞基"话语的流行提供了新的解释。毛艳枫和徐斌（2016）运用话语分析中的叙事分析法和批判话语分析法对一名整形科医生的叙事话语进行了剖析与阐释，表明该个案中的医生通过各种话语策略构建患者的"拯救者"、同事的"领导者"和"竞争者"、朋友的"互助者"以及家人的"保护者"等四种社会身份，它们共同释放出强烈的男性气概。

在影视研究领域，何天平和常江（2017）探析了受众对中国家庭伦理电视剧中男性气质的解码机制，以期进一步观察受众的不同解读如何建构男性气质的意义生产。他们认为受众对电视文本的男性气质解读中体现出三种解码立场：父权制思维仍深刻作用于受众对实际占据霸权地位的家庭男性的想象，它构成主导－霸权式解码；在家庭对男性的规训与社会对男性的期待上，受众表现出"包容与控制双向运作"的协商式解码；而对于不符合时代语境的支配型男性气质，受众则采取对抗式解码的方式。

三　研究不足与展望

2016～2020 年，随着新研究成果的不断呈现，无论是社会现实还是虚构文本中的男性气质，都表现得更加丰富和多元化。这些研究表明男性气质并非自然的、天生的，而是社会建构的产物，从而为塑造新的男性气质提供可能；同时亦表明支配型男性气质背后的焦虑、困境、危机或幻灭。

（一）当前研究的不足

当下的研究也存在进一步发展的空间，其欠缺之处主要体现在以下五个方面。第一，对基本术语的理解混乱。尽管国内学术界大多采取"男性气质"的表达，但有关 masculine/masculinity 的中译仍然存在不同表达形式，这些不同的翻译容易给人造成混淆。有研究者认为，中文语境里区分"男性气概"与"男性气质"较为容易，前者总体而言指一种值得称赞的、正面意义上的品格，后者是相对中立的男性特征的描述（邱静，2018）。但对"气质"一词是否为中立的表述，学界观点不一。尽管有研究者探讨 manliness/manhood 与 masculinity 的区别，但它实质上探讨的是这对术语在西方历史与现实语境下的含义，而不是中文语境下"男性气概"与"男性气质"的含义。manliness/manhood 与 masculinity 在英文中的语义与理论内涵无法反推中文语境中"男性气概""男性气质""男性特质"等表述的差别。换言之，若要辨析"男性气概""男性气质""男性特质"等术语的含义及其差别，应将它们置于中文的历史与现实的语境下进行探讨，然后再考虑如何与 manliness/manhood 和 masculinity 进行对接的问题。而且这些研究还重新建构了一种不必要的幻象，即 manliness 与 masculinity 的二元对立。

第二，在现阶段，学术界对"多元性别气质"的认知和理解并不一致。一方面，阴柔的男性气质被视为性别气质多元化的表征形式，学术界对此类非正统的性别气质持包容和开放的态度（辛晔、史昱锋，2019）；另一方面，这种现象也引发某些学者对"阴盛阳衰"的性别气质的担忧（彭曙光，2017），甚至认为"男性中性化"是"年轻人缺乏强健之心的表现"，进而可能成为"社会和民族之殇"（刘俊，2017）。这种认知可能会对今后的教育实践产生深远影响。

第三，已有的关于男性气质的研究以文化研究为主，大多考察"历史""文本"中的静态男性形象，直面现实社会生活中的男性气质的经验研究相对较少（皮兴灿、王曦影，2017）。目前的研究相对缺乏有关现实生活中男性气质的经验展示，尤其是关于男性气质的生产、维系和竞争等，对男性气质的主体建构过程以及对男性作为能动者如何阐释男性气质的关注不够。在这方面，社会学、人类学和民族学等学科大有可为的空间。

第四，尽管已有研究涉及性别气质与阶层、性取向等变量之间的交叉性问题，但从整体而言仍然付之阙如。此外，有关男性气质的研究缺乏有关权力、等级关系的论述，而且普遍与女性气质分离开来进行探讨。

第五，过度依赖西方语境下的男性气质话语，理论的运用相对较为单一，且缺乏社会与历史的深度，大多是西方理论的直接套用。很多研究运用康奈尔的男性气质分类学进行文本解读或内容分析，却很少运用雷金庆（Kam Louie）的"文武理论"研究本土的男性气质。例如，2016～2020 年有 60 多篇硕士学位论文以男性气质作为研究主题，它们探讨文学、影视作品中男性气质的呈现、重塑以及反思等，但是这些论文大多数是运用康奈尔的男性气质理论对男性人物角色的性别气质进行类型化分析。

（二）研究展望

第一，提炼更多本土性的男性气质解释框架或概念，并期待对西方新的性别气质理论有更加深入的理解与探讨，包括①西方性别气质理论的适用语境；②本土性与外来性问题；③对西方性别气质理论的直接挪用是否延续了种族、民族意义上的霸权主义等。

第二，男性气质的多元性不仅仅体现在特定男性群体内部，它还表现为年龄、职业、阶层、权力、等级、地域、宗教、民族和性取向等各种个体性与社会性因素的交叉，这样方能体现现实生活中活生生的男性气质。尤其是我国作为一个统一的多民族国家，不同民族文化对男性气质可能存在不同的认知，因此有关男性气质的差异性呈现是一个饶有趣味的议题。另一个议题涉及性少数族群的男性气质，尤其是男同性恋者和双性恋者的男性气质研究。

第三，除了对当下现实的研究，有关男性气质历时性的纵向研究亦值得期待。这种取向的男性气质研究既可以基于史料挖掘，也可以基于文学文本，还可以是思想观念史的研究。

参考文献

1. 蔡玲（2018）：《流动的背后：家庭关系与男性气质建构》，《中国农村观察》第 4 期。
2. 蔡晓梅、何瀚林（2017）：《如何成为男人？高星级酒店男性职员的性别气质建构——广州案例》，《旅游学刊》第 1 期。
3. 蔡玉萍、彭铟旎（2019）：《男性妥协：中国的城乡迁移、家庭和性别》，生活·读书·新知三联书店。
4. 陈琳（2019）：《从〈无情的妖女〉的"娇气"文风看济慈的男性气质焦虑》，《南京邮电大学学报（社会科学版）》第 5 期。

5. 程功（2017）:《从白马到种马之"完美先生"诞生——当代美国浪漫喜剧片中的男性气质建构》,《上海艺术评论》第 3 期。

6. 邓丽丹、方刚（2017）:《家庭暴力中施暴男子的男性气质的个案研究》,《中国性科学》第 4 期。

7. 邓韵雪、石方（2018）:《宿舍劳动体制与男性工人：一项对富士康工厂的研究》,《湖南大学学报（社会科学版）》第 5 期。

8. 邓韵雪（2018）:《世界工厂里军事化男性气质的塑造与实践——一项对富士康基层管理人员的研究》,《妇女研究论丛》第 3 期。

9. 丁宁（2017a）:《城市文化语境下的青春选择与男性气质建构——1979~1989 年中国电影中的城市青年形象研究》,《电影评介》第 7 期。

10. 丁宁（2017b）:《银幕内外的男性气质建构（1979~1989）》,知识产权出版社。

11. 董典（2017）:《"奶爸"的男性气质解读——基于近五年"奶爸"话题文章的内容分析》,硕士学位论文,华东师范大学。

12. 杜平（2017）:《重申交叉性：男性特质的理论突破与研究启示》,《南开学报（哲学社会科学版）》第 4 期。

13. 方芳（2019）:《〈野草在歌唱〉中的男性气质分析》,《厦门大学外文学院第十二届研究生学术研讨会暨第二届外国语言文学博士论坛论文集》。

14. 付优（2016）:《近年来中文学界男性特质研究探析》,《山东女子学院学报》第 5 期。

15. 高修娟（2017）:《国外非传统职业男性气质研究述评》,《妇女研究论丛》第 5 期。

16. 郭荣（2020）:《吉姆男性气质的动态建构》,《跨语言文化研究（第 14 辑）》。

17. 郭智文（2019）:《边缘·共谋·融合：〈昌奈斯维尔事件〉中黑人男性气质的嬗变》,《西南科技大学学报（哲学社会科学版）》第 6 期。

18. 何瀚林、蔡晓梅、苏晓波（2016）:《国外人文地理学男性气质研究回顾与启示》,《地理科学进展》第 3 期。

19. 何天平、常江（2017）:《我国家庭伦理电视剧对男性气质的意义生产：一项对受众解码机制的考察》,《新闻界》第 5 期。

20. 何天平（2016）:《父权制的消解？我国家庭伦理电视剧的男性气质建构》,《新闻春秋》第 4 期。

21. 侯菲（2020）:《身体消费与男性气质的塑造》,硕士学位论文,浙江师范大学。

22. 胡一琳（2020）:《网络选秀节目中男性气质的生产与接收研究》,硕士学位论文,暨南大学。

23. 金莹（2019）:《中国电视新闻节目播音员主持人的男性气质研究》,硕士学位论文,南昌大学。

24. 李晶文（2019）:《格雷厄姆·斯威夫特〈水之乡〉男性气质研究》,硕士学位论文,兰州大学。

25. 李荣誉、刘子曦（2018）:《健身与男性气质构建——从 X 市健身房的实践出发》,

《妇女研究论丛》第 3 期。

26. 梁成林（2020）：《焦虑的"直男"——虎扑网络社群的男性气质分析》，《中国图书评论》第 1 期。

27. 刘传霞（2016）：《1950~1970 年代中国文学的男性想象》，《中国图书评论》第 7 期。

28. 刘传霞（2017）：《论新时期文学的男性形象再现与男性气质建构（1976~1989）》，《海南师范大学学报（社会科学版）》第 5 期。

29. 刘传霞（2019）：《1950~1960 年代女作家对新中国男性气质的建构》，《百家评论》第 5 期。

30. 刘静静（2018）：《〈郊区佛爷〉中的男性气质危机》，硕士学位论文，陕西师范大学。

31. 刘俊（2016）：《电视综艺"硬"主题建构社会文化生态》，《中国广播电视学刊》第 8 期。

32. 刘思雨（2020）：《当代中国主持传播对男性气质的建构》，硕士学位论文，深圳大学。

33. 刘天红（2020）：《"汽车文化"：从"有毒的男性气质"走向性别多元化》，《中国妇女报》7 月 14 日。

34. 刘远康（2019）：《男性气质建构：男青年健身行为的一个解释——基于对 10 名健身男青年的访谈》，《四川体育科学》第 3 期。

35. 卢敦基（2017）：《"礼"与"非礼"：金庸〈神雕侠侣〉对武侠男性特质内涵的扩展创新》，《浙江学刊》第 6 期。

36. 罗牧原、陈婉婷（2017）：《性别与空间："蚁族"男性气质的建构》，《中国青年研究》第 9 期。

37. 罗晓红、罗兰、雷鸣强（2019）：《问题视野下幼儿园双性教育机理分析及政策建议——基于康奈尔男性气质理论的研究》，《教育观察》第 34 期。

38. 马春花（2018）：《男性气质与发展主义——性别视阈中的改革文学》，《文艺研究》第 4 期。

39. 马冬玲（2019）：《家务劳动与男性气质的建构——基于六省市城乡居民的定性调查》，《中华女子学院学报》第 5 期。

40. 马一航（2019）：《跨国语境下〈追风筝的人〉中的男性气质变迁》，硕士学位论文，广东外语外贸大学。

41. 毛艳枫、徐斌（2016）：《男性气概笼罩下的多重身份——整形科医生叙事话语中的身份构建》，《医学与哲学（B）》第 6 期。

42. 孟惠妮（2017）：《论改革开放以来大陆青春电影里青年男性气质的嬗变》，硕士学位论文，西南大学。

43. 彭曙光（2017）：《电视有声语言传播中的男性气质与其社会建构》，《现代传播（中国传媒大学学报）》第 8 期。

44. 彭晓丹（2016）：《从电视广告看日本"男性气质"的变容》，硕士学位论文，北京第二外国语学院。

45. 皮兴灿、王曦影（2017）：《多元视野下的中国男性气质研究》，《青年研究》第2期。

46. 邱静（2018）：《男性气概的意义和问题》，《政治思想史》第3期。

47. 施文斐、刘锋杰（2017）：《宋明话本小说中的男性气质书写与两性关系模式构建》，《青海社会科学》第3期。

48. 苏熠慧、洪磊（2017）：《交叉性视角下的男售货员性别气质分析——以上海市两家品牌店为例》，《妇女研究论丛》第5期。

49. 隋红升（2016）：《男性气概与男性气质：男性研究中的两个易混概念辨析》，《文艺理论研究》第2期。

50. 隋红升（2017）：《非裔美国文学中的男性气概研究》，浙江大学出版社。

51. 隋红升（2018）：《跨学科视野下的男性气质研究》，浙江大学出版社。

52. 隋红升（2020）：《男性气质》，外语教学与研究出版社。

53. 孙翠翠（2017）：《男性气质的不稳定性及对攻击行为的影响》，硕士学位论文，四川师范大学。

54. 滕斌诚（2017）：《男性气质构建中的男性强奸及同性恋恐惧》，硕士学位论文，四川外国语大学。

55. 王佳妮（2019）：《家校合作培养小学男生男性气概的策略研究》，硕士学位论文，四川师范大学。

56. 王竞（2019）：《反抗还是妥协？——中国男同性恋在线形象中的霸权男性气质》，硕士学位论文，武汉大学。

57. 王岚、周娜（2018）：《〈重生〉三部曲与英国军人的男性气质危机》，《外语研究》第5期。

58. 王荣（2020a）：《19世纪末历险传奇的复兴与男性气概危机》，《语文学刊》第1期。

59. 王荣（2020b）：《维多利亚时代历险小说中帝国的男性气概——以〈所罗门王的宝藏〉为例》，《广东外语外贸大学学报》第6期。

60. 魏伟、史俊鹏（2017）：《同性恋话语与中国城市青年异性恋男性特质建构》，《青年研究》第4期。

61. 辛晔、史昱锋（2019）：《"娘炮儿"真的"娘"吗？——消费社会下对青年男性气质的再审视》，《中国青年研究》第2期。

62. 徐辉（2017）：《韩国偶像剧男性气质研究》，硕士学位论文，山东大学。

63. 徐炀妍（2020）：《〈马尔科姆·X的自传〉中马尔科姆·X的男性气质研究》，硕士学位论文，杭州电子科技大学。

64. 薛英杰（2016）：《男性特质视角在西方明清研究中的运用——以方法论的转向为中心》，《妇女研究论丛》第6期。

65. 薛英杰（2019）：《全球化视野下男性焦虑的媒体呈现——以中美影视剧的比较为中心》，《妇女研究论丛》第2期。

66. 杨小莉（2020）：《男性气质视角下重刑犯监狱男性罪犯改造研究》，《中国监狱学刊》第 6 期。

67. 叶攀（2016）：《否定的身体：北京市 Q 村工人的压抑男性气质》，《文学与文化》第 4 期。

68. 易海菲（2020）：《男同性恋者在社交媒体中的身体呈现和男性气质的构建》，硕士学位论文，北京外国语大学。

69. 原芳纯（2016）：《姜文电影性别叙事中的男性气质研究》，硕士学位论文，重庆工商大学。

70. 张小燕、舒奇志（2016）：《后结构主义视角下男性气质研究的主要维度》，《湘潭大学学报（哲学社会科学版）》第 4 期。

71. 张瑶（2020）：《论〈深渊〉中的市场男性气质》，硕士学位论文，湘潭大学。

72. 周佩（2020）：《论雷蒙德·卡佛〈我打电话的地方〉中的男性气质》，硕士学位论文，广东外语外贸大学。

73. 宗锦莲（2019）：《男子气概、美德替代与集体无意识：校园欺凌是如何发生的——一项来自"兄弟帮"领袖的口述史研究》，《教育发展研究》第 22 期。

少数民族妇女研究综述（2016～2020年）

丁 娥[*]

少数民族妇女是我国妇女不可或缺的组成部分。根据第七次全国人口普查数据，我国少数民族妇女人口为61284544人，约占我国妇女总人口的8.9%。本文梳理2016～2020年少数民族妇女研究的相关文献，旨在呈现本领域的主要议题和新进展，勾勒出这五年大致的研究图景。

一 研究概述

（一）论文成果情况

以"少数民族妇女"为关键词在2016～2020年中国知网（CNKI）"中国期刊全文数据库"、"中国博士学位论文全文数据库"、"中国优秀硕士学位论文全文数据库"和"中国重要会议论文全文数据库"中检索，获得期刊论文531篇、硕士学位论文150篇、博士学位论文20篇、会议论文10篇。与2006～2010年、2011～2015年比较，这五年"少数民族妇女"论文类成果有所减少（见表1）。

表1 中国知网（CNKI）少数民族妇女论文类成果统计

单位：篇

论文类型＼时间	2006～2010年	2011～2015年	2016～2020年
期刊论文	794	871	531
硕士学位论文	167	197	150
博士学位论文	22	51	20
会议论文	31	34	10

* 作者简介：丁娥，女，教育部人文社会科学重点研究基地中央民族大学中国少数民族研究中心副主任、助理研究员。

（二）基金项目情况

中国知网检索结果显示，与 2011~2015 年相比，2016~2020 年"少数民族妇女"基金项目论文数量有所减少。国家社会科学基金、教育部人文社科基金、省市基金项目以及以高校研究生支持项目为主的其他基金项目都有所减少（见表2）。

表 2　中国知网（CNKI）少数民族妇女论文基金项目数量统计

单位：篇

基金类型＼时间	2006~2010 年	2011~2015 年	2016~2020 年
国家社会科学基金项目	26	41	37
教育部人文社科基金项目	12	26	16
省市基金项目	12	31	26
其他基金项目	1	6	3

对国家社科基金项目数据库2016~2020 年立项的各类项目进行检索，直接涉及少数民族妇女的项目有17 项，立项项目以一般项目、西部项目和后期资助项目为主，缺乏重点项目和重大项目支撑，学科分类主要集中在民族学、民族问题研究（见表3）。

表 3　2016~2020 年国家社会科学基金涉及"少数民族妇女"项目

年度	项目类别	学科分类	题目	项目负责人
2016	一般项目	民族学	河湟地区少数民族贫困妇女文化教育救助机制研究	王秀花
2016	西部项目	民族学	白族妇女史研究	何志魁
2016	西部项目	民族学	全面二孩政策下武陵山区妇女生殖健康维护研究	罗雪梅
2016	西部项目	民族问题研究	生存哲学视域下的西北少数民族妇女生存问题研究	吴卫东
2017	一般项目	民族问题研究	青藏高原农牧区留守妇女教育发展支持研究	张伯娟
2017	一般项目	民族问题研究	新疆少数民族地区妇女手工艺精准扶贫问题研究	李钦曾

续表

年度	项目类别	学科分类	题目	项目负责人
2017	一般项目	人口学	新疆乡村少数民族家庭发展能力与妇女生存质量关系研究	古丽巴哈尔·卡德尔
2017	西部项目	民族问题研究	云南"直过民族"地区妇女成人职业教育问题研究	唐瑛
2018	后期资助项目	法学	壮族习惯法的母系特征研究：兼论壮族习惯法对妇女权益的保护	袁翔珠
2018	一般项目	党史·党建	改革开放以来中国共产党推进民族地区妇女工作的历史经验研究	李博
2019	一般项目	民族学	新中国70年蒙古族妇女发展研究	达日夫
2019	一般项目	民族学	新中国70年西部边疆少数民族妇女发展研究	黄筱娜
2019	一般项目	民族学	新媒体环境下中缅越老交界地区妇女跨境交往与社会稳定研究	王天玉
2019	西部项目	民族学	"三区三州"人口较少民族妇女职业教育阻断贫困代际传递案例研究	李天凤
2019	青年项目	民族学	社会性别视域下的南疆农村妇女反贫困对策研究	阿达莱提·图尔荪
2020	一般项目	民族学	贵州少数民族妇女脱贫实践经验的民族志研究	左丹
2020	一般项目	应用经济	少数民族地区乡村旅游发展的妇女生计资本效应及增进路径研究	赵书虹

对2016~2020年立项的教育部人文社会科学基金各类项目进行检索，直接涉及少数民族妇女的项目11项，以规划基金项目、青年基金项目为主，学科分类主要为艺术学和民族学与文化学两个领域（见表4）。

表4　2016~2020年教育部人文社会科学研究规划基金涉及"少数民族妇女"项目

年度	项目类别	学科分类	题目	项目负责人
2016	规划基金项目	艺术学	女书符号的审美价值及其在现代设计中的应用	张娴
2016	青年基金项目	民族学与文化学	生命历程理论视角下少数民族留守女性的生存状态与文化逻辑研究	连芙蓉

续表

年度	项目类别	学科分类	题目	项目负责人
2017	青年基金项目	艺术学	人类文化学视野下伊吾木卡姆女性鼓手文化阐释	牛欢
2017	规划基金项目	民族学与文化学	新疆和田地区维吾尔族妇女发展问题及对策研究	张少云
2017	青年基金项目	民族学与文化学	土司时期西南少数民族女性精英的危机应对与家国情愫	赵秀丽
2017	规划基金项目	民族学与文化学	明清时期云贵地区女土司社会角色研究	沈乾芳
2017	青年基金项目	民族学与文化学	西藏旅游发展与当地藏族女性参与问题研究——基于社会性别的视角	董瑞霞
2018	规划基金项目	民族学与文化学	白族妇女社会生活史研究	李戍戎
2018	青年基金项目	艺术学	新疆传统音乐非物质文化遗产女性传承人研究	赵欢
2018	规划基金项目	民族学与文化学	蒙古族妇女产前筛查及产前诊断的认知及现有服务效果评价研究	薛继亮
2018	青年基金项目	民族学与文化学	深度贫困地区少数民族妇女反贫困理论与实证研究：基于可行能力的视角	王艳

（三）学术论著情况

通过对国家图书馆等馆藏图书书目和相关图书商城书目进行搜索，据不完全统计，2016～2020 年少数民族妇女相关学术专著及论文集近 50 部，主要涉及文学、政治和法律、艺术、文化、历史、医药卫生等学科领域。同时作者主体多样化，除高校及科研机构研究人员外，基层 NGO 组织亦参与出版。

1. 少数民族妇女历史研究方面

黄兆宏、王对萍、王连连等（2016）的《辽夏金的女性社会群体研究》，根据史料与考古从政治、经济、教育、婚姻、家庭、宗教信仰等多重角度对辽、西夏、金三个少数民族政权下的女性社会生活进行了全景扫描，拓展了辽夏金史研究的视野；吴才茂（2017）的《清代苗族妇女的婚姻与权利——以清水江文书为中心》运用契约文书、古碑刻、族谱等对清代黔东南地区苗族婚姻和权利进行了详细研究，对研究清代苗族妇女的社会生活等具有重要的学术价值。《中国回族女性访谈录》（武宇林，2016）、《化茧成蝶——西江苗族妇女文化记忆》（张晓，2018）、《满通古斯语民族民间口述资源的女性研究》（郭淑梅，2019）、《纳西族妇女口述史》（和钟华主编，2020）等口述史研究成果则凸显了少数民族妇女的地域性和民族性特征。

2. 少数民族妇女社会参与方面

马桂芬（2017）的《西北穆斯林妇女社会参与研究——基于甘肃省回族、东乡族妇女的个案研究》对甘肃省回族、东乡族妇女在经济、政治、宗教文化和教育等领域的社会参与进行了探讨和分析。陈虹（2019）的《"性别统计"视角下内蒙古女性社会地位研究》描述了内蒙古地区女性2000年以来在健康、教育、经济、政治、婚姻家庭、社会保障和生活方式7个领域的总体状况及发展变化，提出了符合地区特点的具体对策和措施。罗树杰等（2017）的《妇女撑起半边天：妇女参与少数民族地区社会主义新农村建设研究》以广西农村仫佬族、壮族、京族、瑶族妇女为研究对象，探讨了新农村建设中少数民族妇女的家庭权利、农村经济发展与妇女地位、留守妇女与社会主义新农村建设、妇女与村民自治、闲暇生活的现状和问题，对打破民族地区推进社会性别主流化的困境提出了建议。赵振斌、褚玉杰等（2018）的《旅游开发中的西部民族社区妇女：参与与改变》从主体经验角度探讨了少数民族妇女在旅游开发中的参与特征、行为模式、心理活动和社会地位，进而构建了社区旅游中妇女参与的系统分析框架和理论体系。

3. 少数民族妇女教育方面

丁月芽（2016）的《双重弱势女性教育问题研究：西南三地的教育人类学调查》关注少数民族贫困地区"双重弱势女性"的教育机会均等问题，通过对西南三地水族、彝族等民族妇女的多点民族志研究，剖析其在经济、民族和性别文化的多重不利环境下的教育权益保障和教育机会均等问题；雷湘竹（2018）的《社会性别视角下的瑶族女童教育研究》集中考察瑶族女童学校教育的状况，分析瑶族女童学业的自身特点和心理发展水平，剖析阻碍瑶族女童实现教育公平的诸多因素，并对促进瑶族女童教育公平和提升瑶族女童生命质量提出建议。

4. 少数民族妇女婚姻家庭和生育方面

刘彩清（2016）在《婚姻、家庭、生育与妇女地位——对一个侗族村寨的人类学研究》中对侗寨妇女生活和地位以及侗族婚姻家庭、生育习俗文化进行了"深描"。李欣欣（2016）的《消解与重构：现代性体验与苗族乡村妇女的家庭生活》展现了在生存环境变化和现代文化冲击的背景下苗族乡村妇女家庭生活发生的转变，呈现了妇女在远离中心的乡村体验的由传统到现代的变迁以及她们对现代性的想象和实践；曹端波、崔海洋等（2018）的《云贵高原苗族的婚姻、贸易与社会秩序》围绕云贵高原苗族的婚姻、贸易与社会秩序，追溯了苗族婚姻交换与市场交换的历史变迁；许沃伦（2019）的《"祖荫"博弈与意义建构——大理白族"不招不嫁"婚姻的人类学研究》将"不招不嫁"置于重视"祖荫"的社区情境中，通过细腻生动的田野资料，多层次、多侧面地展现了缔结婚姻的双方家庭在仪式、居所、亲属称谓、子女姓氏上的既协商又争夺的博弈过程，勾勒出生计方式、家庭规模、家庭观念变迁以及女性主体意识觉醒给重视祖先崇拜和家族认同的传统社区带来的冲击与挑战。周云、秦婷婷（2018）主编的《少数民族生育意愿新观察》对藏族、维吾尔族、瑶族妇女当前的生育意愿进行研究，从人口政策、经济发展、宗教和民族文化、家庭和个人决策、婚姻制度等多角度深入分析了生育意愿形成的原因。

5. 少数民族妇女文学方面

魏巍（2016）的《中国当代少数民族女性诗歌研究》通过梳理当代少数民族女性诗人作品的线性脉络，厘清少数民族女性诗人创作的诗学意义和文化内涵，分析少数民族女性诗歌创作与主流文化之间相互接受、逐渐认同的关系，力求描绘包含绝大部分当代少数民族女作家创作的文学史，探讨何谓少数民族文学这样的根本性问题；田频（2017）的《民族身份、女性意识与自我认同——论新时期以来少数民族女作家小说创作的历史流变》以改革开放以来少数民族女作家小说创作文本为主要研究对象，探讨女性意识、民族身份与自我认识的隐秘或外显的错综复杂的关系，描绘当代少数民族女作家作品的重要贡献与文学意义，深入分析了少数民族女性作家和作品特殊性产生的原因；吉狄马加（2018）主编的《少数民族女性写作与我们的时代》集合了数十位作者关于少数民族女性写作的论文，从少数民族女性文学观察和文学体验描绘女性创作的面貌。

6. 少数民族妇女服饰文化方面

有张晓、张寒梅、潘璐璐（2017）编著的《贵州苗族代表性服饰》、周梦（2017）的《贵州苗族侗族女性传统服饰传承研究》、聂羽彤（2018）的《走近非遗——历史、祖先与苗族女性服饰变迁》。这些著作试图恢复苗族服饰作为文化符号与象征的原貌，探寻苗族亚文化聚落中服饰形态、功能结构、符号象征意义及其文化精神，展示经由服饰传承下来的精美技艺以及由服饰承载记录的民族历史特性，从少数民族女性地位的发展变化、在文化传承中的作用、女性人才资源的开发与保护三个方面分析少数民族妇女在中华民族传统文化传承发展中所起的历史及现实作用。

（四）学术活动开展情况

全国性少数民族妇女研究学术交流活动持续开展，中央民族大学、云南民族大学、延边大学相关机构联合策划"民族文化与社会性别"系列研讨会等活动。中央民族大学于2017年11月25~26日举办的第一届"民族文化与社会性别"学术研讨会，聚焦少数民族妇女的经济参与和反贫困、政治参与和权益保障、少数民族女性文化多样性等议题，会后出版了会议论文集（宋敏、丁娥，2018）。

2018年6月23~24日，延边大学女性研究中心举办成立二十周年暨第二届"民族文化与社会性别"学术研讨会，研讨涉及以下议题：少数民族妇女社会参与、社会地位与贡献，家庭对女性职业规划的影响，边民跨界婚姻，农村妇女土地权益保障，妇女生计方式变迁，女大学生发展的行动研究和健康认识误区，女童教育公平，抗日运动史，口述史等。

2018年12月8~9日，"'一带一路'合作倡议与伦理学的使命"论坛设立"'一带一路'合作倡议与少数民族女性发展"分论坛。论坛取得共识，认为"一带一路"合作倡议一方面为民族地区女性发展提供多重机遇，为少数民族妇女主体意识的发展开辟了广阔的空间；另一方面随着"一带一路"公共外交的拓展和深入，女性/性别平等主题活动日益增多，少数民族女性力量被打造成为"一带一路"合作倡议的软实力。

2019年7月12~14日，云南民族大学与四川外国语大学联合召开"回溯与前瞻：民族、性别与社会发展"学术会议，围绕民族文化与社会性别、教育与社会性别、经济发展与社会性别等议题展开讨论，并增加性别研究领域学术期刊选题及写作规范交流。以上活动强化了少数民族妇女研究学术共同体建设，推动了学术交流，传播了研究成果。

（五）研究特点

1. 研究对象空间分布更加均衡

少数民族妇女研究中，西南少数民族妇女研究强势势头继续保持，东北、西北、中东南少数民族妇女研究深入开展，尤其出现了对我国台湾地区少数民族妇女的关注和研究，使少数民族妇女研究形貌更加完整。在全球化时代，我们应注重对不同地区、不同民族女性的多样化实践的研究，强调少数民族妇女知识谱系和个体经验的重要性，注重将少数民族妇女放在社会实践、社会转型中重新审视和考量。

2. 学科前沿理论进入少数民族妇女研究

各学科新的话语、概念、视角被引入少数民族妇女研究的分析框架。例如，对新疆各民族女大学生、中年女性"社会性体格焦虑"的认知与行为进行研究（马嵘、黄春梅，2016），利用"旅游景区生命周期理论"研究身处旅游景区的少数民族女性的发展及增权（李萍、吴亚平，2017），开展少数民族妇女"抗逆力""社会工作抗逆力理论"研究分析其所面临的风险性因素与保护性因素（黄怡涵，2017；王莹，2018）；从"身体惯习"角度观察回族社会的性别构建（王艳，2018），运用"交叉性理论"讨论边远地区少数民族妇女群体双重身份的叠加（王奕轩、宗力，2019），把历史学、人类学对"物"的研究引入对酒曲植物与水族妇女、麻与苗族妇女的互动－互构关系研究（尤小菊、张晓，2019），运用"生态女权主义"理论分析少数民族妇女在边疆生态治理中的作用（子志月，2018），等等。这些研究丰富了少数民族妇女研究的理论和视角，对少数民族妇女研究走向深入起到重要的推动作用。

3. 研究方法更加综合和多元化

总体来看，这五年少数民族妇女研究中定性研究方法得以发展，定量研究方法得以深入，大量使用了文献研究、考古、口述访谈、参与观察、问卷调查、文学批评、法学案例分析等方法，研究成果既有深入的定性资料分析，使少数民族妇女民族志写作得到发展，又有运用全国人口普查、全国生育状况抽样调查、中国妇女社会地位调查等权威数据建立的模型分析，实现了方法论和方法的突破。

4. 研究人员及机构多样化

一是学者专业背景来源广泛，有教育学、人口学、社会学、法学、民族学、传播学、文学、艺术学、医学等，多学科、跨学科特点明显，突破了传统以民族学、社会学、妇女学为主体的研究队伍。二是更多男性学者和非本民族学者参与少数民族妇女研究，增加了客位研究的视角，对完善以本民族女性学者为主体和本民族文化主位视角为主的阐释方式大有裨益。三是研究机构突破了原来以民族院校和民族地区院校为主的局面，普通院校科研人员开展少数民族妇女研究对于开展非聚居区、城市少数民族妇女研究大有裨益。

二 主要研究内容

相比妇女研究的其他具体议题，少数民族妇女研究是对一个人群的研究，研究成果体量相对较大，议题相对分散。参考 2006~2010 年、2011~2015 年少数民族妇女研究综述，本文选择对 2016~2020 年研究较为集中的议题包括少数民族妇女政治参与权益保障、社会参与与社会融入、教育、健康、婚姻家庭与生育意愿、历史、文学文字、民族服饰与手工艺等议题进行综述。

（一）少数民族妇女政治参与与权益保障研究

少数民族妇女政治参与与权益保障研究关注少数民族妇女参政、权益保障现状以及制约因素分析。

1. 当前少数民族妇女参政研究

学者通过对男女平等基本国策在新疆贯彻过程中面临的挑战、新疆农村女干部参政议政状况，青海省循化撒拉族自治县撒拉族妇女的参政认知、参政意识、参政行为，社会资本对藏族聚居区妇女政治参与行为的影响，蒙古族女性参政状况，改革开放 40 年朝鲜族妇女社会地位变化，以及我国台湾地区少数民族妇女在政治格局中处于边缘化地位等现象的研究（梁丹，2016；王兰霞，2016；王建基，2017；安蒂娜，2017；李青芮，2018；张双莲，2018；蔡香美，2018；任婷婷、周典恩，2020；等等），一方面阐明少数民族妇女的政治参与对稳边固边、维护民族团结和实现各民族繁荣发展有重要意义，另一方面指出少数民族地区的农村妇女参与村级基层管理仍然处于弱势地位。对于制约少数民族妇女参政的因素，学者延续了对收入、文化程度、制度等影响因素的分析，并且关注到民族地区特有的性别文化、民族文化和宗教因素对女性参政的影响。有学者认为，广泛存在的不平等社会性别关系在长期的社会生活中逐渐累积，父母对少数民族女童教育期望低，以及少数民族女性长期从事非正规就业，对其地位和老年妇女经济保障有着致命性的影响（陈丽霞、杨国才，2016）；有学者认为，民族文化和宗教信仰形成了民族地区特有的社会性别认知和评价，影响着少数民族妇女的参政观念，导致少数民族妇女在政治领域内参政人数少、参政比例低、参政质量低（寇佳琳，2017；马亚男，2017）。因此，未来必须重视地域和民族特性，转变少数民族妇女参政观念，提高少数民族妇女参政素质，优化少数民族妇女参政条件，在法律和体制机制上保障少数民族妇女参政权益，推进少数民族妇女在政治领域内的性别平等。

2. 少数民族妇女权益保障研究

①整体性分析。有学者认为当前少数民族妇女权益保障法律建设中还存在诸多问题，如少数民族妇女法律意识淡薄、家庭暴力在农村比较多、少数民族妇女受教育水平低等，故立法、行政和执法时应当适度倾斜以保障少数民族妇女的法律权益（王雄，2016）。②微观个案研究。有学者基于对仡佬族妇女权益侵害、甘南州农村藏族妇女土地确权、内蒙古农村妇女遭受家庭暴力、边境佤族妇女权益保护的个案研究，分析民族地区妇女遭受的政治、文化教育、劳动和社会保障、生命权、健康权及财产权益的侵害（李侠、杨晓萍，2017；李凤杰，2017；孙国利，2018；安楠，2018；等等）。也有学者研究了云南西双版纳州农村少数民族妇女、广西瑶族妇女纠纷解决机制的选择行为，发现在国家法与习惯法的碰撞下，尽管纠纷司法解决机制能够更好地维护妇女权益，但妇女依然希望较多运用传统方式来解决纠纷（赵军干，2016；林源，2016）。这些研究在教育制度和少数民族地区自治条例、单行条例及法律救济机制上进行多方位的路径探析，对于在公平、正义司法价值取向下，以纠纷司法解决机制为中心，吸收与借鉴传统纠纷解决机制有益成分，构建既符合现代司法文明准则又考虑民族地区多元文化传统的纠纷解决机制，从而更好地维护与保障农村少数民族妇女权益大有裨益。

（二）少数民族妇女社会参与与社会融入研究

少数民族妇女社会参与研究议题主要集中在对少数民族女性就业、参与脱贫攻坚及民俗旅游发展的探讨，少数民族妇女社会融入研究则主要关注少数民族妇女中流动和留守人口面临的问题。

1. 少数民族妇女社会参与研究

（1）少数民族妇女就业研究。涉及对新疆少数民族妇女就业难问题，青海省六个自治州少数民族妇女的就业现状，甘肃省回族、东乡族妇女在经济、政治、宗教文化和教育等领域的社会参与，广西农村仫佬族、壮族、京族、瑶族妇女参与新农村建设现状的研究等（马桂芬，2017；古丽·朱马洪，2019；马晶，2020；罗树杰等，2017）。少数民族妇女就业影响因素分析表明，平均受教育年限、女性已婚人口占比以及工业化水平均对区域内女性就业有显著的影响（马晶，2020）。研究表明，通过社会参与和转变传统观念等方式，少数民族妇女能够实现传统角色的转换、改善性别关系和提高自身的社会地位，对打破民族地区推进社会性别主流化的困境有重要意义。

（2）少数民族妇女脱贫攻坚研究。民族地区的贫困发生率一直都高于全国平均水平，而妇女相较男性存在的各种劣势，造成少数民族妇女是"贫中之贫"，少数民族妇女贫困治理是"难中之难"。随着新时期扶贫战略向"精准扶贫"转变，少数民族妇女精准扶贫受到关注。相关研究既有对民族地区妇女精准扶贫、少数民族妇女参与产业扶贫的整体性探讨（侯山、张兴田，2017；左丹，2020），也有对广西中越边境少数民族妇女、四川省峨边县农村彝族妇女、新疆和田地区少数民族妇女的贫困现状、贫困原因和参与脱贫攻坚的现状进行的深入案例分析（冯江雪，2017；陈成，2017；许小雨、张爱萍、朱霞等，2020）。针对少数民族妇女贫困治理的路径，有学者提出主体性赋权和组织化资源供给的建议：第一，文化建设、生计能力提升、妇女自组织培育等综合性赋权策略可以使妇女在家庭和社区获得知识、能力、权力、权利等可视的权能，少数民族妇女赋权的路径选择必须考虑妇女贫困的多元化和复杂性，将宏观政策与微观干预、集体赋权与个体赋权相结合，尊重发展主体的自主性（钱宁、王肖静，2020）；第二，少数民族乡村妇女对组织化的需求真实存在，组织给予的资源应符合少数民族乡村妇女的需求，应推动妇女组织化行为发挥作用，帮助妇女摆脱贫困危机（陈然，2020）。

学者也反思了脱贫攻坚与社会性别结构、经济赋权与妇女地位改变的关系。一些研究认为，当前以提高家庭经济收入为目标、以户为单位的精准扶贫战略，忽略了女性才是家庭中隐形的贫困人口，甚至妇女创收的直接福利效益更多地流向家庭和被男性捕获，"妇女贫困"路径发生了"性别福利异化"，妇女经济收入的提高并未明显改变原有的性别结构（马丽珠，2019；李小云、陈邦炼、宋海燕等，2019；满丽萍，2020）。

（3）少数民族妇女参与民俗旅游发展研究。我国民族地区拥有丰富的旅游资源，大量少数民族妇女主动或被动卷入旅游开发中，相关研究有助于理解旅游开发中妇女参与的过程和意义，探求妇女自身发展的有效途径。研究内容包括对嘉绒藏族妇女、大理白族妇女、旅游地苗族村寨贫困妇女、西双版纳州傣族妇女、西江千户苗寨妇女、黔江区十三寨土家族妇女、草原旅游开发中蒙古族妇女、青海省拉卜楞镇藏族妇女、黑龙江省饶河县赫哲族妇女等少数民族妇女在民族民俗旅游发展中的形象、社会角色的变迁、所起的作用、受到的影响进行研究（赵婷，2016；林茜、顾婷，2016；赵振斌、褚玉杰等，2018；王丽丽、明庆忠，2018；李批蒨，2018；杨川，2018；姜晗、李国源、杨东辉等，2018；高璐，2019）。这些研究从总体上探究民族旅游与少数民族女性的互动关系，呈现女性社会环境适应力与创造力以及不断地自我生长过程，为把握旅游场域中少数民族妇女的自身发展规律提供了借鉴。

2. 少数民族妇女社会融入研究

少数民族妇女社会融入研究主要关注少数民族流动妇女城市融入，并增加对少数民族留守妇女的关注，分析更加关注性别制度建构的影响，从而深化和丰富女性主义迁移理论。①少数民族流动妇女研究，呈现"不融入"和"融入且有贡献"两种相反的情景。前者如对贵阳市苗族拾荒妇女城市适应中的"不融入"现象的研究（尤小菊、蒙祥忠，2016），分析认为造成"不融入"的因素主要有制度与社会性因素、民族因素、自身因素、职业分割带来的阶层意识等。后者如少数民族妇女以照顾者角色从村寨流动到附近县级城市的现象，研究发现，流动使少数民族妇女生活水平、话语权、家庭决策权都有所提高，她们返乡会给社区带来积极影响，城市流动穆斯林女性给整体穆斯林的迁移带来了一定的影响与贡献（颜慧瑛，2016；苏慕瑜，2018）。②少数民族留守妇女研究相对较少，但也关注到由于独特的地理位置、人文环境和相对落后的经济基础，少数民族农村留守妇女形成了独特的留守性质。如少数民族留守妇女的工具性支持、情感性支持和社会交往性支持主要是由家人、邻居和亲戚朋友提供的非正式社会支持构成，来自政府、村委会、妇联等的正式社会支持严重不足，需要探索有效援助的长效机制（杨利勤、宋青，2016；牛芳、康翠云，2018）。

（三）少数民族妇女教育研究

相关研究延续了对少数民族女童教育的重视，关注教育对改变少数民族妇女性别观念以及反贫困的影响，而对少数民族妇女高等教育、职业教育、老年教育、特殊教育、学前教育等涉猎不足。

1. 从教育平等视角审视少数民族妇女儿童教育状况

通过对新疆少数民族受教育程度的性别与族别分析、广西贫困地区少数民族妇女的高文盲率和学习心理障碍研究、瑶族女童学校教育状况的考察和民族地区妇女职业教育现状的研究（高永超，2016；莫碧珍、韦克甲，2017；雷湘竹，2018；许金灵、赵枝琳，2020），印证了提高受教育程度对少数民族妇女发展尤其是对妇女职业地位获得和生育率具有显著影响的基本认识。少数民族妇女儿童的教育工作面临历史文化和传统观念束缚、现实环境和经济水平制约等多重因素的影响。近年来的研究重点指出了少数民族妇女儿童学业的自身特点和心理发展水平对其学业成效的影响。因此，在教育过程中必须关注诸多因素的交织作用，从而提高少数民族妇女儿童的可行能力和生命生活质量。

2. 教育发展对少数民族男女性别观念的影响研究

对第三期中国妇女社会地位调查数据分析发现，教育发展能够显著促进少数民族男女性别观念的现代转向，从与利益相关的财产继承观念，到与规范认知相关的性别分工观，再到与价值相关的姓氏继承观，其影响由表及里正逐步发生变化，因此切实提升受教育水平有助于促进少数民族性别平等（冯剑侠、李兴睿，2017）。

3. 少数民族妇女媒介接触研究

有研究分析了少数民族妇女与汉族妇女在互联网接入和使用层面的差异，有学者通过彝族妇女在家庭语境中看电视行为探讨媒介发展与少数民族妇女发展的关系，还有研究细致描述了新疆喀什市维吾尔族妇女微信化生活过程所发生的变迁（冯剑侠、李兴睿，2017；依各，2017；努尔比亚·亚生，2019）。研究发现，少数民族妇女和汉族妇女存在"接入"层面的"数字鸿沟"，体现为少数民族妇女在互联网的使用率和使用时长上都显著低于汉族妇女，少数民族妇女利用网络炒股/投资和网络购物等经济行为的参与率较低，性别、年龄、受教育程度和职业类型对少数民族妇女的互联网接入状况和使用偏好存在一定影响（冯剑侠、李兴睿，2017）。因此，提升少数民族妇女媒介素养迫在眉睫。

（四）少数民族妇女健康研究

少数民族妇女健康研究数量增多，从学科分布来看医学研究占七成，议题主要集中在少数民族妇女生殖健康差异状况及影响因素分析。

1. 少数民族妇女生殖健康研究

相关研究一致认为，民族地区妇女生殖道感染（RTI）、生殖道 HPV 感染均具有明显的地域和民族差异性，民族地区妇女对生殖道健康的认识水平也普遍较低，对 HPV 感染、宫颈癌的认知水平与非民族地区存在明显差异。在对各地区少数民族妇女生殖疾病的分析中，大都使用了族际比较分析的视角，即关注一定空间范围内不同民族妇女生殖疾病的发病率、就医行为、预后差异。例如，对内蒙古自治区妇女宫颈癌，科尔沁蒙古族妇女宫颈病，准格尔旗蒙古族妇女 HR-HPV 感染率、TCT 病变级别发病率、宫颈癌及癌前病变进行分析，均显示蒙古族妇女阳性率、发病率、检出率高于汉族妇女（申浩、宋伟奇，2016；英培琪，2017；包丽红，2018）。对新疆尼勒克地区妇女妊娠合并贫血发病、伊犁州和阿勒泰地区农村妇女乳腺癌早期筛查知识知晓率进行调查，均发现维吾尔族妇女、哈萨克族妇女疾病知晓率较低而发病率较高，各民族妇女在生存环境、婚育状况、肿瘤临床病理特点、治疗方式及依从性、预后方面存在明显差异（袁娜，2016；施萍、刘淑霞、杨静等，2016；李娜，2016；马玉花、张泽高、马苗苗等，2019）。对宁夏回族女性盆腔器官脱垂（POP）分析发现，回族妇女患病年龄小于汉族妇女、体质指数大于汉族妇女、初产年龄小于汉族妇女（张桓，2016）。对云南沧源县佤族、红河县哈尼族、楚雄州育龄期彝族妇女等民族妇女 HR-HPV 感染分析（刘慧芳，2017；费渠峰、白光平、苏敏等，2017；陈云梅、赵菊萍、段华莲等，2019）显示，少数民族妇女上述疾病检出率、感染率均高于本地汉族妇女。对广西 4 个县区宫颈癌筛查和孕妇孕期焦虑研究分析发现，宫颈癌和癌前病变主要发生在少数民族中，壮族妇女孕期焦虑的风险是汉族妇女的2~3 倍（刘湘红、曾蓉、韦朋海等，2017；李珊珊，2017）。对海南省农村妇女5 种生殖道感染常见病数据分析发现，黎族等少数民族妇女感染率高于汉族妇女（董春波、樊利春、窦倩如等，2020）。观察少数民族和汉族接受辅助生育技术的患者发现，少数民族患者较汉族患者的年龄、体重指数更大，且更多因输卵管因素而不孕（林锦丽、张林昊，2018）。以上研究为少数民族女性乳腺癌、宫颈癌等生殖疾病的预防、筛查和治疗提供了依据。

2. 少数民族妇女健康影响因素分析

①学历、职业、户口（城乡）、婚姻状况对少数民族妇女健康的影响。如对广西瑶族育龄妇女、贵州黎平侗族村寨妇女、甘肃牧区和城镇藏族育龄妇女、贵州世居侗族妇女子宫肌瘤人群的产检率、住院分娩率、生殖健康培训、生殖健康认知等研究结果显示，文化水平低、农村户口、经济落后、思想观念陈旧以及地理位置偏僻、从家到最近医疗机构的时间长是少数民族地区妇女生殖健康状况不理想的影响因素（徐嘉悦、牟雨婵、张菊英，2017；金措、曾茂兰、张瑞红等，2018；唐梅、洪峰、关菡等，2020）。②民族传统文化对少数民族妇女健康的影响。对贵州南部少数民族妇女产褥期患病与传统饮食和行为的关系研究，对鄂尔多斯蒙古族育龄妇女口腔保健研究，对"话賨"与丽江纳西族妇女心理健康的关系研究，对大理市农村少数民族成年妇女骨质疏松发生情况的分析等（陈燕，2016；阿拉腾胡雅格、张晓娇，2016；木丽琼，2017；李芳、李静、吴娟娟等，2019）发现，日常生活中居住方式、饮食习惯、传统社会组织等对少数民族妇女健康具有正反两方面的影响，揭示出妇女疼痛、慢性病和亚健康等背后蕴含的社会文化原因及日常生活方式对妇女健康的保护。③照顾者角色使少数民族妇女不断面临病痛和健康风险。少数民族妇女由于照顾者角色对自身、父母或子女的就医行为有不一样的选择和表现。例如，对甘肃临夏州康乐县回族留守妇女的研究发现，很多留守妇女在家庭中地位较低，缺乏对自我的合理定位，在医疗保健决策上存在倾斜，使本来就少的医疗资源更多地倾向子女、公婆及其丈夫，而使自己不重的病情逐渐加重或拖成了慢性疾病（石蕊，2019）。

生殖健康研究占绝对优势的事实说明，少数民族妇女健康研究还主要是将少数民族妇女作为生育者/母亲角色予以关注，而非将其作为自然人的主体健康来进行关注和研究，少数民族妇女健康研究还有很多可探索空间。在一定的空间范围或特定地区内进行少数民族妇女健康的族际比较分析是一个重要切入点。"照顾者"角色等妇女健康理论的运用也提示可以从健康不平等、妇女健康、族际健康比较等理论视角拓展少数民族妇女健康研究的解释模型。

（五）少数民族妇女婚姻家庭与生育意愿研究

少数民族妇女婚姻家庭研究延续了对婚姻家庭制度、性别文化等传统议题的关注，对离异等现实问题亦有一定关注，生育意愿研究从少数民族妇女整体和具体民族深入研究两方面充实了当前有关生育的理论和相关结论。

1. 少数民族妇女婚姻家庭研究

相关研究涉及侗族妇女婚姻家庭、生育习俗，苗族乡村妇女的家庭生活，黔东南侗族青年男女恋爱、结婚和婚姻中断，黔东和黔南地区苗族婚姻习惯法的比较，云贵高原苗族的婚姻、贸易与社会秩序，大理白族"不招不嫁"婚姻形式的发生与发展（刘彩清，2016；李欣欣，2016；李素梅，2016；李峰，2016；李旻，2017；曹端波、崔海洋，2018；冷波，2018；许沃伦，2019）。

有学者关注到离婚案件逐年上升严重影响民族地区农村婚姻家庭的和谐稳定以及乡村振兴与社会发展，其中少数民族妇女的财产权益保障不力问题突出（冷遥、雷明光，2019），也关注到农村少数民族妇女跨文化圈通婚失败的现象、20 世纪末期拉祜族妇女跨省婚姻迁移及近些年比较突出的已婚拉祜族妇女"离夫""离乡"的流动现象（冷波，2018；高杨、刘永功，2018）。一方面，学者认为"文化羁绊"是其婚姻失败的主要原因，即随着现代性的不断侵入，少数民族妇女会更深地卷入全国婚姻市场，给民族地区的婚姻秩序带来冲击（冷波，2018）；另一方面，父权制的压榨、内地经济优势的吸引以及不公平的财产分配和高额的离婚代价，使得流动成为拉祜族等少数民族已婚妇女降低离婚成本、逃避家庭暴力和婚姻不幸的重要途径（高杨、刘永功，2018）。这些研究展示出在生存环境变化和现代文化冲击下，少数民族妇女婚姻和家庭生活在外出务工、发展旅游、电视下乡、手机媒介等现代性力量作用下发生的主动性和自发性转变，以及在民族习惯法和国家婚姻法的冲突和融合、传统与现代磨合、博弈的过程中妇女发挥的重要能动性。

2. 少数民族妇女生育意愿研究

①整体性研究。对全国人口普查数据和全国生育状况抽样调查数据进行分析后发现，我国少数民族妇女生育水平有所降低，总和生育率虽高于全国平均水平但有降低，并且与全国人口生育水平差距大大缩小，各民族育龄妇女平均生育年龄大幅推迟，少数民族妇女生育率水平、各孩次生育率水平均高于汉族妇女，据此判断民族地区处于适度的生育率水平（王明，2017；原新、刘绘如、刘旭阳等，2019）。学者分析了少数民族妇女生育意愿的影响因素，发现民族地区育龄妇女经济地位、自身生育经历与其生育意愿负相关，父辈生育经历与之正相关，

影响因素具有明显的经济和代际特征（原新、金牛、刘志晓等，2020）。②特定民族妇女生育意愿的研究。对"全面二孩"政策下云南省少数民族育龄妇女生育意愿的研究，对藏族、维吾尔族、瑶族妇女生育意愿的比较研究，以及对拉萨藏族妇女在没有生育数量限制下的个体生育意愿的研究（梁亚婷，2016；张丽萍，2017；周云、秦婷婷，2018；周云，2018），揭示了少数民族生育水平的历史流变和发展特征，民族间生育水平变化的不同路径以及经济水平、家庭生命周期、民族文化、社会政策的深刻影响。这些研究对国家在相继放开"二孩""三孩"计划生育政策背景下深入理解少数民族妇女生育意愿以及人口政策在民族地区人口发展中的作用有重要意义。

（六）少数民族妇女历史研究

少数民族妇女历史研究主要通过对特定历史时期、特定区域、特定民族妇女的文献研究、考古和口述史研究，展示特定历史时期少数民族妇女的社会生活。研究内容涉及辽、夏、金、元、西夏、清等各朝代少数民族妇女的政治、经济、教育、婚姻、家庭、宗教信仰等多角度社会生活全貌（黄兆宏、王对萍、王连连等，2016；吴才茂，2017；黄可嘉，2017；闫中华、王艳，2019；等等）。另外，少数民族妇女特定人群的研究和口述史研究也比较突出。

1. 历史上少数民族妇女特定人群研究

例如，对清代满族女文人的创作成就及兴盛原因的分析展示了满族妇女在中国古代文学尤其是少数民族文学发展史上的重要地位（冯雁，2018），对明清时期云贵地区女土司的形象研究则分析了王朝治策、"大一统"理念和地方社会习俗如何引起女土司形象文献书写形式的变化（沈乾芳、马凯，2020），就清朝政府对台湾少数民族妇女的管理政策研究体现了清政府对台湾少数民族的治理逐步完善（任婷婷、周典恩，2020）。这些研究充分肯定了利用历史上的女性精英符号对激发少数民族妇女的参政议政意识具有重要意义。

2. 少数民族妇女口述史研究

一是对历史口述资源的研究，如以满 - 通古斯语族赫哲族、满族、鄂伦春族等少数民族系列口述资源为研究对象，对已经出版的 30 余部原始文本、译文等资料进行系统的女性主义视阈研究（郭淑梅，2019）。二是对当前少数民族妇女口述史的研究，涉及当代回族妇女、黔西南西江苗族妇女、云南少数民族知识女性、纳西族妇女（武宇林，2016；张晓，2018；和钟华，2020；等等），以上成果都是在特定社会背景下对特定民族的妇女群体与文化体系、社会结构互动的研究，提供了动态的、鲜活的并具有浓郁地域和民族特色的妇女文化样本。

（七）少数民族妇女文学文字研究

少数民族妇女文学研究向当代少数民族女性作家文学作品、少数民族女性作家创作、文学作品中少数民族女性形象研究等方面深入和拓展，少数民族妇女文字研究则主要延续了江永女书文字的研究。

1. 当代少数民族女性作家文学作品研究

研究包括对当代少数民族女性诗人作品的诗学意义和文化内涵的探讨、新疆少数民族女性文学的意义解读和审美评价、当代藏族小说中女性形象的类型特征和文化内涵的分析、黔东少数民族女性文学作品以及 1949 年以来少数民族女作家作品的资料收集（魏巍，2016；任一鸣，2016；黄尚霞，2016；于宏、胡沛萍，2017；黄晓娟，2018；仵倩文，2019）。这些研究从社会性别和民族双重视角切入，分析少数民族女性文学创作与主流文化之间相互接受、认同的关系，剖析其文学作品中包含的历史内容和思想内涵，力求描绘包含绝大部分当代少数民族女作家创作的完整的文学史。

2. 少数民族女性作家创作研究

研究描绘当代少数民族女作家的文学创作、重要贡献与文学意义，深入分析了少数民族女性作家和作品特殊性产生的原因。例如，有学者认为少数民族女性作家在本民族文化、他民族文化及西方文化的多元文化冲突融合的背景下成长，天生的少数族裔身份、觉醒的女性意识，对其创作有至关重要的作用，改写了少数民族女作家的创作进程与样式（田频，2017）。一些学者对维吾尔族、彝族、藏族女性作家写作的研究（徐琴，2017；胡沛萍，2018；吉狄马加，2018；胡远征，2018），从少数民族女性文学观察和文学体验深挖女性创作的面貌，发现由于女性意识凸显与独特的空间话语、身份意识觉醒后的话语实践，当代少数民族女性作家对女性的性别境遇、生活境遇和女性在社会历史中的处境给予更多关注与审视，建立了区别于男性作家创作的审美规范和诉求。

3. 文学/文化作品中少数民族女性形象研究

①民族民间文学作品中少数民族妇女形象研究。研究对传统藏戏中正反面女

性形象、藏族妇女"打巴奥"歌的文本及民俗事象、土族民间传说中女性的叙事行为、湘西土家族"哭嫁歌"等民族民间文学作品的内容内涵及其背后的文化背景进行分析（向烨炜，2016；代玉熙，2017；白晓霞，2018）。研究阐述了这些文学作品中女性形象的塑造与民族传统女性文化的密切关系，呈现了女性创造美与智慧、传承爱与坚忍、用女性叙事阐释生活世界活力的实践。②现代媒体中少数民族妇女形象的研究。一些学者通过少数民族题材电影、《中国妇女》封面女性、人民网和中国西藏网等网络媒体塑造的少数民族女性形象的研究（史亮，2016；郭丽君，2017；杜倩，2019；罗加徐么，2020），揭示了现代媒体在宏大历史叙事下对少数民族女性存在一定程度的忽视，讨论了性别被纳入国家主体身份的建构过程带给民族地区妇女的生活方式、自我/社会指认的影响以及男性在该结构中的位置及变化，指出，媒体在建构少数民族妇女形象时应观照其生存情境，推动少数民族女性主体意识的建立，为少数民族妇女争取更多的社会话语权。

（八）少数民族妇女民族服饰与手工艺研究

1. 少数民族妇女民族服饰

少数民族妇女民族服饰研究展示了少数民族妇女服饰文化的多样性。通过对蒙古族女性头饰及头饰更替中的性别角色变迁、苗族"贯头衣"和"尾饰"装束以及明清时期"披草衣""缉木叶为衣""披毡"习俗、百鸟衣苗族服饰、水族妇女服饰的文化底色和民族特色、壮族妇女织制的传统服饰、红头瑶服饰文化与审美特征、白裤瑶服饰妇女制作技术、瑶族男女衣着、舟曲藏族妇女和男子服饰、羌族妇女刺绣"袾船子"等少数民族传统服饰研究（卢苏萌，2016；傅奠基，2016；刘爽，2016；冯志学、林燕宁，2016；宋国栋，2017；叶飞，2017；张晓，2017；周梦，2017；邓子红，2017；吴天丽，2018；金枝，2018；朱华平，2020；郑姣，2020），阐述了少数民族服饰的发展过程、源流演变、区域性差异和生命礼俗、民俗制度的内在含义，映射了民族文化的底色和特色、审美价值和追求、人与自然的关系和潜藏其中的性别文化。

2. 少数民族妇女手工艺研究

一是对少数民族妇女手工艺的研究。涉及苗绣、侗族织锦、侗绣、水族马尾绣及背扇、傣族花腰、壮锦、畲绣及畲族银花等工艺制作的图案、形制、纹饰、功能、工艺等的分析，展示了少数民族妇女技艺蕴藏的文化价值。经由妇女传承下来的精美服饰技艺、传统手工艺及其制品是少数民族女性知识文化的体现，对传承传统技艺和弘扬民族文化具有重要贡献，不应该只作为民间艺术被关注，而更应该作为女性文化传统和生活模式被重视。二是对手工艺提升少数民族妇女地位、实现少数民族工艺产业振兴、推进乡村振兴的研究。研究表明，妇女手工艺对改善乡村经济结构、提高家庭收入、提升妇女家庭经济地位、促进乡村社会乡风文明建设以及妇女主体意识觉醒具有重要作用（李雪韵，2019；敏晓兰，2020）。少数民族民间工艺丰富多样，具有明显的地域文化特色，是民族地区乡村振兴的资源优势。有学者从"遗产生成""非遗传承与女性赋能"出发，探索提升技艺能力、激发内生动力、有效促进民族地区农村妇女可持续发展的扶贫新模式（聂羽彤，2018；丁尧，2020）。

三　研究不足与展望

总体来看，主流学术界对少数民族妇女的关注度不够，这五年研究成果总量有所下降。从上述基金项目的学科领域可见，少数民族妇女研究主要局限在民族学、民族问题研究、社会学、人类学等领域，说明少数民族妇女研究领域局限性较大。研究立项总量少且项目级别低，缺乏国家级重点和重大项目的引领和支撑。从研究内容来看，少数民族妇女研究范围涵盖宽泛，几乎涉及妇女研究所有的议题，但对妇女研究的热点焦点和前沿问题回应不多，整体规划性较弱，未能产生集成性研究成果，基于本土的理论创新不足，学术研究的深度和影响力有待提高，少数民族妇女研究总体薄弱。究其原因，主要在于少数民族妇女研究学科体系建设乏力，未能建立科学和系统的学科体系。目前，对少数民族妇女研究的学科定位存在女性学研究分支、民族学研究分支和交叉学科的分歧。学科归属没有定论，学科意识有待加强。研究者以民族学、社会学和妇女学为主体，但又一直处于这些学科的边缘。少数民族妇女研究与妇女研究主流的联系和合作也不够紧密。以上现象的扭转还需要一个较长的过程。

学者对女性民族学、女性人类学、少数民族女性学的倡导，表达了构建少数民族妇女研究学科体系的心声和迫切愿望。未来少数民族妇女研究发展的重点难点是建立科学、系统的少数民族妇女研究学科体系，消除与整个女性学科的巨大差距。在理论创新上，一方面，少数民族妇女研究需要借鉴国内外妇女研究前沿理论；另一方面，由于独特的地理区位、历史进程和文化特色，学者应对其深入挖掘，加强基础理论研究，创新本土理论建构。具体做法包括：一是建立少数民族妇女研究的学术组织，加强少数民族妇女研究的整体规划和集中攻关能力；二是加强与国际妇女研究、国内妇女研究以及其他学科的对话，强化沟通、联系与合作，建立多方力量合作研究的机制；三是组织高水平学术活动，巩固和壮大少数民族妇女研究学术共同体，加强研究队伍能力建设；四是促进少数民族妇女研究与成果的出版和交流，为妇女/性别研究提供民族的知识与信息。

参考文献

1. 阿拉腾胡雅格、张晓娇（2016）：《少数民族地区育龄妇女口腔保健调查研究》，《中国校外教育（上旬刊）》第 Z1 期。

2. 安蒂娜（2017）：《少数民族女村干部的本土经验在农村发展中的应用——以新疆地区为例》，《社区》第 6 期。

3. 安楠（2018）：《边境少数民族地区妇女合法权益表达的思考——以云南沧源佤族自治县为例》，《法制博览》第 28 期。

4. 白晓霞（2018）：《土族民间传说与女性文化研究》，敦煌文艺出版社。

5. 包丽红（2018）：《少数民族地区蒙古族妇女宫颈癌危险因素调查研究》，《国际检验医学杂志》第 A1 期。

6. 蔡香美（2018）：《改革开放四十年朝鲜族农村妇女社会地位变化研究——以延边朝鲜族自治州龙井市三合镇为个案》，硕士学位论文，延边大学。

7. 曹端波、崔海洋等（2018）：《云贵高原苗族的婚姻、贸易与社会秩序》，知识产权出版社。

8. 陈成（2017）：《彝族地区农村妇女贫困现状与反贫困对策研究——以四川省峨边县为例》，《四川农业科技》第 10 期。

9. 陈虹（2019）：《"性别统计"视角下内蒙古女性社会地位研究》，吉林大学出版社。

10. 陈丽霞、杨国才（2016）：《云南少数民族老年妇女经济保障的结构性脆弱——社会性别视角》，《民族学刊》第 5 期。

11. 陈然（2017）：《民族乡村妇女脱贫的组织化影响因素及对策研究——以贵州省西江村为例》，硕士学位论文，重庆大学。

12. 陈燕（2016）：《贵州南部少数民族妇女产褥期患病情况与饮食、行为的关系分析及护理干预》，《中国社区医师》第 21 期。

13. 陈云梅、赵菊萍、段华莲等（2019）：《云南少数民族地区早婚孕产妇状况及护理探索》，《实用妇科内分泌电子杂志》第29期。

14. 代玉熙（2017）：《传统藏戏中的女性形象研究》，硕士学位论文，中国戏曲学院。

15. 邓子红（2017）：《基于广西少数民族服饰的创意影像研究》，《明日风尚》第24期。

16. 丁尧（2020）：《非遗传承与女性赋能相结合的精准扶贫的有效模式研究——以侗锦织艺应用为例》，《农家参谋》第20期。

17. 丁月芽（2016）：《双重弱势女性教育问题研究：西南三地的教育人类学调查》，民族出版社。

18. 董春波、樊利春、窦倩如等（2020）：《海南省农村妇女生殖道感染现况调查》，《中国热带医学》第9期。

19. 杜倩（2019）：《改革开放四十年〈中国妇女〉封面女性形象研究》，硕士学位论文，西南大学。

20. 费渠峰、白光平、苏敏等（2017）：《楚雄州育龄期妇女乙肝血清学检测结果分析》，《卫生软科学》第7期。

21. 冯剑侠、李兴睿（2017）：《数字鸿沟：我国少数民族妇女与汉族妇女互联网使用的差异分析》，《民族学刊》第4期。

22. 冯江雪（2017）：《社会性别视角下广西边境农村少数民族妇女贫困问题研究——以堪爱村为例》，硕士学位论文，广西师范大学。

23. 冯雁（2018）：《何期闺阁辈　杰出欲空前——清代满族女文人兴盛之原因探析》，《社科纵横》第3期。

24. 冯志学、林燕宁（2016）：《论滇南瑶族妇女传统服饰文化与审美特征——以金平县红头瑶为例》，《西部皮革》第6期。

25. 傅奠基（2016）：《西部苗族服饰的历史底蕴》，《昭通学院学报》第5期。

26. 高璐（2019）：《旅游发展对西北民族地区藏族女性的影响研究——以夏河县拉卜楞镇为例》，硕士学位论文，西北师范大学。

27. 高杨、刘永功（2018）：《双重逃离：边境少数民族已婚妇女流动研究——以云南拉祜族为例》，《中国青年研究》第7期。

28. 高永超（2016）：《教育平等视角下新疆少数民族受教育程度分析》，《和田师范专科学校学报》第4期。

29. 古丽·朱马洪（2019）：《浅谈新疆少数民族妇女就业问题》，《活力》第8期。

30. 郭丽君（2017）：《"十七年"社会主义民族文化建构——以〈嘎达梅林〉、〈阿诗玛〉和〈刘三姐〉的搜集与整理为中心》，博士学位论文，上海大学。

31. 郭淑梅（2019）：《满通古斯语民族民间口述资源的女性研究》，商务印书馆。

32. 和钟华主编（2020）《纳西族妇女口述史》，云南人民出版社。

33. 侯山、孙丽萍（2017）：《维吾尔族地区妇女就业问题研究》，《科研》第2期。

34. 胡沛萍（2018）：《当代藏族女性汉语文学史论》，中央民族大学出版社。

35. 胡远征（2018）：《当代新疆维吾尔女性文学的女性意识研究》，硕士学位论文，喀什大学。

36. 黄可嘉（2017）：《金代婚姻法制研究》，硕士学位论文，黑龙江大学。

37. 黄尚霞（2016）：《黔东女性文学的发展与嬗变》，《贵州工程应用技术学院学报》第 3 期。

38. 黄晓娟（2018）：《当代少数民族女性文学的中华民族共同体意识——以获"骏马奖"的女作家作品为例》，《南开学报（哲学社会科学版）》第 6 期。

39. 黄怡涵（2017）：《社会工作视角下少数民族妇女抗逆力提升研究——以乌鲁木齐市大湾北路西社区为例》，硕士学位论文，新疆大学。

40. 黄兆宏、王对萍、王连连等（2016）：《辽夏金的女性社会群体研究》，甘肃人民出版社。

41. 吉狄马加主编（2018）《少数民族女性写作与我们的时代》，四川民族出版社。

42. 姜晗、李国源、杨东辉等（2018）：《关于促进少数民族妇女参与民俗旅游活动的研究——以黑龙江省饶河县赫哲族妇女为例》，《经济师》第 2 期。

43. 金措、曾茂兰、张瑞红等（2018）：《甘肃牧区与城镇藏族育龄妇女生殖健康知识、态度、行为的问卷调查》，《中国计划生育学杂志》第 4 期。

44. 金枝（2018）：《三江侗族女性服饰应用的对比分析——以盛装与便装为例》，《工业设计》第 11 期。

45. 寇佳琳（2017）：《社会性别视角下中国少数民族妇女参政研究》，《贵州民族研究》第 1 期。

46. 雷湘竹（2018）：《社会性别视角下的瑶族女童教育研究》，科学出版社。

47. 冷波（2018）：《文化羁绊：理解农村少数民族妇女离婚的一种视角——以黔东南州侗族为例》，《中国青年研究》第 5 期。

48. 冷遥、雷明光（2019）：《少数民族农村地区离婚现状与思考》，《贵州民族研究》第 7 期。

49. 李芳、李静、吴娟娟等（2019）：《大理市农村少数民族成年妇女骨质疏松相关因素调查》，《现代医药卫生》第 1 期。

50. 李峰（2016）：《论民族婚姻习俗和婚姻法的冲突解决策略——以苗族婚姻习俗为例》，硕士学位论文，青岛大学。

51. 李凤杰（2017）：《甘肃少数民族地区农村离婚妇女土地权益保护的立法问题研究——以甘南藏族自治州为例》，《中文科技期刊数据库（全文版）社会科学》第 8 期。

52. 李旻（2017）：《苗族传统文化几个问题的探讨》，硕士学位论文，广西师范大学。

53. 李娜（2016）：《新疆哈萨克族、维吾尔族、汉族农村妇女乳腺癌筛查知信行及影响因素调查》，硕士学位论文，新疆医科大学。

54. 李玼蒨（2018）：《旅游发展对民族地区女性社会地位的影响研究——以西江千户苗寨为例》，硕士学位论文，贵州民族大学。

55. 李萍、吴亚平（2017）：《民族村寨旅游发展的阶段性演化与女性增权的差异化表达——基于贵州雷山县三个苗族村寨案例的实证分析》，《贵州师范学院学报》第

7 期。

56. 李青芮（2018）：《社会资本视角下的西藏地区妇女政治参与行为研究——以拉萨市为例》，硕士学位论文，西南交通大学。

57. 李珊珊（2017）：《孕妇焦虑、压力状况及其与早产关联的研究》，硕士学位论文，广西医科大学。

58. 李素梅（2016）：《黔东南从江县洛香镇郎寨侗族习惯法调查研究》，硕士学位论文，贵州民族大学。

59. 李侠、杨晓萍（2017）：《少数民族地区妇女权益保护路径探析——以道真仡佬族苗族自治县为例》，《文存阅刊》第 3 期。

60. 李小云、陈邦炼、宋海燕等（2019）：《"妇女贫困"路径的减贫溢出与赋权异化——一个少数民族妇女扶贫实践的发展学观察》，《妇女研究论丛》第 2 期。

61. 李欣欣（2016）：《消解与重构：现代性体验与苗族乡村妇女的家庭生活》，上海三联书店。

62. 李雪韵（2019）：《永仁县彝族刺绣产业的现状与发展研究》，硕士学位论文，云南大学。

63. 梁丹（2016）：《男女平等基本国策在新疆的实践研究》，硕士学位论文，新疆大学。

64. 梁亚婷（2016）：《"全面二孩"政策下云南省少数民族育龄妇女生育意愿研究综述》，《魅力中国》第 31 期。

65. 林锦丽、张林昊（2018）：《民族差异对辅助生殖治疗结局的影响：单中心回顾分析》，《生殖医学杂志》第 7 期。

66. 林茜、顾婷（2016）：《民俗客栈发展对大理双廊白族妇女社会角色变迁的影响研究》，《旅游纵览（下半月）》第 8 期。

67. 林源（2016）：《瑶族妇女权利及其变迁》，硕士学位论文，湘潭大学。

68. 刘彩清（2016）：《婚姻、家庭、生育与妇女地位——对一个侗族村寨的人类学研究》，知识产权出版社。

69. 刘慧芳（2017）：《云南省沧源县女性高危 HPV 感染相关危险因素的研究》，硕士学位论文，昆明医科大学。

70. 刘爽（2016）：《水族女性服饰的演变文化分析》，《艺术品鉴》第 3 期。

71. 刘湘红、曾尊、韦朋海等（2017）：《人乳头瘤病毒联合液基薄层细胞学筛查宫颈癌及癌前病变的结果分析》，《右江医学》第 4 期。

72. 卢苏萌（2016）：《蒙古族女性头饰的区域性差异及差异成因初探》，硕士学位论文，内蒙古师范大学。

73. 罗加徐么（2020）：《藏族女性媒介形象研究——以人民网和中国西藏网的报道为例》，硕士学位论文，西南财经大学。

74. 罗树杰等（2017）：《妇女撑起半边天：妇女参与少数民族地区社会主义新农村建设研究》，知识产权出版社。

75. 马桂芬（2017）：《西北穆斯林妇女社会参与研究——基于甘肃省回族、东乡族妇女的个案研究》，人民出版社。

76. 马晶（2020）：《青海省少数民族妇女就业问题研究》，《幸福生活指南》第 37 期。

77. 马丽珠（2019）：《社会工作介入少数民族妇女精准扶贫的应用研究——以新疆 P 村为例》，硕士学位论文，南京大学。

78. 马嵘、黄春梅（2016）：《新疆多民族女性对社会性体格焦虑的应对及认知干预研究》，北京体育大学出版社。

79. 马亚男（2017）：《长治回族聚集区女性家庭地位变迁研究——以西街为例》，硕士学位论文，东北财经大学。

80. 马玉花、张泽高、马苗苗等（2019）：《新疆地区 676 例宫颈癌临床特征分析》，《现代肿瘤医学》第 2 期。

81. 满丽萍（2020）：《社会性别视角下滇越边境少数民族妇女反贫困实证分析——以红河哈尼族彝族自治州为例》，《红河学院学报》第 3 期。

82. 敏晓兰（2020）：《少数民族妇女性别角色变迁的个案研究——以洮州绣娘为例》，硕士学位论文，兰州大学。

83. 莫碧珍、韦克甲（2017）：《基于教育扶贫的广西少数民族妇女学习心理干预实践策略》，《中外交流》第 5 期。

84. 木丽琼（2017）：《浅谈纳西族聚居地区的话賓对人们心理健康的影响》，《速读（下旬）》第 11 期。

85. 聂羽彤（2018）：《走近非遗——历史、祖先与苗族女性服饰变迁》，社会科学文献出版社。

86. 牛芳、康翠云（2018）：《西北地区少数民族留守妇女社会支持网络构成及其特征研究》，《西北民族研究》第 3 期。

87. 努尔比亚·亚生（2019）：《新媒体对新疆少数民族妇女的影响——以喀什市维吾尔妇女微信生活为例》，《视听》第 9 期。

88. 钱宁、王肖静（2020）：《主体性赋权策略下的少数民族地区妇女扶贫研究——以云南省三个苗族村寨为例》，《社会工作》第 2 期。

89. 任婷婷、周典恩（2020）：《浅论台湾少数民族妇女的政治参与》，《现代台湾研究》第 5 期。

90. 任一鸣（2016）：《新疆当代少数民族女性文学的读解与展望——序〈新疆当代少数民族女性文学初探〉》，《昌吉学院学报》第 1 期。

91. 申浩、宋伟奇（2016）：《科尔沁地区 18693 例蒙汉族妇女宫颈病变筛查结果分析》，《内蒙古民族大学学报（自然科学版）》第 6 期。

92. 沈乾芳、马凯（2020）：《论明清时期云贵地区女土司形象的文献书写》，《西北民族论丛》第 2 期。

93. 施萍、刘淑霞、杨静等（2016）：《新疆尼勒克地区孕产妇妊娠合并贫血患病情况调查》，《中外医学研究》第 31 期。

94. 石蕊（2019）：《个案工作介入少数民族留守妇女赋权研究——以临夏回族自治州康乐县 z 镇为例》，硕士学位论文，西北师范大学。

95. 史亮（2016）：《近年来少数民族题材电影中女性形象建构研究》，硕士学位论文，西北民族大学。

96. 宋国栋（2017）：《壮族传统服饰的文化传承价值研究》，《艺术品鉴》第4期。

97. 宋敏、丁娥主编（2019）《民族文化与社会性别（第一辑）——"民族文化与社会性别"学术研讨会（2017·北京）论文集》，中央民族大学出版社。

98. 苏慕瑜（2018）：《调适与归属：兰州外来穆斯林女性的社会适应研究》，博士学位论文，兰州大学。

99. 孙国利（2018）：《内蒙古地区农村妇女遭受家庭暴力的几点法律思考》，《内蒙古师范大学学报（哲学社会科学版）》第1期。

100. 唐梅、洪峰、关菡等（2020）：《贵州省30～79岁世居侗族妇女检出子宫肌瘤的人群特征》，《中华疾病控制杂志》第10期。

101. 田频（2017）：《民族身份、女性意识与自我认同——论新时期以来少数民族女作家小说创作的历史流变》，西南交通大学出版社。

102. 王建基（2017）：《多民族地区基层女干部参政能力建设路径研究》，《社区》第6期。

103. 王兰霞（2016）：《少数民族妇女参政问题的调研报告——以循化县撒拉族为例》，《祖国》第14期。

104. 王丽丽、明庆忠（2018）：《少数民族妇女在边境旅游发展中的角色变迁——以西双版纳州勐景来村傣族妇女为例》，《广西民族研究》第1期。

105. 王明（2017）：《由普查数据分析我国少数民族人口变动情况》，《山西农经》第21期。

106. 王雄（2016）：《少数民族妇女权益保护法律研究》，《滁州职业技术学院学报》第4期。

107. 王艳（2018）：《回族社会性别建构研究》，民族出版社。

108. 王弈轩、宗力（2019）：《研究我国少数民族妇女的新视角：交叉性理论》，《人文杂志》第12期。

109. 王莹（2018）：《南疆团场少数民族妇女家暴情况分析——以社会工作抗逆力理论为视角》，《青春岁月》第35期。

110. 魏巍（2016）：《中国当代少数民族女性诗歌研究》，人民出版社。

111. 吴才茂（2017）：《清代苗族妇女的婚姻与权利——以清水江文书为中心》，贵州民族出版社。

112. 吴天丽（2018）：《贵州百鸟衣苗族服饰研究》，硕士学位论文，西南大学。

113. 仵倩文（2019）：《论新世纪少数民族小说中底层人物形象的塑造》，硕士学位论文，湖南大学。

114. 武宇林（2016）：《中国回族女性访谈录》，宁夏人民出版社。

115. 向烨炜（2016）：《湘西土家族"哭嫁歌"艺术特点分析》，硕士学位论文，陕西师范大学。

116. 徐嘉悦、牟雨婵、张菊英（2017）：《四川省农村地区产前检查现状及影响因素分析》，《现代预防医学》第 10 期。

117. 徐琴（2017）：《文化身份的建构与书写——当代藏族女性文学研究》，中山大学出版社。

118. 许金灵、赵枝琳（2020）：《边疆少数民族妇女职业教育问题的政策思考》，《继续教育研究》第 2 期。

119. 许沃伦（2019）：《"祖荫"博弈与意义建构——大理白族"不招不嫁"婚姻的人类学研究》，社会科学文献出版社。

120. 许小雨、张爱萍、朱霞等（2020）：《南疆少数民族农村妇女参与产业脱贫研究——以和田地区为例》，《农村经济与科技》第 14 期。

121. 闫中华、王艳（2019）：《从图像艺术看西夏女性的社会地位》，《民族艺林》第 3 期。

122. 颜慧瑛（2016）：《社会性别视角下流动农村老年妇女家庭地位研究——以大理 L 村为例》，硕士学位论文，云南大学。

123. 杨川（2018）：《民族村寨旅游开发中的女性参与研究》，《东方教育》第 16 期。

124. 杨利勤、宋青（2016）：《云南少数民族地区农村留守妇女援助机制有效性研究》，《中文科技期刊数据库（文摘版）经济管理》第 2 期。

125. 叶飞（2017）：《广西瑶族服饰研究》，《明日风尚》第 18 期。

126. 依各（2017）：《浅析家庭语境下少数民族的电视观看行为——以一个彝族妇女为个案》，《新闻研究导刊》第 22 期。

127. 英培琪（2017）：《新时期蒙古族妇女参与社会活动研究——以科尔沁右翼前旗为例》，硕士学位论文，西北民族大学。

128. 尤小菊、蒙祥忠（2016）：《少数民族流动妇女城市适应中的"不融入"现象研究——以贵阳市苗族拾荒群体为例》，《人口·社会·法制研究》第 Z2 期。

129. 尤小菊、张晓主编（2019）《社会性别视角下的贵州少数民族妇女研究》，知识产权出版社。

130. 于宏、胡沛萍（2017）：《当代藏族小说中的女性形象研究》，四川大学出版社。

131. 袁娜（2016）：《2138 例不同民族女性乳腺癌患者临床病理特征差异性研究：单中心回顾性分析》，硕士学位论文，新疆医科大学。

132. 原新、金牛、刘志晓等（2020）：《女性地位、生育经历与生育意愿——聚焦少数民族省区育龄妇女的分析》，《云南师范大学学报（哲学社会科学版）》第 2 期。

133. 原新、刘绘如、刘旭阳等（2019）：《2006~2016 年少数民族省区生育水平研究——基于 2017 年全国生育状况抽样调查数据》，《人口研究》第 2 期。

134. 张桓（2016）：《宁夏回族地区盆腔器官脱垂临床流行病学研究》，博士学位论文，北京协和医学院。

135. 张丽萍（2017）：《性别偏好与性别选择——少数民族出生人口性别比问题研究》，中国社会科学出版社。

136. 张双莲（2018）：《浅析内蒙古蒙古族女性参政状况》，《新一代》第 21 期。

137. 张晓（2018）：《化茧成蝶——西江苗族妇女文化记忆》，商务印书馆。

138. 张晓、张寒梅、潘璐璐编著（2017）《贵州苗族代表性服饰》，知识产权出版社。

139. 赵军干（2016）：《农村少数民族妇女对保障权益的纠纷解决机制的选择相关问题研究》，硕士学位论文，云南大学。

140. 赵婷（2016）：《民族旅游中的女性——以小金县结思乡别思满藏寨向花村为例》，《桂林师范高等专科学校学报》第 5 期。

141. 赵振斌、褚玉杰等（2018）：旅游开发中的西部民族社区妇女：参与与改变》，科学出版社。

142. 郑姣（2020）：《羌绣中的情与爱——以袱船子为例》，《民艺》第 5 期。

143. 周梦（2017）：《贵州苗族侗族女性传统服饰传承研究》，中国社会科学出版社。

144. 周云、秦婷婷主编（2018）《少数民族生育意愿新观察》，社会科学文献出版社。

145. 朱华平（2020）：《广西白裤瑶服饰图案程式化解析》，《服装设计师》第 4 期。

146. 子志月（2018）：《社会性别视角下少数民族妇女在边疆生态治理中的作用分析——基于对怒江傈僳族的调查》，《民族学刊》第 4 期。

147. 左丹（2019）：《少数民族地区非遗扶贫经验研究——以贵州省"锦绣计划"为例》，《改革与开放》第 18 期。

受流动影响的妇女研究综述
（2016～2020 年）

杜　平[*]

一　研究概述

　　人口流动是中国社会改革开放以来最具影响力的社会变革之一，而人口流动本身也随着经济发展与现代化进程发生深刻的转变。在经历了近 20 年的急剧增长之后，流动人口自 2010 年以来进入增速调整期，年均增速降为 2%，而 2015 年的 2.47 亿流动人口在增速下降的同时也开始出现规模的减小，并在波动中保持稳定（段成荣、谢东虹、吕利丹，2019)[1]。作为一个筛选的过程，性别、年龄和受教育程度是影响流动人口构成的重要因素。尽管流动人口的性别结构整体上趋于平衡，青年代际亦是如此，但青年农民工群体中"男多女少"的失衡状况仍存在加剧趋势（杨菊华、张钊、罗玉英，2016）。又由于迁入地的教育回报率更高，吸引了受教育程度更高的农村劳动力加入乡城流动之中，由此体现出的正向自选择在女性农民工群体中表现更为突出（郑雅洁，2016）。女性流动人口对经济发展和城镇建设的贡献得到了肯定，而她们所面对的生存处境和现实问题也吸引了不同的学术关注。在城市偏向的现代化发展实践中，社会性别歧视与制度层面的家庭价值弱化共同制造了进城务工女性的生计脆弱（汪超、刘涛，2017），同时她们在去传统化过程中遭遇了城市之中制度再嵌入的不足，于是不免陷入城乡双重边缘化的尴尬境地（郭戈，2016）。由此牵涉的具体问题体现在

---

　　*　作者简介：杜平，女，南开大学社会工作与社会政策系副教授。
　　①　根据第七次全国人口普查公报，2020 年流动人口规模达到 3.76 亿，与 2010 年相比增加 1.54 亿，增长 69.73%。相较于 2015 年全国 1% 人口抽样调查数据显示的 2.47 亿流动人口，以及 2016 年、2017 年的下降波动，流动人口规模和增速的变化仍有待进一步考察与研判。但考虑本文旨在呈现 2016~2020 年受流动影响的妇女研究，此处仍基于同期研究的发现展开讨论。数据来源：国家统计局官网。

劳动就业、婚姻家庭与生育养育、健康与迁入地适应等不同领域，同时也体现在流动过程的另外面向——留守与返乡。

2016～2020 年受流动影响的妇女研究虽以女性农民工群体为主体，但涵盖了更广泛意义上的女性流动人口，同时兼涉女性与男性、流动与城镇、乡城流动与城城流动的对比研究及交叉分析。以中国知网为平台，利用"流动""迁移""留守""返乡""回流""随迁""农民工"与"妇女""女性""性别"等关键词展开交叉检索，并剔除围绕流动女性或女性农民工展开的文学、历史、媒介等方向的研究，以及国际女性移民研究，共获得 188 篇学术论文，并基于此展开相应的文献回顾工作。除此之外，中国同期出版的学术专著和博士学位论文也经过类似的检索后纳入回顾范畴，如丁瑜（2016）的《她身之欲：珠三角流动人口社群特殊职业研究》、李卫东和李树苗（2017）的《农民工心理失范的现状及影响因素研究——基于性别和婚姻的视角》、苏映宇（2018）的《城镇化与女性农民工劳动权益保障——基于马克思主义劳动观视域的思考》、张琼（2018）的《从"外来妹"到"外来媳"：婚姻移民的城市适应过程研究》、杨雪燕、罗丞和王洒洒（2018）的《生计与家庭福利：来自农村留守妇女的证据》、蔡玉萍和彭铟旎（2019）的《男性妥协：中国的城乡迁移、家庭和性别》，等等。此次回顾中研究议题之丰富、多样和新颖尤胜过往研究，但囿于篇幅未能尽数覆盖，而是围绕主要研究议题展开内容梳理与呈现。

学术会议方面，中国人口学会历来关注人口迁移流动的议题，从性别视角出发的研究散见于相关研讨中，如 2019 年中国人口学会青年专业委员会分论坛"家庭、福利和流动"中有题为《流动人口的婚姻匹配：女高男低教育匹配的增长及解释》的报告。就 2016～2020 年国家社会科学基金项目而言，直接与受流动影响的妇女研究相关的项目仅有 5 个，分别是：张芮菱（2016）的"社会转型期女性农民工群体就业适应度研究"、仰和芝（2017）的"女性农民工迁移婚姻风险的评估与防范研究"、王雪梅（2018）的"新型城镇化背景下西部女性流动人口社会支持网构建研究"、严静（2018）的"空间迁移、文化认同与性别实践的妇女口述史：流动族群的个案研究"以及罗恩立（2018）的"家庭化迁移与新生代流动女性就业能力研究"。亦有项目与受流动影响的妇女研究密切相关，主要集中于婚姻家庭与生育领域，诸如曹锐（2016）的"农民工婚恋模式变迁及其影响因素十年追踪研究"、张亮（2016）的"新生代流动人口未婚同居的成因、趋势及社会效应研究"、曾迪洋（2020）的"生命历程视角下劳动力迁移对婚姻的影响研究"以及王振杰（2020）的"低生育率背景下人口迁移对育龄人群生育行为的影响研究"。与2011~2015年同类研究项目相比，直接相关研究的立项数量并无明显变化，表明妇女/性别研究在人口流动与迁移研究中仍处于边缘化位置，而研究主题却发生了明显的转变，从过往对留守妇女社区参与和家庭离散问题治理等议题的关注转向对流动女工就业适应、婚恋模式以及生育行为等议题的关注。特别是在婚姻和社会制度不断变迁的历史进程中，作为具有现实影响力的关键性事件，不少研究将研究焦点投入乡城流动对婚姻家庭领域多元现象、模式变迁以及动力机制的影响分析。在此基础上，透过此次回顾所涉及论文的基金项目看，不乏源自2016~2020年的国家社会科学基金项目，并且覆盖从重大、重点、一般到青年项目不同层次，诸如"新中国70年社会治理研究"（2018年特别委托重大项目）、"中国人口数据综合集成应用平台建设（1949~2015）"（2016年重大项目）、"乡村振兴战略背景下农村居民家庭可持续生计研究"（2019年重点项目）、"大数据社会治理精细化推进问题实证研究"（2017年一般项目）以及"共享经济背景下劳动者权益保障与争议处理机制创新研究"（2018年青年项目），等等。可见，流动妇女群体作为一个重要的人口和社会构成，社会性别作为一个关键的身份与结构分析框架，逐渐成为人口流动、乡村振兴、社会治理、劳动权益保障等领域不可或缺的研究关注，相应的交叉研究也获得越来越多的重视与深化。

二　主要研究内容

随着人口流动新趋势与新现象的不断涌现，2016~2020年受流动影响的妇女研究在原有基础上发展出反映时代特点和现实关切的新议题。相较于2011~2015年的主要研究内容，劳动就业方面的研究在关注女性就业的结构性劣势与差别化待遇的基础上，围绕家庭化迁移背景下女性流动人口就业与随迁子女照料展开深入讨论，同时涌现出一系列聚焦于特定职业群体的质性分析。涉及私领域的研究从婚姻家庭延伸至生育养育，不仅关注流动对婚配模式、婚姻稳定性和生育行为的现实影响，而且从主体视角出发探讨流动对婚姻家庭以及性别关系的重塑，也对流动女性和农村陪读妈妈的母职实践展开探索性研究。相较于过往聚焦于孕产和生殖健康的讨论，这五年研究对健康的关注延伸至流动女性的心理层面，以及与健康状态密切相关的迁入地生活适应。至于留守与返乡现象，针对前者的讨论更为丰富，尽管大体上凸显了人口流动给留守妇女带来的分离代价，触及生计、婚姻、健康和社会参与等不同议题，但也有个别研究捕捉到留守妇女的主体性与地位提升。

（一）劳动就业

劳动就业始终是人口流动研究的核心关注，而历年全国流动人口动态监测调查则为该领域研究的持续推进提供了可靠的数据支撑。纵观女性流动人口的就业分布，2015年数据显示以商业服务业为主（66.8%）的特征十分鲜明，而生产运输业（21.8%）则位居其次（侯建明、关乔、杨小艺，2019）。具体到农民工群体，行业间的性别隔离依然存在，女性往往被排挤在劳动密集型的服务行业。不少研究都指出，尽管女性农民工的就业层次、收入和职业声望相较于流动之前得到明显提高，但与城镇女性和男性农民工相比仍存在显著差异，凸显出城乡二元和社会性别对女性农民工职业发展的结构性限制。在此基础上，有学者构建了微观解释模型分析女性农民工职业发展的影响因素，发现人力资本要素中成就动机的作用最大，技能掌握与受教育程度的作用依次递减；社会网络资本因素中网络顶端和网络规模都具有显著影响，但网络多元性却并未产生影响；流动经历中进城务工时长具有正向意义，而打工地区数量则会产生负向影响（孙琼如，2019）。改善女性农民工就业现状得到越来越多的关注，更有学者将"体面劳动"的概念引入研究之中。分析显示，女性农民工的体面劳动感知程度处于一般水平，而她们的人力资本和社会资本都与其存在正相关关系；心理资本的调节作用同样得到了验证，也就是说，当女性农民工具有较高心理资本时，其人力资本或社会资本的正面促进作用也会增强（于米，2017）。女性农民工体面劳动的觉醒将具有重要的现实意义，而企业、政府和社会也需要对提升体面劳动的途径和机制有所认识，切实推动女性农民工就业质量的提高和劳动关系的和谐发展。

随着家庭化迁移趋势的不断推进，对女性流动人口就业产生的影响成为2016～2020年劳动就业领域最受瞩目的议题。家庭化迁移对流动人口就业的影响存在显著的性别差异。对半家庭式或举家式迁移的女性而言，她们表现出就业率低和就业不稳定的特征；相较之下，家庭化迁移对男性就业率并无显著影响，但对其就业稳定性却具有促进作用（张丽琼、朱宇、林李月，2017）。女性流动人口"迁而不工"的现象引起关注，有学者计算出约有3000万女性流动人口因家庭束缚、受教育水平低、缺乏技能和收入性别差异而未就业（李国正、高书平、唐孝文，2017）。单身女性的就业率最高，而子女随迁则成为制约女性就业的关键因素。2016年数据的分析结果证实，与子女未随迁的女性相比，子女随迁后女性流动人口的就业率下降37.4%；随迁子女数量每增加1个，其就业水平便降低23.4%。影响机制分析则显示，虽然子女随迁后家庭消费支出的增加会促进女性就业率的提高，但其负面影响依然存在，而随迁子女入园和祖辈随迁照料则能够促进女性就业（谢鹏鑫、岑炫霏，2019）。可见，子女的家庭照料和社会化托育对女性参与就业具有积极意义，有研究通过分析3岁以下随迁子女照料安排的现实影响予以证实。结果显示：父亲参与照料使流动女性就业概率提升约30个百分点，祖辈照料提升约58个百分点，而社会化托育服务则提升约6倍（姜春云、谭江蓉，2020）。此外，异质性分析亦表明，祖辈照料对农村地区流动女性就业的促进效应更强，而正规照料对城市地区流动女性就业产生的正面影响更大；多子女家庭采取祖辈照料模式更有助于促进母亲就业，而正规照料更适合仅有1个子女的流动女性（李勇辉、沈波澜、李小琴，2020）。

收入水平是衡量就业质量的重要指标，而收入差异更是考察就业不平等的重要面向。根据青年女性流动人口的收入现状分析，发现她们遭遇的收入性别歧视具体体现为月收入较男性低22%；收入同年龄之间呈倒U形曲线分布，在29~33岁年龄段达到峰值；教育的影响显著，当受教育程度达到本科及以上时会带来收入的飞跃式提升；婚姻对收入具有积极意义，但早育比晚育更容易招致母亲的收入惩罚（宋全成、封莹，2019）。有学者引入动态博弈模型展开深入分析，指出由于存在信息不对称和主观偏见，在受教育程度接近的群体中男性农民工的收入高于女性，而受教育程度的提高有助于缓解性别歧视问题，因此会减少收入的性别差异（杨铭、王任远，2019）。行业分布同样对性别工资差异具有解释力，包括行业内部的男女不同酬和行业之间的性别歧视，由此导致的行业隔离共解释23.2%的性别工资差异（罗俊锋，2017）。在与城镇女性流动人口的对比分析中发现，在低收入点位上，城镇与农村女性的收入差异很小，个人、流动和就业因素的影响明显大于户籍歧视的影响；而在高收入点位上，户籍歧视的影响程度逐渐大于其他特征因素，并显现出城镇女性相较于农村女性的收入优势

（王宇、赵菲菲，2018）。除此之外，社会保障与劳动权益也是考察女性流动人口就业状况的重要侧面。尽管女性流动人口参加城镇职工基本医疗保险的水平与流动男性持平，但远低于本地女性（宋全成、王昕，2018）；而不同保险之中女性流动人口的生育保险参与率最低，但明显高于男性（梁土坤，2016）。有研究指出，女性农民工劳动权益的性别差异和城乡差异十分显著，次级劳动力市场上的供需矛盾为其权益受损提供了空间，而劳动赋权和赋能的双重不足又强化了其中的制度困境（苏映宇，2018）。

值得注意的是，2016~2020 年关注女性流动人口特定职业群体的研究不断推进。丁瑜（2016）的"小姐"研究以解读欲望为重点，通过该群体在日常生活中的自我身份认同、自我实践与生活策略，绘制出她们作为从农村到城市的流动人口，在日益复杂分化的性产业中独特的生活体验，并揭示了其选择与行为背后的驱动力，即成为现代化主体、都市化主体与性主体的欲望。家政工研究发现该群体中的八成由进城务工的农村女性构成，呈现出明显的性别化和阶层化特征。她们的劳动条件和劳动权益保护均不到位，并且需要直面正式和非正式照料责任的冲突（萨支红、张梦吉、刘思琪等，2020）。育儿家政工作为"母亲角色代理人"一定程度上模糊了她们的阶层界限，但"家里外人"身份的生成却难以消弭其底层女性的污名（周群英，2019）。又由于机构与客户不同性别期待之间的矛盾，以及不断浮现的劳动者身份与性别角色之间的冲突，她们在情感劳动过程中遭遇了双重疏离（苏熠慧、倪安妮，2016）。再有关于"卡嫂"的研究，将这一隐匿于男人世界中的女性群体置于研究视野之下。她们默默地贡献隐性的劳动、身体的规训、情感与情绪的控制，并承担着另外一半的家计；她们以更加隐性的方式支撑着丈夫和家庭生活，却鲜少得到与其劳动相匹配的认可（马丹，2018）。这些专门研究虽然有限，却在解锁特定女性流动群体生活图景的同时拓展了该研究领域的广度和深度。

（二）婚姻家庭与生育养育

人口流动不仅重塑了公领域的经济机会与劳动体验，同时也对私领域的婚恋实践和生育选择产生深远影响。随着流动的深化与时代变迁，流动人口的婚姻匹配模式出现传统与变化的共存。研究发现，尽管流动人口初婚匹配模式仍以非本地户籍配偶为主导，但流动人口与本地户籍人口通婚的现象愈发普遍，且存在鲜明的性别非对称性。1970~2016年，"本地男－外地女"比重提高了近20倍，而"外地男－本地女"比重仅提高5.5倍（诸萍，2020）。流动经历是女性农民工发生跨户籍婚姻的重要资本，在异地城镇化中，女性更多地婚前流动且初次流动时间越早，便越有可能实现跨户籍婚姻（靳小怡、段朱清，2017）。此外，年龄匹配、教育匹配等面向也得到一定研究，并证实了性别差异的存在。例如在跨户籍婚姻中，丈夫是农村户籍时"男高女低"教育匹配模式有所弱化，而妻子是农村户籍时该匹配模式依然显著（段朱清、靳小怡，2020）。在此基础上，农民工婚姻稳定性问题得到了关注。李卫东（2017、2019）指出，近45%的农民工存在不同程度的婚姻不稳定性，其中体现出代际、性别和流动模式的差别。具体而言，女性农民工的婚姻不稳定较男性严重，新生代农民工相较于老一代更为不稳定，而流动模式通过形塑农民工的婚姻收益和离婚阻力产生影响，同时也受到性别效应和世代效应的共同作用。就乡城流动对农民工家庭性别关系的影响而言，不同研究的发现丰富且多样。邱幼云（2017）指出尽管乡城流动推动了青年妇女权能的提升和情感的独立，但家庭原有的性别关系仍大体延续，因为在家庭共同体视角下，性别关系中的情感要素比权利要素更为重要。罗小锋（2018）同样认为流动并没有从根本上改变农民工夫妻原有的性别关系，因为关系取向强调夫妻和家庭的和睦以及利益一致，农民工追求的是家庭义务的平等而非个人权利的平等。另有研究发现，乡城流动促进了女性和男性性别敏感意识的提升，从而推进了家庭决策中夫妻共享、夫妻平权的改变（薛琪新、章志敏，2019）。不可否认，在乡城流动过程中传统文化规范与日常生活实践彼此互构，夫妻性别秩序在不断妥协、坚持与再调整的动态过程中得以重塑（杜平，2019a）。进而，蔡玉萍和彭铟旎（2019）通过对男性农民工的分析揭示出乡城流动对家庭机制和协商过程的影响，提出"男性气质的妥协"这一概念凸显他们重新协商家庭角色和性别身份的能动性，同时也体现出传统男性身份和性别观念的持续显著。

在婚姻内外，农民工群体婚恋实践中的新现象也吸引了特定的研究关注。有学者对"90后"乡城流动青年的同居实践和动机展开分析，发现大部分同居行为发生在订婚或者出现婚姻意图之后，其中的性别差异体现为女性更多受道德规范的压力影响，而男性更多考虑经济和时间成本（张亮，2020）。意外怀孕是影响同居选择的现实因素之一，同样也与女性的婚前流动存在紧密联系。流动妇女中有20%~25%会经历以生育为结果的未婚先孕，而婚前流动则会显著提高其概率；初次外出的年龄越小，流动时间越长，未婚先孕的概率越高，而那些农业户籍、教育水平较低的女性所受到的影响更大（李丁、田思钰，2017）。即便流动过程中的恋爱实践和性体验并不少见，但女性农民工返乡婚嫁的势头依然强劲。社会网络在其中发挥了重要作用，主要表现在流出地社会网络的强大以及对流入地社会网络的潜在影响（曹志刚、孟芳萍，2016）。另有学者将信任与亲密纳入研究视野，指出青年女性农民工在亲密体验中发展出的性别不信任预示了自由恋爱的幻想破灭，于是返乡相亲与自由恋爱互为替代性选择，刻画出乡城流动过程中亲密关系变革的非线性轨迹（杜平，2019b）。除此之外，针对流动男女婚外性行为容忍度的分析显示，相较于非流动人口，流动人口对婚外性行为的态度更加开放，而女性的容忍度高于男性，其中受教育程度、子女数量与流动女性的容忍度呈正相关，但对男性不存在显著影响（陈婷婷，2017）。

　　作为婚姻家庭生活重要构成的生育实践是流动研究中的另一重要议题。与低生育水平的整体态势一致，流动妇女不再是高生育群体，但男孩偏好依然明显，出生性别比问题依然严重（邓金虎、原新，2017）。流动经历对妇女生育的性别偏好产生影响，一方面是由于流动的选择性，另一方面源于流动使妇女的生育观念更加现代化。然而，流出地的文化传统依然会通过家庭和社区影响着妇女的男孩偏好（杨凡、陶涛、杜敏，2016）。有学者根据女性的流动时间和婚姻时间构建了女性婚育历程，以探讨流动时点选择与生育间隔的关系。在流动延长初婚初育间隔和一二孩生育间隔的基础上，研究进一步发现，生育受流动影响最大的是初婚初育间隔和一二孩生育间隔内发生过流动的女性，间隔内流动对生育间隔有直接的延长作用；而对于非间隔内流动的女性，流动不会推迟生育（靳永爱、陈杭、李芷琪，2019）。

　　从生育到养育，母职实践是近年来家庭领域得到较多关注的议题，但女性农民工的母职实践却鲜少得到讨论。赵洪萍（2020）运用"视家为社会田野"的叙事研究方法对进城务工女性的打工生涯和母职历程展开探究，揭示了她们所体验的"打工之苦""婚姻之韧""教养之难"。就"做家长"而言，进城务工女性多选择尽力融入中产阶层"做家长"实践，但她们所处家庭的资源、条件和能力都不尽如人意，与"新教养"脚本之间存在较大差距。而她们对子女教养的开明态度，也表现出与中产母职焦虑的不同之处。另有一系列研究关注到农村陪读妈妈群体，认为陪读现象的出现具有结构性基础，涉及城乡二元体制、打工经济、家庭结构变迁及崇尚读书的文化传统（许加明，2019），而陪读妈妈的产生则彰显了父权文化与亲职角色对女性的共同作用（田北海、黄政，2019），以及农村家庭理性选择之下的资源传递（苏运勋，2020）。尽管有研究指出，作为陪读妈妈的农村年轻女性得以追求城市生活并享受闲暇时光（冯小，2017），但也有研究揭露了陪读妈妈的负面体验，她们被迫从有酬的市场劳动者转变为无酬的家务劳动者，从而导致照料劳动女性化意识的固化、农村女性社会歧视的强化，以及社会网络的疏离和界限化（吴惠芳、吴云蕊、陈健，2019）。

（三）健康与迁入地适应

2016~2020 年，对女性流动人口健康的关注主要集中于生殖健康和心理健康两个方面。在生殖健康方面，已婚流动育龄妇女的避孕方式主要以短效方式特别是避孕套为主，这固然受到个体特征、流动范围与子女性别等因素的影响（丁志宏、张亚锋、杜书然，2018），但也有研究注意到生育政策调整带来的改变，尤其是对未生育或育有一孩的流动妇女具有显著影响（王志理、张婧文、庄亚儿，2019）。由于避孕失败或未采取避孕措施等原因，流动育龄妇女人工流产的比例较高。在流产的诊疗过程中，未婚流动女性遭遇了相互叠加的社会排斥，具体包括因缺乏医疗消费能力的经济排斥，为规避污名化而导致的社会关系排斥，未婚流产羞耻与"外来妹"的双重文化排斥，以及涉及医疗保险与计生服务的福利制度排斥（黄丹，2020）。同时，数据亦显示，流动育龄妇女孕产期保健服务的利用率低于全国平均水平，并受到人口特征、经济特征、流动特征、生殖健康知识和生育特征的重要影响（石人炳、刘珊，2018）。可见，打破制度壁垒、推动公共服务均等化以及构建生育友好文化对于流动女性生殖健康而言具有重要的现实意义。在心理健康方面，武汉调查数据显示，进城务工女性存在不良心理反应和明显心理问题的比例超过60%，而相应的治理现状却存在"孤岛化治理困境"（刘筱红、全芳、陈雪玲，2016）。她们的心理压力受到权益保障缺失、性别户籍双重歧视、城市融入困难和人际关系不良的显著影响，同时也存在不同区域之间的压力差异问题（王健俊、王琦彤、常宇星，2018）。值得一提的是，李卫东、李树茁（2017）围绕不同婚姻状态下农民工心理失范状况及性别化的影响机制展开了专门论述。结果表明，已婚农民工的心理失范并不存在显著的性别差异，但男性更受"养家糊口"的性别角色影响，而女性更受情感角色影响；

未婚男性农民工的心理失范水平明显高于女性，前者主要源于婚姻市场供求失衡导致的结构性婚姻挤压，而后者则源于婚姻市场中潜在配偶质量供求失衡导致的婚姻挤压。

不难想象，流动人口的健康状态与他们在迁移过程中的结构性处境及生活适应密切相关，而城市适应与社会融合的相关讨论也显见于人口流动研究之中。针对新生代女性农民工的研究指出，她们的城市适应过程呈现出复杂性，虽具有能动的一面，但依然处于结构劣势和边缘位置，因此难以真正在经济、社会和心理层面适应城市生活（李艳春，2016）。进而，有研究发现女性农民工的社会融合与其所处阶层呈正相关，中下层女性农民工难以真正融入城市，而身处上层者则会陷入"不是不愿融入，而是拒绝向下融入"的境地（李荣彬，2016）。即便如此，女性农民工依然为适应城市生活不断地做出努力。面对由恶劣的居住环境和疏离的社会交往构成的早期不适应，她们以行动主体的姿态通过塑造形象、搭建网络、做好两手准备等不同策略，将自身打造为现代与传统、城乡风俗不自觉的调和者（邱幼云，2018）。与其他流动女性不同，有一类群体的社会融入具有较强的特殊性，那就是婚姻迁移女性。张琼（2018）指出婚姻作为一种适应策略推动她们从"外来妹"变成"外来媳"，然而由此产生的生育、家庭照料、性别与年龄歧视的交织却使得她们的经济适应更加艰难，同时也陷入了"双重外来者"的身份困境。于是她们采取不同策略突破城市生活限制，包括提升人力资本、创造经济生存空间、拓展社会支持网络以及一系列应对污名的策略。韦艳和段婷婷（2016）对乡－乡迁移中女性婚姻移民的研究却展示出不同的一面，发现她们中的七成以上能够在社区生活、居民交往和心理认同方面较好地实现社会融合。其中，带有地区文化色彩的方言和歧视具有重要影响，但对于女性个体而言均是可控的。

与迁入地适应相关的讨论涉及留城与回流意愿的分析，现有研究中以前者居多，但有关性别差异的结论却莫衷一是。以龚冬生等学者的分析为例，研究指出，女性农民工的城市发展意愿低于男性，生计资本具有显著影响，但其不同维度的影响存在性别差异。具体而言，社会资本和金融资本对女性城市发展意愿具有显著影响；物质资本对女性有显著影响，但对男性影响不显著；自然资本则相反，对女性影响不显著，却会降低男性的城市发展意愿（龚冬生、李树茁、李艳，2019）。另外，有研究指出女性流动人口的回流意愿并不强，其中城－城女性流动人口的回流意愿明显弱于乡-城女性流动人口，仅占后者的68%，且另有三成流动女性在留城与回流之间呈现一种矛盾心理（谢永飞、李红娟，2018）。无论去与留，流动经验都在流动女性的生命历程中留下浓墨重彩的一笔。在生命轨迹中定位职业流动，发现包括社会历史条件、网络成员、生命阶段特质在内的不同要素为她们积累了正面效应，其中最核心的是积极的主体意识（董云芳、范明林，2020）。据此，创造公平、友好的流动环境并激发女性的主体力量对于改善流动女性的劳动体验与生活质量具有重要意义。

（四）留守与返乡

留守现象凸显出乡城流动重塑农村社会与家庭生活的消极面向，有学者视之为"现代化发展之殇"，意指现代化经济增长在一定程度上以农村家庭忍受"流动"与"留守"的分离之苦为代价，也是以城镇化和工业化为主导的发展模式不断挤压农村与农民生存空间的必然结果（叶敬忠，2019）。留守妇女所遭遇的结构性限制裹挟了深植于父权传统之中的性别压迫，表现为对传统性别分工与性别规范的屈从。然而，随着流动人口家庭化迁移以及女性人口越来越多地参与流动，该群体也呈现出新的变化趋势和分布特点。段成荣、秦敏、赖妙华（2017）提出"留守妻子"概念并综合利用多个全国性调查数据展开分析，发现留守妻子的规模自2000年以来经历快速增长之后便进入大幅减缓的过程，在2010年约有3600万左右，并出现缩减态势。她们的城乡分布呈现出城镇化特点，在个体层面也出现高龄化趋势，教育、经济和身心健康状况都不容乐观。不仅如此，现阶段的农村留守妇女在经过市场与政策的长期筛选之后，面临更为沉重的照料负担、更为严峻的婚姻危机以及更难启齿的疾病困扰，而多重叠加的困扰进一步凸显了她们日常生活的艰辛，亟待在乡村振兴战略下寻求解决之道，并积极重构农村留守妇女的主体性（汪淳玉、叶敬忠，2020；汪淳玉、吴惠芳，2020）。

在概括性分析之外，2016~2020年有关留守妇女的研究亦将触角延伸至生计策略、婚姻关系、身心健康、社会支持和社会参与等不同议题，大多利用地方性问卷调查数据开展实证分析，兼有个别质性研究。杨雪燕等就农村留守妇女的生计策略与家庭福利展开分析并指出：农村留守妇女的生计资本相对贫乏，生计策略以农业生产为主，兼业经营比例相对较低；丈夫外出务工给她们的经济福利带来积极变化，但自身的经济收入却显著下降；与准留守、非留守妇女相比，留守妇女的家庭决策权有所增加，而生理健康、主观幸福感和闲暇生活等方面均无明显变化（杨雪燕、罗丞、王洒洒，2018）。在生计策略方面，另有晚近研究指出，受国家产业升级和战略转型的影响，农村留守妇女从事农业生产性活动有所减少，非农兼业相对增加（汪淳玉、叶敬忠，2020），她们的劳动价值遭遇了资本与父权共塑之下的边缘化与隐形化（孟祥丹、丁宝寅，2020）。在主观幸福感方面，婚姻关系与生计策略对留守妇女主观幸福感的显著影响得到了证实，但她们与准留守、非留守妇女之间不存在统计差异的论断，与过往研究有所差别（罗丞，2017）。

尽管研究议题和数据来源不尽相同，但大部分研究对于留守妇女生活图景的刻画不容乐观。苗春霞、颜雅娟、姜金星等（2016）从躯体、心理、社会和环境四个维度综合评价农村留守妇女的生命质量，发现与非留守妇女相比，她们的社会关系和环境维度较差，与常模相比，她们的躯体和心理维度较差。丈夫外出务工给她们带来身体疲惫、精神负担和经济责任，引起生命质量不同程度的下降。李强和叶昱利（2017）的研究指出留守妇女比非留守妇女生病或患有慢性病的概率高出近 30%，进一步佐证了她们的健康所遭受的负面影响。然而，留守妇女对于家庭的付出并不一定能给她们带来婚姻关系中的主动与优势，隐忍往往成为她们陷入婚姻危机的消极应对策略（吴存玉，2018）。丈夫回家频率作为调节变量，固然能够缓解消极情绪对留守妇女生活满意度的负面影响（曲莤、倪晓莉，2016），而超越家庭的社会支持同样可以通过直接或间接的方式发挥正面效应（贾东立、李昌俊、刘建辉，2016）。针对少数民族留守妇女的社会支持网络分析区分了情感性、工具性和交往性支持，来自邻里和亲友的非正式网络在后两种支持上发挥了重要作用（牛芳、康翠云，2018）。可见，农村留守妇女的社会参与值得特别关注。有学者从制度-生活框架出发分析了农村留守妇女参政缺失的状况（张艳，2018），也有学者探讨了组织化发展对于改善该群体生存困境的重要意义（黄粹，2018）。

少有研究以乡村建设"主体"的眼光审视农村留守妇女，因此胡艳华（2019）对该群体情感体验和生活空间的考察颇为耳目一新。她指出，伴随乡村社会从封闭到流动、再到开放的空间转变，留守妇女的情感体验也经历了从信服传统道德到依赖实用和本真的流变，进而通过身体实践凸显出农村家庭中男性主导权的式微、家庭关系的改变以及女性主体意识的提升。与此相呼应的是返乡研究中关于女性家庭地位改变的讨论。有研究分析了黔东北地区"80后"返乡妇女家庭地位的崛起，具体表现为参与家庭重大决策、掌管家庭经济以及在村庄交往中获得主导地位（陈琳、陈讯、蒲琨，2016）。另有研究关注返乡女性的创业实践，揭示她们通过经济和非经济机制推进乡村基层经济合作体发展的策略，从而实现市场盈利、生态保育和社会公益三重目标的共融，为国家乡村振兴政策提供了生动的民间经验（高明，2020）。

三 研究不足与展望

四十余年的人口流动给中国带来的改变渗透于社会生活的不同面向，卷入其中的人们通过流动的生命历程雕刻着社会发展的基本面貌。妇女作为流动主体不可或缺的一部分，以实践形构流动，同时又深受其影响。受流动影响的妇女研究记录和剖析了妇女、流动以及中国社会之间的关联和彼此塑造，而2016~2020年间的研究成果则成为人口流动研究积累中的片段记忆。尽管相关研究内容丰富多样，成果质量步步提升，但本文仍尝试归纳一些特点与不足，以供未来研究参考。

其一，乡城流动研究动力突出，城-城流动研究动力有待提升。改革开放以来，乡城流动的持续推进给中国社会带来广泛且深刻的影响，吸引了大量的学术关注并成为人口流动研究的绝对核心。随着"迁徙中国"的到来，人口流动的构成更加丰富与多样。有数据显示，2000年以来乡城流动人口呈现先增加后减少的趋势，而城-城流动人口则持续增加，尤其在2010年前后出现加速增长，在流动人口中的占比从2000年的20.8%增加到2015年的37.9%（段成荣、谢东虹、吕利丹，2019）。城-城流动对城市经济、私人生活和社会发展的塑造，女性于其中的参与以及对女性经济、家庭和社会生活的影响，都值得引起更多的学术关注。2016~2020年，相关讨论仍以乡城流动和女性农民工群体为主，对比分析或以女性流动人口为整体展开讨论，或以城镇女性群体为参照对象，而少见以城-城流动中的女性群体为专门研究对象或对比分析对象的研究。因此，受城-城流动影响的妇女研究，以及城-乡和乡-乡流动的影响研究，都有待进一步拓展。

其二，社会性别分析常见，社会性别理论建构却不常见。尽管性别研究在学术领域中仍不占主流位置，但伴随社会性别意识的觉醒与提升，性别分析越来越多地被纳入研究视野之中，于人口流动研究也不例外。受流动影响的妇女研究不断丰富，意味着社会性别分析在人口流动研究中越来越常见。然而，社会性别作为分析视角引入人口流动的实证研究，并不意味着它已然成为认识和解释流动机理的重要理论资源。一方面部分实证研究的分析深度尚不足够，另一方面演绎范式下的研究亦难以推进理论的建构。与此同时，关于女性流动人口的研究亦存在仅视之为一个特定群体而进行分析，却未能透视她们的主体体验与性别结构的宰制之间的勾连。由此，人口流动领域中社会性别理论的建构有待加强，特别是基于中国本土人口流动丰富且经验独特的理论建构，以推动人口流动理论和社会性别理论的中西对话。

其三，问题视角重要，超越单一问题视角同样必要。社会科学研究强调问题意识，也饱含对社会问题、矛盾与不公的人文关怀。女性作为知识的客体出现在性别研究之中，常常被视为受害者并处于从属地位。在受流动影响的妇女研究之中，问题视角和批判性思维是重要的。但随着流动结构与过程的复杂化，流动体验与主体意识的多元化，以及流动主体与流动结构之间互动的多样性和充满变化，单一问题视角并不能满足深入剖析复杂经验现实的需要。甚至有研究在惯性思路的影响下，能否切实且充分地反映经验现实仍值得深究。以留守妇女研究为例，在揭露复杂交织的社会结构如何塑造留守妇女现实处境的同时，也需要辩证地审视她们作为行动主体在家庭和农村发展进程中的参与和贡献。特别是在城镇化与乡村振兴齐头并进的语境下，留守妇女的生活体验有待多维度的考察。超越单一问题视角，将不同理论视角引入分析之中，比如主体建构视角、交叉性理论、生活－实践视角等，有助于拓展研究的宽度与丰富度。

其四，年度统计数据为研究提供重要支撑，但需警惕数据依赖导致的局限。2016~2020 年受流动影响的妇女研究仍以定量分析为主，在很大程度上有赖于年度统计数据的有力支撑，特别是全国流动人口动态监测调查数据。连续的年度统计数据对研究推进的重要意义不言自明，但数据对研究议题与研究进路的雕琢也同样十分明显。一个鲜明的对比在于，流动人口分析多以全国性数据为基础，而留守现象分析则多以地方性数据为基础，后者缺少全国性数据的有力支撑。需要警惕从研究由数据支撑向研究对数据形成依赖的转变、数据依赖的惯性对研究视野与问题意识的限制，以及研究的路径依赖对收集一手资料主动性和积极性的削弱。除此之外，定量数据的局限性也需要得到正视。博采众长，不同研究方法的优势有待进一步挖掘和利用。质性研究方法、混合研究方法以及其他前沿方法的应用，都值得进一步提倡。

参考文献

1. 蔡玉萍、彭铟旎（2019）：《男性妥协：中国的城乡迁移、家庭和性别》，生活·读书·新知三联书店。

2. 曹志刚、孟芳萍（2016）：《社会网络对新生代女性农民工返乡婚嫁的影响研究》，《中国青年研究》第 9 期。

3. 陈琳、陈讯、蒲琨（2016）：《打工潮背景下农村 80 后返乡妇女家庭地位崛起研究——基于黔东北 D 村的田野调查》，《中国青年研究》第 12 期。

4. 陈婷婷（2017）：《流动男女对婚外性行为的容忍度及其影响因素》，《人口学刊》第 5 期。

5. 邓金虎、原新（2017）：《流动妇女生育量及其影响因素研究——基于天津市流动人口监测数据》，《人口与发展》第 5 期。

6. 丁瑜（2016）：《她身之欲：珠三角流动人口社群特殊职业研究》，社会科学文献出版社。

7. 丁志宏、张亚锋、杜书然（2018）：《我国已婚流动育龄妇女避孕方式选择状况及其影响因素》，《人口研究》第 4 期。

8. 董云芳、范明林（2020）：《女性农民工的生命轨迹与职业流动：生命历程视角的分析》，《华东理工大学学报》第 4 期。

9. 杜平（2019a）：《透视流动家庭：文化规范与生活实践互构下的性别秩序》，《妇女研究论丛》第 6 期。

10. 杜平（2019b）：《性别不信任及其多样化生产——打工青年信任与亲密关系的互动分析》，《妇女研究论丛》第 2 期。

11. 段成荣、秦敏、赖妙华（2017）：《我国留守妻子状况研究》，《人口学刊》第 1 期。

12. 段成荣、谢东虹、吕利丹（2019）：《中国人口的迁移转变》，《人口研究》第 2 期。

13. 段朱清、靳小怡（2020）：《城镇化背景下农民工初婚夫妻的教育匹配研究》，《青年研究》第 6 期。

14. 冯小（2017）：《陪读：农村年轻女性进城与闲暇生活的隐性表达——基于晋西北小寨乡"进城陪读"现象的分析》，《中国青年研究》第 12 期。

15. 高明（2020）：《市场、生态与公益的连接融合——返乡女性创业研究》，《妇女研究论丛》第 5 期。

16. 龚冬生、李树苗、李艳（2019）:《男女农民工的生计资本对其城市发展意愿的影响》,《城市问题》第 2 期。

17. 郭戈（2016）:《从脱嵌到再嵌入:新生代女性农民工的风险困境》,《湖南社会科学》第 3 期。

18. 侯建明、关乔、杨小艺（2019）:《我国女性流动人口职业选择的影响因素分析》,《人口学刊》第 1 期。

19. 胡艳华（2019）:《身体的空间化:转型期农村留守妇女情感体验的流变》,《湖北社会科学》第 8 期。

20. 黄粹（2018）:《农村留守妇女生存困境:身份认同与组织化发展》,《华南农业大学学报（社会科学版）》第 5 期。

21. 黄丹（2020）:《未婚流动女性人工流产诊疗中的社会排斥:医务社会工作介入探析》,《社会建设》第 1 期。

22. 贾东立、李昌俊、刘建辉（2016）:《留守妇女生活满意度与社会支持和应对方式的关系》,《中国心理卫生杂志》第 6 期。

23. 姜春云、谭江蓉（2020）:《3 岁以下随迁子女照料对流动女性就业参与的影响研究》,《南方人口》第 3 期。

24. 靳小怡、段朱清（2017）:《多源数据视野下的农民工跨户籍婚姻——基于城镇化类型与性别视角的分析》,《妇女研究论丛》第 4 期。

25. 靳永爱、陈杭、李芷琪（2019）:《流动与女性生育间隔的关系——基于 2017 年全国生育状况抽样调查数据的实证分析》,《人口研究》第 6 期。

26. 李丁、田思钰（2017）:《中国妇女未婚先孕的模式与影响因素》,《人口研究》第 3 期。

27. 李国正、高书平、唐孝文（2017）:《社会投资视角下女性流动人口"迁而不工"的对策研究》,《山东社会科学》第 7 期。

28. 李强、叶昱利（2017）:《丈夫外出对于留守妇女身体健康的影响》,《南方人口》第 5 期。

29. 李荣彬（2016）:《女性农民工的阶层差异与社会融合——基于 2014 年流动人口动态监测数据的实证研究》,《青年研究》第 5 期。

30. 李卫东、李树苗（2017）:《农民工心理失范的现状及影响因素研究——基于性别和婚姻的视角》,社会科学文献出版社。

31. 李卫东（2017）:《农民工婚姻稳定性研究:基于代际、迁移和性别的视角》,《中国青年研究》第 7 期。

32. 李卫东（2019）:《流动模式与农民工婚姻稳定性研究:基于性别和世代的视角》,《社会》第 6 期。

33. 李艳春（2016）:《新生代女性农民工城市适应性研究》,社会科学文献出版社。

34. 李勇辉、沈波澜、李小琴（2020）:《儿童照料方式对已婚流动女性就业的影响》,《人口与经济》第 5 期。

35. 梁土坤（2016）:《流动人口生育保险参与及其性别差异研究》,《西北人口》第

4 期。

36. 刘筱红、全芳、陈雪玲（2016）：《多元联动：进城务工女性心理健康问题的网络化治理研究》，《湖北社会科学》第 3 期。

37. 罗丞（2017）：《婚姻关系、生计策略对农村留守妇女主观幸福感的影响研究》，《南方人口》第 1 期。

38. 罗俊锋（2017）：《农民工行业分布对性别工资差异的影响》，《人口与经济》第 6 期。

39. 罗小锋（2018）：《农民工家庭的性别政治》，社会科学文献出版社。

40. 马丹（2018）：《卡嫂：男人世界中的女人》，《中国卡车司机调查报告 No.2：他雇·卡嫂·组织化》，社会科学文献出版社。

41. 孟祥丹、丁宝寅（2020）：《"资本下乡"后留守妇女的生计变迁及其对性别关系的影响》，《中国农业大学学报（社会科学版）》第 4 期。

42. 苗春霞、颜雅娟、姜金星等（2016）：《江苏省农村留守与非留守妇女生命质量及其影响因素对比研究》，《东南大学学报（医学版）》第 4 期。

43. 牛芳、康翠云（2018）：《西北地区少数民族留守妇女社会支持网络构成及其特征研究》，《民族社会学》第 3 期。

44. 邱幼云（2017）：《农村 - 城镇流动与青年妇女增能——以夫妻性别关系为例》，《中国青年社会科学》第 4 期。

45. 邱幼云（2018）：《女性农民工的城市生活适应研究》，《理论月刊》第 9 期。

46. 曲茜、倪晓莉（2016）：《农村留守妇女家庭关系、消极情感对生活满意度的影响：有调节的中介模型》，《中国临床心理学杂志》第 2 期。

47. 萨支红、张梦吉、刘思琪等（2020）：《家政工生存状况研究：基于北京、济南被访者驱动抽样调查》，《妇女研究论丛》第 4 期。

48. 石人炳、刘珊（2018）：《已婚流动育龄妇女二胎孕产期保健服务利用影响因素研究——基于 2014 年全国流动人口卫生计生动态监测数据的分析》，《人口与发展》第 3 期。

49. 宋全成、封莹（2019）：《青年女性流动人口收入状况及影响因素分析》，《东岳论丛》第 1 期。

50. 宋全成、王昕（2018）：《女性流动人口参加城镇职工基本医疗保险的特征及影响因素——基于 2015 年全国流动人口动态监测数据的实证研究》，《河南师范大学学报（哲学社会科学版）》第 3 期。

51. 苏熠慧、倪安妮（2016）：《育婴家政工情感劳动的性别化机制分析——以上海 CX 家政公司为例》，《妇女研究论丛》第 5 期。

52. 苏映宇（2018）：《城镇化与女性农民工劳动权益保障——基于马克思主义劳动观视域的思考》，社会科学文献出版社。

53. 苏运勋（2020）：《家庭策略视角下的农村陪读：以豫南 S 村为例》，《中国青年研究》第 5 期。

54. 孙琼如（2019）：《女性农民工职业发展研究》，人民日报出版社。

55. 田北海、黄政（2019）：《陪读比较优势、家庭利他主义与农村陪读母亲的形成——基于 L 镇的实地调查》，《云南大学学报（社会科学版）》第 2 期。

56. 汪超、刘涛（2017）：《生计脆弱性：何以为及何以能——来自中国农村进城务工女性的实践调查》，《苏州大学学报（哲学社会科学版）》第 5 期。

57. 汪淳玉、吴惠芳（2020）：《乡村振兴视野下的困境留守妇女》，《中国农业大学学报（社会科学版）》第 4 期。

58. 汪淳玉、叶敬忠（2020）：《乡村振兴视野下农村留守妇女的新特点与突出问题》，《妇女研究论丛》第 1 期。

59. 王健俊、王琦彤、常宇星（2018）：《女性农民工压力来源及其区域异质性研究——基于我国东部 10 省市的微观调查》，《调研世界》第 7 期。

60. 王宇、赵菲菲（2018）：《城乡女性流动人口收入差异分析——基于分位数回归与反事实分解方法》，《调研世界》第 11 期。

61. 王志理、张婧文、庄亚儿（2019）：《2011~2017 年中国流动人口避孕模式变化分析》，《人口学刊》第 5 期。

62. 韦艳、段婷婷（2016）：《农村婚姻迁移女性的社会融合及影响因素研究——中国 9 省调查的发现》，《河北大学学报（哲学社会科学版）》第 2 期。

63. 吴存玉（2018）：《隐忍：理解婚姻危机中农村青年留守女性生活境遇的一个视角》，《当代青年研究》第 3 期。

64. 吴惠芳、吴云蕊、陈健（2019）：《陪读妈妈：性别视角下农村妇女照料劳动的新特点——基于陕西省 Y 县和河南省 G 县的调查》，《妇女研究论丛》第 4 期。

65. 谢鹏鑫、岑炫霏（2019）：《子女随迁对女性流动人口就业的影响研究》，《中国人力资源开发》第 7 期。

66. 谢永飞、李红娟（2018）：《新型城镇化背景下女性流动人口的回流意愿研究》，《南方人口》第 5 期。

67. 许加明（2019）：《农村中小学陪读现象的形成机制及其社会后果》，《湖北社会科学》第 12 期。

68. 薛琪新、章志敏（2019）：《城乡人口流动与家庭性别意识的现代化与平权化——基于对上海、浙江和福建农村家庭的调查数据》，《南方人口》第 4 期。

69. 杨凡、陶涛、杜敏（2016）：《选择性、传统还是适应：流动对农村育龄妇女男孩偏好的影响研究》，《人口研究》第 2 期。

70. 杨菊华、张钏、罗玉英（2016）：《流动时代中的流动世代：近 30 年中国青年流动人口特征的变动趋势》，《中国青年研究》第 4 期。

71. 杨铭、王任远（2019）：《受教育程度与农民工性别收入差异——基于动态博弈模型和流动人口监测数据的研究》，《经济问题》第 9 期。

72. 杨雪燕、罗丞、王洒洒（2018）：《生计与家庭福利：来自农村留守妇女的证据》，社会科学文献出版社。

73. 叶敬忠（2019）：《农村留守人口研究：基本立场、认识误区与理论转向》，《人口研究》第 2 期。

74. 于米（2017）：《人力资本、社会资本对女性农民工体面劳动的影响——心理资本的调节作用》，《人口学刊》第 3 期。

75. 张丽琼、朱宇、林李月（2017）：《家庭化流动对流动人口就业率和就业稳定性的影响及其性别差异——基于 2013 年全国流动人口动态监测数据的分析》，《南方人口》第 2 期。

76. 张亮（2020）：《从约会到同居："他的"和"她的"同居决策比较——基于"90后"流动青年同居者的质性研究》，《妇女研究论丛》第 2 期。

77. 张琼（2018）：《从"外来妹"到"外来媳"：婚姻移民的城市适应过程研究》，复旦大学出版社。

78. 张艳（2018）：《农村留守妇女参政行为逻辑的理论解释——基于"制度－生活"的分析框架》，《天府新论》第 2 期。

79. 赵洪萍（2020）：《进城务工女性的母职实践：以"家为社会田野"的叙事研究》，《妇女研究论丛》第 3 期。

80. 郑雅洁（2016）：《谁在进城务工？——我国农民工自选择现状及性别与代际差异探析》，《中南财经政法大学学报》第 5 期。

81. 周群英（2019）：《"家里外人"：家政工身份转换的人类学研究——以阈限理论为视角》，《湖北民族学院学报（哲学社会科学版）》第 2 期。

82. 诸萍（2020）：《近 50 年我国流动人口的婚姻匹配模式及时代变迁——基于初婚夫妇户籍所在地及性别视角的分析》，《南方人口》第 1 期。

女性高层次人才研究综述（2016~2020年）

杨 慧[*]

这五年，党和政府高度重视高层次人才队伍的培养和使用。2016年习近平在哲学社会科学工作座谈会上强调："宣传部门、组织人事部门、教育部门和高等院校、哲学社会科学研究机构、党校行政学院、党政部门所属研究机构、军队院校等要共同努力，形成培养哲学社会科学人才的良好激励机制，促进优秀人才不断成长。"（新华网，2016）《中华人民共和国国民经济和社会发展第十三个五年规划纲要》在"实施人才优先发展战略"中，明确提出要把人才作为支撑发展的第一资源。科技部等8部门印发《创新人才推进计划实施方案》（2011年），明确到2020年完成高层次创新型人才培养等总体目标。

2016~2020年科技部组织实施了"创新人才推进计划"，确定了包括女性人才在内的2000多名中青年科技创新领军人才和科技创新创业人才。2018年9月26日，国务院印发《关于推动创新创业高质量发展打造"双创"升级版的意见》，第一次明确提出"鼓励支持更多女性投身创新创业实践"。上一个五年的相关政策和项目如全国妇联联合科技部、国资委等有关部门实施"女性高层次人才成长状况研究与政策推动项目"以及科技部和全国妇联联合制定《关于加强女性科技人才队伍建设的意见》等重要项目和文件，为这五年女性高层次人才发展创造了较好的发展环境，以上重要论述以及包括坚持男女平等原则在内的各项鼓励创新创业的政策措施和专门针对女性的特别措施，在支持和鼓励女性高层次人才成长发展与创业创新方面发挥了重要作用，为开展女性高层次人才研究创造了良好的社会环境，与2011~2015年相比，学界在2016~2020年对高层次人才的关注程度更高，对女性高层次人才的研究成果更多，这些成果既有对女性高层次人才的成长规律、长期面临的问题与对策建议的研究，又有对新政策背景下女性高层次人才面临的新挑战的探讨。

---

[*] 作者简介：杨慧，女，全国妇联妇女研究所副研究员、政策法规研究室副主任。

一 研究概述

在论文检索方面，分别以"高层次人才+女/性别""女干部+处级/局级/厅级""女性科技人才""女企业家""女+董事/高管"为筛选主题，对中国知网（CNKI）"中国期刊全文数据库""硕博学位论文数据库""会议论文数据库和报纸文章数据库"① 2016 年 1 月 1 日至 2020 年 12 月 31 日发表的期刊论文、硕士和博士学位论文、会议论文和报纸重点文章进行检索。分别获得以"高层次人才+女/性别"为主题的期刊论文 16 篇，硕士、博士学位论文 7 篇；获得以"女干部+处级/局级/厅级"为主题的期刊论文和硕士、博士学位论文各 1 篇；获得以"女性科技人才"为主题的期刊论文 11 篇，硕士、博士学位论文，会议论文各 1 篇；获得以"女企业家""女+董事/高管"为主题的期刊论文 251 篇，硕士、博士学位论文 2 篇，报纸文章 9 篇。此外，鉴于部分以"女性创业者"为主题的研究包含了女企业家以及受教育程度在本科及以上的研究对象，笔者以此为主题检索后获得相关期刊论文 12 篇。在剔除交叉重复文献及非学术研究成果后，最后获得 116 篇较高质量、有代表性的文献。

在著作方面，根据笔者在国家图书馆的检索结果，近 5 年有 15 部论著或论文集章节涉及女性高层次人才，如罗青兰（2018）的《女性高层次人才职业成功影响因素研究》，基于新世纪优秀人才视角，通过对来自不同区域、不同行业、不同领域的 590 位企业女性管理者、女性创业者、女性科技工作者等群体进行问卷调查与个人深入访谈，研究了女性高层次人才职业发展、培养状况与成长困境，探讨了人力资本、社会资本、组织支持对女性高层次人才职业成功的促进作用，并从政府、组织、教育、个体四个方面提出了推动女性高层次人才职业成功的有效策略。另外，佟新等（2017）的《中国女性高层次人才发展规律及发展对策研究》、张李玺（2018）主编的《社会支持与女性人才成长》、于鸿君（2017）主编的《眼底未名水，胸中黄河月——北京大学女干部成长规律与管理机制研究》等著作及其相关篇章，包含对女性高层次人才总体成长规律的总结、

---

① 为进行分性别比较，本研究通过百度搜索获得 2 篇女性创业者和 1 篇女性高层次专业技术人才的研究。

面临的问题剖析以及对促进女性高端人才发展的对策探索。此外，全国妇联妇女研究所 2016 年主编的《中国妇女社会地位调查论文集④》、中国妇女研究会办公室 2020 年主编的《中国妇女研究会年会论文集（2017~2018 年）》也分别包含了较高质量的女性高层次人才研究的相关文章。

在课题项目方面，这五年对女性高层次人才研究的资助偏少。2016~2020 年国家社会科学基金资助的、与妇女/性别研究直接相关的 224 个项目中涉及女性高层次人才研究的项目只有 1 个——"女性高管参与度的薪酬纠偏效应及其企业绩效促进机制研究"（张长征，2020），属于一般项目。

在学术会议方面，2016~2020 年相关领域的科研机构、学术团体及相关部门举办了一系列学术研讨会。一是在女性高层次人才作用发挥方面，2016 年第十八届中国科协年会女科学家高层论坛将主题确定为"创新推动经济转型·科技女性责任"。2019 首届女科学家与女企业家高峰论坛以"科技引领世界，共创智慧中国"为主题，对女性在科技创新及在经济社会发展中做出的贡献予以充分肯定，并对部分创新创业女科学家和女企业家进行了表彰。2020 年第十二届中国女科学家论坛倡议青年科学家在人类命运共同体建设进程中，担负起义不容辞的责任。二是在为女性高层次人才创造条件、促进发展方面，2019 年中国科协常委会女科技工作者专门委员会响应党中央号召，举办"新时代科技女性践行和弘扬科学家精神"座谈会。此外，由中国人力资源开发研究会女性人才研究会主办的 2019 全国女性人才发展论坛，交流了各地在培养高层次女性人才、促进女性发展等方面的成功经验和先进做法，对促进女性发挥两个独特作用具有重要而深远的意义。

这五年，学界对女性高层次人才的研究具有以下三个鲜明的时代特征。首先，对女企业家/女性创业者的研究明显增加，其与"大众创业 万众创新"政策及相关部门、妇联组织等的积极推动息息相关。与此同时，学界对妇联组织、女企业家协会在促进女性高层次人才成长方面发挥的作用与存在的不足也展开了相应研究。其次，与独生子女政策、单独二孩政策给女性带来的影响相比，自 2016 年 1 月 1 日实施的"全面两孩"政策，以及部分高校实行的"非升即走"政策，给女性高层次人才生育与职业发展冲突带来的影响更大，学界增加了对包括高校女教师"非升即走"聘用政策在内的生育与就业相关问题的研究。最后，增加了对科技领域女性高层次人才发挥重要作用与政策推动的研究，其与党和国家的高度重视以及《国家中长期人才发展规划纲要（2010—2020 年）》的有效实施密切相关。

二 主要研究内容

本部分主要对这五年研究成果较为丰富以及与上一个五年相比有亮点的女性高层次人才研究内容和细分领域进行综述：处级及以上女性党政领导干部、具有副高级及以上职称的女性科技人才、女企业家和企业女性高管的基本状况，成长规律及职业发展中面临的制约性因素，促进女性人才发展的对策建议。

（一）女性高层次人才的发展状况

女性党政人才的发展状况。2018 年，第十三届全国人民代表大会代表中女性占 24.9%，比上届增加 1.5 个百分点，特别是在"90 后"全国人大代表中，女性比例超过男性（刘晨茵，2019），然而，与女性高层次科技人才和女性企业高层管理人才研究相比，2016~2020 年学界对处级及以上女性党政人才的研究相对较少。仅有的研究认为，加强能力建设、提高执行力和绩效是女性领导干部智德修炼的重点所在，女性领导干部需特别注重训练自己的理性思维、战略思维和辩证思维能力；既要坚持党性和人民性的统一，又要坚持原则性和灵活性的统一（国家行政学院政治学教研部，2018）。此外，女性管理者从中层晋升为高层后，领导风格普遍由参与式领导转变为独裁式领导（张丽琍、张瑞娟，2016）。

女性科技人才的发展状况。从女性高层次科技人才的规模、结构、决策、资助奖励及时间配置状况看，近年来，我国研究与试验发展人员中女性规模不断增大，并在科技进步与创新中发挥着重要作用。2016 年我国女性研究与试验发展人员达到 154.5 万（黄园淅、赵喜加，2018），2020 年我国女性研究与试验发展人员规模进一步增加到 198.4 万。此外，女性科技人才在职业发展中也面临一些困难。在学科结构及参与决策方面，女性科研人员学科分化明显并呈"金字塔"形；在科技活动决策中参与度不高、话语权不充分（黄园淅、赵喜加，2018），"女兵男将"现象普遍，并存在女性人才青年中断、中年停滞、高端缺位问题（董丽娟、徐飞，2016）。在职称晋升、科研资助及奖励方面，性别差距有所扩大，如在职称晋升方面，获得正高级职称人员中女性比例由 2016 年的 32.5%降至 2019 年的 32.3%（国家统计局社会科技和文化产业统计司，2016、2019）。在时间配置上，女性双重角色冲突，如怀孕、生育、哺乳和家务劳动耗费了女性大量时间和精力，加之部分高校对"双一流"和国际化压力的传导，使得女教授在科研项目和论文发表方面压力越来越大（黄园淅、赵吝加，2018；李叔君，2018；张路路，2019）。有研究还提到，高校女性科研人员在平衡评职称等工作和带孩子等家庭事务过程中常常处于疲惫不堪、难以应对的窘境，且该状况已成为诸多女性科研人员的缩影。总体而言，女性职称晋升所需时间长于男性，获得"项目""获奖""工程""团队""教授""博导""专家"等头衔的次数远远少于男性（李叔君，2018）。

从女性企业高层管理人才的分布、参政限制与作用发挥状况看，截至 2016年，在全球主要股票市场市值超过 1000 亿元的 86 家中国公司中，董事会和高管的女性比例分别为 11.32%和 10.75%；在市值为 500 亿~1000 亿元的 96 家中国上市公司中，董事会和女性高管的比例分别为 9.77%和 11.92%（刘梦羽，2017）。在中国沪深股市上市的 9037 家公司中，超过 70%的企业有女性董事，董事会中女性比例达 14%（张玲玲，2019）。《全球创业观察 2016/2017 中国报告》显示，中国女性创业活跃程度略高于美国、英国、德国、法国等发达经济体。中国女企业家行业分布广泛，主要分布在互联网（25%）、服务业（15%）、金融业（15%）、房地产业（10%）、外贸（10%）、汽车（8%）等行业。《万事达卡女性创业者指数》第一期报告显示了女企业家取得的"引人瞩目"的成就，即中国女性拥有企业的比例大幅提高至 30.9%，商界女性领导者占 37%（李莹亮，2018）。胡润研究院发布的《2018 胡润女企业家榜》数据显示，中国女企业家所占比例不但达到近 20 年来的最高水平，而且在全球最成功的女企业家中，中国占了六成，其中排名前 5 位的女性企业家中有 4 位来自中国（李佳琪，2019）。在企业女性高管的作用发挥方面，有研究认为，企业女高管一方面在提升企业决策质量方面具有独特优势，另一方面也会降低企业多元化经营程度（周泽将，2016）。此外，女性董事有助于约束高管的超额薪酬并增强薪酬与业绩的相关性；分所有制看，国有上市公司中性别平等观念较低、女性董事的话语权较弱，而在市场化程度较高的非国有企业，女性董事对公司治理发挥的作用则较大（姜思云，2017；张玲玲，2019）。有学者对 2505 位女企业家调查发现，女企业家来自董事会任命的比例比男企业家低 27 个百分点（李兰，2017）。总体而言，虽然女企业家参政议政的渠道和途径较少（陆佳滨，2017），但是女企业家注重企业社会责任，所主导的企业为提拔女性高管及女性就业创造了更多机会，其女性高管和女性职工分别占 45.39% 和 55.01%，均明显高于男性企业（史孟杰，2018；高弘清，2016）。

（二）女性高层次人才的成长规律

促进女性高层次人才的成长和发展，既离不开党和政府的培养、选拔与政策支持，离不开妇联组织、女企业家协会等组织和机构的重要推动和帮助，同样也离不开家庭的支持和帮助，以及女性人才自强不息的拼搏与奋斗。

党和政府高度重视对女性高层次人才的培养和使用。政策是女性领导成长发展的重要因素（张素玲，2017）。《国家中长期人才发展规划纲要（2010—2020年）》《中国妇女发展纲要（2011—2020年）》《"十三五"促进就业规划》以及 2017 年《国务院关于做好当前和今后一段时期就业创业工作的意见》的有力实施，为包括女干部、女性科技人才、女企业家在内的高层次人才成长创造了有利的发展环境。在促进女性领导干部和科技人才发展方面，贯彻落实《关于机关事业单位县处级女干部和具有高级职称的女性专业技术人员退休年龄问题的通知》，有助于延长高层次女干部和女性专业技术人员的职业生涯。此外，相关规划纲要明确指出要加大女性技术技能人才培养力度，国家在科研资助和科研奖励方面也制定了对女性申请者年龄限制的调整政策，这些支持措施有利于营造女性科技人才发展的制度环境（黄园浙、赵呇加，2018）。在促进女性创业方面，2016~2020 年国家陆续出台促进女性人才发展的政策措施，如全国妇联和财政部等 4 个部门实施小额担保贷款财政贴息政策，另外，中国人民银行和全国妇联等2019 年发布《关于创新金融服务支持妇女创业就业发展的通知》，这些举措都是为创业女性解决资金瓶颈的问题（谭琳，2020）。从《平等 发展 共享：新中国70 年妇女事业的发展与进步》白皮书看，中国政府实施鼓励妇女就业创业的小额担保贷款财政贴息政策，2009~2018 年全国累计发放 3837.7 亿元，中央及地方落实财政贴息资金 408.6 亿元，获贷妇女 656.9 万人次（中华人民共和国国务院新闻办公室，2019）。这些政策措施有助于促进包括女干部、女性科技人才、女企业家在内的女性高层人才成长与发展。

妇联组织和女企业家协会联合相关部门在促进女干部、女企业家发展中发挥了重要作用。由全国妇联和国家民委联合举办的第 6 期全国少数民族干部培训班，对来自全国各地 19 个少数民族的 52 名县处级女干部进行了工作技能和实战经验的职业培训（古再丽努尔·麦海提，2016）。此外，各级妇联组织在助推女性创业发展方面发挥了重要的引领和扶持作用（江树革、费多丽，2017），女企业家协会在维护女企业家权益、组织引导女企业家积极参政议政、提高女企业家的社会责任感和综合素质方面作用明显（任影，2017）。

来自家庭的支持和帮助对女性高层次人才发展具有重要作用。有研究认为，女性在创业过程中获得的支持与帮助更多来源于家庭成员，其中，在以本科为主的女性创业者中，来自家庭的亲情是女性创业成功的关键因素，家庭在分担女性人才的子女照料责任方面也提供了很多的支持和帮助（夏正晶，2017）。与此同时，有研究认为，从事经商营商活动的女性直系血亲、姻亲成员，在女性创业中发挥了示范和引领作用；来自家族的精神激励、资金支持和社会资本也在女性创业中至关重要，其中家庭关系网络是女性创业的社会支持来源，夫妻关系在企业的初创、发展和转型中具有重要作用。丈夫既是女性创业的发起者与合作者，又是家庭生活中的婚姻伴侣和情感依托，没有丈夫的支持，女性创业容易引发家庭角色冲突，制约女性成功创业（江树革、费多丽，2017）。

女性高层次人才的自身魅力与不懈努力是其成功的关键所在（国家行政学院政治学教研部，2018）；越来越多的女企业家在意识到双性化领导模式及融合性别身份与领导身份的重要性后，既具有积极进取、勇于拼搏、敢于创新和打破陈规的勇气，又具有吃苦耐劳、责任心强、以柔性管理创造良好企业发展氛围的优势（高弘清，2016；陈璐，2018；张丽琍、张瑞娟，2018；张亚楠，2019）。女性创业者自身不乏拥有大型国企、外企以及百度公司、阿里巴巴集团、腾讯公司三大互联网公司（BAT）工作背景，也不乏世界 500 强企业的工作经历以及商学院的学习经历，如有研究指出在阿里研究院《她时代来自未来的 Lady Data》调研的 145 家女性创始企业中，66% 女性创始人接受过本科以上教育，近 1/4 拥有硕士或博士学位，她们善于在工作中观察和学习，积累大量经验后投身创业大军（李莹亮，2018）。有研究提到，这些女企业家在创业前后都是"工作狂"，网络经济为其提供了灵活机动的就业空间，但面对现实中的"新课题"，每个女企业家都需要同时处理多模式任务并感到被自我压榨（裴谕新、陈思媚，2019）。

（三）女性成长为高层次人才面临的制约性因素

党和政府、妇联组织、相关社会组织、家庭在女性高层次人才的成长和发展中创造了较好的发展环境并提供了诸多支持和帮助，但在社会急剧转型、经济下行压力增大、就业创业和职业发展竞争激烈的大背景下，一方面，女性高层次人才在外部发展环境中的相关政策、社会文化、性别观念以及在解决工作与家庭冲突等方面仍然存在社会支持不足问题；另一方面，女性人才在自身的成长与发展中也存在一些不足。

促进女性高层次人才发展的政策有待完善。有学者认为，公共政策不完善给女性高层次人才发展带来的负面影响主要包括三个方面。首先，干部人事制度中未建立培养选拔女干部的长效机制，阻碍了女干部仕途升迁、权力竞争与资源分配等，以至于个别女干部在职位晋升无果后利用权力寻求钱物补偿（苏兰，2016）。其次，科技人才管理制度缺乏对女性科技人才的关怀，存在形式平等、结果不平等问题（王荟荃，2016），致使部分致力于促进女性科技人才发展的专项基金和奖项在实施过程中收效甚微（董丽娟、徐飞，2016）。最后，部分培训及金融政策在制定过程中将女性边缘化，致使女性创业教育培训滞后于创业发展，资金来源渠道狭窄，获得资金扶持的难度加大（邵曼，2016；侯淼，2017；刘莹，2018），以及存在对女性创业的项目和扶持资源偏少、创业相关的政策和资源的指向无法精准定位到女性创业群体、政策宣传还不到位等问题（高弘清，2016；郑宁，2016；张姝骁，2016；李慧，2020）。此外，目前国家缺乏禁止就业性别歧视的单独立法，《中华人民共和国就业促进法》等缺乏就业性别歧视救济主体和救济途径（张琳、杨毅，2019）。

社会文化的制约。性别歧视和传统文化限制了女干部和女性科技人才发展（古再丽努尔·麦海提，2016；贾增科，2017）。首先，在女干部特别是在少数民族女干部的成长与发展中，传统文化影响巨大。有研究指出，在有些地区，即便女性在某些能力方面比男性还出色，但未婚状态或婚姻失败的女性公务员仍然会因其婚姻问题阻碍其职业发展（古再丽努尔·麦海提，2016）。其次，在科技领域，性别偏见既表现为歧视、排斥或贬低女性科技人员，还表现为科技政策、科技社团中长期存在性别盲视现象（张明妍、张丽、王国强等，2016；章梅芳，2020），早期的性别文化暗示阻碍了女性对科学的热爱及职业选择（宋琳，2016）。对女性的偏见及缺乏职业导师和人际支持，使得女性在非正式交往中受到排斥（张丽琍、张瑞娟，2018），对性别气质的塑造与规训将女记者置于"渴望成功"与"避免成功"的两难境地（尤红，2016）。再次，在创业领域，社会舆论对创业女性的歧视严重打击了女性创业的热情，使得很多女性选择安于现状；多数人认为女性脆弱而难以承担创业的重任，也难有所成就，女性对公平包容的创业环境的诉求难以得到满足（王柯云，2020）。最后，在企业管理中，一方面，女性高管面临职业发展壁垒，包括公司气氛对女性不友好，缺乏对女性高管的认同和帮助（张丽琍、张瑞娟，2018）；另一方面，企业雇佣歧视评价指标笼统、粗糙，难以真实反映就业性别歧视问题，企业社会责任报告缺乏隐性歧视内容，难以有效反映企业履行的社会责任（张琳、杨毅，2019）。

传统性别观念与评价标准不利于女性高层次人才发展。有研究认为，传统性别观念以及主流社会的男性标准阻碍了女性职业发展（宋琳，2016；杜金格，2016）。双重标准和双重约束令女性无所适从，对女性领导潜在工作能力的忽视和质疑，减少了女性升迁至领导岗位的机会；在实行配额政策的组织中，忽视女性的自身努力，错误地将女性领导的成功视为政策倾斜（张素玲，2017）。有学者研究发现，有超过20%的男科学家和近10%的女科学家同意分别用职业和家庭衡量其成功标准的说法（黄园淅、赵吝加，2018）。社会对女企业家存在偏见，致使其难以获得公平的竞争环境、女性创业更加艰难（蔡静莹，2016；王立新、竹佳丽，2018）。传统的男女角色分工以及主要由妻子承担家庭照料、子女教育与家务劳动等角色规范，与基于商业理性的创业行为之间的矛盾冲突，阻碍女性创业成功（江树革、费多丽，2017）。

群团组织、社会组织对女性高层次人才发展的支持需要进一步增强。有学者认为，部分地区的妇联组织未有效搭建创业平台，行政化色彩浓厚，空心化现象严重，垂直向下指导力弱，缺乏创业追踪制度，创业培训流于形式，贷款用途限制多、期限短等（邵曼，2016；陆佳滨，2017）。部分女企业家协会创业服务队伍素养不高，创新举措和服务渠道偏少，服务资源匮乏，考评机制落后，工作落实不到位（陆佳滨，2017；李慧，2020），难以为女企业家提供所需支持和服务。

工作与家庭冲突是影响各类女性人才发展的重要因素。女性领导面临工作与家庭冲突（张丽琍、张瑞娟，2018），科研与生育、女性双重角色及家务负担与科学界无视两性差异的评价标准，使得女性科研人员难以在事业和家庭中寻找平衡点，丧失了宝贵的发展机会（宋琳，2016；杜金格，2016；李志红，2020）。部分女企业家以繁重家庭负担为己任，在缺乏家庭支持情况下，难以平衡家庭与事业已成为很多创业女性的痛点（侯淼，2017；甘同卉，2018；项依诺，2018）。

女性人才自身存在短板弱项。部分女性领导干部在胆识、魄力、理性思维和战略思维方面较为欠缺，决策思虑过多等问题（国家行政学院政治学教研部，2018；张丽珅、张瑞娟，2018）。有研究认为女性科研人员多选择实验类、教学类基础性工作，并由此产生对男女科研人员的不同评价（宋琳，2016）。

（四）促进女性高层次人才成长的对策建议

促进女性高层次人才成长，既是《国家中长期人才发展规划纲要（2010—2020年）》《中国妇女发展纲要（2011—2020年）》的重要目标之一，也是党中央、国务院及有关部门落实男女平等基本国策、促进妇女全面发展的一项重要工作内容。这五年，为促进女性高层次人才成长和发展提出的对策建议综述如下。

完善针对不同类型女性高层次人才的政策。在促进女领导干部发展方面，有学者建议，平衡男女干部队伍比例，消除隐性性别歧视，提高女干部政治素养（苏兰，2016）。在促进女性科技人才发展方面，增加对妇女平等参与科研的法律界定，清除阻碍因素，提高政策的针对性和对女性平等参与科研的保护（宋琳，2016；董丽娟、徐飞，2016）；设立女性科研发展基金，提高女性获得科研资助比例（杜金格，2016；林佳甜、李志红，2017；李志红，2020）。在促进企业女性管理人才发展方面，出台鼓励女性高管发展细则，明确董事会中女性比例并提高企业高管的性别异质性（周泽将，2016；张玲玲，2019）；建立女性创业专管部门，制定促进女企业家参与国际竞争和女性创业专项政策，加大对创业财政、税收、融资等的支持力度，设立女性专项创业融资基金和女性培训基金，完善巾帼创业创新服务（谢觉萍，2016；高弘清，2016；魏卫鸽，2017；项依诺，2018；高嫚，2020；李慧，2020）。此外，有学者建议运用大数据技术手段建立女性管理监测体系、重构女性人才培养制度和培养规划（杨丽，2017）；完善社会保障机制，减轻用人单位承担的女性生育成本，促进用人单位为女性就业创造良好环境（石彤、李洁，2016）；在完善产假、父母育儿假政策过程中，通过推行夫妻双方共休产假（育儿假）制度促进实质性平等（张琳、杨毅，2019）；在儿童照护、养老等家政支持政策中，强化反性别歧视政策演习，加大对执行公平就业政策的宣传力度（张琳、杨毅，2019）。

倡导性别平等观念，促进性别文化进步对各类女性人才发展至关重要（谢觉萍，2016；张丽珂，2017）。在促进女领导干部发展方面，既需要培养良好社会舆论，塑造女性领导者新形象，带动更多女性走上领导岗位（张丽珂、张瑞娟，2018），又需要建立女性人才库，加大对女性领导的培养选拔力度，加强对女性领导的组织支持（国家行政学院政治学教研部，2018；张丽珂、张瑞娟，2018）。在促进女性科技人才发展方面，需要改变对性别的传统理解，即科学并非价值无涉、生理性别也非劳动性别分工的决定因素（章梅芳，2020）；大众传媒应该树立更多"女博士""女科学家"等女性科技人才的可敬可爱形象（张路路，2019）；完善科研评价考核机制、完善组织机构管理模式，给予女性更多科研管理机会（林佳甜、李志红，2017；李志红，2020）。在促进女性管理人才发展方面，需要正视女性创业的意义和作用，培育树立女性创业典型，融合新媒体加强宣传引领（项依诺，2018；甘同卉，2018），企业在面临过大风险或在保守发展战略阶段以及国有企业不断明晰责任主体意识过程中，更应该注重发挥女性董事长、CEO 及高管的决策优势，增强国有企业女性高管的话语权（周泽将，2016；张玲玲，2019）；建立健全企业制度，制定工作与家庭平衡计划（蔡静莹，2016）。

注重发挥群团组织、社会组织的作用。在促进家务劳动社会化过程中，注重发挥妇女组织特别是妇联的重要支持作用（侯淼，2017），探索建设专业化的女性创业服务网络，完善女性创业孵化载体（项依诺，2018）。女企业家协会等女性互助组织应及时了解女企业家在创业阶段面临的困难，向相关政府部门反映问题并促进解决，此外还应加强内部自我管理、创新活动载体和内容、提升女企业家的综合素质、增强女企业家的社会担当（甘同卉，2018；任影，2017）。另有学者建议成立女企业家帮扶组织，为女企业家提供针对性、长效性和持续性的培训服务（蔡静莹，2016）；通过促进托养机构发展，分担女性家庭责任（甘同卉，2018）。

三　研究不足与展望

2016～2020 年，女性高层次人才的研究取得了丰硕成果，通过展现女性高层次人才成长与发展状况、发展规律与面临的问题和挑战，既较好地实现了研究创新，又突出了"大众创业，万众创新"的时代特征。与此同时，相关文献还在研究内容、研究对象、所用数据以及研究水平方面存在一定的不足，需要在今后研究中不断改进和提高。

（一）研究不足

一是对哲学社会科学工作者的研究有待加强。习近平在哲学社会科学工作座谈会上为培养和使用哲学社会科学人才指明了方向；2019 年人力资源社会保障部、中国社会科学院联合发布《关于深化哲学社会科学研究人员职称制度改革的指导意见》，通过完善评价标准、创新评价机制、促进职称制度与用人制度衔接等方式，为包括女性哲学社会科学工作者在内的哲学社会科学工作者的成长与发展创造了条件。哲学社会科学领域女性工作者的成长发展状况与作用发挥情况，以及相关政策措施对该领域女性职业发展的促进作用，已有研究鲜有涉及。

二是数据来源的广泛性与代表性的关系有待平衡。一方面，有学者为确保研究效度，除了使用全国规模的权威性调查数据外，还采取多源数据多阶段抽样方法验证研究假设，分别使用 152 份女企业家问卷、280 份管理者问卷和 382 份员工问卷，较全面、立体地研究了女企业家激发员工主动性问题（杨静、王重鸣，2016）。另一方面，部分定量研究仅使用聚焦在某个城市或区县范围的几十份调查问卷，研究的代表性有待提高。如有学者利用安徽淮北市 50 份女企业家调查问卷（任影，2017）、吉林省白城市 45 份女性创业者问卷（刘莹，2018）进行研究，类似样本量在调查数据中的代表性与稳定性、研究结果的可信性方面难免受到质疑。

三是与女性高端人才相关的热点难点议题研究不足。无论是在党政人才还是在专业技术人才中，"女兵男将"问题长期存在，这既与女性在家庭和职场的双重角色有关，也与职场对男女两性的双重评价标准有关，对于这些长期影响女性高层次人才成长的难点问题，以及近年来在高校逐渐铺开的"非升即走"制度、"密集性母职"等热点问题，学界缺乏足够的研究与重视。此外，对如何才能在三孩生育政策及新时代经济社会发展进程中破解阻碍女性高层次人才成长与发展的难题、设计合理的晋职晋升评价标准、探讨由"密集性母职"向适度父职母职转变的方式方法等研究不足。

（二）研究展望

一是在研究对象方面拓展女性高层次人才研究的覆盖范围，以扎实有效的研究成果为促进女性高层次人才发展提供决策参考。《国家中长期人才发展规划纲要（2010—2020年）》制定了高技能人才、农村实用人才和社会工作人才（下称"新三类人才"）的发展目标，即到2020年，技师、高级技师达到1000万人左右，农村实用人才总量达到1800万，社会工作人才总量达到300万。在新三类人才队伍中，不乏女性高层次人才，然而，2016～2020年已有文献多囿于对政界、商界、科技领域等相对较为传统的女性高层次人才研究，对包括女性高级社会工作师在内的女性哲学社会科学工作者、女性高级技师以及获得高级职称的农村女性实用技术人才成长和支持的研究鲜有涉猎。建议学界今后不断拓展女性高层次人才研究的覆盖范围，深入各类女性人才的生产、生活环境，找准阻碍女性人才成长、发展的关键痛点，增强对新时代女性高层次人才成长规律、制约因素、对策建议的研究，总结提炼可复制、可推广的女性高层次人才成长经验，探索促进女性人才发展的有效路径和制度机制，为完善促进女性人才发展的法规政策提供决策参考。

二是对女性高层次人才成长与发展面临的热点难点问题进行专题性研究。新冠疫情冲击经济带来的裁员问题，与高校毕业生连年屡创新高问题叠加，致使招聘性别歧视有所加重；三孩生育政策实施以来，生育给女大学生就业及包括自然科学、哲学社会科学女性研究者在内的女性工作者及党政干部职业发展带来的冲击将持续存在；传统的男女家务劳动分工带来的女性工作和家庭冲突问题，既会阻碍女性成长为高层次人才，也会限制女性高层次人才的作用发挥，对于这些热点和难点问题，建议学界及相关部门加强对党政干部、专业技术人员和企业家性别结构与女性发展困境的调查研究，同时，针对高校"非升即走"政策实施范围与影响状况，开展"非升即走"对女教师生育与职业发展影响的专题调查，在厘清影响不同类型女性高层次人才成长与作用发挥等限制性因素的基础上，提出促进女性高层次人才在成长与发展过程中从形式平等到过程平等、再到结果平等的理论指导与对策建议，为解决女性高层次人才热点难点问题、丰富相关研究做出应有的贡献。

三是在理论与研究方法方面，应加强对年轻学者的指导，提高女性高层次人才的研究水平。建议在今后研究中，既要注重提升相关理论对科研的指导价值，又要根据学术论文要求，切实提高科研的学术性、学理性。例如，针对部分年轻学者在学位论文中文献综述不足问题，建议指导教师及时为其传授相关文献的收集、研读与综述的有效方法，引导其"站在前人的肩膀"实现研究创新。再如，针对部分硕士研究生调查研究经验不足问题，建议导师在其数据采集前，指导其做好调查问卷设计、样本规模确定及调查质量控制工作；在调查数据的分析阶段，加强对其进行交互分析、分层分析、因子分析、回归分析等统计方法的指导，以便发现影响女性高层次人才成长与发展的关键性因素，在研究创新中为改善女性高层次人才发展环境提供数据支持。

参考文献

1. 蔡静莹（2016）：《女企业家犯罪原因分析及对策研究——以 NZ 监狱为例》，硕士学位论文，华东理工大学。

2. 陈璐（2018）：《女性管理者性别—领导身份融合研究》，科学出版社。

3. 董丽娟、徐飞（2016）：《中国女性科技人才政策的若干评价与思考》，《科学学研究》第 2 期。

4. 杜金格（2016）：《中国女性科技人才现状及对策研究》，硕士学位论文，成都理工大学。

5. 甘同卉（2018）：《基于扎根理论的西部少数民族女性创业社会网络研究》，硕士学位论文，云南大学。

6. 江树革、费多丽（2017）：《市场化改革和性别视野下的中国女性创业》，《辽宁大学学报（哲学社会科学版）》第 2 期。

7. 高弘清（2016）：《临沂女性创业管理现状及其促进策略研究》，硕士学位论文，华中科技大学。

8. 高嫚（2020）：《地方本科院校女大学生创业教育模式研究》，硕士学位论文，山西财经大学。

9. 古再丽努尔·麦海提（2016）：《新疆喀什地区女性公务员职业生涯发展研究》，硕士学位论文，新疆大学。

10. 国家统计局社会科技和文化产业统计司编（2016）《2015 中国妇女儿童状况统计资料》，中国统计出版社。

11. 国家统计局社会科技和文化产业统计司编（2019）《2018 中国妇女儿童状况统计资料》，中国统计出版社。

12. 国家行政学院政治学教研部编（2018）《女性领导力案例集（第三辑）》，国家行政学院出版社。

13. 侯淼（2017）：《"双创"背景下中国妇女创业的机遇与挑战研究》，硕士学位论文，武汉大学。

14. 黄园浙、赵杏加（2018）：《我国女性科研人员发展现状、挑战及政策演变》，《中国科学基金》第6期。

15. 贾增科（2017）：《我国女性科技人才高端缺失原因分析》，《科技管理研究》第2期。

16. 姜思云（2017）：《女性高管对企业绩效的影响研究——基于权力集中与市场化程度的分析》，硕士学位论文，重庆理工大学。

17. 李慧（2020）：《宿迁市宿城区政府女性创业帮扶对策研究》，硕士学位论文，大连海事大学。

18. 李佳琪（2019）：《新经济时代中国女性创业调查报告》，《科技与金融》第3期。

19. 李兰：《2016中国女企业家发展调查报告》，《中国妇女报》2017年3月28日。

20. 李叔君（2018）：《女性职业发展的天花板机制与出路》，江苏大学出版社。

21. 李莹亮（2018）：《女神时代：中国当代女性创业者画像》，《科技与金融》第3期。

22. 李志红（2020）：《如何激励女性科技人才创新》，《科技与金融》第3期。

23. 林佳甜、李志红（2017）：《我国女性科技人才发展问题探析》，《中国高新技术企业》第9期。

24. 刘晨茵（2019）：《这一次，聚焦"她们"》，《浙江日报》3月8日。

25. 刘梦羽（2017）：《〈2017中国女性创业报告〉：破解女性创业的"5%陷阱，10%现象"》，https://www.sohu.com/a/134912820_355015。

26. 刘莹（2018）：《女性创业模式与融资方式研究——以白城市为例》，硕士学位论文，吉林大学。

27. 陆佳滨（2017）：《谨慎·跨界·共享："十二五"以来浙江省女性创新创业调查研究》，硕士学位论文，浙江工业大学。

28. 罗青兰（2018）：《女性高层次人才职业成功影响因素研究》，人民出版社。

29. 裴谕新、陈思媚（2019）：《电商时代女性创业的性别化历程与家庭决策变革个案研究》，《妇女研究论丛》第6期。

30. 全国妇联妇女研究所主编（2016）《中国妇女社会地位调查论文集④》，中国妇女出版社。

31. 任影（2017）：《女企业家协会对企业品牌传播的影响研究——以淮北市为例》，硕士学位论文，安徽财经大学。

32. 邵曼（2016）：《妇联服务女性创业：问题与对策——以高青县为例》，硕士学位论文，天津大学。

33. 石彤、李洁（2016）：《新时期高校女生人才成长规律和发展对策研究》，社会科学文献出版社。

34. 史孟杰（2018）：《基于家庭视角的女性创业与企业绩效关系实证研究》，硕士学位论文，合肥工业大学。

35. 宋琳（2016）：《高校科研人员学术生涯模式性别差异研究》，《中国妇女研究会年会论文集》，社会科学文献出版社。

36. 苏兰（2016）：《新时期女干部腐败问题研究》，硕士学位论文，中国石油大学（华东）。

37. 佟新等（2017）：《中国女性高层次人才发展规律及发展对策研究》，经济科学出版社。

38. 王荟荃（2016）：《理工科高校女性科技人才发展存在的问题及对策分析》，《人才资源开发》第 8 期。

39. 王柯云（2020）：《女性创业者面临的阻碍、原因及对策》，《中国商论》第 10 期。

40. 王立新、竹佳丽（2018）：《关于国内外女性创业现状的研究》，《科技经济导刊》第 3 期。

41. 魏卫鸽（2017）：《丝绸之路经济带中国本土企业女性领导力研究》，硕士学位论文，西安工业大学。

42. 夏正晶（2017）：《基于因子分析法的江苏省女性创业胜任力评价模型构建及实证研究》，《经济师》第 10 期。

43. 项依诺（2018）：《温州市女性创业现状及政策研究》，硕士学位论文，四川师范大学。

44. 谢觉萍（2016）：《社会资本和创业环境对女性创业绩效的影响研究》，博士学位论文，河北工业大学。

45. 新华网（2016）：《（授权发布）〈习近平：在哲学社会科学工作座谈会上的讲话〉（全文）》，http：//www.xinhuanet.com/politics/2016 - 05/18/c _ 1118891128 _ 3.htm。

46. 杨静、王重鸣（2016）：《基于多水平视角的女性创业型领导对员工个体主动性的影响过程机制：LMX 的中介作用》，《经济与管理评论》第 1 期。

47. 杨丽（2017）：《大数据下的中国女性高端科技人才管理计量与对策分析》，《科技管理研究》第 4 期。

48. 尤红（2016）：《女记者职业生涯中的社会性别建构》，合肥工业大学出版社。

49. 于鸿君主编（2017）《眼底未名水，胸中黄河月——北京大学女干部成长规律与管理机制研究》，北京大学出版社。

50. 张李玺主编（2018）《社会支持与女性人才成长》，社会科学文献出版社。

51. 张丽琍、张瑞娟（2018）：《女性领导力》，北京师范大学出版社。

52. 张丽琍主编（2017）《女性职业生涯规划与管理》，北京师范大学出版社。

53. 张琳、杨毅（2019）：《女大学生就业中的反隐性性别歧视问题研究》，知识产权出版社。

54. 张玲玲（2019）：《女性董事对公司治理的影响》，西南财经大学出版社。

55. 张路路（2019）：《我国自然科学领域女性"相对不在场"现象——基于不同历史时期的原因探究及对策思考》，《国际公关》第 11 期。

56. 张明妍、张丽、王国强等（2016）：《科技社团中女性发展现状与对策研究》，《科学学研究》第 9 期。

57. 张姝骁（2016）：《女性创业者创业动机对创业承诺影响研究》，硕士学位论文，江西财经大学。

58. 张素玲（2017）：《女性领导》，研究出版社。

59. 张亚楠（2019）：《〈人民日报〉（1978~2017）女性媒介形象研究》，硕士学位论文，山东大学。

60. 章梅芳（2020）：《从女性参与到性别创新：科技领域的性别平等之路》，《科技与金融》第 3 期。

61. 郑宁（2016）：《女企业家背景和持股对企业绩效的影响研究——来自中国上市公司的证据》，硕士学位论文，合肥工业大学。

62. 中国妇女研究会办公室编（2020）《中国妇女研究会年会论文集（2017~2018年）》，中国妇女出版社。

63. 中国新闻网（2019）：《全国妇联：中国多方面措施支持和鼓励女性创业创新》，https：//www.chinanews.com.cn/gn/2019/09-19/8960191.shtml。

64. 中华人民共和国国务院新闻办公室（2019）：《平等　发展　共享：新中国 70 年妇女事业的发展与进步（2019 年 9 月）》，人民出版社。

65. 周泽将（2016）：《女性高管、会计行为与投资决策》，经济科学出版社。

女童研究综述（2016～2020 年）

宋月萍　裴姬宏*

2016~2020 年是"两纲"的实施期，也是全面建成小康社会的决胜期。在这一时期，中国妇女儿童事业取得了显著成就，妇女儿童的健康、教育、权益等方面得到了有效保障和提升。但与此同时，新时期也面临一些新的挑战和问题。在国际方面，2016~2020 年是联合国《2030 年可持续发展议程》的实施期，在这一时期，全球范围内的妇女儿童发展取得了一定进步，但整体来看各国在相关议题方面仍然存在不平等、不充分、不可持续等问题，针对以上问题，联合国及其相关机构加强了对妇女儿童发展的监测和评估，发布了一系列研究报告和政策建议，促进各国之间的交流互鉴和合作共赢。为此，中国政府和社会各界加强了对妇女儿童发展的研究和支持。

女童的问题是跨学科的，与男童发展相比，女童的发展面临更多的问题，在我国"重男轻女""养儿防老"的观念长期流行，性别差异普遍存在，近十余年来，中国的女童事业取得了新的进展，学术界的研究推动了一系列法律法规政策措施的出台，妇女儿童事业与经济社会发展同步推进。

一　研究概述

本综述侧重在中国的社会情境中，分析国内有关女童的健康与发展的除传统医学以外的社会人文科学的相关研究成果，"女童"限定了研究对象的年龄层次与研究对象的性别，"健康""发展"等限定了检索主题。通过中国期刊全文数据库、中国人民大学学位论文数据库检索，最终得到期刊文献 78 篇，硕士、博士学位论文 24 篇；此外纳入分析的还有著作 10 部、会议论文 5 篇。

---

* 作者简介：宋月萍，女，中国人民大学社会与人口学院副院长、教授；裴姬宏，女，中国人民大学社会与人口学院硕士研究生。

笔者以"女童"为主题词①，检索到文献 471 篇，其中中文社会科学引文索引（CSSCI）来源期刊论文 105 篇。随后，以"健康""教育""性教育""留守儿童""性别差异""性别平等"等为主题词进行一定的扩充检索与复合检索。通过阅读标题和摘要（及部分全文）逐篇判断，并结合平时阅读，将 78 篇论文纳入分析。

在"女童发展"或"女童健康"主题词之下，笔者在中国知网检索系统里获得 15 篇较为相关的会议论文，集中于儿科学（7 篇），其余为刑法学（3 篇）、教育理论与教育管理（2 篇）、社会学及统计学（1 篇）、成人教育与特殊教育（1 篇）、预防医学与卫生学（1 篇）。儿科学、预防医学与卫生学及刑法学相关文献在具体内容上与笔者重点关注的经验研究差异较大，暂且不纳入具体的分析范畴，最终纳入分析的学术会议论文为 5 篇。

从数量上来看，期刊论文数量较上五年保持稳定，但相关主题的会议有所减少。其中，期刊论文以定性研究为主（以结构式访谈、田野观察为多），定性研究与定量研究相结合的实证研究占据多数，缺乏基于大型调查的实证研究。

笔者以同样的方法在中国知网学位论文数据库里获得社会科学经验类研究 20 篇，其中博士学位论文 3 篇、硕士学位论文 17 篇。此外，笔者通过中国人民大学学位论文数据库，补充了符合主题的博士学位论文 1 篇、硕士学位论文 3 篇，最后纳入分析的硕士、博士学位论文共 24 篇。

在学术著作方面，笔者借助中国国家图书馆网站进行查询辅之以平时阅读积累，筛选出 10 部著作纳入综述，如《入学、质量与赋权：中国农村女童教育发展 20 年经验与创新》（池瑾、张莉莉、李国庆，2016）、《广西农村留守女童家庭教育研究》（梁业梅，2020）、《社会性别视角下瑶族女童教育研究》（雷湘竹，2018）、《女童性侵防范理论与实务》（杨素萍，2019）等著作分别对"女童保护""政策梳理与回顾""家庭教育""女童防范性侵理论与实务"等多个热点问题进行了深入探讨。

笔者没有检索到以"女童健康"或"女童发展"为主题的会议。根据平时积累，至少三个会议较多地触及相关主题：儿童早期发展论坛（2017 年、2018 年两届分别于广州、西安召开）、中国儿童发展论坛（2020，北京）、宋庆龄儿

---

① 女童作为检索词，比"儿童"加"性别"双主题词检索更全面。

童发展国际论坛（2019 年、2020 年两届分别于上海、北京召开），还有 2016~2020 年中国妇女研究会年会，此外根据会议论文检索，涉及相关议题的会议主要为"全国心理学学术会议""全国心理卫生学术大会"。

在笔者综述的论文中，共有 25 项研究获得了资助，其中，11 项获得国家社会科学基金资助、2 项获得教育部人文社科基金资助、10 项获得各省市级研究基金资助、2 项获得高校基础研究等各类基金资助。与 2010~2015 年的基金情况类似，部分成果所依托的研究课题与"女童防性侵犯"主题直接相关，除此之外相关课题基金还有四川省农村社区治理研究中心重点课题、海南省教育厅高等学校科学研究项目"海南国际旅游岛背景下黎族贫困地区女童教育现状研究"（2019）、黑龙江省哲学社会科学研究规划项目"城镇化进程中农村幼儿家庭教育策略研究"扶持共建项目、黑龙江省教育科学"十三五"规划 2016 年度备案课题"女性终身学习与全面发展策略研究"等。这五年，"女童教育"较"女童健康"更多得到各层级的研究基金资助，这与近年来留学儿童的增多以及女童性侵现象逐步得到关注的社会事实息息相关。

2016~2020 年的研究文献主要呈现出如下特点。

首先，2016~2020 年女童健康、发展的研究呈现出重要的时代特征。这五年的研究呈现多学科交叉、多元视角、多元内容的研究特点，核心议题更加鲜明突出。这一阶段的研究聚焦西部少数民族、偏远地区，关注女童群体内部的分层与区域发展的不均衡。同时，适应共同富裕、乡村振兴的时代要求，对经济欠发达地区女童的健康发展给予更多关注与政策倡导。

其次，现有研究基于经验事实进行分析，问题意识仍偏向边缘群体的现实人文关怀。也有不少应用科学的研究者更为自觉地尝试在经验研究的基础之上，进行实践干预研究，在一定程度上推动了女童教育与发展本土化理论构建与发展。已有文献强调，女童的健康发展问题既具有普遍性也具有特殊性，应重点关注特殊地区女童健康与发展，以物质资料为基础，重点关注区域文化发展，促进女童健康发展，消除性别差异。

最后，从学术研究群体来看，女童健康与发展问题以社会科学学者关注为主，研究机构以人文社会科学见长的高校为主。但持续关注女童健康与发展的学者较少，多以儿童群体或留守儿童群体为关注对象。

二 主要研究内容

为系统了解和总结2016～2020年中国女童健康发展研究的进展，以下主要以这五年期刊论文为基础，对这五年的主要研究发现与观点进行综述。

（一）女童生存与健康

1. 出生性别比研究

这五年中，出生性别比有所下降，研究重点聚焦部分高性别比地区。生育政策的调整优化不仅满足了人们多样化的生育需求，而且推动了出生人口规模的提升，根据国家统计局的数据，2020年底中国的人口为141260万，其中男性为72311万（51.2%），女性为68949万（48.8%），总人口的性别比为104.9，比2012年降低0.2。在出生人口的性别构成方面，2020年的性别比为108.3，比2012年减少9.4（国务院妇女儿童工作委员会办公室、国家统计局、联合国儿童基金会，2019）。虽然出生人口的性别构成有了很大改善，但由于传统的社会观念和现实的经济社会发展环境的限制，我国一些经济欠发达地区仍然存在"重男轻女"的心理；虽然我国的公共卫生政策也在发生变化，但人口中的性别比仍然很高。

数据显示，孩子的数量越多，出生时的性别比就越大，这表明在有两个或更多孩子的家庭中，对男孩的期望值更高，对女孩的期望值更低，在这种情况下出生的女孩的情况可能更糟。例如，有学者在其文章中引用"人口消失"（史耀疆、John Kennedy，2017）的概念指出，每年平均有80万名女婴消失，这种人为的女婴消失反映着因性别原因女童面临不被期待、喜欢的糟糕家庭环境。研究表明，0~17岁所有年龄段儿童的出生性别比都较高，"重男轻女"观念影响成长中的儿童和青少年；中国的婴儿死亡率自20世纪90年代中期以来急剧下降，自2009年以来，女婴死亡率开始低于男婴死亡率。农村地区儿童死亡率的下降速度远远快于城市地区，但城市和农村儿童死亡率的差距仍然很大（卜卫，2020）。农村地区女婴溺死现象时有发生。为进一步缩小我国性别差异，学界对广西（吴慧、张威威，2020）、乌蒙山（周均东，2019）等高性别比地区进行研究，提出发展地区经济、推进当地性别平等意识宣传、完善相关法律法规等措施保护女童生命健康。

2. 女童健康状况及其影响因素

近年来随着我国脱贫攻坚的实现，小康社会的全面建成，经济背景发生改变，儿童营养过剩、营养不均衡的健康问题逐渐取代了营养不良问题的主体地位，但儿童营养不良问题在农村依然存在。据调查显示，贫困儿童不仅营养不良、视力异常的发病率远远高于城市儿童，而且超重和肥胖等"城市病"的患病比例也逐渐增高，健康情况不容乐观，应引起高度重视。

农村女童在其成长过程中面临营养不良与营养不均衡带来的生理问题，与城市儿童比较，农村营养不良更多、肥胖相对要少，饮食不节制、脂肪过多、蔗糖作为营养品拌饭等不科学的膳食习惯是农村儿童超重和肥胖的主要原因。农村家庭普遍缺乏健康营养观念，对女童膳食没有进行均衡营养搭配的意识；在贫困的情况下，不受家庭和社区欢迎和重视的女孩可能无法平等地获得足够的营养，正如和建花（2017）所指出的，良好的营养是儿童健康发展的基础，女孩在养育过程中往往无法获得与男孩相同的营养资源，女孩的营养往往不如男孩好。此外，受文化、留守等因素的影响，相较于城市，农村地区父母或监护人对儿童接触手机的时长可能有所控制，但是对儿童查看手机的具体内容缺乏关注，农村儿童接受自媒体传媒的文化影响较大（袁媛，2020），受偶像剧与抖音网红作品的影响，青春期女孩追求"白幼瘦"和其他形式的"女性之美"，在此过程中女童未得到足够的营养，更有可能因营养不足而发育延迟。

农村女童视力障碍的高发率归因于学校的照明条件不足，家里的生活和照明条件相对较差，以及普遍缺乏视觉保健。为此，一些研究者认为，女孩将来会成为下一代的母亲，她们的健康状况直接影响到下一代的健康，社会应该更多地关爱、帮助女孩健康成长（廖丽萍、张成磊，2020）。

3. 女童患病风险

近年来女童性早熟的发病率有上升趋势，已经成为最常见的儿童内分泌疾病之一。为预防性早熟发生，对其进行合理干预，学术界对"女童性早熟"进行了多元分析研究。性早熟的发生与遗传、肥胖、营养（顾秋云、谢璐遥、沈秀华，2020）、家庭行为因素（刘海莲，2020）、种族及疾病等多种因素密切相关，其中营养因素被认为是最重要的影响因素。研究表明，女童超重和肥胖会增加中枢性性早熟的发病风险，因此提出预防肥胖有助于女童性早熟的一级预防，建议加大肥胖与性早熟联合宣教力度，合理干预、预防中枢性性早熟的发生（肖湘阳、谢红卫、周丽，2020）。

孟凡顺、谌丁艳、吴宇等（2020）认为，性早熟已经成为继肥胖之后的第二大儿童健康问题，并且在女孩中更为常见。他们建议，儿童应该养成均衡的饮食方式，通过饮食多样化来预防女孩的性早熟，例如，避免高热量的食物，如油炸和膨化的食物，多吃谷类、蔬菜和新鲜水果。

4. 女童心理健康

与过去社会更关注学习和生活条件而较少关注儿童的心理健康相比，近年来，女孩面临的主要问题已从基本的生存问题，如均衡的饮食和稳定的生活，转向心理健康和积极的认知发展问题。孩子的心理健康是正常人格发展的基础，只有在心理健康的情况下，他们才能被他人接受。他们的思维和应对方式是正常的、积极的和乐观的，这有利于人格发展（曲美容，2019）。在研究人员中最受欢迎的话题之一是留守儿童的心理健康问题。研究表明，男女童在交往焦虑量表上存在显著性别差异，部分女童比男童焦虑高，但适应性更强。留守女童这一群体在学习、生活、道德方面面临自身无法解决的问题。有学者指出，农村留守儿童成长过程中出现的问题主要是由社会、学校、家庭等方面的综合影响造成的，农村留守女童社交欲望不强，偏于孤僻、自信度不高，逆反心理严重，难以形成正确的自我认知、自卑心理严重。

针对以上问题，学界已有社会工作学科进行实践性尝试、反思，社会工作者融入女童群体，通过小组工作的实践模式，以朋辈、家庭、社区为支撑网络帮助女童重新悦纳自我，形成正确认知图式发展行为能力。此外，有学者提出，学校教育是农村留守儿童教育的主要渠道，加强学校教育可以使农村留守儿童不仅能在学校接受教育，还能得到生活关怀、心理安慰和行为矫正，让学校成为农村留守儿童健康成长的精神家园（李琼、沙正凯，2018）。

（二）女童教育

1. 基础教育阶段的性别差异

近年来，城乡一体化、相关政策和立法的出台以及一系列公共福利计划改善了农村女童接受小学教育的机会，并在很大程度上消除了性别差距。且随着"双千计划""义务教育普及""八大工程"等教育振兴行动的推行，我国少数民族地区的教育设施有所完善，教师力量有所增强，女童学前教育、义务教育、普通高中毛入学率及教育巩固率不断提高，少数民族女童教育水平整体得到提高（张潮、马永方，2016；郑新蓉、武晓伟、林思涵，2020）。池瑾、张莉莉、李国庆（2016）的著作回顾了近20年来中国在促进农村女童教育和发展方面的政策措施以及国际机构和民间组织的主要活动，对中国推动女童教育与赋权的经验及教训进行了总结和反思。他们强调本土专家和实践工作者在增强项目影响力、可持续性以及完善本土行动机制中的重要作用，强调以人为本的发展路径，对可持续发展的议程进行探讨。但在总结发展的同时，诸多学者对少数民族地区女童教育现状进行观察总结后发现偏远地区"读书无用论"仍在盛行，女童早婚辍学率高，且农村地区师资力量缺乏、教师职业倦怠严重、教师素质参差不齐，受经济发展条件限制，总体上农村地方财政紧张，教师收入得不到保障，农村教师流失现象比较严重（蔡红，2020；陆敏、彭正文，2020）。

除此之外，部分地区的教育策略需要调整。雷湘竹（2018）在其著作中介绍了改革开放以来瑶族女童教育的兴起、发展和面临的挑战，通过大量的实例展示瑶族女童在各阶段的真实校园学习生活及其情感体验，从瑶族女童成长环境的社会性别分析及对其学校学业劣势的交叉性分析中进一步总结瑶族女童教育的主要挑战和动力，提出当前瑶族女童教育的社会性别制度需要进行改革，教育政策也相应需要改变。首先，部分地区的女童班教育在过去十几年的时间里极大地改善了贫困地区女童相对滞后的教育面貌，但近年来随着教育资源的发展完善，部分学者对其进行反思发现，这种女童班办学救助机制实属在教育资源不均衡状况下的一种地方选择策略，长远来看这种模式将女生置于一种社会性别失真的学习成长环境，"密闭空间"不利于其健康成长（江水辉，2019）。其次，少数民族女童享受异地集中求学政策，但由于环境的转换，进入多民族的生活环境中的女童难以适应新的生活模式，面临生活、心理、学业方面的诸多困难。针对以上困境，学者建议：适时调整当地教育政策，以最大程度释放教育政策的公平属性；用多元文化的全方位融入帮助少数民族女童尽快融入新的教育环境，建立非正式课程组织，积极营造良好的氛围，促进学生的适应；创造良好的校园文化，促进不同民族之间彼此的交融；及时开展心理援助和心理疏导，使少数民族女童正确乐观地看待问题和困难，确保心理健康（申竹希，2017）。

诚然，义务教育以及"两免一补"政策的实施使得女童受教育的机会实现了平等，但其作用仅局限于宏观层面，从教育过程来看，在女童受教育的质量和家庭的人力资本投入方面还存在明显的城乡差异，男孩在家庭教育资源获取上明显强于女孩。有学者指出，在性别差异方面，"重男轻女"观念直接减少了家庭对女孩的资源投入，降低了女孩的健康、发展水平，同时"重男轻女"观念使头胎生育女孩的家庭更可能继续生育，而头胎生育男孩的家庭更可能选择不继续生育，从而间接地减少家庭对女孩的健康投入与照顾投入，总的来说家庭对女童的忽视可能性也更大（廖丽萍、张呈磊，2020；王维、胡可馨，2020；毕家丰、周红莹、杨丹尧，2019）。

2. 文化传播过程中的性别平等

文化传播过程中对女性与女童的"刻板刻画"一直都是学术界研究的热点。诸多学者指出，课本插图及绘本插图中仍存在刻板的性别刻画现象，易导致女童产生错误的性别认知，不利于女童自我意识的发展完善。例如，周颖等提出在初中的语文课本中，男性角色较多且多被塑造为"成功"角色，女子角色被淡化。除此之外，儿童所处的时代背景、生活环境，所接触的日常玩具、动画片（庄子运，2020）和实践活动，都在潜移默化地形塑着不同时代的"模范儿童"形象，两性的社会角色在角色的刻画中被生产和再生产，直至最终符合社会对两性的性别期待。教科书中也存在性别刻板化，例如"男强女弱"的角色刻画、"男主外，女主内"的人物分工以及"温柔妈妈、严厉父亲"等刻板人物描述。这五年来课本中的女性角色出现了更多元的刻画，但是相关学者认为，在课本与文化创作过程中的性别平等化意识并未深入人心，在促进文化产品的两性平等化的道路上我们仍任重道远。

动画片中描绘的男女英雄角色所蕴含的性别定型观念也会对性别角色认同的社会化和儿童的个性发展产生负面影响。因此，庄子运（2020）认为家长和学校有责任帮助孩子了解动画片中不同的性别英雄，帮助男孩和女孩逐渐形成客观的、非歧视性的性别角色观念，建立正确的、科学的性别角色模型，为孩子呈现真正有效的、积极的性别角色模型，并增强他们的责任感，此外应丰富女性角色内涵，推进性别平等意识的传播（周颖、曹俊骏、韦金介，2019）。

3. 高等教育领域中的性别平等

在过去的五年里，中国在保护女童和妇女的教育权益方面取得了巨大进步。各级各类学校中女学生和女教师的人数都有所增加，在高等教育阶段，本科和普通专业课程的女学生人数比是所有类别中最高的。女研究生人数也在不断上升，女子学院发展迅速，高校女性学学科化进程取得重要进展。高校录取性别歧视有所消弭（郑新蓉、武晓伟、林思涵，2020；王小丽，2016；包文婷、包代祥，2016），但是部分专业设置仅招收男生或女生，不利于性别平等观念的传播以及就业市场性别比的平衡，高等教育中仍存在性别不平等现象。

在高等教育中，首先，入学率存在"性别差距"，个别课程的招生计划中没有为女学生设定目标。在一些大学里，小语种和广播及动画专业的男女入学率存在差异。其次，在科目的选择上存在性别差异。统计数据显示，男生倾向于选择科学和技术科目，女生倾向于选择语言和文学科目，这符合传统的社会期望，并导致科目和学业成绩上的强烈性别差异。研究表明，在专业方面的性别差异源自女童在受教育的早期阶段所受到的偏见和社会规范的种种阻碍，STEM教育尤其如此。如今，在高等教育阶段，学习STEM领域相关专业的学生中，仅有35%为女性；在诺贝尔物理学奖、化学奖、生理学或医学奖的获得者中，女性仅为17名，男性则为572名。据联合国教科文组织（UNESCO）的旗舰报告《破解法典：STEM中的女孩和妇女教育》，女孩似乎对STEM领域的学习失去了兴趣。由此，学者建议通过召集女性共同参与天文学、乐高机器人、无人机、赛车等与STEM相关的活动和项目，有意识地激发参与者的创造力，培养其创新性解决问题的能力，引导参与者逐步克服障碍，完成特定任务，以此激发女童对STEM教育的兴趣，培养相关的思维方式与专业技能，打破妇女受到重要科目和选择的隔离以及社会上的性别定型观念的影响造成的在科学、工程和技术领域的边缘化以及她们在劳动力市场上缺乏公平的机会的现实困境（徐玲玲，2018）。此外，针对许多公司仍然强行要求"优先录取男学生"或"只录取男学生"，许多女学生在找工作时受到明确或隐含的基于性别的歧视，在收入、工作条件和就业后的培训和发展机会方面也存在性别差异的社会现实，王昭君等从社会、学校和女孩本身这三个角度提出了策略，创造一个平等的社会化环境，消除教育中的性别歧视；超越学校中的性别中立教育，在性别差异的框架内实现教育平等；加强女孩对性别问题的认识，积极塑造自己的性别角色（王昭君、杨文娴、甘维，2018）。

（三）女童救助与帮扶

近年来，困境儿童的生存和发展问题得到更多关注和改善。针对女童困境与性别歧视，诸多国际组织以及政府、社会组织构建多元主体、多方参与的救助网络，帮助女童免受性侵、虐待与被辍学，保障女童权益。

我国的儿童救助由来已久，一直以来政府在儿童福利救助中发挥着不可替代的作用，近年来我国以政府为主导的"补缺型"儿童救助福利体系呈现向以政府为监管多元主体的"普惠型"儿童救助体系转变趋势。这五年，女童救助的主要议题存在于"女童教育权益的保护"、"预防女童性侵"、"保护女童不受虐待"以及"留守女童的救助"等方面，救助群体以边远地区留守女童为主，提供的救助多为地区性救助，未形成统一的制度化的救助体系。

在本研究检索的文献中，部分文献在回顾总结我国儿童救助发展历史之后对现行救助体系优缺点进行总结，从而在政府、法律、社会组织、专业服务等方面提出改进建议。其一，政府在女童救助活动中依然发挥着主导作用，政府在女童救助体系中主要以救助托底——提供经济支持，制定法律法规，多年来，我国不断加强政策法规建设，强化困境女童救助保护工作的法律依据和规范性。目前可参考的法律包括《中华人民共和国未成年人保护法》《中华人民共和国预防未成年人犯罪法》《中华人民共和国母婴保健法》《中华人民共和国收养法》等一系列有关儿童权益保障的法律法规，以及《城市生活无着的流浪乞讨人员救助管理办法》《民政部、教育部关于进一步做好城乡特殊困难未成年人教育救助工作的通知》《民政部关于加强对生活困难的艾滋病患者、患者家属和患者遗孤救助工作的通知》等一系列有关儿童教育保护和健康成长的政策性文件，这一系列政策法规涉及儿童工作的多个方面，提升了我国困境儿童救助保护工作的法律地位与制度规范性（戴煜琳，2019）。其二，我国儿童救助体系包括政府部门下属的社会组织、社会工作组织在内的非营利组织以及部分慈善组织、志愿者组织等，其中政府起统筹作用，为各组织提供经济支持与资源链接，社会组织则主要扮演服务、福利递送者角色，将福利与服务精准提供至对应人群，具有一定程度的专业性。目前有学者倡导建立一个三维立体的救助网络，包括社区、社会组织和社会工作者，以实现对困境儿童的救助进行法治、分治和共治。具体而言，社区在基层不断发展并设立社会工作岗位，通过政府购买服务等方式支持和培养一批治理规范、服务专业、广受群众认可的社会工作服务机构，以建立健全的社会工作者与志愿者协作联动机制。这样可以不断巩固社会工作服务的承接平台，扩大服务范围。同时，社会组织也要自觉进行自我评估，树立质量管理意识，并建立专业督导机制，不断提升参与和承接社会救助领域社会工作服务的能力水平。

为了提供社会工作者发挥作用的载体，社会组织还需要寻找经费来源，增加自主性，减少对政府的依赖。在联动平台中，社会工作者为案主提供专业服务，包括社会融入、能力提升、心理疏导和资源链接等方面的支持。这样的协作机制能够使救助工作更加有条理、高效，并确保困境儿童得到全面的帮助和支持（王娟娟，2016）。总体而言，社会组织在政府的领导之下日渐发挥着重要的救助作用，是现存福利体系中不可或缺的支柱性力量。

然而，中国目前的儿童保护制度存在一些问题。首先，困境儿童的分类和保护体系尚未完全建立，对困境儿童的援助没有完全纳入保护领域，现有的儿童保护组织不够专业，缺乏专业人员。其次，困境儿童权益保护不足，仍面临诸多权益侵害，非政府组织与政府合作意识欠缺，未形成良好合力。有研究者建议，一是进一步明确政府的主体责任，构建儿童健康的多元责任体系，强化家庭监护第一责任，突出学校主体地位，完善相关立法；二是推进儿童救助的专业化，设立专门负责儿童保护的部门，加快专业化服务队伍建设，切实提高儿童救助在应急行动中的专业化水平，同时提出要积极满足农村留守儿童的心理需求，加强与他们的情感交流（边慧敏、崔家春、唐晓明，2018）。最后，对特殊群体缺乏关注，例如薛雅丹（2019）在其研究中指出当前适龄残疾女童教育保障工作中仍存在政府教育保障不太充分、学校教育有待改善、家庭和社会教育支持相对薄弱等问题，政府应当在特殊群体的问题解决中纳入更多性别意识，完善残疾女童教育保障相关法律法规、加大多种教育资源投入，营造性别平等的教育环境，提高残疾女童教育质量。除此之外，设立督导制度监督儿童福利的实现，在加大政府投入的同时鼓励公众积极参与，构建更加多元的资源提供体系，鼓励救助组织的多样性、资金渠道的多元化。此外亦有学者提出应当强调发挥市场家庭社会在福利体系中的重要作用，尤其要恢复家庭在女童救助中的主体地位，将其养育主体与权利保护责任主体相结合，最大程度保护女童权益免受侵害（赵祯祺，2018）。

（四）女童发展中的弱势群体和新问题

关于女童的研究继续关注女童的基本权益，呼吁社会性别平等，保护女童的合法权益，这也体现在保护女童免受虐待和剥削的研究中。这五年来，社会工作等应用科学为女童救助和帮扶提供了经验事实与研究借鉴。目前留守儿童心理健康成长已经受到关注，大量的学者对儿童的心理健康进行了研究与分析，其中少数民族地区的儿童逐渐受到关注，这一研究主题也逐渐成为少数民族地区研究的重点方向。学界目前围绕新阶段弱势女童群体的危机关注如下议题。

1. 人口流动规模加大造成的留守女童辍学现象

近年来，随着我国经济的发展，地区间的产业集聚、分割，农村地区的众多青壮年选择离开家乡前往经济发达地区从事二、三产业的生产，中国的人口流动逐渐常态化、规模化，在此过程中留守女童的数量逐渐增多，面临的社会问题更加复杂。留守女童面临留守儿童的共性问题，同时"重男轻女"的传统思想以及女性的性别弱势给留守女童带来了更大权益侵害风险。

在教育方面，留守女童面临更高的辍学风险，辍学的主要原因涉及家庭、文化、经济等多个维度。对老少边岛地区女孩辍学问题的研究显示，许多女孩辍学的原因一方面是当前国家在教育方面投入经费较少，部分偏远地区由于信息闭塞及其他多方面原因经费稀缺，女童教育仍面临较大的资金缺口（吴丽萍，2016）；另一方面是在教育资源投入上存在性别差异，如家务分工和早婚，"重男轻女"观念迫使许多女孩辍学在家照顾弟妹或做劳工。例如在平等发展机会方面，一些农村家庭认为女孩的发展不如男孩好，选择优先给男孩机会，导致女孩的学习和教育机会较少，缺乏学习和教育机会的女孩自然成为家庭的主要劳动力（吴慧、张威威，2020；纪瑞、谭晓鸣，2016）。但也有相当一部分并不是因为家庭经济的原因或家里需要帮手，而是由于更深层次的原因。近年来研究者的关注重点从经济因素转移至"非经济性因素""非制度性因素"影响下的辍学问题，学者注重多维度视角下的辍学问题研究，把视野从单一的经济因素扩展到学校教育、民族（地方）文化、区域特色、个体心理、社会公平等多样性综合性的因素。

在农村留守儿童家庭中，女孩在家接受的教育形式主要有祖父母的隔代教育、其他家庭成员的监督教育以及父母假期返乡的"临时"教育。所有这些教育形式都导致留守女童缺乏良性家庭教育（梁业梅，2020）。目前多数家庭普遍支持儿童入学，但由于照顾者的文化水平较低，学习观念淡薄，且父母不在身边，难以为留守儿童提供情感支持与教育辅导，粗暴的教育方式以及难以被满足的情感需求导致许多留守女童产生"被抛弃感"与"自卑感"，学校老师的低素质以及较低成就感使部分女童产生厌学情绪，而女童的心思更加敏感，更容易产生心理创伤，从而选择辍学。此外，部分农村家庭的陈规定型观念，如金钱使家庭富裕的"经济王国论"和教育对未来影响不大的"教育无用论"（马兰芳，2020），会导致对留守女童家庭教育的放任状态。其中一些女童对义务教育持消极的态度。此外，"因富辍学""自愿性辍学"等字眼在有关辍学问题的研究中不断出现，吴慧指出女童辍学的根源实际在于文化思想的落后，老少边岛地区仍存在"读书无用论"的错误思想。除此之外，徐清秀（2020）指出，在农村地区，许多儿童选择辍学，即使他们认为学习是有用的。辍学的原因是在教育过程中形成的失败形象，这种自我认同是由结构性因素和行为者构建的。功利主义的教育制度影响了对这些学生的评价，他们觉得自己不够好，教师的"区别对待"和"好学生"的同质化待遇使他们觉得自己属于"下层社会"。个性化的家庭关系直接导致个人身份认知的混乱，而与"好学生"的群体间比较则进一步强化了个人身份的错误认知，辍学者的个人身份认知是以恐惧和焦虑为特征的。

政府、学校、家庭和学生应共同努力，降低辍学的发生率。据此，部分学者提出多种解决方式，例如促进当地经济发展和鼓励文化变革、以小组工作的方式对留守女童以及其家长进行亲职辅导、促进留守女童安全感的提升与心理需求的满足等（罗漫、陈宛玉，2020；刘胜兰，2018；房娟，2016）。相关部门可以利用乡村振兴战略，组建更多的专业育儿队伍，引导农村家庭对留守女童进行正常的教育，提高农村家庭教育的知识水平和管理水平，等等。家长应积极创造一个温馨愉快的学习环境，确保女童拥有学习的基本物质条件。也有研究者指出，社会有关部门应大力建立农村留守女童在家庭和学校的学习监督机制，在不偏离义务教育政策的前提下，落实相关政策、促进她们的学习。有关部门也应监测情况，尽力解决在学习和教育方面落后的女孩面临的问题，并提供支持和帮助（姚松、豆忠臣，2018）。

2. 流动女童人力资本受损

随着中国人口迁移的常态化，部分流动人口开始选择将家庭、子女共同随迁，由于迁入地的资源、政策等因素，流动儿童在教育方面面临诸多问题。首先，流动儿童教育成本较高，流动人口在安排其子女在就业地入学时往往面临较高的成本，其中包括择校费等直接成本，也包括家庭为了照顾子女放弃更好的工作机会的间接成本，但家庭资源是有限的，对于多子女家庭，有限的资源如何分配是一个现实问题。孙妍等在其研究中指出，在学龄期前，留守儿童和流动儿童两类群体的性别比例并没有显著差异，受教育机会也没有性别差异，但在学龄期后，流动儿童中男性比例明显升高，留守女童教育人力资本发展机会受损（孙妍、林树明、邢春冰，2020）。其背后的原因分析如下：假定教育水平的提高可以带来子女收入提高，家庭的福利水平也会随之升高，由于男孩能够为家庭贡献更多收入并且承担主要的赡养责任，因此家庭更愿意在男孩身上做教育投资，且女孩的边际收益低于男孩，家庭就更不倾向于带女孩迁移，流动女童在家庭人力资本投资中始终处于弱势地位（姜佳将、张帆，2020）。

在资源稀释理论的框架下，谢永飞、程剑波、郑诗泽（2018）考察了流动儿童的性别是否影响家庭的教育投资，以及这种影响的程度在家庭教育投资的不同维度上是否有差异，发现流动儿童的性别总是对家庭的教育投资有明显的影响，而且女孩在分配上明显处于劣势。在财政、时间和物质投资方面，流动儿童的家庭对女孩的教育投资比男孩少。这表明，尽管计划生育政策增加了没有男孩的家庭数量，减少了家庭中性别歧视的可能性，提高了女孩的教育水平，但偏爱男孩的想法并没有完全消失，在流动儿童的家庭中偏爱男孩的现象仍然普遍存在，并影响家庭教育。结果显示，在经济方面，男孩在家里享受更多的教育资源。此外，在许多有流动儿童的家庭中，与男孩相比，女孩在家庭教育投资方面处于双重不利地位，因为教育资源被兄弟姐妹的数量和性别稀释了。对家庭教育投资的三个方面的比较表明，性别对产品投资的影响最大，其次是时间投资和货币投资。流动女童的另一突出问题在于，在我国户籍制度的制约之下，流动儿童仍不能平等享受迁入地的教育资源，且当流动女童脱离了原来熟悉的生活环境，在民族文化、家庭经济条件等方面均与其他学生存在较大差距，她们跟随父母流动至城市，进入一个完全陌生的新环境，要接受生活习惯、民族文化的差异等，真正融入新环境需要较长适应期，不利于流动女童自身的发展（王岩，2019）。在学校生活中，本地学生相对更容易适应，学生群体中原有的一部分群体有可能会对原本来自欠发达地区的女童产生刻板印象，对部分女童产生一定影响，来自同伴群体的歧视易导致流动女童厌学情绪增加，不利于其人力资本的发展。

鉴于上述问题，一些研究人员建议，政府在制定教育投资政策时应更多地关注流动女童，必要时应出台具体措施，缓解她们的教育贫困。可以通过采购服务的方式引入社会工作，为家庭教育提供适当的、合理的教育投资方式，进而引导流动儿童家庭更为理性、更为公平地进行家庭教育投入，不断提升流动女童的人力资本水平。

3. 信息时代女童面临的新问题

随着信息时代的来临，互联网快速发展，女童在信息时代面临诸多网络、数据带来的困扰，这些困扰有很多特殊性，需要予以重视。首先，数字鸿沟在不同的性别群体中表现不同，特别是在媒体使用和信息素养方面的性别差异，贫穷背景下的女孩在媒体使用方面处于相对不利的地位，获得信息和媒体资源的机会较少。其次，在新媒体信息扩张的当下，信息纷繁复杂，其中夹杂着许多不利于儿童健康成长的错误信息。例如有学者提出，广告中存在性别歧视，广告中男童的数量远远多于女童，男童在儿童广告中更受到青睐，且广告中存在明显性别刻板印象、虚假宣传、崇洋媚外等问题（郑蓓，2016）。一些广告宣扬的是富裕的生活水平和奢华的生活方式，这样的歧视现象会引起儿童的模仿，家境贫穷的儿童会因此产生自卑感，不利于儿童身心健康发展，据此郑蓓（2016）提出儿童广告应该关注儿童利益，清除虚假儿童广告，同时利用少儿频道加强儿童的广告素养教育，顺应儿童发展，体现儿童关怀。最后，自媒体的发展使得女童面临更多的经济剥削问题，且不利于儿童自我认知的发展。有学者指出，随着自媒体的发展，许多女童被过早"商业包装"成为"小美妆博主"等进行"营业"，这样的包装不符合女童年龄特点，且容易扭曲女童价值观，不利于其健康成长，此外，"小美妆博主"的诞生也使得观看视频的女童陷入跟风、攀比的不良心理中，对其他儿童的成长也是不良导向，儿童会习得欺骗和虚假的理念和行为，对儿童道德的发展十分不利。同时，短视频中营造攀比、暴力的氛围，出现了更多成人与儿童关系不平等的现象，扭曲了对女孩能力和角色的认识，导致女童对个人发展的错误期望（刘浩田、王娇娇、王毅霜，2020；雷文宣，2019）。

女孩在网上的安全受到性别歧视和各种形式的针对妇女的网络暴力的支配，包括网络欺凌、网上羞辱、网上性骚扰、网络跟踪、脱衣搜查和发布私人照片和视频。还有一些以"模特招聘""实习生选拔""在线约会""在线借贷"等名义针对女孩的性侵犯的在线诈骗，女孩被鼓励拍摄和发送私人裸体照片和视频。在一些社交网络上还发生了女孩被邀请参加裸体谈话和线下约会的事件，并以信用卡代金券的方式进行骚扰（唐晖、董金权，2017）。在线交流中也存在象征性的暴力，妇女被"踩在脚下"。有学者认为，性别歧视在互联网上普遍存在，并已演变成一种"网络厌女症"，需要被认识和解决。我们还需要提高媒体素养，提高年轻人的网络安全意识，将其作为一道有效的防线。我们需要提高对性别平等和安全的认识，在媒体中为妇女树立榜样，提供激励措施以改善教育和培训，鼓励和引导妇女参与信息技术建设，完善在线监管措施，创造对性别敏感的网络文化环境。

4. 新媒体时代女童保护的发展

女童性侵案件频发，媒体的报道引发了社会广泛讨论，这五年学界对女童性侵的预防保护研究也有丰硕成果，从描述性分析以及解释性分析发展至对女童遭遇性侵这一社会问题"怎么办"的实践讨论。总的来说，这五年我国女童保护法律体系日渐完善，体系建设有了实质性的发展，但对新时期发展过程中逐渐显现的儿童精神虐待问题仍缺乏关注。

目前对留守女童成长、发展的困境的研究也以关注女童保护为主，从概念出发，女童保护主要涉及预防性侵害和性教育领域。一些研究人员还在研究影响女孩攻击性风险的机制，以出台相关政策防止针对她们的暴力。研究发现，农村留守女童、幼童、中西部农村地区女童更易遭受性侵，研究表明，农村地区学校和家长对拐卖的教育比较积极，女童对拐卖风险识别较好，有一定的应对方式；但从性侵方面看，农村女童对身体隐私的认识很不健全，部分女童不知道何为身体隐私或认为身体没有隐私，从学校和家庭对性侵的教育现状来看，教育状况都不太乐观（宋美静、陈艳红、李亚庆等，2017）。除此之外，程肇基在其研究中指出，农村女童更容易被侵害的主要原因在于女孩如何被对待的社会的结构化的问题，在农村地区，女童的贞节观念更为强烈，家庭与教师角色带来的压迫性的权力也使女童难以保护自己免于侵害或合理维权。张潇在其研究中指出，在针对留守女童的侵害中精神侵害随着年龄增长出现上升趋势，而躯体虐待和忽视伤害随着年龄增长呈现下降趋势，因此儿童虐待治理应当求同存异，虐待防护机制要加大情感关系的支持力度，增强家庭支持型服务能力，用专业化和标准化服务来保障儿童权益（张潇，2018）。

在性教育问题方面，戴一祎（2020）指出迫切需要提高女童预防性侵犯的能力，而目前对女童预防性侵犯能力的宣传是低效的。低成效的防性侵能力培育使女童发展存在以下问题：性侵发生前不知何为性侵，女童自我保护意识薄弱；性侵发生过程中不知如何脱离险境，性侵暂停时不知如何求助并维护自身性权益；家庭性教育内容缺失、学校性教育内容缺位，且农村地区观念落后，性教育接受能力差，留守女童容易被熟人性侵，侵害发生后又碍于"贞洁观念"羞于开口。据此宋文珍（2016）指出应当从权利、儿童、性别三个视角打通女童保护的"最后一公里"，吴江湖（2017）提出政府应当担负起留守女童代监护责任，罗琪（2017）、张永亮（2016）等也从不同角度提出了应对措施，如以学校为主体开展性教育，在此过程中老师应当树立正确的性教育观念，对性教育持开放、和谐的态度，根据农村女童的需求，引导她们掌握和理解性知识，并帮助她们建立自信，培养她们自尊自爱、洁身自好的良好品德。但也有学者提出，部分地区观念更新较慢，在"谈性色变"的社会文化环境中过度强调性教育与性侵预防反而会适得其反，应当根据当时当地的实际情况思索选择应对策略，从而促使女童在面临性侵问题时有更强的因应能力。例如，徐豪（2018）在其研究中指出小学阶段的女童保护严禁讲师加入儿童被性侵案例，以免变成恐怖教育；社会工作学科则聚焦留守女童生存困境与权利保护，提出扩展留守女童社会支持网络，给予其社区支持；亦有学者提出以社会工作的经典个案、小组、社区工作三种工作方式推广性教育，并在此过程中对受害者给予心理治疗，对社区进行观念再塑造（彭飞燕，2017；张潇，2018；曹静，2018；唐丽，2019；付佳，2020）。经过前测与后测的对比评估，研究证明社会工作在农村地区性教育发展与性侵预防方面发挥了显著作用，例如小组工作的介入注重提升女童防性侵知识的内化与综合运用能力，其通过循序渐进的活动帮助服务对象了解身体隐私部位、认识性侵害、分辨性侵害进而掌握防范性侵害的方法，取得更好的教育成效（王家合、赵琰霖，2016）。当前，部分绘者已经关注到儿童性教育缺失的问题并针对此议题进行性教育绘本的绘制、刊印，其中苟萍、湖心等的绘本通过漫画的形式让女童正确认识自己的身体，学会爱护和尊重自己的身体，增强自我保护意识（湖心、果子，2020a、2020b、2020c；苟萍、王岩松，2017）。杨素萍（2019）的著作可以帮助女童认识什么是性侵害，哪些行为属于性侵害行为，帮助女童掌握防范性侵的方式和方法，让女童了解遭遇性侵时的应对方法和后续处置。

总的来说，面对家庭和学校中性教育内容的缺失，有必要根据实际情况思考如何帮助女孩处理性虐待问题，社会工作的介入不仅会使女孩更容易获得和吸收关于如何识别和应对性虐待的知识，报告事件并与支持资源建立联系，而且会帮助她们整合一个整体的、宏观的视角和一个解决预防和补救的外围系统，兼顾预防和补救措施，社会工作专业在预防性侵和提供性教育方面提出立足地区需求开展相应小组活动，也为其他学科提供了可借鉴的实践思路。此外，还有学者指出应当促进全面性教育发展，性教育并不单纯是反性侵犯教育，预防性侵犯只是一个结果，过度强调性侵犯的预防反而会强化农村地区年轻女孩的羞耻感和内疚感，由于缺乏普遍的性教育，她们面临许多严重的社会问题，如婚前同居、未婚怀孕、卖淫、性传播疾病和自杀，这些问题必须通过包容、综合和赋权的性教育来解决，应关心农村女童的人格教育，帮助有着迫切需求的农村女童认识自己的身体，理解生命的起源，建立自信和悦纳自我，同时学会保护自己。

三　研究不足与展望

综上所述，和前一个五年相比，2016~2020年女童健康与发展的研究有了一些新的研究特色和进展，特别是在女童保护与特殊女童群体的权益保护研究方面，出现了许多具有地域特色，将流动人口、环境因素、文化差距和女童发展相结合的文章，学者探讨了家庭观念、经济条件、家庭孩次顺序对女童发展的不同影响，还有研究对女童性别不平等现象，结合资源稀释理论进行分析，探讨这些性别差距对女童健康成长的影响机制并在社会工作等学科开展实践研究，提出将社会工作的方法融入女童保护，帮助女童接受生命教育，正视自身人生价值，促进积极自我意识的形成。这些研究进展与这一时期我国人口流动转为家庭流动的人口迁移模式的转变相呼应，这些研究发现丰富了关于女童健康与发展的学术知识，为进行有效的女童心理干预和性教育提供了依据。

然而，现有研究也存在重要的空缺，值得后续研究进一步改进和完善。

第一，现有研究的研究议题和视域还存在局限，特别是缺乏对当前儿童健康风险议题中的性别意识的研究，随着时代的发展，我国男女两性儿童的健康状况发生了重要的变化，女童的主要健康问题面临新的风险，当前女童性早熟等女性健康问题未受到更多关注。

第二，跨学科视角下系统研究儿童性别健康差异的成果还较为有限。女童的健康发展受到社会、遗传、生物、文化等多种因素的影响，然而，目前关于儿童健康差异的研究仍主要集中在单一学科的视角下，跨学科的研究仍然较为薄弱。

第三，现有研究的质量参差不齐，很多定性分析缺乏深度，未达到理论饱和，代表性也存在不足。此外，定量研究在数据分析方面滞后，解释结果时缺乏精确性和严谨性。随着女童问题的复杂化，女童研究领域需要高质量的定量研究，以验证理论和研究因果关系，从而深化人们对女童健康和发展的认识。

第四，当前对女童发展过程中的隐性的性别不平等现象缺乏关注，如对学科的性别分化与职业的性别区隔研究较少。

第五，由于缺乏对女童的详细分类，现有的研究对研究对象的分类相对单一和粗糙，而且现有的研究一般都是根据地区分类标准来处理女童的健康和发展问题，忽略了年龄因素，根据艾利克森的八阶段论，每一个年龄阶段的女童都面临不同的危机与冲突，研究不同年龄阶段的女童的健康现状与发展冲突对进一步促进女童发展具有重要的现实意义。

相应地，笔者认为后续研究可以在以下几个方面进行改进。

首先，研究者应该关注女童在不同社会环境中的经验和生活现实。在研究女童发展问题时，我们可以采用系统的视角，将女童置于其所处的环境之中，充分理解女童发展问题的结构原因，并从中提出更切实可行的建议。第一，我们需要考虑女童发展问题的多层次性。女童的发展受到家庭、社区、学校、社会和文化等多个层面的影响。这些层面相互交织，相互作用，共同塑造女童的发展轨迹和机会。因此，我们需要分析和理解这些层面的关系，探索女童发展问题的根源。第二，要关注女童发展问题的结构性因素。女童在社会中面临性别不平等、文化观念和制度性的歧视等问题。这些结构性因素对女童的教育、健康、权益和机会有重要影响。我们需要审视这些因素如何制约女童的发展，并提出改革和干预的建议，以促进女童的全面发展和平等。第三，要考虑女童发展问题的动态性和变化性。女童的发展是一个动态的过程，受到个体成长、社会变革和环境变化等多种因素的影响。我们需要关注女童在不同阶段的特点和需求，以及她们所处环境的变化对其发展的影响。这有助于制定针对性的政策和干预措施，以支持女童在不同发展阶段的成长和潜能实现。

其次，在研究方法上，研究者可以采用多种方法来了解女童的发展情况。除了定量研究方法，如问卷调查和统计分析，还可以采用定性研究方法，如访谈、观察和故事收集，以获得更深入的理解。同时，要特别关注女童参与研究过程，保护她们的权益和隐私，确保研究伦理合规。同时，要注重跨学科的研究方法和合作。女童发展问题的研究需要跨越学科边界，整合不同领域的知识和方法。心理学、教育学、社会学、人类学等学科可以提供不同的视角和工具，帮助我们全面理解女童发展问题。此外，要鼓励学术界、政策制定者、社会组织和家庭共同合作，共同努力解决女童发展问题，创造一个更有利于女童成长的环境。

再次，在理论对话和概念建构方面，研究者可以运用性别理论和女性主义理论来分析女童发展的问题。这些理论可以帮助我们深入理解性别对女童发展的影响，揭示社会结构和文化观念对女童的制约和启发。同时，要注重将国际研究成果与本土实践相结合，建立适用于中国女童的理论框架和概念模型。

最后，鼓励更多年轻学者和学生参与女童发展的研究。培养他们对性别问题的敏感性和关注度，鼓励他们从性别视角思考女童的发展问题，并为他们提供资源支持，以促进女童发展领域的创新研究。同时，要加强学术界对女童发展研究的关注，为这一领域提供更多的学术交流和成果发表的机会，推动女童发展研究在学术界的发展。

参考文献

1. 包文婷、包代祥（2016）：《农村女童教育公平问题探究》，《当代教育理论与实践》第 8 期。

2. 毕家丰、周红莹、杨丹尧（2019）：《从女童教育问题到社会治贫逻辑——元江哈尼族聚居区那诺乡少数民族女童辍学问题调查研究》，《创造》第 10 期。

3. 边慧敏、崔佳春、唐代盛（2018）：《中国欠发达地区农村留守儿童健康水平及其治理思考》，《社会科学研究》第 2 期。

4. 卜卫（2020）：《性别平等从童年开始——北京+25 "女童"评估报告》，《山东女子学院学报》第 5 期。

5. 蔡红（2020）：《哈萨克族女童教育创新发展路径探究》，《文化学刊》第 7 期。

6. 曹静（2018）：《小组工作介入女童防性侵教育的实务研究》，硕士学位论文，南京农业大学。

7. 柴楠、吕寿伟（2017）：《"非贫困性辍学"的贫困根源》，《当代教育科学》第 7 期。

8. 陈峥（2016）：《农村留守女童遭受性侵犯罪现状及对策研究》，硕士学位论文，西南政法大学。

9. 池瑾、张莉莉、李国庆（2016）：《入学、质量与赋权——中国农村女童教育发展 20 年经验与创新》，世界图书出版公司。

10. 戴一祎（2020）：《小组工作介入流动女童防性侵能力提升的社会工作实务研究》，《社会与公益》第 8 期。

11. 戴煜琳（2019）：《多领域浅析我国社会福利政策及发展》，《科教文汇（中旬刊）》第 32 期。

12. 段诗哲、尹承姝（2016）：《网络舆论助力下的新闻反转事件——以受众心理为视域分析"女子救女童被狗咬骗捐事件"》，《新闻研究导刊》第 4 期。

13. 方刚（2016）：《干预，促进改变——"促进社会规范改变的工具与数据：终止针对妇女、女童暴力的亚太论坛"综述》，《山东女子学院学报》第 4 期。

14. 房娟（2016）：《海南义务教育阶段学生辍学的原因及对策研究》，《海南师范大学学报（社会科学版）》第 4 期。

15. 冯靖雄（2020）：《留守儿童心理健康问题及应对策略》，《心理月刊》第 3 期。

16. 付佳（2020）：《小组工作方法介入女童性安全教育的实务研究》，硕士学位论文，辽宁大学。

17. 苟萍、王岩松（2017）：《不许伤害我——女童性侵害防范彩色绘本》，科学出版社。

18. 顾秋云、谢璐遥、沈秀华（2020）：《饮食与儿童性早熟的研究进展》，《中国儿童保健杂志》第 6 期。

19. 国务院妇女儿童工作委员会办公室、国家统计局社会科技和文化产业统计司、联合国儿童基金会（2019）：《中国儿童发展指标图集（2018）》（未公开出版）。

20. 韩旭（2016）：《探析网络"舆论反转"现象出现的成因及对策——以"狗嘴下救女童系谎言"事件为例》，《西部学刊（新闻与传播）》第 4 期。

21. 和建花（2017）：《弱势的叠加与突破——从营养与受教育状况看西部农村女童的生存和发展》，《山西师大学报（社会科学版）》第 6 期。

22. 湖心著、果子绘（2020a）《我从哪里来》，电子工业出版社。

23. 湖心著、果子绘（2020b）《我会勇敢说"不"》，电子工业出版社。

24. 湖心著、果子绘（2020c）《我是男孩她是女孩》，电子工业出版社。

25. 纪瑞、谭晓鸣（2016）：《西部贫困地区女童义务教育辍学问题研究》，《佳木斯职业学院学报》第 10 期。

26. 江水辉（2019）：《教育人类学视野下的少数民族女童教育研究》，硕士学位论文，广东技术师范大学。

27. 姜佳将、张帆（2020）：《半脱嵌的成长：家庭结构与青少年发展的性别差异——基于"母权制病理学"假设的审视与反思》，《浙江学刊》第 4 期。

28. 雷文宣（2019）：《加强对猎奇类网络直播伦理失范的治理》，《传播与版权》第 11 期。

29. 雷湘竹（2018）：《社会性别视角下瑶族女童教育研究》，科学出版社。

30. 李琼、沙正凯（2018）：《农村留守儿童的心理健康状况研究》，《农家参谋》第 24 期。

31. 梁业梅（2020）：《广西农村留守女童家庭教育研究》，吉林大学出版社。

32. 廖丽萍、张呈磊（2020）：《"重男轻女"会损害女孩的健康状况吗？——来自中国家庭追踪调查的证据》，《经济评论》第 2 期。

33. 刘海莲（2020）：《女童性早熟的家庭社会行为因素 Logistic 回归分析与防控建议》，《中国性科学》第 1 期。

34. 刘浩田、王娇娇、王毅霜（2020）：《未成年人网络直播权利保障及相关行为规范研究》，《法制与经济》第 9 期。

35. 刘胜兰（2018）：《云南边境民族地区学生辍学的现状、原因及对策》，《教师教育学报》第 5 期。

36. 陆敏、彭正文（2020）：《黎族女童家庭教育现状分析与对策》，《新教育》第 19 期。

37. 罗漫、陈宛玉（2020）：《民族地区农村初中生辍学的家庭原因及改进策略》，《教育科学论坛》第 34 期。

38. 罗琪（2017）：《论我国留守女童的性侵犯问题及防范对策研究》，《法制博览》第 22 期。

39. 马晖、李玉飞（2017）：《布迪厄场域理论下农村苗族学生辍学原因探析——以曲靖市 A 村学生为例》，《教育观察》第 22 期。

40. 马勤旭（2018）：《儿童性早熟性激素水平及性早熟发生影响因素分析》，《中国高等医学教育》第 4 期。

41. 孟凡顺、谌丁艳、吴宇等（2020）：《深圳市学龄女童膳食模式和性早熟的相关性研究》，《中华流行病学杂志》第 5 期。

42. 孟青妹（2016）：《关注偏远地区女童防性侵教育》，《新西部（理论版）》第 19 期。

43. 彭飞燕（2017）：《小组工作在困境女童自我效能感建构中的运用研究》，硕士学位论文，广西师范大学。

44. 曲美容（2019）：《家庭教育与儿童心理健康》，《农家参谋》第 23 期。

45. 全国妇联编写、刘美英绘（2020）《儿童安全防护手册》，中国妇女出版社。

46. 冉启阳（2020）：《凉山彝族地区女童性教育的困境与出路》，硕士学位论文，四川师范大学。

47. 申竹希（2017）：《少数民族女童异地集中学习适应研究》，硕士学位论文，云南大学。

48. 史耀疆、John Kennedy（2017）：《揭开性别谜团：对陕西"失踪女童"的实证解释》，《劳动经济研究》第 1 期。

49. 宋美静、陈艳红、李亚庆等（2017）：《农村女童安全教育现状调研——以成都和眉山地区为例》，《第二十届全国心理学学术会议——心理学与国民心理健康摘要集》（未出版）。

50. 宋文珍（2016）：《从三个视角打通女童保护最后一公里》，《中国妇运》第 11 期。

51. 孙妍、林树明、邢春冰（2020）：《迁移、男孩偏好与教育机会》，《经济学（季刊）》第 1 期。

52. 唐晖、董金权（2017）：《"附近的人"：诱惑与隐患——青少年利用社交媒体"约见"陌生人调查研究》，《人口与发展》第 1 期。

53. 唐丽（2019）：《社会工作介入 Y 小学女童性教育的实践研究》，硕士学位论文，云南大学。

54. 王家合、赵琰霖（2016）：《小组工作介入农村女童性教育实务与探讨》，《云梦学刊》第 2 期。

55. 王娟娟（2016）：《"三社联动"视域下吸毒家庭困境儿童救助研究》，硕士学位论文，南京航空航天大学。

56. 王俊（2017）：《印度非政府组织为贫困女童提供数字化教育》，《世界教育信息》第 3 期。

57. 王维、胡可馨（2020）：《社会性别视角下的农村留守女性生命史》，《中国农业大学学报（社会科学版）》第 2 期。

58. 王小丽（2016）：《少数民族女童教育研究述评》，《昌吉学院学报》第 5 期。

59. 王岩（2019）：《人口流动、城市效应与流动儿童健康——以上海市都市社区调查（SUNS）为例》，《人口与健康》第 9 期。

60. 王昭君、杨文娴、甘维（2018）：《社会性别视角下海南黎族女童教育的审思》，《海南热带海洋学院学报》第 6 期。

61. 吴慧、张威威（2020）：《农村家庭教育观念对留守女童学习状况的影响——基于广西农村地区的调查数据分析》，《青少年研究与实践》第 2 期。

62. 吴江湖（2017）：《农村留守女童遭受性侵状况的调研报告》，硕士学位论文，西南政法大学。

63. 吴丽萍（2016）：《中国农村学龄女童失学问题与对策》，长江出版社。

64. 伍仕卿（2020）：《农村留守儿童的教育现状与改革策略探究》，《创新创业理论研究与实践》第 8 期。

65. 肖湘阳、谢红卫、周丽（2020）：《性早熟女童性激素水平与肥胖相关性研究》，《华南预防医学》第 2 期。

66. 谢永飞、程剑波、郑诗泽（2018）：《流动儿童家庭教育投入的实证研究——一个基于资源稀释理论的分析》，《云南行政学院学报》第 6 期。

67. 徐豪（2018）：《从传播视角看"女童保护"公益品牌推广策略》，《品牌研究》第 4 期。

68. 徐玲玲（2018）：《韩国 CJ-UNESCO 教育营推进女童 STEM 教育》，《世界教育信息》第 19 期。

69. 徐清秀（2020）：《"读书有用论"下的辍学迷思——基于自我认同视角》，《北京社会科学》第 9 期。

70. 薛雅丹（2019）：《适龄残疾女童教育保障问题研究》，硕士学位论文，湖南师范大学。

71. 颜晓敏（2019）：《女童肥胖、压力大可能导致性早熟》，《家庭医学》第 4 期。

72. 杨涵霄（2020）：《论述教育公平视角下农村性别差异的教育研究》，《农家参谋》第 13 期。

73. 杨素萍（2019）：《女童性侵防范理论与实务》，科学出版社。

74. 姚松、豆忠臣（2018）：《农村留守初中生辍学决策影响因素分析及其政策含义》，《教育科学研究》第 9 期。

75. 袁会丽、刘道岭（2019）：《农村初中生的自愿性辍学问题初探》，《法制与社会》第 12 期。

76. 张潇（2018）：《中西部留守女童的虐待风险及政府治理策略》，硕士学位论文，兰州大学。

77. 张永强、耿亮（2016）：《农村留守女童遭受性侵害问题及防范对策研究》，《预防青少年犯罪研究》第 3 期。

78. 赵祯祺（2018）：《完善监护制度，呵护儿童健康成长》，《中国人大》第 19 期。

79. 郑蓓（2016）：《试论儿童广告的伦理缺失与社会责任》，《中国广播电视学刊》第 6 期。

80. 郑新蓉、武晓伟、林思涵（2020）：《妇女与教育——我国教育性别平等的进程与反思》，《山东女子学院学报》第 6 期。

81. 郑泽丽（2020）：《美国国家女童合作项目组织（NGCP）：聚焦 STEM 教育》，《教育观察》第 32 期。

82. 周均东（2019）：《乌蒙山会泽片区农村女童教育现状及对策》，《曲靖师范学报》第 5 期。

83. 周颖、曹俊骏、韦金介（2019）：《初中语文教材中的性别角色结构分析——以统编本七年级语文教材为例》，《惠州学院学报》第 5 期。

84. 朱鸣（2016）：《贫困少数民族地区女童教育行动研究》，《新校园（中旬刊）》第 8 期。

85. 庄子运（2020）：《动画中的英雄形象与儿童性别角色发展》，《中小学心理健康教育》第 26 期。

老年妇女研究综述（2016～2020年）

钟晓慧　植子甄*

在2016～2020年，我国老年妇女研究积累了较为丰富的成果。这与我国社会经济的长足发展密切联系，也反映了社会结构和社会问题变化的新特点。2016～2020年是我国"十三五"规划的执行期，也是2020年全面建成小康社会的关键阶段。在此期间，我国妇女发展事业取得长足进步。与此同时，中国人口进入新阶段，老龄少子化叠加。生育率和出生人口下降的同时，老年人数量、比例和预期寿命逐年增加。而且，在老年群体中随着年龄增长，性别比不断下降，高龄老人中的妇女占比不断提高。这意味着我国老年人口呈现出老年妇女人数多、占比大、高龄化的明显特点。本文将对2016～2020年我国老年妇女研究的代表性学术成果和重要的学术活动进行归纳和评述，希望推进我国老年妇女的相关研究，提高老年妇女群体的福祉。

一　研究概述

为了全面分析老年妇女研究的发展情况，本文对中国知网文献进行了较全面的文献检索。首先，我们对医药卫生科技、哲学与人文科学、社科Ⅰ辑、社科Ⅱ辑和经济与管理科学共五个学科的期刊文献库，以及教育期刊、特色期刊、博士、硕士、国内会议、国际会议和学术辑刊等文献数据库进行跨库检索。其次，我们将文献发表时间控制在2016年1月1日到2020年12月31日，以"老年女性"或"老年妇女"作为主题进行检索，共获得1960篇中文文献。其中大部分是医学卫生类文献，为了聚焦在社会科学研究领域，我们将医药卫生科技数据库剔除后，获得老年妇女的社会科学研究文献486篇。接着，我们从486篇的篇

* 作者简介：钟晓慧，女，中山大学政治与公共事务管理学院副教授；植子甄，女，中山大学政治与公共事务管理学院行政管理专业本科生。

名、关键词中归纳出老年妇女在个人、婚姻和家庭关系、经济生活和社会生活四个方面的搜索主题。最后，为了更全面地呈现老年妇女相关研究，我们对每个搜索主题的关键词进行扩充和调整，重新做跨库检索（包含医药卫生科技数据库）。

我们采用的搜索词包括：①个人感受方面：幸福感；②健康方面：心理健康、生理健康、健康状况；③婚姻与家庭关系方面：配偶、祖辈、祖母、隔代、退休、代际、照料、照护、老漂、失独、丧偶、虐待；④经济生活方面：随迁、农民、护工、护理员、家政工、贫困、雇佣、经济、劳动；⑤社会参与方面：社区志愿、社区参与、教育；⑥社会支持网络方面：养老保险、养老金、退休、长期照护（照顾/照料）、居家养老、机构养老。最终获得2409篇中文期刊论文，关于老年妇女健康状况的研究占比最大，达到约75%。研究成果统计分布具体见表1。

表1 中国知网（CNKI）与老年妇女相关的期刊论文统计（2016~2020年）

主题	关键词	期刊论文（篇）
老年妇女的幸福感	幸福感	31
老年妇女的健康状况	心理健康、生理健康、健康状况	1802（其中1233篇属于医药卫生类）
老年妇女的婚姻与家庭关系	配偶、祖辈、祖母、隔代、退休、代际、照料、照护、老漂、失独、丧偶、虐待	167
老年妇女的经济参与	随迁、农民、护工、护理员、家政工、贫困、雇佣、经济、劳动	246
老年妇女的社会参与	社区志愿、社区参与、教育	25
老年妇女的社会支持体系	养老保险、养老金、退休、长期照护、居家养老、机构养老	138

除了期刊论文以外，我们也对涉及老年妇女的其他类别文献做了简要检索。在学位论文方面，在知网上以"老年女性"或"老年妇女"作为篇名进行检索，结果显示，在2016~2020年间共有159篇相关的硕博士学位论文，除了2篇属于博士学位论文以外，其余皆为硕士学位论文。其中，医学方面的论文68篇，体育健康方面的论文42篇，其余47篇对老年妇女的婚姻和家庭、社会参与、权益保障等不同方面进行研究。相比2011~2015年，这五年与老年妇女相关的硕博

士学位论文产出是过去五年的两倍有余。可以看到，这五年有一批年轻的硕博士研究生选择老年妇女相关主题作为自己的学术研究方向，为该领域的研究队伍注入了新的活力。

在学术论著方面，与老年妇女相关的专著数量不多，集中关注老年妇女的健康问题。有代表性的论著包括《闽台老年健康促进兼性别协同发展研究》（王德文，2018）、《农村中老年女性健康研究》（孙晓明、舒星宇，2020）等。《中国儿童照顾政策研究——基于性别、家庭和国家的视角》（张亮，2016）是为数不多涉及老年妇女参与家务劳动和家庭照料问题的著作。随着我国社会老龄化和少子化加速，对老年妇女群体需要有更深入和系统的专门著述。

此外，有与老年妇女相关的研究论文、统计资料以报告文集或者调查报告的方式出版。例如，《第三期中国妇女社会地位调查论文集（3）》（全国妇联妇女研究所，2016）、《第三期中国妇女社会地位调查论文集（4）》（全国妇联妇女研究所，2016）、《中国妇女儿童状况统计资料（2015）》（国家统计局社会科技和文化产业统计司，2016），以及《2013~2015年：中国性别平等与妇女发展报告》（谭琳，2016）中的《老年照料者问题研究》一章（马焱，2016）。这些全国性的论文集、调查报告和统计资料的汇总出版，有利于学者使用相关数据对老年妇女做进一步研究，也有助于社会公众更好地了解该群体的状况。

在会议论文方面，与前五年相比，2016~2020年与老年妇女议题有关的会议论文总量略有降低，且社科类的会议论文数量明显较少。我们以"老年女性"或"老年妇女"作为主题进行检索，共获得119篇中文会议论文。其中有2篇属于社科类论文，研究主题分别为西部贫困地区老年妇女的信仰宗教（王武林、杨晶晶，2018）和农村老年妇女的互助养老模式（张笑、张曼婷，2018）。这两篇会议论文分别发表于"中国老年学和老年医学学会2018年学术大会——积极应对人口老龄化：新时代、新思路、新对策"和"劳动保障研究（2019年第1辑）"两个会议论文集中。余下117篇会议论文主要涉及老年妇女的各类健康问题，包括医学类和体育健康类。主要会议包括"2020年长三角老年医学高峰论坛、浙江省老年医学学术大会、华东老年医学中心联盟会议、浙江省老年医学联盟会议、浙江省老年病专科联盟会议""2018年浙江省医学会肠外肠内营养学学术年会""第四届全民健身科学大会""第十一届全国体育科学大会"和其他会议。值得一提的是，2020年8月全国妇联妇女研究所《妇女研究论丛》编辑部和中国社会科学院人口与劳动经济研究所《劳动经济研究》编辑部联合主办了"人口老龄化与女性：积极老龄化的视角"学术工作坊，围绕挖掘中国年龄和性别等人口结构的红利、实现积极老龄化展开了深入探讨。

在基金项目方面，涉及老年妇女议题共有 256 项课题项目，共获得 39 个基金项目的资助。主要基金项目包括国家自然科学基金（92 项）、国家社会科学基金（52 项）、浙江省医药卫生科技研究基金（11 项）、教育部人文科学研究项目（10 项）、国家科技支撑计划（7 项）、山东省自然科学基金（6 项）、四川省教育厅科学研究项目（6 项）、中国博士后科学基金（6 项）、陕西省教育厅科研计划项目（5 项）、江苏省教育厅高等学校哲学社会科学基金项目（5 项）和其他基金项目。

在获资助研究中，尽管社科类研究占一半，但是课题中涉及老年妇女主要是在老年人养老、经济地位和社会参与等课题中出现，只有少数课题专门直接关注老年妇女群体状况。例如，国家社会科学基金项目"空巢女性老人养老需求与老年福利供给性别策略研究"。

通过对上述文献的检索可以看到，与老年妇女相关的研究在逐步推进。相比于 2011~2015 年，2016~2020 年期间发表的文献数量整体增加，文献涵盖的学科领域、具体议题和理论视角不断拓宽，也有更多年轻学者加入这一主题的研究队伍。由此可见，随着老龄化程度加深，老年妇女相关的社会现象和社会问题日益进入研究者的视野，产生了一批具有学术价值和政策意涵的研究成果。2016~2020 年与老年妇女相关的期刊论文中，大部分研究是实证研究，主要采用调查数据做定量分析。这类研究分布在两个学科领域：一是医学和体育健康；二是社科类。在社科类论文中，一部分实证研究采用大规模调查数据库，所用数据库包括第三期中国妇女社会地位调查老年专卷数据、中国老年社会追踪调查数据（CLASS）、中国健康与养老追踪调查数据（CHARLS）、中国老年健康影响因素跟踪调查数据（CLHLS）、中国综合社会调查数据（CGSS）和全国人口 1% 抽样调查数据库等。除此以外，社科类论文中也有相当一部分老年妇女相关的研究采用质性研究方法。学者们主要采用参与式观察、深度访谈、口述史、个案研究等一手资料收集方法，也有研究采用基于二手资料的内容分析法。这五年与老年妇女相关的社科类论文使用的理论视角，呈现多元跨学科特点。有生态系统视角、社会性别视角、生命历程视角、积极老龄化视角、福利供给视角等视角，涉及生态学、社会学、性别家庭学、人口学、老龄学、社会政策等不同学科。这使得老年妇女研究领域获得不同分支学科的理论支撑，为理论化和概念化奠定基础。

下文将以社会科学领域的中文期刊论文为基础，对2016~2020年中国老年妇女的研究内容做进一步归纳和评述。

二 主要研究内容

2016~2020年，与老年妇女相关的社会科学研究清晰地反映了我国社会发展的阶段性特征。下面从老年妇女的个体、婚姻与家庭、社会三个层面，详细叙述六个主要的研究主题和研究内容。

（一）老年妇女的幸福感

过去五年，有不少研究专门分析老年妇女的幸福感，包括评估老年妇女的幸福感，以及分析影响幸福感变化的主要因素。幸福感是指人们对其生活质量所做的情感性和认知性的整体评价，幸福感指数高低反映着其生活质量的高低。这些研究特别强调对老年妇女心理精神层面的重视，同时针对农村老年妇女和丧偶老年妇女这两个次级群体，提出要增加社会服务、加强帮扶机制。

对老年妇女幸福感的研究，通常从经济收入、身体机能和心理健康三个方面展开评估，并且做城乡对比、与老年男性比较。陈园和张映芹（2020）关于老年妇女晚年幸福生活的研究认为老年妇女，尤其是农村老年妇女，在经济、健康和心理三个方面都低于老年男性。在经济收入方面，老年妇女的经济状况处于劣势地位，老年妇女比老年男性致贫的可能性高1.2倍（刘洋洋、孙鹃娟，2018）。张子杨和杨慧（2019）研究认为，老年妇女在性别和年龄上具有双重弱势特征，因此该群体处于经济劣势地位。何欣、黄心波和周宇红（2020）根据中国家庭金融调查（CHFS）（2013~2017年）数据发现，农村老龄人口贫困率远高于城镇老年群体。农村老年妇女受教育程度低、主要依靠自己的劳动获得收入，来源单一且收入微薄。随着年龄增长、劳动能力衰退后，主要依靠家人供养，很容易陷入贫困（陈园、张映芹，2020；高翔，2019）。在身体机能方面，老年妇女在医疗卫生、精神健康保障方面获得的资源和服务也少于老年男性。农村老年妇女因为长期从事体力劳动，身体机能更加堪忧。一旦无法自理，甚至出现被虐待和被遗弃现象。在心理精神方面，空巢家庭的老年妇女孤独感严重，缺少家庭的关心和精神慰藉。于晓琳、陈有国、曲孝原等（2016）进一步指出，老年人主观幸福感不同维度的相对重要性存在差异，主观心理层面（如孤独感、心理韧性和自我效能感）相较于其他维度的相对重要性占更大比重。这些研究表明，相较于老年男性，我国老年妇女的经济社会地位、身体心理健康水平较低，老年妇女的处境，尤其是心理精神的需求要引起全社会足够重视。

一些研究者着重分析了老年妇女幸福感的影响因素。一种研究思路是从微观层面的个体特征因素切入，包括年龄、经济状况、婚姻状况、家庭结构、自理能力和慢性病等。例如，孙长安、鲍谥清和韦洪涛（2016）基于江苏省苏州市 50 岁及以上人群进行调查发现，相比于不在婚老人，在婚老人有伴侣陪伴，幸福感更高；伴侣逝去、与儿女分开居住，会使老人更容易出现抑郁等负面情绪，降低幸福感。随着年龄增长，老年人往往会适当调整自己的预期，与实际生活的落差减少，幸福感反而上升或保持稳定。郑思宁、王淑琴和郑逸芳（2018）对农村地区老年妇女的研究发现，子女数量越多，老年妇女的主观幸福感越强。但是，农村老年妇女通常既要劳作，又要承担对孙辈的抚养和照顾等家务劳动。子女数量对农村老年妇女幸福感的正向作用不明显。许惠娇和贺聪志（2020）对农村留守老人的研究发现，子代家庭面对经济压力、债务纠纷等多重危机，农村老年妇女不仅要提供照料，还无法获得子代的养老支持，成为城市化和经济发展代价的最终承受者。也有学者关注城市地区的流动老年妇女（朱宇航、郭继志、李敏等，2016；韦传慧，2019）。他们认为，这些老年妇女大多是为了照料孙辈而离开家乡来到子女工作的大城市。"老漂族"往往主动或被动地在子女和伴侣之间漂移，提供照料和家务劳动，承受着巨大的心理压力。而且由于两代人生活环境和思想观念存在差别，她们与子女会容易产生代际冲突（张苹、胡琪，2016），但是由于有照顾孙辈和为子女分担的责任，老年妇女比老年男性的忍耐力更强（刘亚娜，2016）。

另一种研究老年妇女幸福感的思路则关注文化观念、制度和社会支持因素的影响，尤其强调社会支持体系对幸福感的作用。例如，徐彬（2019）的研究发现，社会关系网络支持不足、男尊女卑的社会观念、多从事无报酬的劳动生产是导致老年妇女陷入贫困的原因。魏强、苏寒云、吕静等（2020）发现社会支持程度越高，农村老年妇女的主观幸福感越高。同时，社会支持也通过改善健康状况，对提升老年妇女的主观幸福感产生间接效应。梓涵（2016）指出，相较于城市地区，农村地区的社会保障、医疗服务、老年照料等社会服务资源较薄弱，而且留存性别不平等的文化习俗。这些因素相互交织，使农村老年妇女成为老年群体中保障最脆弱、生存最为困难的群体，出现老年妇女群体自杀率上升、受虐待等社会问题。例如，研究发现中国老年群体中受虐待的总体发生率为7.0%，即约有1600万名老年人遭受过不同形式的虐待；老年妇女受虐待发生率高于老年男性（孙鹃娟、冀云，2018；李伟峰、聂清华，2018）。

因此，学者们从多个角度提出提高老年妇女幸福感的建议，主要是针对农村老年妇女。高翔（2019）认为，应该建立农村女性固定时期养老保险缴费减免机制，并完善该群体高龄津贴制度，从而提高其经济收入；增加照料补贴和提高基本医疗服务可获性，从而提高其健康水平。有学者提出要从法律法规的角度加强对老年人权益的保护（刘为勇，2019），提高对老年妇女的关注，构建促进代际沟通和支持的家庭政策（李伟峰、聂清华，2018）。此外，王宇和陶涛（2019）建议为老年妇女提供专门用于上网的设备，增加她们的社会参与和公共活动的设施。

由于女性寿命通常比男性长，学者们非常关注丧偶对老年妇女幸福感的影响。根据第六次全国人口普查数据，我国60岁以上的老年人超过1.776亿，丧偶老年人有4774万人，丧偶老年妇女是丧偶老年男性的2.4倍。根据2015年全国人口抽样调查数据分析，与2010年相比，2015年我国离婚老年人的比例不断增长，老年妇女有配偶比例降低的幅度、丧偶比例提高的幅度都大大高于同年龄组的老年男性（孙鹃娟、李婷，2018）。研究发现，丧偶老年妇女面临众多困境。丧偶老年妇女近60%分布在乡村，而农村缺乏娱乐活动、村委会社会服务供给的能力较弱、邻里关系疏离（张凡丽、金红梅，2016）；丧偶也造成家户人口结构变化，使得原本收入较低的老年妇女对家庭其他成员的供养依赖更严重，经济福利受损（张丽萍、朱海燕，2018；赵锐、张瑛，2019）；身体技能较差、需要更多照料，而由于我国人口流动频繁、空巢普遍，因此获得子女照料的质量较低（王晨，2018）；丧偶导致心理状况恶化、孤独感强烈（赵晓航、李建新，2019）。因此，丧偶老年妇女群体的幸福感较低（程新峰、姜全保，2017）。针对丧偶老年妇女的困境，有学者提议建立遗嘱养老金制度，改善其经济福利（赵锐、张瑛，2019），完善养老保障体系（王晨，2018）；为了减少丧偶老年妇女的孤独感，鼓励社区邻里互助的居家养老模式（班晓娜，2019），老年妇女再婚或者与子女同住（赵晓航、李建新，2019）；也有学者建议组织丰富的社区公共活动，帮助其重建社会关系（张凡丽、金红梅，2016）。我国学界对丧偶老年妇女群体的关注和基本观点，与全球老龄化的研究有相似之处。

（二）老年妇女的健康状况

老年妇女的健康状况是这五年的另一个研究重点。在医疗卫生领域，关于老年妇女健康的论文集中在常见慢性疾病、妇科疾病的议题。在社会科学领域，则主要关注老年妇女的失能和心理健康等问题。对老年妇女健康问题的研究关切，既与老年人的生命周期特点密切相关，也反映了社会经济文化等因素对女性在老年阶段造成的影响。

在老年妇女失能问题研究方面，根据全国老龄办、民政部、财政部发布的第四次中国城乡老年人生活状况抽样调查显示，2016年我国失能、半失能老年人约为4063万人。针对老年群体的失能状况的调查发现，女性的失能率高于男性（张晗、王志会、王丽敏等，2019）。根据第六次中国老年健康影响因素跟踪调查数据，失能老年妇女人数是失能老年男性的2倍，且前者比后者得到的配偶照顾少（庄绪荣、张丽萍，2016）。因此，学者对失能老年妇女的研究主要围绕该群体照顾需求、主要照顾者的多重压力与支持（袁乐欣、周英、林婷婷等，2017；李艳、黄永霞、赵爱平，2018；邢琰、安思琪、陈长香，2019），以及长期照料政策的制定和效果评估（刘军、程毅，2017；皮红英、彭培培、苏清清等，2018）等主题展开。

在老年妇女心理健康方面，学者从不同角度分析影响心理健康的因素和机制。王红雨（2016）通过对照实验发现广场舞能够提高老年妇女的社会交往能力和扩展社会网络，从而改善心理状况。不少学者发现体育锻炼，例如太极拳（王焕盛，2020）、气功（马振磊、王宾、席饼嗣，2016）、健步走（张海平、吴翙馨、易容，2016）、健美操（倪善文、张秋霞、陈天天，2016）、瑜伽（覃月泉、聂春丽、施日娇，2018）和民间体育运动（崔涛、付玉坤、葛春林等，2019）等能够缓解失眠、保持精神愉悦，提高老年妇女身心健康水平。因此，在退休之后加强体育锻炼，能显著提高老年妇女的心理健康水平（刘生龙、郎晓娟，2017）。

另外一些学者则从婚姻家庭和社会文化等因素考察其对老年妇女的心理健康产生的影响。徐雷和余龙（2016）从城镇户口、党员身份、阶层自评、社交网络和养老保险五个方面分析其对老年妇女心理健康的影响，发现中国传统社会文化在不同程度上影响女性的生存状况，使其社会经济地位不如男性，从而导致农村老年妇女的健康程度低于老年男性。孙金明（2017）研究表明，代际支持对老年人心理产生积极影响，老年妇女在生活上获得子女的照料显著多于老年男性，使得老年妇女感到安全与舒适。但是，学者发现老年妇女普遍照料孙辈，这明显降低有偶老年妇女的抑郁程度，却显著提高丧偶老年妇女的抑郁程度，不利于其心理健康（张莉，2019）。尽管存在婚姻状态的差异，但是随着人口政策调整，老年妇女为下一代提供的孙辈照料和家务劳动有所增加，这会增加老年妇女的心理等方面负担（后文会对这点做专门展开）。此外，研究发现，随着移动通信设备的普及和互联网的发展，与外出打工子女保持通信联系能够改善农村老年妇女的精神心理健康状况（张驰，2020），且互联网也为农村老年妇女扩大非正式社会支持网络提供了新途径，丰富了她们的日常生活，对其身心健康产生积极影响（杨妮超、顾海，2020）。

（三）老年妇女的婚姻与家庭关系

针对老年妇女的婚姻家庭研究，过去五年的研究主要从丧偶、再婚、虐待、失独、代际支持等议题展开。前文对丧偶和虐待已经有所谈及，这节不再赘述。整体上，婚姻家庭研究根据老年妇女在婚姻家庭中不同角色，采用照顾提供者和获得者两种主要研究思路。

研究发现老年妇女的再婚率低于老年男性，对再婚的认同感也低于老年男性（张翼杰，2017）。相较于老年男性，老年妇女再婚受到的约束更大。传统观念、财产分配、与子女及其他家庭成员的关系、社会舆论的压力、财产处理问题和赡养问题等诸多因素都可能阻碍老年妇女的再婚（郭婷，2017）。有学者（张现苓、陶涛，2019）在老年再婚态度影响研究中发现，经济条件较差的老年妇女认同感最低。这在一定程度上反映出我国目前老年妇女再婚由被动的"保姆换养老"的经济保障目的，转为主动地追求晚年生活幸福。

在老年相亲方面，研究较少，且列举案例都以老年男性为主，老年妇女成为相亲话题中的"他者"，未能体现出女性的能动性和主体性（王凤仪，2019）。

相似地，老年妇女的性研究更少，过去五年主要有两篇相关的论文。周柯含（2016）在其硕士学位论文中探究了老年妇女身体与性在身体老化中的关系及其影响要素。而周柯含和黄盈盈（2019）对 11 位老年妇女进行了身体与性的案例研究，展现了老年之性的丰富图景及其生成脉络。老年妇女的相亲、性议题论文的数量如此稀缺，表明性爱仍被认为是年轻人特有的经历，老年群体尤其是女性老人在性爱研究中处于失语状态。

在失独方面，独生子女政策持续实施近 40 年，随着独生子女父母逐步进入老年阶段，我国的失独老年群体数量日益增加。因此，21 世纪以来，针对失独老人、失独家庭群体的相关问题研究明显增加。失独老人面临的困境主要包括经济保障水平低、家庭养老无人照料、无法顺利实现养老院养老、养老医疗救助严重缺位、社会照顾制度不够完善和政府财政投入不足（吴国平，2016）。对老年妇女来说，失独造成个体认知因素中断或变化，容易形成自我认知的失调或冲突，丧偶会加深老年失独妇女的困境（方曙光，2018）。受到传统文化影响，失独老年妇女甚至会遭到"克子""晦气""不吉利"等标签化的迫害（王文霞、张开云，2020）。但是，失独议题的研究对失独老人群体整体性关注较多，专门针对失独老年妇女群体的研究非常少。

在代际支持方面，大部分研究主要基于老年妇女作为家务劳动和儿童照顾提供者的经历展开。这与女性的传统性别角色有关，也与我国跨城乡家庭动员老年妇女照料孙辈的普遍现象有关。学者们高度关注隔代抚育、代际合作育儿背后的形成机制和其产生的后果。吴帆和王琳（2017）关于中国学龄前儿童家庭照料安排的研究发现，儿童照料赤字很大程度上依靠代际支持来弥补；其中，老年妇女帮助子女照看孙辈的比例为 70.1%，远高于老年男性。钟晓慧和郭巍青（2017）研究发现城市家庭的老年妇女为家庭提供经济支持和服务支持，为成年子女节省育儿成本。

随着 2016 年人口政策调整，学者开始关注新政策对老年妇女隔代抚养意愿产生的影响。陈盛淦和吴宏洛（2016）对随迁老人的研究发现，年龄越大、教育程度越低的农村老年随迁妇女有更强的照顾儿孙意愿。钟晓慧和郭巍青（2017）基于广州的研究发现，照顾孙辈对老年妇女产生心理和经济压力，城镇老年妇女不愿意继续照顾孙辈。因此，仅靠代际支持而缺乏社会支持的儿童照顾模式难以持续。李芬和风笑天（2016）进一步对城镇地区老人的照顾意愿进行分析，发现老年妇女的配偶身体状况是其照顾第二个孙辈与否的关键要素。老年妇女不仅是照顾孙辈的主力，还要照顾男性配偶。当两种照顾职责发生冲突时，老年妇女优先选择照顾配偶。这反映了我国家庭现代化的进程中父权制对女性生活持续发挥作用。

照料孙辈对老年妇女晚年生活产生的影响也具有阶层差异。黄国桂、杜鹏和陈功（2016）的研究发现，提供隔代照料对缓解老年人孤独感有积极作用。吴培材（2018）进一步发现照料孙辈的经历对提高老年妇女的身心健康作用更明显。但是，照料孙辈对农村老年妇女造成的压力更大，她们需要一边从事农活一边照料孙辈。而且，农村医疗条件较差、生活环境较危险，农村老年妇女需要担心孙辈的疾病问题和安全问题（郑观蕾，2017）。对老年流动妇女而言，靳小怡和刘妍珺（2017）发现，隔代照料强度的增加会降低她们的生活满意度。老年流动妇女同时照料成年子女和孙辈，承担双重母职。她们原有的照料经验与现代科学育儿知识相悖，在城市社会交往的匮乏也使她们感到焦虑与孤单（卜娜娜、卫小将，2020）。

另外，不少学者从将老年妇女作为照顾获得者或者服务需求者角度展开，重点关注农村老年妇女的养老困境。这与农村老年妇女的普遍养老困境有关，她们经济能力较低，从成年子女和社会支持体系获得的支持也较少。姚虹（2020）基于恩施农村老年妇女的生活状况和养老服务需求调查发现，该地区农村老年妇女的生活状况较差、慢性病发病率较高，对医疗保健服务和精神慰藉服务的需求较高。夏辛萍（2016）的研究同样发现，农村老年妇女遭遇严重的养老困境，有一半的老年妇女无法获得配偶的养老支持，人口流动性也使她们难以得到子女及时的生活照顾。吕子晔和赵冰（2019）的研究指出，人口流动弱化了农村家庭养老的功能，而且计划生育政策导致家庭规模萎缩，农村老年妇女的家庭养老资源也随之萎缩。其中，农村老年妇女丧偶率达到47.19%，丧偶的农村老年妇女养老问题尤其突出，需要特别关注与帮扶。杨斌和丁建定（2020）对农村丧偶老年妇女的养老方式的研究发现，即便丧偶老年妇女共同面对养老困境，但是她们会根据自身掌握的养老资源来选择不同的养老方式。因此，在分析该群体养老困境的同时，要考虑她们的资源差异性，提升其养老保障效果。

（四）老年妇女的经济参与

随着老龄化加速和生育率持续降低，提高老年人的经济参与能力和意愿成为过去五年新兴的研究议题。一种研究思路关注老年妇女的自雇劳动状况，主要在农村地区。李悦（2017）发现农村老年妇女由于年龄和教育水平劣势，务工的选择比较少，大多从事农业活动。因此，她们在老年阶段依然可以通过务农获取收入和自身价值的认可，这为老年人口红利释放的可能性途径提供了启发。同时，农村妇女老年阶段仍然需要务农才能获得经济保障，也反映出农村医疗保险和养老保险制度的水平还有待提高。有学者（李慧、孙东升，2017；王善高、田旭、刘余，2018）进一步分析农村养老保险体系对农民参与经济生产的影响时发现，养老保险可以显著降低男性农民的劳动时间，但是对女性农民的劳动时间没有显著影响。这表明农村养老保险体系存在较大的性别差异和不平等，女性晚年时仍需要务农才能保障自己的生活。

另一种思路是关于老年妇女受雇就业的研究，主要在城镇地区。学者们发现老年妇女的整体劳动参与率低于老年男性，且女性的就业选择一般局限于家政工等服务行业，与女性在家庭提供照料和家务的角色保持一致。殷俊和杨政怡（2016）利用2011年中国健康与养老追踪调查数据，对城乡老年群体的劳动参与状况进行分析，发现老年妇女的劳动参与率低于老年男性，尤其在城市，城市退休老年妇女难以兼顾家庭照料和工作。研究发现，我国大量低龄女性老年人力资源未得到开发和利用，主要原因包括教育水平较低、男主外女主内传统文化观念、劳动市场对老年女性的就业歧视等。这些都导致相较于老年男性，老年妇女的再就业可能性低（刘明翔，2017；陈园、张映芹，2020）。老年妇女的就业选择也受到限制。在劳动力市场中，家政工是中老年妇女聚集的行业（萨支红、张梦吉、刘思琪等，2020）。储金妹和王晓丹（2017）对浦东地区老年护理病区护工现状调查发现，护工队伍以中老年女性为主，占87.3%；整体年龄偏大，60岁以上占24.1%。李伟（2017）对新乡市社区老年养护机构调查同样发现，护工队伍以老年妇女为主，平均年龄约59岁，最大65岁，最小57岁，均超过我国女性就业的法定年龄。这些研究一方面表明低龄老年妇女是我国家政服务行业，尤其老年护工队伍的主要劳动力；另一方面也揭示出老年妇女的就业困境。她们从事的职业社会地位低、工资待遇低、劳动强度大、职业向上流动机会少、社会保障参保率低等（石人炳、罗艳，2016；萨支红、张梦吉、刘思琪等，2020）。

为了激活低龄老年妇女的人口红利，学者们提出了不少政策建议。刘明翔（2017）认为，可以从政策支持、社会意识、老年社会工作、老年人自身能力提升等几个方面改善老年妇女再就业状况。针对家政服务行业，学者建议通过规范护工职业晋升与薪酬制度、提高护工职业声望和加强老年护理方面的学历教育与职业教育等方式，改善老年女性护工的就业现状（石人炳、罗艳，2016）。另外一些学者参考国际经验对开发我国老年妇女人力资源提出建议，包括改变传统观念、完善机制和政策、延长就业周期、优化就业环境、提供职业培训等（班晓娜、廖晴爽，2016；安华、赵云月，2020）。

随着延迟退休政策的逐步推行，学者关注延迟退休是否减少老年妇女参与隔代抚养，或者隔代抚育是否影响老年妇女的延迟退休及中青年女性的就业。研究发现，女性退休会显著增加隔代照料的供给，同时也会增加老年妇女退出劳动力市场的概率（封进、韩旭，2017）。邹红、彭争呈和栾炳江（2018）发现，全面二孩政策会增加儿童照料需求，延迟退休政策会减少老年妇女参与隔代照料，两者叠加将加剧中青年女性工作职责与家庭责任之间的冲突。另外，受教育程度低、只有一个子女、在企业工作的老年妇女更有可能因为隔代照料而选择提前退休（邹红、文莎、彭争呈，2019）。这些研究初步确认，随着退休和人口两项重大政策的调整，隔代抚育与不同代际女性劳动力供给存在张力，过往依赖家庭满足儿童照料需求的模式已经难以维持，增加公共照料资源供给是降低挤出效应的有效途径之一。

（五）老年妇女的社会参与

学者们对老年妇女的社会参与也有所研究，包括社区志愿活动参与、继续教育、社会融入、政治参与等方面。但是，相较于老年妇女社会参与的普遍性，这个主题下的研究数量和多样性还较少。此外，这个主题的研究主要希望通过提升老年妇女的社会参与能力和意愿，更好地释放老年妇女人力资源，但是对老年妇女的主体性挖掘不足。

在社区志愿活动参与方面，学者们研究发现相较于老年男性，老年妇女更愿意也更多参加志愿活动（代丽丹，2016；张菊、陈雪萍、任蔚虹，2017；肖树芹，2017；陈晓东、蔡如雪，2020；谢立黎，2017）。有学者进一步分析老年妇女社区志愿活动参与意愿的影响因素。夏辛萍（2018）研究发现老年妇女参与社区志愿服务的影响因素分为个体、社区和社会三个层面。影响因素具体包括家庭责任重、社区建设意识不足、参与渠道不顺畅、传统性别文化氛围以及政策和社会舆论的宣传与引导不足等。老年妇女的社区参与具有城乡差异。农村妇女群体自发形成合作组织成为乡村脱贫发展的中坚力量，老年妇女通过参与和教授传统手工活动知识，不仅可以重新获得自我价值和社会认可，而且在碎片化的农村留守空间中起到重新弥合村庄社区的作用（杜洁、宋健、何慧丽，2020）。

在继续教育参与方面，相关研究发现老年教育供给体系缺少性别视角。马丽华和何珊（2018）以上海社区教育为例分析老年教育供给制度存在的问题，研究发现供给内容缺乏性别视角、供给主体单一且资源分配不均衡、供给方式欠缺自主性、供给机制缺乏专业化。有学者（林霏阳、储德平、潘纪晓等，2020）分析闽南地区农村老年妇女的闲暇教育意愿，研究发现随着年龄增长，老年妇女参与概率降低；老年妇女自我感知的空闲时间越多，参与概率越高；社区活动增多也会增加教育参与的概率。随着互联网普及和线上教育的发展，学者也关注老年妇女远程教育的需求、参与意愿和数字鸿沟等议题（张立驰、姜彦彦、吴君民，2020）。王凯丽、石龙峰、张再雄等（2019）对辽沈地区老年妇女的远程教育需求进行分析，发现该群体远程学习需求具有多样化、实用化和兴趣化等特点。而且，地域、收入和教育水平、课程支持服务都影响老年妇女远程教育的参与动机、意愿和学习能力。有学者对老年妇女学习电子信息情况展开研究，发现老年妇女的电子信息使用率低于老年男性（王春晓，2016）。

在社会参与的主题下，老年妇女城乡流动过程中的社会融入一直是学者们关注的重点。研究认为，"老漂族"或者农村老年随迁妇女在心理、家庭关系、生活方式、文化和生活环境等多个维度需要适应城市生活（王颖、黄迪，2016；许加明，2017；姚蓉、张伟豪，2020）。老年妇女群体的城市生活适应尽管存在个体和家庭差异，但并非个体能力不足导致，而是一种结构性困境（许加明，2017；刘亚娜，2016）。例如，农村老年随迁妇女享受不到城市居民的社会服务，而且城乡分割也使她们与农村保障体系发生断裂，因此她们在城市的生活保障问题日益严重（芦恒、郑超月，2016；姚蓉、张伟豪，2020）。因此，需要完善社会保障制度，搭建社区服务平台，协调家庭资源和社区资源，为"老漂族"提供专业服务。

有关老年妇女政治参与的研究论文非常少。这种研究缺失在一定程度上反映了我国女性政治地位较低、政治参与度不足等社会现实。韩国明和齐欢欢（2017）关于农村老年妇女的参政研究发现，农村老年妇女在村级政治参与的动机、能力及机会方面均处于弱势，因此尽管她们是农村广场舞团队的领导人，属于农村"女性精英"，但是当选村委会主要领导职位的比例非常低。韩琳（2020）基于大连市老年随迁妇女的调查同样发现，老年随迁妇女群体的政治参与权利呈弱化趋势。例如，只有 2.08% 的随迁老年妇女曾参加社区选举活动（包括党代表、人大代表、政协委员、社区工作人员等）。大部分人不清楚选举相关信息，少数人因为流程烦琐而放弃了参选资格。因此，尽管老年随迁妇女社区志愿服务参与积极，但是政治生活参与途径匮乏。杨霞（2016）认为老年妇女的政治参与度受到制度的约束，不能单纯归咎于女性公共参与意识不足。社会保障体系中存在性别不公平现象，妇女获得的养老金水平低于男性，这使得老年妇女处在相对贫困状态，从而缺少政治参与的机会。另外，农村贫困家庭的妇女受教育程度较低，多以小学教育为主。教育资源的地区不平衡极大地影响了农村老年妇女政治参与素养的提升（曹楠楠，2020）。

（六）老年妇女的社会支持体系

关于老年妇女的社会支持体系主要从社会保险和社会服务两个方向展开，前者主要涉及经济支持，后者则涉及照料支持。在社会保险方面，养老金体系的性别不平等现象受到学者持续关注。大量研究认为，我国老年妇女的养老金待遇低于老年男性，性别差异极为显著。例如，詹鹏（2020）基于 2015 年中国健康与养老追踪调查数据研究我国老年人养老金收入的性别差异，发现老年男性的养老金收入大约是老年妇女的 1.9 倍。老年妇女的养老金状况远差于男性，在社会保障体系中处于弱势地位。由于养老金是老年人的主要收入来源，而且女性长寿则风险更高，因此，养老金体系的性别不平等急需解决。

有学者注意到家务劳动和照料的性别分工同样是导致养老金水平性别差异的重要因素。例如，郝君富和李心愉（2017）认为，应该向女性提供更长时间的生育假期，以及为承担家庭（老人和子女）照护责任而中断职业生涯的女性（或者男性）提供养老金缴费。杨宜勇和吴香雪（2017）指出，家庭照料责任主要由女性承担，延迟退休可能会加剧女性工作与家庭照料之间固有的矛盾，演变为对部分女性发展构成制度性障碍。因此，需要建立和实施家庭政策帮助妇女平衡工作与家庭照料之间的矛盾。这些研究从协调照护与工作冲突的角度考虑女性养老金制度的调整。另外，翁飞潇和吴宏洛（2017）从女性生命周期视角建议，在少年期提高女性的平均教育年限和入学率，在成年期提供更多就业机会，提高女性社会经济参与水平，由此提高妇女老年期生活保障水平。

针对养老金待遇性别不平等，学者们主要从延长退休年龄、整合照护与工作、提高女性劳动参与等角度提出政策建议。郝君富和李心愉（2017）基于性别公平视角认为应该延长女性的法定退休年龄，避免限制女性累积自身养老金受益的权利。于文广等（2018）学者认为，在延迟退休同等年限下，女性的养老保险基金收支压力依然严峻，因此有必要优先考虑延长女性退休年龄。张娜（2016）也认为应该延迟退休，但是从男女身体、职业、社会等因素考量，应该实行男女差龄退休制度，即在延迟女性退休年龄的制度设计上，主张取消身份差别，实行女工人和女干部同龄退休，渐进式地延长女性退休年龄至 60 岁。

但是，通过延长退休年龄来解决养老保险体系性别不平等问题的思路可能与妇女群体的意愿不符。王军和李向梅（2019）分析中国城镇职业女性的延迟退休意愿时发现，相较于男性，女性更加反对延迟退休政策。一是女性其实并不希望与男性同龄退休，其平均意愿退休年龄要比男性低 5 年左右；二是较于现有的渐进式延迟退休方案，女性更希望实行弹性退休制度，希望在退休年龄、退休方式等方面给予个人更多的选择空间。除了养老金待遇的性别不平等以外，社会救助也存在性别盲视问题。对农村老年妇女因家庭突发事件致贫的救助机制尚未形成，对"三无"人员范围以外得不到子女赡养的老年妇女的救助安排也存在缺失（曹楠楠，2020）。这些研究表明，一方面需要系统分析现有社会保障制度的性别不公平现象，重视区分行业和岗位、地域、教育水平、家庭情况等方面的性别差异；另一方面，改变某种制度需要考虑女性群体的意愿，并且给予配套支持措施。

有关长护险制度的讨论，也是近年来老龄化社会保险的研究重点，但是性别议题的关注还不足。乐昕和黄剑焜（2020）的实证研究表明，尽管女性预期寿命高于男性，但是老年妇女的自理预期寿命总体不如老年男性，而且老年妇女自理水平的人群队列差异始于更早年龄段。因此，在老年妇女低龄阶段，要制定健康计划和增加技能知识培训；重视不同年龄段老年女性的长期照护需求特征与偏好。

在社会服务方面，研究主要从老年人的照顾需求切入，关注社区居家养老服务。研究发现不同年龄段的老年妇女有需求差异；随着社会经济发展，服务需求也有所不同。李立、陈玉娟、张立立等学者（2017）的研究发现，60~69岁老年妇女对"运动健身、唱歌跳舞、棋牌活动"需求最高；70~79岁老年妇女对"家人慰藉、唱歌跳舞、谈心聊天"需求最高；80岁及以上老年妇女对"家人慰藉、洗衣做饭、谈心聊天"需求最高。周全德（2019）则发现，相较于上一代的老年妇女，当前老年妇女不再局限于对基本物质供给及日常生活照料方面的满足，而对个人晚年生命价值实现方面的要求日益强烈。

为了提高妇女的社区养老服务水平，学者（贾冰洁，2020）提出需要构建社区多层次照顾服务体系，以日常生活照料为基础，完善医疗服务体系，建立以邻里型养老互助为主的精神慰藉体系。另外，也有学者基于提供社区养老服务的女性公益组织案例研究，指出具有性别视角的社区公益组织能够在老年妇女居家养老的递送环节发挥重要作用。因此，深度推进女性公益组织制度化，有利于改善老年妇女的养老现状（张赛玉，2016）。但是，关于养老服务的性别研究还是较少。例如，有大量关于机构养老服务模式的研究，但是对于入住养老机构的老年妇女群体特征、服务需求和政策分析都不多见。

三 研究不足与展望

在这五年间，我国关于老年妇女的研究有了较大的发展。相较于2011~2015年，论文发表数量有所增加，研究视角也呈现出跨学科特点。关注的议题不仅趋向多元，而且产生了新的议题。这些都表明随着老龄化加深、社会经济的发展，老年妇女的研究得到越来越多学者的关注。但是，这个主题下的研究仍存在三个主要问题，我们将之归纳为"一稀、一偏、一缺"。

"一稀"是指大部分研究并非专门针对老年妇女群体展开，而是在老龄化或者某一社会群体议题下附带涉及老年妇女的情况。例如，有大量关于养老服务的研究，但是专门分析老年妇女服务需求和服务供给，从性别视角关注制度设计和政策执行的研究很少。类似地，儿童照顾研究在快速增加，但是老年妇女只是作为隔代育儿模式的照料提供者被提及。即便是在妇女研究中，研究也主要关注年轻妇女群体（例如青年女大学生群体、育龄妇女等）和城市妇女群体（例如城市中产女性的工作与生活平衡）的议题。相反，对老年女性的关注相对较少，农村老年妇女的研究尤其少。例如，老年妇女的性和贫困问题缺少专门研究。老年妇女研究缺乏自身的主体性。这与老年妇女在老龄化社会人口中所占的比重及该群体在社会经济中发挥的作用严重不符。而且，这会导致与老年妇女相关的研究议题变得更为分散和边缘，难以深入地分析老年妇女的特征、困境和偏好等。

"一偏"是指在与老年妇女相关的研究中，医疗卫生类议题占相当大比重，社科类的研究成果和学术会议较少。即便在社会科学类的研究议题中，相关研究大多将老年妇女看作社会弱势群体。例如，研究多关注"老漂族"的社会融入问题，丧偶老年妇女的贫困问题、农村留守老年妇女的养老困境等。这些研究一方面揭示了老年妇女的身心障碍以及社会经济处境；另一方面表明研究者主要从生理特征去看待老年妇女，将其理解为衰老的依赖性强的群体。对生理特征的过度强调阻碍了我们从老年妇女群体自身的视角出发，探究这个群体更丰富、更复杂的议题。例如，研究者多关注老年妇女的社会政治参与、老年妇女的再就业及支持、农村妇女在乡村振兴中的作用、老年妇女的互联网使用等议题。如何在新时代理解老年妇女群体的多面性，挖掘她们的行动力、对社会的贡献，从她们的角度提供适配的支持缓解她们遇到的困境，是值得进一步拓展的研究思路。

"一缺"是指在与老年妇女相关的研究中缺乏老年妇女自身的声音。与其他社会群体的相关研究比较，老年妇女研究中很少直接纳入老年妇女自身的经历和理解。例如，在隔代抚育研究中，更多是年轻父母、工作母亲叙述育儿经历和挑战，很少有祖辈的叙述和理解；在养老金体系性别不平等的研究中，更多是学者基于问卷数据所做的分析及建议，很少看到老年妇女讲述她们如何在职业生涯中逐步被推入不平等的境地，又如何面对退休后收入不足的状况。老年妇女在与自身相关的研究议题中"失语"，一方面可能是因为存在研究方法和数据收集的制约，另一方面也表明老年妇女的社会经济地位较低。

在全球老龄化时代，"老年女性问题是老年问题的核心问题"已经成为国际社会的基本共识。从这个角度看，相较于我国老龄研究的快速发展，对老年妇女专门深入的研究却略显单薄，这与老龄人口女性化的趋势、老年妇女在我国社会经济中发挥的作用不相符。结合目前研究存在的不足和我国社会发展特点，我们认为未来在两个方面可以往前推进。

首先，要围绕老年妇女群体展开专门研究，对某个社会群体中的老年妇女或者某个社会问题中的老年妇女进行研究，逐步增加对老年妇女群体的某种社会现象、社会问题或社会需求的研究。这需要在数据收集上增加田野调查和入户调研的力量，直接了解和倾听老年妇女群体的生存和发展状况，将这个群体的声音纳入研究当中。

其次，重视和挖掘老年妇女研究中的"边缘"议题研究。老年妇女群体由于叠加了老人、妇女等社会标签，年龄歧视和性别不平等，以及阶层、城乡等不平等会压缩在同一个群体中。这导致一些重要的议题被长久忽略，研究者对此要保持高度敏感。例如，老年人的离婚率逐步增加，但是对老年妇女离婚、再婚、相亲和性等议题的研究很少；农村老年妇女在乡村振兴中发挥了重要作用，但是老年妇女的经济参与研究很少，农村老年妇女的研究尤其少；老年妇女作为隔代抚育的重要参与者，她们的意愿、选择和退休状况影响家庭生育决策，但是很少有研究对此做专门分析。老年妇女研究要避免这个群体相关的真问题被边缘化。

2021 年国务院发布《中国妇女发展纲要（2021～2030 年）》，其中包括多项与老年妇女生存和发展相关的内容，为今后开展老年妇女研究提供了指引。中国已经进入人口老龄化加速时期。老年妇女的研究要与我国新时期人口家庭和社会经济发展的变化相适配，期待下个五年在老年妇女研究领域有更多更好的研究涌现，让包括女性在内的全体老年人都共享社会经济发展的成果。

参考文献

1. 安华、赵云月（2020）:《国际比较视域下的老年人就业：社会认同、政府支持、企业配合》，《经济体制改革》第 4 期。

2. 班晓娜（2019）:《城镇丧偶独居老年女性社区邻里互助式居家养老模式探析》，《辽宁经济》第 10 期。

3. 班晓娜、廖晴爽（2016）:《中国低龄女性老年人力资源开发问题探讨》，《山东女子学院学报》第 6 期。

4. 卜娜娜、卫小将（2020）:《劳累、拉扯与孤单："老漂"母亲的母职实践及回应》，《妇女研究论丛》第 6 期。

5. 曹楠楠（2020）:《改革开放以来中国农村贫困家庭妇女扶贫脱贫研究》，博士学位论文，吉林大学。

6. 陈盛淦、吴宏洛（2016）:《二孩政策背景下随迁老人城市居留意愿研究——基于责任伦理视角》,《东南学术》第 3 期。

7. 陈晓东、蔡如雪（2020）:《策略建构：积极老龄化视角下社区老年志愿者的培育——基于对沈阳市 D 社区的实证研究》,《萍乡学院学报》第 2 期。

8. 陈园、张映芹（2020）:《老龄化背景下女性老人幸福感面临的困境及其解决措施》,《劳动保障世界》第 5 期。

9. 程新峰、姜全保（2017）:《丧偶与老年人主观幸福感研究：性别差异与城乡差异分析》,《人口与发展》第 4 期。

10. 储金妹、王晓丹（2017）:《浦东地区老年护理病区护工现状调查和对策建议》,《上海医药》第 6 期。

11. 崔涛、付玉坤、葛春林等（2019）:《民俗体育运动对老年女性身体机能影响的实验研究》,《第十一届全国体育科学大会论文摘要汇编》。

12. 代丽丹（2016）:《浅论社区老年志愿者档案机制的建立》,《山西档案》第 1 期。

13. 杜洁、宋健、何慧丽（2020）:《内生性脱贫视角下的农村妇女与合作组织——以山西 PH 与河南 HN 两个农民合作社为例》,《妇女研究论丛》第 1 期。

14. 方曙光（2018）:《老年失独妇女自我认知失调及社会关系重建研究》,《黑龙江社会科学》第 3 期。

15. 封进、韩旭（2017）:《退休年龄制度对家庭照料和劳动参与的影响》,《世界经济》第 6 期。

16. 高翔（2019）:《农村老年女性多维贫困：现实与因应》,《农业经济与管理》第 2 期。

17. 郭婷（2017）:《关于城市老年妇女再婚问题的研究》,《中国市场》第 11 期。

18. 国家统计局社会科技和文化产业统计司（2015）:《中国妇女儿童状况统计资料（2015）》,中国统计出版社。

19. 韩国明、齐欢欢（2017）:《农村"女性精英"广场舞领导与村委会竞选分析：动机、能力与机会——基于甘肃省 16 个村庄的实地调查访谈》,《贵州社会科学》第 2 期。

20. 韩琳（2020）:《论市域社会治理中多元主体的协同作用——基于大连市"随迁"老年妇女群体社会参与调查》,《大连干部学刊》第 7 期。

21. 郝君富、李心愉（2017）:《基于性别公平视角的养老金制度设计改革》,《中国人民大学学报》第 3 期。

22. 何欣、黄心波、周宇红（2020）:《农村老龄人口居住模式、收入结构与贫困脆弱性》,《中国农村经济》第 6 期。

23. 黄国桂、杜鹏、陈功（2016）:《隔代照料对于中国老年人健康的影响探析》,《人口与发展》第 6 期。

24. 贾冰洁（2020）:《社区照顾视角下福建省城市老年妇女养老问题研究》,《统计与管理》第 11 期。

25. 靳小怡、刘妍珺（2017）:《照料孙子女对老年人生活满意度的影响——基于流动老人和非流动老人的研究》,《东南大学学报（哲学社会科学版）》第 2 期。

26. 乐昕、黄剑焜（2020）:《我国老年长期照护体系构建中的性别议题研究——基于老年自理预期寿命的实证分析》，《云南民族大学学报（哲学社会科学版）》第1期。

27. 李芬、风笑天（2016）：《照料"第二个"孙子女？——城市老人的照顾意愿及其影响因素研究》，《人口与发展》第4期。

28. 李慧、孙东升（2017）：《养老保障是否会减少农民劳动供给——基于 CHARLS 数据的研究》，《中国农业资源与区划》第11期。

29. 李立、陈玉娟、张立立等（2017）：《河北省不同年龄段老年人居家养老服务需求及对策》，《中国老年学杂志》第3期。

30. 李伟峰、聂清华（2019）：《性别视角下老年人受虐待问题研究》，《山东女子学院学报》第4期。

31. 李伟（2017）：《社区小型老年养护机构发展的现状与困境研究——基于新乡市 M 老年护理院的实地调查》，《中国农业大学学报（社会科学版）》第2期。

32. 李艳、黄永霞、赵爱平（2018）：《上海市城区失能老人主要照顾者照顾负担现状及其影响因素的研究》，《中华全科医学》第1期。

33. 李悦（2017）：《农村老年妇女自我雇佣行为研究》，《知与行》第8期。

34. 林霏阳、储德平、潘纪晓等（2020）：《农村老年闲暇教育参与影响因素的性别差异分析——以闽南地区为例》，《中国成人教育》第10期。

35. 刘军、程毅（2017）：《老龄化背景下失能老人长期照护社会政策设计》，《云南民族大学学报（哲学社会科学版）》第4期。

36. 刘明翔（2017）：《积极老龄化视角下低龄女性老年人再就业何以成为可能》，《现代商业》第19期。

37. 刘生龙、郎晓娟（2017）：《退休对中国老年人口身体健康和心理健康的影响》，《人口研究》第5期。

38. 刘为勇（2019）：《应对老年虐待：权益保护缺失与规制完善》，《学习与实践》第5期。

39. 刘亚娜（2016）：《社区视角下老漂族社会融入困境及对策——基于北京社区"北漂老人"的质性研究》，《社会保障研究》第4期。

40. 刘洋洋、孙鹃娟（2018）：《中国老年人贫困特征及其影响因素分析》，《统计与决策》第14期。

41. 芦恒、郑超月（2016）：《"流动的公共性"视角下老年流动群体的类型与精准治理——以城市"老漂族"为中心》，《江海学刊》第2期。

42. 吕子晔、赵冰（2019）：《人口流动对我国农村女性老年人家庭养老的影响》，《农家参谋》第7期。

43. 马丽华、何珊（2018）：《社会性别视角下社区老年女性教育的问题及矫正对策——以上海为例》，《中国成人教育》第6期。

44. 马焱（2016）：《老年照料者问题研究》，《2013~2015年：中国性别平等与妇女发展报告》，社会科学文献出版社。

45. 马振磊、王宾、席饼嗣（2016）：《健身气功·马王堆导引术锻炼对中老年女性心境状态及焦虑水平的影响》，《中国老年学杂志》第 13 期。

46. 倪善文、张秋霞、陈天天（2015）：《大众健美操对老年女性抗跌倒能力的影响》，《当代体育科技》第 32 期。

47. 皮红英、彭培培、苏清清等（2018）：《失能老年人长期照护质量评价指标体系的构建》，《中华护理杂志》第 9 期。

48. 全国妇联妇女研究所编（2016）《第三期中国妇女社会地位调查论文集》，中国妇女出版社。

49. 萨支红、张梦吉、刘思琪等（2020）：《家政工生存状况研究：基于北京、济南被访者驱动抽样调查》，《妇女研究论丛》第 4 期。

50. 石人炳、罗艳（2016）：《我国老年护工队伍存在的问题与对策建议》，《决策与信息》第 12 期。

51. 孙长安、鲍谧清、韦洪涛（2016）：《江苏省苏州市 50 岁及以上人群主观幸福感及其影响因素研究》，《中国健康教育》第 12 期。

52. 孙金明（2017）：《子女代际支持行为对老年人自我老化态度的影响——基于 2014 年中国老年社会追踪调查数据的分析》，《人口与发展》第 4 期。

53. 孙鹃娟、冀云（2018）：《中国老年虐待与代际支持的关系》，《人口与发展》第 1 期。

54. 孙鹃娟、李婷（2018）：《中国老年人的婚姻家庭现状与变动情况——根据 2015 年全国 1%人口抽样调查的分析》，《人口与经济》第 4 期。

55. 孙晓明、舒星宇（2020）：《农村中老年女性健康研究》，南京大学出版社。

56. 覃月泉、聂春丽、施日娇（2018）：《Hatha 瑜伽体位法对正常老年女性平衡系统功能的实验研究》，《当代体育科技》第 28 期。

57. 王晨（2018）：《增权理论视角下农村丧偶老年女性养老权利研究》，《河北科技师范学院学报（社会科学版）》第 1 期。

58. 王春晓（2016）：《老年女性学习电子信息技术的动机、障碍与途径研究》，《高等继续教育学报》第 1 期。

59. 王德文（2018）：《闽台老年健康促进兼性别协同发展研究》，厦门大学出版社。

60. 王凤仪（2019）：《暮色难寻：老年相亲角故事》，硕士学位论文，南京大学。

61. 王红雨（2016）：《广场舞对老年女性生活质量的影响》，《中国老年学杂志》第 20 期。

62. 王焕盛（2020）：《24 式太极拳对老年女性身体健康影响研究》，《武术研究》第 8 期。

63. 王军、李向梅（2019）：《中国城镇职业女性的延迟退休政策态度研究》，《南方人口》第 5 期。

64. 王凯丽、石龙峰、张再雄等（2019）：《沈沈地区银发族女性远程教育需求研究》，《辽宁广播电视大学学报》第 4 期。

65. 王善高、田旭、刘余（2018）：《新农保对中国农村老年人劳动时间影响的再考察——基于工具变量和 PSM 方法的研究》，《经济动态与评论》第 1 期。

66. 王文霞、张开云（2020）：《"失独"家庭脆弱性风险及其社会保护体系构建——基于家庭抗逆力理论的分析》，《社会福利（理论版）》第 12 期。

67. 王武林、杨晶晶（2018）：《贫困、社会保障与西部贫困地区老年妇女宗教信仰》，《新时代积极应对人口老龄化研究文集》，华龄出版社。

68. 王颖、黄迪（2016）：《"老漂族"社会适应研究——以北京市某社区为例》，《老龄科学研究》第 7 期。

69. 王宇、陶涛（2019）：《"非收入"多维贫困的识别与影响因素探析——基于 CLASS 数据对农村老年妇女样本的考察》，《云南民族大学学报（哲学社会科学版）》第 6 期。

70. 韦传慧（2019）：《"老漂族"群体特征研究——以合肥市为例》，《合肥学院学报（综合版）》第 3 期。

71. 魏强、苏寒云、吕静等（2020）：《家庭规模、社会支持、健康状况对农村老年女性主观幸福感的影响研究》，《西北人口》第 5 期。

72. 翁飞潇、吴宏洛（2017）：《基于老年女性养老需求的福利供给探析》，《中共福建省委党校学报》第 1 期。

73. 吴帆、王琳（2017）：《中国学龄前儿童家庭照料安排与政策需求——基于多源数据的分析》，《人口研究》第 6 期。

74. 吴国平（2016）：《失独老年人养老困境及其法律保障路径研究》，《老龄科学研究》第 12 期。

75. 吴培材（2018）：《照料孙子女对城乡中老年人身心健康的影响——基于 CHARLS 数据的实证研究》，《中国农村观察》第 4 期。

76. 夏辛萍（2016）：《社会性别视角下农村老年女性养老问题》，《中国老年学杂志》第 24 期。

77. 夏辛萍（2018）：《退休女性社区志愿服务角色转换和社会参与》，《中国老年学杂志》第 2 期。

78. 肖树芹（2017）：《社区老年志愿者居家养老照护知识和技能的了解与需求研究》，《护理管理杂志》第 11 期。

79. 谢立黎（2017）：《中国城市老年人社区志愿服务参与现状与影响因素研究》，《人口与发展》第 1 期。

80. 邢琰、安思琪、陈长香（2019）：《支持体系对高龄失能老人经济照顾需求的影响》，《中国老年学杂志》第 2 期。

81. 徐彬（2019）：《生命历程视角下农村老年女性贫困的影响因素研究》，《农村经济》第 5 期。

82. 徐雷、余龙（2016）：《社会经济地位与老年健康——基于（CGSS）2013 数据的实证分析》，《统计与信息论坛》第 3 期。

83. 许惠娇、贺聪志（2020）：《"孝而难养"：重思农村留守老人的养老困境》，《中国农业大学学报（社会科学版）》第 4 期。

84. 许加明（2017）：《"老漂族"的城市适应问题及社会工作介入探析》，《社会工作》第 4 期。

85. 杨斌、丁建定（2016）：《农村丧偶老年妇女养老保障方式研究——基于陕西省洛南县 W 村的调查》，《华中农业大学学报（社会科学版）》第 3 期。

86. 杨妮超、顾海（2020）：《互联网使用、非正式社会支持与农民健康——基于中国家庭追踪调查数据》，《农村经济》第 3 期。

87. 杨霞（2016）：《当代中国女性公共参与意识培育研究》，博士学位论文，苏州大学。

88. 杨宜勇、吴香雪（2017）：《女性延迟退休与家庭政策价值的再思考》，《价格理论与实践》第 1 期。

89. 姚虹（2020）：《武陵民族地区农村女性老年人的生活状况以及对养老服务的需求研究——以恩施市为例》，《云南民族大学学报（哲学社会科学版）》第 4 期。

90. 姚蓉、张伟豪（2020）：《农村"漂妈"进城生活困境及对策研究》，《理论界》第 1 期。

91. 殷俊、杨政怡（2016）：《银发族缘何重返劳动领域？——城乡二元老年劳动参与研究》，《西安财经学院学报》第 3 期。

92. 于文广、李倩、王琦等（2018）：《基于年龄与工资水平差异的延迟退休对我国养老保险基金收支平衡的影响》，《中国软科学》第 2 期。

93. 于晓琳、陈有国、曲孝原等（2016）：《影响老年人主观幸福感的相关因素》，《中国心理卫生杂志》第 6 期。

94. 袁乐欣、周英、林婷婷等（2017）：《广州市越秀区居家失能老人主要照顾者照顾负担现况及影响因素分析》，《广东医学》第 10 期。

95. 詹鹏（2020）：《我国老年人养老金收入的性别差距》，《北京工商大学学报（社会科学版）》第 1 期。

96. 张驰（2020）：《农村劳动力转移对子女赡养行为及父母健康福利影响研究》，博士学位论文，中国农业科学院。

97. 张凡丽、金红梅（2016）：《农村丧偶老年女性精神慰藉缺失现状及社会工作介入研究》，《统计与管理》第 7 期。

98. 张海平、吴翙馨、易容（2016）：《健步走对老年女性心肺耐力与血脂相关指标的影响》，《中国老年学杂志》第 14 期。

99. 张晗、王志会、王丽敏等（2019）：《中国社区老年居民日常生活活动能力失能状况调查》，《中华流行病学杂志》第 3 期。

100. 张菊、陈雪萍、任蔚虹（2017）：《老年志愿服务研究综述》，《现代经济信息》第 1 期。

101. 张莉（2019）：《从性别和婚姻状况的角度探讨代际支持对我国老年人抑郁的影响》，《华中科技大学学报（社会科学版）》第 5 期。

102. 张立驰、姜彦彦、吴君民（2020）：《基于扎根理论的老年女性参与在线教育的影响因素》，《中国成人教育》第 21 期。

103. 张丽萍、朱海燕（2018）：《中国女性丧偶老人基本状况及其主观幸福感研究》，《黑龙江社会科学》第 5 期。

104. 张亮（2016）：《中国儿童照顾政策研究——基于性别、家庭和国家的视角》，上海人民出版社。

105. 张娜（2016）：《我国女性延迟退休年龄制度的立法构建》，《湖南工程学院学报（社会科学版）》第 4 期。

106. 张苹、胡琪（2016）：《在沪"老漂族"的社会适应问题及其对策研究》，《城市观察》第 3 期。

107. 张赛玉（2016）：《女性公益组织服务递送研究——以"金太阳"社区养老服务为例》，《武汉科技大学学报（社会科学版）》第 3 期。

108. 张现苓、陶涛（2019）：《中国老年人再婚态度及影响因素分析》，《人口学刊》第 6 期。

109. 张笑、张曼婷（2018）：《社会互助养老模式中女性养老问题研究》，《劳动保障研究（2019 年第 1 辑）》。

110. 张翼杰（2017）：《老年人再婚现状的分析》，《法制博览》第 15 期。

111. 张子杨、杨慧（2019）：《老年妇女收入双重劣势研究——以 1926~1950 年出生队列为例》，《人口与发展》第 5 期。

112. 赵锐、张瑛（2019）：《丧偶对老年女性经济福利影响研究述评》，《经济评论》第 3 期。

113. 赵晓航、李建新（2019）：《丧偶对老年人孤独感的影响：基于家庭支持的视角》，《人口学刊》第 6 期。

114. 郑观蕾（2017）：《隔代照料者视角下的隔代照料——以广西富川瑶族自治县为例》，《云南民族大学学报（哲学社会科学版）》第 2 期。

115. 郑思宁、王淑琴、郑逸芳（2018）：《子女数量与农村居民幸福感——基于性别和年龄差异视角》，《西北人口》第 5 期。

116. 钟晓慧、郭巍青（2017）：《人口政策议题转换：从养育看生育——"全面二孩"下中产家庭的隔代抚养与儿童照顾》，《探索与争鸣》第 7 期。

117. 周柯含、黄盈盈（2019）：《老化中的主体"性"——对老年女性之身体与性的研究》，《妇女研究论丛》第 1 期。

118. 周柯含（2016）：《老年女性的身体与性——基于主体建构的理论视角》，硕士学位论文，中国人民大学。

119. 周全德（2019）：《性别平等与社会支持：破解女性居家社区养老难题》，《山东女子学院学报》第 3 期。

120. 朱宇航、郭继志、李敏等（2016）：《城市老年女性主观幸福感的影响因素分析及对策探讨》，《中国医学伦理学》第 4 期。

121. 庄绪荣、张丽萍（2016）：《失能老人养老状况分析》，《人口学刊》第 3 期。

122. 梓涵（2016）：《农村老年妇女自杀之殇的原因及对策》，《中国民政》第 21 期。

123. 邹红、彭争呈、栾炳江（2018）：《隔代照料与女性劳动供给——兼析照料视角下全面二孩与延迟退休悖论》，《经济学动态》第 7 期。

124. 邹红、文莎、彭争呈（2019）：《隔代照料与中老年人提前退休》，《人口学刊》第 4 期。

妇女与国际关系研究综述（2016~2020年）

王天禹　李英桃[*]

自20世纪80年代以来，妇女研究和社会性别分析逐步深入国际关系领域，与相关议题结合，形成妇女与国际关系研究。妇女与国际关系研究不仅在国际关系理论中加入了妇女和性别议题，而且正在通过性别视角改变国际关系研究的"景观"。随着国际关系的学科发展，国际关系理论、国际政治、国际政治经济学、国别外交、联合国与国际组织研究，以及包括跨境人口贩运、国际移民、难民、恐怖主义、气候变化等全球治理和非传统安全问题，已成为国际关系研究的重要内容。

2012年11月，中国共产党第十八次全国代表大会明确提出要倡导"人类命运共同体"意识。2013年9月7日，国家主席习近平在哈萨克斯坦纳扎尔巴耶夫大学发表题为《弘扬人民友谊　共创美好未来》的重要演讲，提出共同建设"丝绸之路经济带"（人民网，2013a）。2013年10月3日，习近平主席在印度尼西亚国会发表题为《携手建设中国－东盟命运共同体》的演讲，提出共同建设"21世纪'海上丝绸之路'"（人民网，2013b）。"丝绸之路经济带"和"海上丝绸之路"统称为"一带一路"。构建"人类命运共同体"思想和"一带一路"倡议的提出为妇女与国际关系研究提供了新的理论基础和实践遵循。

2015年是联合国第四次世界妇女大会在京召开20周年，世界各地纷纷举办纪念庆祝活动。同年，联合国可持续发展妇女峰会通过《2030年可持续发展议程》。2015年9月，国家主席习近平于美国纽约在全球妇女峰会上发表题为《促进妇女全面发展　共建共享美好世界》的重要讲话，倡导加速实现性别平等和妇女全面发展，创造有利于妇女发展的国际环境，让每个妇女和儿童都沐浴在幸福安宁的阳光里。习近平重要讲话是推进中国实现性别平等和妇女发展的方针与指引，也为2016~2020年妇女与国际关系研究提供了高平台和新起点。

---

[*] 作者简介：王天禹，女，北京外国语大学国际关系学院博士研究生；李英桃，女，北京外国语大学国际关系学院教授。

一　研究概述

经由北京外国语大学网关，针对中国知网 2016 年 1 月 1 日到 2020 年 12 月 31 日的数据，用关键词"女性主义国际关系"进行全文精确检索，共检索到 94 条结果，其中包括学术期刊文章 30 篇，学术集刊文章 4 篇，特色期刊文章 4 篇，博士学位论文 2 篇，硕士学位论文 46 篇，图书 6 部，报纸文章 2 篇；用关键词"女性主义国际政治"进行检索，共找到 11 条结果，其中包括学术期刊文章 6 篇，特色期刊文章 1 篇，学位论文 2 篇，图书 2 部。用关键词"夫人外交"进行主题精确检索，共找到 45 条结果，其中包括学术期刊文章 26 篇，特色期刊文章 2 篇，硕士学位论文 15 篇，会议论文 2 篇；合并使用关键词"全球治理"和"妇女"进行"篇关摘"精确检索，共找到 20 条结果，其中包括期刊学术文章 12 篇，硕士学位论文 7 篇，会议论文 1 篇。鉴于妇女与国际关系研究涉及关键词的多样性，在此检索基础上，进一步使用"妇女""性别""和平""安全""可持续发展""全球治理""人类命运共同体""一带一路"等关键词进行合并检索，并参照读秀知识库、万方数据知识服务平台检索结果进行手动筛选，共获得期刊、报纸文章 85 篇，硕士学位论文 31 篇，以及少量直接或间接相关的专著、文集和译著，包括专著《性别平等的可持续发展》（李英桃、王海媚，2016）、译著《国际关系女性主义方法论》（〔美〕布鲁克·A. 艾克里、玛丽亚·斯特恩、杰奎·特鲁编，金铭译，2016）等。

与妇女与国际关系研究相关的学术会议主要有三种类型：一是以妇女与国际关系研究为核心主题的学术会议，二是主流国际关系学术会议议程中设置妇女/性别研究专题，三是在妇女/性别研究学术会议中讨论国际关系问题。2016 年是初创中国女性国际关系学者学术共同体的重要年份。中国国际关系研究界从事国际关系理论、国际组织与全球治理、国别区域研究以及中国外交研究的女性学者开始自发组织国际关系女学人活动，以凝聚中国国际关系学界女性学者的学识与智慧，为拓展国际关系研究的深度与广度、推动女性自我发展以及构建中国国际关系女学人学术共同体贡献力量。依托相关高等校和学术机构，定期举办学术会议是其学术共同体活动的主要形式。2016 年 9 月 24 日，中国国际关系女学人联谊会筹备会暨"全球治理与中国外交"学术研讨会在北京举行。与会学者们围绕"全球治理的理论与实践""中国特色外交与创新""女性主义国际关系""国际关系学科建设"等专项议题进行了交流和探讨。2018 年 7 月 13 日，第二届中国国际关系女学人论坛暨"人类命运共同体与女性安全"学术研讨会在北京举行。在专题研讨环节，与会学者主要围绕"人类命运共同体与中国外交""安全研究：理论与实践""女性、和平与安全"三个专题进行了深入探讨。2020 年 9 月 26 日，第三届中国国际关系女学人论坛暨"妇女·和平·安全"高端学术研讨会在北京外国语大学举行。受到疫情影响，此次会议采取线上和线下同步会议的形式，会议就"国际安全与中国外交""全球公共卫生安全治理与国际合作""妇女发展与人类命运共同体""'一带一路'与国际发展"等议题进行了研讨。妇女与国际关系研究也被纳入部分主流国际关系学术会议中。例如，2019 年 7 月 2~3 日，"国际关系研究百年回顾与展望"国际学术研讨会在北京举行，以审视西方国际关系理论，推进理论建构本土化进程。会议认为，女性主义国际关系学将所有权力形式都纳入进来，使得国际关系学变得更加具有包容性（刘天红，2019）。在妇女和性别研究领域，妇女与国际关系研究的重要性也体现出来。例如，在 2016 年、2019 年召开的中国妇女研究会年会暨研讨会中都安排了相关大会发言。为落实 2015 年习近平主席在全球妇女峰会上的讲话精神，中华女子学院于 2019 年、2020 年连续举办"全球女性发展论坛"，共同交流探讨各国在妇女发展方面所取得的成绩和经验，思考各国在促进性别平等方面所面临的机遇和挑战，为进一步落实北京世妇会精神和 2030 年联合国可持续发展目标贡献智慧和力量（李慧波、高歌，2020）。这个系列论坛本身就是践行妇女与国际关系理念的具体实践。

国家社会科学基金和教育部人文社会科学基金资助获得情况，是衡量高等院校和研究机构学术发展的重要指标。妇女与国际关系相关议题的项目申请类别主要集中在政治学和国际问题研究之下，在其他学科类别下也有少量项目同妇女与国际关系研究有重合之处。首先，研究阐释党的十九大精神国家社会科学基金专项课题"新时代中国特色社会主义妇女发展道路研究"中包含妇女与国际关系研究的内容。在包括 41 篇论文的结项报告（2019）中，有 2 篇论文以人类命运共同体与性别平等为主题。将性别平等与国际关系议题纳入这一重要课题，体现出妇女与国际关系研究在新时代中国特色社会主义妇女发展道路研究中的价值。其次，梳理和分析从 2016 年至 2020 年的国家社会科学基金项目可以发现，尽管其中每年都有一定数量的妇女和性别选题，但政治学、国际问题研究领域获得支持的妇女与国际关系研究项目仍非常有限。2020 年国家社会科学基金一般项目"人类命运共同体视角下的全球妇女发展研究"是一个具有中国特色的妇女与国际关系研究选题。新闻学与传播学、哲学、外国文学、世界历史、中国文学、民族学等领域的相关项目也为拓展妇女与国际关系研究做出了贡献，比如，国家社会科学基金一般项目"性别议题的媒体表达与提升国际话语权研究"（2016）、国家社会科学基金青年项目"中日韩女性的战争体验叙述与历史认知研究"（2017）。最后，2016～2020 年，教育部人文社会科学基金项目中未见与政治学和国际问题研究学科门类直接相关的妇女与国际关系议题获得资助，但在哲学、中国文学、外国文学、新闻学与传播学、历史学、语言学、交叉学科/综合研究中有少量相关课题和妇女与国际关系研究直接相关，其中包括多个外国文学的题目，如"从社会活动家到战争帮凶——侵华战争期间日本女作家群研究"（2016）、"日本女性作家战争记忆、战争责任与历史认知研究（1931～1995）"（2018）、"战时日本女性作家的中国叙事与战争思想研究"（2019）等。可见，从政治学和国际问题研究学科门类获得国家社会科学基金和教育部人文社科基金资助的妇女与国际关系研究项目虽少但已有突破，其他学科门类内有一定数量的相关课题获得立项，从项目层面上反映出妇女与国际关系研究的跨学科性和各学科之间的交叉与互补性。

综上所述，2016～2020 年的妇女与国际关系研究展现出缓慢而平稳发展的态势。在翻译出版西方经典女性主义国际关系著作，聚焦妇女、和平与安全议程研究，构建中国特色的妇女与国际关系理论，从性别视角解读人类命运共同体倡议等方面，都取得一定的成绩。中国女性国际关系学者的学术共同体已经建立起来。另外，《中国妇女报》成为发表妇女与国际关系研究成果的重要阵地，在推动与性别平等相关的国际问题解决方面做出了重要贡献。该报《新女学》周刊，长期追踪与性别相关的国际大事和重点议题，邀请专家学者介绍相关进展、分析其性别平等意义，在提升国际关系研究中的性别意识方面发挥了积极作用。妇女与国际关系研究成果在传统媒体和数字化媒介之间相互转化和相互促进，网络平台与社交媒体的传播影响力已显现出来。

二　主要研究内容

延续 2011～2015 年的综述内容，本节主要围绕 2016～2020 年妇女与国际关系中的理论问题和国际关系实践中的性别议题这两个方面展开。相较而言，关于国际关系具体实践的成果更为丰富。

（一）妇女与国际关系理论

2016~2020年中国有关妇女与国际关系理论的研究成果，从多个方面呈现出来。

1. 国外女性主义国际关系研究的方法论

近年来，国内出版了少量女性主义国际关系理论相关的译著。其中最具代表性的成果是2016年由金铭翻译、中译出版社出版的由美国学者布鲁克·A. 艾克里等编辑的《国际关系女性主义方法论》一书。该书的英文原作出版于2006年，首次荟萃女性主义国际关系研究的方法论文献，收录了12篇女性主义国际关系方法论研究的重要论文，分为"女性主义国际关系和非女性主义国际关系的方法论对话""女性主义国际关系研究方法""女性主义国际关系方法论"三个部分。该书被世界各地的国际关系女性主义学者称为"紫皮书"，在成为生动的教学案例的同时，也为蓬勃发展的批判国际关系方法论做出了贡献，具有很高的出版价值。该书的翻译出版很好地丰富和提升了中国学术界对西方女性主义国际关系方法论的整体认识。正如该书译者金铭在"译后记"中所指出的，尽管国内外的妇女与国际关系研究已经有了长足的发展，但国内系统介绍国际关系女性主义方法论的书籍仍然处于空白状态，希望这个中译本能够填补相关空白（金铭，2016）。2019年，生活·读书·新知三联书店出版了美国学者让·爱尔斯坦（Jean Elshtain）的《公共的男人，私人的女人：社会和政治思想中的女性》中译本。这本书梳理并挑战了西方知识体系中的公共领域/私人领域、男性/女性二元思维模式，是女性主义政治学研究的理论基础，对于妇女与国际关系研究具有重要的认识论和方法论价值。

2. 对女性主义国际关系理论的整体评析

邝利芬（2019）在《女性主义政治学的发展与重构》一书中专门设有一章，从权力和安全观、战争与和平观、发展观三个方面，讨论了女性主义政治学在国际关系理论领域所做的解构与重构工作，强调女性主义认为主流国际关系范式一直是性别盲视的，忽略了性别因素在国际关系中的作用，而女性主义对国际关系理论中的性别缺失问题进行了全面的剖析与批判，借助社会性别的分析方法，解构了权力、安全、战争、和平以及发展等国际关系的重要理论。作者指出，女性主义重构女性与国际关系的路径大致有三种：一是"添加"女性到国际关系，二是"发现"国际关系中的女性，三是采用多元化的性别视角重新阐释女性与国际关系。女性主义为国际关系理论提供了社会性别的研究视角，提供了一种新的平等观念，拓展了传统国际关系研究的领域。

巩辰（2018）的《国际关系理论的"终结"或"重生"？——基于女性主义世界政治研究的再思考》一文收录于 2018 年北京大学国际关系学院博士生论坛的论文集《国际关系理论：前沿问题和新的路径》。文章梳理了女性主义理论的主要流派，回顾了国内妇女与国际关系研究的重要成果，认为李英桃教授、胡传荣教授等国内学者在引介女性主义理论流派并将其嵌入世界政治研究视野方面做出了开拓性贡献，强调女性主义路径创新是国际关系理论困境中的"重生"之路。苏云婷、赵薇（2019）在《国际关系的本体论之辩：女性主义的挑战》一文中提出，以社会性别为核心范畴，构建女性主义国际关系的本体论，进而形成独特的女性主义认识论和方法论，发展出有别于主流的国际关系理论，开拓出别样的女性主义国际关系知识体系，应当成为女性主义从批判主流走向知识系统建构的有效路径。朱陆民、陶丽娇（2019）在《对女性主义国际关系理论的批判与反思》一文中认为，女性主义国际关系理论有其自身的发展缺陷，尚未形成系统的框架，建议未来女性主义国际关系理论的发展要克服自身的思维局限，进行合理定位，形成自身的理论特征，积极拓宽理论视野，进一步加强与国际现实的结合。

值得一提的是，四川外国语大学翻译专业硕士研究生邓淦云、侯迪美、招珊（2019）以劳特利奇出版社出版的英文著作《后殖民视角：国际关系中的种族、性别与文化》（*Race*, *Gender*, *and Culture in International Relations*：*Postcolonial Perspectives*）（Randolph B. Persaud, AlinaSajed, 2018）为翻译和研究对象，完成硕士学位论文。这表明，女性主义国际关系理论同时也受到翻译学等其他专业研究者的重视。

3. 对国际关系的核心概念的性别审视

妇女与国际关系研究的一个重要内容就是在审视权力、安全等传统国际关系核心概念的基础上，通过性别视角对其进行重新建构。严双伍、巩辰（2017）指出，世界政治的权力构成现状，仍处于演化中的政治权力变化进程，马克思主义和女性主义对政治权力的反思与重构，具有深远的理论和现实意义，既对政治哲学和国际关系理论传统构成了挑战，又为迈向一个更为和平、公正和具有包容性的世界政治远景提供了有益启发。郑毅（2018）认为，女性主义国际政治权力观中加入了女性因素，对传统权力和安全观念进行了改造，并引入和应用了"赋权"概念。它促使国际关系理论朝着更全面、更人性化、更客观地反映国际关系的方向发展。罗清（2018）指出，女权主义一方面解构、揭露国际人权话语中的霸权、虚伪和偏见，另一方面尝试重构具有性别视角的人权话语体系，并利用这一话语体系实现性别正义的最终目标。然而，女权主义对国际人权法的接近、解构与重构从一开始就夹在"反抗与屈从"的张力之间，源于女权主义话语与人权话语之间隐含的等级结构和不对称关系。要改变这种不对称关系，必须从语言着手，用"性别"这颗"语言子弹"打破国际人权法男性中心主义的话语铁幕。

4. 中国特色的妇女与国际关系理论建构

中国学者长期致力于建构中国特色的妇女与国际关系理论。结合 2016 年 5 月 17 日习近平在哲学社会科学工作座谈会上的讲话，李英桃（2016a）在《不忘本来　面向未来：建构中国特色女性主义国际关系理论》一文中提出，中国的妇女与国际关系研究，一要"不忘本来"，立足中国本土，反映中国妇女与中国妇女运动在国际格局演变中的地位、作用与认知变化；二要"面向未来"，在"吸收外来"并比较、对照、批判、吸收、升华的基础上，把中国实践总结好，为解决世界性问题提供思路和办法，体现其原创性和时代性。

人类命运共同体是中国提出的构建不同于无政府状态的国际关系秩序的重要倡议。李英桃（2018）在《构建性别平等的人类命运共同体：关于原则与路径的思考》一文中指出性别平等是构建人类命运共同体的核心原则，妇女是构建性别平等的人类命运共同体的主要参与者，构建性别平等的人类命运共同体需要完成三项重大任务：一是准确判断全球性别不平等的状况；二是全面落实国际社会业已达成的全球共识和国际准则，将各国的国家承诺变成切实行动；三是认真审查有关性别平等的国际决议与国家计划，提出加速前进和确保到 2030 年实现可持续发展目标的可行性方案。郑长忠（2020）强调，加强全球妇女事业合作是人类命运共同体构建的重要组成部分，加强全球妇女事业合作需要发挥联合国的重要协调作用，中国将继续加大对全球妇女事业的支持力度。

（二）国际关系实践中的妇女与性别问题

2016年，各国落实北京世妇会《北京宣言》和《行动纲领》的行动进入第20个年头，落实联合国安理会第1325（2000）号决议的行动进入第16个年头。这一年同时也是落实《2030年可持续发展议程》的开局之年。因此，相关研究成果陆续发表。作为传统外交研究的重要补充，与第一夫人外交相关的研究成果涌现。

1. 妇女、和平与安全议程研究

与国际学术研究的重点一致，2016~2020年中国妇女与国际关系研究聚焦妇女、和平与安全研究，并取得了一定成绩。其中，李英桃、金岳嵘（2016）的《妇女、和平与安全议程——联合国安理会第1325号决议的发展执行》发表于国际关系研究权威刊物《世界经济与政治》，系统梳理了世界各国落实妇女、和平与安全议程的整体情况与关键议题。文中指出，第1325号决议的通过，清晰地展示了女性主义理念成为国际规范的过程，在"人权问题安全化"和"安全问题人权化"的过程中，作为一种国际规范，妇女、和平与安全议题以安理会决议的形式逐渐扩展和内化到各利益攸关方的行动中。政治意愿、以分性别统计数据为支撑的强有力的问责制以及更多成功实践的引领，都将在未来发展中起到关键作用；第1325号决议及后续决议的本土化问题不容忽视；社会性别主流化战略仍需贯穿和平与安全工作的始终。李英桃（2020）的《加速实施妇女、和平与安全议程——对近五年中国落实"妇女与武装冲突"战略目标的评估》则主要回顾了2016~2020年中国在落实《行动纲领》的重大关切领域"妇女与武装冲突"中取得的成绩和面临的挑战。该文后收入论文集《女性的反响：加速实现性别平等与妇女赋权》（刘伯红、刘晓楠、陈业强主编，2020）。么兰（2017）在《联合国安理会第1325号决议对妇女在联合国和平行动中的影响研究——以非洲地区为例》一文中提出，建立有效的性别反应机制，提高妇女在和平进程中的参与程度，同时加强保护妇女在冲突中和冲突后的各项人权，可以有效提高妇女在联合国和平行动中的参与程度。高鹏、朱智琳（2018）在《女性角色与利比里亚的政治进程——以内战与和平过渡期为例》一文中，系统梳理了利比里亚女性在内战前、内战期间与和平过渡期的角色，展现了利比里亚内战与和平过渡期的女性角色嬗变，指出利比里亚女性在内战中的作用是多样的，

其在停止内战、实现和平的进程中起到中流砥柱的作用，她们同时致力于消除利比里亚社会中的结构暴力、塑造和平，给利比里亚最终实现积极和平带来了希望。王天禹（2019）的硕士学位论文《葡萄牙落实联合国安理会第 1325（2000）号决议关于"妇女和平与安全"的〈国家行动计划〉分析》梳理了葡萄牙 2009 年以来制定的三个"国家行动计划"及其具体落实工作。论文指出，葡萄牙制定《国家行动计划》回应了联合国安理会主席声明对会员国的呼吁，增强了葡萄牙妇女在和平进程中的作用，并为非洲葡语国家制定和落实国家计划提供了可靠的参考。

2. 性别平等与《2030 年可持续发展议程》研究

中国妇女与国际关系研究的另一个研究重点是《2030 年可持续发展议程》及其落实情况。2016 年，中国社会科学院组成"2030 年可持续发展议程研究书系"编委会，会集国内各领域专家，根据议程中的 17 个目标进行研究、出版专著。作为丛书的组成部分，李英桃、王海媚（2016）合著的《性别平等的可持续发展》由社会科学文献出版社出版。书中详细分析了 2030 年可持续发展目标 5 和其他 16 个目标中与性别平等和赋权妇女女童相关的各项指标，提出了"性别平等的可持续发展"这一核心观点，强调落实《2030 年可持续发展议程》性别平等目标的过程就是在全球范围内实现"性别平等的可持续发展"宏伟目标的过程；中国落实《2030 年可持续发展议程》、实现性别平等的可持续发展目标的努力，是全球实现性别平等与可持续发展不可或缺的组成部分。

2030 年可持续发展目标涉及内容广泛，2016~2020 年的研究成果对其中一些要点进行了讨论。环境保护是可持续发展目标涉及的主要层面，尤其体现在目标 6 和目标 11~15 中。周圆（2016）在《生态文明背景下中国妇女参与全球环境治理分析》一文中指出，中国妇女虽然已在不同程度上参与到全球环境治理横向互动与纵向互动的各层面中，但在国际层面上的交流与合作的参与度依然较低，而提高这一层面的参与度对于中国妇女的自身发展、中国生态文明建设和实现可持续发展都有着重要意义。只有实现妇女的全面参与，才能推动建立更为公平有效的全球治理制度。周圆（2020）在《妇女与环境：新规范与新挑战——对近 5 年中国落实"妇女与环境"战略目标的评估》中指出，25 年来，国际社会对"妇女与环境"的认识和理解日益深化，形成了关于性别与环境的系统性国际规范。该文从多个方面总结了 2015 年以来中国落实"妇女与环境"战略目标的进展，分析实施"妇女与环境"战略目标的挑战，并提出提高妇女参与环境保护与管理的能力、多渠道进行有效的性别平等与环境保护宣传教育等建议。唐鹏鹏（2019）的硕士学位论文《生态女性主义视域下女性环保实践研究》梳理了世界各国女性解放与环保事业共同进步的历史脉络，通过对国内外经典的女性环保实践和环保组织的分析，明确了女性在环境保护中的作用与地位，强调要依托生态女性主义理论与实践助力我国生态文明建设、重视女性在环境保护中的作用、加强国际合作，展现生态保护的大国形象。

3. 联合国、国际组织与区域国别研究中的其他性别议题

除前两个重要方面外，国际关系实践中的妇女与性别问题在联合国、国际组织研究中也取得一定的成绩。

（1）联合国性别平等机制研究

联合国妇女地位委员会年会和联合国维和行动中的性别问题是国内学者持续跟踪的主题。《在不确定的世界中推进性别平等——联合国妇女地位委员会第63届会议综论》全面分析了联合国妇女地位委员会（以下简称"妇地会"）第63届会议的内容，特别是社会保障制度、公共服务和可持续基础设施建设三者之间的联系，以及科学、技术和创新促进发展等议题，总结了妇地会通过的《商定结论》的主要内容和相关争论（李英桃，2019a）。《联合国安理会关于女性参与维和行动的决议及思考》分析了将性别平等观念纳入维和行动的主流所取得的进步，指出推动女性参与联合国维和行动存在的一些困难，如受到传统观点的制约、性丑闻频发以及缺乏专门的监督管理机制等，建议在推动女性参与联合国维和行动时要严惩性犯罪、扩大宣传力度、制定便利政策等（程梓璇，2020）。

（2）国际妇女组织、妇女与区域国别研究

来自全球史、世界史和区域国别研究成果涉及国际组织和苏联、美国、法国、德国等众多国家，覆盖妇女与战争、妇女与和平、女性主义外交等各个领域，从不同角度补充了妇女与国际关系研究。

张楠（2019）在《国际妇女争取和平与自由联盟的成立与主要活动（1915～1945）》一书中系统剖析了1915～1945年联盟成立背景、组建过程、历届联盟全体大会及其主要活动，管窥20世纪妇女运动与和平运动的关系、妇女和平运动以及国际妇女和平组织发展状况。范若兰（2017）在《妇女参与民族冲突后国家重建：成就与问题》一文中指出，20世纪90年代以来，阿富汗、伊拉克、卢旺达、波黑、印度尼西亚、东帝汶等国家因外力干预或国内政治权力变动而结束了民族冲突，进入战后重建时期。冲突之后的权力剧变为妇女参与重建提供了前所未有的机遇，妇女在重建中积极推动民族和解，参与民主建设，参与法律的制定和修改。同时，妇女参与重建仍然面临父权制观念阻碍、宗教原则限制等问题。

4. 妇女组织、中国外交与夫人外交

中国妇女和妇女组织参与对外交流与国际合作的实践，是妇女与国际关系实践的重要组成部分。李英桃（2019b）提出，中国妇女已经走出"闭笼一室"的历史困境，正在与中国一起"日益走近世界舞台中央"。全国妇联联络部（2019）系统梳理了全国妇联妇女外事 70 年历程，指出："妇联组织在党的领导下，始终与党为全人类谋发展的初心和使命保持高度统一，充分发挥特色优势，坚持为国家总体外交服务、为国内经济建设和社会发展服务、为妇女儿童事业服务，深入开展中外妇女交流，为促进全球性别平等和妇女发展、推动构建人类命运共同体做出不懈努力。"

"第一夫人外交"是 2016~2020 年中国妇女与国际关系研究的热点议题。其中，王梅芳、买雨佳（2017）以彭丽媛的外交活动为例，分析了彭丽媛的服饰文化的柔性设计、理念文化的柔性设计、行为文化的柔性设计以及制度文化的约定俗成，以此强调柔性政治在国际传播中的关键性。周加李（2016）强调，彭丽媛是中国的软实力，期待未来彭丽媛为中国公共外交做出更大的贡献。王雪洁（2019）的硕士学位论文《社会性别视角下的第一夫人外交研究》中肯定了第一夫人外交的重要性，认为第一夫人外交可以弥补公共外交失灵的部分，作为一种国家软实力，对国家关系的调节具有重要作用，国家应该更加重视第一夫人外交。

最后，值得特别提及的是，《世界知识》杂志 2016 年第 19 期以"全球治理与中国外交中的性别平等"为封面话题，包含了 6 篇文章，分别为《联合国对性别问题国际议题的推动》（郭瑞香，2016）、《中国参与性别平等国际话语体系的渠道和机制》（杜洁，2016）、《中国越来越重视参与性别平等的国际话语体系》（和建花，2016）、《国际妇女非政府组织如何在全球治理中发挥作用》（蔡一平，2016）、《用女性力量打造"一带一路"软实力》（王云珍，2016）和《中国外交中性别平等议题的四个要点》（李英桃，2016b）。这一组文章发表在国际关系领域有大量读者和较大影响力的普及性读物上，既说明杂志编辑团队具有一定的性别意识，也表明性别与国际政治、中国外交问题的重要性和社会接受度都有很大提高。

三 研究不足与展望

2016~2020 年妇女与国际关系研究的不足也比较明显，主要体现在两个方面。从研究成果的呈现状况来看，妇女与国际关系研究在学术界的整体影响力小，重量级成果不多，在《世界经济与政治》等权威国际关系学术阵地上的文章发表很少，在主流国际关系研究领域的"显示度"低；能够发表在《妇女研究论丛》这一妇女研究唯一中文社会科学引文索引（CSSCI）来源期刊的成果也不多见；妇女与国际关系研究的专著数量还十分有限；以妇女与国际关系研究为选题方向的学位论文以硕士学位论文为主。从研究成果的内容和质量来看，尽管学者们已经为发展中国特色的妇女与国际关系研究做出努力并取得了一定的成绩，但 2016 年至 2020 年间发表的部分成果，对国际学术研究的最新动态的追踪仍然不够及时，对西方学术的重复性介绍多、批判性创见少，本土经验呈现不足，甚至对国内已有成果的分析、借鉴也不充分，新发表与既有研究之间的承继关系有限，成果的原创性学术价值亟待提升。

2020 年 10 月 1 日，习近平主席在联合国大会纪念北京世界妇女大会 25 周年高级别会议上的讲话中指出，"建设一个妇女免于被歧视的世界，打造一个包容发展的社会，还有很长的路要走，还需要付出更大努力。让我们继续携手努力，加快实现性别平等、促进全球妇女事业发展"。随着中国日益走近世界舞台中央，中国在全球治理中的引领作用越来越凸显。中国妇女与国际关系研究尤其需要关注四方面的内容。

第一，有效利用数字化时代的网络平台和社交媒体提供的便利条件，密切关注国际学术界的发展，通过成果跟踪与交流，批判、借鉴西方发达国家和发展中国家的学术成果，去其糟粕、取其精华，拓展和深化国内的妇女与国际关系研究。第二，立足新时代中国外交思想对全球治理和国际关系的贡献，从中国的历史和现实中汲取养料，更好地运用社会性别分析视角，重视方法论和具体研究方法的新进展，将质性研究和量化研究有机结合起来，进行扎实的田野调查、民族志研究，产出有深度、有温度的高质量学术成果，进一步推动中国特色的妇女与国际关系研究。第三，密切关注国际关系发展的新态势和主流国际关系理论的新趋向，深入研究人类命运共同体、"一带一路"倡议、全球发展倡议、全球安全倡议等全球治理的"中国方案"，为中国妇女与国际关系研究提供新的理论和实践研究的增长点。第四，持续思考和跟进关于妇女与国际关系研究学术队伍建设和青年学术人才培养问题，增加资源投入，拓展研究主题，建设具有中国特色、能够切实推进妇女与国际关系研究发展的学术共同体建设。

参考文献

1. 〔美〕布鲁克·A. 艾克里、玛丽亚·斯特恩、杰奎·特鲁编（2016）《国际关系女性主义方法论》，金铭译，中译出版社。

2. 蔡一平（2016）：《国际妇女非政府组织如何在全球治理中发挥作用》，《世界知识》第 19 期。

3. 程梓璇（2020）：《联合国安理会关于女性参与维和行动的决议及思考》，《南方论刊》第 5 期。

4. 邓淦云（2019）：《〈后殖民视角：国际关系中的种族、性别与文化〉（第四章）翻译实践报告》，硕士学位论文，四川外国语大学。

5. 杜洁（2016）：《中国参与性别平等国际话语体系的渠道和机制》，《世界知识》第 19 期。

6. 范若兰（2017）：《妇女参与民族冲突后国家重建：成就与问题》，《亚非研究》第 2 期。

7. 高鹏、朱智琳（2018）：《女性角色与利比里亚的政治进程——以内战与和平过渡期为例》，《社会科学》第 2 期。

8. 巩辰（2018）：《国际关系理论的"终结"或"重生"？——基于女性主义世界政治研究的再思考》，《国际关系理论前沿问题和新的路径》，上海人民出版社。

9. 郭瑞香（2016）：《联合国对性别问题国际议题的推动》，《世界知识》第 19 期。

10. 和建花（2016）：《中国越来越重视参与性别平等的国际话语体系》，《世界知识》第 19 期。

11. 侯迪美（2019）：《〈后殖民视角：国际关系中的种族、性别与文化〉（第八章）翻译实践报告》，硕士学位论文，四川外国语大学。

12. 邝利芬（2019）：《女性主义政治学的发展与重构》，天津大学出版社。

13. 李慧波、高歌（2020）：《平等、发展、合作：全球女性可持续发展路径探索——2019 年"全球女性发展论坛"综述》，《中华女子学院学报》第 1 期。

14. 李英桃（2016a）：《不忘本来 面向未来：建构中国特色女性主义国际关系理论》，《妇女研究论丛》第 4 期。

15. 李英桃（2016b）：《中国外交中性别平等议题的四个要点》，《世界知识》第 19 期。

16. 李英桃（2018）：《构建性别平等的人类命运共同体：关于原则与路径的思考》，《妇女研究论丛》第 2 期。

17. 李英桃（2019a）：《在不确定的世界中推进性别平等——联合国妇女地位委员会第 63 届会议综论》，《妇女研究论丛》第 3 期。

18. 李英桃（2019b）：《中国妇女：从"闭笼一室"到"走近世界舞台中央"》，《中国妇女报》10 月 14 日。

19. 李英桃（2020）：《加速实施妇女、和平与安全议程——对近五年中国落实"妇女与武装冲突"战略目标的评估》，《山东女子学院学报》第 3 期。

20. 李英桃、金岳嵘（2016）：《妇女、和平与安全议程——联合国安理会第 1325 号决议的发展执行》，《世界经济与政治》第 2 期。

21. 李英桃、王海媚（2016）：《性别平等的可持续发展》，社会科学文献出版社。

22. 刘伯红、刘晓楠、陈业强主编（2020）《女性的反响：加速实现性别平等与妇女赋权》，当代中国出版社。

23. 刘天红（2019）：《女性主义国际关系学的质询和关切——布鲁克·A. 阿克利教授谈"女性主义国际关系"》，《中国妇女报》7 月 30 日。

24. 罗清（2018）：《国际人权话语：女权主义的全球想象空间》，《中南民族大学学报（人文社会科学版）》第 4 期。

25. 么兰（2017）：《联合国安理会第 1325 号决议对妇女在联合国和平行动中的影响研究——以非洲地区为例》，《武警学院学报》第 7 期。

26. 全国妇联联络部（2018）：《砥砺奋进谋发展 对外交往谱新篇——全国妇联妇女对外交往工作五年回顾》，《中国妇运》第 10 期。

27. 全国妇联联络部（2019）：《深化国际交流合作 共建共享美好世界——全国妇联妇女外事 70 年历程回顾》，《中国妇运》第 11 期。

28. 〔美〕让·爱尔斯坦（2019）：《公共的男人，私人的女人：社会和政治思想中的女性》，葛耘娜、陈飞雪译，生活·读书·新知三联书店。

29. 人民网（2013a）：《弘扬人民友谊 共创美好未来——在纳扎尔巴耶夫大学的演讲（2013 年 9 月 7 日，阿斯塔纳）》，http：//politics. people. com. cn/n/2013/0908/c1001-22842914. html。

30. 人民网（2013b）：《携手建设中国-东盟命运共同体——在印度尼西亚国会的演讲（2013 年 10 月 3 日，雅加达）》，http：//politics. people. com. cn/n/2013/1004/c1024-23102653. html。

31. 苏云婷、赵薇（2019）：《国际关系的本体论之辩：女性主义的挑战》，《国外社会科学前沿》第 3 期。

32. 唐鹏鹏（2019）：《生态女性主义视域下女性环保实践研究》，硕士学位论文，兰州大学。

33. 王梅芳、买雨佳（2017）：《国际传播中的柔性政治——基于中国第一夫人外交的视角》，《当代传播》第 1 期。

34. 王天禹（2019）：《葡萄牙落实联合国安理会第 1325（2000）号决议关于"妇女和

平与安全"的〈国家行动计划〉分析》，硕士学位论文，北京外国语大学。

35. 王雪洁（2019）：《社会性别视角下的第一夫人外交研究》，硕士学位论文，北京外国语大学。

36. 王云珍（2016）：《用女性力量打造"一带一路"软实力》，《世界知识》第 19 期。

37. 严双伍、巩辰（2017）：《试论世界政治中的权力——基于马克思主义和女性主义的比较分析》，《教学与研究》第 7 期。

38. 张楠（2019）：《国际妇女争取和平与自由联盟的成立与主要活动》，内蒙古大学出版社。

39. 招珊（2019）：《〈后殖民视角：国际关系中的种族、性别与文化〉（第九章）翻译实践报告》，硕士学位论文，四川外国语大学。

40. 郑长忠（2020）：《加强全球妇女事业合作，推进人类命运共同体构建》，《中国妇女报》10 月 27 日。

41. 郑毅（2018）：《社会性别视角下的女性主义国际政治权力》，《学园》第 33 期。

42. 周加李（2016）：《"第一夫人"外交价值与彭丽媛的公共外交特色》，《赤峰学院学报（汉文哲学社会科学版）》第 1 期。

43. 周圆（2016）：《生态文明背景下中国妇女参与全球环境治理分析》，《中华女子学院学报》第 5 期。

44. 周圆（2020）：《妇女与环境：新规范与新挑战——对近 5 年中国落实"妇女与环境"战略目标的评估》，《山东女子学院学报》第 6 期。

45. 朱陆民、陶丽娇（2019）：《对女性主义国际关系理论的批判与反思》，《北华大学学报（社会科学版）》第 5 期。

国外女性/性别研究综述（2016~2020 年）

刘英 王楠 李洁[*]

2016~2020 年，国外女性/性别研究较上一个五年呈现出理论研究保持稳定发展、经典议题多视角重构、性别文化多元交织、性别文学研究更为丰富和深入的鲜明特点。国外女性/性别研究领域的学术成果数量与前五年相比稳步增长，学术会议数量和质量明显提升，越来越多的国内青年学者投身性别理论和实践研究，积极拓展这一领域的边界，研究自主意识逐步提升，学术共同体展现出强大的生命力。

一 研究概述

本文主要从国家哲学社会科学学术期刊数据库、中国知网（CNKI）以"女""性别""男性"与"国外""美国""英国""法国""日本""印度""澳大利亚""欧洲""亚洲""非洲"等国家和地区的关键词进行组合检索，得到文献共计 386 篇，主要分布在世界文学和中国文学、社会学、高等教育、历史学、戏剧电影和电视研究等领域。通过阅读标题和摘要进行逐篇判断，去掉非学术类文章，共遴选出期刊论文、学位论文 128 篇纳入分析，其中博硕士学位论文 41 篇。同样以类似关键词在中国国家图书馆、读秀学术等数据库进行检索，发现与国外女性/性别研究直接相关的学术专著、论文集和学术译著共计 197 部，分布于哲学、社会学、文学、史学等学科领域，如《朱迪斯·巴特勒的后结构女性主义与伦理思想》（都岚岚，2016）、《父权制与资本主义》（〔日〕上野千鹤子著，邹韵、薛梅译，2020)、《日本"草食男"研究》（张皓，2017a）、《空间、地方与性别》（〔英〕多琳·马西著，毛彩凤、袁久红、丁乙译，2018)、

---

* 作者简介：刘英，女，南开大学外国语学院教授；王楠，女，北京师范大学外国语言文学学院教授；李洁，女，中华女子学院社会工作学院教授。

《她们的声音：美国黑人女性文学研究》（苏虹蕾，2016）、《德国文学中的中国女性形象》（谭渊，2017）、《近代早期英国社会中的单身妇女研究》（曾亚英，2020），等等。2016~2020 年的国家社会科学基金项目和教育部人文社科研究项目与国外妇女/性别研究直接相关立项项目 25 项。外国文学是立项项目最多的学科领域，涉及的选题包括英美女性主义左翼思想研究、英美少数族裔女性文学研究、德国女性文学和日本女性文学研究等，如"印度裔美国女作家小说创作研究"（2016）、"英国当代女性作家的城市书写研究"（2016）、"后殖民理论视野中的华裔美国女性文学译介研究"（2016）、"平成年代芥川奖获奖女作家及其作品的价值取向问题研究"（2016）、"近代日本女性作家的'国家'认知研究"（2017）、"日本近现代女性文学的精神记忆与肉体记忆研究"（2017）等项目，外国文学领域项目占比很高。此外，国外哲学研究、史学研究、社会学研究项目也占有一定比例，如"西方女性主义性别正义理论范式研究"（2016）、"西方女性主义关于资本主义社会批判理论问题研究"（2016）、"生态女性主义视阈下女性符号消费的伦理研究"（2016）、"英国工业化时期女性犯罪及其社会反应研究"（2018）、"'21 世纪海上丝绸之路'沿线国家华人女性移民比较社会学研究"（2018）、"中越老缅边境地区跨国女性'汇款效应'研究"（2018），等等。

这五年，国内学术会议活动丰富，依托某些学科开展的国外妇女/性别学术会议丰富而深入。例如，上海师范大学依托世界史学科优势连续开展一系列学术会议，如 2017 年召开的"妇女/性别史研究的理论、方法与实践"学术研讨会，2020 年召开的"历史上的危机与女性"学术研讨会，会议内容既涵盖妇女与性别史研究的理论、方法和趋势，也包括在中外历史上诸多领域中的女性形象与性别关系，有力推进了国外妇女史的研究。此外，这五年，中国妇女研究会、中国社会学会、中国人口学会的历年年会中都有国外妇女/性别相关议题讨论，《妇女研究论丛》联合国内高校、科研院所召开的一系列学术会议中也对国外经验多有涉及，如 2018 年联合上海大学社会学院举办的"理论与经验的对话：转型期中国家庭变迁动态"学术研讨会，2020 年联合中国社会科学院社会学研究所性别与家庭社会学研究室、中国社会学会妇女/性别社会学专业委员会举办的"社会转型时期中国的家庭变迁与家庭政策"学术研讨会，等等。这五年，立足"一带一路"倡议和南南合作，国内外联合召开的一系列学术会议是这一时期学术活动的热点。例如，2017 年由中国艺术研究院、福建省文化厅、泉州师范学院共同举办的"一带一路"文化遗产国际学术研讨会，2018 年、2019 年，北京大学东方文学研究中心分别联合菲律宾、泰国等国高校连续举办"'一带一路'沿线地区东方文学、艺术与文化"国际学术研讨会，在这些主流学术研讨中，女性/性别研究的议题也得到一定程度的关注。2020 年 12 月 28 日，全国妇联妇女研究所国际妇女研究室和《妇女研究论丛》编辑部举办"一带一路与妇女发展：理论与经验"线上学术研讨会，其内容涉及妇女在"一带一路"建设中的参与和发展、"一带一路"与妇女组织建设、推进海外中资企业的性别平等实践路径、东亚整合与"一带一路"上的性别文化交流、应对新冠疫情的话语叙事建构中的妇女经验，等等。这些议题的讨论对深化"一带一路"建设、加强沿线国家妇女发展的研究起到了重要的助推作用。

与 2011~2015 年相比，这五年的相关研究和学术活动进展明显。首先，从研究领域来看，优势学科发展更为明显。如在外国文学领域，越来越多的学者依托各类项目资助，继续引领和推动这一领域的发展，包括博士研究生和硕士研究生在内的年轻学者不断拓展学科边界，将国外最新的研究成果引入国内；传统研究领域进一步深化和拓展，在原有基础上增加了新视角，释放出新内涵，展示出可喜的学术传承。其次，从研究内容来看，这五年的学术热点非常突出，研究选题出现了新焦点，实现了新突破，如性别与空间研究、新媒体与性别研究、非英美国家及少数族裔研究等，还有将性别视角纳入长久以来较为缺乏性别意识的研究领域，如性别与金融研究，关注金融危机之后最新的女性主义经济学研究提出的"家庭金融化"和"金融过度包容"等概念，为重新理解金融领域和再生产领域的连接方式、开展金融危机起源分析、了解阶级分层和贫富差距问题提供了方向（〔日〕足立真理子著、李亚姣译，2019），这些高质量的研究成果，展现出更为扎实的经验感和理论感。

二 主要研究内容

（一）国外女性/性别理论及运动研究

2016~2020 年，国外女性主义理论的研究发展迅速，论著质量显著提高，理论和方法愈加多元，其中既包括思想史研究，一些女性主义思想家的理论得到持续关注，研究视角不断更新，也包括国外各地女性主义理论与实践研究，尤其是一些非英美国家和少数族裔国家的研究逐渐兴起。

1. 对女性主义理论家思想的研究

这五年对朱迪斯·巴特勒（Judith Butler）的研究保持热度，表现在两个方面：一是数量丰富，论文和专著共计50多项；二是生命政治和伦理研究成为这一时期的新视角。王楠（2016）的论文《"非－人"的伦理难题：巴特勒与卡夫卡》，着重论述巴特勒重构卡夫卡笔下"非－人"的生命权力诉求和政治伦理意义；王垚和郑召利（2020）的论文《从性别操演到可行性生活：对朱迪斯·巴特勒生命政治的一种探索》从生命政治视角研究巴特勒创意性地将操演理论和操演语言移至国家关系及政治秩序领域；王垚（2020）的论文《重返"物质"：朱迪斯·巴特勒的女性身体问题》，重返"物质"概念本身，指出巴特勒对身体物质性形构进行系谱学批判，超越了生理性别和社会性别的二元对立。郭乙瑶（2017）的专著《诗与思的对话——西苏和巴特勒的理论比较研究》对西苏和巴特勒在"身体""语言""性别差异"三个维度的异同进行理论梳理与论证，将女性安置在不断变化的过程中探讨哲学意义上识别女性性征和思考女性身份的路径。

另外，西蒙娜·德·波伏娃（Simone de Beauvoir，也译作波伏瓦）作为女性主义理论的重要资源，依然是2016～2020年之间研究重点之一。成红舞（2016）的专著《从他者到自我：波伏瓦他者理论研究》从伦理、政治和身体三方面深入剖析了波伏瓦他者理论，提出波伏瓦所主张的他者与自我是相互性关系的观念可以看作跨文化研究的基本原则，体现出中国学者的思想。吕明洁（2020）的博士学位论文《波伏娃女权主义的马克思主义理论研究》将波伏娃的女权主义思想同传统的马克思主义妇女观相比，提出波伏娃丰富了马克思主义对于女性受压迫的复杂成因的分析，指出女性从他者走向主体，需要进行行为和观念上的升级。也就是说，她认为女性不仅要走出家庭参与社会生产活动，还要形成女性主体意识。可以说，时隔一百年，波伏娃的女权主义理论与马克思主义理论建立了空间对话。

此外，露西·伊丽格瑞（Luce Irigaray，也称作露西·伊丽佳蕾）在2016～2020年得到更系统的研究，代表性的成果有朱晓佳（2018）的专著《性别差异伦理学——伊丽格瑞的女性主义伦理学研究》，该书主要介绍伊丽格瑞定义的

"性别差异"概念，梳理该概念的思想来源与现实意义，介绍性别差异的语言学和政治实践，论述伊丽格瑞对其伦理学进行的构建——性别差异伦理学，阐述差异伦理学在当代伦理学中的意义和对中国女性主义哲学发展的影响。孙岩、李寅月（2017）的论文《"男权主体"的解构与"女性主体"的重塑——露西·伊丽佳蕾女性主义理论的主要价值》深入分析了伊丽佳蕾的男权主体解构与女性主体重塑的论述，并指出其对于我国的女性理论建构的借鉴意义。

2. 对西方女性主义理论进展的研究与反思

这五年中，生态女性主义、交叉性理论等西方女性主义理论继续受到关注并呈现出新的研究趋向，一些新的概念、理论和视角也开始进入研究者视野。

与2011~2015年相比，2016~2020年生态女性主义研究不再仅仅介绍分析西方生态女性主义，也不仅仅是以生态女性主义视角分析文学文本，而是呈现以下特点：对西方生态女性主义进行整体性辩证评析，结合中国生态思想，坚持中国立场，注重本土化，以及关注第三世界生态女性主义研究。韦清琦和李家銮（2019）的专著《生态女性主义》梳理了生态女性主义的来龙去脉，运用交叠性视角，结合经典案例评析和原创案例研究来展现这一理论的阐释活力，借鉴中国传统思想的整体生态女性主义批评范式，并为这一西方理论的本土化运用提供阐发策略。张妮妮、康敏、李鸽（2018）的专著《女性经验的生态隐喻——生态女性主义研究》在历史唯物主义指导下，把生态女性主义理论置于历史进程和社会发展的背景下，着重关注其对时代问题的回应，主要以类型学而非流派划分的方法阐述生态女性主义在各个领域的贡献。该书充实了生态女性主义社会批判的资料，发掘出生态女性主义社会批判中关于资本主义父权制暴力本性的论断，以及它对自然的暴力、对妇女的暴力和对第三世界的暴力之间的关联性思想，对生态女性主义研究具有推动作用。张沥元（2020）的论文《生态女性主义的多元主体联盟：理论构建与现实挑战》指出生态女性主义学者分别从马克思主义政治经济学、政治哲学和去欧洲中心主义视角出发阐述"女性－自然－原住民－少数族裔"等边缘化群体之间的密切联系，从而构建了这些主体之间联盟的理论基础，但它对运动主体多元化的过分强调、对异质性少数群体的过度关注，也在一定程度上忽视了各种社会弱势群体、底层民众之间的阶级团结，因而不利于绿色左翼所追求的绿色变革目标的切实推进。对第三世界生态女性主义进行的研究中极具代表性的有：郑湘萍（2020）的专著《范达娜·席瓦的生态女性主义思想研究》以第三世界生态女性主义重要学者范达娜·席瓦（Vandana Shiva）的生态女性主义思想为研究主题，在批判维度、实践维度中分析和把握第三世界面临的性别、环境与发展等现实问题，通过中印生态实践比较，总结了席瓦生态女性主义思想对当代中国的启示；范宗朔（2018）的论文《范达娜·席瓦及其生态观》指出，席瓦立足于其本土知识文化体系的同时，又继承了西方生态女性主义的理论框架，对全球尤其是发展中国家生态危机的根源进行了分析，对西方发达国家资本主义的发展模式展开了强烈批判。

交叉性理论起源于 20 世纪 70 年代前后的美国黑人女权主义运动，意指女性在现实生活中受到的歧视和压迫往往是由包含种族、性别、阶级等不同社会身份的影响交叠而成，而无法将其还原为其中的某个单一要素。苏熠慧（2016）、张也（2018）等系统介绍了交叉性理论的起源、流变和发展，及其对中国本土研究的启发和限制。王晴锋（2020）对国外性别研究的新动向做了介绍，认为近些年来西方学术界存在的"做性别"、"消解性别"和"再做性别"三种性别研究范式可被统称为"性别互动论"，它们都强调性别的达成、解构或重构是在情境性的社会互动过程中实现的。性别互动论的意义在于重新将性别斗争权力归还给个体，使每一次日常互动成为潜在的重要赋权机会。该理论有助于我们重新理解传统的性别阶序及其运作机制，并促成不平等的性别关系发生根本性改变。

此外，这五年国内学者有意识地从构建本土理论的角度反思西方女性主义理论或性别理论的适用性问题。张瑛（2016）对《当代美国女性主义经典理论选读》一书反映的美国女性主义思潮多元化的发展态势及其视点进行跨国、跨学科、跨领域的特征分析，提出包容"差异"对于中国女性主义批评理论的建构具有一定的启迪意义，对"差异"的认识有助于站在不同立场认识女性主义批评，继而针对本国国情建构本土话语。刘岩（2019a）提出西方女性主义同中国社会现实错位的发展是导致中国学界简单套用和盲目认同西方女性经验的重要原因之一。她援引海外汉学中的女性研究成果，为国内学者向世界讲好中国女性文化特质、梳理中国女性经验、引荐中国女性研究成果提供了实践范例。但她也强调过分标注本土经验的特殊性会遮蔽女性问题在世界范围内的共性。保留中国本土女性经验，使其参与新一轮女性主义的全球生产，介入全球女性主义知识体系的建构是未来一段时期国内女性主义理论建设的职责之一。都岚岚（2016）对女性主义、性别研究的文化前提、主要派别、理论特色及其在中国的译介与研究进行了概述，侧重分析西方女性主义思想在中国的重组和改造的可能路径，剖析女性主义、性别研究在本土化过程中的困境和出路，强调国内女性主义研究必须考虑到中国本土实际的文化语境，建构符合中国国情的女性主义和性别研究。张浩（2017b）聚焦精神分析女性主义经典议题，深入探讨精神分析女性主义批评对性别差异、身份建构和女性话语等诸多性别问题，指出女性主义批评与精神分析批评之间借鉴与批判的互动关系使得精神分析批评成为女性主义批评的重要思想资源，为国内了解西方女性主义跨学科理论实践提供了启示和研究思路。概而言之，这一阶段的国外性别研究立足于中国立场，批判性地看待西方女性主义理论和研究，以期建构符合中国国情的、服务国家发展的性别研究话语体系。

3. 非英美国家女性/性别议题研究

在全球化背景下，性别理论愈加关注国别和种族等有关身份的问题，非英美国家女性主义议题引发关注，体现多元文化对女性主义研究话语体系的扩充和丰富。

这五年中，关于印度的妇女/性别研究取得新的进展。陈义华、王伟均（2016）的《查特吉论印度民族主义叙事中的女性议题》一文对印度的殖民话语、民族主义与女性问题的关系展开深入分析，研究指出，印度民族主义者为了对抗殖民话语以印度传统社会中边缘群体包括女性的受害者地位来建构殖民统治的合法性，以物质/精神、家庭/世界、男性/女性等对文化进行了二元划分，但这种二元划分断绝了外部社会介入印度妇女问题的可能性，进一步强化了本土男性作为女性行为规范立法者的角色，实际上巩固了印度社会的父权制霸权。《妇女研究论丛》2017年第2期组织的"当代印度妇女研究热点问题"专栏刊发三篇高质量论文，分别就印度妇女遭遇性暴力（王伟均，2017）、性别政治（王晴锋，2017）以及财产权（陈义华，2017）等焦点问题展开深入剖析。

这五年国内对日本的妇女/性别研究成果也较为关注，重要著作纷纷译介到国内。《父权制与资本主义》一书是日本女性学/性别研究代表人物上野千鹤子的代表作之一，上野千鹤子在书中详细论述了"父权制"与"资本制（资本主义体制）"这两个变量之间的辩证关系，以及如何对女性造成了"性别"和"阶级"的双重压迫。具体而言，在前近代社会中，生产与再生产并未分离，而近代之后，出现了"家庭＝再生产"和"市场＝生产"的划分。女性被排挤出

"市场"这一公共领域，只能在私人领域的"家庭"中从事无酬的再生产劳动，受到了"父权制"与"资本制"的双重压榨。《日本的女性政策》（〔日〕坂东真理子著、陈爱国译，2019）一书梳理了 1945 年以来日本的女性政策与福利制度的变迁，认为在经济高速增长时期，"男主外、女主内"型福利体制逐步在日本确立，然而，在新时代该福利体制已不利于社会的可持续性发展，因此作者提倡日本完善育儿休业制度、实现多元育儿服务体系、强化家人共同承担家务和育儿的意识、设立"育儿保险"制度，以推进多元主体提供多元化的育儿服务，减轻家庭特别是女性的育儿负担。

此外，东欧、加勒比地区等以往被研究较少的地区也开始得到关注。《视线向东：接纳东欧女性主义》（汪琦著，陈密译、闵冬潮校，2016）一文通过梳理东欧后社会主义转型，特别是性别关系和性别话语的变化，描述了东欧如何与西方女性主义相遇，以及后者对该地区女性主义的发展所产生的影响，然后从四个方面勾画东欧女性主义的基本原则，以此阐明东欧女性主义的立场及其如何对西方女性主义霸权构成强大的挑战，并探讨东欧女性主义如何能在中国女性主义的发展方面具有更大的、超出当下的启发借鉴价值。加勒比地区漫长的殖民历史、奴隶历史与父权社会体系等因素成为孕育加勒比女性话语力量的沃土，关于加勒比女性议题的研究也引起国内关注。如张雪峰（2016、2018）对加勒比女性作家作品中的母女关系、反成长式成长叙述的研究，对认识加勒比社会历史文化语境下的女性历史记忆与生存境遇有推动作用。

（二）国外性别社会学研究

1. 性别与劳动研究

这一领域可以说是该阶段国外性别社会学研究中最为丰富和活跃的领域之一。研究者看似从不同切入点分析以女性为主体的各种劳动形态，但在这些看似分散的议题背后，却有着一以贯之的现实关怀和唯物主义立场。

这些研究中，既有基于特定劳动形态的研究，如主要由女性家庭成员承担的无酬的家务劳动（苏熠慧，2019）和基于家务劳动外包基础之上形成的家政工作（钱俊月，2020），也有基于作为某一类抽象概念的劳动类型的研究，如照料劳动（南希·福布尔、宋月萍，2020；肖索未、简逸伦，2020；吴心越，2019）、情感劳动（戴雪红，2020；苏熠慧，2018）、审美劳动（苏熠慧，2018）等。

上述对主要由女性从事抑或与性别不平等密切相关的劳动形式和概念的具体分析是至关重要的，因其帮助我们意识到那些容易被传统工作分析所忽视的"劳动"及其背后所隐藏的"性别"价值和意涵。但仅有对劳动类型的划分和某个单一视角的分析的研究是不足的，因其容易遮蔽这些"性别化的劳动"与更加宏大的社会结构与历史变迁之间的重要关联。就此而言，从全球经济链的视角来审视和反思妇女和劳动之间整体性关系的变迁（陈雪，2018；宋建丽，2016），以及人类社会"生产和再生产之间"的性别关系分工（董一格，2017）就显得尤为重要和不可替代。这一研究领域也蕴含着重要的理论和实践发展前景。

2. 反对针对妇女的暴力研究

深受不平等的父权制社会文化传统和政治宗教冲突的影响，印度女性遭受暴力侵害和强奸问题已成为全球关注的焦点议题。王伟均（2017）以1972年马图拉强奸案和2012年的达米尼强奸案（德里公交集体强奸案）为重要历史分割点，探讨了印度社会强奸案件的长期存在、引发的社会运动和抗争及其治理困境和原因，呼吁国际社会的广泛关注和系统应对。传统印度社会创造了一整套关于荣誉与耻辱的伦理规范，用以压制和规训女性的身体、性态和道德。这导致女性在历次社会矛盾和冲突中往往承担着比男性更甚的绝望、恐怖和暴力（王晴锋，2017）。以1947年印巴分治导致的暴力冲突为例，女性经历了惨不忍睹的身体和精神上的多重野蛮暴力，并由此导致了大量妇女集体自杀现象的出现，其中既有女性自愿地集体殉身，也有被男性亲属强迫的集体殉节。而这些惨烈现象的背后，进一步凸显了性别、宗教和民族－国家话语对印度女性的集体控制与规训（王伟均，2019）。

除了上述针对妇女的极端暴力研究，吴小沔（2020）的研究也关注西方学术界关于伴侣间胁迫控制的相关研究，及其对中国现实议题的价值和意义。胁迫控制是指亲密关系中的一方，通过辱骂、恐吓、孤立、身体/性暴力、威胁、跟踪、监视等方式，实现对另一方长期、有计划的支配和控制。与直接的暴力伤害相比，胁迫控制更多的是对伴侣精神、自由和尊严上的侵害和折磨。这种精神操纵和控制维度的提出，对丰富和推动亲密伴侣间基于性别权力关系的暴力研究具有积极意义。郭夏娟、郑熹（2017a，2017b）等学者对联合国和欧美发达国家的相关研究揭示了作为社会公共议题的反家庭暴力政策的发展历程、影响因素及其对中国社会的启发和借鉴。

3. 性别福利和家庭政策研究

伴随着人口结构转变和生育政策调整，以及经济发展模式和传统性别角色分工模式的转变，越来越多的国家开始意识到性别福利和家庭政策对人口长期均衡发展的重要价值和意义（刘笑言，2016；章立明，2016）。研究者通过对经济合作与发展组织国家（OECD）和日韩等国家福利制度和家庭政策的比较研究，发现由于社会文化、家庭结构和政治体制的差别，不同国家提出了公共政策分担照料劳动、男性参与家庭建设、为母职赋权、推动工作－生活平衡的支持环境等不同的家庭政策模式，并对国家的生育率产生了不同影响（金舒衡，2018；吴帆，2016；马春华，2016、2020；沈洁，2019；蒙克，2016；赵宏瑞、李思然，2018）。也有研究者指出，没有哪一种家庭政策是放之四海而皆准的，每一种福利制度的背后都存在其自身的困境和问题，中国社会同样需要基于自身的社会文化传统、家庭伦理观念和社会协作模式，建立起适合本国国情的性别福利和家庭政策体系（潘锦棠、许晓丽，2020；刘云香，2017；岳经纶、方萍，2017）。

（三）女性主义地理学研究

与上个五年相比，这五年中女性主义地理学研究得到了更多关注，产出了一系列令人耳目一新的成果。多琳·马西（Doreen Massey）是英国开放大学的女性主义地理学教授、女性主义空间政治理论学者，她的《空间、地方与性别》中译本 2018 年在国内翻译出版。该书围绕空间、地方和性别三个方面展开，追溯了有关空间和地方的社会本质观点的形成及发展过程，讨论了两者与性别的关系，探讨了女性主义对这些话题的独特认识。《妇女研究论丛》2019 年第 6 期的"女性、地图与流动空间"专题刊发的两篇论文，分别从女性与地图、女性与沙龙的角度探讨了女性与空间的关系。侯杰（2019）的《地图与女性：美国进步时代女性的批判性制图实践及其社会功用》一文提出，美国进步时代期间，女性在参与选举权运动、社会安置中心建设、公路基础设施建设和宗教传播等社会活动时，绘制了妇女选举权地图、社区专题地图、公路交通地图和操演地图，不仅生产和传播了地理知识，而且进一步跨越了传统性别空间的界限划分，重塑了女性身份。刘英（2019）则认为，20 世纪早期美国女作家将城市私宅打造成集家庭空间、社交空间与文化空间于一体的沙龙空间，沙龙的女性专场促进了女性作家的群体认同，增强了凝聚力，释放了创造潜力，以沙龙带动了等级的流动、文化的流动、思想的流动、资本的流动和学科的流动，打出了女性主导现代主义文化生产的旗帜。刘英、孙鲁瑶（2016）的《女性与汽车：美国女性旅行叙事中的性别空间与流动性》一文立足美国文学文本，探讨汽车这一现代工业产品与性别空间的关系，认为汽车实现了身体与技术的交融、自主与流动的一体，创造了流动的私人空间，为女性跨越传统性别空间划分提供了可能。关于女性与城市公共文化空间的关系，李立新（2019）的研究提出，在英国现代化进程中，大英博物馆圆形阅览室为局限于家庭空间的女性提供了步入公共场域的契机，推动了女性知识生产和实践的进程，拓展了女性参与帝国文化构建的广度和深度。此外，一些性别与空间研究中的新的理论的使用也得到关注，如朱骅（2016、2017）提出，"离散"是全球化时代的重要理论，既指对历史上以犹太人为代表的被迫在故土之外寻求生存的散居族群以及相关的社会/人类学研究，也指在对这些散居族群研究基础上形成的以强调杂糅文化身份和超越逻辑为特点的文化理论体系。离散论极大地拓展了妇女研究的领域、史料来源和方法论，离散视角下的文本分析演示了新兴的跨国女性研究的方法与理路。

（四）文学、文化、媒介与性别研究

这五年，国外女性文学领域研究成果十分丰富，甚至在整个国外女性/性别研究中占据非常大的比例，与上一个五年相比，在对各国女性作家文学作品分析方面，并无太多新意与突破，较之以往呈现出明显进步的方向主要有三个：少数族裔女性主义研究、男性气质/气概研究以及媒介与性别研究。

蔺玉清（2016）分析美国当代重要非裔作家伊什梅尔·里德（Ishmael Reed）在访谈录中谈到的多元文化主义，里德在采访中指出黑人与亚裔、拉丁裔作家之间的互相影响，反思了他与白人女性主义者的交锋，认为女性运动在实践领域中并不成功，强调了政治意识形态对文学创作和文学批评的影响。张跃军（2019）探讨当代华裔美国诗人陈美玲诗歌中的女性主义，认为陈美玲诗歌中"温和的女性主义"有别于美国当代诗人和理论家阿德里安·里奇（Adrienne Rich）的激进立场，弘扬温柔敦厚的中华传统女性美德。其笔下的华人女性恪守传统，以中华文化实现对于美国同化的制衡，丰富了美国性的内涵，有助于强化美国社会与文化的多元性，同时针对激进的女性主义提供了来自中国的借鉴。周怡（2017）探讨了美国印度裔作家巴拉蒂·穆克吉（Bharati Mukherjee）对于女性独立、移民生存、文化冲突、身份认同、种族关系等问题的关切，指出穆克吉写作的三个关键词（女性、流散、后殖民），与其自我身份定位从流亡侨居作家到移民定居作家的转变路径密不可分，具有强烈的文化翻译意图。重审穆克吉的艺术成就能够对女性作家研究、流散作家研究与后殖民作家研究起到很好的补充作用。这些研究成果反映了全球化女性主义运动对多元文化主义的发掘探索，补充丰富了女性主义研究话语体系。

与2011～2015年相比，2016～2020年"男性"研究成果不仅数量大幅增加，而且在主题方面转向男性气质、男性气概和男性形象研究，且更广泛地分布在文学、文化、戏剧电影与电视艺术等领域。男性气质研究方面的代表性学者隋红升基于其多年的积累，于2016～2020年接连出版三部著作：2017年出版的《非裔美国文学中的男性气概研究》以反思现代男性气质和重构当代理想男性气概为线索，通过细致的文本研读，系统梳理了非裔美国文学对男性特质的认知和建构状况；2019年出版的《跨学科视野下的男性气质研究》在多学科视野下勾勒出较为完整的男性气质认知图景；2020年出版的《男性气质》以跨学科的视角从社会文化、心理与生理、经济与政治等方面对男性气质的诸多要素进行了深入剖析。另外，鞠薇（2017）的专著《孤独的困兽——当代英国电影中男性形象的建构（1959～2014）》梳理了英国电影中男性形象特征及变迁，探讨了男性形象的建构和变化背后的文化根源和社会根源，同时对当代英国的社会和文化进行了深入而全面的考察，剖析了英国电影如何在好莱坞电影的强势挤压和全球化的包围下，确立了鲜明的英国文化特质和艺术风格，塑造了具有典型性的英国男性银幕形象。刘岩（2019b）的专著《性别》以文学文本中的男性气质为例，对文本中男性气质的生成与演变，以及由男性气质映射的性别权力关系展开论证。高静（2020）的论文《挣脱扁平桎梏的男性描摹——透视门罗〈亲爱的生活〉的两性关怀》通过对爱丽丝·门罗（Alice Munro）的作品《亲爱的生活》中男性形象进行透析，揭示出门罗使男性摆脱了单一传统的父权印象，成为丰富多样、血肉充盈、魂灵毕现的立体人物，从而表达了试图寻求两性共生共存、和谐共处的女性诉求与愿景。韩海琴（2017）的博士学位论文《男性气质·女性气质·男女间性——马丁·艾米斯小说性属主题研究》分析了英国当代作家马丁·艾米斯（Martin Amis）的小说对男性气质和女性气质的书写，探讨马丁·艾米斯如何建构男女间性的性属理想。陈兵（2018）的书评《评马莱特的〈维多利亚小说与男性气质）》对《维多利亚小说与男性气质》论文集进行了全面评介。该书评指出，《维多利亚小说与男性气质》基于建构主义性别身份理论，结合英国维多利亚时代的社会文化语境以及作家的创作生涯，聚焦英国维多利亚时代不同时期各类小说中的男性人物塑造，深入探讨了英国维多利亚时代不同类型男性气质及其与阶级、种族、性别、美学形式等因素之间的关联，对男性气质研究具有一定贡献。何瀚林、蔡晓梅和苏晓波（2016）的论文《国外人文地理学男性气质研究回顾与启示》对男性气质、乡村与城市男性气质等内容进行了深入的分析与探讨，并将男性气质的理论发展到了城市地理学、经济地理学、人口地理学等分支学科中，探索了不同男性身份政治形成的空间与环境，并尝试建构男性气质地理学，为中国人文地理学中男性气质的研究提供启示。

这五年对影视剧中男性形象的时代变化的研究有所增加，基于影视剧中男性类型的对比研究，探讨身份流变的社会变迁。影视剧中男性形象展示多元文化价值观念，一定程度上反映了男性气质适应和服务于社会对男性气质的需求，其本质是作为被消费的视觉形象和符号意义而出现在影视屏幕上。例如，徐辉（2017）指出"白马王子""霸道总裁""超能力男神""病态精英"是韩国热播剧中男性气质的四个发展阶段。被媒介建构的理想化男性，实则展现了软化和柔和的父权制：暴力美学意义的男性角色，不仅没有打破固有的性别认知，反而助长了男性占主导的传统文化心理。郝璇（2015）从女性视域入手，反思了男性作为审美客体成为新神话的虚无性。新型男性形象的塑造，只是一种迎合女性心理投射的文化产业；男性俊美的外形成为被消费的奇观，身体成为女性释放力比多的异化客体；男色时代标志着男性身体进一步的物化，进而提出建立新型和谐的两性关系仍需要双方共同努力。

当前，移动互联网的高速发展和数字技术的不断更迭使人们越来越依赖媒体平台，影响着人们对于世界和自我的认识，新媒体时代背景下的女性问题成为当前性别研究的重点关注话题之一。这一时期涌现出一些新兴领域的女性主义研究成果，如互联网女性主义（江涛，2020）、网络直播场域中的性别权力博弈（王蕾、贡宏云，2017）。学者从国外性别传播研究、国外媒体中的中国女性形象、广告中的女性形象建构、网络直播场域中的性别权力等多种角度出发开展新媒体背景下的性别研究。

李文健、赵塱、韩诚（2019）对近十年来的国外性别传播研究进行梳理综述，发现国外性别传播研究在研究领域的多样性和交叉性、研究方法的科学性和规范性、研究目标的现实性和指导性等方面表现突出，并且保持了一定的规模。从研究视角看，国外性别传播研究得到不同学科的支持，从不同视角开展了多维研究，也为中国性别传播研究提供了开阔的视野和丰富的可借鉴成果，他指出在数字化发展的新时代，随着性别传播研究在学科化方面的不断发展和成熟，以及不同国家、民族语境下女性主义的跨国对话的增进，性别传播研究在学术领域的重要性会进一步增强。李立新（2020）关注社会性别视角下美国媒体中的中国女性形象，强调研究国外媒体如何再现中国女性、呈现怎样的中国女性形象的必要性，并选取具有代表性的美国媒体《华盛顿邮报》，对其关于中国女性的报道进行内容和文本分析。研究发现，该报对中国女性的报道表现出数量少、偏负面、边缘化、充满刻板印象等特点。李娜和张琦（2017）聚焦广告中性别角色的动态建构，以美国著名早餐品牌 Cheerios 不同时代的电视广告为研究对象，从多模态语篇分析的角度，考察其在不同年代所反映出的性别形象变化，发现性别形象是一个动态的主体，在广告话语中被建构，其对性别形象的建构通过强化社会固有的刻板印象，影响着人们的思维方式和交际模式，在一定程度上启发和引导社会的观念，因此我们仍然不能忽视隐约存在于媒体信息中的性别不平等现象。总之，当今时代，媒介已经渗透于社会生活的方方面面，媒介在传播信息的同时，也在解构和重塑着各种价值观，改变着人们的认知途径和方式。传媒文本中的女性形象刻画将潜移默化地影响女性身份的建构，因此新媒体时代背景下的女性主义是当前性别研究不可忽视且有待进一步探索的重要论题。

三　研究不足和展望

总体而言，2016~2020 年，国外女性/性别研究成果数量有所增长，成果质量有所提高。中国学者虽然在资料梳理、传统议题论述深度、女性跨文化新媒体和全球化女性理论方面有所突破，但批判和反思性研究成果并不多见。就已有研究成果而言，前沿性和开拓性成果尚显不足，也未形成国外女性理论的中国话语批评体系。

一是从研究出发点来看，目前的国外研究仍然是以介绍和引入某一学派或经验为主，对如何总结中国现代化独特发展方式，特别是如何将中国经验作为一种独特的发展模式，纳入全球人类社会发展的比较框架之中，仍显不足。例如，新世纪随着性别差异的本质主义观点和它所建立的权力结构越来越被大众接受和承认，它在许多学科中引发了大规模的认识转变，打破了由生理和性别差异决定的社会角色、表现形式和价值观，性别的生命政治的趋向日渐成熟。性别在不同语言环境中的差异性内涵和文化指涉必将指向普遍意义上的生命关怀。国内针对这方面的研究成果不足，未能从理论上跟踪当下性别理论的最新成果，也未能为国内建构中国式本土化性别理论提供有价值的国际理论指导和实践样本。

二是从问题意识上看，现有国外性别理论研究的问题意识不是建立在对国内的思考上，而是就国外理论谈理论，就国外批评实践谈实践，这使得近五年国外女性研究成果深度不够。例如，学界对于第三波国际妇女解放运动进程与妇女发展中出现的问题，妇女与世界、妇女与国家、阶级与性别、妇女与历史、妇女与媒介间的矛盾对立的问题意识和关注程度不够。

三是从研究国别来看，对欧美等发达国家研究较多，对亚非拉发展中国家研究不够。共建"一带一路"国家的妇女交流和对话的史料文献整理类研究成果不多。

四是从研究方法看，以文献综述类评述研究为主，译介占相当一部分。国外系统而全面的理论探讨、文本和文献资料分析、田野调查和实证研究的成果不多。

国内学者应着眼新议题，聚焦新议题，进行创新性实践。其一，应突破既有局限，进行跨文化、跨国家、全球化视野下的性别研究。应加强女性哲学的主体身份、女性意识研究，挖掘社会文化日常生活中的性别意蕴，探讨新媒体文化与女性身份、社会情感与生活空间之间的关系等。其二，加强关注共建"一带一路"国家以及非主流英语国家的性别理论和妇女发展实践和经验，不断拓宽研究视野，构建多学科学术共同体，促进妇女/性别研究话语体系。其三，推动学术成果转化。妇女/性别研究应该立足国情，基于中国的现实问题，从国外的女性理论中汲取营养，为构建中国式现代化女性批评实践提供参考理论和实践经验。引介国际上优秀的民族关怀与国之大者的学术成果，做好有中国特色的妇女/性别研究。

未来五年，学界应提升中国妇女和性别理论研究的国际影响力，提高国际学术话语权，让世界了解中国妇女发展和妇女运动规律，为世界提供中国特色社会主义妇女研究的学科体系、学术体系和话语体系建设中的中国经验。未来国内学者要把握好新时代中国特色社会主义妇女发展的新特点、新需求和新问题，通过扎实的理论研究推动妇女工作的创新，助力中国性别平等事业的向好发展，努力为全球妇女事业的发展与人类命运共同体的构建贡献中国智慧与中国方案。

参考文献

1. 〔日〕坂东真理子（2019）：《日本的女性政策》，陈爱国译，上海交通大学出版社。
2. 陈兵（2018）：《评马莱特的〈维多利亚小说与男性气质〉》，《外国文学》第 5 期。
3. 陈雪（2018）：《全球照护链视野下的澜湄区域妇女流动》，《湖北民族学院学报》第 3 期。
4. 陈义华（2017）：《当代印度妇女财产权法规考察——从殖民时期到后殖民时期的历时演进》，《妇女研究论丛》第 2 期。
5. 陈义华、王伟均（2016）：《查特吉论印度民族主义叙事中的女性议题》，《妇女研究论丛》第 3 期。
6. 成红舞（2016）：《从他者到自我：波伏瓦他者理论研究》，中国社会科学出版社。
7. 戴雪红（2020）：《哈特与内格里"情感劳动"概念的女性主义解读》，《马克思主义与现实》第 2 期。
8. 董一格（2017）：《新视角、新材料：前沿马克思主义女权理论视角下的社会主义中国研究》，《妇女研究论丛》第 5 期。
9. 都岚岚（2016）：《朱迪斯·巴特勒的后结构女性主义与伦理思想》，外语教学与研究出版社。
10. 〔英〕多琳·马西（2018）：《空间、地方与性别》，毛彩凤、袁久红、丁乙译，首都师范大学出版社。
11. 范宗朔（2018）：《范达娜·席瓦及其生态观》，《文化学刊》第 7 期。
12. 高静（2020）：《挣脱扁平桎梏的男性描摹——透视门罗〈亲爱的生活〉的两性关怀》，《河南大学学报（社会科学版）》第 2 期。
13. 龚婉祺、郭沁、蒋莉（2018）：《中国单身女性的困境：多元交叉的社会压力和歧视》，《浙江大学学报》第 2 期。
14. 郭夏娟、郑熹（2017a）：《国外反家庭暴力政策框架变迁及其对我国的启示》，《浙江大学学报》第 2 期。
15. 郭夏娟、郑熹（2017b）：《性别平权发展与反家庭暴力政策框架变迁：联合国经验的启示》，《国外社会科学》第 4 期。

16. 郭乙瑶（2017）：《诗与思的对话——西苏和巴特勒的理论比较研究》，中国人民大学出版社。

17. 韩海琴（2017）：《男性气质·女性气质·男女间性——马丁·艾米斯小说性属主题研究》，博士学位论文，上海外国语大学。

18. 郝璇（2015）：《女性视阈下的韩国青春偶像剧中的男性形象研究》，硕士学位论文，南京艺术学院。

19. 何瀚林、蔡晓梅、苏晓波（2016）：《国外人文地理学男性气质研究回顾与启示》，《地理科学进展》第3期。

20. 侯杰（2019）：《地图与女性：美国进步时代女性的批判性制图实践及其社会功用》，《妇女研究论丛》第6期。

21. 江涛（2020）：《"网络女性主义"创作的价值商榷》，《文艺争鸣》第11期。

22. 金舒衡（2018）：《社会福利和母职赋权——基于OECD国家的福利模式分类研究》，《社会保障评论》第3期。

23. 鞠薇（2017）：《孤独的困兽——当代英国电影中男性形象的建构（1959~2014）》，同济大学出版社。

24. 李立新（2019）：《社会性别视角下美国媒体中的中国女性形象》，《中华女子学院学报》第5期。

25. 李立新（2020）：《"第二起居室"：英国知识女性文化实践的异质空间》，《妇女研究论丛》第6期。

26. 李娜、张琦（2017）：《广告性别角色的动态建构》，《中华女子学院学报》第1期。

27. 李文健、赵墨、韩诚（2019）：《近十年来国外性别传播研究综述》，《中华女子学院学报》第2期。

28. 蔺玉清（2016）：《多元文化主义的写作政治——伊什梅尔·里德访谈录》，《外国文学动态研究》第1期。

29. 刘英（2019）：《女性与沙龙：现代主义文化生产与流动空间》，《妇女研究论丛》第6期。

30. 刘英、孙鲁瑶（2016）：《女性与汽车：美国女性旅行叙事中的性别空间与流动性》，《妇女研究论丛》第2期。

31. 刘笑言（2016）：《找回家庭：重构现代国家建设的社会基础》，《上海大学学报》第6期。

32. 刘岩（2019a）：《从差异中寻求自己的立场——〈当代美国女性主义经典理论选读〉述评》，《英美文学研究论丛》第1期。

33. 刘岩（2019b）：《性别》，外语教学与研究出版社。

34. 刘云香（2017）：《性别福利体制的研究述评》，《公共行政评论》第3期。

35. 吕明洁（2020）：《波伏娃女权主义的马克思主义理论研究》，博士学位论文，吉林大学。

36. 马春华（2016）：《瑞典和法国家庭政策的启示》，《妇女研究论丛》第2期。

37. 马春华（2020）：《儿童照顾政策模式的形塑：性别和福利国家体制》，《妇女研究论丛》第 5 期。

38. 蒙克（2017）：《"就业‑生育"关系转变和双薪型家庭政策的兴起——从发达国家经验看我国"二孩"时代家庭政策》，《社会学研究》第 5 期。

39. 南希·福布尔（Nancy Folbre）（2020）：《照料经济的特征、价值与挑战：基于性别视角的审视》，宋月萍译，《妇女研究论丛》第 5 期。

40. 潘锦棠、许晓丽（2020）：《国际比较视野下的公共家庭政策与两性就业平等关系——基于"福利国家悖论"现象的考察》，《河南师范大学学报》第 6 期。

41. 钱俊月（2020）：《家政工作的非标准雇佣关系及其非正规性——基于英文文献的回顾》，《妇女研究论丛》第 4 期。

42. 〔日〕上野千鹤子（2020）：《父权制与资本主义》，邹韵、薛梅译，浙江大学出版社。

43. 沈洁（2019）：《日本性别政策演进分析——从"男性养家"迈向工作与生活平衡》，《妇女研究论丛》第 6 期。

44. 宋建丽（2016）：《全球资本主义与劳动分工：历史唯物主义的性别维度》，《马克思主义研究》第 4 期。

45. 苏虹蕾（2016）：《她们的声音：美国黑人女性文学研究》，吉林文史出版社。

46. 苏熠慧（2016）：《"交叉性"流派的观点、方法及其对中国性别社会学的启发》，《社会学研究》第 4 期。

47. 苏熠慧（2018）：《从情感劳动到审美劳动：西方性别劳动分工研究的新转向》，《妇女研究论丛》第 6 期。

48. 苏熠慧（2019）：《重构家务劳动分析的可能路径——对 20 世纪 70 年代社会主义女性主义有关家务劳动讨论的反思》，《妇女研究论丛》第 6 期。

49. 隋红升（2017）：《非裔美国文学中的男性气概研究》，浙江大学出版社。

50. 隋红升（2019）：《跨学科视野下的男性气质研究》，浙江大学出版社。

51. 隋红升（2020）：《男性气质》，外语教学与研究出版社。

52. 孙岩、李寅月（2017）：《"男权主体"的解构与"女性主体"的重塑——露西·伊丽佳蕾女性主义理论的主要价值》，《求是学刊》第 4 期。

53. 谭渊（2017）：《德国文学中的中国女性形象》，武汉大学出版社。

54. 汪琦（2016）：《视线向东：接纳东欧女性主义》，陈密译，闵冬潮校，《妇女研究论丛》第 1 期。

55. 王蕾、贡宏云（2017）：《围观女主播：网络直播场域中的权力博弈》，《中华女子学院学报》第 5 期。

56. 王楠（2016）：《"非‑人"的伦理难题：巴特勒与卡夫卡》，《国外文学》第 4 期。

57. 王晴锋（2017）：《纳萨尔运动中的女性：反叛的行动与压制的身体》，《妇女研究论丛》第 2 期。

58. 王晴锋（2020）：《性别互动论：基于"做性别"视角的探讨》，《妇女研究论丛》第 1 期。

59. 王伟均（2017）：《难解的痼疾——当代印度妇女遭受强奸侵害问题研究》，《妇女研究论丛》第 2 期。

60. 王伟均（2019）：《暴乱、"荣誉"与死亡+印巴分治暴力冲突中的妇女集体殉身现象研究》，《妇女研究论丛》第 2 期。

61. 王垚、郑召利（2020）：《从性别操演到可行性生活：对朱迪斯·巴特勒生命政治的一种探索》，《宁夏社会科学》第 3 期。

62. 王垚（2020）：《重返"物质"：朱迪斯·巴特勒的女性身体问题》，《理论界》第 8 期。

63. 韦清琦、李家銮（2019）：《生态女性主义》，外语教学与研究出版社。

64. 吴帆（2016）：《欧洲家庭政策与生育率变化——兼论中国低生育率陷阱的风险》，《社会学研究》第 1 期。

65. 吴小沔（2020）：《关注亲密伴侣间的权力：胁迫控制研究述评》，《妇女研究论丛》第 6 期。

66. 吴心越（2019）：《市场化的照顾工作：性别、阶层与亲密关系劳动》，《社会学评论》第 1 期。

67. 肖索未、简逸伦（2020）：《照料劳动与社会不平等：女性主义研究及其启示》，《妇女研究论丛》第 5 期。

68. 徐辉（2017）：《韩国偶像剧男性气质研究》，硕士学位论文，山东大学。

69. 岳经纶、方萍（2017）：《照顾研究的发展及其主题：一项文献综述》，《社会政策研究》第 4 期。

70. 曾亚英（2020）：《近代早期英国社会中的单身妇女研究》，中国社会科学出版社。

71. 张皓（2017a）：《日本"草食男"研究》，吉林大学出版社。

72. 张浩（2017b）：《论精神分析女性主义批评的三重维度》，《文学理论前沿》第 2 期。

73. 张沥元（2020）：《生态女性主义的多元主体联盟：理论构建与现实挑战》，《四川大学学报（哲学社会科学版）》第 3 期。

74. 张妮妮、康敏、李鸽（2018）：《女性经验的生态隐喻——生态女性主义研究》，北京大学出版社。

75. 张雪峰（2016）：《爱恨交织的母女关系叙述——加勒比历史文化语境中的母亲话语》，《妇女研究论丛》第 6 期。

76. 张雪峰（2018）：《加勒比女性的反成长式成长叙述》，《妇女研究论丛》第 1 期。

77. 张也（2018）：《女性主义交叉性理论及其在中国的适用性》，《国外理论动态》第 7 期。

78. 张瑛（2016）：《从差异中寻求自己的立场——〈当代美国女性主义经典理论选读〉述评》，《妇女研究论丛》第 2 期。

79. 张跃军（2019）：《"温和的女性主义"：华裔美国诗人陈美玲的中国传统女性观》，《外语研究》第 3 期。

80. 章立明（2016）：《西方女性主义社会福利思想述评》，《学术论坛》第 2 期。

81. 赵宏瑞、李思然（2018）:《瑞典的"性别中立"理念与性别平等家庭政策》,《社会科学战线》第 8 期。

82. 郑湘萍（2020）:《范达娜·席瓦的生态女性主义思想研究》,人民出版社。

83. 周怡（2017）:《女性、流散与后殖民——写在美国印度裔作家巴拉蒂·穆克吉去世之际》,《外国文学动态研究》第 5 期。

84. 朱骅（2016）:《离散论视角下来华女传教士的天路历程——基于〈异邦客〉的文本研究》,《妇女研究论丛》第 3 期。

85. 朱骅（2017）:《何巴特"公司伴妻"书写与女性帝国离散者的话语困境》,《妇女研究论丛》第 1 期。

86. 朱晓佳（2018）:《性别差异伦理学——伊丽格瑞的女性主义伦理学研究》,中国社会科学出版社。

87.〔日〕足立真理子（2019）:《女性主义经济学最前沿——"金融化与社会性别"的方法论考察》,李亚姣译,《妇女研究论丛》第 4 期。

学科建设研究综述

女性学学科发展研究综述（2016~2020年）

魏开琼　李卓涵*

2016年5月，习近平总书记在哲学社会科学工作座谈会上发表重要讲话，指出"着力构建中国特色哲学社会科学，在指导思想、学科体系、学术体系、话语体系等方面充分体现中国特色、中国风格、中国气派"（新华网，2016）。习近平总书记特别指出："坚持以马克思主义为指导，是当代中国哲学社会科学区别于其他哲学社会科学的根本标志，必须旗帜鲜明加以坚持。"（新华网，2016）2018年8月，习近平总书记在出席全国宣传思想工作会议时再次强调坚持马克思主义在我国哲学社会科学领域的指导地位。2020年8月24日，习近平总书记在经济社会领域专家座谈会上指出，社会科学研究要"使理论和政策创新符合中国实际、具有中国特色"（人民网，2020）。习近平总书记的系列重要讲话为2016~2020年女性学学科建设指出了更加明确的发展方向。本综述首先从整体上呈现这五年女性学学科建设的概貌，进而探讨马克思主义妇女理论与女性学学科建设的关系；同时延续此前女性学学科建设研究主题，呈现2016~2020年研究者在理解学科建设问题上的深化与实践推进。

一　2016~2020年女性学学科建设的概貌

女性学学科建设需要制度环境的支持，其建设的程度反映本学科知识体系建设的样貌。过去五年间，女性学学科知识交流的平台与渠道越来越丰富，平台的

---

* 作者简介：魏开琼，女，中华女子学院女性学系教授；李卓涵，女，中华女子学院女性学系硕士研究生。

定位与传播者的偏好促成知识分工的进一步精细化，传播者把关人的角色保证了学科知识的质量，多元的传播机制增加了信息传播的广度。

（一）女性学学科建设具备良好的意识引领和制度环境

这五年，习近平总书记在不同场合做出的关于妇女发展、家庭建设、妇联工作、全球妇女交流等事关妇女事业的重要论述，以及在哲学社会科学工作座谈会上的讲话，为这一时期女性学学科建设提供了良好的思想引领，创造了制度环境，指明了学科建设的方向。围绕妇女与妇女发展的论述，成为女性学学科建构知识体系的重要参考内容。

此外，《中国妇女发展纲要（2011—2020年）》在其实施情况终期评估报告中指出，性别平等原则和理念逐步融入学校教学和科研中。在高等教育中，很多高校开设了女性学专门课程。此外，中华女子学院和山东女子学院的女性学本科专业获批2019年度省级一流专业建设点①，四川大学、湖南师范大学等高校的女性学相关课程获批国家级一流本科课程，在线开放课程平台上开设的"女性领导力"等课程，也向社会开放学习。

（二）马克思主义理论的指导地位在学科建设中得到加强

2016～2020年，女性学学科发展进一步明确了马克思主义理论在学科、理论与话语三大体系建构中的作用，并呈现出以下特点：一是强化了马克思主义理论对女性学学科发展的指导地位，研究者着力探索建设中国特色社会主义妇女理论体系及中国特色女性学学科体系；二是在学科建设的内容上较上一个五年有进一步拓展和深化，在对女性学学科建设的现状及困境讨论的基础上，提出了具有价值的建议；三是在专业建设上强化了马克思主义妇女理论的指导地位。以中华女子学院人才培养为例，开设全校公共必修课"马克思主义妇女理论"，更好地培养新时代的社会主义接班人。

（三）传播或获取女性学知识的渠道丰富

以往妇女研究的知识成果，多通过传统媒体，如专业的妇女研究期刊或是

---

① 中华女子学院女性学专业获批2021年度国家级一流专业建设点，湖南女子学院女性学专业获批2021年度省级一流专业建设点。

综合期刊的专栏来进行传播，这五年，新媒体的发展极大拓展了女性学学科建设的传播范围。建设一个专业的微信公众号，并不具备太多的技术壁垒，公众号负责团队的专业性确保了公众号平台推文的质量。女性学知识的传播平台在过去五年间发展迅速，"妇女研究论丛""缪斯夫人""婚姻家庭研究""社会性别研究"等一批微信公众号在学术界逐渐建立起影响力，在妇女研究的关注者中获得广泛好评，也为研究者跟踪学科前沿与研究成果提供了极大的便利。各大平台或以微博账号和微信公众号等形式，或以微信群和其他社群的方式，聚集具有相似研究兴趣的学者，在网络中构建活跃的研究社群，延展了学术共同体的工作平台。

（四）以妇女研究为指征的学科建设不断创新并持续稳定发展

新媒体技术除了拓展传播渠道，也推动了妇女研究的高质量发展。学术研讨会的生态有所改变，出现通过虚拟网络远程建立讨论现场的方式，极大地提高了研讨的频次和效率。业内广受欢迎的《妇女研究论丛》杂志，2020 年以系列专题学术工作坊的方式，通过召集不同领域学术带头人，组织多种小型主题研讨会，关注妇女理论和妇女研究前沿，为中国女性学学科发展贡献了专业的力量。从国家层面来看，对妇女/性别研究的重视程度逐年提升，尤其是在中国妇女研究会以及社会各界的高度关注下，国家社会科学基金年度项目和青年项目的课题指南与立项项目中与妇女/性别研究相关的选题以及立项的选题数量，呈现小幅上升趋势，2016 年与妇女/性别相关的立项为 42 项，到 2020 年，为 49 项。中国人民大学书报资料中心的《妇女研究》作为业内一份仍以专家学者为信息资料收集主导者的传统纸媒体，按照妇女研究的主题进行分类，呈现学科研究的现状，这五年收集的妇女研究的文献索引数量与以往数量基本相当。

（五）聚焦女性学学科建设研究本身的发文数量变动不大

较之妇女研究的繁荣发展，这五年聚焦女性学学科建设的文章数量没有大的波动。将"女性学""妇女学""性别学"这三个主题词分别与"学科"这一主题词并列，在中国知网（CNKI）"中国期刊全文数据库"社会科学子库检索到 2016~2020 年的论文数共计 97 篇，与 2011~2015 年的论文数相对持平。总体来看，无论是从文献作者所属机构，还是发表的期刊，仍然呈现出明显的社群特征，与其他新兴学科发展具有一致的特性。女子院校和女性学研究者仍然是推进女性学学科建设与人才培养的主体力量，2020 年《中国妇女报》第 5 版"新女学周刊"推出的女性学学科建设再思考系列文章，从不同层面对 20 世纪 80 年代以来女性学学科建设情况进行了梳理与反思，对下一阶段的女性学学科建设提供了有益的参考，作者基本上是高校中从事女性学学科建设与人才培养的学人。

二　强化马克思主义在女性学学科建设中的指导地位

2016 年 5 月 17 日，习近平总书记在哲学社会科学工作座谈会上发表了重要讲话。他提出"坚持和发展中国特色社会主义必须高度重视哲学社会科学"（新华网，2016），而以马克思主义为指导，是当代中国哲学社会科学区别于其他哲学社会科学的根本标志，必须旗帜鲜明加以坚持，同时应加快构建具有中国特色的哲学社会科学。讲话发表后，妇女理论研究界通过研讨和撰文，对中国女性学学科为什么需要马克思主义妇女理论指导、应如何指导、怎么进行学科建设等议题进行了探讨。

（一）女性学学科建设需要马克思主义的指导

自 20 世纪 80 年代以来，女性学发展已有 40 余年，结合历史经验以及我国当下的国情特色，学者们总结归纳了在新时代下我国女性学学科发展坚持马克思主义指导的重要性，以及如何在以往妇女理论研究的基础上更有效地将马克思主义妇女理论纳入女性学学科建设中来。研究界的共识是中国女性学学科建设一定是在马克思主义妇女理论指导下进行的，学科建设的出发点与专业建设的目的应是建构本土的话语体系与知识体系，培养合格的社会主义建设者。石红梅（2016）认为马克思主义与女性研究和女性学具有内在的一致性，二者都强调关注弱势群体和社会不平等，而劳动议题也是它们共同关注的核心。在马克思主义理论指导下的女性学学科建设，始终坚持以唯物史观和辩证法分析现实中的妇女问题，在全人类解放的进程中通过妇女解放来实现男女平等发展与妇女自身全面发展。回顾中国共产党领导下的百年妇运历程，马克思主义指导下的妇女经验实践与理论建构，不仅经受住了中国被压迫劳动者解放斗争实践的检验，还通过中国的妇女解放运动验证了马克思主义妇女理论的生命力，因此坚持马克思主义指导地位是当代中国女性研究和女性学发展的必然要求。于光君（2020）指出，女性学学科建设要体现中国特色，要注重马克思主义理论与我国妇女运动经验的结合，充分挖掘和吸纳中华优秀的传统文化并借鉴国外女性研究的优秀成果，最终为中国特色社会主义妇女发展服务。

（二）女性学学科建设要继续强化马克思主义指导地位

现阶段对马克思主义妇女理论中国化进程的研究还有待深入，对本土妇女理论及实践缺乏提炼和概括，这影响了中国学者更好地在国际学术舞台上讲好中国妇女故事。如何强化马克思主义妇女理论的指导地位，这是当代中国妇女研究和女性学发展需要回答的问题。谭琳（2016）指出，要构建以马克思主义妇女观为指导的中国特色社会主义妇女理论体系，构建具有多学科、跨学科特点的中国特色女性学学科体系。她指出，为了让妇女/性别研究能够成为哲学社会科学学科建设的新增长点，在构建中国特色女性学学科体系的过程中要体现继承性和民族性，原创性和时代性，系统性和专业性。叶文振（2016、2018）围绕习近平总书记关于中国特色哲学社会科学要体现系统性和专业性的讲话精神探讨了女性学学科建设的系统性和专业性问题。他提出为了加速补偿性、跨越性的学科发展，保证学科发展质量，能够在世界妇女发展的政治话语、事业话语和学科话语之间形成更加积极的互动，建议女性学学科建设要体现出系统性与专业性。他认为，新时代女性学学科建设的重要任务是强化女性学学科意识、明确女性学的学科边界和树立学科开放发展观。

（三）在马克思主义指导下进行女性学学科建设的路径

胡晓红、田楚妍（2018）认为，首先要梳理马克思主义女性学的学术史，它决定了学科研究的基础和水平；其次，女性学作为综合性的交叉学科也应积极在马克思主义经典著作中寻找理论支撑；再次，要广植马克思主义女性主义的基本思想，因为理论思维、理论形态、理论话语、理论观点等对任何学科建设而言都是非常重要的；最后，必须回应中国女性的现实问题。石红梅（2016）认为女性学学科发展要在坚持马克思主义的指导下进行准确的定位，注重从马克思主义理论中吸收理论资源，扎实推进女性学的发展，让当代中国女性学的发展形成中国特色，并推动其中国化的进程。

此外，女性学作为密切关注社会现实的一门学科，应在回应现实问题中深化学科的研究。杨慧（2016）认为女性学和女性研究在发展的过程中面临着许多新问题，而问题的解决需要结合时代特征来创新研究方法和思路。研究者要重视女性学与女性研究，总结提炼促进性别平等的中国经验，创新女性学与女性研究成果的评价机制。更要立足中国国情，放眼观察世界，坚定中国特色社会主义妇女发展道路，发展中国特色女性学与女性研究。

（四）在马克思主义指导下进行的女性学人才培养的实践

在马克思主义指导下的女性学知识体系的建构，为女性学人才培养奠定了坚实的基础。中华女子学院作为首开女性学专业进行人才培养的院校，在2016年以后的历次人才培养方案的修订中，都将马克思主义妇女理论纳入每门课程的大纲中；2020年，马克思主义妇女理论课程作为全校公共必修课，支撑学校整体人才培养目标的实现。在思政课程体系的基础上，学生进一步学习理解马克思主义关于妇女解放的经典阐释，系统了解中国共产党领导的百年妇女解放与发展的实践，了解新时代以来关于妇女发展与家庭建设的系列新思想与新论断，切实把握马克思主义妇女理论的中国化、时代化。

三　女性学学科建设的内在建制与外在建制

谈及学科建设，国内多数学者都会从学科制度入手。根据学科制度化的历史经验，学界通常把学科制度分为学科制度（学科内在制度）和学科建制（学科外在制度）来加以探讨，这种共识即为学科建设的规范性要求。

部分学者在女性学学科建设中对学科内在制度的建设进行了归纳与探讨。韩贺南（2017、2018）基于多年参与学科建设与专业建设的经验，对学科的内在建制，即学理层面的学科要素，如研究对象、基本理论、研究方法等进行了深入探讨。她认为不同主流学科的女性/性别研究有了一定的成果积累，加之对女性学专业人才培养的需要，中国内地女性学科制度研究已经进入了一个新的发展阶段。它提出的要求是，在未来女性学制度建设中，应通过在多学科研究基础上提炼统摄、驾驭学科的宏观概念、理论的方式，分析具体问题的中观、微观概念和理论，来增强学科内在实力，彰显中国特色。其他研究者对此持类似的理解。畅引婷（2020a、2020b）认为学科外在体制/机制建设固然重要，但学科的研究对象、研究方法和研究目标是一个学科之所以成为"学"所必须面对的理论问题，它能帮助确立学科边界，也是学科发展的内在根据。她认为叶文振主编（2020）的《女性学概论》，通过在学科内在制度中对学科的定义、研究对象、理论基础、研究范式、学科历史、学科属性及女性研究的域界等系统阐释，确立了女性学在学界的独立地位。另一些研究则从系统的视角对学科建制进行了思考与讨论，王俊、郭云卿（2020）认为学科化女性学的建设应该是知识、认识层面的建设与社会建制层面的统一体。然而目前社会建制层面的学科建设遇到了制度性的"瓶颈"。"瓶颈"产生的原因主要有三点：一是在国家学科目录运行过程中产生了"溢出效应"；二是中国学科建设和管理体制深受"单位制"文化的影响，学科建设离开实体性的院系组织就无法聚集人才开展工作；三是"双一流"建设盲目跟风过程中产生的"马太效应"。因此为了加强学科组织建设，从短期目标来看，要争取具有中国特色的体制内支持，捆绑强势一级学科，获取资源；从长期目标来看，既要推动"跨学科"组织建制和"跨学科"评估机制的建设，也要谋求"再学科化"，争取女性学成为一级学科建制。

女性学学科制度建设仍然是这五年的一个关注的面向，魏国英（2018）将此前发表在期刊上的系列论文结集成书出版，对女性学的研究对象、研究方法、研究框架等提出自己的理解。她认为女性学的研究对象是"一体化"的，即男女两性"一体化"、女性自身的"一体化"、研究范式的"一体化"；女性学的研究方法应以唯物史观和唯物辩证法为指导原则，综合运用多学科研究方法，其中性别分析是女性学的特殊研究方法。其他研究者围绕学科的命名、学科性质、学科知识体系等老问题进行了新的阐释，这些研究成果既可以看成对以往学科建设的总结，也是后续讨论的起点。

（一）女性学学科的命名

命名本身体现了一套理论框架与价值选择，关于女性学的名称一直以来存在争论，尤其是中国有丰富的妇女解放运动的实践与传承，很多人质疑为何不采用妇女学而是女性学的命名？魏国英（2019）梳理了女性学学科命名的历史演进过程，梳理出女性一词的发展脉络以及具体所指。从历史进程来看，近代以前的中国社会话语中，"妇"与"女"是分开使用的；20 世纪初，资产阶级革命派开始使用"女子"一词来泛指女人；新文化运动爆发后，出现了"女性"和"妇女"两词；中华人民共和国成立后，主流社会继续沿用"妇女"一词来泛指女人；20 世纪 80 年代改革开放以后，部分学者开始用"女性"一词来指代女人群体。在梳理这一历史脉络的基础上，作者认为，在当下我国的语境中，"女性学"的称谓更为准确。一是"女性"这个词语是超越社会关系的泛指女人的合适概念，二是这门学科是把人类的一半作为客观对象来加以研究的。此外，"女性学"的命名，还规范了学科的属性与特质。畅引婷（2020c）更加倾向于"妇女学"这一用法，理由如下：一是在大众普及层面，与社会主义中国妇女解放的历史相一致；二是在制度建设层面，与政府出台的各项政策和法律相一致；三是在学术探讨层面，与主流学界的习惯用法相一致。她通过观察发现，在学术探讨中，"妇女学"的用法较为普遍；在普及性的教材撰写中，"女性学"一词则更为常见。不过，她也指出，在学科建设中究竟"叫什么名字"更为科学或合理，还可以进一步展开讨论。赵媛、黄雅婷（2020）从全球妇女发展的宏大背景中来审视学科名称，认为用"性别学"更符合学科发展的内涵与趋势；若考虑中国特色，目前可使用"妇女/性别学"作为过渡。因为这既体现了马克思主义妇女观是中国妇女学研究的发展源头，与社会主义中国妇女解放的历史相一致，又体现马克思主义与国际接轨，与主流学界相一致的趋势。

（二）关于女性学的学科性质

林存秀（2018）认为研究者不能只把妇女/性别研究当作一个有效的分析工具，而是要注重它的学科性。如果只是将妇女/性别研究依附于传统学科，就难以摆脱"添加史"的地位，也无法挖掘和审视真正的妇女问题。尽管女性学宣称本学科的学科特质在于跨学科性，社会性别视角与其他视角的交叉融合是学科的根本所在，但如何跨越女性学多学科的倾向，真正建构起具有融合特质的跨学科性，尚无明确的结论。畅引婷（2020d）认为，跨学科性目前以三种形式体现在妇女/性别研究中：一是在传统学科的框架下添加妇女这一研究对象；二是用女性学的知识体系改造传统学科中的男性中心偏见；三是模糊学科间的界限，将不同学科的理论视为"方法"来相互借鉴，使女性学彰显"全科"面貌。黄河（2018）认为跨学科性并非女性学的独有特征，但作为对一个专门领域进行研究学科，女性学是其他学科所无法代替的。学科的外在建制与学科的内在建设理应同步进行，如果忽视外在条件，就容易导致女性学学科建设的空心化和空壳化，因此需要秉持一种由外而内的女性学学科建设思路。

这些由资深女性学研究者进行的阐释，有助于深化人们对女性学独立学科地位的理解。也有学者避开主流评判学科的标准问题，通过确立其学科的独特性来证明其学科存在的合理性。叶文振（2020）认为女性学是具有科学意义和伦理价值的。女性学的诞生是科学发展的一种必然结果。在历史上，过去的科学都是以男性为中心的，而女性学将女性请回科学研究的客观世界和人类社会，使我们的知识系统回到了真正科学的轨道上来。同时，女性学还将性别尊重与平等引入科学研究的价值理念中，是一种里程碑式的变革。女性学是研究女性本质以及女性生存发展现象与规律的综合性学科，具有不可替代的性质。

（三）关于学科的知识体系

从性别视角对主流学科的审视，建立的知识体系进入不同主流学科的叙事中，女性学的学科知识体系出现一种聚焦学科建设的倾向。王俊、王琳博（2020）对改革开放以来我国女性学学科建设研究进行知识图谱分析后发现，我国女性学学科建设的主要议题有女性学的学科性质、女性学学科的基本理论、女性学学科研究方法、女性学学科课程建设以及女性学学科的国际化和本土化策略。研究建议我国女性学学科发展应仔细研究国家一流学科建设、学科评估的各项标准，采取对标建设的发展策略并开拓女性学学科建设的新思维。宋少鹏（2018）在历史的内在脉络中对我国妇女/性别研究做了思想史的考察，从"gender"概念传入中国，到现在发展成"以妇女为中心"和"以妇女为主体"、重"社会性别"而轻"sexuality"的妇女/性别研究的学科特质。她认为不能陷于中西结构的本土化焦虑中，而是通过本土化焦虑唤起在的意识，来促进学科发展。魏开琼（2018a）认为讨论女性学学科建设时除了要注意到学科建设与研究领域融合的趋势外，还要继续回应女性学学科在研究、课程与机制建设、社会服务等应然层面的问题，主张在多年女性学学科建设经验的基础上，对学科共同体取得相对共识的核心概念与术语，可以进行重新的思考与检视，推进女性学学科建设。

（四）女性学学科建设发展阶段

杜芳琴（2017）认为中国妇女学的发展经历了两个阶段，而现在正处于学科多元化的探索时期。当下中国妇女学面临"学术合法化""行政合法化""社会合法化"的挑战，以及其本身存在的面对急速变化的外部世界反应迟缓、应对不力的问题，因而中国妇女学应迈向"精致、精专、精准"的新目标，即以外引内化有效的理论、方法为目标的"精致研究"，以学科标准专业化、本土研究深入化和系统建设细腻化为目标的"精专学术"，以及在"精致研究"和"精专学术"基础上实现的"精准服务社会"。

（五）女性学学科建设的主导力量

魏国英（2020）认为中国女性学的研究发展是高校女性研究和教学与国家政策所带动起来的，她提出我国女性学的未来发展仍需"双轮驱动"。一是要调动高校女性学界的积极性、主动性和创造性。在各种女性主义和各学科女性分支学科中，批判性地提炼理论因子，并结合我国女性发展的实际问题，形成独有的符合实际和逻辑的话语系统。二是需要国家教育主管部门加大落实女性学学科制度建设的力度，走出没有固定编制、没有固定经费、没有专职人员的"三无"困境。应该说，妇女研究作为一个研究领域，在坚持马克思主义妇女理论指导的学科建设中，一直受到重视；而女性学学科建设，也在制度化层面获得教育部与高等院校的认可，许多高校根据自己在研究生人才培养上的优势，重视性别研究方向的人才培养。然而这种观念层面的接受，还需要学科发展的制度化层面的设计跟进。随着我国新文科建设的推进，对跨学科与多学科交叉融合发展的倡导，也会为女性学的发展提供新的契机。

四　女性学学科建设的实践探索

全国妇联和中国妇女研究会建立的妇女/性别研究基地，截止到 2020 年已有32 个，形成高校、社会科学院、党校和妇联系统联动推进妇女/性别研究事业的创新发展的格局。姜佳将（2018）总结了浙江省社会科学院全国妇联妇女/性别研究与培训基地在推进妇女/社会性别学学科建设的经验。她指出，一要坚持知识行动化和行动知识化的战略理念，二要以学科化、网络化、组织化的"整合模式"为运作策略，让知识与行动双重推进学科建设与行动发展。王晶和李乾坤（2017）以 2006~2016 年建立的妇女/性别研究基地为依托，总结了女性学学科在此期间的发展情况与目前所面临的困境。研究发现，自基地建设以来，妇女/性别研究机构的行政合法性增强，同时在各方面也取得了一些成效：妇女/性别研究议题纳入社会科学研究主流，各高校设立专项基金，搭建妇女/性别多学科研究平台，妇女/性别教学有了体制化的发展，妇女/性别研究的社会服务功能得到了提升。然而学科发展依旧面临学科建制缺失、学科制度不成熟的困境，因而要加强与完善全国妇联、教育部和高校对基地的三级领导并充分发挥妇女/性别研究与培训基地功能，加强与巩固基地建设成就。魏开琼（2020）以中华女子学院为例，梳理其在推动女性学学科发展上经历的三个阶段，即 20 世纪 80 年代坚持以马克思主义妇女理论为指导，重视妇运传统的学科建设时期；90 年代以妇女为中心，社会性别视角下的学科化探索时期；2000 年后对标学科标准的学科化时期。建议未来的女性学学科建设，要坚持跨学科研究的使命，注重培养具备研究能力的博士人才，坚持本土问题与行动导向的视角。

学科建设取得的成果为女性学专业建设与人才培养提供了强大的支撑，这一阶段的女性学人才培养，从狭义和广义两个层面同步进行，这些实践为女性学的学科建设培养了后备人才。

（一）狭义上的女性学专业建设与人才培养

狭义上的女性学人才培养特指设立女性学专业的院系，以探索人才培养路径与方法，更好地服务于国家与地方社会发展实践上的探索。刘人锋（2017、2020）认为妇女的发展与各个社会领域紧密相连，这就需要妇女工作越来越专业化。因此女性学专业的创办要积极回应社会对女性学人才的需要，做好专业定位，制定好建设目标与人才培养方案。并进而指出，要推动女性学学科发展，需要与专业建设和人才培养紧密结合，女性学人才培养要注重内在建制和外在建制的统一，注重社会实践性和服务性。魏开琼（2018b）从现实需求、历史经验和知识生产三个因素来考量女性学学科建设与人才培养的问题，指出在坚持马克思主义妇女观立场的基础上，本土女性学人才培养应回应并满足妇女工作的现实需求、国际国内社会在性别议题上的一系列倡导、社会学学科的规范化要求这三大需求。同时在人才培养过程中，在授课内容上，引领学生探讨本土的研究成果，提高本土专业人才培养的规格。朱晓佳（2018）以中华女子学院女性学系为例，总结了实践教学的经验和问题，呈现了该专业以体系化和系统化为原则建构的实践教学体系，形成了以课堂教学实践环节、实践教学课程环节、学生自主实践环节、海外实践环节为内容的实践教学框架。

（二）广义上的女性学教育方式

女性学学科旨在揭示两性不平等的原因与机制，探讨改善不平等处境的策略与路径。从广泛的意义上讲，在不同层级、不同领域、不同类型的教育场域中关注妇女发展的，都可看作女性学教育方式。张莉莉、武晓伟、向蓓莉（2018）以北京师范大学"女教授讲坛"为研究对象，总结出其在课程目标、课程资源、课程内容、教学方法与过程、考核与评价制度、深度挖掘女性经验这几方面的创新。创建以性别教育为主要内容的通识课程，其核心目的是唤醒学生的社会性别意识，培养具有性别平等观念的一代新人。研究也发现，课程面临学生需求的多元性、课程整体的连贯性、课程的女性主义视角的鲜明性、女性主义教学方法体现不充分的挑战。其他一些大学也进行了女性学人才培养模式的探索。2017年汕头大学淑德女子书院落成，该书院立足当地女子教育传统，以书院制模式创新女子教育的形式，旨在丰富女子教育的内涵，培养女性卓越领导力，拓展学生国际国内视野，培养学生强烈的社会责任感。

除了在大学中进行的女性学教育，近年来，一些省市的中小学也纳入与女性学有关的教育内容。国务院妇女儿童工作委员会办公室的统计显示，自2012年在中小学中开展性别平等教育试点以来，已有近20个省市全面或试点在中小学推行性别平等教育，通过道德与法治、语文、历史课标修订及三科教材统编、统审、统用等方式，引导中小学学生树立男女平等观念，构建以男女平等为核心的先进性别文化，为高等教育与妇女研究培养基础扎实的女性学后备人才。

五 对女性学学科建设的反思与未来展望

中国女性学学科建设应立足中国具体的情境，包括理论的、现实的、历史的传统。女性学学科本身强调以社会性别视角分析妇女问题的重要性，主张对社会性别与其他因素进行交叉分析，方可有效理解妇女的处境与面临的问题。女性学学科自 20 世纪 60 年代以来的建设历程显示出，其学科建设的方式是以性别视角审视主流学科的核心假设，建构出主流学科的分支知识体系，如性别经济学等；有些学科如社会学、政治学、历史学等，则走得更远，对构成本学科的核心概念进行了重构。

这些不同学科的发展，一方面壮大了女性学学科的基础，另一方面让女性学试图建立的相对独立的学科地位受到了挑战。在普通高等学校本科专业目录中，女性学作为特设专业归于社会学类，可能强化人们认为女性学与性别社会学在学科归属上存在交叉的认知。在根据学科建设的内在要求和外在要求来确认女性学学科的合法性时，总会有逻辑上无法自洽的地方，导致女性学学科主流化进展缓慢。习近平在哲学社会科学座谈会上的讲话，既是女性学学科建设中要回应的重大课题，也为探索建构女性学学科自主的知识体系、理论体系和话语体系提供了最好的契机。

（一）重新理解学科建设的思路

如果将本土女性学学科发展的历史推向 20 世纪 80 年代初，那么始于马克思主义妇女理论与中国妇女解放运动历史的学科建设脉络，或许为当前的女性学学科建设指明了方向，女性学学科建设可以考虑沿着理论、历史、实践三个维度来进行学科知识体系的建构。首先，在理论建构层面应坚持马克思主义妇女观的指导地位，在梳理总结马克思主义妇女理论中国化时代化的基础上，构建具有中国特色社会主义妇女理论的知识体系；其次，从历史逻辑出发，在对百年妇女运动与妇女发展的实践与经验进行研究时，坚持从大历史观的视角来看待妇女解放与发展的实践历史，提炼具有标识性的妇女解放概念与理论框架，表达中国妇女解放的价值主张，建构本土女性学的话语体系；最后，在回应妇女现实问题时，应强化问题意识，重视社会性别对知识生产的创新意义，加强对中国妇女解放运动的前瞻性研究。

（二）坚持比较研究的视角

有效进行女性学学科建设，除了进行自我探索外，也应汲取其他国家和地区学科建设的经验。2020 年 8 月，美国妇女与性别研究成立 50 周年之际，关于妇女学学科发展的非传统出版物《庆祝性别/妇女/性研究成立五十周年》论文集在网络上面向公众全面开放，为读者与研究者提供了另类的叙述视角。该论文集秉承此前系列妇女学学科史专著写作立场，重视撰写者的多元化，强调叙述者的非主流叙事者的身份，对女性学知识生产中可能产生的霸权进行了反思。该论文集中所呈现的非裔妇女学、南半球妇女学以及拉丁美洲妇女学的另类叙事，为启动中国女性学的自我叙事提供了强有力的参照。女性学需要挖掘中国女性学发展本土土壤，加强中国特色女性学学科研究，在马克思主义妇女理论的指导下，思考如何将社会性别视角与女性差异的概念切实运用到女性学的建构进程中，关注不同处境下的妇女发出的不同声音，让女性学真正是"为了妇女、关于妇女、属于妇女"的一门学科。

（三）加强对现实问题的关注

尽管保障妇女权益已上升为国家意志，并建立起完备的制度与机制以期确保男女平等的实现，但在观念与习俗甚至制度层面，仍然存在形形色色歧视妇女、漠视甚至侵害妇女合法权益现象。对此，女性学研究者需要回应现实，揭示两性不平等观念如何与其他因素交叉在一起，阻碍了男女平等的实现。除学科研究外，还应加大专业建设的力度，加大女性学专业培养推进男女平等的种子人才的力度，配合新修订的《中华人民共和国妇女权益保障法》中提出要将"男女平等基本国策纳入国民教育体系"的要求，在不同层次、不同形态和不同类型的教育服务中，融入男女平等观念，建构先进性别文化，为两性平等的实现创造良好的氛围。

参考文献

1. 畅引婷（2020a）：《妇女/性别研究的内在机理与学科发展》，《中国妇女报》10 月 20 日。

2. 畅引婷（2020b）：《责任与使命：女性学学科建设的内驱力》，《中国妇女报》11 月 10 日。

3. 畅引婷（2020c）：《命名与建构：妇女学学科建设新思考》，《中国妇女报》2 月 18 日。

4. 畅引婷（2020d）：《妇女/性别研究的跨学科性与学科发展》，《中国妇女报》12月15日。

5. 杜芳琴（2017）：《中国妇女学应迈向"精致精专精准"新目标》，《中国妇女报》1月10日。

6. 韩贺南（2018）：《女性学学科"内制度"的智识集结》，《中国妇女报》10月16日。

7. 韩贺南（2017）：《再论女性学学科制度："元问题"与研究领域》，《山东女子学院学报》第6期。

8. 胡晓红、田楚妍（2018）：《马克思主义女性学构建的四个维度》，《中华女子学院学报》第6期。

9. 黄河（2018）：《浅议当代女性学学科的发展》，《中华女子学院学报》第6期。

10. 姜佳将（2018）：《知识行动化和行动知识化：中国妇女/社会性别学学科建设经验研究——以浙江省社会科学院全国妇联妇女/性别研究与培训基地为例》，《山东女子学院学报》第4期。

11. 林存秀（2018）：《把性别研究从"工具"变为目的——关于"女性学"学科建制的思考》，《山东女子学院学报》第1期。

12. 刘人锋（2017）：《女性学专业建设的探索与实践》，《教育观察（上半月）》第10期。

13. 刘人锋（2020）：《女性学学科建设的视野、方法与人才培养》，《中国妇女报》8月25日。

14. 人民网（2020）：《习近平：在经济社会领域专家座谈会上的讲话》，http://politics.people.com.cn/n1/2020/0825/c1024-31835058.html。

15. 石红梅（2016）：《坚持马克思主义指导地位 发展当代中国的女性学和女性研究》，《山东女子学院学报》第5期。

16. 宋少鹏（2018）：《立足问题，无关中西：在历史的内在脉络中建构的学科——对中国"妇女/性别研究"的思想史考察》，《妇女研究论丛》第5期。

17. 谭琳（2016）：《构建中国特色社会主义妇女理论体系、学科体系、话语体系》，《妇女研究论丛》第4期。

18. 王晶、李乾坤（2017）：《妇女/性别学科建设刍议——以首批高校妇女/性别研究与培训基地为中心的考察》，《山东女子学院学报》第5期。

19. 王俊、郭云卿（2020）：《中国妇女/性别研究需要"学科化"的女性学吗?》，《妇女研究论丛》第4期。

20. 王俊、王琳博（2020）：《改革开放40年来我国女性学学科建设研究的知识图谱分析》，《山东女子学院学报》第5期。

21. 魏国英（2018）：《女性学研究体系与方法》，北京大学出版社。

22. 魏国英（2019）：《中国女性学话语建构》，《中华女子学院学报》第6期。

23. 魏国英（2020）：《探索和坚守女性学学科建设的中国路径》，《中国妇女报》11月17日。

24. 魏开琼（2018a）：《激活争论与反思传统 促进女性学学科建设》，《中华女子学院学报》第6期。

25. 魏开琼（2018b）：《女性学学科建设与人才培养路径探索》，《山东女子学院学报》第 1 期。

26. 魏开琼（2020）：《从妇女问题研究走向学科化建设：女性学学科发展的脉络》，《中华女子学院学报》第 6 期。

27. 新华网（2016）：《（授权发布）习近平：在哲学社会科学工作座谈会上的讲话（全文）》，http：//www. xinhuanet. com/politics/2016-05/18/c_ 1118891128. htm。

28. 杨慧（2016）：《女性学与女性研究的原创性、时代性探析》，《山东女子学院学报》第 5 期。

29. 叶文振（2016）：《论女性学的学科系统性与专业性》，《山东女子学院学报》第 5 期。

30. 叶文振（2018）：《女性学学科建设 40 年：学科意识与开放发展》，《中国妇女报》12 月 4 日。

31. 叶文振（2020）：《女性学的学科界定与学科启示》，《中国妇女报》8 月 4 日。

32. 于光君（2020）：《女性学学科建设要体现中国特色》，《中国妇女报》9 月 1 日。

33. 张莉莉、武晓伟、向蓓莉（2018）：《大学女性学通识课程建设的新模式——以北京师范大学"女教授讲坛"为例》，《中华女子学院学报》第 5 期。

34. 赵媛、黄雅婷（2020）：《妇女研究学科命名应具发展视角和全球视角》，《中国妇女报》8 月 11 日。

35. 朱晓佳（2018）：《女性学实践教学体系化的探索与实践》，《山东女子学院学报》第 1 期。

女性主义哲学研究综述 （2016～2020 年）

肖 巍 石 珊[*]

一 研究概述

在中国知网"中国期刊全文数据库"以"女性主义""女+伦理学""女+方法论""女+认识论"等检索词组合进行主题检索，筛选 2016～2020 年发表的哲学门类的论文，共获得期刊论文 77 篇，硕士、博士学位论文 33 篇，其中硕士学位论文 24 篇、博士学位论文 9 篇。与 2011～2015 年的女性主义哲学研究相比，期刊文章数量有所下降，硕士和博士学位论文的数量基本持平。

在这五年之中，涌现了大量女性主义哲学类的专著和译著，其中，专著如《女性主义哲学与身体美学》（文洁华，2016)、《福柯的生存美学思想研究：从"关怀自身"到女性主义》（郭硕博，2017)、《性别与生命：正义的求索》（肖巍，2018a)、《正义与关怀：女性主义的视角》（宋建丽，2018)、《性别差异伦理学——伊丽格瑞的女性主义伦理学研究》（朱晓佳，2018)、《埃及女性主义思潮研究》（周华，2018)、《范达娜·席瓦的生态女性主义思想研究》（郑湘萍，2020) 等；出版的主要译著有《父权制与资本主义》（〔日〕上野千鹤子著，邹韵、薛梅译，2019)、《女权主义的未来》（〔英〕西尔维亚·沃尔拜著，李延玲译，2016)、《公共的男人，私人的女人》（〔美〕让·爱尔斯坦著，葛耘娜、陈雪飞译，2019)，等等。

这五年，一些女性主义哲学研究获得了国家社会科学基金、教育部人文社会科学研究规划基金的支持。国家社会科学基金一般项目包括 2016 年汪怀君的"生态女性主义视阈下女性符号消费的伦理研究"和彭华的"儒家仁学与女性主义关怀伦理学的对话研究"、2017 年张秀的"现代西方性别正义理论研究"。国

---

* 作者简介：肖巍，女，清华大学高校德育研究中心教授、博士生导师；石珊，女，清华大学马克思主义学院博士后。

家社会科学基金青年项目包括 2016 年王堃的"儒家女性伦理研究"和王玉珏的"西方女性主义关于资本主义社会批判理论问题研究"。教育部人文社会科学研究规划基金项目包括 2016 年周囧的"福柯身体观及其在女性主义视域内的展开"，教育部人文社会科学研究青年基金项目包括 2019 年董美珍的"论现代科学研究范式的转换——由歧视女性走向性别平等"。

在这五年，国际女哲学家学会首次在中国举办学术研讨会。2018 年 8 月10～12 日，清华大学马克思主义学院举办了国际女哲学家学会第 17 届研讨会，会议主题为"全球化时代的女性与哲学：过去、现在和将来"。国际女哲学家学会第 17 届研讨会主席、国际女哲学家学会理事、清华大学马克思主义学院肖巍教授主持大会开幕式。来自 20 余国的近百名研究者围绕"哲学史中的女性""知识、科学、价值""马克思主义哲学和女性发展""女性与哲学的未来"四个主题展开了研讨，共享多元的哲学盛宴。国际女哲学家学会第 17 届研讨会在中国的举办彰显了中国传统文化中阴阳平衡的性别文化，对建设中国特色社会主义妇女理论、推动马克思主义妇女理论发展具有促进作用，也表明女哲学家群体已经在国际哲学界发展壮大，本次研讨会在中国的成功召开有利于呈现女性对中国社会进步做出的重要贡献，并促进中外女哲学家间的学术与文化交流。

在女性主义哲学看来，哲学从来就不是中立的，每一个人类主体都是处于多种权力和身份交叉关系之中的差异的、具体的社会存在，而每一种哲学也都代表一个时代、一个社会及其历史时期思维的智慧。由于传统哲学忽视了女性的哲学存在，所以它们只讲述了半边的"人类"故事。女性主义哲学则试图弥补以往哲学在"普遍性"和"人类性"外表下女性和边缘人缺席的历史遗憾。当代女性主义哲学已成为一种独特的视角和思维方法论，用以分析当今社会的各种现实问题，例如审视身边的各种"不公正"——性别不公正、环境不公正、医疗卫生保健资源分配不公正、教育不公正等问题，并对它们进行哲学提问和反思。这一哲学或许主要基于女性体验，但所关注的问题却早已不是女性问题本身。研究女性主义哲学意味着当代哲学学科的理论创新，使哲学不断地向边缘地带拓展，并具有更强的公正性、多样性、差异性和包容性。尽管女性主义哲学尚处在边缘地带，然而边缘就是前沿，边界的打破恰恰构成主流哲学成长和发展的契机。

综合来看，2016～2020 年，女性主义哲学研究主要趋势体现在以下方面。其一，这五年历史主题的研究主要讨论女性对哲学史的贡献，以及女性和女性主义哲学家对哲学史的新诠释。这体现为三条路径：一是把当代哲学问题带入哲学史中思考，如家庭伦理、性伦理、品德培养，以及对性别歧视的批评等；二是进行多元性的哲学探讨，凸显女性在哲学史中的地位和作用；三是探讨研究哲学史的目的和方法论，追问哲学史是否只能根据专业哲学方式来讲述、由谁来研究哲学、为什么研究、在什么背景下研究以及如何使用哲学等一系列问题。其二，交叉性视角在价值主题的研究中运用。女性主义哲学相信哲学不是中立的和"个人是政治的"，女性主义哲学试图分析不同哲学理论的价值基础，并认为女性主义哲学本身也是由多元性、交叉性和差异性整合而成的、奠定在全球女性政治联盟基础上的一种哲学学说。交互性视角已成为女性主义哲学的特色，它主张在社会地位、宗教、阶级和种族等因素的交叉影响中研究各种社会问题和不公正。其三，认识论主题的研究注重伦理维度。女性主义认识论最初旨在批评女性在认识论中被否定、被贬低、被客体化等哲学传统，试图在认识论引入认识者的责任、我们与认知对象关系的道德维度等问题的讨论。而女性主义哲学家则提出不同的认知对象概念，以爱赋予认知对象以生命。一些女性主义学者把"关怀"概念引入认识论中，形成一种充满伦理维度的认识能动关系。

二 主要研究内容

哲学的根本任务就是针对诸多的现实矛盾和复杂关系进行发问，并试图用哲学思维发现和概括需要解决的问题。梳理 2016~2020 年的女性主义哲学研究内容，可以分为女性主义哲学方法论、女性主义认识论、女性主义伦理学、女性主义政治哲学、生态女性主义、女性主义科学哲学、马克思主义女性主义、中国传统哲学文化的女性主义阐释、西方女性主义哲学经典文献翻译等九个部分。

（一）女性主义哲学基本理论

如果人们试图梳理当代女性主义哲学的发展脉络，便不难发现女性主义哲学是由不同的概念架构起来的，例如女性主义、社会性别、性别平等、性别公正、女性权利、女性身份、自主性等概念，这些概念转而又成为不同的哲学观念、理论体系，相应的解决问题、出台社会政策，以及建构理想社会制度的方式和途径。

　　女性不平等问题由来已久，在人类文明的历史长河中女性多数是作为"他者"的存在。女性不堪被压迫的命运，一直在为争取自身权利的平等和自由而奋斗，这是一直以来世界范围内女性解放运动关注的重点和亟待解决的问题，也是这五年来学者集中研究的方向之一。有学者认为，女性主义通过对"契约论"概念的修缮与补充，期望能够照亮自由主义契约论所遗忘的社会领域，从而建构一个能够兼容正义、关怀及更多能力展现的社会基本制度（范伟伟、张欢，2016）。其中，主体遭到解构的过程就是他者不断显现的过程，后现代女性主义者关注女性"他者"的差异性和自身发展的无限可能性（贺娜娟，2019）。但是，在自我与他者、关怀和公正、普遍与特殊之间，她们各有侧重也各有疏失（刘慧、王陈颖，2016）。

　　另一个研究方向集中在对西蒙娜·德·波伏娃（Simone de Beauvoir，也译作波伏瓦）和其代表作《第二性》的研究。波伏娃是法国20世纪著名的存在主义哲学家，是现代女性主义的重要代表人物之一，其代表作《第二性》深刻剖析了女性之所以沦为第二性的成因，全方位、深层次地探讨女性在社会生活中遇到的种种不公平待遇，为女性解放指明了出路。学者认为，我们必须在对波伏娃女性主义理论进行扬弃的基础上，以马克思主义理论为指导，对其理论框架体系、基本内涵进行梳理和完善，为我国的和谐社会建设提供启示，同时借鉴波伏娃女性主义理论的理论功效，建设更加和谐的两性关系（张舒，2017）。同时，提升女性主义理论的整体水平，指导女性解放运动的开展，是我们研究波伏娃女性主义理论的意义所在（朱晓倩，2016）。探讨波伏瓦承认理论的内涵，并对其理论价值和现实意义以及局限性予以评判（张欣，2017）。对马克思和恩格斯的著作进行梳理，提炼马克思和恩格斯关于女性解放的观点，将其与波伏瓦女性主义的理论进行对比研究也是学者进行的研究工作之一（王涵，2020）。波伏娃的女性主义思想是存在主义女性主义，是受其自身所处的环境和时代影响的女性主义（林苏云，2020）。结合波伏娃的理论，女人要想走出被压迫的处境，必须实现对"内在性"的超越，才能与男人建立起平等、和谐的互助关系（王思齐，2018）。

　　学者围绕南茜·弗雷泽（Nancy Fraser）的具有实用主义倾向的女性主义理论进行研究，并将她的理论与其他学者进行比较。戴雪红认为，经由对罗蒂的实用主义女性主义理论的批判与借鉴，弗雷泽图绘了"社会主义女性主义的实用主义"新版本（戴雪红，2016）。她认为，弗雷泽把德里达和利奥塔的后现代主义思想与女性主义批判理论整合起来，从批判的维度重新审视了后现代主义与女性主义之间的冲突与张力，既吸收解构主义批判中的独特见解，又坚持女性主义批判伦理主张的对抗政治改革，对后现代女性主义方法论进行了多维重构（戴雪红，2017）。

女性主义研究可以为形而上学保留空间吗？女性主义能为形而上学做出贡献吗？在当代哲学中，有一种倾向试图否定形而上学的作用和意义，这也导致一些女性主义哲学家对形而上学展开批评。在当代女性主义哲学家中，美国麻省理工学院的萨利·哈斯兰格（Sally Haslanger）教授对"形而上学"问题的探讨颇具代表性。肖巍顺着她的思路，思考了女性主义形而上学问题，梳理一些概念上的迷惑和混乱，从而探讨女性主义哲学是否需要形而上学，以及如何运用形而上学这一哲学分析工具等问题（肖巍，2016a）。

（二）女性主义认识论

女性主义立场论起源于20世纪70年代，是认识论研究中的一项伟大成就。女性主义立场论从女性特有的立场、经验出发，以女性和其他边缘人群的生活经验为背景，强调女性在获取知识时独特经验的重要性，以追求语境化知识的强客观性和价值负载理论为主旨，力图摧毁主流哲学体系，建立新的哲学体系，是一种不同于其他女性主义科学哲学的派别，具有革命性质，有利于解决一些存在于父权制下不公平的社会问题。学者通过研究传统科学哲学的形成及其主要观点的产生、发展及不足，查找出女性主义立场论质疑、批判主流科学的关键点所在，分析女性主义科学观质疑传统科学哲学论点的可行性（于越，2017）。玛莎·纳斯鲍姆（Martha Nussbaum）通过论证女性专属情感和行为模式的社会建构性，否认了女性家庭角色的自然性（左稀，2020）。在西方女性主义由第二波发展到第三波的过程中，露西·伊利格瑞（Luce Irigaray）批判"男权制"，揭露其自然主义、社会基础和话语逻辑体系的本质，为女性主体重塑排除障碍（孙岩、李寅月，2017）。她的主要贡献在于提出了性别"差异论"，这使女性主义超越"二元对立"走向"和谐"（孙岩、李寅月，2018）。这一理论以性别差异为基础，系统探讨两个主体、性别平等、女性文化、性别和谐乃至多元和谐等时代性问题，形成了第三波占主导地位的思潮（李寅月，2018）。不同时代的哲学思想，即便是那些极端不友好的，都曾给予女性主义新的视角和方向。以西方哲学逻各斯中心主义为思想基础建立的父权制社会是女性丧失主体性的根源（杜浦凡，2017）。

目前，无论是在理论界还是在现实社会中，以女性为意识主体的性别正义都还存在一定的缺失。尽管关于性别正义的研究在西方已经构成体系，并设有专职机构和部门处理相关事务，国内也有学者从多个领域进行研究，然而全球环境下对于女性主义正义的重视并不容乐观，整个社会中依然存在不尊重女性地位、性别歧视的现象（孙澂茗，2019）。一些学者认为，解答现实问题的时候，我们不能简单地用男女二元对立来解释，用巴特勒的性别操演理论来探讨"性别"本体的形成和"性别"主体的建构与解构才是有效途径（施萍萍，2016）。以"批判"为线索，深入阐述巴特勒在身体本体论基础上对性别主体身份的颠覆、权力话语的诘问和伦理政治反思的内在理路，可以全面、立体地重建其复杂深刻的女性主义批判理论，凸显其对"人"，尤其是"被排除的身体生命"的深切人文关怀（吴华眉，2018）。古希腊哲学中，人的本质学说往往质疑女性具有完整的理性能力。叶宇彤以赛博格为视角试图推进对女性本质的认识，打破了二元论，模糊了性别界限，瓦解了传统的女性本质（叶宇彤，2018）。英国学者露丝·里斯特（Ruth Lister）从女性主义视角切入，将自由主义与共和主义的公民身份理论内核进行综合，打破传统的二元对立，阐述女性主义视角下公民身份的理论内涵，为公民身份的研究打开一个新的领域（刘雪，2017）。

对知识本性的研究是知识论的主题之一。20 世纪 80 年代中期兴起的社会知识论着重考察了知识构成的社会维度，丰富了人们对知识论的理解。与社会知识论几乎同时兴起的女性主义知识论则从性别分析角度，对知识的情境性、视角性做了考察，主张一种情境知识，不仅反思和批判了传统知识论的客观性和普遍性的主张，同时也扩展和深化了知识本性的研究（左兴玲，2018）。女性主义从三个方面对传统程序性自主理论发起系统的批判，这样的批判成为关系性自主理论的前提（周正圆，2018）。

（三）女性主义伦理学

随着社会的发展，人类认知不断完善，社会中存在的一系列性别差异问题被人们特别是女性关注，为了维护女性的自身权利、追寻平等的性别关系，在女性主义伦理的基础上形成了关怀伦理学。关怀伦理学以实现性别平等为己任，通过性别二元关系对社会中存在的性别不平等问题进行客观分析，从其理论自身寻求对性别关系的突破，客观认识理论中存在的性别困境，并结合正义伦理的普遍平等原则，打破传统的二元对立结构，实现对性别的正义追寻，最终突破原有的性别观念，实现性别超越（慕霜，2016）。玛莎·C. 纳斯鲍姆（Martha C. Nussbaum）在《性与社会正义》《女性与人类发展》等著作中论述了性别正义理论，并且在论及能力理论时也常常关注女性境况。纳斯鲍姆还看到关怀具有正义维度，将关怀与社会正义置于同一范畴进行考虑，关怀与每一个社会成员相关，且关怀的对象不再局限于家庭内部的成员，其他处于社会弱势地位的群体也可以被纳入关怀范畴（杨洁，2019）。美国进步主义运动时期的妇女领袖劳拉·简·亚当斯（Laura Jane Addams）所提倡的"关怀的社会化"，结合自身参与社会改良和妇女运动的经验，对女性主义伦理学进行开拓性的探索，为当代女性主义的关怀伦理指出一个切实可行的发展方向（王红欣，2018）。我们发现，易受伤害性是当代伦理学中的一个敏感而复杂的概念，尽管关乎对平等和公正、生命、暴力、战争等重要伦理问题的探讨，但它却是一个模糊的、尚未得到系统阐释的概念。因而，女性主义伦理学家对于易受伤害性概念及其道德责任的阐释，对易受伤害性与自主性关系的探讨，不仅具有重要的理论意义，也为解决相关的现实伦理问题提供了有益的参考（肖巍，2016b）。

20 世纪 70 年代以来，罗尔斯的《正义论》发表，激起了女性主义对正义问题的探讨与建构。以苏珊·穆勒·奥金（Susan Moller Okin）为代表的女性主义政治哲学家，从女性主义的角度对罗尔斯、沃尔泽等的正义理论展开了批判，发展了女性主义的批判视角，丰富了正义理论（胡钟秀，2018）。在德性伦理的框架下，基于女性主义视角，考察不平等的社会权力结构造成的构成性道德运行的体系化差异对女性等弱势群体品格构造与德性发展的影响，既有利于促进弱势群体克服自身不利境遇、实现道德人格的自我完善，也有利于通过推动舆论导向、变革社会观念等方式来改善弱势群体的不利境遇（贾佳，2018）。生命伦理学中很多议题也与女性伦理密切相关，两者也都具有浓厚的后现代特征，当代生命伦理研究及发展要积极借鉴女性主义的思想分析（鲁琳，2020）。

(四) 女性主义政治哲学

女性主义的理论和实践不仅促进女性社会地位的提高，还有力地推动了女性政治参与。女性主义消解了女性政治参与的文化障碍，唤醒并激发了女性政治参与的主体意识，使有利于女性政治参与的法律和制度框架得以构建，拓宽了女性政治参与的空间，为女性政治参与开辟了新领域（王丹宏，2016）。20世纪 70 年代以来，各个新制度主义流派不断推进自身理论构建与方法更新，然而制度现象纷繁复杂，行动者、制度背景与结构性要素在现实政治运转中均难免经受性别关系的塑造，性别关系也通过男性特质与女性特质的规范性制度得以不断强化，因此分析各类制度现象必须充分考虑性别关系的实质，这恰是新制度主义学者所忽视的。部分女性主义研究者立足于女性主义内部就制度议题的前沿探索，在新制度主义呈现出贯通倾向的趋势中，借鉴新制度主义各流派的制度研究框架与分析工具，提出了将女性主义与新制度主义相融合的分析思路（冯修青，2020）。平等观念有助于妇女摆脱性别歧视、突破私人领域的束缚，介入公共领域的政治生活中来，从关注性别之间的差异转向关注妇女内部的差异和认同政治（何佩群，2019）。经济、文化发展水平的提升，促使女性的自我意识逐渐觉醒。社会的变迁与进步使得女性从传统的、相对私人的家庭空间走出，到不同的生活场景和公共空间中扮演多重角色，女性的现身让城市公共空间绽放出新的生机活力（刘文子，2020）。尤尔根·哈贝马斯（Jürgen Habermas）在公共领域的界定和建构过程中遵循一贯的以男性为公共领域主体的观点，把女性活动归属于私人领域，并一直坚持公共领域与私人领域之二元对立的重要性。激活一种更好的、恰当的和更具潜在批判性的多元公共领域，需要对当代后资本主义社会中的公共领域进行性别、种族和阶级维度的阐释和重构（戴雪红，2017）。

美国当代女性主义哲学家朱迪斯·巴特勒（Judith Butler）一直关注女性主义抵抗政治，不仅将其贯穿于自己的整个理论体系之中，而且使其成为一种鼓舞当代女性主义运动的实践力量（肖巍，2019）。随着非物质劳动理论重要性的上升，迈克尔·哈特（Michael Hardt）与安东尼奥·奈格里（Antonio Negri）的"情感劳动"概念成为学界研究和争论的焦点，该概念与女性主义理论之间张力关系的研究也逐渐升温，哈特与奈格里的"情感劳动"概念延伸了女性主义对情感、再生产、劳动与性别分工等的探讨，有助于开展对资本主义社会权力关系的全新批判，为女性主义的发展注入新的活力（戴雪红，2020）。

（五）生态女性主义

生态女性主义一直是女性主义哲学研究的一个焦点，这五年学者对此方向研究的热情依然不减。女性与自然的双重解放不仅要对资本主义进行持续的批判，也要批判父权制与当代资本主义经济体制和政治体制的相互编织。因而女性的解放与自然的解放和劳动的解放所采取的策略和路径是一致的（韩欲立，2017）。生态女性主义从术语诞生至今40余年，以其独特的性别视角审视人、自然与社会关系，寻求人与人、人与自然的和谐。学者的研究集中在，探寻生态女性主义的源起，女性与自然的关系发展，梳理女性观与自然观的变迁，分析生态女性主义理论来源，解析生态女性主义的发展进路与生命力之源（陈伟华，2016）。卡罗琳·麦茜特（Carolyn Merchant）的生态女性主义思想认为，女性的压迫和自然的破坏是紧密联系在一起的，她提出了一种把人类与自然、女性与男性、精英与大众等二元对立视为一个有机联系整体的观念（何玉婷，2016）。生态女性主义是女性主义和环境主义相结合的产物，其中的哲学思维模式的批判与道家"整体性""阴阳和谐""天人合一""贵柔"思想有着相似点（顾琳，2017）。

环境正义源自对环境问题的伦理关注，它的实质是对环境责任和生态利益的合理负担和分配，可以说是社会正义概念的延伸和突破。作为生态女性主义的倡导者，格里塔·加德（Greta Gaard）始终认为，生态女性主义不仅关乎女性主义和环境主义，还包括以此为前提来讨论环境恶化和社会不公等问题。加德认为，环境正义源于道德关注，认为人类应该关怀陌生人和其他物种（汪雅雪、赵谦，2020）。格里塔·加德的生态女性主义伦理观是在传统伦理观和女性主义伦理观的基础上提出的，同时又看到二者的不足，提出构建跨文化的生态女性主义伦理观，并认为发展跨文化生态女性主义伦理观应该避免"伦理殖民"，在批评实践上，加德建议发展并运用具有生态女性主义伦理思想的叙事来进行跨文化交流（华媛媛，2016）。人类在经济快速发展的同时，也出现了生态恶化、资源匮乏等一系列前所未有的生态危机。范达娜·席瓦（Vandana Shiva）对全球尤其是发展中国家生态危机的根源进行了分析，对西方发达国家资本主义的发展模式展开了强烈批判（范宗朔，2018）。生态女性主义与深生态学进行的长期争论，将当代北美激进环境理论关于生态政治和环境伦理问题的哲学根基、道德规范和政治策略都充分地暴露出来（韩欲立，2017）。

（六）女性主义科学哲学

20 世纪以来，女性主义作为一种席卷全球的社会思潮，对多个社会领域产生影响，当其席卷至科学领域时，主要体现为对科学的强烈反思和批判，并据此产生不同的女性主义科学观流派。唐娜·哈拉维（Donna Haraway）是美国著名的跨学科学者，也是后现代女性主义学科的领军人物之一，其代表作《赛博格宣言》自 1985 年发表以来就受到欧美学界的广泛关注。

哈拉维的赛博格女性主义科学观是后现代主义的，并以其独特的赛博格概念为本体论，以情境化知识为认识论表达，该科学观在用赛博格理论冲击传统哲学的二元论基础的同时，也吸纳了情境化知识，用以批判科学内部的"男性话语权"与客观性（高赛男，2020）。她拒绝过于乐观地肯定或悲观地否定科学与技术的研究途径，她的理论具有潜在的革命性，为后现代主义的发展提供了一个新空间，为重塑自然与文化、科技与性别的关系拓宽了批判的视野（戴雪红，2018）。她以极其敏锐的眼光提出了情境化知识论，对科学认知进程的客观性做出新的诠释，试图构建一种负责任的科学（李敏，2019）。

在科学认识研究领域，女性一直以来被边缘化甚至被排斥在外。而女性主义认识论从"社会性别"的视角出发，质疑传统认识过程中形成的普遍结论，呼吁女性参与到科学认识研究中，并认为男女两性应该基于公平的社会环境展开竞争。随着女性主义各个流派逐渐对科学知识体系进行不同程度的探索和研究，女性主义者开始对科学认识中性别差异产生的原因进行分析，并针对不同的结论尝试给出相应的解决措施（杜沂蒙，2017）。

（七）马克思主义女性主义

马克思主义女性主义是马克思主义与女性主义理论结合的产物，在不同的历史时期，其概念与论域不断发生转变，从审视"隐匿"的家务劳动，转向探讨资本主义和父权制的关系，从沉寂时期与以身份政治为内核的女性主义做斗争，发展至今呼吁社会再生产理论与开展反资本主义联合斗争（钟路，2020）。综合运用马克思主义和女性主义来考察世界政治中的权力，可能拓宽理论框架的运用范围，有助于推动马克思主义理论的发展（雷小梅，2018）。同时，也可能有益于适应世界政治的现实发展，揭示政治权力运行的内在矛盾、基本规律和权力分布现状等，从而凸显马克思主义理论的持久生命力，既涉及性别政治，又观照世界政治的现实发展（严双伍、巩辰，2017）。朱丽叶·米切尔（Juliet Mitchell）的"四大结构"妇女理论深化了马克思主义妇女解放理论，拓宽了传统女权主义研究的新视角，有利于唤醒妇女主体意识，保障妇女的合法权益（杜晓娜，2020）。

自19世纪末产生以来，女性主义对女性问题的探讨呈千姿百态，形成了众多的流派。其中，马克思主义女性主义是对女性问题思考的一个全新独到的视角，它运用马克思主义的理论，深层次进入其他女性主义理论所不能触及的社会根基，从家庭、财产、国家的变革中去挖掘女性问题的根源，更提出了不同凡响的妇女解放道路，对其时及资本主义全球化的今天的影响都不容小觑（韩璞庚、薛斐，2016）。阿莉森·M.贾格尔（Alison M. Jaggar）将马克思的劳动异化理论和女性主义理论相结合，运用辩证唯物主义和历史唯物主义的方法，认为现代女性异化主要体现为性异化、母职异化、精神智力异化以及女性气质的异化。贾格尔认为资本主义父权制的存在是女性异化的本质原因，在她看来，如果不消灭父权制，即使实现了共产主义，女性也无法实现全面的解放。贾格尔由此提出消解女性异化的具体途径，实现女性生殖自由、进行劳动变革、成立独立的女性组织以及最终实现女性主体意识的觉醒（朱雯，2020）。女性问题的解决不仅关乎人性，还关乎人类的生存、发展和解放等重大哲学问题。因此，只有促进这一问题的解决，才能不断推动社会的发展。有学者系统地梳理了西方马克思主义女性思潮的发展脉络（李明桧，2019）。以马克思主义哲学为指导，围绕女性主义学术界关于性别差异与性别不平等、生理性别与社会性别、女性解放与人类解放等学术话语进行了理论探讨，反思性别二元对立的思维偏差与女性主义观念偏差的局限，提出运用马克思主义哲学的人类视域或许能结束女性主义观念偏差主张（张洪伟、王晶，2016）。

当代西方马克思主义女性主义的勃兴源于女性主义与马克思主义的内在契合性。但女性主义与马克思主义融合问题却常遭男权意识浓厚的左翼学者与后现代主义者的质疑与责难。《女性主义与马克思主义辩证融合的有益探索——评〈南希·哈索克的马克思主义女性主义研究〉》（尹玉吉，2018）多层面揭示了女性主义与马克思主义辩证融合的可能性与现实性。研究女性在新时代中国特色社会主义实践中的社会认同，可以从四个视角展开阐释：一是深刻把握马克思恩格斯等马克思主义经典作家对女性地位的深刻阐述，认清女性现实地位不平等的根源；二是透视马克思恩格斯对女性解放的路径探索，特别是马克思恩格斯从阶级分析法、经济分析法和社会分析法等多角度、多维度进行的探究；三是理解女性主义的马克思主义对恩格斯观点的批判和发展，认清当代女性主义的使命与担当；四是认识新时代女性的社会认同，积极推动女性参与新时代中国特色社会主义的伟大实践（龙玲玲，2018）。英国马克思主义女性主义核心人物米切莉·巴雷特（Michele Barrett）的马克思主义女性主义思想可以解答当代中国妇女性别理论存在的诸多矛盾与犹疑困惑问题（赵璐，2020）。也有学者多层次揭示南希·哈索克（Nancy Hartsock）的马克思主义女性主义的基本理论观点（王秋霖，2019）。西方马克思主义女性主义者在理论上也存在性别特化的误区、结构分析的偏颇、解放策略的碎片化、女性解放与社会革命断裂等局限性。因此，西方马克思主义女性解放理论尚需进一步敞开解放的空间（孙德忠、贾晓煜，2020）。

也有很多女性主义学者对马克思主义经典文献进行了研究，莉丝·沃格尔（Lise Vogel）对马克思主义经典文献中女性问题进行批判性审读，发现经典文献的论述内容不够充分，社会主义女性主义者对马克思主义的女性理论理解不透彻，因而未能构建稳定的马克思主义理论体系来分析女性问题（陈河伊，2020）。马克思《1844 年经济学哲学手稿》（以下简称《手稿》）中的"异化"理论、"人与自然的关系"理论及"类存在"概念等逐渐受到西方女性主义学者重视，从这些学者对《手稿》解读和运用的历史及当前状况的分析中可以看到这样一种趋势：她们从之前对《手稿》价值的否定以及对其中"男性中心主义"的指责，逐渐走向对《手稿》价值的肯定和利用（常佩瑶，2016）。《家庭、私有制和国家的起源》从男女性别分工的自然性，性别对阶级的隶属性等方面对女性问题做出了细致的批判性解读，对女性的历史处境和权益给予了理论支持与关怀（孙奥，2017）。在《马克思主义与女性受压迫：趋向统一的理论》一书中，沃格尔梳理了马克思主义女性主义理论的发展变化，并试图严格地从马克思主义理论出发来全面阐述女性问题。在家务劳动的问题上，沃格尔无疑展现了分析女性问题的新视角（刘艳，2018）。马克思主义妇女观现代价值的彰显，不能仅囿于理论封闭研究，更需要通过借鉴其他女性理论，在比较中不断完善发展（官晓菲，2017）。

（八）中国传统哲学文化的女性主义阐释

中国传统哲学思想也是这五年来学者借鉴的理论来源，其中对儒家思想的研究居多。儒家传统与现代男女平等问题既是推动儒家传统文化"创造性转化和创新性发展"，使之能够走向现代和世界的关键课题，也有利于落实中国男女平等，建构女性主义哲学学科，从而促进女性发展与和谐社会建设。在对儒家传统中的封建糟粕进行反思和批评的同时，也可以汲取精华，利用这一传统为男女平等和女性解放提供价值支持。女性和人类解放的路径依据文化不同而不同，继承儒家重视家庭与夫妇之伦的传统，以家庭为基础开辟现代男女平等之道，不失为具有中国特色的女性解放和人类解放之路（肖巍，2018b）。

有学者认为，儒家思想和女性主义关怀伦理学的核心理论，二者存在相似性。儒家思想提倡的"爱人"，与女性主义关怀伦理学的"关怀"都拥有共同关怀的道德情感基础，并同样兼具宽松的准则（郈一芝，2018）。《易》学确立了儒学女性哲学的本体论，《诗》《礼》之学，明确了女性德行之要和行为准则；正史《列女传》及旌表制度，彰显了以柔顺为仁、贞节为义的正统儒学女性观；"《序卦》范式"呈现的阴阳互补哲学理论，以及夫妇是人伦核心的社会角色观（王宝峰，2020）。有学者对之前提出的理论进行了分析，认为要让儒家思想与女性主义相容，那么前者必被改造到丧失其主要特征的程度，任何提出某种人道主义价值和原则的宗教或哲学都是与女性主义相容的（〔韩〕金荷淑著，李红霞译，2017）。还有学者将英国作家多丽丝·莱辛（Doris Lessing）生态女性主义观与中国"天人合一"思想相比较，阐释中外人与自然观的异同（李忠霞、李毅，2016）。

（九）西方女性主义哲学经典文献翻译

中国女性主义哲学的研究的一个侧重就是对西方经典原著以及著名女哲学家著作的翻译。2016~2020年国内翻译了大量重要著作，如《女权主义的未来》（〔英〕西尔维亚·沃尔拜著，李延玲译，2016）、《公共的男人，私人的女人——社会和政治思想中的女性》（〔美〕让·爱尔斯坦著，葛耘娜、陈雪飞译，

2019）、《父权制与资本主义》（〔日〕上野千鹤子著，邹韵、薛梅译，2020），等等。这些著作不仅是有着强烈批判性和思想性的理论著作，也是有清晰现实指向和实践关怀的作品，揭示了女性主义在全球化时代面临的新形势以及呈现的新变化，生动地描述了女性主义发展的脉络与未来走向，在学术界产生了重要影响。

此外，还有一些国外知名学者的论文也在国内翻译发表，如艾米·埃伦（Amy Allen）发表于著名的女性主义哲学杂志《希帕蒂亚》（*Hypatia: A Journal of Feminist Philosophy*）的文章，作者借鉴米歇尔·福柯（Michel Foucault）的著作强调，一种否定的解放概念把追求权力和解放的悖论转变成一种激发批判的生产性张力的女性主义批判理论是最好的方式（〔美〕A. 埃伦著，孙秀丽译，2016）。

西尔维娅·费德里西（Silvia Federici）载于《卢森堡》（*Luxembourg*）2017 年第 2～3 期的文章，主要关注马克思理论中的女性主义和性别方面的内容。承认女性的家庭无偿劳动在劳动力生产中的核心地位，不仅重新定义了家务劳动，也重新定义了资本主义的性质以及反抗资本主义的斗争。这意味着我们要重新审视马克思及其著作，推动女性主义的发展（〔美〕西尔维亚·费德里西著，张也译，2018）。

乔安娜·奥克萨拉（Johanna Oksala）载于《希帕蒂亚》2018 年第 2 期的题为《女性主义、资本主义与生态学》的文章，批判性地评估了女性主义、资本主义和生态学之间不同的理论联系方式，以社会主义生态女性主义的现有传统为出发点，概述了唯物主义生态女性主义和马克思主义生态女性主义与资本主义、女性的从属地位和环境的破坏之间的联系（〔美〕乔安娜·奥克萨拉著，林策译，2020）。

三 研究不足和展望

2016～2020 年，中国的女性主义哲学研究得到了更广泛、更深入的发展。可以看出，学者对于国外女性主义哲学研究的充分关注，结合国外的最新理论成果进行的深入探讨，为我们的研究提供了启发。随着社会的发展，女性自主意识提升，对女性主义哲学的理论深度的要求也有所提高和增加，这就要求学者结合我国国情和实践中的具体情况进行研究。

然而，国内女性主义哲学研究尚有不足。研究还停留在引进和介绍国外理论成果。从所收集的这五年的研究成果来看，大部分学者还是处在对欧美学者研究成果的分析、对比上，缺乏自主性的研究成果。从中国传统哲学文化的女性主义阐释的这部分研究来看，数量较少、内容涵盖面较窄，缺乏中国女性的本土理论特色。这会导致理论在应用和实践领域不能得到广泛认可，也会影响女性主义学者对研究的热情，这在整体研究成果数量上也有所体现。中国的女性主义哲学理论如果想要在世界研究领域有一席之地，就需要结合中国传统哲学思想和中国传统文化进行研究。

如今，在世界范围内，女性主义哲学已经成为支撑女性主义运动发展的最为基础的学科，它不仅给古老的哲学学科带来生机与活力，也为当代社会理论和现实问题的解决提供不可取代的方式和途径。当代中国女性主义哲学研究既要借鉴西方女性主义哲学研究成果，赋予其中国文化背景的新解释，也需要大力挖掘中国哲学传统，形成中国特色的女性主义哲学概念和理论，利用女性主义哲学视角思考当代中国女性和社会发展遇到的各种问题，同时应当把中国传统哲学和当代哲学成果整合到女性主义哲学研究中来，为当代世界女性主义哲学发展做出独特贡献。

首先，应当看到哲学社会科学发展对认识和解释世界、推动民族思维能力发展、提升综合国力的重要意义。当代哲学越发呈现出包容性和多样化的发展趋势，这使得旨在以"性别分析"视角研究哲学的新学科——性别哲学也在推动社会文明进步、解决社会现实问题、追求社会公正的过程中凸显出独特的意义。

其次，在性别哲学研究方面，应当把发展马克思主义妇女理论尤其是关于性别的哲学理论视为性别哲学本土化发展的关键。当代中国性别哲学的发展应更注重应用方向，但这并不意味着要放弃对哲学本体论、认识论和形而上学以及哲学伦理思想史的研究，而意在强调这些"纯粹"理论层面的研究要始终服务于它们所指向的"问题"。同时，当代性别哲学的本土化发展也需要汲取优秀传统哲学资源，例如传统的阴阳理论等。性别哲学本土化的发展必须批判性地借鉴国外性别哲学研究的成果，因为"对一切有益的知识体系和研究方法，我们都要研究借鉴，不能采取不加分析、一概排斥的态度"（中华人民共和国国务院新闻办公室，2016）。这种借鉴需要先有一些人做大量艰苦的翻译和解释工作，通过筛选、批评和分析把当代世界有影响力的一些女性哲学家、女性主义哲学家的思想引入中国，用于概括、建构和探讨中国社会和女性在发展中所面临的相似和不同的问题。

最后，应当挖掘和呈现女性在不同文化中的历史贡献。当代性别哲学应当用不同的方式来讲述哲学的历史故事，例如应当梳理和研究女性通过对话、书信和哲学诗集等形式完成的哲学思考，以凸显女性在人类哲学发展历史中的重要地位。

从理论上说，当代中国性别哲学的本土化发展可以为提升中国文化的软实力、在国际社会上"发声"做出独特贡献。当代中国性别哲学研究既需要对基本哲学概念进行赋予中国文化背景的新解释，例如从哲学上解说女性、理性、感性、精神、身体以及公正、自主性、权利、自然和空间等概念，也要对国外性别哲学发展中出现的新概念保持高度的敏感，因为每一个概念的提出都对应着一个或一些亟待解决的社会或理论问题，例如"易受伤害性"概念主要是针对"暴力"问题，呼唤人性的回归，而"跨国女性主义"概念则提醒人们并不存在与"纯粹"全球化分离开来的"纯粹"本土化，人们应当摆脱"本土与全球"的定位政治学，跨越这两者的区分进行思考，把殖民主义历史、新殖民主义、全球资本化和新自由主义一并作为重要的研究课题。

参考文献

1. 〔美〕A. 埃伦（2016）：《非乌托邦的解放——臣服、现代性以及女性主义批判理论的规范性诉求》，孙秀丽译，《马克思主义与现实》第 2 期。

2. 常佩瑶（2016）：《论西方女性主义者对马克思〈1844 年经济学哲学手稿〉的研究》，《科学社会主义》第 1 期。

3. 陈河伊（2020）：《社会再生产与女性解放》，硕士学位论文，广西大学。

4. 陈伟华（2016）：《生态女性主义的源起与演进——历史与理论视角的考察》，《中华文化论坛》第 12 期。

5. 戴雪红（2016）：《女性主义的实用主义转向——弗雷泽与罗蒂的论争探析》，《国外社会科学》第 4 期。

6. 戴雪红（2017a）：《论公共领域的多维重构——基于弗雷泽对哈贝马斯公共领域理论的女性主义批判》，《江海学刊》第 6 期。

7. 戴雪红（2017b）：《女性主义方法论的批判与重构——基于弗雷泽后现代女性主义

理论的视域》，《福建论坛（人文社会科学版）》第 8 期。

8. 戴雪红（2018）：《科学、技术与性别的博弈——论唐娜·哈拉维女性主义认识论的当代价值》，《科学技术哲学研究》第 2 期。

9. 戴雪红（2020）：《哈特与内格里"情感劳动"概念的女性主义解读》，《马克思主义与现实》第 2 期。

10. 杜浦凡（2017）：《后现代女性主义主体性问题研究》，硕士学位论文，黑龙江大学。

11. 杜晓娜（2020）：《朱丽叶·米切尔的"四大结构"理论研究》，硕士学位论文，太原理工大学。

12. 杜沂蒙（2017）：《女性主义视角下的科学认识主体研究》，硕士学位论文，中国青年政治学院。

13. 范伟伟、张欢（2016）：《社会契约论的边界及其反思——女性主义对自由主义的批判》，《社会科学》第 2 期。

14. 范宗朔（2018）：《范达娜·席瓦及其生态观》，《文化学刊》第 7 期。

15. 冯修青（2020）：《政治科学中的女性制度主义研究》，硕士学位论文，吉林大学。

16. 高赛男（2020）：《唐娜·哈拉维的赛博格女性主义科学观研究》，硕士学位论文，天津大学。

17. 郜一芝（2018）：《女性主义关怀伦理学视域下的"恕"》，《牡丹江大学学报》第 1 期。

18. 顾琳（2017）：《论道家思想和生态女性主义的共性》，《牡丹江大学学报》第 7 期。

19. 官晓菲（2017）：《妇女受压迫的根源问题——基于马克思主义妇女观与自由主义女性主义的比较》，《学理论》第 11 期。

20. 郭硕博（2017）：《福柯的生存美学思想研究——从"关怀自身"到女性主义》，中国社会科学出版社。

21. 韩璞庚、薛斐（2016）：《马克思主义女性主义对马克思主义理论的"性别"阐释》，《学术界》第 11 期。

22. 韩欲立（2017）：《女性主义与生态正义：美国生态女性主义的哲学探析》，《福建论坛（人文社会科学版）》第 1 期。

23. 何佩群（2019）：《平等、差异与社会性别》，《复旦政治学评论》第 1 期。

24. 何玉婷（2016）：《浅谈卡罗琳·麦茜特的生态女性主义思想》，《新丝路（下旬）》第 12 期。

25. 贺娜娟（2019）：《女性"他者"的逆袭——后现代主义视角》，《山西青年》第 20 期。

26. 胡钟秀（2018）：《苏珊·奥金对沃尔泽多元正义的批判》，硕士学位论文，华东师范大学。

27. 华媛媛（2016）：《格里塔·加德生态女性主义伦理观探析》，《鄱阳湖学刊》第 2 期。

28. 贾佳（2018）：《构成性道德运气与弱势群体的德性发展——基于女性主义视角》，《扬州大学学报（人文社会科学版）》第 4 期。

29. 〔韩〕金荷淑（2017）：《韩国语境中的儒家思想与女性主义》，李红霞译，《第欧根尼》第 2 期。

30. 雷小梅（2018）：《什么是真正的女性解放?》，硕士学位论文，西南政法大学。

31. 李敏（2019）：《唐娜·哈拉维的情境化知识论探析》，硕士学位论文，南京师范大学。

32. 李明桧（2019）：《西方马克思主义女性思潮及其对中国女性发展的启示》，硕士学位论文，南昌大学。

33. 李寅月（2018）：《伊丽佳蕾差异论女性主义探析》，博士学位论文，山西大学。

34. 李忠霞、李毅（2016）：《多丽丝·莱辛生态女性主义观与儒家"天人合一"思想的关联性》，《理论观察》第 6 期。

35. 林苏云（2020）：《波伏娃女性主义伦理思想——波伏娃〈第二性〉解读》，《山西青年》第 18 期。

36. 刘慧、王陈颖（2016）：《自我与他者之间——女性主义对哈贝马斯话语伦理学的重构》，《浙江学刊》第 6 期。

37. 刘文子（2020）：《城市女性公共空间的伦理解析》，硕士学位论文，上海交通大学。

38. 刘雪（2017）：《露丝·里斯特公民身份理论评析》，硕士学位论文，辽宁大学。

39. 刘艳（2018）：《莉丝·沃格尔的家务劳动观》，硕士学位论文，湘潭大学。

40. 龙玲玲（2018）：《论女性在新时代中国特色社会主义实践中的社会认同——以女性主义的马克思主义为视阈》，《知与行》第 3 期。

41. 鲁琳（2020）：《女性主义视角下的生命伦理研究》，《文化学刊》第 12 期。

42. 慕霜（2016）：《女性主义关怀伦理的性别探究》，《阴山学刊》第 5 期。

43. 〔美〕乔安娜·奥克萨拉（2020）：《生态女性主义的反资本主义政治联盟》，林策译，《国外理论动态》第 4 期。

44. 〔美〕让·爱尔斯坦（2019）：《公共的男人，私人的女人——社会和政治思想中的女性》，葛耘娜、陈雪飞译，生活·读书·新知三联书店。

45. 〔日〕上野千鹤子（2020）：《父权制与资本主义》，邹韵、薛梅译，浙江大学出版社。

46. 施萍萍（2016）：《朱迪斯·巴特勒的性别操演理论研究》，硕士学位论文，杭州师范大学。

47. 宋建丽（2018）：《正义与关怀：女性主义的视角》，厦门大学出版社。

48. 孙德忠、贾晓煜（2020）：《西方马克思主义女性解放理论探析》，《江苏海洋大学学报（人文社会科学版）》第 1 期。

49. 孙奥（2017）：《〈家庭、私有制和国家的起源〉中有关女性问题的探讨》，硕士学位论文，云南大学。

50. 孙黎（2017）：《巴特勒妇女同一性思想研究》，硕士学位论文，湘潭大学。

51. 孙澉茗（2019）：《从承认到女性主义——南希·弗雷泽正义理论研究》，博士学位论文，中央民族大学。

52. 孙岩、李寅月（2018）：《"差异论"：超越"二元对立"走向"和谐"——露西·伊丽佳蕾女性主义思想探析》，《山西大学学报（哲学社会科学版）》第 3 期。

53. 孙岩、李寅月（2017）：《"男权主体"的解构与"女性主体"的重塑——露西·伊丽佳蕾女性主义理论的主要价值》，《求是学刊》第4期。

54. 汪雅雪、赵谦（2020）：《论格里塔·加德的环境正义思想》，《南京林业大学学报（人文社会科学版）》第2期。

55. 王宝峰（2020）：《传统儒学中的女性观及其现代意义》，《江西社会科学》第4期。

56. 王丹宏（2016）：《女性主义与女性政治参与：从社会思潮到政治实践》，博士学位论文，吉林大学。

57. 王涵（2020）：《波伏瓦〈第二性〉女性主义思想研究》，硕士学位论文，黑龙江大学。

58. 王红欣（2018）：《论简·亚当斯的女性主义伦理思想》，《辽宁大学学报（哲学社会科学版）》第4期。

59. 王秋霖（2019）：《南希·哈索克的马克思主义女性主义立场论研究》，硕士学位论文，吉林大学。

60. 王思齐（2018）：《波伏娃〈第二性〉中存在主义女性哲学研究》，硕士学位论文，华中科技大学。

61. 文洁华（2016）：《女性主义哲学与身体美学》，广西师范大学出版社。

62. 吴华眉（2018）：《从身体到政治——朱迪斯·巴特勒的女性主义批判》，《当代国外马克思主义评论》第2期。

63. 〔美〕西尔维亚·费德里西（2018）：《马克思主义与女性主义》，张也译，《国外理论动态》第10期。

64. 〔英〕西尔维亚·沃尔拜（2016）：《女权主义的未来》，李延玲译，社会科学文献出版社。

65. 肖巍（2016a）：《女性主义是否需要"形而上学"？——基于萨利·哈斯兰格理论的思考》，《中华女子学院学报》第5期。

66. 肖巍（2016b）：《易受伤害性：女性主义伦理学的阐释》，《中国人民大学学报》第3期。

67. 肖巍（2018a）：《性别与生命：正义的求索》，人民出版社。

68. 肖巍（2018b）：《男女平等：儒家传统走向现代和世界的主题》，《船山学刊》第1期。

69. 肖巍（2019）：《女性主义抵抗政治：巴特勒对〈安提戈涅〉的阐释》，《中国人民大学学报》第3期。

70. 严双伍、巩辰（2017）：《试论世界政治中的权力——基于马克思主义和女性主义的比较分析》，《教学与研究》第7期。

71. 杨洁（2019）：《纳斯鲍姆能力进路正义观研究》，硕士学位论文，湘潭大学。

72. 叶宇彤（2018）：《赛博格视角下的女性本质研究》，硕士学位论文，华南理工大学。

73. 尹玉吉（2018）：《女性主义与马克思主义辩证融合的有益探索——评〈南希·哈索克的马克思主义女性主义研究〉》，《山东理工大学学报（社会科学版）》第2期。

74. 于越（2017）：《女性主义立场论科学哲学研究》，硕士学位论文，云南师范大学。

75. 张洪伟、王晶（2016）：《马克思主义哲学视阈下的女性主义观念偏差》，《东北师大学报（哲学社会科学版）》第5期。

76. 张荣（2020）：《波伏娃女性主义理论与马克思的妇女解放思想的比较研究》，硕士学位论文，黑龙江大学。

77. 张舒（2017）：《波伏娃女性主义理论研究》，硕士学位论文，华中师范大学。

78. 张欣（2017）：《波伏瓦承认理论研究》，硕士学位论文，华东理工大学。

79. 赵璐（2020）：《米切莉·巴雷特的马克思主义女性主义研究》，硕士学位论文，山东理工大学。

80. 郑湘萍（2020）：《范达娜·席瓦的生态女性主义思想研究》，人民出版社。

81. 中华人民共和国国务院新闻办公室（2016）：《习近平：在哲学社会科学工作座谈会上的讲话（全文）》，http：//www.scio.gov.cn/31773/31774/31783/Document/1478145/1478145.htm。

82. 钟路（2020）：《马克思主义女性主义研究：从概念变迁到论域转换》，《马克思主义理论学科研究》第6期。

83. 周华（2018）：《埃及女性主义思潮研究》，时事出版社。

84. 周正圆（2018）：《适应性偏好与自主性关系的理论探究》，硕士学位论文，华东师范大学。

85. 朱雯（2020）：《论贾格尔女性异化理论》，硕士学位论文，河南师范大学。

86. 朱晓佳（2018）：《性别差异伦理学——伊丽格瑞的女性主义伦理学研究》，中国社会科学出版社。

87. 朱晓倩（2016）：《波伏娃女性解放思想的存在主义本质》，硕士学位论文，沈阳师范大学。

88. 左稀（2020）：《纳斯鲍姆对自然主义女性角色论的批评》，《哲学评论》第1期。

89. 左兴玲（2018）：《论女性主义知识论视域中的知识本性》，《科学技术哲学研究》第5期。

女性政治学研究综述（2016~2020 年）

郭夏娟*

一 研究概述

2016~2020 年，中国女性政治学研究取得显著成效，数量增加明显，研究范围与主题也有所拓展。根据女性政治学学科的基本范畴在中国知网（CNKI）"中国期刊全文数据库""中国博士学位论文全文数据库""中国优秀硕士学位论文全文数据库"进行检索，以"女性政治学""女性主义政治学""性别+政治学""社会性别+政治学"作为检索词，共检索到从 2016 年 1 月 1 日到 2020 年 12 月 31 日期间发表的研究论文 185 篇，博士学位论文 47 篇，硕士学位论文 68 篇。

为进一步追踪女性政治学理论研究发展概况，我们进一步搜索这五年女性政治学学科理论观点的研究成果，以展示女性政治学理论研究关注的核心议题及其发展现状。为此，提炼出以下关键词：女性公平与正义、女性权力、女性权利、女性公民身份、女性参与政治决策、国外女性政治参与、妇联组织与女性组织、性别视角下的国际关系与国际政治等，在中国知网（CNKI）"中国期刊全文数据库""中国博士学位论文全文数据库""中国优秀硕士学位论文全文数据库""中国学术会议论文数据库"中进行针对性检索，获得期刊论文 467 篇，博士学位论文 23 篇，硕士学位论文 140 篇，会议论文 2 篇。

下面从两个维度对上述文献进行梳理。一是从整体视角揭示 2016~2020 年女性政治学学科建设与发展概况，以便深入理解学科理论建设的宏观背景，同时将有关学科建设的学术活动纳入其中，以展现女性政治学学科发展的实践基础。二是从特殊视角梳理女性政治学理论观点的研究成果。女性政治学是性别视角"介入"主流政治学的产物，因此本综述的梳理遵循两个依据：一是主流政治学理论的基本构成要素，以展示女性政治学与主流政治学一致的科学性；二是从性

---

* 作者简介：郭夏娟，女，浙江大学公共管理学院教授。

别视角提出的理论创见与观点，以呈现不同于主流政治学的性别特色，借此呈现这五年女性政治学理论探索的独特贡献。据此，首先梳理女性政治学学科建设及其发展概况，其次呈现女性政治学的主要研究内容。

（一）女性政治学学科建设成果

作为女性政治学学科建设的代表性成果，一批有代表性的理论专著不可或缺。2016～2020 年有多部女性政治学专题著作出版，其中包括《从"掌饭勺"到"掌帅印"的龙江女村官——农村妇女政治参与的理论与实践》（黑龙江妇女研究所，2017）、《锻造西部崛起背景下女性发展的组织基础——四川省妇联工作发展研究报告（2013～2017 年）》（郑长忠，2018）、《女性主义政治学的发展与重构》（邝利芬，2019）、《当代中国女性公共参与意识培育》（杨霞，2019）、《市民议事会视角下的女性基层社会治理参与研究》（卓惠萍，2020）等。与女性政治学学科相关的重要译著有美国学者艾丽斯·M. 杨（Iris Marion Young）的《正义与差异政治》（诚予、刘靖子译，2017）、美国评论家让·爱尔斯坦（Jean Bethke Elshtain）的《公共的男人，私人的女人》（耘娜、陈雪飞译，2019）以及日本学者上野千鹤子的《父权制与资本主义》（邹韵、薛梅译，2000）。这些专著与译著从不同层面丰富了女性政治学学科建设的理论素材，切实推动了女性政治学学科发展，众多获奖成果中出现不少与女性政治学密切相关的研究成果，某种程度上体现了女性政治学的研究成效。例如，2018 年第七届高等学校科学研究优秀成果奖（人文社会科学）中，国际问题领域的《女性主义和平学》（李英桃、李洪峰，2012）获三等奖。

这些研究主要体现在理论研究与实践探索两个层面。首先，基于理论视角的研究成果为中国女性政治学提供必要的理论资源。邝利芬（2019）的《女性主义政治学的发展与重构》，系统梳理了主流政治学在公私领域理论、公民身份理论、国际关系理论三个领域所做的解构与重构，借助社会性别分析方法对主流政治学的核心议题进行反思与重建，从倡导男女两性平等，肯定女性价值的观念、学说与方法论等方面为中国女性政治学理论体系建构提供理论资源与借鉴。杨霞的《当代中国女性公共参与意识培育》，以马克思主义妇女解放理论和中国特色社会主义妇女理论为指导和分析框架，从动态发展角度考察女性公共参与意识培育的发展，认为我国女性公共参与意识发展的历程就是中国共产党领导下的妇女运动史，也是坚持中国共产党的正确领导和科学指导的成果。研究者提出，女性公共参与意识培育是女性不断获得主体性、增强权利意识的过程，也是女性的行动影响公共决策和权利维护的过程，还是女性的民主能力建设的过程。与女性政治学理论建构密切相关的译著如上文提到的《正义与差异政治》《公共的男人，私人的女人》《父权制与资本主义》，基于性别视角揭示女性政治学区别于主流政治学的四个维度：一是分析主流政治学，指出其中存在的性别缺失和性别歧视现象；二是将女性上升为社会、经济和政治生活的主体，对女性在这三个层面的活动进行研究；三是揭示性别不平等如何渗透到日常的政治实践活动过程中；四是观察和研究女性的地位、女性的生活和女性的经验，构建出新的女性主义政治学理论体系，从而达到赋予女性以知识的主体地位的目的。这些著作同时反思了20世纪七八十年代美国等国家社会的政治冷漠与女性主义的激进倾向，其观点对于思考女性地位与男女平等问题有很大启发，对中国的女性政治学理论建构具有参考价值。其次，基于实践问题的探讨，为女性政治学提供现实经验与案例资源。女性政治学是一门实践性极强的学科，需要丰富的实践素材才能形成完整的体系。这五年多部著作为此提供了重要的依据，如《市民议事会视角下的女性基层社会治理参与研究》《从"掌饭勺"到"掌帅印"的龙江女村官——农村妇女政治参与的理论与实践》分别以青岛市 C 区、黑龙江省开展的市民议事活动与农村女村官政治参与为切入点，提出在新时代推动女性基层社会治理参与的政策建议，为女性政治学学科的完善提供现实经验与实践启示。

（二）女性政治学相关的科研资助项目

2016~2020 年，女性政治学学科领域研究项目有所增加，可从两个主要指标进行考察：一是国家社会科学基金资助项目，二是教育部人文社会科学基金资助项目。一方面，国家社会科学基金资助项目有所增加，在政治学门类下共立项 5 项，其中包括 2017 年的"乡村治理中农村女性组织化发展问题研究"（政治学，一般项目）、"西方马克思主义女性主义现代性理论研究"（政治学，后期资助），2018 年的"'一带一路'比较分析视角下村庄传统制度对中印农村妇女参与村级治理的隐性建构研究"（政治学，一般项目）、"农村贫困妇女非农就业服务研究"（政治学，一般项目）、"当代中国女性参政议政的社会支持体系研究"（政治学，后期资助）。其他学科门类下，涉及女性政治学的立项资助有 33 项。另一方面，教育部人文社会科学基金资助项目中与女性政治学相关的项目共有 3 项，包括 2017 年的"中国共产党领导的妇女解放运动历史经验研究"（马克思主义/思想政治教育，青年基金项目），2019 年的"论现代科学研究范式的转换——由歧视女性走向性别平等"（哲学，规划基金项目），2020 年的"我国妇女精准脱贫实践经验、实施成效与实现路径研究"（经济学，规划基金项目）。

综观上述两个层面的资助项目可知，2016～2020 年，女性政治学相关的资助项目内容范围广泛，涉及的学科领域多元丰富。这说明研究者对女性政治学相关问题的关注角度甚广，研究问题触及女性社会生活的各个方面，包括女性政治学理论应有之议题，也有关联女性政治学议题却从属于其他学科门类的众多项目。

2016～2020 年，女性政治学研究取得较大进展，研究质量日益提升。两年一次全国范围评选的高等学校科学研究优秀成果奖（人文社会科学），在国内具有学术权威性。众多获奖成果中出现不少与女性政治学密切相关的研究成果，某种程度上体现了女性政治学的研究成效。

（三）女性政治学学术活动

学科建设不仅需要理论建构，学术交流活动同样不可或缺。首先是与学术活动密切相关的全国妇联的国内外合作行动。全国妇联深度参与联合国妇女事务和国际治理，积极主办或承办全球及区域多边活动，在国际多边舞台宣传推动性别平等和妇女发展的中国理念与方案。2016 年第 60 届联合国妇女地位委员会会议期间，中国与前三届世界妇女大会东道国共同举办高级别会议，与联合国妇女署联合举办全球妇女峰会领导人承诺手册发布式。2016～2020 年，全国妇联面向包括共建"一带一路"国家在内的 98 个发展中国家的 2000 多名妇女组织/机构人员举办 100 多期研修及技能培训班，在 13 个国家挂牌成立中外妇女培训或交流中心，为相关国家妇女提供能力建设培训。2020 年 8 月联合国妇女署以"从应对到恢复：中国和全球合作伙伴的经验"为主题，举办"确保在 2019 冠状病毒疫情背景下取得可持续发展目标 5 之进展的部长级视频圆桌会议"。2020 年 9 月16 日，中华全国妇女联合会与联合国妇女署联合举办以"21 世纪人类消除贫困事业与妇女作用"为主题的"纪念北京世妇会 25 周年暨全球妇女峰会 5 周年座谈会"，与国际、区域和国内多部门代表线上线下交流落实 1995 年联合国第四次世界妇女大会《行动纲领》以及《2030 年可持续发展议程》的做法，特别是对全球减贫事业的贡献和经验。

其次，这些国际合作行动开拓了学科研究的视野与议题，直接推动了学术界多种形式的学术活动的开展。2020年11月27~28日，中华女子学院/全国妇联干部培训学院主办，全球女性发展研究院承办，联合国媒介与女性教席、中国女子高校联盟协办的"第二届全球女性发展论坛暨纪念北京世妇会25周年学术研讨会"于北京举办，会议主题为"回顾、反思与展望：纪念北京世妇会25周年"，重点对"脱贫攻坚与妇女可持续发展""社会治理中的妇女参与""女性·媒介·发展""为女性提供平等优质的高等教育"四个主题进行研讨。北京大学社会学系于2020年12月4~5日举办了"纪念《北京宣言》和《行动纲领》25周年实施经验研究项目研讨会"，通过对《行动纲领》关切领域实践经验的分享，探讨当今仍然面临的挑战及其应对建议。同时，一些高校的妇女研究中心纷纷举办"北京+25"专题讲座。《山东女子学院学报》编辑部邀请一批长期关注并参与性别平等事业的妇女研究者和活动家，依据《消除对妇女一切形式歧视公约》《行动纲领》《2030年可持续发展议程》框架，对《行动纲领》12个战略目标逐一进行评估。这些目标包括"妇女参与权力和决策"，为制定新一轮《妇女发展纲要》的女性政治参与目标提供有效的建议和参考，并据此将上述评估报告以《女性的反响：加速实现性别平等与妇女赋权——纪念联合国第四次世界妇女大会二十五周年》（刘伯红、刘小楠、陈业强主编，2020）为书名结集出版。在14篇报告中，有6篇直接涉及女性政治学议题，如《妇女参政助推科学民主决策和社会治理——近五年中国妇女参政状况简要评估》（刘伯红、范思贤），关于妇女的人权与身份的《妇女的人权》（刘小楠），从国家制度机制层面研讨的《近五年中国提高妇女地位国家机制的进展》（蒋永萍），也有从治理角度研究反家庭暴力的《消除一切形式对妇女的暴力——对近五年中国治理对妇女暴力行动的评估》（荣维毅），作为女性权力重要构成的经济赋权如《中国妇女的经济发展与经济赋权的回顾与展望》（金一虹），还有女性国际政治议题，如李英桃的《加速实施妇女、和平与安全议程——对近五年中国落实"妇女与武装冲突"战略目标的评估》。2020年12月全国妇联妇女研究所国际妇女研究室和《妇女研究论丛》编辑部共同主办"一带一路与妇女发展：理论与经验"学术研讨会，会议围绕性别与发展的理论与实践、妇女组织参与"一带一路"建设、"一带一路"建设中的"她力量"、跨国流动与妇女发展等议题开展了深入交流与讨论。正是这些学术活动，使得女性政治学学科在创建之始就避免了狭隘的单纯理论视角，而是紧密依托国内外女性参与决策与管理实践，使得女性政治学学科建设与发展具有鲜明的实践性与现实性，并且具备中国特色。

（四）主要研究特点

首先，在女性政治学的学科建设方面，研究者更多地从女性政治学作为独立学科的方向进行探讨，其中涉及政治学学科基本原理的理论探索，包括对女性政治学理论发展的系统研讨。研究者专注于契合女性政治学的理论问题进行探讨，为建构中国特色的女性政治学学科积累了知识素材，进而为女性政治学学科在中国的发展提供了宝贵的学术资源。

其次，在女性政治学的理论观点方面，现有研究在深度与广度上都有所拓展。这些研究不再局限于介绍国外的理论观点，而是有意识地将国外的理论观点与国内女性政治参与和公平正义问题结合起来，特别是结合中国女性各项权利的现状，以分析中国实践中出现的性别问题及其原因，进而提出对策性思考，使得女性政治学学科建设更具有符合国情的现实关怀。换言之，研究者对女性政治学建设的贡献既体现在理论体系的建构，也表现在对具体性别政策与实践的关注。

再次，在女性政治学研究项目的资助方面，不仅获得更大范围的政府支持，而且在课题内容上凸显多学科跨学科特点。任何理论学科的形成与发展都离不开宏观学术环境与制度支持，包括研究课题的资金资助。这五年女性政治学研究获得更多的国家支持，国家社会科学基金和教育部人文社会科学项目资助的数量均有增加，尤其是在其他学科领域中出现了为数不少的有关女性政治学议题的项目，反映了学术界对女性政治议题的普遍关注与投入，也体现了女性政治学跨学科发展的特色。

最后，在研究队伍发展方面，从发表文献的作者群体看，越来越多的年轻学者加入女性政治学领域的研究，预示着女性政治学发展具有广阔的前景与研究潜力。年轻研究队伍壮大已成趋势，他们的关注点更贴近现实问题；从发表文献的统计数量看，大多数从事性别研究的博士研究生和硕士研究生学位论文选题都偏向于探讨具体现实问题，在某种程度上说明新生代学者的研究兴趣更受现实问题引导，也体现出年轻学者具有更强的现实情怀，其学术兴趣与女性真实的平等状态具有更密切的关联。

二 主要研究内容

政治学是研究公共权力的形式及运作规律的科学，包含价值与事实两种知识形态，既揭示公平、正义、民主、自由等政治学的终极目标，又涉及诸多政治学知识内涵，如政治制度的设计、政治过程的产品即公共政策、国际社会中不同的政治组织等（杨光斌，2005）。女性政治学基于性别立场与女性经验，批判与重构政治学原理与概念，从性别视角揭示主流政治学无视的性别偏见，为性别平等提供独特视角的政治学理论与概念，进而形成具有性别特色的政治学理论体系。换言之，女性政治学是反思主流政治学的产物，离开主流政治学知识体系难以形成女性政治学，但如果缺乏性别立场与视角，同样无法建构女性政治学的知识框架。因此，在梳理女性政治学理论研究时，我们依据主流政治学的知识体系与范畴，分析女性政治学理论研究具有怎样的独特观点。这些基本知识与观点包括两个层面：一是女性政治学的价值内涵，二是女性政治学的事实性知识与范畴。据此，本综述从两个维度概括女性政治学的价值内涵，即女性的公平与正义、女性身份认同；将女性政治学理论知识与范畴提炼为"女性权力""女性权利""女性参与政治决策""妇联组织""女性组织""国外妇女参政""性别视角下的国际关系与国际政治"等，分别对这些研究成果进行分析。

（一）公平正义与女性身份认同

首先，性别平等与正义观。性别平等与正义观是众多研究者关注的女性政治哲学议题。有学者对国外正义论在中国的传播和发展进行系统梳理，女性主义在批评罗尔斯正义论基础上，将性别视角注入主流正义论，成为探究中国性别平等问题的理论借鉴与参考，进而指出这种具有性别视角的正义论被运用于中国性别制度建设，形成具有中国特色的性别政策法规的制度框架（郭夏娟，2016）。研究发现，女性政治理论从追求无差别平等转向强调性别差异，当代性别正义理论超越了平等和差异的二分范式，转向"中间路线"，探索女性政治理论关于解构多样性的观点，承认和强调女性内部及众多个体的多样差异性。这种平等观反映在婚姻家庭、经济保障、政治决策等多方面，让妇女得以突破私人领域，进而介入公共领域的政治生活（何佩群，2019）。也有学者阐述凯茜·E.弗格森

（Kathy E. Ferguson）的观点，指出尽管不同的女性主义政治理论存在明显差异，但大多对二元思维保持质疑，倾向于流动的而非静态的过程思维，致力于实现女性在政治和智识上的平等（凯茜·E.弗格森著，李泽明、赵开开译，2018）。罗伯中和杨洁阐述了两种家庭正义观：一是苏珊·穆勒·奥金（Susan Moller Okin）通过批判传统的公私二分法，否定家庭成员和公民的区别，倡导"去性别化"的家庭正义观；二是玛莎·纳斯鲍姆（Martha Nussbaum）倡导的将家庭性别正义延伸到家庭中儿童和弱势群体的平等的家庭正义观。后一种家庭正义观契合中国传统儒家思想（罗伯中、杨洁，2019）。研究者将女性主义视角纳入不同政治理论，分析传统政治代表权理论对女性的不公正，揭露女性遭受的政治不公，主张保障代表权和决策权的性别平等（马素梅，2019）。有的研究从马克思主义政治经济学、政治哲学和去欧洲中心主义视角出发，分析性别不平等的根源，揭示女性、原住民、少数族裔等边缘化群体之间的密切关系，将这些主体受压迫的原因归结于资本主义政治经济体系及其父权制文化，以此构建出这些群体的多主体联盟（张沥元，2020）。

其次，女性身份认同。女性与男性具有平等价值的基本前提是女性身份价值认同，换言之，身份认同是性别正义的基础。国内学者对身份认同理论的引介主要包括两类观点。有些学者认同后现代女性主义对汉娜·阿伦特（Hannah Arendt）政治观点的继承和超越，认为汉娜·阿伦特的思想帮助后现代女性主义重新思考妇女解放、公民身份与革命的关系，让多样性和差异性适合女性自己的身份，同时发展出当代女性主义进而推动思想创新并超越性别限定，从而对西方传统思维模式进行批判和解构，旨在展现新世纪女性的独特自我（李岩、宋伟，2018）。有学者则引介相反观点，不认可身份政治理论的价值。朱迪斯·巴特勒（Judith Butler）对女性主体身份进行解构，拒绝将女性身份作为女性政治的统一主体，认为性别表达背后没有性别身份，性别身份是一个可变的物质过程。身份一旦被固化，便成为同质概念，容易变成新的话语暴力，从而抹杀差异，在各种不同身份之间建立隔阂。巴特勒认为应该从思考个体转向思考生活群体，真正的政治必须让人们面对异质性和多样性的存在（吴华眉，2018；蓝江，2019；高乐田、费雪莱，2016）。据此，研究者将国外身份认同理论运用于国内问题分析，以便探讨身份政治的重要性。她们界定身份认同在中国语境中的基本含义，主要涉及少数群体的文化承认、分配公正以及平等参与等方面的身份诉求（郭琰、何琪，2017；雷禹，2019），进而探讨农村女性环保参与中的身份政治问题，发现因为身份政治诉求没有得到充分实现，农村女性在环保参与时面临贡献被掩盖替代、时间贫困、经济贫困、话语权缺乏等困境，只有真正认同其身份政治诉求才能解决这些问题（郭琰、何琪，2017）。国内学者通过对女性具体身份价值的解析，揭示现实生活中性别正义缺失的根源在于对不同女性身份的不同价值评价与认同。

（二）女性的权力与权利

1. 女性政治权力

政治权力是女性政治学理论的重要构成，意指女性参与政治领域与公共治理的权力。随着中国女性参与公共事务的日益深入与扩大，在参与公共事务中被赋予政治权力的女性也在快速增加。政治权力除了抽象意义上的国家权力，也包括政治过程中看得见的具体权力形式，其核心是在公共机构或组织中居于领导地位并拥有某种决策与管理权，也包括影响他人的权力。这五年该主题的研究成果主要体现在女性的领导权力和话语权力两个方面。

（1）女性领导权力

不少围绕我国女性领导者现状的研究指出，尽管中国女性越来越多地跻身领导职务，但依然存在许多问题，如高层女领导比例低导致女性发声受限，升职中的隐性性别不平等，传统性别观念的遗留和传播（徐洁、戴雪红，2017）。女性在职务、社会关系积累、工作考评等方面面临被边缘化的困境，承担较多家庭责任致使其职业生涯缺乏连续性（邓晶晶、秦龙，2018）。有学者在考察湘西旅游扶贫项目和相关产业发展的过程中发现，尽管旅游业的开发推动农村女性更多地参与社会事务，但在权力分配中，女性依然大多处于被支配地位，并加剧了女性群体内部的两极分化（康金、黄虹、陈香玉等，2018）。基于现状和问题，研究者探索了女性领导权力的发展途径。有学者针对中国女性领导现状，运用文化领导权理论，提出女性群体应该致力于女性文化领导权的建构，以知识分子为参与主体，推进女性主体性和先进性别文化塑造（徐洁、戴雪红，2017）。也有学者致力于寻找促进女性领导干部权力心理健康发展的路径，强调女性领导者应积极追求正当权力、提高自身素养并发挥自身优势、保持廉洁和自律、培养社会性别意识和性别敏感度（黄双燕，2018）。还有学者认为应挖掘女性领导潜力、加强女性领导能力的教育培养、在法律和政策上保障赋权女性（周丽娜，2016）。这些研究重点关注的是女性政治权力的平等获得与运用能力建设，贴近实际国情，并提出了具有针对性的建议。

（2）女性话语权力

女性话语权力是政治权力的重要组成部分。女性政治权力的缺位很大程度上表现为女性话语表达的缺失。正如法国思想家米歇尔·福柯（Michel Foucault）所说，权力在言语中被确立，权力通过话语来体现。就像一些探讨领导职位性别不平等的研究者发现的，公共领域和权力机构由父权社会的结构性话语所掌握，高层缺少女性领导，使得女性的话语表达受到限制（徐洁、戴雪红，2017）。有研究着力探寻构建女性话语权力的路径。有学者提出随着互联网信息技术普及，女性能更便捷地掌握信息以及参与公共事务的讨论，并有机会成为意见领袖，拥有更多信息和话语权力，虽然也会产生男性话语权网络植入、男权价值标准误导等问题（张玉婷，2018）。还有学者提到女性在媒体面前面临失语困境，主张通过女性重建其自身价值和主体意识、提高传媒工作者的性别意识、强化媒介监管者的社会责任、完善传媒自律机制，打破男性话语的霸权（叶晖，2018）。

2. 女性权利

女性权利是法律赋予女性公民的行为许可和保障。随着性别平等日益得到重视，女性权利成为国家政治议题的组成部分，在确认女性公民身份前提下，女性的权利不仅指抽象意义的公民权，也不仅仅是政治领导权，而是指体现在各种女性特有的权利保障中。这五年，女性政治学探讨的女性权利不只局限于狭义的政治权利，更多聚焦广义的女性权利，主要包括以下方面。

首先，对女性权利的理论性探讨。从理论视角讨论女性权利的文献较多。很多学者关注国内女性权利发展和进步，就女性权利相关的国内外理论进行探讨，如分析哈贝马斯构筑在性别差异论之上的女性主义权利观（孔明安，2019）。有学者探讨本土女性权利和性别平等话语的历史和特点（刘岩，2017），也有学者探讨国内女性权利从普遍性平等走向实质性平等的进程（林莎莎，2018）。同时，研究者揭示了中国女性权利保障不足的问题，如某种程度上存在不同女性群体间的发展失衡，甚至忽视某些群体的权利表达，如农村妇女、女童、老年妇女和少数民族女性群体（林莎莎，2018）。而且，即便是女性权利表达，依然无法摆脱父权意识和男权中心的叙事逻辑（林瑞，2020）。

与此同时，众多研究涉及女性权利的法律保障。各种女性权利的实现需要法律认可和保护，对此研究者给予高度关注。有学者通过我国相关法律和实践演进，分析现代中国女性权利立法和社会保护进展（张鹿鹿，2017），从女性权利的立法发展可以看出女性地位的提高（李余华、王凯丽，2017；贾依依，2017）。但也有研究者指出，我国女性权利法律保障仍然不足，这些研究大多针对相关具体法律提出问题，如刑法在强奸罪认定方面存在主体狭窄、无法认定婚内强奸（张延，2020）。还有研究提出应该从法律上加强对女性生育权、平等就业权和救济权的保护（易涵、向东、龚成彬，2018）；再如延迟退休政策对不同职位女性有着趋异的影响，在相关法律制定上应考虑多重因素，设定合理且弹性化的退休年龄区间（黄丽，2016）。

其次，对各项具体权利的研讨。女性政治学理论在关注女性政治权利的同时，拓展出更多领域的女性权利，体现中国女性政治学特有的社会关切与务实特征。与之前相关研究比较，2016~2020 年研究者对女性权利的研究视野更宽阔、角度更细致，对女性在社会生活中面临的权利问题表现出高度性别敏感，且更有意识地从深层政治与制度角度寻找原因并提出对策。这些权利主要体现在如下方面。

（1）政治权利

在众多女性权利中，政治权利是女性有效参与政治的平等权利，也是所有权利实现的源头保障。不少研究者针对我国女性政治权利现状，揭示普遍存在的问题，如女性参与数量不足，参与质量与层次不高等（陈玉、李宝怀，2018）。也有研究者探讨解决女性政治权力薄弱的方法与途径，包括推进女性教育，打破社会刻板印象，通过制度化途径改善政治机构中的性别结构（陈玉、李宝怀，2018），进一步完善保障女性政治权利的法律和制度等（杨乐，2016）。

（2）经济权利

经济权利是女性权利的基础。研究者主要关注三个方面：就业、休假和同工同酬等平等参与经济活动权利，包括由女性生理条件（如孕产期、哺乳期等）带来的损失所产生的权利问题（林莎莎，2018）。就业和劳动相关权利受到较多关注。不少研究者指出，女性就业权利维护存在问题，有学者指出大学生招聘过程中存在性别歧视问题（孔慧娟、徐笑然、牛洁等，2018），女性就业立法仍过于笼统、责任不明确、惩罚力度不够、司法救济不畅等（姜凡，2016）。针对现有问题研究者提出，应该制定专门的法律、建立保障机构、完善救济体制（姜凡，2016）；还有学者提出，应重视特殊行业，如海洋渔业中被视为附属的女性劳动者权利保护（何芮瑶、张晏竣，2020）。

（3）人身安全与性权利

对女性人身权利与性权利的研究侧重于反家暴议题，文献数量众多，讨论角度不一。有的围绕反家暴探讨维护女性人身安全权利的途径，提出应该联合妇女组织、执法机构、司法机制实施反家暴政策法规，加强对受害人的保护和援助（刘子薇，2019）；也有探讨家暴受害者被害化问题，指出原生家庭支持不足、受教育程度低和权利保护缺失是其被害化的主要原因（王燕、张晋，2017）。同时，女性被性侵既是严重的社会议题，也是女性的性权利问题。研究者发现，我国对女性的性权利维护存在缺陷，包括婚内性犯罪的认定和惩治、强奸罪的认定范畴等（刘颖超，2016；张延，2020；李潍伊，2017；刘颖超，2016）。应在完善立法的同时加强公民相关教育，强化行政干预力度（魏俊斌、张义松，2016）。女童作为极为弱势的群体遭受性侵害的问题受到研究者关注，女童性权利的讨论包括我国幼女性权利的法律和社会保护现状及缺位（屠琳舒，2016），幼女性权利保护的司法和制度的完善（屠琳舒，2016；陈惠扬，2016；程文瑶，2017），以及留守幼女的性权利保护问题（苏雄华、冯思柳，2018；曹原，2019）。

（4）生育权

生育同样是女性特有的基本权利。随着生育政策变动，女性生育权保障引起了社会各界的广泛讨论。放开的生育政策带来的是女性多重权利的冲突和消解，加剧了她们所面临的角色矛盾，让她们付出相对男性而言更沉重的代价（张莎莎，2018）。有研究者强调，在放开的生育政策下，女性会面临更艰难的生育选择问题，更多的生育意味着付出更多经济、时间和健康消耗，故要尊重女性生育意愿，保障她们的生育自主权利（易涵、向东、龚成彬，2018）。也有学者指出，目前我国对生育权没有明确规定，尽管可以通过侵权责任损害和诉讼离婚来获得救济，但在立法上弥补生育权的空白依然重要且紧迫（王琦欣，2017）。

（三）女性参与政治决策

女性参与政治决策是女性政治学不可或缺的重要内容。女性的政治决策参与大致分为"民主参与"和"权力参与"两种类型。综合该主题的研究成果，主要涉及女性参与政治决策的现状与问题、女性参与政治决策的影响因素、推进女性参与政治决策的路径探索等。

1. 女性参与政治决策的现状与问题

研究者认为，我国妇女参与政治决策取得较大进展，人民代表大会、政治协商会议、政党、公共部门、基层组织和社会组织中参与决策的女性比例稳步提高（刘伯红、范思贤，2020）。政策法规体系为女性参政数量的增加提供了越来越全面的制度保障，进而发展出政府、社会组织和公民等多元女性主体参与的政策产出、监督和反馈机制（郭夏娟、魏苑，2019），这同时展现了女性参政的优势，如良好的沟通能力和细致的观察力、基于关怀伦理的情感优势、关注男性忽视的问题和视角等（左兴玲，2017）。但与此同时，研究者也发现诸多问题和挑战：女性参与者数量指标与国际脱轨，比例增长相对缓慢，高层决策岗位缺失，职位性别结构不合理，政策执行中的性别意识缺失、性别政策落实程度不高，女性干部培养选拔举措尚不完善，社会环境和文化观念依然存在性别偏见，女性自身整体素质、工作经验、思维模式存在不足等（郭纹廷，2016；李文、张永英，2016；刁斐，2018；刘伯红、范思贤，2020）。

有研究者探讨决策中女性"民主参与"现状。刘筱红（2019）对中华人民共和国成立以来中国农村妇女参与乡村治理的实质性贡献进行研究，揭示农村妇女在国家政策支持下的参政历程。也有研究着眼于女性参与基层民主决策，探析农村女性参与治理决策的发展历程，发现村庄女性在制度性比例和实质性参与方面都有所提升（郭夏娟、魏芃，2019）。随着乡村振兴战略的实施，农村妇女成为基层村庄治理决策的主体力量之一（袁云、袁海，2019；李敏、刘淑兰，2019）。但在基层治理与决策中，女性民主参与面临的困境依然存在，包括参与人数占比小、地位偏低、主体意识不强、参政意识薄弱、组织化程度不高、参政能力有限、容易被恣惠等问题（耿改智、欧阳菲，2017；詹虚致，2019）。也有文章涉及少数民族女性的民主参与，揭示少数民族妇女面临文化程度低、参政热情不高、参与渠道不顺畅、参与效果不明显等困境（黄梅，2017）。还有研究者提及新阶层女性（私营企业或外资企业管理和技术人员、社会组织从业人员、自由职业人员、新媒体从业人员）的政治参与，认为她们给女性参政队伍带来活力的同时，也存在政治参与具有功利性、门槛过高、机会不平等、能力差异大等问题（金卓、王艳利，2019）。

还有针对决策中女性"权力参与"的研究。大多围绕基层女性干部来讨论，指出尽管近年来部分地区农村女干部政治参与积极和认知理性强、信心饱满、经验丰富、政治效能感强（苏雪萍，2017），但在管理和决策中面临的难题仍然普遍存在，包括在现有行政机制下女性领导数量和职务边缘化、职位刻板印象重和性别隔离、人际关系积累困难、工作能力得不到客观评价、职业生涯缺乏连续性（邓晶晶、秦龙，2018；许晓鹏，2019），以及在社会传统观念下女性竞争意识不足、家庭责任的束缚、大众传媒的误导渗透（段红连，2016；谢晋宇、罗玲，2018；许晓鹏，2019），以及若干个体问题，如领导能力有待提高、工作风格的性别差异等（谢晋宇、罗玲，2018）。有研究者对女性领导力进行深入探究，指出现代女性领导者存在思考过细等缺点（于文梅，2020）。还有数据分析显示国内女性领导者影响力强但决策力稍弱（张国玉，2019）。但也有研究者调查得出，国内女性干部对协商民主这一决策过程有较准确的认知，认同其能促进公民参与和科学决策，在参与方面持积极态度，说明女干部在公共决策和协商民主建设方面具有很大潜力（贺羡，2016）。

2. 女性参与政治决策的影响因素

鉴于目前国内女性参与政治决策的现实问题，研究者也对这方面的影响因素进行探索，可以分为以下几点。一是制度与法律。政治制度是影响女性参政的关键因素，目前保障政治领域性别平等的法律和政策在一定程度上推进了女性参政，但是实践中未落实、量化操作模糊等问题依旧阻碍女性政治参与度的提高，而且政治参与制度和机制尚不健全，政治权力体系和干部选拔机制还存在问题，以至于女性不论是民主参与还是权力参与，政治角色都比较固定单一（翟宇婷，2017；杨诗萱，2019；周海燕，2018）。二是经济水平。经济因素是女性参政的根本决定力量，其在一定程度上决定了政治参与的意识、能力和水平，不同的薪酬水平和经济地位影响了她们进行政治参与和决策的水平程度（周海燕，2018）。三是社会文化。传统观念对女性的社会规训和刻板印象会束缚女性尤其是农村女性的政治思维，影响她们的参政意识（李德刚、朱红娟，2016），也有研究者指出传统观念、领导者自信度和社会人文关怀都会对女性领导者决策能力发挥产生影响（冉惠文，2020）。四是女性数量比例。通过观察性别平等参政的实践，有研究者证实了高比例的数量代表能够推动女性发挥主观能动性，提升其参政意识和实质性参与水平，推进女性赋权和决策的性别主流化（郭夏娟、杨麒君，2016）。五是决策规则机制。有学者提出女性在协商决策中经常处于不利地位也源于决策规则机制，其依据性别角色理论指出这种不利地位是源于"自信不足"、"冲突规避"和"社会联系取向"这三种社会心理机制，这些机制的作用大小还取决于所处协商团体的决策基本协商规则，性别构成和决策规则交互作用于协商中的女性参与水平（徐兰兰，2017）。有调查表明让女性无法自由表达和沟通的原因是沟通机制的缺失，制约其参政议政潜能的实现（陈吉利、江雁飞，2018）。六是利益相关者。有研究者发现工作场合中的其他利益相关者对女性参与决策行为有影响。例如有学者通过质性研究发现，基层农村女性干部建言行为和沉默行为的选择和转化机制是一个多方利益相关者相互作用的结果（汪曲，2018）。七是个体因素。不同个体特质也吸引着研究者的关注，包括女性决策参与者的能力、参与意识、职务特征以及若干人口学要素等。如有调研涉及某乡村旅游开发项目中的女性村官参与行为，发现其受旁人影响程度、参政特征、职务能力这些个体因素的影响较大（罗文斌、钟诚、孟贝等，2017）。

3. 推进女性参与政治决策的路径探索

为了解决上述问题，对其出路的探寻成为重要研究议题。这方面的讨论大致分为以下几个方面。一是完善法律及制度。完善法律法规和相关政策，建立女性民主参与和权力参与的制度保障，优化女性平等参政的录用、晋升和培育机制（邓晶晶、秦龙，2018；许晓鹏，2019），通过立法、制度设计，保证女性参政比例和职位结构，建立资源平等、具有包容性、程序得到合理引导和掌控、设置专门议题的协商决策规则（陈吉利、江雁飞，2018）。二是改善社会文化。将性别意识纳入公共决策主流思考中，增强整体性别平等意识，摒弃传统落后的性别观念，构建先进的性别文化（许晓鹏，2019）。三是联合社会多方力量。有学者看到了包括妇联在内的妇女组织对女性参与政治生活起到的作用，提倡通过组织引领联合多元治理主体共同推进女性参政议政（詹虚致，2019）。四是提升女性参政能力。女性参政能力是影响其参政效果和发展的重要因素之一，她们的受教育程度、参政意愿和参政程度有显著关联（董美珍，2016），故一方面要提高女性整体政治素养和参政能力，打破传统思想束缚，加强相关培训，提高女性参与者的文化素质，引进高质量人才（耿改智、欧阳菲，2017；翟宇婷，2017），并保障妇女生产力发展、平等就业和受教育水平（许烨，2020）；另一方面要培养女性干部的领导力，注重修炼战略思维和魄力胆识，增强决策力和决断力（张国玉，2019），提升女性领导力供给质量，勇于突破变革，做到诚信自信，掌握管理艺术和技巧（蔺旭鹏，2020），通过培育决策和执行水平、加强激励凝聚力等途径提高女性参政质量（孙晓莉，2017）。五是加强女性参政意识。参政意识涉及参与积极性和政治效能感，不少研究发现政治效能感（个体感觉其参与行为能影响政治过程）对参与积极性有显著的正向作用（裴志军、陈姗姗，2017），应提高女性参与者综合素质、政治能力和政治回应，全面提升女性政治效能感（杨荣军，2016），同时培养和提升女性群体的性别意识，性别意识越强，其政治参与意识越强（潘泽泉、谢琰，2018）。六是科技的运用。互联网改变当代人们的生活方式，女性参政和表达出现了新的机遇和形态，有研究者通过分析大数据发现互联网能够促进两性在村庄治理中的实质参与（郭夏娟、魏芃，2019），不过也有研究者通过分析国内女性互联网政治参与数据得出，互联网并未有效改善女性的政治冷漠，但可以看出女性和男性的参与能力没有本质区别，且通过互联网能打破男性主导的政治世界（董小菲，2017）。

（四）妇联组织与女性社会组织研究

学界对女性社会组织有狭义与广义两种界定。狭义的女性社会组织是指专门为女性群体提供服务和从事妇女问题研究的社会组织；广义的女性社会组织包括由女性创立或领导、以女性成员为主的社会组织，以妇女儿童为主要受益群体和服务对象，且女性比例在一半以上的社会组织（马英华、谢立敏，2020；顾卫卫、周媛儿、谭再琼等，2019）。各类女性社会组织的性质并非一致，如妇联主管的女性社会团体、志愿者服务的社会组织、妇女创办并领导的女性专业合作社和以女性为主的兴趣社团等（安徽省妇联，2016）。另一些研究探讨妇联和其他女性组织的联系，指出要通过妇联激发女性社会组织活力，培育引导女性组织的发展，提升其内在活力和实力（天津市东丽区妇联，2019），建立健全联系服务机构和制度，创新联系服务方式方法，探索培育新模式新手段（全国妇联组织部，2016）。下面分别通过对妇联组织与一般女性社会组织的研究梳理，展现学界从狭义和广义两个层面进行研究的成果。

1. 对妇联组织的研究

2016~2020年，学界对妇联组织的研究主要聚焦于国家治理现代化背景下妇联组织改革与发展方向、地方妇联工作的创新实践、新时代家庭工作中妇联的角色与作用三大议题。

第一，妇联组织改革与发展方向。妇联改革的过程中妇联组织经历了组织结构的调整，有的研究者将妇联改革措施提炼为科层再造、组织吸纳、组织扩张和组织延伸四个维度，认为这次妇联改革既调整组织层级及其横向结构，也调整个体身份结构。据此指出，妇联组织作为党和政府与妇女之间的桥梁纽带"中间"角色，未来改革发展应从组织结构转向组织目标，从理念层面、机制层面和策略层面回答妇联改革中面对的重大问题，切实提升妇联发挥桥梁纽带作用所需具备的组织能力，推动妇联组织治理现代化（陈伟杰，2018）。有学者提出妇联应该保持并增强政治性、先进性和群众性，这是新时代妇联组织和妇女工作的根本行动指南，也是新时代妇联组织政治定位的必然要求，是妇联改革的根本任务（刘亚玫、张永英、杨玉静等，2018；郑长忠，2018）。有的研究聚焦于妇联组织自身职能问题，考察妇联在新形势下应从职能定位、组织架构和行为方式上进行革新（雷明贵，2019；姜秀花、范红霞，2018）。研究者还以基层妇联改革创新实践为例，构建出"社会本位"分析框架作为妇联改革的新型理论视角，剖析妇联组织改革实践背后的深层机制，在基层妇联改革中，基于国家强制性制度要求和现实性发展困境的双重驱动，初步形成了"双轨式需求""娘家式组织""专业化服务"的行动逻辑，地方妇联组织通过社会性的组织属性、协同性的行动逻辑、主体性的结构重组三个要素的获取，实现趋向于"社会本位"的内在机理建构，为群团组织改革实践提供了借鉴（高丽、徐选国、徐永祥，2019）。

第二，地方妇联工作的创新实践。研究者围绕妇联服务专业化进行探讨，基于社会工作承认过程的多元分析框架，以北京市妇联为例，研究妇联服务专业化中的迂回式承认，认为妇女服务专业化新模式能够在很大程度上绕开自身形式化层级和倒金字塔结构带来的弊端（陈伟杰、矫杨，2018）。就妇联购买社会服务而言，研究者以上海市某区妇联为例，指出在向社会力量购买服务的实践中，区妇联通过规范化制度、专业化方法、多主体联动、长效化机制等行动举措，推动妇联传统服务模式的转变、组织属性的重塑以及服务群众能力的提升，形成了一种"群团借道社会"的实践逻辑，联同社会力量促进了个体与国家之间组织通道的再造（高丽、徐选国，2020）。

第三，新时代家庭工作中妇联的角色与作用。有学者提出推动家庭建设和发挥家庭作用是新时代党的一项重要工作，家庭工作是新时代妇联组织的一项新职能，发挥家庭家教家风在基层社会治理中的重要作用应成为新时代妇联家庭工作的重点（郑长忠，2019）。还有研究者以由妇联组织自上而下推动的"赣南新妇女"运动为例，观察"美丽家园"建设如何使家庭卫生成为私人事务和公共事务的连接点，研究在此过程中妇女如何被动员起来通过参与家庭卫生整治工作而进入村庄治理，家庭事务公共化如何推动村庄治理效能的提升（陈义媛、李永萍，2020）。

还有学者基于组织网络化视角，分析不同组织间合作网络的构成、多元主体间的目标耦合与协同发展，认为在整个组织合作网络结构中，基层妇联处于枢纽性节点位置，承担组织服务、资源链接、信息筛选等多项职能，并以此构建起组织间的沟通与信任机制，不仅满足了消费者对优质农产品的购买需求，而且帮助小农户拓展了销售渠道实现增收，稳定家庭生计安全，从而实现城乡互动融合发展（任大鹏、刘岩，2020）。研究者还针对实践中基层妇联组织建设和妇女工作中存在的突出问题，系统梳理广州市海珠区妇联基层组织在妇女之家建设及运营、社会资源链接与统筹、线上线下工作融合等方面进行的创新性探索，提出推动妇联基层组织改革创新的建议，即坚持问题导向，因地制宜推动妇联工作改革创新；深化区域化发展理念，统筹社会资源形成服务妇女群众的合力；发挥妇联主导作用，加大对女性社会组织的联系引领力度；充分发挥大数据功能，促进妇联工作线上线下互动融合（李文、简瑞燕、张永英，2018）。

2. 对女性社会组织的研究

诸多学者关注女性社会组织的作用与困境。女性社会组织的作用主要体现在以下方面。一是代表不同女性群体发声，协助解决诸多妇女问题，帮助更多女性群体维护自身利益、提升职业技能、找到工作机会等（强洪、段凡，2016）。二是参与国家治理，通过性别视角助力国家治理体系的完善，以良性互动合作等柔性手段提升治理能力和治理水平（马英华、谢立敏，2020）。地方性女性社会组织则可以满足多元需求，凝聚社会力量的功能，可以提升女性群体参与治理和化解矛盾的能力，弥补市场缺位和政府失灵，改善地区和基层的精神风貌（徐渊、张早来，2020；冯波，2018）。三是传递社会服务，女性社会组织在参与社会服务方面具有独特优势，如女性公益组织介入社区居家养老服务，服务团队的灵活性以及人性化的关怀等（张赛玉，2016）。与此同时，研究者指出女性社会组织面临的各种困境，如管理机制不够规范健全、组织结构体系不合理、扶持力量较薄弱、资源相对匮乏、组织本身能力和公民参与意识亟待加强等（徐渊、张早来，2020；顾卫卫、周媛儿、谭再琼等，2019）。

针对存在的问题，研究者从不同层面探究女性社会组织发展路径。在政府管理方面，要加强扶持力度，放宽登记注册条件，完善信息管理制度，推动政社分开（强洪、段凡，2016）。在监管的同时更注重服务，构建服务型、信息化的管理机制，对女性社会组织进行科学规划和布局，有序指导和引领形成网络化的组织体系（王亚娟，2016）。在社会环境层面，加强宣传力度，增强社会各界的认知，提升社会支持度，营造良好氛围，促进更多妇女主动参与加入（顾卫卫、周媛儿、谭再琼等，2019）。在女性组织自身层面，建立健全内部管理机制，拓展资源渠道，提高组织服务能力（王亚娟，2016）；还要有战略性组织发展规划，注重组织人力资源的有效开发，重视对组织成员的培训和发展（赵侠，2018）。在组织联系层面，要加强妇联联结和凝聚各方女性组织的功能，团结妇女团体的力量，打造工作联合体，并发挥典型示范作用，让更成熟的女性社会组织带动女性组织整体队伍的发展（顾志峰，2017）。

（五）国外妇女参政

该主题的研究大致分为不同国家妇女参政情况、国外推进妇女参政的路径探索、国际社会推进妇女参政的举措三个维度。

第一，不同国家妇女参政情况。研究者发现，部分国家妇女参政发展较早且水平较高，这往往与成熟的制度体系密切相关。如瑞典在"确保女性和男性在生活的各个方面都享有同样的机会，拥有同样的权利，承担同样的义务"的总体目标下，构建以政治平等参与、经济教育领域均等机会、家庭平等权利、女性安全权利为主要内容的性别平等政策内容体系，正是这种体制与政策使得女性地位持续有效地提高（李思然，2019）。拉丁美洲地区女性政治参与从参与民族解放斗争和社会政治活动，发展到争取选举权及参与地方公共事务的管理，现今拉美女性参与高层政治的比例已位居世界前列，并且在内阁等公共部门拥有半数以上席位（王颖、朱俊亭，2018）。印度尼西亚在其独立前，激进派女性通过伊斯兰政党的反殖斗争积极参与到政治活动中，而在独立后，激进派却不再在公共领域给妇女留下一席之地，只有在宽容派中妇女角色才有所加强，而且妇女政治参与的局限性也非常明显（倪晓霞，2019）。再如印度，一方面，女性在基层政治活动中非常积极，政坛高层也活跃着相当数量的女性；另一方面，能够进入议会和政党的数量有限，印度立法机构的女性比例远低于世界平均水平（陈金英，2020），这是因为父权制在家庭和宗族、教育领域、经济领域和政治体系中都有着根深蒂固的消极影响（周冰鸿，2017）。

第二，国外推进妇女参政的路径探索。有学者对国外推动女性党员政治参与的若干制度，包括配给制、法律规章和监管制度等进行研究。在配给制上，一些政党为保障女性党员参政而实施性别配置制度，既能增强党内女性参政积极性，也能提升党外女性选民对政党的支持度；在法律规章方面，包括法律保障女性参政比例以及党章保障党内性别平等；在监管制度层面，加强对选举过程的监督管理，减少女性竞选阻碍等（卞卡，2018）。有研究者发现，国际政坛上的女性领导者表现出不同于男性的多样化政治魅力和政治风格，应该让她们更多地在涉及国家安全与国家利益的"高级政治"上施展能力（李彤彤，2018）。

第三，国际社会推进妇女参政的举措。研究者分析了联合国对于女性参与维和行动的决议，认为其将性别观念纳入维和行动是巨大进步，但在执行中存在军队传统观念制约、性丑闻频发和监督问责机制缺失等困难，对此研究者提出推动更多女性参与维和行动、增加决策层面的女性人数、加强对女性维和人员的培训、大力惩戒性侵犯和性暴力行为、扩大相关宣传力度等解决方案（程梓璇，2020）。有学者基于国际人权法视野探讨女性平等参政的实现，随着越来越多的全球和区域人权文件强调女性参与政治活动的重要性，包括1995年的《北京行动纲领》对女性参政目标配额进行了确立，世界各国和地区在推进女性平等参政方面都有不同程度的积极进展，尽管仍存在性别差距以及阻碍女性参政的因素，但这些国际人权条约依然是全球妇女政治参与的制度保障，国家和国际社会在全面推进女性平等参政的过程中应当始终遵守（孙安艺，2019）。

（六）性别视角下的国际关系与国际政治

随着国际政坛性别多样化发展，研究者日益关注国际政治中的性别问题。根据搜索到的文献内容分析，大致包括女性主义国际关系、国际政治中的女性角色、"第一夫人外交"等。

首先，女性主义国际关系。研究者重申女性主义国际关系理论主要对现实主义、自由主义和建构主义三大主流理论发起批判，认为它们对权力、安全、战争与和平等核心观念的论述都是从男性视角出发而忽略了女性的作用，批判国际社会的男权本质，要求国际政治实现性别平等（朱陆民、陶丽娇，2019）。女性主义国际关系理论体系确立的关键在于，对主流方法论尤其是本体论进行颠覆和改造，主流学派以物质界定秩序，认为国际关系是国家间实力分配的结果，而女性主义国际关系理论认为国际关系是国家在社会交往中建构的，是国家间共有观念的体现，其不仅是社会化而且是性别化的，男性凌驾于女性之上这一性别化本体是用以界定国际关系的特质之一（苏云婷、赵薇，2019）。有学者提出，随着日益突出的全球性问题和人们对和平、秩序的渴求，女性主义国际关系的性别分析对世界秩序研究是必需且可行的，其针对主流研究的性别缺失进行批判，揭露国际关系中的性别不平等机制，以性别为核心重组分析框架，用女性主义知识和认知方法建构知识体系（苏云婷，2018）。

女性主义国际关系理论为国际关系研究提供了崭新视角，但其理论发展也面临一定困境。有研究者指出，女性主义国际关系理论的批判并未得到很多回应，在国际关系领域被边缘化，其自身发展也有一定局限性，如过多地将精力置于批判上，使女性主义自身发展显得过于狭隘，只注重现象和要求的提出却无法形成系统性理论，因而在实践上难以进行有效的指导，在对不平等现象和女性身份的定位上都不够清晰合理，并没有提出一个确切的反驳要素，对当今国际政治形成根本性的冲击（朱陆民、陶丽娇，2019）。

其次，国际政治中的女性角色。随着愈来愈多女性登上国际政治的舞台，其所扮演的角色和发挥的作用引起了各界关注。有研究者分析了民主化浪潮下亚洲女性政治的本质，认为尽管亚洲民主制国家有更多女性凭借其女性特质、家族背景或是个人魅力当选为政治领袖，但因父权制、社会刻板印象、经济权力不足和双重评价标准等问题，她们并未能够掌握政治实权，实质上是权力缺失的（何琴、陈奕平，2020）。也有论文对战争与和平问题中的女性角色进行深入探究，以内战与和平时期的利比里亚为例，分析发现内战前女性主要角色在家庭中，内战期间女性的主要角色是受害者与和平缔造者，也有部分加害者（战斗人员），内战结束后女性扮演了极为重要的战后重建者的角色，可见女性在战争与和平进程中的角色是复杂多变的，战争为女性带来伤害的同时也为女性提供了进入公共领域的机会，在女性促进和平实现和推进战后重建的同时，和平也意味着传统性别关系的回归（朱智琳，2017）。

最后，"第一夫人外交"。"第一夫人外交"作为当代新型外交方式，较多地被作为特别研究的对象。"第一夫人"（First Lady）的概念源于美国，其并不是一个具体职位，而是作为国家最高首脑夫人的一种身份象征。"第一夫人外交"则是指国家元首夫人利用自身影响力参与国际外交活动，以自身独特气质帮助国家提升国际形象，通过非硬性手段与他国建立友好关系（王雪洁，2019）。随着国际外交方式的日趋多样化，"第一夫人"逐渐成为国家礼仪和形象的一部分，被称作"柔性外交的软实力"，甚至发展为一些国家政治制度的重要部分，在展现该国女性的独特精神风貌、提升国家的国际形象和国际地位、塑造和善的国家形象、以软性方式推动外交进展、推进国际政治领域的性别平等和女性参与方面都有着不可或缺的作用（徐珍妮，2016；王雪洁，2019）。也有文章从媒介角度出发，提出"第一夫人"作为一国女性生存发展状态的形象代表，其媒介形象反映了社会的女性观念。随着时代发展，我国对"第一夫人"在媒体上的形象塑造从单一、辅助的角色形象转向更具丰富性和重要性的角色形象，不同时期对于"第一夫人"媒介形象的塑造反映了当时的社会文化价值观（杨丽萍，2016）。对于我国"第一夫人"外交的发展方向，研究者提出了不同建议，如进一步重视和发挥"第一夫人"角色在国家软实力提升中的作用、构建国家特有的外交风格、明确"第一夫人"外交的战略定位和制度规范、加强其与国家元首角色的功能互补、明晰其权力来源和权责范围、在媒介中充分展现"第一夫人"及其他女性的优秀形象和作用、提升社会关注度和性别平等观念等（李亚杰，2016；徐珍妮，2016；杨丽萍，2016）。

三　研究不足与展望

综观 2016~2020 年女性政治学领域的研究成果，可以看出女性政治学作为一门独立学科，对其理论原理的探讨有所增加，学术活动十分活跃，不仅学科理论建设取得进步，而且与学科相关的科研立项不断增加。与此相关，女性政治学的学科建设中越来越多地出现新生力量，展现出女性政治学学科发展的良好前景。当然，通过分析这五年发表的学术成果也不难发现，现有研究存在诸多不足。

首先，对女性政治学学科建设的价值层面与基本理论进行研究的成果依然较少，缺乏系统的女性政治学理论体系成果。在检索到的专著中，仅一本涉及女性主义政治学的发展与重构，多数著作是围绕特定领域或具体主题的专题研究。涉及理论层面的大多数论文是介绍国外著名女性主义学者的成果，自主建构性成果相对较少，对具体现实问题的研究聚焦于不同领域、不同问题的研讨，不少研究的理论水平有待提高，未能形成有中国特色的女性政治学理论体系，这对深入分析中国的性别政治问题产生阻碍。

其次，女性政治学研究仍然停留在女性学者主导的性别研究学术圈，未能真正引起主流政治学重视。尽管近年来国家社会科学基金项目中每年都有性别议题，但研究主体的性别分离现象并没有消除，性别议题基本上由女性学者承担。女性政治学的研究成果局限在女性学术群内的交流与传播，难以融入政治学研究的主流，也未能与主流政治学开展实质性学术对话，并推动主流政治学接受性别视角。

最后，女性政治学的研究质量仍然有待提升。一方面，对国外性别政治理论的研讨大多停留在引用和介绍层面，尽管有研究者以女性主义政治学理论解释国内的性别政治问题，但是这类分析不仅数量不多，而且分析的精准性与深度不尽如人意，这从一个侧面反映了我国女性政治学领域的研究现状与差距。另一方面，年轻研究者的整体学术素养不够理想，尽管检索到的论文中博士学位论文与硕士学位论文占有率不低，但多数成果的研究质量不高，无论是理论功底还是研究方法都与同类学科（如政治学、管理学等）存在较大差距，这对女性政治学的学科发展来说是严峻的挑战。

针对上述主要问题，未来女性政治学的发展需要做出相应的规划与调整。

第一，通过国家对哲学人文社科的政策支持促进女性政治学学科发展，在年度社会科学基金项目指南中，增加女性政治学领域的研究项目，引导并激发研究者对理论研究的兴趣与热情，鼓励有志于女性政治学理论探索的学者投入精力潜心钻研，实质性地推动具有中国特色的女性政治学的学科建构与发展。

第二，加强女性政治学研究队伍建设，提高研究者的问题意识以及性别敏锐性。可以组织举办女性政治学的研讨班，学习与探讨女性政治的基本原理，通过研学性别理论与政治学理论，提高研究者的理论素养，训练年轻研究者从性别角度思考、发现真实的性别问题，以便为促进社会性别平等提供有效的理论解释与实践对策。

　　第三，在大学相关学科中开设女性政治学或与该学科相关的课程，以课程建设为依托，撰写女性政治学教材。通过此举可以有效加快学科建设进程，推进女性政治学作为独立学科的形成与发展。以此为基础，融入主流政治学的学科范围，通过学科的自我发展而成为主流政治学的重要组成部分。

参考文献

1. 安徽省妇联（2016）：《妇联组织联系服务女性社会组织情况的调研报告》，《中国妇运》第4期。
2. 卞卡（2018）：《国外推动女性党员政治参与的制度研究》，《安徽警官职业学院学报》第2期。
3. 曹原（2019）：《关于对留守幼女性权利保护相关问题的探讨》，《2019年南国博览学术研讨会论文集（四）》，中国环球文化出版社。
4. 陈惠扬（2016）：《从严格责任看对幼女性权利的保护》，《法制与社会》第9期。
5. 陈吉利、江雁飞（2018）：《论女性公共协商能力的制度提升——基于女性领导力的视角》，《领导科学论坛》第17期。
6. 陈金英（2020）：《当代印度女性政治参与研究》，《国外理论动态》第4期。
7. 陈伟杰、矫杨（2018）：《社会工作承认过程的多元分析框架——妇联服务专业化中的迂回式承认》，《妇女研究论丛》第1期。
8. 陈伟杰（2018）：《社会网络视角下的政治整合与群团改革——以妇联组织为例》，《中华女子学院学报》第3期。
9. 陈义媛、李永萍（2020）：《农村妇女骨干的组织化与公共参与——以"美丽家园"建设为例》，《妇女研究论丛》第6期。
10. 陈玉、李宝怀（2018）：《政治关系视角下保障女性权利的问题探讨》，《学理论》第7期。
11. 程文瑶（2017）：《浅谈我国幼女性权利的保护问题》，《法制博览》第22期。
12. 程梓璇（2020）：《联合国安理会关于女性参与维和行动的决议及思考》，《南方论刊》第5期。
13. 邓晶晶、秦龙（2018）：《乡镇女性干部权力参与边缘化的困境透视与破解》，《领导科学》第31期。
14. 刁斐（2018）：《政治均衡理论视阈下当代中国女性政治参与研究》，《现代商贸工业》第4期。
15. 董小菲（2017）：《女性在社会网络平台中的政治参与——基于大数据视域的分

析》，《社会科学论坛》第 11 期。

16. 董美珍（2016）：《论女性政治参与能力建构》，《山东女子学院学报》第 1 期。

17. 段红连（2016）：《新形势下我国女性领导者面临的机遇和挑战分析》，《市场研究》第 12 期。

18. 冯波（2018）：《农村女性社会组织参与社会治理研究——以浙江嵊州"村嫂"志愿服务组织为例》，《社会治理》第 8 期。

19. 高乐田、费雪莱（2016）：《朱迪斯·巴特勒的性别操演理论及其政治意蕴》，《湖北大学学报（哲学社会科学版）》第 2 期。

20. 高丽、徐选国、徐永祥（2019）：《迈向社会本位：群团改革语境下地方妇联的实践机制探索——以 S 市 A 区妇联为例》，《妇女研究论丛》第 1 期。

21. 高丽、徐选国（2020）：《中央群团改革视域下地方妇联购买服务的实践逻辑及其理论扩展——基于对上海 H 区的经验观察》，《妇女研究论丛》第 2 期。

22. 耿改智、欧阳菲（2017）：《村级管理中的女性参政问题研究》，《山东女子学院学报》第 4 期。

23. 顾卫卫、周媛儿、谭再琼等（2019）：《宁波市女性社会组织发展提升研究》，《宁波经济（三江论坛）》第 7 期。

24. 顾志峰（2017）：《新时期发展女性社会组织的建议与思考》，《科技视界》第 19 期。

25. 郭纹廷（2016）：《中国女性参政问题探析》，《温州大学学报（社会科学版）》第 3 期。

26. 郭夏娟、魏芃（2019）：《从制度性参与到实质性参与：新中国农村女性的治理参与及其地位变迁》，《浙江社会科学》第 9 期。

27. 郭夏娟、魏芃（2020）：《互联网对农村女性村庄治理参与的影响——基于"中国家庭大数据库"的分析》，《浙江大学学报（人文社会科学版）》第 4 期。

28. 郭夏娟、杨麒君（2016）：《平等参与协商与女性赋权：过程与结果》，《浙江社会科学》第 9 期。

29. 郭夏娟（2016）：《追寻正义：女性主义正义论的中国之旅》，《浙江学刊》第 2 期。

30. 郭琰、何琪（2017）：《身份政治与农村女性环保参与——基于马克思主义政治哲学视角的考察》，《马克思主义哲学研究》第 1 期。

31. 何佩群（2019）：《平等、差异与社会性别》，《复旦政治学评论》第 1 期。

32. 何琴、陈奕平（2020）：《民主化浪潮下亚洲女性政治的表象与本质："她"时代的女政治领袖与权利的缺失》，《广东农工商职业技术学院学报》第 1 期。

33. 何芮瑶、张晏瑢（2020）：《论女性工作者在海洋渔业中的权利保护》，《海大法律评论》第 1 期。

34. 贺羡（2016）：《中国女性领导干部的协商民主认知——基于地方官员问卷调查结果的分析》，《经济社会体制比较》第 5 期。

35. 黄丽（2016）：《延迟退休政策与女性权利的法律保障》，《哈尔滨师范大学社会科学学报》第 5 期。

36. 黄双燕（2018）：《女性领导干部权力心理健康发展的新途径》，《领导科学》第 16 期。

37. 贾依依（2017）：《近代民事立法中女性地位的改变》，《法制博览》第 8 期。

38. 姜凡（2016）：《以法学视角浅谈女性就业权利和保障》，《法制与社会》第 3 期。

39. 姜秀花、范红霞（2018）：《妇联组织在改革创新中推进联系服务新社会阶层女性工作调查报告》，《中国妇运》第 4 期。

40. 金卓、王艳利（2019）：《新时代我国新阶层女性政治参与的困境及对策研究》，《理论探讨》第 1 期。

41. 〔美〕凯茜·E. 弗格森（2018）：《当代女性主义理论》，李泽明、赵开译，《国外理论动态》第 7 期。

42. 康金、黄虹、陈香玉等（2018）：《湘西精准旅游扶贫女性社会权力参与调查研究——以湘西十八洞村为例》，《旅游纵览（下半月）》第 6 期。

43. 孔慧娟、徐笑然、牛洁等（2018）：《大学生招聘性别歧视问题研究》，《商业故事》第 15 期。

44. 孔明安（2019）：《政治权利、社会福利和个体尊严——论哈贝马斯性别差异基础上的女性主义观》，《山东社会科学》第 5 期。

45. 邝利芬（2019）：《女性主义政治学的发展与重构》，天津大学出版社。

46. 蓝江（2019）：《身体操演和不定生活——作为政治哲学家的朱迪斯·巴特勒》，《西北师大学报（社会科学版）》第 5 期。

47. 雷明贵（2019）：《扩大新的社会阶层女性群体参与　推动妇联组织改革》，《江苏省社会主义学院学报》第 4 期。

48. 雷禹（2019）：《女性主义与马克思主义的再联姻》，《国外理论动态》第 7 期。

49. 李德刚、朱红娟（2016）：《当前我国农村妇女政治参与的制约因素及解困措施分析》，《山东农业工程学院学报》第 7 期。

50. 李敏、刘淑兰（2019）：《乡村振兴战略下农村妇女政治参与及引导路径》，《福建农林大学学报（哲学社会科学版）》第 4 期。

51. 李思然（2019）：《瑞典社会政策视域的性别平等政策研究》，博士学位论文，哈尔滨工业大学。

52. 李彤彤（2018）：《国际政治女性领导人政治参与研究》，《时代报告》第 11 期。

53. 李潍伊（2017）：《婚内强奸定性之浅析》，《法制博览》第 1 期。

54. 李文、简瑞燕、张永英等（2018）：《妇联基层组织服务妇女群众的创新路径探讨——基于广州市海珠区妇联基层组织改革创新案例的分析》，《妇女研究论丛》第 1 期。

55. 李文、张永英（2016）：《资源、权力、责任——参政妇女的家庭地位考察》，《中华女子学院学报》第 1 期。

56. 李亚杰（2016）：《当代第一夫人外交研究：理论与实践》，硕士学位论文，郑州大学。

57. 李岩、宋伟（2018）：《后现代女性主义对阿伦特政治美学的接受与创新》，《马克思主义美学研究》第 2 期。

58. 李余华、王凯丽（2017）：《论建国以来我国女性法律地位的变迁》，《安顺学院学报》第 5 期。

59. 林瑞（2020）：《被悬置的女性权利——都市热播剧〈都挺好〉中的女性意识与父权叙事》，《视听》第 1 期。

60. 林莎莎（2018）：《中国人权白皮书关于女性权利的表达》，《中国人权评论》第 6 期。

61. 蔺旭鹏（2020）：《新时代女性领导力的供给侧改革探究》，《领导科学》第 21 期。

62. 刘伯红、范思贤（2020）：《妇女参政助推科学民主决策和社会治理——近五年中国妇女参政状况简要评估》，《山东女子学院学报》第 6 期。

63. 刘伯红、刘小楠、陈业强主编（2020）《女性的反响：加速实现性别平等与妇女赋权——纪念联合国第四次世界妇女大会二十五周年》，当代中国出版社。

64. 刘筱红（2019）：《两种合理性框架中的国家行动：农村妇女参与村庄治理七十年研究》，《浙江社会科学》第 9 期。

65. 刘亚玫、张永英、杨玉静等（2018）：《论习近平总书记关于新时代妇女发展和妇女工作重要论述的科学内涵》，《妇女研究论丛》第 5 期。

66. 刘岩（2017）：《建构女性权利的中国话语——评〈中国女权主义的诞生〉》，《妇女研究论丛》第 3 期。

67. 刘颖超（2016）：《浅析〈婚姻法〉针对妇女性权利的立法缺陷》，《商界论坛》第 14 期。

68. 刘子薇（2019）：《论反家暴法中的女权保护》，《佳木斯职业学院学报》第 5 期。

69. 罗伯中、杨洁（2020）：《当代家庭正义理论的两种模式及反思——从奥金的性别正义到纳斯鲍姆的能力进路》，《内蒙古大学学报（哲学社会科学版）》第 3 期。

70. 罗文斌、钟诚、〔美〕Dallen J. Timothy 等（2017）：《乡村旅游开发中女性村官参与行为影响机理研究——以湖南省女性村官为例》，《旅游学刊》第 1 期。

71. 马英华、谢立敏（2020）：《女性社会组织参与国家治理：作用发挥和策略优化》，《学术交流》第 3 期。

72. 马素梅（2019）：《南茜·弗雷泽的政治代表权正义理论及启示——以女性主义为视点》，《郑州航空工业管理学院学报（社会科学版）》第 4 期。

73. 倪晓霞（2019）：《印尼独立前后的伊斯兰妇女政治参与》，《创造》第 5 期。

74. 潘泽泉、谢琰（2018）：《性别意识视角下的中国女性政治参与意识研究——基于 CGSS2010 数据中湖南样本的经验发现》，《湘潭大学学报（哲学社会科学版）》第 3 期。

75. 裴志军、陈姗姗（2017）：《家庭关系、政治效能感和女性村民选举》，《华南农业大学学报（社会科学版）》第 2 期。

76. 强洪、段凡（2016）：《女性社会组织的作用、困境与发展对策》，《中国妇女报》1 月 19 日。

77. 全国妇联组织部（2016）：《积极发挥桥梁纽带作用 加强联系服务女性社会组织》，

《中国妇运》第 4 期。

78. 冉惠文（2020）：《女性领导力价值发挥的新格局探析——以打破传统性别观念为角度》，《现代商贸工业》第 12 期。

79. 〔美〕让·爱尔斯坦（2019）著《公共的男人，私人的女人》，葛耘娜、陈雪飞译，生活读书新知三联书店。

80. 任大鹏、刘岩（2020）：《基层妇联主导下城乡农产品对接模式探究——基于组织网络化视角》，《妇女研究论丛》第 2 期。

81. 苏雄华、冯思柳（2018）：《农村留守幼女性权利保护问题探究》，《江西理工大学学报》第 6 期。

82. 苏雪萍（2017）：《村党支部女书记和村委会女主任政治参与调查》，《北京农业职业学院学报》第 5 期。

83. 苏云婷（2018）：《世界秩序研究呼唤女性主义》，《内蒙古农业大学学报（社会科学版）》第 2 期。

84. 苏云婷、赵薇（2019）：《国际关系的本体论之辩：女性主义的挑战》，《国外社会科学前沿》第 3 期。

85. 孙安艺（2019）：《论国际人权法视野下女性平等参政权的实现》，博士学位论文，外交学院。

86. 孙晓莉（2017）：《女性领导的领导智慧和领导艺术——基于叙事方法的分析》，《领导科学》第 2 期。

87. 天津市东丽区妇联（2019）：《延伸妇联服务手臂　激发女性社会组织活力》，《中国妇运》第 2 期。

88. 屠琳舒（2016）：《幼女性权利的保护现状及完善对策研究》，《法制博览》第 21 期。

89. 汪曲（2018）：《农村女性干部建言与沉默的选择机制与转化路径：基于广东省的扎根理论探索》，《暨南学报（哲学社会科学版）》第 9 期。

90. 王琦欣（2017）：《女性生育权遭受侵害如何救济——以丈夫逼迫妻子堕胎为例》，《法制博览》第 19 期。

91. 王雪洁（2019）：《社会性别视角下的第一夫人外交研究》，硕士学位论文，北京外国语大学。

92. 王亚娟（2016）：《淮安市女性社会组织的发展路径》，《经营与管理》第 10 期。

93. 王燕、张晋（2017）：《家庭暴力受虐女性服刑人员犯罪被害化问题研究》，《江苏警官学院学报》第 6 期。

94. 王颖、朱俊亭（2018）：《拉美女性高层政治参与的成就、挑战及对策分析》，《武汉交通职业学院学报》第 1 期。

95. 魏俊斌、张义松（2016）：《基于我的传统与现实试谈婚内强奸》，《法制与经济》第 1 期。

96. 吴华眉（2018）：《从身体到政治——朱迪斯·巴特勒的女性主义批判》，《当代国外马克思主义评论》第 2 期。

97. 谢晋宇、罗玲（2018）：《基层女性领导管理男性员工的困境与艺术》，《领导科学》第4期。

98. 徐洁、戴雪红（2017）：《葛兰西文化理论视域下当代中国女性文化领导权的建构》，《苏州科技大学学报（社会科学版）》第3期。

99. 徐兰兰（2017）：《"她们为何不说话？"——论协商团体中的女性参与困境及对策》，《天府新论》第2期。

100. 徐渊、张早来（2020）：《社会治理中女性社会组织作用发挥研究——以江西省吉安市为例》，《老区建设》第2期。

101. 徐珍妮（2016）：《论第一夫人外交》，硕士学位论文，南京大学。

102. 许晓鹏（2019）：《影响女性干部职务晋升的不利因素及破解之策》，《领导科学》第1期。

103. 许烨（2020）：《新时代扩大中国女性政治参与的对策研究》，《湖南省社会主义学院学报》第1期。

104. 杨光斌（2005）：《政治学：从古典主义到新古典主义》，《教学与研究》第9期。

105. 杨乐（2016）：《制度与习俗的张力：女性政治权利的中国式历史路向与前景》，《浙江社会科学》第12期。

106. 杨丽萍（2016）：《女性主义视角下新中国第一夫人媒介形象研究》，硕士学位论文，华中科技大学。

107. 杨荣军（2016）：《女性政治效能感实证研究——基于CGSS2010数据分析》，《贵阳市委党校学报》第2期。

108. 杨霞（2019）：《当代中国女性公共参与意识培育》，社会科学文献出版社。

109. 叶晖（2018）：《大众传媒中女性话语权力的构建路径》，《传播与版权》第6期。

110. 易涵、向东、龚成彬（2018）：《全面二孩政策下女性权利的法律保护》，《法制与社会》第10期。

111. 于文梅（2020）：《女性领导性格弊端的放大效应与消除路径》，《领导科学》第3期。

112. 袁云、袁海（2019）：《乡村振兴战略下农村妇女的参与意识与实践研究》，《法制与社会》第36期。

113. 翟宇婷（2017）：《村民自治中农村妇女政治参与的困境与出路——以太原市晋祠镇为例》，《三峡大学学报（人文社会科学版）》第4期。

114. 詹虚致（2019）：《组织引领与多元推进：女性参与基层治理的路径研究——以广东省顺德区为例》，《中国农业大学学报（社会科学版）》第2期。

115. 张国玉（2019）：《中国女性领导者的特点与领导力提升路径》，《中国领导科学》第1期。

116. 张沥元（2020）：《生态女性主义的多元主体联盟：理论构建与现实挑战》，《四川大学学报（哲学社会科学版）》第3期。

117. 张鹿鹿（2017）：《新中国女性发展在立法保护下的实质进展及经验总结》，《长春大学学报》第11期。

118. 张赛玉（2016）：《女性公益组织服务递送研究——以"金太阳"社区养老服务为例》，《武汉科技大学学报（社会科学版）》第 3 期。

119. 张莎莎（2018）：《生育政策变化对女性权利的冲突与消解》，《法制博览》第 13 期。

120. 张延（2020）：《刑法在强奸罪认定方面对女性权利保护的不足》，《西部学刊》第 18 期。

121. 张玉婷（2018）：《网络时代女性掌握信息权力的优势与困境》，《山东女子学院学报》第 2 期。

122. 赵侠（2018）：《浅谈女性社会组织人力资源开发问题研究》，《西部皮革》第 7 期。

123. 郑长忠（2018）：《锻造西部崛起背景下女性发展的组织基础——四川省妇联工作发展研究报告（2013—2017 年）》，中国社会科学出版社。

124. 郑长忠（2018）：《构建面向未来的妇联组织——国家治理现代化与妇联组织发展研究》，《妇女研究论丛》第 1 期。

125. 郑长忠（2019）：《新时代家庭工作的逻辑定位与妇联作用》，《妇女研究论丛》第 6 期。

126. 周冰鸿（2017）：《父权制与独立后印度女性参政》，《亚非研究》第 2 期。

127. 周海燕（2018）：《行政生态学视野下的女性边缘化问题探究——以女性政治参与为例》，《西安石油大学学报（社会科学版）》第 6 期。

128. 周丽娜（2016）：《女性领导力的"潜力·能力·权力"培养——世界大学女校长北欧论坛综述》，《现代传播（中国传媒大学学报）》第 9 期。

129. 朱陆民、陶丽娇（2019）：《对女性主义国际关系理论的批判与反思》，《北华大学学报（社会科学版）》第 5 期。

130. 朱智琳（2017）：《女性角色与战争、和平——以内战与和平进程中的利比里亚为例（1989~2016）》，硕士学位论文，湘潭大学。

131. 卓惠萍（2020）：《市民议事会视角下的女性基层社会治理参与研究》，山东大学出版社。

132. 左兴玲（2017）：《论女性参与管理和决策之性别优势的多维性》，《山东女子学院学报》第 4 期。

女性主义法学研究综述（2016～2020年）

戴瑞君*

一　研究概况

女性主义法学是以女性主义为理论渊源的法学理论分支，自然也受到女性主义内部不同理论流派的影响。而对中国女性主义法学产生重要影响，且至今仍具有较强解释力的当数自1995年北京第四次世界妇女大会后传入中国的社会性别理论及其分析方法。经过20余年的传播发展，中国女性主义法学研究者越发注重理论联系实际，已经能够较为熟练地运用社会性别的分析视角解读中国法律、政策、执法和司法活动，发现性别盲点，提出完善建议，为促进性别平等发挥建设性作用。这五年，不论是在出台《中华人民共和国反家庭暴力法》《中华人民共和国民法典》前后，还是在探索建立性别平等评估机制、性骚扰防治机制的过程中，女性主义法学均做出了积极的理论贡献，同时丰富着法学研究和女性主义研究的理论框架。

2016～2020年，国内女性主义法学学科建设和学术研究成果均较为丰富。在中国知网总库中，以"女性主义法学"为主题词进行检索，共有论文①35篇；篇名同时包含"女性"和"法学"的论文26篇，同时包含"女性"和"法律"的论文129篇，同时包含"性别"和"法律"的论文64篇。与2011～2015年相比，除篇名同时包含"女性"与"法律"一项外，其他同类检索所得论文的数量均有所回落，降幅约为1/3。从研究主题看，对女性主义法学基本理论的探讨仍占有一席之地；婚姻家事法律制度成为女性主义法学研究的重点，主要涉及夫妻财产制度、夫妻共同债务、离婚、监护、生育等问题；家庭暴力、性骚扰、平等就业权、农村妇女土地权益等是这一时期学术研究集中关注的重点议题。此

---

* 作者简介：戴瑞君，女，中国社会科学院国际法研究所研究员、性别与法律研究中心秘书长。
① 此处检索结果包含期刊论文、学位论文和报纸文章。下同。

外，研究视野也覆盖到对民法、刑法、商法的女性主义解读。在著作方面，2016~2020 年间共出版女性主义法学著作 12 部，主题涉及对女性主义法学理论的比较研究，用社会性别视角分析保障妇女权益的法律与司法实践，对联合国《消除对妇女一切形式歧视公约》的评注，以及对中国妇女权益法律保障制度的分析。

在课题立项方面，2016~2020 年共有 20 项（包括 2 项后期资助项目）与女性主义法学或者性别与法律相关的议题获得国家社会科学基金资助，立项数量是 2011~2015 年的 2 倍。其中，5 项课题宏观研究性别平等的法律保障，分别是"立法中的性别平等评估机制研究"（马姝，2016）、"民法典性别平等机制的构建研究"（郝佳，2018）、"壮族习惯法的母系特征研究：兼论壮族习惯法对妇女权益的保护"（袁翔珠，2018）、"新时代妇女权益保障立法的体系观与发展观研究"（邓丽，2020）、"汉唐之际的女性身份与礼律秩序"（景风华，2020）。5 项课题涉及婚姻家庭中的女性权益保障，分别是"中国夫妻财产法律制度安排的伦理维度"（曹贤信，2016）、"离婚扶养制度研究"（张学军，2017）、"离婚纠纷解决机制研究"（朱蓓予，2017）、"体系视角下婚姻家庭关系法律适用问题研究"（刘征峰，2018）、"民法典视野下的夫妻债务法研究"（叶名怡，2019）。有 4 项课题聚焦"全面二孩"政策，分别涉及配套法律制度研究（林孝文，2016）、未成年人养育成本分担（吕春娟，2017）、生育保障立法（曹薇薇，2017）、生育权理论反思与法律保障（赵大千，2019）。另外 6 项课题聚焦具体权利或具体问题，有"中国生育福利权制度研究"（冉昊，2017）、"中国女性发展权法律保障体系研究"（王新宇，2019）、"幼女性权利的刑法保护研究"（苏雄华，2018）、"儿童利益最大化视域下的性同意年龄制度研究"（朱光星，2020）、"跨境事实婚姻与人口贩运的协同治理研究"（周建军，2019）、"个体侵权与性别歧视双重视角下我国性骚扰防治机制研究"（张夏子，2020）。除此之外，中国社会科学院法学研究所性别与法律研究中心承接全国妇联委托课题"预防和制止性骚扰研究"（薛宁兰，2019），分别形成《预防和制止校园性骚扰指导手册》《预防和制止职场性骚扰指导手册》。

五年来，女性主义法学学科建设从专业教材、课程设置、学位教育与人才培养、教学与网络信息平台建设等指标衡量均有进展，但成果总量较上一个五年有所下降。首先，五年共出版专业教材两部。《性别与法律》（王歌雅主编，2018）

侧重于对婚姻家庭领域法律规范的社会性别解读。该教材通过介绍社会性别的基本内涵、法律规范的性别控制、性别正义模式的变迁、社会性别与人权公约、社会性别与人格尊严等内容，建立起社会性别理论与基本分析框架。《社会性别与人权教程》（刘小楠主编，2019）从社会性别视角对经济社会文化权利、公民权利与政治权利、性别暴力等人权问题进行分析，并集中阐释了保障性别平等的法律与机制。该教材的出版拓宽了女性主义法学的视野，夯实了女性主义法学学科建设的基础。其次，就课程设置而言，中华女子学院继续将"妇女法"作为法学专业本科人才培养的必修特色课，此外还开设"性与法律""社会性别与法律"等选修课程，旨在培养学生的性别平等理念。中国政法大学在 2017~2020 年连续举办八届"社会性别与人权"师资研修班，为性别与法律课程的开展储备师资力量。再次，在学位教育与人才培养方面，从教学成果来看，在中国知网学位论文库进行检索，2016~2020 年，法学学科以"女性"为主题的硕士和博士学位论文共计 132 篇，略高于上一个五年，不过其中仅有 3 篇博士学位论文。法学学科以"女性""性别""妇女"为篇名的硕士和博士学位论文共计 73 篇，其中绝大多数为硕士学位论文，博士学位论文仅 1 篇，这一指标较上一个五年有明显回落①。最后，在教学与网络信息平台建设方面，这一时期，女性主义法学的教学顺应平台、新媒体等技术手段的发展，创新教学方式，通过中国大学MOOC（慕课）平台、微信公众号等方式扩大女性主义法学知识传播的受众，影响社会大众的性别意识。

二 主要研究内容

（一）女性主义法学流派的译介与提炼

这一时期，仍有一些作品关注新的女性主义法学思潮。例如，梅·C. 奎恩（Mae C. Quin）的《女性主义的法律现实主义——法律现实主义与女性主义法学》（王新宇译，2018）提出女性主义法律现实主义，这一理论超越以往法律现

---

① 2020 年中国知网整顿，收录的期刊、论文范围均发生变化，这可能也是导致相关检索结果总量偏低的一个原因。

实主义的男性中心论，有助于减少女性主义内部分歧以及相互攻击，同时也可能引发女性主义法学研究进路的转变。王紫零（2016）系统介绍了生态女性主义法哲学，它是环境保护运动和妇女解放运动有机互动的产物，为环境法的变革提供了新的研究视角、思维模式和价值取向，为完善 21 世纪环境法提供了重要的理论准备。崔绍忠（2017）充分肯定女性主义法律经济学对推动法律经济学发展的积极贡献，指出女性主义法律经济学从研究领域和范围、理论假设及研究方法等方面对传统法律经济学提出了批判，使其不再只关注男性所从事的所谓"公域"相关法律问题，同时还关注传统上由女性完成的家庭照护劳动等所谓"私域"相关的法律问题；由此也将改进传统法律经济学的理论假设，使其不再过度依赖主要反映男性现实的"理性经济人"假设，而是要反映女性面临的不合理制度约束等社会现实；优化传统法律经济学的研究方法，使其在实证分析和规范分析方面达到更好的平衡。

与此同时，中国学者也在反思批判国外女性主义法学流派的基础上，尝试提出新的分析视角和解释逻辑。林林（2016）从比较的视角提出女性主义法学应重新确立四个价值原点，即重新确立男女之别的逻辑原点、重新确立"他者"的人类命运共同体的价值原点、重新确认不同阶层女性的共同价值原点、重新确立国际法与国内法之间法律文化的协同原点，跨越各国各自的宗教、文化和种族的局限，破除传统的落后的文化习俗对女性权利的戕害，共建全球化时代国际兼容的法律文化谱系。任苗苗（2019）更进一步提出，希望突破以往局限于全面接受西方特别是美国女性主义法学的议题、视角和理论分歧的研究范式，开始提炼中国女性的特殊问题，并尝试针对这些问题创立相应的理论学说，回应中国现实需求。她提出家族主义女性主义法学新流派。其核心主张是，中国女性要摆脱男性中心论及其制度，首先要从受家族干涉的关系中解放出来，同时使受家族支持的关系正当化和规范化。鉴于主要任务是通过摆脱受家族干涉的关系而实现男女平等，因此中国女性的若干重要权利需要在考虑上述家族性的情况下给予保护。

（二）对法治实践的女性主义分析与批判

这一时期，女性主义法学研究的重心转向发现和解决中国本土的妇女权益保障问题。较前一阶段偏重女性主义理论及分析工具的介绍，这一时期对女性主义法学的研究又向前推进了一步。

1. 婚姻家庭法律制度

对婚姻家庭法的女性主义检讨一直是我国女性主义法学研究的主要议题之一。

2004年《最高人民法院关于适用〈中华人民共和国婚姻法〉若干问题的解释（二）》第二十四条规定的夫妻债务认定规则引发热烈讨论。但淑华（2016）、李琼宇（2016）、夏江皓（2017）等学者均指出其存在明显的性别盲点。李琼宇研究发现，在夫妻债务形成过程中存在显著的性别差异，即男性通常充当举债方的角色，而女性通常充当非举债方的角色；而中国现行夫妻共同债务认定规则的"推定论"并未考虑到男女两性的实质差异，苛以女性过重的注意义务，故是建立在男性文化基础之上的法律规则。她提出构建合理的夫妻共同债务认定规则需要充分考虑性别因素，进而提出应区分夫妻关系的两种不同状态，即和平状态和对抗状态。在和平状态下应侧重于保护债权人的利益，而在对抗状态下应侧重保护非举债方女性配偶的利益。

赵敏（2017）指出夫妻财产关系的法律适用不能单纯从法技术的层面进行逻辑推理，考虑到婚姻法本身具有保护妇女、保护弱者的价值取向，在该问题上不能放任财产法"随意"入侵婚姻关系，而要受到社会性别视角的制约。对离婚财产分割制度，刘洪华（2018）发现司法实践中法院简单适用均等分割原则和简单将婚前购买婚后还贷的房产判归产权登记方的做法与我国婚姻法照顾弱者利益和兼顾两性平等的价值理念不符，也不符合民法实质正义和人文关怀精神。张雅维（2016）指出由于立法者和司法者缺失社会性别意识，使离婚救济制度背离了制度设计的初衷，在司法实践中极少适用进而被虚化。她建议完善婚姻家庭立法应引入社会性别平等理念，改革离婚救济制度。华倩（2020）从社会性别视角审视个人财产婚后收益归属问题，指出由于公共领域与私人领域的二元划分，使得个人领域的女性家务劳动、照顾家庭的价值并未在公共领域（立法领域）得到应有重视。由此，在个人财产婚后收益归属的法律适用规定方面，很难实现夫妻之间的实质平等。她提出运用社会性别理论补充法律规定的漏洞，重视夫妻财产分配中女性家务劳动、照顾家庭的价值，从而实现现实实质平等。

2. 平等就业权的法律保障

刘明辉（2020）对8起在就业性别歧视方面极具影响性的诉讼裁判文书的

分析肯定了司法在维护女性平等就业权方面取得的显著成果，同时法官在审理中的困惑也折射出司法对通过立法完善性别平等法制的迫切需求。她相应地提出变碎片化条款为法典、改宣示性口号为可操作的机制、弥补就业性别歧视定义及认定标准等缺失、对法律法规的性别影响进行评估并废止制度性歧视以消除司法障碍、增加违法成本并增设暂行特别措施等具体建议。

唐芳（2016）认为我国女职工劳动保护立法由于没有科学界定女性特殊生理差异而保护失当，忽视女职工的多元化需求，法律责任不完善，缺乏对男性生育劳动保护权的保障，忽视女职工及其家庭照顾子女的需求。为此，她提出需要科学界定女职工劳动保护的范围，尊重女性的主体性，取消一般女职工劳动禁忌，提高特殊时期的劳动保护水平；细化立法，使得不同阶层的女职工都能真实享受劳动保护，实现结果平等；完善法律责任制度，增加用人单位违法成本；赋予男性生育保护的权利；建立育儿支持用工体系。

女职工权益专项保护合同对实现女职工劳动权益、提高劳动保护待遇发挥着积极作用，但其实施状况不尽如人意。王蓓、刘珂（2017）通过对100份女职工权益保护专项集体合同的分析发现，订立程序瑕疵、核心内容可操作性差、部分重点领域关注缺失等问题普遍存在，严重影响合同目标的实现。她们指出集体合同的订立和履行不应流于形式，应关注国家政策变化对女性就业环境的影响，并特别强调关注女性特殊需求，合同应对心理健康、职场性骚扰、更年期女职工权益保护等新领域做出快速反应。

这一时期，女船员和农村外出务工女性的权益保障受到关注。王国华、施长艳（2020）指出重视女船员权益保障工作对提高航运界性别平等意识、推动我国船员队伍高质量发展具有重要意义。然而研究表明，我国女船员权益保障面临法律制度缺失、生育权保障虚置、性别歧视现象突出、工作条件艰苦等问题，为此学者提出应采取针对性措施，多角度完善女船员权益保障制度，切实保障女船员的合法权益不被侵犯，推动我国船员队伍平衡且平等发展。张金环（2017）分析了农村外出务工女性与农村外出务工男性以及城镇女性相比面临的多重障碍：父权制、城乡二元社会保障制度以及就业竞争力等，这些因素导致其合法权益更易被剥夺，遭遇就业歧视的情形更为普遍，性权利被剥夺或被侵犯的可能性更大，婚姻解体和家庭离散的风险更高。为此，她从制度建设和文化传承创新的角度，提出破解农村外出务工女性权益保障困境的建议。

3. 农村妇女土地权益的法律保障

王竹青（2017）认为农村妇女权益长期被侵害涉及封建传统文化的影响，缺乏对村规民约的监督、审查、纠正机制以及缺乏有效的司法、行政救济。任大鹏、王俏（2019）则认为土地产权化改革过程中，土地的生产要素功能逐渐被财产性功能替代，妇女的以土地为对象的劳动者角色逐步被家庭照料者的角色替代，这是妇女土地权益隐形化的主要原因，并由此引发了家庭内部基于土地承包关系产生的矛盾纠纷。邢国威（2020）具体分析了外嫁女承包地权益保护困境的原因，指出外嫁女农地权利纠纷是户内外嫁女一方与代表丈夫一方的婆家人之间的承包地差别所致，外嫁女进入婆家，多数情况下并不是无承包地可种，而是名下无地，即享有承包地的实际利益，但权力不被认可，依附于婆家而无法受到法律保护。因此他认为外嫁女承包地权益问题的实质是男女两性间的不平等，原因在于承包地的男性继承。

对如何破解农村妇女土地权益的制度困境，任大鹏、王俏（2019）体系化地提出设置前置性规范、救济性规范，从承包经营权分割转向收益权分割，重塑妇女土地权益保护路径，扩展经济帮助权的适用范围以及建立收益权直接给付制度等措施。杨丽、张永英（2020）认识到村干部这一群体在加强土地承包经营权确权中对妇女权益的保障作用，提出应针对这一群体，在加强制度保障和改变传统习俗层面开展更多工作。郭晔（2019）强调认识农村妇女土地权益问题必须兼顾基本国情与基本政治原则，确保正确的政治方向，具有鲜明的政治立场和价值观，既不能片面强调农户家庭概念而忽视男女平等基本国策和妇女的合法权益；也要避免片面强调妇女个人权利，否定家庭承包，甚至按人口再次平均分配土地，实行土地私有化等不符合中国国情的极端立场。

4. 家庭暴力

家庭暴力是一种基于性别对妇女的暴力。研究表明，家暴事件中施暴者与受害人之间性别关系十分突出，妇女指控男性实施暴力的占九成，具有鲜明的性别属性。2016年3月1日《中华人民共和国反家庭暴力法》正式施行，为防治家庭暴力提供了法律依据。五年间，学者从法律规范与司法实践层面考察《中华人民共和国反家庭暴力法》在防治家庭暴力的实效。蒋月（2019）对2016~2018年400份涉家庭暴力民事裁判文书的考察结果表明，法律的适用效果并不理想：法院确认构成家庭暴力的比例低，家暴取证难、举证难的状况无大改变；

人身安全保护令知晓度与核准率均比较低；家庭暴力受害人要求离婚损害赔偿的申请率和获准率较低，获赔金额小。孙晓梅、仇启荣（2018）针对实施过程中暴露出的问题，从扩大家庭暴力概念的范围、解决举证难问题、提高警务人员专业性、细化人身安全保护令、完善强制报告等方面提出了一系列对策建议。针对其中家庭暴力事实认定难的问题，李琼宇、贺栩溪（2017）提出，可以尝试在处理轻微家庭暴力案件中构建警察先行判断制度，以提高家庭暴力受害人的举证能力，减轻法官的负担。邓丽（2017）指出，在家暴引发的离婚诉讼中，法院应力破沿袭已久的"二次诉讼裁判离婚"隐规则，探索建立更加多元而公允的家暴损害赔偿机制，以更好地回应家暴受害人的诉求，实现反家暴的制度功能和社会效果。

5. 对其他法律领域的女性主义分析

这一时期，有学者从女性主义视角展开对公司法的社会性别分析，拓宽了以往性别议题的关注范围。薛前强（2019）首先考察了域外围绕性别这一特殊要素，对就改善董事会结构、增加女性董事比例开展的"软硬兼施"的运动式改革进行研究，然后提出我国当下促成董事性别结构多样化，可以采取"自治优先，强制补充""上市公司为主，国有企业为辅"的建构路径。薛前强进一步将研究视野从董事结构拓展到整个公司法，考察女性出场或退场是否与公司法发展有关，以及性别分析与公司法之间存在何种关联。他认为，女性主义与公司法的结合极为缺乏，原因有二：一是公司法/商法被男性价值观主宰，公司法学者并不易于接受女性主义分析路径；二是女性主义法学家关注因性别偏见对女性产生负面影响的领域，分散了研究注意力。此外，女性在商业领域的受挫现实间接阻碍了女性主义在商事法领域的发展。他进而从规则理念、价值选择、成员构成、股权变动纠纷的"家庭主义"分析框架等方面提出公司法"她者"化的具体改革策略。

五年来，运用女性主义理论，特别是以社会性别分析视角来审视法律、政策和司法实践逐步成为一种学术自觉。运用女性主义分析方法剖析法律制度及其实施状况，找到其中的问题及成因，并提出相应的对策建议，对发展完善妇女权益保障法律体系大有裨益。

（三）女性主义法学对法治体系的推动与构建

五年间，女性主义法学对推动中国法治的制度完善继续发挥积极作用，在

《中华人民共和国民法典》编纂、性别平等评估机制建设、完善性骚扰法律治理等方面成效显著。

1. 倡导《中华人民共和国民法典》贯彻男女平等基本原则

2016~2020 年，正值《中华人民共和国民法典》编纂工作进入高潮，这一时期涌现出大量关注《中华人民共和国民法典》，特别是其中的婚姻家庭编如何贯彻男女平等基本原则、如何实现女性平等权益的研究成果。

学者主张，男女平等作为法治原则的重要内容和一项宪法原则，理应贯彻于民法之中。李国庆（2019）提出应在《中华人民共和国民法典》总则部分增设男女平等原则，阐释其法律意涵，从而为具体问题的解决提供指导，促进实现实质的男女平等。王歌雅（2019）指出，中立的民事立法看似平等公允，实则可能存在忽视性别平等现实的弊端，因此要将性别平等、男女平等的意识嵌入《中华人民共和国民法典》编纂的全过程，在《中华人民共和国民法典》各编中，通过显性或隐性的表达方式或展现路径，实现性别意识与规范表达的融合，为实现性别平等、促进社会公正奠定规范基础与制度基础。郝佳（2019）补充道，性别平等不仅是男女平等，还应将性少数群体纳入其中；而性别多元化对现行婚姻家庭法律规范和制度提出挑战。对此，她主张《中华人民共和国民法典》婚姻家庭编应以开放和包容的立法心态回应时代提出的问题。

《中华人民共和国民法典》于 2020 年 5 月 28 日通过，2021 年 1 月 1 日起正式施行。《中华人民共和国民法典》通过后，学者们继续从女性主义视角对这部"社会生活的百科全书"进行解读并提出新的期待。夏吟兰（2020）认为，《中华人民共和国民法典》婚姻家庭编在坚持男女平等原则的基础上，更加关注实质平等，关注对女性权益的保障，具体表现在明确夫妻共同债务的认定标准，强化了双方合意的重要性；完善了离婚的家务劳动补偿制度，进一步肯定家务劳动的价值，增加离婚损害赔偿的兜底性规定，更好地保障了离婚中无过错一方的权益。但同时她也指出，婚姻家庭编中仍有一些制度，如离婚经济保障制度，因其规定的原则性而可能存在在实践中被虚化的风险，因此仍需进一步研究和完善，以达到实现性别实质平等的目的。薛宁兰（2020）肯定了《中华人民共和国民法典》婚姻家庭编中离婚家务劳动补偿请求权、离婚经济帮助、离婚损害赔偿等离婚救济制度对实现离婚衡平的重要作用，特别指出离婚家务劳动补偿有利于实现夫妻事实上的平等，也有助于转变社会观念，提倡男女共同承担家务劳动。她期待司法实践能够充分发挥离婚救济制度维护公平正义的价值功能。

夏江皓（2020）关注农村妇女的平等权益，指出虽然《中华人民共和国民法典》规定的离婚财产分割和离婚救济制度的法律条款不存在对农村妇女的直接歧视和基础概念构建中的性别歧视，但是由于农村传统习俗的负面影响、村规民约的不适法、农村妇女对家庭依赖程度高、农村男性较多外出务工的客观事实、家庭劳动分工的常见模式等因素的影响，离婚财产分割和离婚救济的法律规范对农村妇女存在间接歧视以及在法律推理和法律适用中的歧视。因此，她提出需要对《中华人民共和国民法典》中的相关条款进行合理的解释和适用，以促进离婚财产分割和离婚救济在司法实践中对农村妇女特殊权益的保护，强化法律规范在理论和实践中的性别视角，实现男女两性的实质平等。

2. 推动在国家层面建立性别平等评估机制

法律的性别平等评估是落实社会性别主流化的工具，也是实现性别平等的制度化机制。基于各地有关法规政策性别平等评估的广泛实践，学者们普遍建议在国家层面构建法律性别平等评估机制。周应江、李明舜、蒋永萍（2018）进一步提出实现该机制规范化和法律化的具体设想。他们指出，法律政策性别平等评估的核心是分析评判法律政策对性别平等的影响，在评估目的、评估标准、评估程序、评估主体等方面不同于一般的立法质量评估，该项评估具有检视男女不平等状况，提高决策者社会性别意识，阻却有悖于性别平等的法律政策，促进女性获得平等的权利、机会与能力，营造有利于性别平等的制度环境和文化氛围等多方面功能。为此，他们提出解决上述基本问题的具体方案。薛宁兰（2018）认为建立法律法规性别平等评估机制，对其进行事前、事中、事后全过程的社会性别分析，是将性别平等主流化落实到国家立法过程的重要途径。为此她建议以新发展理念为指导，将实现男女平等、促进两性共同发展确立为法律法规性别平等评估机制的目标；在《中华人民共和国立法法》相关条款中增加将性别平等意识纳入立法全过程的内容，并将性别平等评估机制纳入立法评估；在全国人大和相关立法部门设立专门机构负责此项工作。

对女性主义分析方法的熟练运用和相关实践的积累，为全国各地普遍建立法规政策性别平等评估机制提供了理论依据和学术训练，也为在国家层面建立法律法规性别平等评估机制①奠定了较为扎实的理论基础和实践基础。

3. 推动完善对性骚扰的法律规制

2018 年前后，职场及校园性骚扰防治再度成为这一时期女性主义法学关注的热点问题，其中如何防治校园性骚扰受到更多学术讨论。

一方面，学者继续关注美国（刘春玲，2018；刘春玲、龙大瑞，2020）、澳大利亚（张冉、欧阳添艺，2020）等地在遏制性骚扰方面的经验，为我国的制度完善提供他山之石。另一方面，学者积极为中国如何构建校园性骚扰防治体系出谋划策。王献蜜、林建军、金颖（2019）首先考察了高校性骚扰的发生现状，对随机抽取的 1631 名大学生的问卷调查显示，高校性骚扰最常见的受害者是学生，最常见的实施者是教师，高校性骚扰的受害者不存在性别差异，而实施者则存在性别差异，教师实施者中有较高比例是男性，学生实施者中有较高比例是女性。高校性骚扰表现出学生自我保护意识差、师生间存在权力关系、隐蔽性强、受害者求助率低等主要特点。林建军（2019）进一步提出防治校园性骚扰应从对所有性骚扰的一般性防治与指向学术领域性骚扰的特殊性防治这两方面双管齐下，分别采取以国家法律为载体的综合性防治体系和以高校内部自治性规范为载体的特殊防治体系。针对高校缺乏构建防治性骚扰机制的积极性的问题。唐芳（2019）提出应在立法中明确设定高校防治性骚扰的法律义务。高校的功能、社会成本理论、高校与学生、教师的法律关系等为设定高校防治性骚扰义务提供了正当性理论基础，而高校性骚扰的特点、受害人权益保护、社会民众的认同等为设定高校防治性骚扰义务提供了必要性。

就职场性骚扰而言，《中华人民共和国民法典》《女职工劳动保护特别规定》等法律法规已经确立了用人单位防治性骚扰的法律义务，讨论焦点落到法律的实施层面。卢杰锋（2019）发现"证明难"是职场性骚扰受害者在维护自身合法权益过程中面临的主要障碍之一。他提出在厘清举证责任分配原则的基础上，应当围绕证据形式、证明力等方面进行相应的突破和完善，以有效解决职场性骚扰案件"证明难"问题。卢杰锋（2020）关注到职场性骚扰用人单位责任不明的问题，相应地提出应以职场性骚扰的本质特征为出发点，基于用人单位与性骚扰

---

① 2022 年 10 月 30 日修订后的《中华人民共和国妇女权益保障法》第八条规定："有关机关制定或者修改涉及妇女权益的法律、法规、规章和其他规范性文件，应当听取妇女联合会的意见，充分考虑妇女的特殊权益，必要时开展男女平等评估。"

行为人之间的关系以及用人单位担负的职场保护责任，明确职场性骚扰用人单位责任的性质与构成要件。王天玉（2020）聚焦言辞型职场性骚扰的司法实践，指出基于中国现行法律制度，用人单位应当介入性骚扰调查，由此使性骚扰争议的主体结构由"骚扰者－被骚扰者"转变为"骚扰者－用人单位－被骚扰者"，争议性质也由民事争议转变为劳动争议，由用人单位承担性骚扰的证明责任。对此，他建议言辞型职场性骚扰司法裁判应建立实体和证据两方面的标准，在实体上考察性骚扰对被骚扰者和用人单位两方面的损害，在证据上考察用人单位内部证据能否形成互相印证的证据链，并逐步建构以用人单位为中心的争议处理模式和以用人单位内部证据为中心的证据标准。

4. 对其他具体制度的女性主义构建

张融（2017）从女性主义法学的视角对代孕规则进行检讨，指出从表面上看，禁止代孕是出于维护女性利益考虑，但由于人工辅助生殖技术的运用存在性别差异，因而禁止代孕从本质而言是性别偏见的产物，其不仅没有达到预期效果，反而还使不孕女性和代孕女性的权益置于立法的保护范围之外，间接地造成了地下代孕市场的畸形繁荣。因此她提出立法者必须立足于实际情况，以女性主义法学为视角，对禁止代孕的规定进行重新审视，并从女性利益立场出发，在性别平等理论的指导下重构代孕的规则体系，具体而言，应在允许妊娠型代孕的同时禁止基因型代孕与捐胚型代孕。

2018 年，最高人民法院将"平等就业权纠纷"增加为独立民事案件案由，解决了就业性别歧视案件立案难的问题，但也面临建构统一、完善、精确的审查基准的迫切需要。王理万（2019）提出重构就业性别歧视案件的司法审查基准，将审查基准厘定为事实判断、价值判断和外部因素考量三个阶段，并在每阶段设定更具针对性和可操作性、逻辑更为严密、保障更为周延的分析框架，以期在具体个案中适用该审查基准，获得兼具法律效果、社会效果和政治效果的妥适裁判结果。

就女性主义理论在司法层面的运用而言，曹智（2016）从比较法的视角分析了中美两国司法适用女性主义法学社会性别论的实践。她观察到美国自 1970 年之后，社会性别的视角及方法渐渐被运用到女性诉案里，法院对待性别案件的态度有所改变，性别案件的数量和胜诉率有所提高，女性法官的数量亦逐步增长。反观中国，她认为中国各级法院尚无暇顾及案件是否以及如何涉及性别差异，不过她认为中国具备从司法精神、审案思维、审案方法等方面培养社会性别视角和方法的可行性。

（四）女性主义法学学科建设的展开

这一时期共出版相关教材 2 部，分别是刘小楠（2019）主编的《社会性别与人权教程》以及王歌雅（2018）主编的《性别与法律》。前者侧重从社会性别视角解读人权制度，后者则聚焦中国议题，以我国《中华人民共和国婚姻法》《中华人民共和国继承法》《中华人民共和国收养法》《中华人民共和国民法总则》《中华人民共和国刑法》《中华人民共和国诉讼法》《中华人民共和国反家庭暴力法》等法律法规为依据，紧密结合最高人民法院的司法解释，借鉴外国的相关立法与司法实践，吸收国内外性别与法律研究的新成果，理论联系实际，系统论述了性别与法律的基本理论、基本制度和基本知识。

通过师资培训促进女性主义法学教育成效显著。中国政法大学宪政研究所、中国政法大学人权研究院 2017~2020 年共举办八届"社会性别与人权"师资研修班，研修内容包括社会性别、性别歧视等相关概念，国际人权标准、国际公约和国内法律框架，社会性别与人权课程介绍等。五年间，来自全国各省市的 100余位高校教师参加研修，并陆续在各自学校开设"社会性别与法律"相关课程，其中不少课程，如西南财经大学公选课"社会性别与法"，成为广受好评的精品课程。

创新教学与传播形式是这一时期女性主义法学学科建设的一个特点。在中国大学 MOOC（慕课）平台，沈奕斐博士开设的"透过性别看世界"课程反响积极，被选为国家精品课。中华女子学院刘明辉教授在多年开设"社会性别与法律"课程的基础上，在中国大学 MOOC（慕课）平台开设"法律政策的性别影响评估"课程。这种教学形式打破了传统的校园藩篱，让全国大学生乃至社会公众都有机会获得性别与法律的知识启蒙，为社会性别主流化储备专门人才。此外，微信公众号成为展现女性主义法学教学和研究成果的重要窗口。例如，全国妇联妇女研究所维护运营的"妇女研究论丛""性别研究视界"公众号关注妇女发展和相关热点社会问题，呈现妇女/性别研究最新动态，荟萃妇女/性别研究相关成果，为推进中国妇女/性别研究、妇女发展与性别平等贡献智慧。中国社会学会妇女/性别社会学专业委员会公众号"社会性别研究"定期推介学人学术成果，及时传播国内外社会性别与女性主义理论研究成果和前沿动态。"性别与法课程"公众号是西南财经大学学生维护的教学公众号，旨在理性探讨性别与法热点问题，为学生深度思考性别与法律问题提供了展示和交流平台。

三　不足与展望

2016~2020 年，中国女性主义法学研究呈现出以下几个特点。首先，研究重心从对国外女性主义研究成果的宣介转向对中国现实的观照。运用女性主义视角分析中国的法律制度与法治实践，进而提出旨在促进实质平等的制度建议，并逐步成为一种学术自觉。这一时期的研究更加强调研究的主体性和理论的自主性，开始尝试提炼中国的女性主义法学理论。其次，在研究方法上，实证研究作为了解中国国情的重要手段受到青睐，被广泛运用于对家庭暴力、性骚扰、平等就业权、女职工劳动权益、农村妇女土地权益等问题的研究。最后，女性主义法学理论与中国法治建设实践积极互动，对制度的构建作用愈加凸显，能够提出更加精细化、更具实操性的制度建议，努力引领立法、执法、司法工作融入性别视角，推动实现实质平等。

同时也应看到，这一时期女性主义法学的发展仍然面临不少挑战。

在学科发展方面，女性主义法学在法学学科中的边缘化局面没有显著改变，学科化进程仍然举步维艰。一方面，在有限的教学成果中，对女性主义议题的关注主要集中在硕士阶段，博士阶段仍然致力于女性议题的研究者少之又少，这不利于女性主义法学的人才储备和学术传承。法学院校女性面临的"玻璃天花板"效应仍顽固存在（李勇，2020）。另一方面，伴随自媒体的蓬勃发展，根深蒂固的贬低女性、歧视女性言论以及激化性别矛盾和性别对立的极端言论获得发声和传播空间，对旨在促进实现实质性别平等的主流话语形成冲击，给女性主义法学教学和研究工作的推进均制造了新的阻力。

在学术研究方面，研究视野仍较为局限，关注的议题依旧集中于婚姻家庭、就业性别歧视、性骚扰、家庭暴力、农村妇女土地权益等传统议题。这一方面说明性别歧视问题的顽固性，需要持久的法治努力去推动；另一方面也可能是学术惯性所致。事实上，涉及妇女权利的众多议题未能得到应有关注，如包括妇女参政权在内的政治权利、妇女生育权、贩运妇女等针对妇女的暴力问题，乃至日益引发关注的妇女发展权、环境权等问题，而对宪法、诉讼法、行政法、刑法等公法领域的社会性别分析更是长期缺位。

女性主义法学是一个实践性极强的学科领域。女性主义法学存在的目的从来都不是解决纯理论问题，而是将理论应用于实践，切实改变女性在实际生活中的困境。既有实践表明，女性主义法学作为新时代推动中国性别平等和人权保障的一种进路，对完善中国法治建设有强大的理论优势和潜在价值。未来中国女性主义法学需要在巩固现有教学和研究成果的基础上，继续拓宽研究视野，广泛观照并增强回应公共及私人领域中女性面临的现实困境的能力，同时致力于构建中国特色社会主义女性主义法学流派。

参考文献

1. 曹智（2016）：《女性主义法学社会性别论的司法适用探究——围绕美国和中国展开》，《社会科学研究》第 3 期。
2. 崔绍忠（2017）：《传统法律经济学的性别问题研究——女性主义法律经济学的视角》，《山东女子学院学报》第 4 期。
3. 但淑华（2016）：《对〈婚姻法解释（二）〉第二十四条推定夫妻共同债务规则之反思》，《妇女研究论丛》第 6 期。
4. 邓丽（2017）：《身体与身份：家暴受害者在离婚诉讼中的法律困境》，《妇女研究论丛》第 6 期。
5. 郭晔（2019）：《深化农村土地制度改革的几点思考——以维护农村妇女土地权益的实践为例》，《妇女研究论丛》第 5 期。
6. 郝佳（2019）：《性别平等视域下的〈民法典婚姻家庭编〉立法》，《中华女子学院学报》第 2 期。
7. 华倩（2020）：《社会性别视角下个人财产婚后收益归属的法律适用》，《求索》第 5 期。
8. 蒋月（2019）：《我国反家庭暴力法适用效果评析——以 2016~2018 年人民法院民事判决书为样本》，《中华女子学院学报》第 3 期。
9. 李国庆（2019）：《建议在民法典总则部分增设男女平等原则》，《中华女子学院学报》第 2 期。
10. 李琼宇、贺栩溪（2017）：《家庭暴力民事认定中的警察参与——兼论警察对轻微家庭暴力事实的先行判断》，《妇女研究论丛》第 4 期。
11. 李琼宇（2016）：《女性主义法学视野下的夫妻共同债务认定规则检讨》，《妇女研究论丛》第 6 期。

12. 李勇（2020）：《中国女性主义法学研究的兴起、发展及展望》，《山东女子学院学报》第 3 期。

13. 林建军（2019）：《高校学术领域性骚扰防治体系的功能定位及其建构》，《妇女研究论丛》第 2 期。

14. 林林（2016）：《从比较视角看女性主义法学的出路》，《比较法研究》第 3 期。

15. 刘春玲（2018）：《美国防止高校性骚扰的制度与实践——第九条下高校的主要义务》，《妇女研究论丛》第 1 期。

16. 刘春玲、龙大瑞（2020）：《高校防治性骚扰义务之政策建构——耶鲁大学防治性不端行为的政策及启示》，《中华女子学院学报》第 5 期。

17. 刘洪华（2018）：《离婚财产分割制度的价值追求与立法完善》，《中华女子学院学报》第 4 期。

18. 刘明辉（2020）：《就业性别歧视影响性诉讼的文本分析》，《中华女子学院学报》第 5 期。

19. 刘小楠主编（2019）《社会性别与人权教程》，中国政法大学出版社。

20. 卢杰锋（2019）：《职场性骚扰案件证明问题研究》，《妇女研究论丛》第 5 期。

21. 卢杰锋（2020）：《职场性骚扰的用人单位责任——从〈民法典〉第 1010 条展开》，《妇女研究论丛》第 5 期。

22. 〔美〕梅·C. 奎恩（2018）：《女性主义法律现实主义——法律现实主义与女性主义法学》，王新宇译，《中国政法大学学报》第 2 期。

23. 任大鹏、王俏（2019）：《产权化改革背景下的妇女土地权益保护》，《妇女研究论丛》第 1 期。

24. 任苗苗（2019）：《家族女性主义法学初创——基于中国的实践》，《浙江大学学报（人文社会科学版）》第 5 期。

25. 孙晓梅、仇启荣（2018）：《完善反家庭暴力立法的若干思考》，《中华女子学院学报》第 3 期。

26. 唐芳（2019）：《设定高校防治性骚扰法律义务之理据》，《中华女子学院学报》第 5 期。

27. 唐芳（2016）：《我国女职工劳动保护立法反思及其完善》，《中华女子学院学报》第 5 期。

28. 王蓓、刘珂（2017）：《女职工权益保护专项集体合同的问题与完善——以 S 省 100 份合同文本为研究样本》，《妇女研究论丛》第 1 期。

29. 王歌雅主编（2018）《性别与法律》，黑龙江大学出版社。

30. 王歌雅（2019）：《民法典编纂：性别意识与规范表达》，《中华女子学院学报》第 2 期。

31. 王国华、施长艳（2020）：《新时代背景下我国女性船员权益保障》，《中华女子学院学报》第 2 期。

32. 王理万（2019）：《就业性别歧视案件的司法审查基准重构》，《妇女研究论丛》第

2 期。

33. 王天玉（2020）：《言辞型职场性骚扰的司法判断逻辑》，《妇女研究论丛》第5 期。

34. 王献蜜、林建军、金颖（2019）：《高校性骚扰发生现状及性别差异研究》，《中华女子学院学报》第 5 期。

35. 王竹青（2017）：《论农村妇女土地权益法律保障的体系化构建》，《妇女研究论丛》第 3 期。

36. 王紫零（2016）：《论生态女性主义法哲学对环境法的变革》，《四川行政学院学报》第 4 期。

37. 夏江皓（2017）：《夫妻共同债务认定规则之探究——以女性主义法学为视角反思〈婚姻法解释（二）〉第 24 条》，《甘肃政法学院学报》第 6 期。

38. 夏江皓（2020）：《〈民法典〉离婚财产分割和离婚救济制度的法律适用——以保障农村妇女合法权益为重点》，《华中科技大学学报（社会科学版）》第 4 期。

39. 夏吟兰（2020）：《〈民法典·婚姻家庭编〉男女平等原则之发展与思考》，《中华女子学院学报》第 4 期。

40. 邢国威（2020）：《外嫁女承包地权益保护问题、制度逻辑与规范意涵——以〈农村土地承包法〉第 16 条第二款为中心》，《中华女子学院学报》第 2 期。

41. 薛宁兰（2018）：《以良法保善治 以平等促发展——构建新时代的法律法规性别平等评估机制》，《妇女研究论丛》第 1 期。

42. 薛宁兰（2020）：《民法典离婚救济制度的功能定位与理解适用》，《妇女研究论丛》第 4 期。

43. 薛前强（2019）：《公司、性别与法律：公司法的女性主义改革——从规则到实践的"她者"》，《经济法论坛》第 1 期。

44. 杨丽、张永英（2020）：《制度保障与传统惯俗之间——农村承包地确权登记颁证中妇女权益保障的村干部视角分析》，《妇女研究论丛》第 3 期。

45. 张金环（2017）：《农村女性外出务工的障碍及其对策——以农村女性平等就业权保障为视角》，《中华女子学院学报》第 2 期。

46. 张冉、欧阳添艺（2020）：《澳大利亚防治校园性骚扰的法律制度分析——〈1984年性别歧视条例〉在高等教育领域的适用》，《中国教育法制论坛》第 1 期。

47. 张融（2017）：《女性主义法学视角下的代孕规则检讨》，《中华女子学院学报》第 4 期。

48. 张雅维（2016）：《从社会性别意识缺失看我国离婚救济制度虚化》，《山东社会科学》第 12 期。

49. 赵敏（2017）：《社会性别视角下夫妻财产关系的法律适用——以夫妻间赠与为例》，《中华女子学院学报》第 6 期。

50. 周应江、李明舜、蒋永萍（2018）：《法律政策性别平等评估基本问题研究》，《中华女子学院学报》第 6 期。

女性主义经济学研究综述（2016～2020年）

庞晓鹏　董晓媛*

一　学科发展概述

2016～2020年，女性主义经济学学科建设取得明显进步。无论是成果发表的数量、科研经费资助，还是研究人员的交流合作以及课程设置，都比上一个五年有明显的进步。

（一）研究成果数量不断增加

我们在中国知网"中国期刊全文数据库"的"经济与管理数据库"中，以"性别"或"性别差异"或"性别歧视"为关键词，检索2016年1月1日至2020年12月31日期间发表的成果，发现共有463篇期刊论文，259篇学位论文，分别比上一个五年增加了98篇、151篇（见表1）。以同样的关键词检索国家图书馆馆藏图书，发现相关学术著作有17部。以"女性主义经济学"或含"女性经济学"为关键词进行检索，发现2016～2020年共有36篇相关的研究论文发表，比上一个五年增加了16篇。

表1　2011～2020年社会性别问题的经济学分析期刊论文和学位论文数量

单位：篇

年份	期刊论文	学位论文
2011	59	16
2012	68	20
2013	69	19
2014	87	30

* 作者简介：庞晓鹏，女，中国人民大学农业与农村发展学院教授；董晓媛，女，加拿大温尼伯格大学经济系教授、《女性主义经济学（Feminist Economics）》副主编。

年份	期刊论文	学位论文
2015	82	23
2016	100	29
2017	86	43
2018	90	60
2019	94	60
2020	93	67

注：学位论文包括博士学位论文和硕士学位论文。

（二）获得的项目资助显著增加

在2016~2020年发表的、关键词为"性别"或"性别差异"或"性别歧视"或"女性主义经济学"的经济管理类论文中，得到国家自然科学基金、国家社会科学基金资助的论文分别有91篇、88篇，分别比上一个五年增加了44篇、49篇。得到教育部人文社会科学研究项目、中国博士后科学基金、中央高校基本科研业务费专项资金项目资助的论文数量也大幅度增加（见表2）。

表2 2011~2020年社会性别经济学分析期刊论文资助的基金分布

单位：篇

序号	基金	发文数量 （2016~2020年）	发文数量 （2011~2015年）
1	国家自然科学基金	91	47
2	国家社会科学基金	88	39
3	教育部人文社会科学研究项目	10	1
4	中国博士后科学基金	10	5
5	中央高校基本科研业务费专项资金项目	4	1

注：在中国知网"中国期刊全文数据库"中，以"性别"或"性别差异"或"性别歧视"或"女性主义经济学"为关键词，检索经济与管理科学类期刊中2011~2020年社会性别问题的经济学分析研究期刊论文资助基金的分布。

（三）女经济学者联谊会继续在研究队伍建设中发挥着重要的作用

中国女经济学者联谊会（CHWEN），继续秉承帮助女经济学者职业成长、促进经济学领域性别问题研究的目标，为推动女性主义经济学在中国的发展培养了一大批年轻学者，目前有稳定的会员 337 人。2004 年中国女经济学者联谊会成立，同时召开第一届中国女经济学者国际研讨会，到 2020 年国际研讨会已举办第十七届。国际研讨会围绕每年的热点问题组织国内外学者参加讨论，邀请本领域的著名学者做主旨报告。联谊会还在每年的中国经济学年会上组织女经济学者专场，围绕经济学领域的性别问题进行研讨，同时组织女经济学者午餐会，邀请资深的经济学家分享交流教学科研经验以帮助年轻女经济学者成长。联谊会组织的活动以及女性主义经济学研究在经济学界的影响逐渐增强。

联谊会发起人董晓媛和赵耀辉教授组织的、由 13 位女经济学者联谊会的成员和 3 名男经济学者共同完成的研究成果——《照料经济、性别与中国包容性增长》(*The Care Economy, Gender, and Inclusive Growth in China*)，由《女性主义经济学》杂志以专辑形式出版（2018 年第 2 期）。

（四）相关课程虽逐步开设但数量仍偏少

从国际上看，目前开设的女性主义经济学相关课程有很多名称，例如，"经济中的女性""妇女和经济""社会性别与经济""女人男人和工作""女性主义经济学""经济学中的性别关系""女性政治经济学""社会性别经济学""社会性别与宏观经济学""全球化中的性别与劳动力""社会性别与全球化""社会性别与发展""社会性别与劳动经济学""性别隔离的劳动力市场""食物经济学——女性主义视角"①，等等。这一方面体现了女性主义经济学是对经济学和经济活动的批判性研究，另一方面也体现了女性主义视角在经济学中的影响力。

我国女性主义经济学相关课程还非常少。据不完全了解，在五年内取得女性主义经济学研究成果比较多的大学中，如中国人民大学、武汉大学、西南财经大学、首都经济贸易大学、南京财经大学、中山大学、西安交通大学、北京师范大学、复旦大学、南京农业大学、厦门大学、北京大学、清华大学、南开大学（按照 2016~2020 年发表相关文章总数排名顺序）等，有的单独开设相关课程，如"性别经济学""性别与发展"；有的在"发展经济学""劳动经济学"等课程中设置有关于社会性别问题的经济分析内容。

---

① 这些课程的大纲参见网址 https：//www.iaffe.org/pages/resources/syllabus/。

二 主要研究内容

与前五年相比，2016~2020 年女性主义经济学研究填补了多个重要领域的空白。为了让读者快速了解最新研究进展，同时保持研究内容的主线可溯，我们将首先介绍这五年新的研究进展，然后从劳动力市场、非劳动力市场和公共政策三个方面综述这期间的主要研究内容和重点。

（一）五年来的研究进展

1. 女性主义经济学理论的新探索

在批判新古典经济学缺乏社会性别角度的基础上，女性主义经济学将经济学界定为研究人们如何进行自我组织来维持生计和提高生活质量的学问，并提出了新的价值论、本体论、认识论，拓展了经济学的内涵，建立了新的经济学分析模型，初步建立了自己的理论体系，在微观经济学和宏观经济学两个层面上一定程度地超越了新古典经济学（崔绍忠，2016）。主流经济学在研究假设等方面的局限，使得一部分女性主义经济学者转向马克思主义理论视角，聚焦女性在经济上的不平等问题，探讨女性如何摆脱受压迫的状况，形成了西方马克思主义女性主义经济学流派。西方马克思主义女性主义经济学，试图运用马克思主义的阶级理论、劳动价值论、异化劳动理论、两种生产理论等基本理论分析女性受压迫的制度根源、空间场域、个体处境及其解放路径（常庆欣，2020）。

此外，经济金融化和性别问题成为五年内女性主义经济学理论探讨的重要内容。2008 年全球金融危机之后，"金融化和性别"研究成为女性主义经济学的最新研究问题。女性主义经济学家通过对传统的经济危机研究进行反思，指出经济的过度金融化、不平等结构等都是经济危机的导因（王凤，2017），同时意识到：一贯忽视再生产领域研究的主流经济学关于经济危机后的财政、金融调整措施对种族、阶级、性别的分层化影响以及经济危机起源的认识是空白的。最新的女性主义经济学研究提出"家庭金融化""金融过度包容"等概念，为重新理解金融领域和再生产领域的连接方式、开展金融危机起源分析、了解阶级分层和贫富差距问题提供了方向。同时，提出了女性主义经济学经济危机研究的三个领域连接关系理论框架，即金融领域、生产领域、再生产领域。生产领域是指市场经济中生产财物、服务的总体。再生产领域是指生命、人、劳动力的再生产，五年来，家务、育儿、看护等照料/再生产劳动相关领域备受瞩目。金融领域包括正式、非正式、非营利性金融机构以及它们组织的金融交易和金融活动（〔日〕足立真理子著，李亚姣译，2019）。

2. 经济学教育中的性别差异问题

女性主义经济学家认为主流经济学教学过于强调抽象的分析技巧的训练，而脱离了实际的经济背景；同时，他们担心主流经济学的教学方式可能会微妙地影响未来经济学家的性别组成，以及与经济学相关领域的职业选择。因此，一方面，女性主义经济学家提出经济学的定义应该更加广泛，经济学教育需要培养具有批判性、分析性和创造性思考经济问题能力的学者，强调在经济学教学内容中加入对人类互动复杂性的描述、非市场活动和家庭经济活动的分析等（黄蕾，2020）。另一方面，关注学生的性别差异、教学过程及方法与经济学学习成绩的关系，希望由此改变经济学专业领域中女性偏少的状况。经济学课程是许多商科、金融学专业的必修课，因此，较差的经济学成绩可能影响他们的职业选择，职业选择反过来会导致性别工资差异。国内经济学者开始关注经济学教育中的性别差异问题，以华南农业大学2009~2016年1105名大一学生的初级微观经济学课程为例，研究者考察了其课程教学中学生成绩的性别差异（吕立才，2020）。

3. 公司治理、金融、科技领域中的职业性别差异

随着越来越多的女性进入公司治理、金融和科技领域并担任领导职位，这些领域中的职业性别差异问题受到关注，相关研究在这五年里明显增加。

在公司治理领域的研究发现，一方面，我国女性高管的比例在逐步上升，但男性在公司治理决策中仍占主导地位。根据沪深两市A股上市公司不同年份数据的研究发现：从2008年到2014年，女性董事占比从10.4%上升到13.5%，女性CEO占比从5.3%上升到7.6%，女性CFO占比从4.4%上升到8.2%（徐燕，2018；陈玉杰，2019）；在实际控制人可追溯到个人的A股上市公司样本中，女性实际控股人占比只有5.9%（马云飙、石贝贝、蔡欣妮，2018）；有23%的样本公司聘请了女性会计专业独立董事（周军，2019）。此外，在由夫妻共同持股的家族企业中，妻子持有股份会显著地提高她进入公司任职的概率，并且增加公司聘用女性高管的概率，同时，乐意与妻子共享股份的丈夫大男子主义倾向更低，这些因素使得夫妻共同持股公司的风险承担水平显著更低（肖金利、潘越、戴亦一，2018）。另一方面，女性作为领导者和决策者对公司治理效果和经营绩效的影响显著不同于男性领导者。研究显示，由女性领导的公司，女性高管所占的比例相对较高、薪酬和职业层级也较高（陈玉杰，2019）；女性 CEO 或女性高管的比例越高，企业社会责任履行情况越好（徐秋月，2018）；女性会计专业独董比男性会计专业独董更能抑制股价崩盘风险（周军，2019）。女性实际控制人比男性更少侵占中小股东利益，有利于对中小投资者的保护（马云飙、石贝贝、蔡欣妮，2018）。

随着互联网金融的兴起，针对网络借贷市场的性别差异研究成果增多。"人人贷""拍拍贷"的交易数据分析发现：女性借款人的违约率比男性借款人低 38%，但借款人性别与借款成功率的关系却不显著。可见，网络借贷市场中存在对女性借款人的隐性歧视，单身女性的借款成功率显著低于男性，受到的歧视更为严重（陈霄、叶德珠，2016；窦新华、孟鑫泊、周方召，2018）。但是，女性借款人的参与显著降低了 P2P 网络借贷市场的违约率（冯素玲、赵家玲、赵书，2020）。从金融投资绩效看，男性在投资成功率和投资收益率上占优，女性在违约风险识别上占优（丁杰、曾燕、李悦雷等，2019）。

科学技术领域中女性的人数远低于男性，而且越往高层，女性的比例就越小，这是世界范围内普遍存在的现象。中国的女性科技人员比例总体上略高于国际水平，但高层次科技人才中女性比例仍旧很小，大部分女性科研人员集中在较低的职位，掌握的科研资源比男性少，独立承担重大科研项目的机会也比男性少（左兴玲，2018）。女性科研人员的流动频次也少于男性科研人员（张宁、赵镇岳、李江，2020）。女性科研人员的跨界合作网络普遍存在缺陷，不论是与企业界、政府界、其他科研机构合作还是跨学科领域合作，她们的合作网络规模都更小，网络关系强度也更低（秦佩恒、洪志生、赵兰香，2020）。

4. 公共政策中的性别平等问题研究扩展到更多领域

性别敏感的公共政策是促进性别平等的重要举措。而在公共政策的制定和实施过程中，能否充分保障男女拥有平等的机会和权利，在很大程度上依赖于在这个领域的实证研究能否为政策制定者提供充分的决策依据。

尽管中国经济学界一直关注公共政策领域性别平等问题，但以往的研究仅仅涉及农村土地政策和妇女的土地权益、女性养老保险覆盖率及养老金收益水平，以及老年照料和医疗服务三个领域的公共政策。近五年这方面的研究则扩展到了教育、生育、消除贫困、城镇化等公共政策领域［详细内容见"（四）公共政策中的性别经济学研究"部分］。

5. 宏观层面性别不平等与经济增长的关系研究

教育、就业等领域中的性别不平等，表面上看只是女性自身利益受损，但最终却会使国家整体经济利益受到损害。一方面，有实证分析发现：在受过高等教育的劳动力中，女性对区域经济增长的拉动作用更大（李倩、许海平、许能锐，2018）；在具备中级和高级教育水平的劳动者中女性占比越高，经济增长效率越高（张凡、骆永民、方大春等，2016）。另一方面，教育和就业领域中的性别不平等会使经济增长率降低0.1～1.7个百分点。而性别比例失衡已成为房价上涨的重要原因，有研究显示：婚姻人口性别比每提高1个百分点将导致住宅商品房和商品房销售均价分别上涨大约0.81和0.61个百分点（马汴京，2019）。

（二）劳动力市场的性别差异研究

劳动力市场的性别差异问题仍然是性别不平等经济学研究的主要内容，从数量上来看，检索到的相关文献中有近一半是研究劳动力市场中性别不平等问题的。

1. 劳动参与的性别差异

劳动参与率可以衡量一个国家或者地区的公民参与劳动力市场的意愿程度，可以有效反映该国或者该地区劳动力市场的活跃程度。根据世界银行的数据，1990～2016年，中国男性劳动参与率一直维持在80%左右的水平，而女性劳动参与率则由1990年的73.5%降至2016年的63.3%。中国妇女社会地位调查数据分析发现：25～55岁具有劳动能力的人口，1990～2010年的就业比例都是下降的；但女性的降速远超男性。并且，男性的在业比例和在业概率呈现出"U"形模式，而女性的则是单调下降（杨菊华，2020）。中国城镇女性劳动参与率从1992年的93.3%下降到2009年的82.9%，与男性的差距也从4.4个百分点增加到12.4个百分点（彭青青、李宏彬、施新政等，2017）。中国农村女性在非农就业市场的劳动参与率从1981年的4%上升到2000年的31%，而与之对应的农村男性则从27%增加到63%，排除其他因素的混杂作用，男性外出务工的可能性是女性的2.03倍（田甜、冯帆、左停，2018）。

从长期来看，女性的劳动参与率随着经济和社会的发展进程变化，许多学者认为女性劳动参与率与经济增长之间呈 U 形关系。此外，影响女性劳动参与的因素有许多。

第一，招聘市场中的性别歧视增加了女性就业的难度。对大学生就业过程中的性别歧视研究发现：女性遭受的就业歧视程度非常高。男性大学生接到面试通知的次数比同等条件的女性高约 42%，学习成绩越好、学历水平越高的女性大学生在求职过程中遭受更严重的性别歧视（葛玉好、邓佳盟、张帅，2018）。即便女生的期望起薪略低，她们仍需要投入更多的时间用于工作搜寻才能获得符合自己预期的工作（荆晅，2017）。在企业招聘中，性别偏好现象非常普遍。有研究发现：超过七成的调查对象认为，在同等条件下招聘单位会优先考虑男性（王永洁，2019）。此外，外资企业和私有企业偏好女性，国有企业没有显著的性别偏好；一、二线城市的企业在招聘市场上的性别歧视差异不大（周翔翼、宋雪涛，2016）。

第二，生育二孩与劳动力市场对女性不友好有一定的关联。根据全国妇联妇女研究所的一项调查结果显示，女大学生在求职过程中被用人单位问及是否独生子女或生育二孩的占全部的 59.1%，被问及次数平均达到 1.73 次（王业军，2016）。与此同时，一些用人单位对入职的女性要求她做出 3~5 年内不生育的承诺或者签订保证合同。由于生育二孩会增加女性生育和养育的时间，在相应的配套政策不完善的情况下，一方面，越来越多的雇主考虑到企业存在要承担女性职工的两次生育成本的可能性，不符合企业追求利益最大化的目标，招聘过程中更倾向于把就业机会留给同等条件的男性，甚至拒绝录用女性员工；另一方面，生育二孩也会降低女性的就业意愿。生育二孩的女性要照顾养育两个孩子，更多的精力投入使得女性产生极大的疲惫感，大多数女性转而从事非正规就业，一些女性就此缺乏强烈的就业意愿，转而投入家庭中（王柳辉，2020）。

第三，女性受教育程度的提高并没有明显地改善她们在劳动力市场中的处境。教育和培训通常被认为可以提升人力资本进而提升劳动参与率，并且女性的教育收益率高于男性。但有研究发现：如果考虑收入的异质性，在中低收入水平上，女性教育收益率显著高于男性；然而在收入分布的顶端，女性教育收益率优势不显著（杨滢、汪卫平，2020）。随着我国高校扩招和教育制度的不断完善，女性获得高等教育的机会不断提升，但是，女大学生在教育领域的优势并没有延续到劳动力市场。女性的学业优势无法完全摆脱复杂的劳动力市场限制，因而女性面临教育领域和劳动力市场的矛盾（郭亚平，2019）。并且，男女大学毕业生的回报率的差异在增加，高等教育扩展导致劳动力市场对女大学生的歧视加重了（欧阳任飞、孟大虎、杨娟，2017）。

2. 行业和职位分布及其变动的性别差异

劳动力市场上的行业和职位分布也存在明显的性别差异。总体来看，女性集中在工资较低的行业和非正规部门，并且在同一行业中，女性大多担任较低的职位。在国家统计局公开统计口径的19个行业中，只有卫生和社会工作、金融服务业、住宿和餐饮、批发和零售业等4个行业中女性在岗职工人数占有一定优势，而这四个行业普遍存在竞争激烈、收入较低的现象。2018年武汉城镇就业调查数据显示：在职女性职工中普通职员占76.8%，中层管理者占19.3%，高层管理者只占3.9%（殷俊、周翠俭，2020）。

《转型时期中国职业性别隔离问题研究》（张成刚，2019）一书系统梳理了关于职业性别隔离的理论和实证文献，建立了以新古典主义经济学中的人力资本理论、歧视理论和制度经济学中的劳动力市场分割理论、排队理论为基础的分析框架，并对中国劳动力市场职业性别隔离水平趋势、程度、模式进行了解释分析。另有一项针对农民工职业流动的研究发现：女性农民工平均流动1.91次，为男性农民工的72.9%；从职业流动的方向来看，由个体、私营企业流入国企、政府部门、事业单位、外资企业等非私营单位的女性占5.2%，仅为男性的66%（周春芳、苏群、常雪，2019）。此外，针对智能制造业技术升级培训的研究显示：技术革新给男性工人带来的培训次数显著高于女性，导致男性和女性在技能提升机会方面的差距扩大（邓韵雪、许怡，2019）。

3. 工资和收入的性别差异

首先，关于改革开放以来中国劳动力市场的性别收入差异变化趋势的研究，并没有得到统一的结论。有些研究认为性别工资差异有扩大的趋势，也有研究表明：性别收入差距的变化在1995～2002年略微上升，2002～2007年上升较快，而在2007～2013年则有所下降（罗楚亮、滕阳川、李利英，2019；王晶晶，2020）。但是，大多数学者都认为我国劳动力市场仍存在性别歧视问题。对于存在性别工资差距的职业，性别工资差距中歧视因素的影响程度均超过60%，男女就业机会差距较大的职业，工资性别歧视程度也较高（郭凯明、余靖雯、蒋承，2017）。

其次，在测算性别歧视程度方面，歧视经济学理论有着显著优势，而现有的应用研究还较少（郭凯明、余靖雯、蒋承，2017）。当前歧视经济学理论主要分为偏好型歧视理论和统计型歧视理论两类。偏好型歧视理论认为性别歧视来自企业对员工歧视性的偏好；统计型歧视理论在解释劳动力市场歧视时则强调劳动力市场信息不对称的影响，认为企业对员工工作效率的信息是不完备的，需要根据性别等员工特征进行预期，而预期结果的差异性会导致歧视。Blinder-Oaxaca 分解仍是经济学分析性别工资差异的一个经典方法。简单来说，就是将女性和男性的工资差异分解为两个部分：一部分是由教育、工作经验等可观测特征的差异解释的"被解释部分"；剩下的残余项被称为"未解释部分"，这部分也经常被解读为"歧视"。

再次，对性别工资收入差异的实证分析发现，行业、职业、部门所有制性质、受教育程度以及婚姻生育都是影响性别工资差异的因素。男女工资性别差异主要来自行业内部因素，行业间可解释的工资差异占比较小。2003~2006 年，行业间差距占总性别工资差异比从 6.9% 降至 3%，而行业内可解释差距占总差异比则从 93.1% 上升至 97%（王湘红、曾耀、孙文凯，2016）。此后行业内因素的解释作用有下降的倾向，到 2013 年下降至不足 80%（罗楚亮、滕阳川、李利英，2019）。此外，性别工资差距的大小因职业而不同。企业管理人员和专业技术人员的性别工资差距分别为 8.3% 和 7.2%，但农、林、牧、渔和水利业生产人员的性别工资差距高达 19.2%（郭凯明、余靖雯、蒋承，2017）。即使在女性员工比例整体高于男性的服务业中，仍存在明显的职业歧视（杨云、彭敏志，2016）。与城镇职工群体性别工资差异不同，农民工的性别工资差异：一是行业间差异的作用很小；二是行业间的性别工资差异主要是由歧视效应所导致的（张广胜、陈技伟、江金启等，2016）。对于部门及行业内性别工资差异的分析则发现，性别平均劳动生产率的差异大于性别平均工资的差异。有研究发现，工业企业中男性平均劳动生产率比女性高 72.2%，男性平均工资比女性高 12.6%；民营企业男性平均劳动生产率比女性高 54.6%，男性平均工资要比女性高 14%；外资企业男性平均劳动生产率比女性高 35.2%，男性平均工资比女性高 15%（陈国强、罗楚亮，2016）。制造业大规模的技术升级给女性带来了比男性更多的工资增长，于是性别工资差距得以收敛（魏下海、曹晖、吴春秀，2018）。

国有部门整体的工资水平要高于非国有部门，性别歧视程度低于非国有部门，但存在严重的隐性歧视且随时间的迁移虽有波动但变化不大（刘志国、宋海莹，2018；王倩、姜德波，2017）。与非外资企业相比，外资企业就业对女性劳动力收入水平的提升效应大于男性，在总体上缩小了性别收入差距（韩贵鑫、王小洁、刘鹏程等，2020）。

对流动人口动态监测数据进行分析发现：农民工整体受教育水平偏低，随着农民工受教育程度的上升，性别歧视的程度有所下降（杨铭、王任远，2019）。但针对大学毕业生的性别工资差异的研究却发现了更高的工资歧视程度：与扩招前相比，扩招后的性别工资差异更大了，其中歧视部分在扩招前约80%左右，而扩招之后增加到90%以上（王晶晶，2020）。

此外，针对农民工调查分析发现，随着女性生育率下降，企业性别歧视程度降低。对于中低收入的女性，每生育一个子女，将使女性收入降低14.7%。在高收入女性中，如果没有生育，其他特征都相同的女性工人将比男性工人收入高17.2%，但是每生育一个子女，将使女性收入降低30.6%（郭凯明、王春超、何意銮，2016）。

以"男主外，女主内"为核心的传统性别角色观念对男女两性收入差距具有不容忽视的影响。与女性相比，男性的性别角色观念更倾向于传统，但在其他因素不变的情况下，传统性别角色观念对女性的工资收入具有直接的抑制作用，对男性则没有显著影响；性别角色观念对两性收入的不同影响机制的贡献达到60%（卿石松，2019）。

对性别收入差距影响因素的综述认为：人力资本、性别职业隔离等因素对性别收入差距的影响是传统研究关注的焦点，但它们的解释力正受到质疑；越来越多的学者开始关注政策制度、公司治理结构、生育及其他因素对性别收入差距的重要影响（孔令文，2018）。同时，随着心理经济学、实验经济学等交叉学科的发展，非认知技能与心理因素成为性别工资差距研究的新视角（郑加梅、卿石松，2016）。

（三）非市场领域性别不平等研究——照料经济和无酬照料劳动

女性主义经济学家一直关心照料和无酬劳动对社会和国家的贡献，在以新冠疫情为例的公共卫生事件中更凸显了照料工作的特殊性和重要性。

1. 对照料经济的理论探讨

《照料经济的特征、价值与挑战：基于性别视角的审视》（〔美〕南希·福布尔著，宋月萍译，2020）一文进行了有益的探索。文章首先阐明了"照料""照料工作"等概念的含义，然后总结了一些有关"照料惩罚"（照料供给方薪酬收入较为微薄的现象）与性别不平等之间关系的研究，并简要讨论了近期中国在照料供给方面存在的一些问题。文章还强调，我们必须认识到，市场经济在整个经济体系中只占很小的一部分，整个经济体系还包括创造、发展和维护人类能力（human capabilities）以及未来经济发展所依赖的自然资源和生态服务等，而照料的核心价值恰恰在于创造、发展和维护人类能力。从这个角度理解，应提倡政府加大对照料经济的公共投入力度，并强调这种投入的作用虽不是立竿见影，但对提高经济效率而言是基础且至关重要的。

研究围绕照料服务提供者、政府和照料市场组织等三个主体开展，照料经济学相应地演化出照料行为经济学、照料公共经济学和照料产业经济学三个分支（刘二鹏、张奇林、韩天阔，2019）。

2. 家庭照料和无酬劳动及对女性就业的影响

2018 年国家统计局组织开展的第二次全国时间利用调查结果显示，无酬劳动，包括家务劳动、陪伴照料孩子生活、护送辅导孩子学习、陪伴照料成年家人、购买商品或服务、看病就医、公益活动。居民用于无酬劳动的平均时间为 2 小时 42 分钟。其中，男性 1 小时 32 分钟、女性 3 小时 48 分钟。居民无酬劳动的参与率为 70.2%，其中男性 55.3%、女性 84.2%。在无酬劳动时间中，家务劳动平均时间为 1 小时 26 分钟，其中，男性 45 分钟、女性 2 小时 6 分钟。家务劳动参与率为 58.5%，其中男性 40.4%、女性 75.6%。

女性进入职场并未显著改善家务劳动时间的性别差异（韩中、吴文铠，2020），这意味着女性更容易陷入时间贫困。并且，家庭照料降低了农村女性非农就业的概率（张良、徐翔，2020）。照料老年父母、生育和育婴对城镇已婚中青年女性就业有明显的负面影响（杨慧，2017）。而改善儿童照顾福利则是保障女性就业权益的重要途径（殷俊、周翠俭，2020）。

3. 工作－家庭责任及时间平衡的影响

有研究显示，可能是由于女性在承担家庭照料的同时也需要承担工作，双重责任下其心理压力更大，女性心理健康水平显著低于男性，女性有心理问题的概率比男性高 3.4%（杜凤莲、李爽、任帅等，2017）。

这五年，有学者将工作家庭冲突区分为工作干扰家庭和家庭干扰工作两个类型加以研究，发现女性工作干扰家庭的强度及家庭干扰工作的强度均显著大于男性。并且，由于传统社会性别分工观念的深刻影响，女性背负着沉重的家庭责任，在没有充分的社会支持的情况下，她们自身的职业追求给其带来工作家庭的剧烈冲突与矛盾；而男性则会因子女数量的增加而承受递增的经济压力与工作压力，工作干扰家庭的强度增加（张廷君、林抚星，2020）。当家庭影响工作程度越深时，女性则会减少对工作的热情（吕晓俊、李成彦，2020）。工作家庭冲突对女性知识型员工的创新行为有显著的负向影响（张兰霞、付竞瑶、张靓婷，2020）。此外，妻子工作-家庭冲突对丈夫生活满意度有显著影响，而丈夫工作-家庭冲突对妻子生活满意度则没有影响（李海、姚蕾、张勉等，2017）。

（四）公共政策中的性别经济学研究

这五年，对该问题的研究扩展到教育、生育、消除贫困、城镇化等公共政策领域。

1. 教育政策

义务教育的福利体制在宏观政策上有助于实现性别平等，而在国家义务教育体系之外的市场教育体系中，家庭在市场化教育资源分配上偏向女生。无论是从课外班的参加机会还是从课外班的花费来看，女生均显著高于男生（侯慧丽，2019）。这将有助于女生在学业上取得更高的成就，从而有助于缩小教育领域的性别不平等。另外，公共部门的教育投资在促进社会人力资本积累方面居于主导地位，能够减轻性别歧视对社会人力资本积累的不利影响（齐雁、赵斌，2020）。

女性的教育收益率在平均意义上确实高于男性，而且学历层次越高，这种效应越明显；然而在收入分布的顶端，女性教育收益率优势不显著（杨滢、汪卫平，2020）。但是，贫困地区农村教育的收入效应较强并具有一定的代际传递效应，尤其是女性的受教育水平对子女接受高中和大学阶段教育具有显著的正向效应（张永丽、李青原、郭世慧，2018），因此，提升贫困地区女性受教育水平具有很强的外部正效应。

此外，过分依靠房地产等大规模基建投资实现的经济增长，给人力资本的均衡发展造成了负面的影响。有实证研究发现，房价上涨会导致青少年男性高等教育升学率显著低于女性，并且这种差距随着房地产价格的升高而拉大，在房价上升较快的东部地区和低收入水平家庭群体中表现得更加明显（张慧慧、徐力恒、张军，2018）。

2. 生育政策

"单独二孩""全面二孩"政策实施并未出现政策所预期的生育堆积现象，由此引发了对生育政策相关问题的评论。《生育的影响因素与支持性政策研究》（李志云，2019）一书利用宏观统计数据和全国普查资料，依据新家庭经济学、性别平等转型等理论框架，从生育收益、生育成本以及性别平等视角，实证分析了影响中国居民生育意愿和水平的因素，并归纳了发达国家生育政策实践的得与失，比较了不同政策工具的效果优劣，提出我国生育政策优化建议。

3. 消除贫困政策

贫困是阻碍实现妇女解放和男女平等的重大问题，在消除贫困的相关政策中纳入性别分析视角对解决妇女贫困问题具有重要意义。对国家精准扶贫战略实施的实证分析发现：旅游扶贫项目中，女性参与项目的人数多于男性，但是参加的层次和获益都低于男性（邓辉、李朦，2019）；易地扶贫搬迁项目对女户家庭有更为积极的减贫效果（李聪、高博发、李树茁，2019）。与男户主家庭相比，女户主家庭持有的资产相对较少，更容易遭受风险的冲击，并且在面临冲击时，女户主家庭更容易选择加剧贫困的风险应对方式（张颖莉、游士兵，2018）。但与非贫困户相比，贫困家庭的女性群体具有更高的政治参与积极性（高明、李小云，2020）。

4. 城镇化政策

这五年涉及城镇化问题的性别分析研究也明显增加。一方面，农业女性化现象将女性农民推向农业生产一线，但女性农民务农意愿明显低于男性，对农业生产成本、农业生产方式等变量的敏感性明显不如男性（蔡弘、焦芳芳、黄鹏，2019）；以女劳力为主的家庭，粮食亩产价值比以男劳力为主的家庭平均低9.9%，粮食的实际种植面积比以男劳力为主的家庭平均低17.2%；不过，随着机械化程度的不断提高，女性劳动力与男性劳动力在家庭实际种植面积方面的差异逐渐减小（冷智花、行永乐、钱龙，2020）。另一方面，相较于男性农民工，女性农民工意愿落户城镇的积极性更高，市民化意愿也高于男性农民工（张敏、郑晓敏、卢海阳，2020；王丽云、周毕芬、赵清军，2018）。在城镇化过程中，女性农业转移人口更关注子女教育水平、工作环境、工作时长、居住条件和物价水平（曾鹏、向丽，2017）。并且农村女性很可能更容易通过婚姻实现落户城镇（张松彪、曾世宏、袁旭宏，2019）。

5. 养老政策

在现有的养老保障体系中，女性所获得的福利相对较少。有研究发现：男性老年人的养老金收入大约是女性的 1.9 倍。并且，养老金制度和退休前工资是引起性别差距的最主要因素，分别贡献了 53% 和 19%，制度差距主要表现在养老金制度参与分布差异和养老金受益程度差异（詹鹏，2020）。也有研究发现，在养老保险覆盖率大幅提高的同时，性别差异逐渐缩小，但女性养老保障水平仍较低（黄桂霞，2017）。

从城镇养老金的覆盖率、待遇水平和替代率三个方面衡量性别差异时发现：女性在各个指标上均弱于男性（陈冬梅、黄欣怡，2018）。对农民工社会保障参与率的性别差异进行分析，发现：2011 年，男性外出农民工的"三险"、"五险"和"五险一金"的参与率均低于女性；但到 2016 年，外出农民工整体城镇社保参与率有所提高，且性别差异呈现缩小趋势（吴彬彬，2019）。

三　研究不足与展望

2016~2020 年女性主义经济学在学科影响力和科学研究方面都有长足进展，也形成了相对稳定的学术网络。女经济学者联谊会每年 5 月底、6 月初召开中国女经济学者国际研讨会，到 2020 年已经是第 17 届；每年 11 月底、12 月初都在中国经济学年会上举办女经济学者专场研讨会和女经济学者午餐会。这两项活动为女经济学者搭建了平台，不仅促进女经济学者的国际交流，也扩大了性别问题研究在经济学界的影响力。当然，女性主义经济学的研究和发展还存在一些问题，需要同仁继续努力。

（一）存在的问题

一是从方法论角度来看，目前绝大部分研究仍然沿用的是主流经济学研究性别问题的方法。无论是在经济人的假设、价值取向，还是在研究涉及的经济活动领域及其关系，情况都是如此。主流经济学研究性别平等问题的目的仍然是效用最大化，而不是女性主义经济学研究追求的改善所有儿童、女性和男性的生活条件。社会供给（social provisioning）强调的是要将经济活动作为相互依存的社会过程来分析；将经济学定义为对社会供给的研究，则是为了强调经济活动。目前的大多数研究没有使用女性主义经济学方法，究其原因，可能是对该方法论的掌握不足。

二是理论研究数量很少，并且基本上是介绍借鉴欧美女性主义经济学理论和方法，缺乏反映中国经济社会转型中性别平等问题的理论研究，本土化的理论研究更是空白。

三是实证研究成果整体水平偏低，很多实证研究文章的理论支撑和逻辑论证不足，并且都是在现有制度规则框架下分析现象，缺乏深入的分析。传统研究领域中如劳动力市场的就业和工资的性别差异等问题的研究成果水平比较高，但是新的研究领域的成果水平相对偏低。

四是研究内容较集中在微观层面的研究，对宏观经济问题的分析不足，例如缺乏研究经济领域的性别不平等对宏观经济发展的影响等。此外，对人工智能、互联网虚拟世界领域的性别不平等问题的关注不足。

五是研究者的性别分布问题。研究性别问题的经济学研究生毕业学位论文存在研究者性别失衡现象，绝大部分作者为女性研究生。期刊论文中研究性别问题的作者也大多是女性经济学者。

六是学科建设方面，课程的开设情况与欧美大学存在较大差距，经济学教学中也缺乏性别意识，在学科体系和学生培养中的影响有限。

（二）发展方向展望

中国已经成为中等收入国家，在社会经济转型和制度变迁中出现了许多新问题，这种特殊的历史发展时期加上文化背景，为女性主义经济学的发展提供了良好的机会。未来可以从以下方面推动中国女性主义经济学的发展。

1. 探索本土化路径

这不仅是中国女性主义经济学发展的需要，也是国际女性主义经济学发展的需要。中国有些经济学者在借鉴西方的定量实证方法方面还存在追随西方基本理论和研究范式、用本土数据验证西方理论假说而忽视中国国情和需求等方面的问题。从这个角度来说，构建符合中国实际的女性主义经济学理论体系、探索中国女性经济学本土化路径是当务之急。同时，目前国际女性主义经济学研究，大多是基于西方发达国家的女性进行的研究，而发展中国家的研究还处于起步阶段。虽然近几年来，女性主义经济学家也对印度、孟加拉国等国家的女性进行研究，但是，总体来说，基于发展中国家的研究是有限的，其中中国学者的研究也是不够。例如，迄今为止，只有 1 篇英文文献研究中国就业市场中有酬照料惩罚的问题。

2. 重视方法论的教学和培训

女性主义经济学的方法论是其区别于其他经济学流派的基础。在这个方法论之下的研究才能从根本上服务于提升女性福利和地位的目标。但目前国内经济学界对这一方法的掌握和运用不足。因此，系统总结女性主义经济学的研究方法并形成教材，在学科队伍建设中加强女性主义经济学研究方法的教学和培训。在经济学相关专业中设置女性主义经济学课程，同时在经济学各分支学科的教学中加入女性主义经济分析视角和方法等相关内容，对于提升女性主义经济学研究能力和研究成果的质量非常重要。

3. 研究内容的两个方向

经济学研究应该始终与经济社会发展同步。未来女性主义经济学研究应推进两个方向的研究。一是应该关注人工智能领域的性别不平等研究。目前，虚拟世界中由人工智能的"客观中立"掩饰的性别歧视现象没有得到重视，如大数据精准营销、智能算法等人工智能领域性别歧视问题。二是应该重视公共政策领域的性别问题经济学分析，站在研究性别不平等制度和社会规范的前沿，创造一个对女性友好的可持续发展的经济环境。对经济政策的分析和研究，提高其对公共政策性别平等的影响，对实现性别平等至关重要。

参考文献

1. 蔡弘、焦芳芳、黄鹂（2019）：《性别视角下务农意愿差异比较及其影响因素研究——基于安徽省 2073 个样本》，《山西农业大学学报（社会科学版）》第 4 期。
2. 常庆欣（2020）：《西方马克思主义女性主义经济学的困境与批判》，《马克思主义理论学科研究》第 2 期。
3. 陈冬梅、黄欣怡（2018）：《我国城镇社会养老金性别差异分析》，《复旦学报（社会科学版）》第 3 期。
4. 陈国强、罗楚亮（2016）：《劳动生产率与工资决定的性别差距——来自我国工业企业数据的经验研究》，《经济学动态》第 8 期。
5. 陈霄、叶德珠（2016）：《中国互联网金融中的性别歧视研究》，《金融评论》第 2 期。
6. 陈玉杰（2019）：《领导者为女性会增加组织性别公平度吗?》，《中国劳动》第 3 期。
7. 崔绍忠（2016）：《女性主义经济学论纲》，经济科学出版社。

8. 邓辉、李朦（2019）：《民族村寨旅游扶贫中性别差异问题的调查与思考——以恩施州麻柳溪村为样本》，《兰州学刊》第12期。

9. 邓韵雪、许怡（2019）：《"技术赋权"还是"技术父权"——对智能制造背景下劳动者技能提升机会的性别差异考察》，《科学与社会》第3期。

10. 丁杰、曾燕、李悦雷等（2019）：《金融投资中的教育溢价及其性别异质性——基于P2P网贷投资的实证检验》，《中国管理科学》第10期。

11. 窦新华、孟鑫泊、周方召（2018）：《P2P网络借贷中的"性别歧视"——来自人人贷数据的经验研究》，《软科学》第8期。

12. 杜凤莲、李爽、任帅等（2017）：《已婚劳动者心理健康的性别差异研究——兼论工作和家庭是冲突还是促进？》，《劳动经济研究》第5期。

13. 冯素玲、赵家玲、赵书（2020）：《女性借款人对降低网贷市场违约风险有积极效应吗？——来自"拍拍贷"的实证研究》，《济南大学学报（社会科学版）》第2期。

14. 高明、李小云（2020）：《精准扶贫与农民政治参与中的性别差异》，《农村经济》第10期。

15. 葛玉好、邓佳盟、张帅（2018）：《大学生就业存在性别歧视吗？——基于虚拟配对简历的方法》，《经济学（季刊）》第4期。

16. 郭凯明、王春超、何意銮（2016）：《女性家庭地位上升、生育率差异与工资不平等》，《南方经济》第4期。

17. 郭凯明、余靖雯、蒋承（2017）：《统计型歧视理论视角下的性别工资差距》，《世界经济文汇》第5期。

18. 郭亚平（2019）：《女性为何处于教育领域与劳动力市场的矛盾地位？——基于人力资本积累的性别差异分析》，《中华女子学院学报》第4期。

19. 韩贵鑫、王小洁、刘鹏程等（2020）：《外资企业对女性员工更"慷慨"吗？——基于性别收入差距视角的实证探讨》，《中国经济问题》第5期。

20. 韩中、吴文铠（2020）：《经济资源和性别观念对家务劳动时间的影响分析》，《人口与社会》第5期。

21. 侯慧丽（2019）：《义务教育阶段市场化教育参与和投入的性别差异》，《中国青年研究》第4期。

22. 黄桂霞（2017）：《中国社会养老保障的发展与性别差异状况》，《中华女子学院学报》第1期。

23. 黄蕾（2020）：《西方女性主义经济学思潮研究》，博士学位论文，云南大学。

24. 荆眶（2017）：《高校毕业生初次就业性别差异研究——以南京市高校为例》，博士学位论文，南京农业大学。

25. 孔令文（2018）：《性别收入差距问题研究新进展》，《经济学动态》第2期。

26. 冷智花、行永乐、钱龙（2020）：《农业劳动力性别结构对粮食生产的影响——基于CFPS数据的实证分》，《财贸研究》第12期。

27. 李聪、高博发、李树苗（2019）：《易地扶贫搬迁对农户贫困脆弱性影响的性别差异分析——来自陕南地区的证据》，《统计与信息论坛》第12期。

28. 李海、姚蕾、张勉等（2017）：《工作－家庭冲突交叉效应的性别差异》，《南开管理评论》第 4 期。

29. 李倩、许海平、许能锐（2018）：《高等教育劳动力的性别差异与区域经济增长——基于 Solow 经济增长模型的研究》，《经济研究参考》第 20 期。

30. 李志云（2019）：《生育的影响因素与支持性政策研究》，经济管理出版社。

31. 刘二鹏、张奇林、韩天阔（2019）：《照料经济学研究进展》，《经济学动态》第 8 期。

32. 刘志国、宋海莹（2018）：《中国不同所有制部门间的性别歧视——基于收入角度的分析》，《人口与经济》第 4 期。

33. 吕立才（2020）：《性别差异、微积分与初级微观经济学教学改革》，《高教学刊》第 16 期。

34. 吕晓俊、李成彦（2020）：《工作－家庭冲突对工作敬业的影响——性别与工作重塑的调节作用》，《大连理工大学学报（社会科学版）》第 3 期。

35. 罗楚亮、滕阳川、李利英（2019）：《行业结构、性别歧视与性别工资差距》，《管理世界》第 8 期。

36. 马汴京（2019）：《性别失衡、房价上涨与中国居民储蓄率》，硕士学位论文，浙江财经大学。

37. 马云飙、石贝贝、蔡欣妮（2018）：《实际控制人性别的公司治理效应研究》，《管理世界》第 7 期。

38. 〔美〕南希·福布尔（2020）：《照料经济的特征、价值与挑战：基于性别视角的审视》，宋月萍译，《妇女研究论丛》第 5 期。

39. 欧阳任飞、孟大虎、杨娟（2017）：《高等教育扩展与大学生性别工资差距的演变——基于 CHIPs 数据的经验研究》，《清华大学教育研究》第 3 期。

40. 彭青青、李宏彬、施新政等（2017）：《中国市场化过程中城镇女性劳动参与率变化趋势》，《金融研究》第 6 期。

41. 齐雁、赵斌（2020）：《人力资本投资效应与性别不平等》，《经济问题探索》第 6 期。

42. 秦佩恒、洪志生、赵兰香（2020）：《跨界合作网络与专利产出：基于性别差异的研究》，《科研管理》第 10 期。

43. 卿石松（2019）：《中国性别收入差距的社会文化根源》，《社会学研究》第 1 期。

44. 田甜、冯帆、左停（2018）：《我国农村人口的就业概况及性别代际差异研究——基于 2016 年全国 22 省 1095 份调查数据》，《华东经济管理》第 9 期。

45. 王凤（2017）：《女性主义经济学派经济危机理论评述》，《经济学动态》第 5 期。

46. 王晶晶（2020）：《高校扩招后性别工资差距缘何扩大——基于 CHNS 数据的分析》，《南方人口》第 5 期。

47. 王丽云、周毕芬、赵清军（2018）：《性别视角下就业质量对农民工市民化的影响分析——基于厦门和漳州的调查数据》，《石家庄铁道大学学报（社会科学版）》第 4 期。

48. 王柳辉（2020）：《全面二孩政策对我国女性就业的不利影响研究》，硕士学位论文，吉林财经大学。

49. 王倩、姜德波（2017）：《国有部门与非国有部门性别收入差距的比较与分解》，《南方人口》第 5 期。

50. 王湘红、曾耀、孙文凯（2016）：《行业分割对性别工资差异的影响——基于 CGSS 数据的实证分析》，《经济学动态》第 1 期。

51. 王业军（2016）：《"全面二孩政策"对女性大学生就业的影响》，《丝路视野》第 8 期。

52. 王永洁（2019）：《劳动力市场性别差异与女性赋权——基于 2016 年中国城市劳动力调查数据的分析》，《人口与经济》第 1 期。

53. 魏下海、曹晖、吴春秀（2018）：《生产线升级与企业内性别工资差距的收敛》，《经济研究》第 2 期。

54. 吴彬彬（2019）：《外出农民工城镇社保参与率的性别差异——基于扩展的 Blinder-Oaxaca 分解》，《中国农村经济》第 5 期。

55. 肖金利、潘越、戴亦一（2018）：《"保守"的婚姻：大妻共同持股与公司风险承担》，《经济研究》第 5 期。

56. 徐秋月（2018）：《基于制度环境的女性高管对企业社会责任的影响研究》，硕士学位论文，武汉理工大学。

57. 徐燕（2018）：《女性高管对企业绩效的影响研究》，硕士学位论文，湖南大学。

58. 杨慧（2017）：《全面二孩政策下生育对城镇女性就业的影响机理研究》，《人口与经济》第 4 期。

59. 杨菊华（2020）：《市场化改革与劳动力市场参与的性别差异——20 年变迁的视角》，《人口与经济》第 5 期。

60. 杨铭、王任远（2019）：《受教育程度与农民工性别收入差异——基于动态博弈模型和流动人口监测数据的研究》，《经济问题》第 9 期。

61. 杨滢、汪卫平（2020）：《女性教育收益率真的高于男性吗？——基于 CGSS2012~2015 的实证检验》，《教育与经济》第 3 期。

62. 杨云、彭敏志（2016）：《中国酒店业员工岗位性别差异对薪酬的影响研究》，《中国人力资源开发》第 2 期。

63. 殷俊、周翠俭（2020）：《基于儿童照顾福利的城镇女性就业权益保障问题探析》，《社会保障研究》第 6 期。

64. 曾鹏、向丽（2017）：《中西部地区人口就近城镇化意愿的代际-性别差异研究》，《统计与信息论坛》第 11 期。

65. 詹鹏（2020）：《我国老年人养老金收入的性别差距》，《北京工商大学学报（社会科学版）》第 1 期。

66. 张成刚（2019）：《转型时期中国职业性别隔离问题研究》，复旦大学出版社。

67. 张凡、骆永民、方大春等（2016）：《分级教育中性别比对经济增长的影响》，《西华大学学报（哲学社会科学版）》第 5 期。

68. 张广胜、陈技伟、江金启等（2016）：《性别歧视、行业间隔与农民工的性别工资差异：基于改进的 Brown 分解》，《农林经济管理学报》第 3 期。

69. 张慧慧、徐力恒、张军（2018）：《房价上涨可以解释高等教育升学率的性别差异吗?》，《世界经济文汇》第 4 期。

70. 张兰霞、付竞瑶、张靓婷（2020）：《工作家庭冲突对女性知识型员工创新行为的影响研究》，《科研管理》第 11 期。

71. 张良、徐翔（2020）：《家庭照料影响劳动参与存在性别差异吗?》，《财经问题研究》第 8 期。

72. 张敏、郑晓敏、卢海阳（2020）：《迁移模式对农民工市民化意愿的影响研究——基于福建省 2635 名农民工的实证分析》，《调研世界》第 9 期。

73. 张宁、赵镇岳、李江（2020）：《科研人员流动中的性别差异研究》，《图书情报知识》第 2 期。

74. 张松彪、曾世宏、袁旭宏（2019）：《农村居民谁更容易落户城镇：男性还是女性? ——基于中国家庭动态跟踪调查数据的实证研究》，《农村经济》第 5 期。

75. 张廷君、林抚星（2020）：《工作家庭冲突生成因素的性别差异研究——基于 CGSS2015 的实证分析》，《中国人事科学》第 11 期。

76. 张颖莉、游士兵（2018）：《贫困脆弱性是否更加女性化? ——基于 CHNS 九省区 2009 年和 2011 年两轮农村样本数据》，《妇女研究论丛》第 4 期。

77. 张永丽、李青原、郭世慧（2018）：《贫困地区农村教育收益率的性别差异——基于 PSM 模型的计量分析》，《中国农村经济》第 9 期。

78. 郑加梅、卿石松（2016）：《非认知技能、心理特征与性别工资差距》，《经济学动态》第 7 期。

79. 周春芳、苏群、常雪（2019）：《性别差异视角下职业流动对我国农民工就业质量的提升效应研究》，《山西农业大学学报（社会科学版）》第 4 期。

80. 周军（2019）：《独立董事性别、地理位置与股价崩盘——基于会计专业独董的视角》，《中南财经政法大学学报》第 3 期。

81. 周翔翼、宋雪涛（2016）：《招聘市场上的性别歧视——来自中国 19130 份简历的证据》，《中国工业经济》第 8 期。

82. 〔日〕足立真理子（2019）：《女性主义经济学最前沿———"金融化与社会性别"的方法论考察》，李亚姣译，《妇女研究论丛》第 4 期。

83. 左兴玲（2018）：《女性在科技领域中参与不足的多重限制及对策》，《山东女子学院学报》第 3 期。

女性社会学与社会工作研究综述
（2016~2020 年）

丁　瑜　邱博文[*]

2016~2020 年女性社会学与社会工作方面的研究与讨论始终紧扣社会热点。"家暴""母职""生育""婚恋"等话题引发大众激烈讨论的同时，也为女性社会学与社会工作学者提供了新的学术话题与经验材料。学术讨论与女性日常生活高度结合，学者关注群体与中宏观问题的同时，亦关怀个人生命经验与感悟，真正地将研究做到了日常生活中。

在中国知网（CNKI）学术期刊总库中，以"女性主义社会学"为主题对这一时期的研究进行检索，共有论文 20 篇；以"女性主义社会工作"为主题进行检索，共有论文 13 篇；主题同时包含"女性"和"社会学"的论文共 179 篇，同时包含"女性"与"社会工作"的论文共 111 篇。与 2011~2015 年相比，女性社会学的论文发表量有所回落，而女性社会工作的论文发表量则呈上升趋势。从研究主题看，女性社会学与社会工作的研究主题围绕着家庭、城乡、性别暴力等经典议题展开，同时也涉及新发的社会问题与社会现象，如陪读妈妈、广场舞、鲜花消费、女性创业等。2016~2020 年，以"女"为关键词在"中国博士学位论文全文数据库"和"中国优秀硕士学位论文全文数据库"的"社会学"学科专业下进行模糊检索，共检索到文献 1699 篇，排除"子女"等非直接相关的文献 394 篇，共 1305 篇，年均约 260 篇，这一指标相较于前五年有长足的进步，大量硕博学位论文的出现反映了青年人群对女性议题的热情与关注。著作方面，2016~2020 年产出较为丰富，在国家图书馆共查到著作 41 部，主题涉及女性婚恋实践、女性与职场、农村女性、特殊女性等。值得注意的是，由于女性社会学与社会工作的研究往往需要较长的田野工作周期，因此著作的发表具有一定

* 作者简介：丁瑜，女，中山大学社会学与社会工作系副教授；邱博文，男，中山大学社会学与社会工作系硕士研究生。

的滞后性，这五年里发表的论文使用到的田野资料往往是作者在 2016 年以前收集的。

在课题立项方面，2016~2020 年共有 18 项与女性主义社会学或社会工作相关的议题获得国家社会科学基金资助，其中包括 2 项重点立项。2016 年共有 1 项女性社会学相关课题立项，即"我国老年女性社会资本现状及其对健康影响研究"（夏辛萍，2016）；2017 年有 5 项，分别是"中国残疾女性贫困的现状、影响因素与精准扶贫对策研究"（侯晶晶，2017）、"'互联网+'背景下我国农村女性创业模式及政策支撑体系研究"（周必彧，2017）、"精准扶贫中农村妇女的反贫困实践研究"（张翠娥，2017）、"'全面两孩'政策下女性围产期心理健康状况的发展轨迹、预测模型及干预研究"（曹枫林，2017）、"女性特殊从业人员工作场所的社会交换及社会工作介入研究"（董云芳，2017）；2018 年有 3 项，分别是"'21 世纪海上丝绸之路'沿线国家华人女性移民比较社会学研究"（陈琮渊，2018）、"新时代城镇化背景下的蒙古族女性生活变迁研究"（玉荣，2018）及"西南边境少数民族村寨女性艾滋病患者的社会适应策略与帮扶机制研究"（尚云，2018）；2019 年有 3 项，分别是"2020 年后农村女性非收入贫困问题及其干预策略研究"（东波，2019）、"全面二孩政策背景下城市女性职业流动研究"（童梅，2019）及"全面两孩政策下家庭照料对女性非正规就业的影响研究"（吴燕华，2019）；2020 年有 5 项，分别是"数字时代女性创业的障碍及政策支持机制研究"（黄杨杰，2020）、"全面二孩政策背景下城镇女性'生育–就业'服务体系的建构研究"（蒋美华，2020）、"人工智能促进社会性别平等研究"（周旅军，2020）、"移动互联时代中国城镇女性的母职重构与职业发展研究"（王鹏，2020）及"新时代中产阶级女性在社会风尚中的引领作用研究"（王蕾，2020）。

在学科建设方面，在课程设置、学位教育与人才培养、网络信息平台建设等指标上均有一定提高。在课程设置方面，中华女子学院开设了"女性学导论""女性社会学"等课程，带领学生系统学习女性主义相关内容，提升学生性别意识。中国人民大学继续开设"性与性别社会学"课程，旨在结合中国文化背景提升学生性与性别意识。在学位教育与人才培养方面，女性社会学与社会工作人才培养更加成熟规范，专业认可度逐年攀升。在教学与网络信息平台建设方面，顺应时代发展，创新教学及科普方式，通过微信公众号、网站等平台，向大众传播女性主义社会学与社会工作的研究成果和思想，比如，"妇女研究论丛""中国妇女报"等官方公众号以及"社会性别研究""缪斯夫人"等专业领域公众号持续输出高质量内容，依托互联网宣传的广度，扩大了社会学与社会工作影响力，也促进了社会大众性别意识的提升。

一 女性社会学研究状况与发展趋势

（一）研究概述

本研究对 2016~2020 年的女性社会学相关论文与研究项目进行了如下检索：在中国知网"中国期刊全文数据库"的期刊索引下，以"女"为关键词在社会学类目进行模糊检索，随后进行二次筛选，剔除与女性社会学非直接相关的关键词，如"农民工子女"、"子女流动"及"离异家庭子女"等；在 2016~2020 年国家社会科学基金立项名单中搜索女性社会学相关项目；在国家图书馆官网，以"女"为关键词对 2016~2020 年出版的图书进行模糊搜索，随后进行二次筛选，剔除非社会学类、非女性直接相关书籍，并在主要的社会学书籍出版社官方网站进行内容补充收集；对本领域代表性专家学者的相关研究成果和相关学术网站进行补充文献搜索。由于文献搜索结果数量巨大，本研究主要基于本领域内核心期刊及专著展开，同时涉及这五年的国家社会科学基金相关课题与学术会议的召开情况。总体而言，2016~2020 年女性社会学研究具有以下几个主要特征。

第一，议题多元，经典议题与时代热点共现，关注女性生活经验的横向研究与回顾女性发展历史的纵深性研究并重。这 5 年的文章延续了对女性研究经典议题的深挖，同时关注社会热点，探讨日常生活中的新问题与新现象，聚焦女性日常体验，描绘不同阶层女性的生活图景，其中涉及较多的议题包括：女性与劳动、母职、生育政策、农村妇女发展等。女性社会史研究则通过聚焦女性主体，借由吃穿用度等生活细节的演变折射女性在时代浪潮中的浮沉，对不同历史时期的社会政策进行鞭辟入里的解读，启迪当下。

高速发展缔造了经济奇迹，也带来了妇女留守等问题，女性社会学家在这样的时代背景下，完成了一系列紧扣时代脉搏的研究著作。以"王金玲性别研究奖励基金"获奖作品为例，第二届（2018 年）获奖的女性社会学相关作品有丁瑜的《她身之欲：珠三角流动人口社群特殊职业研究》（2016）。黄盈盈等在 2017 年出版的《我在现场：性社会学田野调查笔记》一书力图凸显中国社会关注边缘议题的研究者的在场，从不同年龄、性别与性格的研究者角度出发，展开细致的反思。黄玉琴（2019）的《性别视角下的村庄社会生活变迁：华中莲荷村的劳动、闲暇、女性及家庭（1926~2013）》，以"劳动"和"闲暇"为透镜，探讨了不同代际的女性和男性劳动和闲暇的变迁与延续，其组织过程中不同性别与代际间变动的权力关系，以及这些权力关系在家庭内外的不同表现。李小江（2016）的《女性乌托邦：中国女性/性别研究二十讲》一书回溯了其多年来从事妇女/性别研究的历程，并对如何在中国语境下看待女性主义提出了诸多见解。

第二，紧跟时代热点，以理论研究回应时代问题。中国社会经济发展日趋成熟，女性社会学学者开始关注高速发展和逐步繁荣的社会中女性遭遇的新困境与具身性体验。

在这一阶段，学者们不再仅仅醉心于抽象概念与理论探讨，而是把研究做到了日常生活中。比如，林晓珊、朱益青（2019）从城市女性的鲜花消费入手，剖析了将艺术审美融入消费实践的鲜花消费与"雅致生活"的关系，体现了当代城市女性独立、多重的生活面向；米莉（2016）、周怡（2018）和周柯含、黄盈盈（2019）则不约而同地关注到"广场舞"在女性群体中的流行，分别从社会性别、亚文化理论、身体维度的社会分层理论出发，为广场舞在女性群体中的流行趋势提供多方面的解读；裴谕新、陈思媚（2019）的研究关注电子商务浪潮中女性独特的创业和创富历程以及家庭生活方式与家庭决策的变革。

这五年，新风尚的出现和流行深刻影响着人们的娱乐选择和时间安排，女性社会学学者以思辨的眼光对生活方式的变迁加以解析。新风尚的流行为女性带来了更多实践主体性的空间和可能选择，妇女不再被困于机械重复的家庭再生产劳动，而是走出客厅与厨房，通过具有强烈女性特质的生活实践走入公众视野，互动过程中产生的"姐妹情谊"也超出了生活方式变迁的范畴，具有积极的女性解放意味。

第三，学术共同体日渐活跃，以集体力量推动政策变革。2016~2020 年，召开了众多女性社会学主题研讨会，如，2016 年全国妇联、中国妇女研究会举办的"中国妇女研究会年会暨'新发展理念下的妇女发展与性别平等'研讨会"，广州大学和《中国行政管理》编辑部举办、《青年探索》编辑部、《妇女研究论丛》编辑部等协办的"全面二孩政策下的中国"学术研讨会；2017年全国妇联妇女研究所《妇女研究论丛》编辑部与中国社科院社会学所家庭与性别研究室共同主办的"全面'二孩'背景下的育儿问题"研讨会；2018年中国妇女研究会、《妇女研究论丛》编辑部、中国农业大学人文与发展学院联合举办的"乡村振兴与妇女发展"学术研讨会，中国妇女研究会、《妇女研究论丛》编辑部联合上海大学社会学院举办的"转型期中国家庭变迁动态"学术研讨会；2019年全国妇联举办的"纪念中华全国妇女联合会成立70周年座谈会"，中国性学会性人文专业委员会、北京大学医学人文研究院联合举办的"跨学科视野下的性/性别与社会"学术研讨会；2020年全国妇联与联合国妇女署共同举办的"纪念北京世妇会25周年暨全球妇女峰会5周年座谈会"，中国社会学会家庭社会学专业委员会、全国妇联妇女研究所《妇女研究论丛》编辑部、中国社会科学院社会学研究所性别与家庭社会学研究室、中国社会学会妇女/性别社会学专业委员会联合举办的"中国社会学会家庭社会学专业委员会2020年会"等。学界展开热烈学术讨论的同时，广大一线妇女工作者也在积极推动妇女权益保护相关政策法规的完善和出台。2016~2020年，党和政府通过完善现有政策、出台新法规、树立女性榜样等方式推动女性权益保护及公共参与，如2016年颁布施行《中华人民共和国反家庭暴力法》；2016年最高人民法院出台《最高人民法院关于审理拐卖妇女儿童犯罪案件具体应用法律若干问题的解释》，聚焦妇女儿童拐卖问题。

2015年10月，"全面二孩"政策正式通过并于2016年1月1日起正式实施，女性社会学研究者第一时间做出反应，集中讨论了造成青年女性生育意愿下降的社会因素，同时关注女性的二胎生育体验，以及影响青年家庭生育决策的关键因素等，为完善二孩政策提供参考，也为缓解人口老龄化问题提出更具性别特性的建议。其中2016年《中华人民共和国反家庭暴力法》的颁布是女性与性别研究学术共同体、广大一线妇女工作者共同推动立法的里程碑式事件，使我国的妇女权益保护向前迈进了重要一步。

第四，人才培养更加成熟规范，硕博学位论文主题日渐多元化、日常化及有趣化，研究议题具有鲜明的时代特性，以实证研究表达女性声音，以理论研究探索前行方向，以行动研究改变现状。

（二）主要研究内容

女性社会学学者从日常话题切入，对日常生活的变化进行抽丝剥茧的辨析，挖掘潜藏其中的性别议题。回归生活的学术研究亦激发了大众的讨论热情。但日常、细碎、多样化的特点也给本文总结概括这五年女性社会学的发展带来了一定的困难，囿于篇幅，本文将从妇女与农村、妇女与职场、妇女与母职、妇女与生育、婚姻与家庭、妇女社会史六个方面进行概述。

1. 妇女与农村

2013年习近平总书记首次提出"精准扶贫"（参见新华网，2019），2017年党的十九大提出乡村振兴战略，将"农业、农村、农民"问题的重要性提升至新的高度。

女性社会学学者及时敏锐地捕捉到了中国农村发展过程中潜藏的性别不公与女性困境，高修娟（2016）的研究指出，在农村无论是仪式性还是非仪式性人情活动，性别分工都十分明确而严格，通过神秘化的性别禁忌维持了男性中心的父系传承体系，将女性完全排除在家族重大事件之外。同理，妇女群体受其家庭角色期待限制，缺乏应对灾害所需的信息，在遭遇风险时比男性更容易陷入贫困。基于性别建构的社会排斥和传统角色分工广泛存在于市场、制度和社会当中，三者合力促成了"贫困女性化"（金一虹，2016）。女性社会学学者响应时代号召，着力改善留守妇女生活境况，从政策变动对农村妇女生活方式的影响、女性自组织及内生性脱贫等多角度出发，尝试完善现有制度并提出更具性别敏感度的脱贫路径。

汪淳玉、叶敬忠（2020）对现有留守妇女的研究发现，国内留守妇女的总量已大大减少，现有的留守妇女往往是经市场和政策筛选后的"剩余群体"，其边缘弱势地位更加显著。受传统性别分工和国家社会经济结构等诸多力量的牵制，妇女试图通过外出务工进入市场的可能性大大受阻，打工潮造成的社会关系断裂、社会空间分离对女性的影响较男性更为突出（陆继霞、吴丽娟、李小云，2020）。为提升留守妇女的经济收入，扶贫车间、村镇工厂等就业形式应运而生，在遵循传统家庭内分工的基础上，这些形式以低务工门槛、灵活性和近距离等特点，满足了女性及其家庭增收的现实需求，也让她们在乡村实现生产与生活的整合（邢成举，2020；陆继霞、吴丽娟、李小云，2020）。

学者们也对通过灵活就业增加经济收入从而提升妇女话事权与社会地位的思路进行了反思。村镇工厂对外部市场的高度依赖，导致其在员工时间管理方面逐步严格，"灵活就业"不再灵活；农村贫困女性因所处家庭、生命周期阶段的不同，闲暇时间也存在差异，工厂的筛选机制加剧了农村贫困女性内部的分化，不利于女性群体化和组织化发展。同时，就近就业的形式也会使男性外出务工、女性照顾家庭的固有分工模式在农村地区进一步强化，使其在推动女性反贫困方面产生潜在危机（陆继霞，2020；邢成举，2020）。李小云、陈邦炼、宋海燕等（2019）研究发现，妇女创收的直接福利效益更多地流向了家庭或被男性捕获，经济赋权并未带来妇女家庭地位的改变。

随着对农村留守妇女群体调研的深入，学者意识到提出更具性别敏感度脱贫方案的重要性和迫切性，部分学者从实际出发提出了一系列解决方案，其中讨论最多的是以女性集体力量撬动生计改善，促成女性群体化、组织化发展。比如，以优势视角为基础发展新型本土合作经济，有助于实现妇女合作及增权；女性在村庄经济体和治理共同体转型过程中，可以充分发挥自主性，打破公私领域的性别区隔，有效开启妇女公共参与的新空间（金一虹，2019；闫红红、张和清，2019）。杜洁、宋健、何慧丽（2020）对山西省永济市和河南省灵宝市的两个农村妇女主导创办的合作组织进行观察发现，合作组织的形式可以更有效地激发农村女性的内生动力。

2016~2020年，沿着农村留守妇女生计改善的脉络，女性社会学学者实现了从政策解读到反思再到倡导的发展，为改变"贫困女性化"提供了可能出路。

2. 妇女与职场

女性社会学讨论较多的第二个话题是女性与职场。传统观点认为，女性进入劳动力市场获得经济提升，推进性别角色观念的现代化。但许琪（2016）发现，中国女性经济地位的提升其实并未自发推进性别角色观念的现代化，那么，从家庭的"私领域"走出来，进入劳动力市场的"她们"究竟有怎样的劳动体验呢？

情感劳动是2016~2020年女性研究的重要议题。苏熠慧（2019）在对上海某家政公司的调研中发现，家政公司培训将家政工的劳动者身份替换为以母亲角色和家庭关系为核心的性别身份，同时将高度专业化的"科学育儿知识"替换为经由实践获得的有关"母亲"的知识，这种矛盾使家政工的性别角色受到冲击，出现了情感上的双重疏离。梅笑（2020）在一项关于月嫂的研究中发现，月嫂在与雇主的互动中会采取"深层表演"建立拟亲属化关系和打造"育儿专家"形象的策略，为自己争取主动，以获得更积极的体验，这是一个通过构建象征性边界来挑战社会性边界的过程。梁萌（2017）则将家政业的研究置于互联网技术的发展背景之中，发现金融资本与互联网技术合力构建的强控制－弱契约的用工模式不仅固化了数字鸿沟，还将其隐性化，用工机制的"去灵活化"又进一步破坏了劳动者的支持网络，造成了相互隔离的社会现实。李晓菁、刘爱玉（2017）在对空姐的研究中发现，航空公司以女性气质为选拔标准，用"真假乘客"的方法来实现对空姐劳动过程的"全景式"监督，真消费者与资本之间既有合谋又有分离，其中的张力为空姐提供了反抗的空间：她们借助自身的女性特质，灵活运用拟亲属关系和拟私人关系对乘客投入情感，借由个人力量对遭遇的问题进行反抗，或通过群体互助进一步反抗。陈玉佩（2020）对北京三所幼儿园的研究发现，幼儿教师作为教育者，既要付出"像妈妈一样的爱"，又要遵循"温柔而坚定"的情感规则，在教育过程中需要付出大量情感劳动来满足儿童、学校及家长的隐性期待。这类研究关注的行业具有一定的共通性，都是要求从业者具有良好沟通能力、精细化照顾能力的"传统女性职业"。

在这些职业之外，女性意识的提升和经济发展的需要使部分城市、地区的部分职业出现了性别区隔松动的迹象，在一些以男性为主导的行业和社会阶层中出现了女性的身影，在强调"男性气质"行业中工作的女性经验是学界关注的另一重点。

裴谕新、陈思媚（2019）对15名在电子商务浪潮中实现创富的女性创业者进行了调查，发现与男性不同的是，她们即使获得了经济上的巨大成功，仍普遍需要通过参与有"核心价值"的家庭生活来维持自己的性别角色，获得"事业和家庭双赢"的掌控感。梁萌（2018）运用生命历程理论探析了互联网企业工作人员压力机制的性别差异，发现女性的性别社会化过程以生育为界鲜明地呈现出两个截然不同的阶段，生育阶段的家庭角色分工、组织性别策略和个人性别认同所构成的性别再社会化过程，是工作压力性别差异的核心解释。郭夏娟、涂文燕（2017）对女性高官的调研发现，女性高官对腐败的容忍程度低于男性，特别是在权色交易方面，但这并非先天的性别优势，而是社会文化建构过程中男女两性采用双重"性名誉"标准的结果。以上三个研究分别从创业女性、朝阳产业从业女性以及女性高官入手，揭示了在以男性为主导的行业或社会阶层中，女性有着完全不同的成功经验、性别枷锁或压力机制，她们往往需要兼顾性别角色与工作期待，无论从事何种职业都会受到有"核心价值"的家务劳动的牵制。

丁瑜（2016）在《她身之欲：珠三角流动人口社群特殊职业研究》一书中以珠三角地区性产业女性从业者对"小姐"及"性工作者"称谓的理解为切入点，从个人与国家相连的角度阐述流动妇女做"小姐"的生活历程，通过探讨自我身份认同、自我实践和生活技巧来理解她们的欲望和自主性。作者展示了这群女性的具身经验，捕捉了女性身份认知的流动性与多元性，将政治学概念与社会学分析结合，具体剖析了"主体性"这一原本抽象的学术概念。

3. 妇女与母职

母职是女性社会学里的经典议题，学者继续深挖，在既有讨论的基础上融入时代发展与本土情境，丰富了母职研究的内容，拓展了母职的意涵。

研究发现，在消费主义意识形态对"母职"的控制之下，专业话语和消费话语共同建构了"理想儿童"，从而影响了母亲身份角色的建构，无形中左右了儿童照顾的安排，精细化育儿方式获得了正当性论证（刘新宇，2018；陶艳兰，2018；杨可，2018）。虽然"中产母亲"对"完美母亲"话语有所警惕，但对自身母职实践的评价却呈现出一种内化的自我监控意识，其母职呈现出"知识和情感密集"的特征（陈蒙，2018）。吴惠芳、吴云蕊、陈健（2019）对"陪读妈妈"群体的调研发现，城乡二元导致群体内部的分化，农村妈妈的陪读是以农村家庭性别分工的重组为前提的，孩子的成绩决定了她们再生产劳动的价值；城市陪读妈妈则被出轨与婚姻破裂的个别事件污名化。唐佳、梁谨恋、穆莉萍（2017）的研究指出，陪读给农村妇女造成积极和消极的影响，但无论是哪一种，都强化了"男主外，女主内"的社会性别分工，教育资源分配不均和传统性别分工是这一现象的根本原因。雷望红（2020）的研究进一步描绘出城市"虎妈"与农村"猫妈"的分野，这种差异主要受城乡家庭资源动员能力和教育竞争环境的综合影响，反映了城乡家庭教养制度的分化与变迁。

随着研究的不断深入，履行母职会影响女性的职场表现及时间利用方式，已成为学界普遍共识（许琪，2018）。这种影响究竟有多大？对男女两性的影响有何不同？一系列定量研究探寻到了答案。研究表明，家务劳动对已婚在业群体的劳动收入具有惩罚效应和门槛效应，家务劳动的性别差异是性别收入差距的主因，每增加一个未成年子女，母亲便会面临12.8%的收入惩罚（肖洁，2017；马春华，2018）。申超（2020）进一步指出，单身、高受教育程度、非国有部门就业等因素迅速增加母职惩罚。正是"超级妈妈"的巨大付出与家庭支援的微观机制，有效填补了儿童照顾的社会福利赤字，却加剧了性别不平等和妇女儿童在社会变迁中的风险（钟晓慧、郭巍青，2018）。

学者在家庭模式、消费主义话语建构、精细化育儿等具体议题对母职进行了本土化、情境化的意涵拓展，其研究方法也呈现出多样性，让大众对这种变化有了更直观、具象的理解和认识，为相关家庭政策的制定提供了更翔实的依据，有利于研究成果的转化。

4. 妇女与生育

为积极应对人口老龄化，推动经济社会高质量发展，我国计划生育政策经历了由"双独二孩"到"单独二孩"的演进，于2015年10月正式通过"全面二孩"政策。调研结果表明，"全面二孩"政策显著提升了生育水平。但二孩出生的增加幅度远不及预测，也低于一孩出生的减少量，这意味着生育政策调整所释放的生育潜力未达预期（计迎春、郑真真，2018；陈卫，2019）。女性社会学的关注重点落在了生育政策调整给女性带来的体验和意义之上，以更好地解释问题和提出解决方案。

政策是否能够为家庭提供适当的抚育支持将直接影响家庭的生育决策。陈秀红（2017）发现，虽然受访者大多表达了生育二孩的意愿，但家庭收入偏低的女性由于经济压力，"想生而不敢生"。当前中国社会福利政策的高度商品化，使其在缓解养育子女经济压力上的表现不佳；而老人、儿童照顾的家庭化倾向，也从正反两方面对家庭生育决策产生影响：独自或与兄弟姐妹共同照顾病重老人的经历会推动女性生育二孩的决心，但"隔代抚养"给长辈带来的照顾压力却会降低生育意愿。生育观念的转变和再生育成本加大也是导致职业女性二孩生育意愿低迷的关键因素（李静雅，2017）。因此，讨论人口问题不应仅仅停留在放开生育限制上，应从单纯以"生育"为中心的人口政策转型升级为以"养育"为中心的复合型的家庭支持政策（钟晓慧、郭巍青，2017）。

2016年"全面两孩政策改革完善管理计生服务发布会"上，时任国家卫生和计划生育委员会基层指导司司长杨文庄表示，中国符合"全面二孩"政策的对象约9000万人，其中60%处于35岁以上的年龄阶段，50%为40岁以上（人民网，2016），其符合医学上高龄产妇的定义，她们的生育体验进入了女性社会学家的视野。医学话语以女性生殖功能为中心，建构了高龄产妇衰败的身体图景，通过塑造女性问题化的身体干预孕产行为；大众话语将女性推迟生育视为不符合生理规律和社会文化的越轨行为，导致社会上产生对高龄产妇的偏见（郭戈，2016）。这种问题化、污名化是医学话语与大众话语共同作用的结果，体现出医学权力与男性权力对女性身体的合力争夺。同时，高龄孕妇在产前检查中表现出个体能动性，这是基于日常实践的智慧，也是妇女从生活经验和产检过程中不断习得的医学知识积累的结果，因此，我们应更重视女性经验，尤其是二孩高龄孕产妇自身经历和主观经验的多元性和流动性（邱济芳，2017）。

生育政策的调整放宽引发了社会的广泛关注。政策调整使女性及其家庭获得了更高的生育自主权，但生育数量的偏好与传统生育观念，比如"一男一女，凑个好字""两个孩子可以有个伴儿"却给已育家庭带来无形的生育压力，迫使他们重新考虑生育，尤其是女性；同样受影响的还有未婚女性。二孩政策、"高龄产妇"等医学概念共同影响了女性的职业规划及社会对女性的性别期待。生育议题与女性社会学的高相关性，使女性社会学学者在这五年间产出了大量相关研究成果，通过深入调查，具体展现了女性生育体验与生育决策的影响因素，为大众讨论创造了空间，也为政策调整提供了参考。

5. 婚姻与家庭

婚姻与家庭政策在这五年不断变动。2020年5月，第十三届全国人民代表大会第三次会议表决通过了《中华人民共和国民法典》（以下简称《民法典》）。其中，"离婚冷静期"引发了社会的高度关注。对此，学者从不同专业面向予以检视与讨论。吴小英（2020）对"离婚冷静期"所涉及的学术概念与焦点进行了梳理。焦点一是婚姻稳定性与满意度。由于婚后五年内离婚的比例高，《民法典》将干预置于离婚办理程序上，试图减少轻率离婚现象的发生。这是政府对婚姻关系的表态，背后的逻辑是将婚姻稳定的重要性置于婚姻满意度之上，与年轻人强调婚恋体验的婚恋观相悖。焦点二是婚姻的私人性与公共性问题。婚姻自古就具有公共属性，在现代社会中，婚姻、家庭、生育形成了紧密的结合。当代中国单身和同居增多、结婚推迟及离婚率上涨等现象，显现出亲密关系个体化的趋势，但同时，"门当户对"观念也越来越受重视，这种矛盾揭示出婚姻的复杂性。婚姻受诸多变动因素的影响，并不是控制离婚就能解决的，提高离婚门槛在推动一些注重婚姻稳定性的人走进婚姻的同时，也会劝退一些注重婚姻质量的人，使其由谨慎离婚转向审慎结婚。因此，相较于控制离婚率，如何解决结婚本身越来越失去正当性的问题更为关键。焦点三是"前浪"与"后浪"的话语权之争。吴小英指出，在这场争论中，反对者最尖锐的意见并不是冷静期是否限制了离婚自由，而是关于什么是"冲动"和"冷静"的假设。青年人认为这是以长辈为主体的立法者针对他们设置的充满"父爱主义的、爹味十足"的法条，反映了对婚姻中权力关系理解和期待的代际差异。

肖索未（2018）的《欲望与尊严：转型期中国的阶层、性别与亲密关系》以及陈雪（2018）的《云南跨境婚姻移民：一项多元交织分析研究》两部著作同样关注到了婚姻与家庭领域。肖索未揭示了在金钱、性、情感等形形色色欲望的"表层故事"背后，个体如何获得有尊严的生活的"深层故事"。研究发现，男性在婚外包养关系中践行更为传统的婚恋关系，满足其作为当家人的欲望，"二奶们"在家里家外所进行的各类性别劳动帮助男伴建构了理想的男性形象与认同，让其获得尊严与尊重。婚外包养关系中的女性是极具异质性的群体，她们的"欲望"各不相同，但相同的是，她们都在实践主体欲望的过程中获得了尊严。陈雪的研究运用交叉性（intersectionality）理论，以通过跨境婚姻方式移民到云南地区的东南亚女性为研究对象，深描了这一群体在中国生活的真实图景。对于跨境婚姻移民而言，生育不是妻子向母亲角色转变的自然延伸，而是改变她们所处社区及家庭地位的重要契机，"子宫家庭"成为跨境新娘在"非法"背景下发挥个体主观能动性扎根异国的重要手段。

6. 妇女社会史

在回应时代议题的同时，女性社会学学者也将目光放进历史长河中，开展了丰富翔实的社会史研究。

传统社会中，家务劳动主要由家庭中的女性成员，如母亲（妻子）、姐妹、女儿来完成，父亲（丈夫）、兄弟则主要承担养家糊口的责任，形成了传统的"男主外，女主内"的劳动分工。集体主义时期，女性不再受困于厨房与客厅，而是作为劳动主体现身各行各业，积极投身社会主义建设（宋少鹏，2020）。与此同时，无酬的再生产劳动也获得了对等的重视，"看孩子"的社会意义在集体抚育的过程中被重塑，女性从"帮忙看孩子"的人转变成为"为共产主义培育幼苗"的社会主义教育工作者（万笑男、朱丽丽，2020）。但集体主义时期家务劳动分工的根本目的是保障妇女能够充分参与社会生产，从而实现国家现代化，当集体主义向市场经济转型，便宣告着妇女作为技术革新的政治认同和打破性别分工的社会主义理想的破灭（孔煜也，2019）。

市场经济时期，国家福利撤退，抚育责任重回家庭，带来了两方面的影响。其一，女性再次成为家内再生产的主力军；其二，随着市场化改革的深入，男性难以再作为家庭唯一经济来源，女性在无酬的再生产劳动之外不得不大量参与经济创收（蔡玉萍、彭铟旎，2019），有酬劳动与无酬劳动双肩挑，彼此还会产生冲突，这种状态还具有一定的持续性（郑真真，2019）。人民公社化时期，男性占据了村干部、技术岗及社队企业等非劳动岗位，大田作业男性数量少于女性，女性的贡献与其在社会政治领域的劣势形成了鲜明对比，也形塑了延伸至今的"农业女性化"局面（胡玉坤，2016）。

（三）研究不足与展望

2016~2020年，女性社会学的专业正当性已无须证明，此阶段它的核心任务是以高度的社会责任感和专业敏感性为推进社会理解提供丰富而翔实的经验材料，为女性真实生活提供理论解读，帮助学术共同体更好地理解女性的社会处境，进而联动社会各界推动政策的出台和完善。但不可否认女性社会学仍有部分问题亟待解决。

一是妇女研究蓬勃发展与女性实际问题难以解决之间的矛盾，带来了一种强烈的割裂感与无力感。2016~2020年学术理论蓬勃发展，许多不同的因素都被纳入女性社会学的讨论。在学理讨论之外，学者或联合实践者，或开展行动研究，或进行探索性实践，以不同的方式尝试解决妇女在生计、生育、婚姻、家庭、职场等方面遇到的性别化难题，并积极推进各级妇女保护政策的出台和完善。在这种大背景下，我国学者的研究议题也逐步贴近日常生活问题，职业、家庭照料、生育政策、平台经济等具体而微的议题被纳入讨论，同时通过回顾历史中的妇女发展道路，推进立法和政策的出台和完善。但不得不承认的是，目前学科内的成果转化率仍然不高，讨论虽渐入佳境，但实践仍裹足不前，对于如何在基层治理中发挥妇女的作用，如何解决妇女的实际问题，将有关精神落到实处，仍缺乏系统性的总结，在一定程度上造成了上层部署落不到基层，不同部门间缺乏沟通和联结，妇女工作表面化、浅层化的局面。如何提高社会学学科尤其是女性社会学的现实影响力，促进不同学科间的融合，以更全面的声音反映妇女需求、解决妇女问题，仍需学者进一步努力改善学科表达方式，增强理论研究的现实指导意义。

二是加强女性社会学与其他学科的融合，多角度、多层次、多面向地探索女性所面临的问题，回应妇女需求。性别作为一个视角已在众多领域实现融合，但如何促进性别成为一个新的"范式"，依然是一个认识论乃至本体论层面上的宏大任务。当前我国女性社会学的研究视角依然较窄，与别的学科的最大不同依然落在研究对象的不同之上。研究议题的宽度、广度、深度依然不够，与其他学科的交叉也多出现在历史、文学等学科中，涉及理工、医学、农学等不同生活领域的专业，仍缺乏性别的认知与敏感度。许多现代生活中日新月异的现象带来的冲击、问题和产生出来的新需求亟待探讨。比如，如何建设性别友好的大数据算法，如何制定更科学友好的性别化制药标准，如何探清虚拟平台中女性工作者的就业体验，如何营造更平等的社会环境，等等。议题广泛而丰富，需要学者将性别更多地纳入不同学科的日常讨论，进行更大胆的探索。这就要求女性社会学能发挥带动作用，从女性议题出发，开阔视野，促进学科间的融合贯通，构建更加性别友好的社会环境。

三是学生群体对性别议题的高度关注与高校相关课程设置不足之间的矛盾，大众高涨的讨论热情与女性社会学在社会学内部被轻视之间的矛盾，都严重影响了女性社会学的人才培养与储备。这五年女性社会学硕博学位论文数量逐年增加，青年群体展现出对性别议题浓厚的兴趣，而丁瑜（2019）在通过线上问卷的方式向有社会工作专业硕士学位授权点的各院校了解妇女、性别相关课程的开设情况时却发现，约77%的院校反馈开设了相关课程，但其中40%的课程无法稳定持续地开设，且存在将"家庭社会工作"、"人类行为与社会环境"及"儿童社会工作"等非女性社会学直接相关课程视为女性社会学课程的不合理归类，相关课程的实际开设情况并不乐观，严重阻碍了高层次人才的培养，女性社会学领域内相关导师的退休及人才流失更是加剧了这一现象。

同时，综合性社会学权威期刊中女性社会学研究成果逐渐隐形。这5年女性主义被大众广泛而热烈地讨论，逐步实现了理论与现实连接，在这可喜的成就背后，女性社会学相关研究成果却并未在社会学内部获得同等的关注。以社会学权威期刊《社会学研究》为例，2016～2020 年，女性社会学相关研究内容共有 13篇文章见刊。但当以"农村"作为关键词在期刊内进行检索时，发现农村社会学仅 2016 年就有 11 篇相关内容见刊，"教育"仅 2018 年便有 13 篇相关研究见刊，"制度"更是在 2019 年就有 19 篇相关研究见刊，组织社会学仅 2017 年一年便有 20 篇相关研究。现实层面，女性主义在大众中广泛传播离不开学术共同体内部的共同努力。理论层面，女性社会学学者需要在承认主流社会学研究方向重要性的前提下，争取女性社会学的生存空间，吸引更多人才，促进女性社会学的发展。同女性社会学在社会学内部的边缘地位相似，女性社会学方向的高校学者较少拥有博士生导师资格，进一步限制了女性社会学内部高层次人才的培养与储备。

二 女性社会工作研究状况及发展趋势

（一）研究概述

本研究对 2016～2020 年女性社会工作相关论文与研究项目进行了如下检索：在中国知网学术期刊总库以"社会工作"为主题，以"女性""性别""农村妇女""家暴""妇联"等为关键词在社会工作类目下进行模糊检索，随后进行二次筛选，剔除与女性社会工作非直接相关的关键词，如"农民工子女""子女流动""离异家庭子女"等；在 2016～2020 年国家社科基金立项项目中搜索相关主题；对本领域代表性专家学者的相关研究成果和相关学术网站进行补充文献搜索；并根据《中国妇女研究年鉴（2011～2015）》中相关作者及国家社科基金立项项目主持人进行文献搜索。以"女性"和"社会工作"作为关键词在中国知网（CNKI）"中国期刊全文数据库"进行模糊检索，共检索到文献 40 篇；以"性别"和"社会工作"作为关键词进行模糊检索，共检索到文献 22 篇；以"家暴"和"社会工作"作为关键词进行模糊检索，共检索到文献 10 篇；以"农村妇女"和"社会工作"作为关键词进行模糊检索，共检索到文献 4 篇，无论是以"女性""性别""家暴"还是以"农村妇女"与"社会工作"作为关键词进行模糊检索，其文献数量相较于前五年都有所增长。同时在"中国优秀硕士学位论文全文数据库""中国优秀博士学位论文全文数据库"检索到硕博学位论文 198 篇，相较于前五年亦有所增长。2016～2020 年国家社会科学基金立项项目中与社会工作相关的基金立项共 2 项："社会工作介入家庭暴力综融性服务模式研究"（刘梦，2016）及"性别理念与结构社会工作视角下的妇女工作研究"

（丁瑜，2017）。

在学术会议方面，中国社会工作教育协会妇女社会工作专业委员会发挥了积极推动作用。2017 年 10 月 10~11 日，由中国社会工作教育协会妇女社会工作专业委员会、中华女子学院联合主办的"创新·共享——妇女发展与社会工作学术研讨会"在京举行，探讨在妇联群团改革的大背景下，社会工作教育应该如何回应妇女工作发展，妇联在推进群团改革过程中又应如何整合和调动社会工作及社会工作专业教育的资源和力量共同参与推动妇女发展。

总体而言，2016~2020 年妇女社会工作的研究主要呈现出以下几个特点：国家社会科学基金立项项目数量上涨，论文产出稳定且质量较高；在具体研究课题中，除了对社会工作经典议题的思考，还出现了更多对妇女生活经验的思考，这与女性社会学的发展特点相似；性别正逐步融入社会工作其他领域的研究与实务中，开始有学者提出将性别提升到认识论层面，而不只是停留在扩大研究对象或丰富研究议题上。

（二）主要研究内容

1. 妇联工作和专业社会工作

2016~2020 年，社会工作在政府支持下受到各级民政部门与民生部门的重视，在全国范围内进入了以"政府购买服务"为主要模式的高速发展阶段，而一直走在社会工作发展前沿的广东也在前十年发展的基础上开展了作为"政府购买服务"模式重要补充的"双百计划"试点，该计划强调资金来源多元化、社会工作本土化、督导培训专业化、服务发展专项化、管理手段信息化等，探索社会工作本土化发展的新路径，以期改善"政府购买服务"模式的弊端，避免社会工作行政化。与此同时，妇联向社会工作机构购买社工服务也进入了高速增长的时期，妇联的性质、特性与改革，妇女工作、妇联工作、妇女社会工作之间的联系、区别，各类型社会组织的合作与冲突等议题也成为学者讨论的焦点。

李文、简瑞燕、张永英等（2018）以广州市海珠区妇联基层组织改革创新为例，探讨妇女基层服务组织服务新路径。广州市海珠区妇联为应对基层服务中出现的问题，通过建设运营"妇女之家"，统筹链接社会资源，线上线下工作相融合，以期解决基层服务中遇到的问题。在此基础上，作者从基层服务取向、社会资源整合、妇联与社会组织关系及大数据运用等方面提出妇联基层组织改革创新的建议。

陈伟杰和矫杨（2018）运用承认过程多元分析框架对北京市妇联服务专业化实践进行分析，这一框架囊括空间、行动和结局三种向度。作者发现在北京市妇联服务专业起步阶段，妇联从表达上的承认迈向了行动上的承认，但适用的空间相对狭小，以试点形式分散在三个社区中。到了扩展期，妇联内部培训专业化人才以应对用人危机，但因其不能摆脱所栖身的科层体制影响，故并未使得工作人员产生实质性改变，反而加剧了服务浅层化的问题，妇联的承认行动总体上呈现后撤趋势。到了第三阶段，妇联改变依托项目开展业务的方式，取而代之的是依托机构的运作方式来开展业务，机构获得了更多的自主权。作者表示社会工作的承认过程是非线性的，承认的空间向度并不能与承认行动与结局向度同步增长，概言之，这是一种迂回式的承认过程。

毛丹和陈佳俊（2018）采用文献研究法和个案研究法对妇联改革过程中自身角色定位的"钟摆"现象进行研究，发现受不同时期的制度、政策影响，妇联始终处在党政机关与社团二者边界之间，哪一边被强调钟摆就往哪边摆动。妇联以往改革中的"钟摆"式变动很可能是一种受制度约束的组织行动，是跟随和配合党政部门工作方向的阶段性变化的结果。但是，妇联改革并非完全的被动接受，妇联在政策制约下也积极使用自由裁量权维护自身的角色定位。以上研究部分解释了妇联时而趋向社会组织，时而趋向党政组织的双重性，但也忽视了制度环境中的其他主体，如社会工作机构，以及其与妇联的互动。丁瑜（2019）借助新制度主义"规制性""规范性"要素框架，以 M 市妇联和某社工机构为例，分析两者在所处社会、制度环境中的互动。研究发现，妇联在跟随国家各项反家暴政策的过程中逐渐形成了制度环境中的规制性要素，即通过推动立法、行政手段布局 M 市的反家暴工作网络；在 M 市大力推行政府购买社会工作服务的背景下开始反思自己的定位与工作方式，以曲折迂回、半推半就的方式开始了反家暴服务的购买，逐步形成了制度环境中规范性要素；它与社工机构在基于性别理念差异而产生的协商与角力中产生了新的意义、观念与文化，即制度环境的文化－认知要素，推动或限制着反家暴工作的进程。

在这一过程中我们看到妇联除了受制度环境的影响，也作为主体对环境有所回应并输出影响，它不断地变化，与社会工作不断磨合。卫小将（2018）总结了妇联工作的主要逻辑，指出妇联工作当前仍然发挥主体作用，但同时其也因为自身行政管理的功能某种程度上削弱了服务功能，面对新的问题其专业性和行动性显现不足。他认为要集合妇联工作、邻里帮扶工作和专业社会工作，打造"三位一体"的本土妇女与婚姻家庭社会工作，通过专业社会工作与邻里帮扶工作为补充，弥补妇联工作行政管理功能导致的服务功能削弱及专业化和行动性不足的问题，以此尝试融合三方，构建行政性、志愿性和专业性融合的框架体系。

与此同时，专业社会工作机构本身也存在一定的问题。丁瑜（2019）发现，社工机构投标时的宏观性话语与实际落地执行的差距导致了女性地位提升这一终极目标的异化，在妇女能力建设、地位提升及性别平等建设等理念设计与小团体建设的实务层之间存在割裂，丁瑜认为可以通过自组织营造，打造社群主体这一中间层实现上层建构与实务层的联结转化。

2. 女童保护的社会工作介入

2016~2020年，家内性侵案例屡屡见报，引发了公众热烈讨论的同时，学界也对此进行了大量的理论分析和社工实践。

庞晓华和黄艳（2018）从生命历程理论出发分析性侵害对受害儿童的生命历程造成的影响，结果表明儿童时期遭受性侵会给儿童带来严重的影响，是儿童生命历程中的创伤性事件，社会网络对儿童性侵犯事件的消极反应会使儿童再次被伤害，造成儿童被害人化。夏丽丽（2017）的研究发现，儿时遭受父亲性侵犯会对被侵犯者身体、心理、社交各方面都造成深刻的伤害和创伤，未被疗愈的创伤甚至会延续至成年，导致其在亲密关系中对父女关系的矛盾心理以及对"侵犯代际重演"的担忧。程肇基和戚务念（2019）对农村留守女童的被性侵害研究发现，农村留守女童被性侵害的直接原因背后潜藏着重要的结构关系因素，即农村留守女童处于极为弱势的社会地位，以"贞洁"文化为代表的乡村传统教化更是强化了她们的被害受容性。

原璐璐（2017）详细阐述了在广州市某城中村中发生在小兰身上的家内性侵案例，小兰被其父亲当街殴打，其怀有7个月身孕的母亲却对此家暴行为拍手叫好，后经多方证实，小兰长期遭受父亲的家内猥亵。基于对小兰事件社工成功介入经验的总结与反思，原璐璐指出在类似的情况中，女童保护应当联合政府、社区、社会组织、专业社会工作者和志愿者、公安及司法机关、医务工作者、媒体等，实现多方协同，及时有效地介入家内性侵，为女童提供及时的社会支持。

3. 预防及介入家庭暴力

家暴预防及妇女儿童保护是社会工作的经典议题和重要实务内容。社会工作者在推动反家庭暴力立法工作上发挥了重要作用，在多方共同努力下，我国于2016年3月出台了《中华人民共和国反家庭暴力法》（以下简称《反家暴法》）。《反家暴法》的出台具有里程碑意义，它不仅为各级部门的反家暴工作提供了工作、服务和执法依据，更极大地促进了社会公众对家庭暴力的认知。反家暴立法在妇女社会工作领域内也引起了热烈反响，学者呼吁社会关注的同时，围绕社会工作实务如何开展进行了大量的探讨，希望促进本土妇女社会工作进一步专业化。

王玲、吴清禄和蔡兆欣（2016）从社工实务出发，介绍了中国香港特别行政区亲密伴侣暴力危机的概念、分类和实务，探讨了政府、家庭、一线工作人员、警务人员及社会工作学界等多专业跨界合作在危机控制中的作用，为完善内地亲密伴侣暴力个案防治工作提供参考。王玲、吴清禄和蔡惠敏（2016）还特别强调了建设妇女庇护所的重要性，作者强调妇女庇护所不应仅仅起到临时安全居所的作用，更要协助妇女调动妇女庇护所内部和外部资源实现增权，以免造成新的失权。

陈安娜、郜宪达（2020）从社会工作教育出发，对22位完成"家庭暴力处理"课程的社会工作本科学生提出的亲密伴侣暴力干预策略进行编码分析，结果表明针对无文化情境信息的家暴案例，学生提供的干预策略呈现出窄化的性别视角；而在包含了文化情境信息的家暴案例中，学生提供的策略展现出了文化能力和性别敏感。王文卿和潘绥铭（2018）则从性暴力概念内涵构建出发，根据2000年以来中国人民大学开展的四次全国调查的数据进行分析得出结论——亲密关系中的性暴力相当普遍，体现在以下两方面：一方面，亲密关系内的"不情愿的性"比亲密关系外更加普遍；另一方面，曾在亲密关系中遭受过"勉强的性"的比例从未低于一半。但文章提出了一个重要问题：在亲密关系中有多少当事人认为自己遭受了"性暴力"呢？这里涉及两个概念——"客观界定的性暴力"与"主观体验到的性暴力"，两者不能混为一谈，作者认为尊重主观意愿并不意味着要放弃客观的测量，强调建立性暴力光谱的重要性。

4. 农村妇女社会工作

农村社会工作是社会工作的重要分支领域，而留守妇女、留守儿童又是乡村工作、减贫工作的重点对象，妇女流动、打工、返乡、留守的经历自农民工研究开始就一直是关注的焦点。近年来，随着乡村振兴政策的推行，学者开始关注留守妇女就近就业和她们在乡村振兴项目中的作用、地位。随着调研的深入，妇女参与乡村振兴的经历、经验被逐渐呈现出来，学者开始意识到这种经验的两面性，在学术批判、反思的基础上，一些具有性别敏感性的实践开始推行。这些成果有利于推进更公平公正、更符合各方利益的农村社会工作，对改善农村妇女生计状况、提升其社会地位有直接的推动作用。

闫红红和张和清（2019）从优势视角出发，运用社区组织和社区参与的实务理论，以 M 村妇女社会工作项目为例，探讨社会工作动员与组织农村妇女参与的微观实践经验。实践表明，整合妇联与专业社会工作的力量，以"妇女之家"为载体，借助广场舞这一群众喜闻乐见的形式开展社区公共服务，能够有效推动农村妇女以团体的形式参与社区公共事务。妇女先后成立合作经济小组，并在社区范围内开展社区服务、推动邻里互助、组织文娱活动、重塑邻里关系，有效提升了妇女群体在社区里的社会政治地位。陈健和彭露（2017）对农村妇女自杀现象的研究表明，农村妇女在青年男性劳动力大量外流的背景下承担了主要的家庭及农业劳作，其所面临的压力难以疏解是我国农村妇女自杀率高且方式集中的重要原因。作者强调应当加强对农村妇女的社会面支持，政府及社会组织都应当承担起为其提供社会福利的责任。李敏和刘乐璇（2017）针对城市外来女工的研究表明，外来女工是城市的新弱势群体，她们抗逆力的来源除了内部因素，还应当引入家庭支持、朋辈群体支持、社会力量支持等外部因素，内外因素结合共同构成外来女工抗逆力的保护因素。社会工作者可以通过挖掘个人保护因素、链接社会支持支援、倡导政府保护等方式，从不同层面提高外来女工抗逆力。

5. 其他社会工作领域

除了上述重点关注议题，妇女社会工作领域内的其他实践与研究也各有千秋，服务范围进一步扩大，内容逐步覆盖到生活的方方面面。

在生育行为与妇女健康领域中，未婚流动女性的人工流产是一个值得关注的议题。黄丹（2020）在对 33 位做过人工流产的未婚流动女性进行访谈后发现，这些妇女在医疗诊治过程中遭受着来自经济、社会关系、文化、福利制度等多方面的社会排斥。社会工作从医院、个体和社会多层面入手，能够有效缓解这一过程中存在的社会排斥。

职场性骚扰是近年来颇受关注的另一话题，引发了法学、社会学等多学科专业学者和社会大众的热烈讨论。社会工作作为一个面对人的职业，向来以其助人、平等、宽仁、慈善、接纳的精神价值被社会认知，这在一定程度上掩盖了从业者因为要面对复杂的社会情境与遭受各类困境的服务对象而可能遭受的职业困境。其中，女性社会工作者因社会性别角色期待与刻板印象，更容易因为高度情感投入而产生情感枯竭（丁瑜、杨凯文，2019），同时还需面对更多因服务对象情感投射而产生的骚扰。吴帆、周子垚（2020）指出，社会工作职业的性别结构、工作性质、伦理要求和组织氛围等特点使其职场性骚扰问题兼具典型性与复杂性。要减少社会工作职场性骚扰的发生，降低其对社工的危害，不仅要激发个人的主体意识，更要将组织环境建设作为重要着力点。

（三）研究不足与展望

2016~2020年，女性社会工作发展逐步走向成熟，以期刊发表为例，这五年女性社会学总体论文数量呈下降趋势，女性社会工作相关的论文数量则呈现上升趋势，女性社会工作发展势头喜人。除此之外，学位论文数量增加也体现了社会工作教育的成果，女性社会工作教育为女性主义社会工作提供了青年人才，在为一线社会工作注入新鲜血液的同时，有助于传播女性主义思想，促成社会工作服务个性化、性别化。与此同时，女性社会工作研究的发展也存在一定的不足。

第一，女性社会工作研究的深度精度不足。妇女社会工作虽已在社会工作的不同领域受到一定程度的重视，但仍需意识到，其成果仍停留在将妇女、儿童纳入研究对象的层面上，亦即研究对象与研究问题的扩大与丰富，远未达到站在妇女角度思考与批判，以性别作为分析维度和透视棱镜去重新认识既有问题，采取全新思维付诸实践的高度。我们仍需警惕女性视角被视为工具性手段，比如，由于女性比较容易对社工展现出友好态度，农村社会工作者常借助举办妇女、儿童活动来更快地融入村庄生活。为方便工作开展，社会工作者可能会率先选择与女性和儿童建立专业关系，因此妇女、儿童工作可能被视为一种工具手段。在这一过程中实现的所谓女性赋权与儿童权益保护存在某种偶然性与意外性。除此之外，妇女社会工作本身在社会工作领域内处在比较边缘的位置，其重要性与关注度仍不匹配，领域内声音较弱，影响力有限。

第二，学术共同体发展不足。这方面主要有两大表现。首先，相较于社会学学术共同体近年来的蓬勃发展，社会工作作为一个实务、理论并重的学科却未能展现出与其专业特性相符的政策影响力。在这五年，社工实务与社工机构、行业的建设发展取得了长足的进步，社会工作专业在社会发展与民生讨论中也有不少高光时刻，但总体来说，仍然缺乏足够响亮的声音，在防灾重建、抗击新冠疫情等重要时刻，依然需要寻找自己的专业立足点，或证明学科重要性。妇女社会工作作为一个重要却仍未成熟发展的学科方向更是面临这样的挑战。相关学术团体目前仍停留在松散组织的阶段，缺乏有力组织。在这样的情况下，如何梳理、推介、转化学科成果，结合一线实践经验与理论研究，为政策制定提供具体、可行的建议，联合多部门解决妇女生活中的问题、难题，是学术共同体内部亟待解决的问题。其次，学术期刊建设有待加强。从量化指标来看，《社会工作》综合影响因子 1.403，《社会工作与管理》综合影响因子 0.704，2019 年《社会工作》期刊成为中文社会科学引文索引（CSSCI）扩展版来源期刊，但在次年被取消资格，这些客观因素导致不少社会工作领域内的高质量论文流向了综合性社会科学期刊。建立起更具学术影响力的期刊共同体，刊发妇女社会工作的研究成果，形成更有利的学术氛围，是当务之急。

参考文献

1. 蔡玉萍、彭铟旎（2019）：《男性妥协：中国的城乡迁移、家庭和性别》，生活・读书・新知三联书店。
2. 陈安娜、邰宪达（2020）：《多元文化下的性别敏感：社会工作学生的反家暴专业能力建设》，《社会工作》第 3 期。
3. 陈健、彭露（2017）：《中国农村妇女自杀行为的主体特征与干预措施》，《社会工作与管理》第 5 期。
4. 陈蒙（2018）：《城市中产阶层女性的理想母职叙事——一项基于上海家庭的质性研究》，《妇女研究论丛》第 2 期。
5. 陈卫（2019）：《中国的两孩政策与生育率》，《北京大学学报（哲学社会科学版）》第 5 期。
6. 陈伟杰、矫杨（2018）：《社会工作承认过程的多元分析框架——妇联服务专业化中的迂回式承认》，《妇女研究论丛》第 1 期。
7. 陈秀红（2017）：《影响城市女性二孩生育意愿的社会福利因素之考察》，《妇女研究论丛》第 1 期。

8. 陈雪（2018）：《云南跨境婚姻移民：一项多元交织分析研究》，社会科学文献出版社。

9. 陈玉佩（2020）：《建构亲密与控制情绪：幼儿教师的情感劳动研究——以北京市3所幼儿园的田野调查为例》，《妇女研究论丛》第2期。

10. 程肇基、戚务念（2019）：《农村留守女童性被害的结构归因与防治策略》，《社会工作》第6期。

11. 丁瑜（2016）：《她身之欲：珠三角流动人口社群特殊职业研究》，社会科学文献出版社。

12. 丁瑜（2019）：《社会工作研究与实务反思：基于性别与结构的视角》，《妇女研究论丛》第6期。

13. 丁瑜、杨凯文（2019）：《妇联购买"反家暴"社会工作服务的制度变迁研究——以M市某反家暴专项服务项目为例》，《社会工作》第5期。

14. 杜洁、宋健、何慧丽（2020）：《内生性脱贫视角下的农村妇女与合作组织——以山西PH与河南HN两个农民合作社为例》，《妇女研究论丛》第1期。

15. 高修娟（2016）：《农村仪式性人情活动中的性别分工与性别关系——基于皖北农村葬礼的参与式观察》，《妇女研究论丛》第3期。

16. 郭戈（2016）：《高龄初产妇的问题化——基于医学话语与大众话语的双重建构》，《妇女研究论丛》第4期。

17. 郭夏娟、涂文燕（2017）：《女性是否比男性更清廉？——基于中国公职人员腐败容忍度的分析》，《妇女研究论丛》第4期。

18. 胡玉坤（2016）：《人民公社时期大田农作的女性化现象——基于对西部两个村落的研究》，《妇女研究论丛》第3期。

19. 黄丹（2020）：《未婚流动女性人工流产诊疗中的社会排斥：医务社会工作介入探析》，《社会建设》第1期。

20. 黄盈盈等（2017）：《我在现场：性社会学田野调查笔记》，山西人民出版社。

21. 黄玉琴（2019）：《性别视角下的村庄社会生活变迁：华中莲荷村的劳动、闲暇、女性及家庭（1926~2013）》，华东理工大学出版社。

22. 计迎春、郑真真（2018）：《社会性别和发展视角下的中国低生育率》，《中国社会科学》第8期。

23. 金一虹（2016）：《妇女贫困的深层机制探讨》，《妇女研究论丛》第6期。

24. 金一虹（2019）：《嵌入村庄政治的性别——农村社会转型中妇女公共参与个案研究》，《妇女研究论丛》第4期。

25. 孔煜也（2019）：《三八饭店盛开革新花："大跃进"时期的妇女与技术劳动》，《妇女研究论丛》第5期。

26. 雷望红（2020）：《中国城乡母职形象何以分化——"教育家庭化"中的城市"虎妈"与农村"猫妈"》，《探索与争鸣》第10期。

27. 李静雅（2017）：《已育一孩职业女性的二孩生育意愿研究——基于生育效用感和再生育成本的实证分析》，《妇女研究论丛》第3期。

28. 李敏、刘乐璇（2017）：《城市外来女工抗逆力保护因素分析——基于外来女工的个案研究》，《社会工作与管理》第5期。

29. 李文、简瑞燕、张永英等（2018）：《妇联基层组织服务妇女群众的创新路径探讨——基于广州市海珠区妇联基层组织改革创新案例的分析》，《妇女研究论丛》第1期。

30. 李小江（2016）：《女性乌托邦：中国女性/性别研究二十讲》，社会科学文献出版社。

31. 李小云、陈邦炼、宋海燕等（2019）：《"妇女贫困"路径的减贫溢出与赋权异化——一个少数民族妇女扶贫实践的发展学观察》，《妇女研究论丛》第2期。

32. 李晓菁、刘爱玉（2017）：《资本控制与个体自主——对国内空姐情感劳动的实证研究》，《妇女研究论丛》第5期。

33. 梁萌（2017）：《强控制与弱契约：互联网技术影响下的家政业用工模式研究》，《妇女研究论丛》第5期。

34. 梁萌（2018）：《生命历程视角下的互联网企业工作压力机制及性别差异研究》，《妇女研究论丛》第6期。

35. 林晓珊、朱益青（2019）：《雅致生活：城市女性日常生活中的鲜花消费》，《妇女研究论丛》第4期。

36. 刘新宇（2018）：《城市家庭的奶粉焦虑、哺育伦理与市场卷入》，《妇女研究论丛》第2期。

37. 陆继霞、吴丽娟、李小云（2020）：《扶贫车间对农村妇女空间的再造——基于河南省的一个案例》，《妇女研究论丛》第1期。

38. 马春华（2018）：《中国家庭儿童养育成本及其政策意涵》，《妇女研究论丛》第5期。

39. 毛丹、陈佳俊（2017）：《制度、行动者与行动选择——L市妇联改革观察》，《社会学研究》第5期。

40. 梅笑（2020）：《情感劳动中的积极体验：深层表演、象征性秩序与劳动自主性》，《社会》第2期。

41. 米莉（2016）：《认同、归属与愉悦：代群视野下广场舞女性的自我调适与主体建构》，《妇女研究论丛》第2期。

42. 庞晓华、黄艳（2018）：《性侵犯受害儿童生命历程的影响因素模型构建——基于扎根理论的探索性研究》，《社会工作》第5期。

43. 裴谕新、陈思媚（2019）：《电商时代女性创业的性别化历程与家庭决策变革个案研究》，《妇女研究论丛》第6期。

44. 邱济芳（2017）：《流动性经验和理性医疗选择——基于高龄孕妇的个案分析》，《妇女研究论丛》第1期。

45. 人民网（2016）：《符合二孩政策夫妇达到9000万对》，http://politics.people.com.cn/n1/2016/0112/c70731-28039499.html。

46. 申超（2020）：《扩大的不平等：母职惩罚的演变（1989~2015）》，《社会》第6期。

47. 宋少鹏（2020）：《价值、制度、事件："男女同工同酬"与劳动妇女主体的生成》，《妇女研究论丛》第 4 期。

48. 苏熠慧（2019）：《重构家务劳动分析的可能路径——对 20 世纪 70 年代社会主义女性主义有关家务劳动讨论的反思》，《妇女研究论丛》第 6 期。

49. 唐佳、梁谨恋、穆莉萍（2017）：《社会性别视角下陪读对农村妇女的影响——以四川省泸州市 B 镇为例》，《中华女子学院学报》第 5 期。

50. 陶艳兰（2018）：《养育快乐的孩子——流行育儿杂志中亲职话语的爱与迷思》，《妇女研究论丛》第 2 期。

51. 万笑男、朱丽丽（2020）：《从"帮忙看孩子"到"为共产主义培育幼苗"——山东农村保教人员研究（1951~1961）》，《妇女研究论丛》第 6 期。

52. 汪淳玉、叶敬忠（2020）：《乡村振兴视野下农村留守妇女的新特点与突出问题》，《妇女研究论丛》第 1 期。

53. 王玲、吴清禄、蔡惠敏（2016）：《社会工作增权视角下妇女庇护所防治家暴实践》，《社会工作》第 5 期。

54. 王玲、吴清禄、蔡兆欣（2016）：《香港亲密伴侣暴力危机评估与控制的实践经验和启示》，《社会工作与管理》第 6 期。

55. 王文卿、潘绥铭（2018）：《性暴力的光谱：客观测量与主体建构之错位——基于 21 世纪四次全国调查数据的理论反思》，《社会工作》第 1 期。

56. 卫小将（2018）：《妇女与婚姻家庭社会工作的检视与建构》，《妇女研究论丛》第 5 期。

57. 吴帆、周子垚（2020）：《社会工作职场性骚扰与容忍度研究——兼论组织氛围的中介效应》，《妇女研究论丛》第 5 期。

58. 吴惠芳、吴云蕊、陈健（2019）：《陪读妈妈：性别视角下农村妇女照料劳动的新特点——基于陕西省 Y 县和河南省 G 县的调查》，《妇女研究论丛》第 4 期。

59. 吴小英（2020）：《"离婚冷静期"争议背后的几个学术焦点》，《妇女研究论丛》第 4 期。

60. 夏丽丽（2017）：《遭父性侵女性成年后的家庭困局——一项基于系统视角和依恋理论的临床案例分析》，《社会工作》第 4 期。

61. 肖洁（2017）：《家务劳动对性别收入差距的影响——基于第三期中国妇女社会地位调查数据的分析》，《妇女研究论丛》第 6 期。

62. 肖索未（2018）：《欲望与尊严：转型期中国的阶层、性别与亲密关系》，社会科学文献出版社。

63. 新华网（2019）：《新中国峥嵘岁月 | 习近平总书记提出"精准扶贫"》，http：// www. xinhuanet. com/politics/2019-11/28/c_ 1125286329. htm。

64. 邢成举（2020）：《村镇工厂与农村女性反贫困研究》，《妇女研究论丛》第 1 期。

65. 许琪（2016）：《中国人性别观念的变迁趋势、来源和异质性——以"男主外，女主内"和"干得好不如嫁得好"两个指标为例》，《妇女研究论丛》第 3 期。

66. 许琪（2018）：《时间都去哪儿了？——从生命历程的角度看中国男女时间利用方

式的差异》，《妇女研究论丛》第 4 期。

67. 闫红红、张和清（2019）：《优势视角下农村妇女组织与社区参与的实践探索——以广东省 M 村妇女社会工作项目为例》，《妇女研究论丛》第 2 期。

68. 杨可（2018）：《母职的经纪人化——教育市场化背景下的母职变迁》，《妇女研究论丛》第 2 期。

69. 原璐璐（2017）：《青少年遭受家暴和性侵案的多方联动处理机制——基于广州市某城中村一个典型个案的思考》，《社会工作与管理》第 2 期。

70. 郑真真（2019）：《20 世纪 70 年代妇女在生育转变中的作用——基于妇女地位、劳动参与和家庭角度的考察》，《妇女研究论丛》第 3 期。

71. 钟晓慧、郭巍青（2017）：《人口政策议题转换：从养育看生育——"全面二孩"下中产家庭的隔代抚养与儿童照顾》，《探索与争鸣》第 7 期。

72. 钟晓慧、郭巍青（2018）：《新社会风险视角下的中国超级妈妈——基于广州市家庭儿童照顾的实证研究》，《妇女研究论丛》第 2 期。

73. 周柯含、黄盈盈（2019）：《"人以舞分"？——论变迁社会广场舞中的身体与阶层》，《妇女研究论丛》第 5 期。

74. 周怡（2018）：《"大家在一起"：上海广场舞群体的"亚文化"实践——表意、拼贴与同构》，《社会学研究》第 5 期。

女性人口学研究综述（2016~2020年）

宋　健　陈文琪[*]

一　研究概述

女性人口学将女性人口视为研究对象，运用人口学特有的研究视角和方法，探讨女性人口及其与社会经济、文化背景的关系（朱楚珠、梁巧转，1996）。作为人口学研究的一个重要分支，女性人口学涉及范围广泛，涵盖女性人口的生育、死亡、迁移、就业、教育等方面。2016~2020年，我国陆续出台并完善相关法律法规和政策方针。随着"全面两孩"政策落地、《中华人民共和国反家庭暴力法》正式施行、《中华人民共和国民法典》颁布、党的十九大召开等一系列重大事件接连发生，生育与社会支持、婴幼儿托育服务、婚姻与家庭关系、社会性别平等、女性就业权益等方面议题引起普遍关注。

面对我国社会转型与变迁中人口发展面临的新机遇和新挑战，学界积极回应。从人口学角度切入女性问题，把握宏大视野下女性人口问题的特殊性与重要性，进而揭示女性人口的发展状况并探讨女性人口问题的解决思路，具有重要的学理价值和实践意义。本研究综述通过概括2016~2020年我国女性人口学的主要内容和观点，总结和呈现近期女性人口研究的阶段性特点，借此为后续研究提供有益参考。

在论文发表方面，借鉴2006~2010年和2011~2015年女性人口学研究综述的界定与方法，以"女性""女性人口""性别""妇女"为主题词，在"中国期刊全文数据库"对国内社科领域主要核心期刊如《人口研究》《中国人口科学》《社会学研究》《妇女研究论丛》《人口学刊》《人口与经济》《青年研究》《社会》等CSSCI期刊进行文献检索，并通过阅读标题和摘要（及部分全文）逐

* 作者简介：宋健，女，中国人民大学人口与发展研究中心副主任、教授；陈文琪，女，中国人民大学社会与人口学院硕士研究生。

篇判断，共得到 2016 年 1 月至 2020 年 12 月期间发表的学术论文 742 篇，相较于 2011～2015 年的 685 篇、2006～2010 年的 307 篇，有较大幅度的增长。以同样的主题词在"中国博士学位论文全文数据库""中国优秀硕士学位论文全文数据库"中检索，得到 2016～2020 年完成的硕士和博士学位论文 131 篇，比 2011～2015 年的 129 篇、2006～2010 年的 114 篇有所增长。其中，硕士学位论文 115 篇、博士学位论文 16 篇。上述学位论文主要关注女性生育意愿、婚配模式、人口老龄化、流动人口生存与发展等议题。同时，在中国妇女研究会 2016 年、2018 年召开的第六届、第七届妇女／性别研究优秀博士、硕士学位论文推选活动中，有多篇论文获奖。

在著作方面，孙晓明与舒星宇（2020）的《农村中老年女性健康研究》作为目前国内唯一系统关注农村中老年女性健康的研究著作，从人口发展客观规律和公共卫生服务均等化角度，对我国农村 40～64 岁中老年妇女健康现状与现有服务的不同发展模式进行实证调查并提出针对性政策建议，具有重要的参考价值。姜佳将（2019）的《社会性别视野下的妇女健康研究》对 1995 年以来国内人文社科领域有关妇女与健康的论著进行了全面梳理，较为系统地呈现了 20 余年来妇女健康研究的概貌并总结其相关特征，勾画出明晰的历史脉络。

在国家社会科学基金资助的项目中，与女性人口学相关的研究达到 30 项，包括 2 个重点项目、13 个一般项目、12 个青年项目和 3 个西部项目，例如"中国妇女生育模式变动及其影响因素研究""中国城市女性生育成本建构机制研究""'全面两孩'政策实施后妇女生育水平及其决定因素研究""社会转型期女性农民工群体就业适应度研究"等。教育部人文社会科学研究一般项目中，包括"'全面两孩'政策实施后女性就业流动的个体化选择及社会支持研究""减贫的女性赋权模式及其推进路径研究""农业女性化下新时代农村妇女发展问题研究"等 9 个青年基金项目，以及"西部农村女性空巢老人社区养老的选择及其可持续性研究——基于陕西的实证""全面二孩政策背景下女性职业变动的空间建构研究"2 个规划基金项目。综合而言，2016～2020 年，我国研究女性人口学相关问题的基金课题主要围绕女性的生育和职业发展等重要生命事件展开，紧扣"全面两孩"等政策热点，具有明确的问题意识导向和鲜明的时代性。

在学术研讨与交流活动方面，中国人口学会、中国社会学会等均在年会中设置了有关女性人口研究的重要议题。2016~2020年，中国人口学会年会社会性别分论坛的议题包括"促进社会性别平衡""0~3岁婴幼儿托育服务与工作－家庭平衡""性别平等与可持续发展：挑战和机遇""新时代下的社会性别与社会发展"等，聚焦生育新政对女性人口的影响、婚姻缔结与性别角色等重要热点问题。中国社会学会性别社会学专业委员会围绕"新发展理念下的社会性别平等观念与实践""反思现代性：妇女与发展""中国妇女地位变迁：回溯与前瞻""社会转型时期中国的家庭变迁与家庭政策""疫情背景下的妇女与发展：挑战与应对"等议题，从社会性别意识、性别文化与制度等理论要素出发，尝试建构与深化基于中国经验的性别理论。这一时期，聚焦女性人口学的相关学术活动在主题广度和内容深度上均有所发展。

在人才培养和教学动态方面，国务院颁布的《中国妇女发展纲要（2011—2020年）》明确提出，要加强妇女理论研究和高等学校女性学学科建设，鼓励高校开设女性学专业和课程，培养女性学专业人才。2016~2020年，多数高校设置了女性学选修课，少数高校在人口学、社会学、民族学等学科下设置女性学研究方向，但开设女性学专业的仅有中华女子学院和湖南女子学院。在此期间，上述两所高校对女性学专业人才培养方案做出修订，并对《女性学导论》等教材进行了更新。女性学专业的人才培养体系呈现出明显的跨学科特点，课程学习涉及社会学、社会工作、公共管理学等学科内容，知识交叉融合性强；得益于小班授课的日常教学以及女性学专业的相对稀缺性，学生可以获取充足的学术资源和课堂内外实践机会，能够深入接触国内妇女相关组织系统的管理和发展生态。女性学学科乃至女性人口学方向的专业化人才培养在这一时期保持着稳中有进的发展态势，但总体办学规模仍然有限，学科化建设进程任重而道远。

与过去相比，受到生育政策宽松化、促进性别平等相关政策法规逐步完善等宏观社会因素变迁的影响，我国女性人口面临一系列新的机遇与挑战，社会性别平等所带来的问题引发广泛关注。2016~2020年，我国的女性人口学研究在数量上有所增加，积极回应社会关切，以定量研究为主、定性研究为辅。

在研究主题上，现有研究既关注宏观背景下的社会性别平等，也注重微观女性个体的生存与发展实践，涉及女性人口的生育、死亡、迁移、就业、教育等多个方面。其中，与社会热点问题结合的研究有所增加，特别是随着"全面两孩"

政策的正式出台和落实，围绕女性生育、养育以及职业发展等方面的研究日益增加，例如生育对女性就业的影响、女性面临的工作与家庭平衡问题、家务劳动中的性别分工等。传统的女性人口学研究议题也取得了新的发展，一些学者更加主动地从性别文化与制度等层面对人口现象中的性别差异进行解释，关注到出生性别比失衡、婚姻缔结模式、传统代际关系、教育分层、女性流动等议题背后的深层机制，不断完善理论建构与实证检验相结合的新研究范式。与此同时，针对边缘人群（如留守女童、农村老年女性等）的研究相比之前有所减少，可能是因为这些群体相对脆弱和边缘化，数据收集和研究难度较大，需要更多跨学科的合作和资源支持。

在研究方法上，不少研究者更为自觉地利用调查数据资料和更为前沿的计量统计技术，对经验研究或理论假设进行实证检验，日益显现出更明显的多学科交叉特点，增强了研究结论的说服力，体现出女性人口学研究测量质性概念的技术优势。学术界也积极开展各类学术交流活动，在回溯与前瞻中不断推动新视角和新技术的运用，增强了女性人口学研究的多元性和包容性。

总而言之，2016~2020年，我国女性人口学研究在数量、主题和方法上均呈现出显著的发展和变化。研究者关注的议题兼具广度与深度，利用更为前沿和科学的技术，深入探讨了社会转型期性别平等与女性个体生存发展实践等多个方面的问题，有关女性生育、养育和职业发展等热点议题的研究日益增加，女性人口学研究呈现蓬勃发展态势。

二　主要研究内容

随着社会经济变化以及女性权利意识的增强，女性人口学研究已进入更广阔的领域。因此，无论是在理论还是在实践层面，对女性人口学研究进行阶段性归纳与总结具有重要意义。由于女性人口学涉及多维面向，综合考虑女性的重要生命事件、现有研究的主要集中领域以及此前年鉴的相关选取标准，本文分别从婚姻家庭、生育、健康、女性工作与家庭、教育、人口流动与女性发展六个方面对2016~2020年女性人口学研究进行综述，尽可能覆盖现有研究的主要领域，在凸显热点的同时，沿袭以往梳理归纳的大致框架，便于形成较为明晰的历史脉络。

（一）婚姻家庭研究

女性人口学领域的婚姻家庭研究从婚配模式、家庭角色与关系、家庭地位等方面聚焦女性生命历程中所经历的重要事件、特征与关系，揭示了现代化进程下家庭变迁中的女性图景。这些特点并非仅受个体因素的影响，而是在婚姻市场形成、阶层竞争日益激烈背景下家庭从传统向现代转变的结果。家庭中的权力格局折射出社会性别分层，女性婚配模式、家庭角色与关系及其家庭地位的变化在一定程度上可以视为现代社会性别变迁的缩影。

1. 婚配模式

婚姻缔结作为个人生命周期中的重要事件，意味着家庭形成和生育行为的开始。婚姻匹配模式及其变迁既体现了宏观层面婚姻市场的变化，也充分展示了微观个体在婚姻实践中的选择，在女性人口学研究中备受关注。近年来学者发现，教育匹配已成为我国婚姻关系建构的关键性原则，教育同质婚不断强化，冲击了"男高女低"的传统婚配模式（范文婷、宋健、李婷，2018），受教育程度相匹配的夫妻的婚姻质量整体上高于受教育程度不匹配的夫妻，在教育获得的性别均等化程度提升的背景下，婚姻中的两性关系逐渐趋于平等（王晓磊、杨晓蕾，2019）。

婚姻匹配对个体初婚年龄具有显著影响。我国初婚年龄持续上升且始终保持着2岁的城乡差异；夫妻年龄差越大，表现为丈夫的初婚年龄越大，妻子的初婚年龄越小；跨户籍通婚的农村男女两性的初婚年龄均明显推迟；高等教育对农村女性初婚年龄的推迟效果更为显著（段朱清、靳小怡，2020）。青年的婚恋年龄期望仍然以"男大女小"的婚龄模式为主，低龄、未婚、女性青年更倾向于晚婚；青年实际婚恋年龄则呈现恋爱年龄提前、结婚年龄推迟的特点（贾志科、风笑天，2018）。

区域文化对婚姻稳定性具有不可忽视的影响。离婚文化通过继承效应和浸染效应对个人行为发挥作用（石智雷，2020）。近年来，我国农村地区的婚姻形式出现新变化。在我国一些农村地区，"并家婚"这一不嫁不娶的新型婚姻形式悄然流行，其门当户对的择偶观、低成本的婚姻形式、流动性的婚居模式以及扩大化的养老责任再造了一种宗亲与姻亲相结合的新联合家庭结构（张欢，2019），丰富了当前我国的婚姻形式。

2. 家庭角色与关系

家庭角色与关系的嬗变是女性人口学研究一直关注的领域。在家庭内部劳动分工方面，夫妻家务劳动仍然以"男主外，女主内"的传统性别分工为主，但夫妻平等分担家务的现象近年来呈缓慢上升趋势，女性自身教育水平的相对提高以及教育匹配现象的演化对家务分工平等化发挥了重要作用（牛建林，2017）。就女性投入的家务劳动时间而言，生育带来的子女照料和陪伴、教育等情感劳动投入巨大（张琪、初立明，2020），学历越高，其育儿日常照料时间越短而教育互动时间越长（韩中、王刚、张会婷，2019），在教育市场化背景下，母亲教育方面的职责陡增乃至呈现出"经纪人化"的新特征（杨可，2018）；老人数量负向影响女性的家务分配和时间投入，沿海省份女性的家务投入时间比内陆省份女性更短，农村女性相比城镇女性会投入更多时间于家务活动（程璆、郑逸芳、许佳贤，2017）。收入越高的女性通过经济交换策略减少家务劳动的可能性越大（孙晓冬，2018a）。

研究还显示，当前我国性别观念是性别角色的社会实践、家庭性别角色分工实践、城镇化境遇三者交互影响的结果（孙超、刘爱玉，2020）。基于"男主外，女主内"和"干得好不如嫁得好"两个传统观念，研究发现中国人的性别观念在2000~2010年出现明显的向传统回归的趋势（许琪，2016）。拥有传统性别观念、在劳动力市场中处于弱势地位、缺少家用电器使用的已婚女性更可能成为家庭主妇（尹木子，2016）。在此背景下，提升受教育程度、营造良好的家庭与社会文化环境有助于构建男女平等价值观和促进性别平等（卿石松，2018）。

3. 家庭地位

女性地位是社会科学领域的一个重要关切，特别是家庭领域的女性地位研究更加丰富。不同于社会领域，家庭领域的女性地位以其他家庭成员为参照系，既有相对于横向的代内关系如妻子与丈夫的比较，也有相对于纵向的代际关系如儿媳与婆婆的比较，涉及资源控制力、威望、权力等内涵维度和社会、家庭等范畴维度（宋健、张晓倩，2019）。

随着女性家庭地位与家庭事务决策权的提高，女性对家庭养老资源的分配具有越来越重要的影响，其在家庭中的权力越大，越倾向于养育自己的"娘家"父母而减少对与自己关系不那么密切的"婆家"的投入，母系代际支持成为一种新兴趋势（郑丹丹、狄金华，2017）。从父母视角而言，相比于传统的儿子养老，"女儿赡养"现象日益兴起，体现出"同时兼顾"而非"厚此薄彼"的代际支持特征，女儿在工具支持上甚至超过了儿子的贡献（韦艳，2017），在情感上也与父母更亲密（宋璐、李树茁，2017）。女儿数量增加对父母养老有显著正向影响，无论女儿的出生序次先后均对养老资本有促进作用（王丽、原新，2016；张若恬、张丹、李树茁，2020）。女性社会经济地位的迅速提高增强了女性参与家庭事务的主观意愿并赋予其赡养父母的经济能力（黄庆波、杜鹏、陈功，2018），丰富夫妻情感资源、增加已婚妇女的经济资源，也能够有效提升"女儿养老"的能力及潜力（杨玉静、王磊，2017）。与之相对应的是，随着性别平等化以及家庭人口结构的变迁，父母可能会逐渐改变传统"养儿防老"的风险规避策略，转而强化对女儿养老的期望与认同（孙晓冬，2018b）。

此外，性别失衡对女性的地位和婚姻家庭权益也产生不同影响。研究发现，性别比偏高地区的女性将更有可能遭受家庭暴力的伤害（宋月萍、张婧文，2017）；在性别失衡导致的婚姻挤压情况下，农村返乡年轻女性的家庭地位反而得到了提高（蒲琨、陈讯，2018）；男多女少型性别失衡会提高女性离婚率，而女多男少型性别失衡会降低女性离婚率（张彬斌、汪德华，2018）。

（二）生育相关研究

我国的生育转变受到社会经济发展和计划生育政策的双重影响，在婚育模式、性别结构、生育意愿和行为、生育政策方面具有鲜明的中国特色，2016年结束了长达40年的普遍一孩政策，开启了全面二孩生育时代，这些都在2016~2020年的女性人口学研究中有所体现。

1. 婚育模式

生育是人口学的重要变量和核心研究领域，由于女性作为生育主体的身份，生育在女性人口学研究中占有不容忽视的重要地位。生育研究往往与婚姻研究同行。伴随现代化冲击，进入婚姻不再是人们组成家庭的唯一方式，同居在我国正处于从边缘行为向婚姻前奏转变的阶段，相比于男性，女性更容易因道德规范压力和经济需要而加快同居（张亮，2020）。於嘉和谢宇（2017）指出，在女性意识觉醒和西方"妇女解放"运动的共同推动下，我国女性有过初婚前同居经历的比例约为10%，在更年轻的初婚世代中这一比例在逐渐上升。整体而言，婚前同居对我国家庭形成过程具有显著影响，一方面会推迟初婚年龄（梁同贵，2020），另一方面也显著提高了初婚离婚风险（彭大松、陈友华，2016；梁同贵，2016；杨辉、石人炳，2019），增加了婚姻的不稳定性（郭郡郡、刘玉萍、喻海龙，2018）。研究发现，30多年来我国女性平均初婚年龄在波动中上升，分布集中、对称性强，婚姻年龄推迟明显，但终身未婚比例较低（封婷，2019；淡静怡、姜全保，2020）。除了婚前同居，初婚年龄推迟也受到我国人口受教育程度（刘昊，2016；宋健、范文婷，2017；杨克文、李光勤，2018；杨振宇、张程，2018；朱州、赵国昌，2019）、人口流动（刘利鸽、刘红升、靳小怡，2019；彭大松，2020）、生育政策（李建新、王小龙，2017）以及同胞结构（王兵、李坤、刘利鸽，2018）等因素的影响。在婚姻－生育链的作用下，我国初婚年龄推迟的效应也加剧了低生育进程（郭志刚，2017）。

生育模式是生育水平在时间或年龄上的分布。近年来，我国女性生育模式呈现出以一孩生育为主、二孩生育比例不断提升，以适龄生育为主、晚育为辅的格局。在宽松化生育政策的影响下，生育年龄、生育间隔、生育孩次"晚、稀、少"的趋势有所缓解，表现为早育和多育比例有所提升，生育年龄向适龄回归与分散化并存。城乡生育模式的总体特点和变化趋势已基本一致，但高孩次的生育模式仍然存在明显差异（宋健、唐诗萌，2017）。生育间隔政策、人口流动等社会因素和育龄女性的受教育程度、年龄结构、婚姻状况等人口特征也会影响生育模式的变化（梁同贵，2016；梁海艳、代燕、赵月莹，2016；张翠玲、刘鸿雁、王英安，2019）。

2. 出生性别比

出生性别比是人口性别结构的基础。我国长期出生性别失衡的根源在于男孩偏好和基于性别的非医学需要的选择性人工流产，因此女性人口学非常关注出生性别比，相关领域的研究主要围绕出生性别比持续偏高状况、原因及治理现状展开。就全国而言，我国出生性别比数值在20世纪90年代中后期就已经处于高位水平且有缓慢上升的趋势（米红、杨明旭，2016），自2008年之后呈现持续下降趋势，但仍远高于102~107的正常区间范围（宋健，2018）；城镇人口出生性别比总体上正常，部分年份出生性别比较高（姜全保、梅丽、郜秀军，2019）。就省份而言，云南省和广东省的出生性别比仍处于失衡态势，持续下降的可能性不够明显（骆华松、梁海艳、代燕，2016；梁宏，2018）。无论采用哪种数据来源和方法计算，我国当前持续偏高的出生性别比都会导致婚龄人口性别比失衡，进而导致一系列的社会、经济以及文化问题（李雨潼、黄蕾，2017），现有研究已经证实性别比失衡对房价的影响具有明确的门槛效应（逯进、刘璐，2020），会造成严重的婚姻挤压，导致大量农村未婚青年个体成婚困难（杨雪燕、罗丞、马克斯·费尔德曼，2017；王向阳，2018）。

对于出生性别比失衡的原因，学界从计划生育政策、子女性别偏好等角度进行分析（刘华、钟甫宁、朱晶等，2016；石贝贝、唐代盛、候蔺，2017；杨凡，2017）。研究进一步发现，社会整体文化氛围正在由有性别偏好向无性别偏好转变，但由于"相对数变动效应"，当男孩偏好弱化迟缓于女孩偏好弱化时呈现出男孩偏好相对强化、出生性别比上升的特征（侯佳伟、顾宝昌、张银锋，2018）；现代夫妻关系对男孩偏好起着弱化的作用，家庭地位高、权力资源丰富、对丈夫家依赖程度较低的女性的男孩偏好比较弱（杨凡，2016）。随着男孩偏好与女孩偏好的弱化趋于同步，出生性别比也会恢复正常。

相对应地，现有的性别失衡治理研究主要集中在治理工具使用、治理理念创新、治理策略探讨和治理绩效评估等方面（贾志科、李树斌、周鹏飞，2020）；在当前背景下，我国综合治理出生性别比偏高问题需要构建标本兼治、体系完备的体制机制，整合卫生计生服务与老龄工作，把综合治理出生性别比偏高各项工作落到实处（王胜今、石雅茗，2016；曾毅、胡鞍钢，2017）。

3. 生育意愿与生育行为

生育意愿与生育行为作为人口学研究的重点内容，也体现在女性人口学研究中，相关议题和领域均随着政策的宽松化改革和生育形势的变化有所拓展。生育意愿研究大致可分为数量、性别和间隔三大维度。张银锋等（2017）指出，个体生育意愿并非一个确定值，而是在数量、性别、间隔维度存在相应的区间范围。在数量维度，目前我国育龄人群的意愿生育水平处于低位，显著低于更替水平，在未来有下降趋势（王军、王广州，2016；吴帆，2020），独生子女、青年群体、流动人口、少数民族等特定人群的生育意愿差异逐渐缩小（张晓青、黄彩虹、张强等，2016；贾志科、罗志华、风笑天，2019；原新、刘绘如、刘旭阳等，2019；陈蓉，2020）。在性别维度，"重男轻女""养儿防老""多子多福"等传统的观念强化了农村居民的男孩偏好（王玥、杜芳雨，2016；何兴邦、王学义、周葵，2017；李建新、张浩，2017；郑思宁、王淑琴、郑逸芳，2018；章志敏、张文明，2019），但这一偏好受人口流动的选择性及其带来的现代化生育观念影响正在逐步弱化（杨凡、陶涛、杜敏，2016），生育女儿对母亲、老年人及中高受教育程度的农村居民幸福感影响更大（李雯铮，2019）。生育意愿在数量维度的变迁先于性别维度的变迁，女性的男嗣偏好更强，男性则更倾向多孩（郑姝霞，2018）。在间隔维度，当代年轻人出现初育时间偏晚、生育年龄继续后移的趋势（阳义南，2020），城市人口实际生育年龄显著大于理想生育年龄，而农村人口实际初育年龄显著小于理想初育年龄（张银锋、侯佳伟，2016）。吴帆（2020）在现有生育意愿研究的基础上做出总结，勾画出20世纪80年代以来生育意愿理论的图谱和实证研究的发展脉络，并指出今后需要创立对中国生育意愿变化和超低生育意愿更具有解释力的理论。

围绕生育意愿和生育行为的关系，学界主要有"大于论""小于论""等同论""无关论"四类观点；大部分学者持"大于论"或"小于论"，认为目前我国的生育意愿与生育行为存在不一致，对其原因进行了大量研究分析。从邦戈茨低生育率模型思路出发，研究发现生育年龄推迟、非自愿不孕不育和竞争性因素对我国生育意愿和行为的偏离有影响；具体而言，代际和代内社会化学习（曹立斌、石智雷，2017）、人格特征（吴小勇、毕重增，2018）、育龄女性受教育程度（赵梦晗，2019；张丽萍、王广州，2020）、房价（葛玉好、张雪梅，2019）、向上职业流动（王殿玺、陈富军，2019）等因素主要影响数量维度，代际性别文化传递（宋健、秦婷婷、宋浩铭，2018）、工作经历和时间分配（陈煜婷，2017）、子女性别结构（马良、方行明、雷震等，2016）等因素主要影响性别维度。在不同情境下，育龄女性的年龄、家庭收入、照料可获得性、性别偏好等因素也可能同时作用于生育各维度的意愿和行为的偏离（靳永爱、宋健、陈卫，2016）。

4. 生育政策

生育政策对我国育龄人群的生育决策具有重要影响。这一时期，学界主要围绕"全面二孩"的政策效应展开研究。对于政策效果，有预测认为2016年"全面二孩"政策的目标人群高达9101.0万人，但其新增出生人口数量却相对有限，中国能够平稳度过该政策累积生育势能的释放期（翟振武、李龙、陈佳鞠，2016）。尽管"全面二孩"政策对人口规模有一定的"净提升"作用（罗雅楠、程云飞、郑晓瑛，2016），但该作用并不具有持续性（王贵东，2019）。另外，生育政策带来的青年职业流动"拐点效应"也不容忽视，女性面临更严峻的挑战（李芬、风笑天，2017）。对此有学者指出，"全面二孩"政策没有达到预期效果主要受生育成本攀升、女性职业发展、公共服务缺失以及生育观念转变等因素影响，需要加快推进积极的生育支持政策，降低生育成本，缓解女性职业发展的压力（张兴月，2018），并提倡国家、家庭和用人单位三方合理分担生育成本，进而减轻家庭的生育负担，提升家庭生育意愿（宋健、周宇香，2016）。

（三）健康相关研究

健康是现代人口学普遍关注的领域之一，随着死亡转变的完成，平均预期寿命愈来愈长，活得长不等于活得好、在不断延长的生命区间内努力提升生命质量等认知成为共识，这使得健康研究方兴未艾。女性人口学对生殖健康、老年女性和女童的健康投以特别的关注。

1. 生殖健康

女性生殖健康涵盖生殖系统疾病、青少年早孕、避孕、孕产妇抑郁、性传播疾病防治、辅助生殖等问题，该领域的女性人口学研究重点关注未婚女性青少年、女性流动人口和老年女性人口三类人群的生殖健康问题。

未婚先孕和婚前流产既反映出我国广大女性青年生殖健康观念与实践的变化，也意味着潜在的健康风险与公共服务需求增加。研究显示，流动经历增加了我国女性未婚先孕风险，流动妇女未婚先孕的年龄模式与普通生育模式类似，但峰值年龄提前，我国的避孕和生殖健康服务应该与时俱进，以应对女性较早开启性生活且婚育时间推迟的现状（李丁、田思钰，2017）。虽然我国女性从未婚怀孕到婚姻的转化率较高，但相当一部分未婚产子的人群仍然需要社会施以援手，从而提升母婴福利水平（李文珍，2020）。对于已婚育龄女性，受个体因素、家庭因素和社会经济因素的综合影响，处于流动状态的部分女性避孕比例较低，采取的避孕方式以长效为主，对身体损害较大（丁志宏、张亚锋、杜书然，2018）；生育后的女性也需关注产假对身体健康的影响，没有产假或者产假太短、太长都不利于身心健康（庄渝霞、冯志昕，2020）；丈夫外出务工的留守女性身体健康往往处于不利境地，罹患慢性病的风险较高，因此政府需要进一步解决留守女性的健康问题（李强、叶昱利，2017）。

生育行为对老年女性群体的身体健康影响长远。研究显示，生育子女数较多可能会刺激女性的身体系统，促进女性生存与健康；老年女性的曾生子女数量越多，其可能获得的代际支持越多，越有利于老年女性的健康长寿（刘亚飞、胡静，2016；李建新、张浩，2017）；初次生育时间较晚也有助于提升老年女性的健康水平（宋月萍、宋正亮，2016）。

2. 老年女性的健康问题

随着我国老龄化进程加速以及女性各年龄段死亡风险下降，我国将拥有数量庞大的老年女性人口。积极老龄化指数显示，目前我国女性的积极老龄化程度总体低于男性，而且随着年龄增长这一差距逐渐扩大（刘文、杨馥萍，2019）。虽然同年龄女性的死亡概率普遍低于男性（彭希哲、卢敏，2017），女性高龄老人的寿命也更长，但其健康状况比同龄男性老人更差，自理预期寿命占余寿比重低于男性，存在"健康－存活悖论"（卢敏、王雪辉、彭聪，2019；宋靓珺、杨玲，2020）。已有研究证实，我国老年女性的生活自理能力整体低于老年男性，更容易走上自理能力不健全的轨迹（魏蒙、王红漫，2017；阎志强，2017；李芬、高向东，2019）。此外，老年女性在认知功能、躯体功能方面的不健康比例也高于男性（杨玲、宋靓珺，2020）。

在中国人口流动愈发频繁的背景下，子女外出务工对农村留守老年女性的精神健康产生显著负面影响（敖翔，2018），对于老年女性流动人口，她们可能会低估自身的健康风险，获得的健康安全感比男性更低，对社会医疗保障制度的信任程度也较低，健康服务部门应予以重点关注（杨博、张楠，2019）。从生命历程视角来看，女性从教育和收入中获得的健康回报显著少于男性（郑莉、曾旭晖，2016），尽管提前退休的女性并未呈现健康劣势（王存同、臧鹏运，2016；宋月萍、张婧文，2020），但是女性更多采取择期就诊方式，其退休后住院率和住院总次数均高于男性（何庆红、赵绍阳、董夏燕，2019），医疗服务的可及性对老年女性健康的影响也大于男性（郭爱妹、顾大男，2020）。

在家庭代际团结方面，我国老年女性越来越多地从事家庭照料活动，高强度的照料活动对其健康产生诸多负面影响（陈璐、范红丽，2016；宋靓珺、杨玲、彭希哲，2020），子代为其提供支持则有利于促进老年女性的身心健康，对农村老年女性、留守老年女性、丧偶老年女性等群体而言更是如此（李月英，2017；陈璐、谢文婷，2019；李明锋，2019；赵晓航、李建新，2019；魏强、苏寒云、吕静等，2020）。

3. 女童健康研究

女童的生存和健康问题事关社会稳定和国家未来发展,女童权益保护具有十分重要的现实意义。研究表明,我国女童的生存与发展状况仍存在许多严重问题。如我国中西部农村将近三成的女童遭受过虐待,其中单亲女童、独居女童、留守女童、家庭贫困女童等困境儿童的受虐状况比普通女童更重;以爱为借口的惩罚性动机是目前虐待的深层次诱发原因;随着法律宣传的不断推进和生育子女的下降,我国女童受虐的严重度正在转好,但是低频度的虐待行为仍然广泛存在,以强制体罚、故意辱骂和情感忽视为主要表现(万国威、张潇,2018)。针对我国西部地区留守女童的一项研究显示,这一弱势群体正面临独居比例显著上升、营养保障状况显著下降、初中及以上留守女童的日常侵害风险有所增长、初中及以下留守女童的疾病看护水平显著下降等十大风险(李洪涛,2018)。关注和改变制约我国女童生存发展的性别规制和障碍,对我国女童和男童获得同等关爱和支持具有重要意义。

(四) 女性工作与家庭研究

我国女性具有较高的劳动参与率,在家庭中承担较大比重的家务劳动和照料职责,因此工作-家庭冲突问题更加凸显,这也是女性人口学近些年聚焦的研究领域。既有研究不仅关注女性的工作家庭冲突现象及已育女性遭受的"母职惩罚"问题,也同样关注女性就业问题,讨论性别红利的可能性。

1. 女性就业问题

长期以来,女性就业问题作为社会热点引发各界关注。围绕女性就业难、性别收入差距大、职场歧视等的研究层出不穷。女性就业问题相关研究主要从人力资本和性别歧视视角出发。在人力资本方面,受教育年限已成为影响女大学生就业的关键因素(罗明忠、陶志、万盼盼,2017);随着我国高校扩招,尽管女性的教育收益率大于男性,但扩招后女性在劳动力市场处于更不利的工资地位(王晶晶,2020)。性别意识对女大学生就业质量具有显著的正向影响(王慧、叶文振,2016),在一定程度上解释了高学历女性为何放弃人力资本回报高的经济部门反而选择性别平等程度更高的国有公共部门(向晶、刘华,2018)。还有学者发现,情绪稳定性和宜人性等非认知能力也显著影响女性劳动者工资收入(乐君杰、胡博文,2017)。

在性别歧视方面，改革开放 40 年来我国行业性别隔离程度总体增加了一倍（杨慧、张子杨，2019），非国有部门的性别歧视程度更严重（王倩、姜德波，2017；刘志国、宋海莹，2018）；自 21 世纪以来，职场机会和就业结果的性别差异均随市场化的推进而加大（杨菊华，2020），但职业性别隔离总体水平下降趋势明显，女性不断向管理层、技术层的职业领域扩张（赵媛媛，2017）。具体而言，女性在劳动力市场遭受的性别歧视集中在就业机会、工资水平和工资权益保障方面，而在签订劳动合同、参与"五险一金"等方面与男性相比并不存在显著差异。当然，女性的年龄、户口性质、单位是否有工会等因素也在不同程度上影响女性的劳动力市场表现（王永洁，2019）。

卿石松（2019）拓展了人力资本和性别歧视分析框架，指出以"男主外，女主内"为核心的传统性别角色观念直接抑制女性的工资收入，并通过教育获得、劳动参与、工作时间及职业地位等中介因素产生广泛影响，从社会文化根源层面揭示了影响深远而又非常隐蔽的性别角色观念如何影响中国的性别收入差距。这一性别文化观念带来的收入不平等也从现实延伸至网络空间，表现为互联网工资溢价效应的性别不平等（庄家炽、刘爱玉、孙超，2016）。

2. 女性工作－家庭冲突

工作和家庭作为现代女性从事物质生产和社会再生产的两个主要场域，长期以来形成了"男主外，女主内"的刻板性别规范。然而随着人口转变、去工业化和社会福利体制的重大转变，我国女性肩负着工作和家庭领域的多重角色压力，工作和家庭之间的冲突抑制了女性劳动参与。当前我国女性在家庭领域承担的照料责任主要围绕抚幼和养老展开。

基于新古典家庭分工理论透过生命历程视角的观察发现，父母分担儿童看护的责任有助于女性劳动参与率的提升，而承担养老照料责任对女性劳动参与有消极作用（宋月萍，2019）。在抚养子女方面，子女数量与已婚女性的劳动参与率呈倒 U 形结构（乐章、张艺珂，2019），这一时期的"全面二孩"生育政策影响女性的生育意愿和生育子女数量，提升了用人单位和女性承担的生育成本，对适龄女性劳动参与率下降、薪酬福利减少、性别收入差距扩大、退出劳动力市场、非正规就业增加均具有显著影响（张同全、张亚军，2017；杨天池、周颖，2019；张抗私、谷晶双，2020）；再加上传统性别观念和家庭分工模式、单位体制改革和社会福利支持不足的影响，育龄女性的就业质量整体呈下降态势（盛亦男，2019）。相对应的生育保险政策虽然有利于政策范围内母亲的工作保护和工作连续性，但也使得城镇女性的就业率下降，还促使更多县镇女性采取非正规就业形式（庄渝霞，2020a）。有学者建议，政府应当完善生育保障制度，发挥财政兜底作用，发展公共托幼事业，减轻育婴给女性就业带来的冲击（杨慧，2017）；也要考虑建设完善的双薪型家庭政策体系，同时提升女性的劳动参与和生育率（蒙克，2017）。

此外，随着"逆向反哺"的兴起，为孙辈提供照料支持也对老年女性的劳动参与产生明显的挤出效应，60~64岁的低龄老年群体面临显著的工作与家庭冲突（宋健、王记文、秦婷婷，2018），"老漂"母亲更是体验劳累、拉扯与孤单的母职实践（卜娜娜、卫小将，2020）。在养老方面，老年女性往往面临零收入以及收入年龄差距、性别差距扩大问题，处于收入双重劣势中（张子杨、杨慧，2019），需要子代提供支持；实证研究表明，家庭老年照料会使得女性劳动参与率和每周劳动时间明显下降（吴燕华、刘波、李金昌，2017），在农村地区，家庭老人照料还会通过挤占就业时间与精力、损害身心健康以及阻碍技能学习和社交活动等途径抑制农村女性的非农就业（潘明明、蔡书凯，2020）。

3. 已育女性的"母职惩罚"

近年来，中国宏观体制与社会结构的深刻变迁，使得女性在工作与家庭方面正面临着前所未有的挑战。对于已育女性，其作为生育行为的直接承担者，往往肩负着家庭照料等母职责任。在子女照料责任逐渐家庭化、精细化而父职缺位的大背景下，女性担负起日益沉重的密集化和内卷化的母职（郑杨，2019；郭戈，2019），显著减少了就业参与机会，在劳动力市场上承受着更多的歧视和不公，普遍面临"母职惩罚"（肖索未、简逸伦，2020；〔美〕南希·福布尔、宋月萍，2020）。

具体而言，"母职惩罚"包含母职对工资的惩罚以及母职对职业地位的惩罚。处于农村地区、单身、子女数较多、受教育程度较高、非国有部门就业的女性面对的母职对工资的惩罚正在迅速增加（马春华，2018；申超，2020）。而母职对女性职业地位产生惩罚则主要通过生育三要素（孩子数量、孩子年龄、初育年龄）加以体现，表现为招聘歧视、职业稳定性差、职位升迁难等（庄渝霞，2020b）。

破除"母职惩罚"困境需要回应传统的性别文化分工带来的各种问题，从理念、政策和文化观念等层面多管齐下（陶艳兰、风笑天，2020），营造良好的育儿环境，维持合理的工作－家庭边界，降低过度的"母亲"角色要求（杨菊华，2018），并强化"父亲育儿"的参与感，从而让两性合理分担家庭内外的育儿责任（郭戈，2019）。

4. 性别红利研究

随着女性地位不断提升和社会经济迅速发展，有学者在经济收益推导出的"人口红利"基础上延伸出"性别红利"这一概念，从个人发展、家庭发展和经济发展三个维度出发，以性别视角理解社会经济发展，涵盖性别平等、就业和社会参与、家庭发展和经济增长等方面（石智雷、张婷皮美，2020）。由于"性别－母职双重赋税"的长期存在，中国的男女两性在劳动力市场上存在显著差距（杨菊华，2019、2020），但是随着技术进步，性别工资差距逐渐缩小（郝翠红、李建民，2018）。总体而言，中国当前的性别红利在人力资本和健康资本两大维度处于被抑制状态，离真正实现性别平等尚有一段距离，需要从全生命周期视角和多元主体共同参与性别治理理念着手，在女性就业政策体系、经济赋权、生育支持、健康促进、教育公平等多领域推动性别红利进一步释放（陆杰华、汪斌，2020）。

（五）教育相关研究

教育是社会学的传统关注领域，也是造成个体和人群社会经济地位差异的关键指标。近些年女性的受教育程度不断提高，在学业成就和受教育年限等方面甚至呈现反超男性的迹象，但教育的不平衡不充分现象依然存在。女性人口学主要研究女性的受教育程度，以及教育的城乡和区域差异。

1. 女性受教育程度研究

教育承担着育人、择优和促进流动三大社会功能，但不同群体在获得教育的过程中不可避免地存在一定程度的差异。教育的性别公平问题长期受到学界关切，现有研究主要围绕教育获得的性别差异现状及其影响因素展开。

宏观层面的研究发现，我国女性受教育程度普遍低于男性，随着出生年代的推移，二者间的差距不断缩小，但两性间的教育不公平在农村、少数民族及西部地区群体内部仍然突出。性别歧视对当前我国教育获得的性别差异有重要影响，影响程度存在时期差异，20世纪30~70年代影响强度较大，而自80年代以来户籍、出生年份、民族、父辈受教育程度和地区等因素也开始发挥作用，性别歧视的影响强度随之有所下降（吴洁、郑逸芳、吴智雄等，2020）。微观层面的研究则从"资源稀释理论"出发，认为家庭预算约束及父母性别偏好会产生"同胞效应"，同胞数量对女性教育获得有显著影响，在同胞结构方面弟弟的数量对女性教育获得影响最大，农村地区的"同胞效应"强于城镇（黎煦、刘华，2016）。

2. 教育的城乡和区域差异

研究显示，我国居民的教育获得在城乡和区域之间存在差异。当前的学前教育资源存在明显的城乡差异，会加大城乡人口素质差异，进一步制约城乡一体化进程（孟兆敏、李振，2018）。进入义务教育阶段，我国尚未实现基础公共教育服务均等化，具体表现为城乡之间不均等、区域之间不均等以及本地人与外地人之间不均等（唐丽娜、王记文，2016）。其中，城市家庭"高教育期望+高课外补习支出+互动式参与"和农村家庭"高教育期望+低课外补习支出+单向式参与"两种不同的家庭教育投入模式显著影响了城乡教育获得差异（刘保中，2017），学校质量和学校城乡区位也参与形塑，使得城市户籍学生的教育期望显著高于农村户籍学生（黄超，2017）。而小学升初中和初中升高中两阶段积累的不平等最终叠加为高等教育阶段的城乡间教育机会不平等。借助课外补习班，就读于非重点初中的城镇子弟相比于农村子弟收益更大（庞圣民，2016）；受家庭文化资本等背景因素影响，城镇学生进入大学后在文化资本、毕业预期上也明显优于农村学生（李丁，2018）。

（六）人口流动与女性发展研究

迁移流动是与死亡、生育并列的人口学第三大重要生命事件或要素，决定了人口分布。在工业化、城镇化快速发展的背景下，我国人口的迁移流动十分活跃，并呈现以青壮年男性为主的年龄性别选择特征。随着流动的普遍性和家庭化趋势，越来越多女性加入流动大军，女性流动人口比重有所上升。女性流动与发展及留守女性问题是女性人口学的主要研究内容。

1. 女性流动与发展

这一时期，关于女性流动与发展问题的研究主要围绕女性流动人口的就业状况、影响因素、对传统性别观念的影响等方面展开。研究发现，受城市布局、个体特征和社会性别歧视等因素影响，我国女性流动人口的就业空间呈现"多核心、小集聚"的分布特征，就业密度分布相对"散碎"，女性流动人口处于就业市场隔离、社会隔离以及空间隔离的"三重隔离"状态（左为、吴晓，2017）。在职业选择方面，超过 2/3 的女性流动人口选择从事商业服务业，仅有 2.8% 的人选择成为管理者及办事员。受教育程度对女性流动人口职业选择的影响最为突出，随着女性受教育程度的普遍提升，从事收入和社会地位较高的管理类和专业技术类职业的女性流动人口比例逐渐上升（侯建明、关乔、杨小艺，2019）；社会融合能够有效降低就业歧视、提高健康公共服务质量、稳定未来预期，从而促进流动女性就业（成前、李月，2019）；而随着女性流动人口实现从个体化向家庭化流动模式的转变（王建顺、林李月、朱宇等，2018），完整的家庭化流动则给流动女性带来就业率低和就业不稳定的负面影响（张丽琼、朱宇、林李月，2017），在无人分担随迁子女照料责任的情况下，流动女性的就业质量显著下降（姜春云、谭江蓉，2020），新生代的流动人口安排子女随迁的比例相对降低（李文利、梁在，2019）。此外，在新型城镇化背景下，劳动力暂时性回流现象越发普遍。

从生命历程视角来看，女性更容易受婚姻、生育、就业变动等重大事件影响，产生暂时性回流行为（彭璐、朱宇、林李月，2017）。然而相比于男性，女性回流者受家乡耕地、外出时工资水平、村办企业等因素影响，在劳动力市场上处于明显的劣势地位（齐瑶娣、朱宇、王文菲等，2019）；职业声望和受教育程度较高的女性流动人口的回流意愿较弱（谢永飞、李红娟，2018）。女性的迁移流动使其占有的经济资源相对提高，进一步推动了家庭决策权向夫妻共享、夫妻平权方向发展（薛琪薪、章志敏，2019），有利于促进性别观念向现代型转变（杨凡、曾巧玲，2016）。

2. 留守女性问题

社会转型期我国大批农村青壮年劳动力进入城市务工，在子女教育、赡养老人、农业生产等刚性原因和性别角色差异、传统观念等社会因素综合影响下，大量农村女性只能选择留守。这一时期的女性人口学研究重点关注农村留守女性的生产活动和社会参与。在生产方面，当前我国广大农村地区仍然存在大量可以向非农部门转移的劳动力，以女性为主体（刘西国、刘晓慧、赵莹，2019）。从人口安全视野聚焦"农业女性化"问题的研究指出，"农业女性化"在本质上是一种农村人口迁移带来的人口分布与结构不合理的现象，不利于农业发展，降低人口素质，使女性人口的安全与发展受到严重威胁，增加农村婚姻破裂和老人失养风险，带来人口安全问题（韦加庆，2016）。针对安徽省的调查表明，农业女性化背景下我国农村女性农业生产意愿不容乐观、生产态度消极化（蔡弘、黄鹂，2017）；甘肃省的调查则进一步显示"女性农业化"有显著致贫作用（关爱萍、董凡，2018），政府需要将性别意识纳入扶贫决策主流，加大对农村女性生计发展的帮扶力度，推进女性经济赋权（李小云、陈邦炼、宋海燕等，2019；陈健、吴惠芳，2020）。而在社会参与方面，研究显示我国农村女性在乡村公共空间的话语权日益凸显，对村域公共事务的参与性增强，女性地位有所提高，由乡村边缘逐渐走向中心（杨宝强、钟曼丽，2020），通过"参与 - 话语 - 权力"书写性别平等实践。

三 研究不足与展望

作为人口学的重要分支学科，女性人口学的发展一直与人口学的发展同步进行，在及时吸纳人口学发展成果的同时，保持对女性的高度关注和相对敏感的性别意识。2016~2020 年，我国女性人口学研究取得了一系列进展，也面临新的挑战。

研究进展主要体现为研究主题和研究视域回应时代关切、更加多元。

在研究主题方面，大多数研究紧扣时代之问，积极回应政策关切和社会关注热点。这一时期，长达 40 余年的普遍一孩政策退出历史舞台，生育政策的宽松化改革给家庭和女性发展带来重大机遇与挑战；我国在不断完善生育政策及配套支持措施、积极应对人口老龄化、更加积极贯彻男女平等基本国策等方面持续推出政策法规，并取得明显成就。与上述形势相呼应，女性人口学研究关注婚姻家庭、生育、女性工作家庭冲突、人口流动与女性发展等重点领域，在全面客观分析的基础上，努力揭示我国社会发展的时代潮流与女性生存发展现状。研究还涉及健康、教育等多学科和跨学科领域，从多个层面关注女性权益、反映社会需求，积极为政策的制定和完善提供理论指引，回答了时代呼唤。

在研究视域方面，这一时期的女性人口学研究，一方面，延续传统理论和方法，如以社会性别视角作为重要指引，以实证研究为主，具有很强的应用性。研究者使用特定的人口学概念、测量指标和定量方法进行规范的研究，同时也关注人口变化与社会、经济、健康、文化等其他影响要素的关系。另一方面，多学科交叉特点更为明显，社会学、经济学、管理学等其他二级学科理论和方法被广泛应用。越来越多的研究者更加善于融通古今中外各种资源，并自觉地激活和灵活地运用各种背景知识，不断推进知识创新、理论创新、方法创新，形成专业化和规范化的研究范式。

这一时期的研究也存在一些不足，值得我们给予充分的关注与反思。

第一，创新型研究仍相对稀缺，理论和实践层面的深入性研究不足，部分研究缺乏自身独特的思考和贡献，特别是生育相关议题存在大量重复性研究。例如，与女性生育意愿相关的研究连篇累牍，且对生育意愿低迷的现象已经基本形成共识。然而，对为什么生育意愿低迷、背后的生育动机等内在机制的关注不够充分，部分研究流于表面，变成了影响因素"连连看"，发现甲对乙有影响，丙对乙有影响……未能跳出邦戈茨等的解释框架，也未能结合中国的低生育率现实给出鞭辟入里的解答，相应的政策建议也往往存在大而无当、好高骛远的风险。

第二，现有研究虽然从女性视角切入人口学议题，但更多地将女性作为研究对象，而没有充分展现出女性在所关注议题方面与男性的差异。在一些研究中，结论似乎可以被普遍适用于所有人，而不仅仅是样本所选取的女性，缺乏对性别差异的深入比较和探索，更遑论运用社会性别视角进行科学分析。女性人口学研究不仅基于女性的共性与个性展现，揭示社会发展中女性所面临问题的复杂性和特殊性，也需要将女性嵌入人口总体中，在比较中凸显女性可能面临的困境和机会，保持对性别问题的敏感意识。那些经常被忽视或较少探讨的议题，例如女性权力和决策参与、性别角色与社会期望以及弱势女性群体（如经济困难妇女、农村妇女等）也应得到关注。通过细致入微的分析，进一步发现女性在人口学议题中的独特位置和贡献，为性别平等与社会公正的推进提供更深入的洞察。

第三，多数研究仍多借鉴国外理论而本土理论创新不足。近年来，女性人口学相关研究越发关注"数字"背后的实际意义，借助理论加以深入分析。然而，目前女性人口学相关研究的理论框架大多源自国外研究，缺乏符合我国国情的本土化理论构建。如果不加分析地把国外学术思想和学术方法奉为圭臬，一切以此为准绳，照搬照抄，就难以真正解决中国的问题，更难以提出具有中国特色的解决方案来应对全球的人口学挑战。因此，需要对国外的理论、概念、话语、方法等进行批判性的分析和借鉴，并从我国的实际情况出发，推出具有独创性的研究成果。这要求学界同仁积极探索、勇于创新，在理论层面开展深入的思考和探讨；秉持开放的态度，加强学科交流与合作，吸纳国际学术研究的经验与成果；同时结合我国的社会、经济、文化等背景，积极探索适合中国国情的女性人口学理论框架。这种本土化的理论创新可以从女性在家庭、职业、社会地位等方面的角色和影响展开，深入研究女性所面临的挑战和机遇，并提出解决方案，以推动女性人口学研究的发展。

总之，未来我国女性人口学研究需要进一步拓展研究视域，结合时代涌现出的新问题、新情境、新思考，彰显学科特色，不断丰富研究内容；更加注重性别视角和差异的整合，深入挖掘女性在人口学议题的独特性，更好地回应社会变革和发展的需求，推动女性人口学研究迈向新的高度；注重方法论和理论创新，在加强国际学术交流合作的同时，结合我国国情，实现理论的创新和突破，在解读中国实践、构建中国理论的基础上打造易于为国际所理解和接受的新概念、新范畴、新表述，引导国际学术界展开研究和讨论，发出更为响亮的中国声音，推动中国特色女性人口学研究长足发展。

参考文献

1. 敖翔（2018）：《子女外出务工对农村留守老人精神健康的影响》，《南方人口》第4期。

2. 卜娜娜、卫小将（2020）：《劳累、拉扯与孤单："老漂"母亲的母职实践及回应》，《妇女研究论丛》第6期。

3. 蔡弘、黄鹏（2017）：《农业女性化下农村妇女生产参与及其生产意愿研究——安徽省调查实例》，《人口与发展》第2期。

4. 曹立斌、石智雷（2017）：《低生育率自我强化效应的社会学机制的检验与再阐述》，《人口学刊》第1期。

5. 陈健、吴惠芳（2020）：《连片特困地区农村妇女生计发展的要素测度及政策支持研究》，《人口与发展》第2期。

6. 陈璐、范红丽（2016）：《家庭老年照料对女性照料者健康的影响研究》，《人口学刊》第4期。

7. 陈璐、谢文婷（2019）：《农村成年子女外出务工对留守父母健康的影响研究》，《人口学刊》第4期。

8. 陈蓉（2020）：《中国大城市不同人群生育意愿的变迁趋势及比较研究——以上海市

为例》，《人口学刊》第 1 期。

9. 陈煜婷（2017）：《城镇就业人群生育意愿及其影响因素的性别差异研究——职业结构、时间分配和性别观念的效应》，《南方人口》第 1 期。

10. 成前、李月（2019）：《社会融合对流动女性就业的影响研究》，《人口与发展》第 6 期。

11. 程琚、郑逸芳、许佳贤（2017）：《抚养负担对已婚青年女性劳动供给及家务分配的影响研究——基于 Heckman 两阶段选择模型的实证检验》，《南方人口》第 5 期。

12. 淡静怡、姜全保（2020）：《中国女性初婚模式变动趋势研究》，《人口学刊》第 2 期。

13. 丁志宏、张亚锋、杜书然（2018）：《我国已婚流动育龄妇女避孕方式选择状况及其影响因素》，《人口研究》第 4 期。

14. 段朱清、靳小怡（2020）：《中国城乡人口的婚姻匹配及其对初婚年龄的影响研究》，《人口学刊》第 6 期。

15. 范文婷、宋健、李婷（2018）：《高等教育与女性婚配：基于年龄、时期和队列的视角》，《人口学刊》第 2 期。

16. 封婷（2019）：《中国女性初婚年龄与不婚比例的参数模型估计》，《中国人口科学》第 6 期。

17. 葛玉好、张雪梅（2019）：《房价对家庭生育决策的影响》，《人口研究》第 1 期。

18. 关爱萍、董凡（2018）：《农业女性化、女性农业化及对贫困的影响分析——基于甘肃省 14 个贫困村的农户调查数据》，《人口与发展》第 2 期。

19. 郭爱妹、顾大男（2020）：《健康不平等视角下医疗服务可及性对老年健康的影响——基于 CLHLS 数据的实证分析》，《人口与发展》第 2 期。

20. 郭戈（2019）：《"丧偶式育儿"话语中的母职困境与性别焦虑》，《北京社会科学》第 10 期。

21. 郭戈（2019）：《0～3 岁婴幼儿托育服务下的父职实践》，《中国青年研究》第 11 期。

22. 郭郡郡、刘玉萍、喻海龙（2018）：《婚前同居与中国女性的婚姻稳定性：自选择效应还是测度问题》，《南方人口》第 5 期。

23. 郭志刚（2017）：《中国低生育进程的主要特征——2015 年 1% 人口抽样调查结果的启示》，《中国人口科学》第 4 期。

24. 韩中、王刚、张会婷（2019）：《学历越高、育儿时间越短？——来自中国的经验分析》，《南方人口》第 3 期。

25. 郝翠红、李建民（2018）：《技术进步、研发投入与性别工资差距——基于 CGSS 数据的实证分析》，《贵州财经大学学报》第 5 期。

26. 何庆红、赵绍阳、董夏燕（2019）：《"退休 - 医疗服务利用之谜"及性别差异》，《人口与经济》第 6 期。

27. 何兴邦、王学义、周葵（2017）：《养儿防老观念和农村青年生育意愿——基于 CGSS（2013）的经验证据》，《西北人口》第 2 期。

28. 侯佳伟、顾宝昌、张银锋（2018）：《子女偏好与出生性别比的动态关系：1979~2017》，《中国社会科学》第 10 期。

29. 侯建明、关乔、杨小艺（2019）：《我国女性流动人口职业选择的影响因素分析》，《人口学刊》第 1 期。

30. 黄超（2017）：《教育期望的城乡差异：家庭背景与学校环境的影响》，《社会学评论》第 5 期。

31. 黄庆波、杜鹏、陈功（2018）：《老年父母与成年子女间的代际支持及其影响因素》，《人口与发展》第 6 期。

32. 贾志科、风笑天（2018）：《城市青年的婚恋年龄期望及影响因素——以南京、保定调查为例》，《人口学刊》第 2 期。

33. 贾志科、李树斌、周鹏飞（2020）：《我国性别失衡后果及治理研究回顾与展望》，《西北人口》第 2 期。

34. 贾志科、罗志华、风笑天（2019）：《城市青年夫妇生育意愿与行为的差异及影响因素——基于南京、保定调查的实证分析》，《西北人口》第 5 期。

35. 姜春云、谭江蓉（2020）：《3 岁以下随迁子女照料对流动女性就业参与的影响研究》，《南方人口》第 3 期。

36. 姜佳将（2019）：《社会性别视野下的妇女健康研究》，浙江工商大学出版社。

37. 姜全保、梅丽、邵秀军（2019）：《中国人口出生性别比的区间估计》，《中国人口科学》第 2 期。

38. 靳永爱、宋健、陈卫（2016）：《全面二孩政策背景下中国城市女性的生育偏好与生育计划》，《人口研究》第 6 期。

39. 乐君杰、胡博文（2017）：《非认知能力对劳动者工资收入的影响》，《中国人口科学》第 4 期。

40. 乐章、张艺珂（2019）：《收入还是替代：子女数量与中国女性劳动参与》，《南方人口》第 3 期。

41. 黎煦、刘华（2016）：《同胞数量与教育获得的性别差异》，《人口与经济》第 3 期。

42. 李丁（2018）：《过程多维性与出路阶层化：中国大学教育过程的公平性研究》，《社会》第 3 期。

43. 李丁、田思钰（2017）：《中国妇女未婚先孕的模式与影响因素》，《人口研究》第 3 期。

44. 李芬、风笑天（2017）：《拐点效应？二孩政策对青年职业流动的影响探析——基于全国 12 城市的实证研究》，《中国青年研究》第 10 期。

45. 李芬、高向东（2019）：《农村老年人生活自理能力性别差异分析——基于 CHARLS（2015）数据的实证分析》，《人口与发展》第 2 期。

46. 李洪涛（2018）：《西部留守/困境女童生存状况的社会性别审视》，《人口与计划生育》第 5 期。

47. 李建新、王小龙（2017）：《人口生育政策变迁与初婚风险——基于 CFPS2010 年调查数据》，《人口学刊》第2期。

48. 李建新、张浩（2017）：《生育史对中国老年女性寿命的影响》，《中国人口科学》第3期。

49. 李明锋（2019）：《中国丧偶老年人的居住方式和生活质量研究——基于第四次中国城乡老年人生活状况抽样调查数据》，《西北人口》第3期。

50. 李强、叶昱利（2017）：《丈夫外出对于留守妇女身体健康的影响》，《南方人口》第5期。

51. 李文利、梁在（2019）：《中国两代流动人口子女随迁决策的比较研究》，《人口学刊》第3期。

52. 李文珍（2020）：《1957年以来出生女性群体的婚孕新趋势——以未婚怀孕为中心的分析》，《人口学刊》第6期。

53. 李雯铮（2019）：《生育女儿对农村居民幸福感的影响》，《西北人口》第1期。

54. 李小云、陈邦炼、宋海燕等（2019）：《"妇女贫困"路径的减贫溢出与赋权异化——一个少数民族妇女扶贫实践的发展学观察》，《妇女研究论丛》第2期。

55. 李雨潼、黄蕾（2017）：《基于出生队列的中国人口性别结构特征分析》，《人口学刊》第4期。

56. 李月英（2017）：《农村丧偶独居老年女性的社会支持——基于山东省S村的调查》，《人口与经济》第1期。

57. 梁海艳、代燕、赵月莹（2016）：《云南流动人口生育水平研究》，《人口学刊》第5期。

58. 梁宏（2018）：《2000年以来广东省出生性别比的变化及其思考》，《人口与社会》第5期。

59. 梁同贵（2016）：《乡城流动人口的生育间隔及其影响因素——以上海市为例》，《人口与经济》第5期。

60. 梁同贵（2020）：《婚前同居对初婚年龄的影响研究——基于Heckman二阶段模型的分析》，《人口学刊》第1期。

61. 刘保中（2017）：《我国城乡家庭教育投入状况的比较研究——基于CFPS（2014）数据的实证分析》，《中国青年研究》第12期。

62. 刘利鸽、刘红升、靳小怡（2019）：《外出务工如何影响农村流动人口的初婚年龄？》，《人口与经济》第3期。

63. 刘昊（2016）：《高校扩招对我国初婚年龄的影响——基于普查数据的分析》，《人口与经济》第1期。

64. 刘华、钟甫宁、朱晶等（2016）：《计划生育政策影响了出生性别比吗？——基于微观行为主体的考察》，《人口学刊》第4期。

65. 刘文、杨馥萍（2019）：《中国积极老龄化发展水平测度——基于东中西部地区和28个省市的数据研究》，《人口学刊》第2期。

66. 刘西国、刘晓慧、赵莹（2019）：《老年照护对农村已婚女性非农就业的影响》，《南方人口》第1期。

67. 刘亚飞、胡静（2016）：《多子一定多福吗：子女数量与母亲健康》，《南方人口》第 6 期。

68. 刘志国、宋海莹（2018）：《中国不同所有制部门间的性别歧视——基于收入角度的分析》，《人口与经济》第 4 期。

69. 卢敏、王雪辉、彭聪（2019）：《社会政策性别中立背景下我国老年人口自理预期寿命变动分析》，《人口与发展》第 1 期。

70. 陆杰华、汪斌（2020）：《中国性别红利的发展潜力、制约因素及其战略构想——基于性别平等视角》，《中国特色社会主义研究》第 3 期。

71. 逯进、刘璐（2020）：《性别失衡对房价的影响——来自中国城市的证据》，《人口学刊》第 2 期。

72. 罗明忠、陶志、万盼盼（2017）：《女大学生就业能力及其人格特质影响因素——基于分位数回归的实证分析》，《南方人口》第 3 期。

73. 罗雅楠、程云飞、郑晓瑛（2016）：《“全面二孩”政策后我国人口态势趋势变动》，《人口与发展》第 5 期。

74. 骆华松、梁海艳、代燕（2016）：《云南省出生人口性别比基本特征及治理对策分析》，《西北人口》第 1 期。

75. 马春华（2018）：《中国家庭儿童养育成本及其政策意涵》，《妇女研究论丛》第 5 期。

76. 马良、方行明、雷震等（2016）：《独生子女性别会影响父母的二胎生育意愿吗？——基于中国综合社会调查（CGSS）数据的研究》，《人口学刊》第 6 期。

77. 蒙克（2017）：《“就业－生育”关系转变和双薪型家庭政策的兴起——从发达国家经验看我国“二孩”时代家庭政策》，《社会学研究》第 5 期。

78. 孟兆敏、李振（2018）：《城乡一体化进程中上海市学前教育资源配置问题研究》，《人口与社会》第 3 期。

79. 米红、杨明旭（2016）：《总和生育率、出生性别比的修正与评估研究——基于1982～2010 年历次人口普查、1%抽样调查数据》，《人口与发展》第 2 期。

80. 〔美〕南希·福布尔、宋月萍（2020）：《照料经济的特征、价值与挑战：基于性别视角的审视》，《妇女研究论丛》第 5 期。

81. 牛建林（2017）：《夫妻教育匹配对男性平等分担家务的影响》，《人口与经济》第 2 期。

82. 潘明明、蔡书凯（2020）：《家庭老人照料与农村妇女非农就业——农村妇女个体特征的调节模型》，《南方人口》第 3 期。

83. 庞圣民（2016）：《市场转型、教育分流与中国城乡高等教育机会不平等（1977～2008）兼论重点中学制度是否应该为城乡高等教育机会不平等买单》，《社会》第 5 期。

84. 彭大松、陈友华（2016）：《初婚解体风险变化趋势及其影响因素——基于 CFPS2010数据的分析》，《人口与社会》第 3 期。

85. 彭大松（2020）：《人口流动与初婚机会：福音还是梦魇？——基于 CGSS2015 数据

的分析》，《人口与发展》第 1 期。

86. 彭璐、朱宇、林李月（2017）：《流动人口在流动过程中的暂时性回流及其影响因素——基于生命历程的视角》，《南方人口》第 6 期。

87. 彭希哲、卢敏（2017）：《老年人口死亡概率时代变迁与老年定义的重新思考》，《人口与经济》第 2 期。

88. 蒲琨、陈讯（2018）：《性别失衡、阶层竞争与农村返乡年轻女性家庭地位的崛起——基于黔南 Z 村的调查》，《人口与发展》第 5 期。

89. 齐瑶娣、朱宇、王文菲等（2019）：《社会性别视角下回流劳动力的再就业现状及其影响因素——基于 7 个省份的调查》，《南方人口》第 4 期。

90. 卿石松（2018）：《中国性别角色观念代际传递分析》，《中国人口科学》第 6 期。

91. 卿石松（2019）：《中国性别收入差距的社会文化根源——基于性别角色观念的经验分析》，《社会学研究》第 1 期。

92. 申超（2020）：《扩大的不平等：母职惩罚的演变（1989~2015）》，《社会》第 6 期。

93. 盛亦男（2019）：《生育政策调整对女性就业质量的影响》，《人口与经济》第 3 期。

94. 石贝贝、唐代盛、候蔺（2017）：《中国人口生育意愿与男孩偏好研究》，《人口学刊》第 2 期。

95. 石智雷（2020）：《区域文化对婚姻稳定性的影响：基于跨省流动人口的研究》，《社会》第 1 期。

96. 石智雷、张婷皮美（2020）：《性别红利：理解社会经济发展的新视角》，《中南财经政法大学学报》第 3 期。

97. 宋健、范文婷（2017）：《高等教育对青年初婚的影响及性别差异》，《青年研究》第 1 期。

98. 宋健（2018）：《宽松生育政策环境下的出生人口性别比失衡》，《人口与计划生育》第 5 期。

99. 宋健、秦婷婷、宋浩铭（2018）：《性别偏好的代际影响：基于意愿和行为两种路径的观察》，《人口研究》第 2 期。

100. 宋健、唐诗萌（2017）：《1995 年以来中国妇女生育模式的特点及变化》，《中国人口科学》第 4 期。

101. 宋健、王记文、秦婷婷（2018）：《孙子女照料与老年人就业的关系研究》，《人口与经济》第 3 期。

102. 宋健、张晓倩（2019）：《妇女地位：概念、测量与理论——全领域与家庭领域的观察》，《妇女研究论丛》第 4 期。

103. 宋健、周宇香（2016）：《全面两孩政策执行中生育成本的分担——基于国家、家庭和用人单位三方视角》，《中国人民大学学报》第 6 期。

104. 宋靓珺、杨玲（2020）：《老年人口健康寿命的演变轨迹及其影响因素——一项基于 CLHLS 的实证研究》，《人口与经济》第 3 期。

105. 宋靓珺、杨玲、彭希哲（2020）：《中国老年人隔代照料与健康后果的实证研究及政策思考》，《人口学刊》第1期。

106. 宋璐、李树苗（2017）：《农村老年人家庭代际关系及其影响因素——基于性别视角的潜在类别分析》，《人口与经济》第6期。

107. 宋月萍、宋正亮（2016）：《生育行为对老年女性健康的影响》，《人口研究》第4期。

108. 宋月萍、张婧文（2020）：《工作家庭生命历程对老年人健康的影响——来自中国城镇地区的证据》，《人口与发展》第5期。

109. 宋月萍、张婧文（2017）：《越少就会越好吗？——婚姻市场性别失衡对女性遭受家庭暴力的影响》，《妇女研究论丛》第3期。

110. 宋月萍（2019）：《照料责任的家庭内化和代际分担：父母同住对女性劳动参与的影响》，《人口研究》第3期。

111. 孙超、刘爱玉（2020）：《城镇化境遇及其对两性性别观念的型塑》，《人口与发展》第5期。

112. 孙晓冬（2018a）：《收入如何影响中国夫妻的家务劳动分工？》，《社会》第5期。

113. 孙晓冬（2018b）：《孝道风险感知：子女性别有影响吗？》，《人口学刊》第2期。

114. 孙晓明、舒星宇（2020）：《农村中老年女性健康研究》，南京大学出版社。

115. 唐丽娜、王记文（2016）：《基本公共教育服务均等化及其影响因素》，《青年研究》第3期。

116. 陶艳兰、风笑天（2020）：《"理想照顾者"文化规则的破解：社会政策支持母亲就业的关键问题》，《社会科学》第4期。

117. 万国威、张潇（2018）：《我国中西部农村女童的虐待风险、生成机理及治理策略》，《人口学刊》第1期。

118. 王兵、李坤、刘利鸽（2018）：《同胞结构对农村男青年初婚年龄的影响》，《西北人口》第1期。

119. 王存同、臧鹏运（2016）：《退休影响健康吗？——一种社会学实证研究的视角》，《人口与发展》第1期。

120. 王殿玺、陈富军（2019）：《职业流动会影响居民的生育意愿吗？——基于代际与代内双重视角的分析》，《南方人口》第5期。

121. 王贵东（2019）：《二孩政策及延迟退休下的中国人口结构测算：2015~2050年》，《人口与发展》第4期。

122. 王慧、叶文振（2016）：《性别意识与女大学生就业质量——基于福建省五所高校的调查》，《人口与发展》第2期。

123. 王建顺、林李月、朱宇等（2018）：《典型城镇化地区流动人口流动模式转变及其影响因素——以福建省为例》，《南方人口》第6期。

124. 王晶晶（2020）：《高校扩招后性别工资差距缘何扩大——基于CHNS数据的分析》，《南方人口》第5期。

125. 王军、王广州（2016）：《中国低生育水平下的生育意愿与生育行为差异研究》，

《人口学刊》第 2 期。

126. 王丽、原新（2016）：《家庭子女数量和性别结构对老年人休闲生活影响的研究》，《南方人口》第 2 期。

127. 王倩、姜德波（2017）：《国有部门与非国有部门性别收入差距的比较与分解》，《南方人口》第 5 期。

128. 王胜今、石雅茗（2016）：《综合治理出生性别比偏高的深层思考》，《人口学刊》第 3 期。

129. 王向阳（2018）：《婚备竞赛、底层婚姻挤压与外地媳妇生成机制——基于豫南 S 县 D 村的驻村调研》，《西北人口》第 5 期。

130. 王晓磊、杨晓蕾（2019）：《夫妻教育匹配对婚姻质量的影响研究——基于社会性别的视角》，《西北人口》第 2 期。

131. 王永洁（2019）：《劳动力市场性别差异与女性赋权——基于 2016 年中国城市劳动力调查数据的分析》，《人口与经济》第 1 期。

132. 王玥、杜芳雨（2016）：《农村女孩与非女孩家庭对子女期望差异研究——以辽宁省为例》，《南方人口》第 5 期。

133. 韦加庆（2016）：《人口安全视野下农业女性化问题研究》，《西北人口》第 3 期。

134. 韦艳（2017）：《"厚此薄彼"还是"同时兼顾"？——农村已婚女性的代际支持研究》，《妇女研究论丛》第 3 期。

135. 魏蒙、王红漫（2017）：《中国老年人失能轨迹的性别、城乡及队列差异》，《人口与发展》第 5 期。

136. 魏强、苏寒云、吕静等（2020）：《家庭规模、社会支持、健康状况对农村老年女性主观幸福感的影响研究》，《西北人口》第 5 期。

137. 吴帆（2020）：《生育意愿研究：理论与实证》，《社会学研究》第 4 期。

138. 吴洁、郑逸芳、吴智雄等（2020）：《教育获得的性别差异及其变动趋势研究——基于 CGSS2008~2015 数据分析》，《西北人口》第 3 期。

139. 吴小勇、毕重增（2018）：《人格特征会影响中国人的生育行为吗？——基于 CGSS（2013）数据的分析》，《人口学刊》第 4 期。

140. 吴燕华、刘波、李金昌（2017）：《家庭老年照料对女性就业影响的异质性》，《人口与经济》第 5 期。

141. 向晶、刘华（2018）：《人力资本提升与女性就业部门选择倾向》，《人口与经济》第 3 期。

142. 肖索未、简逸伦（2020）：《照料劳动与社会不平等：女性主义研究及其启示》，《妇女研究论丛》第 5 期。

143. 谢永飞、李红娟（2018）：《新型城镇化背景下女性流动人口的回流意愿研究》，《南方人口》第 5 期。

144. 许琪（2016）：《中国人性别观念的变迁趋势、来源和异质性——以"男主外，女主内"和"干得好不如嫁得好"两个指标为例》，《妇女研究论丛》第 3 期。

145. 薛琪薪、章志敏（2019）：《城乡人口流动与家庭性别意识的现代化与平权化——

基于对上海、浙江和福建农村家庭的调查数据》，《南方人口》第4期。

146. 阎志强（2017）：《广东老年人口的健康状况特点——基于2015年1%人口抽样调查的分析》，《南方人口》第6期。

147. 阳义南（2020）：《初婚年龄推迟、婚龄差对生育意愿的影响》，《南方人口》第3期。

148. 杨宝强、钟曼丽（2020）：《乡村公共空间中妇女的参与、话语与权力——基于鄂北桥村的跟踪调查》，《西北人口》第1期。

149. 杨博、张楠（2019）：《流动老年人健康自评的性别差异：基于健康双因素的多层模型研究》，《人口与发展》第2期。

150. 杨凡（2016）：《现代夫妻关系对妇女男孩偏好的影响》，《人口与经济》第3期。

151. 杨凡（2017）：《妇女生命历程对其男孩偏好的影响》，《人口研究》第2期。

152. 杨凡、陶涛、杜敏（2016）：《选择性、传统还是适应：流动对农村育龄妇女男孩偏好的影响研究》，《人口研究》第2期。

153. 杨凡、曾巧玲（2016）：《人口流动对农村已婚妇女性别观念的影响研究》，《南方人口》第5期。

154. 杨辉、石人炳（2019）：《青年婚前同居对其初婚风险的影响》，《青年研究》第5期。

155. 杨慧（2017）：《全面二孩政策下生育对城镇女性就业的影响机理研究》，《人口与经济》第4期。

156. 杨慧、张子杨（2019）：《40年来中国行业性别构成变化趋势——平等还是隔离?》，《人口与经济》第4期。

157. 杨菊华（2018）：《边界与跨界：工作－家庭关系模式的变革》，《探索与争鸣》第10期。

158. 杨菊华（2019）：《"性别－母职双重赋税"与劳动力市场参与的性别差异》，《人口研究》第1期。

159. 杨菊华（2020）：《市场化改革与劳动力市场参与的性别差异——20年变迁的视角》，《人口与经济》第5期。

160. 杨可（2018）：《母职的经纪人化——教育市场化背景下的母职变迁》，《妇女研究论丛》第2期。

161. 杨克文、李光勤（2018）：《教育获得对初婚年龄的影响研究》，《人口学刊》第6期。

162. 杨玲、宋靓珺（2020）：《基于多维健康指标的老年人口健康状况变动研究——来自2002~2014CLHLS纵向数据的证据》，《西北人口》第4期。

163. 杨天池、周颖（2019）：《"两孩"政策是否加剧了性别收入差距?》，《人口与发展》第6期。

164. 杨雪燕、罗丞、马克斯·费尔德曼（2017）：《婚姻挤压对农村男性生命质量的影响》，《人口学刊》第1期。

165. 杨玉静、王磊（2017）：《已婚妇女为父母提供经济支持的自主权分析——兼论情感资源的作用》，《人口学刊》第1期。

166. 杨振宇、张程（2018）：《教育深化对初婚年龄、生育数量的影响——基于义务教育法实施的准试验研究》，《人口与发展》第1期。

167. 尹木子（2016）：《女性主妇化的影响因素——基于中国社会状况综合调查数据的研究》，《人口与发展》第1期。

168. 於嘉、谢宇（2017）：《我国居民初婚前同居状况及影响因素分析》，《人口研究》第2期。

169. 原新、刘绘如、刘旭阳等（2019）：《2006~2016年少数民族省区生育水平研究——基于2017年全国生育状况抽样调查数据》，《人口研究》第2期。

170. 曾毅、胡鞍钢（2017）：《整合卫生计生服务与老龄工作、促进亿万家庭福祉》，《人口与经济》第4期。

171. 翟振武、李龙、陈佳鞠（2016）：《全面两孩政策下的目标人群及新增出生人口估计》，《人口研究》第4期。

172. 张彬斌、汪德华（2018）：《中国农村婚龄人口性别失衡对女性离婚决策的影响》，《社会发展研究》第2期。

173. 张翠玲、刘鸿雁、王英安（2019）：《生育间隔政策对我国二孩生育时机及生育水平的影响分析》，《人口与发展》第4期。

174. 张欢（2019）：《苏南农村的"并家"婚姻模式及其新联合家庭结构》，《西北人口》第2期。

175. 张抗私、谷晶双（2020）：《生育对女性就业的影响研究》，《人口与经济》第5期。

176. 张丽萍、王广州（2020）：《女性受教育程度对生育水平变动影响研究》，《人口学刊》第6期。

177. 张丽琼、朱宇、林李月（2017）：《家庭化流动对流动人口就业率和就业稳定性的影响及其性别差异——基于2013年全国流动人口动态监测数据的分析》，《南方人口》第2期。

178. 张亮（2020）：《从约会到同居："他的"和"她的"同居决策比较——基于"90后"流动青年同居者的质性研究》，《妇女研究论丛》第2期。

179. 张琪、初立明（2020）：《养育孩子会使女性家务劳动时间增加多少？——家务劳动时间细分的视角》，《人口与经济》第5期。

180. 张若恬、张丹、李树茁（2020）：《子女数量、性别和序次对养老资本的影响及城乡差异——基于CLASS 2014数据的分析》，《人口与经济》第4期。

181. 张同全、张亚军（2017）：《全面二孩政策对女性就业的影响——基于企业人工成本中介效应的分析》，《人口与经济》第5期。

182. 张晓青、黄彩虹、张强等（2016）：《"单独二孩"与"全面二孩"政策家庭生育意愿比较及启示》，《人口研究》第1期。

183. 张兴月（2018）：《鼓励按政策生育二孩的配套政策体系思考》，《西北人口》第5期。

184. 张银锋、侯佳伟、顾宝昌（2017）：《生育意愿：是确定值还是区间》，《南方人口》第2期。

185. 张银锋、侯佳伟（2016）：《中国人口实际与理想的生育年龄：1994~2012》，《人口与发展》第 2 期。

186. 张子杨、杨慧（2019）：《老年妇女收入双重劣势研究——以 1926~1950 年出生队列为例》，《人口与发展》第 5 期。

187. 章志敏、张文明（2019）：《孩子的性别是否影响父母的性别角色态度——家本位文化下的检验》，《南方人口》第 2 期。

188. 赵梦晗（2019）：《女性受教育程度与婚配模式对二孩生育意愿的影响》，《人口学刊》第 3 期。

189. 赵晓航、李建新（2019）：《丧偶对老年人孤独感的影响：基于家庭支持的视角》，《人口学刊》第 6 期。

190. 赵媛媛（2017）：《中国城镇地区职业性别隔离水平的趋势分析》，《人口学刊》第 5 期。

191. 郑丹丹、狄金华（2017）：《女性家庭权力、夫妻关系与家庭代际资源分配》，《社会学研究》第 1 期。

192. 郑莉、曾旭晖（2016）：《社会分层与健康不平等的性别差异：基于生命历程的纵向分析》，《社会》第 6 期。

193. 郑姝霞（2018）：《彝族生育意愿及其影响因素研究——以赫章县珠市彝族为例》，《南方人口》第 6 期。

194. 郑思宁、王淑琴、郑逸芳（2018）：《子女数量与农村居民幸福感——基于性别和年龄差异视角》，《西北人口》第 5 期。

195. 郑杨（2019）：《社会变迁中的育儿模式变化与"母职"重构——对微信育儿群的观察》，《贵州社会科学》第 7 期。

196. 朱楚珠、梁巧转（1996）：《近五年来中国女性人口学研究综述》，《人口研究》第 6 期。

197. 朱州、赵国昌（2019）：《上大学会多大程度上推迟初婚年龄？——基于 IV-Tobit 模型的估计》，《人口学刊》第 2 期。

198. 庄家炽、刘爱玉、孙超（2016）：《网络空间性别不平等的再生产：互联网工资溢价效应的性别差异——以第三期妇女地位调查为例》，《社会》第 5 期。

199. 庄渝霞、冯志昕（2020）：《产假政策对中国城镇母亲健康的长期影响》，《人口学刊》第 5 期。

200. 庄渝霞（2020a）：《生育事件与生育保险对中国城镇女性就业的影响——一项来自 CHNS 追踪调查的实证研究》，《人口与发展》第 6 期。

201. 庄渝霞（2020b）：《母职惩罚理论及其对女性职业地位的解释——理论进展、路径后果及制度安排》，《国外社会科学》第 5 期。

202. 左为、吴晓（2017）：《大城市农民工就业空间集聚的分性别特征——以南京主城区为实证》，《南方人口》第 4 期。

女性文学研究综述（2016~2020年）

王 宇*

相较于以往的研究，2016~2020年的女性文学研究成果数量急剧增加；在研究趋势上本土化倾向凸显，对近代以来本土性别话语资源的追溯成为研究的一大趋势和亮点；在研究广度上，女性/性别研究视角几乎伸向所有的文学领域；在研究方法上，社会史视野中的文学研究、跨学科研究被更多学者借鉴，并带来研究的种种突破。

一　研究概况

本综述聚焦2016~2020年的女性文学研究成果，成果形式包括在中国内地正式发表的期刊论文、正式出版的论著、博士学位论文，以及国家和省部级社会科学基金项目（纵向）和学术会议。成果遴选标准为：重点关注相比于前一个5年的最新研究进展、研究趋势，关注在研究内容和方法上有创新的成果、在学界产生较大影响的成果，上述两类之外的其他成果仅稍做交代甚至略过。

（一）文献来源及检索方法①

在期刊论文方面，数据源自中国知网（CNKI）学术期刊全文数据库，文献检索口径是中文社会科学引文索引（CSSCI）来源期刊、中文社会科学引文索引（CSSCI）来源期刊（拓展版）、北京大学中文核心期刊、中国人文社会科学核心期刊、中国人文社会科学核心期刊（拓展版）所收录的期刊文献。分别以"女性+文学""性别+文学""妇女+文学"作为检索关键词，检索出期刊论文1095

---

* 作者简介：王宇，女，厦门大学中文系教授。

① 本文涉及的数据均由厦门大学中文系中国现当代文学专业2022级博士研究生钱菲菲同学收集、整理和校对。

篇；将其进行对比阅读，在文学大学科的框架下，共选定样本文献 877 篇。

在博士学位论文方面，数据主要源自中国知网博士学位论文全文数据库，个别数据则通过查询各高校相关网站获得，共 102 篇。因为 2016~2020 年有很多高校没有将本年度已经答辩的博士学位论文上传中国知网，所以，这部分数据不是所有相关博士学位论文的全景展现。

在学术著作方面，数据源自中国国家数字图书馆馆藏中文资源数据库。由于国家数字图书馆检索的条件设置不同于中国知网平台，为提高文学领域内图书检索的准确度以及与女性/性别研究的相关度，本文以"女性文学研究""性别书写研究"等为主要检索关键词，在 2016~2020 年时段内共检索到 185 部在中国内地正式出版的论著，如《晚清女子国民常识的建构》（夏晓虹，2016）、《浪漫的中国：性别视角下激进主义思潮与文学（1890~1940）》（杨联芬，2016）、《隐蔽的风景：清末民初女性小说创作研究》（马勤勤，2016）、《性别视角下的中国文学与文化》（乔以钢等，2017）、《烈士风度——近现代中国的性别、牺牲与文章》（符杰祥，2020），等等。

在科研基金项目方面，通过查阅全国哲学社会科学工作办公室网站的国家社科基金项目数据库，以及教育部社会科学司和各省/直辖市哲学社会科学规划办、社科联、社会科学网等机构的立项通知、公告，获得 2016~2020 年女性文学研究项目数据如下：国家社会科学基金项目 49 项，其中重大项目 2 项；教育部人文社科研究项目 42 项；省级社会科学基金项目 33 项。这些项目既有文学史视域下的研究，如"民国妇女报刊与文学的社会性别意识研究"（2016）、"清末民初女学生的日常体验与文学实践研究（1898~1919）"（2016），也有文学比较研究，如"中日韩女性的战争体验叙述与历史认知研究"（2017）。

在学术会议方面，以"女性""性别""妇女研究"为主要检索关键词，通过"中国当代文学研究会女性文学委员会"官方网站、高等院校官网、微信公众号等平台进行收集。代表性的会议有："女性/性别与中国文化现代转型问题学术研讨会"（2016 年 10 月，北京，中国人民大学文学院主办）、"第十三届中国女性文学学术研讨会"（2017 年 6 月，长春，中国当代文学研究会女性文学委员会、长春师范大学文学院、《妇女研究论丛》编辑部、《社会科学战线》杂志社联合主办）、"女性文学青年论坛"（2018 年 9 月，西安，陕西师范大学文学院、陕西师范大学女性研究中心、中国当代文学研究会女性文学委员会主办）、

"第十四届中国女性文学学术研讨会"（2019 年 7 月，长沙，中国当代文学研究会女性文学委员会主办、湖南女子学院、湖南省湖湘女性文化研究基地承办）、"中国现当代文学研究：女教授高峰论坛"（2019 年 4 月，厦门，厦门大学中文系主办）、"'性别：文化、政治和美学'高端论坛——性别政治：百年现代文学再阐释"（2019 年 4 月，杭州，杭州师范大学人文学院主办），另外，"妇女与中国革命：延续与变迁"学术研讨会（2017 年 6 月，北京，《妇女研究论丛》编辑部、中国人民大学中共党史系合作主办）也有一些优秀女性文学研究成果。

（二）整体研究图景

相比较于前一个五年，这五年的研究主要有以下几个特点。

第一，研究成果数量总体上较前五年有较大增加。2016~2020 年，期刊论文 877 篇，论著 185 部，博士学位论文 102 篇，而前一个五年这三个数据分别 834 篇、112 部、61 篇（董丽敏、凌媛媛，2019），其中论著和博士学位论文数量几乎是跳跃式增长。

第二，在研究内容方面取得新突破。其一，学术研究力量进一步集结，对本土性别话语资源的历史追溯取得突破性进展，并汇聚成几个热点：对晚清至民初性别话语的研究、对女性与革命关系议题尤其是 20 世纪中国阶级革命背景下妇女解放话语的重新思考以及与此密切相关的丁玲研究的转向等；在中国古代文学/文化传统中的性别话语资源挖掘方面也成绩不俗，出现了如叶嘉莹（2019）的专著《性别与文化：女性词作美感特质之演进》这样的重要成果。其二，关注当下的中国文学现场，如当下作家的性别观念、网络文学最新性别书写动态等。其三，重新理解女性写作与宏大历史间的关系，从女性主义文学研究/批评一贯坚持的对宏大历史的疏离、质疑，转向重新理解大历史，乃至否定之否定后的再出发。

第三，研究领域进一步拓宽，将女性/性别研究视角伸向更加广阔的文学领域。例如，在世界文学研究领域，超越传统欧美英语文学研究范式，关注传统欧美英语文学之外的女性文学，尤其是东亚汉文化圈中的女性/性别文学议题；在少数民族文学研究领域，将性别研究方法应用到藏族、苗族、朝鲜族、彝族、壮族、维吾尔族、哈萨克族、鄂温克族、佤族、赫哲族文学研究中。

第四，在研究方法上，不少成果借鉴跨学科的研究方法。例如，社会史视野下的文学研究成为一个趋势，这其实也是对语境研究的重视，充分打开文学文本生产、传播的社会历史语境，既包括传统的政治、经济、军事等宏大历史语境，也包括以往不太被重视的小历史语境，如日常生活史、医疗卫生史、城市景观营造和空间生产对文学性别表达的影响等。此外，社会学的问卷调查等研究方法也被应用于文学研究中。

二　主要研究内容

作为教育部重大项目成果之一，乔以钢等（2017）著的《性别视角下的中国文学与文化》在"前言"中提纲挈领式地提出："从性别视角出发，结合中国文学文化现象的实际，审视古典文学传统的性别内涵以及现代以来在社会思想文化转型和激变的背景下性别因素在文学活动中的多样体现。"这句话也可以用来概括这5年女性/性别文学研究的总倾向。下面参考（但不照搬）教育部学科分类目录，以二级学科为界限对各学科领域研究成果进行综述。

（一）中国现当代文学学科领域

无论是在数量上还是在质量上，中国现当代文学学科领域都位居女性文学研究的最前列。对近代以来本土性别话语资源的梳理是这五年本学科领域女性/性别文学研究的一个最显要的突破。具体表现为以下几个方面。

1. 打通近现代，追溯和发掘中国现代性起源语境中的性别话语资源

晚清至民初研究成为一个重要的学术生长点，一批优秀的学术著作纷纷出现。夏晓虹（2016）的专著《晚清女子国民常识的建构》全景式论述晚清知识精英如何将各种文本和"国民常识"播植于女界的实践，包括《女诫》等古老的女教文本在晚清的传播接受、晚清女性典范的多元景观（如"列女"、女豪杰、贤母良妻等）、西方女杰传的隐藏底本、明治"妇人立志"读物的中国之旅、女性生活中的音乐启蒙、晚清女报中的国族论述与女性意识等，研究视野宏阔，史料翔实，史论严谨，将史学研究与文学研究融为一体，在史学界和文学界都产生了较大影响。《清末民初的"善女子"想象》（〔韩〕李贞玉，2016）对清末民初被晚清文人金一称作"善女子"的中西二十二女杰形象进行了研究，内容包括"善女子"形象及其古典资源、"善女子"的死事想象及其传统再构、政治话语与性别书写中的"善女子"、文本政治中的"善女子"形象建构等。该书不仅致力于挖掘"善女子"形象的渊源与演绎过程，也关注接受者立场的意义，力求在当时的社会环境中，考察多元复杂、自成一格的"善女子"形象及其思想文化体系与中西文化资源初结缘时发生的种种现象；同时，透过晚清文学中"善女子"的表述与建构，思考女性在政治话语下的存在境遇以及文化心理与民族历史、民族思想文化传统的内在联系。马勤勤（2016a）的专著《隐蔽的风景：清末民初女性小说创作研究》以及（2016b）《女报与近代中国女性小说创作的发生——以发刊词和征文广告为中心》等系列论文，对清末民初女性小说进行了全景式研究，认为清末民初的女性小说对古代闺秀创作、晚清"小说界革命"、民初的通俗文坛、"五四"新文学等几个传统起到继承、指代或开启作用。黄湘金（2016）的专著《史事与传奇：清末民初小说内外的女学生》以及（2017）《民初新女性"自由结婚"的难局——舆论和文学中的周静娟案》等论文，则以丰厚的史料钩沉、论析了清末女学堂的兴起、女学生群体的出现以及文学对女学生形象的塑造，其不仅见证了女性生活的新变、改写了文学的版图，也参与了近代中华民族国家话语的建构。杨联芬（2016）的专著《浪漫的中国：性别视角下激进主义思潮与文学（1890~1940）》以厚重的史料、绵密的史述对中国现代性起源语境中诸如"自由恋爱""社交公开""自由离婚""新女性"等话语进行知识与观念的"考古"，并以此勾勒妇女与中国现代性的关联。刘钊（2019a）的专著《启蒙视野下的现代中国女性写作》以及（2019b）《清末民初的妇女报刊与文学转型》等论文，认为女报是女界启蒙的重要媒介，第一代女报人的"准现代"写作不仅打开了女性公共话语空间、奠定了"新女性"形象的基础，也使女性的文学形象完成了从"他塑"到自塑的转变。符杰祥（2020）的专著《烈士风度——近现代中国的性别、牺牲与文章》及其（2016、2019、2020）系列论文阐发了中国近现代文学领域的烈士文学现象与文学史观、革命政治与烈士文学的生产机制、女烈士与新女性形塑中的性别政治。

这五年，还有一些选题和视角可圈可点。例如，《表演"新女性"——石评梅的文学书写与文化实践》（林峥，2018）从北京陶然亭"高石墓"这一城市景观入手，以石评梅与女高师同仁的文学书写与日常实践为个案，探究新女性主体如何在新与旧的撕扯中、在文字与生活的双重扮演中生成；《男作者与女读者——新文学阅读书写中的性别启蒙与消费主义》（刘潇雨，2018）则聚焦研究者一贯关注较少的女读者，着意分析新文学男作者小说中所呈现的女读者形象，讨论女读者如何消费文学亦被文学消费，揭橥新文学启蒙机制与消费机制间的复杂关联。

2. 重新思考中国革命和建设背景下的妇女解放话语成为新热点

这种重新思考被落实在还原当年具体的妇女解放实践、作家创作、文本的"历史多质性"上。如贺桂梅（2020a）的《人民文艺中的婚姻家庭叙事与妇女解放的历史经验》、（2020b）《人民文艺的"历史多质性"与女性形象叙事：重读〈白毛女〉》等论文，认为在1943~1949年被收入"中国人民文艺丛书"的叙事文本中有关人民与革命主体的叙事，大多呈现为女性的面孔，这也显示出人民政治与妇女解放的密切关系。前者通过分析"中国人民文艺丛书"中"刘巧儿""王秀鸾"形象在婚姻、家庭场域中的叙事，尝试对妇女解放与中国革命的关系提出更具历史性的理论思考，并提出对中国妇女解放历史经验进行重新理论化的三个相关议题，即中国妇女解放理论与西方当代女权/女性主义理论的差异性与综合性、在多重交互的社会生产关系和社会性别制度中讨论女性群体的独特性、重新理解人民政治实践从内部改造婚姻家庭制度的妇女解放路径；后者从歌剧《白毛女》故事生成过程中三种女性形象的重读出发，结合同一时期"中国人民文艺丛书"中的其他女性叙事，探讨了20世纪四五十年代人民政治实践统合多元社会力量进而确立革命领导权的内在历史逻辑。而《三个女性形象与当代中国社会性别制度的变迁》（贺桂梅，2017）则通过借鉴并重构"形象"和"社会性别制度"这两个理论范畴，尝试在一种跨媒介、跨学科的综合视野中探讨当代中国女性主体的塑造问题。该文立足于对李双双、陆文婷、杜拉拉三个女性形象的详细解读，在近60年的历史视野中，勾勒出三个历史时期社会性别制度的变迁脉络及其内在结构，既有助于深入挖掘三个形象的丰富历史内涵，也为整体性地探讨当代中国女性问题提供了一种富于新意的分析框架。《延安经验：从"妇女主义"到"家庭统一战线"——兼论"革命中国"妇女解放理论的生成问题》（董丽敏，2016a）以抗战背景下延安地区面临的大量婚姻家庭问题为主要讨论对象，聚焦文学文本与历史实践的互动，分析了来自不同的性别群体、乡村社会以及政党政治的不同诉求所构成的权力动态博弈如何共同参与婚姻家庭纠纷的解决。而以"既联合又斗争"的"家庭统一战线"为旨归的妇女解放方案的最终形成，突破了以"个体"为本位介入妇女问题所可能出现的孤立化、片面化的局限；通过利用"妇女参加生产"这一中介，形成家庭内外两种力量的互动，在性别协商中兼顾了各方利益，探索了更为平等的家庭结构的重构。

《革命、性别与日常生活伦理的变革——对茹志鹃 1950～1960 年代小说的一种考察》（董丽敏，2018）认为，茹志鹃 20 世纪五六十年代的作品兼具革命与性别的双重自觉。《性别、劳动与"主体"建构难题——重读〈流逝〉》（董丽敏，2016b）则讨论"劳动"及"劳动叙事"在不同历史时期对性别主体建构的意义和变化。《"再使风俗淳"——从李双双们出发的"集体化"再认识》（程凯，2020）通过对"李双双"形象生成过程的详细论析，提出这一新型的妇女形象不仅一般性地"反映"农村新人新事，也表现了李准试图以文艺实践参与移风易俗式的社会改造的创作理想。《农忙托儿所与乡村再造——李準〈农忙五月天〉里的制度与人心》（梁苑茵，2020）重新解读了李準小说中的妇女解放议题，认为小说所呈现的农忙托儿所创办过程，尤其是"人心换人心"的感觉 - 意识 - 行为方式对"村 - 社"空间形态和人心状态的再造，有助于深化对"组织妇女"与"解放妇女"、制度与人心、"共和"政治等问题的讨论。与上述具体的个案讨论不同，海外学者王玲珍（2017）的《"革命"的蕴律：跨国女性主义文化研究——评颜海平〈中国现代女性作家与中国革命 1905～1948〉》一文，借助对颜海平专著的点评，指出了"第三世界女性主义运动所具有的另类的历史政治源泉、异质的文化想象及其特定的'革命'潜力"。此外，讨论女性/性别与革命关系议题的研究还有杨晶（2017）的专著《从革命女性到女性革命：现代女性革命小说的话语流变》以及《"革命"与"身体"的"20 世纪中国女性史"——重读〈玫瑰门〉》（梁盼盼，2017）、《论大革命时期的女性文学——以〈从军日记〉〈低诉〉为例》（黄华，2017）等论文。

　　讨论性别与革命议题，丁玲无疑是最好的切入点之一，也是绕不过去的节点之一。这五年几乎掀起一个丁玲研究的小高潮，也因此带来丁玲研究的转向——从此前研究看重丁玲的"莎菲时代"转向看重丁玲的"革命时代"。《"新的写作作风"——探讨丁玲整风之后的报告文学写作》（刘卓，2016）认为整风之后丁玲所写的系列报告文学呈现出的"新的写作作风"与当时延安对新闻报道、报告文学所偏重的客观性写作形式相关，但其关键之处用丁玲自己的话来说是源于"心"的变化。"心"的变化不止于思想意识（立场）的转变，而是指向整个文艺生产过程的改造，它最终落实在创作者与对象之间的新的社会关系的形成。《延安妇运与性别乌托邦——重读丁玲延安时期的女性文学创作》（崔琦，2018）在梳理延安妇运史料的前提下，对长期以来丁玲研究中存在的革命与性别二元对立说提出不同看法，认为"性别与革命两者始终相辅相成"。王宇（2017a）的《延安文学中的"医疗卫生叙事"》则从丁玲《在医院中》主人公陆萍的医生身份入手，认为围绕陆萍的冲突其实是中西医疗文化的冲突，也是现代性中的生命伦理和政治伦理的冲突。而《"他者"的质地：从丁玲〈阿毛姑娘〉到21世纪"打工妹叙事"》（王宇、杨运来，2019）则对阶级与性别关系提出另一种看法，认为"阿毛"式底层妇女身上兼有阶级、性别等多重身份，对其中任何一种身份的过度强调，都必然造成对其他身份的遮蔽，最终遮蔽女性主体经验和位置的丰富性，这也是丁玲的《阿毛姑娘》对新世纪"打工妹叙事"的启示。这5年还有很多成果（包括博士学位论文）注意到丁玲的域外研究，如《"新女性主义"的关怀——重读丁玲》（王中忱，2017）借对《探索丁玲：日本女性研究者论集》一书的评介，系统地介绍了日本女性学者对丁玲的研究，不经意间触及了女性/性别研究主体的性别身份问题，其实这是很有意义的，既然性别身份可以介入文学创作，为什么就不能介入文学研究呢？

3. 当代文学研究视域和研究方法不断拓展

这五年，一些研究试图重新理解中国女性写作与宏大历史的关系，显示中国女性主义话语对宏大历史叙事否定之否定后的再出发。《张洁的女性化写作与宏大叙事》（刘慧英，2017）认为，尽管张洁在20世纪80年代的文学史框架中被定格在"女性写作"之列，但其实她更热衷于尝试将"小"女子的卑微人生和命运打造成"大"叙事。《女性意识、宏大叙事与性别建构》（郭冰茹，2016）也认为，由于现代文学始终参与着中国的现代化进程，女性写作因此成为这一宏大叙事的重要组成部分。此外，性别问题并非孤立地存在，而总是与社会制度、意识形态、文化传统等诸多因素相勾连。因此，只有将女性意识与具体的社会历史语境和思想文化问题相对应，才能彰显出女性写作的丰富性与复杂性，从而凸显出女性写作之于20世纪中国小说史和女性性别建构的独特意义。《日常生活精神与医疗、疾病书写——〈笨花〉新论兼及新世纪女性历史叙事新动向》（王宇，2017b）认为铁凝的《笨花》是女性写作在经历了长久逃离宏大历史叙事后的一次重返，从而提供了一种超越性别又书写性别的可能性。李玲（2017）的《中国文学性别研究的哲学资源》提倡从本土古典传统中寻找女性/性别文学研究的资源，汲取中国哲学阴阳思维中所建构的不同生命境界，领会庄禅传统中出世性的心灵自由追求，以充实女性主体建构的资源。

网络文学日益成为文学板块中不可或缺的存在。网络文学研究领域女性/性别研究成果虽然数量不多，但相当活跃，而且具有鲜明的当下性。《再见"美丰仪"与"腐女文化"的逆袭——一场静悄悄发生的性别革命》（邵燕君，2016）认为，名噪一时的网文作品《琅琊榜》其实是一场"腐女文化"向"主流文化"的"逆袭"，背后是一场静悄悄发生的性别革命，一种来自中国古典传统的男性审美——"美丰仪"再度开出花来。多篇论文还聚焦网文最新动向——"'女性向'网络文学"。例如，《"女性向"网络文学的性别实验——以耽美小说为例》（肖映萱，2016）认为，源自日本的专门针对女性受众的"女性向"网络文学在中国获得了再造，演变为"女性写女性看"，而且破除了性别刻板印象。贾舒（2018）通过对"男性生育"这一新奇的网文类型的研究，探究生理性别与社会性别错位的可能性，进而探究"80后""90后"女性群体（网文的主要作者和读者）对人类主流生育文化的颠覆性理解。《当代中国科幻中的科技、性别和"赛博格"——以〈荒潮〉为例》（刘希，2019）从"赛博女性主义"视角介入近年来日益兴盛的科幻文学，探讨当代中国科幻小说如何创造出具有真正革命性的性别身份认同、社会关系以及思维方式。将性别视角带入方兴未艾的科幻文学中，这在2019年很有前瞻性。

除上述研究倾向、议题外，这五年在以下三个领域也有一些新的推进。在少数民族女性文学研究领域，出现了《新疆当代少数民族女性文学初探》（任一鸣等，2016）、《少数民族女性写作与我们的时代》（吉狄马加，2018）、《中国当代少数民族女性诗歌研究》（魏巍，2016）等9部专著，以及《当代少数民族女性文学的中华民族共同体意识——以获"骏马奖"的女作家作品为例》（黄晓娟，2018）、《21世纪少数民族女性文学研究的新走向》（赵树勤、雷梓燚，2018）等35篇期刊论文。就研究对象而言，涉及藏族、苗族、朝鲜族、彝族、壮族、维吾尔族、哈萨克族、鄂温克族、佤族、赫哲族，其中涉及藏族的论文最多；就所涉及的文学形态而言，既有作家创作的文学也有民间文学、口传文学等。在港澳台女性文学研究方面，《解严后台湾文化场域中的女性主义思潮与性别政治》（刘小新，2017）认为解严之后的台湾女性主义书写超越了解严之前的思想空间，开启了一种以性别与知识、性别与国族、性别与阶级等权力关系为核心的批判社会学和文化研究。《台湾女性小说性别意识的时空流变》（艾尤，2019）认为，以空间视野思考身份问题，是台湾女性小说性别叙事的一大特色，以空间思考性别，以身份反映空间特征，三者间的互动也逐步呈现多元趋势。在海外华人/华文女性文学研究方面，首先值得注意的是《严歌苓小说中的"女性"叙事及其嬗变——以〈妈阁是座城〉为节点》（刘艳，2017）、《新世纪海外华文写作的现实中国想象——以严歌苓〈赴宴者〉〈妈阁是座城〉〈上海舞男〉为例》（刘艳，2020）等系列论文，可以称得上是内地较为系统的严歌苓研究。在港澳台女性文学研究方面，《凝视异域：张爱玲的南洋书写及其意义》（王艳芳，2018）关注张爱玲小说对南洋的想象和书写，尤其是其中的海外华人形象，可以看作这一领域研究的新开拓。

在研究方法方面，张莉 2018 年 7~12 月在当代作家中发起"我们时代的性别观"问卷调查，不仅"为当代文学的性别研究提供有说服力和现场感的数据与样本"，引起了社会层面的广泛关注，也是借用社会学问卷调查方式的一次有意义的尝试。调查结果以系列论文的方式发表，即《当代六十七位新锐女作家的女性写作观调查》（张莉，2019a）、《当代六十位新锐男作家的性别观调查》（张莉，2019b）、《关于当代作家性别观的问卷调查——十位作家的同题回答》（张莉，2019c）、《性别观与当代文学创作的关系——二十位新锐作家同题回答》（张莉，2020），大致勾勒出中国当下作家群体性别观念的众生相。

（二）比较文学与世界文学学科领域

女性/性别文学研究作为一种崭新的学术类型，在 20 世纪 80 年代早期最先发端于外国文学学科（即后来的比较文学与世界文学学科）领域。此后，这一学科领域一直是女性/性别文学研究的重镇，不仅成果数量与中国现当代文学领域不相上下，而且对女性/性别文学研究的认同度超过后者①。这五年研究成果主要呈现以下几个特点。

第一，传统欧美英语文学研究之外的女性文学，尤其是东亚汉文化圈的女性/性别议题研究取得突破。传统的女性/性别文学研究基本上只关注英语文学，这

---

① 例如，本时期比较文学与世界文学学科领域有 11 篇论文发表在本学科顶级学术刊物《外国文学评论》上，占全部论文的 3.9%，而在中国现当代文学学科领域这个比例是 1.4%。当然，发表于最高级别刊物的论文未必是质量最好的论文，但可以看出该学科主流学界对女性/性别文学研究的认同度。

五年，俄罗斯文学、西班牙文学、德语文学、犹太文学中的女性/性别议题研究取得新突破，如王军（2016）的专著《西班牙当代女性成长小说》；印第安文学、非洲文学、伊斯兰文学、朝鲜文学、韩国文学、越南文学、印度文学中的女性/性别议题受到关注，如俞士玲（2018）的专著《性别、身份和文本——朝鲜女性文学文献研究》等。第二，在中非、中俄比较研究以及东亚汉文化圈文学互动研究的框架下讨论女性/性别议题成为新亮点。例如，《汉字的魔力——朝鲜时代女性诗文新考察》（张伯伟，2018）认为，汉字对朝鲜时代女性诗文影响深刻，朝鲜女性一旦有能力将汉字作为写作工具，她们就不仅可以与男性作家同处一个知识共同体内，而且可以在相当程度上改变其家庭地位和社会地位，这与拉丁文世界中对女性的排斥形成鲜明对照。第三，注重"他者"视域中的中国妇女形象研究。如《左翼思想视野中的中国妇女——史沫特莱的中国书写研究》（龙丹、陶家俊，2016），关注艾格尼丝·史沫特莱（Agnes Smedley）《大地的女儿》和《革命中的中国妇女》如何在左翼思想的框架下书写、认同中国妇女，并通过女性跨文化书写重构自我；《他者视角与赛珍珠文学建构的中国妇女解放》（朱骅，2019）认为赛珍珠的中国书写呈现了从皇太后到女仆等近一个世纪的中国妇女群像以及中国妇女地位的历史演进，为中国妇女解放研究提供了不可多得的"他者"视角。第四，很多研究引入新颖的社会史研究、空间研究方法，如《理查逊的〈克拉丽莎〉与 18 世纪英国的性别与婚姻》（金雯，2016）、《身体与空间：18 世纪英国小说中女性的衣着分析》（陆扬，2020）、《奥斯丁小说中的图书馆空间话语与女性阅读主题》（张鑫，2016）等。

（三）中国古代文学学科领域

第一，中国古代女性诗词研究、地域/家族女性文学研究取得新进展。叶嘉莹（2019）的专著《性别与文化：女性词作美感特质之演进》无疑是这一研究方向的杰出代表。该书从性别与文化的视角为女性词之美感特质的形成演进构建了理论说明与评赏标准。全书对女性词从早期的歌伎词到良家妇女之哀歌，再到宋代李清照与朱淑真，最后到晚明德才色并重之性别文化背景中才媛的生活与词作、清代闺秀词代表人物徐灿，直至现代词人沈祖棻，分别做出深细的评赏与平允的衡量。叶嘉莹学贯中西，故其研究既有别于传统的女性诗词研究（多半出自男性研究者），具有明确的性别视角，又有别于偏向文化政治批判的流行的女性/性别文学研究路径，而是以女性主义诗学框架细致梳理了中国女性词作的美感特质及其演进之路。审美研究一直是女性/性别文学研究的短板，从这个角度而言，该书也有特别的意义。

第二，很多研究者开始关注古代女性的文学生活、女性文学作品的传播和刊刻情况。例如，《明清闺训禁戏与女性的戏场想象》（丁淑梅，2017）聚焦戏曲女观众，认为明清之际女性进入社会公共空间参与文化活动越来越普遍，观戏便是其中重要的表现之一，但女教闺训却禁止女性观戏，因此，观剧女性在闺训禁戏与痴迷观剧之间，借由污名自伤与情感赎偿，建构了自我世界的精神寄所。同时，在女性与戏场的互动中也丰富了戏曲的面相，促进戏曲向下传播。《明末清初商业生产与女性作品总集编刊——以刘云份〈翠楼集〉〈唐宫闺诗〉为例》（傅湘龙，2020）则在社会史视野下关注了女性作品的刊刻、传播的状况。

此外，还出现了一些颇具新意的研究。如《士大夫文化视角中的中国古代女性诗歌发展史》（钱志熙，2019）将中国古代女性诗歌分为早期形态与后期形态来考察，认为前者发源于原始歌谣，从歌谣、风诗到汉代乐府及五言，女性在诗歌史上的地位可与男性平分秋色。而魏晋以降，随着士族及其文化、文学传统的确立，女性诗歌开始进入主要依附士大夫文学的发展阶段，在唐、宋、明、清各代，其均有与当时士大夫文化联系的不同方式，与封建时代后期的士族制度的变化也有同步趋势。同时，与男性文人群体的阶层化相似，中国古代的女性文学家群体中也存在阶层化的现象。在男性文人的女性书写研究中，有关《红楼梦》的选题依然是热点，不仅数量最多（论文有 21 篇），还出现了一些研究视角、观点都颇具突破性的成果。一些学者还从宏观上呼吁提高女性文学在中国古代文学史中的地位，如《构建具有性别视阈的中国古代文学史》（莫立民，2018）认为，现行古代文学史对女性文学的遮蔽极其不合理，呼吁未来新的中国古代文学史写作必须从两性视阈出发，构建全新的体系。

（四）文艺学学科领域

这五年，对中国式女性文学批评理论建设的探讨持续深入。《性别、女权主义与阶级话语》（南帆，2017）认为，在各种权力体系形成的不平等结构之中，阶级、种族、性别构成了三种最为重要的压迫类型，且三者彼此声援。在中国语境下，性别与阶级必须共同汇聚为宏大的视野，人们必须进入这个视野全面地评估二者的关系。持相近观点的还有《当代中国女性主义批评的路径反思与理论建设——基于女性主义批评与女性写作互动关系的考察》（郭冰茹，2020）等。《反现代性、阶级分析与"后人类"——当下性别写作研究的理论检讨》（王侃，2018）则提醒女性主义文学批评话语重新审视自身与现代性的关系，并尖锐追问如果传统女性主义理论是建立在身体的"人文主义传统"基础上，那么，面对身体缺席的 AI 文学，女性主义理论又将何为？《新时期以来女性文学研究范式与批评实践审思》（于文秀，2020）认为，新时期以来，我国女性文学批评总体而言理论建设少有自主创新，批评实践则较为繁荣，形成不均衡的发展格局；再者，文化政治学的意味越来越强，而文学研究应有的语言－审美等元素则弱化。毛海莹（2016）提出将民俗学视角引入女性文学批评的本土化实践的主张，认为这样做无疑会为中国女性文学批评打开新的通道。王纯菲、王影君、李静（2018）的专著《中西性别理论与女性文学比较研究》对中国的女性文学理论建设进行深刻反思，认为对西方性别/女性主义文学理论进行译介阐释或以此分析中国女性文化与文学实践的成果较多，而进行中西比较进而探究中国性别理论、女性文学批评之民族主体性的成果偏少。相关研究还有《女性文学批评的"中国经验"》（刘巍，2017）等。此外，对国外女性主义理论的广泛研究涉及马克思主义女性主义、生态女性主义、黑人女性主义、后结构女性主义、女性主义叙事学等，部分论著还关注到女性主义批评的语言学转向，如黄柏刚（2016）的专著《性别的语言之思：女性主义批评的语言维度研究》。

三　研究不足与展望

正如前文所述，这五年中国现当代文学研究领域研究的一个突出倾向，也是整个女性/性别文学研究最大的亮点，即对晚清民初的性别话语、女性与革命议题特别是 20 世纪阶级革命背景下的妇女解放与文学关系的研究等都很充分，但亮点中也有盲点，那就是相对忽略了 20 世纪 80 年代以来女性文学实践中同样存在的本土资源。许多成果甚至认为 20 世纪 80 年代以来的女性文学实践完全是对西方女性主义亦步亦趋仿制的产物。其实，这涉及对 20 世纪八九十年代的中国女性（主义）文学实践①的理解。它的确受到西方女性主义的影响，但这种影响绝非简单的"施－受"过程。本土性别经验、文学经验、文化传统，一直是这一时段中国女性文学的重要资源，但是由于种种原因未被研究者识别。20世纪八九十年代的中国女性文学潮流至少有"潮头浪尖"和"广阔腹地"两个板块，两者相辅相成。处于"潮头浪尖"的是以林白、陈染小说和伊蕾、翟永明诗歌等为代表的写作倾向，以个人、自我、躯体为中心，特立独行，性别立场自觉、尖锐和张扬，惊世骇俗，引人注目，并被认为是女性写作的唯一形态。而处于"广阔腹地"的是以王安忆、铁凝、迟子建等为代表的写作倾向，并不特别张扬性别立场，但不等于她们没有这一立场，而是将这一立场带向更广阔的社会生活，从而使这一立场变得隐蔽却更显坚定而沉着。这种绵里藏针的、含蓄的、内蕴却坚定的性别立场其实就带有浓厚的本土特色，隐含了本土女性主义的萌芽。"潮头浪尖"式的女性写作的确是在西方女性主义理论影响下的一次激进文学实践，奔腾冲撞十余年，产生很大的影响（这种影响是必要的、不宜低估的），确实也饱尝"水土不服"的尴尬，并因此在20世纪90年代末期渐渐消歇。与此同时，"广阔腹地"式的女性写作倾向却发扬光大、渐成气候，并引领整个女性文学潮流在世纪之交转型，但转型并没有放弃性别立场，而是意味着本土女性文学的渐渐成型。世纪之交女性乡土小说潮流的崛起正是这种"转型""成型"的标志之一（王宇，2013）。因此，梳理并建构出40多年来中国女性文学实践（包括创作和研究/批评）的本土化轨迹，特别是其在新世纪20多年的发展，应成为今后女性/性别文学研究的重要议题。

在研究方法上，广泛存在的不足则是，很多成果依然固守传统的文学研究方法，陈陈相因，导致在研究内容上难有突破；与此同时，政治学、社会学、历史学等学科的研究方法的引入固然打开了文学研究的新天地，但也导致许多研究成果文化政治学的分析越来越强，审美研究日益弱化，有的甚至将文学研究纳入政治学、社会学、历史学研究中，成为其注脚。如何做到既借鉴跨学科的方法，又不背离文学审美研究？回归女性形象研究可能是一个不错的选择，因为形象才是文学的本体。女性形象研究可能更有利于研究者兼顾文化政治和性别诗学的双重

---

① 本文认为女性文学就是女性主义文学，否则，女性文学就没有必要存在。简言之，女性文学中的"女性"并非意味着作家的性别是女性，而是代表一种性别文化立场。正如同地域文学中的"地域"并非只是作家的籍贯，而是带有独特的地域文化内涵。

内涵，确保文学研究的本体性，又不至喧宾夺主。当然，女性形象研究是一种传统的文学研究方法，在女性文学研究、性别文学研究兴起之后，女性形象研究逐渐被后两者覆盖甚至取代，但它一直是后两种研究视角的基础。现在重新提倡女性形象研究，并非简单地回归传统研究路径，而是否定之否定后的再出发，是在女性/性别文学研究的框架下，借鉴文化研究以及其他跨学科研究方法来进行的。重提女性形象研究的意义有三个方面。其一，从理论上讲，文学是以形象这一独特方式参与社会的知识生产的，离开文学形象，文学还有什么独特性？文学叙事和历史叙事、教育叙事、哲学叙事还有什么差别？其二，就中国文学创作实践而言，百年中国文学中的一些代表性女性形象不仅与女性议题相关，还与中国现代性等一系列基本命题密切相关。例如，乡村女性形象一直是中国作家想象乡村的重要支点，也是中国作家思考知识分子与乡村和底层民众关系、知识分子自我身份的重要支点，如鲁迅作品中的"祥林嫂""杨二嫂"形象，以及近 20 年当代文学中的打工妹形象，俨然承载了当代中国非常复杂的现代性经验。所以，女性形象研究有很大的思想和文化含量。其三，从近年来文学研究实践来看，很多学者在这方面已经有成功的尝试，如贺桂梅的《三个女性形象与当代中国社会性别制度的变迁》（2017）、《人民文艺的"历史多质性"与女性形象叙事：重读〈白毛女〉》（2020）等。2019 年国家社会科学基金重大项目"百年中国文学女性形象谱系与现代中华文化建构整体研究"的成功立项，也表明学界对女性形象尤其是女性形象谱系研究的重视。如果说文学形象是一个时代文化生产的风向标，那么女性形象谱系的研究往往有助于对思想和文化议题进行系统性、历时性、整体性的考察。

毋庸讳言，无论是选题还是研究方法，这五年相当多的研究成果都在复制前人的研究。这种情况在专著方面比期刊论文和博士学位论文方面更为明显。讨论外国文学对中国现当代女作家创作的影响是个非常有意义的话题，可惜这方面的研究还较为少见。大部分成果依然在承袭性别意识、女性经验、日常生活、历史叙事、身份认同、乡土叙事等此前女性/性别文学研究中常见的论域。承袭当然有意义，可以显示女性/性别文学研究在学术积累、思想脉络上的绵延，但更有意义的是在承袭中拓展和创新。

另外，值得重视的是，各个二级学科甚至同一个二级学科内的不同研究领域发展不平衡。从成果数量来看，中国现当代文学研究和比较文学与世界文学学科成果最多，这与这两个二级学科有着厚重的女性/性别文学研究传统密切相关。相对而言，中国现当代文学学科板块成果更为活跃，尤其是作为中国现当代文学主体的内地汉语文学研究领域，但这个板块内的少数民族文学/民间文学研究、港澳台及海外华人/华文文学研究的成果却相对薄弱。少数民族文学性别研究最大的问题可能是尚未在性别研究与民族、民间文化等本土资源之间找到恰当的契合点。港澳台及海外华人/华文文学研究一个显见的不足是选题过于集中，如港澳台文学研究中有关台湾文学的论文较多，针对香港、澳门文学的研究成果则较少。海外华人/华文文学研究中，美国华人/华文文学研究占据绝对优势，5部专著中有4部是研究华裔美国女性文学的。中国现当代文学学科的研究成果还存在不同文学体裁的严重失衡，小说研究占绝对优势地位，而诗歌、散文研究相当薄弱①。这5年研究诗歌的期刊论文仅有《女性诗学的个体变构》（何言宏，2020）等19篇，研究散文的几乎没有；185部著作中，研究诗歌的仅有《20世纪90年代女性诗歌研究》（董秀丽，2019）等5部著作；102篇博士学位论文中，议题是女性诗歌研究的只有《性别伦理视角下的21世纪女性诗歌（2000~2018）》（王怀昭，2019）等3篇。事实上，当代女性诗歌的成就不亚于女性小说。在比较文学与世界文学学科方面，欧美英语文学研究依然占据绝对主导地位，而中外文学关系研究特别是中国女性文学在国外的传播接受研究远远不够，除了我们前面提到的《汉字的魔力——朝鲜时代女性诗文新考察》（张伯伟，2018），还有何嵩昱（2019）的专著《中国古代女诗人在英语世界的传播与研究》以及3篇博士学位论文论及这个议题，显然今后这方面的研究还需大大加强，以适应中国文学走向世界的趋势。戏剧影视文学研究领域②的问题是，大部分成果的分析范畴、论域和议题与一般的文学研究差异不大，即对戏剧影视介质之于性别表达的意义缺乏足够的注意，这样一来就无法彰显这一领域研究的独特意义。

---

① 依据文学研究领域的惯例，如果是专门研究诗歌、散文的成果，往往在标题中会明确标识，而研究小说就不做标识。文学概念被等同于小说，如讲到女性文学一般就指女性小说，否则就会特别标注是女性诗歌或女性散文。

② 戏剧影视文学属于文学学科范畴，而戏剧影视则是另一个一级学科，其成果不属于本文综述的范畴。

参考文献

1. 艾尤（2019）：《台湾女性小说性别意识的时空流变》，《中国现代文学研究丛刊》第 9 期。

2. 程凯（2020）：《"再使风俗淳"——从李双双们出发的"集体化"再认识》，《文艺理论与批评》第 5 期。

3. 崔琦（2018）：《延安妇运与性别乌托邦——重读丁玲延安时期的女性文学创作》，《文艺理论与批评》第 5 期。

4. 丁淑梅（2017）：《明清闺训禁戏与女性的戏场想象》，《文学遗产》第 1 期。

5. 董丽敏（2016a）：《延安经验：从"妇女主义"到"家庭统一战线"——兼论"革命中国"妇女解放理论的生成问题》，《妇女研究论丛》第 6 期。

6. 董丽敏（2016b）：《性别、劳动与"主体"建构难题——重读〈流逝〉》，《文艺争鸣》第 5 期。

7. 董丽敏（2018）：《革命、性别与日常生活伦理的变革——对茹志鹃 1950~1960 年代小说的一种考察》，《中国现代文学研究丛刊》第 6 期。

8. 董丽敏、凌媛媛（2019）：《女性文学研究综述（2011~2015 年）》，《中国妇女研究年鉴（2011~2015）》，社会科学文献出版社。

9. 董秀丽（2019）：《20 世纪 90 年代女性诗歌研究》，中国社会科学出版社。

10. 符杰祥（2016）：《在苏菲亚与茶花女之间——丁玲的新女性重塑与近现代中国文武兴替思潮》，《文学评论》第 4 期。

11. 符杰祥（2019）：《"忠贞"的悖论：丁玲的烈女/烈士认同与革命时代的性别政治》，《学术月刊》第 7 期。

12. 符杰祥（2020a）：《烈士风度——近现代中国的性别、牺牲与文章》，人民出版社。

13. 符杰祥（2020b）：《烈士风度——近现代中国的性别、牺牲与文章》，《鲁迅研究月刊》第 9 期。

14. 傅湘龙（2020）：《明末清初商业生产与女性作品总集编刊——以刘云份〈翠楼集〉〈唐宫闺诗〉为例》，《南开学报（哲学社会科学版）》第 4 期。

15. 郭冰茹（2016）：《女性意识、宏大叙事与性别建构》，《南开学报（哲学社会科学版）》第 6 期。

16. 郭冰茹（2020）：《当代中国女性主义批评的路径反思与理论建设——基于女性主义批评与女性写作互动关系的考察》，《文艺争鸣》第 8 期。

17. 何嵩昱（2019）：《中国古代女诗人在英语世界的传播与研究》，中国社会科学出版社。

18. 何言宏（2020）：《女性诗学的个体变构》，《文艺争鸣》第 8 期。

19. 贺桂梅（2017）：《三个女性形象与当代中国社会性别制度的变迁》，《中国现代文学研究丛刊》第 5 期。

20. 贺桂梅（2020a）：《人民文艺中的婚姻家庭叙事与妇女解放的历史经验》，《妇女研究论丛》第 3 期。

21. 贺桂梅（2020b）：《人民文艺的"历史多质性"与女性形象叙事：重读〈白毛女〉》，《文艺理论与批评》第 1 期。

22. 黄柏刚（2016）：《性别的语言之思：女性主义批评的语言维度研究》，华中师范大学出版社。

23. 黄华（2017）：《论大革命时期的女性文学——以〈从军日记〉〈低诉〉为例》，《妇女研究论丛》第 6 期。

24. 黄湘金（2016）：《史事与传奇：清末民初小说内外的女学生》，北京大学出版社。

25. 黄湘金（2017）：《民初新女性"自由结婚"的难局——舆论和文学中的周静娟案》，《文学评论》第 5 期。

26. 黄晓娟（2018）：《当代少数民族女性文学的中华民族共同体意识——以获"骏马奖"的女作家作品为例》，《南开学报（哲学社会科学版）》第 6 期。

27. 吉狄马加（2018）：《少数民族女性写作与我们的时代》，四川民族出版社。

28. 贾舒（2018）：《从性别文化视角看网络文学中的男性生育题材》，博士学位论文，陕西师范大学。

29. 金雯（2016）：《理查逊的〈克拉丽莎〉与 18 世纪英国的性别与婚姻》，《外国文学评论》第 1 期。

30. 李玲（2017）：《中国文学性别研究的哲学资源》，《南开学报（哲学社会科学版）》第 6 期。

31. 〔韩〕李贞玉（2016）：《清末民初的"善女子"想象》，南开大学出版社。

32. 梁盼盼（2017）：《"革命"与"身体"的"20 世纪中国女性史"——重读〈玫瑰门〉》，《中国现代文学研究丛刊》第 3 期。

33. 梁苑茵（2020）：《农忙托儿所与乡村再造——李凖〈农忙五月天〉里的制度与人心》，《妇女研究论丛》第 6 期。

34. 林峥（2018）：《表演"新女性"——石评梅的文学书写与文化实践》，《文学评论》第 1 期。

35. 刘慧英（2017）：《张洁的女性化写作与宏大叙事》，《文艺研究》第 7 期。

36. 刘巍（2017）：《女性文学批评的"中国经验"》，《辽宁大学学报（哲学社会科学版）》第 3 期。

37. 刘希（2019）：《当代中国科幻中的科技、性别和"赛博格"——以〈荒潮〉为例》，《文学评论》第 3 期。

38. 刘潇雨（2018）：《男作者与女读者——新文学阅读书写中的性别启蒙与消费主义》，《文学评论》第 4 期。

39. 刘小新（2017）：《解严后台湾文化场域中的女性主义思潮与性别政治》，《福建论坛（人文社会科学版）》第 10 期。

40. 刘艳（2020）：《新世纪海外华文写作的现实中国想象——以严歌苓〈赴宴者〉〈妈阁是座城〉〈上海舞男〉为例》，《小说评论》第 4 期。

41. 刘艳（2017）：《严歌苓小说中的"女性"叙事及其嬗变——以〈妈阁是座城〉为节点》，《中国现代文学研究丛刊》第2期。

42. 刘钊（2019a）：《启蒙视野下的现代中国女性写作》，人民出版社。

43. 刘钊（2019b）：《清末民初的妇女报刊与文学转型》，《社会科学战线》第4期。

44. 刘卓（2016）：《"新的写作作风"——探讨丁玲整风之后的报告文学写作》，《中国现代文学研究丛刊》第1期。

45. 龙丹、陶家俊（2016）：《左翼思想视野中的中国妇女——史沫特莱的中国书写研究》，《外国文学研究》第1期。

46. 陆扬（2020）：《身体与空间：18世纪英国小说中女性的衣着分析》，《外国文学研究》第2期。

47. 马勤勤（2016a）：《隐蔽的风景：清末民初女性小说创作研究》，南开大学出版社。

48. 马勤勤（2016b）：《女报与近代中国女性小说创作的发生——以发刊词和征文广告为中心》，《中国现代文学研究丛刊》第5期。

49. 毛海莹（2016）：《女性民俗：女性文学批评的本土化实践》，《文艺争鸣》第2期。

50. 莫立民（2018）：《构建具有性别视阈的中国古代文学史》，《湘潭大学学报（哲学社会科学版）》第1期。

51. 南帆（2017）：《性别、女权主义与阶级话语》，《当代作家评论》第3期。

52. 彭江虹（2018）：《丁玲研究在美国》，博士学位论文，湘潭大学。

53. 钱志熙（2019）：《士大夫文化视角中的中国古代女性诗歌发展史》，《中国高校社会科学》第5期。

54. 乔以钢等（2017）：《性别视角下的中国文学与文化》，经济科学出版社。

55. 任一鸣等（2016）：《新疆当代少数民族女性文学初探》，新疆人民出版社。

56. 邵燕君（2016）：《再见"美丰仪"与"腐女文化"的逆袭——一场静悄悄发生的性别革命》，《南方文坛》第2期。

57. 王纯菲、王影君、李静（2018）：《中西性别理论与女性文学比较研究》，人民出版社。

58. 王怀昭（2019）：《性别伦理视角下的21世纪女性诗歌（2000~2018）》，博士学位论文，厦门大学。

59. 王军（2016）：《西班牙当代女性成长小说》，北京大学出版社。

60. 王侃（2018）：《反现代性、阶级分析与"后人类"——当下性别写作研究的理论检讨》，《当代作家评论》第6期。

61. 王玲珍（2017）：《"革命"的蕴律：跨国女性主义文化研究——评颜海平〈中国现代女性作家与中国革命1905~1948〉》，《妇女研究论丛》第2期。

62. 王艳芳（2018）：《凝视异域：张爱玲的南洋书写及其意义》，《暨南学报（哲学社会科学版）》第7期。

63. 王宇（2013）：《新世纪女性乡土叙事潮流的崛起及其意义》，《南开学报》第2期。

64. 王宇（2017a）：《延安文学中的"医疗卫生叙事"》，《学术月刊》第 8 期。

65. 王宇（2017b）：《日常生活精神与医疗、疾病书写——〈笨花〉新论兼及新世纪女性历史叙事新动向》，《南开学报（哲学社会科学版）》第 4 期。

66. 王宇、杨运来（2019）：《"他者"的质地：从丁玲〈阿毛姑娘〉到 21 世纪"打工妹叙事"》，《南开学报（哲学社会科学版）》第 2 期。

67. 王中忱（2017）：《"新女性主义"的关怀——重读丁玲》，《读书》第 8 期。

68. 魏巍（2016）：《中国当代少数民族女性诗歌研究》，人民出版社。

69. 夏晓虹（2016）：《晚清女子国民常识的建构》，北京大学出版社。

70. 肖映萱（2016）：《"女性向"网络文学的性别实验——以耽美小说为例》，《中国现代文学研究丛刊》第 8 期。

71. 杨晶（2017）：《从革命女性到女性革命：现代女性革命小说的话语流变》，中国社会科学出版社。

72. 杨联芬（2016）：《浪漫的中国：性别视角下激进主义思潮与文学（1890~1940）》，人民文学出版社。

73. 〔加〕叶嘉莹（2019）：《性别与文化：女性词作美感特质之演进》，商务印书馆。

74. 于文秀（2020）：《新时期以来女性文学研究范式与批评实践审思》，《天津社会科学》第 4 期。

75. 俞士玲（2018）：《性别、身份和文本——朝鲜女性文学文献研究》，中华书局。

76. 张伯伟（2018）：《汉字的魔力——朝鲜时代女性诗文新考察》，《中国社会科学》第 3 期。

77. 张莉（2019a）：《当代六十七位新锐女作家的女性写作观调查》，《南方文坛》第 2 期。

78. 张莉（2019b）：《当代六十位新锐男作家的性别观调查》，《中国现代文学研究丛刊》第 2 期。

79. 张莉（2019c）：《关于当代作家性别观的问卷调查——十位作家的同题回答》，《当代作家评论》第 2 期。

80. 张莉（2020）：《性别观与当代文学创作的关系——二十位新锐作家同题回答》，《中国现代文学研究丛刊》第 2 期。

81. 张鑫（2016）：《奥斯丁小说中的图书馆空间话语与女性阅读主题》，《外国文学评论》第 2 期。

82. 赵树勤、雷梓燊（2018）：《21 世纪少数民族女性文学研究的新走向》，《中国文学研究》第 4 期。

83. 朱骅（2019）：《他者视角与赛珍珠文学建构的中国妇女解放》，《妇女研究论丛》第 3 期。

中国古代妇女/性别史研究综述
（2016~2020 年）

徐　鹏[*]

一　研究概述

2016~2020 年，国内的中国古代妇女/性别史研究总体上延续了之前的发展态势，稳步推进，"质"与"量"均呈现新气象，主要表现为品牌化的学术活动、多维度的研究成果和本土化的理论探索，以社会性别为视角的论述、议题，"渐渐取代了探究妇女经验、补充历史叙事的素朴期望"（李贞德，2009，导言第 7 页），但学科内各领域发展不均衡现象依然存在[①]。

本文所做梳理基本沿用《古代妇女/性别史研究综述（2011~2015 年）》（李志生、王丹妮，2019）的界定和收录标准，统计出五年内国家社会科学基金立项约 30 项，出版著作近 80 部，刊发期刊论文 1300 余篇。另外，硕博士学位论文共计 350 余篇（其中博士学位论文 13 篇），较 2011~2015 年的 200 余篇增幅明显。文献筛选主要采用以下四种方式：一是数据库（中国知网、万方数据知识服务平台、读秀中文学术搜索、中国人民大学"复印报刊资料"、可搜集到的会议论文集、国家社会科学基金项目数据库等），二是关键词[②]，三是重点刊物，四是重点学者。收录标准有三：一是以妇女/性别史为议题，二是所用基础材料一般为史籍或出土史料，三是研究成果以在国内出版、发表为主。

---

* 作者简介：徐鹏，女，浙江省社会科学院副研究员。

① 这种不均衡，主要由新材料的发现、新方法和新视角的运用、基础史料的多寡、前期研究的积累、不同时代经济社会发展和妇女生活的丰富程度，以及阶级、阶层、地域、族群、民族等多种主客观因素造成。

② 如：妇女、性别、女性、夫妻、列女、贞节、女主、女神、女官、才女、寡妇、青楼、婢女、闺秀、后妃、公主、皇后、妈祖、观音、女巫、女德、女教、婚姻、闺范、男风、男性、两性、情欲等。

2016~2020 年，除《妇女研究论丛》《中华女子学院学报》《山东女子学院学报》等专业期刊以及《南开学报（哲学社会科学版）》《山西师大学报（社会科学版）》等综合性期刊设置的妇女/性别史研究专栏外，还出现了"以书代刊"的形式，如上海师范大学的《妇女与性别史研究》（1~4 辑）、厦门大学的《妇女/性别研究》（3~5 辑）、首都师范大学的《婚姻·家庭·性别研究》（第 5辑）和《社会生活探索：性别视角下的中国历史》（第 8 辑）等。

五年间，出版的教材主要有罗慧兰、王向梅（2016）的《中国妇女史》。论文集有三部：王双怀、王恺、毛阳光（2018）主编的《一代明君武则天》，是2016 年国际武则天学术研讨会暨中国武则天研究会第十二届年会论文选集；郭海文（2020）主编的《从女性文献史观出发：〈奁史〉新解》，是一部以《奁史》为研究对象的论文汇编；鲍家麟（2020）的《走出闺阁——中国妇女史研究》，系个人论文集，选录其 1979~2008 年所编《中国妇女史论集》（共八集）中的 12 篇文章。史料汇编方面，江庆柏、章艳超（2017）选编的《中国古代女教文献丛刊》是对古代女子教育文献的第一次大规模集中整理；张健（2019）的《明清徽州妇女贞节资料选编》对分散在各种文献中的明清徽州妇女贞节资料进行爬梳整理和分类汇辑。此外，还有一些高质量译著出版，如〔英〕白馥兰（Francesca Bray）的《技术、性别、历史：重新审视帝制中国的大转型》（吴秀杰、白岚玲译，2017）、〔美〕李海燕（修佳明译，2018）的《心灵革命：现代中国爱情的谱系》、〔美〕姚平（2018）的《唐代的社会与性别文化》、〔美〕许曼（刘云军译，2019）的《跨越门间：宋代福建女性的日常生活》、〔美〕柏清韵（Bettine Birge）（刘晓、薛京玉译，2020）的《宋元时代中国的妇女、财产及儒学应对》，等等。

2016~2020 年，国家社会科学基金立项见于一般、青年、西部和后期资助项目，涉及中国历史、中国文学、考古学、哲学、法学等领域，部分课题提供了叙述历史的新角度、理解历史的新语畴和审视历史的新思维，如"身体史视野下的宋代生育问题研究""唐代公主的日常生活考论""'情'视阈下明代中后期的婚姻与社会研究""汉唐之际的女性身份与礼律秩序"等。

这五年，各类学术交流亦较频繁，至少有三项专场活动触及中国古代妇女/性别史研究：首都师范大学"婚姻'家庭''性别'性伦文化"学术研讨会（2017、2019）、上海师范大学以"世界妇女史"为主旨的系列学术会议

（2016～2020）、南开大学历史学院和全国妇联妇女研究所《妇女研究论丛》编辑部围绕"中国妇女史"研究举办的系列论坛活动（2016、2017、2019）。同时，越来越多的中国内地学者参与中国香港地区、中国台湾地区以及部分海外国家研究机构组织的学术活动，为中国古代妇女/性别史研究注入了更加多维和全球化的元素。

2016～2020 年，国内的中国古代妇女/性别史研究在中外理论对话、前后观点碰撞和新旧文本释译四个方面碰撞出诸多新火花。总体而言，较之以往，主要呈现出以下四个方面的特色。

一是在妇女/性别史理论的本土化探索上有了新尝试和新突破。20 世纪 90 年代，西方学界"形成了一阵理论化社会性别的高潮，并极力宣扬其优越性"（陈雁、凯伦·奥芬，2018），这一现象引起了国外部分学者的讨论与批评，在国内主要表现为对理论引进后如何避免照搬套用的思考和检视，因此，社会性别理论本土化成为伴随中国妇女史发展的一大特点。2016～2020 年，在理论架构和话语体系的形成方面颇有创获，特别是杜芳琴对华夏族父权制的再审视和"内外有别"分析框架的提出，等等。需要引起注意的是，与之前相比，特别是相较于 21 世纪初期（2006 年前后），这五年对海外性别理论及研究成果的引介与翻译力度明显趋弱[①]，但在前沿理论的译介与实践上，仍有可圈点之处，如对中国古典文学及明清史料中的男女性气质、色情主义与"男风"问题的探讨，可以说，男性研究已经成为社会性别史研究的重要组成部分。

二是在研究方法和视角的多学科跨越上有了新融合和新探索。进入 21 世纪以来，后结构主义、后现代主义理论对学术界产生巨大影响，中国古代妇女/性别史研究亦置身其中。在此视野观照下，这一领域新主题的开掘，尤其注重与图像学、考古学、民族学、人类学、社会学、统计学、法学以及传播学、心理学等学科的交叉互动，如李志生基于跨学科理路对唐代妇女情感史、物质文化史、图像史、接受史等方面的实践，万明结合全球史、财政史对晚明女性社会地位的考

[①] 如法国学者贝桂菊（Brigitte Berthier）（2008）的《临水夫人：一个中国女性崇拜》一书，国内学者刘永华 2009 年已在《中国学报》（*The China Journal*）上撰写书评，但迄今未见中文译本；又如小滨正子主编的《被埋没的足迹——中国性别史研究入门》（2018），台大出版中心 2020 年出版繁体中译本，目前尚未见简体中文版；再如英国学者琳达·柯利（Linda Colley）（2007）的《她的世界史：跨越边界的女性，伊丽莎白·马许与她的十八世纪人生》，冯奕达的繁体中译本在 2022 年 1 月由台湾卫城出版社出版，简体中文版亦付阙如。

量，陈志武等从经济学、统计学角度阐释传统社会"女性被用作避险资产"的命题。同时，在方法论上，以史实为主的实证研究依然是传统范式的主流，但不可忽视的是，部分学者也在主动内化西方理论的基础上试图建构出"一套符合中国经验的研究范式"，并进行不断的试错和修正。

三是在史料的整理与运用上有了新发现和新拓展。尽管在以往的国内的妇女/性别史研究中，文献占有不充分、应用相对单一等问题被诟病，但综观2016~2020年的研究成果，在继续深耕、释读传统典籍之外，穷尽新史料、研求新问题，成为这五年的一大趋势。如随葬青铜礼乐器、墓葬形制和出土简帛之于先秦两汉妇女/性别史研究，出土墓志、壁画之于中古妇女/性别史研究，笔记小说、绘画图像之于宋代及以后的妇女/性别史研究，内阁刑科题本档案之于清代妇女/性别史研究，清水江文书之于贵州少数民族妇女/性别史研究，等等。部分学者以新材料为起点，适度跳脱经典文献史观，尝试对立体语境下的妇女主体性和能动性进行"深描"。文献搜集上，相关妇女史料汇编的出现，提示专题性、区域性的研究或有更多可供拓宽和探究的空间。

四是在研究队伍的性别与年龄构成上有了新样态和新进展。从年龄结构来看，硕博士学位论文的数量占到总论文数的1/4，各类学术研讨会也格外重视青年学者与在校生的参与和发声；从队伍性别来看，随着妇女/性别史研究视域的拓展和影响力的增加，越来越多的男性学者加入研究队伍，从而使"性别史呼唤对男女两性的考察"的同时，亦呼唤男女两性研究者的不同视角和共同参与。与此同时，不同年龄学者的代际合作，学术新锐的有作其芒，无疑都是这五年中国古代妇女/性别史笃定前行的有力助推器。

二　主要研究内容

（一）古代妇女/性别史理论

20世纪90年代以来，对妇女/性别史研究的理论探索，一直是国内学者关心的重要议题。

2016~2020年公开出版的著作中，李小江（2016）的《女性乌托邦——中国女性/性别研究二十讲》一书所设的"性别研究与基础教育"篇侧重学理讨论和学科建设，对妇女史研究的前置性问题、妇女口述史进行回应和思考，在寻根溯源的基础上为中国妇女史研究开掘本土资源。

论文方面，杜芳琴（2018）的《华夏族父权制研究的再审视与"内外有别"概念框架的新探索》在回顾 30 年来父权制研究理论方法变化的基础上，再审视父权制元制度形成和变化的过程，提出"内外有别"作为中国本土有效的分析范畴和概念框架，对历史父权制和当代性别制度文化的创新性转换、推动性别平等具有多重意义。薛英杰（2016）的《男性特质视角在西方明清研究中的运用——以方法论的转向为中心》从男性特质这一西方明清研究的重要视角出发，归纳其发展状况及存在的不足，强调利用男性对女性的拥有权、女性主体性和男性同性社交欲望等概念，深入考察社会性别权力关系，进而更好地实现批判父权制的目标。焦杰、刘薇（2018）的《错位的历史：文本来源与叙述差异——以唐代妇女史研究为例》指出当前妇女史研究普遍存在文献使用和研究手法相对单一的问题，应以探寻历史本真、解释重构人类历史并重为鹄的，在综合占有、利用各类文献资料和采用跨学科、多元研究手法上下功夫。

（二）学术史

2016～2020 年，在改革开放 40 周年、新中国成立 70 周年、北京世妇会召开 25 周年等重要节点的推动下，国内的中国妇女/性别史研究借助学术会议、期刊专栏等平台，推出系列回顾、反思和展望类文章。高世瑜（2020）的《中国妇女史研究百年回眸》在梳理中国妇女史研究脉络的过程中，观照到古代妇女/性别史专题，总结各发展阶段的成因及特点。杜芳琴（2020）的《从赋历史以性别到赋性别以中国历史——妇女/性别史 30 年回顾与省思》对 30 年来中国本土的妇女史研究成果进行全方位扫描和盘点，分析了从赋历史以性别到赋性别以中国历史的研究范式转换对中国妇女史研究的巨大影响，涉及古代妇女史研究的相关理论、路径和议题①。李志生（2019a）的《新中国 70 年中国古代妇女/性别史研究回顾——以大陆为中心的考察》，从"她史"、社会性别史和后现代理论影响的角度，回顾分析了 70 年来中国古代妇女/性别史研究的成就与不足。毛立平

---

① 高、杜二文均发表于《山西师大学报（社会科学版）》组织的"北京+25"系列笔谈上，这次笔谈共计 13 篇论文，包括"反思与重建""性别与社会""回顾与展望"三个板块，涉及历史学、妇女学、文学、社会学等领域。

（2018a）的《妇女史还是性别史？——清代性别研究的源流与演进》基于"妇女史"向"性别史"转变的立意，系统梳理和反思百年来清代女性研究的源流与演进，着重探讨了新史料、新文献的应用与甄别，以及阶级、族群、地域差异对妇女/性别史研究的影响和启示。

与此同时，2016~2020 年间还有多篇研究综述发表。对历代妇女史的回顾，有李盼杰（2019）的《近十年来国内学界关于唐代妇女的研究综述》、徐爽（2018）的《宋代妇女史研究述评》、王姝（2016a）的《20 世纪以来金代妇女研究综述》和邓孟青、杨蕤（2020）的《西夏妇女史研究综述》等文章。在专题史、区域史方面，杨庆武（2016）的《社会变迁及文化视野下的女性犯罪研究述评》从史学角度梳理女性犯罪类型及研究成果，主张进一步引入新方法和新史料，将女性犯罪置于社会变迁的历史脉络中进行考察；王富宜（2017）的《近三十年汉传佛教女性研究综述》从传统文献、历史地位、调查研究三个维度出发，爬梳了近 30 年来关于汉传佛教女性的研究成果；围绕古代女医、古代女德教育、两宋女子教育、宋代妇女权利、明清妒妇题材作品、明清妇女纺织、清代女性自杀等主题，也都形成了相关综述；陶良琴（2020）从妇女地位、婚姻状况、礼俗、教化、女性形象、日常生活、阶级群体七个方面对徽州妇女史研究进行分类概述和展望思考。另外，李颖（2020）的《海外汉学的性别视域及其新维度》以两性视角为切入点，分析了近 30 年来海外汉学界有关中国古代女性的研究重点、范式与不足，认为中国古代妇女研究应当加强跨学科、跨国界的沟通对话，逐渐形成多元的、与西方女性研究和性别研究相互参照的研究体系。

（三）通论通史

著作方面，俞士玲（2017）的《红粉闺秀——女性的生活和文学》从中国古代妇女生活的角度切入，探寻其政治、经济、法律、文学等领域的生活状况，以及妆容服饰与人物生平，意在阐明虽在家庭伦理和男权社会的制约下，女性的社会生活空间受到限制，却也创造了别具一格的女性文化。常春、杨勇等（2018）的《中国古代女性书法文化史》从文化、制度、观念等角度，对中国古代书法领域的女性书写活动进行系统考释。常建华（2020）的《中国古代女性婚姻家庭》引入女性视角，探究女性在古代社会各种关系中的地位变化，图文并茂地解读中国古代婚姻礼仪与习俗、女性史、家庭史等，是一部"让历史走向大众"的普及读物。上述成果在妇女/性别史研究的推广方面做了有益尝试，然亦未越出"添加史"的藩篱。需要引起关注的是米莉（2019）的《帝制中国的女主与政治——关于女性统治的合法性探析》和巫鸿（2019）的《中国绘画中的"女性空间"》，前者将政治学与性别理论结合，论证中国历史上女主政治存在的合法性，解析历史父权制度文化规范的性别结构，拓展了妇女/性别史研究的视域；后者从艺术史角度出发，引入"女性空间"作为讨论核心，梳理了从战国到明清各个历史阶段中女性主题绘画的发展状况，意图把被孤立和抽离的女性形象还原到其所属的图画、建筑和社会环境中去。

论文方面，高世瑜（2018）的《贞节探析》运用文字学的方法探析贞、贞节以及相关词语、观念于两性间的历史内涵与发展演变，讨论了"节"与"孝"在"从一而终"和"父母之命"发生冲突时的升替问题。曲宁宁（2020）的《"女子"与"君子"：从女教理论看儒家思想的传播及礼俗之互动——以"女四书"为中心》从性别视角探讨儒家礼教对女教的渗透，考察女性作者在创作女教文本的过程中对儒家礼教之吸收、发展与反抗，揭橥女教理论演进的逻辑进路。

（四）断代史

2016~2020 年，纵观国内的中国古代妇女/性别史研究，仍以断代专题为主。

先秦方面，耿超（2017）的《性别视角下的商周婚姻、家族与政治》一书大量采用古文字和田野考古资料，探讨商周两性关系与性别差异的具体表现，及其对家族形态、家族制度乃至战国时期小家庭独立的影响，是从性别视角研究商周家族史的力作。王小健（2019）的《华夏性别制度滥觞考》引进文化人类学理论，增加分析维度，概括西周至战国时期中原华夏族性别制度在性别分工、性别角色、性别地位、性别规范和性别观念等方面的表现方式。论文方面，性别考古成为深化先秦妇女/性别史研究的重要取向，杨文胜等（2016、2017、2020）的系列文章聚焦商周时期女性贵族的社会地位，论述了自西周到战国末期在父权宗法制度变动背景下，女性贵族地位下降、提高、再下降的过程（《从墓葬统计资料考察两周女性贵族间等级关系及变迁》，《"殷周革命"中女性贵族等级身份的变迁》，《从"牝鸡无辰"到"共牢合卺"——由考古学统计资料看东周女性贵族社会地位之变迁》）；张礼艳（2016）的《西周贵族墓葬所见性别差异——兼论西周贵族妇女的社会地位》总结墓葬所见性别差异的一般规律，认为西周贵族妇女墓葬规格与丈夫存在不同程度差异，总体社会地位低于男性，但其活动不限定在宫中家内。此外，王进锋（2017）考察了西周女子入仕、考绩与任职情况；曲宁宁和陈晨捷（2018）指出先秦儒家典籍建构的秩序体系，既包含对女性性别压迫的因素，也暗含社会批判、男女平权的制度资源与理论可能。

秦汉方面，出土简帛为妇女/性别史提供了更为丰富的文献依托和研究视角。周婵娟等（2018）的《秦汉简帛所见妇女史资料考校》对出土文献所见妇女婚姻、财产继承、职业、生育、医疗等资料给予系统的考校评述。论文方面，孙兆华、王子今（2018）的《里耶秦简牍户籍文书妻从夫姓蠡测》考释户籍文书中"妻不书姓"现象，讨论出嫁从夫观念及其对后世的影响。吴方基（2018）的《秦汉女性生育水平评估》对出土简牍和传世文献中的秦汉女性生育数据进行计量统计，以此探绎秦汉女性低生育水平及国家政策干预失效的原因。夏增民、陈慧（2019）的《岳麓书院藏秦简"得之强与弃妻奸案"的社会性别考察》审视秦汉"弃妻"现象和强奸未遂案中的女性权利，夏增民（2017a、2017b、2019）和夏增民、马子舒（2018）等相关文章亦多结合秦汉律令考察社会性别关系的建构问题。孙玉荣（2018、2020a、2020b）的《张家山汉简中的"偏妻"身份考辨》、《秦及汉初简牍中的"寡"——以爵位、户籍、经济生活为中心》及《秦及汉初简牍中的"外妻"》、苏俊林（2019）的《简牍所见秦及汉初"有爵寡"考论》、张以静（2019）的《秦汉再婚家庭的财产权——以简牍材料为中心》等也都结合出土简牍开展专题研究。在传统文献的探索和诠释上，主要有叶秋菊（2019）的《论秦汉时期皇后制度之确立》，该文就秦汉皇后制度确立过程及其之于汉代政治的影响做了述评。

魏晋南北朝方面，魏晋时期的礼教衰弛，北朝的少数民族政权以及佛教的传入，促使女性身份地位发生变化，给妇女/性别问题的探讨带来更为多元、开放的空间。陈开颖（2017）的《性别、信仰、权力——北魏女主政治与佛教》一书从性别角度切入北魏政治史，寻绎性别政治与佛教之间的权力关系。论文方面，张焕君（2018）的《亲情与门风：从嫂叔关系看魏晋时期的女性、家族与文化认同》将"嫂叔无服"问题置于魏晋时期门阀家风与放达风尚的矛盾、北方少数民族与中原汉族之间的冲突与融合这一历史背景中进行考察，对经典与现实的胶着、"情"与"礼"的交错、女性地位的变化做了深入辨析。王永平（2020）的《十六国北朝士族社会之"女教"与"母教"——从一个侧面看中古士族文化之传承》梳理士族女性婚前家教及育后母教情况，彰显女性在推动家族门第延续和士族文化传承中的影响力和社会地位；其 2016 年的另外一篇文章从元魏宗室、南朝士族两个方面对该主题做了进一步深化。白春霞（2016）的《社会性别视角下的北朝后妃出家现象探析》和苗霖霖（2019）的《从"母强子立"到"子贵母死"——北魏妇女社会地位再探讨》，着重探察北朝女性的性别角色规制问题。值得一提的是，女性造像研究进一步受到青睐，李林昊（2019）的《渗透与分离：北朝女性群体造像记探微》，从身份和阶层的角度，对北朝佛教女性信众群体造像做了整体梳理，缕析政治地位、经济基础和文化素养差异下形成的比丘尼特有造像文本形态以及贵族和平民女性造像活动的同构异质性；佐藤智水和胡沐君（2019）的《北魏女性的集体造像》阐释了女性借由宗教信仰实现的自我表达。

隋唐五代方面，著作主要有焦杰（2016）的《唐代女性与宗教》、孙玉荣（2016）的《唐代社会变革时期的婚姻》、胡海桃（2017）的《唐代女性理想人格研究——以两〈唐书〉为中心的考察》、姚平（2018）的《唐代的社会与性别文化》、韩林（2018）的《武则天形象的文化建构及阐释》、万军杰（2019）的《唐代宫女生活研究》、郭海文（2019）的《高贵与卑微——大唐公主命运图谱》等。其中焦杰以墓志资料为主，补以传世文献、造像记和敦煌卷子，钩沉女性信教原因、宗教生活与活动以及信仰对女性的影响；孙玉荣以唐代社会变革背景下的婚姻变迁问题为选题，从婚姻原则、礼仪与习俗、女性婚姻地位、婚姻家庭关系、婚姻观念等方面梳理唐代婚姻诸多变化的特点；姚平整理唐代出土女性墓志，并结合人类学、社会学理论对唐代"情"文学、女性与佛教、女性婚育、女性群体以及性史研究文献等问题进行阐释，在研究空间开拓上做出了有益尝试；韩林采用跨学科的研究方法，爬梳武则天形象从政治符号、消费符号到文化符号的建构与演变脉络，展示其在历史发展过程中对民族文化心理的影响；郭海文则结合政治、经济、文化、军事等社会背景对唐代公主群体的生命历程做了详尽勾勒。另外，李晓敏（2018）的《世情与佛理——隋唐佛教造像题记研究》部分章节较为集中地探讨了隋唐女性的造像活动。

论文方面，有五个值得留意的主题。一是妇女丧葬权。李志生（2019b）的《丧葬中的妇女权力：以唐崔暟家族四位妇女为例》考察了唐代妇女行使丧葬权的不同样态，指出唐代男女丧葬权的交叉，不仅体现在妇女的"支配权力"上，也表现在妇女直接行使男性的"官方权力"和男子介入妇女的"官方权力"，其实际运作和性别地位视礼法社会需要而定。焦杰（2019）的《唐代多娶制下夫妻二人葬的同穴权之争——以唐代墓志为核心》，焦杰、李欣宇（2020）的《唐代夫妻多人葬现象探析》讨论了唐代原配、继室争持与丈夫合葬权的问题。二是妇女服饰风尚。夏燕靖（2018）的《唐代"品色衣"制度与女性服色演变考察》结合唐人色彩观系统梳理了唐代"品色衣"制度，对女性的服装及妆容色彩进行考辨；李志生（2016a）的《帔：唐代女装的基本构成要素再议——基于下层妇女的考察》、（2017a）《唐五代时期的凤冠——基于物质文化史和形象史学的考察》、（2020a）《唐代妇女礼服制变化考析》和王丽娜（2017）的《唐代女冠法服之演变轨迹》对妇女各类服制问题进行了详细考索。同时，对"女着男装"的探讨成为持续性话题，喻仲文、罗雨（2019）的《唐代的服妖与政治预象》阐述了唐代女着男装"服妖"说的政治预象及其意识形态的本质。李志生（2020b）围绕唐人对以女着男装为"服妖"说的接受史详加考释，揭示其性别文化意义。朱笛（2018）和谭重言、刘裕伦、陈梓森（2019）则对女着男装反映唐代女性社会地位提高的传统说法进行检讨。三是妇女宗教活动与信仰。主要有李志生（2016b）的《"立塔写经"与"内外之际"：唐代妇女的佛教功德活动》和葛承雍（2017）的《从新疆吐鲁番出土壁画看景教女性信徒的虔诚》，后者首次探讨了基督教入华后景教女性群体的信仰虔诚问题，指出宗教与女性的互动关系。四是妇女婚姻生活。李志生（2017b）反思史学"科学化"，抽绎女性个体身世和情感经历的努力引人注目，其《妇女的自我感受：郑琼与杨牢的婚姻情感生活》一文，从妇女"自我感受"的命题出发，以郑琼的婚姻心理和感受为研究重点，通过对郑琼情感世界的分析，开辟在男性书写场域中探察妇女自我感受的研究路径，为传统叙述提供新解。张剑光（2016）的《唐五代的婚外两性关系和社会认同——以宋人笔记为核心的考察》和谢宇荣（2020）的《从父家到夫家：李建成、李元吉诸女婚姻考》也颇有创见。五是"以胖为美"说。左洪涛（2017）的《论唐人前后期女性审美习俗演变》和魏子元、王乔玉（2020）的《唐代"以胖为美"之审美观的考古学观察——以唐代纪年墓所见女性形象为中心》结合文献和考古发现对唐人"以胖为美"说进行纠偏，有其价值。

此外，郭海文（2017）爬梳了唐代公主的饮食、食具和供膳之仪。我国台湾学者罗彤华（2018）对唐代后宫女官制度及其演变与影响做了系统的钩考论述。纳春英和马斗成（2019）通过考察隋唐女性隐名现象，论证古代女子隐名并非由于社会地位低下，而是出于先民对厌胜类巫术的禁忌。

宋代方面，著作有程郁（2020）的《宋代的仕女与庶民女性——笔记内外所见妇女生活》、赵国权（2020）的《多元与开放：社会大变局中的两宋女子教育生活》和李节（2020）的《礼法视野下宋代妇女的家庭地位研究》三部。程郁梳理了宋人笔记内外所见妇女生活，认为靖康之变中女性所受性暴力对南宋以后女德教育苛刻化有重要影响；同时选取乳母和妾作为个案，图像与文献资料互参，从社会性别视角探究宋代庶民妇女的生活面貌；该书是宋代下层妇女群体研究的重要成果。赵国权依据社会学中的角色理论，采用多学科研究方法，从自然人、家庭人和社会人三个维度考察"大变局"中两宋女子的教育生活。李节从立法、司法层面对宋代妇女的身份和地位做学理分析，寻绎妇女权利的家庭伦理性质、司法实现程度及其与儒学文化背景的互动。这一时期的论文，既有对传统议题的延续和深化，也有对新辟领域的发掘和探索。关于妇女的社会参与和日常生活，陈朝云、朱梦圆（2020）的《考古材料所见宋代女性的活动及社会参与》立足墓葬壁画、墓志铭文等考古资料，研析宋代女性宅院内外活动状况，讨论了性别秩序规范的阶层差异和现实调整。铁爱花（2016、2017）延续了对女性行旅主题的研究，撰有《宋代女性行旅风险问题续探》、《闺闱之外：宋代女性游览活动探析》等系列论文。关于妇孝女悌文化，有易素梅（2016）的《宋代孝女文化转型论略——以曹娥与朱娥并祀为中心的历史考察》、徐爽（2017）的《宋初妇为舅姑服制的变革》、时玲玲（2018）的《宋代后妃的孝悌观念及其图像表现》等文章。易素梅以曹娥、朱娥孝女形象的历史建构为例，缕析了孝女转型发展过程中与国家政治实践、地域文化认同的互动机制，指出孝女文化兼具政治规范和道德激励的复杂性。关于宋代女性群体，戴微（2019）的《宋代女性琴人史料初考》一文从史料梳理、挖掘、拓展及考订入手，首度关注宋代女性琴人这个特殊群体。关于女性的"自我观看"，胡译文（2016）的《她的"面容"——试论两宋女性的镜中之影》别开生面，以两宋女性梳妆图像尤其是镜中之影为核心，以"观看"为主线展开论述，着重挖掘图像表现在社会变迁中的重要作用。

辽金元方面，王姝（2016b）的专著《金代女性研究：基于对宫廷女性的考察》对金代后宫制度及宫廷妇女的政治、经济、教育、文学、婚丧礼俗等问题进行系统梳理。论文方面，张宏（2019a、2019b、2020）关于辽代妇女的相关文章涉及社会生活、妇女观变迁以及女性教育等；王姝（2016c）深耕金代上层妇女研究，撰有系列论文，其《金代品官命妇封赠制度考》一文首次系统探讨金代品官命妇封赠制度，对其中贵族阶层妇女的身份认定和区分情况作了考辨。较之辽金，元代妇女研究更加多元，刘迎胜（2019）的《元太宗收继元太祖后妃考——以乞里吉忽帖尼皇后与阔里桀担皇后为中心》从波斯史籍所载元太宗收继元太祖后妃切入，对《元史·后妃表》记录内容进行比较补充，讨论了汉文与波斯文史料记载的元代及以前流行于贵族与普通蒙古人中的异辈收继婚现象；张国旺（2018）的《论元代的女童教育与女教书》考察了社会世俗化背景下，元代女童教育重女红、辞章而轻女德的技能化倾向；崔鲜香（2018）关注元朝公主在元朝与高丽文化交流中所起的作用。

明清方面，著作所涉面向层次丰富。刘正刚（2016a）的《明清地域社会变迁中的广东乡村妇女研究》将妇女形象置于儒家正统化和岭南独特性双重范畴中进行解读，是首部系统研究广东传统社会妇女史的专著。陈寒非（2016）的《清代的男风、性与司法》从法律史角度考察清代"男风"问题，结合身体理论分析清代国家法律和性欲之间的控制与冲突。围绕特定妇女群体，有柳素平（2016）对晚明闺阁才媛文化交往活动的整体观照，吕宽庆、郑明月（2017）围绕清代寡妇家庭地位和财产权的析论，刘士义（2018）对明代青楼文化源流与兴替的探赜，以及王雪萍（2019）对明代婢女群体生存场域的梳理。刘正刚、乔玉红（2019）和马思聪（2020）则分别就明清珠江三角洲女性形象建构和明清易代语境下江南文人的女性书写进行了探讨。

论文方面，有对旧域议题的持续深化，如对宫廷女性的研究，谢贵安（2016）的《明代宫廷女教论析》阐述明代宫廷女教的男性话语霸权和民间互动机制，滕德永（2016）的《清代公主的妆奁》析论下嫁公主妆奁的等级区别、汉化和生活保障作用，毛立平（2019）的《金枝玉叶与收支困局——清代中后期公主经济境遇考察》着重考索清代居住在京城的公主婚后经济生活状况及家庭生活失衡的深层次原因。上述三篇文章均补缀了相关领域的缺项。李庆勇（2016）、沈欣（2016、2020a、2020b）等的文章也从不同角度围绕明清女官制度、宫廷女性等内容进行了讨论。又如对妇女观的反思，奚丽芳（2016）的《女教与晚明婚姻中的女性——以〈愁言〉为中心的研究》、（2017）的《〈闺

范〉与"妻"之构想：明代中后期夫妻关系的历史解析》）聚焦明代中后期士
大夫夫妻观念中"情与理"的问题，以个案考察的形式，透视晚明江浙女教
"情与理"的矛盾给上层社会女性传统带来的冲击；王雪萍（2017）的《明初文
人妇女观的建构与反思》则在质疑传统认识的基础上，重建了明代文人妇女观
初期与中后期之间的内在关联。再如女性身份与地位，楼含松、吴琳（2016）
的《"闺隐"：明清之际知识女性的身份选择与价值认同》考察明清易代之际女
性隐逸群体，探绎其以归隐寻求社会认同、拓展身份空间的心态与行为模式；万
明（2018）的《白银、性别与晚明社会变迁——以徐霞客家族为个案》剖析晚
明白银货币化背景下女性的地位变化，及其在男性士人话语中的评价；林源西
（2016）、刘正刚（2017）和赵崔莉（2019）分别就特定女性群体的身份地位和
社会认同情况进行了探讨。

　　与此同时，近年来的一些热点话题继续引发关注。如才女文化，其研究在研
究视角、对象和史料应用方面均有新意，我国香港学者刘咏聪（2016）的《明
代闺秀史家徐德英》通过对徐德英生平著述和史学思想的述论，强调对明清闺
秀史家著述的研究是把女性声音还给历史，而非夸大她们的成绩；李晓愚
（2017）的《明清才女文化与女性读书图研究》运用风格分析与图像学的方法释
读明清女性读书图，以此展现男性社会对女性阅读所持观念的内在争议和历史变
迁；凌冬梅（2017a、2017b、2019、2020）则对清代江南才女的阅读、课读、藏
书活动做了梳理。又如文本书写与妇女，特别是女性的史传书写诠释，在 2016~
2020 年的研究中形成一定集聚效应。我国台湾学者衣若兰（2016）的《女性传
记与明清历史转折》对《明史·列女传》中大量明末烈女形象的书写建构进行
探察，指出女性道德情操和生命存亡成为官方和士人应付现实需要和合理化现实
政治的重要符号和表征；李世众（2016）的《列女书写、妇德规训与地域秩
序——以明清乐清县志为中心的考察》在重释县志列女书写的基础上，阐述明
清妇德规训的多样化内涵及其宗族社会的民间基础；周毅（2017）的《从康熙
六十年〈安庆府志·列女传〉看地方志女性历史书写的模式化》对地方志中女
性客观书写让渡于理学标准形象建构的现象做了考察；徐鹏（2020）的《孝女
与虎患——以明清长三角地区方志记载为中心的讨论》一文着重探讨方志文本
中女性遇虎行孝这一行为所隐涵的教化目的与性别含义。此外，刘正刚（2016）
的《明代广东仕宦形塑庄氏烈女形象研究》，和石晓玲（2016）的《清代士绅家

族对女性才华的形塑——以清人文集中的女性忆传文为中心》等围绕士绅群体对女性的形塑问题展开讨论；姚春敏（2019）的《污化与同情：明清文献所载女巫的二元特征》，则通过考察明清文献关于女巫的矛盾记载，揭示大、小传统之间对女巫这一特殊群体评判的多向、多层次的互动关系。再如妇女与医疗，杜家骥（2018）的《明清医疗中女性诊病的男女之防问题——兼析"悬丝诊脉"之说》从稽核古代女性"悬丝诊脉"说切入，考察明清医疗与"男女之防"道德观念极端化的文化关系；顾玥（2020）的《明清时期男性关系网络主导下的女性择医》探绎礼教内外空间概念和性别意识作用下明清女性诊疗生态的阶层差异。最后是女性生活与生命经验，徐国利、李发根（2016）的《清代中前期淮河流域社会生态衰败下的女性生存状态研究》结合淮河流域农家理想经济结构解体和民风恶化背景，探究清代中前期当地女性群体生活方式和性别角色的被迫转换；阚玮玥（2016）的《清中期女性的日常生活——以嘉庆朝刑科题本为中心的探讨》缕析了精英话语和国家法律在不同阶层女性真实生活中所扮演的不同角色；薛英杰（2018a）的《晚明文人的情欲焦虑——〈灯草和尚传〉之女性欲望再审视》通过对小说主题的再审视，揭示晚明文人的精英身份焦虑和对占有性机会能力的担忧；马俊亚（2019）的《从本能到特权：明清淮北两性关系的阶层异化》阐释妇女守贞殉死是对女性和男性性权利的双重剥夺，揭示女性权利被剥夺并不是男权的反映，而是专制权力的畸态产物；吕宽庆（2020）的《清代妇女捐赠问题探析》首次厘清了清代妇女具有近代意义的公共捐赠问题；徐宁（2016）的《闺闱之外：清代传统女性的谋生经营》、王姝（2018）的《明清世家女性垂帘观剧考——以山西高平良户村田氏家族为中心》和路彩霞（2019）的《清代丧偶女性的情感生活及其身份困扰》等文章则分别关注不同群体女性的生活方式和境遇体验。

除上述议题外，国内学者还对一些新主题青眼有加。一是妇女嫁卖问题。王康（2016）的《财礼的流动：清代"嫁卖生妻"问题再研究》从财礼流动和婚嫁实践两个角度，探究卖妻习俗在清代底层社会的实践逻辑；陈志武、何石军等（2018）的《清代妻妾价格研究——传统社会里女性如何被用作避险资产?》运用计量史学的研究方法，提取清代刑科题本中的大量数据，提出并阐释传统社会"女性被用作避险资产"的命题，具有相当的启示意义；张志军（2019）的《何以嫁卖？——从乾嘉道巴县 36 份嫁卖案例说起》将女性当作一个独立群体看待，

对清代各类女性嫁卖问题进行全面考察。二是男风问题。薛英杰（2017）的
《文人权力与男风想象：清初小说中的王紫稼故事》、（2018b）《明末清初通俗小
说中的僧人男风与文人权力》和（2020）《反同性恋立场：西方明清男风研究中
的文化误读》三篇论文讨论清代文人男风叙事的阶层问题，反思此前男风研究
的文化误读，揭示社会权力对文本叙述的影响；董笑寒（2017、2018、2019）的
《清代男性之间的情欲研究》、《文本、路径与分析：基于内阁刑科题本的清代男
风研究》和《清代男性之间的同性关系研究》等文章针对清代男风关系中主动、
被动双方的年龄和互动关系开展的计量研究和结构化分析值得称道；杨宗红
（2017）的《"南风"：地域文化与明清白话小说之男风叙事》从人文地理角度对
明清小说中男风以"南风"为别称的历史原因做了考释。三是女性主体性问题。
丁淑梅（2017）的《明清闺训禁戏与女性的戏场想象》展现了闺训禁戏与女性
入场观剧间的冲突对抗，探绎其借由戏曲观演获得的自我社会在场地位和新的精
神寄所；崔若男（2017）的《手帕姊妹：明清江南地区娼妓结拜习俗研究》探
讨了娼妓间的结拜行为及其背后的心理、社会意义，指出下层妇女的结社行为，
其本质在于凸显女性的主体意识；鞠熙（2020）的《游观入道：作为自我修行
的女性朝山——以明清碧霞元君信仰为例》打破此前的"结构‐功能"研究视
角，从社会机制角度重释明清女性朝山进香行为，揭示女性主体性对社会结构与
皇权政治的形塑；殷晓燕（2017）的《性别视野下的柳如是身份、形象与自我
价值认同》和王辉（2019）的《"镜中影"：清代女性"对镜"图像与文本书写
中表现的自我意识》则寻绎了女性的自我意识。

　　断代史专题中，部分学者在长时段历史视域下，对妇女选题做整体观照和脉
络钩索，显示了研究的宏观性和灵活性。著作方面，刘洁（2016）的《〈列女
传〉的史源学考察——兼论〈列女传〉所反映的先秦至秦汉妇女观念的变迁》
对《列女传》所载女性人物事迹真伪、史料来源和故事流传过程中的变化情况
做系统考察，讨论先秦至秦汉妇女观之变迁；黄兆宏（2016）的《南北朝及唐
代女性社会群体研究》着重探究女性社会群体发展演变的内在根源与历史趋势；
高凯（2019）的《秦汉魏晋南北朝人口性比例研究》结合历史地理环境分析汉
魏时期人口性比例问题，从人口和性别视角讨论汉魏国家治理；邵文实（2020）
的《敦煌文献中的女性角色研究》勾勒唐、五代及宋初历史背景下敦煌地区女
性整体生态，展现其在家庭内外的地位和作用。论文方面，薛洪波（2018）的

《战国秦汉时代女性财产权问题再考察》认为女性财产权的获得源于国家尽力保证"户"的存在，以实现各种赋税征收和役的摊派；潘祥辉（2018）的《"秦晋之好"：女性作为媒介及其政治传播功能考》指出女性之所以具有建构政治社会网络的媒介功能，是因为其可以通过婚姻和生育将两个族群联结起来，形成亲属关系；李楚（2020）的《性别表演：易装的欲望叙述与文学生成》以男子借女装混入内宅奸骗妇女的故事作为考察主体，稽考相关史实及文学作品中对此题材的不同书写模式，重释易装文化。

（五）民族与区域史

2016~2020 年，国内学者对民族妇女史研究的兴趣主要集中在西南地区。吴才茂（2017）的《清代苗族妇女的婚姻与权利：以清水江文书为中心》一书运用契约、古碑刻、族谱等民间史料，考察清代黔东南地区苗族妇女的婚姻礼俗、社会地位和权利等内容，是首部清代苗族妇女研究专著，其相关论文也都围绕这一主题展开。论文方面，吴声军（2016）的《从贺江文书看清代以降南岭走廊妇女的权利——兼与清水江文书的比较》通过对贺江流域契约文书的梳理，发现汉、瑶、苗、壮等各族群妇女在社会变迁过程中拥有婚姻自主、不动产买卖、充当中人等权利，与清水江文书中体现的妇女权利大同小异；蒋欢宜、侯有德（2017）关注到湘西苗族社会女性神性人员仙娘与蛊婆身份认同形成的内在逻辑。除上述主题外，明代贵州土司女性研究有瞿宏州、瞿州莲（2020）的《论明代永顺土司族眷中女性品德及社会地位——以永顺土司墓志铭为研究依据》和吴金庭（2020）的《游离于家国之间：论明代贵州女土官的社会生活空间》两篇文章分别就上层女性如何通过土司承袭制度中"夫死妻继""借职"等制度保障其社会地位，以及女土官如何在与明王朝"国家化"政策的互动中推动贵州土司地区社会经济发展等问题进行分析。

关于区域妇女史研究，岭南地区成为热点。乔玉红（2017）的《古代岭南女性社会形象研究》从性别史视角切入，检视文献记载中传统女性形象的变化，释读岭南融入王朝统治的过程；龚礼茹（2019）的《岭南女神文化研究》一书则勾勒了岭南女性神文化和社会图景。论文方面，刘正刚、黄学涛（2018）的《宋明广东仕宦推行孝文化探析——以博罗陈孝女为例》梳理了岭南陈孝女形象自宋代至明代的变化轨迹，揭示不同时期地方官民借助正统积极向王朝主流话语靠拢；刘正刚（2020）结合唐宋以降岭南妇女参与墟市买卖的"贩妇"模式，探讨岭南社会性别分工与儒家性别规范的差异性。徽州作为妇女史研究的重要区域，2016~2020 年，在民间文献和传统文献的基础上拓展了新视角，如胡中生（2016a）对清代徽州女性葬礼的钩玄，《清代徽州女性葬礼程序与性别伦理》一文认为，与国家礼制规定相比，女性的葬礼程序有所简化和改变，但仍遵循传统文化中男女有别、男尊女卑的性别伦理原则；其又另文（2016b）指出，清代徽州女性葬礼中礼俗交融导致违礼越制成为一种常态性现象。杨彬彬（2018）则将徽商研究与家族妇女著述勾连，分别以扬州闺秀汪嫈、何佩珠为例，检视徽商家族中的女性文化活动对家族声望积累和社会身份蜕变的助推作用。

（六）专题史

2016~2020 年，国内的中国古代妇女/性别史研究在四大主题上形成集聚效应，涌现出一批卓有见地的成果。

一是图像与视觉文本。陈长虹（2016）的《汉魏六朝列女图像研究》整合文献、考古出土及传世绘画材料，探讨了早期列女图像的产生、题材范围、图像范式、功能、母题以及地域性、共性和演变等问题；肖海明（2017）的《妈祖图像研究》探究历代妈祖图像的特点及变迁轨迹，回应了美国学者詹姆斯·沃森关于中国南方沿海天后"神的标准化"的观点。论文方面，侯杰、王凤（2016）由视觉文化角度切入，以中国传统木版年画为中心，讨论了妈祖信仰、社会性别及女性生活等主题；王凤（2017）的《中国古代女性形象及其生活空间的建构与表达——以四大木版年画为考察中心》以木版年画中的"仕女画"为研究对象，指出这类视觉文本在呈现中国古代女性生活的同时，也蕴含着性别权力关系；袁宙飞（2016）的《明清以来年画中女性形象的母题探析》认为"生命绵延"和"吉祥求美"是年画中女性形象表达的两个核心话题；程郁（2019）的《宋辽金孝子图所表现的女性形象》从孝子图的构图入手揭示女性形象的变化，认为宋代理学的社会性别观已被民间普遍接受。

二是妇女妆容与服饰，主要表现为对古代妇女物质文化和日常生活的兴趣。田艳霞（2018）的《汉唐女性化妆史研究》以考古和文献资料佐证，讨论了汉唐时期女性的化妆习俗及其生活风貌；刘岚（2016）的《中国古代妇女服饰图谱》和李芽（2017）的《中国历代女子妆容》均配备丰富的图片对相关主题进行阐发。论文方面，扬眉剑舞（2017）的《从花树冠到凤冠——隋唐至明代后妃命妇冠饰源流考》考证了中古时期后妃花树冠花树、钿、博鬓组合模式的真正形态，及其形成与演变过程，并探讨花树冠与凤冠的差异与使用；宋金英（2018）的《女为悦己者容：中国古代女性服饰表征与审美取向》探讨了在女性对男性的依赖与屈从之下，其服饰取悦男权的审美特点和取向；吴艳荣（2020）的《（龙）凤冠成为皇后象征之历史考察》认为凤冠的形成是一个漫长的过程，其与时代发展赋予凤凰的政治文化内涵有关。部分学者还对中国古代妇女服饰系衣方式和冠服制度变迁做了考证。

三是妇女身体与医疗。作为儒家建构女性身份的标识，"穿耳""缠足"等问题仍有较高的关注度，毛立平（2018b）的《初痛：女性的穿耳习俗与儒家的性别文化建构》探讨了女性穿耳实践背后的族群差异和文化根源，揭示儒家文化对女性的身份和性别建构；王春花（2020）的《礼仪与身体视角下的帨巾》将帨巾视为身体的一部分，认为巾帕承载了传统社会男女对情感的渴望与寄托，是身体与心理的外化之物；王晶（2018）的《汉唐医方中的生育技术与性别权力》指出汉唐生育技术在早期妊娠上的缺位，导致求子之责归于妇人，揭示女性在获得生育权力的同时，承担了沉重的生育责任。

四是妇女宗教与信仰。易素梅（2017）在《家事与庙事：九至十四世纪二仙信仰中的女性活动》一文中，通过对晋豫之交二仙信仰活动的个案研究，讨论了伴随历史书写的平民化转向，女性在家/庙之间的形象与活动发生变化这一主题，认为尽管性别偏见不可避免，但女性积极利用自身角色参与庙事活动，并得到家庭与地方社会的普遍认可。刘正刚（2016）的《宋元以来珠三角地区观音信仰研究》和侯杰、张鑫雅（2018）关注观音信仰，前者缕析宋元以来珠三角地区观音寺庵的分布情况，讨论该地区民俗活动中的观音信仰和自梳女的观音崇拜；后者将观音信仰置于性别视域中进行观照，通过对观音形象从域外传入中土、在中国的性别转换及其神格化的阐析，论证了性别是宗教研究的一个有效范畴。

此外，程晖晖（2019）从音乐文化史角度考释"女乐"概念，又以《被误读的"家妓"与"家乐"——从"社会性别"制度视角辨析兼及"官乐民存"》为题，结合社会性别，论证了"家妓"为家用"官妓"，"家乐"为家用"官乐"，指出传统音乐多具"官乐民存"的"高文化"性质；吴若冰、杜雁

（2018）的《中国古代私家园林女性心理及行为空间探析》则探析了古代私家园林中女性行为与空间的社会含义，并从园林空间的功能表达和女性特质角度出发，解读私家园林空间的营造逻辑；王丹妮、李志生（2020a、2020b）对《女诫》《内训》的版本源流进行了考证。

（七）译介与研究

2016～2020 年，国内译介海外中国古代妇女/性别史论著的速度放缓，其中值得关注的有：田汝康的《男性阴影与女性贞节：明清时期伦理观的比较研究》（刘平、冯贤亮译校，2017），探察明清时期伦理、法律、宗教及其他文化因素对女性婚姻贞洁崇拜的影响，该书以文人科举挫败感下"道德替代的心理机制"解释明清时期寡妇和未婚妻大量自杀现象，独具只眼；白馥兰（Francesca Bray）的《技术、性别、历史：重新审视帝制中国的大转型》（吴秀杰、白岚玲译，2017）延续其近年来一直关注的如何采用"技术"这一研究对象来获得对社会性别问题之新洞见，从技术视角探寻性别主体性的物质性构成以及人的行动，将性别原则编织进帝制中国的经纬脉络当中；作为近年来北美文化史研究领域的重要成果，艾朗诺（Ronald Egan）的《才女之累：李清照及其接受史》（夏丽丽、赵惠俊译，2017）以全新视角改变了大众对李清照其人其文的刻板印象和思维定式，将李清照及其研究者还原到历史语境中予以重新审视，该书并未使用显著的女性主义研究方法论，但结论却颇具女性主义色彩；许曼的《跨越门间：宋代福建女性的日常生活》（刘云军译，2019）从性别研究的角度出发，在深挖各类史料的基础上，探绎宋代社会"女性空间"的多重维度；柏清韵（Bettine Birge）的《宋元时代中国的妇女、财产及儒学应对》（刘晓、薛京玉译，2020）一书，勾勒时代巨变下中国妇女地位尤其是财产权的衰变历程，考察道学家提倡、元蒙习惯与法律在其间产生的作用，及其对此后中国社会发展的影响。

同时，国内学者还对北美汉学界的中国妇女史研究进行了整体或个案探讨。梁晗昱（2016）的《北美明清妇女文学研究的理论策略》认为北美汉学界对明清女性写作活动的关注覆盖了女性书写的表情方式、叙事方式和性别表述等，该领域研究的兴起，既离不开西方世界各种思潮的涌动，也是由中西女性文学环境和女性形象本质上的差异所引起；林漫（2019）的《"情欲"与"礼教"：高彦颐与曼素恩的明清社会性别史研究》指出两位美国女性史家基于"情欲"和

"礼教"两大范畴讲述明清妇女的生命故事，"情欲"并非只是个性与个体的解放，"礼教"也不单纯是不可商榷的社会规训，二者的研究体现出美国妇女史界在"社会性别转向"（gender turn）以后的学术动向，即如何在既定社会性别框架下凸显女性历史中心角色的思考。

三　研究不足与展望

2016~2020年，国内的中国古代妇女/性别史研究既有对传统命题的重新阐发，也有对未涉领域的主动探索；既有对上层女性的持续关注，也有对底层妇女的生命省思；既有对传统文献的爬梳剔抉，也有对出土史料和民间文书等新材料的发掘运用，充分展现了中国古代妇女/性别史研究的活跃。受西方新文化史影响，年轻学者们更勇于尝试新的研究范式与理论，但部分研究尚属"分离的领域"，选题重复以及研究的广度、厚度、准度不足等问题有待进一步解决。诚然，这五年的古代妇女/性别史研究只是也只能是"赋性别以历史"过程中的一环，其不足与缺憾亦是下一阶段值得关切和探讨的重要议题。

一是如何实现外来理论与本土研究的深度融合，推动"社会性别"这一分析范畴在古代妇女/性别史领域向纵深化、具象化发展。如前文所述，尽管国内学界对西方女性主义、社会性别理论的借鉴、参考及本土化脚步从未停歇，然而无论是理论本身还是其与具体历史情境的结合无不是动态变化着的，简单罗列或一成不变显然都有悖于"赋中国历史以社会性别"的原旨。因此，围绕"社会性别"这一概念，使其普遍、灵活且有效地运用于中国古代妇女史研究，将会是一个不断跟进、更新和自省、自主的过程。

二是如何实现女性载体向女性主体的过渡转化，进一步促成从"添加史""她史"到"妇女/性别史"的"华丽转身"。不可否认，目前部分古代妇女史领域的研究仍是关于女性的研究（studies of women），而不是女性主义和基于女性主体意识的研究（women's studies）。当然，这里所指并非在于否定关于女性的研究（女性载体），而是指出"社会性别"更关注女性在历史进程中的发声权、主体性与能动性；亦非否定"添加史""她史"所作的基础性工作和女性经验研究，而是指出分析社会性别关系，有助于重新回顾和审视诸多以男性为中心的"主导叙事"，赋历史以性别。

　　三是如何实现妇女与男性研究的共同书写。前期妇女史研究执着于女性经验，将女性与男性分开考察，导致在某种程度上把妇女历史置于主流史学之外的问题，已引起国内外学者的一致警惕。受国外男性研究的启发①，2016～2020年，国内部分年轻学者在此方面做了有益尝试，然距"一部属于两性的大历史"目标依然遥远。未来，有必要在考察两性经验并侧重女性的基础上，推进对妇女史诸问题认识的深化，进而与"大历史"有效衔接，还可尝试包括男性史和LGBT（男、女同性恋者，双性恋者，跨性别者）历史在内的新面向，揭示更为多样的性别状况以及性现象。需要指出的是，在引入男性研究的同时，亦不能忽视对男人身份和男性特质的重新关注，否则可能会导致在无意识中再次遮蔽女性。

　　四是如何实现"全球史"视野下妇女/性别史的意涵建构。近年来，西方史学界继"社会转向""文化转向"之后，又掀起一波对全球史的关注，有学者称其为"全球转向"（global turn）。在此背景下，"全球史"之于妇女/性别史的意涵为何？"社会性别关系"怎样才能在以"全球史"的规模写作历史时一直处于显著位置？具体到古代妇女/性别史研究，又能开掘出何种"洞天"？诸如此类问题，2016～2020年国内的中国古代妇女/性别史研究，并未给出满意的答案。而实际上，在"全球史"为史家提供一种跨越国族与边界视野的同时，妇女/性别史研究亦为其比较研究和进一步的跨国历史分析提供史料和工具。反观西方妇女史界，对"全球转向"的回应似乎延续了之前"文化转向"的治学进路，如英国学者琳达·柯利（Linda Colley，2007）的《她的世界史：跨越边界的女性，伊丽莎白·马许与她的十八世纪人生》（*The Ordeal of Elizabeth Marsh：A Women in World History*）就是其中的代表作。相比之下，近年来，国内的中国古代妇女/性别史领域虽已出现个人例证式研究，但类似以女性个体生命经历形式呈现的微观全球史之作却尚未得见。另外，在中国的性别秩序得到一定程度的阐明后，与其他国家和地区以及文明圈进行比较研究、深层次考察，也是下阶段研究的题中应有之义。

---

① 有关国外妇女/性别史尤其是男性研究的译介与探讨（2016～2020年），可参见陈雁和凯伦·奥芬（Karen Offen）（2018）的《妇女史：学术最前沿——在第22届"国际历史科学大会"圆桌讨论的引言》、林漫（2019）的《男性史：当代美国社会性别史的新视角》，二文所述内容及观点，提示当下及未来的中国古代妇女/性别史研究应注意接纳一些新的研究范式。

　　五是如何实现尊重传统与颠覆范式的融会补充，进一步寻绎中国古代妇女/性别史的思维框架与研究取径。纵观这五年的研究成果，实证研究无疑仍是部分论著使用的重要方法，尤其是近年来出土文献、民间文书等新材料大量出现，其呈现出有别于传世经典文献的差异化书写，以此而言，某一新墓志、新文书的阐释、解读固然重要，但也要避免"碎片化"倾向，甚或缺乏足够精确的材料引用和足够深刻的问题分析。如此一来，不仅实证本身不具说服力，"社会性别"更是沦为悬置于新材料上的一个虚泛背景，失之于实。事实上，美国妇女理论界，对社会性别的认识亦有一个延伸和修正的过程，从先期推崇话语和语言分析到重新寻找证据、重新检视证据，并提出"差异"的重要性，等等。其中对重新检视证据的强调，尤能启发史料问题的反思，而这种有意识地以性别思维再次审视、解释和商讨，恰是欧美学者颠覆式研究的重要理路。可以说，这种"颠覆"正是在重视实证且基于两性平等立场上的"大历史"改写。因而，继续发挥国内学界实证研究优势，借由史料的再寻找和再检视，立足宏观思考下的中观和微观考察，重绎中国古代妇女经验的过程性释读，或将是此后中国古代妇女/性别史研究值得参考的一种框架和取径。

参考文献

1. 〔美〕艾朗诺（2017）：《才女之累：李清照及其接受史》，夏丽丽、赵惠俊译，上海古籍出版社。
2. 白春霞（2016）：《社会性别视角下的北朝后妃出家现象探析》，《中州学刊》第11期。
3. 〔英〕白馥兰（2017）：《技术、性别、历史：重新审视帝制中国的大转型》，吴秀杰、白岚玲译，江苏人民出版社。
4. 〔美〕柏清韵（2020）：《宋元时代中国的妇女、财产及儒学应对》，刘晓、薛京玉译，中国社会科学出版社。
5. 〔美〕鲍家麟（2020）：《走出闺阁——中国妇女史研究》，中西书局。
6. 常春、杨勇（2018）：《中国古代女性书法文化史》，上海书画出版社。
7. 常建华（2020）：《中国古代女性婚姻家庭》，中国工人出版社。
8. 陈长虹（2016）：《汉魏六朝列女图像研究》，科学出版社。
9. 陈朝云、朱梦圆（2020）：《考古材料所见宋代女性的活动及社会参与》，《中州学刊》第4期。

10. 陈开颖（2017）：《性别、信仰、权力——北魏女主政治与佛教》，郑州大学出版社。

11. 陈雁、凯伦·奥芬（2018）：《妇女史：学术最前沿——在第 22 届"国际历史科学大会"圆桌讨论的引言》，《妇女与性别史研究》（第二辑），上海三联书店。

12. 陈志武、何石军、林展等（2019）：《清代妻妾价格研究——传统社会里女性如何被用作避险资产?》，《经济学（季刊）》第 1 期。

13. 程晖晖（2017）：《"女乐"概念厘定：娼妓、女乐、女伶》，《中国音乐学》第 4 期。

14. 程晖晖（2019）：《被误读的"家妓"与"家乐"——从"社会性别"制度视角辨析兼及"官乐民存"》，《中国音乐学》第 3 期。

15. 程郁（2019）：《宋辽金孝子图所表现的女性形象》，《宋史研究论丛》第 1 期。

16. 程郁（2020）：《宋代的仕女与庶民女性——笔记内外所见妇女生活》，大象出版社。

17. 崔若男（2017）：《手帕姊妹：明清江南地区娼妓结拜习俗研究》，《文化遗产》第 2 期。

18. 崔鲜香（2018）：《试论元朝公主在元朝与高丽文化交流中的作用》，《山东女子学院学报》第 5 期。

19. 戴微（2019）：《宋代女性琴人史料初考》，《音乐艺术（上海音乐学院学报）》第 4 期。

20. 邓孟青、杨蕤（2020）：《西夏妇女史研究综述》，《西夏研究》第 3 期。

21. 丁淑梅（2017）：《明清闺训禁戏与女性的戏场想象》，《文学遗产》第 1 期。

22. 董笑寒（2017）：《清代男性之间的情欲研究》，《清史研究》第 1 期。

23. 董笑寒（2018）：《文本、路径与分析：基于内阁刑科题本的清代男风研究》，裔昭印主编《妇女与性别史研究》（第二辑），上海三联书店。

24. 董笑寒（2019）：《清代男性之间的同性关系研究》，《近代史研究》第 3 期。

25. 杜芳琴（2018）：《华夏族父权制研究的再审视与"内外有别"概念框架的新探索》，裔昭印主编《妇女与性别史研究》（第二辑），上海三联书店。

26. 杜芳琴（2020）：《从赋历史以性别到赋性别以中国历史——妇女/性别史 30 年回顾与省思》，《山西师大学报（社会科学版）》第 6 期。

27. 杜家骥（2018）：《明清医疗中女性诊病的男女之防问题——兼析"悬丝诊脉"之说》，《历史档案》第 1 期。

28. 冯静、陈寒非（2016）：《清代的男风、性与司法》，上海三联书店。

29. 高凯（2018）：《秦汉魏晋南北朝人口性比例研究》，中国社会科学出版社。

30. 高世瑜（2018）：《贞节探析》，裔昭印主编《妇女与性别史研究》（第二辑），上海三联书店。

31. 高世瑜（2020）：《中国妇女史研究百年回眸》，《山西师大学报（社会科学版）》第 4 期。

32. 葛承雍（2017）：《从新疆吐鲁番出土壁画看景教女性信徒的虔诚》，《世界宗教研究》第 3 期。

33. 耿超（2017）：《性别视角下的商周婚姻、家族与政治》，人民出版社。

34. 龚礼茹（2019）：《岭南女神文化研究》，岳麓书社。

35. 顾玥（2020）：《明清时期男性关系网络主导下的女性择医》，《妇女研究论丛》第3期。

36. 郭海文（2017）：《唐代公主饮食及其文化研究》，《南开学报（哲学社会科学版）》第5期。

37. 郭海文（2019）：《高贵与卑微——大唐公主命运图谱》，陕西师范大学出版社。

38. 郭海文主编（2020）：《从女性文献史观出发：〈奁史〉新解》，陕西师范大学出版社。

39. 韩林（2018）：《武则天形象的文化建构及阐释》，中国社会科学出版社。

40. 侯杰、王凤（2016）：《视觉文化·妈祖信仰·社会性别——以中国传统木版年画为中心》，《宗教学研究》第2期。

41. 侯杰、张鑫雅（2018）：《慈悲为怀：性别视域中的观音信仰》，《山西师大学报（社会科学版）》第1期。

42. 胡海桃（2017）：《唐代女性理想人格研究——以两〈唐书〉为中心的考察》，花木兰文化出版社。

43. 胡译文（2016）：《她的"面容"——试论两宋女性的镜中之影》，《美术研究》第3期。

44. 胡中生（2016a）：《清代徽州女性葬礼程序与性别伦理》，《安徽大学学报（哲学社会科学版）》第3期。

45. 胡中生（2016b）：《礼法与俗尚：清代徽州女性葬礼再探》，《安徽史学》第4期。

46. 黄兆宏（2016）：《南北朝及唐代女性社会群体研究》，甘肃人民出版社。

47. 江庆柏、章艳超（2017）：《中国古代女教文献丛刊》，北京燕山出版社。

48. 蒋欢宜、侯有德（2017）：《湘西苗族仙娘与蛊婆的身份认同研究》，《广西民族研究》第1期。

49. 焦杰（2016）：《唐代女性与宗教》，陕西人民教育出版社。

50. 焦杰（2019）：《唐代多妾制下夫妻二人葬的同穴权之争——以唐代墓志为核心》，《河南大学学报（社会科学版）》第4期。

51. 焦杰、李欣宇（2020）：《唐代夫妻多人葬现象探析》，《河南师范大学学报·（哲学社会科学版）》第2期。

52. 焦杰、刘薇（2018）：《错位的历史：文本来源与叙述差异——以唐代妇女史研究为例》，《南开学报（哲学社会科学版）》第6期。

53. 鞠熙（2020）：《游观入道：作为自我修行的女性朝山——以明清碧霞元君信仰为例》，《民俗研究》第4期。

54. 瞿宏州、瞿州莲（2020）：《论明代永顺土司族眷中女性品德及社会地位——以永顺土司墓志铭为研究依据》，《贵州民族研究》第8期。

55. 阚玮玥（2016）：《清中期女性的日常生活——以嘉庆朝刑科题本为中心的探讨》，《中国社会历史评论》，天津古籍出版社。

56. 雷亚倩、李志生（2020）：《〈女范捷录〉版本考》，《山东女子学院学报》第 2 期。

57. 雷亚倩、李志生（2020）：《〈女孝经〉版本考述》，《山东女子学院学报》第 1 期。

58. 李楚（2020）：《性别表演：易装的欲望叙述与文学生成》，《浙江学刊》第 5 期。

59.〔美〕李海燕（2018）：《心灵革命：现代中国爱情的谱系》，修佳明译，北京大学出版社。

60. 李节（2020）：《礼法视野下宋代妇女的家庭地位研究》，中国书籍出版社。

61. 李林昊（2019）：《渗透与分离：北朝女性群体造像记探微》，《中原文化研究》第 3 期。

62. 李盼杰（2019）：《近十年来国内学界关于唐代妇女的研究综述》，《重庆交通大学学报（社会科学版）》第 1 期。

63. 李庆勇（2016）：《明朝的女官制度》，《历史档案》第 3 期。

64. 李世众（2016）：《列女书写、妇德规训与地域秩序——以明清乐清县志为中心的考察》，《华东师范大学学报（哲学社会科学版）》第 4 期。

65. 李小江（2016）：《女性乌托邦——中国女性/性别研究二十讲》，社会科学文献出版社。

66. 李晓敏（2018）：《世情与佛理——隋唐佛教造像题记研究》，人民出版社。

67. 李晓愚（2017）：《明清才女文化与女性读书图研究》，《学术月刊》第 10 期。

68. 李芽（2017）：《中国历代女子妆容》，江苏凤凰文艺出版社。

69. 李颖（2020）：《海外汉学的性别视域及其新维度》，《江西社会科学》第 10 期。

70. 李贞德（2009）：《中国史新论：性别史分册》，联经出版事业股份有限公司。

71. 李志生（2016a）：《帔：唐代女装的基本构成要素再议——基于下层妇女的考察》，《妇女与性别史研究》（第一辑），上海三联书店。

72. 李志生（2016b）：《"立塔写经"与"内外之际"：唐代妇女的佛教功德活动》，《中国社会历史评论》第 00 期。

73. 李志生（2017a）：《唐五代时期的凤冠——基于物质文化史和形象史学的考察》，《中国社会历史评论》第十八卷下。

74. 李志生（2017b）：《妇女的自我感受：郑琼与杨牢的婚姻情感生活》，《山东女子学院学报》第 9 期。

75. 李志生（2019a）：《新中国 70 年中国古代妇女/性别史研究回顾——以大陆为中心的考察》，2019 年第四届"性别与中国社会发展：新史料、新观点、新视角"学术论坛主旨发言。

76. 李志生（2019b）：《丧葬中的妇女权力：以唐崔暟家族四位妇女为例》，《山东女子学院学报》第 2 期。

77. 李志生（2020a）：《唐代妇女礼服制变化考析》，《碑林论丛》（第 25 辑），三秦出版社。

78. 李志生（2020b）：《唐人对女着男装为"服妖"说的接受史》，《唐史论丛》第 2 期。

79. 李志生、王丹妮（2019）：《古代妇女/性别史研究综述（2011～2015 年）》，《中国妇女研究年鉴（2011～2015）》，社会科学文献出版社。

80. 梁晗昱（2016）：《北美明清妇女文学研究的理论策略》，《暨南学报（哲学社会科学版）》第7期。

81. 林漫（2019）：《"情欲"与"礼教"：高彦颐与曼素恩的明清社会性别史研究》，《社会科学研究》第6期。

82. 林源西（2016）：《清代台湾女性的社会地位研究——以原住民和移民社会中的女性为视角》，《理论月刊》第6期。

83. 凌冬梅（2017a）：《清代江南女性阅读与家族书香传承》，《山东图书馆学刊》第3期。

84. 凌冬梅（2017b）：《清代女性阅读途径考》，《四川图书馆学报》第1期。

85. 凌冬梅（2019）：《女性课读图与清代士人家族书香传承——以嘉兴地区为中心》，《浙江档案》第6期。

86. 凌冬梅（2020）：《"跋书何让沈虹屏，辨画真知管道升"——以明清江苏女史藏书活动为中心》，《图书情报研究》第4期。

87. 刘洁（2016）：《〈列女传〉的史源学考察——兼论〈列女传〉所反映的先秦至秦汉妇女观念的变迁》，人民出版社。

88. 刘岚（2016）：《中国古代妇女服饰图谱》，岭南美术出版社。

89. 刘士义（2018）：《明代青楼文化与文学》，中国社会科学出版社。

90. 刘迎胜（2019）：《元太宗收继元太祖后妃考——以乞里吉忽帖尼皇后与阔里桀担皇后为中心》，《民族研究》第1期。

91. 刘咏聪（2016）：《明代闺秀史家徐德英》，裔昭印主编《妇女与性别史研究》（第一辑），上海三联书店。

92. 刘正刚（2016a）：《明清地域社会变迁中的广东乡村妇女研究》，社会科学文献出版社。

93. 刘正刚（2016b）：《明代广东仕宦形塑庄氏烈女形象研究》，《古代文明》第1期。

94. 刘正刚（2016c）：《宋元以来珠三角地区观音信仰研究》，《宗教学研究》第3期。

95. 刘正刚（2017）：《广东地方社会建构的明初女官形象》，《中国史研究》第3期。

96. 刘正刚、黄学涛（2018）：《宋明广东仕宦推行孝文化探析——以博罗陈孝女为例》，《安徽师范大学学报》（人文社会科学版）第1期。

97. 刘正刚（2020）：《唐宋以降岭南妇女参与墟市买卖研究》，《古代文明》第3期。

98. 刘正刚、乔玉红（2019）：《明清珠江三角洲女性形象建构研究：以吴妙静、黄惟德、李晚芳为例》，社会科学文献出版社。

99. 刘正刚、杨宪钊（2017）：《清代闽东契约与乡村女性地位研究》，《暨南学报（哲学社会科学版）》第1期。

100. 柳素平（2016）：《追求与抗争——晚明知识女性的社会交往》，郑州大学出版社。

101. 楼含松、吴琳（2016）：《"闺隐"：明清之际知识女性的身份选择与价值认同》，《浙江社会科学》第2期。

102. 路彩霞（2019）：《清代丧偶女性的情感生活及其身份困扰》，《河北学刊》第1期。

103. 吕宽庆（2020）：《清代妇女捐赠问题探析》，《清史研究》第 1 期。

104. 吕宽庆、郑明月（2017）：《清代寡妇权益问题研究》，郑州大学出版社。

105. 罗慧兰、王向梅（2016）：《中国妇女史》，当代中国出版社。

106. 罗彤华（2018）：《唐代后宫女官研究——宫官制度及其演变与影响》，《中华文史论丛》第 3 期。

107. 马俊亚（2019）：《从本能到特权：明清淮北两性关系的阶层异化》，《清华大学学报（哲学社会科学版）》第 2 期。

108. 马思聪（2020）：《明清易代语境下江南文人的女性书写研究》，北京时代华文书局。

109. 毛立平（2018a）：《妇女史还是性别史？——清代性别研究的源流与演进》，《妇女研究论丛》第 2 期。

110. 毛立平（2018b）：《初痛：女性的穿耳习俗与儒家的性别文化建构》，《北京社会科学》第 6 期。

111. 毛立平（2019）：《金枝玉叶与收支困局——清代中后期公主经济境遇考察》，《历史研究》第 4 期。

112. 米莉（2019）：《帝制中国的女主与政治——关于女性统治的合法性探析》，中国社会科学出版社。

113. 苗霖霖（2019）：《从"母强子立"到"子贵母死"——北魏妇女社会地位再探讨》，《黑龙江民族丛刊》第 4 期。

114. 纳春英、马斗成（2019）：《论古代女子隐名现象的社会文化根源——以隋唐女性为主要讨论对象》，《唐史论丛》第 2 期。

115. 潘祥辉（2018）：《"秦晋之好"：女性作为媒介及其政治传播功能考》，《国际新闻界》第 1 期。

116. 乔玉红（2017）：《古代岭南女性社会形象研究》，齐鲁书社。

117. 曲宁宁（2020）：《"女子"与"君子"：从女教理论看儒家思想的传播及礼俗之互动——以"女四书"为中心》，《民俗研究》第 4 期。

118. 曲宁宁、陈晨捷（2018）：《儒家女性观及其对女性主义的可能应对——以〈礼记〉为中心的考察》，《厦门大学学报（哲学社会科学版）》第 6 期。

119. 邵文实（2020）：《敦煌文献中的女性角色研究》，东南大学出版社。

120. 沈欣（2016）：《再论清代皇室之乳保》，《北京社会科学》第 8 期。

121. 沈欣（2020a）：《清代太妃嫔的生活样态》，《文史知识》第 10 期。

122. 沈欣（2020b）：《清代太妃太嫔的尊封研究》，《故宫博物院院刊》第 1 期。

123. 石晓玲（2016）：《清代士绅家族对女性才华的形塑——以清人文集中的女性忆传文为中心》，《南京师范大学文学院学报》第 3 期。

124. 时玲玲（2018）：《宋代后妃的孝悌观念及其图像表现》，《艺术百家》第 3 期。

125. 宋金英（2018）：《女为悦己者容：中国古代女性服饰表征与审美取向》，《民俗研究》第 3 期。

126. 苏俊林（2019）：《简牍所见秦及汉初"有爵寡"考论》，《中国史研究》第 2 期。

127. 孙玉荣（2016）：《唐代社会变革时期的婚姻》，浙江大学出版社。

128. 孙玉荣（2018）：《张家山汉简中的"偏妻"身份考辨》，《社会科学》第11期。

129. 孙玉荣（2020a）：《秦及汉初简牍中的"寡"——以爵位、户籍、经济生活为中心》，《中国经济史研究》第2期。

130. 孙玉荣（2020b）：《秦及汉初简牍中的"外妻"》，《史学月刊》第3期。

131. 孙兆华、王子今（2018）：《里耶秦简牍户籍文书妻从夫姓蠡测》，《中国人民大学学报》第3期。

132. 谭重言、刘裕伦、陈梓森（2019）：《胡服盛行与女着男装——论唐代前期服饰风尚与女性社会地位关系》，《文博》第4期。

133. 陶良琴（2020）：《近年来徽州妇女史研究综述》，《西部学刊》第4期。

134. 滕德永（2016）：《清代公主的妆奁》，《宁夏社会科学》第4期。

135. 田汝康（2017）：《男性阴影与女性贞节：明清时期伦理观的比较研究》，刘平、冯贤亮译校，复旦大学出版社。

136. 田艳霞（2018）：《汉唐女性化妆史研究》，黄河水利出版社。

137. 铁爱花（2016）：《宋代女性行旅风险问题续探》，《浙江学刊》第4期。

138. 铁爱花（2017）：《闺闱之外：宋代女性游览活动探析》，《江西社会科学》第8期。

139. 铁爱花（2018）：《生计流动：一种宋代女性行旅活动的历史考察》，《苏州大学学报（哲学社会科学版）》第3期。

140. 铁爱花（2019）：《随亲宦游：一种宋代女性行旅活动的制度与实践考察》，《社会科学战线》第6期。

141. 万军杰（2019）：《唐代宫女生活研究》，社会科学文献出版社。

142. 万明（2018）：《白银、性别与晚明社会变迁——以徐霞客家族为个案》，《北京大学学报（哲学社会科学版）》第4期。

143. 王春花（2020）：《礼仪与身体视角下的帨巾》，《中国社会历史评论》第1期。

144. 王丹妮、李志生（2020a）：《〈女诫〉的刊刻、注释与流传》，《山东女子学院学报》第1期。

145. 王丹妮、李志生（2020b）：《〈内训〉版本源流考》，《山东女子学院学报》第2期。

146. 王凤（2017）：《中国古代女性形象及其生活空间的建构与表达——以四大木版年画为考察中心》，《妇女研究论丛》第4期。

147. 王富宜（2017）：《近三十年汉传佛教女性研究综述》，《江西师范大学学报（哲学社会科学版）》第6期。

148. 王辉（2019）：《"镜中影"：清代女性"对镜"图像与文本书写中表现的自我意识》，《艺术百家》增刊第1期。

149. 王进锋（2017）：《西周时期女子的入仕与仕途》，《兰州学刊》第8期。

150. 王晶（2018）：《汉唐医方中的生育技术与性别权力》，《中国社会历史评论》第1期。

151. 王康（2016）：《财礼的流动：清代"嫁卖生妻"问题再研究》，《南京社会科学》

第 12 期。

152. 王丽娜（2017）：《唐代女冠法服之演变轨迹》，《历史教学（下半月刊）》第 3 期。

153. 王姝（2016a）：《20 世纪以来金代妇女研究综述》，《妇女研究论丛》第 2 期。

154. 王姝（2016b）：《金代女性研究：基于对宫廷女性的考察》，吉林文史出版社。

155. 王姝（2016c）：《金代品官命妇封赠制度考》，《首都师范大学学报（社会科学版）》第 1 期。

156. 王姝（2018）：《明清世家女性垂帘观剧考——以山西高平良户村田氏家族为中心》，裔昭印主编《妇女与性别史研究》（第三辑），上海三联书店。

157. 王双怀、王恺、毛阳光（2018）：《一代明君武则天》，中国文史出版社。

158. 王小健（2019）：《华夏性别制度滥觞考》，陕西师范大学出版社。

159. 王雪萍（2017）：《明初文人妇女观的建构与反思》，《求是学刊》第 1 期。

160. 王雪萍（2019）：《明代婢女群体研究》，人民出版社。

161. 王永平（2016）：《魏晋南朝士族社会之女教与"母教"——从一个侧面看中古士族文化之传承》，《河北学刊》第 2 期。

162. 王永平（2018）：《墓志所见汉族士族女性操持元魏宗室之"家政"与"家教"——从一个侧面看北魏后期鲜汉上层社会之文化交融》，《秦汉魏晋南北朝史国际学术研讨会论文集》，中国社会科学出版社。

163. 王永平（2020）：《十六国北朝士族社会之"女教"与"母教"——从一个侧面看中古士族文化之传承》，《文史哲》第 2 期。

164. 魏子元、王乔玉（2020）：《唐代"以胖为美"之审美观的考古学观察——以唐代纪年墓所见女性形象为中心》，《文博》第 1 期。

165. 〔美〕巫鸿（2019）：《中国绘画中的"女性空间"》，生活·读书·新知三联书店。

166. 吴才茂（2017）：《清代苗族妇女的婚姻与权利：以清水江文书为中心》，贵州民族出版社。

167. 吴方基（2018）：《秦汉女性生育水平评估》，《西南民族大学学报（人文社科版）》第 5 期。

168. 吴金庭（2020）的《游离于家国之间：论明代贵州女土官的社会生活空间》，《贵州民族研究》第 8 期。

169. 吴若冰、杜雁（2018）：《中国古代私家园林女性心理及行为空间探析》，《中国园林》第 3 期。

170. 吴声军（2016）：《从贺江文书看清代以降南岭走廊妇女的权利——兼与清水江文书的比较》，《广西社会科学》第 6 期。

171. 吴艳荣（2020）：《（龙）凤冠成为皇后象征之历史考察》，《江汉论坛》第 1 期。

172. 奚丽芳（2016）：《女教与晚明婚姻中的女性——以〈愁言〉为中心的研究》，《古代文明》第 3 期。

173. 奚丽芳（2017）：《〈闺范〉与"妻"之构想：明代中后期夫妻关系的历史解析》，《求是学刊》第 3 期。

174. 夏燕靖（2018）：《唐代"品色衣"制度与女性服色演变考察》，《艺术探索》第2期。

175. 夏增民（2017a）：《秦代家庭中两性关系再评估——以出土文献为中心》，《华中国学》第1期。

176. 夏增民（2017b）：《北大秦简〈教女〉与秦代性别关系的建构》，《山西师大学报（社会科学版）》第6期。

177. 夏增民（2019）：《女性连坐的社会性别分析：从长沙尚德街东汉简牍的一条律文说起》，《中华女子学院学报》第3期。

178. 夏增民、陈慧（2019）：《岳麓书院藏秦简"得之强与弃妻奸案"的社会性别考察》，《南都学坛》第6期。

179. 夏增民、马子舒（2018）：《北大藏秦简〈教女〉与汉代女教书之比较》，《石家庄学院学报》第2期。

180. 肖海明（2017）：《妈祖图像研究》，文物出版社。

181. 谢贵安（2016）：《明代宫廷女教论析》，《中原文化研究》第3期。

182. 谢宇荣（2020）：《从父家到夫家：李建成、李元吉诸女婚姻考》，《唐史论丛》第1期。

183. 徐国利、李发根（2016）：《清代中前期淮河流域社会生态衰败下的女性生存状态研究》，《河南师范大学学报（哲学社会科学版）》第4期。

184. 徐宁（2016）：《闺闱之外：清代传统女性的谋生经营》，《东南大学学学报（哲学社会科学版）》第4期。

185. 徐鹏（2020）：《孝女与虎患——以明清长三角地区方志记载为中心的讨论》，《妇女研究论丛》第2期。

186. 徐爽（2017）：《宋初妇为舅姑服制的变革》，《民俗研究》第5期。

187. 徐爽（2018）：《宋代妇女史研究述评》，《浙江理工大学学报（社会科学版）》第5期。

188. 〔美〕许曼（2019）：《跨越门间：宋代福建女性的日常生活》，刘云军译，上海古籍出版社。

189. 薛洪波（2018）：《战国秦汉时代女性财产权问题再考察》，《中国经济史研究》第1期。

190. 薛英杰（2016）：《男性特质视角在西方明清研究中的运用——以方法论的转向为中心》，《妇女研究论丛》第6期。

191. 薛英杰（2017）：《文人权力与男风想象：清初小说中的王紫稼故事》，《安徽大学学报（哲学社会科学版）》第5期。

192. 薛英杰（2018a）：《晚明文人的情欲焦虑——〈灯草和尚传〉之女性欲望再审视》，《南开学报（哲学社会科学版）》第6期。

193. 薛英杰（2018b）：《明末清初通俗小说中的僧人男风与文人权力》，《妇女研究论丛》第2期。

194. 薛英杰（2020）：《反同性恋立场：西方明清男风研究中的文化误读》，《文史哲》

第 1 期。

195. 杨彬彬（2018）：《妇女著述与徽商家族蜕变：汪嫈（1781~1842）著述中家族史的呈现》，《清史论丛》第 2 期。

196. 扬眉剑舞（2017）：《从花树冠到凤冠——隋唐至明代后妃命妇冠饰源流考》，《艺术设计研究》第 1 期。

197. 杨庆武（2016）：《社会变迁及文化视野下的女性犯罪研究述评》，《妇女研究论丛》第 1 期。

198. 杨文胜、孙虎成（2016）：《从墓葬统计资料考察两周女性贵族间等级关系及变迁》，《中原文化研究》第 4 期。

199. 杨文胜、王芳、殷睿（2020）：《从"牝鸡无辰"到"共牢合卺"——由考古学统计资料看东周女性贵族社会地位之变迁》，《江汉考古》第 3 期。

200. 杨宗红（2017）：《"南风"：地域文化与明清白话小说之男风叙事》，《上海师范大学学报（哲学社会科学版）》第 4 期。

201. 姚春敏（2019）：《污化与同情：明清文献所载女巫的二元特征》，《山西师大学报（社会科学版）》第 1 期。

202. 〔美〕姚平（2018）：《唐代的社会与性别文化》，北京大学出版社。

203. 叶秋菊（2019）：《论秦汉时期皇后制度之确立》，《郑州大学学报（哲学社会科学版）》第 3 期。

204. 衣若兰（2018）：《女性传记与明清历史转折》，《第十七届明史国际学术研讨会暨纪念明定陵发掘六十周年国际学术研讨会论文集》（下册），北京燕山出版社。

205. 易素梅（2016）：《宋代孝女文化转型论略——以曹娥与朱娥并祀为中心的历史考察》，《中山大学学报（社会科学版）》第 6 期。

206. 易素梅（2017）：《家事与庙事：九至十四世纪二仙信仰中的女性活动》，《历史研究》第 5 期。

207. 殷晓燕（2017）：《性别视野下的柳如是身份、形象与自我价值认同》，《社会科学论坛》第 10 期。

208. 俞士玲（2017）：《红粉闺秀——女性的生活和文学》，江苏人民出版社。

209. 喻仲文、罗雨（2019）：《唐代的服妖与政治预象》，《理论月刊》第 10 期。

210. 袁宙飞（2016）：《明清以来年画中女性形象的母题探析》，《民俗研究》第 4 期。

211. 张国旺（2018）：《论元代的女童教育与女教书》，《厦门大学学报（哲学社会科学版）》第 2 期。

212. 张宏（2019a）：《辽代妇女的社会生活》，《黑龙江民族丛刊》第 4 期。

213. 张宏（2019b）：《儒学与辽代妇女观的变迁》，《人民周刊》第 24 期。

214. 张宏（2020）：《文化认同视域下的辽代女性教育研究》，《北方文物》第 5 期。

215. 张焕君（2018）：《亲情与门风：从嫂叔关系看魏晋时期的女性、家族与文化认同》，《妇女研究论丛》第 1 期。

216. 张剑光（2016）：《唐五代的婚外两性关系和社会认同——以宋人笔记为核心的考察》，《上海大学学报（社会科学版）》第 5 期。

217. 张健（2019）：《明清徽州妇女贞节资料选编》，安徽师范大学出版社。

218. 张礼艳（2016）：《西周贵族墓葬所见性别差异——兼论西周贵族妇女的社会地位》，《江汉考古》第 4 期。

219. 张以静（2019）：《秦汉再婚家庭的财产权——以简牍材料为中心》，《河北学刊》第 4 期。

220. 张志军（2019）：《何以嫁卖？——从乾嘉道巴县 36 份嫁卖案例说起》，《西华师范大学学报（哲学社会科学版）》第 3 期。

221. 赵崔莉（2019）：《游学与明清闺塾师的文化身份认同》，《兰州学刊》第 12 期。

222. 赵国权（2020）：《多元与开放：社会大变局中的两宋女子教育生活》，科学出版社。

223. 周婵娟（2018）：《秦汉简帛所见妇女史资料考校》，四川大学出版社。

224. 周毅（2017）：《从康熙六十年〈安庆府志·列女传〉看地方志女性历史书写的模式化》，《史学史研究》第 3 期。

225. 朱笛（2018）：《女儿爱作男装样——唐代的男装女子》，《中国国家博物馆馆刊》第 1 期。

226. 左长缨、杨文胜（2017）：《"殷周革命"中女性贵族等级身份的变迁》，《宁夏社会科学》第 1 期。

227. 左洪涛（2017）：《论唐人前后期女性审美习俗演变》，《中南民族大学学报（人文社科版）》第 4 期。

228. 〔日〕佐藤智水、胡沐君（2019）：《北魏女性的集体造像》，《魏晋南北朝隋唐史资料》第 1 期。

中国近现代妇女/性别史研究综述
（2016～2020 年）

秦 方 王 颖*

中国近现代妇女/性别史研究是中国近现代史与妇女/性别研究交叉形成的重要领域。2016～2020 年这五年中，该领域在接续此前学术发展的基础上，呈现出一些新的变化和趋势。学术论文和学位论文在数量上与前五年相比稳步增长。学术会议方面，呈现出研究中心和高校的稳定联合和按期定时召开等特点。学术刊物除此前专门和经常刊发妇女/性别史的期刊外，还增加了以大学为阵地的新刊物（基本是以书代刊形式）。与此同时，研究内容较之前更为丰富和深入，越来越多的青年学者投身这一领域，与前辈学者进行代际间的交流和对话，他们既继续挑战传统史学的边界，也有对各种新兴议题的积极参与。可以说，2016～2020年，这些学术体制的建立和学术实践的多样在很大程度上促进了中国近现代妇女/性别史学界自主意识的成熟和发展，这一学术共同体展现出强大的生命力、凝聚力和延续性。

一 研究概况

笔者利用"中国学术期刊网络出版总库"（中国知网），以"女""性别"为主题词进行搜索，并以"中国近现代史"划定学科范围，最后将 191 篇论文纳入本文的分析范围。此外，笔者在中国学术期刊总库硕博士学位论文数据库以相同关键词和学科进行检索，获得博士学位论文 15 篇，硕士学位论文 80 篇，涉及中国近现代史社会、文化、城市、教育、职业、媒体等多方面内容。

在著作方面，这五年大约有 20 本论著或论文集涉及中国近现代妇女/性别

---

* 作者简介：秦方，女，首都师范大学历史学院副教授；王颖，女，首都师范大学历史学院硕士研究生。

史，如夏晓虹（2016）的《晚清女子国民常识的建构》、宋少鹏（2016）的《"西洋镜"里的中国与妇女——文明的性别标准和晚清女权论述》、张秀丽（2016a）的《民国北京婢女问题研究》、谭琳（2017）主编的《历史书写中的女性话语建构：中国妇女/性别史研究集萃》、何玮（2017）的《"新女性"的诞生与近代中国社会——兼论与日本之比较》以及徐雅宁（2020）的《清末民初时期女性主义思潮与中国早期电影》。这些论著及论著中的相关章节既有对近现代妇女/性别史的理论探讨和方法反思，亦有以丰富史料为基础对个体研究的进一步推进。

2016年至2020年，以中国近现代妇女/性别史为主题或者涉及这一主题的，国内大约举行了九次重要的会议。这些会议主要集中在南开大学、首都师范大学、上海师范大学和中国人民大学等高校。这些学术会议多是研究会（所/中心）和学术期刊联合举办，由此推动了妇女史学术共同体的健康发展。如南开大学历史学院先后与《妇女研究论丛》《山东女子学院学报》合作，自2016年起每年举办"性别视域中的中国历史"学术会议，至2020年已举办五届，虽然每届侧重稍有不同，但是整体上看，多是强调基于新视角、新史料、新方法对妇女/性别史进行深入研究，且以年轻学者为主。首都师范大学社会文化史研究中心也与中国社会文化研究会联合，定期举办"中国二十世纪婚姻·家庭·性别·性伦文化学术研讨会"（2011~2015年每年举办一届，2016~2021年每两年举办一届），至2020年已举办至第七届。而上海师范大学世界史学科则是与该校女性研究中心携手，于每年年末举办主题不一的妇女史会议，其最大的特色是将世界史与中国史以分组方式并置，其中，中国近现代妇女/性别史是其主要组成部分，这推动了历史学内部的交流和对话。上海师范大学还借2016年会议正式推出《妇女与性别史研究》，是国内为数不多的专门发表妇女与性别史研究的学术刊物，至2020年6月已出版至第四辑。此外，2018年7月，上海师范大学光启国际中心与《妇女研究论丛》编辑部联合主办了"中国妇女解放：文化想象与社会实践"学术研讨会，旨在反思现有中国妇女解放研究中理念先行的偏弊，去历史化、去政治化、去革命化问题，不同学科领域妇女研究的碎片化倾向，探讨如何在文化自觉意识下，以多学科共同聚焦的方式，激活中国妇女解放思想资源，探索研究中国妇女解放的有效范式，打开讨论中国妇女解放思想/运动的新空间。另外，2017年6月中国人民大学中共党史系与《妇女研究论丛》编辑部联合召开的"妇女与中国革命：延续与变迁"学术研讨会，集合海内外妇女研究专家，在妇女/性别研究领域重新审视"革命"，研究中国革命与中国妇女的关系，研究妇女/性别秩序在革命中的变化与延续，探究主体能动与制度情境之间的互动机制。

从这五年的论文发表基金信息来看，越来越多的学者可以依托国家、教育部和各省市、高校的各类基金进行相关研究。在笔者所综述的 191 篇文章里，就包括国家社会科学基金项目 27 项、教育部人文社会科学基金项目 21 项以及各省市级研究基金 19 项。其中，与中国近现代妇女/性别史尤为相关的课题，既有一些较长时段、通论性的项目，如"20 世纪中国婚姻史研究""1900~1949：革命视野中的性别解放路径与主体性话语研究""解放的困厄与反思——以 20 世纪上半期知识女性的经验与表达为对象"，还有探讨女性在近代中国重要历史阶段中所发挥作用的课题，如"中国妇女在抗战中的重大贡献研究"、"抗战时期的女性精英群体研究"和"华北及陕甘宁革命根据地女性婚姻问题研究"。此外，一些学者还关注新视角、新领域，如"清末民初民间习惯视野下北方女性日常生活研究""性别视角下中国近代科技文化研究""近代中国底层职业妇女研究——以清末民国时期的广东为中心"等。

与 2011~2015 年相比，这五年的相关研究和学术活动主要呈现出以下特点。

首先，从数量来说，有关中国近现代妇女/性别史研究的论文发表稳步增长。不仅越来越多的学者开始依托各类项目资助，继续引领和推动这一领域的发展，而且包括博士生和硕士生在内的年轻有生力量也逐渐崛起，向学界呈现出其扎实、新颖的研究。由此可见，国内有关中国近现代妇女/性别史的培育平台、发表途径和整体氛围有很大提升，表现出系统性和可持续性的特点。

其次，从研究内容来看，这五年的学术成果和活动既有对传统史学领域的挑战，如将性别视角纳入长久以来较为缺乏性别意识的政治史、法律史和科学史研究领域，同时也开始出现一批高质量的成果，将妇女史与蓬勃兴盛的身体史、医疗史、情感史等相结合，从而展现出近现代中国妇女更为丰富的生活面向和历史经验。

最后，从研究方法和材料来看，这五年也较之前有很大的进步。学者不仅有意识地使用口访、视觉等方式来记载、书写妇女历史，而且还积极使用新开发的大型数据库——如中国历史研究院依托国家社科基金"抗日战争研究专项工程"

所创建的"抗日战争与近代中日关系文献数据平台"以及国家图书馆出版社开发的"中国历史文献总库"及其子库——搜集和整理一些珍稀罕见史料，挖掘了此前较少关注的群体和议题，从而更有力地推进中国近现代妇女/性别史的研究厚度和广度。

二　主要研究内容

（一）综述、理论和方法

2016~2020 年这五年间综述性研究较少，但几位学者通过回顾妇女/性别史研究历程，提出了明确的观点。宋少鹏（2018）以 gender 在中国的接受史为研究对象，对国内前辈学者从事妇女/性别研究的问题意识、理论焦虑和社会关切进行历史化的分析。通过展现"妇女/性别研究"这样一个理论谱系和学科建构是如何在国内具体的政治、社会、思想和学术环境中生成的，指出 20 世纪 90 年代国内学者所形成的重社会性别、轻 sexuality 的研究特质正是她们在当下的历史环境中所采取的创造性在地化策略。高世瑜（2020）将妇女史研究本身视为一种历史发展，从晚清妇女史的书写讲起，一直延展至 21 世纪初，勾勒出妇女史在中国发展的兴起、发展、繁荣和蓬勃等各阶段，并认为其在史学界已从边缘走向主流，成为一个重要的新兴学科，而性别将与阶级、地域、族群共同成为历史研究的维度和范畴。秦方（2020）将过去五年的中国近现代妇女/性别史研究视为一种知识生成，探讨身处这一学术共同体中的几代研究者如何依托学科、性别等途径，并借助期刊、数据库、丛书等生产机制和资源，积极跨越史学内部不同领域，制造出对"妇女史"的体制性知识。

（二）近代女权主义和女性启蒙思想、观念和概念

近代女权主义和女性启蒙思潮在中国的出现和勃兴，不仅产生出新的观念和概念，更重要的是，它深刻地改变了近代中国女性的自我认知和社会角色。有学者尤为关注诸如"文明""解放"这些妇女解放不言自明之前提在历史中的形成过程。宋少鹏（2016a）从全球史的角度出发，指出妇女地位成为衡量国家文明程度高低的标准，这一关联并非自然形成，而是在全球殖民扩张的过程中历史性

地生成。其中，作者通过细读文本，关注晚清男女两性知识分子对文明、女权话语的复杂和纠结态度。夏晓虹（2016）梳理了大量流行于晚清的史料，如《世界古今名妇鉴》《女报》《女子世界》《中国新女界杂志》《天义报》等，细致地勾勒出诸如性别、国民、国家等观念如何通过这些文本，游走于传统与现代、中与外之间，逐渐沉淀下来，成为大家耳熟能详的常识。秦方（2017）以晚清至民国的传教士群体、中国的民族主义者、中国城市新型知识分子等群体为研究对象，具体阐释清末民初关于女性"解放"的话语是如何与困顿、幽闭等论述相伴相生，由此论述此时期女权主义思潮和实践在各种思想脉络中的发展和变化。杨剑利（2018）以丰富的史料为基础，探究晚清来华传教士对中国女性的"文明"课业，即以"文明"为框架来衡量一国教化之优劣，并以此为准则，批判中国女俗之"野蛮"。作者指出，这一课题在很大程度上影响了后来中国社会的转变。蒋正阳（2020）以清末民初放足、女学、女权实践等为例，指出中国女权思想和实践的发展呈现出与西方不同的特点，它不仅与国族主义紧密连接，而且也正是在这种连接中才形成女性之现代主体。

　　女权主义和女性启蒙思想同婚姻、家庭和母性等议题直接相关。高翔宇（2016）以胡彬夏的论述为研究中心，探讨了其"改良家庭论"的提出与社会影响，展现了20世纪初期妇女启蒙思潮的一个侧面。王栋亮（2018）以民国时期知识女性独身现象为切入点，分析知识界因强调女性为国家生育、塑造新国民而对女性独身持一种焦虑和批评的态度。秦方（2018a）以近代"七出""三不去"的论述为主线，探讨这一与婚姻解除尤为相关的传统规范在清末民初哪些被重新书写、哪些被弱化、哪些被遗忘，并指出这种历史记忆的制造在很大程度上成为中国现代化整体进程的有力注脚。王若颖（2019）讨论了20世纪初期传入中国的母性主义思想，指出母性主义思想对近代中国新女性形象和话语建构的影响。此外，她还梳理了有关近代中国母亲问题的研究，并指出研究近代中国母亲问题对促进中国妇女史和近现代史研究发展具有重要意义（王若颖，2020）。周慧梅、高真（2020）以1934年江苏省第一届母教比赛会为研究中心，分析南京国民政府时期女权主义话语如何被母教主义取代，从而将女性的再生产功能直接和国家民族关联起来。

　　一些有关女权主义和女性启蒙的思想和观念会通过特定的词汇表现出来。王燕（2016）探讨了近代从"阴阳"到"性别"的转变，认为此一时期"性"的概念的出现标志着儒家文化的男女观开始向西方科学生理观转变，同时也体现出以家庭、宗族为本的价值观转向以个人和民族国家为本的价值观。王燕（2019）还以"劳动"这个概念为切入点，探讨女性的家务劳动如何在现代社会化大生产的阶级脉络下被排斥出公共范畴，置于劳动等级的最低端。此外，杨力（2019）分析了五四时期"性""性欲"等概念，探讨科学话语如何塑造这些概念，并反过来对社会和两性关系产生影响。翟晗（2020）分析了中国近代"女权"概念，认为"女权"与"民权"观念交织在一起，从而使得女性形象成为国家想象的镜像。余华林（2020）具体剖析了20世纪二三十年代的"贞操"概念，认为此一时期"贞操"从婚姻领域扩展到恋爱领域，其内涵从身体依附转向爱情依附，这背后折射出人权、女权、科学和社会主义等话语的交错互动。

（三）中国共产党领导下的妇女动员和妇女解放运动

中国共产党领导下的妇女动员和妇女解放运动涵盖了女性生活的各个方面，一直以来都是近现代中国妇女/性别史研究的重点和热点所在。尤其是自2017、2018年《妇女研究论丛》编辑部分别与中国人民大学、上海师范大学联合召开两次会议后，海内外学者聚焦中共领导的妇女解放，尤其是延安时期的妇女解放议题，形成一个新的研究高潮。学者不仅挖掘新的史料，推动更为丰富详尽的实证研究，更为重要的是，他们还进行了深刻的理论反思和前沿展望。学者一方面指出西方理论（尤其是一些二元理论结构）与中国革命和妇女解放现实之不洽，另一方面则充分回应此前研究中国革命和妇女解放的西方学者提出的论断。学者们普遍认为，中国革命历程中的妇女解放并不是一个未完成、延迟甚或是失败的过程，恰恰相反，这是一个通过摸索和探讨，能够形成有效的、切合实际的妇女动员和解放的模式（尽管也存在很多的挑战）。在此基础上，学者们反对以西方女权主义理论来机械地解释中国的妇女解放实践，而是强调要反过来总结中国妇女解放之经验，以为世界其他地区的妇女解放提供借鉴。这些思考亦促成中国革命研究的极大发展，并增强了中国革命模式在更大范围内的借鉴意义。

就苏区时期中共妇女动员这一议题，叶青（2017）指出在土地革命时期，苏维埃政府号召妇女参加包括农业生产在内的经济建设，为苏区的发展做出巨大贡献。易凤林（2017）关注中国共产党在江西苏区农村推动的农村文化现代转型，指出革命文艺为农村妇女开辟了新的公共空间，但农村传统文化依然有着根深蒂固的影响。

至延安时期，中共因时制宜、因地制宜，更为长期、系统地在各根据地推动妇女解放运动，其内容包含婚姻家庭改革、妇婴保健卫生的推行以及动员妇女参与社会生产建设等方面。在婚姻家庭改革方面，杜清娥、岳谦厚（2016）以太行抗日根据地为研究对象，探讨边区政府颁布的一系列新婚姻法规及其支持性政策，如何在法制和现实的平衡中改变农村女性婚姻家庭面貌及两性关系。董丽敏（2016）通过将文学文本和历史实践相结合的方式，探讨延安时期如何从一开始采取的"妇女主义"或"家庭和睦"两种策略，经过不断探索，形成既斗争又联合的"家庭统一战线"这一特定模式。丛小平（2016）以女作家袁静及其作品为分析对象，从历史和文学的维度探讨革命中的母亲形象的转变以及其所折射出的家国关系。作者尤其强调袁静文本中所塑造的"社会母亲"这一指导青年女性婚姻问题的新形象，从而将家庭、社会和国家三者紧密关联起来。耿磊（2016）将中共党史与乡村社会史结合研究，分析了涉县地区婚姻案件中乡村妇女利用革命话语维护自我利益的策略，展示了革命时期乡村妇女解放的曲折历程和复杂面向。周蕾（2017）探讨了抗战时期根据地中共的家庭政策变革的复杂面向，认为中共试图通过改造家庭以达到其建设新型社会的目的，而这场家庭变革则有效地动员了农村妇女，冲击了父权制。王微（2018）撰文勾勒出新婚姻条例所带来的复杂变化，据其研究，20 世纪 40 年代华北各根据地相继颁布了新婚姻条例，但在战乱、灾荒及乡土社会经济尚未发生根本性改变的情况下，乡村女性对新政策的探索更加凸显了妇女解放道路的曲折与复杂。Nicola Spakowski 和单佳慧（2020）以延安时期的妇女劳动英雄的文学再现为研究对象，指出在动员妇女参与生产方面存在实用主义与理想主义两条路径，其背后反映出中共在短期抗战和长期的理想社会建设双管齐下的特点。贺桂梅（2020）以 20 世纪 40 年代人民文艺丛书中的婚姻家庭叙事模式为切入点，通过将文学文本历史化，强调妇女解放与中国革命的阶级、民族解放的诉求有内在一致性，挑战了妇女解放与中国革命的二元对立。程文侠和李慧（2019）从整体上探讨了 20 世纪 40 年代根据地妇女政策温和化的时代背景和历史进程。

中共在根据地推广新式妇幼保健知识亦成为很多学者关注的议题。王亚莉、岳谦厚（2016）对陕甘宁边区的妇女生育与妇婴保健问题进行分析，认为边区政府制定种种措施，广泛宣传卫生知识和推广新法接生，对改变当地妇女生育特征有明显效果。张雨新、付建成（2018）更加具体地以"新法接生"为研究对象，探讨其如何逐步替代传统接生方法，改变了陕甘宁边区农村落后的生育文化。

此外，还有很多学者关注中共如何动员妇女，将家内劳动与社会生产运动结合起来，从而达到妇女解放之目的。岳国芳、王晓荣（2016）以延安时期重要的妇女刊物《中国妇女》为研究对象，探讨中共如何通过塑造新模范女性来进行妇女动员。张玮和王莹（2016）重点探究了华北及陕甘宁根据地妇女解放运动中的女性劳模，发现女性劳模的塑造和宣传是根据地政权建设的成功实践，但同时也存在须认真省思的问题。周锦涛（2016）利用各种史料，具体考察了革命语境下陕甘宁边区妇女解放与民族解放、阶级解放的历史生活场景。董丽敏（2017）分析了延安时期中共对传统的"男耕女织"的性别/劳动分工进行重新激活，并形成以集体合作模式为核心的经济－社会—体化的劳动共同体。此外，王颖（2018）以家庭和集体的关系为主线，梳理了抗战时期陕甘宁边区不同阶段的妇女政策，并勾勒出传统伦理与革命理想相结合的复杂面向。董玉梅（2018）更加关注在晋北抗日根据地中共对农村妇女进行的社会教育，认为这一过程不仅实现了扫盲与政治动员的最初设想，还推动了农村妇女社会地位的提高，促进农村妇女自我意识的觉醒。王莉莉与岳谦厚（2020）梳理了从抗日战争到新中国成立初期晋西北农村妇女分工的嬗变过程，展现了妇女分工的社会化转型对妇女走出家庭、走向社会的深远意义。

中华人民共和国成立后，中国共产党对女性的动员和解放进入一个新的历史阶段。一些学者关注国家宣传，尤其是通过电影等现代手段在城乡内进行的各种宣传。如郭燕平（2016）以20世纪50年代陕西地区的流动电影放映为研究对象，探讨电影这一现代宣传工具如何进入新中国早期农村，并对植根于农村环境的性别观念进行以平等、民主、自由为核心的社会主义改造。同样关注作为宣传手段的电影但侧重点略有不同的是万笑男（2019）对20世纪60年代女演员张瑞芳及其扮演的李双双角色的研究。万笑男一方面展示国家权力如何通过电影《李双双》塑造和宣传社会主义模范人物，另一方面展现像张瑞芳这样的女演员如何贯通台上表演和台下人生，与国家权力进行有限的对话，从而在新的社会秩序中寻求更有利的身份定位。

除国家宣传之外，学者还研究具体机构建设、政策颁布对于妇女的影响。王冬梅（2017）以福建省惠安县惠东地区婚姻法的宣传和实施为研究对象，探讨国家对法律的宣传，其效果如何，与干部们使用的策略、当地的文化风俗和妇女的社会地位有着密不可分的关系。徐明强、宋少鹏（2018）以 20 世纪 50 年代街道托幼机构这种婴幼儿照料的社会化为切入点，强调集体福利和集体主义互助精神在国家政权中的重要性，从而反思西方理论体系中的国家和个人二元对立。翟菁（2017）从日常生活史的角度出发，对"大跃进"时期河南省渑池县农村幼儿园进行研究，强调国家推进幼儿园的建设，促成了育儿任务社会化的趋势，改变了生产和再生产领域的关系，更为有效地动员女性进入公共领域。万笑男和朱丽丽（2020）对山东农村保教人员进行研究，指出她们实现了从"帮忙看孩子"到"为共产主义培育幼苗"的根本转变，从而在国家体系中获得社会主义教育工作者这一新的社会身份。梁苑茵（2020）以作家李準完成于 1955 年的《农忙五月天》文本为切入点，聚焦农忙托儿所，跳出一般的妇女解放框架，勾勒出在现实中和文本中所形成的新型"村-社"空间形态，以及其如何依托乡村生活和乡村伦理，以"人心换人心"之感觉-意识-行为方式，在中华人民共和国成立初期的政治环境中占有一席之地。

学者还关注中华人民共和国成立后关于女性生产和再生产的问题。刘亚（2018）通过口访等一手资料，考察了 20 世纪 50 年代华南农村普通妇女的劳动与生活，指出妇女解放在社会主义建设过程中所呈现出来的复杂性和矛盾性。胡玉坤（2016）对人民公社时期内蒙古和陕西两个村落进行研究，指出虽然有大量的女性投身大田劳动，形成日常农作实践的女性化特征，但她们在社区场域等权力结构中并未占据优势地位。刘筱红和余成龙（2018）指出，在集体化时期（20 世纪 60～80 年代），农村妇女生育意愿存在下降的趋势，并将这一问题置于乡村和国家、个体和社会等互动中进行了细致的分析。

（四）女性与战争

女性与抗日战争的关系在近五年内成为学界关注的重要议题之一，学者主要关注女性参与战争的经验、女性作为战争受害者的角色以及女性在伪政权地区的生活。一些学者主要以当时的各类刊物为原始资料，对女性与战争的关系进行分析。侯杰、赵天鹭（2016）以"眷合运动"核心刊物《妇女合作运动》为中心，初步介绍与分析了国民政府于抗战后期发起的"眷合运动"的基本情况。宋青红与耿焕玲（2018）集中研究了作为国民党中央妇女运动委员会委员的陆寒波主办的《妇女月刊》，认为这份刊物积极动员了妇女参与抗战和民族解放。朱晓芳、黄顺力（2019）以期刊为主要史料，探讨了国统区各类报刊如何塑造踊跃参加救亡、不怕牺牲的爱国女学生形象。秦雅萌（2017）选取了抗战时期上海与桂林两地具有代表性的讲述"木兰从军"的故事文本，分析战时语境下"木兰从军"故事的现实隐喻。不仅是主动参与战争的妇女，还有学者利用各类资料，探讨那些成为战争受害者的女性。苏智良、姚霏、陈丽菲（2016）以地域为单位，广泛搜集了中国各地关于慰安妇的资料，试图从整体上揭示日本在中国实施这一军事性奴隶制度的真相，并指出慰安妇问题应该得到国际社会更多的关注。2016年，苏智良出版《中国"慰安妇"真相》，不仅介绍了慰安妇的历史，而且以慰安妇女性的自述并辅以图片，为我们揭示了近代历史中这一段历史苦难的真相。宋少鹏（2016b）利用各类报纸数据库进行检索研究，指出慰安妇议题经历了一个从消隐到浮出的过程，这一过程和中国的民族和政治密切相关，由此提倡一种民族政治与性别政治复合框架下的妇女史书写。

此外，还有学者对参战的女性群体、组织和个人进行深入研究。抗战后期广大知识女性青年从军是当时十万知识青年从军运动的重要组成部分，周锦涛（2017）的研究指出，由于国民政府对女性从军持有苛刻条件与冷漠态度，这场知识女性青年从军运动很快陷入沉寂。唐剑彦和郭双林（2019）考察了抗战时期广西妇女政策与知识界动员策略，梳理了在救亡图存背景下广西女性的抗战面貌与新女性构建的过程。庞少哲（2020）以湘桂抗战为例，探究了各阶层女性在抗战中扮演的角色与作用，认为女性在抗战中的广泛参与为争取抗战胜利、实现民族解放创造了条件。抗战时期妇女动员的紧迫性与重要性使各地产生了妇女会、妇女战地服务团等组织。游海华、叶潘虹（2019）关注全面抗战时期中国东南区域各类妇女组织参与抗日动员和救亡的工作。夏卫东（2019）和宋青红、刘怡妨（2020）分别对抗战时期的四川妇女会和浙江妇女会进行了研究，指出妇女会在抗战动员、促进女性意识觉醒和扩大妇女参政权等方面均发挥了重要作用。周立英（2020）以云南妇女战地服务团为研究对象，关注其在战争中积极参与的政治宣传、伤兵护理等工作。赵佳佳（2020）对广东妇女在中共领导下的积极参战进行了全面的研究，认为广东妇女为华南地区乃至全中国的抗日战争做出了重要贡献。还有学者关注日伪时期女性的经验和生活。刘怡君、高乐才

（2018）强调日本占领中国东北后，为进行殖民宣传，对东北女性进行思想、组织和行为方面的控制，试图弱化其民族意志和抵抗意识。

（五）女性与教育

女性教育对近代女性影响甚大，无论是女子教育思潮、女学的整体和区域发展、学校空间对女学生的规训，还是社会对女学的复杂认知，都成为学者关注的重要议题。其中，一些学者关注近现代女性教育的整体发展和区域发展，尤其是身处其中的女学生群体。孙秀玲（2016）从话语变革、空间转换、内容延续和社会重塑四个方面分析了近代女学从家到国的转变。黄湘金（2020）探讨了在晚清女学发展过程中不同的士绅群体所扮演的重要角色，并指出他们对女学的积极参与，折射出他们试图掌握地方权势的努力。徐宁（2016）探讨了近代江南地区西方传教士、中国男性知识精英和中国进步知识女性共同推动这一地区女学发展的过程，发现其呈现出传统与现代、中与西混杂的复杂面貌。张丽（2016）通过史料梳理，勾勒出民国时期潮汕女子教育的不同类型和发展，指出其既有一般女子教育的共同特征，也具有鲜明的潮汕特色。严梅梅（2019）集中探讨了南京国民政府时期女学生的婚恋观，指出这一群体试图实践的婚姻自主、恋爱自由，存在很多来自现实的困难，最后在理想与现实的夹缝中，形成了一种具有时代特征的折衷婚恋观。王晓慧（2020）以 20 世纪 30 年代江苏教育界对过去 30 余年女子教育"失败"以及"缘何失败"的讨论为中心，指出当时女子教育存在的挑战和问题。

女性高等教育和男女同校是女子教育史上的重要议题。王晓慧（2016）以邓春兰上书开大学女禁这一标志近代妇女解放的事件为切入点，探讨妇女解放实际上是多元互动型构的结果，既有个体转型也有与之同步的社会转型。此后，王晓慧陆续发表文章（2017、2019a、2019b），以详细的史料，勾勒出 20 世纪 20 年代清华学校"男女同学"运动、停送女生留美以及清华专科女生留美教育等历史事件的复杂面向。杨笛（2016）以民国时期金陵女子大学培养出来的女性科技人才为例，将金陵女大的教育理念和学校设置与社会中科技报国和女性独立等思潮融合起来，探讨这些女性如何挑战科学学科中的性别隔离及传统的性别规范。张琳与高福美（2018）探解了关于 20 世纪 30 年代北平女大学生的报道和描述，发现媒介所呈现的女大学生形象是对女大学生群体的简单刻画，在某种程度上是一个时代社会观念与社会意识形态的产物。

有学者关注女校空间和性别的关系。如何芳（2017）以女学生放足、戒华服等为分析对象，指出"去性别化"的身体改造是清末女学塑造新国民的重要策略。侯杰、常春波（2018）认为清末民初女学的空间分布在某种程度上不仅未能达到性别解放之目的，反而强化了性别隔离。

还有学者以个体事件、个体人物、女学学潮等个案为研究对象，由小见大地剖析其背后折射出的有关女学观念和实践的复杂面向。潘琳（2019）以英华书院为中心，利用教会档案等原始资料，再现当时做出重要贡献的女传教士和本土女教师群体的面貌。王天根（2018）将清末北洋女子公学的兴衰置于北洋新政大背景下，认为该校的创办和管理不仅是一个女性教育权益的议题，更是呈现出北洋集团在教育领域的权力及其资源分配。黎藜（2017）以晚清私娼梁亚玲假冒女学生事件为切入点，分析清末女学与母教的关系、女学与女德之间的矛盾以及女性解放和世俗偏见之间的冲突。宋青红与叶蔚林（2019）考察了近代著名女教育家曾宝荪的精神思想、妇女文化思想及政治选择等诸多面向。黄湘金（2019）以近代著名女教育家吕惠如在清末民初两次女学风潮所经历的不同境遇为切入点，认为近代女学的发展不仅是女学内师生关系的转变以及家庭、学校和社会关系的调整，而且标志着女学生主体性的形成。

（六）女性与职业

女性职业的出现和发展是近代妇女解放的重要标志之一，它与女性独立和主体形成有着直接的关系。有学者探讨有关近代女性职业的观念，尤其是职业和家庭的关系。有学者认为清末民初女性开始走出家门，从事各类职业，开始强调经济独立和人格独立；不仅如此，作为社会舆论重要载体的近代报刊，也反映了不同阶段女性职业发展的状况，并推动了女性职业的发展（李淑蘋，2016；李淑蘋、侯雪浩，2016）。李杨（2016）、张学玲（2019）等指出民国时期女性虽然逐渐通过职业走向社会、迈向独立，却依然要承担起家庭重责。

有学者关注近代女性职业教育。白中阳（2018）以清末民初兴起的各类女工传习所如刺绣传习所、蚕桑传习所等为分析对象，探讨近代女子职业教育思想和机构的发展，认为这些传习所不仅提高了女性生存技能，而且有助于破除一些传统思想的限制。

　　还有学者对社会中不同的职业女性群体进行具体探讨。王炜伟（2017）以天津服务业女招待为研究中心，发现底层妇女就业面临社会各界对该职业甚至女性就业的认知分歧。侯杰、封磊（2018）以晚清女堂倌周小大案件为中心，考察官府、绅商、媒体等不同群体分别对这一案件的介入，从而反观近代上海的复杂面向。李淑蘋和江芬（2016）考察了民国时期广州茶楼女招待这一职业群体的产生与曲折发展过程，从而进一步丰富了对底层职业妇女群体的研究。王笛（2019）借助茶馆工人及男堂倌与女茶房之间的性别冲突，考察了普通市民的命运与国家境况的联结。王楠（2016）对近现代山东胶东渔村的妇女捕鱼活动进行研究，指出随着资源变动、技术发展和政策的变化，妇女逐渐摆脱了以男性为主导的渔业分工体系，并且在中华人民共和国成立初期，更进一步向平等、解放的方向迈进。孔煜也（2019）以"大跃进"时期三八饭店为研究对象，探讨女性如何通过技术革新，实现家务劳动社会化和现代化，最终指向社会主义家务集体化。

　　女工是近代中国工业化所产生的新兴社会群体之一。池子华（2017）从女工福利的角度，聚焦1924年上海祥经织绸厂火灾所引发的社会震动，认为社会各界对女工权益保障进行追问和反思，从而使得女工的基本人权及近代中国惠工事业发展。经先静（2017）指出来自江浙及上海附近农村的女工，在受到大城市生活方式与举国抗战舆论的影响后，她们的婚姻家庭观念与民族意识等均发生了改变。

　　此外，还有学者关注知识女性所从事的新兴职业，其中医生和护理职业尤其受到关注。章原（2016）以成立于1941年的《中国女医》和女医社为研究对象，展现出女医群体对医界事宜的积极参与以及她们的职业认同。马冬玲（2018）以近代护理职业的女性化过程为例，从职业空间、服务对象、职业特征与职业回报四个方面，讨论这一职业与中国性别文化的互动。赵婧（2018、2020）探讨了近代女子习医论的内涵及其演进过程，并从社会网络的视角考察了近代上海女医群体的形成。王瀛培（2020）以中华人民共和国成立初期上海助产士这一群体为研究对象，指出产校整顿调整、助产教育之"专"与国家提倡之全科需求之间的矛盾，以及助产士与产科医师与接生员的复杂互动是助产士式微的主要原因。

　　除了女医和护理职业外，杨笛与金一虹（2017a）以民国时期费达生及其领导的妇女团队为研究对象，强调费达生及其团队在逐渐工业化的蚕丝业界中扮演技术革新和企业管理的新角色。两位学者（2017b）还进一步探讨了这一合作化运动如何成为抵御巨型资本入侵的可能方式，并指向一种更为公平的社会组织结构。黄蕾（2019）以民国时期上海银行女性职员的职业发展为议题，通过勾勒职业特点、薪资水平和性别纠结，分析这一群女性职业意识的觉醒和社会身份的变化。欧阳湘（2020）考察了中国女律师制度的确立过程，将其原点上溯至辛亥革命时期。

（七）女性与社会

受教育、职业等因素影响，女性越来越多地活跃在公共空间中，成为社会中颇为活跃的群体，学者对此进行了相关的研究。高正（2019）探讨清末民国时期受消费主义文化影响，名妓、女明星和摩登女性等女性群体如何推动室内陈设的转型。尹斯洋（2019）梳理了民国时期经常出入西餐厅的名媛、明星、女性领袖以及在西餐厅工作的女招待等群体，指出女性在客观上进入公共空间，但同时不可避免地成为被男性凝视和消费的客体对象。董佳贝（2018）将这种男性对女性的凝视延伸至晚清驻外外交人员对西方女性的观察，分析其出使日记中对这些女性服饰、教育以及阶层（上层女性与劳工妇女）等方面的观察，从而展现出近代中西文化交流的复杂面向。

杜佩红（2016）以社会史为视角将近代女性所穿之旗袍置于满汉、中西、国家权力与商业文化中进行理解，试图展现出旗袍与近代女性形象演变的复杂性。郑晓（2019）以改良旗袍、女尚男装、文明新装等为切入点，探讨民国时期女性审美意识、价值取向和文化诉求的变化。杨可（2018）将毛线生产和毛线编织置于民国城市物质文化、家庭经济结构以及国家的性别意识形态和文化风潮等时代背景下，论证以编织为代表的新女红既接续传统，亦形成"新闺范"之复杂过程。章梅芳和李京玲（2020）关注在晚清民国时期开始广泛出现的缝纫机，认为缝纫机在无形中参与了当时女性身份的建构，反映出技术与性别之间的复杂互动。

女性休闲和娱乐是其社会生活的重要组成部分。苏全有（2017）从文学作品和报刊文章等材料入手，对民国女性抽烟风习的成因进行了分析，发现民国时期女性抽烟风习是受西方女性抽烟和社会舆论包容等多方影响的结果。陈娜娜、冯杰（2019）从日常生活史、性别史及欲望心理研究等视角重新审视近代烫发问题，探究其在政府禁止女性烫发和该禁令失效之间的来回摆荡。徐涛（2020）以自行车这一西方交通工具传入中国为线索，探讨自行车如何从教会女学生和妓女群体慢慢普及开去，并在社会上引发有关女子骑车的各种争议。

　　女性对政治的公共参与亦受到很多的关注。何旻（2017）以1905年对美争约风潮中的女子演说运动为分析点，讨论了女性通过在语言上挪用了当时的争论修辞和概念进行演说，从而在身份认同上得以形成新国民的过程。高丽锋（2017）以五四时期最早成立的知识女性爱国社团北京女学界联合会为分析对象，探讨其成员构成以及在"五四运动"中的各种活动和贡献，认为这一团体将妇女解放与爱国运动结合在一起，并对其他省市产生深刻影响。李净昉（2018）指出五四时期天津青年社团主动借助媒体表达变革社会的诉求，并深刻反思反帝爱国运动和女权运动。童莹（2019）对1919年天津女界爱国同志会讲演活动进行细致考察，探讨此时女性讲演机制形成的过程。刘训茜（2018）以1923年北京人艺戏剧专门学校女学生吴瑞燕以男女合演的形式参加《英雄与美人》演出的事件为研究对象，探讨此时期北方知识界对"女子参艺"和"纯阳性"等议题的讨论，以及由此引发的更大层面上对女子演剧、参政、发声等相关女性问题的思考。蔡洁（2017）以1935年南京《娜拉》公演引发的社会争议为切入点，探讨该事件背后女性启蒙、媒体炒作、政党政治与国家话语纠缠交织的复杂关系。仝群旺（2016）关注20世纪30年代国货年运动中女访问员如何克服重重困难，对家庭主妇进行上门访问，从而更好地提倡和推销国货。李世鹏（2019）以20世纪30年代一系列涉及女性的民意调查为研究对象，探讨这些调查如何呈现出社会对女性形象的复杂期待。姚霏与马培（2017）以20世纪30～50年代在上海举办的四次"三八国际妇女节"游行为研究对象，探讨近代中国妇女运动中女性和国族、女权内部之分歧等议题。

　　法律是社会的重要组成部分。赵晓华（2016）以晚清灾荒中较为严重的妇女拐卖现象为切入点，探讨了在灾荒中女性可能面临的命运，以及政府如何在司法层面上处置拐卖妇女、恢复地方秩序。孟小良（2020）以《樊山判牍正编》等史料为中心，认为清后期户绝之家女子有优先继承财产权，并指出政府官员以一种法律和情理相结合的方式来进行断案。吴燕、张汝、许良（2018）三位作者试图分析民国妇女在婚姻诉讼中呈现的家庭财产观如何折射出传统贞洁观、舆论、成文法和司法实践的复杂互动。王小蕾（2016）以杨三姐告状案为切入点，探讨华北乡村社会在性别权力关系上的失衡，并指出杨三姐的诉讼与其说是基于一种现代的妇女解放意识，不如说是对传统道义的追求。杨庆武（2016）以江苏第二监狱分监、上海监狱第一分监里所发生的女犯死亡事件为研究对象，以数量统计分析为方法，探讨近代上海女监的环境、对女犯的医疗救助以及女犯自身等问题。张秀丽（2016b）从法律、习俗和特殊女性群体三个视域考察了民国时期北京虐待婢女的现象，指出当时婢女解放与社会意识进步面临巨大阻力。

放足是近代中国妇女身体解放的重要内容，具有深远的时代意义。秦方（2016）指出西方男性传教士、女性传教士、中国男性和中国女性对缠足和放足有着不同的认知，由此瓦解了放足话语的同质性。封磊（2020）以1903年日本大阪博览会上的"人类馆"事件为切入点，探讨中国女性的缠足和放足如何折射出更为宏大的国家民族议题。陈蕊和蔡胜（2019）以民国时期淮北乡村的女性放足经历为研究对象，从"应对性"放足的视角进行考察，发现"应对性"放足行为并不一定能提高女性的自我意识与社会地位，反而会让女性陷入"表现解放，实为禁锢"的困境。中共在华北根据地推行的政治动员与放足政策卓有成效，江沛和王微（2016）研究后指出，传统审美观念与习俗急剧变化，女性的身体与心理变革也随之发生。

中国女性身体与审美标准问题一直被广泛关注，曾繁花（2016）考察了1927~1937年各大报刊关于女性审美标准的大讨论，发现在舶来化妆品的影响下，国族观念下构建的健康美观念仍然难以推广。张鑫（2016）以《申报》化妆品广告中的女性形象为研究对象，探究了近代女性美的建构过程。何卓恩、桂运奇（2017）对长沙《大公报》（1915~1926）所刊登的韦廉士红色补丸系列广告进行分析，认为这款民初畅销全国的妇科药品大概涉及经期、生产、育婴、保健四个方面。

有学者关注女性与疾病，从医者与患者、技术与身体、中西、传统与现代等不同视角探究权力体系。如姚霏、鞠茹（2018）强调子宫癌这一疾病如何从中西文化差异和传统性别视角被社会认知，以及这一认知如何反过来影响女性对自身疾病的态度和寻求诊疗的可能性。

妇女史和情感史的结合，以杭苏红和冯剑侠两位学者的文章为代表。杭苏红（2016）主要探讨民初时期湖南女性在"离家"的过程中，身处"观念解放"和

"情感解放"之间的困境。身体迈出了家门，可是情感上这些女性仍然无法摆脱对"家"既怨又恋的"怨慕"情结。冯剑侠（2019）以五四时期积极参与社会运动的一群天津女性为例，探讨她们如何通过情感建立起自己的主体意识，并动员更广大的妇女和青年投入社会运动中来。

（八）女性与媒体

报纸、期刊和画报等媒介是近代新兴事物，它们不可避免地与女性发生联系。有学者专门研究妇女刊物或者一般刊物对女性问题的报道。万琼华与石临风（2016）考察了"五四"前湖南《大公报》刊载的歌颂"节妇烈女"的评论，指出新旧之变中湖南知识男性面临的性别主体身份和道德主体身份的双重焦虑。杨联芬（2016）通过对报刊上妇女问题的讨论，思考近代"个人"与"女人"的冲突以及由此折射出的女性解放的矛盾和困境。章梅芳和李倩（2016）以《妇女杂志》上刊发的传播科技新知的文章为分析对象，指出妇女解放和科学话语之间错综复杂的关系。唐姆嘉（2017）通过对 20 世纪 30 年代"摩登女郎"形象的描述，指出大众媒介对这一女性形象既批评又规训的复杂态度。姜云飞（2019）将"摩登女郎"这一群体的形象塑造视为政治、消费和性别三种意识形态互相博弈的结果。姜卫玲（2018）以近代女性报刊为研究对象，论述近代女性兴女学、倡女权、立女业、述女权现象，以此思考女性如何建构自己的主体身份。崔苗苗（2019）以《妇女杂志》上刊载的女性健康知识为分析对象，认为这份杂志在普及西方医学、推动医学观念近代化上发挥了重要的作用。张新璐（2020a）对比了《新闻报》与《女学报》在丰富女性主体意识与突破解放话语上的作用，指出《女学报》突破了主流女性论所探讨的议题边界，建构出属于女性的公共舆论空间。刘希（2017）以 1949～1964 年的三份妇联杂志《中国妇女》（《新中国妇女》）、《北京妇女》和《现代妇女》为研究对象，探讨不同阶级、职业和文化背景的女性如何以回忆录的方式呈现其性别经验，表达其对"妇女解放"问题的理解和认知。

也有学者关注报刊对女性事件的报道，并分析其中使用的话语及社会舆论情况，其中，女性自杀得到的关注最多。田涛（2019）考察了 1902～1911 年天津县女性自杀情况，发现《大公报》关于天津县女性自杀事件的报道，仍然反映出在清末社会传统女性观的优势地位。王晓慧（2018）以近代重要的女性刊物

《妇女杂志》上所刊载的三位女性自杀案例为分析中心，探讨近代女性被困在先行之社会观念和转型之后的社会结构之间，最终做出自杀选择的悲剧行为。侯艳兴（2016）以1934年龚尹霞及其子女自杀一案为切入点，探讨龚本人、大众媒体和知识分子等不同主体如何依据各自关注，对自杀呈现出不同的表现。关佩（2019）以1937年大夏大学贺其华自杀事件为例，从当时媒体与大众对事件的讨论和阐释角度，探究了话语对这一事件的多重意义建构。

少数民族女性亦频繁地出现在近代期刊上。央珍和强俄巴·次央（2017）以民国时期妇女期刊报道为材料，论述内地人对藏族妇女性别意识、婚姻观念和社会地位的书写。刘莉、周晶（2018）以新文化运动时期回族女性知识精英的报刊书写为研究对象，认为她们的文字代表了当时回族女性的主张，推动了回族妇女运动的开展。

除了文字报道，画报、年画等视觉媒介亦成为呈现近代女性的重要载体。侯杰、王凤（2016）以杨柳青年画为中心，探讨女性生活、主体身份和社会角色所发生的变化。肖朗和刘璐（2019）考察了清末画报呈现的启蒙信息与表达方式，认为画报片面追逐"文明"的表面形式，仍将恪守传统道德观念和伦理规范作为女性"文明"的标准，展现了近代知识分子开展启蒙活动的步履蹒跚。曹昊哲（2020）以晚清北京《醒世画报》为中心，探讨在改良思潮下近代媒体所塑造出来的女性形象，反过来引导和规范了女性在公共场所中的自我言行和其对社会角色的认同。许徐（2017）对苏区瑞金的"工农女性图"进行分析，指出其体现了走出男性中心主义所做的努力。

（九）女性与人口、婚姻、家庭、生育

婚姻、家庭和生育是女性生活重要的组成部分，这些议题背后折射出女性与城乡关系、地方社会和国家权力之间的复杂关系。田红湖（2016）从婚姻嫁妆层面探讨了近代溺女之风盛行的原因，并分析了相关救助措施，明晰了嫁妆与近代溺女风气的关联。闫娜轲（2017）细致考察了清代妇女在灾荒年月通过佣工、联姻、乞讨等途径进行家庭自救的现象，认为这种自我牺牲色彩浓重的家庭反哺行为，反映了社会小农经济的脆弱性与家庭本位的性别意识。白豆与郝平（2020）则以民间婚书为媒介，将山西婚俗置于民国多灾的社会背景下进行考察，发现灾荒是影响山西婚俗形态的重要因素之一。冯成杰（2016）以民国时

期学者对中国乡村人口的调查为研究对象，认为在 20 世纪二三十年代，性别比例失衡已经成为乡村社会普遍面临的问题。

近代中国在西潮冲击下，其婚姻制度和习俗发生了重大变化。赵妍杰（2020）考察了纳妾制度从合礼、合法走向有害、有罪的过程，再现了过渡时期的新旧之争。蔡洁（2016）、黄湘金（2017）从历史与文学的双重场域考察了 1913 年南州女校校长周静娟因自由结婚而死于父亲之手的案件，并以此探究了民国初年性别秩序重构与传统社会伦理之间的冲突，勾勒出新女性"自由结婚"的难局。王瀛培、徐华博（2017）探讨了 20 世纪 20 年代末轰动上海的"黄陆案"，并以此揭示舆论界对婚姻自由的宣传与现实中对婚姻自由的接纳这二者之间仍然存在一定错位和张力。

在生育议题方面，王瀛培（2017、2018）探讨了 1949 年中华人民共和国现代妇幼卫生理论和实践的两大源头：一是传统中医中的疾病预防与妇产科知识体系；二是近代"西医东渐"以来的公共卫生学和西方临床医学中的妇产科学，并在此基础上具体分析了上海如何通过对旧产婆进行社会主义改造，使她们成为国家医疗卫生体系中的合法成员。吴晓璐（2020）分析了在抗日战争时期重庆开始大力发展新型医院，推动产科医疗教育的发展，这使得生育成为一种控制机制，国家权力得以渗透到普通人的私人空间中。

（十）女性人物、群体和社团

近现代历史中的知名女性人物是学者关注的重点之一。这些人物既包括女性统治者、女革命者、女改良家，也包括女作家、女明星、女间谍等公众人物。侯杰、孙巍溥（2017）以慈禧太后为例，审视性别视域中的家国权力，认为慈禧太后女主地位的确立，实际上是传统大家庭中性别文化所衍生出来的权力关系在晚清政局上的投影。宋雪（2020）梳理了戊戌六君子遗孀的生命历程，认为其体现出新旧道德之间的角力与变局时代"贤媛"角色的艰难转型。

夏卫东（2016）梳理了 1907~1945 年秋瑾形象的三个不同阶段的转变——"男女革命""革命先烈""女革命家"，并指出这种形象转换和近代以来的女权主义运动、资产阶级革命和民族战争关系密切。侯杰、丛菁华（2020）分析了秋瑾之密友吴芝瑛在清末民初媒体中所呈现出来的名媛宦妇形象，认为其虽固有进步之处，但同时也被缠绕在国家、家庭、妇女的三维结构里。

宋少鹏 (2016c) 主要关注无政府主义者何殷震的"女界革命",认为"女界革命"与晚清的自由主义女权与无政府主义内部的男权是一种区别和对话的关系,而这种特性反而使得何殷震的"女界革命"论述成为马克思主义妇女解放理论在中国传播的先驱。刘人鹏 (2017) 强调何震创办《天义》所表达出来的无政府共产主义观念,跳脱出国族主义和种族主义,能够将革命、学说、运动紧密相连,强调国际联合,是一种不同于学院女权主义的知识生产模式,为后人留下丰富的遗产。2019 年,刘人鹏进一步发表关于何震的女子非军备主义论的研究,指出其思想既接续了国际反军备主义运动的脉络,还批判性地回应了在亚洲国家中流行的"富国强兵"理论,可谓东亚历史中以女子立场参与无产阶级国际反战论述/运动的先声。

秦方 (2018b) 以晚清女教育家和女权主义者吕碧城为研究对象,勾勒其在诗词、论说文和传统文集中的不同形象,认为她通过不同文体建构出一种新旧杂糅的社会网络和媒体网络,由此可以游刃有余地行走在传统与现代之间。夏晓虹 (2020a) 以晚清北京女学三位重要人物陆嘉坤、张春漪、慧仙为研究对象,通过详实的史料梳理,探讨她们三位作为教师、学生管理者和捐款人如何发挥不同的作用,由此来还原北京女学的发展历程。与此同时,夏晓虹 (2020b) 探讨了晚清公共领域所出现的新女性如何被写入戏曲文本中,由此强化了这些新女性的社会示范意义。此外,还有对历史人物的形象刻画,李贞玉 (2016) 对晚清革命书写中诸如革命者之妻、女革命者、罗兰夫人等烈女形象的探析,指出这些文人志士在疏离传统和恢复传统之间的来回摆荡。张新璐 (2020b) 重新分析了梁启超作《近世第一女杰罗兰夫人传》时的书写策略,发现梁启超将罗兰夫人塑造为兼具爱国情操与政治理想的"雌雄同体"形象,从而寄予了自己对新女性的想象与思考。

民国时期的公共女性亦吸引学者关注。刘磊 (2017) 以公共话语中的阮玲玉为例,认为其公共形象的塑造既成为一种隐含性别意义的消费符号,同时又被抽象化为各种话语争夺的符号系统,而且亦承载了时人的怀旧情怀。高翔宇 (2018) 以左翼女作家关露为研究对象,探讨了受五四妇女解放思潮影响的新女性如何以文字为自我表达,一方面呈现出从"离家"到"离校"的复杂轨迹,另一方面通过战争叙事和"疾病"隐喻将性别解放和国族解放合二为一。侯杰、刘依尘 (2018) 以女明星李香兰为例,探讨日本侵华战争中及战后李香兰的自我形象和社会形象建构的阶段性转变。侯杰与马晓驰 (2019) 展示了抗战胜利后媒体对川岛芳子的多重话语，并指出媒体报道甚至在一定程度上影响了当时的司法体系。

有学者研究从事政党政治和妇女解放运动的重要人物。宋庆龄在国民革命时期的妇女运动中扮演着重要角色，叶维维（2016）梳理了她在鼓励妇女追求男女平等、推动中国女权运动发展上的努力。宋青红（2017）主要探讨张默君女权主义思想和政治参与实践的互动，认为其人生轨迹反映出近代女性从家庭走向社会、参与政治的妇女解放运动特点。夏蓉（2019）探讨了在抗战期间担任广东省新生活运动促进会妇女工作委员会主任委员的吴菊芳，指出其在妇女人才的招募和对妇女儿童的救助方面发挥了重要的作用。

还有学者对社会主义革命和中华人民共和国历史上重要的女性形象和人物进行了研究。畅引婷和杨霞（2016）探讨了邓颖超一生对妇女解放和阶级、民族解放的重要贡献，认为其革命经验既是中国妇女解放的重要组成部分，也是世界妇女运动的宝贵财富。姬丽萍和罗艳（2020）梳理了蔡畅在民主革命时期和新中国成立后对中国妇女解放运动所做出的努力。宋少鹏（2020）以全国劳动模范申纪兰为切入点，通过价值、制度和事件三重视角，考察了20世纪50年代男女同工同酬的复杂过程，并指出恰是在这样一个复杂的过程中，像申纪兰这样的女性得以形成"劳动妇女"之主体身份。王小蕾（2019）探究历史发生如何被报告文学、电影、舞剧、京剧直至样板戏等不同媒介进行呈现，由此向读者展现中国工农红军第二独立师女子军特务连如何成为人们耳熟能详的红色娘子军。

近代妇女以群体和社团的形式积极参与社会发展，其中既有延续传统而来的脉络，亦有因中国现代性所产生的新因素。女性慈善活动历来是很多女性积极参与的公共事业。王蕊（2020）通过分析清末民初北方乡村女性的慈善捐助活动审视女性拥有的家产处分权，认为这个家产处分的范围包括土地、钱财、粮食等重要的生产资料。庄细细（2020）从社会性别视角对近代妇女团体的慈善活动的内容与特点进行探究，发现这些活动不仅宣扬了妇女解放思想，更为中国近代慈善事业做出了一定贡献。

有很多学者依托不同的城市，探讨生活在其中的女性的生活方式。刘宁元（2016）以细致的史料爬梳，整理了北京地区最早的妇女报刊《北京女报》和妇女社团"中国妇人会"的历史。曹昊哲、吕萍（2017）以生活在北京城外西北郊外火器营营房中的女性旗人为研究对象，从女性活动空间、婚恋观、军营文化等几个方面勾勒这一女性群体的主体形象及其生存状态。刘蕊（2020）以北京传教士创办的盲人学校瞽叟通文馆中的盲女教育为研究对象，认为这种教育改变了传统盲女的依附性本质，呈现出"继承"、"拓展"和"变化"三个特点。史伟明（2016）分析了晚清女传教士在福建推动戒缠足和兴女学，以推动当地妇女解放发展的现象。林怡（2020）探讨了清末民初福建名士严复、薛绍徽、王寿昌、林庚白等的女性题材书写，探讨性别差异如何影响对新女性的认知。

很多学者关注中国边陲地区的女性生活方式。方云军（2020）考察了1982~1952年加拿大联合教会女差会在四川的医疗活动，发现女传教士不仅提供了公共卫生服务，还在一定程度上促进了当地中国女性的意识觉醒和发展。张丽虹（2020）指出，近代以来，云南妇女在婚姻、教育、就业等方面，观念与行为都发生了深刻变化，表明了其与中国整体社会发展的前途命运紧密相连。王家保（2020）探讨了民国时期宁夏地区女性地位变迁，认为此一时期由于宁夏处于一个相对平稳发展的状态，女性地位得到一定的发展。何一民与韩英（2016）探究了民国时期新疆妇女在女子教育与社会活动的促进下逐渐获得解放的过程。

三　研究不足与展望

2016~2020年，中国近现代妇女/性别史研究成绩斐然，研究议题十分广泛，从女性人物至女性群体，从婚姻家庭至民族和国家，从北京、上海、天津等城市到少数民族地区，均有学者撰文，充分展现出中国近现代妇女/性别史研究的生命力。从内容上看，学者们普遍突破了压迫-解放的论述模式，更加重视女性主体意识的发挥。这些成果不仅对研究对象详尽阐释，还能够联系时代背景，结合政治、经济、社会文化等多方面要素进行综合讨论，呈现出中国近现代妇女史发展的曲折历程和复杂面向。不仅如此，学者们还努力延展中国近现代妇女/性别史研究的边界，进行跨界尝试，这既有对传统史学领域的重新反思和书写，亦表现出对新兴领域的主动参与。学者的实践体现出以"妇女"为分析范畴，可以更进一步促进史学内部的积极对话和繁荣发展。

在一个更大的层面上，这些研究成果反映出近年来妇女史学界一个更为明显的自主意识的形成。自20世纪90年代妇女/性别理论进入中国，从事妇女/性别史研究的学者其实一直在关切能否在本土历史和现实情境中形成自足自洽地阐释妇女历史和现实的理论和方法，以及在一个更宏观、更长时段的层面上，中国能否在当下世界格局中形成自足、自信之文化和政治定位，并将自身的有效经验推广到更大的范围。这五年的研究成果，可谓是这一学术脉络的重要组成部分。很多学者已经有意识地超越某项具体的研究，而试图从学科史、领域边界、知识生成等角度更进一步思考学术和知识本身与现实政治和文化图景的复杂关系。而笔者认为，这一思考仍会继续延续下去，并且随着代际的发展、研究方法的更新和研究资料的丰富而呈现出更为清晰的面向。

当然，一些议题仍有可推进的空间。一方面，中国近现代妇女/性别史的很多论著都是以"近代""现代"作为时间断代，以重大的政治事件作为节点，而对于近代以前的女性，多是以"传统"一以贯之，将她们的生活经验简化为近现代女性的背景或者前奏。其实，我们可以更好地吸收和整合古代妇女史的学术成果，打通朝代或者事件边界，将"妇女"纳入具体的时空中，在一个更长的时段里，以"妇女"为中心重新思考妇女史能否形成其自有的历史分期和历史书写。另一方面，随着越来越多的具体的、微观的研究出现，我们同样也不能忽视在中国近现代历史大趋势与大脉络中探究妇女发展的线索，从宏观上把握历史演进与妇女之间的关联，以此加深我们对中国近现代历史的认识和理解。

在具体的研究基础上，我们可以更进一步反思妇女/性别史研究中一些不言自明的前提和立场，诸如"解放""地位""文明"等话语仍需要更进一步的分析。如果持续将性别优先于诸如阶级、地域、家庭、代际、族群等其他分析框架，而非形成一种整体性的思考和论述，那么我们有可能面临将研究主体窄化为性别主体的危险。因此，我们更需要反向而行，将性别主体扩容或恢复为一个更具情境感的历史主体，从而真正实现性别与其他因素的结合，构成全面多元的妇女/性别史研究。

今日的中国近现代妇女/性别史研究已经形成议题多样、视角多元、思维模式多层次的发展态势，这是界内学者多年来共同努力的成果。诚然，诸如研究"碎片化"、缺乏整体性研究视角等问题依然存在，且需要长时间的摸索，但在学界的积极努力下，我们可以期待中国近现代妇女/性别史研究朝着纵深性和全局性双向推进。

参考文献

1. 白豆、郝平（2020）：《婚书所见民国灾荒背景下的山西婚姻（1912～1937）》，《福建论坛（人文社会科学版）》第 7 期。

2. 白中阳（2018）：《清末民初女工传习所探析》，《天津大学学报（社会科学版）》第 5 期。

3. 蔡洁（2016）：《民国初年性别秩序的松动与紧张——历史与文学双重视域下的周静娟之死》，《成都大学学报（社会科学版）》第 3 期。

4. 蔡洁（2017）：《性别解放与政治话语的双重变奏：1935 年"娜拉事件"的多元观照》，《妇女研究论丛》第 1 期。

5. 曹昊哲（2020）：《晚清改良风潮下公共场所的女性形象建构——基于北京〈醒世画报〉的考察》，《中华女子学院学报》第 4 期。

6. 曹昊哲、吕萍（2017）：《试论性别视角下清末民初旗人女性群体——以外火器营为例》，《长春师范大学学报》第 1 期。

7. 畅引婷、杨霞（2016）：《在个人与政治之间——邓颖超的革命经历与女性主体意识建构》，《妇女研究论丛》第 2 期。

8. 陈娜娜、冯杰（2019）：《日常·性别·欲望：民国时期烫发问题的再审视》，《河北大学学报（哲学社会科学版）》第 6 期。

9. 陈蕊、蔡胜（2019）：《民国时期淮北乡村的女性放足——兼与江南地区的比较》，《安徽师范大学学报（人文社会科学版）》第 2 期。

10. 程文侠、李慧（2019）：《革命目标的裂变与群众路线的转向：1940 年代中共妇女政策的温和化》，《社会》第 3 期。

11. 池子华（2017）：《"惠工"福利何以成"祸工"之举——1924 年祥经厂女工宿舍大火及舆情反应》，《社会科学战线》第 3 期。

12. 丛小平（2016）：《20 世纪中期革命文学中母女传承的转型与家国关系——兼论女作家袁静及其作品》，《开放时代》第 3 期。

13. 崔苗苗（2019）：《民国时期女性健康传播研究——以〈妇女杂志〉为例》，《文化与传播》第 4 期。

14. 董佳贝（2018）：《霓裳 才媛 阶层——晚清出使日记中的西方女性（1866～1895）》，《安徽大学学报（哲学社会科学版）》第 5 期。

15. 董丽敏（2016）：《延安经验：从"妇女主义"到"家庭统一战线"——兼论"革命中国"妇女解放理论的生成问题》，《妇女研究论丛》第 6 期。

16. 董丽敏（2017）：《组织起来："新妇女"与"新社会"的构建——以延安时期的妇女纺织生产运动为中心的考察》，《妇女研究论丛》第 6 期。

17. 董玉梅（2018）：《抗战时期妇女社会教育与农村社会变迁——以晋北抗日根据地为例》，《历史教学（下半月刊）》第 5 期。

18. 杜佩红（2016）：《民族、女性与商业——社会史视角下的旗袍流行》，《民俗研究》第 3 期。

19. 杜清娥、岳谦厚（2016）：《太行抗日根据地女性婚姻家庭待遇及其冲突》，《安徽史学》第 3 期。

20. 方云军（2020）：《近代加拿大联合教会女差会在四川的医疗活动及其影响》，《宗教学研究》第 4 期。

21. 封磊（2020）：《文明史·性别史·东亚史·博览会的集结展示：再审"人类馆"事件》，《妇女研究论丛》第 1 期。

22. 冯成杰（2016）：《民国时期乡村性别比例问题述评——以 1920～1930 年代华北乡村为中心》，《人文杂志》第 12 期。

23. 冯剑侠（2019）：《悲愤与痛苦：五四妇女解放运动中的情感动员——以天津为中心》，《中国地质大学学报（社会科学版）》第 3 期。

24. 高丽锋（2017）：《五四时期北京女学界联合会述论》，《学理论》第 11 期。

25. 高世瑜（2020）：《中国妇女史研究百年回眸》，《陕西师范大学学报（哲学社会科学版）》第 4 期。

26. 高翔宇（2016）：《胡彬夏与"改良家庭"的女性论述——兼论"五四"新文学"家"观念的源流》，《海南大学学报（人文社会科学版）》第 2 期。

27. 高翔宇（2018）：《性别、战争与国族的变奏及书写——以关露为中心的考察》，《妇女研究论丛》第 5 期。

28. 高正（2019）：《清末民国时期女性消费与室内陈设范式的转型》，《郑州大学学报（哲学社会科学版）》第 6 期。

29. 耿磊（2016）：《婚姻案件中的根据地乡村妇女——以 20 世纪 40 年代涉县为中心的考察》，《聊城大学学报（社会科学版）》第 3 期。

30. 关佩（2019）：《话语塑造身体：民国女性自杀的社会意义构建——以 1937 年大夏大学女生贺其华自杀事件为例》，《唐山师范学院学报》第 5 期。

31. 郭燕平（2016）：《农村性别观念的现代性改造——以 20 世纪 50 年代陕西地区的流动放映为例》，《妇女研究论丛》第 6 期。

32. 杭苏红（2016）：《"观念解放"还是"情感解放"？——民初湖南新女性"离家"的实践困境》，《妇女研究论丛》第 1 期。

33. 何芳（2017）：《"去性别化"：清末女学堂中的身体改造》，《青年发展论坛》第 2 期。

34. 何旻（2017）：《晚清女子演说与"新女界"建构的身份认同》，《中州学刊》第 9 期。

35. 何玮（2017）：《"新女性"的诞生与近代中国社会——兼论与日本之比较》，厦门大学出版社。

36. 何一民、韩英（2016）：《禁锢中的变迁：民国时期新疆妇女地位变迁》，《兰州学刊》第 4 期。

37. 何卓恩、桂运奇（2017）：《滋补广告与民初内地女性文化——基于长沙〈大公报〉

（1915～1926）韦廉士红色补丸系列广告的分析》，《兰州学刊》第 12 期。

38. 贺桂梅（2020）：《人民文艺中的婚姻家庭叙事与妇女解放的历史经验》，《妇女研究论丛》第 3 期。

39. 侯杰、常春波（2018）：《清末民初女学性别空间探析》，《郑州大学学报》第 4 期。

40. 侯杰、丛菁华（2020）：《清末民初媒体视域中的名媛宦妇形象——以吴芝瑛为例》，《南开学报（哲学社会科学版）》第 4 期。

41. 侯杰、封磊（2018）：《女堂倌与晚清上海社会新论——以"周小大案"为中心》，《河北学刊》第 1 期。

42. 侯杰、刘依尘（2018）：《日本侵华战争时期女明星的形象建构——以李香兰为例》，《安徽史学》第 1 期。

43. 侯杰、马晓驰（2019）：《抗战后惩治女汉奸的媒介话语解析——以川岛芳子为中心》，《安徽史学》第 2 期。

44. 侯杰、孙巍溥（2017）：《性别视域中的家国权力——以慈禧太后为例》，《烟台大学学报（哲学社会科学版）》第 4 期。

45. 侯杰、王凤（2016）：《从传统到近代：民间年画与中国女性生活——以杨柳青年画为中心的考察》，《妇女研究论丛》第 5 期。

46. 侯杰、赵天鹭（2016）：《抗战时期国统区"妇女合作运动"探析（1942～1945）——以〈妇女合作运动〉为中心》，《安徽史学》第 1 期。

47. 侯艳兴（2016）：《自我认同、媒体炒作与知识分子的舆论建构——1934 年龚尹霞女士自杀的意义解析》，《妇女研究论丛》第 4 期。

48. 胡玉坤（2016）：《人民公社时期大田农作的女性化现象——基于对西部两个村落的研究》，《妇女研究论丛》第 3 期。

49. 黄蕾（2019）：《银行女性职员职业发展问题研究——以民国时期上海为中心的考察》，《福州大学学报（哲学社会科学版）》第 5 期。

50. 黄湘金（2017）：《民初新女性"自由结婚"的难局——舆论和文学中的周静娟案》，《文学评论》第 5 期。

51. 黄湘金（2019）：《威权的失落与主体的新变——吕惠如与南京女学风潮谳论》，《南开学报》第 2 期。

52. 黄湘金（2020）：《地方士绅与晚清女学》，《苏州大学学报》第 3 期。

53. 姬丽萍、罗艳（2020）：《蔡畅与 20 世纪中国妇女运动》，《百年潮》第 5 期。

54. 冀震宇、白中阳（2020）：《女子职业教育的发端：近代女工传习所社会价值探析》，《内蒙古大学学报（哲学社会科学版）》第 1 期。

55. 江沛、王微（2016）：《"三寸金莲"之变：华北中共根据地的政治动员与女性身体》，《福建论坛（人文社会科学版）》第 1 期。

56. 姜卫玲（2018）：《知识女性多元话语的媒介呈现——基于近代女性报刊的考察》，《山东女子学院学报》第 4 期。

57. 姜云飞（2019）：《政治、消费、性别：时尚场域中的意识形态角力图谱——以 20

世纪 30 年代"摩登女郎"为例的考察》，《求是学刊》第 6 期。

58. 蒋正阳（2020）：《社会达尔文主义视角下的民初妇女运动》，《天府新论》第 2 期。

59. 经先静（2017）：《社会性别视角下的 20 世纪 30 年代上海女工需求研究》，《兰台世界》第 3 期。

60. 孔煜也（2019）：《三八饭店盛开革新花："大跃进"时期的妇女与技术劳动》，《妇女研究论丛》第 5 期。

61. 黎黎（2017）：《新女性与旧道德：晚清女学与舆论纷争——以私娼梁亚玲假冒女学生事件为视点》，《新闻与传播研究》第 1 期。

62. 李净昉（2018）：《五四时期天津青年社团与媒体的性别解析》，《郑州大学学报（哲学社会科学版）》第 4 期。

63. 李世鹏（2019）：《社会期待与女性自觉——20 世纪二三十年代民意调查中的典范女性形象》，《妇女研究论丛》第 5 期。

64. 李淑蘋（2016）：《清末民初媒体对女性职业的认知》，《暨南学报（哲学社会科学版）》第 6 期。

65. 李淑蘋、侯雪浩（2016）：《近代报刊视域中女性职业的发展》，《晋阳学刊》第 5 期。

66. 李淑蘋、江芬（2016）：《民国时期底层职业妇女探析——以广州茶楼女招待为个案》，《安徽史学》第 5 期。

67. 李杨（2016）：《歧路纷出，何处是归程？——民国时期知识女性在事业与家庭上的两难选择》，《北京社会科学》第 6 期。

68. 李贞玉（2016）：《晚清革命书写中的烈女想象》，《妇女研究论丛》第 1 期。

69. 梁苑茵（2020）：《农忙托儿所与乡村再造——李準〈农忙五月天〉里的制度与人心》，《妇女研究论丛》第 6 期。

70. 林怡（2020）：《社会变革中的女性：清末民初福建名士的女性题材书写》，《福州大学学报（哲学社会科学版）》第 1 期。

71. 刘磊（2017）：《性别·媒介·符号：公共话语中的阮玲玉》，《山东女子学院学报》第 3 期。

72. 刘莉、周晶（2018）：《民国时期回族女性作者的报刊书写论析》，《回族研究》第 3 期。

73. 刘宁元（2016）：《清末北京最早的妇女报刊和团体》，《历史档案》第 1 期。

74. 刘人鹏（2017）：《〈天义〉的无政府共产主义视野与何震的"女子解放"》，《妇女研究论丛》第 2 期。

75. 刘人鹏（2019）：《何震的女子非军备主义论及其论述语境》，《妇女研究论丛》第 2 期。

76. 刘蕊（2020）：《塑造与进步：中国近代盲女的教导与角色——以北京盲人学校为例（1874~1911）》，《山东女子学院学报》第 2 期。

77. 刘希（2017）：《对"妇女解放"的认知——1949~1964 年三份妇联刊物中底层妇

女自述初探》，《妇女研究论丛》第 6 期。

78. 刘筱红、余成龙（2018）：《集体化时期农村妇女生育意愿的变化：制度系统性调适视角——基于湖北省多点口述史与鄂北冯村的研究》，《妇女研究论丛》第 1 期。

79. 刘训茜（2018）：《演剧、性别与发声：1923 年北方知识阶层的"女子参艺"与"纯阳性讨论"》，《妇女研究论丛》第 1 期。

80. 刘亚（2018）：《"解放"的历程——20 世纪 50 年代华南农村妇女的生产与社会再生产》，《开放时代》第 4 期。

81. 刘怡君、高乐才（2018）：《试析伪满洲国时期日本对中国东北妇女的控制》，《社会科学战线》第 12 期。

82. 马冬玲（2018）：《近代护理职业女性化中的性别协商》，《中华女子学院学报》第 4 期。

83. 孟小良（2020）：《清代后期户绝女子的财产继承权探析——以档案史料为中心进行考察》，《文化学刊》第 10 期。

84. 欧阳湘（2020）：《近代中国女性执律师业的确立考论——兼论南京政府律师制度的"法统"传承》，《中国国家博物馆馆刊》第 6 期。

85. 潘琳（2019）：《英华书院与晚清女子教育》，《国际汉学》第 1 期。

86. 庞少哲（2020）：《"匹妇"有责：女性在抗战中的角色与作用——以湘桂抗战为例》，《山东女子学院学报》第 3 期。

87. 秦方（2016）：《近代反缠足话语下的差异视角——以 19 世纪末天津天足会为中心的考察》，《妇女研究论丛》第 3 期。

88. 秦方（2017）：《从幽闭到出走——清末民初女性困顿 - 解放话语形成及实践》，《妇女研究论丛》第 4 期。

89. 秦方（2018a）：《被记住的与被遗忘的：近代有关"七出""三不去"的话语演变》，《妇女研究论丛》第 6 期。

90. 秦方（2018b）：《制造吕碧城：晚清女性公共形象的生成与传播》，《南开学报（哲学社会科学版）》第 2 期。

91. 秦方（2020）：《在历史与性别之间——大陆地区近代中国妇女史研究的知识史路径》，《妇女研究论丛》第 6 期。

92. 秦雅萌（2017）：《"木兰从军"故事的现代讲述——以抗战时期的上海、桂林为中心》，《妇女研究论丛》第 1 期。

93. Spakowski, N.、单佳慧（2020）：《延安妇女劳动英雄与新中国妇女的诞生》，《妇女研究论丛》第 3 期。

94. 史伟明（2016）：《晚清女传教士在华差传与中国女性启蒙——以福建为中心的考察》，《江西师范大学学报（哲学社会科学版）》第 2 期。

95. 宋青红（2017）：《张默君女性启蒙思想及实践管窥》，《历史教学（下半月刊）》第 9 期。

96. 宋青红、耿焕玲（2018）：《妇女动员与性别解放视野下〈妇女月刊〉研究》，《青海民族大学学报》第 2 期。

97. 宋青红、刘怡妨（2020）：《从妇女协会到妇女会：抗日战争时期浙江省妇女团体》，《商丘师范学院学报》第 4 期。

98. 宋青红、刘怡妨（2020）：《抗战时期的四川妇女会》，《沈阳师范大学学报》第 3 期。

99. 宋青红、叶蔚林（2019）：《记近代著名的女教育家曾宝荪》，《社会科学论坛》第 2 期。

100. 宋少鹏（2016a）：《"西洋镜"里的中国与妇女——文明的性别标准和晚清女权论述》，社会科学文献出版社。

101. 宋少鹏（2016b）：《媒体中的"慰安妇"话语——符号化的"慰安妇"和"慰安妇"叙事中的记忆/忘却机制》，《开放时代》第 3 期。

102. 宋少鹏（2016c）：《何殷震的"女界革命"——无政府主义的妇女解放理论》，《妇女研究论丛》第 1 期。

103. 宋少鹏（2018）：《立足问题，无关中西：在历史的内在脉络中建构的学科——对中国"妇女/性别研究"的思想史考察》，《妇女研究论丛》第 5 期。

104. 宋少鹏（2020）：《价值、制度、事件："男女同工同酬"与劳动妇女主体的生成》，《妇女研究论丛》第 4 期。

105. 宋雪（2020）：《闺媛与国事：戊戌六君子遗孀的生命际遇》，《妇女研究论丛》第 1 期。

106. 苏全有（2017）：《论民国女性抽烟风习及其成因》，《福建论坛（人文社会科学版）》第 5 期。

107. 苏智良（2016）：《中国"慰安妇"真相》，南京出版社。

108. 苏智良、姚霏、陈丽菲（2016）：《侵华日军"慰安妇"问题研究》，中共党史出版社。

109. 孙秀玲（2016）：《民族国家建设场域中的女子教育变革——以晚清女子学堂为中心》，《妇女研究论丛》第 2 期。

110. 谭琳主编（2017）《历史书写中的女性话语建构：中国妇女/性别史研究集萃》，中国书籍出版社。

111. 唐剑彦、郭双林（2019）：《"强种强国"：抗战动员与广西新女性形象的构建》，《广西社会科学》第 12 期。

112. 唐姆嘉（2017）：《20 世纪 30 年代社会媒介的"摩登女性"想象》，《妇女研究论丛》第 5 期。

113. 田红湖（2016）：《近代溺女风气中的嫁妆问题》，《唐山师范学院学报》第 1 期。

114. 田涛（2019）：《1902~1911 年天津县女性自杀情况考察》，《经济社会史评论》第 3 期。

115. 仝群旺（2016）：《20 世纪 30 年代国货年运动中的家庭主妇访问研究》，《学术探索》第 9 期。

116. 童莹（2019）：《女子演说与早期女性解放——对 1919 年天津女界爱国同志会讲演活动的考察》，《汉语言文学研究》第 3 期。

117. 万琼华、石临风（2016）：《"五四"前湖南知识男性对"节妇烈女"的再现——

以湖南〈大公报〉（1915~1919）为中心》，《云梦学刊》第2期。

118. 万笑男（2019）：《"像李双双一样表演"——以张瑞芳为个案的研究（1960~1964）》，《妇女研究论丛》第3期。

119. 万笑男、朱丽丽（2020）：《从"帮忙看孩子"到"为共产主义培育幼苗"——山东农村保教人员研究（1951~1961）》，《妇女研究论丛》第6期。

120. 王笛（2019）：《"茶博士"：抗战时期成都茶馆的工人、职场文化与性别冲突》，《四川大学学报（哲学社会科学版）》第1期。

121. 王冬梅（2017）：《新中国成立初期〈婚姻法〉的宣传和贯彻实施——以福建省惠安县惠东地区为例》，《妇女研究论丛》第1期。

122. 王栋亮（2018）：《民国时期知识界对知识女性独身问题的思考》，《安徽史学》第5期。

123. 王家保（2020）：《民国时期宁夏地区女性地位变迁探究（1929~1938）》，《宁夏大学学报（人文社会科学版）》第6期。

124. 王莉莉、岳谦厚（2020）：《从"解放妇女"到"妇女解放"——1949年前后晋西北农村妇女分工变化之考察》，《安徽史学》第5期。

125. 王楠（2016）：《资源、技术与政策：妇女的角色转变——以近现代的胶东渔村为例》，《妇女研究论丛》第2期。

126. 王蕊（2020）：《清末民初北方乡村女性的慈善捐赠与家产处分权》，《东岳论丛》第5期。

127. 王若颖（2020）：《近代中国母亲问题的研究与反思》，《历史教学问题》第1期。

128. 王若颖（2019）：《论近代中国母性主义思想的产生与影响》，《历史教学（下半月刊）》第5期。

129. 王天根（2018）：《清末新政官绅纷争与北洋女子公学兴衰》，《史学月刊》第7期。

130. 王微（2018）：《传统、革命与性别：20世纪40年代华北乡村女性婚姻探析》，《山西师大学报（社会科学版）》第3期。

131. 王炜伟（2017）：《"女子的出路越多，堕落的机会也越多"？——从天津服务业女招待看民国城市女性职业发展困境》，《晋阳学刊》第3期。

132. 王小蕾（2019）：《革命的想象：〈红色娘子军〉中女革命者形象叙事规范的生成及更新（1956~1976）》，《妇女研究论丛》第3期。

133. 王小蕾（2016）：《杨三姐告状案：民初女性诉讼案中的道义、法律与舆情》，《妇女研究论丛》第4期。

134. 王晓慧（2016）：《生命历程与大学开女禁——以邓春兰上书事件为中心》，《中华女子学院学报》第5期。

135. 王晓慧（2017）：《1922年清华停送专科女生留美始末》，《现代大学教育》第3期。

136. 王晓慧（2018）：《转型堕距与民国时期青年女性的自杀——以〈妇女杂志〉的三个案例为分析中心》，《华中科技大学学报（社会科学版）》第3期。

137. 王晓慧（2019a）：《全球史视野下的清华专科女生留美教育述略》，《全球史评论》第1期。

138. 王晓慧（2019b）：《平权诉求、反体制行动与体制之困——20 世纪 20 年代清华"男女同学"运动的历史研究》，《教育学报》第 5 期。

139. 王晓慧（2020）：《"失败"的隐喻——对 20 世纪 30 年代江苏有关女子教育言论的研究》，《中华女子学院学报》第 1 期。

140. 王亚莉、岳谦厚（2016）：《陕甘宁边区的妇女生育与妇婴保健问题》，《福建论坛（人文社会科学版）》第 1 期。

141. 王燕（2016）：《从"阴阳"到"性别"——现代中国"性"概念的缘起与价值观的转向》，《史林》第 6 期。

142. 王燕（2019）：《晚清至民国"劳动"观下的妇女家庭劳动》，《华东师范大学学报（哲学社会科学版）》第 6 期。

143. 王瀛培（2017）：《团结与改造：从旧产婆到社会主义接生员——以上海为例的讨论》，《妇女研究论丛》第 4 期。

144. 王瀛培（2018）：《"旧中国"经验与"新中国"道路：杨崇瑞和中国妇幼卫生理论与实践的起源》，《妇女研究论丛》第 6 期。

145. 王瀛培（2020）：《新中国成立初期上海助产士的式微及其原因（1949~1966）》，《妇女研究论丛》第 2 期。

146. 王瀛培、徐华博（2017）：《"黄陆案"：民国上海的婚姻悲剧与婚恋之社会问题》，《安庆师范大学学报（社会科学版）》第 4 期。

147. 王颖（2018）：《走出家庭与巩固家庭：抗日战争时期陕甘宁边区的妇女解放（1937~1945）》，《开放时代》第 4 期。

148. 吴晓璐（2020）：《女性、家庭与国家：战时重庆女性日常生活中的生育与妇产医疗》，《河北师范大学学报（哲学社会科学版）》第 4 期。

149. 吴燕、张汝、许良（2018）：《民国妇女婚姻变革中的家庭财产观——基于民国婚姻讼案的考察》，《四川师范大学学报（社会科学版）》第 2 期。

150. 夏蓉（2019）：《新女性与抗日战争——以吴菊芳为例》，《广东社会科学》第 5 期。

151. 夏卫东（2016）：《性别与革命：近代以来秋瑾形象转换的考察（1907~1945）》，《民国档案》第 1 期。

152. 夏卫东（2019）：《抗战时期的浙江妇女会》，《杭州师范大学学报》第 2 期。

153. 夏晓虹（2016）：《晚清女子国民常识的建构》，北京大学出版社。

154. 夏晓虹（2020a）：《晚清北京女学人物发覆》，《北京社会科学》第 7 期。

155. 夏晓虹（2020b）：《晚清戏曲中的"新女儿"——三篇传奇内外的人物》，《中华文史论丛》第 2 期。

156. 肖朗、刘璐（2019）：《"文明"的误解：从清末画报看近代中国启蒙观念的内在矛盾》，《社会科学战线》第 6 期。

157. 徐明强、宋少鹏（2018）：《集体互助与妇女解放——北京地区街道托幼机构的兴起（1954~1957）》，《妇女研究论丛》第 3 期。

158. 徐宁（2016）：《筛检和扬弃：近代江南女校教育中的传统文化》，《上海师范大学学报》第 3 期。

159. 徐涛（2020）：《自行车与近代中国女性（1868~1949）》，《史林》第 1 期。

160. 徐雅宁（2020）：《清末民初时期女性主义思潮与中国早期电影》，陕西人民出版社。

161. 许徐（2017）：《解放的革命性想象："工农新女性"宣传画的发生学考察——以〈红色中华〉与〈妇女杂志〉的比较为中心》，《学习与探索》第 8 期。

162. 闫娜轲（2017）：《羸弱与担当：灾荒视域下的清代妇女及其家庭反哺——以〈流民记〉为中心的考察》，《华侨大学学报（哲学社会科学版）》第 4 期。

163. 严梅梅（2019）：《南京国民政府时期女学生的婚恋观（1927~1937）》，《当代青年研究》第 4 期。

164. 央珍、强俄巴·次央（2017）：《民国时期内地人眼中的藏族妇女——以近代妇女期刊的有关刊载为例》，《中央民族大学学报（哲学社会科学版）》第 3 期。

165. 杨笛、金一虹（2017a）：《技术、性别与社会变迁——20 世纪 20~40 年代费达生与她的女性团队技术实践研究》，《江海学刊》第 4 期。

166. 杨笛、金一虹（2017b）：《以合作组织抗衡巨型资本——费达生 20 世纪上半叶的合作理想和实践》，《妇女研究论丛》第 6 期。

167. 杨笛（2016）：《冲破科学的性别樊篱——金陵女子大学的教育实践及其启示》，《妇女研究论丛》第 1 期。

168. 杨剑利（2018）：《以女俗论教化：晚清来华传教士的"文明"教程》，《北京大学学报（哲学社会科学版）》第 1 期。

169. 杨可（2018）：《摩登时代的女红传统——国货毛衣赛美大会背后的新闺范》，《妇女研究论丛》第 6 期。

170. 杨力（2019）：《中国现代性观念的起源："五四"科学语境中的性话语分析》，《四川大学学报（哲学社会科学版）》第 6 期。

171. 杨联芬（2016）：《解放的困厄与反思——以 20 世纪上半期知识女性的经验与表达为对象》，《南开学报（哲学社会科学版）》第 4 期。

172. 杨庆武（2016）：《民国时期上海女监人犯死亡问题述略》，《历史教学（下半月刊）》第 8 期。

173. 姚霏、鞠茹（2018）：《医疗内外的社会性别——近代中国子宫癌的认知、发病与诊疗研究》，《妇女研究论丛》第 6 期。

174. 姚霏、马培（2017）：《街头的性别与国族——上海"三八"国际妇女节游行研究（1936~1951）》，《妇女研究论丛》第 1 期。

175. 叶青（2017）：《革命动员视域下的中央苏区妇女与农业生产》，《学术评论》第 5 期。

176. 叶维维（2016）：《国民革命时期的宋庆龄与妇女运动》，《山东女子学院学报》第 5 期。

177. 易凤林（2017）：《"被打开的新空间"：革命文艺与江西苏区农村妇女的生活》，《苏区研究》第 2 期。

178. 尹斯洋（2019）：《消费与被消费：民国西式餐饮空间中的女性》，《北京科技大学学报（社会科学版）》第 5 期。

179. 游海华、叶潘虹（2019）：《全面抗战时期中国东南区域的妇女动员与救亡》，《日本侵华南京大屠杀研究》第 3 期。

180. 余华林（2020）：《20 世纪二三十年代知识界对贞操的现代诠释》，《近代史研究》第 3 期。

181. 岳国芳、王晓荣（2016）：《延安时期〈中国妇女〉月刊与中共妇女观》，《东岳论丛》第 9 期。

182. 曾繁花（2016）：《国族观念下近代中国构建女性审美的艰难（1927~1937）》，《兰州学刊》第 4 期。

183. 翟晗（2020）：《国家想象之镜：中国近代"女权"概念的另一面》，《政法论坛》第 4 期。

184. 翟菁（2017）：《集体化下的童年："大跃进"时期农村幼儿园研究》，《妇女研究论丛》第 2 期。

185. 张丽（2016）：《性别、社会与教育：清末民国的潮汕女子兴学》，《中华女子学院学报》第 2 期。

186. 张丽虹（2020）：《近代云南妇女观念与行为变化研究》，《云南民族大学学报（哲学社会科学版）》第 4 期。

187. 张琳、高福美（2018）：《古都里的"青春"：1930 年代北平女大学生的媒介映像与日常生活》，《福建论坛》第 11 期。

188. 张玮、王莹（2016）：《华北及陕甘宁抗日根据地女性英模的生活》，《安徽史学》第 5 期。

189. 张新璐（2020a）：《〈女学报〉的公共舆论空间与女性主体意识》，《新闻与传播研究》第 2 期。

190. 张新璐（2020b）：《梁启超〈近世第一女杰罗兰夫人传〉的传记策略与女性设计》，《妇女研究论丛》第 6 期。

191. 张鑫（2016）：《抗战前〈申报〉化妆品广告中女性形象变迁——兼论"女性美"的构建》，《历史教学（下半月刊）》第 12 期。

192. 张秀丽（2016a）：《民国北京婢女问题研究》，北京师范大学出版社。

193. 张秀丽（2016b）：《民国时期北京虐婢透析及社会舆论》，《郑州大学学报（哲学社会科学版）》第 1 期。

194. 张学玲（2019）：《彷徨与苦闷：家事和职业间的民国职业女性》，《宁夏社会科学》第 3 期。

195. 张雨新、付建成（2018）：《抗战时期陕甘宁边区农村的生育变迁——以米脂县为中心的考察》，《河北学刊》第 4 期。

196. 章梅芳、李京玲（2020）：《缝纫机与晚清民国女性身份的建构》，《科学文化评论》第 4 期。

197. 章梅芳、李倩（2016）：《〈妇女杂志〉与民国女性的科学启蒙》，《妇女研究论丛》第 5 期。

198. 章原（2016）：《民国女医的性别焦虑与身份认同——以民国女医刊物为中心的分析》，《南京中医药大学学报（社会科学版）》第1期。

199. 赵佳佳（2020）：《全面抗战时期中国共产党领导的广东妇女运动》，《深圳社会科学》第3期。

200. 赵婧（2018）：《医学、职业与性别——近代女子习医论再探》，《妇女研究论丛》第6期。

201. 赵婧（2020）：《近代上海女医群体的形成——以社会网络为视角的考察》，《史林》第3期。

202. 赵晓华（2016）：《晚清灾荒中的妇女拐卖及法律惩处》，《兰州学刊》第9期。

203. 赵妍杰（2020）：《从合礼到非法：民初纳妾制度的负面有罪化》，《河北学刊》第2期。

204. 郑晓（2019）：《试论民国女装变革的文化内涵》，《文化学刊》第5期。

205. 周慧梅、高真（2020）：《母教比赛会与女性国民形象塑造——以1934年江苏省第一届母教比赛会为中心》，《北京教育学院学报》第3期。

206. 周锦涛（2016）：《抗战时期陕甘宁边区农村女性生产运动》，《党史研究与教学》第2期。

207. 周锦涛（2017）：《抗战后期知识女性青年从军运动述评》，《湘潭大学学报》第1期。

208. 周蕾（2017）：《冲突与融合——抗战时期中国共产党家庭政策的变革》，《妇女研究论丛》第3期。

209. 周立英（2019）：《抗战时期云南妇女战地服务团史实考证三则》，《云南民族大学学报》第1期。

210. 朱晓芳、黄顺力（2019）：《全面抗战初期对女学生的爱国宣传和参战动员——以民国期刊为中心的考察（1937~1939）》，《福建论坛》第6期。

211. 庄细细（2021）：《近代中国妇女团体慈善活动研究（1890~1949）》，博士学位论文，湖南师范大学。

研　究　成　果　选　介

男女平等价值观研究与相关理论探讨

"男女平等价值观研究与相关理论探讨"是 2012 年国家社会科学基金（文化类）重大项目，项目批准号：12&ZD035。课题首席专家为十一届全国人大常委会副委员长、全国妇联原主席陈至立，主要参与人为谭琳、姜秀花、吕红平、刘利群、马焱等，合作单位包括北京大学马克思主义学院、中国传媒大学媒介与女性研究中心、河北大学人口研究所、中华女子学院社会工作学院、全国妇联妇女研究所等。该课题于 2012 年 4 月开题，2017 年 8 月结项。

1. 研究目的与内容

实现男女平等价值观是我国社会主义核心价值体系的重要内容和社会主义文化大发展大繁荣的重要任务。同时，男女平等价值观又有自身的系统性。为把男女平等价值观这个抽象的核心概念具体化，本课题从四个维度，即如何看待作为个体的女性/男性、如何看待男女两性之间的关系、如何看待男女两性与家庭的关系、如何看待男女两性与社会/国家/民族之间的关系进行研究。

本课题系统阐述男女平等价值观的理论内涵、理论基础和思想来源；分四个人群，选取五个典型法律政策，考察不同人群/不同领域对男女平等价值观的认同/体现状况，这也是之前相关研究未曾涉猎过的。从理论观点来看，本课题首次定义了男女平等价值观的理论内涵，同时，从四个维度系统梳理了马克思列宁主义男女平等理论、毛泽东思想中的男女平等理论和中国特色社会主义男女平等理论，系统挖掘了传统文化中性别平等元素，以及国际妇女运动理论中可资借鉴的思想成果，丰富和发展了社会主义核心价值观研究。可以说，相对于本领域已有研究成果，本研究更具系统性、理论性，研究内容更加丰富，提出的对策建议更加有针对性和可操作性。

2. 项目进展情况

本课题于 2012 年 4 月立项，9 月在安徽合肥召开课题开题会。为深入、及时了解当前我国不同群体对男女平等价值观的认同状况，2015 年 1~8 月，课题组分别赴广东、湖北、上海、陕西、黑龙江、北京、宁夏、山东、河北等地进行调研访谈，访谈对象有 200 多个，获得了逾百万字的第一手资料。课题组还通过对中国 5 个省的五档新闻节目，自 2013 年 1 月 1 日至 12 月 31 日全年播出的期数分层随机抽取的新闻进行性别监测，对东/西/南/北/中媒体传播内容及特征进行考察。为调研媒体工作者的性别意识和媒体生产机制中的性别状况，课题组于2015 年 7~8 月通过滚雪球方式开展了网络问卷调查。此外，课题组通过案例分析的方式，对五个典型法律政策进行文本分析，以探讨法律政策秉承的价值理念以及对男女平等价值观的体现情况。2016 年 12 月，课题组赴我国台湾地区考察了当地的男女平等价值观培育和践行状况。在课题研究过程中，课题组对该研究框架和研究内容进行了反复讨论和修改，共召开 13 次较大规模的研讨会、30 余次小型讨论会。2017 年 6 月课题组完成了总课题报告（11.7 万字）和五个子课题报告（27.3 万字），共计 39 万字。

3. 研究成果形式

该课题在《妇女研究论丛》《云南民族大学学报》等核心期刊上发表 26篇学术论文，在《人民日报》《光明日报》《中国妇女报》等国家级报纸上发表 43 篇文章，此外研究成果还通过内参上报，得到中宣部领导批示。该课题研究最终成果为专著《男女平等价值观研究》，于 2020 年 7 月由人民出版社出版。

4. 研究价值和影响

课题组以学术论文、报刊评论、网络热点文章等多种形式积极回应当下的理论与现实问题，对在全社会培育和践行男女平等价值观和社会主义核心价值观起到很好的宣传、引领作用。课题组还通过"性别研究视界""中国妇女报"等微信公众号刊载本课题的系列研究成果。刊载的这些研究成果，阅读点击量大，产生了很好的理论服务实践的效果。课题组在提交给国家社会科学基金成果要报的基础上撰写的《大众传媒在传播男女平等观念方面存在的'三个不充分'问题》，被全国妇联办公厅发的《妇工要情》（2015 年第 112 期）采纳刊发，中宣部领导刘奇葆同志看到此稿后高度重视并做出批示，要求提高媒体人的性别平等意识。课题组成员还通过参加相关部门的工作会议，比如参加中央电视台的广告策划会，直接将本课题研究成果应用于对实践的指导。此外，课题组还通过参加学术会议、赴台交流等方式，与更多的专家学者、实践工作者分享本课题的研究成果，扩大了研究成果的社会影响力。

中国特色社会主义法治体系建设中的
妇女权益保障研究

"中国特色社会主义法治体系建设中的妇女权益保障研究"是 2014 年国家社会科学基金特别委托项目，项目批准号：14@ZH061。课题首席专家为全国妇联原副主席、书记处第一书记宋秀岩，主要参与人有杜洁、林建军、刘小楠、王竹青、张荣丽等。合作单位包括全国妇联妇女研究所、中国政法大学、北京科技大学、中华女子学院等。该课题于 2014 年开题、2017 年结题。

1. 研究目的与内容

本研究的主要目的是梳理中国特色社会主义法治体系建设中完善妇女权益保障的理论成果、实践成果、制度成果，总结新时代中国妇女权益保障的特点与经验，探讨如何在推进科学立法、严格执法、公正司法和全民守法过程中贯彻落实男女平等的宪法原则，完善妇女权益保障的法律体系与制度机制。

本课题的主要研究内容包括如下三个方面。一是中国妇女权益保障的指导思想、法律体系与运行机制，通过对这三个维度的分析，厘清中国妇女权益保障的价值理念、法律依据及运行机制等。二是中国妇女权益保障的重点难点问题，聚焦妇女政治权利、就业权益、财产和婚姻家庭权益、人身权利等妇女权益保障关键领域的重点难点问题，梳理和分析相关领域在立法、执法和司法方面的进展与经验、不足与挑战，提出进一步完善相关法律规范和制度机制的对策建议。三是妇联组织在中国妇女权益保障中的作用，厘清妇联组织在中国妇女权益保障中的地位，总结妇联组织参与全面依法治国的历程与经验，并就进一步增强妇联组织的作用提出建议。

2. 项目进展情况

课题开展的三年间，课题组运用文献研究、实证研究等方法，收集整理了包括中央文件、法律文本、创新实践和司法案例以及学术研究成果等在内的大量文献资料，赴黑龙江、江苏、山东、河北、湖南、广东、浙江等地开展实地调研，收集了大量一手资料，多次组织召开专家座谈会，进行深入交流研讨，深化研究思考和理论创新。课题组先后召开数十次不同规模的工作讨论会，就课题研究框架、研究方法、报告提纲、报告初稿等进行深入讨论，不断深化对研究问题的认识。课题组注重研究成果转化，通过撰写成果要报、起草两会提案建议、撰写妇女研究内参、对相关法律法规提出修改建议等方式，将研究成果转化为政策建议，递交相关立法和决策部门，为妇女权益保障法律法规的制定与实施提供参考。

3. 研究成果形式

到项目结题时止，课题组共发表了60多篇论文，提交了9份成果要报，起草了3份妇女研究内参，撰写并以全国妇联名义向全国人民代表大会和中国人民政治协商会议提交4份提案建议，参与《中华人民共和国民法典》（婚姻家庭编）、《中华人民共和国农村土地承包法》、《天津市妇女权益保障条例》和《江苏省妇女权益保障条例》等相关法律法规的讨论。项目最终成果《中国特色社会主义法治体系建设中的妇女权益保障研究》以学术专著的形式于2020年5月由中国妇女出版社正式出版。

4. 研究价值和影响

课题研究成果厘清了中国妇女权益保障的基本问题，丰富和发展了中国特色社会主义法治体系建设中妇女权益保障的理论；梳理分析了保障妇女权益法律体系的进展及问题，深入研究了妇女权益保障各领域的重点难点问题，提出有针对性的对策建议，有利于推动妇女权益保障法律体系和制度机制进一步完善；探讨了妇联组织在中国妇女权益保障中的作用，为妇联组织改革创新和源头参与提供参考。

课题组的研究成果对推进妇女权益保障和依法治国理论研究、推动保障妇女权益法律政策的完善产生了良好的社会影响。多份妇女研究内参和两会提案建议获得领导批示和相关部门采纳，其中《关于完善全面两孩政策的配套措施，为妇女平衡生育和就业创造有利条件的提案》（全国政协第十二届全国委员会第四次会议第4241号）被评为政协第十二届全国委员会优秀提案。

新时代中国特色社会主义妇女发展道路研究

"新时代中国特色社会主义妇女发展道路研究"是研究阐释党的十九大精神

国家社科基金专项课题，项目批准号：18VSJ105。课题首席专家为全国人大常委会副委员长、全国妇联主席沈跃跃，主要参与人有刘亚玫、杜洁、马焱、张永英等。该课题于 2018 年 3 月开题，2020 年 1 月结项。

1. 研究目的与内容

本课题在习近平新时代中国特色社会主义思想指导下，从新时代中国特色社会主义妇女发展道路的理论创新和实践经验总结两个维度，聚焦新时代中国特色社会主义妇女发展道路的指导思想、制度保障、工作实践和国际贡献四个层面，系统研究新时代中国特色社会主义妇女发展道路的成就与经验、特点与规律，为新时代坚定不移地走中国特色社会主义妇女发展道路提供理论和实践指导。

该课题的重点研究内容：一是从党的性质、奋斗目标、宗旨出发，论证坚持中国共产党的领导对实现妇女全面发展的根本意义以及新时代如何坚持党的领导；二是从社会主义国家人民政府的性质、地位和职能等角度，阐述政府承担主体责任的必然性；三是从妇女的价值和贡献角度，论述尊重妇女主体性的原因及方式方法；四是从反映妇女群众需求、发挥妇联组织职能与组织优势、夯实党的执政基础等角度出发，阐述新时代妇联组织的职能作用；五是从营造和谐包容的社会文化环境对于促进男女平等和妇女全面发展的影响出发，阐述社会文化环境与妇女发展的关系；六是从妇女是维护和平与发展的重要力量与妇女是一切不和平不安宁因素的最大受害者两个角度出发，阐述为妇女发展创造有利国际环境的必要性。

2. 项目进展情况

本课题于 2018 年 3 月在北京召开课题开题会。为深入开展研究，课题组查阅并系统学习相关文献，特别是习近平总书记系列重要讲话及系列读本，深入领会习近平新时代中国特色社会主义思想，总结新时代中国特色社会主义妇女发展道路的经验、特点与规律；2018 年 7 月至 2019 年 6 月，赴上海、陕西延安梁家河村、浙江杭州等地开展实地调研，深入了解习近平总书记在地方工作期间关于妇女和妇女工作的思想与实践等，探源习近平关于妇女和妇女工作重要论述的发展脉络；赴吉林、江苏、浙江、上海、宁夏、福建、云南、陕西等地召开 50 余场座谈会，广泛收集决策者、妇女工作者、专家学者等不同人群对新时代中国特色社会主义妇女发展道路相关问题的认识，了解新时代中国特色社会主义妇女发展道路的制度保障、妇联组织和妇联工作改革创新、国际贡献的进展与经验，存在的重点难点问题及对策建议；开展三次问卷调查，利用全国妇联妇女研究所已开展的妇女群众网上问卷调查、地市妇联主席问卷调查和女性社会组织问卷调查，进行定量数据分析，了解网络上妇女群众的生活工作思想状况以及对于妇联工作改革创新的需求，地市妇联主席对于妇联组织和妇联工作改革的认识与看法，以及女性社会组织的发展现状、在社会管理和社会服务中的作用、存在的问题及需求等。

3. 研究成果形式

该课题在《妇女研究论丛》《光明日报》《中国社会科学报》等核心期刊、国家级报纸上发表论文 39 篇；选编完成《习近平关于妇女儿童和妇联工作论述摘编》（内部学习材料），并以全国妇联名义发中国妇女十二大代表和相关党政部门及妇联组织。该课题成果还体现在中国妇女十二大会议文件和领导讲话起草中，课题组参与并圆满完成习近平总书记同全国妇联新一届领导班子成员集体谈话的重要讲话、赵乐际代表党中央在中国妇女十二大上的致辞、沈跃跃在中国妇女十二大上的闭幕词、人民团体在中国妇女十二大上的贺词等代拟稿起草撰写工作。

4. 研究价值和影响

课题组成员发表的理论文章在中国学术期刊网被下载 1000 余次。首席专家关于以习近平新时代中国特色社会主义思想为指导、深化中国特色社会主义妇女发展道路研究的文章，多次被学者引用、下载；关于习近平总书记关于妇女和妇女工作重要论述科学内涵的诠释、中国特色社会主义妇女发展道路的特质等文章，引发学术界广泛关注，引领对相关议题的研究探索；关于抵制封建"女德"的系列文章，在全国妇联官方微博发布，引起网友对该议题的积极响应和讨论，同时被新浪网、网易等门户网站转载，广泛传播了社会主义核心价值观；关于新时代家庭建设、妇联组织改革等系列文章，引发学界广泛关注及妇女工作者思考，对推动妇联改革具有一定参考价值；课题组撰写的相关研究内参获得相关部门和领导认可，为决策提供了信息和参考。

民法典婚姻家庭编（草案）的性别检审

"民法典婚姻家庭编（草案）的性别检审"项目是中国社会科学院妇女/性别研究中心立项课题，开题时间为 2019 年，结题时间为 2020 年；主要负责人是中国社会科学院法学所薛宁兰研究员，主要参与人有戴瑞君、谢海定等。

1. 项目背景及研究目的

党的十九大报告提出"推进科学立法、民主立法、依法立法，以良法促进发展、保障善治"的法治目标。项目以编撰中的民法典婚姻家庭编为研究对象，以"弘扬社会主义核心价值观"为研究导向，从法理学和国际人权法视角出发，将男女平等作为立法理念和基本原则，推进婚姻家庭编条款契合男女平等价值观要求，贯彻落实男女平等基本国策和宪法原则。

2. 项目开展的基本情况

2019~2020年，对进入立法审议不同阶段的民法典婚姻家庭编草案条文，通过组织举办小型研讨会，参加立法机关论证会、座谈会，撰写立法咨询书面意见、提交要报、发表论文等方式，就草案关键条款如何彰显男女平等价值观要求进行分析论证，提出书面修改建议。

2020年5月《民法典》通过后，课题组开展对婚姻家庭编理念及条文的宣传与解读。接受中央电视台、中国新闻社等国家级媒体专栏访谈，接受《南方周末》《文汇报》等地方媒体采访；应邀为中央国家机关、国有企业、高等院校以及上海、深圳两地妇联举办专题讲座，宣讲民法典婚姻家庭编在妇女权益保障和促进男女平等方面的坚守与创新。

3. 主要成果

课题成果从立法论和解释论两个层面，阐释民法典婚姻家庭编对男女平等价值观和宪法原则的体现。成果内容包括：①男女法定婚龄规定的完善；②确立夫妻共同生育权的必要性论证；③结婚制度对自然人婚姻自主权的保护与救济；④对市场经济条件下夫妻对共有财产享有平等处分权的保护；⑤离婚救济制度完善的性别分析；成果发表于《东方法学》《妇女研究论丛》《中国社会科学报》《中国妇女报》等报刊。在上述活动基础上，课题组提交研究报告《〈民法典〉婚姻家庭编的男女平等观》。

4. 研究价值/意义

课题价值主要体现为对民法典婚姻家庭编的立法推动。将性别视角和性别分析引入国家法律制定全过程的应用对策研究，同时，也是推动实现党的十九大报告提出的科学立法、提高立法质量要求的有益尝试。研究对于在理论上明晰法定婚龄，确立消除男女法定婚龄差的社会性别意义；从民法人格权法理出发，厘清自然人生育权与夫妻共同生育权的异同等都具有理论奠基价值。课题研究成果通过各种方式得到多方面应用；或被立法决策部门采纳，或解读国家最新立法，向社会各界传递男女平等主流价值观，获得广泛而积极的社会评价。

调整完善生育政策对城镇女性就业的影响机理研究

"调整完善生育政策对城镇女性就业的影响机理研究"是 2015 年国家社科基金年度项目，项目编号：15BRK035。项目负责人为杨慧，主要参与人员有张立、庄亚儿、姜全保、刘小楠、杨玉静、林丹燕。项目资金来源为国家财政拨款。开题时间和结项时间分别为 2015 年 9 月和 2019 年 12 月。

1. 项目背景及研究目的

党的十八大以来，党中央着眼于人口发展变化，及时调整完善生育政策，促进人口长期均衡发展。女性既是生育的主体，又是重要的人力资源，生育和就业作为女性生命历程中的重要事件，对城镇女性的生产生活和个人发展产生了重要影响。

研究目的为运用最新专项调查数据，深入探讨组织环境对城镇女性平衡生育与就业的保护作用，以及二孩生育与就业各指标间的相互关系，系统分析怀孕、产假、育婴分别给城镇女性就业带来的不利影响，在梳理国外促进生育与就业配套政策措施的基础上，通过理论和研究方法创新，为完善生育支持政策提供参考。

2. 项目开展的基本情况

在项目执行期间，课题组依据研究计划，完成了文献梳理、问卷设计、专家论证、实地调研、数据清理、数据分析、发表阶段性研究成果、撰写全国两会提案建议和课题信息简报、完成结项报告等工作。

在国家调整完善生育政策过程中，课题组基于社会性别研究视角，结合问卷调查、焦点小组座谈和个人深入访谈资料，以城镇女性为研究对象，以生育与就业的关系为研究重点，以完善生育支持政策、消除就业性别歧视为抓手，运用APC 模型、Logistic 回归、典型相关分析方法开展项目研究。

3. 主要成果和研究价值

多项研究成果实现了理论、方法和内容的创新。课题组基于课题研究成果，出版研究专著 1 部、提交全国两会提案建议稿 3 个、发表期刊论文 15 篇，其中在核心期刊发表论文 7 篇（被中国人民大学复印报刊资料全文转载 3 篇），在国家级报纸发表文章 6 篇，在一般学术期刊发表论文 2 篇。课题负责人首次在人口学、社会学和性别研究领域引入典型相关分析方法，对反映就业与生育的两个变量组进行系统分析，提出了具有中国特色的促进女性生育与就业协调兼顾理论，实现了研究内容拓展、研究方法应用创新及理论创新。

4. 项目的评价、意义和影响

项目研究成果获得多个奖项并有效实现成果的社会转化。项目发表的核心期刊论文在中国知网被引用 347 次，项目研究专著及多篇学术论文分别获得 2018 年第七届、2022 年第八届中国人口科学优秀科研成果奖专著类三等奖、论文类二等奖，以及 2018 年上海市社会科学联合会优秀论文奖、中国老年学和老年医学学会 2018 年学术大会优秀论文奖。所提交的 3 个提案建议稿被全国妇联采纳并向全国两会提交后，得到中华人民共和国人力资源和社会保障部等相关部委重视，为完善生育支持政策提供了决策参考。新华网、《中国妇女报》、中国人口学会网等对课题研究成果和获奖情况进行了广泛的宣传报道。

非正规就业女性生育保险问题研究

"非正规就业女性生育保险问题研究"是 2015 年国家社会科学基金一般项目，项目批准号：15BSH044。课题申请者为庄渝霞，并由庄渝霞个人独立完成，于 2019 年 10 月结项。

1. 研究目的与内容

为了改善中国人口结构性问题以及应对家庭养老压力增加等现实，促进"二孩政策"顺利实施，生育支持配套服务引发热议，作为旨在保护母婴健康和女性就业权益的生育保险制度得到关注。生育保险制度一是关系到母婴健康、优生优育、女性就业保障和人口可持续发展；二是有利于应对中国当前面临的一系列人口、就业和性别平等等现实问题；三是有利于补齐理论和实践层面的不足。

该项目主要有如下几点贡献。一是提出了各类生育休假及相应津贴的概念雏形，界定了生育保险制度的内涵及外延。二是全面细致地梳理和评述了国内外生育保险进展及实证研究发现。三是从时间、空间、人群、政策内容等方面对中国生育保险制度做了细致全面的分析。四是运用微观数据揭示了灵活就业女性生育保险覆盖面极其有限、中小企业参与生育保险积极性不高的事实。五是提出生育保险政策改革依据的论证逻辑框架。先是使用微观数据证明生育事件对女性就业、健康及两性职业发展的不同影响，再评估生育保险这一政策安排对于消除女性就业歧视等的效果，基于定量分析结果提出改革对策。六是初步创建了生育保险政策评估体系，保障生育保险政策的直接、间接和隐性作用的发挥。七是提出如何运用社会性别视角，整合已有生育保障制度安排。

2. 项目研究进展

该项目利用我国已有政策发文内容、官方统计数据、2010年第三期中国妇女社会地位调查数据库以及中国健康与营养调查数据库，运用数据分析和定量研究方法。核心发现如下：一是生育保险费用社会统筹的两个不统一和生育保险基金管理的三个不到位；二是生育保险服务存在非正规就业人群难以被覆盖以及小微企业参保积极性不高的困境；三是对生育保险的就业效用评估发现，生育保险不利于城镇地区非农女性就业，更可能促使城镇地区非农女性采取非正规就业的方式。

基于研究发现对生育保险制度改革提出两点建议：一是运用社会性别视角，初步创建生育保障制度的政策框架；二是运用成本-效益分析方法，改革生育保险基金管理模式。

3. 研究主要成果

作者于2011年出访美国密歇根大学近半年，于2015年出访英国南安普敦一年，了解其他国家在生育保险方面的做法，并收集相关资料。于2015~2019年期间撰写相关学术论文和媒体文章近10篇，包括在《社会科学》《人口学刊》《人口与发展》《国外社会科学前沿》《中国妇女报》《解放日报》《上观新闻》等报刊上发表文章，于2019年12月出版专著《中国生育保险制度研究》（35.8万字）。

4. 研究价值和影响

该研究具有开拓性意义，结论体现了其理论价值；并与当下人口发展战略需求高度契合，体现了其应用价值。课题成果为2021年《中共中央 国务院关于优化生育政策 促进人口长期均衡发展的决定》中的生育保险改革和生育支持配备服务，提供实证结论和政策改革支撑。作者后续通过专报等形式，提出一些具体操作方案，比如生育休假和生育保险政策改革方案、产假+育儿假捆绑方案。该成果还具有一定国际意义，可搭起学界、官方与国际劳工组织或联合国之间的桥梁，深化国际社会和学术界对我国生育保险（生育保护）工作的认知。

"女性淘宝店主的工作和家庭平衡" 项目

"女性淘宝店主的工作和家庭平衡"是中国婚姻家庭研究基金项目，项目编号：15ZD01，于2015年开题，2018年结题。课题负责人为北京大学社会学系佟新教授，主要参与人为北京大学社会学系研究生刘洁，本科生任丹华、聂冠华、赵雨红、谢慧慧等。

1. 课题／项目背景及研究目的

平台经济的发展深刻地影响着人们的生活方式和工作模式。据阿里研究院于2017年发布的《数字经济2.0报告》预测，未来20年，中国将有高达4亿的劳动力通过大平台+小前端的组织模式和自由连接体的就业模式，实现自我雇佣和自由就业，相当于总劳动人口的近半数。阿里巴巴自身将创造1亿就业机会，支持全球1000万小企业盈利和发展，真正做到打破8小时工作制，"告别公司，拥抱平台"。《第38次中国互联网络发展状况统计报告》显示，截至2016年6月，淘宝网的女性用户数超过2亿。从2016年上半年的数据看，有接近600万女性店主活跃在淘宝平台上，占店主总数的49.4%，两性的比例基本持平，其比例远高于女性在其他行业的占比。近年来兴起的线上"女性经济"的内涵不仅在于"能买、会买"的女性消费者，还在于"敢卖、善卖"的女性电子商务创业者——在以淘宝为代表的众多网络电商平台上，都活跃着她们的身影。研究关注平台经济对女性工作和家庭的平衡有怎样的作用，特别关注全职妈妈的"在家、在线工作"为女性兼顾工作和家庭带来新的可能性。

2. 课题／项目开展的基本情况及研究方法

研究以淘宝店店主和微商中的女性为主要研究对象。2016年的初步调查发现，随着"天猫"的出现，淘宝店面临严酷的竞争，很少再有女性独立开设的淘宝店，出现了大量的夫妻店。因此，我们对平台上的夫妻店进行研究，并对比传统夫妻店的经营模式，分析平台经济可能出现的新型劳动性别分工。在寻找淘宝店夫妻经营的方法上，采取了两种方法。一是关键词搜索：我们在淘宝全网搜索带"夫妻店"关键词的店铺，发现共有集市店7959家，其中金冠店10家、蓝冠店531家、钻石店3142家、心级店3091家（调查日期：2016年11月15日）。但实际数目应远超于此。二是在线快速访问，仅访问钻级及以下等级的女装店，对 51 个钻石店和 22 个心级店的访问发现，共有 8 个钻石店和 2 个心级店是由夫妻共同经营（调查日期：2016 年 11 月 3~5 日）。第二阶段，选取了 7 组（即 7 家）符合上述经营品类、状况和主体条件的淘宝女装夫妻店从业者，并对其进行半结构式访谈。同时，对线下三家夫妻店进行对比研究。初步调查发现，微信朋友圈出现了大量"微商妈妈"。据艾瑞咨询公司发布的《2017 年中国微商行业研究报告》，微商的从业者超过了 2000 万，这样庞大的群体中，全职妈妈的比例占到 59.1%。课题组以参与观察方法加入一个微商妈妈群，其产品代理的事业部有 13 位总代理，女性占 92%；微商妈妈群中约有 2/3 的人是全职妈妈，研究跟踪访谈了 9 位"微商妈妈"。

3. 主要成果和研究价值

2016 年 4 月，课题组负责人在中国妇女研究会年会并作主旨发言。2019 年 5 月 31 日参加人民大学 - 罗格斯会议并作主旨发言。2018 年向中国婚姻家庭研究会提交研究报告（10 万字）。2017 年，刘洁完成硕士学位论文《平台经济与女性在夫妻店中权力的获得——以淘宝女装夫妻店为例》。

研究发现，平台经济的零/低成本复制和无边界特征弥合了传统创业过程中女性在人力资本和社会资本上的缺失，发展出至少三种类型的女性化的家庭生计模式。第一类，平台经济上实现"女性家务劳动的专业化与商品化"，即传统上由家庭主妇来做的家内工作，通过网络平台扩大了使用者范围，从家内成员的无偿享用，实现了在全国范围内的产品商品化，满足更多人的需要。由此改变了家庭内夫唱妇随的劳动分工模式，形成夫妻合作式的经济。第二类，平台经济中的"夫妻店式"经营模式，因平台经济的匿名化特点，打破了传统的"男主外，女主内"的性别分工，形成了"女主交流，男主进货"的格局，在家庭生计中女性获得了更多的自主权。第三类，平台中的"微商妈妈"，她们通过打破时间边界和空间边界的营销活动，不断增强自己的社会交往能力和表达能力，实现了自己的经济能力的快速增长，并成为家庭生计的顶梁柱。这种新的女性化的生计模式是"女性四自精神的工作和家庭平衡的新模式"。四自精神包括：一是自主经营——经营什么、经营到什么程度自己做主；二是自我剥削——没有工作与休闲的边界，没有家与工作场域的边界，休闲时间几乎都用来经营；三是自我组织——建立起自己经营的、可信任的渠道和朋友圈；四是自信满满——经济能力增长的女性在丈夫面前成为有态度的人、在社会面前成为敢于担当的人。家庭内部传统的"男主外，女主内"的性别分工正转向夫妻平等互助的模式。

4. 课题／项目的评价、意义和影响

研究较好地开展了对互联网、电商、平台经济发展带给人们生计模式的变化的分析，这种变化深刻地影响着女性的工作和家庭生活，并从积极的视角分析了平台经济为女性创业和就业带来的新的生计模式。

应对性别选择与治理出生性别比失衡

"应对性别选择与治理出生性别比失衡"是联合国人口基金援华第八周期项目之一，由联合国人口基金驻华代表处与中华人民共和国国家卫生健康委下属的中国人口与发展研究中心共同执行。项目于 2016 年开始、2018 年结束，负责人为汤梦君，主要参与人包括刘鸿雁、王笑非、刘中一、李慧英、汝小美、刘爽、宋健、李洪涛、杨博、张银锋、吴帆等。项目地区为安徽省长丰县、安徽省宿州市埇桥区、湖北省黄梅县、湖北省嘉鱼县、广西壮族自治区宁明县和广西壮族自治区宾阳县。项目地区的省、市、县卫生计生委（当时还称为卫生计生委）也是项目参与方。

1. 项目背景及研究目的

出生性别比失衡体现了严重的性别歧视，以牺牲女婴的生命权、生存权来满足家庭生男的偏好。正常的出生性别比范围为 103～107，中国的出生人口性别比自 20 世纪 80 年代开始长期偏高。项目旨在针对性别选择以及出生性别比失衡的根源，在试点地区营造性别平等的政策环境，加强性别比问题的多元治理特别是加强公众参与，以建立基于社区、家庭的出生人口性别比治理模式。

2. 项目开展的基本情况

项目在国家层面和试点地区共同开展活动。在国家层面，项目开展了能力建设、研究、交流与倡导活动，主要包括进行出生人口性别比与家庭政策的研究，中国－越南跨境婚姻研究，开发《制定性别平等的村规民约工具包》，并成功举办了应对性别选择经验的国际交流会，等等。

在试点地区，政府主导并发动多部门参与，动员社会组织与企业共同参与，形成多元共治格局。开展了性别平等培训，6 县区累计开展培训 26 次，累计培训 2872 人，项目县委党校将"出生性别比与性别平等"相关内容纳入培训，累计培训 2380 人，培训时长 41 小时。项目将动员群众特别是女性的参与作为重要内容。修订性别歧视的村规民约，如增加倡导性别平等的新条款，鼓励妇女参政议政，规定村级女性代表不少于 30%，改革传统从夫的婚居模式，进行姓氏改革，等等。进行文化敏感的宣传倡导，如将性别平等、出生人口性别比偏高的危害等内容融入地方戏曲文化中。变革性别歧视的传统习俗，如独生女可为父母"顶棺下葬"、女儿进祖谱等；树立性别平等的模范，一批女性从项目中脱颖而出，成为有性别平等意识的骨干。

3. 主要成果和研究价值

项目形成了若干政策与研究报告，印制了项目案例集，并正式出版《社区与家庭：出生性别失衡治理模式》一书。项目实施后，项目地区干部的性别平等意识在增强，出生性别失衡多元治理的格局初步形成。村规民约的修订进一步保障了基层妇女权益，项目实施期间共有 546 个村庄修订了村规民约，惠及约200 万人。家庭生男偏好进一步弱化，助推了项目地区出生人口性别比进一步下降。

项目实现了"自下而上"与"自上而下"相结合，实现了从单一治理到多元治理的转变，从政府单打独斗到多部门参与、形成合力，从控制转向服务，并激发群众自发参与，在基层通过赋权女性形成了基于社区与家庭的出生人口性别比失衡治理模式。

4. 项目的评价、意义和影响

项目成果与经验在国内国外都获得了热烈反响。项目经验为国家治理出生人口性别比失衡提供了参考。在国内，项目做法得到了大量媒体关注，引发了热烈的社会探讨，如人物周刊的报道"在长丰，女性向前一步"相关推送微信阅读量达到 10 万以上，得到 1.5 万人推荐。项目成果被译成英文，在诸多国际场合被联合国人口基金会介绍与引用，促进了国际社会对中国治理出生性别失衡的了解。

婚龄性别比与家庭稳定性关系研究

"婚龄性别比与家庭稳定性关系研究"是国家社会科学基金 2014 年度一般项目，项目批准号：14BRK028。课题负责人为刘中一，主要参加者有邹艳辉、史毅、张莉等。整个项目研究持续 5 年，于 2019 年结项。

1. 研究背景和目的

20世纪80年代以来，不断升高的出生人口性别比和偏高的女孩死亡水平，导致我国目前婚姻市场上大量的过剩婚龄男性，也就是婚龄性别比失衡。按照人口学的经典性别比理论，婚龄性别比失衡将不可避免地导致婚姻市场的压力，从而对婚姻家庭稳定性造成冲击。鉴于我国出生性别比长期严重失衡的现实，思考婚龄性别比与家庭稳定性的关系问题，不仅必要，而且重要。

2. 研究开展情况和内容

本研究课题主要基于"四普""五普""六普"三次全国人口普查资料和地方社会经济和人口统计资料，用初婚时间、离婚率、再婚率、亲子投入水平等变量，对高、中、低三类6个婚龄性别比不同的样本地区家庭稳定性现状进行统计描述。在此基础上，建立了高、中、低婚龄性别比的三类实证模型，对样本地区性别比和家庭稳定性之间的关系进行了量化分析。同时，本课题还注意到了一些地区婚龄性别比的失衡是由产业结构和迁移人口造成的。迁入和迁出人口对家庭稳定性方面会产生怎样的影响？其影响的强度和方向到底如何？与婚龄性别比等因素相比，其影响力度如何？本课题对样本地区家庭稳定性和相应的婚龄性别比等多个变量进行了回归分析，指出婚龄性别比并不是无限度地影响家庭稳定性，其影响是有一定限度的。另外，在对婚龄性别比相关理论验证和拓展的基础上，结合对样本地区家庭稳定性的人类学田野调查结果，科学地预测和判断了出生人口性别比失衡可能对我国家庭稳定性造成的影响以及影响的方向、水平和趋势，为制定和修订支持家庭稳定性的社会政策提供了重要的依据和支撑。

3. 主要成果形式

本课题的成果方式为论文集。公开发表相关学术论文7篇。相关论文主要利用本土数据和资料，基本上明确了婚龄性别比与家庭稳定性相关变量（结婚率、婚外性行为频数、婚内冲突、亲本投资比例等）的关联向度和程度。比如，随着婚龄性别比不断攀升，家庭不稳定的现象会愈演愈烈，抑或达到一定程度趋于缓和，甚至会向相反方向发展？

4. 研究价值和影响

本课题成果的主要创新性和学术价值主要体现在以下三个方面。首先，以往研究大多停留在宏观层面上，停留在纯粹地运用人口数据分析家庭稳定性阶段。

本课题不仅结合实际婚姻数据资料，而且特别关注出生性别比和打工潮的叠加效应对家庭稳定性的影响，拓展了家庭稳定性研究的视野。其次，本研究在一定程度上证明了性别比社会文化理论的局限性。如果一个地区的婚龄性别比失衡超过了一定的限度，那么婚龄性别比与家庭稳定性之间的关系可能会线性关联，出现"复杂化"局面。最后，不同地区婚龄性别比水平不同，其引发的原因未必一样。如把全国人口进行整体分析，容易掩盖相关影响在性质和水平上的差异性。本课题选取婚龄性别比水平各异的三类地区进行比较研究，更有利于发掘问题的真相。

婚姻挤压背景下农村男性生命质量研究

"婚姻挤压背景下农村男性生命质量研究"是国家社会科学基金重点项目（项目编号：14ARK002），该课题于2014年6月开题、2018年10月结题，课题负责人为西安交通大学杨雪燕教授，主要参与人有李树茁、罗丞、伊莎贝拉·阿塔尼、王洒洒、井文、王艺屏等。主要参与单位有陕西省社科院农发所以及法国国立人口研究所（INED）。

1. 课题背景及研究目的

20世纪90年代以来，中国的出生人口性别比长期持续偏高，导致婚姻市场上存在男性绝对数量过剩、女性绝对数量缺失的现象。在普婚制与婚姻梯度模式等文化传统影响下，中国农村地区尤其是偏远农村地区的男性正经历着婚姻挤压（在婚姻市场上面临找对象困难），其生活福利水平较低，性福利匮乏，面临更高的健康风险，是亟须被关注和给予健康干预的重点人群，而现有研究缺乏量化的综合性指标对其生活福利状况进行评估。本研究引入生命质量量表，在明确界定婚姻挤压背景下农村男性生命质量概念的基础上，旨在科学评估受婚姻挤压男性的生命质量水平，深入探究婚姻挤压、社会支持等因素对其生命质量的影响，提出有助于提高农村受婚姻挤压男性生命质量的政策建议。

2. 课题开展的基本情况及研究方法

在开题说明会上，课题组围绕研究设计与内容进行了详细讨论及分工；采用文献研究法，检索分析了与婚姻挤压、生命质量、社会支持等领域相关的中英文文献和政策文件，对受婚姻挤压的农村男性生命质量进行概念界定；采用问卷调查法，组织专家针对问卷设计进行多轮讨论，在陕西省安康市与安徽省巢湖市开展"农村男性家庭生活状况"调查工作，先后走访了 11 个乡镇 50 余个行政村，回收调查问卷 2250 余份，利用陕西省大学生返乡机会，招募学生调查员，在全国 18 个省份 380 个村庄开展了村级层面调查，针对村庄人口数量结构、成婚情况、大龄未婚男性健康状况、社会关系等进行详细记录；建立数据库，采用描述性统计分析、回归分析、结构方程模型等多种统计分析方法，深入探究了农村受婚姻挤压男性生命质量的概念结构、现状水平，以及社会支持对婚姻挤压背景下农村男性生命质量的影响机制和效应；完成了长达 15 万字的研究报告，针对性地提出了一些提高农村受婚姻挤压男性生命质量的思路和建议。

3. 主要成果和研究价值

在研期间，课题组先后发表了 SSCI 检索英文期刊论文 9 篇、CSSCI 检索中文期刊论文 2 篇，出版专著 1 部，撰写博士学位论文 1 篇、硕士学位论文 1 篇。相关研究成果拓宽了生命质量这一概念在农村受婚姻挤压群体中的应用，对农村受婚姻挤压男性的生命质量现状进行了科学量化评估，弥补了已有研究在农村受婚姻挤压男性生存现状方面测量工具碎片化的不足，探讨了社会支持对婚姻挤压背景下农村男性生命质量的影响机制，全面、系统地表明了婚姻挤压对农村男性生命质量的威胁，以及社会支持对农村男性生命质量多样化的影响效应。

4. 课题评价、意义和影响

课题组成员历经三年的不懈探索，最终形成学术概念贴切、分析角度新颖、数据结果全面、政策建议可靠的一批实证研究成果，针对如何改善、提高农村受婚姻挤压男性的生活福利水平，具有重要的参考价值。相关研究成果被引用共计 103 次，曾荣获国家级二等奖 2 次、三等奖 1 次以及省级三等奖 2 次。杨雪燕教授曾就中国大龄未婚男性生命质量问题，在韩国首尔性别峰会亚太分会、美国芝加哥亚洲研究年会、第六届法国网络－亚洲研究国际会议（FNASIC）、上海第四届亚洲人口学年会等高水平国际学术会议上发表演讲；作为咨询专家，向法国艺术家 Prune 的雕塑作品"女童俑"提供技术咨询，该"女童俑"以直观的艺术形式反映了中国的性别失衡现状，在世界多国进行巡回展出，受到了多国艺术家和社会学家的高度评价。

精准扶贫战略下少数民族贫困地区男性的
婚姻挤压问题研究

"精准扶贫战略下少数民族贫困地区男性的婚姻挤压问题研究"是 2016 年国家社科基金一般项目，项目批准号：16BSH059。课题负责人为尹旦萍，主要参与人有尹口、李溪韵、张平、刘淑媛、鲁梦洁、崔榕。课题于 2018 年 8 月结项。

1. 研究目的与内容

长期以来出生人口性别比严重失衡导致婚姻市场男多女少，民族地区农村出现了数量可观的无妻可娶的大龄成婚困难男性。这一现象尚未引起党和政府的关注，本调研试图为党和政府的相关决策提供翔实资料和科学建议。

本研究以婚姻市场理论为分析框架，从三个方面对 W 镇的婚姻挤压现象进行质性研究，得出以下结论。一是少数民族贫困地区男性婚姻挤压的成因复杂。"出生人口性别比高导致男性婚姻困难"这一简单的人口学原理通过极其复杂的经济、社会和文化机制表现出来，婚姻市场的劫富济贫机制使少数民族贫困农村的男性成为婚姻挤压的最终承受者。二是少数民族贫困农村男性婚姻挤压对社会生活产生了严重影响。被排斥于婚姻之外的男性生活质量较低，社会支持系统单一；大龄未婚男性的增多，是一个社会风险点。三是少数民族贫困农村男性婚姻挤压亟须有效治理。要重拳治理出生性别比失衡，加快少数民族贫困农村经济社会发展步伐，提升婚龄男性婚姻市场竞争能力，规范农村婚姻市场秩序，树立正确的婚姻和性观念，健全农村社会养老保障体系，等等。

2. 项目进展情况

在 2016~2018 年项目执行的两年多时间内，课题组根据研究计划，先后完成了文献梳理、田野调查、撰写调研报告等工作。

3. 研究成果形式

本课题组完成研究报告 2 份，并呈送国家民族事务委员会、湖北省政府；出版专著 1 本；发表论文 5 篇。

4. 研究价值和影响

研究修正了婚龄人口性别比失衡状态下的婚姻市场理论；构建起了包括区位

特征、个体条件和家庭资源为主要内容的男性婚姻市场估值标准体系；得出了少数民族贫困农村男性婚姻挤压的本质是婚姻市场上女性可婚资源的绝对短缺所导致的男性过剩，是综合估值低的男性即底层男性的婚姻过剩的结论，认为规模庞大的失婚男已形成一个具有独特心理特征、思维方式和生活方式的新群体；提出了治理婚姻挤压的系列对策。相关论文被广泛转载和引用，调查报告为相关决策提供了详实的数据支撑和科学的对策建议。

婚姻制度变迁中亲密关系选择的
个体－社会互动研究

"婚姻制度变迁中亲密关系选择的个体－社会互动研究"是 2017 年教育部人文社会科学研究一般项目（青年基金项目），项目批准号：17YJC840009。项目负责人为杜平，主要参与人有王星、黄晓燕、郭哪、罗鸣、张秋、周玉凝。该项目于 2020 年 11 月结项。

1. 项目背景及目的

伴随婚姻制度的不断变迁，亲密关系受到工业化、城市化、急剧的社会流动、教育的扩张、福利制度的改革，以及性别关系的调整等一系列社会变革的深刻影响。身处其中的个体通过日常实践进行选择与体验，以不同形式组织和重新协商恋爱、婚姻与家庭生活。该项目聚焦于婚姻制度变迁过程中亲密关系的多样化发展，旨在探索个体对于亲密关系的不同选择及其在日常生活中的呈现，揭示个体实践及其主观体验，并挖掘个体与社会如何通过彼此的互动塑造亲密关系，进而厘清社会变迁、文化规范、家庭约束以及个人主体在亲密关系选择中的不断协商、妥协与再调整。

2. 项目进展的基本情况

在 2017~2020 年项目执行期间，项目组一方面基于过往田野研究资料展开深度分析，另一方面采用深度访谈与咨询服务相结合的创新方法收集质性资料，完成了文献回顾、资料收集与分析、研究成果的撰写与发表等一系列研究工作，并为后续相关研究的拓展奠定了坚实基础。

3. 项目主要成果

该项目所开展的研究紧密围绕研究主题展开，共完成：①撰写 4 篇学术论文，其中 3 篇发表于 CSSCI 来源期刊，1 篇被翻译为日文发表于学术著作；②参加 5 次学术会议并进行会议发言，其中 1 次是受日中社会学会邀请，文章发表于日本东京举办的日中社会学第 31 届大会；③撰写 1 篇媒体文章，发表于媒体网络平台。

基于对亲密关系私人性和社会性相交互的认识，以上研究成果深入充满复杂性的本土情境之中，重新认识日常并深入挖掘私人生活变革的社会机理，在拓展经验视野的同时推进了中西理论的对话。

4. 研究意义和影响

该项目勾勒出中国式亲密关系变迁中的"寻常"与"不寻常"，在经验层面丰富了当代中国不同社会情境下婚恋与家庭领域的生活图景，在理论层面深化了个体与社会互动的交叉性分析，在社会层面促进了公众对于多元化亲密关系模式的认识、理解与接纳。与此同时，该项目也对性别研究中的"男性盲视"给予充分关照，在将服务纳入研究的基础上为亲密关系中的男性提供支持并深化相关学术讨论，提升了学术研究的温度及社会影响力。

性别视角下的公立医院医生工作环境问题

"性别视角下的公立医院医生工作环境问题"项目是中国社会科学院妇女/性别研究中心立项课题，开题时间为 2018 年 1 月，结题时间为 2020 年 2 月。主要负责人是中国社会科学院社会学研究所李凌静，主要参与人有魏钦恭、杨毅、王吉云。

1. 课题背景及研究目的

研究力图基于过程及性别视角，较全面、系统、深入地呈现公立医院医生工作环境基本状况，并考察工作环境与医生行为态度变化之间的关系及其中呈现的性别差异，进而提出合理的政策建议。

2. 课题开展的基本情况

研究采用问卷调查和统计分析法。所设计的面向公立医院医生群体的问卷中，包含工作投入、工作环境、工作产出三个主要部分。其中工作投入部分包含性别、工作年限、岗位、受教育程度、职称、是否在编、工作时间等；工作环境部分包含物理、制度、组织、互动、心理环境五个维度，并细分为自主性、医患矛盾解决机制、职业前景、组织支持、冲突、医生面对患者的心理状态、情绪劳动、压力反应等；工作产生部分包含社会及经济地位、职业认同、满意度、信念感、报偿、健康、工作家庭平衡。共回收有效问卷 2306 份。研究发现：①超长时间工作及较少休闲成为常态；②医生工作自主性较低，较难发挥工作主动性；③相比护士，医生对组织的正面感知更低、负面感知更高；④医生在工作场所的人际交往中遇到的冲突多于护士；⑤医生自评医患关系尚可，但对未来医患关系的好转并不乐观；⑥医生工作压力普遍较大，并明显大于护士；⑦医生收入不公平感显著，自评经济、社会地位较低；⑧过半数医生职业认同感高，近 20% 的医生有很强的职业信念感，但多数不希望子女将来从医；⑨医生工作满意度较低，生活满意度一般，二者呈正相关关系；⑩医生身体健康状况不佳，焦虑抑郁等精神健康问题普遍存在；⑪工作－家庭平衡是医生群体不得不面对的挑战。其中，在健康状况和工作－家庭平衡方面，性别差异显著：女医生在面对情绪障碍时，可能表现出比男医生更积极的态度，女医生的情绪智力高于男医生；女医生在工作－家庭平衡方面比男医生做出了更大努力。此外，从作用机制来看，工作环境不同维度对工作产出各项的影响程度不同。如以健康为例，研究显示，对医生身体健康影响较大的工作环境维度是心理和互动环境，即压力感受、情绪劳动的精力消耗、人际关系、医患关系等直接影响医生身体健康。

3. 主要成果和研究价值

本研究成果为 5 万余字调研报告，部分内容收入《中国工作环境的社会学研究》文集。研究发现及对策建议具有重要启发性。调研报告获得业内专家好评。

4. 课题评价、意义和影响

医改作为一项系统工程，需要全社会的投入和医患双方的积极参与。而医生视角一直是未被充分重视的视角，但医生积极性不高恰是医改难以推进的重要原因之一。医生积极性主要表现为医生工作积极性，医生的工作积极性需要通过在工作环境中被调动。而公立医院医生工作环境问题正是既有研究关注不足，而医改极需重视的环节。此外，无论是对医生工作环境的客观呈现，还是对影响医生工作积极性的因素分析，都只有在引入性别视角之后，才有可能真正落到实处。

晚清女子教育与女性形象建构研究

"晚清女子教育与女性形象建构研究"是 2014 年国家社会科学基金青年课

题，项目批准号：14CZS045。课题负责人为秦方。该课题于 2018 年结项。

1. 研究目的与内容

晚清女学是一个复杂的社会存在。但是，何以为"女"，何以为"学"，并不是不言自明的概念。目前，前人学者对有关晚清女学的官方制度、学校规范、课堂教程以及校内活动等体制性研究已经积累了相当丰富的成果，但是，对于各类群体对女学的想象和身处其中的经验却鲜有着墨。对厕身其间的官员、士绅或女教习、女学生而言，"女学"的意义是相当多元的。该课题以晚清女学为切入点，指出女学这一议题其实通向一个更大的有关"学习"的认知世界。在这个世界里，诸如女性气质、精英文化以及地方政治等紧密且复杂地纠缠在一起，这使得女学不再简单地是一个以校园为中心、在女性之间传授和学习知识的过程，而是成为参与其中的每个个体在时代中认知、定位自我的"学习"过程。他们通过女学，在晚清这样一个渐变的时代中确立社会认同和自我身份。循此逻辑，本课题可谓一个探讨晚清女学形成的尝试，更多强调"女学"作为一种社会、城市和性别经验，被各社会群体认知、理解和实践的过程，进而丰富清末民初有关国族主义、城市化和性别等之间错综复杂的关系。

2. 课题开展的基本情况

本课题对晚清的报纸、画报、小说、文集、游记、日记、回忆录和档案等原始资料进行细致的梳理，并以此为基础，通过借助话语分析、图像分析等具体方法，撰写、发表相关论文。

3. 主要成果和研究价值

本课题结合各种史料，发表论文 4 篇，并完成约 20 万字的结题报告。

本课题研究价值在于对话和挑战之前研究晚清女学和女性的两大研究范式。第一个范式是从明朝至清朝的晚期史研究范式。在此范式中，晚清从时间上来论是帝制的延续，却在社会现实和意识形态诸多层面上发生深刻的变化。因此，虽然学者用"明清"一词，却会下意识地在晚清处断开。比如，在对明清妇女史的研究中，一般会产生两种截然不同的女性形象：一种是从晚明到清中期的才女形象，以自觉实践儒家思想和道德为内核；另一种则是晚清的新女性形象，她们抨击儒家传统、强调救亡图存、自立平等的现代意义。第二个范式是通常所说的"五四"范式。在"五四"范式中，晚清多被描述为一个充满黑暗、堕落和混乱的历史时期，而晚清女学和女性则被刻画为一种饱受困顿的受害者形象。但是，本课题强调，晚清诸多女学参与者——尤其是女教习和女学生，对传统的认知并非完全的断裂，对自己的认同，也并非完全的受害者，她们反而通过主动坚持和实践儒家规范，以自我赋权的方式，再次强化了自己在这样一个三千年未有之大变局中的精英地位和意识。由是，以是否开智（女学）为标准，一种新的权力政治在社会阶层的基础上建立起来。这些女学参与者重新理解、规范和实践她们与公共社会的关系，并在新兴的女性文化、性别机制和社会等级中保持优势和主导。

4. 课题的评价、意义和影响

本课题相关论文发表后，被中国人民大学复印报刊资料《妇女研究》《历史与社会（文摘）》《新华文摘（网络版）》，以及南开妇女/性别史学术论坛专栏（网络版）转载。结集成书出版后，书讯发表在《近代史研究》上；此外，有中英文书评3篇。

民国社会思潮与女性婚恋观研究

"民国社会思潮与女性婚恋观研究"是中国社会科学院妇女/性别研究中心立项课题，开题时间为2017年7月，结题时间为2020年3月。主要负责人是中国社会科学院社会学研究所杭苏红副研究员。

1. 课题/项目内容

本研究从民国时期新女性群体的婚恋观念入手，试图考察中国近代史上"现代个体"的人格特征与主体性特质。通过个案"深描"的方式，本研究主要对新女性婚恋观的两个突出特征"独身"与"信仰"进行了分析与解读。

2. 课题/项目开展的基本情况

在研究方法上，本课题采用社会史与思想史相结合的研究方法，一方面，使用民国档案、报刊，文史资料中有关新女性的材料，特别重视搜集能够反映新女性自身思想的日记、文章、书信和自传；另一方面，使用与民国社会思潮有关的文献资料，包括学术专著与论文、统计年鉴、文史资料汇编、档案馆档案等。同时，充分使用网络数据检索平台，扩大资料搜集的范围，比如对于燕京大学学位论文数据库、民国时期期刊全文数据库（1911~1949）、海外东亚研究机构检索平台等数据库的利用。

3. 主要成果和研究价值

本研究的主要成果是一篇研究报告《民国社会思潮与新女性婚恋观》（3.3万字）。同时，发表一篇期刊论文《"人生向上"：新女性爱情观中的信仰——社会史视野下的〈莎菲女士的日记〉及其他》（《社会学评论》2020年第1期，1.8万字）。

4. 课题/项目的评价、意义和影响

在研究报告中，主要考察了民国新女性婚恋观中的"独身"与"信仰"两大现象。这两大现象看似具有很大的差异性，却同时指出新女性爱情观中对于纯洁之爱的追求，这构成了新女性爱情观念的基本特征。"独身"指的是当时在女性中崇尚的"独身主义"思潮与"纯爱"追求。在这一部分，本研究试图勾勒独身思潮普遍性的同时，着重分析了女作家石评梅的"独身"追求。在她的文学作品和书信文字中，我们可以看到她的这种"独身"选择背后是对一种对纯粹的伟大爱情的追求。与之相似，新女性婚恋观中的"信仰"也是试图将爱情与伟大的信仰相结合，从而赋予日常性的恋爱关系以革命的浪漫性与伟大感。在这一部分，本研究重点分析了女作家丁玲在其文字与自身情感经历中传达的爱情观，这也是本研究另一篇研究成果，即期刊论文的主要内容。

本研究的理论意义主要表现在从新女性的观念与意识角度，扩展了对于新女性群体精神史的理解。以往的女性史更偏重于革命史或者妇女解放史，而对于新女性的精神世界缺乏一定的认识，这也是本文从婚恋观角度对于女性研究的一种尝试性拓展与深化。从爱情观反观这一代新女性群体，我们会发现，与传统女性的婚恋观相比，民国新女性的爱情观具有很强的现代特征，在对身体、新世界和信仰的追求中，这种以"人生向上"为底色的爱情观，一改传统两性关系中女性缺乏自我追求的特性，充分展现了新女性对自我发展、个体精神性追求的向往。同时，我们也发现新女性的这种成长与进步也伴随着一定的风险性。比如在爱情"信仰化"的趋势中，将"人生向上"建立在崇高精神之上的信仰式结构，也正因为它的脱离现实，要么难以实现，要么易于破碎，使得两性共同体处于不稳定的状态。

在应用价值与社会评价方面，我们会发现当今社会中的"剩女"现象，以及一些女性的"二次元恋爱"，在某些时候仍然是这种新女性过于强调爱情伟大性、纯洁性的延续。如果说民国以来的历史是中国现代化的历史，那么不论是当今的女性，还是民国时期的新女性群体，实际上共享的是同一种知识谱系与人生经验。这也是我们研究新女性情感的重要社会意义与价值。

历代女性总集叙录与文献整理

"历代女性总集叙录与文献整理"是国家社会科学基金青年项目，项目批准号：13CZW052。该课题于2013年7月开题、2019年11月结题。负责人为赵厚均，主要参与人包括张潆文、王署霞、万一方、宋冠霖。

1. 项目背景及研究目的

对中国古代女性文学的研究，近20年来呈逐渐升温的态势，每年都有几部相关的学术专著面世，还有大量的硕士和博士学位论文通过答辩。与之相应的是对原始文献的挖掘与整理成果丰硕，但都集中在女性别集，而对资源可能更为丰富也更为零散的女性总集明显关注不够。该项目立足于前人的研究基础，对女性总集的文献进行全面梳理，评骘其编选优劣，摸清女性总集的存佚情况和馆藏。一方面可以令研究者按图索骥，获取需要的资料；另一方面可以与女性别集的整理与研究相得益彰，构建一个更为立体的女性的文学创作世界。

2. 项目的内容

该项目的主要内容分三个方面。

一是总集叙录。著录历代编撰女性总集的书名和卷数、必要的书名介绍和总集真伪辩证、考索存世总集版本的源流与鉴藏、撰写精练的编撰者小传、汇录公私书目著录过而已散佚的女性总集，考订其编撰情形。经过仔细梳理，项目共著录合刻总集57种，另有未传总集9种；著录选本总集126种，另有未传总集45种。相比于胡文楷《历代妇女著作考》附录的57种合刻总集，126种选本总集（存佚均包括在内），该项目的著录增加了54种，发掘出不少新的文献。

二是辑录所有存世女性总集序跋及凡例。该项目尽最大可能搜集相关材料，凡见于诸家总集者皆均予汇辑；总集不传而序跋留存者，也汇而录之，并在叙录时结合这些序跋来考察其编撰收录情况，此时便凸显出序跋资料的重要意义。通过搜求，该项目最终汇辑的超过16万字的序跋凡例，将为女性文学批评，乃至文学史提供更为鲜活和丰富的资料。

三是选择总集进行整理。该项目选择了对清代女性文学影响巨大的蕉园诗社诸闺秀的集子进行整理。蕉园五子集旧有合刻，今已不可得见。兹广搜文献，再将张昊和毛媞两家纳入，是为流传最为广泛的蕉园七子，兹汇辑所有作品和评论资料，整理成《蕉园七子集》。

总体而言，该项目从两个方面进行了开拓。第一，力求完备。在原有的文献收集方法上，充分利用电子检索工具及海内外公私藏书目录，并关注民间收藏和拍卖市场，举凡女性总集的材料均予以网罗，对胡著进行了大规模的补充增订。第二，该项目汇集女性总集的资料，提供女性总集历史流变的全面信息，考订其存佚，著录其馆藏，辑录其序跋，较胡著内容更为丰富和详尽。尤其是馆藏信息的梳理，对研究工作有直接的帮助，可以按图索骥去查访需要的资料。

3. 主要成果和研究价值

该项目共著录合刻总集 57 种，另有未传总集 9 种；著录选本总集 126 种，另有未传总集 45 种；最终汇辑的超过 16 万字的序跋凡例，整理成《蕉园七子集》。

该项目具有重要的学术价值。总集历来为学者所重视，对历代存佚女性总集进行系统梳理，并汇录历代女性总集序跋，无论是对文学史、文学批评史，还是对文化史、妇女史研究，都具有非常重要的价值与意义。通过该项目的研究，基本摸清了女性总集的家底，一些孤本秘籍被发掘出来，为学术研究提供新的材料；同时叙录著录了各集的收录范围、编选特点、收藏情况，对下一步的研究具有非常重要的价值，这也将成为新的学术增长点。

4. 项目的评价、意义和影响

该项目汇辑历代女性总集序跋凡例，可以窥知该集编撰的前因后果，可以了解编者的采辑标准，可以考订总集的刊刻时间，可以探求女性文学观念的发展变化。

女性镜像与当代中国的主体认同（1940~2010）

"女性镜像与当代中国的主体认同（1940~2010）"是 2013 年国家社会科学基金一般项目。项目批准号：13BZW129。课题负责人为贺桂梅。该课题于 2013 年 6 月开题、2019 年 10 月结项。

1. 项目背景及研究目的

中国当代文学史上出现过许多对一个时期的中国人而言耳熟能详的女性形象。这些女性形象往往最先出现在文学叙事性作品中，进而通过戏剧、电影、电视剧、话剧等大众性视觉叙事媒介的演绎产生广泛影响，构成不同时期人们想象和理解"中国人"这一主体形态的基本方式。该项目通过分析当代中国文学与电影等叙事媒介中出现的重要女性人物形象，考察由女性形象展示的主要政治与文化问题，并展示 1940~2010 年中国人主体想象的历史流变。

2. 项目开展的基本情况

该项目在跨学科、跨媒介视野中展开"主体形象学"研究，即立足文学研究，同时涉及电影、戏剧、电视剧等视觉媒介展开对女性形象的再现与叙事研究。将形象研究落实在叙事性文本中女性人物的分析上，重点放在这种主体形象如何通过文字媒介和视觉媒介而建构自身的过程，并最终统一于关于女性人物形象所包含的主体想象内涵的分析中。此外，研究采用了"镜像"这一理论范畴，借鉴精神分析理论，强调这是一种想象性、叙事性和演绎性的主体形象，并在考察叙事性、虚构性的女性人物形象的同时，关注如何构造一种整合性地探讨当代中国 70 年历史的阐释框架。

3. 主要成果和研究价值

该项目主要探讨 1940~2010 年当代中国文学、电影等叙事媒介中出现的九种重要女性形象类型。包括 20 世纪 40 年代的"农村新女性"、50~60 年代的"革命女"、60 年代样板戏舞台上的"女强人"、70~80 年代之交的"病妇"、80 年代中后期"民族寓言"中的女性叙事、90 年代的"女人传"、20 世纪至 21 世纪之交的"城市女人"、21 世纪最初十年的"亲密的敌人"、2010 年前后的"民族的女人"。九种女性形象涉及不同时期的主要文化议题，如人民政治实践、乡村叙事、革命想象、"伤痕"书写、民族寓言、城市文化、全球化语境下的民族认同等。

该项目的创新与价值之一是首次从"形象"分析这一角度展开对当代中国文学与视觉叙事媒介中的性别再现问题的综合性研究，突破了此前研究界对于"人物形象"的一般性理解；之二是打破单一学科视野，在跨媒介阐释实践中探讨当代中国女性想象与叙事问题；之三是从女性形象研究这一角度探寻一种整合当代中国 70 年文化叙事的研究路径，尝试将性别研究与中国研究结合起来。

4. 项目的评价、意义和影响

到项目结题时，已发表 4 篇论文，如《三个女性形象与当代中国社会性别制度的变迁》《"个人的"如何是"政治的"——我的性别研究反思》等。

就影响而言，该项目从叙事性文本中女性人物的形象学分析的角度，结合性别研究与中国研究，构造一种跨学科跨媒介的分析视野，并为整合性地探讨当代中国历史与文化提供可能的思路。该研究成果对于中国当代文学研究、女性研究、中国电影研究、视觉文化研究、性别研究等都有积极推进作用。

生命历程视角下女知青老龄叙事的文化特征

"生命历程视角下女知青老龄叙事的文化特征"项目是中国社会科学院妇女/性别研究中心立项课题，开题时间为 2017 年 6 月，结题时间为 2019 年 11 月。主要负责人是中国社会科学院社会发展战略研究院刘亚秋研究员。

1. 课题背景及研究目的

该项目集中考察处于老龄化阶段的女知青叙事的文化特征是什么？研究对象锁定为 1949 年前后出生的老三届女知青（大致出生时段为 1947~1952 年），当下她们处于 65~70 岁年龄段。她们是深受革命教育影响的一代，除刻骨铭心的上山下乡经历，新中国成立初 17 年的意识形态及"文革"政治运动都对她们的人生历程产生了深刻的影响。"文革"结束后，上山下乡运动也随之停止，但知青们的叙说从来就没有停止过。以往虽有一些关于知青叙事的讨论，但往往缺乏性别视角，这一缺陷会导致我们不能更深刻、更全面地认识这一群体、了解这段历史。

2. 课题开展的基本情况

以个案访谈、回忆录以及其他相关叙事资料为基础。在具体访谈及相关分析中，①采用"生命历程"的方法，力图在女知青的回忆叙事中，探究她们在不同生命阶段遭遇的生命事件特点，及其对她们后续生命阶段的影响，同时探讨处于不同生命阶段的历史讲述的不同特征及其形成原因；②将研究问题集中于探究"社会记忆怎样参与今天的生活"问题，关注女知青的社会生活、家庭生活和精神生活三个方面的内容。

3. 课题成果和研究价值

课题成果是《社会记忆中的性别话语——以女知青与农民婚姻的两类叙事为例》。通过对"文革"时期嫁给当地农民的女知青的亲历者记忆以及旁观者讲述的相关女知青的悲剧婚姻故事的分析，发现性别关系是处于多重关系中的一个存在。在旁观者讲述的女知青的婚姻故事中，往往是强调传统性别话语占据绝对优势，背后是对这种传统性别话语的批判。在亲历者讲述的同类故事中，尤其是老年女知青的回忆中，则是充满了妥协，甚至也有相互支撑的温情，以记忆视角分析不同主体的讲述，可以重新反思多种话语对女知青现实生活的影响。

以记忆的视角进入性别研究，可以发现不同性别话语内部并非铁板一块，而是充满了有待商榷的空间，因此认清记忆话语的讲述主体是比较关键的，即谁在讲述这些性别故事，利益诉求又是什么。本研究对旁观者和亲历者的讲述视角的相同之处与不同之处做了区分，对这一问题的理解做出了推进。

4. 课题成果的社会影响

该课题成果以《社会记忆中的性别话语——以女知青与农民婚姻的两类叙事为例》为题目，在《青年研究》2019 年第 3 期发表，获得评审专家的好评；文章发表后，被中国人民大学复印报刊资料《社会学》2019 年第 8 期全文转载。

21 世纪初年女性乡土叙事潮流的崛起及其意义

"21 世纪初年女性乡土叙事潮流的崛起及其意义"是 2013～2017 年国家社会科学基金一般项目。课题负责人为王宇，主要参与人有游澜、杨云来、程顺溪，合作单位为厦门大学。项目批准号：13BZW125。该课题于 2017 年 12 月结项。

1. 研究内容

21 世纪以来，越来越多的女作家开始介入传统上由男作家主宰的乡土叙事领域，及至蔓延成潮，成为女性写作整体转型的最重要表现。

2. 项目研究方法与视角

①本课题不采用分别评介、论析个体作家、作品的文学史框架，而采用专题研究的框架；②不仅关注女性叙事对乡土的独特表述，更关注这种表述所赖以产生的知识背景；③关注男女作家之间的差异性，也关注不同女作家之间的差异性；④整合多种研究资源，也借鉴其他学科的资源。

3. 研究成果形式

论文：①《"他者"的质地——从丁玲〈阿毛姑娘〉到 21 世纪"打工妹叙事"》，《南开学报》2019 年第 2 期。②《知识分子与乡村及乡村女性——以"五四"时期北大平民教育讲演团的报告和鲁迅小说为例》，《学术月刊》2014 年第 7 期；③《"空白之页"与"变异转型"：孙犁乡村女性叙事的复杂性》，《南开学报》2014 年第 4 期；④《医疗、生育与性别：乡村的历史和叙述——〈赤脚医生万泉和〉〈蛙〉的"互文性"研究》，《中国现代文学研究丛刊》2016 第 5 期。

4. 研究价值和影响

21 世纪以来，女性乡土叙事已形成一股创作潮流，不仅是女性写作的重镇，也是新世纪文学的一个重要现象。其表现形态、文化意蕴，与以往的女性写作或以男作家为主的乡土叙事（包括寻根/先锋/新历史乡土叙事）都有很大差异，完全具有独立研究的价值和意义。

结项等级优秀。课题研究心得《女性叙事与乡土叙事双重新地标》，应全国哲学社会科学工作办公室约稿，发表于《光明日报》2018 年 4 月 18 日理论版（15 版）。该文被全国哲学社会科学工作办公室网站、光明网、中国社会科学网、搜狐网、复兴网、人民论坛网等多家主流网站转载。

博物馆场域下的性别表征、知识生产与文化实践研究

"博物馆场域下的性别表征、知识生产与文化实践研究"是 2015 年国家社会科学基金一般项目，于 2015 年 5 月开题、2019 年 4 月结题。项目批准号：15BZW033。课题负责人为傅美蓉，主要参与人包括李勇、徐小霞、陈琳、任拯廷。

1. 课题/项目背景及研究目的

20 世纪 70 年代以来，博物馆数量在世界范围内激增，博物馆作为重要的文化机构备受关注，博物馆研究随之成为学术研究的热点，从性别与文化视角研究博物馆的知识生产与文化实践已初见端倪。文化研究和女性主义均关注边缘的、沉默的和被压迫者的存在，两者的联姻为博物馆的性别研究提供了研究范式。本课题将研究目标勘定在"博物馆的性别表征、知识生产与文化实践"这一核心要旨，围绕这一核心要旨具体目标预设为三个方面：一是以社会性别为分析框架，考察各类博物馆的文化表象与意指实践，旨在揭橥博物馆对性别文化的表征；二是以博物馆为观察场域析微察异，深入挖掘展品的直接意指与含蓄意指，探究性别意义的生成、传播与交流；三是将博物馆表征系统与社会实践关联起来，探寻两性对话的有效机制。

2. 课题/项目开展的基本情况

本课题主要研究菲勒斯中心主义在博物馆场域的文化循环，试图在理论维

度、价值维度和实践维度诸方面推进以博物馆为对象的性别文化研究：一是对博物馆的文化实践进行宏观分析，并以微观分析方法描述博物馆场域中性别权力支配的形塑、构造和隐蔽机制；二是运用符号学工具深入挖掘展品的直接意指与含蓄意指，抉发展品隐含的性别意义，检查性别意义的生成、传播与交流，揭橥性别意识形态及其潜在的运行轨迹；三是将博物馆表征系统与社会实践关联起来，研究展品与策划者、参观者之间的关系，考察博物馆语境下女性身份认同建构的可能性。

3. 主要成果和研究价值

在性别视角下研究博物馆的文化实践具有重要的学术价值和意义，通过对博物馆文化表征的研究实现推进了文化研究与性别研究的融合。运用符号学原理探究各类博物馆的文化表象与意指实践，构建了博物馆研究的新视角。本研究最终成果为专著《博物馆场域下的性别表征、知识生产与文化实践研究》（待出版），课题组在《南开学报（哲学社会科学版）》（傅美蓉《符号学视野下的"中华嫁衣"展览》）、《文艺理论研究》（徐小霞《文化研究的物质回归：托尼·贝内特治理性视域下的文化与社会》）、《东南文化》（傅美蓉《从乌托邦到异托邦：妇女主题博物馆的空间实践》）、《吉首大学学报（社会科学版）》（傅美蓉《论展品：博物馆视域下的知识生产与性别表征》）等刊物发表论文 10 余篇。

4. 课题／项目的评价、意义和影响

本课题研究成果为性别批判、博物馆与文化研究提供了理论资源，也为文学、艺术、影视等领域的性别文化与传播研究提供了借鉴。作为融合多学科的研究，本成果尤其有利于文化研究、性别研究、符号学研究等领域的教学与研究。此外，研究成果也为政府机构制定性别平等促进条例提供了理论支撑，甚至在推动媒介的性别表达方面发挥了一定的作用。

弗雷泽女性主义批判理论的逻辑谱系
及其现实启示研究

"弗雷泽女性主义批判理论的逻辑谱系及其现实启示研究"是 2015 年国家社会科学基金一般项目，项目批准号：15BZX017。课题负责人为戴雪红，主要

参与人有胡大平、张亮、刘丹丹、阮华容、徐洁、刘雪梅、李心悦、贺娜娟等。合作单位包括南京大学马克思主义学院、南京大学人文社会科学高级研究院、南京大学哲学系、南京大学马克思主义社会理论研究中心等。该课题于2020年12月结项。

1. 研究目的与内容

项目将美国当代著名政治哲学家南茜·弗雷泽与马克思主义理论、法兰克福学派、西方左翼思潮以及福柯、哈贝马斯、波兰尼等当代主流哲学家建立起内在逻辑关系，拓展了批判理论与女性主义研究的新视野，对当代国外马克思主义和女性主义理论的发展做出了重要贡献。

该研究紧扣弗雷泽的文本，深入分析了弗雷泽女性主义批判理论的主要内容，包括追求女性话语权力、建立多元的女性公共领域、改革资本主义福利制度以及构建全球性别正义等。弗雷泽以性别、正义和解放等概念为核心，围绕资本主义批判的逻辑主线，诊断与解析性别不平等问题，对女性的未来发展图景进行了极有意义的探索。

2. 项目进展情况

在2015~2020年项目执行期间，课题组依据研究计划与时间安排，完成了项目的文献整理、开题论证、中期考核、参加学术会议以及向全国哲学社会科学工作办公室申请鉴定结题等工作，并完成了相关学术论文的发表。

在逻辑谱系上，该研究梳理了弗雷泽女性主义批判理论的思想发展和理论脉络；在内容分析上，阐明了弗雷泽女性主义批判理论的核心主题和重要争论；在研究方法上，运用历史和逻辑相统一的方法，探讨了国外左翼学者和女性主义者关于女性解放的理论与实践。

3. 研究成果形式

本课题组在查阅了大量的中英文著作、研究性论文的基础上进行了创新研究，主要内容包括弗雷泽女性主义批判理论的学术背景、基本内容、逻辑谱系以及现实启示等多个领域，围绕权力、福利、伦理、后现代、公共领域和性别正义等主题，开展跨学科的比较分析研究。在各类期刊上发表论文20余篇，出版专著1部。

4. 研究价值和影响

到项目结题时止，已发表论文22篇，其中CSSCI共13篇、CSSCI扩展版3

篇、CSSCI 集刊 2 篇、一般论文 4 篇。多篇论文如《英国女性主义文化研究》《女性公共领域与跨国空间正义的建构》《葛兰西思想的女性主义解读》等被中国人民大学复印报刊资料、《社会科学文摘》等转载，诸多网站、媒体与微信公众号对课题组的研究成果进行了重点报道与推广。课题成果是对国内学界马克思主义女性主义理论研究的创新发展、对于原创性的国外马克思主义和批判理论研究也具有重要的参考价值。

论著选介

《**性别与生命：正义的求索**》（肖巍著，北京：人民出版社，2018），该书是"清华马克思主义文库"丛书之一。

该书收录了作者近三十篇研究论文，精选了作者在性别哲学、生命伦理、公共健康伦理、精神病学哲学等领域的标识性成果。作者认为，正义是当代人类社会秩序与伦理秩序建构的核心价值，而性别与生命是探讨正义问题的重要理论维度和研究进路。作者不仅挖掘了南希·弗雷泽、米兰达·弗里克、卡罗尔·吉利根、内尔·诺丁斯等当代思想家有关公正与关怀问题的重要论述，为建构理想社会寻求丰富的理论资源，还探究了关乎当代人生存与发展的现实问题，内容涉及医疗健康制度改革、精神健康促进、公共健康危机应对等，为解决时代性、世界性难题搭建起理论与实践的桥梁。作者将性别作为一种学科方法论，把关注性别视角又超越性别划分的哲学理念引入伦理学与生物医学、公共卫生学和精神病学相交叉的跨学科研究之中，力求在开放、多元、流动的视野中为构建公正、包容、充满爱与关怀的世界提供理论与实践参考。

《**正义与关怀：女性主义的视角**》（宋建丽著，厦门：厦门大学出版社，2018）

该书运用历史和逻辑相统一、经验反思与规范建构相补充的研究方法，从性别理论流变和女性主义实践的双重视角出发，揭示女性主义政治哲学所特有的"正义与关怀"主题。内容包括对西方政治哲学传统中性别缺失和性别排斥的梳理，对女性主义运动历程中所遭遇的"性别正义两难"的分析，呈现出当代西方女性主义政治哲学理论超越差异和平等、正义伦理和关怀伦理等诸种二元对立的新的发展趋势，并从马克思主义历史唯物主义的基本立场出发，对全球化背景下性别理论的政治建构与女性解放的未来做出展望。该书采用纵向的历史梳理和横向的比较分析相结合的方法，涉及对不同流派核心概念、观点的剖析，在政治哲学、伦理学、马克思主义哲学多学科交叉视域中，澄清作为马克思主义哲学重大命题的"女性解放"与作为政治哲学、伦理学重大命题的"性别正义"之间的内在关联，阐明缺乏对人类另一半之生存境况和解放前景的切实关注和考虑，正义理论必将是不完善的；同样，缺乏对性别正义本身之政治哲学内涵的辩证思考，女性主义的解放行动也难免盲目，从而在阐明正义与关怀这一女性全面自由发展的双重性伦理内涵基础之上，探索女性追求美好生活的理论路径。

《**科学有性别吗?**》（江晓原、刘兵主编，上海：上海交通大学出版社，2018），该书是《851^M：我们的科学文化》的第 10 辑。

该书主要讨论了社会性别视角下的科学技术问题，包含 6 篇理论概述和案例研究论文。其中，章梅芳、刘兵的文章讨论了在 STS 和社会性别视角下研究整容技术的理论立场、可能的研究问题及其意义；白馥兰（Francesca Bray）的文章考察了女性主义技术研究的缘起、目标、概念和方法，探讨了人类学视野下技术与社会性别的相关议题，强调科学人类学和物质文化研究这两大理论分支与女性主义技术研究的相互借鉴意义。傅大为讲述了西方近代身体史的研究和贡献，探讨了我国台湾地区近代身体的建构问题。秦先玉的文章分析了 20 世纪五六十年代我国台湾地区农户与乡村地区电饭锅"少用"现象，强调美援家政学"科学厨房"思维以现代和科学观念解释推迟现象的不适性。陈瑶、章梅芳以"衣"为例，分析了民国时期家政教育和大众媒介对衣物相关家政知识的传播，认为二者尝试以科学方法和技术手段改造家庭事务，培养具有科技新知的女性，但仍然以延续传统社会性别分工观念而非女性解放为旨归。

《**性别平等的可持续发展**》（李英桃、王海媚著，北京：社会科学文献出版社，2016），该书是"2030 年可持续发展议程研究书系"之一。

该书旨在系统研究落实《2030 年可持续发展议程》目标 5 "实现性别平等，增强所有妇女和女童的权能"与其他目标中所包含性别平等议题的全球发展与中国经验。作者指出性别平等与可持续发展都是国际社会关注的关乎全人类福祉的关键议题，在书中论证了两者之间的有机联系，创造性地提出了"性别平等的可持续发展"这一核心观点，强调落实《2030 年可持续发展议程》性别平等目标的过程就是在全球范围内实现"性别平等的可持续发展"宏伟目标的过程。该书运用丰富详实的资料、前沿权威的数据，深入分析了全球促进性别平等取得的成绩和面临的障碍；选取鲜活生动的案例，全面总结了中国推动妇女发展取得的长足进步和面临的艰巨挑战。作者强调，中国落实《2030 年可持续发展议程》、实现性别平等的可持续发展目标的努力，是全球实现性别平等与可持续发展不可或缺的组成部分；中国正在与世界各国一起，"改变自己，影响世界"，超越辞藻，从承诺到行动，以担当精神推动全球妇女发展，为实现全球性别平等而努力。

《社会性别与妇女权利》（薛宁兰著，北京：社会科学文献出版社，2018），该书是"中国社会科学院法学研究所·中国人权研究"丛书之一。

该书以社会性别为视角，立足中国社会发展进程中阻碍妇女权利实现的若干社会问题，运用国际人权法中推动男女实质平等的三个基本范畴（直接歧视、间接歧视、暂行特别措施），对消除当前中国妇女权利实现的主要障碍，提出完善相关法律制度的对策。作者认为，在新时代中国特色社会主义事业进程中，提升妇女人权法律保障水平是推进全面依法治国的题中应有之义。在研究妇女权利法律保障机制及措施时纳入社会性别视角，有利于将之置于社会发展与制度变革的进程中，将妇女权利的享有和实现作为实现男女平等人权框架的有机组成部分。该书讨论了妇女权利保障的国际法与国内法、促进妇女参政的法律措施、就业性别歧视的界定与法律应对、性骚扰及其法律规制、配偶暴力的法律防治等，这些关涉妇女参政权、劳动权和社会保障权，以及人格权享有和实现的性别与法律问题。作者循着"事实与数据、中国现行法律规定、国际人权法标准、立法对策与完善"四个维度展开论述。该书视角多元、内容丰富、论证饱满、观点凝练，许多见解具有重要的启发意义。

《中国女性高层次人才发展规律及发展对策研究》（佟新等著，北京：经济科学出版社，2017），该书是教育部哲学社会科学研究重大课题攻关项目"十三五"国家重点出版物出版规划项目。

该书使用2010年全国范围内进行的女性高层次人才状况的问卷调查和2010年全国女性高层次后备人才问卷调查及150个个案访谈以及参与观察的方法，从社会性别视角出发，研究女性高层次人才成长规律和相关对策。研究发现，女性高层次人才拥有重要的人力资本、经济资本和社会/政治资本。女性党政人才、专业技术人才和经营管理人才是一批要做得"比男性更优秀的女性"，她们成长的共性在于：第一，具有良好的成长基础，良好的教育、父母的支持和期望、相对良好的经济条件和社会支持网络；第二，拥有现代性平等意识和较高的自我职业期望；第三，性别友好型的工作组织环境；第四，拥有平衡工作和家庭的意识与能力。这三类女性人才的成长又各有特点。女性党政人才的成长更多地依赖于原生家庭提供的优良社会资本、内在的职业抱负和性别友好型的工作组织环境。

女性专业技术人才的成长更多地依赖于其平衡工作和家庭的能力以及建立社会支持网络的能力。女性经营管理人才则需要其更强的独立意识和创新意识，对女性高层次后备人才的研究发现，其成长动力更多地建立在情感纽带和亲密关系之上，她们需要独立意识、创新意识和榜样力量的引导。在政策方面，需要有更全面的性别友好的公共政策和组织环境，促进教育体系中加入性别平等的相关教育内容。该书的出版得到了教育部、全国妇联、科技部和中组部等部门的重视，于2022 年出版了英文版。

《中国儿童照顾政策研究——基于性别、家庭和国家的视角》（张亮著，上海：上海人民出版社，2016），该书是"社会学新视野文丛"丛书之一。

该书综合运用政策文本、统计资料和调查数据，对中国儿童照顾政策的起源、内容和影响进行整体性研究，并以儿童照顾为透镜，探讨家-国关系、性别与国家社会政策之间的复杂联系以及社会不平等问题。作者认为，无论是计划经济时期还是市场经济时期，国家均对儿童照顾采取了"去家庭化"的举措，但也在很大程度上具有不断强调"再家庭化"的倾向，家庭始终承担了最大份额的照顾责任，而国家只是扮演"补缺型"角色。而且，建立在照顾活动是一种性别化责任假定之上的儿童照顾政策，在减少照顾责任对妇女不利影响的同时，最终限制了更为彻底的促进社会性别平等的政策变迁的可能性。该书从社会性别视角分析社会政策对性别产生的不平等影响时将男性也考虑了进来，有助于推动以后对性别和社会政策关系的探讨同时关注男女两性的利益，以使社会政策更好地体现性别正义。

《性别与家庭——〈妇女研究论丛〉研究集萃（上下卷）》（杜洁、宓瑞新主编，北京：社会科学文献出版社，2020）

该论文集分上下两卷，共收录了《妇女研究论丛》近年来刊发的性别与家庭领域 87 篇优秀研究成果，内容涉及学习领会习近平总书记关于家庭建设的重要论述、中国家庭变迁与家庭政策、婚姻家庭法律研究、生育与社会支持、亲职、工作-家庭平衡、家庭照料与养老等方面。这些基于性别视角的深入研究，不仅清晰地呈现了近年来性别与家庭领域的最新研究动态，也有助于深化对社会转型期中国家庭变迁、特征、功能的认识，引导人们关注当前家庭领域出现的新情况、新问题，推动家庭工作的深入开展，以及进一步完善家庭友好政策。

《媒体性别敏感指标：衡量媒体运行和媒体内容性别敏感的指标框架》（刘利群、陈志娟等译，北京：中国传媒大学出版社，2017）

媒体性别敏感指标是联合国教科文组织为推动实现媒体机构中的男女平等和新闻报道中的男女平等而建构的指标体系，是教科文组织媒体发展指标的延伸，其目的是突出教科文组织全球优先事项之一的性别平等。2010年初在联合国教科文组织"妇女制作新闻"全球倡导活动中发起，2012年正式推出。指标专门为媒介组织制定，鼓励媒介组织将性别平等问题透明化并且为公众理解，分析媒介组织内部相关政策和实践，以采取必要行动促进改变。该书分为两个部分：第一部分介绍了媒体性别敏感指标的两个类别，即媒介组织内部性别平等的行动和媒介内容的性别敏感指标，从使用者、重大关切领域、战略目标、指标和检验途径五个方面衡量媒介组织在促进性别平等方面采取的措施和行动，以及新闻时事和广告呈现中的性别敏感指标的情况；第二部分系亚太地区、欧洲和阿拉伯国家、拉美及南部非洲国家中广播协会/组织与媒介组织相关部门协同开展的"自我评价"案例分析，介绍和分析了世界各地具有代表性的媒介组织在性别平等方面的现状以及采取的行动。

《审思与重构：解读高等教育的性别符码》（王俊著，武汉：华中师范大学出版社，2017），该书是"高等教育与社会发展论丛"系列丛书之一，是国家出版基金、湖北省学术著作出版专项资金资助项目。

该书基于女性主义认识论来解读高等教育中的性别问题，将教育学意义上的性别不平等还原于哲学认识论意义中知识的性别等级图式，从知识生产的角度探讨高等教育在社会性别制度建构和再生产过程中所扮演的角色，并对高等教育研究中"性别盲视"和"价值中立"的知识立场进行反思与批判，把"高等教育中的性别问题"转变为"女性主义认识论中的高等教育问题"，可以视为对女性高等教育哲学的探讨。通过审视人们习以为常的社会性别观念，作者提出了女性/女性气质与高深学问（知识建构）的悖论是高等教育中性别歧视的知识论根源，质疑了大学学科（知识分类）的性别意识形态，分析了大学课程（知识选择）蕴含的性别属性，反思了大学教学中（知识传授）的权力问题，指出要解决高等教育中的性别问题就必须深入认识论层次的批判，重新审思知识领域的性别意识形态，揭示高等教育自身蕴含的性别符码，为重新解读高等教育奠定了可选择、可理解的基础，为认识和解决高等教育中的性别问题提供了新的思路和可参考方案。

《**性别失衡与婚姻挤压**》（姜全保、李树茁著，北京：社会科学文献出版社，2019），该书是国家社科基金重大项目"人口普查质量评估理论创新研究"（15ZDB136）阶段性研究成果，2021 年获得第三届"王金玲性别研究优秀著作奖"三等奖，2021 年入选经典中国国际出版工程，2022 年获得国家卫生健康委员会和中国人口学会颁发的第八届中国人口科学优秀成果奖二等奖，该书是"西安交通大学人口与发展研究所·学术文库"丛书之一。

该书基于人口普查和抽样调查数据，综合运用数学、统计学和数理人口学等工具，系统深入地研究了出生性别比、失踪女性和婚姻挤压等问题。该书评估了出生性别比数据质量，估计了出生性别比和人工流产比例，分析了出生性别比变化趋势和空间分布，分析了出生性别比变化趋势，测算了 1980~2020 年失踪女性数量和比例，介绍了男性过剩状况，预测了出生性别比对人口发展的影响，预测了未来终身不婚及初婚年龄变化趋势，分析了年龄结构和性别结构对于婚姻挤压的影响，并模拟了光棍家庭的生命周期。该书设计开发了一系列新的模型和方法，通过系统深入的定量分析，得到了一些性别失衡和婚姻挤压方面的重要结果和结论，为消除性别歧视、促进性别平等方面的社会治理和政策制定提供了借鉴和依据。

《**乡城流动中的中国男性婚姻挤压**》（靳小怡、刘利鸽、刘红升等著，北京：社会科学文献出版社，2017），该书是"西安交通大学人口与发展研究所·学术文库"丛书之一。

该书旨在揭示乡城人口流动中的农村大龄未婚男性的生存发展现状。利用西安交通大学人口与发展研究所 2009 年厦门农村流动人口调查数据和 2009~2010 年全国百村系列调查数据，从性别、婚姻和流动三大视角出发，对婚姻挤压下农村流动人口的社会融合、婚姻、生育、养老和心理福利进行了实证研究，并对婚姻挤压下的个体安全感和社区公共安全进行探索性研究。研究发现，男性婚姻挤压明显降低了农村流动人口的婚姻机会和婚姻质量，但人口流动有利于婚姻机会的增加和婚姻质量的提高；男性婚姻挤压对农村流动人口的生育观念和行为的影响并不显著，但流动显著弱化了生育的性别偏好、降低了生育水平；男性婚姻挤压对农村流动人口的养老与心理福利产生了显著负面影响，并严重影响不同群体的安全感，不利于婚姻市场秩序和社会治安。中国的婚姻挤压主要由农村男性承担，西部地区尤为严重。随着1980年后出生的"过剩"男性人口逐渐进入婚龄，性别失衡导致的婚姻挤压将不断加剧，大龄未婚男性的脆弱性及其对公共安全的影响需要持续关注。

《被拐卖婚迁妇女访谈实录》（王金玲主编，北京：社会科学文献出版社，2018），该书是"妇女/性别研究资料丛书"之一。

该书以性别为视角，以口述史为方法，在历史的社会性的基础上关注历史的个体性，重视妇女在历史书写中的主体性，记录和研究生活的历史和变迁，反映其对个体生活与命运的影响。主要是通过对22位云南/广西籍被拐卖、拐骗到华东五省成婚的"被拐卖拐骗婚迁妇女"为访谈对象——她们或被他人贩卖到流入地成婚，或受配偶或配偶亲友欺骗进入流入地成婚，通过妇女原汁原味的讲述，呈现被拐卖、拐骗妇女的生活实况，展示不同妇女的不同的生存与发展、不同的生命经历、不同的生活历史，以及不同的人生经验和知识，进而为历史研究提供一种鲜活的、多样性的、具有被访者主体性的基础性资料，使研究者能够多角度、多层面、多方位地考察和分析社会运行和变化，探寻社会发展的真规律。该书从拐卖拐骗/被拐卖拐骗案件/事件的流入地/流入的视角，反观拐卖拐骗/被拐卖拐骗人口流出地/流出、流经地/流经，为有关买卖人口的学术研究、政策制定及社会行动提供了一份有较高价值的基础性口述资料。

《她身之欲：珠三角流动人口社群特殊职业研究》（丁瑜著，北京：社会科学文献出版社，2016），该书是"中山大学社会学文库"丛书之一。

该书以珠三角地区性产业女性从业者对"小姐"及"性工作者"称谓的理解为切入点，从个人与国家相连的角度阐述流动妇女做"小姐"的生活历程，通过探讨自我身份认同、自我实践和生活技巧来理解她们的欲望和自主性。作者用欲望语言替代身份框架，捕捉了女性身份认知的流动性与多元性，指出作为从农村到城市的流动人口，珠三角的"小姐"有强烈的作为情色/性主体、都市主体与现代化主体的欲望，但由于诸种限制与歧视，她们缺乏物质资源与相应的权利。"性工作"这一概念并不能反映日益复杂分化的性产业中这些女性差异化的生活经验，娼妓合法化、性工作化的设想并不是政府干预的最佳目标，也不是改善这些女性生活状况的最佳行动策略。作者将政治学概念与社会学分析结合，具体剖析了"主体性"这一原本抽象的学术概念，指出"小姐"作为底层/弱势人群的典型代表，其自主性是在日常生活中，在争取实现物质、性与情感欲望的过程里被实现和表达的；"小姐"这个自我身份定位可被视为这个女性群体面对制度加诸其身的阶层角色与性别角色时的一种去污名策略与性别策略。

《我在现场——性社会学田野调查笔记》（黄盈盈、潘绥铭等著，太原：山西人民出版社，2017）

该书基于中国人民大学性社会学研究所的师生自 20 世纪 90 年代以来的实地调查经验与感悟而写。主体由两个部分共十七个章节构成。第一部分包括十二篇与小姐研究有关的田野札记；第二部分触及不同类型与人群的身体与性/别研究；所附结语则是有关研究伦理的方法论探讨。该书力图凸显在中国社会关注边缘议题的研究者的在场。她/他们是不同年龄、性别与性格的研究者，也处在不同的生活情境与研究阶段。研究过程在这里得到了细致的展现与反思；研究者的情感与身体在此处得以正视与表达。该书兼具故事性与方法学意义，各篇田野笔记不拘泥于写法与风格，但笔端都透露着对边缘人群与社会角落的关注，也书写着作者对于学术与生活的切身思考。该书是感性的，亦是反思性的。其核心诚如作者在前言中所写："我们毕竟是活人啊，怎么可能无动于衷地进行调查，又怎么可能在调查之后一如故我？实际上，我们每个人在调查过程中，都获得了刻骨铭心的体验和感悟。我们都觉得，这才是最有意思的，不但对我们自己的人生最有意思，对于学术的发展，其实也是最有意思的。"

《欲望与尊严——转型期中国的阶层、性别与亲密关系》（肖索未著，北京：社会科学文献出版社，2018）

该书以婚外包养关系为棱镜，透视市场转型期中国社会的亲密关系及其背后的情感逻辑与伦理实践。基于一年的田野调查，该书将阶层变迁、城乡流动、消费主义兴起和性别关系重塑等市场转型期我国社会文化的变迁融入对个体经验的分析中，深入探讨亲密关系如何成为人们实践"欲望"和获得"尊严"的重要途径及其对于不同群体的差异性意涵。对商业阶层的男性而言，包养关系成为将经济能力转化为社会地位的途径，成为该群体彰显阶层优势的群体性实践；而对在市场化过程中被"去势"的工薪阶层男性而言，包养关系是一种男性"尊严补偿"的个体策略。进入包养关系，帮助城市女性获得一种消费文化形塑的"美好生活"，通过时尚消费参与当地的"尊严经济"，即获得原有社会网络的承认和接纳，避免向下流动；而对来自农村的打工妹而言，在高度缺乏安全感、归属感和个体尊严的乡城迁移经历中，包养关系相对长期、稳定和类家庭的特质，成为打工妹获得物质上的向上流动和情感慰藉的临时性替代。通过将社会学的分析嵌入耐人寻味的故事讲述，该书留下了有关我国市场转型期私人情感生活性别化、阶层化和个体化的生动画面。

《男性妥协——中国的城乡迁移、家庭和性别》（蔡玉萍、彭铟旎著，北京：生活·读书·新知三联书店，2019）

该书从性别社会学的视角探讨中国改革开放后大规模的城乡迁移对男性农民工的性别身份和男性气质的重塑。作者通过对在中国深圳、东莞和广州打工的266名农民工的深度访谈，描述并分析了中国的城乡迁移如何改变男性农民工的亲密关系、夫妻关系、亲子关系以及他们与父母的代际关系。作者提出了"男性妥协"这一概念来阐述男性农民工在进城打工的过程中是如何重新建构他们作为爱人、丈夫、父亲和儿子的角色。在这场为了生计的迁移历程中，男性农民工做出了种种"男性气质的妥协"：他们一边在婚恋关系、夫妻权力和家务分工中做出让步，并且重新定义了孝顺与父职，另一边又努力维护着家庭中的性别界限和他们在家庭中的象征性支配地位。该书既解释了男性农民工在城乡迁移之后在家庭中所做出的现实性调整和改变，也揭示了他们性别身份和传统意识形态的持续性。这些男性农民工的经历以及他们的家庭故事从另一个侧面反映了中国经济改革、现代化进程和社会转型对个体的深刻影响。该书荣获国际社会学协会移民研究2018年度最佳图书奖。

《性/别、身体与故事社会学》（黄盈盈著，北京：社会科学文献出版社，2018）

该书是在身体社会学与性社会学的理论脉络下展开的，强调21世纪以来中国的社会变迁背景、日常生活的方法论视角，以及质性经验研究的方法取向。借鉴Ken Plummer的"讲述性故事"，基于多类人群（不同年龄段的城市女性、乳腺癌患者、女性艾滋病病毒感染者、加拿大中国移民、变性人、豪放女）的性/别与身体的故事讲述，作者试图提出并实践具有人文与社科批判精神的、作为方法的"故事社会学"分析框架。作者不仅关注在研究中所听到的访谈类故事讲了什么，还侧重分析谁在讲述、哪些社会力量参与了故事讲述，以及如何寻找、理解那些没法讲的故事，故事的套路，讲述的历史时刻与社会背景。除了方法学的意义，作者试图超越身体与性/别相关的"常态－非常态""边缘－主流"等二元思维，重新思考社会生活与知识生产领域的规范与权力。作者立足于十余年的研究经验与切身及反身思考，从不同的面向具体地探讨了那些被忽略的中国情境中的身体问题，并邀请更多的学者参与构建更为积极的身体、性及多元性别领域的本土学术语境，以促进相关学科在中国的建设与发展。

《中国人的婚姻、婚俗与性爱》（尚会鹏著，北京：社会科学文献出版社，2018）

该书以中国中部一个村落——河南省开封县（今属开封市）西村为考察对象，对中国乡村社会婚姻缔结的全过程以及围绕婚姻产生的一系列习俗、仪式及观念进行了细致的考察和分析，从一个侧面揭示了中国人的心理、行为方式以及中国社会的特点。全书分为上下两编。上编共十四章，研究了传统中国婚姻的缔结、择偶观、婚前交往、彩礼、随礼、婚姻与生育、离婚、再婚、招婿婚、换亲、转亲、婚姻与村落社会等。下编共九章，是对中国传统婚姻的一种特殊习俗——闹洞房的专门研究，分析了这一习俗的起源、形式、功能以及衰落等。该书是在作者对乡村做田野调查的基础上写成的，大量事例是作者通过与村民的访谈和记录获得，对中国乡村婚姻婚俗的描述具有细致、真实的特点。该书从心理文化学的视角，把婚姻、婚俗与性爱与中国人的基本人际状态联系起来考察，不仅是对中国人的婚姻特点、原因及其变化的研究，也对中国人自身的行为方式和人际关系特点进行了思考，为认识中国的乡村社会提供了一个新的视角。该书是作者"西村研究"系列著作之一。

《性别视角下的村庄社会生活变迁——华中莲荷村的劳动、闲暇、女性及家庭（1926~2013）》（黄玉琴著，上海：华东理工大学出版社，2019），该书是上海文化发展基金会图书出版专项基金资助项目，是"社会工作与社会政策智库论丛"丛书之一。

该书综合了社会学、性别研究、社会历史和人口学的方法，从性别的视角，以"劳动"和"闲暇"为透镜，考察了华中莲荷村在过去八十多年间（1926~2013）的变与不变。该书探讨了不同代际的女性和男性劳动和闲暇的变迁及延续，劳动和闲暇组织过程中不同性别及代际变动的权力关系，以及这些权力关系在家庭内和家庭外的表现和形成机制。该书使用了"双重比较"的框架，一方面纵向考察前集体时代、集体时代和改革开放时代村庄中劳动和闲暇在不同性别和代际的分化；另一方面横向追踪村庄女性在少女时代、年轻母亲时代及老年时期劳动和闲暇生活的延续和变迁。该书采用了一个全面的、关系性的视角考察了"有酬/无酬""家庭/劳动""家庭内/外""劳动/闲暇"等原本被二分的领域并探讨这些领域的相互关系。在此基础上，该书将莲荷村女性和男性在变化着的家庭中的角色和更大范围内的社会经济、政治、人口和文化变迁联系起来，展现了村庄社会性别制度的嬗变，影响这种嬗变的个体、家庭、市场和国家层面的因素及与此相关的微观宏观动态。

《"祖荫"博弈与意义建构：大理白族"不招不嫁"婚姻的人类学研究》（许沃伦著，北京：社会科学文献出版社，2019），该书是"云南大学西南边疆少数民族研究中心文库·社会发展与社会治理系列"丛书之一。

该书以大理白族"不招不嫁"婚姻为切入点，通过深入细致的田野调查，多侧面、全方位地展现了"不招不嫁"婚姻中双方家庭在婚礼仪式、婚后居住方式、亲属称谓、孩子姓氏选择等方面进行"博弈"的过程。其中婚后孩子姓氏的选择既是"不招不嫁"带来的结果，也是人们尝试以新的方式来解决双方家庭继嗣问题，保证"祖荫"的延续。作者认为，"不招不嫁"婚姻形式的出现是在生计方式、家庭观念变迁及女性意识觉醒背景下传统与现代磨合的结果，是白族民间应对社会变迁做出的文化抉择。该书对于理解中国当代社会部分地区出现的"两头婚""并家婚"现象提供了重要的文化与象征视角；同时也让人们思考在婚姻家庭及亲属关系的研究中，应该如何跳出将女性置于附属于男性的研究传统，这有助于更全面地认识当代中国的婚姻家庭及亲属关系。

《跨越门闾：宋代福建女性的日常生活》（〔美〕许曼著，刘云军译，上海：上海古籍出版社，2019）

该书关注宋代福建地区女性的日常生活，并着力破除学界对于宋代女性生活的既有印象。言及中国古代的女性，以往多认为由于礼教等束缚，宋代女性的活动范围主要是在闺阁之内，直到明清以后，妇女跨出闺阁才渐成潮流。但本书作者通过使用大量丰富的史料，勾勒出福建地区女性在家内家外的不同社会生活。实际上，当地的女性并不完全被"中门"这样的空间阻隔所禁锢。儒家伦理等观念束缚与地方社会的具体实践二者之间存在缝隙与落差，这为妇女在家外的活动创造了条件。宋代福建地区的女性在家庭管理、法律诉讼、宗教活动、文学写作等方面均扮演着不同角色。因此，早在宋代妇女的能动性便已然彰显。作者更从对这一性别史的纠正出发，阐释了其"宋元明转型"的观点，将性别议题导向对更广阔的历史进程的论说之中。

《宋元时代中国的妇女、财产及儒学应对》〔〔美〕柏清韵（Bettine Birge）

著，刘晓、薛京玉译，北京：中国社会科学出版社，2020］，该书是"鼓楼史学丛书·海外中国研究系列"之一。

该书主要关注宋元时代中国妇女地位，特别是其财产权的变迁。作者指出，宋元时期女性财产权的失落是宋代理学与少数民族政权的游牧习俗二者共同作用的结果，并且后者在元代发挥了更为重要的作用。儒家传统的存在，使得古代中国的法律偏向男性一方，但在宋代及宋以前，女性的嫁妆支配等财产权实际上得到了一定程度的保护。但宋代道学家反对女性嫁妆支配权，主张女性守节。元代建政后，游牧婚俗与传统礼俗冲突，但随着元代接受儒学教化，道学成为意识形态主流，导致对女性财产的限制再次生效，女性财产权和地位受法律限制，男系家族绝对权利得到法律确认和保护。

《**技术、性别、历史：重新审视帝制中国的大转型**》［〔英〕白馥兰（Francesca Bray）著，吴秀杰、白岚玲译，南京：江苏人民出版社，2017］，该书是"海外中国研究丛书"系列之一。

该书是白馥兰教授多年来论文的合集，涵盖了作者对近世中国的技术、性别等问题的思考。特别是在第二部分"女子之术：锻造女性的美德懿行"与第三部分"男子之术：毛笔、耕犁以及技术知识的本质"中，作者从"日常科技"的角度出发，关注了妇女的劳动、空间、生殖以及男性的技术实践等性别议题。技术并非仅仅是制造产品的知识与实践，同时还是贯彻道德体系与统治观念的物质载体，是儒家道德观与宇宙观的重要组成部分。通过对这些议题的探讨，作者揭示出性别原则与男权制度等，是如何透过技术嵌入中国的社会与日常实践之中。例如，作者注意到纺织技术本是传统女性劳动的重要内容，但随着宋以后商品经济与手工作坊的发展，男性在这一领域中逐渐掌握了更多技能与话语权，女性的劳动由此被遮蔽。但有意思的是，男性在这一角色转换的过程中并不满意于女性这一角色的消失，而是希望女性能够继续纺织，因为女性纺织已经被时人认为是一种女性美德的表现。在作者看来，帝制晚期中国女性虽然身处家庭之中，但能通过各种方式将自己同外部世界联系起来，中国的家庭是国家政治权力的延伸。

《**三姑六婆——明代妇女与社会的探索**》（衣若兰著，上海：中西书局，2019），该书是"彩虹口袋书"系列丛书之一。

该书探讨"三姑六婆"在明代社会中的作用，并分析了在时人书写中这一群体负面化的原因。媒婆、稳婆与尼姑、道姑等"三姑六婆"在明代社会的宗教、医疗、买卖等日常生活中承担了重要角色。特别是由于男女有别，诸多与女子息息相关的事务更离不开她们。但三姑六婆走街串巷，穿梭于市井之中，与明代士大夫所坚守的男女大防、妇女贞静等观念相龃龉。三姑六婆被认为是女子的不良示范，因此文人着力贬抑三姑六婆，将她们塑造为巧舌如簧、泼皮无赖的市井形象。同时，由于晚明时期商品经济的发达，奢侈之风盛行，不少女性也参与潮流，在这一时代背景之下，三姑六婆更被文人描绘为贪财、好事、狡猾的形象。三姑六婆的负面化，是士大夫感知到其对于传统儒家伦理与社会秩序冲击后的回应。但从另一方面来看，正是明代商业与社会的发展，使得这些"职业"女性得以穿门入户，不但她们自身得以游走于街巷之内，并且也为闺阁内的女子窥见外部世界提供了诸多可能。

《**明清地域社会变迁中的广东乡村妇女研究**》（刘正刚著，北京：社会科学文献出版社，2016），该书是国家社会科学基金项目的结项成果，是"羊城学术文库·文史哲系列"之一。曾获得第二届"王金玲性别研究优秀著作奖"二等奖，广东省哲学社会科学优秀成果三等奖。

该书是第一部较为系统、完整而深入地研究广东传统社会妇女史的学术专著。在传统中国的场域中，女性的声音常常被男性士大夫的众声喧哗所掩盖，甚至处于失声状态。该书以中国社会经济史和性别史相结合的理论与方法为视角，一方面运用契约文书、地方志、档案、笔记、文集、案牍等文献资料，另一方面辅之以大量田野考察所得的碑刻、族谱、口述等资料，将妇女置于明清广东社会经济发展、贸易国际化、文化传统士大夫化等大背景中，揭示了她们的生存状态、社会角色与社会地位等演变历程。明代以前文献记载的广东社会曾流行"妇人强男子弱"的鲜明社会性别结构，但明中叶以后随着广东被不断深入地整合到王朝国家话语中，妇女又以"贞孝节烈"的形象出现，该书揭示在长时段的社会变迁中，妇女既被动又主动地吸收并创造新的文化传统的过程，同时延续了某些习俗，为理解和认识妇女在社会变迁中扮演的角色提供了新视角。该书一切从史料出发，通过妇女的行为、言论与活动，清晰地阐述了明清广东社会变迁中妇女形象演变的真实面相，揭示社会变迁与妇女形象演变之关联，是对妇女史研究在方法论上的一种导向。

《**"西洋镜"里的中国与妇女——文明的性别标准和晚清女权论述**》（宋少鹏著，北京：社会科学文献出版社，2016）

该书是一本思想史著作，聚焦于中国女权思潮与实践的缘起阶段，对晚清"女性""性别""女权"观念进行了概念史梳理。在全球史视野下，把晚清中国的女权论述与话语实践放置在追寻现代中国的历史背景下，男女论者对于西方文明论选择性地传播、转化，以及传播转化过程中的既有应和又有冲突的实践图景。全书分四个部分：第一部分探究欧美文明论的性别标准及其成因；第二部分考察欧洲文明论的性别标准在晚清如何传入中国，如何经历在中国语境下的转化以及对中国社会、中国妇女产生的影响；第三部分解析马君武译介的斯宾塞和约翰·穆勒的女权论述，通过与母本的对照，展示译本如何以遮蔽和转化的手法维护西方的文明形象，再塑男性的优越地位；第四部分聚焦女性论者的女权论述，探讨女性论者如何回应与翻转由男性开辟的女权论述，创造出有利于女性独立与妇女解放的话语与实践。该书附录收录了作者的两篇思想史论文：《清末民初"女性"观念的建构》和《平等与差异：近代性"别"观念双重特性的建构》，揭示了现代中国"女权"思想之知识基础的"性别"与"女性"观念的知识背景、思想的内在矛盾性。

《"女界"之兴起：晚清天津女子教育与女性形象建构》（秦方著，北京：中华书局，2019）

该书以晚清以来天津 37 所女学、1000 多名女教习和女学生为研究对象，考察了近代女性形象建构和中国现代性之复杂关系。中国近代女子教育在庚子事变后得以迅速发展。作者认为，女学之发展，不只是校园内师生之间传递知识的行为，也是包括士绅在内的各类参与者重新探索社会规范、确立自我认同的场域。一方面，参与者赞誉女学之现代性，推崇女教习和女学生的文明形象；另一方面，他们又主动借助传统的性别意识和文化惯例来确立女学的现代边界。该书除导论外分为五章。在建立话语背景（"女界"概念）和历史背景（近代天津）基础之上，该书选择三个与晚清女学密切相关的实践进行深入分析：身体和图像的游移、视觉建构和形象塑造，即女学师生的身体及照片在实际的和虚构的公共空间中的流动，画报在视觉层面上对女学生、女教习和女校的再现和建构，以及新女性典范形象的塑造和传播。作者通过对包括报刊、日记、文集、画报、档案等各类原始资料的细致分析和解读，展示了近代新女性形象塑造过程中所折射出的隐与现、公与私、传统与现代的微妙社会心态。正是在这一曲折前进的过程中，近代女学这一新兴事物在认知层面沉淀下来，成为日常的社会存在，由此推动中国女性的身份转变和中国社会的现代转型。

《证据——上海 172 个慰安所揭秘》（苏智良、陈丽菲、姚霏著，上海：上

海交通大学出版社，2018)

该书是中国学界关于第二次世界大战时期日军"慰安妇"制度研究的又一力作。"慰安妇"制度是日本军国主义在侵略中国和其他亚洲国家期间，强迫各国妇女充当日军士兵的性工具，并有计划地为日军配备军事性奴隶的制度。从1931年日军在上海开设第一家军慰安所到1945年日军投降，亚洲至少有40万名女性成为日军"慰安妇"制度受害者，其中约半数为中国妇女。而上海曾是日军慰安所存在时间最长、最集中的城市。从1993年至今，作者团队对侵华日军占领上海期间掳掠中国及其他国家良家妇女充当"慰安妇"的历史开展资料搜集考证、实地调查、采访亲历者，积累了大量人证和物证。该书是研究团队历时25年研究的阶段性成果。依据战时的日伪档案、日本人在华文献和书籍、日军老兵回忆、战时中国报刊资料、中国受害者和证人的证词，并通过实地查证，研究团队发现了172个上海日军慰安所，并为每一处慰安所绘制了详尽的方位示意图。书中大量无可辩驳的铁证，证实了这段日军暴行史。该书已成为控诉日本军国主义战时罪行的又一力证。

《女性·婚姻与革命——华北及陕甘宁根据地女性婚姻问题研究》（岳谦厚、王亚莉著，北京：中国社会科学出版社，2018)

婚姻是一个最基本的民生问题。华北及陕甘宁等革命根据地相继建立之后，中国共产党将传统婚姻制度变革或女性婚姻制度安排作为其政权建设和社会建设的重要内容付诸实践。在此过程中，尽管对妇女的动员及改造不可避免地带有工具性的政治色彩，但它从心理、生理、观念等诸多层面对千百万普通妇女产生了前所未有的影响，引起根据地社会结构和意识形态的根本性变化。而中共对婚姻家庭的政治改造浓缩了妇女生活变迁性、社会性和革命性特征，折射出中共革命胜利的关键要素之一在于妇女问题的合理解决。该书在大量原始档案资料检索和整合的基础上，以华北及陕甘宁革命根据地女性群体为研究对象，以女性视角、经验、经历及两性关系发展变化为研究主线，注重作为婚姻主体的女性本身对婚姻的体会和感受，研究内容关涉婚姻习俗调适、两性关系冲突、新婚姻形态、妇女组织机构、军婚保障机制与司法审理、女性模范抗属塑造及英模、妇女的生育卫生及妇婴保健、婚姻关系中的女性财产权等社会问题，不仅有助于把握中国乡村革命的清晰脉络，亦可借此体察中共革命过程中的曲折性和繁难性，对于进一步深化革命根据地史特别是根据地婚姻家庭史和女性史研究具有重要意义。

《**中国共产党的妇女福利思想与实践**》（黄桂霞著，北京：人民日报出版社，2018），《中国妇女报》2018 年 8 月 28 日，新女学周刊·知道专栏推荐。

该书是研究中国共产党妇女福利思想与实践的专著。首先，从理论层面探讨了中国共产党妇女福利思想的理论来源及变迁、妇女福利的基本内容与社会功能；其次，在实践层面，以党的历史发展为脉络，以中国社会发展与妇女发展状况为线索，对党在新民主主义革命时期、社会主义建设时期以及中国特色社会主义时期的妇女福利思想与实践进行了整理与总结，探讨新时期党的妇女福利发展趋势及模式；最后，选择与妇女发展关系最密切的就业、生育和养老领域的福利发展进行专题研究，也是对改革开放以来妇女福利发展的一些重点难点问题进行分析总结。该书通过研究中国共产党的妇女福利思想，总结党的妇女福利实践经验并对实践中妇女福利存在的历史性和阶段性问题进行分析、提出相应建议，丰富了党史和妇女运动研究。

《**中国共产党妇女工作史（1949～1978）**》（耿化敏著，北京：社会科学文献出版社，2016）

该书从中国共产党部门工作史的视角，发掘和运用包括档案、史志、口述等在内的多元史料，着力描述这一时期中共妇女工作的历史形貌，努力构建中共妇女工作史叙述框架，对中国共产党妇女工作委员会历史沿革、妇联组织史等若干"点"或"面"的展开分析，揭示学界过去语焉不详的当代中国妇女工作领导体制机制的起源、发展与演变，增进学界关于 20 世纪中国妇女运动的进程、成就与经验的理解。该书和作者的前著《中国共产党妇女工作史（1921～1949）》（北京：社会科学文献出版社，2015）较系统地梳理了 1921～1978 年中国共产党妇女工作的历史轨迹、妇女工作政策方针的历史演变、妇女组织的建立发展，全面总结了中共妇女工作的发展历程、主要成就、历史经验与现实启示，为学界和公众了解中共妇女工作史提供了工具书。

《**当代中国妇女运动简史（1949～2000）**》（全国妇联妇女研究所编著，北京：中国妇女出版社，2017）

该书以中国共产党领导下的妇女运动为主线，将中国妇女运动历史置于党的历史发展中，生动记述了新中国成立至 20 世纪末中国妇女运动波澜壮阔的历史，反映了 50 多年来，党在思想理论、路线方针、法律政策等方面为妇女发展提供指导和根本保障；展现了妇女组织推动维护妇女权益的法律政策的出台和贯彻执行，组织动员广大妇女全面参与经济社会发展；描绘了广大妇女将个人前途命运与国家和民族的前途命运紧密相连，积极投身社会主义革命、建设和改革开放实践，充分发挥"半边天"作用，成为推动中国特色社会主义建设不可或缺的重要力量，并在参与中获得自身发展与进步；深刻体现了党的领导是中国妇女运动取得巨大成就的最根本保障，深刻揭示了马克思主义与中国妇女运动相结合的历史必然性和走中国特色社会主义妇女发展道路的无比正确性，深刻总结了中国妇女运动的经验、特征和规律。该书注重宏观历史和微观史实有机结合，突出历史线索和脉络，注重理论探索和经验总结，力求以详实的资料、简明的叙事呈现半个多世纪中国妇女运动的历史概貌，凸显中国特色社会主义妇女发展道路。

《记忆的性别：农村妇女和中国集体化历史》〔〔美〕贺萧（Gail Hershatter）著，张赟译，北京：人民出版社，2017〕

该书以一个被双重边缘化的群体——农村妇女——作为考察的中心点，试图重新检视和阐释20世纪中国革命的诸多重要议题和面向。作者通过历时15年所收集的口述资料，生动而深刻地展示了陕西农村72位老年妇女在20世纪五六十年代革命年间的人生变迁。通过对这些妇女生活史的叙述和富有洞见的分析，作者展示了中国共产党和国家的政策如何既带有地方性又具有个人色彩，以及这些政策如何影响了妇女生活的方方面面：农事、家务、政治行为、婚姻、分娩、育儿，甚至是她们的德行观。这些妇女从当下的制高点叙述自己的过去，她们强调了自己固有的美德、重要的功绩和深藏于心底的怨恨。作者通过社会性别这条展示权力、差异和集体的轴线，切入20世纪五六十年代中国农村的集体化，有力检视了社会主义的性质以及社会性别在社会主义国家产生过程中所起的重要作用。该书为加州大学出版社"亚太现代丛书"系列之一，并于2012荣获美国历史学会琼·凯利妇女史著作奖。中文译著荣获新京报书评周刊"2017年中好书"，单向空间2017年度好书以及豆瓣"热门海外汉学图书TOP10"。

《中共历史与理论研究（第8辑）》（杨凤城、宋少鹏主编，北京：社会科学文献出版社，2020）

《中共历史与理论研究》是中国人民大学中共党史党建研究院的院刊，以书代刊出版，2020年第8辑基本是妇女研究专刊，除了"史料解析"栏目的一篇文章外，其余十篇文章都是关于妇女史与妇运史的研究文章。"理论与方法"栏目收录了林春的《平等主义的成就和代价：性别平等》和钟雪萍的《中国革命与妇女解放：回到 1968 年的再思考》。"妇女与医疗史"收录了姚毅的《医师专业的形成与社会性别建构——以民国时期的妇产科为例》，分析近代中国女医如何利用传统的男女有别论与现代的女权话语，并与当时的国家权力相结合，让近代中国助产制度的设计之初就形成了中国妇产科女医为主的中国特色。"单位制下的妇女"栏目收录了管田欣的《阶级情感与姐妹情谊：集体主义时期女工小组的生活互助》和徐明强的《资源分配、互济互助与单位集体福利——北京地区单位托幼机构的历史实践》。"集体化农村的妇女"栏目收录了刘亚的《20 世纪 50 年代华南农村家务劳动社会化中的"等级化"策略》和吴家虎的《响应与挣扎：下放农村劳动锻炼女干部的心灵世界》。"他山之石"栏目收录了柏棣的《"中国妇女尚未存在"：20 世纪七八十年代西方女性主义关于中国社会主义和妇女解放的讨论》和单佳慧的《1995 年后的妇联：能否重拾作为人民团体的群众性?》。"改革开放史·口述访谈"栏目收录了高小贤口述、宋少鹏整理的《社会性别进中国：历史进路与理论反思》。

《性别与文化：女性词作美感特质之演进》（〔加〕叶嘉莹著，北京：商务印书馆，2019）

该书从性别与文化的视角为女性词作美感特质的形成演进构建了理论说明与评赏标准。作者将女性词从早期歌伎、良家妇女到两宋名家、明清才媛，进而至于民国女性、现代学者之词的发展，分别做出了深细的评赏与平允的衡量。作者认为，词向来被视为女性化的文学体式，男性与女性之词的起点不同，女性词一向是以写志言情为主，后期即使出现了双性之特色，也是女词人本身所具有的一种兼具双美的天性禀赋的自然呈现，况周颐提出的"作词有三要：曰重、拙、大"的标准是女性词最为重要的特质。书中篇章不仅体现出对古代女性词作中蕴含的追寻向往、苦难悲歌的理解与同情，更流露出对现代女性词作之能表现兴亡历史、时代关怀的一份倾心与尊敬。附录的两篇文章，是作者两次演讲的整理稿，与正文有着较强的关联，对正文未涉及的明清之后的重要的作家作品有所补充。一篇重在女性词史之勾勒，梳理女性词美感特质的演变过程，可视为是全书的浓缩精华；另一篇重在女词人个案的比较研究，发掘剖析李清照、徐灿两位重要女词人同中见异的精微差别及其原因，颇具示范意义。

《唐代的社会与性别文化》（〔美〕姚平著，北京：北京大学出版社，2018）

该书是姚平教授多年来对唐代性别与社会问题研究的十余篇论文的结集。该书选文非常丰富，涵盖了唐代性别史诸多层面的议题。文章涵盖唐代文史，书中既有对于唐代文学与性别的分析，如作者白居易诗歌和《游仙窟》《大乐赋》等均有精妙分析。此外，在本书中，作者也运用大量墓志资料，勾勒出唐代妇女与社会的复杂面貌。作者在墓志资料的运用上多有心得，书中亦收录了作者对唐代女性墓志的综述，使之成为本书的一大特色。本书的另一特色则是收录了多篇关于唐代宗教与女性的研究论文，主题包括佛教文献的性别化、佛教徒女性的生活、妇女与佛教孝道观等。因而作者关注到了此前研究者较少关注到的宗教面向，为唐代社会与性别文化研究提供了诸多新的思路。

《唐代女性与宗教》（焦杰著，西安：陕西人民教育出版社，2016）

该书是教育部人文社会科学基金项目的研究成果。全书运用女性墓志、碑文铭刻、佛教道教经典，以及野史笔记和志怪小说等文献，分别考察了唐代女性的佛教和道教信仰问题。传统的社会分工使得唐代女性在宗教信仰问题上较多地受家人的影响，但在唐代包容开放的社会氛围下，很多女性能表现出一定的自主性和能动性，她们或是研读经典提高素养，或是参与各种宗教活动丰富日常生活，提供心灵慰藉，或是通过出家修行的方式改变人生轨迹，获得社会认同。该书注重奉教女性的身份差异，将她们分成一般的信仰者、虔诚的信徒、居家的和出家的比丘尼和女冠，身份不同，她们的宗教活动及宗教对她们日常生活的影响也不同，两种宗教对她们的人生观的影响也是不同的。由于女性身份的局限，她们在从事宗教活动的过程中会遇到很多困难，通常家庭背景较好者比下层出身者有着更好的上升机会，出身社会下层者也会通过其他方式努力向上层攀升。该书再现了唐代佛教、道教的发展阶段，女性对宗教的精神寄托和价值判断，折射出大唐盛世精神脉搏中久被遮蔽的一角，展示了女性宗教世界发展历程中非常重要的一环。

《晚清女子国民常识的建构》（夏晓虹著，北京：北京大学出版社，2016），该书是"学术史"丛书之一。

在近代中国，由精英知识分子发出变革的呼声，抵达并影响到下层社会大众，这个过程通常被称为"启蒙"。处于晚清特定的历史时空，将"启蒙"理解为梁启超界定的"国民常识"的普及，无疑更为得体。依照梁氏对"常识"的定义："凡今日欧美、日本诸国中流以上之社会所尽人同具之智识，此即现今世界公共之常识也。"(《论常识》）而这类在传统文化中原本残缺的公共常识，正为铸造近代中国国民品格所必需，并由此奠定了现代国家的基础。以此，该书集中考察了晚清知识精英如何借助各种文本，将"国民常识"播植于女界的实践。书中以列举的方式，对《女诫》所代表的古代女教经典、众多晚清中外女杰传记以及妇女报刊进行了重点讨论，意在展示国民常识传输的两条基本通道：一为对传统的重新阐释，二为引进域外新知。其中，后者显然是作为原点存在的。除了探究古典新义，追踪西方女杰传的日本原身——明治"妇人立志"读物的中国之旅，作者的兴趣尤在观察晚清的精英思想转化为国民常识，从而引发社会基础改变的全过程。"晚清女报中的乐歌"一章较好地实现了该意图。

《清末民初的"善女子"想象》（〔韩〕李贞玉著，天津：南开大学出版社，2016）

该书以清末民初被金一称为"善女子"的中西女杰形象为研究对象，在史实互构、古今相系、中西交汇的历史语境中，呈现"善女子"形象与中国近代思想文化转变之间常常为人忽视但又非常重要的联系。该书以清末为基本的分析时段，同时注意清末与民初之间的内在文化关联，并从具体而微之处入手，探究"善女子"形象的发生、演绎和传播的原因与过程，解析"善女子"形象及相关文化现象。该书不仅致力于挖掘"善女子"形象的渊源与演绎过程，也关注接受者立场的意义，力求在当时的社会环境中，考察多元复杂、自成一格的"善女子"形象及其思想文化体系与中西文化资源初结缘时发生的种种现象；透过晚清文学中"善女子"的表述与建构，思考女性在政治话语下的存在境遇以及文化心理与民族历史、民族思想文化传统之间的内在联系。女性与历史/政治有着千丝万缕的联系，国家话语往往能够"收编"和"建构"特定的女性形象，或者说女性与历史/政治之间具有一种深刻的"互文性"。

《浪漫的中国：性别视角下激进主义思潮与文学（1890~1940）》（杨联芬著，北京：人民文学出版社，2016）

该书聚焦19世纪末至20世纪上半叶新出现的思想观念和流行文化现象，撷取"恋爱自由""社交公开""自由离婚"等新观念及"新女性""贤母良妻"等新名词，通过知识考古，探究语言与观念背后社会意识、社会生活和社会心理的剧变，呈现现代中国新伦理和新文化构建的历史线索，并对新文化的激进主义倾向进行了富于历史深度的反省。该书以伦理思想史维度进入现代文学史，在有关女性和性别伦理观念革故鼎新的历史变迁中，深入文化与思想最活跃的场域，在一个思想、文学、社会习俗与变革交织的界面，考察新文化、新道德如何颠覆传统并进行"现代"建构，在历史细节中呈现中国社会由传统向现代演变的生动图景。该书富于学术原创性与开拓性，入选国家哲学社会科学成果文库。

《隐蔽的风景——清末民初女性小说创作研究》（马勤勤著，天津：南开大学出版社，2016），该书是"性别视角下的中国文学与文化"丛书之一。

该书旨在揭示长期为五四史观所遮蔽的中国女性小说创作的历史原点。上卷立足于原始资料，特别是报刊史料，系统梳理了清末民初时期女性小说创作的基本情况，在前人研究的基础上，发掘了大量新史料，对那些早已湮没无闻的小说女作者的生平和经历以及她们的小说作品加以考述。作者态度严谨，考辨严格，充分考虑到男子捉刀代笔的问题，努力在不漏收与不误收之间寻找平衡。下卷则采用以个案带出问题的方式，从闺情、启蒙、市场、学校四个角度切入，选取陈翠娜、刘韵琴、高剑华和直隶第一女子师范学校的七位女学生这四个典型个案，辅之以清末民初时期其他女作者的小说作品，呈现女性小说创作的多重面向，并指出其所继承、指代或开启的不同传统——古代闺秀创作、晚清"小说界革命"、民初的通俗文坛、"五四"新文学。该书在近代中国这个"传统"与"现代"交错共生的时空节点上，钩沉出女性小说创作多元共生的历史图景，质疑长期以来学界往往将"五四"女作家的出现作为女性文学学科起点的研究范式，并拒绝以一种"五四"之"前史"的眼光来打量清末民初的女性小说创作，提示了历史的复杂性及其存在的多种可能。

《中国现代女性写作的发生（1898~1925）》（张莉著，北京：北京十月文艺出版社，2020）

该书借助社会性别的视角，通过对1898~1925年妇女史、妇女教育史、现代文学史和现代历史相关阶段的考察，揭示了现代妇女写作发生的历史。作者认为，女学生群体的出现，对于现代妇女写作产生有着重要意义。女学生是中国第一群以合法的名义离开家庭进入学堂读书的女性。妇女生活中出现的新变化：走出家庭、进女校读书、与同龄女性交流、出外旅行、参与社会活动、与男性交往等都是现代妇女写作发生的客观条件。五四新文化运动的发生则为这些中国现代女性文学提供了作家——一批具有现代主体意识的女性。作者通过重视社会性别以及妇女的写作实践呈现出中国语境下妇女写作的独特性，对既往倚赖"西方女性主义理论"讨论中国妇女写作问题的妇女文学研究模式提出深刻反思，从文学发生学角度梳理出了中国现代女性文学发展的独特发生道路。该书详尽梳理了 20 世纪初期中国女子教育的发展历史，生动而全面地再现了现代中国妇女写作产生的文化环境，从社会学、教育史、妇女史和文学等方面，全面考察中国现代女性走出闺门、走进学堂、走进社会，开始新文学创作的过程。该书既是对既往妇女文学研究中从文本到文本、从理论到理论方式的一次反思，也是从妇女写作角度对现代文学发生史的一次探询。

《烈士风度——近现代中国的性别、牺牲与文章》（符杰祥著，北京：人民出版社，2020）

该书是国内首部探讨烈士精神、烈士文章在近现代中国的生产机制及美学艺术等问题的专著。通过重读秋瑾、丁玲等人的人生与文学故事，探索烈士精神在革命时代的发扬与压抑、传统道德在现代革命中的矛盾与冲突、女性解放在革命政治中的性别与牺牲、烈士文章的生产机制与美学精神等问题。在关于女性牺牲与女性解放方面，主要包括两个方面。其一，以跨文化的世界视野与中国问题意识，探掘秋瑾和丁玲"母女"两代人在中国近现代女性解放与文武兴替思潮中曲折动荡的成长经历与精神联系，进而揭示性别、西方与国族政治背后复杂而丰富的文学寓言。如果说苏菲亚及其中国姐妹秋瑾的故事是晚清民族革命与尚武思潮的产物，那么辛亥之后的军阀混战，则从反面推动了"中国的文艺复兴"，出现了像丁玲一代认同茶花女的现代文艺女青年。其二，从晚清以来的革命思潮与性别政治入手，以鲁迅所关注的秋瑾、丁玲这两代献身革命的新女性为主要对象，揭示烈士情结在现代文学与女性命运中的发生与变形、规约与限制、吊诡与矛盾。颂扬牺牲是危机时代女性解放议程中必然的一部分。尽管如此，作为传统中国"列女传"的一脉，女性牺牲者进入男性荣誉的烈士谱系并非名正言顺，也并非一帆风顺。

《性别与中国文化现代转型》（杨联芬主编，北京：东方出版社，2017）

该书收入国内外学者有关晚清、民国和当代中国女性文化与文学研究论文27 篇，呈现了中国女性文化与文学研究领域最近的成果。该书以丰富的视角和个案研究，对百年中国现代转型与社会变迁过程中女性主体地位的建构、有关女性的社会实践与书写进行了深入而细致的探究，其中不乏开拓性研究，并呈现了若干新材料。该书作者为中国和美国高校的专业研究者，其中包括夏晓虹、钱南秀、乔以钢、刘慧英、刘人鹏、季红真、杨联芬、贺桂梅、张莉、罗鹏等。该书内容丰富，问题意识突出，研究视野及方法呈现出个性鲜明的多样性，所探讨的问题，既关乎女性存在，也反映社会意识，具有较高可读性与学术价值。

《心灵革命：现代中国爱情的谱系1900~1950》（〔美〕李海燕著，修佳明译，北京：北京大学出版社，2018），该书以其新颖的主题、卓越的分析获得了2009年美国亚洲研究学会的列文森奖。

该书以时间顺序为结构：（第一部分）从晚清开始，（第二部分和第三部分）穿透民国时期以及社会主义最初时期，最终（结论部分）以革命时代作结。该书重点探讨了"爱情"作为一个词、一种观念在近现代中国的言说历史。作者主要通过晚明至当代的一些重要文学作品，勾勒了爱情在中国文学叙述中的历史。作者还把爱情放在情感这一更大的背景之下进行考察，提炼出儒家的、启蒙的、革命的三种感觉结构，用以深度描述中国人情感的复杂结构和互动演变，呈现了近现代中国人如何利用爱情以及情感的话语构建身份、道德、性别、权力、群体乃至国族与世界。"与'恋爱'相关的'情感'，作为私领域的个人体验，在传统中国文学中更多属于通俗文学的范畴。然而在20世纪前半期的中国，它却变成公共话题，不仅成为个性解放的先导，更成为启蒙主义、民族主义和妇女解放等宏大历史叙述的重要主题；情爱的形态与观念，遂成为中国社会现代化的一个表征。这一历史奇观及其伦理、政治和美学意义，在当下研究中并不充分，而李海燕的《心灵革命》，无疑是重要的开拓性成果。"（中国人民大学教授杨联芬推荐语）

《历炼精魂：新中国戏曲改造考论》（张炼红著，上海：上海书店出版社，2019）

20世纪中期的新中国大众文艺改造，以旨在改戏、改人、改制的戏曲改革运动为代表，可谓是一场影响力极大、牵涉面极广、整合度极强的社会主义文化政治的具体实践。它直接关涉到"新中国"如何通过大众文艺实践的"推陈出新"来创造社会主义的"新文化"，并以此重塑现代民族国家理想和人民主体形象，包括如何完善宣传机制、变革政治形态、培育文化认同、重建社会秩序，进而如何再造民众生活世界及其伦理道德观念等重大理论与社会实践问题。

该书在新中国"改戏"的社会政治文化大背景下，从不同类型和专题的代表剧目——《梁祝》《白蛇传》《秦香莲》《女审》《碧玉簪》《李慧娘》《穆桂英挂帅》《杨门女将》《芦荡火种》等入手，选取神话戏、人情戏、历史戏、鬼戏、"样板戏"等做戏曲个案研究，通过考察其具体的改编过程及相关阐释，分析所谓新与旧、雅与俗、精英与民众的价值观念和趣味之间彼此妥协利用的微妙关系，以及政治改造要求和实践限度或曰阻力之间拉锯进退的曲折历程，有力地揭示出戏改运动具体过程和历史意义。该书的相关探索，为重新思考新中国以"戏改"为代表的文艺改造工程及其独特的文化政治提供了一种崭新的理论视野。

《女性乌托邦：中国女性/性别研究二十讲》（李小江著，北京：社会科学文献出版社，2016）

该书是李小江教授对中国女性与性别研究多年来讲稿的汇集。作者在该书中回溯了其多年来从事妇女/性别研究的历程，并对如何在中国语境下看待女性主义提出了诸多见解。例如，该书特别强调中国的女性主义与西方的女性主义二者的相异性，中国的妇女解放与社会主义革命紧密相连，不同于西方女权主义的女权运动脉络，因此我们需要从本土出发，从中国经验和中国视角去理解中国的女性与性别问题。同时，作者强调要关注区域性差异，中国的性别问题就与中国城乡二元结构有着密切的关系。从该书收录的系列文章可以看到作者对于中国妇女议题的长期探索与新进思考，该书是一代妇女/性别研究者的心路记录。

《中国的性/性别：历史差异》（〔美〕王玲珍、何成洲主编，北京：生活·读书·新知三联书店，2016）

自20世纪80年代初期以来，中国妇女与性别的学术探讨极大地丰富了世界性别研究和女性主义理论。该专辑收录了七位中美学界知名和前卫学者的8篇文章，分别从不同的批评角度展示中国学领域里性别与女性主义研究中的成就与动态。该专辑的重点是重新审视性和性别观念以及实践在中国不同历史和政治场景中的特性，一方面质疑中国学研究中仍然存在的中西二元对立的视角，另一方面挑战任何一种单向普世思维模式。该专辑中的文章侧重女性主义实践和研究的跨国性质以及中国历史内部的种种差异，特别探讨性和性别在中国历史上形成的多元复杂倾向。从汉魏阴阳平衡和复仇女杰的崛起到明清商业文化中的男性文人权力和女扮男装的表演，从20世纪初到30年代殖民资本商业在中国都市通过跨国广告对现代女性的普世建构到社会主义时期的对妇女劳动的强调，最后从20世纪80年代社会主义性别差异历史中激发出的对马克思主义妇女解放理论的修正和对性差异的再定义到当代中国市场经济下跨性别表演所带来的商业合谋和政治挑战，该专辑中的八篇文章涵盖几千年历史（从公元前220年到21世纪），深入探讨了有关中国性/性别在理论、历史和（跨）文化方面的别样意义和别样模式，给当代中国以及世界有关性/性别以及女性主义实践的研究提供了前卫视点和重要范本。

《性别之惑——微文化研究（第二辑）》（滕威主编，戴锦华、滕威等著，上海：上海书店出版社，2020），该书是华南师范大学微文化研究中心的"微文化研究"丛书第二本。

该书围绕数码时代的性别议题展开，收录了著名女性主义批评家戴锦华教授领衔的一批年轻学者的最新研究成果。书中分别从"大妈"的网络形象建构、少女电影、科幻小说、耽美文化、语音助手、数字媒介使用等流行文化现象和前沿话题入手，以独特的观察视角展开对数码转型与生物学革命之中的性别议题的新思考。作者们不仅探讨了技术革新对性别文化的影响，还试图厘清个人主义、消费主义、自由主义等日益凸显的政治经济因素在性别议题新困境中扮演的角色，并将性别议题与纷繁复杂的历史脉络相勾连，深度挖掘隐匿于全球化与现代化进程背后的性别形象建构、资本主义父权新想象、身体话语书写、阶级流动、身份认同等重要问题。书中采用田野观察、话语分析等研究方法，引入学科前沿理论，突破学科固有边界，在积极探索与实践文化研究理论新范式的同时，多维度、多层次地勾勒出一幅幅数码时代性别议题的复杂剪影，充分展现性别议题的开放性与前沿性。

《性别视角下的中国文学与文化》（乔以钢等著，北京：经济科学出版社，2017），2020年12月该书获第八届教育部科学研究（人文社科）优秀成果二等奖。

该书是教育部哲学社会科学重大课题攻关项目研究成果，重点关注中国文学与性别文化的关系及其本土特征，涵盖文学创作、理论批评以及文学史写作等多个方面。全书借鉴性别视角，审视中华民族思想文化传统及现实与性别之间的关联，揭示性别因素在古今文学活动中的体现和影响，反思文学文化领域的性别研究实践，探讨性别理论资源及建设。该书认为，中国文学中的两性关系并非绝对化的男尊女卑可以概括，而是呈现出互相缠绕、互相映射的复杂形态。为此，在坚持性别平等的同时需要具有交互性的文化立场，深入文学创作、理论批评以及女性文学史写作的内外部关联中，做出具体分析和判断。该书结合对古今代表性作家作品和文学现象的考察，批判文学文化传统中渗透的男权思想，纠正以往因男性中心的单一视角局限而产生的盲点或误解；与此同时，尊重事实，采用综合性视野，借鉴多学科方法，力避简单武断的二元对立思维以及将性别视为唯一尺度的倾向，通过对有性别的"人"的文化反思和关怀，体现性别视角介入文学研究的意义和价值。

《性别与移民社会：新马华人妇女研究（1929～1941）》（范若兰著，广州：暨南大学出版社，2019），该书是"世界华侨华人研究文库"之一。

该书选取 1929～1941 年新马华人社会为研究对象，以性别为视角，探讨重大事件对男女两性的不同影响及妇女对华人社会的影响。1929～1933 年世界经济危机和 1937 年日本全面侵华及新马华人的抗日救亡运动，对华人社会影响巨大，但对男女两性影响有所不同。经济危机导致的失业使英国殖民当局于 20 世纪 30年代初制定移民政策，限制中国男性移民，但对中国妇女和儿童移民则不加限制，于是中国妇女在 30 年代大量移民新马，从而改变了华人人口构成和男女比例严重失衡的局面；同时经济危机导致的贫困和男性失业在迫使华人妇女进入劳动力市场的同时，也加剧了男性的焦虑和夫妻间的紧张关系；抗日救亡运动则最大限度地动员了华人，尤其是妇女，使她们前所未有地参与了社会和政治事务；这一时期女子教育继续发展以及妇女职业拓展，使华人社会的性别关系发生了一定变化，传统的男外女内、男尊女卑、男主女从等性别观念被挑战，男女平等、女子独立、自主婚姻等新的性别规范被建构，成为进步报章上的主流话语，而华人妇女在建构新的性别关系上发挥了一定的能动性。

《多元视角下的美国女性主义文学研究》（刘英、李莉著，北京：人民出版社，2019），该书是"性别文化与社会发展研究丛书"之一。

该书以女性主义文学批评的视角对美国小说、戏剧、诗歌中的女性主义思想进行全面考察，展示美国文学对女性与现代性、女性与生态、女性与伦理、女性与族裔、女性与民族-国家之间关系的独特思考。作者认为，女性主义文学批评应以文学叙事为研究中心，从关注现实的经验世界入手，一方面应认识到差异研究的重要性，另一方面也应认识到身份形成过程中的交往性和混合性，不仅考察美国族裔女性文学的特色，也同样重视全球化过程中出现的跨文化和身份杂糅现象。同时，在对经典文学作品继续保持关注的同时，也应将不同文类与女性主义思想之间的关系纳入研究视野。书中篇章不仅考察学院派文学作品、戏剧作品、女性主义乌托邦文学等不同文类在理论与文学创作两个方面对女性主义的贡献，揭示了其女性主义思想中的人文关怀、生态关怀和伦理关怀，而且以女性的流动性体验作为考察现代性的窗口，探讨美国女性文学中的女性流动性叙事对现代性性别差异的反映，及其为美国现代性书写所提供的独特视角。该书对女性主义文学批评和美国文学批评具有比较重要的参考价值。

《**同性恋研究：历史、经验与理论**》（王晴锋著，北京：中央民族大学出版社，2017）

该书分为同性恋的历史叙述、经验调查和理论阐释三部分。作者在梳理中西同性恋史的基础上论述了 20 世纪后半叶以来的同性恋理论，主要包括标签－互动论、社会建构主义和酷儿理论等。民国时期同性恋话语的演变最终诞生了我国现代意义上的同性恋身份与人格，它涉及同性恋身份和主体的本土性与植入性之争。该书的经验研究部分主要探讨我国同性恋个体的生存现状，认为不同代际的同性恋者之间在认同模式方面存在显著差异。同性恋者进入"同直婚"是社会与文化等因素倒逼的结果，同时女性持有的传统家庭观念、与男同性恋丈夫之间悬殊的社会地位以及对同性恋现象的误解等又是造成当前"同妻"不利境遇的重要原因。家庭出柜是同性恋者完成自我身份认同之后面临的重要生命历程，孝道、关系伦理与文化偏见等因素导致家庭出柜成为一种两难的困境。该书亦讨论了全球化背景下的同性恋亚文化、消费主义、"石墙骚乱"的神话制造以及第三世界的同性恋群体在面对西方性话语和性实践时如何自我表达的问题。最后通过"红色酷儿理论"批判性地反思同性恋研究中的"橱柜"政治学和身份政治。

《**父权制与资本主义**》（〔日〕上野千鹤子著，邹韵、薛梅译，杭州：浙江大学出版社，2020）

该书是日本女性学/性别研究代表人物上野千鹤子的代表作之一，原版刊行于 1990 年，作者以马克思主义女性主义为理论基础，深入探讨了近现代日本社会对女性的压迫机制。20 世纪 70 年代到 80 年代前半期，日本女性解放运动（后被称为第二波女权运动）高涨，对"理论"的渴望也与日俱增，所以该书可谓时代需求的产物。作者在书中基于二元论的立场，详细论述了"父权制"与"资本制（资本主义体制）"这两个变量之间的辩证关系，以及如何对女性造成了"性别"和"阶级"的双重压迫。具体而言，在前近代社会中，生产与再生产并未分离，而近代之后，出现了"家庭＝再生产"和"市场＝生产"的划分。女性被排挤出"市场"这一公共领域，只能在私人领域的"家庭"中从事无酬的再生产劳动，受到了"父权制"与"资本制"的双重压榨。该书虽是为指导日本女性主义实践所著的理论性著作，却也有助于我们思考女性所受压迫之结构性问题，且其中的某些个案不乏东亚共通之处，为中日女性学的合作研究提供了思路。

论文选介

《论习近平总书记关于新时代妇女发展和妇女工作重要论述的科学内涵》
（刘亚玫、张永英、杨玉静等，《妇女研究论丛》2018 年第 5 期）

该文从新时代中国妇女运动的本质特征、时代主题、根本路径、实现男女平等的战略目标、促进妇女发展的战略举措、新时代妇女作用、妇联组织和妇女工作的根本要求等七个方面对党的十八大召开到 2018 年期间习近平总书记关于妇女发展和妇女工作的重要论述进行阐释，认为习近平总书记的重要论述从历史实践、党的建设和妇女工作的角度深刻阐述了坚持中国共产党的领导对新时代中国妇女运动的重大意义；从政治领导、思想领导和组织领导三个方面明确了新时代中国妇女运动坚持党的领导的具体要求；明确新时代中国妇女运动的时代主题是实现中华民族伟大复兴；明确新时代中国妇女运动的根本路径是坚定不移走中国特色社会主义妇女发展道路；提出新时代实现男女平等的战略目标是实现妇女平等依法行使民主权利，平等参与经济社会发展，平等享有改革发展成果的正确道路；阐发了促进妇女全面发展的战略举措，即在全球妇女峰会提出的四点主张；提出新时代妇女的半边天作用是发挥妇女两个独特作用；提出新时代妇联组织和妇女工作的根本要求是保持和增强政治性先进性群众性。该文认为这些重要论述深刻阐明了新时代妇女发展的一系列重大理论和现实问题，是马克思主义妇女理论中国化的最新成果，是新时代中国妇女事业发展的思想指南，构成了习近平新时代中国特色社会主义思想的重要组成部分。

《习近平关于新时代中国特色社会主义妇女发展的重要论述的核心要义》
（马焱，《中国妇运》2018 年第 8 期）

自 20 世纪 80 年代以来，习近平都十分关心、关注和重视妇女事业与妇女发展，对如何认识和发挥妇女作用、促进妇女发展和男女平等发表了一系列论述。特别是党的十八大以来，习近平在思考和谋划新时代如何坚持和发展中国特色社会主义这个重大时代课题时，把妇女事业视为中国特色社会主义事业的有机组成部分同步规划，立足中国国情，坚持把马克思主义妇女解放理论与中国妇女发展的具体实际相结合，就新时代如何更大限度地发挥妇女作用、维护妇女权益、履行促进妇女发展的国家责任、壮大妇联组织力量等事关妇女发展的重大问题，作出一系列新的理论总结和理论概括，凸显了新时代妇女发展的领导力量，指明了新时代妇女发展道路，彰显了新时代妇女发展的国家保障，强化了新时代妇女发展的组织力量，充分展现了共产党人在对待妇女问题上的基本政治立场和价值追求，将马克思主义妇女理论中国化向前推进到一个新的高度，开辟了马克思主义妇女理论中国化时代化新境界，是当代中国共产党人在妇女领域发展马克思主义理论的典范。

《中国妇女/性别研究需要"学科化"的女性学吗?》（王俊、郭云卿，《妇女研究论丛》2020 年第 4 期）

该文将中国本土妇女/性别研究的学科化问题纳入中国高等教育学科建设历史与现实的经纬之中进行了系统考察，着力探讨了妇女/性别研究的内在脉络及其未来"学科化"的新路径。文章指出，在国家学科政策大幅调整、高校"双一流"建设方略稳步实施及学科评估刚性推进的背景下，远未成为独立学科的"妇女/性别研究（女性学）"又被迫卷入新一轮学科竞争和资源争夺中。在国家学科目录的"溢出效应"和学科建设的"单位制"境遇中，"女性学"学科建设的传统路径受到了极大挑战，特别是目前的制度性瓶颈很难突破。文章认为，未来中国妇女/性别研究的发展路径可以从两个方面来思考：一是中国妇女/性别研究需要"学科化"的女性学作为其制度依托，这是知识时代学科化的命名需要和制度安排，也是一种求生存的话语策略；二是中国妇女/性别研究的学科建设应从学科知识建设和学科组织建设两个维度寻找出路。短时期内需要对接国家政策话语，捆绑各单位知识联系紧密的且较强势的一级学科，采取"对标建设"的策略，以期获取必要的生存和发展资源；长期则需要以问题为导向，遵循国家和社会需求逻辑，专注学科知识内涵建设。在学科组织建设上，需要助力"跨学科"制度和评估机制的完善，或通过"再学科化"谋求女性学"一级学科"建制的达成。

《性别研究的中国语境：从议题到话语之争》（吴小英，《妇女研究论丛》2018 年第 5 期）

该文通过考察性别研究发展历程的不同阶段及其本土化特点，梳理国内主流性别研究遭遇的从议题到话语的批评与争议，探讨跨学科兼具学术与行动导向的性别研究本土知识建构的可能。文章指出，我国的性别研究一方面受到西方女性主义思潮和研究取向的影响，另一方面又深深扎根于中国转型社会丰富而多变的日常生活经验与实践。性别研究发展路径经历了从本土妇女研究的崛起，到女性主义的引进、传播与"接轨"的努力，再到性别研究学科化、本土化过程中逐渐走向规范、成熟和多元的过程。在近十年议题与话语争议中，文章基于对gender一词的性别二元论批评，通过对学术合法性和社会源泉围绕性别政治的差异化理解和性别研究底层化还是精英化倾向等争议的梳理，总结出学院派内部因为学科范式、知识结构和理念差异产生的分歧和分化，不同世代和群体面应对当下全球化经济社会发展趋势以及互联网时代的多元文化和价值观的态度不同。文章认为，走向开放包容的性别研究中国话语需要摒弃理论研究的排他性，走出单一刻板的性别研究范式，保持对不同阶层和时空的女性实践及其多样化经验的敏感，让性别研究走出性别，紧贴流变的中国社会语境。尊重性别研究的多学科视野以及学者的多元性，让性别研究话语成为共同体之间交流对话而非分界立墙的工具。

《立足问题，无关中西：在历史的内在脉络中建构的学科——对中国"妇女/性别研究"的思想史考察》（宋少鹏，《妇女研究论丛》2018年第5期）

该文从历史的内在视域出发，就gender进入中国的历史进程以及"妇女/性别研究"的命名进行了思想史考察。从中国妇女史/妇运史的更长时段中定位20世纪90年代初中国妇女研究界的思想状况、理论处境及时代焦虑。文章梳理了gender进入中国后从被理解为"性别观念""社会性别"，到"女性视角"的"社会性别视角"的历程。文章指出，相对西方的同类研究，中国妇女/性别研究"以妇女为中心"、重"社会性别"轻sexuality研究的学科特质，恰恰是90年代的中国学者基于自己的问题意识、为解决自己关切的问题——包括社会问题与理论焦虑，从在地出发的"拿来主义"策略，是在既有历史条件下，包括既有理论基础、文化传统、思维结构与问题意识下的创造性运用与转化。文章意在阐明对于学科建设，勿囿于中/西、传统/现代的二元架构，故步自封。真正的文化自信应立足在时在地的问题，从问题出发，在长时段的历史脉络与宽阔的全球视域中理解自己的文化与精神特质，打通古今中西之思想资源，面向未来构建自己的学术真问题，才能走出"本土化"的焦虑，因为一切真问题都是在时在地化的。"本土化"与中-西权力结构中的权力焦虑有关，这一敏感当然需要，甚至必不可少，但不可陷入非此即彼的逻辑困境中而不能自拔。

《"交叉性"流派的观点、方法及其对中国性别社会学的启发》（苏熠慧，《社会学研究》2016 年第 4 期）

该文梳理了"交叉性"理论的起源、流变、基本方法、发展趋势，并分析其运用于中国本土研究的可能性。"交叉性"理论是在美国民权运动推动下黑人女权主义者解答"身份政治"困境的一种尝试，也是在反思后现代女权主义的基础上对包括性别在内的各种范畴间相互关系的一种分析。"交叉性"流派的主要观点为在宏观层面上考虑种族、阶级和性别三种压迫体系的同时，关注微观层个体和群体如何在压迫体系中获得现存的社会地位。"交叉性"理论在发展的过程中经历了包含分析法、过程分析法和系统分析法三个阶段，通过相互交织的不平等制度与个体的多重身份建立联系，逐渐打破结构和主体性对立的局面。但是，尚未存在学科内的清晰定义使得该理论存在定义困境。对于身份及形成过程的差异化理解和在第三世界的分析适用性障碍也造成了该理论在分析具体问题时出现适用困境。文章指出，"交叉性"理论可以启发中国性别社会学审视中国女性内部的社会分化、重塑中国性别理论和实践的互动，以及寻回底层和边缘群体的声音。但在引入的过程中，需注意其局限性。立足于本国现实，"交叉性"理论可以在时空的交叉性上有所拓展，也可以通过跨越学科界限、研究者与行动者的界限、官方力量与民间力量之间的界限，推进中国性别社会学的研究。

《质性研究中的叙述套路：访谈的陷阱与拓展》（黄盈盈、祝璞璞，《妇女研究论丛》2020 年第 3 期）

该文延续"作为方法的故事社会学"分析框架，从一个变性人访谈案例入手，把访谈作为实践，将卷入其中的隐形角色与力量进一步搬至台前，明确地从方法学的角度提出"叙述套路"概念。文章将定性研究中常见的"叙述套路"界定为形成于一定历史、政治与文化之中的有一定路数的语言表达形式，习以为常的思维方式形塑并主导大多数人对于某些人群或者议题的理解与解释。在具体分析性/别类访谈案例中的"归因逻辑"与"悲惨叙事"的基础上，文章论证了"套路"中的类别化的性别界限和道德秩序无视或者抹杀了复杂生活和多元性别经验，提出重视生活经验复杂性的积极批判思维重要性。"套路"的破解之道在于创造让各类边缘主体可以在场发声的条件，并在不同阶层、不同群体的日常生活实践中寻找套路之外多重叙事的可能。通过发展积极的批判思维，在历史建构论的视角下寻求跨文化、多重社会中的"开放性"，并尝试更综合的方法，研究得以跳出"套路"走向更为丰富的叙述。文章扩展性地指出，在当下中国的社会情境与学术情境中，对于"叙事套路"的认识之于访谈、方法学，包括性别研究议题在内的社会科学研究乃至日常生活的意义。

《"耳听为虚""无法言说"与"死亡的沉默"——对语言使用的方法论反思》（张慧，《妇女研究论丛》2020年第3期）

"话语""叙事""文本"等材料的使用在社会科学研究中占据了相当大的比例，对这些材料的使用和限制已经有相当数量的讨论和反思。该文在认知人类学对"通过语言的转译来研究文化"这一现象进行批判的基础上，探讨三种"非话语""非叙事""无文本"的情况。文章指出，由于思维与语言的不完全对应以及语言所具备的欺骗性和伪装性，对待"非话语"的场景性信息应"眼见为实，耳听为虚"。由于文化上的羞愧或是道德准则的限制带来的无法言说，不管是无法言说的情感体验、女性身体故事和记忆细节还是文化直觉，说不出口和无法言说所产生的"非叙述"的调查资料可能比说出来的话更有意义。由于死亡或者那些没来得及说的"无文本"沉默不一定是研究内容的终止，沉默背后故事与叙述的关系印证了非语言知识在社会关系以及社会生产中的重要性。文章试图通过上述三种不同类型的案例来关注与反思语言与文化更为复杂、不确定性的关系，以引起对不同田野调查材料的关注。通过不断增加对文化、知识非语言特性的了解，对不同类型的调查资料保持足够敏感，不断创新和推进调查研究方法，定性研究可以借助非语言、非常规的资料进一步丰富和拓展日常生活的可能性和以语言为中心的方法论讨论。

《女性是否比男性更清廉？——基于中国公职人员腐败容忍度的分析》（郭夏娟、涂文燕，《妇女研究论丛》2017年第4期）

该文通过测量两性公职人员的腐败容忍度，检验女性是否比男性更加清廉，探究两性公职人员对腐败容忍程度上存在差异的原因。文章发现，在两性对腐败的总体容忍度上，女性公职人员对政府腐败行为的总体容忍度低于男性，究其原因，社会性别文化塑造了女性保守、谨慎、细腻、更富同情心等性格特征，使得女性更加清廉。在对微小型腐败行为容忍度上，两性对微小型或集体型腐败容忍度较高，且容忍度差值变小，但总体来看，女性对微小型腐败行为的容忍度依然显著低于男性。两性都会受到官僚体制文化的影响，社会性别文化与官僚文化对性别特质产生交互影响，社会性别文化在塑造两性特质差异时，组织官僚文化又部分消解着两性差异。在对"权色交易"腐败行为容忍度上，两性腐败容忍度差值最大，女性公职人员对"以色谋权"的主观意愿和容忍度都较低。文章认为，两性公职人员对腐败容忍程度上存在差异是因为社会性别文化建构导致，社会性别分工、女性系统性的弱势地位等原因，使得女性被要求较高的道德表现，倾向于服从规则，参与腐败可能性更低，启示我们提高女性的政治代表率有助于降低腐败。

《层级嵌入与社会工作的专业性——以 A 市妇联专业社会工作服务试点为例》（陈伟杰，《妇女研究论丛》2016 年第 5 期）

该文通过 A 市妇联专业社会工作服务试点的项目经验，探究层级嵌入的特征和运作逻辑及其对社会工作专业性的影响。文章发现，随着 A 市妇联社会工作专业化服务试点的不断扩大，嵌入式结构的转变导致了社工服务项目从维护专业化到逆专业化的转变。小范围试点时期，呈现出无缝式层级嵌入的形式，市与社区两个平面上各自具有社会工作专业力量，分别嵌入于对应的行政层级之中，且两个层级之间在责任、义务上直接相连。无缝式层级嵌入可缓解妇联层级间在激励、监督等方面的委托－代理困境，使社会工作可借上级直达基层的权威缓和行政干预危机，帮助维护服务的专业性。为实现服务扩张，妇联将无缝式层级嵌入结构转向隔断式层级嵌入结构。随着权责下放，在区级基地承担起对基层社区项目点的管理任务后，社工站只面向区级基地直接发出指令，不再直抵基层，专业服务试点在形式上由原先扁平化的层级嵌入结构变为立体化的结构，面临着财政和人力资源上的约束。试点初期所追求的纯粹专业化目标被弱化，行政逻辑重新渗入项目过程中，社会工作管理与服务结果出现一定程度的逆专业化。文章认为，相比单层嵌入，层级嵌入是一种程度更深、更复杂的政治嵌入。关注专业社会工作的发展，可以进一步思考层级嵌入不同分类的差异及影响。

《妇女何以成为社群主体——以 G 市 L 村妇女自组织营造经验为例》（丁瑜，《妇女研究论丛》2019 年第 4 期）

该文基于在 L 村开展的妇女社会工作项目的实践经验，探究妇女如何实现由个人主体到社群主体的转变，进而改善社区及社会关系。文章发现，在妇女社会工作项目的实施过程中，培育妇女团体的社群感与社群主体是突破项目上层目标与实务工作脱节的重要一环。在 L 村项目实施过程中，社工首先以妇女日常生活为切入视角开展活动，使妇女主体性得以浮现；其次通过活动的进一步开展，不断加强其主体性并培育其社群感，妇女小团体初现；最后通过筹办项目活动充分发掘妇女主体性，稳固妇女小团体，形成由个人主体迈向社群主体的转变。文章认为，妇女社会工作实务中应关注妇女的日常生活，在满足妇女日常生活需求的基础上引导她们反思性别意识，注重人的情感与精神层面的提升。在培育社群感的过程中，应注重以"对话"营造社群感，形成社群感营造的阶段性任务。在建立妇女组织与动员的过程中，由于女性的弱势地位，妇女的组织与动员性离不开外部支持，自组织营造的早期目标应是建立半自助团体，激发妇女的自主性。文章认为，让女性生活经历的讨论回归到身体和空间的基本社会实体中，有效弥补了原本关怀人却甚少触及生活的学术话语，启发我们通过对不同女性群体的研究，以日常生活为平台革新性别研究的方法论。

《内生性脱贫视角下的农村妇女与合作组织——以山西 PH 与河南 HN 两个农民合作社为例》（杜洁、宋健、何慧丽，《妇女研究论丛》2020 年第 1 期）

该文从内生性脱贫的视角出发，通过对山西省和河南省两个由当地农村妇女主导创办的合作组织案例的观察，从社会、文化、经济三个层面分析农村妇女的自组织建设、精神文化建设、经济产业建设，进而探讨激发农村妇女内生动力的有效机制与模式特点，以期重新审视农村妇女在精准扶贫过程中所起到的作用，对当前研究农村妇女的社会参与、乡村振兴等问题提供思考。文章指出，当前在农村大量男性劳动力外流的背景下，很多农村妇女已成为乡村家庭及其社区的中坚力量，也成为农村脱贫工作中的重要群体。文章通过对两个由当地农村妇女主导创办的合作组织进行观察后发现，合作组织的形式可以有效地激发农村妇女的内生动力，她们可以充分发挥其在社会层面、文化层面、经济层面的优势，重塑乡村社区公共文化空间，以此为基础形成可持续、生态化的乡村产业与就业创新模式。最后，文章认为，农村妇女身上蕴藏着的智慧与力量，经过合作组织的形式激发，成为村庄脱贫和社区良性治理的内生动力，这是乡村振兴发展的重要路径。

《"妇女贫困"路径的减贫溢出与赋权异化——一个少数民族妇女扶贫实践的发展学观察》（李小云、陈邦炼、宋海燕等，《妇女研究论丛》2019 年第 2 期）

该文以西南某地一个贫困的少数民族村庄所开展的扶贫实践为例，讨论在特定的社会文化背景中，妇女直接参与经济创收究竟会对其家庭贫困、自身地位乃至对村庄性别关系产生何种影响，进而讨论干预性别变迁的社会意义。文章指出，在该地开展的"瑶族妈妈的客房"扶贫项目是基于传统的家庭性别劳动分工，将无偿家务转化为经济行为旨在缓解贫困的妇女发展干预项目。基于在传统乡村社会推动性别平等的可行路径预设，它再造了妇女的经济收入空间，大幅提高了妇女的直接经济收入，改变了性别对于家庭经济的贡献比重。虽然妇女直接经济收入的提高对于贫困家庭的多维度贫困产生了积极的作用，减贫外溢十分显著，但是，妇女创收的直接福利效益更多地流向家庭和被男性捕获，如孩子教育、烟酒、手机以及摩托车等男性消费，"妇女贫困"路径发生了性别福利异化。因此，文章认为，妇女经济收入的提高并未明显改变原有的性别结构，经济赋权与妇女地位改变之间的关系十分复杂。

《扶贫车间对农村妇女空间的再造——基于河南省的一个案例》（陆继霞、吴丽娟、李小云，《妇女研究论丛》2020 年第 1 期）

该文从空间理论视角探讨国家力量、民营企业和农村社区等社会主体共同参与构建的扶贫车间对整合农村妇女社会空间所发挥的作用及存在的问题，回应学界关于乡村工业以及农村发展的相关讨论。文章指出，农村妇女的家庭空间和生产空间经历了从整合到分离的变化，尤其是改革开放 40 多年来，伴随着经济的快速发展，中国的农村社会结构发生了剧烈变迁，其中较为显著的是大量农村家庭成员外出务工，从而带来了家庭社会关系的断裂和社会空间的分离。然而，近几年由政府、企业和村庄社区所共建的扶贫车间是政府支持下资本生产空间的转移，为农村妇女社会空间的再造提供了一种可能路径。其主要表现为农村妇女的就业地点从远离家乡转移到了家门口，同时母亲或子女角色回归农村家庭。这也进一步说明，资本在扩张的过程中并非必然造成流动人口社会空间的永久分离，反而在国家力量的动员下，资本生产仍然可能为农村劳动力尤其是农村妇女的生产空间和家庭空间的整合提供选择路径。文章同时指出，从社会保障和社会福利等角度看，扶贫车间仍然存在一些缺陷和提升空间。

《乡村振兴战略背景下女性社区精英的角色实践——基于云南大理州云龙县 N 村旅游社区的个案考察》（苏醒、田仁波，《云南社会科学》2019 年第 1 期）

该文着眼于"女性社区精英"这一新兴群体，对她们在旅游社区中的角色实践过程进行分析，试图通过这一微观案例研究呈现出更为宏观层面上乡村振兴战略实施与农村妇女发展之间"互为助力"的逻辑理路。文章指出，既往研究中"社区精英"几乎都直指男性，女性由于传统性别文化的原因长期以来都难以进入精英行列。然而，在乡村振兴战略实施的背景下，对云南大理州云龙县N村旅游社区的案例研究表明，社区旅游发展促进了女性社区精英的产生和成长，N村女性社区精英从传统"持家能手"发展到"经济能人"，从地方性知识的"无意识传承者"到"策略性使用者"以及社会关系网络的积极拓展者、"讨论网"的成功运用者等角色。因此，文章认为乡村振兴战略的实施能够为农村地区的妇女发展创造条件，提供机遇和平台，同时当地妇女的全面发展又推动了乡村振兴战略的实施。这一"互为助力"的逻辑理路，为进一步正确认识农村女性社区精英发展过程中面临的困难与阻碍、科学把控乡村振兴战略实施中的女性发展问题提供了案例借鉴。

《资本控制与个体自主——对国内空姐情感劳动的实证研究》（李晓菁、刘爱玉，《妇女研究论丛》2017年第5期）

该文以空姐的情感劳动为研究对象，探讨资本控制劳动力的新特点，以及在资本和消费者的双重张力下劳动者的自主性如何体现。文章指出，情感劳动的已有研究沿袭支配与抗争的经典议题，在取得诸多进展的同时，也存在主体性不足和本土化不足问题，"劳动力－资本－消费者"这一关系框架有助于更好地展现劳动者遭遇的规训与反抗。研究发现，航空公司以女性气质为标准选拔、培训空姐，并利用"真乘客"与"假乘客"对其劳动过程进行控制和监督，创造出一种资本的形式不在场但实则在场的全景式监督模式；乘客需求的差异性为空姐的自主情感劳动提供了客观可能性，表现在空姐借助自身女性特质和中国人际互动特性，灵活地对个体乘客投入情感并采用多样的反抗形式。文章认为，服务业中的消费者与资本之间既有合谋又有分离，这一特点一方面形塑了资本对劳动控制的新特点，另一方面又为劳动者的个人自主提供了可能性。关于劳动者自主性问题的探讨，不能仅仅局限于关注劳动者在劳动过程中是否有投入脑力和体力劳动、情感劳动或者审美劳动，而应将这一问题置于社会构成和社会背景之中考察。

《强控制与弱契约：互联网技术影响下的家政业用工模式研究》（梁萌，《妇女研究论丛》2017年第5期）

该文对某互联网家政平台家政工调查研究，指出互联网技术与传统家政业的结合将导致数字鸿沟在经济方面的弥合但在社会结构位置方面的延续。文章指出，互联网技术深度嵌入传统服务业的同时也伴随着强烈的改造与重塑动机，探讨"互联网+"趋势下家政服务业的变迁可以引入劳动关系－劳动过程的分析框架。研究发现，金融资本和互联网技术共同建构了互联网家政业强控制－弱契约的用工模式，通过轻资产战略延续家政工弱契约的劳动关系，又通过管理控制的多元化主体加强对劳动者的管理控制，形成强控制的劳动过程类型，从而进一步加强了底层劳动者的社会结构位置，使数字鸿沟的运用差异结果被固化和隐性化。文章认为，家政业对于劳动者来说不仅是一项工作，更是其赖以生存的重要经济来源、生活意义和社会地位形成的重要基础，通过在劳动过程讨论中引入性别分析机制，呈现了互联网家政业生产整体形成机制的复杂性。对强控制－弱契约用工模式的关注，有助于我们窥见未来工作的变迁以及资本、技术对劳动的改变将要把劳动者带向何方。

《世界工厂里军事化男性气质的塑造与实践——一项对富士康基层管理人员的研究》（邓韵雪，《妇女研究论丛》2018 年第 3 期）

该文立足于 2010~2016 年对富士康的持续调查，分析了新自由主义背景下工厂体制中基层管理人员男性气质的构建过程。文章探讨了新自由主义的全球生产链条中中国代工厂管理体制的特点及其对性别关系的影响，以及代工厂中基层管理者应用新自由主义话语塑造男性气质的性别策略。研究发现，富士康在打造准军事化工厂管理体制时，系统地塑造了基层管理者的军事化男性气质，其特点包括以生产为导向、能忍辱负重、具有高度的攻击性。富士康的等级制度、工作安排、性别文化为塑造管理者的军事化男性气质提供了重要的符号和制度基础。同时，基层管理人员通过日常的"挨屌"和"屌人"实践塑造和加强了他（她）们的军事化男性气质，并通过新自由主义话语合理化自身的性别实践。文章认为，打造管理者的男性气质是工厂规训体制的重要组成部分之一，工厂管理者的性别实践是我们理解工厂规训体制和性别政体的重要维度。

《技术、性别与身份认同——IT 女性程序员的性别边界协商》（孙萍，《社会学评论》2019 年第 2 期）

该文从社会边界理论出发，探究女性程序员如何在工作实践中建构身份认同和性别边界。文章发现，女性程序员的身份建构不是固定不变的，而是游离于技术框架下的"无性别气质"（genderless）和"女性气质"（feminine）之间，在性别－技术的维度中，她们建立了包括"程序媛""打工妹""程序猿""屌丝"

等在内的多种身份认同，并通过这些多元身份的切换来实现技术权力与自我发展的持续协商。文章发展了两组类型学的分类，来区分女性程序员在身份建构中的不同取向。第一类是"凸显－弱化"的技术边界协商，阐释女性程序员如何在不同的身份认同中协商性别与技术的关系；第二类是"加强－淡化"的性别气质协商，勾画出女性气质如何在 IT 技术框架下被策略性地模糊或凸显。从性别气质协商的角度来看，"程序媛"的身份将技术纳入自我身份建构的同时，也凸显了女性气质；而"程序猿""IT 工程师"等无性别化处理的身份认同，则通过模糊性别特点来寻求自我身份的合法化。从技术协商的角度来看，"打工妹"的身份凸显了女性程序员在 IT 劳动分工下的边缘化认同，"屌丝"身份则具有外表和内里的双重面向，它一方面代表了女性程序员融入 IT 主流话语的尝试；另一方面展现了女性程序员由内而外建立女性气质，尝试冲破既有性别二元框架的话语实践。

《情感劳动中的积极体验：深层表演、象征性秩序与劳动自主性》（梅笑，《社会》2020 年第 2 期）

该文基于对月嫂群体的观察，从文化社会学的视角探索情感劳动从业者如何通过边界工作创造积极的工作体验。文章指出，情感劳动研究的一个重要取向是从组织心理学的视角探究情感劳动对从业者造成的负面影响及形成原因，但对其可能带来的积极体验没有给予足够关注，可以通过劳动过程中劳动者与雇主的互动和权力关系加以考察，关注劳动者如何通过"边界工作"——构建象征性边界来挑战社会性边界的过程——来研究情感劳动可能产生的积极体验。研究月嫂群体可以发现，能够获得积极体验的月嫂会采用深层表演策略主动破除边界，将工作关系拟亲属化，并进行一定程度的"慈善"劳动。她们还通过打造育儿专家的形象，以便在与雇主的互动中争取主动。这两种策略都是劳动者通过构建象征性边界来挑战社会性边界的过程。文章认为，情感劳动在一定条件下为劳动者创造了与他人建立互相信任和尊重、产生富有意义情感的机会。情感劳动的自主性应纳入关系视角，关注劳动者建立平等而有意义的社会关系的能力，而非仅强调边界清晰的独立自我和对劳动过程的自主控制。

《"干活时把雇主当家人，相处时把自己当外人"——住家家政工的雇主关系及情感劳动研究》（刘育婷、肖索未，《妇女研究论丛》2020 年第 4 期）

该文通过田野调查和深度访谈的研究方法，以在北京的住家家政工为例，探讨了以大型家政公司为代表的商业化机构如何界定雇主－家政工关系、形塑家政工的职业情感规则，以及这些商业化的规则如何在家政工的劳动实践中被挑战和修改。研究发现，以大型家政公司为代表的市场化力量试图将自己打造成家政工的"娘家"，通过培训、情感疏导和认同培养等方式将商业化的关系界定和情感规则进行渗透，以此推动以雇佣式的"外人"关系构成当代雇主 - 家政工关系的基础，并引导家政工在此基础上将"家人"情感进行工具化的使用，以满足工作的需要。在上户过程中，家政工在处理与雇主的关系方面可以概括为"干活时把雇主当家人，相处时把自己当外人"。"把雇主当家人"要求保持积极良好、任劳任怨的工作状态，并调动起对待家人般的真情实意来完成以照料为主的工作；而"把自己当外人"则是雇主 - 家政工关系的底色，家政工关系的划界工作既包含被动划界时的情感克制，也包含主动划界的面子维系。然而，家政劳动作为在私人家庭中进行、高度卷入私人生活的劳动类型，家政工往往难以避免地卷入雇主家庭关系中，甚至发展出与雇主家庭成员的私人关系，使关系处理变得更为复杂不确定。该研究的发现，为讨论涉及情感劳动的服务中的顾客 - 服务者关系及其复杂性提供了启示。

《"去标签化"与"性别工具箱"：女性卡车司机的微观劳动实践》（马丹，《社会学评论》2020 年第 5 期）

该文通过对女性卡车司机微观劳动实践的研究，探究她们在卡车司机这一性别少数的职业中采取何种策略冲破职业性别隔离。文章认为，已入行的女性卡车司机在微观劳动实践中采取了一套复杂的策略。一方面，她们需要去除性别刻板印象的标签，力排众议获取女性入行与工作的合法性，即"去标签化"。"去标签化"主要表现为四个层面的内容：一是非性别刻板印象的社会化过程与反向职业选择带来的入行的突破，二是公路货运劳动实践本身内含了降低性别重要性的客观结果，三是通过吃苦耐劳的劳动确立男性世界中女性劳动的合法性，四是解构卡车司机职业的"男性气质霸权"。另一方面，随着入行时间的增长，女性卡车司机又在不同的劳动情境中灵活使用了"性别工具箱"。"性别工具箱"指的是女性卡车司机随身携带的一套复杂的性别策略，在不同的劳动场景与社会关系情境中，她们首先会判断性别是否突出：如果性别并不突出，那么"性别工具箱"便可闲置；如果性别的突出性较为明显，她们会根据经验进一步辨别出当下情境所需要的性别工具，从而展现不同的性别气质：每当倒车、找货、送货、谈判、反抗、需要展现工作能力时，她们就从"性别工具箱"中提取出

"女性的男性气质"作为工具；而当某个情境下柔弱、稀缺、不得已、令人同情的女性气质更加奏效时，她们也会毫不犹豫地回到传统的女性身份，从"性别工具箱"中获取女性气质的工具。文章认为，需要将职业性别隔离放置于具体微观的劳动实践中进行交叉分析，并将其看作一个长期动态的过程。

《就业性别歧视案件的司法审查基准重构》（王理万，《妇女研究论丛》2019年第2期）

该文在公众性别平等意识提升及司法处理化解社会矛盾的权威性增强将导致越来越多的就业性别平等问题进入司法程序的背景下，提出了新的司法审查基准，以充分发挥司法对于就业平等的促进和保障功能。文章指出，中国原有审查基准受制于民事案由制度，在就业性别歧视案件中形成了劳动争议、侵权责任和缔约过失责任等不同的审查基准。原有审查基准存在模糊和混乱之处，内容粗疏单薄，削弱了司法对于就业性别歧视案件的救济功能。最高人民法院已经把"平等就业权纠纷"增列为独立民事案由，在此基础上，亟须建构统一、完整和精准的审查基准。文章重构了就业性别歧视案件的司法审查基准，将审查基准厘定为三个阶段：第一是事实判断阶段，判断是否存在执业过程中基于性别而做出的区别对待；第二是价值判断阶段，判断该区别对待能否构成法律意义上的歧视，包括形式性审查（是否具有法律规定的"阻却事由"）和实质性审查（真实职业资格审查和比例原则审查）；第三是外部因素考量阶段，考察是否存在影响审查裁量的外部因素，也就是通过对案件做法社会学和法政策学的分析强化或修正法律判断。同时，在每阶段设定更具针对性和可操作性、逻辑更为严密、保障更为周延的分析框架，从而力图在具体个案中适用该审查基准，以获得兼具法律效果、社会效果和政治效果的司法裁判。

《农村集体产权制度改革中的妇女权益保障——基于女性主义经济学的视角》（惠建利，《中国农村观察》2018年第6期）

该文以女性主义经济学为视角，借鉴其旨在提高妇女地位、改善妇女经济状况的基本观点，根据"中国裁判文书网"上公开的农村集体经济组织成员资格相关纠纷案件、地方立法文件，使用定性研究、案例分析和比较分析的方法，考察了农村集体产权制度改革中的妇女权益保障问题。文章指出，中国农村集体产权制度改革中妇女权益受侵害状况较为普遍，这与男女平等的现代法律理念背道而驰，也阻碍了经济社会的可持续发展。开展农村集体产权制度改革以来，妇女权益纠纷逐年递增。保障农村妇女权益主要有以下三个制约因素：法律制度存在漏洞，对农村集体经济组织成员资格认定标准缺乏统一立法；村民自治存在有限性，深受传统观念影响，缺乏社会性别基础，难以客观、公正地表达女性群体的利益诉求；经济利益关系失衡，传统观念中男女在社会地位上的差异带来了两者在利益分配方面的地位差异，妇女往往处于弱势地位。针对这些制约因素，文章提出了以下推动农村妇女权益保障的建议：完善农村妇女权益保障相关法律制度，对农村集体经济组织成员资格进行合理认定；完善村民自治制度，实现依法管理、民主治村；明确新时代农村妇女权益保障的新目标是"既追求性别平等，又追求经济增长，实现两者的综合发展"。

《产权化改革背景下的妇女土地权益保护》（任大鹏、王俏，《妇女研究论丛》2019 年第 1 期）

该文通过对中国当前妇女土地权益纠纷案件进行整体性描述，结合个案分析，研究了妇女土地权益受损的原因，并在此基础上提出了相应的解决路径。文章发现，中国农村的社会环境较之《中华人民共和国农村土地承包法》出台时已经发生深刻变革，农村土地制度的产权化改革从根本上改变了土地传统的生产资料属性，强调了土地的财产性权利，土地的生产要素功能逐渐被财产性功能替代，导致妇女贡献呈现隐性化特征，由此引发了家庭内部基于土地承包关系产生的矛盾纠纷凸显。同时，妇女集体经济组织成员身份界定的困难和土地的位置固定性引发的人地分离现象，均加大了妇女土地权益的保护难度。有鉴于此，文章提出，在土地制度产权化改革的大背景下，应当为农村妇女土地权益编织安全网，具体来说：农村土地产权制度改革须明确妇女与男子享有同等的集体经济组织成员权利，土地承包经营权确权颁证应当明确家庭内部妇女与其他家庭成员有同等权利；土地产权制度改革应当设置前置性规范和救济性规范；在保留现行法规定的土地承包权分割为基础的妇女权益保护模式的基础上，建立以收益权分割为主的保护模式；建立土地流转收益、土地的补偿收益、土地的财政补助收益等的分割给付制度；针对妇女贡献隐性化的现象，在农村社区中充分强调妇女的家务贡献价值，扩展离婚经济帮助权的适用范围。

《"离婚冷静期"争议背后的几个学术焦点》（吴小英，《妇女研究论丛》2020 年第 4 期）

该文从社会学角度对《中华人民共和国民法典》新增的离婚冷静期制度引

发的争议以及争议背后体现的家庭及其政策相关的学术焦点进行了梳理和讨论，以推动立法者及争议各方更好地反思与相互理解。文章讨论了以下三个相关的争议焦点。第一，婚姻的稳定性与满意度。《民法典》制定离婚冷静期的初衷是为了尽可能减少草率型、冲动型离婚，增加协议登记离婚的程序制约条件。反对者认为，婚姻满意度而非婚姻长久度已跃升为衡量婚姻质量的最重要指标，单纯追问离婚率上升是好事还是坏事可能意义不大。第二，婚姻的私人性与公共性。从古至今婚姻都具有公共性的一面，问题的重心也许不在于政府能否干预婚姻，而在于以何种方式干预。离婚问题归根结底是与结婚问题关联在一起的，单纯聚焦离婚率之高低并通过离婚冷静期为之设置"栅栏"，并不能从根本上解决甚至缓解对于婚姻变动起到更重要作用的结构性难题。第三，"前浪"与"后浪"的话语权之争。一些法学界人士担心协议离婚流程太过简易有可能造成显失公平的结果，因而建议设置离婚冷静期作为缓冲。反对者认为，协议离婚背后关于"冲动"和"冷静"的假设被网民认为是以长辈为主体的立法者针对年轻人设置的充满父爱主义的法条。离婚干预的反对者可能是自由主义理念的崇尚者，他们相信婚姻的存续或解体可以通过当事人之间的个体协商达成心愿，相信"我的婚姻我做主"在实践中可以实现。文章认为，有关离婚冷静期的争议揭示了不同人群在婚姻观上的多样化立场和态度分歧，提示未来的婚姻家庭政策体系还有不断修订或完善的空间，因此争议本身不是件坏事。至少人们可以达成这样一种共识：婚姻作为一种生活方式，无论是结婚还是离婚，都不是理所当然的唯一选择，因此，婚姻作为一种制度，也需要检讨其背后的理念和意识形态的适切性，以免使政策法规成为"不结果子的树"。

《言辞型职场性骚扰的司法裁判逻辑》（王天玉，《妇女研究论丛》2020年第5期）

该文重点考察了"言辞型职场性骚扰"的相关法院判决，以此梳理司法裁判逻辑，探寻统一的裁判流程和言辞边界，为相关案件的处置提供指引，同时将司法立场投射到职场活动，明确职场言辞限度，从根本上减少性骚扰情况发生。言辞型职场性骚扰是以言语、文字和图像形式在职场实施的性骚扰。此类性骚扰相对于肢体行为更具有隐蔽性和频发性，法律边界也较为模糊。文章检索案例发现，目前司法裁判标准尚不统一。由于《民法典》《女职工劳动保护条例》等多项法律法规确立了雇主防治性骚扰义务，规定用人单位应当介入调查性骚扰，由此使性骚扰争议的主体结构由"骚扰者－被骚扰者"转变为"骚扰者－用人单位－被骚扰者",争议性质也由民事争议转变为劳动争议,由用人单位承担性骚扰的证明责任。文章认为,司法裁判对于言辞型职场性骚扰应建立实体和证据两方面的标准,在实体上考察性骚扰对被骚扰者和用人单位两方面的损害,在证据上考察用人单位内部证据能否形成互相印证的证据链。就司法对策而言,第一,应当建构以用人单位为中心的争议处理模式,骚扰者须承担的法律后果不仅是民法规定的侵权赔偿责任,还包括用人单位规章制度规定的劳动合同解除,并建议在"劳动争议"案由下增加"性骚扰防治争议"的类型。第二,应当建立以用人单位内部证据为中心的证据标准,从实体方面来说,首先,争议所涉及的言辞按照社会一般观念应包含性内容或性意味;其次,该言辞是不受被骚扰者欢迎的,损害了被骚扰者的人格和尊严,给被骚扰者带来精神困扰;最后,该言辞损害用人单位善意的工作环境,可能造成胁迫、敌视、羞辱性的工作环境。从程序方面来说,法院不应"一刀切"地否定来自单位内部的证据,而应审查单位调查取得的证据能否构成证据链。

《社会工作职场性骚扰与容忍度研究——兼论组织氛围的中介效应》(吴帆、周子垚,《妇女研究论丛》2020年第5期)

该文通过对387位社会工作者的调查来探讨社会工作者对性骚扰的容忍度。文章阐明,从容忍度视角来理解个体对性骚扰的应对策略是减少性骚扰及其危害的重要分析框架。社会工作职业的性别结构、工作性质、伦理要求和组织氛围等特点使得社会工作职场中的性骚扰问题兼具典型性和复杂性。文章调查发现,中国情境中社会工作职场性骚扰的发生率较高;骚扰者身份构成比较复杂,以服务对象和同事为主;在由不同性别构成的组织中,社会工作者的性骚扰经历差异显著,在组织领导和员工的性别构成中,女性越少,性骚扰发生的风险越高;社会工作者整体的性骚扰容忍度处于中等偏下水平,行动策略以消极应对为主;社会工作者对性骚扰的容忍度既有个体差异,也受到组织力量的影响,组织氛围在性骚扰经历与容忍度之间具有显著的中介效应。因此,减少社会工作职场性骚扰的发生,降低其危害,不仅要激发个人的主体意识,更要将组织环境建设作为重要的着力点,有针对性地在组织内部营造一种倡导性别平等、对性骚扰零容忍的氛围;组织应致力于性别平等的组织文化和制度建设,并通过社会工作者的伦理守则和相应的制度安排得以反映;对于来自服务对象的性骚扰,组织应该建立预警评估和筛查机制，明确性骚扰的发生是否属于问题行为；组织应该建立一套专门针对员工的保护制度。

《"积极同意"的是与非——关于美国性侵认定标准争议的一个综述》（郭晓飞，《妇女研究论丛》2020 年第 2 期）

该文对"积极同意"在美国语境下的来龙去脉和理论交锋进行了梳理，拓宽了对这一问题的认识。文章指出，积极同意是判断性侵的一个标准，强调沉默和缺乏抵抗不能被视作对性行为的同意，只有口头上或者行为上表达的同意才构成有效的同意，而未经同意的性行为、性接触即构成强奸或者其他性侵犯。一方面，积极同意标准在美国的刑事法领域并没有获得广泛接受，除了屈指可数的州接受了真正的积极同意标准外，主流的刑事立法还是保留了强奸罪的暴力要件；而在教育法领域，积极同意标准被大多数大学作为判断性侵的标准；另一方面，大部分研究强奸法的学者支持废除强奸罪中的暴力要件，很多带有女性主义倾向的学者也支持积极同意标准；而在刑事法的制度层面和实践层面，落实积极同意标准的寥寥无几。支持者认为积极同意标准最大限度地维护了女性的性自主权，彻底抛弃了性侵判断标准中的暴力和反抗要件。反对者或者认为"同意"概念本身就是有问题的，或者认为积极同意标准固化了男性担负责任、女性无助被动的刻板印象。不同女权主义流派对积极同意表达了多元、丰富的观点，深化了对这一问题的认识。文章提出，或许可以做出这样一个论断：对于性侵认定标准的讨论来说，缺乏社会性别和性研究的视角，就等于缺乏理论品质。

《关注亲密伴侣间的权力：胁迫控制研究述评》（吴小沔，《妇女研究论丛》2020 年第 6 期）

该文呈现了胁迫控制研究与亲密伴侣暴力研究、反家暴运动和女性主义的互动，深刻理解有关研究为何以及如何研究亲密伴侣间的权力，继而思考中国胁迫控制研究的发展空间。文章指出，亲密伴侣间的胁迫控制现象指关系中的一方通过多种方式建立起对另一方系统性的权力与支配的长期行为模式。由胁迫控制所导致的悲剧越来越引起大众的关注，但国内学术界尚未对此现象进行深入研究。西方学术界的有关研究与理论可以为我们提供借鉴和启示：研究者需要更新对亲密伴侣暴力的理解；性别视角对分析仍然重要；其他不平等因素也应被纳入研究视野；研究者需要重视有关"暴力"、"权力"、"胁迫"和"控制"的社会理论与研究；研究者需要思考应该如何让胁迫控制研究更为契合中国的实践经验与研究现状（例如，思考胁迫控制的有关研究将如何介入中国的反家暴工作？胁迫控制研究会如何与中国的女性主义研究和实践以及亲密伴侣暴力研究互动？），进而为反家暴工作提供帮助。为了让胁迫控制研究更好地适应中国现实，文章认为需要回到胁迫控制研究产生与发展的具体社会文化情境中，分析研究最初的问题意识，才能更好地把握其中的社会文化因素，并在此基础上对有关研究和理论加以调整。

《价值暧昧抑或目标分异——当下中国的家庭政策及其供给机制分析》（陈映芳，《社会》2020 年第 6 期）

该文对中国家庭政策中存在的价值混乱现象、政策供给中主体间的立场分异等问题进行分析。文章指出，国家颁布的宪法以及与婚姻/家庭相关的民事法，还有以地方政府为主要供给主体的社会保障/社会福利政策，是形塑家庭体制、家庭关系，规范人们的家庭行为的重要家庭政策类别。研究通过对"家庭"内部关系的区分，对法规不同属性的确认，以及对广义的家庭政策供给机制的分析，发现 20 世纪 80 年代以来的家庭政策存在对纵向代际家庭和横向婚姻关系的双重原则。另外，在国家强化家庭责任，将家庭设置为重要的福利供给主体的制度背景下，地方政府以私法为法律框架，在市民社会权供给中多采取"家-户"治理的策略，家庭政策不仅具有家庭化的功能，同时也具有"去家庭化"的实际效能。文章认为，要建立较为完整的现代的家庭政策体系，不仅需要将"家庭"定义为一个社会学意义上的社会群体，还需要在制度上将其设置为一个权利主体，应该完整了解并分析东亚各国的国民福利制度及其政策演变逻辑，把握家庭政策可能具有的家庭化功能与去家庭化功能之间的复杂关系。

《中国家庭儿童养育成本及其政策意涵》（马春华，《妇女研究论丛》2018年第 5 期）

该文从理论内涵与社会现实两个层面上，研究了中国家庭儿童养育成本问题。文章指出，要确定国家和社会如何集体分担儿童养育的责任，首先就要确定儿童成本的定义以及如何测量儿童成本。儿童成本涉及金钱、时间和工作三种不同的资源，包括直接经济成本、家庭层面的间接成本（时间成本、家庭收入差距/母职收入惩罚）以及集体层面潜在的间接成本。对于儿童直接成本和间接成本的测量有不同的方法，它们各有其优劣之处。文章根据 2014 年中国家庭发展追踪研究数据，估算了 0~17 岁儿童所需的直接经济成本为 19.10 万元，城市儿童需要 27.32 万元，农村儿童需要 14.34 万元，收入越低的家庭儿童成本占家庭支出的比重越大。基于第三期中国妇女社会地位调查数据的分析发现，儿童会增加父母操持家务的时间，在控制其他变量的情况下，每增加一个未成年子女，母亲面临的收入惩罚为 12.8%。文章认为，国家应加强对于家庭儿童养育成本的分担，并在开展家庭调查、推动育儿理念等方面提出了相应的社会政策建议。

《人口政策议题转换：从养育看生育——"全面二孩"下中产家庭的隔代抚养与儿童照顾》（钟晓慧、郭巍青，《探索与争鸣》2017 年第 7 期）

该文基于宏观调查数据与微观家庭调查，探讨了全面二孩政策实施下人口出生数量不符合预期背后的生育政策问题。文章指出，相比于生育，养育越来越成为更重要的社会问题，从社会政策的角度来说，养育问题就是儿童照顾问题，生育政策的讨论需要以家庭为单位，深入考察生育与养育的关系，特别要考察在儿童照顾问题上家庭面对的压力和挑战，以及对生育决策形成的影响。研究从家庭决策层面考察儿童照顾压力、家庭应对策略及其与二孩生育意愿之间的关系，发现中产家庭中广泛存在的"隔代抚养"模式作为一种家庭策略，通过代际合作试图转移和分散儿童照顾的压力，但是同时滋生出新的压力。文章认为，中国的家庭政策或儿童照顾政策设计，如果延续完全的家庭主义路径，不仅在私人层面难以维持且抑制再生育，还可能导致不良的社会后果，应该重新梳理"去家庭化"和"再家庭化"的争论，转化过去数量思维占主导的家庭政策，建立以儿童照顾为重心的支持性的家庭政策。

《照料责任的家庭内化和代际分担：父母同住对女性劳动参与的影响》（宋月萍，《人口研究》2019 年第 3 期）

该文从家庭照料与女性劳动参与的矛盾出发，在新古典家庭分工理论的基础上引入生命历程视角，考察与父母同住的居住方式对我国城镇已婚女性劳动参与的影响，以及对生命历程不同阶段的城镇女性影响的异质性及其产生机制。研究发现，与父母同住对城镇已婚女性在不同年龄段的劳动参与产生不同影响：对年轻已婚女性来说，与父母同住会对其劳动参与起到显著促进作用，其主要原因在于同住父母分担了儿童看护的责任；但随着女性年龄增长，与父母同住对其劳动参与的影响将变为消极作用，主要原因在于女性养老照料负担的增加。因此，在社会照料资源缺失和传统性别观念规范下，与老年父母同住作为一种家庭策略，对女性劳动参与不仅有显著的影响，而且体现出生命阶段的差异性。本文认为，在传统"男主外，女主内"的性别分工规范下，社会托幼、养老资源可及性低将使照料责任内化为家庭负担，而在家庭内部的代际分担机制则将凸显"家有一老"对女性就业的影响。结合国家生育政策调整和劳动力市场需求不断变化的宏观社会背景，本研究的发现或能从现实角度为我们带来一些制度性的启示：与父母同住虽然能够在一定程度上减轻城镇已婚女性的家庭照料负担，促进女性劳动参与，但是依靠与父母同住来获得家庭照料支持并非保障女性劳动参与权利的长久之计，性别平等的观念、完善的托幼和养老公共服务体系才是解决女性劳动参与后顾之忧的根本保障。

《育儿政策对妇女发展和家庭性别关系的影响——以 0~3 岁托育服务发展为例》（蒋永萍，《中华女子学院学报》2019 年第 6 期）

该文以 0~3 岁托育服务发展为例，探讨育儿政策对妇女发展和家庭性别关系的影响。文章指出，随着"全面二孩"政策的逐步落实，中国妇女的生育模式正在从一生只生一胎转变为以生育两个孩子为主流。而在社会和家庭都更倾向于认为养育子女主要是母亲责任的当今中国，生育模式的转变更有可能对妇女发展与性别平等产生负面影响。研究发现，由于政策制定和实施前性别平等和妇女发展视角的缺乏，"全面二孩"这一利国利民的民生新政似乎正在遭遇尴尬，难以实现其减缓劳动力短缺、延缓人口老龄化进程的社会目标。这一现象昭示着，重视支持妇女的发展和社会性别视角的分析是家庭政策发展的关键价值取向。文章梳理了国外应对低生育率陷阱的经验和启示，并反思了中国 0~3 岁托育服务的发展与问题，认为应以性别公正为基本理念，通过家庭政策的利益与价值导向，推动男主女从、男外女内的传统家庭模式向男女平等、和谐互利共赢的现代家庭模式转变，以更好地发挥家庭政策促进社会发展的功能和作用。

《"性别 - 母职双重赋税"与劳动力市场参与的性别差异》（杨菊华，《人口研究》2019 年第 1 期）

该文借助"性别 - 母职双重赋税"理论框架和 Heckman 选择模型技术，探讨 18~39 岁男女两性在职场机会、过程和回报方面的差距。结果发现，性别之间、性别之内、母职与父职之间都存在差别。在职场参与的不同环节和生命历程的不同阶段，"重税"呈现出三种不同的作用机制：就业门槛主要由性别 - 婚姻驱动，职场中断由婚姻 - 生育驱动，薪酬由性别 - 生育驱动。在传统观念有所强化和结构环境更为逼仄的背景下，生育政策的解缚将增加女性生育事件的发生次数，使她们面临更大的职场困境。通过家庭友好政策、企业分担育儿的社会责任、媒体传播平常的育儿心态以及家庭科学的育儿实践等多种途径为女性和母亲创造公平公正的就业机会、环境和待遇，减轻"性别－母职重税"，帮助有（连续）就业意愿之人实现理想，或许可形成从"重税"到"多赢"的转变。

《性别观念、性别情境与两性的工作－家庭冲突——来自跨国数据的经验证据》（张春泥、史海钧，《妇女研究论丛》2019年第3期）

该文利用国际社会调查项目数据库，检验了包括中国在内的39个国家/地区中已婚在业男性与女性在工作－家庭冲突上的差异。文章从个体层次上个人性别观念、工作特征、家庭特征对男性和女性工作－家庭冲突的影响的异同，以及国家/地区层次上的性别平等状况与个人工作－家庭冲突的关系上，探讨工作－家庭冲突的影响因素。研究发现，就各国家/地区的平均水平而言，女性比男性面临的工作－家庭冲突程度更高，中国男性和女性的工作－家庭冲突居于中等水平，且存在性别差异：中国女性比男性感受到更多家庭对工作的干扰，而男性比女性感受到更多工作对家庭的干扰。文章认为，工作特征和家庭特征会影响劳动者的工作－家庭冲突，工作时间、抚育责任和家务分工对女性的影响超过男性。一般而言，国家/地区的性别平等环境有助于降低两性的工作－家庭冲突；平等的性别观念也会降低劳动者的工作－家庭冲突，且对女性的积极作用大于男性。但性别观念的转变对降低中国女性的工作－家庭冲突相对有限，相比之下，减少工作时间、改善家务分工对降低中国女性的工作－家庭冲突帮助较大。

《全面二孩政策背景下中国城市女性的生育偏好与生育计划》（靳永爱、宋健、陈卫，《人口研究》2016年第6期）

该文利用2016年4月在全国6省12市的生育意愿调查数据，分析二孩政策实施背景中国城市家庭已婚已育一孩妇女的生育偏好、生育计划及其影响因素。结果发现：已婚已育一孩妇女中，有24.4%的人计划生育二孩并且有明确的时间安排，有5.1%的人计划生育二孩但没有时间安排。生育偏好受到家庭成长环境和居住模式的影响，与公婆同住、有兄弟姐妹的女性更倾向于形成生育两个及以上孩子的偏好，这反映了生活环境和成长经历在塑造个体生育观念和生育态度中的重要作用，但这些因素对生育计划并没有显著的影响；家庭环境中，父母或公婆的生育数量偏好不仅会影响到女性生育偏好的形成，也会影响到实际的生育计划，反映了中国式家庭关系中代际关系在家庭决策中的重要作用。现实两大限制因素——经济成本和照料压力影响生育二孩的计划，但并不对生育偏好产生影响；男孩偏好是一种现实促进因素，第一个孩子是女孩的女性更可能有生育第二个孩子的计划；生育计划和生育偏好之间的偏离也主要受到现实因素（年龄、家庭收入、照料可获得性、性别偏好）的影响。未来在相应配套公共服务政策完善中，应该充分考虑这样的现实需求，通过降低家庭的经济压力、为家庭提供公共托幼服务，从而促进生育计划、生育行为向生育偏好靠近。

《全面两孩政策执行中生育成本的分担——基于国家、家庭和用人单位三方视角》（宋健、周宇香，《中国人民大学学报》2016 年第 6 期）

2016 年全面两孩政策在全国范围内实施，标志着中国独生子女政策的终结。政策的实施效果取决于政策执行，但生育成本及其在利益相关者中的分担成为政策执行中不可回避的问题。国家鼓励公民按政策生育两个孩子，并将延长产假作为主要的激励措施；家庭的理性生育决策，会受到女性工作－家庭平衡困境的影响；而不同性质的用人单位因其女性职工比例差异，会承担不同的潜在生育压力。鉴于此，应通过加强平衡劳动者与用人单位利益的制度设计来完善生育保障政策，以疏解生育压力，保障全面两孩政策顺利实施。首先，要切实保障职工尤其是女性职工的生育权和劳动权。鼓励有条件的单位兴办托幼机构，减轻职工的后顾之忧；制定减少怀孕职工工作时间与工作强度、产假后工作岗位保障等细化措施；加强生育保险制度实施的管理和监督；缩小不同性质单位和不同职业类型女性产假和期间工资的差异；推行产假期间弹性工作制，尽可能兼顾育儿与工作。其次，要切实保障用人单位尤其是企业的利益。女性职工怀孕有告知单位的义务，使单位有足够的时间进行人员和任务调整安排；缩小因女性职工比例不同而造成的用人单位生育成本的差异，从而有助于降低就业的性别歧视。国家可以在生育保险的基础上，建立生育保障基金，由用人单位提出申请，提供生育员工的身份信息，由基金以人头费的方式发放给单位，再由单位发放给职工，从而减轻单位因员工生育遭受的可能损失，保障生育后员工顺利返回岗位。

《女性家庭权力、夫妻关系与家庭代际资源分配》（郑丹丹、狄金华，《社会学研究》2017 年第 1 期）

该文对 CGSS2006 家庭卷数据进行分析，考察了女性家庭权力及夫妻关系对家庭代际资源分配的影响及其作用机制。文章指出，在既有家庭代际互动研究中，无论伦理主义还是理性主义范式，家庭成员的脸谱都具有同质性，个体行为的多样性尤其是女性视角在既有研究中被忽视了，应当将性别视角与理性主义分析范式有效结合，深入推进对当下家庭内部互动关系的分析。研究发现，权力机制在家庭资源代际分配中发挥着一定的作用，子代家庭中妻子权力越大，子代家庭对父系家长的经济支持越少。同时移情机制也影响着家庭资源代际分配，夫妻感情越好的子代家庭对父系家长和母系家长的经济支持都会越多。夫妻感情除了直接影响家庭代际支持外，还会对家庭权力的作用产生调节作用：夫妻关系越好，妻子的家庭权力对父系代际支持的反向作用越小。母系代际支持作为一种新兴的趋势，其作用机制显然更为复杂，需要更进一步研究。文章认为，中国社会养老问题的解决方案可能有多种，其中之一就是协调家庭关系、促进家庭和谐。在女性家庭地位普遍提高的当前，女儿养老已经部分地成为现实。

《扶上马再送一程：父母的帮助及其对子女赡养行为的影响》（许琪，《社会》2017 年第 2 期）

该文基于"中国老年社会追踪调查"在 2012 年的试调查数据，探讨了父母的帮助及其对子女赡养行为的影响。文章指出，以往关于中国家庭代际关系的研究往往侧重于分析子女对父母的赡养，而很少讨论父母对成年子女的帮助，以及这种帮助对传统赡养关系的影响。研究发现，现在中国父母正在从经济和小孩照料等方面向他们的成年子女提供各种形式的帮助，而且父母的帮助（特别是小孩照料）对是否能够得到子女赡养和赡养的水平均有显著影响。分城乡的比较研究发现，父母的帮助对子女赡养行为的影响在城市表现得更加明显，这在一定程度上说明，随着社会现代化程度的提高，中国家庭养老赖以维持的基础已经发生了改变。文章认为，随着社会现代化程度的提高，中国家庭代际关系的内容和实质都将发生变化，自下而上的单方向的代际资源流动将不复存在，未来中国家庭代际的资源流动将是双向的，现代社会所推崇的平等互惠观念可能会成为指引代际交往的基础，而传统道德规范的影响会不断削弱，以上变化需要引起研究人员的关注。

《母职的经纪人化——教育市场化背景下的母职变迁》（杨可，《妇女研究论丛》2018 年第 2 期）

该文关注母职的当代变迁，通过个案研究探究当下中国城市女性母职实践的新特点和现代意涵，并对其社会层面的制度根源与可能的现实后果进行讨论。文章指出，随着中国教育市场的发展和"影子教育"的升温，家庭高度重视子女教育投入，母亲甚至开始替代学校成为组织孩子个性化学习方案的轴心。文章用

"母职的教育经纪人化"指称当下教育市场化背景下中国城市家庭母职实践中的一种趋势，认为城市家庭中的母职实践突破了私领域内照料子女的传统内涵，母亲教育方面的职责陡增并呈现出一种"经纪人化"的新特征，以"教育经纪人"式的职业化标准来追求子女在教育市场中的经营业绩，发挥着维护信息网络、了解教育市场产品与目标学校需求、定制个性化学习路线、规划影子教育学习时间、亲身整合教育资源等一系列功能，以帮助子女在激烈的教育竞争中获得优势。母亲们对母职的经纪人化趋势与个人职业角色冲突的处理态度也因家庭结构、工作压力和自身角色认同等方面的差异而有所不同。总体而言，当前中国母职的经纪人化趋势体现出现代性、条件性、本土性和多面性等四个特征。文章最后对母职"教育经纪人"化趋势形成对于母亲群体的规范力量和可能的现实后果进行了剖析。

《城市中产阶层女性的理想母职叙事——一项基于上海家庭的质性研究》（陈蒙，《妇女研究论丛》2018年第2期）

该文基于对上海家庭的深度访谈材料，分析城市中产阶层母亲的理想生活状态与家庭、社会的母职意识形态之间存在深刻的矛盾。文章指出，"密集母职""延展母职"等源于西方社会的母职意识形态论述无法准确概括东亚社会的母职再生产过程，而且既有的研究多为静态捕捉，应当探究女性自身、家庭和社会三者在理想母职话语方面的互动。研究发现，中产阶层女性渴望达到个人与家庭之间的平衡，但同时其母职认同与实践为母职规范话语所形塑。在自我诉求、家庭需求、母职意识形态的交织影响下，尽管受访女性对"完美母亲"的母职话语抱持警觉态度，但其对于自身母职实践的评价却呈现出一种内化的自我监控意识。中产阶层女性的母职意识形态呈现出"知识与情感密集"的特征，这源自中产阶层家庭对子女教育成就、各项软技能和身心健康的厚望，高度市场化的养育和教育领域也强化了这种新的母职规范话语。文章认为，全社会应当营造健康的性别公共话语、鼓励两性平等的价值观念，家庭政策的设计应更有效地纳入性别视角，缓解女性因抚育、养育而面临的"工作-家庭"平衡难题。

《学哺乳：基于网络社区中妈妈关于母乳喂养讨论的话语分析》（周培勤，《妇女研究论丛》2019年第5期）

该文通过对"宝宝树"网络平台上的"母乳喂养大本营"社区中妈妈们有关哺乳的讨论进行话语分析，讨论中国的新生儿妈妈遭遇的哺乳困境，对学界关于母乳运动以及"母职的迷思"方面的研究提供进一步的思考，并对如何改善中国的母乳喂养状况提出了建议。文章指出，"母职的迷思"下哺乳被视为新生儿妈妈的本能，这种对于母乳喂养的浪漫化和理想化建构是具有误导性的，很多妈妈在哺乳问题上受挫，遭受着身体上的痛楚和精神上的挣扎，她们认识到母乳最优但无法实现。在目前的社会情境之下，互联网是女性学习哺乳的最主要媒介，它帮助妈妈们形成了一个同辈支持社区，以"传帮带"的经验共享方式提供工具性和情感性支持。但文章也指出，哺乳的习得说并不必然从根本上挑战"母职的迷思"，它也可能倡导女性囿于母亲身份，以与孩子建立和维护亲密关系为由而消解母亲的独立性和自主性，这与传统母职对于女性的规训一脉相承。文章最后从社会性别视角出发，就如何改善中国的母乳喂养状况提出了一些建议。

《中国单身女性的困境：多元交叉的社会压力和歧视》（龚婉祺、郭沁、蒋莉，《浙江大学学报（人文社会科学版）》2018 年第 2 期）

该文从交叉性视角出发，分析中国单身女性面临的宏观、中观和微观的多元交叉压力和歧视。文章发现，中国单身女性面临着多重压力。在宏观层面，中国社会非常重视传宗接代和家庭的价值，与此同时，女性婚育年龄推迟、老龄化进程的加快、贫困单身男性人口增长，使得提升结婚、生育率成为国家人口调控的重要议题。在中观层面，媒体通过新闻框架工具塑造了对单身女性的偏见和刻板印象，形成了对单身女性群体的交叉性偏见和压力，同时受到中国传统家庭结构和独生子女政策的影响，单身女性面临强烈的家庭催婚压力。在微观层面，单身女性面临着性别歧视、年龄歧视和单身歧视交叉和叠加带来的压力，同时社会阶层带来的择偶差异也进一步增强了单身女性的婚恋压力。文章认为，若要缓解单身女性所面临的压力，不能仅仅考虑微观层面，需同时将中观和宏观层面因素纳入思考，根据阶层、年龄等方面的差异综合分析单身未婚女性所承受的不同层面、不同来源的压力和歧视，根据不同群体的困境给予相应的疏导，并营造良好的媒体性别文化。

《透视流动家庭：文化规范与生活实践互构下的性别秩序》（杜平，《妇女研究论丛》2019 年第 6 期）

该文将乡城流动过程中的性别秩序置于家庭主义的文化框架下进行审视，以广东省的田野调查为基础，通过民族志的方法试图澄清个体独立、家庭依赖以及性别秩序之间的关系，探索流动家庭面对现实生活所展开的劳动性别分工和夫妻权力博弈，从而窥见性别秩序在文化规范与生活实践互动下的重构。文章指出，乡城流动给卷入其中的个体和家庭带来家庭理念与生活实践层面的冲击，它动摇了传统家庭主义赖以维系的社会结构，也促进了个体对于自主、权利和亲密的渴望与追逐。文章认为，以"孩子为中心"的家庭主义是统合流动家庭成员共同关切的价值基础，男女双方的个人利益让位于以孩子为代表的家庭利益，而女性的性别化妥协表现为母亲屈从的主导与妻子妥协的相辅相成。传统性别分工一再被突破，家庭经济策略成为理解打工夫妻性别分工的重要线索。女性主体性的提升是夫妻权力关系得以改变的关键，男性以既有排斥又有接纳、既有对抗又有合作的不同方式予以回应。传统文化规范与日常生活实践彼此互构，性别秩序在不断妥协、坚持与再调整的动态过程中得以重塑。

《生命历程理论视角下女性跨省婚姻迁移决策的代际变迁——以杭州市萧山区江滨村"外来媳妇"为例》（张冠李，《妇女研究论丛》2020年第3期）

该文依据生命历程理论，通过对滨江村三代外来媳妇的调查，探究女性跨省婚姻移民的婚姻迁移决策依据与时空情境，文章将时间维度引入对女性跨省婚姻决策动机的分析，为围绕这一议题的传统时间截面研究提供了视角与思路的补充。文章发现，经济环境、社会资源与社会网络是三代外来媳妇追求跨省婚姻的主要影响因素。在经济因素方面，女性婚姻移民原生家庭的绝对生活条件以及家乡与迁入地经济发展水平的相对差异成为婚姻决策的主要动因。在社会资源方面，城乡差别、地域优劣与性别发展是影响外来媳妇婚姻决策的主要因素，外来媳妇的婚姻决策经历了通过婚姻移民争取个人职业发展机会、期待以婚姻移民谋取更优的福利保障、通过代际投靠实现移民与跨省婚姻，以期更好地利用父辈积累的社会资源的转变。在社会网络方面，外来媳妇的移民与婚姻决策主要受到来自核心家庭、亲族、邻里、密友与媒人五类社会关系的影响，社会网络通过给予信息、心理建设等实际支持与传播所处时空中关于婚嫁、移民与家庭的社会价值两条途径，影响着她们的决策过程。文章认为，根植于经济环境、社会资源与社会网络的诸多考量相互交联、彼此影响，共同构成"外来媳妇"婚姻迁移决策的时空情境。

《劳累、拉扯与孤单："老漂"母亲的母职实践及回应》（卜娜娜、卫小将，《妇女研究论丛》2020年第6期）

该文以母职为理论基础，探究"老漂"母亲照料子女及孙辈的母职体验，并分析这一母职体验产生的社会机制。文章发现，"老漂"母亲的母职实践呈现出劳累、拉扯与孤单的状态，她们承担着对子女及孙辈的双重母职照料责任，承受着身体的劳累；面临原有照料经验与现代科学及中产阶层育儿话语的拉扯；同时社会交往的匮乏、未来与子女及孙辈因地域分离而可能导致的情感联结减弱也使她们感到焦虑与孤单。母亲身份在"老漂"母亲身上呈现出束缚与掌控并存的状态，一方面，性别文化中母亲孩童照料责任的内化、婴幼儿社会照料体系的缺失、年龄困境下的身心负担、社会关系建立困难以及子女家庭的现实处境都成为"老漂"母亲面临的结构性困境；另一方面，她们也通过适时调整自己的育儿行为、不过多干涉子女生活、将帮助子女照料孙辈当成一种情感联结的方式发挥自身主体性，不断修正其面临的结构性约束。文章认为，"老漂"母亲处于性别、年龄、地域交叉的弱势地位，这一弱势地位背后是男权制、科学育儿话语的转变及地域区隔共同塑造形成。关爱"老漂"母亲，可以从加强婴幼儿社会照料体系建设、加大这一群体享受流入地政策优惠的力度、营造良好的社区及社会氛围方面入手。

《有钱就有好女儿——越南新娘对"贴补娘家"行为的解释》（黄鹏丽、何式凝，《妇女研究论丛》2016年第1期）

该文通过对越南跨国新娘调查，探究跨国婚姻中女性家庭责任的转变与性别身份建构。文章指出，对越南新娘"贴补娘家"的行为大致可以做出三种解释：一是出于"补偿"心理，希望通过金钱来补偿不能继续在父母身边照顾的愧疚之情；二是出于"身份地位"的考虑，认为"贴补娘家"不仅可以显示自己的经济能力，同时也是提高自己在娘家地位的一种方式；三是出于"面子"的考虑，"寄钱回娘家"被认为是提升自身与娘家面子的重要方式。文章认为，移民女性作为孝道的主体，通过对娘家的经济支持保持了自己在娘家的地位，并通过提升娘家的发展能力促进在夫家的地位。一方面，跨国婚姻流动能够在一定程度上改变和重塑女性家庭内部的权力和性别关系；另一方面，移民女性对于娘家强烈的责任感和汇钱回家的持续努力也会复制出性别的不平等和女儿的从属地位，跨国新娘被赋予了新的家庭责任，同时汇钱也体现出全球化中移民女性对"成功者"形象的渴望。文章发现，性别观念和行为模式随着社会经济环境的变化而演变，跨国流动在带来新的机会和生活的同时，仍然强调着女性在家庭领域方面的责任，这种强调从原来体力上的照顾转变成经济上的照顾。

《缅甸的女儿：跨境女性移工在瑞丽的汇款实践与情感连接》（陈雪，《开放时代》2020 年第 1 期）

该文通过对中缅边界空间中缅甸女性移工的跨国汇款实践，探究她们如何通过跨国汇款维系自己对家庭的义务责任，以及跨国汇款之后她们面临的生活困境及女性移工所建构的跨国、在地的社会和情感图景。文章发现，在东南亚地区受到佛教传统下性别文化的影响，缅甸女性有着极强的家庭观念。对缅甸的未婚女儿来说，汇款既是原乡社会和家庭教化力量所引导的女性自我奉献，也是保障大家庭内部移民者与留守者之间的互助策略；对于已婚的缅甸女性移工，面临女儿、妻子、母亲和儿媳的多重身份，既是家庭的经济支柱，也是维系家庭团结、促进家庭发展的核心力量。跨国汇款之后低收入的女性移工为降低生活开销，面临着疏于身体保护、职业病等生存困境，并通过边境的出入便利在缅甸境内消费，维持自己在中国的日常生活。女性移工的生活也随着与流入地的生产和文化的交汇，构建出特有的情感图景，她们在与家庭成员、原乡群体的互动中不断形塑、汇集成理解和共识，并最终成为移民生产的知识、观念和精神财富；与当地人产生的情感联系也不断突破着族群和区域的边界。这也提示我们，当下中缅边境地带的移民，有别于内地发达城市的国际人口输入，需要将之放置于大湄公河次区域内所延续的历史、族群和文化的网络关系中来观察。

《陪读妈妈：性别视角下农村妇女照料劳动的新特点——基于陕西省 Y 县和河南省 G 县的调查》（吴惠芳、吴云蕊、陈健，《妇女研究论丛》2019 年第 4 期）

该文以陕西省、河南省的个案访谈资料为基础，从照料劳动的分析框架和性别分析视角出发，关注"陪读妈妈"这一独特的照料者群体，试图呈现陪读妈妈的生活状况，揭示农村妇女照料劳动的新特点及其社会意义。文章指出，随着农村中小学布局调整政策的不断深入以及城乡教育资源与教育质量差距的持续扩大，越来越多的农村家庭通过把孩子送进城镇学校以实现高质量教育期待，并由此衍生出"陪读妈妈"群体。换句话说，陪读妈妈是农村家庭教育期望攀高与乡村教育资源走低的结果。文章对全职陪读妈妈、就业陪读妈妈、在家"就业"的陪读妈妈三类群体进行分析发现，陪读以农村家庭劳动性别分工的重组为前提，陪读妈妈被固化在无酬照料劳动中，同时被劳动力市场所排斥，更要依赖孩子学习成绩决定其再生产劳动的价值。此外，在城市场域中，陪读妈妈出轨与婚姻破裂的个别事件被放大，其群体被污名化，成为被区分的群体和政府治理的对象。因此，文章认为，当下国家经济发展模式与劳动体制使以家庭为基础的照料劳动女性化的意识形态得到进一步固化，不仅影响了妇女发展，而且阻碍了性别平等议程与社会发展。

《主体民族志研究：布与贵州苗寨的当家女人》（简美玲，《广西民族大学学报（哲学社会科学版）》2016年第4期）

该文是一篇主体民族志的实作与反思，通过布的物性与生命史，探究在贵州东部村寨中苗族当家女人与布之间的亲密以及经由布的生产、消费及交换所建立与再现的亲属世界。文章发现，在布的制作过程中，布的制作归属于当家女人的性别劳动，也呈现出母亲织布、家中未出嫁姑娘织花的代际劳动分工。在布的交换过程中，在家屋外，布作为交换的赠礼，是少数能跨越以家之名给姻亲与亲人的礼物，是作为代表当家女人个人心意的礼物。在家屋内，布的交换一方面可以正向地建立与维系母女的情感与关系；另一方面则负向地回避并确认婆媳的界限（婆媳禁同染缸染布，不互赠布、衣与花带）。通过家屋外与家屋内的交换，布的物性开展了一个当家苗族女人的两层处境：一层是在家屋外的社会生活里，女人以送自己制作的布，对外表达她作为一个持家的独立女性；另一层则是家屋内小范围的母亲与女儿之间，通过布的交换达到在情感上的相伴关系。文章认为，布的交换是母女之间在体与物的延续与传递，当家女人与环绕着布的工作，似开展一个亲密的、家屋内的空间，使之能与优势的父系亲属及婚姻理想有柔性对话或竞争的可能。

《社会性别视野中的非遗传承人保护路径探索——基于回族女性传承人的讨论》（梁莉莉，《云南民族大学学报（哲学社会科学版）》2016年第6期）

该文通过探究回族女性传承人参与传承实践的有利及影响因素，探究在伊斯兰文化传统及社会性别文化中回族女性传承人保护的具体路径。文章发现，家庭教育有利于女性群体的非遗传承、母亲身份有助于非遗后辈传人的培育，而较少的社会流动有利于传习活动稳态进行。与此同时，回族女性传承人受教育程度相对较低、有着相对被动的婚姻家庭地位、面临着回族女性的角色定位与传统性别规范的束缚，这对女性传承人参与保护活动、传承行为的积极性产生一定的影响。回族非物质文化遗产女性传承人的保护路径应从以下几方面开展。一是要更新性别平等的文化继承观念，充分认识女性在传承民族文化遗产中的主体地位，通过定期的培训、参与传承活动、挖掘回族传统文化中的女性价值理念等方式，提高女性在非遗传承实践中的参与度。二是要强化非遗保护中女性的主体参与地位。重视家庭内部的"自然传承"、加强社区的"人为传承"，同时对部分家庭传承微弱、社区传承存在困难的非遗传承人，文化部门需开展"保护性"传承活动。三是注重赋权，通过相关的政策保障和机制建设，赋予并实现女性参与民族文化遗产保护与发展的权利。

《"人"的再生产——清末民初诞生礼俗的仪式结构与社会意涵》（李洁，《社会学研究》2018 年第 5 期）

该文主要以燕京大学硕士学位论文及民国时期民俗学者收集的历史资料作为一手文献；并辅以中医古籍及其他文献记载中的相关资料，整理再现清末民初（1900 年前后）传统社会诞生礼俗的基本仪式结构。研究发现：在传统诞生礼俗中，初生的胎儿并不是从一开始就被接纳为家庭谱系中的成员，而是通过"隔离""净化""重组""聚合"等四个相互独立但又彼此依存的仪式环节，实现从"超自然彼岸世界"的脱离，经由"自然之母"的托举与过渡，最终达到与此世人伦社会的聚合。新生儿的出生和养育是一个家庭互助与社会支持的过程，作为一个社会聚合与神圣激荡的时刻，它强化了家庭成员之间的情感纽带与责任伦理。即便在传统父系制家庭中，父母双方都在孩子的养育和家庭关系的重塑中承担了不可替代的重要角色。养育孩子的过程涉及整个家庭与社群关系的重大调整，需要包括姻亲家庭在内的亲属关系的以礼相待与精心维系。父母仅仅是孩子借以来到此世的"通道"，他们所养育的并非个体或家庭的私有物，而是更大的社会共同体的成员。"人"的再生产绝不仅限于个体生物性的复制和繁衍，而是共同体成员及其关系的延续和再造。

《仪式、角色表演与乡村女性主体性的建构——皖东 T 村妇女"做会"现象的深描》（陆益龙，《中国人民大学学报》2017 年第 2 期）

该文通过对皖东 T 村妇女"做会"仪式活动及其象征意义的解读，呈现并诠释现实生活中乡村妇女究竟是怎样扮演着社会角色，揭示乡村女性所建构的主体性及其特征，以及这种主体性的建构过程与机制。文章指出，乡村女性的角色与主体性问题是乡村社会研究和性别关系研究领域中的重要议题。性别不平等和结构主义的理论范式更多关注女性的不平等问题，并常常把性别关系的各种问题指向社会制度和男权社会的结构。然而，这一范式遮蔽或忽视了诸如女性当家等性别关系的多样现实形态。文章通过对皖东 T 村妇女自组织的"做会"仪式活动进行分析发现，这一仪式不仅仅是妇女自组织的普通集体活动，而且为乡村女性建构角色和主体性文化提供了一个特殊的机会和舞台。在仪式过程中，乡村女性主动建构起公共的空间与舞台，并通过集体表演和社会建构实践，建构了女性在家庭中的"隐性权力"和具有女性主体性的价值与文化象征体系。因此，在乡村社会性别关系现实的形成过程中，乡村女性的能动性和文化建构机制具有重要意义。

《从"回娘家"到"联谊会"：外嫁女的"报"与新宗族主义的兴起》（王倩楠、何雪松，《妇女研究论丛》2020年第2期）

该文以对粤北甘姓宗族村庄的田野调查为基础，研究近年流行于华南和东南地区的"外嫁女联谊会"，分析外嫁女举办联谊会的内在逻辑和宗族村庄接纳外嫁女联谊会的内在逻辑，讨论其中父权制文化及制度做出哪些松动和变化，村庄又如何与外嫁女共谋互惠共同推动新宗族主义的发展。文章指出，"外嫁女联谊会"这一新的社会组织形态是新宗族主义背景下外嫁女、宗族、村庄"报"的互惠机制与村庄"连带"治理逻辑互构的结果。新宗族主义相较传统宗族的封闭性、强制性、规范化、男性化而言，增添了面向时代变迁的弹性，如今更为强调同宗、同姓成员间基于平等、自愿的联合，新宗族主义的兴起改变了以往以男性为中心的组织形式，使得同宗女性成员之间的联合成为可能。外嫁女回报娘家村庄的初衷，使外嫁女、宗亲网络、村庄三者之间构成一种"报"的循环机制。在这个过程中，村庄借助外嫁女连带群体，间接获得更多公共服务和资源，降低了正式制度的运行成本，形成一种新的乡村再组织方式。文章最后讨论新宗族的"里"与"表"，新宗族主义是传统宗族一脉相承的延续，呈现出适应时代发展和社会变迁的弹性。

《代际责任、通婚圈与农村"天价彩礼"——对农村彩礼机制的理解》（杨华，《北京社会科学》2019年第3期）

该文基于全国各地农村调查，探讨了彩礼的多寡与父代对子代婚姻责任强弱之间的关系。文章指出，"代际责任"的分析框架通过不同区域农村代际责任的强弱去分析婚姻市场中的支付与要价行为，可以勾勒出不同地区彩礼差异的内在机制。研究集中比较和阐述了南方农村和北方农村的父代责任与彩礼的相关情况，发现在父代"强责任"的地方，子女婚姻是父母的事情，他们在传统通婚圈内为子女找对象，从而强化了对本地婚的偏好，使婚姻的本地市场和全国市场并存，在"性别挤压"和本地女孩外流的双重作用下，婚姻的本地市场竞争激烈，男方家庭只有不断抬高自身的比较优势才能吸引女孩，女方则会竞相索要高额彩礼，从而共同推高了当地的婚姻成本。在父代"弱责任"的地方，结婚是子代自己的事情，他们一般在打工地找外地对象，从而打破了本地通婚圈，婚姻的本地市场被纳入全国市场。全国市场的选择空间相对较大，女方只能在全国平均价格上要价，因而要不起高价，也就较少出现"天价彩礼"现象。

《"议彩礼"：论农村彩礼形成机制中的道德嵌入性——基于甘肃 L 县的案例分析》（王思凝、贾宇婧、田耕，《社会》2020 年第 1 期）

该文基于甘肃某县的案例分析，探讨了农村彩礼形成机制中的道德嵌入性问题。文章指出，彩礼既为"财"又为"礼"，以往彩礼研究主要集中在"婚姻市场理论"和"礼物秩序"两个基本框架下，较少将其作为生动的社会行动过程，研究"议彩礼"的互动过程，可以挖掘议价这一看似纯粹的经济行为背后所蕴含的文化价值和"道德意涵"。研究发现，彩礼议价的核心不在于两个家庭是不是从一个符合情理的价格开始，或最后是否能在一个符合情理的价格上形成默契，"议"的过程本身才是最体现情理或情理出现的过程，这种情理也是"礼"的精神在现代语境下的实践诠释。行动者的策略基于双方的道德感受力，这也促成了"气"在议彩礼过程中的变化，彩礼不只是在互动双方之间形成的关照，还建立在两家人对更大范围农村社区道德风气的体察上。文章认为，情理随行动过程而生发的特点使"议彩礼"成为道德意义网络之中衔接个人道德感受力与集体习惯的节点，这也正是彩礼道德嵌入性的根本要义。

《重塑社会活力：性别图景中的乡村教师和学校》（郑新蓉、姚岩、武晓伟，《妇女研究论丛》2017 年第 1 期）

该文回顾乡村教师女性化的历史进程，讨论乡村教师配置的女性化与乡村教育的价值和功能的内在关联性，并分析中国乡村和乡村教育的出路。文章指出，乡村教师性别结构的变化与中国现代化进程中的时代主题、城乡差异、教育改革、经济转型、性别文化及职业性别分工变化有着密切关联。文章通过资料分析发现，传统乡村教师一直是教育优先的男性本职；共和国集体经济时代，低成本公共教育吸引大量女性进入乡村教育事业，女教师随国家需要和户籍政策进退于土地和学校之间；改革开放以来，随着劳动力的持续外流、反哺乡村的中等师范教育的消失，以及乡村教育的建制化、外援化、层级化，使乡村教育基本功能由

"培养－输送"教育转换为"留守－陪伴"教育，弱势大学生成为教师中最弱势的基层乡村教师，与乡村边缘学校和弱势学生结缘共生，乡村教师女性化也正与之同构。乡村教师在城市和乡村的夹缝中，在兼顾自我和家庭、陪伴和培养、个体和群体、传统乡绅使命和专业规训的矛盾中完成对自我、乡村教育及乡村社会的更新。最后，文章认为，促进乡村教师发展需培养有改变勇气和能力的新型乡村教师，突破狭隘的专业视野，加强学校与乡村的联结，提升关怀和建设乡村社会的活力。

《农村女性利益诉求表达行动的逻辑理路——基于路易岛的案例研究》（陈涛、郑玉珍，《妇女研究论丛》2016 年第 5 期）

该文关注环境议题中的农村女性行为，探讨农村女性利益诉求的行为框架及其逻辑理路。文章指出，环境问题引发的利益诉求表达行动很多，而既有文献对农村女性的行为逻辑研究比较薄弱。文章以康菲溢油事件中路易岛渔民的利益诉求表达事件为例，指出农村女性日益活跃于利益诉求的表达场域，并且其表达意志表现出比男性更加坚定的一面。女性的利益诉求表达包括自主型和依附型两种类型。她们既不是沉默者，也没有表现出生态女性主义式的行为方式，而是表现为韧抗争，女性的抗争意志、性别优势、怨恨与谩骂产生的情绪共振效应以及情感管理是韧抗争运行的重要因素。具体而言，她们会利用女性的性别优势作为武器辅助，以哭诉、下跪等悲情行动方式争取舆论和道义支持，也以家庭为本位，支持和推动家中男性走向利益诉求表达的前列，通过自身的利益诉求意志和情绪共振效应推动男性将利益诉求的行动持续化。

《训诫女人：儒家女教的知识生产与话语机制》（柯倩婷，《妇女研究论丛》2016 年第 3 期）

该文重新审视"女四书"等儒家女教文本，基于知识生产、话语机制视角阐述其内在矛盾、经典化过程、认知论特点和规训身体的方式，从而对当代女德班盲目尊崇儒家女教现象提出批判性思考。文章指出，儒家女教的经典文本以男尊女卑为价值内核，忽视和否定女性的经济社会参与及贡献，脱离女性现实、忽视女性需求。其知识论建基于对封建父权制及其文化权威的认可，通过判断、祈使、嘱咐的施行式话语，以及表现为区隔两性身体、实施严格言行训练的训诫方式，达到禁锢女性发展并维护男尊女卑等级制度的目的，与当代社会性别空间区隔和角色分配被打破的现实格格不入。近年来，女德班标榜重振传统女德规范，盲目地引用儒家女教文本并将其神圣化、经典化，教育女性成为"无我"且"无能"的家庭照顾者和男性依附者。虽继承儒家女教的特质，但在移植过程中扭曲变形，罔顾妇女的权益和需求，实质上加剧了性别的不平等。作者指出，儒家女教的知识论立场决定其难以启动自身的现代化转型，在性别平等已成为共识的现代社会中必须加以批判性审视，否则将对妇女发展、男女平等乃至国家现代化进程产生极为负面的影响。

《孝女与虎患——以明清长三角地区方志记载为中心的讨论》（徐鹏，《妇女研究论丛》2020 年第 2 期）

该文以明清时期长三角地区方志中的虎患记录为中心，通过分析"孝女遇虎患"这一特殊孝行记载的数量、类型及对象，阐述了女孝文本隐含的教化目的与性别含义。文章指出，中国传统社会中虎患关系民生安定和国祚兴替，"孝女遇虎"是一种特殊的孝行书写，给人以女德化身的印象。方志中，孝女以勇搏虎所救对象由父母扩展到舅姑、丈夫，彰显书写者对其角色期待由孝女渐至孝妇，乃至贞洁烈妇。书写以德伏虎，意在劝诫百姓尤其是女性务必依照儒家伦理道德规范自身，唯有如此才能感化猛虎。叙述以身饲虎、饲虎救亲之时也勾连宗教与现实，指出饲虎孝女得以飞升成仙、立祠设庙，为孝行赋予道德与功利的双重色彩。作者认为，国家话语体系认同女孝，但因为统治阶层（男性）对典范女性的塑成寄予更多期待，女孝的边界亦随之延展。遇虎孝女记载也通过移孝作忠、移孝守节、移孝替孝，将贞、洁、烈等特质赋予了性别张力，女孝因此与男性忠孝气节具有对等性和可替代性，丰富了遇虎孝女的内涵。文章总结指出，方志记载中兼具凶猛和灵性的"山兽之君"不过是检验女德纯度的一剂良方，其书写者笔下的女性只能也必须依赖自己在家庭中所扮演的角色获得更多的道德肯定。

《金枝玉叶与收支困局——清代中后期公主经济境遇考察》（毛立平，《历史研究》2019 年第 4 期）

该文主要关注清代中后期公主的经济待遇与政治社会之间的关系。文章梳理了乾隆朝以后清代公主面临的财政问题以及皇帝对于这一问题的解决努力及其失效。尽管清代公主一生都享受来自皇室的照顾和封赏，但从乾隆朝起，公主府第的经济状况常常捉襟见肘。其后的历代皇帝皆试图解决公主的经济困境，然而收效甚微。主要原因在于，从乾隆朝起公主都居住京城，由皇室负责其家庭一切开支，而囿于制度规定和儒家规范，皇室又没有赋予公主与皇子同等的经济待遇和社会地位，导致公主们既背负着融合满、汉、蒙的政治使命，又挣扎于满汉文化之间。清代公主的经济困境，也是当时制度困局的一个缩影。

《以女俗论教化：晚清来华传教士的"文明"教程》（杨剑利，《北京大学学报（哲学社会科学版）》2018 年第 1 期）

该文通过对晚清时期传教士关于中国妇女问题的言说的梳理，探讨了其背后的西方"文明"话语对于近代中国妇女解放的影响。鸦片战争以后，西方传教士为证明文明的"西优中劣"，将"女俗"作为评判中西文明高下的标准，在这一标准指导下，他们致力于贬抑中国传统女俗，其中不无夸大之嫌。在传教士的相关言说中，呈现出中国"野蛮"、西方"文明"的形象。同时，传教士也借此宣扬西方的女俗，意图使中国的女俗"文明"化。传教士以"教化"为名批评中国女俗，混合了改良的善意与征服的雄心。这影响了时人对于中国传统女俗的看法，在一定程度上使得中国传统女俗得以革新，但其背后的西方文明议程与文明等级论亦同时存在。

《晚清北京女学人物发覆》（夏晓虹，《北京社会科学》2020 年第 7 期）

该文通过详细考证还原了晚清北京女学三位女性先进——陆嘉坤、张春漪、慧仙的人生经历，从其总教习、管理者与捐款人的身份背景入手揭示晚清北京女学界办学时的细节。文章指出，知识女性陆嘉坤担任北洋高等女学堂总教习期间，多方筹措经费、动员女学生赴该校深造的努力已超出谋生的职业考虑，以女学促强国的热切愿望得到吕碧城等天津其他女学先进的支持和敬仰。京津女学界是支持与互助的关系，陆嘉坤赴天津工作得到了梁漱溟父母梁济、张春漪夫妇的强力支持，张春漪本人也在北京女学传习所任教，参与了北京的女子教育发展。她利用家庭的社会关系帮助北京淑范女学堂等渡过难关，同时在女学堂聘任男教习、实施国文教育、声援其他女校等方面做出较大贡献。另一女学先驱慧仙是满族蒙军旗中的维新人士，她病逝前托遗愿于诚璋。后者则帮助慧仙捐出遗产支持女子教育、建立女工习艺所，习艺所因诚璋禀报朝廷得到光绪皇帝和慈禧太后赐匾，更在早期民间女学中独树一帜。通过详细考证，作者指出，晚清女学界中合群互助意识强烈，京津两地女学堂交往频繁。部分官绅及其女眷、旗人发挥重要作用，面临的困难为经费无着而非政府干扰，显现了与南方女学生存状况的较大不同。

《〈天义〉的无政府共产主义视野与何震的"女子解放"》（刘人鹏，《妇女研究论丛》2017 年第 2 期）

该文通过细读《天义》刊登的各类译文、报道、调查文本，将其中体现的何震女权主义思想置于"无政府－共产主义"视野、晚清革命与世界无产阶级革命的脉络中加以考察，指出其生成路径与学院女性主义论述生产的差异性。文章指出，何震、刘师培于清末革命语境中创办《天义》报刊，系统译介、论述、辨析克鲁泡特金、巴枯宁、蒲鲁东等人体系复杂的无政府主义学说，也在本土化视域中加以阐释。因此，何震女权主义既具有世界视野也结合中国历史实际，认为传统性别关系中男女是主与奴、人与物的关系，前者通过战争剽掠妇女而形成，后者通过婚礼财婚买卖的关系形成，从而在理论上为男女范畴设计了阶级性的敌对与斗争关系。在一系列文章中，何震的思想与马克思、恩格斯关于资本私有制与性别压迫的观点遥相呼应，通过揭示社会文化中表面客观的历史性、结构性压迫机制，指出唯有在无政府共产主义视野下批判父权家庭体制、推翻财产与女人私有制、推翻现代资本主义制度的劳资关系才能实现平等，而不是只追求表面的女子经济独立或女子参政。作者认为，何震的女权主义思想以阶级差异的视野介入当时新兴的男女平权议题，以劳动者和平民的视角审视资本主义、帝国主义、文明现代性对性别不平等的强化、对底层贫民的压迫，主张终结所有社会强权特权、达到完全的社会平等，这与同时代进步男女知识分子热衷于国族现代性的女权主义有根本不同。

《从幽闭到出走——清末民初女性困顿－解放话语形成及实践》（秦方，《妇女研究论丛》2017 年第 4 期）

该文聚焦"解放"一词之于近代中国女性的意义，探讨晚清至五四时期传教士、国族主义者、女权主义者、女学生等各类群体表达出的困顿感及其相关实践，探讨近代女性出入婚姻、家庭、学校、社会过程中"困顿－解放"话语的形成及实践。作者发现，近代有关女性的叙述中形成了一个相当固定的模式，19 世纪后半叶以来的女性总是与来自闺阁、学校、家庭、社会、政党乃至国家的困顿感相连。同时，受文明、国族和女权思潮的激发，中国女性深居闺阁的社会事实和道德意义也被完全否定，取而代之的是一种强调自由、释放、打破的现代性的女性气质和道德规范。由此形成幽闭与释放、困顿与解放的二元对立话语，女性不停地在感受困顿与实践解放这二者之间摆荡，既无法完全走向妇女解放的理想世界，也导致一些问题的周期性呈现，一定程度上凸显女权运动的无效。作者认为，近代女性解放的过程表现为困顿与解放的双重实践，她们循环往复地否定家庭、向往学校，或否定学校、向往社会，一直通过打破困顿、走向解放来获取身份认同和性别意义；贴附在女性身体和心灵之中的日常性困顿感虽彰显妇女解放之复杂，但也建构并强化了解放与困顿之间的内在逻辑联系，使解放更加具有现实意义。

《晚清至民国"劳动"观下的妇女家庭劳动》（王燕，《华东师范大学学报（哲学社会科学版）》2019 年第 6 期）

该文通过阐释晚清民国时期"劳动"一词内涵及外延的变迁，从劳动观视角揭示了家庭场域妇女劳动面临的矛盾或边缘化局面。文章指出，晚清时期"劳动"一词从日本回流至中国并经过多重阐发之后，成为社会化大生产之下能够产生利润、具有阶级性的集体劳力的代称。现代劳动观把人的复杂劳力等级化，把工业、农业生产性劳动置于顶端，而把与社会化大生产关系不密切的无酬家庭劳动置于底端。作者由此聚焦妇女家庭的劳动观，认为五四时期知识分子的言说更看重支付薪酬、具有交换价值的妇女劳动以及女工、农妇的生产性劳动，而把与个人健康密切相关的身体性劳动、妇女的家庭劳动边缘化。同时，推崇现代劳动观的论述还倾向于采取社区合作，甚至阶级革命的全盘计划消除家庭劳动，将解放出来的妇女劳力纳入生产性劳动。民国各种劳动法专业知识进一步将生产性劳动归入劳动法、将有酬的家庭劳动置于其边缘，妇女无酬的家庭劳动被归属到民法的范围内，固化了妇女承担家务是亲属义务的认知。作者指出，现代劳动观潜移默化地改变了中国家庭中的性别角色和性别关系，中国妇女一方面获得了经济独立和重整性别关系的机会，另一方面其劳力被逐渐等级化，家庭中的劳动被视作公共化对象或亲属义务，在不时变迁的主张中变得越来越边缘。

《"观念解放"还是"情感解放"？——民初湖南新女性"离家"的实践困境》（杭苏红，《妇女研究论丛》2016 年第 1 期）

该文聚焦民初妇女个体解放的议题，通过分析湖南新女性个体的"离家"过程，探讨在妇女解放过程中情感解放与观念解放之间的差异，以及情感对于个体解放过程所产生的影响。文章指出，新女性"离家"实际上集中表现了个体解放、社会解放和阶级解放的结合，她们不仅以一个独立的个体身份进入社会，而且还模糊地意识到自己作为社会革新一分子的力量乃至自己的阶级属性。作者认为，理解"离家"特别是具体实践过程中的潜在困境，具有重要意义。一方面，新女性与家中父母往往具有难以割舍且复杂多样的自然情感，常常阻碍一些观念已经解放的女性离家、获得个体的真正解放；另一方面，对于离家女性来说，虽然她们能够暂时克服自然情感对人身的限制，但是出走到社会的她们仍然对"家"怀有某种既怨又恋的"怨慕"情结，这无疑使个体陷入"解放"的情感困境之中。通过探讨妇女离家、追求个体解放的个案，作者指出，妇女解放并不只是一场观念推动行动的单维度运动，更包含着个体如何处理情感、如何重建现代性情感的问题。面对普遍的情感困境，离家后的新女性往往只能在时代所提供的历史契机中寻求新的情感，以填补、缓解因自然情感无法现实化而产生的无意义感和虚无感。

《承前启后：1929~1933 年间劳动法对现代母职和父职的建构》（王向贤，《社会学研究》2017 年第 6 期）

通过分析 1929~1933 年国共两党出台的四部劳动法，该文考察了中国现代母职和父职的基本模式和生成路径。在清末以来的主流话语——女性应同时承担物质生产和人口生产的基础上，四部劳动法搭建了妇女劳动保护框架：雇主责任制、带薪生育假、托幼服务和禁忌劳动。这不但为如何将母职纳入现代工业大生产提供了劳动法规，而且促发了母职模式：以无酬照顾为主，以赚钱抚养为辅。由于母职与父职的特点是二元对立和二元互补，所以母职的确定其实意味着父职相应成形。由此，国共劳动法在顺应清末以来早期现代工业性别特征的基础上，通过对工种和技术的性别分配，增强了男性赚钱抚养子女的能力，从而促成了现代父职的基本模式：赚钱为主+很少照顾子女的缺席父亲。通过考察四部劳动法和婚姻法等相关文本，作者总结了现代母职和父职的生成路径：女工的母亲身份被高度肯定，所以劳动法特设专章予以界定和保护；大多数男工将会成为父亲的事实被忽视，所以劳动法对父职的建构并非明确清晰，而是模糊隐晦。重母职和轻父职不但成为当时四部劳动法的特征，而且一直延续至今。时至今日，上述母职和父职模式已展现出明显的局限性：女性的平等就业权、男性充分参与子女日常生活的权利、儿童获得父亲足够照顾的权利，均受到损害。在新生人口已渐成稀缺资源的当代中国，需要对早期劳动法建构的母职和父职予以反思和相应变革。

《现代性的另类追寻——费达生 20 世纪 20~40 年代的社会改革研究》（金一虹、杨笛，《社会学研究》2017 年第 1 期）

该文研究了中国近代著名的蚕丝技术专家费达生在 20 世纪 20~40 年代对中

国现代化道路的本土探索。费达生作为中国知识界"技术下乡"和"工业下乡"的先行者，在技术推广的过程中意识到中国蚕丝业的困境不仅源于技术，也与生产和分配等经济社会制度相关，因此，她选择了一条通过乡村合作实验的变革进路——开始了"把合作经营的原则引入中国农村经济的最早尝试"，并力图以社会实验的方式解决技术现代化和农村经营社会化的难题。她通过协助农民自办合作制丝厂，催生了新型乡土工业组织；以"多数人团结起来，谋自己的幸福""以平等为原则，以民主精神自治"的合作原则发展农村工业以对抗巨型资本与巨型工业化。尽管在她的实验性变革计划中并未明确设置性别议题，但她在实践中重视妇女的力量、让农村妇女分享工业化带来的福利、建立对女工友好的生产空间、让妇女掌握新技术从而走出工业生产和技术的边缘地带，一直是她改造社会、改造生产经济体制实践的隐性主题。既往单一现代性的定义，不仅是西方中心、市场中心、非生态化的，而且是男性中心的。费达生的实践无论是起步于乡间小路的工业化理想，还是以合作制抵抗巨型资本的垄断性扩张以限制其逐利本性，以及去男性中心化的隐性主题，无不是对西方现代性模式的偏离。她为从中国社会最深处的土壤中探寻一条"非西方化的现代化道路"付出了一生的精力。

《价值、制度、事件："男女同工同酬"与劳动妇女主体的生成》（宋少鹏，《妇女研究论丛》2020年第4期）

该文从价值、制度与事件三个角度，考察了"男女同工同酬"在20世纪50年代初期出现的宏观背景。在微观层面，进入申纪兰动员妇女参加劳动与西沟妇女们争取男女工同酬的历史，分析劳动与性别作为新社会的两种组织方式，是如何帮助劳动妇女在劳动过程中生成主体性的。申纪兰发动妇女参加劳动以及西沟妇女争取男女同工同酬的故事被发现，与时代环境和系列主体的推动有密不可分的关系，但不能忽略此间申纪兰等劳动妇女的主体性。在宏观制度与微观环境的配合下，具有主体性的申纪兰与西沟妇女在新中国妇女解放运动史上写下了她们的故事。在"结语"部分，该文从劳动妇女主体的身-心张力的角度分析同工同酬的解放与限制。对于妇女们对于那段集体化历史"劳累并快乐"的记忆，该文认为，这种"心灵的集体化"正是因为"劳动妇女"的主体性与家庭外的集体生产劳动之间内在的构成关系。并指出需要以主体的身-心感受出发去打开主体与结构的复杂的互嵌关系，在主体与结构的来回往复中审视体验主体、反省结构。主体的身-心呈现的张力——身体的苦累与精神的愉悦，可以帮助我们理解妇女参加劳动、"男女同工同酬"制度下的解放与限制。

《团结与改造：从旧产婆到社会主义接生员——以上海为例的讨论》（王瀛培，《妇女研究论丛》2017年第4期）

该文聚焦于新中国成立后上海地区的"接生员"群体，关注中共对于旧产婆的改造及接生员群体在社会主义建设中的作用与角色演变。接生员是新中国成立后为降低产妇与新生儿死亡率，在推广新法接生工作中，通过改造旧产婆与培训新的基层妇幼保健力量而产生的一种初级妇幼保健人员身份。此群体的主体是在中国存在几千年的产婆。虽然她们一度被西方医学与助产学所污名化，但中共却利用自己的力量在全国开展了一场针对她们的革新运动，将她们纳入国家所掌握的医疗卫生体系内，在卫生与妇女两个领域彰显了社会主义的优越性。产婆通过接受改造、训练与管理，获得了国家及医学赋予的合法接生员身份与地位，她们也的确为新社会做出了重要贡献：1950~1958年，上海全市的新法接生率从46.5%逐年上升到98.3%；1965年产妇死亡率和新生儿死亡率分别下降至30.1/10万、15‰。"大跃进"时期，随着农村"产院"的普遍建立，上海接生员地位得以提高，普通女社员的分娩条件亦因之得到显著改善。但对"大跃进"的纠正、调整以及卫生部门管理的疏失，农村产院纷纷被撤，这也使得任职其中的接生员重新回到村、大队中，以不脱产的方式为群众接生。而在城市中，随着现代医疗的发展，接生员群体也逐渐退出了历史舞台。

《资源、技术与政策：妇女的角色转变——以近现代的胶东渔村为例》（王楠，《妇女研究论丛》2016年第2期）

该文以新中国成立初期的胶东渔村为例，由资源、技术和政策视角切入，探讨了渔业生产中女性劳动角色与社会地位的变迁。文章指出，新中国成立前，受到渔业资源变动、捕捞范围扩展、冰鲜技术普及和解放区互助化改革等因素影响，男性主导的传统渔村性别分工体系走向崩溃，女性地位有所提高。新中国成立初期，渔业合作化运动加速了"半渔半农"的男性转向全职渔民，渔村妇女替代了农业生产中的男劳力。而高级渔业社组建后，女性又积极从事副业劳动和投入近海捕捞。通过广泛参与农、副、渔业生产，妇女获得经济独立，并由家庭走向社会，实现政治地位提升，进而成为基层村社的管理者。该文基于生产方式的差异，揭示了渔村性别关系转变的独特性：与农村土地改革引发的急剧"性别革命"相比，渔村妇女解放表现为自然与社会影响下的渐变。文章指出，资源开发与利用过程并不必然伴随着性别压迫，从新中国成立初期胶东渔村的社会主义建设来看，其分工体系并无父权制特征，男女两性是在各种要素的共同推动下走向协作。结合西方理论与中国历史实际，该文揭示出自然、社会和性别的交融互动，是考察近现代农村性别分工和妇女角色转变的有效途径。

《为什么反思"革命与妇女解放"成了女性的专业》（钟雪萍，《妇女研究论丛》2017 年第 5 期）

该文对当代中国妇女研究的"女性化"提出反思，指出需要回到"革命"语境讨论中国妇女解放。中国的妇女解放离不开"阶级性"，这与中国革命的性质相关。因此，对中国妇女解放的认识，关键在于对 20 世纪中国革命的全面认识，更在于对社会主义革命的认识。而近几十年来，质疑"革命"的语境搁置与遮蔽了中国妇女解放的革命性、社会变革层面上的意义。由此，作者呼吁要认识中国革命的性质及其世界史意义，并且从中国革命自身的阶级性这一背景下去理解妇女解放与解放劳苦大众的关系。仅从"性别政治"的角度出发理解妇女解放的革命性是不够的，将"性别"等同于男性/女性之别，无法超越作为主要资本主义意识形态的自由主义本身的想象范围。中国革命和妇女解放具有共同目标，对妇女解放和革命的反思需要超越简单的性别区隔，并回到马克思主义领导下的中国革命这一框架之下进行再思考。

《关于中国革命与性别平等/解放的理论再思考》（王玲珍，《妇女研究论丛》2017 年第 5 期）

该文将中国社会主义妇女解放定位为世界性事件和实践，并就如何运用新的理论资源来对其进行新的阐释做出了分析。随着冷战的世界化，社会主义中国的妇女解放受到了歪曲和否认。但面对这一困境，作者认为并不能采取简单的敌对态度来驳斥，而要求我们对过去的实践和经验进行批判性的反思和提取，重新审视社会主义妇女解放。在目前的形势之下，社会主义妇女解放的研究/论述需要具备世界性质和价值，以及与其他具有新兴世界意义的女性主义实践互动合作。对此，作者提出两种女性主义理论实践：跨国女性主义和唯物主义女性主义。梳理和激发中国社会主义妇女解放的资源，应该一方面致力于批判主流资本现代性、冷战意识世界化、各种传统父权意识和女性主义实践在世界范围走向隔离、保守、精英化和文化化的潮流；另一方面同其他地区抵抗资本主义全球化的女性主义实践结合，取长补短，挖掘出历史实践中可以给当代女性主义提供理论思考、物质实践基础、历史政治策略以及另类社会价值想象的资源。

《当代马克思主义–女权主义理论视野下的共和国性别史研究》（董一格，《清华社会学评论》2017 年第 8 辑）

21 世纪以来，英语学术界兴起中华人民共和国史研究热潮。以社会史、文化史学家为主的研究者提出运用"草根""日常生活"等概念勾勒早期共和国的形态，研究旨趣趋于微观，注重呈现历史主体、能动性等。面对这些新材料与新发现，历史社会学者如何参与对话，并在此基础上建构新的理论？该文以国史研究中的性别问题为重点，梳理自 20 世纪 70 年代以来这个领域的研究成果、理论流变，并分析社会史路径、"交叉性"理论等在研究早期共和国性别机制上的局限。该文提出，当代马克思主义–女权主义理论中的"社会再生产"概念有潜力成为这个领域的一种新范式，对历史过程做出结构与能动性兼顾的分析。这并不是一蹴而就的事情，但这样的努力，是对当下性别研究与政治经济学分离、底层研究碎片化的很好的反思。具体到中国语境，"再生产"理论视角有可能为进一步阐明 1949~1976 年中国的再生产模式，其与生产体制的关系，以及这背后的性别、阶级关系提供思路和方案。

《新文化运动与"女性主义"之诞生》（杨联芬，《文艺研究》2019 年第 5 期）

该文梳理并讨论了西方妇女解放运动的基本理论概念"Feminism"在中国"五四"新文化运动背景下的最初译介和使用。通过关注"五四运动"后《妇女杂志》等报纸杂志中译介"Feminism"的文章，并将它们与相关西方理论资源、历史经验进行参照对读，文章对"五四运动"后"Feminism"进入中国的方式，20 世纪 20 年代、30 年代沈雁冰、沈泽民、周建人等在译介"Feminism"时的理论理解、语义考虑与译名选择，以及"女子主义""女权主义""妇女主义"等不同译名在不同年代报刊文字中出现的频率变化及使用情况进行了梳理和辨析。文章认为，"Feminism"有别于各种"主义"，它不是由几条定义和一系列连贯的概念组成的一种固定不变的学说，更不是排斥异己、追求占据思想领域中霸权地位的"真理"，而是一个开放的，涵盖面极广的，各种思想交锋、交融的场所。它历来同时包括理论与实践。这一特性使得在汉语世界中无论哪一种译名都难以完全概括原词所有的含义。而追溯女性主义在"五四"时期进入汉语世界的历史，或有助于解决国内研究界长期存在的"女性主义"和"女权主义"的无谓误解与纷争，纠正一些常识性错误，促使新文化与新文学研究在尊重历史的前提下开拓创新。

《延安经验：从"妇女主义"到"家庭统一战线"——兼论"革命中国"妇女解放理论的生成问题》（董丽敏，《妇女研究论丛》2016年第6期）

该文以抗战背景下延安地区面临的大量婚姻家庭问题为主要讨论对象，以文学文本与历史实践互动解读的方式，分析了来自不同的性别群体、乡村社会以及政党政治的不同诉求所构成的权力动态博弈如何共同参与了婚姻家庭纠纷的解决，并由此建构了不同的妇女解放方案。通过对丁玲的《夜》和赵守攻的《男女平等》两篇小说进行比较分析，并与延安时期以"妇女主义"为旨归的妇女解放实践进行对照，文章指出了二者所面临的共同困境：旨在反抗不平等的婚姻家庭压迫的初衷却可能制造出新的婚姻家庭压迫形式及新的家庭问题，当新的家庭纠纷与传统纠纷合流可能造成更大的性别对峙、社会撕裂时，如何在革命理想与错综复杂的现实之间切实探索出婚姻家庭改革的有效空间？在抗战形势日益严峻的状况下，以"既联合又斗争"的"家庭统一战线"为旨归的妇女解放方案的最终形成，则突破了以"个体"为本位介入妇女问题所可能出现的孤立化、片面化的局限，通过利用"妇女参加生产"这一中介，形成家庭内外两种力量的互动，在性别协商中兼顾了各方利益，探索了更为平等的家庭结构。延安时期对于婚姻家庭问题的有效处理，在理论和实践两个层面验证了"革命中国"在阶级革命框架中推进妇女解放特别是底层妇女解放的可行性。

《"新的写作作风"——探讨丁玲整风之后的报告文学写作》（刘卓，《中国现代文学研究丛刊》2016年第1期）

该文聚焦丁玲自1942年整风到1945年底离开延安期间的创作历程，讨论丁玲在整风之后所写的系列报告文学中呈现的"新的写作作风"之"新"如何产生。文章指出，"新的写作作风"的出现与当时延安对于新闻报道、报告文学所偏重的客观性写作形式相关，但其关键之处，用丁玲自己的话来说源于"心"的变化。到了延安之后，丁玲的个人化表述的"心"逐渐与"思想意识"区别而出现。"心"是丁玲创作过程中的一个重要环节。它不是一个静态的、主观的范畴，而是指向创作者与他/她的对象之间的持续性的关系，既是认知层面的持续加深，也是写作层面的逐渐塑形。整风中的"下乡"使丁玲的"心"发生了转变：丁玲开始写作短文，从完成任务到产生了感情，而后引发了文字和风格上的自觉。文章认为，"下乡"将延安文艺整风的内涵揭示得更为清楚：知识分子的主观世界的改造，其关键不在于政党的规训，而在于与群众相结合；主观世界的改造，需要超越于具体的写作实践范围之外，投身到社会实践之中才能真正完成。在下乡中，作家们变成报道者，或者成为观察者、参与者，甚至成为实际工作的执行者，不再是作家。在这个偏离的过程中生成了一重新的关系——作为新文化的创造者与群众的关系，这构成了"新的写作作风"的真正起源。

《人民文艺中的婚姻家庭叙事与妇女解放的历史经验》（贺桂梅，《妇女研究论丛》2020 年第 3 期）

该文分析 20 世纪 40~50 年代"中国人民文艺丛书"中刘巧儿、王秀鸾两个农村新女性形象在婚姻、家庭场域中的叙事，对妇女解放与中国革命的关系提出更具历史性的理论思考。文章指出，刘巧儿、王秀鸾这两个人民文艺中的女性形象及其文本叙事，呈现出的是 20 世纪 40~50 年代农村劳动妇女在婚姻、家庭这两个场域中的赋权与中国革命运动实践彼此勾连与融合的历史形态。在这里，女性的性别解放诉求与中国革命的阶级、民族解放诉求是相统一而非分裂的。尽管其间仍旧存在着诸多有待解决的文化、政治、社会问题，但深入 20 世纪 40 年代革命运动的内在历史视野，将会看到女性在婚姻、家庭场域中主体权利的获得，与其参与的革命运动并非对抗性关系，毋宁说，正是革命运动本身推动了女性在婚姻、家庭场域中的赋权和自我赋权。文章认为，重新解读以刘巧儿、王秀鸾为代表的人民文艺中的女性形象，有助于人们看到妇女解放与中国革命的"二元论"所遮蔽的历史视野。其中包含了三个值得更深入探讨的理论议题，即中国妇女解放理论与西方当代女权/女性主义理论的差异性与综合性、从多重交互的社会生产关系和社会性别制度中讨论女性群体的独特性、重新理解人民政治实践从内部改造婚姻家庭制度的妇女解放路径。

《农村性别观念的现代性改造——以 20 世纪 50 年代陕西地区的流动放映为例》（郭燕平，《妇女研究论丛》2016 年第 6 期）

该文以 20 世纪 50 年代陕西地区的经验为例，结合电影文本、口述史访谈和官方历史档案，对流动放映作为多元媒介空间在农村日常观影中如何作用于性别观念的转换这一问题展开分析，为认识政治宣传与性别观念改造的关系提供具有启发性的思路。文章指出，新中国成立初期，随着新法的颁布及农业集体化的推进，农村既有的性别观念受到了前所未有的挑战。其中，被认为是现代宣传工具的电影大规模地进入农村。在以农村妇女问题为主题的农村电影和幻灯片放映中，新的农村妇女形象得到宣传，动摇了既有文化中对女性身份的固定想象。而在影像再现之外，女子放映队在农村的出现更是极大地挑战了农村既有的性别定型，构筑了农民观众对现代女性的想象。她们的放映经验既展现了女性与现代技术的密切联系，更具象化了女性通过流动于公/私空间而实践不同主体性的可能，同时也呈现了放映员作为职业女性的代表与农村传统的保守观念展开日常抗争的复杂图景。文章认为，即便在毛泽东时代那样意识形态高度统一的社会，性别观念的改造仍是充满着传播者与接收者之间的各种博弈，这启发我们既要复杂化地看待宣传的过程，也要具象化地去达成宣传实践。

《农忙托儿所与乡村再造——李準〈农忙五月天〉里的制度与人心》（梁苑茵，《妇女研究论丛》2020 年第 6 期）

该文就李準创作于 1955 年农业合作化运动高潮前夕的短篇小说《农忙五月天》展开细读分析。文章聚焦小说所呈现的农村青年女团员东英创办农忙托儿所过程中的特别之处与细微环节，尤其是农忙托儿所的构造与运转如何依托又重造了既有的乡村生活－伦理基体，它所激活的"人心换人心"的感觉－意识－行为方式如何带动了"村－社"空间形态和人心状态的再造，以及这一再造对妇女在农忙劳动与乡村日常生活中的主体状态构成的具体影响及其思想、精神意涵。文章认为，在中华人民共和国成立初期，李準的"文学"观察虽接受了其时中共政治所提供的把握现实的视角和逻辑，但他并未受限于此，而是继续追踪和检测农忙托儿所制度进入乡村之后引发的生活与人心动态，由此在"政治"与"社会"之间打开了新的空间和视野，并为认识、校正新中国成立初期中共政治与社会互动过程中的现实认知与实践经验提供了富有启发性的视角。如果把李準的文学观察与呈现放置在"现代中国"实践经验思想史脉络中加以考察，则将有助于在传统中国与现代革命的互动关系中，深化和拓展对"组织妇女"与"解放妇女"、制度与人心、"共和"政治等问题的讨论。

《"再使风俗淳"——从李双双们出发的"集体化"再认识》（程凯，《文艺理论与批评》2020 年第 5 期）

该文讨论李准 20 世纪五六十年代在"新人"的性格设定和形象构成上的反复尝试和摸索，尤其是李准在"李双双"这一新人形象塑造上的突破，其中体现的李准的独特感知、认识、构思及其意涵。文章指出，十七年文学中，李准的创作被认为高度配合形势，但其创作立意不仅要一般性地"反映"农村新人新事，更"善于在农村日常生活中敏锐地发掘"新人新事得以生成并巩固的社会基石，再进一步试图以文艺实践参与移风易俗的社会改造。其作品写新事、新形势，然而更进一层是要写新人、"新理儿"。李准笔下一系列别具魅力的"新人"形象大多是女性。她们处在社会构成的边缘位置上，但在社会理解和社会构成能力上却具有超出男人作用的潜力。相较此前颇为单面、缺乏余地的典型人物，写于"大跃进"高潮形势中的李双双这一"新人"形象一方面在生活的根中扎得很深，另一方面又随着人物在生活根基上的不断拓展、生长而更深地嵌入新集体生成、巩固的核心环节。通过电影、戏曲的几度改写，李双双的形象愈发成熟，向着群众带头人的方向发展。将视野延伸到李准80年代的创作，文章认为，李准写作的宗旨、抱负和理想一以贯之，其核心是寻找能将中国乡村社会重新组织起来、革故鼎新、移风易俗而又返本归原、焕发活力的力量与源泉。

《东亚反性侵电影的叙事成规、现实语境与性别文化——为什么〈嘉年华〉不是中国版〈熔炉〉?》（魏英，《妇女研究论丛》2018年第3期）

该文以《熔炉》和《嘉年华》两部电影为中心，对以二者为代表的中韩两国反性侵题材影片的叙事、美学特点、传播效果、触及的社会议题及思想内涵等进行了细致勾勒与比较分析。文章指出，以《熔炉》为代表的韩国反性侵题材影片将类型化、通俗化的叙事策略与讨论严肃的主题相结合，不仅取得商业成功，而且推动观众对公众议题的关注，激发起观众介入现实的能量。而作为中国内地首部反性侵题材影片，《嘉年华》既延续了《熔炉》等反性侵电影所确立的一些叙事成规，在叙述风格、结局等方面又与后者有较大差异。同时，《嘉年华》打破了韩国反性侵影片聚焦都市核心家庭、局限于单一议题的惯例，将反性侵议题扩展为对农村女性的人权、社会阶层的严重分化、公权力被私用等诸多中国社会现实问题的关注。文章认为，以《熔炉》为代表的影片和《嘉年华》的差异源于影片的问题意识、美学风格不同，也源于它们与现实、与文化机制的关系不尽相同。它们以各自的方式回应着本土的现实问题，并成为所在民族国家乃至跨国文化公共性的一部分。

《乡村春晚、女性主体性与社会主义乡村文化——以浙江省缙云县壶镇为例》（辛逸、赵月枝，《妇女研究论丛》2019年第2期）

该文基于对浙江省缙云县壶镇湖川村、好溪村的实地观察和对20余位妇女及文化干部的访谈，从动态的城乡文化关系角度切入，聚焦妇女在乡村春晚中的主体作用，分析农村妇女是如何以主体身份反转城市中心主义的媒介景观，使其与在地的乡村文化结合，进而在社会关系的建构和新文化的创造中争取权力的。文章指出，不同于央视春晚与乡土社会愈加明显的疏离感和形式化，乡村春晚内生于农耕文化和农村社会。通过集体文化活动，乡村春晚使因市场化和城市化冲击而变得松散的乡村社会关系得以凝结和重建，成为新时代乡村振兴的文化先声。作为以妇女为主体的集体文化活动，乡村春晚展示了在城乡二元对立和性别化劳动分工的双重结构压力下，妇女进入文化公共领域，既不直接导致家庭结构的剧变，又能获得自我赋权与能力提升，同时调整家庭关系和社区关系的可能性。国家公共文化建设体系、农村基层组织与群众的有机互动对乡村春晚有不可小觑的支持作用。通过乡村春晚的组织动员和文化创造，妇女实现了自我赋权，同时又在新媒体介入的文化环境中面临着机遇和挑战。文章认为，乡村春晚是社会主义中国妇女解放在新时代的最新成果，是彰显中国特色社会主义新文化建设成就的一道亮丽风景，作为一株幼苗，需要在国家、市场和社会的有机联动中继续成长壮大。

《视线向东：接纳东欧女性主义》（汪琦著、陈密译、闵冬潮校，《妇女研究论丛》2016年第1期）

该文介绍了东欧女性主义，并探讨在中国女性主义的理论与实践中，东欧女性主义作为一种新的理论资源所具有的启发性意义。东欧后社会主义转型中，先前宣告的性别平等话语在保守主义革命之下倒退至前社会主义时代的传统性别秩序。在随后的后社会主义时期，西方女性主义赶上资本主义援助东欧的大潮，为东欧的受助者提供物质和意识形态的帮助，但嗣后东欧女性主义质疑西方女性主义并对其提出挑战。文章从四个方面勾画出东欧女性主义的基本原则和其对西方女性主义霸权构成的挑战：其一，拒绝西方女性主义的霸权，批评假想中的东方和西方、北方与南方的二元对立，提倡以替代方式思考跨国女性主义；其二，对"社会性别"的普适性提出异议；其三，主张重估国家社会主义，在本土不平等叙事中重新扎根女性主义；其四，以批判的眼光检视非政府组织女性主义以及非政府组织化的后果。中国与东欧在历史发展路径和现阶段女性主义理论和组织上的发展存在相似之处，文章简略探讨可以借鉴东欧女性主义批判性检讨西方女性主义与中国的不对称权力关系，为中国女性主义的发展方面提供具有更大的、超出当下的启发价值。

《查特吉论印度民族主义叙事中的女性议题》（陈义华、王伟均，《妇女研究论丛》2016年第3期）

印度裔后殖民批评家帕沙·查特吉在一系列学术论著中分析了印度民族主义

者在反殖民以及后殖民国家建构中对于妇女议题的处理。在反殖民斗争中，妇女及其身体往往成为民族主义者与殖民主义者权力争夺的场域，成为双方自身合法性建构的重要资源。殖民话语以社会边缘群体包括妇女在印度传统社会中的受害者角色来建构殖民统治的合理性。这对印度民族主义者的所谓"解放"叙事提出了新的挑战。为了应对这一挑战，印度民族主义者以物质/精神、世界/家庭、男性/女性等对文化领域进行了二元划分，不完全拒绝所谓殖民现代性对于前者的染指，但完全隔绝殖民者对于后者——精神、家庭、女性的介入和影响，以保全印度民族文化的最后堡垒。这让民族主义者在应对西方强势文化的同时也为本土民族文化身份提供了空间。查特吉认为，印度民族主义者的二元论构建了"新女性"规范，确立了新的妇女规训体系，提升了妇女群体的地位。查特吉对于民族主义叙事建构中妇女议题的分析忽略了几个问题：一是虽然殖民者在其治理合法性的建构中将妇女低下的社会地位作为了一种话语资源，但是它也为印度本土社会内部的改良提供了动力；二是妇女地位的提高并不完全是民族主义者努力的结果，它同时也是民族主义者与殖民主义者博弈妥协的结果；三是查特吉忽略了妇女的能动性，妇女地位的提高也是本土女性自我赋权的结果；四是查特吉也没有注意到民族主义者的二元论最终断绝了外部社会介入印度妇女问题的可能性，强化了本土男性作为女性行为规范立法者的权威性，实际上在某种程度上巩固了印度社会的父权制霸权。

《如何认识性工作——国外女权主义和马克思主义相关论争的历史演进》（苏红军，《妇女研究论丛》2016年第5期）

21世纪以来，怎么认识世界各地越来越猖獗的性奴隶贸易是当代妇女解放理论和运动的一个重要议题。国内外主流的关于"性工作"理论研究大多集中在"性"的层面，以性工作是父权压迫、性工作是权利和自由选择以及性工作满足女性的性欲望并赋权女性三种论点为主。该文借助马克思主义政治经济学理论视角，把"性工作"的理论作为在新自由主义全球资本主义背景中妇女工作、劳动和就业理论的一部分，探讨马克思主义对于上述三种论述的质疑。对于父权压迫这一论点，马克思主义提出需要注意当代性工作内涵社会性别化、性化和种族化的权力关系。对于性工作是权利和自由选择这一论点，马克思主义质疑其中对于权利的认识，出于自愿的认识，以及抽象讨论之外对于现实生活的讨论。而对于性工作满足女性的性欲望并赋权女性这一论点，马克思主义提出需要从历史唯物主义的角度认识人的性需求与欲望的关系和其中的中产阶级立场。当代马克思主义认为全球的性贸易是当代新自由主义全球资本主义发展的一大时代特征，性工业是当代资本主义制度的重要组成部分，性工作双重异化了人的基本需求。文章认为，认识"性工作"不仅涉及妇女劳动和性的理论层面，更对建构 21 世纪马克思主义妇女解放理论具有重要性。

《纳萨尔运动中的女性：反叛的行动与压制的身体》（王晴锋，《妇女研究论丛》2017 年第 2 期）

长期以来，关于印度纳萨尔运动的研究缺乏女性视角，也未能质疑纳萨尔主义的男性中心观，这种局面在近年来有所改观。该文考察了纳萨尔运动内部的性别阶序现象，旨在以性别视角重新阐释纳萨尔运动。文章指出，纳萨尔性别政治存在大量女性盲视和性别分割现象，尽管不同阶级、种姓的女性在纳萨尔运动中以各种形式积极参与行动并产生重要作用，但女性仍被视为男性的辅助者，认为她们没有能力直接参与前线重要的革命活动。纳萨尔性别政治问题主要包括纳萨尔意识形态对性别问题的遮蔽、纳萨尔暴力与父权制的互相强化、极端左翼政治的性别规训、男权中心主义的社会传统以及女性主体能动性的缺失与自我边缘化。以性别视角研究女性参与纳萨尔运动包含两个维度：一是革命运动史中的女性；二是运动实践中的女性，其目的是重塑集体记忆和实践场域里女性的主体性、能动性，从而挑战以男性为中心的支配性话语。文章认为，纳萨尔运动是一场极具强烈自我意识的社会运动，它丰富了印度女性的组织、动员和斗争经验，但是由于纳萨尔运动内部残留着各种传统意识形态和实践，父权制又与种姓、阶级和宗教等因素相互交叉影响，因此，妇女解放仍然任重而道远。

研究机构和组织、学术活动、学者简介

研究机构和组织简介

（按行政区划顺序排序）

长春师范大学性别文化研究所

长春师范大学性别文化研究所成立于 2008 年 6 月，为正处级建制。自成立以来，性别文化研究所吸引了一批以女性研究为研究方向的教师加入，提升了长春师范大学女性研究的专业化水平。研究规模也随之不断扩大，现有专兼职研究人员 20 余人，分布在政治、历史、法学、社会学、文学、艺术学等多个学科领域，研究所负责人为门艳玲副教授。

在吉林省妇女研究会的领导下，性别文化研究所全体成员多次深入基层做调研，赴机关、部队、企事业单位举办性别研究学术讲座，借助"城市阅读"等平台做公益活动，提升了职业女性和市民的性别意识，辅助企事业单位做好女性的职业规划。性别文化研究所积极参与吉林省妇联、吉林省妇女研究会组织的各项学术活动，推荐的学术成果曾获得中国妇女研究会第三届妇女研究优秀成果论文类二等奖以及吉林省妇女研究优秀成果一、三等奖。

具有代表性的学术成果包括《当代中国婚姻伦理的演变与合理导向研究》《异化与女性发展》《启蒙视野下的现代中国女性写作》等专著，以及《女性意识与文学批评》《性别文化视阈下我国婚姻伦理的失范与重建》《育龄主体二孩生育焦虑影响因素的性别差异分析》《性别教育融入高校思想政治教育全过程的探索》等学术论文百余篇，多次获得吉林省哲学社会科学优秀成果奖。

性别文化研究所成员开设"女性修养""中外女性文学""东北女性文学创作"等本科必修、选修课程，编著出版了相应的教材；注重研究生培养，各学科研究生撰写女性研究方向的硕士学位论文 30 余篇。长春师范大学的女性研究以性别教育为优长，呈现出多学科进一步交叉融合的良好发展态势。2017 年 6 月 22~23 日，长春师范大学文学院与中国当代文学研究会女性文学委员会、

《社会科学战线》编辑部和《妇女研究论丛》编辑部共同主办了"第十三届全国女性文学学术研讨会"，女性研究队伍建设得到国内专家的高度认可。

通信地址：吉林省长春市长吉北路 677 号

邮　　编：130032

电　　话：（0431）86168066

传　　真：（0431）86168025

电子邮箱：13086888557@163.com

山东女子学院

山东女子学院成立于 1952 年 5 月，是山东省属公办普通本科高校，全国三所女子普通本科高校之一。学院现有教职工 819 人，其中具有博士、硕士学位的教师 713 人，副教授以上职称 284 人；全国优秀教师 2 人、省级教学名师 4 人、省级优秀教师 6 人、享受国务院政府特殊津贴 2 人。现有 14 个教学院部（不含继续教育学院），39 个普通本科专业和 24 个专科专业，涉及 8 个学科门类，面向全国 19 个省/自治区招生，全日制在校生 14970 人。

学院坚持科研兴校战略，"十三五"以来，承担国家自然科学基金、社会科学基金、教育科学规划、艺术基金等国家级课题 11 项，省部级课题 157 项，获省部级科研奖 7 项，出版学术著作 93 部、教材 18 部，授权国家专利 261 项。

学院坚持以马克思主义妇女观为指导，主动引领先进性别文化，妇女/性别理论与实践研究特色日益突出，先后获批全国妇联和山东省妇联妇女/性别研究与培训基地、全国妇联和山东省妇联家庭教育实验研究基地、山东女性人力资源开发与管理研究基地等。积极承担并参与妇女儿童事业发展、妇女/性别研究以及相关政策法律的研究和制定等，"学前教育立法团队"负责起草《山东省学前教育条例》被评为 2019 年山东教育十件大事之一，并承担教育部幼小衔接行动计划和《山东教育现代化 2035》学前教育部分的起草工作。《山东女子学院学报》坚持以深化妇女/性别研究、弘扬先进性别文化为宗旨，是全国三大妇女/性别理论研究刊物之一。

学院坚持"坤德含弘、至善尚美"的校训，弘扬"团结进取、求实创新"的校风、"勤学慎思、求真敏行"的学风，秉承"自强不息、百折不挠、求实创新、不断攀登"的女院精神，在促进学生全面发展的基础上，适应地方经济社会和妇女儿童发展需要，强化性别平等教育和女性综合素质教育，培养专业基础扎实、实践应用能力强，具有"四自"精神、德智体美劳全面发展的高素质应用型专门人才。

通信地址：山东省济南市长清区大学路 2399 号

邮　　编：250300

电　　话：（0531）86526071

传　　真：（0531）86526071

电子邮箱：w83175661@ 163. com

湖南省妇女儿童健康与发展研究中心

湖南省妇女儿童健康与发展研究中心成立于 2018 年 7 月，由湖南省妇女学研究会与中南大学共建，负责人为唐四元教授，现有成员 40 人。中心挂靠中南大学湘雅护理学院，组建老年女性健康与养老、女性生殖健康、妇女儿童健康与社会发展、妇女儿童心理健康、女性健康与文化、妇女儿童健康权益保障、妇女儿童安全及意外伤害预防等领域的研究团队，开展相关研究，为政府制定有关政策提供科学依据。

该中心自成立以来，始终坚持以习近平新时代中国特色社会主义思想和党的十九大精神为指导，以《"健康中国 2030"规划纲要》为总纲，以贯彻落实《湖南省妇女儿童发展规划》为指南，将不断提升湖南省妇女儿童的健康水平作为宗旨，努力促进湖南省妇女儿童健康和权益保障事业持续发展创新。2018 年全方位开展以系列科研、培训学习和社会拓展为核心的工作，取得了丰硕的成果。2020 年承担了《湖南省妇女儿童"十四五"发展规划》的编制工作，为湖南省妇女儿童健康促进和政策制定做出了一定的贡献。

该中心研究团队基于对"二孩政策"相关问题研究，推动湖南省《母婴生活护理员（月嫂）等级评定标准》的出台实施；先后开展"湖南省贫困地区农村妇女生存质量现状及影响因素调查""长沙市育龄妇女流动人口生殖健康现状及其影响因素调查"；承担国家社会科学基金项目"我国'同妻'的艾滋病易感性及生活质量研究"以及中国博士后特别资助项目"中国男男性行为者配偶的权益保障研究"；开展了一系列针对女性乳腺癌、宫颈癌等的筛查、预防以及HPV疫苗的接种意愿和影响因素调查研究、针对受艾滋病影响的女性群体以及女性高危群体的调查研究；先后两次召开"我国'同妻'生活质量及权益保障研讨会"。

该中心开设"女性健康与发展"选修课程。开设护理专业助产方向，培养从事临床助产、母婴保健工作以及计划生育宣教工作的高级应用型专门人才。连续四年承办"商务部发展中国家孕产妇保健及护理技术援外培训项目"，共培训了来自30多个发展中国家的100多名学员，推动中国与其他发展中国家的交流与合作，为共建"一带一路"国家生殖健康领域培训国际人才。

通信地址：湖南省长沙市岳麓区桐梓坡路172号中南大学湘雅护理学院

邮　　编：410013

电　　话：（0731）82650264

传　　真：（0731）82650262

电子邮箱：459508605@qq.com

云南省社会科学院社会性别与参与式研究中心

云南省社会科学院社会性别与参与式研究中心成立于2004年5月，在行政上隶属于云南省社会科学院，运作上实施自主创新的参与型管理。中心负责人为欧晓鸥副研究员，现有核心成员9人，其中研究员、副研究员7人，研究方向涉及妇女学、农村发展学、民族学、历史学等，均有从事发展研究和项目干预经验。另有来自云南省工会共青团妇联干部学校、云南大学、云南民族大学和云南"GAD小组"等机构或民间组织的参与者和志愿者30余人。

该中心坚持参与合作理念并应用社会性别理论和方法，提供培训咨询、项目支持，举办学术会议及工作坊，承担行动性研究课题，在各领域及各层面推动性别平等主流化建设。

在培训咨询方面，该中心 2004 年为云南省生物多样性中心工作人员及合作伙伴开展性别平等意识提升培训。与云南省工会共青团妇联干部学校、云南省林业校社区发展中心、云南民族大学学生会、四川省青少年性教育协会及海外的社区合作伙伴、挪威博尔公司和温洛克国际农业中国办公室等开展合作百余次，将性别敏感纳入教育、健康、林业和社区发展等领域。

在项目支持方面，该中心 2006～2008 年为"中英大龄女童能力增强"项目完成了执行单位（云南省妇联）的实施设计、培训和会议协作等技术支持，开发出"如何与女童一起工作"倡导模式。先后为中国农业部与加拿大发展署合作的"中加农业发展项目——促进社会性别平等"子项目、英国救助儿童会昆明办公室的"多部门合作社区预防妇女儿童被拐卖"项目提供性别分析与评估技术并获好评。

在学术交流方面，该中心 2008 年与北欧亚洲研究所和复旦大学北欧中心合作，在昆明举办"全球化与本土化背景下的性别平等促进：中国和北欧国家的视角"第三届中国与北欧妇女社会性别学术研讨会，来自丹麦、瑞典、挪威、美国、英国及国内的妇女学界学者百余人与会，出版论文集《全球化与本土化背景下的性别平等促进》；2007 年举办"省际跨领域社会性别与发展案例交流与培训研讨会"，与会者来自全国 17 个省区市。会议期间来自菲律宾乡村培训学校（IIE）的专家进行培训，涉及教学、倡导和行动干预中的性别平等与发展案例研究。会后，云南省社会科学院社会性别与参与式研究中心协助 9 个与会机构完成案例写作并出版专辑《独木成林：案例研究与社会性别主流化》；与我国台湾妇女学界学者在昆明举办学术沙龙；与我国香港岭南大学合作在昆明举办"全球千名妇女争评 2005 年诺贝尔和平奖——妇女生活与文化交流会"等。

通信地址：云南省昆明市五华区五一路空间俊园 B1808

邮　　编：650000

电　　话：（0871）64154720

传　　真：（0871）64142394

电子邮箱：ou-xiaoou@ hotmail. com

附：前五卷年鉴已介绍过的研究机构、学术团体名录

1. 《中国妇女研究年鉴（1991~1995）》中介绍的研究机构、研究组织、学术团体（共64个）

研究机构

中华全国妇女联合会妇女研究所

中国管理科学研究院妇女研究所（现为北京红枫妇女心理咨询服务中心）

中国农业大学农村妇女研究所（该机构已撤销，具体时间不详）

中国农业大学国际农村发展中心妇女与农业发展小组（现名为中国农业大学人文与发展学院妇女与农村发展研究中心，没有确切更名时间）

大连市妇女研究所

黑龙江省妇女（婚姻家庭）研究所

江苏省妇女研究所

中国妇女管理干部学院山东分院妇女问题研究所（1995年更名为中华女子学院山东分院妇女问题研究所，2010年更名为山东女子学院妇女问题研究所）

山东省妇联妇女研究中心（该机构已撤销，具体时间不详）

河南省中原文化经济研究开发中心妇女研究所

四川省妇联妇女研究所

研究组织

北京大学中外妇女问题研究中心

中国人民大学女性研究中心

首都师范大学妇女工作理论研究会

中共中央党校妇女研究中心

中国社会科学院妇女研究中心

复旦大学妇女研究中心

上海社会科学院妇女研究中心

南开大学妇女与发展研究中心

天津师范大学妇女研究中心（2006年更名为天津师范大学性别与社会发展研究中心）

河北大学妇女研究中心

河北省社会科学院妇女与社会发展研究中心

东北师范大学妇女研究中心（2006年更名为东北师范大学女性研究中心）

延边大学妇女问题研究中心（2000年更名为延边大学女性研究中心）

南京师范大学金陵妇女发展研究中心

浙江大学妇女研究中心

杭州大学妇女学研究中心（1998年杭州大学随4校合并扩充为浙江大学，该中心同时随之加入浙江大学妇女研究中心）

武汉大学妇女研究中心（2006年更名为武汉大学妇女与性别研究中心）

华中理工大学中国女子教育研究中心（2005年更名为华中科技大学女子教育研究中心）

郑州大学妇女学研究中心（2003年更名为郑州大学社会性别研究中心）

海南大学妇女研究中心

四川联合大学妇女研究中心（1998年更名为四川大学妇女研究中心）

西安交通大学女性人口研究中心（2008年更名为西安交通大学性别与发展研究中心）

陕西师范大学女性研究中心

新疆大学妇女研究中心

学术团体

中国婚姻家庭研究会

北京市妇女理论研究会

北京市婚姻家庭研究会

上海市妇女学学会

上海市婚姻家庭研究会

全国女性人才研究会（1993 年更名为中国人力资源开发研究会女性人才研究会）

山西省妇女理论研究会

山西省女性人才研究中心

辽宁省妇女运动理论研究会（2009 年更名为辽宁省妇女研究会）

吉林省妇女学学会

吉林省婚姻家庭研究会

江苏省妇女学研究会

安徽省妇女学学会（2009 年更名为安徽省妇女研究会）

安徽省婚姻家庭研究会

浙江省妇女问题研究会（2004 年更名为浙江省妇女研究会）

福建省妇女问题研究会（1997 年更名为福建省妇女理论研究会）

湖南省妇女学研究会

湖南省婚姻家庭研究会

湖北省妇女理论研究会

广东妇女学研究会（2006 年更名为广东妇女研究会）

海南省妇女问题研究会（1999 年更名为海南省妇女儿童问题研究会）

广西妇女理论研究会

四川省婚姻家庭及妇女理论研究会

云南省妇女问题理论研究会（2003 年更名为云南省妇女理论研究会）

云南生育健康研究会（2007 年更名为云南省健康与发展研究会）

陕西省妇女理论、婚姻家庭研究会（准确名称为陕西省妇女理论婚姻家庭研究会）

甘肃省妇女问题研究会

青海省妇女问题研究会

新疆维吾尔自治区妇女理论研究会

2.《中国妇女研究年鉴（1996~2000）》中介绍的学术组织（共 28 个）

四川大学妇女研究中心（2007 年该机构已撤销）

浙江省社会科学院妇女与家庭研究中心

江西省妇女研究所

厦门大学工会妇女理论研究会

江苏省社科院妇女研究中心

北京市法学会妇女法学研究分会（准确名称为北京市法学会妇女法学研究会）

广西医科大学妇女研究中心

山东社会科学院妇女研究中心（准确名称为山东省社科院女性研究中心）

山东省女性人才研究中心

北京市社会科学院妇女问题研究中心（该机构已撤销，具体时间不详）

中国陶行知研究会女学生教育专业委员会

华东师范大学妇女研究中心

上海交通大学妇女研究中心

云南省民族学院少数民族女性与社会性别研究中心（2003 年更名为云南民族大学少数民族女性与社会性别研究中心）

江西省妇女学学会（2002 年更名为江西省妇女研究会）

河南省妇女问题理论研究会

宁夏妇女问题研究会（2009 年更名为宁夏妇女研究会）

江苏省妇女学研究会

河北省妇女发展研究会

江苏省妇女研究所

重庆市妇女理论研究会

中央民族大学中国少数民族妇女研究中心

云南省社会科学院妇女与发展研究中心

华中师范大学妇女理论研究中心

山东大学妇女研究中心

江西省社会科学院妇女研究中心

湖北大学妇女文化研究中心（2008 年更名为湖北大学女性文化研究中心）

吉林大学妇女研究会

3.《中国妇女研究年鉴（2001~2005）》中介绍的学术组织（共 19 个）

华南师范大学妇女研究中心

中山大学妇女与性别研究中心（该机构已撤销，具体时间不详）

湖南省妇女研究中心

上海国际问题研究所国际妇女比较研究中心（2008 年更名为上海国际问题研究院国际妇女比较研究中心）

福建师范大学女性学研究所

中华女子学院

云南大学女性与社会性别研究中心

厦门大学福建女性发展研究中心

内蒙古师范大学女性研究中心（准确名称为内蒙古师范大学女性问题研究中心）

中国社会科学院法学研究所性别与法律研究中心

湖南商学院女性研究中心

北京师范大学性别与发展研究中心

上海大学妇女研究中心

广西大学妇女与发展研究中心

上海政法学院女性研究中心（准确名称为上海政法学院女性问题研究中心）

郑州大学社会性别研究中心

云南省曲靖市妇女研究会

中国传媒大学媒介与女性研究中心

内蒙古妇女儿童研究会

4.《中国妇女研究年鉴（2006~2010）》中介绍的学术组织（共 21 个）

中国人才研究会妇女人才专业委员会

全国妇联老龄妇女研究会

北京外国语大学社会性别与全球问题研究中心

天津市妇女发展研究中心

天津大学中国社会性别与公共管理研究中心

山西师范大学妇女与性别研究中心

太原师范学院女性人才研究中心

内蒙古大学妇女问题研究中心

大连市妇女研究会

沈阳师范大学妇女与性别研究中心

中国人力资源开发研究会女性人才研究会

同济大学妇女研究中心

武汉妇女研究会

华中科技大学社会性别研究中心

湖南女子学院妇女/性别研究与女性教育中心

珠海市妇女联谊总会妇女发展研究分会

深圳市妇女发展研究会

广西师范学院女性文化研究中心

四川师范大学女性研究中心

西安交通大学性别与发展研究中心

陕西省委党校妇女研究中心

5.《中国妇女研究年鉴（2011～2015）》中介绍的学术组织（共12个）

清华大学性别与伦理研究中心

首都师范大学中国女性文化研究中心

天津体育学院体育与女性研究中心

太原理工大学女性研究中心

河海大学性别与发展研究中心

福建农林大学性别与发展研究中心

华东交通大学女性研究中心

河南理工大学性别与发展研究中心

中山大学性别教育与研究中心

汕头大学妇女研究中心

西南交通大学国际老龄科学研究院（四川省性别平等与妇女事业发展研究培训基地）

西北师范大学西北少数民族妇女研究中心

学术活动简介

2016 年

1月7~8日 由汕头大学文学院妇女研究中心主办、广州市海珠区启创社会工作发展协会承办的"妇女能力建设与社区发展"研讨会在广州召开。150多名关注妇女发展、从事妇女相关服务的专家学者、社会组织相关人士，围绕"妇女社区影响力""妇女参与社区发展""妇女服务与增能"3个主题，深入探讨妇女在社区发展中的作用与影响。

1月10日 《中华女子学院学报》编辑部主持召开"社会性别与传统文化研究"学术研讨会。来自中国社会科学院、中国人民大学、中央党校、北京师范大学、首都师范大学、中华女子学院、中国艺术研究院、天津师范大学等院校和机构，以及中华女子学院性别与发展学院和学报编辑部的有关专家学者20余人，围绕"如何理解传统文化、国学、儒学、儒家与新儒家等概念""如何用社会性别理论研究传统文化""儒家文化中的性别话语""目前儒学复兴与内地新儒家崛起对性别观念产生的影响""女性与性别研究者如何介入传统文化的研究和对话"等主题进行了讨论交流。

4月25日 由北京大学中外妇女问题研究中心举办的"女性/性别研究学科发展座谈会"在北京大学召开。来自社会学系、历史系、心理学系、教育学院、法学院、经济学院、马克思主义学院等的26位专家学者参加座谈会。与会专家就女性学学科建设、中心组织建设和近期工作展开深入讨论。

5月7日 江苏省妇联与河海大学联合举办"性别平等推进理论与实践探索"研讨会。来自全国各地的性别平等领域专家学者，江苏省妇女儿童权益维护中心专家，江苏省政策法规性别平等咨询评估委员会专业委员，江苏省各市妇联分管主席、权益部长等100余人参加会议。与会代表着重围绕"二孩政策与配套措施研究""农村土地承包经营权中的妇女权益保护""社会性别视角下的妇女维权"等议题展开研讨，共同交流在全面推进依法治国的新形势下，如何进一步保障妇女基本权益、推进性别平等。

5月21日　中国妇女研究会召开秘书长扩大会议，认真学习贯彻习近平总书记在哲学社会科学工作座谈会上的重要讲话精神。全国妇联书记处书记、中国妇女研究会副会长兼秘书长谭琳主持会议。会议传达了全国妇联主席、中国妇女研究会会长沈跃跃的重要批示，研究部署了妇女/性别研究与培训基地评估工作。

5月27日　2016年中国婚姻家庭研究会年会暨"婚姻家庭制度的完善与社会治理"研讨会在北京召开。中国婚姻家庭研究会常务理事、理事和相关专家学者近百人参加会议。与会人员围绕"民法典体系下婚姻家庭法的框架与体例""《反家庭暴力法》的意义与亮点""离婚妇女婚姻家庭权益法律保障司法实证研究""国家与家庭在儿童养育方面的责任分担""大城市生育二孩妇女的孕产卫生保健需求研究""社会工作在家庭服务中的运用"等议题开展深入研讨。

6月8~9日　由北京大学中外妇女研究中心和北京大学国际合作部大学联盟工作组联合主办的国际研究型大学联盟（IARU）"推动大学校园性别平等"年会召开。来自剑桥大学、牛津大学、耶鲁大学、澳大利亚国立大学、瑞士帝国理工大学、丹麦哥本哈根大学、新加坡国立大学的学者参加会议。与会者围绕"推动校园性别平等""大学中的男性和女性"等内容进行主旨发言，共同商讨促进校园平等的行动与策略。

7月10~12日　全国妇联妇女研究所举办的"党领导下的妇女工作研究及妇女口述史方法培训会"在北京召开。全国妇联书记处书记、妇女研究所所长谭琳出席开幕式并致辞。来自全国妇联妇女研究所、全国妇联离退休干部局、中华女子学院及相关院校、科研机构和地方妇联的相关人员50余人参加会议。培训目的是深入学习领会习近平总书记在庆祝中国共产党成立95周年大会上的重要讲话，以及习近平总书记在哲学社会科学工作座谈会上的重要讲话，研究和深刻领会党领导下的妇女组织和妇女工作的初心所在、道路历程和前进方向。相关领域专家围绕党领导下的妇女组织、妇女工作、妇女口述历史的相关理论与方法进行专题讲座。

7月12~13日　由天津师范大学、韩国圣公会大学联合举办的"社会性别视野中的中韩两国家庭、生育和工作转型研究学术研讨会"在天津召开。来自中韩两国的近30名学者与会，围绕"女性运动的成果和社会实践的变化：以后工业时代韩国工作 - 家庭的矛盾为中心""当代中国农村：生育意味着什么？——

以生育主体的女性为中心""试论摆脱护理工作的女性化问题""1950年代妇婴卫生事业的理想与现实——以推广无痛分娩法为中心""电视剧再现的家庭：周末电视剧与偶像电视剧的比较""新经济意识形态与当代中国家族伦理关系的变革""独生子女政策的阴影——黑户解读""两孩政策、非婚生育和生育观的变革""女权主义视角下新空巢家庭中的女性角色转变与调适""对朝鲜族女性养育劳动的经验研究——以青岛市朝鲜族女性为例"10个专题展开讨论。

7月16~18日　第26届中国社会学年会召开。会上，中国社会学会性别社会学专业委员会、中华女子学院社会工作学院联合举办"新发展理念下的社会性别平等观念与实践"分论坛。来自北京大学、复旦大学、南京大学、上海大学、中南大学、中华女子学院、中国社会科学院、全国妇联妇女研究所等高校和科研院所的23位专家学者围绕"性别平等与社会政策""性别平等与婚姻家庭""性别平等与劳动就业""性别平等与社会问题"等议题展开研讨。

7月23日　由中国女经济学者联谊网主办、内蒙古大学经济管理学院承办的"社会公平与包容性增长暨第十三届中国女经济学者学术研讨会"召开。来自斯坦福大学、卡尔顿大学、北京大学、中国人民大学、复旦大学、浙江大学、中国社会科学院等国内外多所高校和研究院所的30余名学者参加会议。会议从多维度理解中国劳动力市场、家庭内部以及公共资源分配中的性别不平等，探寻促进女性平等参与经济发展的有效政策和经验。

8月2~4日　全国妇联妇女研究所《妇女研究论丛》编辑部联合南开大学研究生院、南开大学历史学院、南开大学妇女与发展研究中心共同主办的"性别视域中的中国历史：新理论、新史料、新解读硕博士暨青年学者学术论坛"在南开大学召开。来自北京大学、中国人民大学、中央民族大学、南京大学、中山大学、南开大学、陕西师范大学、台湾辅仁大学、全国妇联妇女研究所以及美国得克萨斯大学等海内外高校及研究机构的60余名青年学者围绕"女权主义与妇女运动""性别与政治、军事""儿童与身体研究""两性交往与婚姻家庭""传统女性群体与性别文化""性别与教育""媒体与性别研究""性别与日常生活"8个议题展开研讨。

9月24日　由北京第二外国语学院主办的中国国际关系女学人联谊会筹备会暨"全球治理与中国外交"学术研讨会在北京举行。来自全国妇联、中国社会科学院、上海社会科学院等部门和科研机构，来自北京大学、清华大学、中国人民大学、北京师范大学、中国政法大学等30多所高等院校，以及来自中央编译局、社会科学文献出版社等的近百位女性学者参加会议，共同研讨"全球治理与中国外交"和筹备中国国际关系女学人联谊会成立等事宜。与会女性学者分别围绕"全球治理的理论与实践"、"中国特色外交与创新"、"女性主义国际关系"和"国际关系学科建设"等议题进行热烈的研讨。经全体代表讨论决定，自该次会议起"中国国际关系女学人联谊会"正式更名为"中国国际关系女学人论坛"。

10月15日 由南开大学妇女与发展研究中心举办的纪念全国高校首批妇女/性别研究与培训基地成立十周年会议在南开大学召开。会议总结回顾了首批妇女/性别研究与培训基地成立十周年以来取得的成果，来自全国11所高校的40余名代表围绕高校基地的学科队伍、人才培养、学术研究、社会服务等方面的经验进行交流。

10月19~22日 由中国宋庆龄基金会与中国－东盟中心、中华女子学院共同主办的"澜沧江－湄公河流域妇女论坛"在北京召开。来自中国、越南、老挝、柬埔寨、缅甸、泰国的近200名妇女界领导人、杰出人士和专家学者出席会议。与会专家学者围绕"妇女与社会治理""妇女经济赋权""非物质文化遗产保护与妇女发展"等议题进行了研讨。

10月29日 由福建省社科联主办，福建省妇女理论研究会、福建省和谐社会研究会、福建省总工会职业女性研究中心、中国人口学会人口与社会性别专业委员会联合承办的福建省社科界2016年学术年会"全面两孩政策与妇女发展"分论坛暨福建省妇女理论研究会2016年年会在福州召开。来自福建省内各高校妇女/性别研究的专家学者、论文获奖作者、各设区市妇联领导以及各高校师生近百人参加会议。会议以"全面两孩政策与妇女发展"和"五大理念与妇女发展"为主题。与会专家分别从生育政策的调整、生育保障的完善及生育成本的给付角度，就全面二孩政策对妇女发展的影响进行深入分析和探讨。

11月12日 《中国妇女研究年鉴（2011~2015）》作者交流会在北京召开。全国妇联书记处书记、妇女研究所所长、中国妇女研究会副会长兼秘书长谭琳出席会议并讲话。来自北京大学、南开大学、中华女子学院、中国社会科学院、全国妇联妇女研究所等高校和研究机构的50多位与会专家学者进行了广泛深入的交流和讨论。

11 月 19 日　第三届全国女大学生就业创业研讨会在湖南女子学院召开。会议以"'互联网+'背景下女大学生就业创业的机遇和挑战"为主题，探讨互联网经济背景下女大学生就业创业的空间和机遇、思路和前景，以进一步提高女大学生就业创业质量和水平。研讨会共收到参会论文 161 篇。来自人力资源和社会保障部、湖南省就业指导中心、企业、高校、行业协会的 12 位专家学者围绕"创新创业机遇与挑战""创新创业能力提升""创新创业平台建设"3 个主题进行了研讨。

11 月 22 日　由湖北省妇联、湖北省妇女理论研究会、湖北高校性别平等论坛理事会主办，华中农业大学承办的第三届湖北高校性别平等论坛暨"妇联改革创新与社会组织发展"研讨会在华中农业大学举行。来自高校、科研院所、公益组织、基层政府、社工机构、新闻媒体、妇联及社会有关方面热心妇女研究的理论工作者和实务工作者共 180 余人参加论坛。与会人员围绕"妇联改革创新与社会组织发展"主题，在"群团改革背景下的社会组织发展""妇联改革与政府购买社会服务""公益性女性社会组织政策环境及行动策略""农村社会组织培育的探索与实践""提升社会组织能力建设的对策措施""公益组织如何筹款""港台社会组织发展的经验与启示""政府如何促进社会组织发展"8 个方面展开了研讨。

11 月 28~29 日　中国妇女研究会年会暨"创新、协调、绿色、开放、共享理念下的妇女发展与性别平等"研讨会在北京召开。全国人大常委会副委员长、全国妇联主席、中国妇女研究会会长沈跃跃出席会议并讲话。全国妇联书记处书记、中国妇女研究会副会长兼秘书长谭琳主持开幕式。会议设置"妇女与经济""妇女、社会保障和民生""妇女、文化与家庭""妇女与政治""妇女与法治""妇女组织与妇女工作""基地建设案例交流"7 个专题及青年学者论坛。来自各省区市的妇女研究会领导、妇女/性别研究与培训基地的领导和代表、专家学者以及妇女工作者等 300 余人参加会议。与会专家学者从不同角度深入研讨经济社会发展新趋势、新变化给妇女发展带来的新挑战、新问题，并提出切实可行的政策建议。

11 月 30 日至 12 月 1 日　由全国妇联妇女研究所、北京大学中外妇女问题研究中心、中国社会科学院人口与劳动经济研究所联合举办的以"新发展理念下的中国妇女社会地位"为主题的 2016 年中国妇女社会地位调查专题研讨会在北京召开。全国妇联书记处书记、妇女研究所所长谭琳，北京大学党委副书记、中外妇女问题研究中心主任叶静漪，中国社会科学院人口与劳动经济研究所所长张车伟出席会议并致辞。来自全国各高校和科研院所的专家学者 130 余人参加会议。会议重点围绕"妇女经济参与""妇女与婚姻家庭""妇女与生育""妇女与教育"等领域的热点议题展开研讨，并分享国内相关数据资源。

12 月 2~3 日 由北京大学社会学系、北京大学中外妇女问题研究中心主办，香港中文大学性别研究中心、台湾大学妇女研究室协办的"家庭变迁与性别平等"学术研讨会在北京大学召开。会议设置"家庭价值面临挑战下的家庭关系与性别平等（理论与方法）""家庭财产关系变迁与性别平等""家庭政策和法律变化对家庭关系和性别关系的影响"等多个主题。70 余位学者围绕上述议题展开了讨论。

12 月 3~4 日 由厦门大学妇女/性别研究与培训基地、厦门大学妇女委员会联合举办的"性别平等与家庭建设"研讨会在厦门大学召开。来自中国人民大学、复旦大学、南开大学、中山大学、华中师范大学、厦门大学等单位的专家学者、妇女工作者和企业家 50 余人参加会议。与会人员围绕"妇女权益与地位""家庭建设与社会组织管理""妇女在家庭伦理道德构建中的角色"等多个议题展开了讨论。

12 月 4~5 日 上海师范大学人文与传播学院、上海师范大学世界史学科以及上海师范大学女性研究中心共同主办《妇女与性别史研究》新刊发布会暨"全球视野下的妇女与性别史研究"国际学术研讨会。来自英国、德国、日本和国内的专家学者以及新闻媒体、学术刊物和出版社代表共 80 余人参加会议。与会人员围绕全球视野下妇女与性别史研究的理论、实践与方法进行了广泛深入的研讨。

12 月 7~28 日 全国妇联、中国妇女研究会与南京师范大学合作共建的妇女/性别研究培训基地，江苏省妇联妇女研究所共同举办"妇女/性别研究"学术月活动。来自加拿大多伦多大学、南京大学、河海大学、南京师范大学以及江苏省妇联妇女研究所的专家学者，围绕性别研究、我国女性科研人才状况与高校女教师职业发展、当代流行文化中的性别观念之变迁、抗日烽火中的金女大人、新江苏背景下的家庭现状与建设路径、土地确权登记中的女性权利、女性与科学、生态女性主义批评实践中的问题等展开研讨。

12 月 8~10 日 由韩国启明大学女性研究所、北京大学中外妇女问题研究中心、香港中文大学性别研究中心/性别课程中心共同主办的"全球化时代下的女性主义政治的未来"国际学术会议在韩国启明大学召开。会议设置"东亚语境下的女性主义与性别""性别·福利·政治""性别与迁移"3个分论坛。来自启明大学、北京大学和香港中文大学等学者就全球化时代下女性主义政治呈现的新形势与新挑战展开了研讨。

12 月 17 日　由山东省社科联主办，山东女子学院承办，全国妇联、中国妇女研究会与山东女子学院合作共建的妇女/性别研究与培训基地，中国人口学会人口女性学分会和北京中经蓝山文化交流有限公司协办的"2016 山东社科论坛——全面二孩生育新政暨女性生存与发展研讨会"在山东女子学院召开。会议主题是探讨全面生育二孩新政背景下女性生存与发展面临的压力与挑战，为完善全面二孩政策的配套措施、促进两性和谐发展建言献策。来自全国妇联妇女研究所、北京大学、南京大学、中国人民大学、河北大学、南京师范大学金陵女子学院、中华女子学院、山东省社会科学院、济南大学、山东交通学院等高校及科研院所的专家学者及山东女子学院师生代表 220 余人参加研讨会。

2017 年

3 月 30 日　由上海市妇女学学会、上海师范大学女子文化学院和上海师范大学都市文化研究中心联合主办的"传承东方文化，成就智慧女性"——第十三届东方女儿节暨智慧城市与女性发展高端论坛在上海师范大学举行。来自上海市妇联、上海市妇女学学会、上海师范大学、国家信息中心大数据管理应用中心、香港大学现代语言文化系、上海社会科学院等单位的领导及专家学者 80 余人参加论坛，共同分享互联网智能时代下女性如何发挥优势，适应灵活多变的社会环境，成为智慧城市的规划者和建设者。

5 月 12~14 日　由中国社会学会家庭社会学专业委员会和中国社会科学院社会学研究所联合主办、宁波大学法学院承办的"传统与变革：跨学科视野下的家庭和家庭研究"学术研讨会在宁波举行。来自全国各地高校和科研机构的 70 余名专家学者，围绕"家庭与社会秩序""家庭结构、功能与模式的变迁""代际关系及其变迁""家庭风险与老人健康""生育与母职""儿童照料与家庭政策""多样化的婚姻与家庭关系""性别与家庭""家庭、性别认同与价值观"

"制度与法律视野中的家庭""家庭研究的历史与理论视角""流动人口与农村家庭"等议题进行了交流探讨。

6月3~6日 中国妇女研究会在北京举办"马克思主义妇女理论在中国的实践和发展"研训班，全国妇联副主席、书记处书记，中国妇女研究会副会长谭琳在开班仪式上讲话，并就马克思主义妇女观中国化、时代化、大众化问题与学员交流。来自25个省区市的中国妇女研究会团体会员和妇女/性别研究与培训基地代表、部分高校马克思主义学院专家学者、全国妇联机关有关部门和单位代表等共130余人参加研训班。来自北京大学、全国妇联妇女研究所和中华女子学院等高校和研究机构的相关领域资深专家，围绕马克思主义妇女理论的基本观点、毛泽东妇女解放思想、马克思主义妇女理论在当代的实践与男女平等基本国策的贯彻落实、中国妇女发展理论与实践、中国经济社会发展新常态与马克思主义哲学等进行专题讲座，分享交流了相关研究成果和经验。

6月9~10日 由全国妇联妇女研究所《妇女研究论丛》编辑部、中国社会学学会性别社会学专业委员会、云南民族大学联合主办，云南民族大学妇女/性别研究与培训基地承办的"全国妇女/性别学科建设学术研讨会"在云南民族大学召开。研讨会以"性别平等：高校的行动与推进"为主题，来自全国多所高校的100多位专家学者和学生参会。与会专家学者围绕"本土性别社会学研究的理论提炼与总结""本土性别社会学研究的方法论探讨""本土性别社会学教学工作实践与理论反思"3个专题进行了深入细致的交流研讨。

6月19日 由厦门大学主办的"全国女大学生就业创业与职业发展"研讨会在厦门大学举行。来自清华大学、华中科技大学、西安交通大学、山东大学、东南大学等30余所高校的专家学者、校友代表、企业家代表和知名新闻媒体代表、一线学生充当的工作人员等100余人参加会议，围绕"女大学生就业现状、问题与对策研究"和"女大学生就业创业教育与职业发展研究"两大议题进行了分组发言与讨论。

6月19~22日 由南开大学妇女与发展研究中心联合南开大学研究生院、南开大学历史学院、全国妇联妇女研究所《妇女研究论丛》编辑部共同主办的第二届"当代中国史学建构中的性别议题：新理论、新视域、新解析"学术论坛在南开大学举行。来自海内外60余所高校和研究机构的100余位学者、青年学生参加论坛。论坛围绕"传统女性群体及其性别文化"、"传统信仰与形象中的性别"、"传媒与性别"、"群体与性别"、"文本、生活与性别研究"、"性别话语研究"、"革命、战争与性别研究"、"性别文化研究"和"性别研究新理论"9个议题展开了研讨。

6月21~23日　由中国当代文学研究会女性文学委员会和长春师范大学主办，《社会科学战线》杂志社、全国妇联妇女研究所《妇女研究论丛》编辑部联合承办的"第十三届中国女性文学学术研讨会"在长春召开。来自国内外高校、研究机构、知名学术期刊的120余名学者参加了会议。与会专家就女性文学理论与批评研究、女性文学叙事与社会伦理、中国现当代文学文本的性别内涵、跨媒体语境中的女性写作、地域民族文化与性别研究等主题进行了精彩的发言与讨论，对在中国大国崛起背景下的海外华文女性文学分析、性别研究的现实指向等问题进行了卓有成效的探索，显示了女性文学界对于国家话语、社会热点的关注，以及参与当代文学进程的性别关怀立场。

6月28~29日　全国妇联妇女研究所《妇女研究论丛》编辑部联合中国人民大学中共党史系在北京召开"妇女与中国革命：延续与变迁"学术研讨会。应星、钟雪萍、王玲珍、董一格围绕"新革命史视域中的'妇女与革命'"做了主旨发言，来自海内外的专家学者围绕"妇女劳动与男女平等""婚姻、家庭与生育""革命中的妇运领袖""妇女组织与组织妇女：历史回顾""妇女组织与组织妇女：当代回响""革命文学、文化再现、女性话语"等专题以及"研究者的自我反思：研究视角、问题意识、田野经验""妇女与中国革命：延续与变迁"两个圆桌议题进行了深入热烈的研讨，从不同角度推进了关于"妇女与中国革命"的思考。

9月16~17日　由全国妇联妇女研究所《妇女研究论丛》编辑部、中国社会科学院社会学所家庭与性别研究室联合主办的"全面二孩背景下的育儿问题"学术研讨会在北京召开。来自国内各高校和研究机构的80余位学者、青年学生汇聚一堂，围绕"中国托幼政策/理念的变迁及性别反思""不同阶层/城乡的育儿观念和儿童抚养模式""育儿中的工作－家庭平衡、角色分工与权力关系""消费主义浪潮下的育儿文化和母职、父职建构""家庭育儿的政策和公共服务支持"等议题展开了深入、热烈的研讨。为促进全面二孩政策的贯彻落实、帮助男女两性更好地平衡工作与家庭、推动性别平等与妇女发展、创造对妇女发展友好的社会环境起到了积极的推动作用。

9月25日　中国妇女研究会办公室贯彻落实习近平总书记"7·26"重要讲

话精神专题座谈会在北京召开。全国妇联副主席、书记处书记、中国妇女研究会副会长兼秘书长谭琳出席会议并讲话，中国妇女研究会副会长张李玺主持会议。谭琳对贯彻落实习近平总书记"7·26"重要讲话精神，深化中国特色社会主义妇女理论研究提出了要求。

9月27日 中国社会科学院法学所国际法所妇工委、法学所性别与法律研究中心共同主办"儿童权利与性别平等"学术研讨会。来自全国妇联、北京大学、中国政法大学的专家学者及博士生近30人参加会议。与会专家学者围绕"儿童权利""性别平等"两个主题进行了发言讨论。

10月10~11日 由中华女子学院、中国社会工作教育协会妇女社会工作专业委员会联合主办的"创新·共享——妇女发展与社会工作学术研讨会"在北京举行。来自各高等院校、各级妇联组织、妇女干部学校、妇女社会组织的近百名领导、教师、妇联干部和妇女社会组织代表参加会议。与会人员围绕"社会工作中的性别议题""本土妇女社会工作实践及专业人才培养""妇联工作与群团改革"等议题展开了探讨。

10月14日 由山东省社科联主办，山东女子学院承办，全国妇联、中国妇女研究会与山东女子学院共建的妇女/性别研究与培训基地，中国人口学会人口与性别专业委员会，山东"十三五"女性人力资源开发与管理研究基地和北京中经蓝山文化交流有限公司协办的"2017山东社科论坛——农村妇女精准扶贫暨女性生存与发展学术研讨会"在山东女子学院召开。会议主题是"深入探讨农村妇女精准扶贫的政策与机制"。来自北京大学、南开大学、中国社会科学院、中国人民大学、全国妇联妇女研究所、南京大学、厦门大学、济南大学等高校及科研院所的专家学者及山东女子学院的师生代表240余人参加会议。与会专家立足国际、国内双重视野，分别从人口学、社会学、管理学以及社会性别等视角对妇女反贫困的法规政策、行动过程、制度变迁、贫困治理以及农村妇女反贫困的机制和过程进行深入探讨，并对新时期如何实现农村贫困妇女的精准扶贫提出具体的理论框架与政策建议。

10月15~17日 由中国人力资源开发研究会女性人才研究会主办，山西省妇女联合会、山西省人才研究会承办，山西省女性人才研究中心、山西大学协办的2017全国（山西）女性人才发展论坛在山西太原召开。会议主题为"开放创新、共享发展"。来自16个省区市的150余名代表围绕女性人才与经济参与、女性人才与政治参与、女性人才与文化建设、女性人才与社会公共政策和社会服务等议题展开了交流。

11月2日　由江苏省妇女学研究会与南京师范大学金陵女子学院，全国妇联、中国妇女研究会与南京师范大学共建的妇女/性别研究与培训基地共同举办的首届江苏省"妇女/性别研究学术月"活动启动仪式在江苏省妇联干部学院举行。江苏省、市、区妇联工作者代表，江苏省妇女学研究会省直部分会员代表，南京师范大学金陵女子学院学生，江苏省妇联干部学院学生等200余人参加启动仪式。学术月活动设置"当代中国伦理道德发展的文化走向及其问题轨迹""旅行书写与女性的精神成长：以英语小说为中心""共产革命与女性家庭伦理的重构""地理环境对中国老年人口性别比的影响""女性写作与民族性叙事——以苏格兰小说为例"等主题讲座。多位专家学者从理论、历史、文化、政策、妇女工作等多个角度进行了研讨交流。

11月10日　全国人大常委会副委员长、全国妇联主席、中国妇女研究会会长沈跃跃主持召开中国妇女研究会座谈会，围绕认真学习宣传贯彻党的十九大精神，坚持用习近平新时代中国特色社会主义思想武装头脑、指导实践，推动妇女理论研究工作创新发展进行座谈。会上，全国妇联副主席、中国妇女研究会副会长谭琳结合党的十八大以来中国妇女研究会工作，总结了成就与经验，提出在新时代以党的十九大精神为引领进一步促进妇女研究繁荣与发展的对策建议。

11月14日　由全国妇联和欧洲妇女院外集团主办、上海市妇联承办的第二届中欧性别平等专题研讨会在上海召开。国务院副总理、国务院妇女儿童工作委员会主任刘延东和欧盟委员会教育、文化、青年和体育委员瑙夫劳契奇出席会议并致辞。全国妇联副主席、书记处书记夏杰主持研讨会并做主旨发言。此次研讨会是中欧高级别人文交流对话机制第四次会议的配套活动。国务院、教育部、外交部等有关单位负责同志，上海市领导及有关政府机构代表，欧盟驻华代表团及欧洲国家驻上海总领馆外交官代表，欧盟委员会及欧盟对外行动署代表，中国和欧盟妇女机构负责人，中欧双方专家学者，青年学生以及女企业家代表等150余人参加会议。与会代表围绕"助力青年女性就业创业"主题，就"助力青年女性就业创业的政策措施""平衡工作与家庭"两个分议题开展了交流研讨。

11月16~17日　由中华女子学院中国妇女发展研究中心与弗里德里希·艾伯特基金会联合主办的"性别平等与可持续发展——中德比较研究"研讨会在

北京举行。会议分"社会性别与男女角色定位""社会性别与经济发展""社会性别与学科建设""社会性别与公共政策"4个模块。来自中德两国的50余名专家学者参加会议，围绕女性劳动参与及男女同工同酬、儿童照料、媒介传播与女性发展、女性学学科建设等问题进行交流。

11月18日 由福建省社会科学界联合会、福建省妇女理论研究会、福建省和谐社会研究会、福建江夏学院公共事务学院等共同举办的福建省社会科学界2017年学术年会"健康家庭的理论与实践"分论坛暨2017年福建省妇女理论研究会年会在福州召开。福建省妇女理论研究会成员、各设区市妇联分管领导，福建省委党校及福建省有关高校相关研究学者，以及2017年"中国特色社会主义妇女理论与福建的研究和实践"征文获奖作者近百人参加会议。与会人员围绕"中国特色社会主义妇女理论与福建的研究和实践"主题，就"已育一孩职业女性的再生育压力研究""抚养负担对已婚青年女性劳动供给及家务分配的影响研究""婚约财产'酌情返还'的裁判规范化"等议题进行了研讨。

11月25~26日 由中央民族大学中国少数民族妇女研究中心、女教授协会、中国少数民族研究中心（教育部人文社会科学重点研究基地）共同举办的"民族文化与社会性别"学术研讨会在中央民族大学召开。来自全国41家机构、12个民族的80名代表参会。中央民族大学副校长、中国少数民族妇女研究中心主任宋敏在致辞中指出，少数民族妇女研究是中国妇女研究的重要组成部分，也是民族研究的重要议题。开展民族文化与社会性别研究具有推动性别平等与民族平等的双重重要意义。她建议进一步深化研究层次，以应对当代中国社会转型中少数民族妇女发展的新困境，更好地满足少数民族妇女在经济、政治、文化、社会、生态等方面日益增长的需要；进一步推动将妇女/性别研究与民族研究的交叉领域纳入哲学社会科学研究主流。3位专家做了《马克思主义妇女观和社会性别主流化》《性别图景下的乡村学校和教师——以民族地区为例》《文化、性别与回族社会》的主旨演说，近40名学者进行了交流发言。

11月25~26日 由江苏省家政学会主办的"金陵国际家政科学峰会暨江苏省家政学会2017学术年会"在南京师范大学召开。来自国际家政学会、亚洲家政学会、韩国家政学会、香港科技与生活学会、台湾中华家政学会、台湾营养学会的专家代表，北京、上海、江苏、浙江、福建、吉林、内蒙古等省区市的高等院校学者，家庭服务业的行业组织代表，以及江苏省内相关政府部门的代表等

200 多人参加会议。与会专家学者围绕党的十九大报告关于"家庭美德、孝老爱亲的公民道德建设工程，以及倡导简约适度、绿色低碳的生活方式，创建绿色家庭、绿色社区等行动"的精神，就世界、亚洲以及中国家政行业发展趋势等问题进行深入探讨，同时就家政学科建设与发展、家庭教育与家庭关系、家庭财富规划与管理、营养健康与老年关注等内容发表主旨演讲。

11 月 28~29 日　2017 年中国妇女研究会年会暨研讨会在北京召开。会议旨在深入学习贯彻党的十九大精神，以习近平新时代中国特色社会主义思想为指导，研讨新时代妇女发展的重大理论与实践问题，推动新时代中国特色社会主义妇女理论创新发展。全国妇联主席、中国妇女研究会会长沈跃跃出席会议并讲话。全国妇联副主席、书记处书记、中国妇女研究会副会长谭琳主持开幕式并做会议总结。来自 27 个省区市的 200 余名妇女问题研究者和妇联工作者参加会议，围绕"中国特色社会主义妇女理论创新与发展""妇女与婚姻家庭""生育政策调整与妇女发展""妇女脱贫与就业""新形势下的妇联改革和妇女工作""妇女参与社会治理和决策""优化妇女发展的社会文化环境"7 个专题展开了研讨。

12 月 9~10 日　由上海师范大学人文与传播学院世界史学科、上海师范大学女性研究中心共同主办，上海市妇女学学会协办的"妇女/性别史研究的理论、方法与实践"学术研讨会在上海师范大学召开。来自英国、德国和国内各地的专家学者 70 余人参加会议。与会专家学者围绕"妇女与性别史研究的理论与方法"和"中外历史上女性和性别关系的状态"两个主题展开了交流与讨论。

12 月 14 日　由上海市妇女学学会、上海市婚姻家庭研究会、同济大学妇女工作委员会、同济大学妇女研究中心联合举办的"2017 年女性·创新·未来：拥抱美好 智创未来"上海妇女理论研讨会在同济大学召开。上海市妇联、同济大学、上海市教育系统妇工委的领导、上海市的专家学者、各级组织的妇女干部及同济大学女教师、女大学生代表 60 余人参加会议，围绕"拥抱美好 智创未来"主题，聚焦女性对美好生活、美好社会、美丽中国建设的智慧思考和创造性研究展开了探讨。

2018 年

4 月 18~20 日　中国妇女研究会举办主题为"新时代中国特色社会主义与妇

女发展道路"的妇女/性别研究研训班。全国妇联副主席、书记处书记，中国妇女研究会会长谭琳出席闭幕式并讲话。中国妇女研究会副会长、中国妇女研究会妇女教育专业委员会会长张李玺出席开班仪式并致辞。来自中共中央党校、教育部、清华大学、中国人民大学、全国妇联妇女研究所、中国妇女报和中国经济体制改革研究会等研究机构和组织的相关领域资深专家，围绕学习习近平新时代中国特色社会主义思想和党的十九大精神、党的全面领导与国家治理体系现代化、习近平新时代中国特色社会主义妇女发展思想和中国特色社会主义妇女理论、党领导下的妇女工作、女性发展议题的研究与传播、女性网络舆情的性别分析等议题进行专题讲座，分享和交流了研究阐释党的十九大精神国家社科基金专项课题"新时代中国特色社会主义妇女发展道路研究"的框架和思路。来自24个省区市的中国妇女研究会团体会员、妇女/性别研究与培训基地代表、全国妇联机关有关部门和单位代表110余人参加研训班。

4月20~21日 由上海市妇女学学会、上海交通大学国家文化产业创新与发展研究基地和上海师范大学都市文化研究中心、广告学系联合主办的"第十四届东方女儿节暨第二届中国－西班牙文化经济与政策国际学术研讨会"在上海师范大学举行。会议以"性别、城市与文化"为主题，旨在探讨推进性别视角下文化经济与政策研究领域的国际交流与合作。上海市妇联、西班牙上海领事馆等机构的代表和中国、西班牙、哥伦比亚、智利、荷兰等国的专家学者参会，围绕大会主题，从多元角度展开有关文化经济与政策的国际性对话和交流。

5月12日 由湖南女子学院科研处主办、湖南女子学院女书文化研究所承办的"女书文化研究的多元视角"学术研讨会在湖南女子学院召开。来自国内外的女书学者、女书传人和女书宣传大使以及女书爱好者等40余人参加会议。与会专家学者围绕女书研究30年回顾与展望、深挖女书文化的精神内涵、平衡好原生态与创新性传承女书文化的关系等问题开展研讨。

5月20日 由中国女经济学者联谊网络主办，复旦大学经济学院承办的"增进民生福祉，促进社会公平"学术研讨会暨第十五届中国女经济学者国际研讨会在复旦大学召开。来自北京大学、复旦大学、中国社会科学院、中央财经大学、上海财经大学、中南财经政法大学、南加州大学等高校和研究机构的专家学者参加了研讨会。研讨会围绕"幼有所育、学有所教、劳有所得、病有所医、老有所养、住有所居、弱有所扶"等生命周期诸方面的家庭和社会资源配置以及相关的公共政策开展了学术讨论。

5 月 25~26 日　由上海理工大学科技处、上海市妇工委主办的"推进新时代高校社会性别理论教育与实践"学术研讨会在上海理工大学召开。来自上海市妇联、上海市妇女学学会、上海市教委、亚洲基金会项目以及相关高校的 100 余位专家学者参会。会议设置职场性别友善、高校社会性别教育与女性发展、高校社会性别教育与思想政治教育 3 个分论坛，与会专家学者就高校社会性别理论与实践的话题展开了探讨。

5 月 30 日　全国妇联妇女研究所、中国妇女研究会办公室联合召开"马克思主义与妇女发展——理论探源与实践道路"学术研讨会。第九届全国人大常委会副委员长、全国妇联原主席彭珮云出席会议。全国妇联副主席、书记处书记、中国妇女研究会副会长谭琳做总结讲话。与会者围绕习近平新时代中国特色社会主义思想、马克思主义妇女理论及其当代价值、马克思主义妇女理论在中国的早期传播、中国特色社会主义妇女发展道路、中国共产党妇女解放思想、经典马克思主义妇女理论历史形成脉络等议题进行了深入探讨。来自全国高校、科研院所和妇联组织的专家学者 60 余人参加研讨会。

6 月 2 日　第四期中国妇女社会地位调查课题组成立暨开题会在北京召开。全国妇联副主席、书记处书记谭琳出席会议并讲话。来自国家统计局、全国妇联妇女研究所、中国人民大学的领导和专家对前三期调查进行回顾与思考，对新形势下依法依规做好第四期中国妇女社会地位调查提出建议、进行部署。与会专家学者围绕健康、教育、经济、社会保障、政治参与、婚姻家庭、生活方式、法律与人权、性别观念与认知等九大领域的具体研究设计进行热烈讨论。来自全国妇联、国家统计局、国内各高校及研究机构的领导和专家学者 100 余人参加会议。

6 月 9~10 日　党的十九大提出实施乡村振兴战略。2018 年中央一号文件明确提出"实施乡村振兴'巾帼行动'"，将妇女作为实现乡村振兴的重要力量。激发女性的主体性能动性、保护女性的利益诉求是乡村振兴的重要课题。中国妇女研究会、全国妇联妇女研究所《妇女研究论丛》编辑部联合中国农业大学人文与发展学院举办的"乡村振兴与妇女发展"学术研讨会在北京召开。来自新闻传播学、人类学、法学、人口学、公共管理学等学科的 22 位专家学者和 3 位基层妇联主席围绕"妇女与乡村社会变迁""妇女、赋权与发展""妇女、流动与婚姻家庭""妇女与乡村文化""妇女与乡村治理""妇女与发展实践"等议题进行了深入探讨和交流。

6月23~24日 由延边大学女性研究中心、妇女工作委员会、女教授协会、女性终身教育协会共同举办的延边大学女性研究中心成立二十周年暨2018年第二届"民族文化与社会性别"学术研讨会在延边大学召开。来自全国15个省区市的专家学者就少数民族女性研究的现状、少数民族地区边民跨界婚姻、少数民族妇女的社会地位与贡献、改革开放以来少数民族妇女发展的成就与经验等议题进行了探讨。

6月30日 由厦门大学妇女/性别研究与培训基地、福建省妇女理论研究会联合主办的"改革开放40年妇女发展的理论与实践"学术研讨会在厦门大学隆重举行。来自中国妇女研究会、北京大学、中国人民大学、中国社会科学院、复旦大学、武汉大学、厦门市妇联等全国20多所高校和相关机构的领导、专家学者100余人参加会议。与会者围绕公共领域性别平等事业发展、中国特色社会主义妇女发展道路探索及中国妇女/性别理论发展脉络等议题进行了讨论,展示了改革开放40年来中国性别平等事业的成就,提出了妇女发展进程中的理论和实践问题及对妇女发展未来的思考。

7月7~8日 全国妇联妇女研究所《妇女研究论丛》编辑部与上海师范大学光启国际学者中心联合举办的"中国妇女解放:文化想象与社会实践"学术研讨会在上海师范大学召开。来自文学、历史学、社会学、人类学、马克思主义哲学、公共管理等学科领域的专家学者分别从"农村问题与妇女解放"、"妇女研究:参照系、资源和范式"、"妇女解放与中国革命"、"日常生活与'现代'妇女想象"、"疾病、身体与妇女问题"、"新中国妇女工作与妇女形象构建"、"妇女与集体化生产"及"社会转型中的妇女想象"8个议题切入,以多学科共同聚焦的方式,试图激活中国妇女解放的思想资源,探索研究中国妇女解放的有效范式,打开讨论中国妇女解放思想/运动的新空间,并尝试"以妇女为方法"为"现代中国"研究寻找到新的增长点。

7月13日 由国际关系学院主办、《国际安全研究》编辑部与中国国际关系女学人论坛秘书处共同承办的"第二届中国国际关系女学人论坛"暨"人类命运共同体与女性安全"学术研讨会在北京举行。来自全国40余所(家)高等院校、科研机构及出版传媒机构的近百位专家学者与会。与会学者围绕"人类命运共同体与中国外交""安全研究:理论与实践""女性、和平与安全"议题进行了深入研讨。

7月16~17日　中国社会学会2018年学术年会在南京召开。中国社会学会妇女/性别专业委员会与南京师范大学妇女/性别研究与培训基地、南京师范大学金陵女子学院共同主办"反思现代性：妇女与发展"分论坛。来自北京大学、复旦大学、中国社会科学院、上海大学、南京师范大学等高校及科研机构的专家学者参会。此次论坛共分"妇女/性别理论""发展与性别""现代性：消费与性别""身体、性与性别""家庭与性别""生育与母职建构"六大专题，以及两场青年论坛，旨在以性别和现代化发展的双重视角，共同探讨在40年社会转型过程乃至中国社会现代化进程的长周期中性别与发展的诸多议题。

7月19~23日　第四期中国妇女社会地位调查项目分领域研究设计讨论会在北京召开。全国妇联副主席、书记处书记谭琳出席会议并讲话。来自北京大学、清华大学、中国人民大学、中国社会科学院等高校和研究机构的50余名资深专家围绕健康、教育、经济、社会保障、政治参与、婚姻家庭、生活方式、法律与人权、性别观念与认知等九大领域的研究设计进行了热烈讨论，各领域的代表分别汇报了各领域的研究思路、研究进展与讨论情况。

9月1~3日　由全国妇联妇女研究所、中国社会科学院人口与劳动经济研究所、北京大学社会学系联合举办的2018年中国妇女社会地位调查研讨会在北京召开。会议主题为"新时代中国妇女社会地位和妇女发展研究"。来自全国各地高校和科研院所的120余位专家学者，围绕新时代中国妇女发展面临的重难点问题和第四期中国妇女社会地位调查指标体系研究，从健康、教育、经济、社会保障、婚姻家庭、政治参与、生活方式、法律与人权、性别观念与认知等方面进行了充分研讨与交流。

9月8~10日　由中国妇女研究会、全国妇联妇女研究所《妇女研究论丛》编辑部、上海大学社会学院联合主办的"理论与经验的对话：转型期中国家庭变迁动态"学术研讨会在上海召开。来自中国社会科学院、北京大学、中国人民大学、南京大学、复旦大学、中山大学、普林斯顿大学、马里兰大学、香港科技大学、香港中文大学、澳门大学等海内外近30所高校及科研院所的120余位资深专家和青年学者围绕"家庭社会学的本土化与规范化""家庭变迁动态""婚姻与同居""家庭内部性别关系""男性参与""代际关系"等议题展开了深入交流和探讨。研讨会还特别增设两个青年论坛和一个海报专场。

10 月 20~21 日　由南开大学妇女与发展研究中心联合南开大学历史学院、南开大学研究生院、《广东社会科学》编辑部等共同举办的第三届"性别与中国社会：新史料、新视域、新解析"学术论坛在南开大学举行。来自海内外高校和研究机构的 80 余名专家和青年学者，围绕"传媒与性别""政治与性别""女性形象的建构""女性教育与职业"等议题展开了研讨。

10 月 25~26 日　由联合国人口基金驻华代表处、中国人口与发展研究中心联合主办，中国人民大学、西安交通大学和荷兰驻华大使馆支持的"'一带一路'沿线国家应对性别选择国际经验交流会"在北京召开。会议主题为"基于性别偏见的性别选择"。100 余位来自中国、孟加拉国、柬埔寨、印度、亚美尼亚、格鲁吉亚、越南、阿塞拜疆、韩国、尼泊尔、法国等国政府部门、学术机构、智囊团体及联合国人口基金总部、区域和国家办公室、国际组织的专家学者和工作人员，就如何应对基于性别偏见的性别选择展开交流，助力全球可持续发展议程的实现。

10 月 27~28 日　由中国社会学会家庭社会学专业委员会、中国社会科学院社会学所和南京大学社会学院联合主办，南京大学社会学院承办的"改革开放四十年中国婚姻和家庭的变迁"学术研讨会在南京举行。来自全国 58 所单位（社会科学院、高校或其他科研机构）的 88 位专家学者，围绕"就业与家庭""法律与家庭""老年人与养老""生育与育儿""代际关系""性与性少数群体""农村婚姻家庭研究""女性研究""家庭政策与家政市场""妇女地位与性别关系""人口流动与婚姻家庭""婚姻家庭畅想""婚姻与同居"等议题进行了交流研讨。

10 月 28 日　由西安交通大学人口与发展研究所、西北大学现代学院与陕西省人口学会共同主办的"人口与社会可持续发展研讨会"在西安交通大学举行。来自中国人口与发展研究中心、西北大学现代学院、中国社会科学院、西安交通大学、北京大学、复旦大学、南开大学的专家学者，围绕"人口动态与监测""生育水平与人口发展""人口政策与完善""人口老龄化与健康""家庭与社会政策"等议题展开了研讨。

11 月 3~4 日　由首都师范大学中国女性文化研究中心、首都师范大学文学院共同主办，首都师范大学社会科学处协办的"性别与文化论坛"暨"改革开放四十年：性别意识的兴起与拓展"学术研讨会在北京举行。会议将"性别意识"的研究主题安放在改革开放40年的历史维度中进行总结和反思，探讨其与文学创作、文学批评和文化研究等的关联与影响，以更好地推动性别研究的发展。来自北京大学、清华大学、北京师范大学、中国人民大学、中国社科院、中央戏剧学院、南开大学、武汉大学、郑州大学、江苏省社科院、华侨大学、台湾淡江大学、澳大利亚翻译学院等国内外众多高校的知名学者与作家，以及来自人民网、中国新闻网、中国网、凤凰网、《文艺报》、《中国妇女报》的媒体代表共计百余人参加论坛。

11月6日　由陕西省人民政府妇女儿童工作委员会办公室、西安交通大学公共政策与管理学院、陕西省社会治理和社会政策协同创新研究中心联合主办的"乡村振兴战略中妇女的生计、福利与发展"研讨会在西安交通大学召开。来自西安市政府妇女儿童工作委员会委员、陕西省社会科学院农村发展研究所等10多位长期从事"农村发展"和"妇女发展"研究的专家学者围绕会议主题展开研讨，助力乡村振兴，共商妇女生计、福利与发展。

11月15日　中国陶行知研究会女学生教育专业委员会第十九届年会暨"全球女性领导力培育"学术研讨会在珠海女子中学召开。来自中国知名高校专注女性教育研究的教授和全球多个国家的女校校长等上百名专家，共议女校发展路径，探讨全球化时代下女性领导力培育的问题。

11月16~17日　由北京大学社会学系和南京师范大学金陵女子学院联合举办的"应对南京流动人口及家庭面临的挑战"研讨会在南京师范大学举行。与会专家学者围绕"流动人口及家庭面临的问题、挑战与服务策略"进行专题发言，并就"流动人口及家庭面临的情况、服务策略""流动人口服务机构的服务发展、能力建设、研究及发展方向"两个议题进行交流讨论。来自江苏省和南京市相关政府部门领导，芝加哥大学、香港理工大学、北京大学、华中师范大学、南京大学等学界代表，以及来自南京、广州、深圳、北京、常州等众多的实务界代表及青年学生等近百人参加研讨会。

11月24日　由山东女子学院主办的2018年新时代女性人力资源开发暨女性生存与发展学术研讨会在山东女子学院召开。研讨会的主题是深入探讨习近平新时代中国特色社会主义妇女发展思想，客观分析新时代女性人力资源开发和女性生存与发展所面临的问题和挑战，提出进一步推动性别平等和妇女全面发展的对策建议。来自首都经贸大学、厦门大学和山东财经大学等兄弟院校的专家、学者和征文代表，广东江门市、山东济南市等县（市）区妇联主席，以及学校教师和学生代表 200 余人参加研讨会。

11 月 27～28 日 由中华女子学院中国妇女发展研究中心与德国弗里德里希·艾伯特基金会联合主办的"国家·社会·家庭：生育政策与女性全面发展"——第二届中德性别平等与发展研讨会在北京举行。来自中德性别平等与发展领域的专家学者近百人与会，围绕"性别平等与产假、育儿政策""性别平等与劳动力市场禁止生育歧视的政策""性别平等与对生育、家务劳动价值承认和政策体现""性别平等与其他家庭照顾政策"4 个专题开展了交流。

12 月 13～14 日 2018 年中国妇女研究会年会暨研讨会在北京召开。会议以习近平新时代中国特色社会主义思想为指导，深入学习贯彻习近平总书记关于妇女和妇女工作的重要论述，贯彻落实中国妇女十二大会议精神，聚焦新时代党的妇女事业发展需要，回顾总结改革开放 40 年来中国妇女发展的理论与实践成果，积极推进妇女研究工作创新发展。全国妇联主席、中国妇女研究会会长沈跃跃出席会议并讲话。第九届全国人大常委会副委员长、全国妇联原主席彭珮云出席会议。全国妇联副主席、书记处第一书记黄晓薇主持开幕式。全国妇联副主席、书记处书记、中国妇女研究会副会长谭琳主持闭幕式。来自全国各地的近 200 名妇女问题研究者和妇联工作者围绕"中国特色社会主义妇女理论""推动男女平等的国家责任与妇女儿童权益保障"等重大理论和现实问题展开了研讨交流。

12 月 22 日 由中华女子学院法学院和中华女子学院中国妇女人权研究中心共同主办的"民法典编纂与男女平等"学术研讨会在北京召开。与会专家围绕民法典编纂应如何贯彻和体现男女平等要求这一主题展开讨论，内容涵盖男女平等的内涵、实现路径、适用范围等基本理论问题，及民法典编纂应当具有的性别视角和男女平等在民法典中的贯彻落实等具体问题。来自清华大学、中国人民大学、武汉大学、中华女子学院等高等院校、科研院所以及全国人大常委会法制工作委员会、北京市第一中级人民法院等机构的理论和实务工作者 70 余人参加会议。

2019 年

1 月 18～19 日 受联合国中国社会性别研究与倡导基金（CGF）项目资助，由西北农林科技大学人文社会发展学院"精准扶贫进程中的社会性别主流化研究与实践"项目团队主办的联合国CGF项目"减贫、乡村振兴与社会性别平等"培训暨研讨会在西北农林科技大学召开。专家学者围绕女性参与乡村振兴和减贫的理论与实践进行了交流探讨。西北农林大学领导、联合国妇女署驻华办事处官员和特聘专家、各地学者以及陕西、广西的农村领域干部和贫困女性村民代表参加了会议。

3月30日　由浙江省社会科学院《浙江学刊》编辑部、浙江省社会科学院社会学研究所联合举办的"性别与科技"学术研讨会在杭州召开。来自全国各大高校、社科系统的专家学者围绕"人工智能与性别视角""医疗科技与性别伦理""互联网时代与性别关系""科技变迁与社会性别"4个主题展开了交流与讨论。

4月15~16日　由联合国妇女署主办的"性别暴力预防及应对研讨会"在湖南长沙举行。研讨会以《中华人民共和国反家庭暴力法》实施3周年为契机，回顾反家暴法实施3年来的进展和挑战。研讨会设置"性别暴力防治中的社工心理服务""法律与司法实践""儿童暴力干预与应对""新媒体时代下的倡导与性别暴力预防"4个平行论坛。200余名来自联合国妇女署、妇联系统、高校、社会组织等领域的专家学者与一线工作者参加会议。

5月12日　由北京大学医学人文学院、中国性学会性人文专业委员会主办的第三届"跨学科视野下的性/性别与社会"学术研讨会在北京大学举行。来自全国各地10余所高校的30多位专家学者出席会议。与会专家学者围绕"五十年代初的接生婆改造""女性职业紧张与内分泌""近代护士的专业化"做主题报告，并围绕"性/性别与社会"主题展开研讨。

5月24日　由中国传媒大学协同创新中心、联合国教科文组织"媒介与女性"教席、中国科技新闻学会新媒体专业委员会主办的"科技、新媒体与女性力量"主题论坛在北京召开。论坛旨在通过学界业界的沟通交流，促进科技和新媒体的研究和实践，推动实现新媒体领域里女性人才队伍、媒介资源、信息内容的共享融通。与会者围绕新媒体为女性赋权增能提供的新可能、新媒体传播的"她力量"、新媒体时代女性创业的机遇和挑战等议题展开了深入研讨。

6月1日　由河海大学性别与发展研究中心与加拿大西蒙菲莎大学社会性别、性以及妇女研究系联合主办的"社会性别、多样化以及包容性"国际研讨会在加拿大温哥华市召开。来自河海大学、三峡大学、加拿大西蒙菲莎大学、英属格伦比亚大学、昆特兰理工大学等 5 所高校的 30 多名专家学者，围绕"社会性别与多样化""社会性别与性""社会性别与社会""社会性别视角下的国际发展项目"4 个议题展开了对话和交流。

6 月 15 日 由中国女经济学者联谊网络主办、东北师范大学商学院承办的"工作性质的变革与社会保障体系完善"学术研讨会暨第十六届中国女经济学者国际研讨会在东北师范大学召开。国内外 38 所高校和研究机构的上百位专家、学者参会。与会者围绕性别平等与包容性增长、女性职业发展与家庭责任分担、老年照料趋势与方法、人力资源开发与社会保障体系建设等议题展开了广泛而深刻的学术研讨。研讨会的召开有助于推动经济理论的应用发展，并为女经济学者交流和发展搭建平台。

7 月 5~7 日 由中国当代文学研究会女性文学委员会主办，湖南女子学院、湖南省湖湘女性文化研究基地承办的第十四届中国女性文学学术研讨会在湖南女子学院举行。来自海内外的 100 余位专家学者围绕"百年'五四'与中国女性文学的现代演进""性别视角下的中国当代文学""经典文学文本的再解读""媒体融合语境中的文学与性别"等相关议题展开了深入交流。

7 月 6 日 第四期中国妇女社会地位调查问卷定稿研讨会在北京召开。来自全国妇联、国家统计局、中国社科院、中国人口与发展研究中心、北京大学、中国人民大学、北京师范大学、黑龙江省社会科学院、南京理工大学等国内高校及研究机构的领导和专家学者 40 余人参加会议。全国妇联副主席、书记处书记、第四期中国妇女社会地位调查领导小组副组长谭琳出席会议并讲话。项目总顾问及与会专家学者在健康、教育、经济、社会保障、政治参与、婚姻家庭、生活方式、法律与人权、性别观念与认知等 9 大领域及社区问卷研究牵头专家进行问卷导读的基础上，对个人问卷和社区问卷修改提出了宝贵意见和建议。

7 月 12~14 日 中国社会学会年会在昆明召开。家庭社会学专业委员会和中国社会科学院社会学研究所家庭与性别研究室共同主办"家庭、分层与不平等：70 年的变迁"分论坛。论坛设置"流动、家庭与公共介入""家庭内部的资源分配与权力关系""养老、育儿与照料""教育、教养与阶层""亲密关系的多元实践""婚姻、生育决策与性别"6 个主题单元，来自南京大学、南开大学、华东师范大学、上海大学、中国社科院等高校和科研院所的近 50 名参会代表做了精彩发言。家庭社会学领域的老中青三代学者回顾了过去 70 年中国家庭的变迁进程，探讨了当前多元化的家庭议题。

7 月 13 日　由中国社会学会妇女/性别专业委员会主办，全国妇联妇女研究所《妇女研究论丛》编辑部、云南民族大学妇女/性别研究基地合办的中国社会学会 2019 年学术年会之"中国妇女地位变迁：回溯与前瞻"分论坛在昆明召开。来自北京大学、清华大学、中国人民大学、上海财经大学、华东师范大学、全国妇联妇女研究所等高校和科研院所的与会专家围绕"妇女史研究""妇女与发展""生育与抚育""主体性与个体化"四个议题展开讨论，旨在通过回溯历史和关注当下，共同探讨妇女地位变迁。

7 月 16~17 日　"精准扶贫与妇女发展"学术研讨会在云南省勐腊县河边村召开，研讨会由中国农业大学人文与发展学院、中国农业大学国家乡村振兴研究院共同举办。来自全国 20 余所高校及科研机构的 40 余位专家学者、妇女工作者从社会学、人类学、经济学、法学、教育学、传播学等不同学科视角切入，就性别视角下的减贫政策与实践，贫困识别、妇女的贫困特征与脱贫机制，产业扶贫与妇女脱贫，扶贫实践中的妇女参与、需求表达，妇联、社会组织参与扶贫治理等议题进行了深入的学术交流，不仅提出了在精准扶贫中实现妇女平等受益的重要建议，也为未来一个阶段的农村妇女工作与精准扶贫相结合提供了重要的政策参考。

8 月 25~26 日　由全国妇联妇女研究所和中国社会科学院人口与劳动经济研究所、中国人口与发展研究中心联合主办，天津市妇联协办的 2019 年中国妇女社会地位调查研讨会在天津召开。会议主题为"中国妇女社会地位的变迁与现状"。全国妇联副主席、书记处书记谭琳发表书面致辞。来自北京大学、中国人民大学、厦门大学、南京大学、南开大学、西安交通大学、吉林大学、上海财经大学、四川大学等 40 所（家）高校及研究机构的专家学者和妇联干部围绕健康、教育、生育、就业、婚姻家庭、性别观念等妇女社会地位相关问题进行了深入研讨。

9 月 6~8 日　由南开大学妇女与发展研究中心联合南开大学历史学院、南开大学研究生院、《妇女研究论丛》编辑部、《中华女子学院学报》编辑部、《山东女子学院学报》编辑部共同举办的第四届"性别与中国社会发展：新史料、新观点、新视角"学术论坛在南开大学举行。80 余名学者围绕"新中国 70 年：社会性别史研究理路与方法论""性别与媒介""职业女性与女性职业""女性与法律""性别与空间"等议题进行了研讨，呈现性别史研究在史料应用、理论建构和解读方法等方面的新进展。

9月16日　国家社科基金专项课题"新时代中国特色社会主义妇女发展道路研究"交流总结会在北京召开。全国妇联主席、中国妇女研究会会长沈跃跃出席会议并讲话。全国妇联副主席、书记处第一书记、中国妇女研究会副会长黄晓薇主持会议。全国妇联副主席、书记处书记、中国妇女研究会副会长谭琳汇报了课题研究工作及成果。中共中央党校、北京大学、清华大学、中国人民大学、中国妇女报社的专家学者对课题工作和研究成果给予高度评价，并就如何进一步深化新时代中国特色社会主义妇女发展道路研究提出了宝贵的意见建议。来自全国哲学社会科学工作办公室、全国妇联相关部门的单位负责人及课题组成员60余人参加会议。

10月25~26日　由山东省社会科学界联合会主办，山东女子学院、山东女子学院社科联承办的"2019山东社科论坛——新中国妇女社会地位变迁学术研讨会"在山东女子学院召开。来自全国妇联妇女研究所、中国社会科学院、中国人民大学、南开大学、厦门大学等科研院所和高校的专家学者及山东女子学院师生代表300余人参加研讨会。与会专家学者对新中国成立70年来妇女社会地位的变迁进行多角度的总结和反思，并围绕一系列理论、现实和政策问题进行探讨，同时也就如何从多学科、跨学科角度进一步推动妇女/性别研究和女性学学科发展开展了观点交流。

11月1~3日　第十六届北京论坛隆重召开，下设13个分论坛和3个专场。其中，北京大学中外妇女问题研究中心承办"文明进程中的女性能动力和发展"分论坛。第九届全国人大常委会副委员长、全国妇联原主席彭珮云作为特邀嘉宾出席论坛。来自世界各地的30余位知名学者、专家和优秀青年作为正式代表参加论坛。分论坛以圆桌会议形式召开，共设7场学术讨论。与会嘉宾围绕"女性在政治、教育和新经济中的作用与贡献""和谐家庭建设中的女性能动力""健康、照料劳动与女性发展"3个主要议题展开讨论，并就学科建设与未来合作研究进行了广泛而深入的对话。

11月2~3日　由中华女子学院中国妇女发展研究中心与德国弗里德里希·艾伯特基金会联合主办的"社会保障与妇女发展——第三届中德性别平等与发展"研讨会在中华女子学院召开。来自德国杜伊斯堡-埃森大学社会学系、艾伯特基金会妇女与性别研究部、中共中央党校、全国妇联妇女研究所、中国人民大学、南开大学、中国劳动和社会保障科学研究院、中山大学及中华女子学院等高校和科研机构的70余位专家学者参加会议。与会专家围绕生育保障制度、养老保障制度、养老金、父亲育儿假、陪产假、托幼政策和托幼服务、社区养老模式、独生子女家庭养老责任、公共服务、家庭照护与职业的平衡等问题展开了深入交流，并就托幼政策、养老模式、企业责任等进行了探讨。

11月21~22日　"新时代中国特色妇女权益保障的制度与实践"学术研讨会在北京召开。全国妇联副主席、书记处书记谭琳出席会议并讲话。来自北京大学、中国人民大学、中国政法大学、北京科技大学、中华女子学院、中国社会科学院法学研究所、农业农村部农业经济研究中心等机构的专家学者和全国妇联相关部门工作人员50余人参加会议。与会专家结合学习贯彻党的十九届四中全会精神，深入探讨妇女权益保障法修改、妇女就业权利、政治权利、人身权利、婚姻家庭权利、土地权益等领域的重大理论和现实问题，并对新时代中国特色妇女权益保障制度建设提出意见建议。

11月24日　由南开大学妇女与发展研究中心联合南开大学社会工作与社会政策系、中国人口学会婚姻家庭专家委员会联合主办的"新时期中国家庭研究的热点议题与跨学科合作"学术研讨会在南开大学召开。来自近10所高校及科研机构的30余名师生全面深入地分析了新时期家庭发展和家庭研究面临的挑战与机遇，讨论了中国当代家庭代际关系的图景与演变逻辑。

11月30日　由福建省妇女理论研究会、福建江夏学院公共事务学院、福建省和谐社会研究会、福建师范大学人口发展与社会政策研究中心联合承办的福建省社会科学界2019年学术年会"习近平'三注重'家庭思想与新时代家庭发展"分论坛暨2019年福建省妇女理论研究会年会在福州举办。来自全省高校性别研究领域的学者、妇女工作者和社会各界的代表，从不同视角分析当前家庭建设方面面临的问题与挑战，尤其聚焦女性在家庭文明建设中发挥的"独特作用"，从社会治理创新的角度来解析家庭问题，提出进一步推动家庭文明、新时代家风、家庭美德建设的建议与对策。

12月3~4日　2019年中国妇女研究会年会暨研讨会在北京召开。会议以习近平新时代中国特色社会主义思想为指导，深入贯彻落实党的十九届四中全会精神，聚焦新时代党的妇女事业发展需要，总结新中国成立70年来中国妇女发展的理论与实践成果，积极推进妇女研究工作创新发展。全国妇联主席、中国妇女研究会会长沈跃跃出席会议并讲话。全国妇联副主席、书记处第一书记、中国妇女研究会副会长黄晓薇出席会议。全国妇联副主席、书记处书记、中国妇女研究会副会长谭琳主持开幕式并做会议总结。来自25个省区市的230余位专家学者和妇女工作者参加会议。与会人员围绕"坚持和完善促进男女平等、妇女全面发展的制度机制研究""妇女在国家治理中的参与和作用研究""妇女在经济社会发展中的参与和作用研究""发挥家庭家教家风在基层社会治理中的作用研究""文化自信与先进性别文化研究""70年来妇联组织和妇女工作改革创新研究""中国特色妇女/性别研究的发展"7个专题展开了研讨。

12月7日　由四川师范大学女性研究中心承办，成都市妇女理论研究会、内江市和谐促进会协办的四川省婚姻家庭及妇女理论研究会2019年年会在四川师范大学召开。来自四川大学、西南交通大学、西南科技大学、成都大学、成都师范学院、宜宾学院、四川省社会科学院等科研机构的专家学者及在蓉社会机构的50余家理事单位参加会议。与会专家学者围绕"基层治理中婚姻家庭实践的探索""文化导入式婚姻家庭和睦友善"等主题展开了深入探讨。

12月12~13日　由全国妇联妇女研究所妇女理论研究室与《妇女研究论丛》编辑部联合主办的"国家、家庭与妇女：中国共产党的理论探索与实践"学术研讨会在北京召开。来自中共中央党校、北京大学、中国人民大学、中国社会科学院、复旦大学、上海大学、长江大学、海南大学、中华女子学院、全国妇联妇女研究所等高校和科研机构以及全国妇联有关部门工作人员70余人参加会议。与会专家围绕学习贯彻习近平总书记"注重家庭、注重家教、注重家风"等系列重要讲话精神和党的十九届四中全会精神，围绕家庭关系改造、社会关系变革与妇女解放和发展，新家风、新社风、新村风，新时代家庭观、代际关系等议题，对近百年来党和国家在家庭领域的理论探索和实践经验进行了热烈研讨，这有助于立足当下、面向未来，打开讨论妇女与家庭、国家、民族共同发展的新空间。

12月17日　由湖北省妇联与武汉大学联合主办的第五届湖北高校性别平等论坛暨武汉大学妇女与性别研究中心2019年学术年会在武汉召开。来自湖北省妇联、湖北省妇女干部学校、武汉大学、华中科技大学、华中师范大学等单位的200余位师生代表，聚焦"新时代与女性全面发展"主题展开了深入的学术探讨。

2020 年

1 月 9 日　2019 年度湖南省妇女研究会年会暨学术交流会在长沙召开。来自湖南省内各高校、科研院所的 100 余位湖南省妇女研究会会员、科研工作者，围绕"马克思主义妇女观与先进性别文化""妇女儿童权益保障""妇幼健康事业及其发展""妇女发展与妇女工作"4 个主题进行了学术研讨。

5 月 31 日　由中国人民大学人口与发展研究中心和中国人口学会婚姻家庭专业委员会共同主办的"中国家庭转变：理论前沿与实践经验"学术研讨会以网络会议的方式召开。来自中国人民大学、北京大学、南京大学、复旦大学、南开大学、中山大学等全国多所高校和科研机构的专家、学者、学生及多家媒体记者参加会议。会议设置"社会变迁中的家庭转变：互构与博弈""转型期代际互动：形式与功能""转型期婚育行为：表现与应对""中国家庭转变：回顾与展望"4 个专题，共有 14 位专家学者发言。

6 月 20 日　中国社会科学院法学所性别与法律研究中心、全国妇联妇女研究所《妇女研究论丛》编辑部主办"性骚扰：本质、问题与规制"学术研讨会，会议以线上形式召开。来自全国妇联妇女研究所，中国社科院法学所、国际法所、社会学所，以及北京大学、中国政法大学、北京航空航天大学、对外经济贸易大学等研究机构和高校的 40 位专家学者与会。专家学者围绕性骚扰的本质与特征、性骚扰防治的域外经验、性骚扰防治机制与法律规制等议题展开了充分的交流和讨论。

7 月 25 日　全国妇联妇女研究所《妇女研究论丛》编辑部与中国社会学会妇女／性别专业委员会共同举办"北京+25"系列活动之一——"传承·反思·超越：中国性别社会学的学科发展和理论建构"学术工作坊。来自北京大学、中国人民大学、上海财经大学、北京师范大学、中国社会科学院等高校和科研院所的近 20 位专家学者参会，围绕 1995 年第四次世界妇女大会以来中国性别社会学的学科发展和理论建构进行了对话和讨论。

8 月 27 日　全国妇联妇女研究所《妇女研究论丛》编辑部和中国社会科学院人口与劳动经济研究所《劳动经济研究》编辑部联合主办的"人口老龄化与女性：积极老龄化的视角"学术工作坊以网络会议的形式举行。来自十几所高校与科研院所的专家在有关社会老年学理论困境的思考、农村互助养老、中国养老院女护工的职业选择和时间协商、配偶老年照料与健康的性别差异以及性别平等视角下中国性别红利的发展潜力、制约因素与战略构想等方面进行了对话和研讨，这有助于在研究的基础上建立理论框架和操作框架，为建立健全相应的制度环境提供学术思想和实证依据。

9月16日 为纪念北京世妇会25周年暨全球妇女峰会5周年，全国妇联和联合国妇女署在北京人民大会堂共同举办以"21世纪人类消除贫困事业与妇女的作用"为主题的座谈会。国家主席习近平夫人彭丽媛通过视频向会议致辞。全国妇联主席沈跃跃出席会议并致辞。全国妇联副主席、书记处第一书记，国务院妇女儿童工作委员会副主任黄晓薇主持会议。中联部副部长钱洪山、外交部副部长马朝旭、全国对外友协副会长林怡、中国贸促会副会长卢鹏起以及商务部等有关部门的代表，部分国家驻华使节、国际组织驻华代表出席会议。全国妇联副主席张晓兰、夏杰、谭琳，全国妇联兼职副主席程红、曹淑敏、蒙曼，全国妇联书记处书记赵雯、蔡淑敏、章冬梅，中国妇女扶贫减贫先进典型代表，中国女企业家协会、中国女医师协会、中国女科技工作者协会代表以及中华女子学院外国留学生代表等参加会议。

9月26日 由北京外国语大学国际关系学院、《国际安全研究》编辑部、中国农业大学国际发展与全球农业学院、中国妇女网和中国国际关系女学人论坛秘书处联合主办的"第三届中国国际关系女学人论坛暨'妇女·和平·安全'高端学术研讨会"在北京举行。论坛采用线上线下相结合的方式进行。来自全国70多所高校、科研院所以及政府机构、新闻出版界200余名专家学者参会，会上围绕"国际安全与中国外交""全球公共卫生安全治理与国际合作""妇女发展与人类命运共同体""'一带一路'与国际发展""联合国安理会妇女、和平与安全议程"5个议题展开了研讨。

10月16~17日 全国妇联妇女研究所《妇女研究论丛》编辑部、中国社会科学院社会学研究所性别与家庭社会学研究室、中国社会学会家庭社会学专业委员会、中国社会学会妇女/性别社会学专业委员会联合主办的"社会转型时期中国的家庭变迁与家庭政策"学术研讨会暨中国社会学会年会论坛在北京召开。来自北京大学、中国社会科学院、南京大学、中山大学、华中科技大学、北京师范大学、全国妇联妇女研究所等高校和研究机构的专家学者围绕"婚姻研究"

"新冠疫情中家庭脆弱性和韧性""家庭变迁和家庭日常实践""老年人照护实践及性别反思""《民法典》下的女性、婚姻和家庭""中国托幼政策/理念和实践的变迁""家庭制度和家庭变迁""儿童和老人的照护政策及反思""家庭实践中女性身份的建构""儿童教养和母职建构"10个主题论坛进行了对话和交流。

10月18日　由联合国教科文组织国际农村教育研究与培训中心、中国民族教育与多元文化研究中心共同举办的"女童和妇女教育：回顾与展望"座谈会在北京师范大学召开。座谈会采用线上线下相结合的方式进行。众多1995年北京世界妇女大会的亲历者、女童和妇女教育议题的研究者、实践者参加会议。会议围绕"集体回忆：女童和妇女教育的过去""讨论：过去和现在——女童和妇女教育的问题域的转换""学术未来：性别教育研究的展开方式"等议题，回顾北京世界妇女大会25周年以来中国女童和妇女教育取得的成就，并对未来发展做了展望。

10月29日　浙江省嘉兴市妇联、嘉兴市妇女研究会联合组织召开"王会悟与中国妇女运动"理论研讨会。来自中共党史、中国妇女运动史、嘉兴本土文化等研究领域的专家学者围绕"王会悟与中国妇女运动"的主题展开讨论，阐述王会悟在中国早期妇女运动中的主要成就。

10月30日　由江苏省妇联、江苏省妇女学研究会、南京师范大学金陵女子学院主办的2020年江苏省"妇女/性别研究学术月"启动会在江苏省妇联干部学院举办。会议旨在深入学习贯彻习近平新时代中国特色社会主义思想，进一步凝聚全江苏省妇女/性别研究专家学者的智慧和力量，促进江苏妇女/性别研究学术繁荣。学术月活动设置"性别视角下的社会学研究和方法"等专题报告。江苏省妇联系统工作人员、部分高校师生，江苏省妇女学会部分会员、理事及妇女研究人员参加活动。

11月2日　上海市妇女学学会、上海市婚姻家庭研究会和上海市科学育儿基地联合举办"从女性生活方式的变迁看妇女发展"学术研讨会暨2020年第二期"会长讲坛"。来自复旦大学、上海交通大学、上海财经大学、上海市妇联系统的6位专家围绕女性的婚姻爱情、生殖健康、代际消费、劳动就业、老年女性数字化生活等议题进行了交流。

11月6日　由山西省妇联主办，山西省女性人才研究中心协办的"女性人才聚力山西高质量转型发展论坛"在山西太原举行。山西省各市妇联主席、山西省妇联常委、山西省妇联团体会员负责人、山西省妇联机关干部及直属单位负责人，山西省内外的专家学者、女科技工作者、女企业家代表等100余人参加论坛，以"汇聚巾帼力量 服务高质量发展"为主题，共同研讨女性人才服务山西高质量转型发展大计。

11月14日 由北京大学中外妇女问题研究中心和北京大学亚太研究院主办的"记忆、传承和发展：庆祝北京大学中外妇女问题研究中心成立30周年暨纪念北京世妇会25周年学术研讨会"在北京大学召开。全国妇联、北京大学中外妇女问题研究中心及从事妇女工作领域等数十位研究者、实践者参加会议，围绕"北京大学中外妇女问题研究中心历程回顾及展望""经验研究和理论研究共助性别平等主流化""女性研究的传承和发展"等议题展开了研讨。

11月15日 由上海师范大学人文学院世界史系与女性研究中心主办的"历史上的危机与女性"妇女/性别史研究学术研讨会在上海师范大学召开。会议采用线上线下相结合的方式举行。来自全国各地的专家学者、妇女工作者及报刊、出版社等媒体工作者200余人参加会议。与会代表围绕"历史上瘟疫、战争等危机中的女性""古今中外妇女与性别关系的历史和研究的状况、理论与方法"等问题进行了讨论。

11月21~22日 由中华女子学院中国妇女发展研究中心与德国弗里德里希·艾伯特基金会联合主办的"回顾与推进——'北京+25'暨第四届中德性别平等与发展研讨会"在中华女子学院召开。来自中国和德国的妇女与性别研究领域近百名专家学者以现场或在线方式参加会议。与会专家聚焦"推进性别平等的国家机制与法律政策""妇女参政""中德妇女与贫困""妇女与和平""性别平等教育的成效与问题""妇女与传媒""妇女与健康"等议题展开了研讨。

11月25日 为纪念第21个"消除对妇女的暴力行为国际日"，联合国驻华性别主题组在北京举办研讨会。来自社会组织、学术、医疗、法律领域和联合国驻华机构等社会各界的100余名参会代表，共同回顾中国预防和应对性别暴力所取得的进展，分享经验和做法，探讨应对性别暴力所面临的新议题和挑战，探索创新型的应对措施。

11月27日 由中华女子学院主办的"第二届全球女性发展论坛暨纪念世妇会25周年学术研讨会"在北京召开。此次研讨会的主题为"回顾·反思·展望"。来自联合国教科文组织、联合国妇女署以及坦桑尼亚、巴基斯坦、阿富汗、喀麦隆、埃塞俄比亚、加拿大、韩国等国家的专家学者与中国专家学者一道，共同交流探讨各国在妇女发展方面所取得的成绩和经验，思考各国在促进性别平等方面所面临的机遇和挑战，为进一步落实北京世妇会精神和 2030 年联合国可持续发展目标贡献智慧和力量。会议设置"脱贫攻坚与妇女可持续发展""社会治理中的妇女参与""女性·媒介·发展""为女性提供平等优质的高等教育" 4 个平行分论坛，与会学者聚焦 4 个主题，对如何将性别平等落在实处，让更多的妇女能够走在时代前列的有效路径进行了热烈的交流研讨。

11 月 28 日　由山东女子学院主办的"2020 年女性生存与发展研讨会：性别视野下的基层社会治理"在山东女子学院召开。会议主题为深入贯彻落实习近平总书记关于妇女和妇女工作的重要论述和党的十九届四中、五中全会精神，客观分析基层社会治理中女性生存与发展所面临的问题和挑战，提出进一步推动性别平等和妇女全面发展的对策建议。会议分为主旨报告和会议交流两个阶段。相关专家学者、妇女工作者及来自驻济高校的征文作者代表和山东女子学院的师生代表 60 余人参加了研讨会。

11 月 28 日　中国人口学会年会召开，其中婚姻家庭专委会以"新发展格局下的中国婚姻家庭研究"为主题举办了分论坛。来自中国人民大学、北京大学、南开大学、中国社科院、南京邮电大学的 6 位专家学者发言，线上线下共有 150 多人参加。专家学者围绕家庭关系、养老、生育、隔代照料等婚姻家庭领域的热点话题进行了探讨。

11 月 28~29 日　由德国弗里德里希·艾伯特基金会上海代表处与南京师范大学金陵女子学院共同主办的"未来工作中的女性"专题研讨会在南京举行。来自北京大学、南京大学、中山大学、东南大学和中华女子学院等高校的研究者、德国工会联合会结构就业和教育政策平等项目、德国比勒费尔德大学等的 30 余位专家，以及江苏省人力资源社会保障厅、江苏省总工会女工部和艾伯特基金会上海代表处相关负责人参加研讨会，研讨会采用"线上+线下"联动形式与德国同步展开。与会者围绕"数字化进程对劳动力市场的性别化影响""技术变革为女性就业带来的深度影响""数字化时代如何坚持平等价值"等议题展开了讨论。

11 月 29 日　在中国人口学会年会上，西安交通大学性别与发展研究中心承办社会性别专委会分论坛"新时代下的社会性别与社会发展"。来自中国社会科学院、南京大学、西安交通大学、陕西师范大学等高校和科研院所的学者参加会议。6位与会专家学者围绕"从性别视角看积极应对人口老龄化""生育对我国男女工资收入的影响及其变动趋势研究：1989~2015""越南新娘的社区融合：基于中国边境–内陆农村社区的比较案例研究""中国农村大龄未婚男性的流动、社会网络与HIV风险性行为""大龄未婚对农村流动男性主观生存质量的影响——养老担忧、性生活满意度的中介作用""中国性别失衡社会中男孩偏好于儿子效用的再审视"等热点问题进行了探讨。

12月12~13日 由厦门大学妇女/性别研究与培训基地、省社科联主办，省妇女理论研究会、福建江夏学院公共事务学院协办的"女性发展与国家治理现代化"学术研讨会在厦门大学召开。会议采用线上线下相结合的方式进行，设置了"女性主体地位和作用""新时代背景下的女性创业就业""国家治理现代化目标下的女性发展"3个议题。福建省社会科学界联合会、福建省妇女联合会、中国妇女研究会等相关单位的领导和全国高校的专家学者近百人现场参会。

12月22日 由中国教育国际交流协会、中国人民大学主办，教育、女性与可持续发展专家委员会，中国人民大学国际交流处，中国人民大学教育学院承办的教育、女性与可持续发展论坛2020——"教育扶贫与女性发展"专题研讨会在中国人民大学召开。来自政府、学界和公益组织的代表及中国人民大学的100余位师生出席论坛，围绕"女性与参政议政""赋能女生让性别平等落到实处""女性的教育成就与社会发展空间""从保障义务教育到全面提升教育水平""乡村振兴与青年发展"等议题进行了交流研讨。

12月26~27日 国家社会科学基金资助的社科学术社团主题活动"疫情背景下的妇女与发展：挑战与应对"学术研讨会以线上形式召开。此次会议由中国妇女研究会，华中科技大学社会学院、社会性别研究中心，武汉大学社会学院、妇女/性别研究与培训基地，妇女研究所《妇女研究论丛》编辑部联合主办。来自国务院妇女儿童工作委员会办公室、中国妇女发展基金会等实务工作部门，以及华中科技大学、武汉大学、中国农业大学、华中师范大学、华中农业大学、北京科技大学、北京师范大学、中国人民大学、中山大学、全国妇联妇女研究所等高等院校和科研院所的50余位与会者参与了研讨。围绕"疫情中妇女儿童保护的优先视角""抗疫巾帼力量的精神启示""疫情与农村女性的流动和生计""疫情与女性的赋权增能""历史中的疫情、妇女与卫生""社区防控、志愿服务与性别”“疫情下的家庭关系、社会心理”等议题，从社会学、社会工作、历史学、心理学等不同学科视角切入，深入研讨妇女和妇女组织在抗疫中的参与和作用，分析疫情背景下妇女发展面临的风险挑战，为帮助妇女摆脱疫情影响、推进妇女与经济社会同步发展建言献策。

12 月 28 日　由全国妇联妇女研究所国际妇女研究室、《妇女研究论丛》编辑部共同主办的“‘一带一路’与妇女发展：理论与经验”学术研讨会以线上形式召开。来自中国农业大学、云南省社会科学院、北京师范大学、北京外国语大学、河海大学、云南大学、云南民族大学、南宁师范大学、深圳国际公益学院、中华女子学院、中国纺织工业联合会等近 20 所（家）高校、科研机构、社会组织和国际机构的专家学者以及妇联组织的实务工作者近 30 人围绕“性别与发展的理论与实践”“妇女组织参与‘一带一路’建设”“‘一带一路’建设中的‘她力量’”“跨国流动与妇女发展”等专题展开了交流研讨。

学者简介

（按姓氏笔画排序）

王向贤 女，1972年10月生，汉族，2008年毕业于中国社会科学院，获社会学博士学位。现为山东大学哲学与社会发展学院教授，博士生导师。兼任中国妇女研究会常务理事、中国社会学会家庭社会学专业委员会理事。曾任中国婚姻家庭研究会理事（2015～2019年）、全国妇联九届执委（2003～2008年）。先后访问美国密歇根大学和加拿大尼皮辛大学（Nipissing）等大学，在澳门大学参与短期博士后项目。

主要从事父职、生育、劳动和反家庭暴力等领域的研究。开设"西方社会学理论"、"性别研究理论与方法"和"性别研究原著选读"等课程。在《中国社会科学（英文版）》（*Social Sciences in China*）和《社会学研究》等中外学术期刊发表论文40余篇，出版《为父之道：父职的社会构建》（2019）等专著4部。编著《妇女与社会性别研究在中国（1987～2003）》于2005年被评为"第四届全国优秀妇女读物"暨全国妇联推荐作品。主持和参与联合国人口基金项目"中国男性与性别平等研究"以及"妇女劳动保护的母职建构研究"等多项国家级和省部级项目。

王宇 女，1966年4月生，汉族，2004年毕业于南京大学，获文学博士学位。现为厦门大学中文系教授，国家社会科学基金重大项目首席专家，2020年获聘厦门大学"南强重点岗位教授"。兼任福建省现代文学研究会副会长、厦门大学妇女性别研究培训基地副主任以及中国妇女研究会、中国当代文学研究会、中国现代文学研究会理事。曾在美国布朗大学、英国爱丁堡大学等访学、交流、讲学。

主要从事中国现当代文学、女性文学、性别文化研究。开设"中国当代文学史""中国当代文学专题研究"等本科和研究生课程。在《文艺研究》《学术月刊》等学术期刊上发表论文 50 余篇，出版《性别表述与现代认同：索解 20 世纪后半叶中国的叙事文本》等专著 3 部，合著《中国新文学史》《中国女性文学教程》等多部。主持国家社会科学基金重大项目、一般项目以及省部级项目共 9 项。曾获中国妇女研究会"妇女／性别研究优秀博士学位论文"一等奖（2006）和"第三届中国妇女研究优秀成果"二等奖（2015）、厦门大学葛家澍奖（2020）等。

王楠 女，1975 年 4 月生，汉族，2002 年毕业于北京师范大学，获英语语言文学硕士学位，2010 年获文学博士学位。现任北京师范大学外国语言文学学院副院长、英文系教授、博士生导师，山东师范大学文学与跨文化中心兼职教授。美国加州大学伯克利分校妇女与研究中心访问学者、美国哈佛大学比较文学系访问学者。

主要从事国外性别理论、当代西方批评思潮、文学哲学、英美文学等教学科研工作。曾在 *PhiloSOPHIA*：*A Journal of Transcontinental Feminism*、《外国文学研究》、《妇女研究论丛》、《外国文学》、《国外文学》、《当代外国文学》、《国外理论动态》等核心期刊发表论文、述评多篇。著有《美国性别批评理论研究》（受北京社会科学基金资助，北京大学出版社，2016），译有《安提戈涅的诉求：生与死之间的亲缘关系》、《女作家写的蠢故事》、《诗歌的结构》（合译）等。主持在研国家社会科学基金项目"朱迪斯·巴特勒文学哲学思想研究"（2019~2024）、教育部规划项目"'后学'视域中安提戈涅批评思潮研究"（2018~2022）两项，独立完成省部级以上项目 4 项，参与国家社科基金重大课题"中国当代文学海外传播文献整理研究 1949~2019"的子课题"中国当代文学海外传播口述史研究"研究工作。曾获 2018 年北京市高等教育教学成果（教材类）二等奖。

王新宇 女，1972 年 1 月生，汉族，2001 年法学硕士毕业留任中国政法大学，后获得法学博士、哲学博士后；2012 年 1 月~2013 年 7 月在美国埃默里大学访学。2015 年晋升教授，2019 年获聘博士生导师。

主要研究领域为近代婚姻法、女性主义法学。开设"女性主义法学导论"课程，至 2020 年已开设 7 年。2016~2020 年研究成果主要集中在女性主义法学理论和家庭婚姻法制度实践，发表论文《女性主义法律现实主义——法律现实主义与女性主义法学》《寻找离婚财产分割的规范性原则》《修正传统正义理论，引正义之光照耀家庭》；出版著作《正义、社会性别与家庭》（译著）、《法观念现代化与女性权益保护——以〈反家庭暴力法〉为中心》（专著），后者是《反家庭暴力法》实施以来第一部理论、制度与实践相结合的著作。主持课题：司法部"法观念现代化与女性权益保护——以反家暴法为中心"（2019 年结项）；2019 年度国家社会科学基金项目"中国女性发展权法律体系保障研究"（在研）。

牛建林 女，1979 年 8 月生，汉族，2003 年毕业于北京大学，获经济学硕士学位；2008 年毕业于加拿大西安大略大学，获社会学博士学位。现任中国社会科学院人口与劳动经济研究所研究员、中国社会科学院大学教授。兼任中国人口学会理事、中国妇女研究会理事、北京市人口学会常务理事。

主要研究领域为人力资本、性别分工、婚姻与家庭的人口统计研究。在《中国社会科学》、《中国人口科学》、《人口研究》、《劳动经济研究》、*Demographic Research*、*Asian and Pacific Migration Journal* 等中外学术期刊发表论文数十篇，出版个人学术专著《精准扶贫精准脱贫百村调研·西相王村卷：非贫困村的多维贫困及治理》、合著《中国流动人口：健康与教育》。主持国家哲学社会科学基金项目 2 项，参与多项国家哲学社会科学基金重大项目。

尹旦萍 女，1973 年 11 月生，汉族，2002 年毕业于武汉大学，获哲学博士学位。先后在中国社会科学院社会学所、美国密西根大学从事博士后研究、担任访问学者。现为华中科技大学马克思主义学院教授，湖北省妇联常委，湖北省妇女理论研究会会长，湖北省社科联委员，湖北省妇女儿童发展规划专家。

主要从事党的妇女工作、马克思主义妇女理论、农村婚姻家庭研究。著作有《当代土家族女性婚姻变迁：以埃山村为例》《贫困地区农村男性婚姻挤压问题研究》，发表论文 70 余篇。主持国家社会科学基金重点项目"新文化运动时期的妇女解放运动"，国家社会科学基金一般项目"精准扶贫战略下少数民族贫困地区男性的婚姻挤压问题研究""新中国 70 年党领导妇女工作的历史与经验总结"，主持省部级项目 12 项。获得"湖北省政府发展奖"三等奖，中国妇女研究会第一届"妇女/性别研究优秀博士学位论文"三等奖，全国妇联、中国妇女研究会"第二届中国妇女研究优秀成果"三等奖，全国妇联、中国妇女研究会"第三届中国妇女研究优秀成果"二等奖。

石红梅　女，1974 年 2 月生，汉族，2006 年毕业于厦门大学，获理论经济学博士学位，系美国威斯康星麦迪逊分校、特拉华大学访问学者。现为厦门大学马克思主义学院党委书记、教授。2017 年入选福建省高等学校思想政治教育中青年杰出人才支持计划，2018 年入选福建省"石红梅名师工作室"，2020 年入选教育部"名师工作室"。兼任中国妇女研究会理事、福建省高校思想政治理论教学研究会副会长、福建省妇女理论研究会副秘书长、福建省福利协会常务理事、福建省人口学会理事。

主要从事马克思主义理论和妇女/性别研究。在《国外社会科学》《马克思主义与现实》《哲学动态》等重要报刊发表多篇论文。出版专著《已婚女性的时间配置研究》《马克思主义妇女观和中国特色女权主义实践》。主持国家哲学社会科学基金项目、教育部和省级课题 20 余项。

朱骅　男，1970 年 10 月生，汉族，2010 年毕业于复旦大学，获文学博士学位。现为上海海洋大学外国语学院教授，美国加州大学和佛罗里达大学访问学者，上海外文学会理事，中国妇女研究会理事。

主要从事女性跨国书写研究、赛珍珠研究、世界海洋文学、后殖民批评、离散与跨国主义理论等。对中美跨国空间中的各类女性群体，如来华女传教士、赛珍珠和史沫特莱等旅华女作家、谭恩美等美国华人女作家、早期赴美的华人女性劳工如"猪花"等，都有较为深入的跨学科研究，论文《19 世纪北美"猪花"离散群体的社会资本分析》曾被中国人民大学复印报刊资料《中国近代史》全文转载。主持"20 世纪以来中美跨国英文书写中的上海"等社会科学基金项目，专著《美国东方主义的"中国话语"——赛珍珠中美跨国书写研究》获 2015 年全国美国文学研究会专著类一等奖。近年研究主要集中于妇女解放理论以及海外的中国妇女解放书写。

包蕾萍　女，1973 年 3 月生，汉族，2010 年毕业于华东师范大学，获教育心理学博士学位。现任上海社科院社会学研究所副所长，性别发展研究中心主任，研究员；兼任上海市婚姻家庭研究会副会长、中国妇女学研究会常务理事。

主要研究方向为青少年发展、性别平等与社会政策，承担过多项国家和市级课题，在《社会学研究》《社会科学》《二十一世纪》《人口学刊》《青年研究》等核心期刊上发表论文数十篇，翻译出版《机体论》［〔美〕肯特·戈尔茨坦（Kurt Goldstein）著，2001］、《为人父母》［〔美〕简·B. 布鲁克斯（Jane B. Brooks）著，2019］等多本专著。《上海妇女60年发展报告》获第二届中国妇女儿童研究成果调研报告类一等奖；《独生子女神话：习俗、制度和集体心理》等专著和论文先后荣获省部级哲社理论研究优秀成果奖；关于生育政策调整的决策咨询报告获省部级政府决策咨询奖，并被采纳转化为相关政策。尤其注重发挥理论特长，将妇女儿童理论研究与实践结合，积极参与妇女儿童发展规划研制和监测评估，2020年度主持国务院妇儿工委、国家统计局重点课题"进一步完善性别统计制度研究"，带领研究团队深入一线调研，积极推动性别平等实事项目和相关领域公共政策变革。

任大鹏　男，1963年11月生，汉族，1984年毕业于北京农业大学。现为中国农业大学人文与发展学院教授，中国农业大学农业农村法制研究中心主任，兼任中国农业与农村法治研究会副会长兼学术工作委员会主任、中国农村合作经济管理学会副会长、中国合作经济学会常务理事、中国法学会理事、中国妇女研究会理事等职。

曾作为全国人大农委立法专家，参与《农业法》、《农村土地承包法》、《农民专业合作社法》和《乡村振兴促进法》等多部涉农法律的起草（修订）工作，主要研究领域为农村土地制度、农民组织制度、农业资源和环境保护制度、乡村治理，发表学术论文100多篇，著有《农产品质量安全法律制度研究》《中国农村村政与村务管理读本》等多部著作，主编《农业法学》《农村政策法规》等多部教材。其中，《农业法学》获北京市高等学校优质本科教材荣誉。

刘小楠　女，1973年12月生，汉族，吉林大学法学博士、北京师范大学教育学博士后。现为中国政法大学人权研究院教授、博士生导师。耶鲁大学、哥伦比亚大学、纽约大学访问学者。中国妇女研究会常务理事、北京市法学会妇女研究会常务理事、中国社会法研究会理事。

主要从事性别与法律、人权法学、反歧视法的研究。开设"社会性别与人权""反歧视法""人权法诊所"等课程。发表学术论文80余篇，编著《社会性别与人权教程》《港台地区性别平等立法及案例研究》《20 年，我们走了多远？——95 世妇会后中国妇女权利发展状况研究》《反就业歧视法专家建议稿及海外经验》。主持、参与多项包括国家社会科学基金项目在内的国家级、省部级课题及国际研究项目，为联合国妇女署、国际劳工组织、人力资源和社会保障部、全国妇联、全国总工会项目专家。

刘鸿雁　女，1963 年 1 月生，汉族，1996 年毕业于北京大学，获法学博士学位。现任中国人口与发展研究中心副主任、研究员，"百千万人才工程"国家级人选，享受国务院政府特殊津贴。

主要研究领域为人口学、生殖健康及社会性别，在各类杂志发表文章近百篇。近年来主要从事人口与计划生育领域的研究工作，推动了失独家庭、少数民族地区生育政策的完善。为联合国人口基金项目专家及中澳人权合作项目首席专家，推动南南合作卓越中心的成立，助推中心研究成果走向国际。

主要代表作有《新时期避孕模式的演变（2010～2016）》《中国生殖健康报告》等；主持国家社会科学基金重大项目"中国人口数据综合集成应用平台建设 1949～2015"和国家自然科学基金项目"人口与发展数学模型与综合决策支持系统——区域模型生命表子课题"。牵头撰写的《中国计生协计划生育特殊家庭帮扶模式探索项目基线调查报告》《城市家庭 3 岁以下婴幼儿托育服务需求调研报告》获得第六届、第七届人口科学优秀成果奖一等奖。

杜洁　女，1964 年 5 月生，汉族，1989 年毕业于北京大学，获学士学位和中外比较哲学硕士学位；2001 年获英国苏塞克斯大学发展研究院（Institute of Development Studies, Sussex University）社会性别与发展硕士学位（MA in Gender and Development），2013 年获英国伦敦政治经济学院社会政策博士学位。全国妇联妇女研究所原所长、研究员。

主要从事性别与公共管理及政策研究，参与和领导了关于妇女参政、法律政策中的性别平等、妇女生育健康政策促进、妇女和妇联组织参与村级治理、中国共产党促进男女平等制度机制等专题研究项目，发表《社会性别与公共政策分析——从概念到实践》《妇女组织对村民自治政策话语的影响分析》等成果，撰写 *Governing Women* 一书的 "Public Administration Reform and Women in Decision

Making in China"章节，参与编著《男女平等基本国策的贯彻与落实》《中国特色社会主义法治体系建设中的妇女权益保障研究》等。

李婷 女，1982年7月生，汉族，2011年毕业于美国华盛顿大学，获生态人口学博士学位。现为中国人民大学社会与人口学院人口学系教授，中国人民大学家庭与性别研究中心主任，中国人民大学人口与发展研究中心研究员。入选第四批国家"万人计划"青年拔尖人才项目（2019），获第十六届霍英东教育基金青年教师基金支持（2018）。兼任中国人口学会理事、中国人口学会家庭婚姻专委会副主任委员、九三学社北京社会与法制专委会委员、中国妇女研究会理事、微信公众号"严肃的人口学八卦"主编。

主要从事婚姻和家庭转变、人口健康与老龄化及数字化社会等领域的研究。开设"社会研究方法""生育、死亡与健康"等课程。在 *Demography*、*Social Science & Medicine*、*Proceedings of the National Academy of Sciences*、《人口研究》等国内外顶级社会学、人口学期刊发表多篇研究成果，出版专著2部。论文《生育与主观幸福感——基于生命周期和生命历程的视角》获第七届人口科学优秀成果奖二等奖。

宋少鹏 女，1971年11月生，汉族，1998年毕业于吉林大学行政学院，获法学硕士学位。2007年毕业于清华大学人文学院，获法学博士学位。1998年入职中国人民大学中共党史系，现为中国人民大学中共党史党建学院教授，博士生导师。加拿大阿尔加里大学人类学系、美国密歇根大学中国研究中心/妇女研究系访问学者。中国妇女研究会常任理事，中国社会学会家庭社会学专业委员会理事、中国社会学会性别社会学专业委员会理事，宋庆龄基金会理事。

主要从事近代女权思想史、共和国妇女史、中共妇女工作史。开设"中国妇女运动史"等课程。在《开放时代》《妇女研究论丛》《中共党史研究》《文化纵横》等刊物发表几十篇论文。代表性论著《"西洋镜"里的中国与妇女：文明的性别标准和晚清女权论述》《媒体中的"慰安妇"话语——符号化的"慰安妇"和"慰安妇"叙事中的记忆/忘却机制》《何殷震的"女界革命"——无政府主义的妇女解放理论》《立足问题，无关中西：在历史的内在脉络中建构的学科——对中国"妇女/性别研究"的思想史考察》《价值、制度、事件："男女同工同酬"与劳动妇女主体的生成》等。

宋月萍　女，1978 年 12 月生，汉族，2007 年毕业于南开大学，人口学博士，日本东北大学博士后，加拿大温尼伯大学经济学系访问学者。现为中国人民大学社会与人口学院副院长、教授，中国妇女研究会理事，中国社会学会性别社会学专委会副理事长、中国人口学会理事、中国女经济学者联谊会主席，曾任世界银行性别问题专家、亚洲开发银行性别平等专家。

主要从事人口流动、性别问题、人口健康等领域的研究。开设"性别与发展""性别与社会政策""经济学原理""卫生计量分析""数据分析与 Stata 软件应用"等课程。在 *Feminist Economics*，*Journal of Development Studies*、《人口研究》、《妇女研究丛论》等学术期刊发表中英文论文 80 余篇，出版专著 3 部，合著 10 余部，获得省部级科研奖励多项。

宋建丽　女，1972 年 7 月生，汉族，2006 年毕业于南开大学，获哲学博士学位。现为天津大学马克思主义学院英才教授、博士生导师。美国芝加哥大学访问学者，福建省百千万人才工程省级人选（2013）。兼任全国当代国外马克思主义研究会常务理事、中国妇女研究会理事、福建省妇女理论研究会理事等。为国家社会科学基金通讯评审专家，教育部平台学位论文评审专家。

主要从事马克思主义理论的教学与研究工作，研究领域涉及马克思主义哲学、国外马克思主义、性别哲学、伦理学等。在《妇女研究论丛》《马克思主义研究》《马克思主义与现实》《国外社会科学》《哲学动态》《世界哲学》等重要学术期刊发表论文 60 余篇，有 10 篇被全文转载或论点摘编。出版专著《公民资格与正义》《正义与关怀：女性主义的视角》，其中《公民资格与正义》获福建省第九届社会科学优秀成果一等奖。合译、主编和参编著作各 1 部，分别为《女性主义哲学指南》《女性主义哲学》《女性学》。主持各类课题 15 项，其中国家社会科学基金一般项目 2 项、青年项目 1 项、重大项目子项目 2 项。

吴小英　女，1967 年 9 月生，汉族，1997 年获北京大学哲学博士学位，同年进入中国社会科学院社会学研究所工作至今，2000～2001 年赴美国加州大学伯克利分校社会学系访学。现为中国社会科学院社会学研究所研究员、博士生导师，曾任《青年研究》副主编、性别与家庭社会学研究室主任，曾兼任中国社会学会家庭社会学专委会第三届理事长。现为中国社会学会理事、中国社会学会性别社会学专委会副理事长，同时兼任中国婚姻家庭研究会副会长以及北京市婚姻家庭研究会副会长等。

主要研究领域为性别研究和家庭社会学，关注家庭、国家与个体，性别与代际关系，家庭观念及其变革等。曾在《中国社会科学》《社会学研究》《妇女研究论丛》《探索与争鸣》等期刊发表论文多篇，其中《流动性：一个理解家庭的新框架》（2017）、《"离婚冷静期"争议背后的几个学术焦点》（2020）等论文在圈内获得一定的传播度。近10年来主持与转型期家庭变迁及其家庭政策相关的国家社会科学基金项目以及中国社科院创新工程项目若干，主要聚焦社会变迁背景下的家庭风险及其政策应对等议题，关注照料问题以及背后的家庭主义伦理变革带来的相关理论争议。

张永英　女，1974年8月生，汉族，1999年毕业于中国人民大学中共党史系，获法学硕士学位，2014年获法学博士学位。现任全国妇联妇女研究所副所长、研究员。兼任中国妇女研究会常务理事、中国社会学会社会政策研究专业委员会理事。

主要研究领域为妇女参政、妇女就业、社会性别与公共政策、妇联组织与妇联工作。发表学术论文60余篇，出版《权力参与和民主参与——改革开放以来中国妇女政治地位变化研究》专著1部，参与编写《男女平等基本国策的贯彻与落实》等著作多部，主持或参与国家社会科学基金课题、省部级课题及国际合作项目等10余项。参与起草《中国妇女发展纲要（2011~2020年）》《中国妇女发展纲要（2021~2030年）》专家建议稿，参与撰写国务院新闻办2015年发布《中国性别平等与妇女发展》（白皮书）和2019年发布《平等　参与　共享：新中国70年妇女事业的发展与进步》（白皮书）等。

赵群　女，1967年1月生，白族，1988年毕业于山东大学，2005年在英国萨塞克斯大学发展研究所（IDS）获性别与发展硕士学位。现任云南省妇联副主席（挂职），云南省社会科学院性别与社会发展研究中心主任、研究员，云南省妇女理论研究会副会长，中国妇女研究会常务理事。

主要从事性别与社会发展的研究、咨询和培训，对性别与贫困、社区发展、社会流动、技术推广社会适应性、气候变化适应性、妇女组织、妇女参政、社会性别平等议题有广泛的研究。出版专著《社会性别平等诉求挑战发展的神话》（2011），主要合著《社会性别与妇女反贫困》《流动生计与社会变迁：云南少数民族区域调查》《气候变化影响与适应性社会性别分析》《辉煌云南70年（社会篇）》《云南妇女儿童发展报告》《四十不惑——40人眼里的云南社科院》等，发表中英文论文数十篇。曾获国家发改委"十二五"规划建言献策活动二等奖、全国妇联和中国妇女研究会"妇女研究优秀成果"论文类一等奖、全国妇联维护妇女儿童权益先进个人（2013年）等。

耿化敏　男，1979年9月生，汉族，2007年毕业于中国人民大学，获历史学博士学位。现为中国人民大学中共党史党建学院副院长、教授、博士生导师，国家级人才称号获得者，兼任中国人民大学《教学与研究》学术副主编、中国中共党史学会高校学科建设专委会秘书长、中共党史人物研究会理事、中国妇女研究会常务理事。

主要从事中共党史党建的教学与研究，研究领域为中国共产党的领导制度、文化、教育与意识形态问题以及中国共产党妇女运动史、中共党史学科史等。开设"中国共产党历史""中共党史学学科史"等课程。主持国家社会科学基金项目3项，出版《中国共产党妇女工作史（1921～1949）》《中国共产党妇女工作史（1949～1978）》等专著5部，主编（执行）学术集刊《中共历史与理论研究》《青年党史学者论坛》15辑，在《中共党史研究》等杂志发表论文60余篇。

郭爱妹　女，1965年11月生，汉族，2004年毕业于南京师范大学，获教育学博士学位。现为南京师范大学金陵女子学院教授，江苏省老年学研究基地主任，美国南加州大学、香港中文大学访问学者。兼任中国妇女研究会理事、中国老年学和老年医学学会理事、中国社会保障学会理事、中国社会保障学会养老金分会理事、江苏妇女学研究会常务理事、江苏老年学学会常务理事等。

主要从事性别心理、人口老龄化与社会保障、老年健康等领域的研究。开设"女性主义理论与研究方法""性别与心理研究专题""社会保障理论与制度"等课程。出版《女性主义心理学》《城乡空巢老年人的生存状态与社会保障研究》《多学科视野下的老年社会保障研究》等专著 5 部，在《江海学刊》《南京社会科学》《国外社会科学》等学术期刊发表论文数十篇，研究成果多次被《新华文摘》、人大复印报刊资料、《高等学校文科学术文摘》等全文转载。主持包括国家社会科学基金项目在内的科研项目 20 余项，获江苏省哲学社会科学优秀成果奖、江苏省高校哲学社会科学优秀成果奖等各类科研奖项 10 余项。

康沛竹 女，1964 年 7 月生，汉族，现任北京大学马克思主义学院教授、博士生导师。1988 年毕业于北京大学历史系，获历史学硕士学位，1996 年毕业于中国人民大学清史研究所，获历史学博士学位。兼任中国李大钊研究会常务理事，中国妇女研究会理事。中央马克思主义理论研究和建设工程重点教材《马克思主义发展史》首席专家。2008 年国家级精品课"中国近现代史纲要"课程负责人。教育部人文社科重点研究基地清华大学高校德育研究中心学术委员会委员。清华大学马克思主义传播研究中心特约研究员。北京大学中华人民共和国史研究中心学术委员会委员。北京大学中外妇女研究中心研究委员。《马克思主义经典文献传播通考》（100 卷）丛书编委。

主要研究方向为中国近现代史、马克思主义妇女理论。出版专著《灾荒与晚清政治》《中国共产党执政以来防灾救灾的思想与实践》《新民主主义论导读》（编著）以及《关于正确处理人民内部矛盾的问题导读》等，主编《马克思主义妇女理论发展史》《马克思主义学习型政党建设问题研究》《中国近现代史前沿问题研究》《毛泽东经典著作研读系列丛书》等。在《近代史研究》《中共党史研究》《当代中国史研究》《马克思主义研究》《马克思主义与现实》《光明日报》等发表文章 80 多篇。主持完成国家"九五"社会科学基金党史学科项目 1 项，主持教育部人文社会科学重点研究基地项目 1 项，主持完成北京市及其他课题 6 项。国家社会科学基金、教育部重大项目、国务院扶贫办重大招标项目子课题负责人。

鹿锦秋 女，1970 年 9 月生，汉族，2014 年毕业于山东大学，获法学博士学位。现为山东理工大学马克思主义学院教授、硕士生导师。兼任中国妇女研究会理事、山东省妇女儿童工作智库专家。

主要从事西方女性主义哲学及当代中国妇女/性别研究。开设"国外马克思主义专题"等硕士生课程。在《马克思主义与现实》等学术期刊发表论文 20 余篇，出版专著《南希·哈索克的马克思主义女性主义研究》，主编、参编著作 2 部。获山东省第三十次社科优秀成果奖二等奖、山东省第三十三届社科优秀成果奖二等奖、中国妇女研究会第六届妇女/性别研究优秀博士论文二等奖等科研奖励 7 项。主持国家社会科学基金项目"当代英美左翼女性主义家庭伦理思想研究"、教育部社科基金项目"当代西方左翼女性主义正义理论研究"、山东省社科规划项目"当代欧美左翼女性主义主体性哲学思想研究"等课题近 10 项。获"山东理工大学优秀研究生指导教师"等荣誉称号。

章梅芳　女，1979 年 10 月生，汉族，2006 年毕业于清华大学，获哲学博士学位。现为北京科技大学科技史与文化遗产研究院副院长、教授、博士生导师，英国剑桥李约瑟研究所高级访问学者。兼任中国科学技术史学会常务理事、中国科学学与科技政策研究会理事、中国社会学会科学社会学专委会理事、中国妇女研究会理事，创立中国科学技术史学会性别与科学研究专委会并担任常务副主任兼秘书长。

主要研究领域为女性主义科学编史学、性别与科技研究。主持与性别研究相关的科研项目有国家社会科学基金"性别视角下中国近代科技文化研究"、教育部人文社会科学研究青年基金"西方女性主义科学史理论研究"等 5 项，出版有《性别视角中的中国古代科学技术》《性别与科学读本》《女性主义科学编史学研究》《三思塵谈："南来北往"科学文化相问集》，译有《怀孕文化史：怀孕、医学和文化（1750~2000）》，主编《多元化视角下的科学史与科学文化研究》等，发表中英文学术论文 110 余篇、书评随笔及报刊专栏文章 110 余篇。

梁丽霞　女，1976 年 9 月生，汉族，2005 年毕业于兰州大学，获法学博士学位。现为济南大学政法学院教授、博士研究生导师。获评"山东省社会科学学科新秀"，入选"山东省理论人才百人工程"。兼任中国社会学学会理事、中国人口学学会理事、中国妇女研究会理事、中国社会工作教育协会理事、山东省社会学会副会长、山东省妇女理论研究会副会长、山东省社会工作协会社会工作教育专业委员会副主任、济南社会工作协会副会长等。

主要从事性别与照护、人口社会学、社会福利等方面的研究工作。开设"社会性别研究"课程，被评为山东省一流课程。在《妇女研究论丛》《民俗研究》等学术期刊发表论文 50 余篇，出版《被隐匿的光景——失能老年人家庭照顾者压力及社会支持研究》等 2 部专著。主持国家社会科学基金重点项目 1 项、一般项目 1 项，省部级、市厅级科研项目 20 余项。获得山东省优秀社会科学成果奖、民政部优秀社会科学成果奖、全国老龄委优秀社会科学成果奖、山东省软科学优秀成果奖等科研奖励 20 余项。

靳小怡 女，1973 年 4 月生，汉族，2003 年获西安交通大学管理学博士学位，斯坦福大学博士后。现任西安交通大学性别与发展研究中心主任、公共政策与管理学院人口与发展研究所教授、博士生导师。2007 年入选教育部新世纪人才、2014 年入选陕西省人文社科青年英才、2018 年享受国务院政府特殊津贴。兼任中国妇女研究会常务理事、中国人口学会理事及社会性别专委会主任委员、陕西省人口学会常务理事，中国社会学会婚姻家庭专业委员会理事等。

主要从事转型期婚姻家庭变迁、农业转移人口可持续发展的理论与政策研究。主持国家社会科学基金重大项目 2 项及重点项目 1 项、陕西省社科基金重大项目 1 项、国家与省部级项目 10 余项。合作出版《当代中国农村的招赘婚姻》《中国人口性别结构与社会可持续发展》《乡城流动中的中国男性婚姻挤压》《婚姻挤压下的农村家庭养老》《性别失衡对中国农村人口婚姻暴力的影响研究——基于性别与流动的视角》等专著 11 部，发表中英文论文百余篇，获省部级一等奖 3 次、二等奖 8 次、三等奖 5 次。

贺桂梅 女，1970 年 10 月生，汉族，现任北京大学中文系教授，中国现当代文学专业博士生导师。2000 年毕业于北京大学中文系，获文学博士学位，同年留校任教。2012 年曾在日本神户大学担任特任准教授。2015 年度教育部青年长江学者。

主要从事中国现当代文学史研究，同时进行当代中国思想史研究、现状文化批评与 20 世纪中国女性文学研究。出版著述《转折的时代——40~50 年代作家研究》《"新启蒙"知识档案：80 年代中国文化研究》《女性文学与性别政治的变迁》《赵树理文学与乡土中国现代性》《书写"中国气派"：当代文学与民族形式建构》等。主持"女性镜像与当代中国的主体认同""20 世纪女性文学经典重读"等课题项目。

2016~2020年国家社会科学基金与性别相关项目索引

2016 年国家社会科学基金年度项目与妇女/性别研究直接相关立项项目汇总（共 42 项）

序号	课题名称	负责人	工作单位	项目类别	学科分类	批准号
1	当代中国妇女理论的本土建构研究	畅引婷	山西师范大学	一般项目	马列·科社	16BKS131
2	儒家仁学与女性主义关怀伦理学的对话研究	彭华	哈尔滨工业大学	一般项目	哲学	16BZX041
3	生态女性主义视阈下女性符号消费的伦理研究	汪怀君	中国石油大学	一般项目	哲学	16BZX107
4	我国生育政策调整对女性经济权益的影响研究	张霞	中南财经政法大学	一般项目	理论经济	16BJL114
5	"全面两孩"政策对城镇女性就业的影响研究	张樨樨	中国海洋大学	一般项目	应用经济	16BJY032
6	立法中的性别平等评估机制研究	马姝	华东政法大学	一般项目	法学	16BFX010
7	精准扶贫战略下少数民族贫困地区男性的婚姻挤压问题研究	尹旦萍	中南民族大学	一般项目	社会学	16BSH059
8	我国老年女性社会资本现状及其对健康影响研究	夏辛萍	广西科技大学	一般项目	社会学	16BSH060
9	中国城市女性生育成本建构机制研究	杜江勤	上海交通大学	一般项目	人口学	16BRK033
10	河湟地区少数民族贫困妇女文化教育救助机制研究	王秀花	青海大学	一般项目	民族问题研究	16BMZ056
11	西部边疆民族地区女大学生村官特殊问题研究	胡红霞	云南师范大学	一般项目	民族问题研究	16BMZ086
12	清代妇女养老保障问题研究	吕宽庆	郑州航空工业管理学院	一般项目	中国历史	16BZS062
13	中国古代女性文学批评文献整理与文化研究	舒红霞	大连大学	一般项目	中国文学	16BZW040

续表

序号	课题名称	负责人	工作单位	项目类别	学科分类	批准号
14	中国近代女性文学批评研究	陈静	济南大学	一般项目	中国文学	16BZW106
15	民国妇女报刊与文学的社会性别意识研究	刘钊	长春师范大学	一般项目	中国文学	16BZW127
16	马克思主义女权主义视阈中的"十七年"女作家创作研究	刘传霞	济南大学	一般项目	中国文学	16BZW152
17	平成年代芥川奖获奖女作家及其作品的价值取向问题研究	王玉英	长春理工大学	一般项目	外国文学	16BWW026
18	后殖民理论视野中的华裔美国女性文学译介研究	章汝雯	浙江财经大学	一般项目	外国文学	16BWW040
19	英国当代女性作家的城市书写研究	王桃花	湖南科技大学	一般项目	外国文学	16BWW067
20	印度裔美国女作家小说创作研究	袁雪生	南昌大学	一般项目	外国文学	16BWW084
21	藏汉英性别语言中的女性地位异同研究	尼玛普赤	西藏大学	一般项目	语言学	16BYY057
22	汉语性别成分的语序变化规律研究	孙汝建	华侨大学	一般项目	语言学	16BYY059
23	性别议题的媒体表达与提升国际话语权研究	刘利群	中华女子学院	一般项目	新闻学与传播学	16BXW070
24	社会性别视角下的媒介暴力及其话语研究	范红霞	浙江大学城市学院	一般项目	新闻学与传播学	16BXW082
25	新疆穆斯林女性体育参与的社会适应研究	乔凤杰	清华大学	一般项目	体育学	16BTY022
26	女性深度休闲体育行为研究	邱亚君	浙江大学	一般项目	体育学	16BTY077
27	中国妇女体育意识培育、体育参与率提升路径及实证研究	李敏	河南大学	一般项目	体育学	16BTY080
28	西方女性主义性别正义理论范式研究	茅根红	华南师范大学	青年项目	马列·科社	16CKS032

续表

序号	课题名称	负责人	工作单位	项目类别	学科分类	批准号
29	西方女性主义关于资本主义社会批判理论问题研究	王玉珏	集美大学	青年项目	哲学	16CZX011
30	儒家女性伦理研究	王堃	北京大学	青年项目	哲学	16CZX033
31	社会再生产机制与弱势阶层子女的向上流动研究	闫伯汉	西北民族大学	青年项目	社会学	16CSH008
32	社会性别视角下妇女组织参与社会治理的对策研究	王晓莉	中共中央党校	青年项目	社会学	16CSH028
33	"全面二孩"政策实施后女性就业保障的实现路径与制度创新研究	何雅菲	桂林理工大学	青年项目	人口学	16CRK001
34	"全面两孩"政策、生育代价与我国女性就业参与程度研究	肖承睿	西南财经大学	青年项目	人口学	16CRK002
35	"全面两孩"政策实施后妇女生育水平及其决定因素研究	靳永爱	中国人民大学	青年项目	人口学	16CRK003
36	我国出生人口性别失衡的空间扩散和治理对策研究	闫绍华	山东财经大学	青年项目	人口学	16CRK005
37	女性就业视阈下我国性别失衡的劳动力市场效应研究	余玲铮	广州大学	青年项目	人口学	16CRK017
38	性别失衡社会农村家庭风险、后果及应对研究	杨博	陕西师范大学	青年项目	人口学	16CRK022
39	清末民初女学生的日常体验与文学实践研究（1898—1919）	黄湘金	西南大学	青年项目	中国文学	16CZW037
40	清末民初女作家社会文化身份构建研究	杜若松	长春师范大学	青年项目	中国文学	16CZW038
41	欧洲中世纪晚期女性宗教写作研究	杜力	上海外国语大学	青年项目	外国文学	16CWW025
42	中国近现代女性体育观念谱系研究	关景媛	东北师范大学	青年项目	体育学	16CTY001

2017 年国家社会科学基金年度项目与妇女/性别研究直接相关
立项项目汇总（共 30 项）

序号	课题名称	负责人	工作单位	项目类别	学科分类	批准号
1	现代西方性别正义理论研究	张秀	华东政法大学	一般项目	哲学	17BZX097
2	乡村治理中农村女性组织化发展问题研究	黄粹	大连理工大学	一般项目	政治学	17BZZ065
3	中国残疾女性贫困的现状、影响因素与精准扶贫对策研究	侯晶晶	南京师范大学	重点项目	社会学	17ASH016
4	"互联网+"背景下我国农村女性创业模式及政策支撑体系研究	周必彧	浙江工业大学	一般项目	社会学	17BSH007
5	精准扶贫中农村妇女的反贫困实践研究	张翠娥	华中农业大学	一般项目	社会学	17BSH036
6	"全面两孩"政策下女性围产期心理健康状况的发展轨迹、预测模型及干预研究	曹枫林	山东大学	一般项目	社会学	17BSH054
7	低保家庭的性别差异及相关对策研究	张浩淼	四川大学	一般项目	社会学	17BSH062
8	女性特殊从业人员工作场所的社会交换及社会工作介入研究	董云芳	山东财经大学	一般项目	社会学	17BSH065
9	性别理念与结构社会工作视角下的妇女工作研究	丁瑜	中山大学	一般项目	社会学	17BSH143
10	精准扶贫体系中农村贫困女性的行动角色与减贫路径研究	苏海	山东女子学院	青年项目	社会学	17CSH036
11	城镇职业女性生育代价及其补偿机制研究	陈煜婷	中共上海市委党校	青年项目	社会学	17CSH066
12	性别失衡下贫困农村大龄未婚男性生殖健康促进战略研究	陆卫群	贵州大学	一般项目	人口学	17BRK005
13	女性农民工迁移婚姻风险的评估与防范研究	仰和芝	井冈山大学	一般项目	人口学	17BRK021

续表

序号	课题名称	负责人	工作单位	项目类别	学科分类	批准号
14	基于工作生命表估计的中国女性"生育代价"研究	刘金菊	北京城市学院	一般项目	人口学	17BRK027
15	新疆乡村少数民族家庭发展能力与妇女生存质量关系研究	古丽巴哈尔·卡德尔	新疆医科大学	一般项目	人口学	17BRK030
16	家庭视角下的劳动力市场地位获得和职业流动的性别差异研究	贺光烨	南京大学	青年项目	人口学	17CRK024
17	五溪流域女红手艺人的生存现状调查及技艺永续传承问题研究	周亚辉	吉首大学	一般项目	民族学	17BMZ057
18	青藏高原农牧区留守妇女教育发展支持研究	张伯娟	青海民族大学	一般项目	民族学	17BMZ074
19	新疆少数民族地区妇女手工艺精准扶贫问题研究	李钦曾	石河子大学	一般项目	民族学	17BMZ119
20	基于图像史料的宋代女性文化研究	程郁	上海师范大学	一般项目	中国历史	17BZS042
21	文学地理学视域下的宋元女性文学研究	刘双琴	江西省社会科学院	青年项目	中国文学	17CZW023
22	中日韩女性的战争体验叙述与历史认知研究	李贞玉	南开大学	青年项目	中国文学	17CZW048
23	当代女性写作中的乡土伦理观研究	郑斯扬	福建社会科学院	青年项目	中国文学	17CZW050
24	女性主义叙事阐释方法研究	程丽蓉	浙江工商大学	一般项目	外国文学	17BWW003
25	近代日本女性作家的"国家"认知研究	曾婷婷	吉林大学	一般项目	外国文学	17BWW031
26	日本近现代女性文学的精神记忆与肉体记忆研究	黄芳	四川外国语大学	一般项目	外国文学	17BWW035
27	当代英国女性戏剧研究	钱激扬	苏州大学	一般项目	外国文学	17BWW057
28	纳丁·戈迪默小说创作中的民族、性别与叙事关系研究	肖丽华	宁波大学	一般项目	外国文学	17BWW077

续表

序号	课题名称	负责人	工作单位	项目类别	学科分类	批准号
29	我国育龄妇女健康的体育干预研究	熊欢	华南师范大学	一般项目	体育学	17BTY048
30	女性参与治理行为与家族企业成长研究	郭萍	华南农业大学	一般项目	管理学	17BGL081

2018 年国家社会科学基金年度项目与妇女/性别研究直接相关立项项目汇总（共 49 项）

序号	课题名称	负责人	工作单位	项目类别	学科分类	批准号
1	乡村振兴战略视阈下农村妇女事业发展研究	廖和平	湖南科技大学	一般项目	马列·科社	18BKS126
2	习近平新时代妇女全面发展思想研究	白艳	吉林大学	一般项目	马列·科社	18BKS167
3	中国共产党领导的妇女武装组织研究（1927—1936）	徐峰	贵州财经大学	一般项目	党史·党建	18BDJ062
4	改革开放以来中国共产党推进民族地区妇女工作的历史经验研究	李博	中国共产党宁夏回族自治区委员会党校	一般项目	党史·党建	18BDJ074
5	中国女性微创业的制度环境评价与政策优化研究	赵西	青岛大学	一般项目	应用经济	18BJY043
6	"一带一路"比较分析视角下村庄传统制度对中印农村妇女参与村级治理的隐性建构研究	刘筱红	华中师范大学	一般项目	政治学	18BZZ038
7	农村贫困妇女非农就业服务研究	李雪芹	湘潭大学	一般项目	政治学	18BZZ100
8	《民法典·婚姻家庭编》的价值定位与制度建设研究	王歌雅	黑龙江大学	一般项目	法学	18BFX185
9	民法典中性别平等机制的建构研究	郝佳	西北政法大学	一般项目	法学	18BFX188
10	"21 世纪海上丝绸之路"沿线国家华人女性移民比较社会学研究	陈琼渊	华侨大学	一般项目	社会学	18BSH061

续表

序号	课题名称	负责人	工作单位	项目类别	学科分类	批准号
11	"全面两孩"政策下双职工夫妻工作—家庭平衡发展轨迹及干预研究	曾练平	贵州师范大学	一般项目	社会学	18BSH062
12	新时代城镇化背景下的蒙古族女性生活变迁研究	玉荣	呼和浩特民族学院	一般项目	社会学	18BSH064
13	西南边境少数民族村寨女性艾滋病患者的社会适应策略与帮扶机制研究	尚云	云南师范大学	一般项目	社会学	18BSH072
14	中越老缅边境地区跨国女性"汇款效应"研究	陈雪	云南大学	一般项目	社会学	18BSH101
15	"郝建秀小组"研究	游正林	中国政法大学	一般项目	社会学	18BSH103
16	不同家庭结构父亲参与和合作养育对儿童社会情绪行为的影响研究	郭菲	中国科学院	一般项目	社会学	18BSH117
17	生育新政背景下随迁父母的生活质量研究	李静雅	集美大学	青年项目	社会学	18CSH032
18	乡村振兴战略背景下农村"光棍"问题的社会学研究	刘燕舞	武汉大学	青年项目	社会学	18CSH034
19	新时代女大学生就业质量评价和提升路径研究	王慧	福建江夏学院	青年项目	社会学	18CSH045
20	产后抑郁症的人类学研究	赵芮	厦门大学	青年项目	社会学	18CSH055
21	中国妇女生育模式变动及其影响因素研究	杨凡	中国人民大学	重点项目	人口学	18ARK003
22	儿童照顾对城市家庭二孩生育决策的影响及政策选择研究	唐美玲	厦门大学	一般项目	人口学	18BRK036
23	现代职业模式对妇女生育力的影响及对策研究	俞文兰	中国疾病预防控制中心职业卫生与中毒控制所	一般项目	人口学	18BRK038
24	单亲家庭性别角色代际传递模式及干预机制研究	陈羿君	苏州大学	一般项目	人口学	18BRK039

序号	课题名称	负责人	工作单位	项目类别	学科分类	批准号
25	家庭化迁移与新生代流动女性就业能力研究	罗恩立	华东理工大学	一般项目	人口学	18BRK041
26	全面两孩政策下家庭责任对城镇女性就业的影响研究	肖洁	南京工业大学	一般项目	人口学	18BRK042
27	新型城镇化背景下西部女性流动人口社会支持网构建研究	王雪梅	宁夏大学	一般项目	人口学	18BRK048
28	二胎过渡家庭头胎儿童及母亲的心理健康：变化轨迹、影响因素及作用机制研究	卓然	吉林农业大学	青年项目	人口学	18CRK004
29	中国妇女队列生育水平及变动趋势研究	张现苓	中央财经大学	青年项目	人口学	18CRK011
30	西北少数民族女性经济能人社会发展作用调查研究	张宗敏	宁夏大学	一般项目	民族学	18BMZ113
31	西南少数民族女性身体经历的民族志研究	谭晓静	三峡学院	一般项目	民族学	18BMZ114
32	简帛文献与秦汉妇女/性别史研究	夏增民	华中科技大学	一般项目	中国历史	18BZS040
33	辽金女性群体研究	张宏	吉林师范大学	一般项目	中国历史	18BZS052
34	出土简牍所见秦汉家庭与社会中的女性研究	程博丽	湖南大学	青年项目	中国历史	18CZS008
35	徽州乡村女性婚姻家庭生活地位变化研究（1949—2016）	马路	安徽师范大学	青年项目	中国历史	18CZS062
36	基督教传播与中国近代社会妇女观念的变迁研究	周庆	宁夏大学	一般项目	宗教学	18BZJ029
37	比较视野下的唐宋女侠故事文化研究	高慧芳	北京大学	一般项目	中国文学	18BZW050
38	新世纪女性文学创作转型研究	郭力	哈尔滨师范大学	一般项目	中国文学	18BZW161

续表

序号	课题名称	负责人	工作单位	项目类别	学科分类	批准号
39	中国当代少数民族女性文学叙事流变研究	曲圣琪	南京财经大学	一般项目	中国文学	18BZW183
40	中国近代女性小说叙录及考论	鲁毅	济南大学	青年项目	中国文学	18CZW035
41	当代欧美女性主义忧郁理论研究	赵靓	江西师范大学	一般项目	外国文学	18BWW011
42	平成时代日本女性文学研究	叶琳	南京大学	一般项目	外国文学	18BWW029
43	珍妮特·温特森的解构主义故事观及其文化语境研究	俥康	南京工业大学	一般项目	外国文学	18BWW053
44	当代美国女性环境书写的左翼思想研究	韦清琦	南京师范大学	一般项目	外国文学	18BWW078
45	当代美国奇卡诺女性小说中的"跨界"研究	袁雪芬	中南民族大学	一般项目	外国文学	18BWW079
46	安·兰德小说研究	孙旭	陕西师范大学	青年项目	外国文学	18CWW012
47	加拿大法语文学女性写作研究	冯琦	贵州师范大学	青年项目	外国文学	18CWW020
48	社会性别视角下女性媒体工作者的职业发展研究	曾丽红	广州大学	一般项目	新闻学与传播学	18BXW034
49	基于自媒体的女性参与赋能机制研究	杨霞	山西师范大学	一般项目	新闻学与传播学	18BXW084

2019 年国家社会科学基金年度项目与妇女／性别研究直接相关立项项目汇总（共 54 项）

序号	课题名称	负责人	工作单位	项目类别	学科分类	批准号
1	社会主义发展进程视域下中国妇女运动经验研究	韩贺南	中华女子学院	一般项目	马列·科社	19BKS189
2	新中国 70 年党领导妇女工作的历史与经验研究	尹旦萍	中南民族大学	一般项目	党史·党建	19BDJ063
3	中央苏区妇女解放运动的理念嬗变、路径演化及经验启示研究	胡军华	江西农业大学	一般项目	党史·党建	19BDJ069

续表

序号	课题名称	负责人	工作单位	项目类别	学科分类	批准号
4	国家生育政策调整对女性生育及劳动力市场供给的影响及对策研究	刘玮玮	江苏师范大学	一般项目	应用经济	19BJY053
5	国家生育政策调整对女性就业质量的影响机制、测度及对策研究	李善乐	山东管理学院	一般项目	应用经济	19BJY058
6	中国女性发展权法律保障体系研究	王新宇	中国政法大学	一般项目	法学	19BFX045
7	全面二孩背景下生育权的理论反思与法律保障研究	赵大千	大连理工大学	一般项目	法学	19BFX054
8	民法典视野下的夫妻债务法研究	叶名怡	上海财经大学	一般项目	法学	19BFX155
9	农村留守儿童性侵害数字化防御体系构建与预防策略研究	王东	浙江工业大学	一般项目	社会学	19BSH026
10	西南边境跨境婚姻问题与边疆社会稳定研究	陶自祥	云南民族大学	一般项目	社会学	19BSH031
11	2020年后农村女性非收入贫困问题及其干预策略研究	东波	东北石油大学	一般项目	社会学	19BSH066
12	全面二孩政策背景下城市女性职业流动研究	童梅	西安交通大学	一般项目	社会学	19BSH073
13	全面两孩政策下家庭照料对女性非正规就业的影响研究	吴燕华	浙江农林大学	一般项目	社会学	19BSH074
14	我国农村留守儿童的母亲意象研究	尹芳	大理大学	一般项目	社会学	19BSH118
15	全面两孩政策下的亲职抚育困境与社会支持体系建构研究	陈雯	中共江苏省委党校	一般项目	社会学	19BSH158
16	生育支持政策试点效果跟踪评估与生育友好型社会构建研究	石智雷	中南财经政法大学	重点项目	人口学	19ARK004

续表

序号	课题名称	负责人	工作单位	项目类别	学科分类	批准号
17	新中国 70 年来人口死亡性别差异研究	陈岱云	济南大学	重点项目	人口学	19ARK006
18	3 岁以下随迁子女照料对流动女性就业的影响及社会支持政策研究	谭江蓉	重庆工商大学	一般项目	人口学	19BRK001
19	生命历程视角下中国老年人的家庭婚姻关系与成功老龄化研究	马磊	上海大学	一般项目	人口学	19BRK024
20	低生育率时代生育友好型社会构建研究	潘金洪	南京邮电大学	一般项目	人口学	19BRK027
21	东北地区长期超低生育率水平研究	孙晓霞	吉林财经大学	一般项目	人口学	19BRK028
22	福利多元主义视阈下我国生育保障政策研究	李兰永	山东社会科学院	一般项目	人口学	19BRK029
23	延迟退休、隔代照料与中国育龄女性生育行为研究	顾和军	南京信息工程大学	一般项目	人口学	19BRK031
24	新中国 70 年蒙古族妇女发展研究	达日夫	中共内蒙古自治区委员会党校	一般项目	民族学	19BMZ049
25	新中国 70 年西部边疆少数民族妇女发展研究	黄筱娜	中共广西壮族自治区委员会党校	一般项目	民族学	19BMZ138
26	新媒体环境下中缅越老交界地区妇女跨境交往与社会稳定问题研究	王天玉	云南师范大学	一般项目	民族学	19BMZ153
27	明清华北女性碑刻搜集、整理与研究	姚春敏	山西师范大学	一般项目	中国历史	19BZS009
28	辽金女性研究	王姝	吉林省社会科学院	一般项目	中国历史	19BZS043
29	抗战时期中国电影业与都市女性日常生活研究	赵莹莹	贵州师范大学	一般项目	中国历史	19BZS116
30	20 世纪英美女性主义思潮及其时尚表达研究	王赳	丽水学院	一般项目	世界历史	19BSS006
31	19 世纪美国女性财产权的确立及其影响研究	孙晨旭	福建师范大学	一般项目	世界历史	19BSS032
32	中国佛教石窟女性信仰的宗教社会学研究	徐婷	四川大学	一般项目	宗教学	19BZJ029

续表

序号	课题名称	负责人	工作单位	项目类别	学科分类	批准号
33	美国女性"南京大屠杀"叙事文献整理与研究	仇蓓蓓	江苏第二师范学院	一般项目	中国文学	19BZW018
34	异质文化交流视野下的魏晋南北朝女性文学研究	束莉	安徽大学	一般项目	中国文学	19BZW064
35	明代女性作家考录	张清华	北京开放大学	一般项目	中国文学	19BZW074
36	中国当代女性文学本土化研究	王宇	厦门大学	一般项目	中国文学	19BZW103
37	"五四"女校文学与中国新文学的发展研究	郭霞	湖南城市学院	一般项目	中国文学	19BZW129
38	藏族文学性别伦理和家园情怀的中华民族共同体意识研究	徐美恒	西藏民族大学	一般项目	中国文学	19BZW176
39	叙事伦理视角下的安吉拉·卡特小说研究	吴颉	上海交通大学	一般项目	外国文学	19BWW053
40	德国女性文学创伤叙事模式与修复机制研究	张帆	上海外国语大学	一般项目	外国文学	19BWW062
41	美国民权运动时期非裔女性作家政治书写研究	方幸福	华中师范大学	一般项目	外国文学	19BWW069
42	认知女性主义视域下美国南方女作家的社会焦虑研究	刘玉红	广西师范大学	一般项目	外国文学	19BWW074
43	青少年女性数字媒介文化实践研究	马中红	苏州大学	一般项目	新闻学与传播学	19BXW112
44	改革开放40年女性体育身体观的图像史证	杨雪	暨南大学	一般项目	体育学	19BTY047
45	社会生态模型视角下不同社会阶层女性休闲体育参与研究	韩勤英	河南师范大学	一般项目	体育学	19BTY048
46	身体哲学视角下中国女性体育发展路径研究	潘丽霞	山东师范大学	一般项目	体育学	19BTY049
47	改革开放40年中国女子竞技体育发展历程、成就和经验研究	龙斌	武汉体育学院	一般项目	体育学	19BTY102

续表

序号	课题名称	负责人	工作单位	项目类别	学科分类	批准号
48	社会经济因素对母婴健康的影响及健康保障对策研究	申梦晗	中山大学	青年项目	应用经济	19CJY004
49	女性视角下我国低生育率困境成因及干预机制研究	王小洁	中国海洋大学	青年项目	人口学	19CRK016
50	新时代职业女性生育率变化及影响因素研究	康传坤	山东财经大学	青年项目	人口学	19CRK019
51	社会性别视域下的南疆农村妇女反贫困对策研究	阿达莱提·图尔荪	新疆社会科学院	青年项目	民族学	19CMZ046
52	美国非裔女性作家的日常生活书写研究（1964—2000）	王辰晨	华中科技大学	青年项目	外国文学	19CWW022
53	城乡融合背景下农村女青年社交媒体使用与身份建构研究	王旖旎	湖南大学	青年项目	新闻学与传播学	19CXW025
54	低收入家庭子女共享优质公共教育资源的精准治理机制构建研究	张建	华中师范大学	青年项目	管理学	19CGL064

2020 年国家社会科学基金年度项目与妇女/性别研究直接相关立项项目汇总（共 49 项）

序号	课题名称	负责人	工作单位	项目类别	学科分类	批准号
1	数字时代女性创业的障碍及政策支持机制研究	黄扬杰	温州医科大学	重点项目	社会学	20ASH012
2	中国少数民族文学女性形象建构与中华优秀传统文化的精神标识研究	黄晓娟	广西民族大学	重点项目	中国文学	20AZW022
3	儿童综合支援计划提升中国生育率的机理、效果与制度架构研究	曹信邦	南京财经大学	重点项目	管理学	20AGL026

序号	课题名称	负责人	工作单位	项目类别	学科分类	批准号
4	"八千湘女"建设边疆的历史贡献和传承红色基因的时代价值研究	邹建中	中共新疆生产建设兵团第三师委员会党校	一般项目	马列·科社	20BKS135
5	当代英美左翼女性主义家庭伦理思想研究	鹿锦秋	山东理工大学	一般项目	马列·科社	20BKS168
6	长征女红军对中国革命和建设的重要贡献研究	王友平	中共四川省委党校	一般项目	党史·党建	20BDJ050
7	性别视角下中国近代科技文化研究	章梅芳	北京科技大学	一般项目	哲学	20BZX042
8	农村妇女参与电商经济的路径及赋权问题研究	顾蕊	中国农业科学院	一般项目	应用经济	20BJY140
9	少数民族地区乡村旅游发展的妇女生计资本效应及增进路径研究	赵书虹	云南大学	一般项目	应用经济	20BJY208
10	性侵案件司法证明问题研究	向燕	西南政法大学	一般项目	法学	20BFX098
11	新时代妇女权益保障立法的体系观与发展观研究	邓丽	中国社会科学院	一般项目	法学	20BFX185
12	全面二孩政策背景下城镇女性"生育—就业"服务体系的建构研究	蒋美华	郑州大学	一般项目	社会学	20BSH039
13	人工智能促进社会性别平等研究	周旅军	中华女子学院	一般项目	社会学	20BSH040
14	移动互联时代中国城镇女性的母职重构与职业发展研究	王鹏	山东大学	一般项目	社会学	20BSH041
15	新时代中产阶级女性在社会风尚中的引领作用研究	王蕾	深圳大学	一般项目	社会学	20BSH105
16	就业优先战略背景下城镇劳动者就业质量的性别差异研究	张银	济南大学	一般项目	社会学	20BSH118
17	中国家庭日常夫妻冲突处理策略的心理机制及自我疏导方案研究	龚平原	西北大学	一般项目	社会学	20BSH165

续表

序号	课题名称	负责人	工作单位	项目类别	学科分类	批准号
18	低生育率背景下构建职业女性"生育友好型"就业支持体系研究	王玥	辽宁大学	一般项目	人口学	20BRK001
19	基于育龄女性需求偏好的生育支持社会政策研究	杨小军	西安交通大学	一般项目	人口学	20BRK044
20	全面两孩政策背景下二孩净效应估计研究	张翠玲	国家卫健委中国人口与发展研究中心	一般项目	人口学	20BRK047
21	西南地区村落生态秩序建构中的少数民族女性参与问题研究	王静宜	云南师范大学	一般项目	民族学	20BMZ062
22	乡村振兴战略下民族地区女性参与村庄治理研究	陈丽琴	海南大学	一般项目	民族学	20BMZ125
23	贵州少数民族妇女脱贫实践经验的民族志研究	左丹	贵州民族大学	一般项目	民族学	20BMZ137
24	人类命运共同体视角下的全球妇女发展研究	李英桃	北京外国语大学	一般项目	国际问题研究	20BGJ005
25	清末女子教育策略研究	孙长亮	南通大学	一般项目	中国历史	20BZS079
26	中国女性电影艺术家参与社会主义文化建设研究（1949—1964）	万笑男	山东师范大学	一般项目	中国历史	20BZS089
27	20 世纪中后期太行山区妇女生活变迁研究	刘洁	河北大学	一般项目	中国历史	20BZS127
28	明清地方志列女传文献整理与文化研究	王晓燕	四川大学	一般项目	中国文学	20BZW084
29	近现代女性词编年史	徐燕婷	华东师范大学	一般项目	中国文学	20BZW123
30	中国现代文学中的性别与阶级关系研究	程亚丽	上海交通大学	一般项目	中国文学	20BZW143
31	当代社会转型中的中国女性文学流变研究	董丽敏	上海师范大学	一般项目	中国文学	20BZW157
32	多元视野中的新中国 70 年女性戏剧研究	苏琼	厦门大学	一般项目	中国文学	20BZW158
33	海峡两岸西王母"神话—信仰"研究	吴新锋	石河子大学	一般项目	中国文学	20BZW186

续表

序号	课题名称	负责人	工作单位	项目类别	学科分类	批准号
34	拜占庭世俗诗中的女性形象研究	李韦豫	吉林大学	一般项目	外国文学	20BWW051
35	少数民族女性新媒体赋能研究	马婷	河北大学	一般项目	新闻学与传播学	20BXW092
36	魏晋至隋唐女性碑刻整理与研究	曾晓梅	阿坝师范学院	一般项目	图书馆、情报与文献学	20BTQ036
37	女性高管参与度的薪酬纠偏效应及其企业绩效促进机制研究	张长征	西安理工大学	一般项目	管理学	20BGL147
38	民族文化对新生代女性择业观和职业选择机制的影响研究	王艺霖	青海大学	一般项目	管理学	20BGL204
39	儿童利益最大化视域下的性同意年龄制度研究	朱光星	中国政法大学	青年项目	法学	20CFX076
40	个体侵权与性别歧视双重视角下我国性骚扰防治机制研究	张夏子	浙大城市学院	青年项目	法学	20CFX077
41	基于女性"就业—生育"平衡的多元社会政策系统构建研究	王若晶	南京师范大学	青年项目	社会学	20CSH022
42	全面两孩政策下的父母身份效应与支持政策研究	孙晓冬	西安交通大学	青年项目	社会学	20CSH023
43	"三权分置"背景下农地流转对妇女生计的影响研究	冯华超	郑州轻工业大学	青年项目	社会学	20CSH037
44	全面二孩背景下妇女生育率的群体差异与政策供给精准化研究	陈宁	郑州大学	青年项目	人口学	20CRK023
45	中国婚姻匹配模式及其变迁的多维综合研究	许琪	南京大学	青年项目	人口学	20CRK025
46	近代中国妇女财产继承权的确立及其制约研究	陈霓珊	青岛大学	青年项目	中国历史	20CZS050
47	近百年女性词及文献研究	赵郁飞	吉林大学	青年项目	中国文学	20CZW020

续表

序号	课题名称	负责人	工作单位	项目类别	学科分类	批准号
48	20 世纪中国女性图书馆学家思想研究	刘菡	中山大学	青年项目	图书馆、情报与文献学	20CTQ001
49	中国女排精神的时代价值提升策略研究	张海斌	中国矿业大学	青年项目	体育学	20CTY001

论著索引

2016 年

1. **马克思主义妇女观中国化研究**/刘宁元著/北京：首都经济贸易大学出版社/2016

2. **马克思主义女性主义理论解读**/单丹丹著/哈尔滨：黑龙江人民出版社/2016

3. **女性的星空——恩格斯《家庭、私有制和国家的起源》如是读**/陈培永著/广州：广东人民出版社/2016

4. **资本时代的虚幻与图景：女性的现代解放**/赵勇著/长春：东北师范大学出版社/2016

5. **波伏瓦在中国**/王芳著/西安：西安交通大学出版社/2016

6. **从他者到自我：波伏瓦他者理论研究**/成红舞著/北京：中国社会科学出版社/2016

7. **女性主义哲学与身体美学**/文洁华著/桂林：广西师范大学出版社/2016

8. **性别的语言之思——女性主义批评的语言维度研究**/黄柏刚/武汉：华中师范大学出版社/2016

9. **生态女性主义理论与实践研究**/陈伟华著/南京：江苏人民出版社/2016

10. **朱迪斯·巴特勒的后结构女性主义与伦理思想**/都岚岚著/北京：外语教学与研究出版社/2016

11. **我写故我在——后现代语境下的女性主义书写理论**/张玫玫著/长春：吉林大学出版社/2016

12. **性别表演：后现代语境下的跨界理论与实践**/幸洁著/杭州：浙江大学出版社/2016

13. **雄性衰落**/〔美〕菲利普·津巴多（Philip Zimbardo）、〔美〕尼基塔·库隆布（Nikita D. Coulombe）著，徐卓译/北京：北京联合出版公司/2016

14. **女权主义的未来**/〔英〕西尔维亚·沃尔拜著，李延玲译/北京：社会科学文献出版社/2016

15. **时间的旅行——女性主义、自然、权力**/〔澳〕伊丽莎白·格罗兹著，胡继华、何磊译/郑州：河南大学出版社/2016

16. **国际关系女性主义方法论**/〔美〕布鲁克·A. 艾克里、〔瑞典〕玛丽亚·斯特恩、〔新西兰〕杰奎·特鲁编，金铭译/北京：中译出版社/2016

17. **女权主义在中国的翻译历程**/王政、高彦颐主编/上海：复旦大学出版/2016

18. **男女平等基本国策的贯彻与落实**/国务院妇女儿童工作委员会办公室编/北京：人民出版社/2016

19. **社会性别视角下当代女性党政领导人才职业发展研究**/张小莉著/长春：吉林人民出版社/2016

20. **性别平等的可持续发展**/李英桃、王海媚著/北京：社会科学文献出版社/2016

21. **社会性别与公共管理教程**/张再生主编/天津：天津大学出版社/2016

22. **中国性别失衡的公共治理研究——结构、工具与绩效**/尚子娟、李树茁、〔美〕费尔德曼著/北京：社会科学文献出版社/2016

23. 女性领导力案例集（第一辑）/国家行政学院政治学教研部编/北京：国家行政学院出版社/2016

24. 中国儿童照顾政策研究：基于性别、家庭和国家的视角/张亮著/上海：上海人民出版社/2016

25. 走向关怀：性别正义视阈下家庭政策的理论模式比较研究/刘笑言著/长春：吉林大学出版社/2016

26. 托幼公共服务与妇女发展研究/和建花著/北京：中国妇女出版社/2016

27. 当代中国妇女组织发展的制度创新研究/黄粹著/北京：人民出版社/2016

28. 妇女发展与妇女工作：2016 年上海妇女理论研究成果汇编/上海市妇女联合会编/上海：上海人民出版社/2016

29. 妇女儿童工作文选（2014）/全国妇联办公厅编/北京：中国妇女出版社/2016

30. 2014~2015 年妇女发展工作相关政策、调研成果汇编/全国妇联妇女发展部编/北京：中国妇女出版社/2016

31. 2013~2015 年：中国性别平等与妇女发展报告/谭琳主编/北京：社会科学文献出版社/2016

32. 杭州妇女发展报告（2016）：女性与社会治理/魏颖主编/北京：社会科学文献出版社/2016

33. 贯彻男女平等基本国策推动性别平等主流化——云南干部学习手册/云南省妇女儿童工作委员会办公室编/昆明：云南科技出版社/2016

34. 从边缘到中心：美军女性发展与晋升问题研究/高莉莉著/武汉：湖北人民出版社/2016

35. 比较法视野下的女性主义/林林著/长沙：湖南大学出版社/2016

36. 女性主义法学视角对中国女性的财产权研究——以珠三角"外嫁女"土地权益为例/廖艳嫔著/广州：广东经济出版社/2016

37. 冷暖谁知：近代中国女性法律地位变迁/王祎

著/北京：九州出版社/2016

38. 妇女儿童议案、建议和提案的理论探索与实践：一个女性学者的参政议政研究记录/孙晓梅编著/北京：教育科学出版社/2016

39. "中国式离婚"调查报告/林建军主编/北京：法律出版社/2016

40. 离婚家庭妇女儿童权益法律保障司法实证研究：以吉林省不同经济发达地区基层法院审结的离婚案件为研究对象/李洪祥著/长春：吉林大学出版社/2016

41. 当代中国婚姻家庭法价值取向的审视与建构——以我国夫妻财产制和离婚救济制度为例/雷春红著/杭州：浙江大学出版社/2016

42. 夫妻财产分割模式/王俊凯著/北京：北京大学出版社/2016

43. 夫妻关系道德评价与法律义务/唐淑艳著/哈尔滨：黑龙江人民出版社/2016

44. 职场性骚扰雇主责任问题研究/曹艳春、刘秀芬著/北京：北京大学出版社/2016

45. 各国代孕法律之比较研究/余提著/北京：中国政法大学出版社/2016

46. 拐卖妇女儿童犯罪专题研究/王志祥主编/北京：中国政法大学出版社/2016

47. 性犯罪记录制度的体系性构建——兼论危险评估与危险治理/刘军著/北京：知识产权出版社/2016

48. 社会学视阈下的女性涉毒犯罪问题调查研究/刘婷著/北京：中国社会科学出版社/2016

49. 反家庭暴力案例评析/杨世强主编/广州：暨南大学出版社/2016

50. 和家暴创伤说"再见"：原生家庭中承受暴力者团体辅导方案/方刚、丁新华、李璐著/北京：中国社会科学出版社/2016

51. 反家庭暴力法实用问答及典型案例/全国妇联

权益部编著/北京：中国法制出版社/2016

52. 《中华人民共和国反家庭暴力法》释义/阚珂、谭琳主编，全国人大常委会法制工作委员会、中华全国妇女联合会编写/北京：中国民主法制出版社/2016

53. 《中华人民共和国反家庭暴力法》简明读本/阚珂、谭琳主编，全国人大常委会法制工作委员会、中华全国妇女联合会编写/北京：中国民主法制出版社/2016

54. 中国当代女性法官群体研究/李娟著/北京：法律出版社/2016

55. 女性主义经济学论纲/崔绍忠著/北京：经济科学出版社/2016

56. 女性高管、会计行为与投资决策/周泽将等著/北京：经济科学出版社/2016

57. 矛盾性别偏见与女性职业发展/陈志霞等著/北京：科学出版社/2016

58. 女记者职业生涯中的社会性别建构/尤红著/合肥：合肥工业大学出版社/2016

59. 公务员职业发展性别差异研究——以知识型员工为分析框架/宁本荣著/上海：上海人民出版社/2016

60. 我国职业性别隔离测度研究/杨定全、徐枞巍著/合肥：合肥工业大学出版社/2016

61. 我国上市公司高管薪酬性别差异研究/陈玉杰著/北京：中国言实出版社/2016

62. 女性创业学/张丽琍主编/北京：科学出版社/2016

63. 女性职业发展与创业/彭贤杰主编/北京：清华大学出版社/2016

64. 怒放的地丁花：家政工口述史/高欣编著/北京：社会科学文献出版社/2016

65. 女性创业/李姚矿、姚晓芳著/北京：经济科学出版社/2016

66. 基于社会资本理论的农村女性创业问题研究/霍红梅著/沈阳：东北大学出版社/2016

67. 甘肃省农村妇女小额担保贷款工作综合效益评估/焦克源主编/兰州：兰州大学出版社/2016

68. 女性管理者的性别角色与人格特征关系研究/刘莉著/成都：西南财经大学出版社/2016

69. 商界与管理界中的女性蓄势已发/国际劳工组织编，姜睿译/北京：中国财政经济出版社/2016

70. 追求平衡：水利水电项目社会性别影响评价/〔澳〕迈克尔·西蒙、〔澳〕弗吉尼亚·辛普森著，施国庆、王旭波、朱秀杰译/南京：河海大学出版社/2016

71. 与弱势者同行：性/别与社会工作思考/古学斌、龚瑨编著/北京：社会科学文献出版社/2016

72. 性别视角：回顾与反思/王金玲、林维红主编/北京：社会科学文献出版社/2016

73. 性别视角：挑战与重建/王金玲、林维红主编/北京：社会科学文献出版社/2016

74. 效率、平等与女性教育机会研究/敬少丽著/太原：山西经济出版社/2016

75. 社会性别视角下的农村女教师专业发展研究/徐今雅、赵思、张丽珍、蔡晓雨、廖珊珊著/上海：上海交通大学出版社/2016

76. 新时期高校女生人才成长规律和发展对策研究/石彤、李洁主编/北京：中国社会科学出版社/2016

77. 我国女子高校女大学生德育体系构建研究/张瑞芝主编/北京：中国社会科学出版社/2016

78. 女校教育的秘密——单一性别教育研究/席春玲著/广州：广东高等教育出版社/2016

79. 女大学生特色教育研究/叶友华著/济南：山东大学出版社/2016

80. 当代女大学生思想问题探析及对策研究/肖俊著/北京：光明日报出版社/2016

81. 入学、质量与赋权——中国农村女童教育发展 20 年经验与创新/池瑾、张莉莉、李国庆著/广州：世界图书出版公司/2016

82. 性别、身体、社会：女性体育研究的理论、方法与实践/熊欢著/北京：中国社会科学出版社/2016

83. 双重弱势女性教育问题研究：西南三地的教育人类学调查/丁月牙著，滕星编/北京：民族出版社/2016

84. 黑河中游水资源利用管理中的公众参与和性别平等研究/郭玲霞著/北京：科学出版社/2016

85. 气候变化影响与适应性社会性别分析/孙大江、赵群等著/北京：社会科学文献出版社/2016

86. 婚姻·家庭·性别研究（第五辑）/梁景和主编/北京：社会科学文献出版社/2016

87. 家庭政策与妇女发展/张李玺主编/北京：中国社会科学出版社/2016

88. 迷茫中的展望：贫困山区农村已婚妇女家庭地位调查研究/唐永霞、罗卫国著/兰州：甘肃人民出版社/2016

89. 新家庭文化概论/北京妇女理论研究会编著，陈玲主编/北京：人民出版社/2016

90. 家庭与性别评论（第 7 辑）/马春华主编/北京：社会科学文献出版社/2016

91. 女性生活蓝皮书：中国女性生活状况报告 No. 10（2016）/韩湘景主编/北京：社会科学文献出版社/2016

92. "北京+20"：中国性别平等与妇女发展/谭琳主编/北京：社会科学文献出版社/2016

93. 性别与发展/章立明著/北京：知识产权出版社/2016

94. 性别视角下的历史、文化、社会——东北师范大学妇女/性别研究与培训基地 2006～2011 年研究成果/赵莹、王晶主编/长春：东北师范大学出版社/2016

95. 回顾与展望：中国妇女的发展与性别平等/唐娅辉主编/长沙：湖南人民出版社/2016

96. 个体、情境与乡村女性的社会关系实践——一个鲁东南乡村女性和她的社会关系实践/王均霞著/北京：中国社会科学出版社/2016

97. 从身体到心灵：当代身体研究与性别批评/莫其逊主编/北京：人民日报出版社/2016

98. 女大学生身体意象及其影响因素研究/荆玉梅著/广州：中国出版集团、世界图书出版公司/2016

99. 她身之欲：珠三角流动人口社群特殊职业研究/丁瑜著/北京：社会科学文献出版社/2016

100. 男性化与女性化：面孔吸引力研究/温芳芳著/武汉：华中师范大学出版社/2016

101. 农村妇女能力建设项目的社会学研究——以广东湛江的实战为例/黄剑著/北京：中国经济出版社/2016

102. 风险社会视域下的女性精神家园困境与重建研究/刘小红著/郑州：中州古籍出版社/2016

103. 女性乌托邦：中国女性/性别研究二十讲/李小江著/北京：社会科学文献出版社/2016

104. 青年学者：妇女/性别实证研究成果集（2012～2014 年度）/中国妇女研究会办公室、汕头大学妇女研究中心主编/北京：社会科学文献出版社/2016

105. 第三期中国妇女社会地位调查论文集 3/全国妇联妇女研究所编/北京：中国妇女出版社/2016

106. 第三期中国妇女社会地位调查论文集 4/全国妇联妇女研究所编/北京：中国妇女出版社/2016

107. 全球地方化语境下的东亚妇女与社会性别学研究/杜芳琴、崔鲜香主编/长沙：湖南大学出版社/2016

108. 女性学学科建设与专业人才培养：回顾与展望/韩贺南、王向梅主编/北京：教育科学出版社/2016

109. 变迁与发展：福建妇女社会地位研究（1990~2000）/王金玲、姜佳将、叶菊英著/北京：社会科学文献出版社/2016

110. 中国民族地区妇女与发展研究：理论·经济·政治·教育·健康/商万里著/贵阳：贵州大学出版社/2016

111. 婚姻、家庭、生育与妇女地位——对一个侗族村寨的人类学研究/刘彩清著/北京：知识产权出版社/2016

112. 磨盘双合的日子——西双版纳僾尼人的社会性别研究/颜宁著/北京：社会科学文献出版社/2016

113. 消解与重构：现代性体验与苗族乡村妇女的家庭生活/李欣欣著/上海：上海三联书店/2016

114. 新疆多民族女性对社会性体格焦虑的应对及认知干预研究/马嵘、黄春梅著/北京：北京体育大学出版社/2016

115. 延边朝鲜族男性婚姻家庭边缘化对地区发展影响研究/金香兰著/延吉：延边大学出版社/2016

116. 新生代女性农民工城市适应性研究/李艳春著/北京：社会科学文献出版社/2016

117. 从生存到生活——农村流动女性心理健康状况实录：基于北京市朝阳区农村流动女性的调研/王海丽著/北京：中国商务出版社/2016

118. 外来女工小组工作与倡导实践手册/童菲菲、彭影等编著/北京：法律出版社/2016

119. 职场女性健康新视角/俞文兰、唐仕川、邹建芳主编/北京：中国环境出版社/2016

120. 女性生育力保存：新兴技术与临床应用/〔美〕EmreSeli、〔美〕Ashok Agarwal 编，李文、孙树汉译/上海：上海科学技术出版社/2016

121. 剩女时代/〔美〕洪理达著，李雪顺译/福州：鹭江出版社/2016

122. 光棍危机：亚洲男性人口过剩的安全启示/〔美〕瓦莱丽·M. 赫德森（Valerie M. Hudson）、〔英〕安德莉亚·M. 邓波尔（Andrea M. den Boer）著/邱彰译/北京：中央编译出版社/2016

123. 友爱与背叛：西方同性恋历史研究/〔日〕海野弘著，张洋译/北京：东方出版社/2016

124. 掩饰：同性恋的双重生活及其他/〔美〕吉野贤治（Kenji Yoshino）著，朱静姝译/北京：清华大学出版社/2016

125. 美国妇女的生活——解放神话与现实困境/〔美〕西尔维娅·安·休利特著，马莉、张昌耀译/北京：中国社会科学出版社/2016

126. 女神的语言：西方文明早期象征符号解读/〔美〕马丽加·金芭塔丝（Marija Gimbutas）著，苏永前、吴亚娟译/北京：社会科学文献出版社/2016

127. 《列女传》的史源学考察——兼论《列女传》所反映的先秦至秦汉妇女观念的变迁/刘洁著/北京：人民出版社/2016

128. 当代西方汉学研究集萃——妇女史卷/姚平主编/上海：上海古籍出版社/2016

129. 古代婚姻与女性婚服/王革非编著/北京：中国经济出版社/2016

130. 秦汉奴婢的法律地位/文霞著/北京：社会科学文献出版社/2016

131. 汉魏六朝列女图像研究/陈长虹著/北京：科学出版社/2016

132. 南北朝及唐代女性社会群体研究/黄兆宏编著/兰州：甘肃人民出版社/2016

133. 唐代社会变革时期的婚姻/孙玉荣著/杭州：浙江大学出版社/2016

134. 唐代女性与宗教/焦杰著/西安：陕西人民教育出版社/2016

135. 佛教的女性观/永明著/北京：东方出版社/2016

136. 辽夏金的女性社会群体研究/黄兆宏、王对萍、

王连连、李娜著/兰州：甘肃人民出版社/2016

137. **金代女性研究——基于对宫廷女性的考察**/王姝著/长春：吉林文史出版社/2016

138. **奢侈的女人：明清时期江南妇女的消费文化**/巫仁恕著/北京：商务印书馆/2016

139. **明清地域社会变迁中的广东乡村妇女研究**/刘正刚著/北京：社会科学文献出版社/2016

140. **追求与抗争——晚明知识女性的社会交往**/柳素平著/郑州：郑州大学出版社/2016

141. **清代的男风、性与司法**/陈寒非著/上海：上海三联书店/2016

142. **"西洋镜"里的中国与妇女：文明的性别标准和晚清女权论述**/宋少鹏著/北京：社会科学文献出版社/2016

143. **晚清女子国民常识的建构**/夏晓虹著/北京：北京大学出版社/2016

144. **晚清文人妇女观（增订本）**/夏晓虹著/北京：北京大学出版社/2016

145. **中国最后的自梳女**/莲子、林志文著/广州：广东花城出版社/2016

146. **妇女与性别史研究（第一辑）**/裔昭印主编/上海：上海三联书店/2016

147. **妇女与社会性别史研究的理论与方法**/蔡一平、杜芳琴主编/长沙：湖南大学出版社/2016

148. **五四新文化运动时期女性伦理思想研究**/尹静著/哈尔滨：黑龙江大学出版社/2016

149. **上海基督教会学校女子音乐教育研究**/陈晶著/上海：上海音乐学院出版社/2016

150. **组织动员、精英动员与中国女权运动的演进逻辑研究**/肖莉丹著/广州：暨南大学出版社/2016

151. **现代战争叙事中的女性形象（1894～1949）**/雷霖著/长沙：湖南人民出版社/2016

152. **侵华日军"慰安妇"问题研究**/苏智良、姚霏、陈丽菲编著/北京：中共党史出版社/2016

153. **90位幸存慰安妇实录**/李晓方著/杭州：浙江人民出版社/2016

154. **中国"慰安妇"真相**/苏智良著/南京：南京出版社/2016

155. **妇女口述历史丛书（4）——女战士和女干部卷**/张李玺主编/北京：中国妇女出版社/2016

156. **记录她们20年的行动足迹——北京+20妇女活动家访谈录**/张李玺主编/北京：中国妇女出版社/2016

157. **辛亥革命时期的妇女社团**/张莲波编著/郑州：河南大学出版社/2016

158. **民国北京婢女问题研究**/张秀丽著/北京：北京师范大学出版社/2016

159. **异军与正道：对中央苏区妇女解放运动的历史考察**/胡军华著/北京：中国社会科学出版社/2016

160. **马克思主义妇女观在中央苏区的实践研究**/刘国钰著/北京：中国社会科学出版社/2016

161. **抗战时期中国妇女运动研究（1931～1945）**/周蕾、刘宁元著/北京：首都经济贸易大学出版社/2016

162. **宁波妇女运动史：第一卷（1921～1949）**/宁波市妇女联合会编/宁波：宁波出版社/2016

163. **新中国成立初期娼妓改造研究**/郭艳英著/北京：人民出版社/2016

164. **中国共产党妇女工作史（1949～1978）**/耿化敏著/北京：社会科学文献出版社/2016

165. **自我与他我——中国的女性与形象（1966～1976）**/黄巍著/北京：社会科学文献出版社/2016

166. **女性人生价值的诠释及口述史本土化探究**/张李玺主编/北京：中国妇女出版社/2016

167. **中国现代女子教育史**/程谪凡编/郑州：河南人民出版社/2016

168. **中国的性/性别：历史差异**/〔美〕王玲珍、何成洲主编/北京：生活·读书·新知三联书

店/2016

169. **黛安信箱：美国年轻华裔女性身份认同的心路历程**/蔡鸿著/北京：外语教学与研究出版社/2016

170. **女子学园与美国早期女性的公共参与**/张晓梅著/北京：人民出版社/2016

171. **苏联卫国战争时期女性贡献探析——以女性主义史学为视角**/孙丽红著/哈尔滨：哈尔滨工程大学出版社/2016

172. **性与平等：一部简明的西方性伦理发展史**/施经、张晓路著/长春：长春出版社/2016

173. **世界历史上的性别**/〔美〕彼得·N. 斯特恩斯（Peter N. Stearns）著，谷雨、李雪译/北京：商务印书馆/2016

174. **女性：从传统到现代**/张红萍著/北京：北京时代华文书局/2016

175. **黑暗中的女人：作为古典肃剧英雄的女人类型**/吴雅凌著/北京：华夏出版社/2016

176. **中国女性文学演进历程初探**/尚静宏、李智伟、褚慧敏著/北京：新华出版社/2016

177. **镜宫迷舞：性别视野下的文本细读与理论演武**/韩旭东著/兰州：甘肃人民美术出版社/2016

178. **一点香销万点情——中国古典文学中的女性形象研究**/林苗苗著/北京：现代出版社/2016

179. **《诗经》女性意识研究**/王燕著/南京：江苏人民出版社/2016

180. **唐诗中的胡姬形象及其文化意义**/邹淑琴著/北京：国家图书馆出版社/2016

181. **李白女性题材诗研究**/伍宝娟著/北京：中央编译出版社/2016

182. **唐小说女性死亡叙事研究**/王卓玉著/长春：东北师范大学出版社/2016

183. **隐蔽的风景：清末民初女性小说创作研究**/马勤勤著/天津：南开大学出版社/2016

184. **史事与传奇：清末民初小说内外的女学生**/黄湘金著/北京：北京大学出版社/2016

185. **清末民初的"善女子"想象**/〔韩〕李贞玉著/天津：南开大学出版社/2016

186. **性别书写与近世短篇话本小说中的价值观念变迁研究**/施文斐著/西安：西安交通大学出版社/2016

187. **浪漫的中国：性别视角下激进主义思潮与文学（1890~1940）**/杨联芬著/北京：人民文学出版社/2016

188. **中国女性文学研究（1900~1919）**/郭延礼、郭蓁著/济南：山东教育出版社/2016

189. **近代女性期刊性别叙事研究**/杜若松著/北京：中国社会科学出版社/2016

190. **20世纪中国女性写作的发展研究**/赵欣若著/长春：吉林大学出版社/2016

191. **"娜拉现象"的中国言说**/宋剑华著/北京：人民文学出版社/2016

192. **商务印书馆与中国现代女性启蒙**/王鑫著/北京：商务印书馆/2016

193. **学者使命与文化建设：中国现代学者型女作家研究**/夏一雪著/济南：山东大学出版社/2016

194. **跨越时空的对话——域外影响与中国现当代女作家研究**/张浩著/北京：知识产权出版社/2016

195. **中国现当代女性作家作品研究**/姜燕著/长春：吉林人民出版社/2016

196. **当代文学的女性意识研究**/王颖怡著/南昌：江西科学技术出版社/2016

197. **女性视角的中国现当代文学研究**/李莉勤著/北京：光明日报出版社/2016

198. **现代中国女性小说的梦幻书写**/李萱著/北京：人民出版社/2016

199. **她们的故事：女性主义小说研究**/钱娟编著/北京：中国书籍出版社/2016

200. **新时期以来东北女作家小说创作的文化考察**/

刘颖慧著/北京：中国社会科学出版社/2016

201. 两性有别：新时期以来文学文本中的身体与性别文化/张欣杰著/郑州：河南人民出版社/2016

202. 变动时代的性别表达——新时期女性文学与文化研究文献史料辑/孙桂荣编/北京：人民出版社/2016

203. 地理·文化·性别与审美——辽宁女作家创作与批评研究/王春荣、吴玉杰等著/沈阳：春风文艺出版社/2016

204. 青海女性作家作品研究/王宝琴著/上海：上海大学出版社/2016

205. 叙事学理论视角下的张爱玲小说研究/杨春著/北京：中国社会科学出版社/2016

206. 英语世界的张爱玲研究/柳星著/北京：中国社会科学出版社/2016

207. 性别与视觉：百年中国影像研究/王政、吕新雨编著/上海：复旦大学出版社/2016

208. 大众传媒视域中的女性文学/王艳芳著/北京：中国戏剧出版社/2016

209. 制造性别：现代中国的性别传播/王青亦著/北京：社会科学文献出版社/2016

210. 跨语境中的女性戏剧/苏琼著/北京：学苑出版社/2016

211. 广告中的两性研究/周雨著/厦门：厦门大学出版社/2016

212. 中国新闻界的"半边天"/陈崇山编著/北京：中国社会科学出版社/2016

213. 追寻她们的人生——女新闻工作者卷（第6卷）/卢小飞主编/北京：中国妇女出版社/2016

214. 电影研究：性别、民族与文化探析（4）/厉震林、万传法主编/北京：中国电影出版社/2016

215. 迎合与抗拒——时尚杂志中的女性形象研究/杨清发著/成都：四川大学出版社/2016

216. 中国电视剧农村女性形象研究/漆亚林著/北

217. 电影中的性别暴力/方刚著/北京：中国社会科学出版社/2016

218. 审美的变迁——艺术的性别论文集/申子辰著/上海：上海人民美术出版社/2016

219. 走出边缘：中国"女性艺术"的漫漫苦旅/陶咏白著/北京：北京时代华文书局/2016

220. 新女书：当女权遇见艺术/张晓静主编/广州：花城出版社/2016

221. 自画像里的百年中国女性：视觉图像与空间叙事研究/董琦琦著/北京：学苑出版社/2016

222. 性别化的设计批评：空间、物、时尚/张黎著/南京：江苏凤凰美术出版社/2016

223. 《玉台画史》研究——明清女性绘画/李垚著/南宁：广西人民出版社/2016

224. 中国当代少数民族女性诗歌研究/魏巍著/北京：人民出版社/2016

225. 新疆当代少数民族女性文学初探/任一鸣等著/乌鲁木齐：新疆人民出版社/2016

226. 中国回族女性访谈录/武宇林著/银川：宁夏人民出版社/2016

227. 简·奥斯丁女性空间的建构/李晶、杨天地著/北京：团结出版社/2016

228. 身体、性别意识与黑人女性文学——酷儿理论视域下的女性书写/李雪梅著/上海：上海交通大学出版社/2016

229. 革命与霓裳：大革命时代法国女性服饰中的文化与政治/汤晓燕著/杭州：浙江大学出版社/2016

230. 都市空间与文化想象：德莱塞小说中女工形象的文化表征（英文版）/王育平著/上海：上海外语教育出版社/2016

231. 美国女性经济地位演变及在文学作品中的反映/逯艳著/北京：中国政法大学出版社/2016

232. 超越妇女主义：艾丽斯·沃克创作生态诗学研

究/杜业艳著/徐州：中国矿业大学出版社/2016

233. **女性主义视角下的英美文学**/陈晨、苏姗姗、梁涛编著/北京：新华出版社/2016

234. **禁锢与解放——施尼茨勒小说中的女性形象塑造演变**/尹岩松、汤习敏著/成都：西南交通大学出版社/2016

235. **精编美国女性文学史（中文版）**/徐颖果、马红旗主撰/天津：南开大学出版社/2016

236. **我心深处——多丽丝·莱辛作品研究**/张金泉著/武汉：华中科技大学出版社/2016

237. **出航——玛丽·麦卡锡的女性成长小说研究**/李贺青著/北京：对外经济贸易大学出版社/2016

238. **艾丽丝·默多克小说中女性自我的嬗变研究**/徐明莺著/厦门：厦门大学出版社/2016

239. **身体视角下的A.S.拜厄特小说研究**/徐蕾著/南京：南京大学出版社/2016

240. **像顽童一样写作——安杰拉·卡特小说研究**/武田田著/北京：社会科学文献出版社/2016

241. **中西方女性主义视觉下的美国小说解析**/陈陵娣著/长春：吉林大学出版社/2016

242. **月光、蝴蝶、维纳斯：美国当代女诗人研究**/刘文著/杭州：浙江大学出版社/2016

243. **拨开尘封的历史：西方女性文学十二讲**/施旻编著/北京：北京大学出版社/2016

244. **艾丽丝·门罗短篇小说中女性书写的语用文体研究**/傅琼著/长春：吉林大学出版社/2016

245. **日本现代女性文学的主题表达与价值取向**/肖霞著/济南：山东人民出版社/2016

246. **她们的声音：美国黑人女性文学研究**/苏虹蕾著/长春：吉林文史出版社/2016

247. **后殖民视域下的美国黑人女性作品译介研究**/章汝雯著/北京：外语教学与研究出版社/2016

248. **华裔美国女性文学研究**/张淑梅、谢立团、赵晓芳著/成都：电子科技大学出版社/2016

249. **女性视角与英美文学**/黄婷著/北京：九州出版社/2016

250. **历史视角下的英美女性文学作品研究**/魏森著/北京：北京工业大学出版社/2016

251. **美国黑人女性文学研究：深入解读托妮·莫里森**/刘艳艳、范晔著/秦皇岛：燕山大学出版社/2016

252. **沙特女作家拉嘉·阿丽姆的小说叙事艺术——以《鸽子项圈》为例**/汪颉珉著/北京：北京语言大学出版社/2016

253. **晚明以降才女的书写、阅读与旅行**/〔美〕魏爱莲（Ellen Widmer）著，赵颖之译/上海：复旦大学出版社/2016

254. **性别与传媒**/〔英〕罗萨林·吉尔著，程丽蓉、王涛译/成都：四川大学出版社/2016

255. **分殊正典：女性主义欲望与艺术史书写**/〔英〕格里塞尔达·波洛克著，胡桥、金影村译/南京：江苏凤凰美术出版社/2016

2017 年

256. **马克思主义阶级与性别理论**/梁小燕著/北京：人民出版社/2017

257. **马克思主义视域下的妇女解放思想及其当代价值**/王定全著/北京：光明日报出版社/2017

258. **马克思主义妇女观和中国特色女权主义实践**/石红梅著/北京：中国社会科学出版社/2017

259. **生态女性主义文化批判理论研究**/陈英著/北京：人民出版社/2017

260. **文化哲学视域下新型女性文化建构研究**/乔蕤琳著/哈尔滨：哈尔滨工业大学出版社/2017

261. 福柯的生存美学思想研究——从"关怀自身"到女性主义/郭硕博著/北京：中国社会科学出版社/2017

262. 正义、社会性别与家庭/〔美〕苏珊·穆勒·奥金（Susan Moller Okin）著，王新宇译/北京：中国政法大学出版社/2017

263. 男性统治/〔法〕皮埃尔·布尔迪厄（Pierre Bourdieu）著，刘晖译/北京：中国人民大学出版社/2017

264. 理性的抉择：女性如何做决定/〔美〕特蕾泽·休斯顿（Therese Huston）著，张佩译/北京：北京联合出版公司/2017

265. 女性的灵力/〔日〕柳田国男著，姚奕崴、张琦译/重庆：西南师范大学出版社/2017

266. 女性身体的智慧/〔美〕希拉里·哈特（Hilary Hart）著，冯欣、姬蕾译/北京：世界图书出版公司/2017

267. 论政府对农村性别文化的型塑与重构/卓慧萍著/济南：山东大学出版社/2017

268. 从"掌饭勺"到"掌帅印"的龙江女村官——农村妇女政治参与的理论与实践/黑龙江省妇女研究所编/哈尔滨：黑龙江大学出版社/2017

269. 中国女性高层次人才发展规律及发展对策研究/佟新等著/北京：经济科学出版社/2017

270. 当代中国学术女性职业发展研究/黄春梅著/西安：陕西师范大学出版总社/2017

271. 眼底未名水，胸中黄河月——北京大学女干部成长规律与管理机制研究/于鸿君主编/北京：北京大学出版社/2017

272. 女性领导/张素玲著/北京：研究出版社/2017

273. 妇女儿童工作文选（2015）/全国妇联办公厅编/北京：中国妇女出版社/2017

274. 女性领导力案例集（第二辑）/国家行政学院政治学教研部编/北京：国家行政学院出版社/2017

275. 最高的玻璃天花板：距离美国总统最近的女人/〔美〕艾伦·菲茨帕特里克著，傅宁译/北京：社会科学文献出版社/2017

276. 女性的权利/〔尼日利亚〕奇玛曼达·恩戈兹·阿迪契著，张芸、文敏译/北京：人民文学出版社/2017

277. 性犯罪：精神病理与控制/刘白驹著/北京：社会科学文献出版社/2017

278. 侵犯妇女权益的犯罪研究/李永升等著/北京：中国法制出版社/2017

279. 法律的性别问题研究/马姝著/北京：中国社会科学出版社/2017

280. 妇女权益保障的法治逻辑/邓达奇著/北京：中国社会科学出版社/2017

281. 同性婚姻若干法律问题比较研究/龙湘元著/武汉：武汉大学出版社/2017

282. 女性犯罪及监禁处遇——基于美国样本的中美比较分析/韩阳著/北京：中国法制出版社/2017

283. 夫妻财产关系法研究/张华贵主编/北京：群众出版社/2017

284. 反家暴政策制定中社会组织参与模式研究/杨柯著/北京：中国社会科学出版社/2017

285. 帮助家庭暴力受害妇女工作手册/中国婚姻家庭研究会编/北京：法律出版社/2017

286. 积极行动：校园终止性别暴力工具包/方刚主编/北京：中国社会科学出版社/2017

287. 木兰花的新征途：讲述十一位女性在互联网时代的创业故事/赵天云著/北京：中华工商联合出版社有限责任公司/2017

288. 产后女性职业发展与就业问题研究：基于全面二孩的政策背景/刘清华著/北京：科学技术文献出版社/2017

289. 2016中国劳动力市场发展报告——性别平等化进程中的女性就业／赖德胜等著／北京：北京师范大学出版社／2017

290. 妇女与劳动力市场研究／费涓洪著／北京：时事出版社／2017

291. 劳动力市场中的性别差异——制度变迁的视角／武中哲著／北京：中国政法大学出版社／2017

292. 我国劳动力市场中的性别歧视与户籍歧视／石莹著／北京：经济科学出版社／2017

293. 女性职业生涯规划与管理／张丽珊主编／北京：北京师范大学出版社／2017

294. 高层建筑界的杰出女性：高层建筑与都市人居环境（11）／世界高层建筑与都市人居学会编／上海：同济大学出版社／2017

295. 城市养老女性护理人才培养的国际比较研究／宋岩、崔红丽著／武汉：华中师范大学出版社／2017

296. 女性贫困／〔日〕NHK特别节目录制组合著，李颖译／上海：上海译文出版社／2017

297. 养老金世界变化中的名义账户制（上卷）：进展、教训与实施／〔奥〕罗伯特·霍尔茨曼（Robert Holzmann）、〔瑞〕爱德华·帕尔默（Edward Palmer）、〔法〕大卫·罗巴里诺（David Robalino）主编，郑秉文等译／北京：中国劳动社会保障出版社／2017

298. 养老金世界变化中的名义账户制（下卷）：性别、政治与可持续性／〔奥〕罗伯特·霍尔茨曼（Robert Holzmann）、〔瑞〕爱德华·帕尔默（Edward Palmer）、〔法〕大卫·罗巴里诺（David Robalino）主编，郑秉文等译／北京：中国劳动社会保障出版社／2017

299. 美学角度下女性健身行为审视与思考／任秋君、朱襄宜、王红梅著／北京：中国纺织出版社／2017

300. 女性生活蓝皮书：中国女性生活状况报告No. 11（2017）／韩湘景主编／北京：社会科学文献出版社／2017

301. 时装消费与女性发展研究／董海峰著／北京：科学出版社／2017

302. 从缠足到美容手术：中国女性身体的建构／董金平著／南京：南京大学出版社／2017

303. 行将消失的足迹：性别视域下的缠足女性研究／赵天鹭著／济南：山东大学出版社／2017

304. 我在现场——性社会学田野调查笔记／黄盈盈等著／太原：山西人民出版社／2017

305. 性爱／李银河著／北京：生活·读书·新知三联书店／2017

306. 农村大龄流动男性的风险性行为——社会风险视角下的实证研究／杨博、李树茁、〔加〕吴正著／北京：社会科学文献出版社／2017

307. 同性恋研究：历史、经验与理论／王晴锋著／北京：中央民族大学出版社／2017

308. 村落里的单身汉／彭大松著／北京：社会科学文献出版社／2017

309. 银幕内外的男性气质建构（1979~1989）／丁宁著／北京：知识产权出版社有限责任公司／2017

310. 家庭与性别评论（第8辑）／汪建华主编／北京：社会科学文献出版社／2017

311. 乡城流动中的中国男性婚姻挤压／靳小怡、刘利鸽、刘红升等著／北京：社会科学文献出版社／2017

312. 遇见家庭中的女性／蔡永芳编著／北京：北京出版社／2017

313. 群际关系对中国农民工公共安全感的影响研究——基于性别与婚姻的视角／谢娅婷、靳小怡著／北京：中国农业出版社／2017

314. 审思与重构：解读高等教育的性别符码／王

国社会出版社/2017

342. **女大学生体重控制认知行为失调研究**/周璠著/长春：东北师范大学出版社/2017

343. **婚姻迁移模式与农村女性发展**/韦艳著/北京：人民出版社/2017

344. **全球化时代的性别与移民：社会再生产的视角**/赵炜主编/太原：山西人民出版社/2017

345. **适应产业结构发展的新生代女性农民工就业竞争力构建研究**/国晓丽著/北京：中国经济出版社/2017

346. **陕西省进城务工妇女职业培训与社会流动研究**/李文琴、苏妮著/西安：陕西师范大学出版总社/2017

347. **女性心理学**/侯典牧著/北京：北京师范大学出版社/2017

348. **农民工心理失范的现状及影响因素研究——基于性别和婚姻的视角**/李卫东、李树苗著/北京：社会科学文献出版社/2017

349. **农村留守妇女心理健康研究**/李丽娜、于晓宇、张书皓、赵莹著/石家庄：河北科学技术出版社/2017

350. **女性的力量：精神分析取向**/〔美〕阿琳·克莱默·理查兹（Arlene Kramer Richards）著，〔美〕南希·古德曼（Nancy Goodman）整理，刘文婷、王晓彦、童俊译，周娟审校/北京：世界图书出版公司/2017

351. **为什么男人喜欢直线女人喜欢波点：性别视觉心理学**/〔英〕格洛丽亚·莫斯著，陈静雯译/北京：中国友谊出版公司/2017

352. **公主之死：你所不知道的中国法律史**/李贞德著/北京：商务印书馆/2017

353. **汉晋女德建构**/俞士玲著/北京：人民文学出版社/2017

354. **性别、信仰、权力——北魏女主政治与佛教**/陈开颖著/郑州：郑州大学出版社/2017

355. **古代岭南女性社会形象研究**/乔玉红著/济南：齐鲁书社/2017

356. **美人**/赖庆芳著/北京：北京大学出版社/2017

357. **性别视角下的商周婚姻、家族与政治（第三辑）**/耿超著/北京：人民出版社/2017

358. **17~18世纪桐城绅士家族闺秀研究**/董佳贝著/上海：华东师范大学出版社/2017

359. **明清女作家弹词小说与明清社会**/魏淑赟著/天津：天津社会科学院出版社/2017

360. **清代寡妇权益问题研究**/吕宽庆、郑明月著/郑州：郑州大学出版社/2017

361. **历史书写中的女性话语建构：中国妇女、性别史研究集萃**/全国妇联妇女研究所谭琳主编/北京：中国书籍出版社/2017

362. **《申报》女性人生——晚清女性婚姻家庭生活研究**/温文芳著/成都：四川大学出版社/2017

363. **清代苗族妇女的婚姻与权利——以清水江文书为中心**/吴才茂著/贵阳：贵州民族出版社/2017

364. **胶东妇女运动史略（1921~1949）**/郝玉子著/济南：山东人民出版社/2017

365. **晚清女权史**/方祖猷著/杭州：浙江大学出版社/2017

366. **从地方观照世界：沈海梅教授性/性别研究自选集**/沈海梅著/昆明：云南出版集团、云南人民出版社/2017

367. **中国古代女教文献丛刊**/江庆柏、章艳超编/北京：北京燕山出版社/2017

368. **近代女性解放与发展观念的二元化诠辩——以《妇女杂志》为研究中心**/刘方著/长春：吉林大学出版社/2017

369. **新中国成立后妇女解放的问题研究：基于国家与社会关系的视角**/张震环著/北京：中国科学技术出版社/2017

370. "新女性"的诞生与近代中国社会——兼论与日本之比较/何玮著/厦门：厦门大学出版社/2017

371. 中国的计划生育政策与西村妇女（1950～1980）/胡桂香著/北京：中国社会科学出版社/2017

372. 妇女口述历史丛书（5）——女知青卷/张李玺主编/北京：中国妇女出版社/2017

373. 妇女口述历史丛书（7）——大庆石油会战劳动女性卷/张李玺主编/北京：中国妇女出版社/2017

374. 当代中国妇女运动简史（1949～2000）/全国妇联妇女研究所编/北京：中国妇女出版社/2017

375. 昆明妇联简史（1926年～2015年）/中国昆明市委党史研究室、昆明市妇女联合会编/昆明：云南人民出版社/2017

376. 湫水巾帼——临县妇女运动史话/郭志梅编著/太原：北岳文艺出版社/2017

377. 男性阴影与女性贞节/田汝康著，刘平、冯贤亮译校/上海：复旦大学出版社有限公司/2017

378. 美国女性教育史学史/诸园著/北京：中国社会科学出版社/2017

379. 国际女子足球运动的发展/唐春玲等编译/沈阳：辽宁大学出版社有限责任公司/2017

380. 女性体育文化观念变迁与体育运动研究/李小健、唐海欧、史晓惠著/西安：西安交通大学出版社/2017

381. 康成与石美玉在中国的行医生涯：论性别、种族与民族的跨文化边界/〔美〕施康妮（Shemo, Connie A.）著，程文、涂明华译/北京：科学出版社/2017

382. 记忆的性别：农村妇女和中国集体化历史/〔美〕贺萧（Gail Hershatter）著，张赟译/北京：人民出版社/2017

383. 初期女性苏菲研究/〔美〕拉基亚·艾拉汝伊·科奈尔著，马仲荣译/北京：中央民族大学出版社/2017

384. 乳房：一段自然与非自然的历史/〔美〕弗洛伦斯·威廉姆斯著，庄安祺译/上海：华东师范大学出版社/2017

385. 技术、性别、历史：重新审视帝制中国的大转型/〔英〕白馥兰（Francesca Bray）著，吴秀杰、白岚玲译/南京：江苏人民出版社/2017

386. 文明的阴暗面：娼妓与西方社会/〔英〕乔治·莱利·斯科特（George Ryley Scott）著，秦传安译/北京：中央编译出版社/2017

387. 文艺复兴的故事04：文艺复兴的女人们/〔日〕盐野七生著，李艳丽译/北京：中信出版社/2017

388. 女权主义简史/〔英〕玛格丽特·沃特斯著，朱刚、麻晓蓉译/北京：外语教学与研究出版社/2017

389. 黑暗时代的她们/〔英〕杰奎琳·罗斯著，王扬译/北京：北京联合出版公司/2017

390. 清代女性诗学与文化/聂欣晗著/广州：世界图书出版公司/2017

391. 清代文言小说中的女侠形象研究/罗莹著/成都：西南交通大学出版社/2017

392. 明清女性的文学批评/王郦玉著/上海：华东师范大学出版社/2017

393. 明末清初山阴祁氏家族女性文学研究/李贵连著/合肥：黄山书社/2017

394. 绽放的花朵——"五四"落潮后中国现代女性写作的生命体验与传播/郑来著/武汉：华中师范大学出版社/2017

395. 从革命女性到女性革命：现代女性革命小说的话语流变/杨晶著/北京：中国社会科学出版

社/2017

396. 二十世纪中国女性文学研究/黄静等著/芜湖：安徽师范大学出版社/2017

397. 博弈：女性文学与生态——20世纪80年代以来女作家生态写作/田泥著/北京：中国社会科学出版社/2017

398. 生态文学视角下的中西女性学解读/谢田芳著/北京：地质出版社/2017

399. 地域文化视野中的20世纪90年代女性城市小说/李冬梅著/长春：吉林文史出版社/2017

400. 从文本到荧幕——新时期女性小说的创作与思辨/王诗秒、贾冰、李书著/成都：四川大学出版社/2017

401. 新时期中国女性文学叙事发展与嬗变/刘云兰著/南昌：江西人民出版社/2017

402. 新时期以来湖北女作家与地域文化研究/马英著/武汉：华中师范大学出版社/2017

403. 民族身份、女性意识与自我认同——论新时期以来少数民族女作家小说创作的历史流变/田频著/成都：西南交通大学出版社/2017

404. 当代多元文化语境中的女性文学与叙事/吴敏著/北京：北京燕山出版社/2017

405. 词语的色彩：当代女性诗歌散论/池沫树著/武汉：长江文艺出版社/2017

406. 认同与解构：台湾外省第二代女作家研究/司方维著/北京：中国社会科学出版社/2017

407. 淮河流域女作家研究/洪何苗著/合肥：合肥工业大学出版社/2017

408. 当代藏族小说中的女性形象研究/于宏、胡沛萍著/成都：四川大学出版社/2017

409. 文化身份的建构与书写——当代藏族女性文学研究/徐琴著/广州：中山大学出版社/2017

410. 文本空间中的女性力量：性别视角下的经典重释/沈潇著/西安：陕西人民出版社/2017

411. 性别与中国文化现代转型/杨联芬著/北京：东方出版社/2017

412. 女性文学教程/乔以钢、林丹娅主编/北京：高等教育出版社/2017

413. 性别视角下的中国文学与文化/乔以钢等著/北京：经济科学出版社/2017

414. 性别视角下的天津文学与当代文化/李进超著/北京：社会科学文献出版社/2017

415. 性别文化与现代中国男作家叙事中的女性书写/谭梅著/广州：羊城晚报出版社/2017

416. 女性文学发展与研究/王昭晖著/西安：西北工业大学出版社/2017

417. 性别与德性：文学的传统及其现代踪影/毕新伟/上海：上海交通大学出版社/2017

418. 穿越盲区：九位现代中国女作家论略/耿宝强著/北京：九州出版社/2017

419. 中国现代女作家的女性文学意识/吴玉杰、刘巍等著/北京：社会科学文献出版社/2017

420. 中国现当代女作家作品英译史研究/郝莉著/北京：首都经济贸易大学出版社/2017

421. 中国女性文化（第二十一辑）/王红旗主编/北京：社会科学文献出版社/2017

422. 时代镜像中的性别之思/马姝著/北京：中国经济出版社/2017

423. 声色国音与性别研究：中国早期声片中的声音现代性与性别研究（1930~1937）/魏萍著/北京：中国电影出版社/2017

424. 寻找异质性：中国现代电影中的女性情节剧研究（1930~1937）/张颖著/北京：社会科学文献出版社/2017

425. 孤独的困兽——当代英国电影中男性形象的建构（1959~2014）/鞠薇著/上海：同济大学出版社/2017

426. 媒介眼中的"她者"图景与性别话语研究/

范红霞著/杭州：浙江大学出版社/2017

427. 不同的声音：网络虚拟空间中国女性的情感话题传播研究/李晓梅著/镇江：江苏大学出版社/2017

428. 镜中影像：中国当代影视中的性别气质研究/周隽著/南京：江苏人民出版社/2017

429. 性别视角中的女性形象与文化语境/魏颖著/北京：中国社会科学出版社/2017

430. 基于网络媒体监测语料库的性别语言差异研究/王宇波著/北京：科学出版社/2017

431. 社会性别视野下的新媒体研究/公衍峰、杨佳著/北京：社会科学文献出版社/2017

432. 70后女性导演创作研究/杜萱著/北京：中国原子能出版社/2017

433. 身体·性别·摄影/施瀚涛主编/上海：上海文化出版社/2017

434. 中国媒介与女性发展报告（2015～2016）/刘利群主编/北京：社会科学文献出版社/2017

435. 媒体性别敏感指标：衡量媒体运行和媒体内容性别敏感的指标框架/刘利群、陈志娟等译/北京：中国传媒大学出版社/2017

436. 媒介女性身体形象的视觉传播研究/陈瑛著/武汉：华中科技大学出版社/2017

437. 阿瑟·米勒戏剧中女性主体性建构研究/王丹著/北京：新华出版社/2017

438. 卡里尔·邱吉尔女性主义戏剧研究/柏云彩著/南京：南京大学出版社/2017

439. 话语策略与身份认同：当代美国黑人女性戏剧家创作研究/黄坚著/长沙：湖南师范大学出版社/2017

440. 沃特豪斯与他的缪斯——对沃特豪斯笔下女性形象与维多利亚时期女性角色的探究/方爱爱著/上海：上海文化出版社/2017

441. 日本"草食男"研究/张皓著/长春：吉林大学出版社/2017

442. 非裔美国文学中的男性气概研究/隋红升著/杭州：浙江大学出版社/2017

443. 印度女性问题的历史沿革与现代演进/蒋茂霞著/北京：中国社会科学出版社/2017

444. 欧美服饰文化性别角色期待研究/高秀明著/南京：东南大学出版社/2017

445. 构建美国社会文化中的女性主义话语/蒋倩昱著/昆明：云南人民出版社/2017

446. 西方文学作家的女性主义思想/胡大芳、杨帅、马菁菁著/西安：西安交通大学出版社/2017

447. 后殖民女性主义视阈中的马琳·诺比斯·菲利普诗歌研究/吴丽著/济南：山东大学出版社/2017

448. 非裔美国黑人女性文学传统研究/胡笑瑛著/北京：中国社会科学出版社/2017

449. 美国当代黑人女性小说的边缘创作/吴良红著/南京：河海大学出版社/2017

450. 多丽丝·莱辛作品的生态女性主义批评研究/张建春著/长春：吉林大学出版社/2017

451. 同时代女性的言说——林芙美子的文学世界/杨本明著/上海：世界图书出版公司/2017

452. 种族·性别·身体政治：库切南非小说研究/史菊鸿著/南京：南京大学出版社/2017

453. 抵抗的诗学——贝尔·胡克斯激进黑人女性主义批评研究/肖腊梅著/成都：四川大学出版社/2017

454. 诗与思的对话——西苏和巴特勒理论比较研究/郭乙瑶著/北京：中国人民大学出版社/2017

455. 女性的智慧与精神——勃朗特姐妹的女性书写/李佳著/长春：吉林大学出版社/2017

456. 多丽丝·莱辛自传、自传体小说中的身份研究/冯春园著/天津：南开大学出版社/2017

457. 文学修辞学视角下的柳·乌利茨卡娅作品研究/国晶著/北京：北京大学出版社/2017

458. 叙事学视角下的柳·彼特鲁舍夫斯卡娅作品研究/王燕著/北京：北京大学出版社/2017

459. 莎乐美形象在20世纪法国文学中的变迁/田妮娜著/北京：外语教学与研究出版社/2017

460. 美国文学与女性视角/曲冰、邢丽华著/延吉：延边大学出版社/2017

461. 德国文学中的中国女性形象/谭渊著/武汉：武汉大学出版社/2017

462. 《金碗》中的女性替罪羊形象/朱婷连、段化鞠著/成都：四川大学出版社/2017

463. 颠覆与超越：20世纪英国女性文学研究/郭竞著/西安：世界图书出版公司/2017

464. 20世纪国内女性文学与英美女性文学比较研究/李宁著/长春：吉林大学出版社/2017

465. 文明与生物：进化论对20世纪之交美国女性小说的影响研究/潘志明著/北京：外语教学与研究出版社/2017

466. 英国女性文学研究/赵若纯著/济南：山东画报出版社/2017

467. 女性主义批评视角下的英美文学探究/曹芸、王晓光、严文利著/北京：中国原子能出版社/2017

468. 英美文学作品中的华人女性形象研究/逯艳著/北京：中国政法大学出版社/2017

469. 英美澳当代重要作家女性创伤叙事研究/施云波著/南京：东南大学出版社/2017

470. 华裔美国女性小说研究/刘秋月著/北京：中国社会科学出版社/2017

471. 美国华裔女性作家笔下华人形象的发展与嬗变/于晓霞著/沈阳：辽宁大学出版社有限责任公司/2017

472. 列夫·托尔斯泰小说创作中的女性问题/吴允兵著/北京：中国文联出版社/2017

473. 西尔维娅·普拉斯：女性的挣扎与呐喊/吉胜芬著/昆明：云南人民出版社/2017

474. 边缘人的呼喊与细语：西欧中世纪晚期女性作家研究/杜力著/北京：北京大学出版社/2017

475. 英美女性文学、文论作品选读（英文）/修树新主编/长春：东北师范大学出版社/2017

476. 乔伊斯·卡罗尔·欧茨小说的空间性和身体美学/王弋璇著/北京：人民出版社/2017

477. 太宰治和他的女性独白体小说研究/张艳菊著/长春：吉林大学出版社/2017

478. 女战士社会考/坎特尔著，董绍明译/上海：上海社会科学院出版社/2017

479. 在路上：我生活的故事/〔美〕格洛丽亚·斯泰纳姆（Gloria Steinem）著，黄昉译/北京：北京联合出版公司/2017

480. 法律与文学：从她走向永恒/〔英〕玛丽亚·阿里斯托戴默（Aristodemou, Maria）著，薛朝凤译/北京：北京大学出版社/2017

481. 女性制作艺术：历史、主体、审美/〔英〕玛莎·麦斯基蒙（Marsha Meskimmon）著，李苏杭译/南京：江苏凤凰美术出版社/2017

482. 反抗"满洲国"——伪满洲国女作家研究/〔加〕诺曼·史密斯著，李冉译/哈尔滨：北方文艺出版社/2017

483. 女性的话语：论法国的独特性/〔法〕莫娜·奥祖夫（Mona Ozouf）著，蒋明炜、阎雪梅译/北京：商务印书馆/2017

484. 语言与女权主义/〔日〕中村桃子著，徐微洁译/杭州：浙江工商大学出版社/2017

485. 语言与性别/〔日〕中村桃子著，徐微洁译/杭州：浙江工商大学出版社/2017

486. 神奇女侠秘史/〔美〕吉尔·莱波雷（Jill Lepore）著，吴培希译/北京：世界图书出版公司/2017

487. 斯嘉丽的女人们：《飘》与女性粉丝/〔美〕海伦·泰勒著，王安娜、蒋凤英译/哈尔滨：

黑龙江教育出版社／2017

488. "女子摄影"时代／〔日〕饭泽耕太郎著，宛超凡、魏佰蕾译／北京：中国民族摄影艺术出版社／2017

2018 年

489. 马克思主义妇女观中国化进程研究（1921～1949）／赵小波著／成都：四川人民出版社／2018

490. 马克思恩格斯女性解放理论研究／李楠著／北京：经济日报出版社／2018

491. 马克思主义女性解放思想研究／白婧著／昆明：云南人民出版社／2018

492. 性别之伤与存在之痛：从黑格尔到精神分析／张念著／北京：东方出版社／2018

493. 女性主义／李银河著／上海：上海文化出版社／2018

494. 女性主义与女性主义翻译理论／邓晓明、王芳、孙启耀著／哈尔滨：黑龙江教育出版社／2018

495. 性别与生命：正义的求索／肖巍著／北京：人民出版社／2018

496. 正义与关怀：女性主义的视角／宋建丽著／厦门：厦门大学出版社／2018

497. 女性学研究体系与方法／魏国英著／北京：北京大学出版社／2018

498. 女性经验的生态隐喻：生态女性主义研究／张妮妮、康敏、李鸽著／北京：北京大学出版社／2018

499. 性别差异伦理学——伊丽格瑞的女性主义伦理学研究／朱晓佳著／北京：中国社会科学出版社／2018

500. 主体的生成与反抗：朱迪斯·巴特勒身体政治学理论研究／王玉珏著／北京：北京师范大学出版社／2018

501. 埃及女性主义思潮研究／周华著／北京：时事出版社／2018

502. 面具之外：种族、性别与主体性／〔英〕阿米娜·玛玛（Amina Mama）著，徐佩馨、许成龙译／杭州：浙江工商大学出版社／2018

503. 导读巴特勒／〔英〕萨拉·萨里著，马景超译／重庆：重庆大学出版社／2018

504. 母权论：对古代世界母权制宗教性和法权性的探究／〔瑞士〕约翰·雅科多·巴霍芬著，孜子译／北京：生活·读书·新知三联书店／2018

505. 原型女性与母权意识／〔美〕埃利希·诺伊曼（Erich Neumann）编著，胡清莹译／北京：世界图书出版公司／2018

506. 中国共产党妇女参政理论与实践研究／白艳著／长春：吉林人民出版社／2018

507. 男女平等基本国策贯彻与落实案例选编／全国妇联妇女研究所编／北京：当代中国出版社／2018

508. 江苏省法规政策性别平等评估机制的探索与实践：构建具有中国特色的性别影响评估模式／江苏省妇女联合会编／南京：江苏人民出版社／2018

509. 陈至立妇女工作文集／陈至立著／北京：中国妇女出版社／2018

510. 锻造西部崛起背景下女性发展的组织基础——四川省妇联工作发展研究报告（2013～2017 年）／郑长忠著／北京：中国社会科学出版社／2018

511. 传统与创新：广州市海珠区妇联工作改革模式研究／雷杰、蔡天著／广州：广东南方日报出版社／2018

512. 新时代 她探索——妇联工作理论研究成果汇编/广州市妇女联合会编/广州：广东人民出版社/2018

513. 江西性别视界/江西省妇女联合会编/南昌：江西高校出版社/2018

514. 妇女儿童工作文选（2016）/全国妇联办公厅编/北京：中国妇女出版社/2018

515. 工会女职工工作概论/李玉赋编/北京：中国工人出版社/2018

516. 参政履职彰显风采——九三学社第十三届中央委员会妇女工作委员会调研成果汇编/九三学社中央妇女工作委员会编著/北京：学苑出版社/2018

517. 妇女研究在上海（2013~2017）/上海市妇女联合会、上海市妇女学学会、上海市婚姻家庭研究会编/上海：上海远东出版社/2018

518. 浙江妇女研究（第一辑）/陈步云、马玲亚主编/杭州：浙江工商大学出版社/2018

519. 社会支持与女性人才成长/张李玺主编、石彤副主编/北京：社会科学文献出版社/2018

520. 女性高层次人才职业成功影响因素研究/罗青兰著/北京：人民出版社/2018

521. 女性管理者性别‐领导身份融合研究/陈璐著/北京：科学出版社/2018

522. 女性主管领导力的影响因素实证研究/刘淑娴著/长春：吉林大学出版社/2018

523. 女性领导力/张丽琍、张瑞娟著/北京：北京师范大学出版社/2018

524. 女性领导力案例集（第三辑）/国家行政学院政治学教研部编/北京：国家行政学院出版社/2018

525. 她世纪/王一鸣著/北京：东方出版社/2018

526. 女性与权力：一份宣言/〔英〕玛丽·比尔德（Mary Beard）著，刘漪译/天津：天津人民出版社/2018

527. 唯有粉红：审美品位的性别政治学/〔英〕彭妮·斯帕克（Penny Sparke）著，滕晓铂、刘翕然译/南京：江苏凤凰美术出版社/2018

528. 城镇化与女性农民工劳动权益保障：基于马克思主义劳动观视域的思考/苏映宇著/北京：社会科学文献出版社/2018

529. 夫妻债务司法认定及实案评析/马贤兴著/北京：法律出版社/2018

530. 社会性别与妇女权利/薛宁兰著/北京：社会科学文献出版社/2018

531. 中国女性平等工作权立法研究/郑玉敏著/北京：中国政法大学出版社/2018

532. 民法视野下女性生育自己决定权研究/蒋卫君著/北京：中国人民大学出版社/2018

533. 犯罪妇女访谈实录/王金玲主编/北京：社会科学文献出版社/2018

534. 扬法治之剑惩暴罪戾/吕孝权编/北京：中国人民公安大学出版社/2018

535. 夫妻间家庭暴力受害人权利保护研究/高扬著/长春：吉林大学出版社/2018

536. 公权力介入家庭暴力的法理思考/刘昱辉著/北京：中国人民公安大学出版社/2018

537. 亲密伤害：暴力家庭的家谱图和心理创伤探索性研究/刘艳红著/石家庄：河北人民出版社/2018

538. 惊世判决：美国联邦最高法院"奥伯格费尔诉霍奇斯案"判决书/申晨编译/北京：北京大学出版社/2018

539. 女性主义法学：美国和亚洲跨太平洋对话/〔美〕辛西娅·格兰特·鲍曼、於兴中主编/北京：中国民主法制出版社/2018

540. 婚姻与国家：基于美国婚姻法实施的田野调查/〔美〕玛丽·埃伦·里士满（Mary E.

Richmond)、〔美〕Fred S. Hall 著，朱姝主译，朱眉华审阅/上海：华东理工大学出版社/2018

541. 市场与观念的考验——女大学生就业实况调查/张抗私、丁述磊著/北京：经济科学出版社/2018

542. 中国产业结构转型过程中劳动市场性别差异之谜/任继球著/北京：中国社会科学出版社/2018

543. 女性职业发展的天花板：机制与出路/李叔君著/镇江：江苏大学出版社/2018

544. 农女创业吹响乡村振兴的号角：云南农村妇女科技致富带头人访谈实录/秦莹、冯彦敏主编/昆明：云南科技出版社/2018

545. 建筑业女性农民工劳动过程个案研究/魏丹著/杭州：浙江人民出版社/2018

546. 虎妈的女儿：职业女性如何影响女儿的职业选择/〔英〕吉尔·阿姆斯特朗著，彭小华、傅懿译/北京：中国社会科学出版社/2018

547. 乡村建设中的女性参与现状及对策研究/韩琳琳著/长春：吉林大学出版社/2018

548. 农村女性人力资源开发利用研究——以陕西为例分析/秦秋红著/西安：陕西人民出版社/2018

549. 淑女教育的昔与今——女性主义语境下中国传统女性教育合理性问题研究/关景媛著/北京：中央编译出版社/2018

550. 妇女教育蓝皮书：中国妇女教育发展报告 No. 3：高等教育中的女性/张李玺主编/北京：社会科学文献出版社/2018

551. 女大学生职业生涯规划及就业心理调适/贾兰芳著/北京：中国书籍出版社/2018

552. 社会性别视角下瑶族女童教育研究/雷湘竹著/北京：科学出版社/2018

553. 女留学生跨文化适应研究/孟霞著/武汉：武汉大学出版社/2018

554. 科学有性别吗？/江晓原、刘兵主编/上海：上海交通大学出版社/2018

555. 女性主义视野中的技术/易显飞著/北京：北京师范大学出版社/2018

556. 婚姻挤压下的农村家庭养老/郭秋菊、靳小怡著/北京：社会科学文献出版社/2018

557. 农民工家庭的性别政治/罗小锋著/北京：社会科学文献出版社/2018

558. 互联网社交对现代家庭和婚姻伦理观念的嬗变和冲击研究/马志强著/北京：团结出版社/2018

559. 妇女发展与婚姻文化研究/罗萍著/武汉：武汉大学出版社/2018

560. 云南跨境婚姻移民：一项多元交织分析研究/陈雪著/北京：社会科学文献出版社/2018

561. 家庭与性别评论（第9辑）/施芸卿主编/北京：社会科学文献出版社/2018

562. 农村女性婚姻迁移者的社会融合/仰和芝、张德乾著/北京：人民出版社/2018

563. 个体与家庭——现代女性社会分层现状/唐瑶著/长春：吉林大学出版社/2018

564. 女性体育与体育文化研究/鞠军著/天津：天津科学技术出版社/2018

565. 第16届亚洲运动会女子篮球项目比赛等调研报告/于振峰等著/北京：北京体育大学出版社/2018

566. 女性生活蓝皮书：中国女性生活状况报告 No. 12（2018）/高博燕主编/北京：社会科学文献出版社/2018

567. 中国农村调查：（总第31卷·口述类第11卷·农村妇女第1卷）/徐勇、邓大才主编/天津：天津人民出版社/2018

568. 中国农村调查：（总第32卷·口述类第12卷·农村妇女第2卷）/徐勇、邓大才主编/天津：天津人民出版社/2018

569. 倾听乡土的声音——陕西农村妇女日常生活

访谈实录（1949~1965）/陈海儒、李巧宁编/北京：当代中国出版社/2018

570. 旅游开发中的西部民族社区妇女：参与与改变/赵振斌、褚玉杰等著/北京：科学出版社/2018

571. 赋权型性教育：给孩子好的性教育/方刚著/北京：中国劳动社会保障出版社/2018

572. 性·行为与健康/周欢编/成都：四川大学出版社/2018

573. 性·别、身体与故事社会学/黄盈盈著/北京：社会科学文献出版社/2018

574. 中国人的婚姻、婚俗与性爱/尚会鹏著/北京：社会科学文献出版社/2018

575. 性·别少数群体平等保护研究/郭晓飞著/北京：中国政法大学出版社/2018

576. 欲望与尊严：转型期中国的阶层、性别与亲密关系/肖索未著/北京：社会科学文献出版社/2018

577. 茕茕孑立的人生——农村大龄单身男性的生活困境/舒星宇著/南京：南京大学出版社/2018

578. 跨学科视野下的男性气质研究/隋红升著/杭州：浙江大学出版社/2018

579. 生计与家庭福利：来自农村留守妇女的证据/杨雪燕、罗丞、王洒洒著/北京：社会科学文献出版社/2018

580. 从"外来妹"到"外来媳"：婚姻移民的城市适应过程研究/张琼著/上海：复旦大学出版社/2018

581. 被拐卖婚迁妇女访谈实录/王金玲主编/北京：社会科学文献出版社/2018

582. 回族社会性别建构研究/王艳著/北京：民族出版社/2018

583. 云贵高原苗族的婚姻、贸易与社会秩序/曹端波、崔海洋等著/北京：知识产权出版社有限责任公司/2018

584. 社区与家庭：出生性别失衡治理模式——来自中国六个县的项目实践/刘鸿雁、汤梦君著/北京：中国人口出版社/2018

585. 性别平等与妇女发展：理论与实证/陈晖著/北京：中国民主法制出版社/2018

586. 新发展理念下的妇女发展与性别平等/刘亚玫、杜洁主编/北京：社会科学文献出版社/2018

587. 社会性别秩序的重建——当代中国妇女发展路径的探索与实践/畅引婷著/北京：人民出版社/2018

588. 女性、性别与研究：中国与北欧视角/HildRomer Christensen、Bettina Hauge、王粲璨主编/上海：上海三联书店/2018

589. 妇女/性别研究（第5辑）/詹心丽主编/厦门：厦门大学出版社/2018

590. 社会中的性别/苏百泉编著/上海：华东师范大学出版社/2018

591. 对话芙蓉湖畔（第1辑）/詹心丽主编/北京：社会科学文献出版社/2018

592. 荷尔蒙战争：男人竞争　女人选择/〔澳〕科迪莉亚·法恩著，万垚译/广州：广东人民出版社/2018

593. 时尚与恋物主义：紧身褡、束腰术及其他体形塑造法/〔美〕戴维·孔兹著，珍栎译/北京：生活·读书·新知三联书店/2018

594. 性别探索之旅：年轻人的性别认同探索指南/〔美〕赖兰·杰伊·特斯塔、〔美〕德博拉·库尔哈特、〔美〕杰米·佩塔著，马茜译/南昌：江西教育出版社/2018

595. 出柜：一位商业领袖的忠告/〔英〕约翰·布朗（John Browne）著，王祁威译/上海：上海社会科学院出版社/2018

596. 创造生活：美国职业女性生活状况研究/〔美〕西尔维亚·安·休利特著，周健、朱九

扬译/北京：中国社会科学出版社/2018

597. 空间、地方与性别/〔英〕多琳·马西著，毛彩凤、袁久红、丁乙译/北京：首都师范大学出版社/2018

598. 性欲和性行为：一种批判理论的99条断想/〔德〕福尔克马·西古希（Volkmar Sigusch）著，〔德〕王旭（Xu Wang-Hehenberger）译/北京：社会科学文献出版社/2018

599. 女性丧偶者研究：基于1910年某慈善组织会社所知的985人/〔美〕Mary E. Richmond、〔美〕Fred S. Hall著，汪颖霞主译，赵芳审阅/上海：华东理工大学出版社/2018

600. 出生性别比治理绩效的影响机制——基于制度分析视角的实证研究/毕雅丽、李树茁著/北京：社会科学文献出版社/2018

601. 中国性别失衡演变机制研究/闫绍华、李树茁著/北京：社会科学文献出版社/2018

602. 少数民族生育意愿新观察/周云、秦婷婷主编/北京：社会科学文献出版社/2018

603. 从碎片化到整合性支持：农村性别失衡治理范式的转换研究/余冲、李立文著/北京：中国社会科学出版社/2018

604. 从理念到行动——艾滋病防治领域中的社会性别敏感工作框架/赵捷、杨芳主编/昆明：云南人民出版社/2018

605. 艾滋病危险性性行为干预面临的伦理难题及对策/朱海林等著/北京：中国社会科学出版社/2018

606. 人口与性健康教育/肖月华主编/长沙：湖南大学出版社/2018

607. 女性健康与保健/江苏省卫生和计划生育委员会、江苏省爱国卫生运动委员会办公室、江苏省健康教育协会编/南京：江苏凤凰科学技术出版社/2018

608. 农村妇女健康知识读本/钱玲主编/北京：中国环境出版集团/2018

609. 艾滋病人群情感调适的社会学研究/侯荣庭著/湖北：华中科技大学出版社/2018

610. 中国人口性别失衡与大龄未婚男性生存状况研究/果臻著/北京：社会科学文献出版社/2018

611. 闽台老年健康促进兼性别协同发展研究/王德文著/厦门：厦门大学出版社/2018

612. 化茧成蝶：西江苗族妇女文化记忆/张晓著/北京：商务印书馆/2018

613. 田野中的客家妇女与民俗信仰/钟晋兰著/广州：暨南大学出版社/2018

614. 女性主义与心理咨询/王行娟主编/北京：中国妇女出版社/2018

615. 性别偏差态度研究：基于内隐与外显双系统解析/贾凤芹著/苏州：苏州大学出版社/2018

616. 两性心理学入门/〔日〕齐藤勇著，王晓蕊译/北京：中国纺织出版社/2018

617. 中国古代女性书法文化史/常春、杨勇等著/上海：上海书画出版社/2018

618. 甘青地区史前遗存的性别考古研究/仪明洁、樊鑫著/北京：科学出版社/2018

619. 先秦诸子女性观研究/石双华著/北京：华文出版社/2018

620. 秦汉简帛所见妇女史资料考校/周婵娟、李月炯、朱遂、卞超著/成都：四川大学出版社/2018

621. 唐代的社会与性别文化/〔美〕姚平著/北京：北京大学出版社/2018

622. 武则天形象的文化建构及阐释/韩林著/北京：中国社会科学出版社/2018

623. 革命根据地女性婚姻家庭财产权研究（1937～1949）/张婧著/长春：吉林大学出版社/2018

624. 嬗变、觉醒与反思——清末民初直隶地区女

子学校教育研究（1898~1922）/薛文彦著/北京：科学技术文献出版社/2018

625. **女性·婚姻与革命——华北及陕甘宁根据地女性婚姻问题研究**/岳谦厚、王亚莉著/北京：中国社会科学出版社/2018

626. **日本帝国的性奴隶：中国"慰安妇"的证言**/丘培培与苏智良、陈丽菲合作，丘培培译，周游力协译/北京：中国社会科学出版社/2018

627. **抗日战争与女性动员——新运妇女指导委员会研究**/宋青红著/上海：上海大学出版社/2018

628. **证据：上海 172 个慰安所揭秘**/苏智良、陈丽菲、姚霏著/上海：上海交通大学出版社/2018

629. **向警予思想研究**/袁玉梅著/北京：社会科学文献出版社/2018

630. **中国共产党的妇女福利思想与实践**/黄桂霞著/北京：人民日报出版社/2018

631. **新旧之间：20 世纪 30 年代至 50 年代陕西妇女问题研究**/白若楠著/西安：陕西人民教育出版社/2018

632. **女神的模样：改革开放 40 年 40 位三八红旗手**/徐枫著/上海：华东师范大学出版社/2018

633. **宁波妇女运动史——第二卷（1949~1978）**/宁波市妇女联合会编/宁波：宁波出版社/2018

634. **临沧市妇女运动史：1994~2013**/临沧市妇女联合会编/昆明：云南人民出版社/2018

635. **妇女与性别史研究（第二辑）**/裔昭印主编/上海：上海三联书店/2018

636. **妇女与性别史研究（第三辑）**/裔昭印主编/上海：上海三联书店/2018

637. **美国女子高等教育史：1837~2000**/丁坤著/保定：河北大学出版社/2018

638. **撑起教育的半边天——乡村女教师口述史**/张莉莉、张燕等编著/南宁：广西教育出版社/2018

639. **现代女性文学艺术的发展与思考**/范果著/长春：吉林美术出版社/2018

640. **女性主义文论与文本批评研究**/王冬梅著/武汉：武汉大学出版社/2018

641. **女性文学研究资料**/孟远编/南昌：百花洲文艺出版社/2018

642. **中西性别理论与女性文学比较研究**/王纯菲、王影君、李静著/北京：人民出版社/2018

643. **庞德《三十章草》中的女性形象研究**/晏清皓著/北京：科学出版社/2018

644. **女性文学与性别意识**/余醴著/北京：中国商务出版社/2018

645. **明清时期永昌女性文学作品选注**/段晓玲编著/昆明：云南大学出版社/2018

646. **红楼梦女性人物形象鉴赏**/季学源著/杭州：浙江大学出版社/2018

647. **明代青楼文化与文学**/刘士义著/北京：中国社会科学出版社/2018

648. **晚清民国时期中国文学的欢场书写研究**/黄静著/芜湖：安徽师范大学出版社/2018

649. **红粉闺秀：女性的生活和文学**/俞士玲著/南京：江苏人民出版社/2018

650. **20 世纪初至 60 年代闽籍女作家翻译语言研究——基于语料库的考察**/刘立香著/厦门：厦门大学出版社/2018

651. **激情的样式——20 世纪 80 年代女性写作**/田泥著/北京：中国社会科学出版社/2018

652. **沉溺·背叛·超越——女性主义视角下张洁小说中的男性形象嬗变**/杨骥著/成都：四川民族出版社/2018

653. **中国现代女性作家及作品研究**/崔锋娟著/北京：当代世界出版社/2018

654. **心灵孤岛与世俗镜像——山东女作家创作论析**/李掖平等著/济南：山东文艺出版社/2018

655. **祛魅——五个经典童话的后现代女性主义改**

写/穆杨著/北京：知识产权出版社/2018

656. 汉英传统性别观词汇比较与翻译/黄鸣飞著/南京：南京大学出版社/2018

657. 现代日语性别表达研究——以女性标记词为中心/徐微洁著/杭州：浙江大学出版社/2018

658. 社会性别定型的俄汉语用对比研究/周民权、周薇、陈春红著/北京：北京大学出版社/2018

659. 译苑芳菲——浙江女性翻译家研究/李同良著/杭州：浙江大学出版社/2018

660. 媒介·权力·性别：新中国女性媒介形象变迁与性别平等/王蕾著/上海：上海交通大学出版社/2018

661. 新形势下的女性传媒/宋素红著/北京：北京师范大学出版社/2018

662. 视觉转型背景下的妇女编码与文化消费/赵卫东著/长春：吉林人民出版社/2018

663. 电影研究（6）：电影史学方法、默片与女性研究/厉震林、万传法主编/北京：中国电影出版社/2018

664. 英美后女性主义媒介批评研究/段慧著/天津：南开大学出版社/2018

665. 凝视、性别与视觉快感——从女性电影谈起/李晶著/成都：成都时代出版社/2018

666. 当代女性主义电影分析/张陆著/长春：吉林出版集团股份有限公司/2018

667. 她们的视点：台湾女性导演研究（1957~2000）/刘亚玉著/北京：九州出版社/2018

668. 她的光影：女导演访谈录（上）/周夏主编/北京：中国电影出版社/2018

669. 基于中国传统文化维度的电视广告女性形象建构及传承路径研究/江伊诺著/北京：经济科学出版社/2018

670. 文化与观念：西双版纳傣族女性研究/董印红著/北京：学苑出版社/2018

671. 土族民间传说与女性文化研究/白晓霞著/兰州：敦煌文艺出版社/2018

672. 当代藏族女性汉语文学史论/胡沛萍著/北京：中央民族大学出版社/2018

673. 走近非遗——历史、祖先与苗族女性服饰变迁/聂羽彤著/北京：社会科学文献出版社/2018

674. 美国20世纪小说与电影中性别主体的身份建构/芈岚著/北京：世界知识出版社/2018

675. 美国越战小说男性气质研究/许静雯著/北京：中国社会出版社/2018

676. 伍尔夫之女性主义研究/王欢著/哈尔滨：哈尔滨工程大学出版社/2018

677. 叙事学理论在西方女权主义小说中的应用研究/颜俊著/天津：天津古籍出版社/2018

678. 女性主义叙事学解读——以琼·迪迪翁小说为例/夏晓云著/北京：中国原子能出版社/2018

679. 一度紫色的光芒——爱丽丝·沃克女性主义历史观下的黑人女性/孔宁宁著/北京：中国财政经济出版社/2018

680. 觉醒：凯特·肖邦作品新论/万雪梅等著/镇江：江苏大学出版社/2018

681. 追寻灵魂的伊甸园——凯特·肖邦作品中觉醒女性形象研究/宫玉波著/北京：北京交通大学出版社/2018

682. 烟雾笼罩中的权力：论阿芙拉·贝恩作品中的女性意识/郑伟著/哈尔滨：黑龙江人民出版社/2018

683. 托尼·莫里森小说中的母性研究/毛艳华著/杭州：浙江大学出版社/2018

684. 劳伦斯笔下女性的他者角色研究：以《查特莱夫人的情人》为例/杨文新著/北京：人民日报出版社/2018

685. 性别、身份和文本——朝鲜女性文学文献研究/俞士玲著/北京：中华书局/2018

686. 西方女性主义文学批评理论概述/许谨著/北京：九州出版社/2018

687. 19世纪英国现实主义女性小说在中国接受史（1949~2014）/姚晓鸣著/上海：同济大学出版社/2018

688. 19世纪英国女性文学中自我意识的研究/安洁著/长春：吉林文史出版社/2018

689. 19世纪中期美国女性作家的伦理研究/崔娃著/长春：吉林文史出版社/2018

690. 20世纪美国黑人女性文学的多维视角研究/汪顺来著/长春：吉林大学出版社/2018

691. 人称指示语的跨文化交际视点选择——以20世纪美国华裔女性文学为例/马阿婷著/哈尔滨：东北林业大学出版社/2018

692. 当代美国黑人女作家的政治书写/张宏薇、修树新著/长春：吉林人民出版社/2018

693. 日本文学中的女性书写与生态观照/杨柏宏著/北京：九州出版社/2018

694. 日本女性文学的多角度解读/金玲著/北京：中国农业出版社/2018

695. 文化视角下的英美女性文学作品研究/李滨著/长春：吉林人民出版社/2018

696. 英美现当代女性文学研究/项红梅、何明烈著/北京：煤炭工业出版社/2018

697. 英美女性小说创作探究/王红丽著/成都：四川大学出版社/2018

698. 女性视角的英美文学研究/卢德春著/北京：中国商务出版社/2018

699. 20世纪英美女性通俗小说面面观/陈颐、施慧、黄院丹著/成都：四川大学出版社/2018

700. 英美女性文学理论及作品赏析/王慧著/北京：北京工业大学出版社/2018

701. 英美女性文学研究/崔筱溪著/长春：吉林出版集团股份有限公司/2018

702. 美国犹太女作家研究/敬南菲、陈娴著/北京：外文出版社/2018

703. 西方文学中的女性书写研究/起建飞著/北京：九州出版社/2018

704. 西方文学另类女性形象书写/甄蕾著/天津：天津社会科学院出版社/2018

705. "非主流"英语文学研究：历史书写、身份建构与性别/阶级叙事/李奕著/成都：四川大学出版社/2018

706. 语用学视角下的维·托卡列娃作品研究/王娟著/北京：北京大学出版社/2018

707. 语料库与性别分析/〔英〕PaulBaker著，唐丽萍译/北京：外语教学与研究出版社/2018

708. 女权主义理论与文学实践/〔澳〕德博拉·L.马德森著/北京：外语教学与研究出版社/2018

709. 虚构的权威：女性作家与叙述声音/〔美〕苏珊·S.兰瑟（Susan Sniader Lanser）著，黄必康译/北京：外语教学与研究出版社/2018

710. 我的孤单 我的自我：单身女性的时代/〔美〕丽贝卡·特雷斯特著，贺梦菲、薛轲译/桂林：广西师范大学出版社/2018

711. 女性书写文化/〔美〕露丝·贝哈（Ruth Behar）、〔美〕德博拉·A.戈登（Deborah A. Gordon）著，施旻译/上海：上海交通大学出版社/2018

712. 女性自画像文化史/〔英〕弗朗西斯·波泽罗著，王燕飞译/上海：上海人民美术出版社/2018

713. 蒙尘缪斯的微光：从古代到启蒙时代的博学女性/〔芬〕马里奥·T.努尔米宁（Marjo T. Nurminen）著，林铮凯译/北京：人民邮电出版社/2018

714. 十字军东征时代的女性/〔英〕C.A.布劳斯著，李菲译/上海：上海社会科学院出版社/2018

715. 缔造梅奥的一代女性/〔美〕弗吉尼亚·M.莱特－彼得森（Virginia M. Wright－Peterson）主编，刘云、张英杰、张钿译/北京：科学技术文献出版社/2018

716. 拓荒的夏娃：21位改变英国历史的杰出女性/〔英〕珍妮·默里（Jenni Murray）著，周颖、李博婷译/北京：东方出版社/2018

2019 年

717. 生态女性主义/韦清琦、李家銮著/北京：外语教学与研究出版社/2019

718. 织梦：问思新女学/肖巍著/上海：上海书店出版社/2019

719. 双性人巴尔班/〔法〕米歇尔·福柯编，张引弘译/上海：上海人民出版社/2019

720. 安详辞世/〔法〕西蒙娜·德·波伏瓦（Simonede de Beauvoir）著，赵璞译/深圳：海天出版社/2019

721. 论女性/〔法〕儒勒·米什莱著，李雪译/上海：上海社会科学院出版社/2019

722. 两性：女性学论集/〔法〕安托瓦内特·福克著，黄荭译/上海：华东师范大学出版社/2019

723. 公共的男人，私人的女人：社会和政治思想中的女性/〔美〕让·爱尔斯坦著，葛耘娜、陈雪飞译/北京：生活·读书·新知三联书店/2019

724. 女性主义政治学的发展与重构/邝利芬著/天津：天津大学出版社/2019

725. 帝制中国的女主与政治——关于女性统治的合法性探析/米莉著/北京：中国社会科学出版社/2019

726. 生育政策调整对女性职业与家庭影响研究/张琪、张琳著/北京：中国劳动社会保障出版社/2019

727. 特大型城市公共服务资源配置：基于基层治理、性别平等、健康维护、创业扶持等公共政策实施效应的考察/沈世勇著/上海：上海交通大学出版社/2019

728. 公共部门科技人才政策研究——以湖北省女性科技人才成长为例/肖军飞著/长春：吉林大学出版社/2019

729. 女性董事对公司治理的影响/张玲玲著/成都：西南财经大学出版社/2019

730. 平等 发展 共享：新中国70年妇女事业的发展与进步（2019年9月）/中华人民共和国国务院新闻办公室/北京：人民出版社/2019

731. 写意政治：近代早期法国政治文化中的性别、图像与话语/汤晓燕著/杭州：浙江大学出版社/2019

732. 日本的女性政策/〔日〕坂东真理子著，陈爱国译/上海：上海交通大学出版社/2019

733. 女大学生就业中的反隐性性别歧视问题研究/张琳、杨毅著/北京：知识产权出版社/2019

734. 性别与法律研究续编/刘梦、蔡锋主编/北京：光明日报出版社/2019

735. 社会排挤与女性婚姻家庭权益的法律保障/王歌雅著/哈尔滨：黑龙江人民出版社/2019

736. 堕落与救赎：女性犯罪启示录/王爱华、叶小琴编/北京：中国检察出版社/2019

737. 反对针对妇女的家庭暴力：两岸及香港相关法律制度与实践比较研究/张荣丽、刘永廷、苗苗著/北京：知识产权出版社有限责任公司/2019

738. 围城之内：二十世纪美国的家庭与法律/

〔美〕乔安娜·L.格罗斯曼、〔美〕劳伦斯·弗里德曼著，朱元庆译/北京：北京大学出版社/2019

739. 转型时期中国职业性别隔离问题研究/张成刚著/上海：复旦大学出版社/2019

740. 促进工作场所性别平等指导手册/中华全国总工会编著/北京：中国工人出版社/2019

741. 农民工性别工资差异研究/罗俊峰著/北京：中国财政经济出版社/2019

742. 女性农民工职业发展研究/孙琼如著/北京：人民日报出版社/2019

743. 流动的空间：家政女工社会资本调查/朱瑞娟著/长春：吉林大学出版社/2019

744. 谁煮了亚当·斯密的晚餐？女性与经济学的故事/〔瑞典〕凯特琳·马歇尔（Katrine Marçal）著，赵征、赵雨霏译/北京：中国科学技术大学出版社/2019

745. 建构美好生活——网络互动对抗逆力的提升研究/刘冬著/北京：人民日报出版社/2019

746. 中国的婴幼儿母亲与"好妈妈"话语研究——以城镇"80后"高学历女性为例/朴红莲著/长春：吉林大学出版社/2019

747. 透过性别看世界/沈奕斐著/上海：上海人民出版社/2019

748. 我国高等教育场域中的性别权力关系研究/双晓爱著/北京：人民出版社/2019

749. 性别视角：婚姻与家庭/王金玲、黄长玲主编/北京：社会科学文献出版社/2019

750. 性别失衡与婚姻挤压/姜全保、李树茁著/北京：社会科学文献出版社/2019

751. 男性妥协：中国的城乡迁移、家庭和性别/蔡玉萍、彭铟旎著/北京：生活·读书·新知三联书店/2019

752. 性别视角下的村庄社会生活变迁：华中莲荷村的劳动、闲暇、女性及家庭（1926~2013）/黄玉琴著/上海：华东理工大学出版社/2019

753. 人口流动与家庭关系的变迁——甘肃岭村调查/连芙蓉著/社会科学文献出版社/2019

754. 性别平等的全面性教育案例手册/王曦影、萨支红编/北京：中国经济出版社/2019

755. "美"的解释与嬗变——奕车女性身体审美及其变迁/陈树峰著/北京：社会科学文献出版社/2019

756. 性别与移民社会：新马华人妇女研究（1929~1941）/范若兰著/广州：暨南大学出版社/2019

757. 性别、家国与生计：当代乡村美好生活建构研究/汪超著/北京：中国社会科学出版社/2019

758. 马坡林舍的女孩/王金玲主编/北京：社会科学文献出版社/2019

759. 打工女孩：从乡村到城市的变动中国/〔美〕张彤禾著，张坤、吴怡瑶译/上海：上海译文出版社/2019

760. 困在婚姻陷阱中的女性/〔法〕让-克洛德·考夫曼（Jean-Claude Kaufmann）著，刘思思译/广州：花城出版社/2019

761. 低生育率背景下女性劳动供给的实证分析/郝娟著/北京：中国社会科学出版社/2019

762. 性别失衡与青年择偶/贾志科著/北京：社会科学文献出版社/2019

763. 中国人口出生性别比及其影响因素的时空异质性研究/张红历、罗希著/成都：西南财经大学出版社/2019

764. 社会性别视野下的妇女健康研究/姜佳将著/杭州：浙江工商大学出版社/2019

765. 女性艾滋病风险人群的疾病建构/王昕著/武汉：华中科技大学出版社/2019

766. "祖荫"博弈与意义建构：大理白族"不招不嫁"婚姻的人类学研究/许沃伦著/北京：社

会科学文献出版社／2019

767. 民族文化与社会性别（第一辑）——"民族文化与社会性别"学术研讨会（2017·北京论文集）／宋敏、丁娥主编／北京：中央民族大学出版社／2019

768. 社会性别视角下的贵州少数民族妇女研究／尤小菊、张晓主编／北京：知识产权出版社有限责任公司／2019

769. 满通古斯语民族民间口述资源的女性研究／郭淑梅著／北京：商务印书馆／2019

770. 刀尖上起舞：社会转型中的南非黑人妇女／郑晓霞著／上海：上海社会科学院出版社／2019

771. 女性择偶倾向：进化心理学的视角／田芊著／北京：社会科学文献出版社／2019

772. 外貌心理学：走出看脸的心理误区／〔美〕辛西娅·M. 布利克（Cynthia M. Bulik）著，诸葛雯译／北京：人民邮电出版社／2019

773. 中国妇女研究年鉴（2011~2015）／全国妇联妇女研究所编／北京：社会科学文献出版社／2019

774. 三姑六婆：明代妇女与社会的探索／衣若兰著／上海：中西书局／2019

775. 明清珠江三角洲女性形象建构研究——以吴妙静、黄惟德、李晚芳为例／刘正刚、乔玉红著／北京：社会科学文献出版社／2019

776. 明清时期顺德及周边的才女文化／乔玉红著／广州：广东人民出版社／2019

777. 明清徽州妇女贞节资料选编／张健著／芜湖：安徽师范大学出版社／2019

778. 跨越门闱：宋代福建女性的日常生活／〔美〕许曼著，刘云军译／上海：上海古籍出版社／2019

779. 中国女性的20世纪——近现代父权制研究／〔日〕白水纪子著，尹凤先、关豪译／长春：吉林文史出版社／2019

780. 性·爱·情：过程中的主体建构／王文卿著／

社会科学文献出版社／2019

781. 古代日本的女帝／〔日〕吉村武彦著，顾姗姗译／北京：社会科学文献出版社／2019

782. 中日民间故事中异类婚姻比较研究（日文版）／杨静芳著／上海：上海交通大学出版社／2019

783. 中西方文学经典女性形象比较／陈莹著／哈尔滨：黑龙江人民出版社／2019

784. 江南女性民俗的文学展演研究／毛海莹著／北京：中国社会科学出版社／2019

785. 中国妇女文学史／谢无量著／济南：山东画报出版社／2019

786. 文学与性别：中西文学中的女人和男人／程丽蓉著／杭州：浙江工商大学出版社／2019

787. 民国时期四部英语女性成长小说中译研究／贺赛波著／武汉：武汉大学出版社／2019

788. 性别与文化：女性词作美感特质之演进／〔加拿大〕叶嘉莹著／北京：商务印书馆／2019

789. 20世纪90年代女性诗歌研究／董秀丽著／北京：中国社会科学出版社／2019

790. "70后"女作家群创作小说研究：1996~2010／周文慧著／北京：华龄出版社／2019

791. 浮出社会地表："十七年"女性媒介形象研究／韩敏著／北京：中国社会科学出版社／2019

792. 中国妇女第十二次全国代表大会新闻报道选集／全国妇联宣传部编／北京：中国妇女出版社／2019

793. 自我画像：女性艺术在中国（1920~2010）／姚玳玫著／北京：商务印书馆／2019

794. 中国现代话剧古代女性形象之婚恋研究／黄莹著／长春：吉林大学出版社／2019

795. 帝国书写与女性叙事：弗吉尼亚·伍尔夫研究／陈研著／北京：社会科学文献出版社／2019

796. 积极的黑色世界——杜拉斯创作主题研究／杨茜著／北京：北京语言大学出版社／2019

797. 女权与女性：凯瑟琳·安·波特及其塑造的女性形象/吕惠著/北京：社会科学文献出版社/2019

798. 犹太女性生存困境的文化阐释/李沁叶著/北京：中国社会科学出版社/2019

799. 童与真——安徒生童话与西方现实主义文学中的女性/穆志慧著/成都：四川美术出版社/2019

800. 主妇、舞者与牧师：七国女性纪实故事/马蜂窝、王家敏主编/北京：中信出版集团股份有限公司/2019

801. 勃朗特姐妹：权力的神话/〔英〕特里·伊格尔顿著，高晓玲译/北京：中信出版集团股份有限公司/2019

802. 不只是简·奥斯汀：重现改变英国文学的七位传奇女作家/〔美〕谢莉·德威斯（Shelley DeWees）著，史敏译/南京：南京大学出版社/2019

803. 女性艺术家/〔意〕弗拉维娅·弗里杰里（Flavia Frigeri）著，北寺译/北京：北京联合出版公司/2019

804. 女人无名：20年追寻真相和正义之路/〔美〕艾米莉·温斯洛著，徐晓丽译/上海：上海译文出版社/2019

805. 中国绘画中的"女性空间"/〔美〕巫鸿著/北京：生活·读书·新知三联书店/2019

806. 性别敏感的农村咨询服务——提升家庭农业在减少贫困和保障粮食安全中的作用/联合国粮食及农业组织编著，李敏译/北京：中国农业出版社/2019

2020 年

807. 男女平等价值观研究/全国妇联妇女研究所编著，姜秀花、马焱主编/北京：人民出版社/2020

808. 女性主义伦理价值观与象征主义研究/姚丽梅著/哈尔滨：黑龙江大学出版社/2020

809. 范达娜·席瓦的生态女性主义思想研究/郑湘萍著/北京：人民出版社/2020

810. 异化与女性发展/门艳玲著/北京：中国社会科学出版社/2020

811. 当代中国女性权益保护研究/林丽拉著/厦门：厦门大学出版社/2020

812. 妇女权益保护手册/刘凝编著/北京：中国法制出版社/2020

813. 她们的声音/游鉴明著/成都：四川人民出版社/2020

814. 女职工权益维护案例集/中华全国总工会女职工部编著/北京：中国工人出版社/2020

815. 消除工作场所性骚扰指导手册/本书编写组编著/北京：中国工人出版社/2020

816. 联合国妇女领域重要文件汇编/全国妇联联络部编/北京：中国妇女出版社/2020

817. 《消除对妇女一切形式歧视公约》评注/〔美〕玛莎·A.弗里曼（Marsha A. Freeman）、〔英〕克莉丝蒂娜·钦金（Christine Chinkin）、〔德〕贝亚特·鲁道夫（Beate Rudolf）主编，戴瑞君译/北京：社会科学文献出版社/2020

818. 市民议事会视角下的女性基层社会治理参与研究/卓惠萍著/济南：山东大学出版社/2020

819. 女性发展与社会治理［《浙江妇女研究》（第三辑）］/陈步云、徐士青主编/杭州：浙江工商大学出版社/2020

820. 西南地区的妇女发展与社会稳定问题研究/王天玉著/北京：中国社会科学出版社/2020

821. 性别平等与女性经济学问题研究——学校教育、婚姻家庭、劳动就业/张霞著/北京：经济

卷·农村妇女第 4 卷）/徐勇、邓大才主编/天津：天津人民出版社/2020

853. 勤劳敲开幸福门：巾帼减贫脱贫故事/全国妇联妇女发展部、全国妇联联络部编/北京：中国妇女出版社/2020

854. 性的尊重/〔英〕玛丽·斯托普斯著，徐海幈译/北京：北京时代华文书局/2020

855. 阳光下的我们：残障女性口述故事/杨柳主编/北京：社会科学文献出版社/2020

856. 丽江妇女口述史/和虹主编/昆明：云南人民出版社/2020

857. 纳西族妇女口述史/和钟华主编/昆明：云南人民出版社/2020

858. 妇女与性别史研究（第四辑）/裔昭印主编/上海：上海三联书店/2020

859. 中国古代女性婚姻家庭/常建华著/北京：中国工人出版社/2020

860. 古史性别研究丛稿（增订版）/王子今著/西安：陕西师范大学出版总社/2020

861. 从女性文献史观出发：《奁史》新解/郭海文主编/西安：陕西师范大学出版总社/2020

862. 唐代妇女的生命历程/姚平著/上海：上海古籍出版社/2020

863. 礼法视野下宋代妇女的家庭地位研究/李节著/北京：中国书籍出版社/2020

864. 宋代的仕女与庶民女性/程郁著/郑州：大象出版社/2020

865. 宋元时代中国的妇女、财产及儒学应对/〔美〕柏清韵（BettineBirge）著，刘晓、薛京玉译/北京：中国社会科学出版社/2020

866. 山水"峒氓"：明清以来都柳江下游地区的家族、婚姻与仪式传统/黄瑜著/北京：社会科学文献出版社/2020

867. 女性与近代天津/侯杰等著/北京：人民出版社/2020

868. 马克思主义妇女观在中国早期传播研究/陈文联著/北京：中国社会科学出版社/2020

869. 中国共产党领导的妇女解放运动历史经验研究/金卓著/北京：中国财政经济出版社/2020

870. 主动与被动：陕甘宁边区妇女解放运动研究/刘艼著/太原：山西人民出版社/2020

871. 华中抗日根据地、苏皖边区的妇女动员与妇女解放/吴云峰著/合肥：黄山书社/2020

872. 集体化时期太行山区妇女社会化生产运动研究/刘洁著/北京：人民出版社/2020

873. 当代中国妇女/罗琼主编/北京：当代中国出版社/2020

874. 中国妇女运动史话/姜秀花、范红霞、倪婷等著，全国妇联妇女研究所课题组编/北京：人民出版社/2020

875. 聊城革命老区巾帼群英谱/中共聊城市委党史研究院、聊城市妇女联合会、聊城市革命老区建设促进会编/北京：中国文史出版社/2020

876. 广州市妇联志：1953~2018/广州市妇女联合会编/广州：广东人民出版社/2020

877. 北京老妇救会主任图志/北京市妇女联合会编/北京：方志出版社/2020

878. 安徽省志：共青团志（1986~2005），妇女志（1986~2008）/安徽省地方志编纂委员会编/北京：方志出版社/2020

879. 浙江省妇女工作大事记：1949~2019/浙江省妇女联合会、浙江省妇女研究会编/杭州：浙江人民出版社/2020

880. 甘肃省志·妇女工作志（1996~2015）/甘肃省志妇女工作志编纂委员会编纂/兰州：敦煌文艺出版社/2020

881. 走出闺阁：中国妇女史研究/〔美〕鲍家麟著/上海：中西书局/2020

882. 什么是性别史/〔美〕索尼娅·罗斯著，曹鸿译/北京：北京大学出版社/2020

883. 闺蜜：女性情谊的历史/〔美〕玛丽莲·亚隆、〔美〕特雷莎·多诺万·布朗著，张宇、邬明晶译/北京：社会科学文献出版社/2020

884. 近代早期英国社会中的单身妇女研究/曾亚英著/北京：中国社会科学出版社/2020

885. 一个世纪的抗争：美国女权运动史（增订版）/〔美〕埃莉诺·弗莱克斯纳、〔美〕埃伦·菲茨帕特里克著，陈浩瑜译/北京：中信出版社/2020

886. 明清文学的社会性别研究/马珏玶著/北京：人民出版社/2020

887. 明清易代语境下江南文人的女性书写研究/马思聪著/北京：北京时代华文书局/2020

888. 烈士风度——近现代中国的性别、牺牲与文章/符杰祥著/北京：人民出版社/2020

889. 为了女性"真的解放"：鲁迅妇女观今读/刘国胜著/上海：学林出版社/2020

890. 中国现代女性写作的发生：1898~1925/张莉著/北京：北京十月文艺出版社/2020

891. 性别意识、文化症候与情爱叙事——80后女性写作研究/管季著/长沙：中南大学出版社/2020

892. 性别视域下托妮·莫里森小说的身体研究/马艳著/北京：中国社会科学出版社/2020

893. 代际变迁与文学越境：21世纪中日女性写作研究/陈晨著/北京：中译出版社/2020

894. 女性作家的文学书写与自我表象——田村俊子和张爱玲/王胜群著/北京：中译出版社/2020

895. 英美小说经典女性形象研究/邢莉娜著/石家庄：河北人民出版社/2020

896. 英美文学中的女性主义研究/陈琼琼著/昆明：云南人民出版社/2020

897. 多维视角下英美女性文学研究/齐心著/长春：吉林大学出版社/2020

898. 文化视域下美国华裔女作家的女性书写与身份认同/李曦、邱爽、雷馥源、易平著/北京：九州出版社/2020

899. 英美文学中的女性书写与生态思想研究/张慧著/长春：吉林出版集团股份有限公司/2020

900. 英美女性文学的艺术价值与美学探讨/黄驰著/长春：吉林出版集团股份有限公司/2020

901. 女性视角下英美文学赏析/崔红健著/长春：北方妇女儿童出版社/2020

902. 英美女性主义作品选读/叶蔚芳、何青芒编著/长春：吉林大学出版社/2020

903. 多元视角下的美国女性主义文学研究/刘英、李莉著/北京：人民出版社/2020

904. 非裔美国女性作品中的主题性构建/余薇著/沈阳：沈阳出版社/2020

905. 西方女性主义文学批评发展概论/李思捷著/长春：吉林大学出版社/2020

906. 阅读浪漫小说：女性，父权制和通俗文学/〔美〕珍妮斯·A.拉德威著，胡淑陈译/南京：译林出版社/2020

907. 基于性别视角下的女性形象与文学研究/王晓燕、陈杰著/长春：吉林大学出版社/2020

908. 性别之惑：微文化研究（第二辑）/滕威主编/上海：上海书店出版社/2020

909. 中国女性文化（2020年第1辑/总第22辑）/艾尤主编/北京：社会科学文献出版社/2020

910. 多维视野下的湖湘女性文化研究/罗婷等著/长沙：湖南大学出版社/2020

911. 敦煌文献中的女性角色研究/邵文实著/南京：东南大学出版社/2020

912. 清末民初时期女性主义思潮与中国早期电影/徐雅宁著/西安：陕西人民出版社/2020

913. 民国时期留欧女性艺术家西画创作研究/陈

明园著/上海：上海大学出版社/2020

914. 中国早期媒介女性形象质化研究/陈路遥著/北京：九州出版社/2020

915. 中国百年女性人物辞典/本书编委会编/北京：人民出版社/2020

916. 西子弦歌：杭州妇女运动故事集/汪华瑛、阮英主编/杭州：浙江工商大学出版社/2020

917. 社会变迁与性别呈现：中国当代家庭伦理剧女性形象研究/杨慧著/北京：清华大学出版社/2020

918. 电视法治新闻类节目中的女性形象呈现研究/陈丽丹著/北京：知识产权出版社/2020

919. 性别文化的媒介多元再现和反思——基于传统、现代、后现代三重视域/彭程著/长春：吉林大学出版社/2020

920. 伍尔夫与伦敦：城市的性别政治/〔美〕苏珊·M. 斯奎尔著，谢文娟译/南京：江苏凤凰教育出版社/2020

921. 解析贝蒂·弗里丹《女性的奥秘》/Elizabeth Whitaker 著，周伟、王坤译/上海：上海外语教育出版社/2020

922. 解析朱迪斯·巴特勒《性别麻烦》/Tim Smith-Laing 著，刘华文译/上海：上海外语教育出版社/2020

博士学位论文索引

2016 年

24. 社会变迁中的兄弟姐妹教育获得/陈立娟/南京大学/2016

25. 民国时期上海女监研究（1930~1949年）/杨庆武/华东师范大学/2016

26. 女性·婚姻与革命：华北革命根据地女性婚姻与两性关系——以太行山区为中心的考察（1937~1949）/杜清娥/山西大学/2016

27. 新中国成立初期中国共产党婚姻理论及其实践研究——以成都地区为例的考察/敖天颖/华东师范大学/2016

28. 华中根据地婚姻习俗变革研究/吴云峰/南京师范大学/2016

29. 清代小说中的女性想象/唐妍/浙江大学/2016

30. 突围与陷落——从现代文学女性写作看女性启蒙的艰难性/肖小云/南京大学/2016

31. 丁玲的多重身份与其文学活动/凌菁/湖南师范大学/2016

32. 外国文学影响与张洁小说创作/黄乐平/湖南师范大学/2016

33. 王安忆的上海叙事研究/黄蓓/上海大学/2016

34. 论毕淑敏小说创作的艺术成就与局限/刘舒文/东北师范大学/2016

35. 残雪新实验小说研究/王蓉/湖南师范大学/2016

36. 残雪在日本的译介与研究/柳慕云/东北师范大学/2016

37. 1980年代以来女性作家的乡土叙事研究/余琼/浙江大学/2016

38. 汉画西王母图像研究/毛娜/郑州大学/2016

39. 论唐代社会文化对绘画繁荣的影响——以宗教文化、异域文化和女性文化三因素为中心/陈茜/天津大学/2016

40. 宋代女性价值观研究——以士大夫阶层女性为中心/孔曼/郑州大学/2016

41. 明清耶稣会圣母像研究/张蓓蓓/上海师范大学/2016

42. 清末民初新兴百美图研究/刘秋兰/南京艺术学院/2016

43. 民国时期留欧女性艺术家西画创作研究/陈明园/上海大学/2016

44. 潘玉良绘画研究/陈天白/南京艺术学院/2016

45. 蒙古族女性盛装的服饰审美特征在工笔肖像画创作中的表现/贾宝锋/中央民族大学/2016

46. 当代中国佤族女性形象研究/张书峰/陕西师范大学/2016

47. 藏传佛教女性观研究/张玉皎/中央民族大学/2016

48. 女性主义伦理思想与当代中国电影叙事/李丹丹/东南大学/2016

49. 我国竞技体育中的女性解放研究/杨雪/上海体育学院/2016

50. 南茜·弗雷泽批判的正义理论研究/许德强/大连理工大学/2016

51. 朱迪斯·巴特勒性别理论研究/费雪莱/湖北大学/2016

52. 当代俄罗斯离婚制度研究/库拉舍娃·娜达丽娅/黑龙江大学/2016

53. 苏联卫国战争时期女性贡献探析——以女性主义史学为视角/孙丽红/东北师范大学/2016

54. 生态女性主义文学研究/唐晶/辽宁大学/2016

55. 南方的"旅居者"——卡森·麦卡勒斯小说研究/田颖/浙江大学/2016

56. 艾丽丝·门罗小说研究/孙艳琳/山东师范大学/2016

57. 俄语成语中的女性社会性别定型语用研究/陈春红/苏州大学/2016

58. 韩国古代宫词研究/赵春艳/中央民族大学/2016

59. 英国维多利亚时期中上层妇女时尚文化研究/郭珊珊/云南大学/2016

60. 凯瑟琳·曼斯菲尔德与文学杂志/黄然/北京外国语大学/2016

61. 裘帕·拉希莉作品的离散叙事研究/云玲/北京外国语大学/2016

62. 大庭美奈子的文学主题研究/侯冬梅/华中师范大学/2016

63. 多丽丝·莱辛叙事中的杂糅修辞策略研究/黄春燕/南京大学/2016

64. 奥斯丁小说中的音乐与女性意识的形成/刘雅琼/北京外国语大学/2016

65. 后维多利亚时期"帝国女儿"的身份建构——

弗吉尼亚·伍尔夫三部小说的叙事研究/陈研/福建师范大学/2016

66. 多丽丝·莱辛小说中的身体话语研究/谭万敏/西南大学/2016

67. 新维多利亚女性小说中的帝国动物话语研究/刘彬/清华大学/2016

68. 追寻"失落世界"——赖德·哈格德罗曼司中的非洲想象/王荣/浙江大学/2016

69. 回归——安妮·普鲁小说的追寻母题研究/刘晓娟/北京外国语大学/2016

2017 年

70. 就业机会与工资收入的性别差异研究/董一心/东北师范大学/2017

71. 夫妻财产制与债法规则的冲突与协调问题研究/曲超彦/大连海事大学/2017

72. 城乡流动背景下婚姻挤压对中国农村婚姻暴力的影响研究/李成华/西安交通大学/2017

73. 上海两地婚姻的阶层匹配研究/邓志强/华东师范大学/2017

74. 族际通婚对滇西北多民族共生格局的调适与优化/马喜梅/云南大学/2017

75. 唯物史观视域下的中国女性生育观研究/贾晓旭/吉林大学/2017

76. 中国城市女性孕期医疗化的社会建构研究/刘畅/吉林大学/2017

77. 影响男性同性性行为人群艾滋病传播的社会文化因素定性研究/何慧婧/中国疾病预防控制中心/2017

78. 北京市社区妇女科学健身服务的需求与供给研究/白金凤/北京体育大学/2017

79. 从家庭本位到个人本位：市场化背景下农村

社会性别关系研究——以冀北 W 村为例/王宇/中国农业大学/2017

80. 当代中国高等教育中的性别权力关系研究/双晓爱/中共中央党校/2017

81. 社会大变局中的两宋女子教育生活研究/赵国权/华中师范大学/2017

82. 明代中后期情与两性、婚姻关系研究/奚丽芳/浙江大学/2017

83. 臣属与自决：近代中国女学生身体生成研究/周娜/华中师范大学/2017

84. 上海电影院的兴起（1897~1934）——以放映商、中产阶层、小市民和女性为中心的考察/赵莹莹/华东师范大学/2017

85. 民国时期婚约无效法律制度研究（1929~1949）——兼以沪赣两地司法档案为例证/周阿求/华东政法大学/2017

86. 战争·婚姻·性别——抗战时期重庆地区婚姻纠纷研究/韩晓燕/四川大学/2017

87. 战争时期上海女工的日常生活（1937~1945）/经先静/华东师范大学/2017

88. 解放战争时期东北根据地妇女运动研究/单炜鸿/东北师范大学/2017

89. 新中国成立初期湖南省宣传贯彻婚姻法运动研究/张海/中共中央党校/2017

90. "妇女能顶半边天"？——温州农业生产中的妇女劳动力动员（1949~1959）/闻文/华东师范大学/2017

91. 宋元明话本小说中的性别书写与价值观念变迁研究/施文斐/陕西师范大学/2017

92. 社会语言学视域下的《醒世姻缘传》研究/梁洁/华中师范大学/2017

93. 近百年女性词史研究/赵郁飞/吉林大学/2017

94. 现代中国女性旧体诗词流变论/朱一帆/华中师范大学/2017

95. 沦陷区女性文学叙事研究/邱田/兰州大学/2017

96. 林海音研究/刘晓华/南京大学/2017

97. 生活世界的动员和改造——以 1950~1960 年代上海文艺中的妇女形象为中心/曾庆利/上海大学/2017

98. "十七年"社会主义民族文化建构——以《嘎达梅林》《阿诗玛》和《刘三姐》的搜集与整理为中心/郭丽君/上海大学/2017

99. 中国现当代女性诗歌女性意识诉求的嬗变/金华/辽宁大学/2017

100. 方方小说中的知识分子形象研究/王婷/华中科技大学/2017

101. 基于文化批判视角的网络女性形象研究/荀洁/苏州大学/2017

102. 唐代仕女画分类研究/陈友升/中国美术学院/2017

103. 从传统走向现代的美国第一夫人：社会性别视角下的埃莉诺·罗斯福/吕庶瑾/上海外国语大学/2017

104. 艾米莉·狄金森的"空间诗学"研究/王玮/浙江大学/2017

105. 萨里雅霍清唱剧《西蒙妮的殉难》创作研究/田田/中央音乐学院/2017

106. 性别政治视域下托妮·莫里森小说的身体研究/马艳/西南大学/2017

107. 批判与重塑：玛丽·雪莱小说中的孤儿形象研究/虞春燕/浙江大学/2017

108. 汉娜·阿伦特政治美学研究/李岩/辽宁大学/2017

109. 形式与伦理的对话：玛丽安·摩尔诗歌研究/何庆机/华中师范大学/2017

110. 在理想与现实中徘徊——赛珍珠的文化价值观研究/庞援婷/东北师范大学/2017

111. 奥德·罗德的差异观研究/薛文思/陕西师范大学/2017

112. 艾丽格拉·古德曼小说中杂糅身份的协商/黄淑琼/上海外国语大学/2017

113. A. S. 拜厄特主要小说中历史叙事的多维度研究/梁园园/上海外国语大学/2017

114. A. S. 拜厄特四部曲中的男预言家/张秀春/上海外国语大学/2017

115. 大庭美奈子的小说世界——以大庭美奈子前期小说为中心/周晗玮/上海外国语大学/2017

116. 男性气质·女性气质·男女间性——马丁·艾米斯小说性属主题研究/韩海琴/上海外国语大学/2017

117. 一默如雷：简·里斯小说中多重叙述声音研究/胡敏琦/浙江大学/2017

118. 叙事策略与女性意识的建构——女性主义叙事学视域下 19 世纪英国家庭女教师小说研究/姜麟/东北师范大学/2017

119. 焦虑的心象风景——《蜻蛉日记》研究/韩凌燕/吉林大学/2017

120. 何处是家园——浦爱德、赛珍珠、弗利兹的

中国童年及其身份书写／朱春发／浙江大学／2017

121. 德语性别泛指人称名词的指称研究——认知

语言学与篇章语用学视角／张智／南京大学／2017

2018 年

122. 马克思恩格斯妇女解放思想及实践研究／张憬玄／华侨大学／2018

123. 民事保护令研究／李瀚琰／安徽大学／2018

124. 伴侣家庭立法研究／刘蓓／吉林大学／2018

125. 论夫妻财产法的自治化／申晨／对外经济贸易大学／2018

126. 全面二孩政策下的女性平等就业问题研究——基于政策均衡的理论视角／兰庆庆／重庆大学／2018

127. 出生性别比失衡、经济激励与生育决策／顾晓敏／华中科技大学／2018

128. 公共服务、房价上涨与妇女的二孩生育意愿／吕碧君／华中科技大学／2018

129. 我国城镇女性劳动供给研究／陈漫雪／东北师范大学／2018

130. 家庭对中国城镇性别工资差距的影响研究／王珊娜／首都经济贸易大学／2018

131. 农村女性家庭地位与贫困代际缓解——基于家庭性别红利的视角／徐玮／中南财经政法大学／2018

132. 探索中国婚恋关系的变化：关系幻灭和关系冲突的假设／刘聚红／西南大学／2018

133. 云南边境拉祜族婚姻变迁及政策研究——基于金平县陆村的实地调查／高杨／中国农业大学／2018

134. 当代滇西彝族女性婚姻变迁研究——以漾濞县龙潭乡为例／茶刘英／陕西师范大学／2018

135. 调适与归属：兰州外来穆斯林女性的社会适应研究／苏慕瑜／兰州大学／2018

136. 甘南藏传佛教出家女性的健康保健与医疗实践——基于宁玛派曲宗觉姆寺的民族志研究／刘凡／兰州大学／2018

137. 文化视野下的高校女教师身份困境研究／唐文焱／四川师范大学／2018

138. 女性医务工作者角色冲突问题研究——以 Y 市 F 医院为例／朱颖／吉林大学／2018

139. 近代上海女性教育与职业生涯研究／王纾然／华东师范大学／2018

140. 民国北京社会风化问题及其管控研究（1912~1949)／陈娜娜／河北大学／2018

141. 新中国成立初期贯彻婚姻法运动研究——以陕西省为中心／白若楠／陕西师范大学／2018

142. 汉魏六朝婚恋小说研究／董舒心／山东大学／2018

143. 身份·性别·叙事——文化诗学视域中的《红楼梦》研究／李丹丹／中国艺术研究院／2018

144. 基于语料库的女性语言翻译研究——以王熙凤为例／郑赛芬／上海外国语大学／2018

145. 丁玲研究在美国／彭江虹／湘潭大学／2018

146. "十七年"中国电影中的上海女性形象研究／张金玲／上海大学／2018

147. 20 世纪 80 年代以来中国女性主义文学批评研究／赵洪霞／东北师范大学／2018

148. 中国当代女作家在法国的翻译和接受（1978~2017)／周蕾／上海外国语大学／2018

149. 女作家性别身份焦虑问题研究／沈潇／陕西师范大学／2018

150. 创伤记忆·苦难意识·性别体验·边缘心态——论虹影小说创作的四维空间／黄爱／山东

大学/2018

151. 从性别文化视角看网络文学中的男性生育题材/贾舒/陕西师范大学/2018

152. 中国女性英雄艺术形象研究/杨增莉/上海师范大学/2018

153. 北朝女性墓志考古学研究/司晓洁/郑州大学/2018

154. 唐墓壁画女性图像风格研究/于静芳/西安美术学院/2018

155. 清代皇家女性画像研究/金云舟/华东师范大学/2018

156. 20世纪满—通古斯语族异类婚故事集成研究/刘雪玉/吉林大学/2018

157. 妈祖文化思想研究/潘志宏/中共中央党校/2018

158. 贵州黔东南苗族女性服饰的文化生态研究/任宜海/贵州大学/2018

159. 身体化性别：从贵池傩看自我的展演与构建过程/李静/华东师范大学/2018

160. 红河哈尼族奕车女性身体审美研究/陈树峰/云南大学/2018

161. 跨性别品牌延伸对品牌钟爱的影响研究/安振武/中南财经政法大学/2018

162. 赛博女性主义研究/金春枝/湖南师范大学/2018

163. 伊丽佳蕾差异论女性主义探析/李寅月/山西大学/2018

164. 劳动的空间分工与地方——多琳·梅西"后马克思主义"空间理论研究/洪北頔/南京大学/2018

165. 掌舵的女性：美国大学女性校长研究/牛蒙刚/天津师范大学/2018

166. 越南女子足球运动发展研究/杜进身/北京体育大学/2018

167. 越界：丁布莱克·韦藤贝克戏剧中的性别、阶级和国族/陈琛/北京科技大学/2018

168. A. S. 拜厄特新维多利亚小说中英国知识分子的焦虑研究/李立新/山东大学/2018

169. 美国南方"圣经地带"的灵魂写手——弗兰纳里·奥康纳创作思想探寻/许丽梅/吉林大学/2018

170. 简·奥斯丁研究中的若干焦点问题/安琦/吉林大学/2018

171. 武田泰淳的女性视界/周晨曦/上海外国语大学/2018

172. 亚裔美国女性离散小说中的身份协商——《茉莉》、《浮世世界》、《莫娜在应许之地》和《典型美国人》的跨文化解读/沈维维/上海外国语大学/2018

173. 莱斯利·马蒙·西尔科作品中的生态思想研究/范莉/山东大学/2018

174. 《蜻蛉日记》叙事研究/楚永娟/山东大学/2018

175. 多丽丝·龙格笔下女水妖的研究——兼论富凯、安徒生、卡夫卡和巴赫曼作品中的同一母题/李扬/上海外国语大学/2018

176. 《狄吉尼斯·阿克里特》的英雄观研究/李韦豫/东北师范大学/2018

177. 苏珊·桑塔格的文学观与文学创作/崔玮崧/吉林大学/2018

178. 吉本芭娜娜创作研究/刘春波/吉林大学/2018

179. 汤亭亭作品中的文学共生研究/王绍平/上海外国语大学/2018

180. 林佩芬、叶广芩创作比较论/冯晟/西北大学/2018

181. 20世纪八九十年代中韩小说父亲形象比较研究/方善熙/辽宁大学/2018

2019 年

213. 多丽丝·莱辛小说创作的身份书写策略/夏野/黑龙江大学/2019

214. 弗吉尼亚·伍尔夫文学作品中的战争心理研究/邱高/湘潭大学/2019

215. 爱欲时代的书写——米歇尔·韦勒别克作品中的性表征与性再现研究/胡华/武汉大学/2019

216. 情感、重复、流放：伊迪丝·华顿后期小说中的超越思想研究/易春芳/南京大学/2019

217. 论丽贝卡·哈丁·戴维斯作品中的情感结构/李珊珊/浙江大学/2019

2020 年

218. 习近平家庭建设观研究/曾平生/南昌大学/2020

219. 从"两性平等"到"两性和谐"——人类解放视野下的女性主义研究/李庭/吉林大学/2020

220. 受暴女性的司法困境探析——女性主义视角下的涉家暴离婚案件研究/张琪/吉林大学/2020

221. 夫妻财产契约制度比较研究/杨陶/湖南师范大学/2020

222. 家事程序法研究/江晨/华东政法大学/2020

223. 女性犯罪者家庭抗逆力研究——以 J 省 N 监狱为例/沈辰/吉林大学/2020

224. 性别对知识型员工创新行为的影响机理研究/刘镜/东华大学/2020

225. 改革开放以来中国农村贫困家庭妇女扶贫脱贫研究/曹楠楠/吉林大学/2020

226. 农村劳动力转移对子女赡养行为及父母健康福利影响研究/张弛/中国农业科学院/2020

227. 农村居民家庭金融资产配置及财富效应研究/张哲/西南大学/2020

228. 旅游发展背景下民族社区妇女幸福感生成机制及复杂性研究/范香花/四川大学/2020

229. 人口结构、生育政策调整与住房需求研究/黄冠/华中师范大学/2020

230. 家庭等值规模的理论、测度方法及其在中国的应用研究/张楠/山西财经大学/2020

231. 中国男性婚姻挤压研究/祝颖润/吉林大学/2020

232. "女儿养老"：原生家庭养老方式中的女性角色定位——以鄂东南 L 村"多子女家庭"的田野调查为例/刘婷/武汉大学/2020

233. 四川省山丘区家庭结构、代际支持与农村老年健康的关系研究/曹莎/中国科学院大学（中国科学院水利部成都山地灾害与环境研究所）/2020

234. 隔代教养对儿童创造力的影响/陆烨/华东师范大学/2020

235. 唯物史观视域中的中西方家庭文化对比研究/刘红梅/上海财经大学/2020

236. 闽台客家生活习俗中的女性角色研究/黄秋菊/闽南师范大学/2020

237. 论彩礼返还/李屹/吉林大学/2020

238. 女性个体相对剥夺感对认知控制的影响及其机制/张利杰/西南大学/2020

239. 近代中国妇女团体慈善活动研究（1890~1949）/庄细细/湖南师范大学/2020

240. 1912~1937 年中国油画中的女性肖像题材研究/谭潇潇/中国艺术研究院/2020

241. 性别、科学与社会——以中国早期科学女博士为中心的考察/李爱花/2020

242. 民国时期上海女律师研究/王瑞超/华东政法大学/2020

243. 国家、性别与生活——山东农村妇女的身份

妇女/性别研究学术刊物及专栏名录

一 学术刊物

《妇女研究论丛》

《妇女研究论丛》由中华全国妇女联合会主管、全国妇联妇女研究所和中国妇女研究会联合主办，1992 年创刊，1999 年成为中国妇女研究会会刊。该刊为国家社科基金资助期刊、中文社会科学引文索引（CSSCI）来源期刊、中国人文社会科学核心期刊（HSSCJS）、全国中文核心期刊（CJC）、中国核心学术期刊（RCCSE）、中国科技核心期刊（社会科学卷）、中国人民大学复印报刊资料《妇女研究》重要转载来源期刊。

全国人大常委会副委员长、全国妇联主席、中国妇女研究会会长沈跃跃担任该刊顾问。主编为全国妇联研究所所长、中国妇女研究会秘书长杜洁。编委会由来自高校、社科院、妇女研究所的 32 位妇女/性别研究知名专家学者组成。

该刊坚持以马克思主义妇女观为指导，立足中国国情，致力于运用多学科、跨学科的理论和方法引领中国特色社会主义妇女理论创新，推动关于妇女发展与性别平等的重大现实问题研究，推动构建中国特色社会主义妇女/性别研究学科体系、学术体系和话语体系，为妇女发展与性别平等创造良好的社会和文化环境。主要栏目有："理论研究""实证研究""法律与政策研究""妇运观察与历史研究""文学·文化·传播""国外妇女/性别研究""青年论坛""研究动态与信息""图书推介"等。

地址：北京市东城区建国门内大街 15 号

邮编：100730

电话：010-65103472

电子邮箱：luncong@ wsic. ac. cn

网址：http：//www. fnyjlc. com

官方微信公众号：妇女研究论丛

《中华女子学院学报》

《中华女子学院学报》由全国妇联主管、中华女子学院主办，创刊于1989年，1991年开始面向国内外公开发行，是中国第一家以研究和探索妇女问题为主的综合性学术刊物。曾用名为《中国妇女管理干部学院学报》，大16开本，双月刊。该刊为"中国人文社会科学核心期刊拓展版"、中国人民大学复印报刊资料《妇女研究》重要转载来源期刊、"女性与法律"栏目入选教育部名栏、"中国人文社会科学引文数据库"来源期刊、"全国高校社科精品期刊"、"北京高校人文社会科学名刊"、"中国社会科学期刊精品数据库期刊"。主编为石彤。

该刊高举中国特色社会主义伟大旗帜，以马克思列宁主义、毛泽东思想、邓小平理论、"三个代表"重要思想、科学发展观、习近平新时代中国特色社会主义思想为指导，增强"四个意识"，坚定"四个自信"，做到"两个维护"，始终坚持党的教育方针和出版法律法规，坚持以人民为中心的出版导向，坚持以社会主义核心价值观为引领；立足妇女教育，突出女性/性别、儿童、家庭研究特色。刊物以引领和传播先进的性别文化及家庭伦理道德观念为己任，肩负着"促进性别平等、服务妇女发展"的社会功能，以"探索和研究妇女/性别、儿童、家庭领域问题为主的综合性学术刊物"为办刊宗旨，坚持为党和国家的工作全局服务，为推动女性高等教育、促进妇女发展服务；始终坚持正确的学术导向，及时刊发妇女研究领域最新的科研成果，以引领和传播先进性别文化为己任。主要栏目有："马克思主义妇女理论""女性与法律""性别与家庭""性别与传播""性别与教育""性别与社会""性别与历史""女性文学与文化""全球女性发展研究""儿童发展研究"等。

地址：北京市朝阳区育慧东路1号

邮编：100101

电话：010-84659045

电子邮箱：znxy@chinajournal.net.cn

官方微信公众号：中华女子学院学报

《山东女子学院学报》

《山东女子学院学报》由山东省教育厅主管、山东女子学院主办，创刊于1987年，双月刊，国际大16开本，128页。主编为陈业强。

该刊是以研究性别平等理论、妇女问题等为特色的综合性学术理论刊物。其办刊宗旨是"面向改革时代、探索妇女问题、研究妇女理论、促进妇女发展"，并始终高举中国特色社会主义伟大旗帜，以邓小平理论、"三个代表"重要思想、科学发展观、习近平新时代中国特色社会主义思想为指导，同时认真贯彻执行习近平总书记所提出的实现中华民族伟大复兴中国梦的重要指导思想和重要执政理念，主要刊登以探讨性别平等理论、女性与社会发展、妇女史、性别文化、国外女性/性别、女性与法律、女性教育、家庭问题等为主要内容的学术论文。目前该刊是"全国高校优秀社科期刊""全国地方高校精品期刊""华东地区优秀期刊""山东省优秀期刊"。"性别平等理论研究"栏目为全国高校优秀社科期刊特色栏目，"女性与社会发展研究"栏目为全国高校社科期刊特色栏目。该刊为贯彻落实男女平等基本国策和推动性别和谐发展发挥了战略性、基础性的作用。

地址：济南市长清大学科技园大学路2399号《山东女子学院学报》编辑部

邮编：250300

电话：0531-86526071　86526072

电子邮箱：shandongnzxb@163.com

网址：http://xuebao.sdwu.edu.cn

官方微信公众号：山东女子学院学报

《家庭与性别评论》学术集刊

《家庭与性别评论》学术集刊由中国社会科学院社会学研究所性别与家庭社会学研究室及社科文献出版社共同主办，创刊于2008年，属出版社连续出版发行的学术集刊。该集刊为16开本，基本上每年出版一辑，共出版10辑，由研究室的研究人员轮流担任执行主编。

该集刊每一期都围绕着一个特定的主题，选择家庭研究、性别研究和人口研究中比较出色的论文，同时主编会对这些论文进行分析和评述。在可能的情况下，会刊发原创性的论文。到目前为止，这本集刊讨论的主题包括："中国家庭的本土化研究"（执行主编唐灿）、"中国性别研究"（执行主编李银河）、"全球化与性别"（执行主编吴小英）、"20 世纪以来海外中国家庭研究述评"（执行主编马春华）、"华人社会代际关系及其变迁"（执行主编陈午晴、汪建华）、"家庭主义、个体主义与个体化"（执行主编吴小英）、"民国家庭研究"（执行主编马春华）、"新型城镇化背景下的家庭流动"（执行主编汪建华）、"变迁中的亲职与抚育"（执行主编施芸卿）、"家庭养老与社会支持"（执行主编张丽萍）。

该刊的执行主编都是在家庭、性别或者人口研究方面卓有建树的研究者，围绕着特定主题选择相关论文和刊发原创性论文都有独特视角。每本集刊的主编评述部分都包含着该辑主编对于这个研究主题的深入分析和探讨，对于涉入这个主题研究的研究者有极大的启发作用。总的来说，它展示了近年来中国在家庭、性别和人口研究方面研究前沿，介绍了最新研究成果，包括理论探讨、经验研究和方法论探索，推动了家庭社会学和性别研究的学科建设，促进了全国相关领域的研究。每卷约 30 万字，各栏目不仅适合高校教学参考及相关学科建设阅读，而且适合相关学位论文选题和撰写参考。

地址：北京市东城区建国门内大街 5 号中国社会科学院社会学研究所

邮编：100732

电话：010-85195558

《中国女性文化》学术辑刊

《中国女性文化》创刊于 2000 年 10 月，由首都师范大学中国女性文化研究中心主办，前任主编为荒林、王红旗，现任主编为艾尤。该辑刊是中国学界第一份由女性创办、以女性文学和性别文化为研究中心的学术性刊物。

该刊为半年刊，至 2020 年已出版 22 辑，涵盖性别理论、文学批评、影视艺术、文化研究、媒介传播等不同研究领域。自 2020 年改版以来，学刊分为"特稿""理论探索与批评""文学专题研究""文化专题研究"四大板块，聚焦女性文学与性别研究的前沿问题，探讨女性生存与两性发展的实践经验，对女性的历史与现实问题，进行全方位、多角度的剖析，并且注重理论与实践相结合，融前沿性、思想性、学术性与可读性为一体。

学刊倡导平等和谐的性别理念，根植于中国母体文化，立足于全球视野，探索女性主义理论与实践的本土化路径，着力搭建海内外女性文学、性别文化研究和实践经验的交流平台，建构推动两性相互尊重、共同发展的性别文化新体系。

地址：北京市海淀区西三环北路 83 号首都师范大学文学院中国女性文化研究中心《中国女性文化》编辑部

邮编：100089

电子邮箱：cnuzgnx@163.com

《婚姻·家庭·性别研究》学术辑刊

《婚姻·家庭·性别研究》学术辑刊由首都师范大学社会文化史研究中心主办，创刊于 2012 年，属出版社出版发行的不定期学术辑刊，已出版 5 辑，每辑 30 万字左右。主编梁景和。

该辑刊以婚姻、家庭、性别问题为主要研究内容，其编辑出版有如下特征：其一，录用研究性的学术论文；其二，论文篇幅不限，可以收录几万字的长篇论文；其三，以发表 20 世纪婚姻、家庭和性别问题的学术论文为主，适当兼顾其他历史时期；其四，刊登婚姻、家庭、性别方面的重要理论文章。该辑刊既可在推进中国社会文化史研究，特别是中国婚姻、家庭和性别研究方面做些有益的工作，同时也可为今天和未来的生活提供借鉴和启发，鼓励人们去思考和创造新的生活方式，因而具有较强的现实意义。该辑刊是学术研究和高校教学的参考书籍。

地址：北京市海淀区西三环北路 83 号首都师范大学北一区文科楼 430 办公室

邮编：100089

电话：13718193881

电子邮箱：hejingliang@263.net

《新女学周刊》

《新女学周刊》由中国妇女报创办，于 2012 年 1 月 10 日正式出刊。每周星期二出刊。该刊集思想性、知识性、实践性为一体，坚持"知行合一"的办刊理念，包括两个理论版和一个阅读版，设置女学热点、前沿视线、学人关注、权威调查、口述实录、实践存档、焦点透视、新锐 T 台、畅读亭、新书馆等栏目。《新女学周刊》创办以来，牢牢把握正确的政治方向、学术导向和价值取向，不断提升思想引领力、学术创造力和社会影响力，已成为展示我国妇女理论发展水平的重要刊物，成为世界了解中国女学理论学术发展态势的重要窗口。为了推动融合发展，中国妇女报客户端专门设置了"新女学"频道。

地址：北京市西城区地安门西大街 103 号

邮编：100009

电话：010-57983067

电子邮箱：xnxzk12@ 126. com

《妇女与性别史研究》学术辑刊

《妇女与性别史研究》学术辑刊由上海师范大学人文学院世界史学科和上海师范大学女性中心共同主办，由上海三联书店出版发行，创刊于 2016 年，主编为裔昭印，副主编为洪庆明。该刊是中国内地首部以妇女与性别史为主题的学术刊物，属出版社连续出版发行的学术辑刊，获上海高校服务国家重大战略出版工程专项资助。16 开本，每年出版一辑，至 2020 年该刊共出版 4 辑，每辑约 30 万字，辟有专题研究、理论与方法、学术综述等栏目。

该刊的宗旨是倡导以扎实的史料为基础，以社会性别和全球的视角，运用历史学、社会学、文化学、人类学、心理学和神话学等学科的理论和方法，结合历史上男性的状况，探讨人类文明进程中女性的角色、状况以及性别关系，研究中外历史上不同民族、不同地区和不同阶层女性的共性与差异，供国内外从事妇女与性别研究的专家学者阐释古今中外女性或性别关系的演变及其研究状况，为当今世界女性的发展与和谐性别关系的建设提供历史的经验和教益。该刊适合高校人文社会科学各相关学科、历史学科、女性与性别学科教学参考和学科建设使用，已被中国人民大学复印报刊资料纳入集刊选材范围。该刊努力拓宽妇女和性别史研究的范围，丰富其研究内容，并关注性别史、身体史、家庭史等相关领域的性别问题研究，作者包括国内外妇女与性别史与相关领域的知名学者和学术新秀。自 2016 年起，该刊与上海师范大学世界史学科和女性研究中心合作，每年举办以妇女与性别史研究为主题的国际或全国学术研讨会，吸引了海内外的专家学者、妇女工作者与报刊、出版社等媒体工作者踊跃参加，产生了较大社会影响。该刊和其主办的学术研讨会为我国妇女与性别史研究提供了高水平学术交流平台，推动了该领域研究的深入发展。

地址：上海市徐汇区桂林路 100 号上海师范大学文苑楼 713 室

邮编：200234

电话：021-64322803

电子邮箱：yizhaoyin@ 163. com；fnyxbsyj@ 163. com

官方微信公众号：妇女与性别史研究

《妇女/性别研究》学术集刊

《妇女/性别研究》学术集刊由厦门大学妇女/性别研究与培训基地主办，创刊于 2014 年，系出版社连续出版发行的学术集刊，16 开本，每年出版 1 卷，至 2020 年已出版 7 卷，现任主编为邓朝晖。

该刊是综合性学术集刊，致力于推动中外妇女/性别的理论和实践的研究与交流，特别关注多学科、跨学科、学科交叉等角度探讨妇女/性别的研究成果，主要刊登从马克思主义理论、哲学、政治学、教育学、经济学、社会学、法学、文学文化、管理学、历史学等多学科角度深度探讨女性的主体地位、使命任务、作用担当，妇女发展面临的挑战、问题和解决方案等方面问题。每卷开设"性别与文学""性别与社会学""性别与法学""性别与经济学"等栏目，每卷 30 万字左右，受到学界关注。

地址：福建省厦门市思明南路 422 号厦门大学思明校区颂恩楼 604 室

邮编：361005

电话：0592-2180406

电子邮箱：xdfnjd@ xmu. edu. cn

《浙江妇女研究》

《浙江妇女研究》创办于 2016 年底，是浙江省妇联主管、浙江省妇女研究会主办的学术性内部交流刊物。刊物自创办以来，以直面妇女问题、创新妇女研究、引领妇女发展为宗旨，立足浙江、面向全国，从多学科、多视角、多层面开展妇女/性别/家庭研究。在浙江省妇联的深切关心与指导下，在全国各地妇女研究机构的专家学者和广大基层妇女工作者的响应与支持下，截至 2020 年底，《浙江妇女研究》已刊发相关领域研究成果近 300 篇。

为了更好地提炼和推广妇女研究成果，交流和传播浙江妇女发展和妇女工作的创新实践，自 2017 年起，每年选取《浙江妇女研究》的优秀成果予以出版。截至 2020 年底，已经出版了《浙江妇女研究》（第一辑）、《浙江妇女研究》（第二辑）、《女性发展与社会治理——浙江妇女研究（第三辑）》。

地址：浙江省杭州市西湖区翠柏路 10 号《浙江妇女研究》编辑部

邮编：310012

电话：0571-88929630

电子邮箱：zjfnyj2016@163.com

二　学术刊物专栏

《南开学报（哲学社会科学版）》"性别视角下的中国文学与文化"栏目

《南开学报（哲学社会科学版）》是国家社会科学基金首批资助期刊、教育部名刊工程首批入选期刊、全国中文核心期刊、中国人文社会科学核心期刊、中文社会科学引文索引（CSSCI）来源期刊。该刊每年第 2、4、6 期有"性别视角下的中国文学与文化"栏目。

地址：天津市卫津路 94 号

邮编：300071

电话：022-23501681

微信公众号：南开学报

《山西师大学报（社会科学版）》"妇女与性别研究"栏目

《山西师大学报（社会科学版）》由山西师范大学主办，是全国中文核心期刊、全国百强社科学报、中国人文社科类核心期刊、北方优秀期刊、山西省一级期刊。设有"妇女与性别研究"栏目（不定期）。

地址：山西省临汾市贡院街 1 号

邮编：041004

电话：0357-2051149

电子邮箱：skxb1973@ 126. com

微信公众号：山西师大学报编辑部

《云南民族大学学报（哲学社会科学版）》 "女性问题研究" 栏目

《云南民族大学学报（哲学社会科学版）》是全国中文核心期刊、中国人文社会科学核心期刊、中文社会科学引文索引（CSSCI）来源期刊。该刊每年 6 期，不定期设"女性问题研究"栏目。

地址：云南省昆明市一二一大街 134 号

邮编：650031

电话：0871-65137404

电子邮箱：ynmdxb@ 163. com

微信公众号：云南民族大学学报

妇女/性别研究网站名录

（按行政区划顺序排序）

中文名称：中华全国妇女联合会

网　　址：http：//www. women. org. cn

主办单位：中华全国妇女联合会

栏目设置：机构、新闻、聚焦、专题、文献、应用、重点工作

中文名称：国务院妇女儿童工作委员会

网　　址：http：//www. nwccw. gov. cn

主办单位：国务院妇女儿童工作委员会

栏目设置：新闻、机构、两纲、工作动态、地方动态、文献、服务

中文名称：中国妇女研究会

网　　址：https：//www. cwrs. ac. cn/

主办单位：中国妇女研究会

栏目设置：概况、章程、组织机构、会员代表大会、理事会、研讨会、研训班、
研究会公告

中文名称：中国妇女研究网

网　　址：http：//www. wsic. ac. cn

主办单位：中国妇女研究会、全国妇联妇女研究所

栏目设置：机构概况、新闻资讯、学术研究、热点关注、文献数据、出版物

中文名称：妇女研究论丛

网　　址：http：//www. fnyjlc. com

主办单位：《妇女研究论丛》编辑部

栏目设置：期刊简介、编委会、投稿指南、过刊浏览、期刊订阅、联系我们

中文名称：中华女子学院（全国妇联干部培训学院）

网　　址：http：//www.cwu.edu.cn

主办单位：中华女子学院

栏目设置：学校新闻、学校概况、教学单位、管理机构、教育教学、科学研究、
招生就业、校园文化、图书档案、交流合作

中文名称：河北女子职业技术学院

网　　址：http：//www.hebnzxy.com

主办单位：河北女子职业技术学院

栏目设置：学院概况、党建园地、专业建设、招生就业、教学科研、产教融合、
国际交流、学院资源、学生服务

中文名称：东北师范大学女性研究中心

网　　址：http：//wzhongxin.nenu.edu.cn

主办单位：东北师范大学女性研究中心

栏目设置：中心概况、中心成员、科学研究、教育教学、热点关注、通知通告、
热点动态

中文名称：南京师范大学金陵女子学院

网　　址：http：//jny.njnu.edu.cn

主办单位：南京师范大学金陵女子学院

栏目设置：学院概况、本科生教学、本科生工作、研究生培养、学术研究、党建
工作、人事工作、社会服务、对外交流、校友会

中文名称：福建华南女子职业学院

网　　址：http：//www.hnwomen.com.cn

主办单位：福建华南女子职业学院

栏目设置： 学院概况、系部设置、教学科研、思政工作、招生就业、华南特色、
校务公开

中文名称： 厦门大学妇女/性别研究与培训基地
网　　址： http：//xdfnjd.xmu.edu.cn
主办单位： 厦门大学
栏目设置： 基地介绍、新闻资讯、教研团队、招生信息、教学培训、学术科研、
社会服务、妇女/性别研究

中文名称： 山东女子学院
网　　址： http：//www.sdwu.edu.cn
主办单位： 中华女子学院山东分院
栏目设置： 学校概况、机构设置、教学资源、科学研究、人才培养、招生就业、
学团在线、合作交流、女院风采、院部动态、人才引进

中文名称： 河南女子职业学院
网　　址： https：//www.henz.edu.cn
主办单位： 河南女子职业学院
栏目设置： 学校介绍、机构设置、院系专业、党群工团、教学科研、招生就业、
校园文化、人才招聘、合作交流、公共服务

中文名称： 武汉大学妇女与性别研究中心
网　　址： http：//wgs.whu.edu.cn
主办单位： 武汉大学妇女与性别研究中心
栏目设置： 中心概况、人才培养、学术研究、学生社团

中文名称： 湖南女子学院
网　　址： http：//www.hnwu.edu.cn
主办单位： 湖南女子学院
栏目设置： 学校概况、学校新闻、内部机构、信息公开、教育教学、科学研究、

学生工作、招生就业、合作交流、人才引进

中文名称：广东女子职业技术学院
网　　址：https：//www. gdfs. edu. cn
主办单位：广东女子职业技术学院
栏目设置：学校概况、新闻中心、教学科研、合作交流、招生就业、社会服务、
图书资源、信息公开、人才招聘、二十大专栏

中文名称：西部女性网
网　　址：http：//www. westwomen. org
主办单位：陕西省妇女理论婚姻家庭研究会
栏目设置：我们的机构、我们的项目、社会关注、研究交流、电子数据库。

妇女/性别研究微信公众号简介

（按账号主体行政区划顺序排序）

公众号名称	账号主体	主要功能	二维码
性别研究视界	全国妇联妇女研究所	全国妇联妇女研究所主办，关注妇女发展和相关社会热点问题，呈现妇女/性别研究最新动态，荟萃妇女/性别研究相关成果，致力于推进中国妇女/性别研究，为妇女发展与性别平等贡献智慧	
妇女研究论丛	全国妇联妇女研究所	《妇女研究论丛》官方微信账号。发布《妇女研究论丛》目次、学术论文以及学术会议信息、征文信息、征订信息等	
中华女子学院学报	中华女子学院	《中华女子学院学报》官方微信账号。发布《中华女子学院学报》目次、学术论文以及学报动态、通知公告、期刊征订信息等	
社会性别研究	中国社会学会妇女/性别社会学专业委员会	中国社会学会妇女/性别社会学专业委员会官方微信账号。发布中国社会学会妇女/性别社会学专业委员会信息、原创及转发论文，栏目包括学术会议、论文推荐、书籍推荐等	
婚姻家庭研究	中国社会学会家庭社会学专业委员会	中国社会学会家庭社会学专业委员会官方微信账号。发布中国社会学会家庭社会学专业委员会信息、原创及转发论文，栏目包括论文推介、书籍推介、会议简讯、征稿通知等	

续表

公众号名称	账号主体	主要功能	二维码
女经济学者的天空	中国女经济学者联谊会	中国女经济学者联谊会官方微信账号。为展示女经济学者的学术活动、研究兴趣和研究成果提供独特平台；从性别视角关注劳动力市场、婚姻家庭、照料经济等问题；聚焦社会热点；解读公共政策；推送经典文献；致力于促进性别平等和两性共同发展的社会进步	
缪斯夫人	德才皆倍（北京）科技有限公司	以学术眼光关注爱情、婚姻、家庭，展示新鲜、前沿的学术观点	
浙江省妇女研究中心	浙江省妇女干部学校	发布《浙江妇女研究》目次、学术论文、征稿信息以及浙江省妇女干部学校、浙江省妇女研究中心相关学术动态	
华大女性研究中心	华侨大学女性研究中心	关注妇女发展和相关社会热点问题，呈现华侨大学女性研究中心最新学术动态和学术成果	
山东女子学院学报	山东女子学院	《中华女子学院学报》官方微信账号。推送《山东女子学院学报》目次、学术论文及相关妇女/性别研究的热点动态，并提供稿件查询服务	
武大妇女与性别研究中心	武汉大学妇女与性别研究中心	发布武汉大学妇女与性别研究中心相关学术动态信息，展示相关科研成果，推荐相关学术著作	
陕西师范大学女性研究中心	陕西师范大学女性研究中心	围绕陕西师范大学女性研究中心的研究课题及实事动态展开，主要包括中心活动推广、研究成果分享、女性日历等板块	

全国妇联妇女研究所简介

全国妇联妇女研究所（Women's Studies Institute of China，WSIC）成立于 1991 年 1 月，是由中华全国妇女联合会主管、具有综合研究职能的国家级妇女研究机构。现任所长郭晔，副所长张永英、马焱。历任所长陶春芳、李秋芳（全国妇联书记处书记兼）、谭琳（全国妇联副主席、书记处书记兼）、刘亚玫、杜洁。

妇女研究所目前设 8 个处室，分别为办公室、科研处、信息中心、妇女理论研究室、妇女历史研究室、政策法规研究室、国际妇女研究室及《妇女研究论丛》编辑部。

自成立以来，妇女研究所坚持以马克思列宁主义、毛泽东思想、邓小平理论、"三个代表"重要思想、科学发展观、习近平新时代中国特色社会主义思想为指导，坚持妇女研究为国家法律政策的制定与实施服务，为妇女运动和妇女工作实践服务的正确方向。在老一辈革命家和妇女工作者的关怀和支持下，在全国妇联党组的直接领导下，妇女研究所坚持围绕中心，服务大局，以高度的责任感和使命感，立足职能定位，深耕研究事业，坚持走"社会化、开放式办科研"的道路，实施"出重大科研成果、出优秀研究人才"的发展战略。积极为党和人民述学立论、建言献策，在推动妇女参政、促进妇女就业、保障妇女土地权益、促进妇女参与村民自治、妇女生殖健康状况研究、推动女性高层人才成长、营造有利于妇女发展的文化环境及保障妇女婚姻家庭权益等方面提出了许多具有社会性别视角的法律政策建议。特别是党的十八大以来，妇女研究所更加自觉肩负起使命担当，进一步深化新时代中国特色社会主义妇女理论、妇女运动历史、妇女现实问题、法律法规政策和国际妇女研究，努力发挥推动男女平等和妇女全面发展的智库作用。

此外，妇女研究所还承担中国妇女研究会办公室的日常工作，承办了中国妇女研究会的历年年会，举办年度妇女/性别研究研训班，针对妇女发展重点、难点和热点问题举办专题研讨会，组织协调 32 个妇女/性别研究与培训基地开展活动，为党政决策和妇联组织工作提供智囊服务，竭诚为广大妇女研究者服务，促进中国妇女研究事业发展。

联系电话：010-65103762　010-65103462

网址：http：//www. wsic. ac. cn

通信地址：北京市东城区建国门内大街 15 号

邮政编码：100730

主编简介

　　杜洁，女，全国妇联妇女研究所原所长、研究员。主要研究领域为性别平等与法律政策、妇女与发展、妇女参政、妇女组织研究等，多次参与国家社会科学基金项目，编著论文集多部，发表论文多篇。

　　宓瑞新，女，全国妇联妇女研究所《妇女研究论丛》编辑部主任、副主编。主要研究领域为女性文化研究，主编论文集多部。

图书在版编目（CIP）数据

中国妇女研究年鉴 . 2016~2020 / 全国妇联妇女研
究所编 . --北京：社会科学文献出版社，2024.12.
ISBN 978-7-5228-3844-1

Ⅰ. D442.6-54

中国国家版本馆 CIP 数据核字第 20242H00G8 号

中国妇女研究年鉴（2016~2020）

编　　者 /	全国妇联妇女研究所
主　　编 /	杜　洁　宓瑞新
副 主 编 /	史凯亮　王　妍　綦郑潇

出 版 人 / 冀祥德
责任编辑 / 周雪林
责任印制 / 王京美

出　　版 / 社会科学文献出版社 （010）59367126
　　　　　　地址：北京市北三环中路甲 29 号院华龙大厦　邮编：100029
　　　　　　网址：www.ssap.com.cn
发　　行 / 社会科学文献出版社 （010）59367028
印　　装 / 北京盛通印刷股份有限公司

规　　格 / 开　本：787mm×1092mm　1/16
　　　　　　印　张：74.75　字　数：1292 千字
版　　次 / 2024 年 12 月第 1 版　2024 年 12 月第 1 次印刷
书　　号 / ISBN 978-7-5228-3844-1
定　　价 / 298.00 元

读者服务电话：4008918866